# NTC's

# FRENCH
## and
# ENGLISH
# BUSINESS
## Dictionary

**Michel Marcheteau**
*École Supérieure de Commerce de Paris*

**Lionel Dahan**
*École Supérieure de Commerce de Paris*

**Charles Pelloux**
*École Supérieure de Commerce de Paris*

**Jean-Pierre Berman**
*Université de Paris IV Sorbonne*
*Linguistic advisor, Bibliothèque Publique d'Informations*

**Michel Savio**
*Director of Languages and Communication,*
*École Supérieure d'Électricité*

*Printed on recyclable paper*

*NTC Publishing Group*
Lincolnwood, Illinois USA

The authors wish to thank Frank E. Reed, Pierre Morel, and Suzan Gardiner, who read the manuscript for this work and made many useful suggestions.

**1996 Printing**

First published in 1992 by NTC Publishing Group,
4255 West Touhy Avenue, Lincolnwood (Chicago),
Illinois 60646-1975 U.S.A.

6 7 8 9 0 VP 9 8 7 6 5 4 3 2

# NTC's
# FRENCH
## and
# ENGLISH
# BUSINESS
## Dictionary

# Contents

# INTRODUCTION

*NTC's French and English Business Dictionary* has been designed as a reference both for specialists in the areas of business and economics and for nonspecialists who find themselves confronted with the need to use French in business and technical contexts. Numerous commercial and business-related areas are covered—including production, distribution, industrial relations, advertising, accounting, finance, etc.—to provide users with a complete source of information on French business terminology. This dictionary also contains an up-to-date listing of terms from rapidly evolving technological fields, such as computers and information processing. In all, the English-French and French-English portions each contain approximately 12,000 entries, or 30,000 words and expressions.

Three features make *NTC's French and English Business Dictionary* especially useful for those who are not specialists in business terminology or who have not achieved a high degree of fluency in French. First, the entries give the *general* meanings of terms where these differ from their business usages. In this way, users can distinguish among the various usages of a term in different contexts. An understanding of the nontechnical meanings of words is also helpful in understanding the origins and meanings of related technical terms. Second, the entries contain many terms that, while not specifically business terms, do frequently occur in business contexts. For example, the language of the media is well represented within the entries. Finally, this dictionary gives the equivalents of many phrases and grammatical constructions commonly used in business communications.

Numerous appendices have also been included in this dictionary to provide additional useful information for anyone doing business in French-speaking countries. These include tables of weights and measures with metric equivalents, a brief guide to French business letters, lists of currencies and names of countries in French, and more. At the end of the dictionary, a 16-page supplement contains additional entries and updates to existing entries. In the case of the latter, the main entries are preceded by a • to indicate that additional information can be found in the supplement.

# PRONUNCIATION

The following is a guide to French pronunciation, using rough English equivalents wherever possible. Only sounds that do not exist in English and letters that are pronounced differently than in English are included.

**Vowels**

a           like the a in father

e           often silent; otherwise, like the u in fur

é           like the ay in play

è, ê        like the e in bet

i           always like the ee in feet

o           always like the o in home

u           no English equivalent; the mouth is held as if to make the ee sound and the lips are rounded as if to make the oo sound

aie, aille  like the i in night

eu          like the u in fur

oi, oy      like the wo in wobble

ou          like the oo in room

Note also that a tréma (¨) appearing over a vowel indicates that the vowel should be pronounced separately from the preceding vowel (e.g., naïf).

**Consonants**

c           before the letters e or i, like the s in saw; before a, o, or u, like the c in car.

g           before the letters e or i, like the s in pleasure; before a, o, or u, like the g in go.

h           always silent

qu          always like the qu in plaque.

r           pronounced at the back of the throat, something like gargling

th          like the t in time.

w           like the v in victory

**Nasalized Sounds**

French has four nasalized sounds that have no English equivalent. These sounds come through the mouth and the nose at the same time, producing a very nasal-sounding version of French sounds.

| an, am, en, em | a nasalized a sound | on, om | a nasalized o sound |
| in, im, ein | a nasalized è sound | un | a nasalized eu sound |

# ABBREVIATIONS USED IN THIS DICTIONARY

**abr.**: abbreviation/*abréviation*
**adj.**: adjective/*adjectif*
**adv.**: adverb/*adverbe*
**aff.**: business/*affaires*
**assur.**: insurance/*assurances*
**assur. marit.**: maritime insurance/*assurances maritimes*
**av.**: aviation/*aviation*
**chem. de fer:** railroad/*chemin de fer*
**comm.**: commerce/*commerce*
**commerc.**: commercial/*commercial*
**comptab.**: accounting/*comptabilité*
**écon.**: economics/*économie*
**éd.**: publishing/*édition*
**électr.**: electricity/*électricité*
**f.**: feminine/*féminin*
**fam.**: informal/*familier*
**fig.**: figurative/*figuré*
**fin.**: finance/*finances*
**impr.**: printing/*imprimerie*
**inform.**: computers/*informatique*
**ingén.**: engineering/*ingéniérie*
**journal.**: journalism/*journalisme*
**jur.**: juridical, law/*juridique*
**loc.**: expression/*locution*
**loc. lat.**: Latin expression/*locution latine*
**m.**: masculine/*masculin*
**math.**: mathematics/*mathématiques*
**med.**: medicine/*médecine*
**métall.**: metallurgy/*métallurgie*
**milit.**: military/*militaire*
**n.**: noun/*nom*
**n.pl.**: plural noun/*nom pluriel*
**navig.**: navigation/*navigation*
**par ext.**: by extension/*par extension*
**péjor.**: pejorative/*péjoratif*
**pl.**: plural/*pluriel*
**pol.**: politique/*politics*
**prép.**: preposition/*préposition*
**pub.**: advertising, publicity/*publicité*
**statist.**: statistics/*statistique*
**télécom.**: telecommunications/*télécommunications*
**téléph.**: telephone/*téléphone*
**typogr.**: typography/*typographie*
**univers.**: university/*université*
**v.**: verb/*verbe*
**v.i.**: intransitive verb/*verbe intransitif*
**v.t.**: transitive verb/*verbe transitif*

# ENGLISH-FRENCH
# ANGLAIS-FRANÇAIS

# A

**AAA bond,** obligation de premier ordre.

**A-I** [ei wʌn] *adj.* excellent. *A-I at Lloyd's,* excellent (techniquement : navire de 1ʳᵉ classe dans le classement du Lloyd).

**abandon** [ə'bændən] *v.* 1. abandonner ; quitter. 2. *Assur.* : faire délaissement aux assureurs. 3. *Jur.* : renoncer à. *To abandon a claim,* renoncer à une demande, plainte.

**abandonment** [ə'bændənmənt] *n.* 1. *Assur. marit.* : délaissement, désistement. 2. *Jur.* : retrait (d'une plainte, etc.). 3. désinvestissement. *Abandonment value,* valeur résiduelle.

**abate** [ə'beit] *v.* 1. diminuer. 2. *Jur.* : annuler, abolir, rendre nul et non avenu.

**abatement** [ə'beitmənt] *n.* 1. rabais, remise, réduction. 2. *Jur.* : annulation.

**abbreviate** [ə'briːvieit] *v.* abréger.

**abbreviation** [ə'briːvi'eiʃən] *n.* abréviation ; sigle.

**A.B.C.** ['eibiː'siː] indicateur des chemins de fer (G.B.) ; guide.

**abet** [ə'bet] *v.* 1. soutenir. 2. être complice.

**abettor** [ə'betə] *n.* complice.

**abeyance** [ə'beiəns] *n.* suspension, souffrance. *To fall into abeyance,* tomber en désuétude.

**abide by** [ə'baid] *v.* se conformer à, respecter.

**ability** [ə'bility] *n.* capacité, aptitude.

**aboard** [ə'bɔːd] *adv.* à bord.

**abolish** [ə'bɔliʃ] *v.* abolir, abroger.

**abolishment** [ə'bɔliʃmənt] *n.* abolition.

**abolition** [æbɔ'liʃən] *n.* abolition.

**about** [ə'baut] *adv.* et *prép.* 1. environ 2. au sujet de. 3. *Bourse :* Order given at an about price, ordre donné à un cours environ.

**above** [ə'bʌv] *adv.* ci-dessus, au-dessus de. *Above board,* loyal, franc. *Above-mentioned,* sus-mentionné. *Above quota,* hors contin-

gent. *Above the line,* (recettes et dépenses) courantes, ordinaires.

**above par,** au-dessus du pair.

**abreast of** [ə'brest] au courant de, informé de, au courant de l'évolution de.

**abroad** [ə'brɔːd] *adv.* à l'étranger.

**abrogate** ['æbrəugeit] *v.* abroger, annuler.

**abrogation** [,æbrəu'geiʃən] *n.* abrogation.

**absence** [æbsəns] *n.* absence. *Leave of absence,* congé. *Absence of consideration,* défaut de provision.

**absentee** [æbsən'tiː] *n.* absent.

**absenteeism** [æbsən'tiːizəm] *n.* absentéisme.

**absentia (in),** par contumace.

**absorb** [əb'sɔːb] *v.* absorber.

**abstain** [əb'stein] *v.* s'abstenir.

**abstention** [əb'stenʃən] *n.* abstention.

**abstract** ['æbstrækt] *n.* abrégé, résumé.

**abstraction** [æb'strækʃən] *n.* 1. abstraction. 2. détournement, vol.

**abundance** [ə'bʌndəns] *n.* abondance.

**abundant** [ə'bʌndənt] *adj.* abondant, ample.

**abuse** [ə'bjuːs] *n.* 1. abus, excès. *Abuse of confidence,* abus de confiance. *Abuse of position,* abus de pouvoir. *Abuse of trust,* prévarication. 2. injure, insulte, mauvais traitement. 3. *Jur.* : viol.

**accelerate** [æk'seləreit] *v.* accélérer, précipiter.

**accelerated** [æk'seləreitid] *adj.* accéléré. *Accelerated depreciation,* amortissement accéléré. *Accelerated redemption,* remboursement anticipé.

**acceleration** [ækselə'reiʃən] *n.* accélération. *Acceleration clause,* clause de remboursement anticipé (en cas de défaillance du débiteur).

**accept** [ək'sept] *v.* accepter. *To accept a bill,* accepter une traite.

**acceptable** [ək'septəbl] *adj.* acceptable.

**acceptance** [ək'septəns] *n.* acceptation. *General acceptance,* acceptation sans réserve. *Qualified acceptance,* acceptation conditionnelle, sous réserve.

**accepting** [ək'septiŋ] *n.* acceptation.

**accepting house** (G.B.), maison d'acceptation (banque d'affaires spécialisée dans l'acceptation des traites).

**acceptor** [ək'septə] *n.* accepteur, tiré.

**access** ['ækses] *n.* **1.** accès ; abord ; liberté, droit de passage. **2.** *Jur. :* rapport sexuel. **3.** Parlement britannique : entrée en session.

**access** *v.* (inf) avoir accès à. *To access data,* obtenir les données.

**accessibility** [ək,sesə'biləti] *n.* accessibilité.

**accessible** [ək'sesəbl] *adj.* accessible, d'accès facile.

**accession** [æk'seʃən] *n.* **1.** accession, accès ; admission, entrée en possession, en fonction. **2.** adhésion. **3.** acceptation, accord, fait d'accéder à une demande. **4.** accroissement, augmentation.

**accessory** [æk'sesəri] *n.* **1.** accessoire. **2.** *Jur. :* complice.

**accident** ['æksidənt] *n.* accident, sinistre. *Accident insurance,* assurance-accidents. *Accident-on-the-job,* accident du travail.

**accidental** [æksi'dentl] *adj.* **1.** accidentel, occasionnel. **2.** accessoire, subsidiaire.

**accommodate** [ə'kɔmədeit] *v.* loger, héberger ; contenir ; recevoir, accueillir. *The hotel can accommodate 500 people,* l'hôtel peut loger 500 personnes. *The harbour can accommodate 40 ships,* le port peut recevoir 40 navires.

**accommodating** [ə'kɔmədeitiŋ] *adj.* serviable, obligeant.

**accommodation** [əkɔmə'deiʃən] *n.* **1.** logement, hébergement, accueil. *Accommodation provided,* facilités de logement. **2.** aménagement(s), installations. **3.** complaisance. *Accommodation bill,* traite de complaisance.

**accommodation bill** *n.* traite de complaisance.

**accordance** [ə'kɔ:dəns] *n.* accord, conformité. *In accordance with,* conformément à. *In accordance with your instructions,* selon

vos instructions.

**according to** [ə'kɔ:diŋ] *adv.* selon, d'après.

**accordingly** [ə'kɔ:diŋli] *adv.* en conséquence.

**account** [ə'kaunt] *n.* **1.** compte, considération. *Of some account,* de quelque importance. *Of no account,* sans importance. *On account of something,* à cause de, en raison de quelque chose. *On every account,* sous tous les rapports. *On one's own account,* de sa propre initiative, de son propre chef, de soi-même, à titre personnel. *On somebody's account,* pour le compte de quelqu'un. *To take into account,* prendre en considération. **2.** récit, relation, narration, dires, version des faits. **3.** Compte (bancaire). *To open an account with a bank,* ouvrir un compte en banque. **4.** compte (comptabilité). *To audit an account,* vérifier un compte. **5.** liquidation (bourse), à terme. *Account day,* jour de liquidation. *Dealings for the account,* transactions à terme. **6.** *Pub. :* budget d'annonceur (géré par agence) ; par ext. de sens : client, clientèle. *Account executive,* responsable de publicité. **7.** *On account,* en compte, à valoir.

**accountability** [əkauntə'biliti] *n.* responsabilité.

**accountable** [ə'kauntəbl] *adj.* **1.** responsable ; comptable ; redevable. **2.** explicable.

**accountancy** [ə'kauntənsi] *n.* **1.** métier de comptable, d'expert comptable. **2.** comptabilité, tenue des livres.

**accountant** [ə'kauntənt] *n.* comptable. *Chief accountant,* chef comptable. *Chartered accountant,* expert comptable (G.B.). *Certified public accountant* (C.P.A.) (U.S.), expert comptable.

**account current** *n.* compte courant.

**account director** *n.* chef de groupe (agence de publicité).

**account executive** *n.* **1.** *(sens large)* responsable de la gestion du compte d'un client. **2.** chef de publicité, responsable d'un budget publicité.

**account for (to)** *v.* **1.** rendre

compte, justifier. **2.** représenter, constituer.

**accounting** [ə'kauntiŋ] *n.* comptabilité. *Cost accounting,* comptabilité analytique d'exploitation.

**accounting department** *n.* département comptable, département comptabilité, service comptabilité.

**accounting period** *n.* exercice comptable.

**accounts** [ə'kaunts] *n.* comptes, comptabilité. *The accounts department,* le service de la comptabilité.

**accounts payable** *n.* compte fournisseurs, poste fournisseurs, fournisseurs (au passif d'un bilan).

**accounts receivable** *n.* compte clients, poste clients (bilan) ; créances.

**accredited** [ə'kreditid] *adj.* **1.** accrédité. **2.** validé, reconnu. *Accredited courses,* cours validés (pour l'obtention d'un diplôme universitaire).

**accreditive** [ə'kreditiv] *adj.* accréditif.

**accreditor** [ə'kreditə] *n.* (U.S.) donneur d'ordre.

**accretion** [æ'kri:ʃən] *n.* *Jur.* : accroissement, majoration d'héritage.

**accrual** *n.* *Comptab :* spécialisation des exercices.

**accrual(s)** [ə'kru:əlz] *n.* **1.** charges à payer. **2.** entrées/apports de fonds. **3.** accumulation des intérêts. **4.** *Comptab :* *Accruals principle,* indépendance des exercices.

**accrue** [ə'kru:] *v.* courir, s'accumuler. *Interest which accrues from January 1st,* intérêts qui courent depuis le 1er janvier.

**accrued interest** [ə'kru:d 'intrist] *n.* intérêt couru, intérêt accumulé, intérêts échus mais non versés.

**accrue from** *v.* provenir de.

**accrue to** *v.* revenir à (intérêt, somme, etc.).

**accruing** [ə'kru:iŋ] *adj.* **1.** à échoir, couru, qui court. **2.** *Jur.* : afférent.

**accumulate (to)** [ə'kju:mjuleit] *v.* accumuler. *Accumulated earnings,* excédent d'exploitation, bénéfices non répartis.

**accumulation** [ə'kju:mju'leiʃən] *n.* accumulation.

**accuracy** ['ækjurəsi] *n.* exactitu-

de, précision.

**accurate** ['ækjurit] *adj.* exact, juste.

**accused** [ə'kju:zd] *adj.* accusé.

**accused** *n.* accusé.

**achieve** [ə'tʃi:v] *v.* réaliser, exécuter, mener à bien, atteindre, parvenir, obtenir.

**achievement** [ə'tʃi:vmənt] *n.* réalisation, accomplissement, réussite. *Technical achievement,* réussite technique.

**acknowledge** [ək'nɔlidʒ] *v.* **1.** reconnaître, admettre. **2.** (lettre, etc.) accuser réception de.

**acknowledgement** : voir **acknowledgment.**

**acknowledgment, acknowledgement** [ək'nɔlidʒmənt] *n.* **1.** constatation (des faits), reconnaissance. *In acknowledgment of his services,* en remerciement de ses services. **2.** reçu, récépissé, reconnaissance ; accusé de réception ; quittance (d'un paiement). *Acknowledgment by return,* accusé réception par retour du courrier. *Acknowledgment of a debt,* reconnaissance de dette. *Acknowledgment of receipt,* accusé de réception. **3.** *Jur.* : aveu.

**acknowledgments, acknowledgements** *n.* remerciements.

**acknowledge receipt** *v.* accuser réception de. *We acknowledge receipt of your letter,* nous accusons réception de votre lettre.

**acquaint** [ə'kweint] *v.* informer, mettre au courant.

**acquaintance** [ə'kweintəns] *n.* **1.** connaissance (d'un domaine). *His acquaintance with this sector,* sa familiarité avec ce secteur. **2.** relations (avec quelqu'un). *Our long acquaintance with this firm,* nos relations de longue date avec cette entreprise. **3.** (personne de) connaissance, relation.

**acquest** [æ'kwest] *n.* *Jur.* : acquêt.

**acquire** [ə'kwaiə] *v.* acquérir.

**acquisition** [ækwi'ziʃən] *n.* acquisition, (r)achat, reprise.

**acquit** [ə'kwit] *v.* acquitter, payer, régler.

**acquittal** [ə'kwitl] *n.* **1.** acquittement (d'une dette). **2.** *Jur.* : acquittement, relaxe. **3.** quitus.

**acquittance** [ə'kwitəns] *n.* acquittement, décharge.

**acre** ['eikə] *n.* acre (environ 40 ares).

**acronym** ['ækrəunim] *n.* sigle.

**across-the-board** *adj.* général, uniforme. *An across-the-board increase,* une augmentation uniforme ; augmentation étendue à tout un secteur industriel.

**act** [ækt] *n.* 1. acte, action. 2. loi.

**action** ['ækʃən] *n.* 1. procès, poursuite. *To bring an action against somebody,* intenter un procès contre quelqu'un. *To take legal action against somebody,* intenter un procès contre quelqu'un. 2. *Industrial action,* grève, conflit du travail. *To take industrial action,* faire grève.

**actionable** ['ækʃənəbl] *adj.* donnant lieu à procès, à poursuites.

**active** ['æktiv] *adj.* *Active bond,* obligation à revenu fixe. *Active debt,* dette active. *In active employment,* en activité.

**act of God** [ækt əv gɔd] cas de force majeure.

**act of war** [ækt əv wɔ:] fait de guerre.

**actual** ['æktjuəl] *adj.* réel, vrai, véritable, authentique, effectif ; disponible.

**actuals** ['æktjuəlz] *n.* 1. *Comptab. :* chiffres réels. 2. *(bourse de marchandises)* marchandises livrables, disponibles. 3. *(cours)* prix effectif auquel un courtier ou agent de change achète ou vend (par opposition aux estimations).

**actuary** ['æktjuəri] *n.* *Assur. :* actuaire.

**actuate** ['æktjueit] *v.* actionner, mettre en mouvement, commander (machine). *Hand-actuated,* à commande manuelle.

**acumen** [ə'kjumən] *n.* finesse, sens. *Business acumen,* sens des affaires.

**acute** [ə'kju:t] *adj.* aigu, sévère. *An acute shortage of raw materials,* un manque aigu de matières premières.

**ad** [æd] *n.* annonce publicitaire. *Reading the ads,* lecture des petites annonces. *To run an ad in a newspaper,* faire passer une petite annonce dans un journal.

**Ad Alley.** Voir **Madison Avenue.**

**add** [æd] *v.* ajouter, additionner, totaliser.

**added value tax** ['ædid'vælju: tæks] *n.* taxe sur la valeur ajoutée (T.V.A.).

**addendum** [ə'dendəm] *n.* additif, ajout, supplément, addition ; plur. : addenda.

**adding machine** ['ædiŋ mə'ʃi:n] *n.* totalisatrice, additionneuse.

**addition** [ə'diʃən] *n.* addition, complément.

**additional** [ə'diʃənəl] *adj.* complémentaire, additionnel, supplémentaire, auxiliaire.

**additive** ['æditiv] *n.* additif. *Authorized additive,* additif autorisé.

**add-on,** accessoire, matériel complémentaire (pour ordinateur).

**address** [ə'dres] *n.* 1. adresse. 2. discours, allocution. *Public address system,* sonorisation.

**address** *v.* 1. adresser. 2. s'adresser à. 3. traiter (un problème).

**addressee** [ædre'si:] *n.* destinataire.

**addresser** [ə'dresə] *n.* expéditeur.

**addressing machine** *n.* machine à adresser.

**add up** *v.* 1. additionner, totaliser. 2. se monter à, se chiffrer à, totaliser. *The expenses add up to $ 725,* les frais se montent à 725 dollars.

**adequacy** ['ædikwəsi] *n.* adéquation, conformité, congruité ; suffisance, juste proportion, justesse.

**adequate** ['ædikwit] *adj.* adéquat, conforme, proportionné, juste, suffisant.

**ad hoc** ['æd'hɔk] ad hoc. *Ad hoc committee,* commission ad hoc.

**ad interim** [əd'intərim] par intérim.

**adjacent** [ə'dʒeisənt] *adj.* adjacent, contigu, attenant, voisin, limitrophe. *Adjacent owner,* riverain. *Adjacent parts of an estate,* tenants et aboutissants.

**adjourn** [ə'dʒə:n] *v.* 1. ajourner, différer. 2. s'arrêter, suspendre son activité. *The board adjourned,* le conseil leva la séance.

**adjournment** [ə'dʒə:nmənt] *n.* ajournement, suspension, remise. *Adjournment for a week,* remise à huitaine.

**adjudge** [ə'dʒʌdʒ] *v.* prononcer un jugement. *He was adjudged bankrupt,* il a été déclaré en faillite. *He was adjudged damages,* on lui a accordé des dommages-intérêts.

**adjudicate** [ə'dʒu:dikeit] *v.* juger, décider. *To adjudicate someone bankrupt,* déclarer quelqu'un en faillite.

**adjudication** [ədʒu:di'keiʃən]. *n.* décision du tribunal, jugement.

**adjust** [ə'dʒʌst] *v.* **1.** adapter, ajuster, régler. **2.** s'adapter, s'acclimater. **3.** corriger. *Figures are seasonally adjusted,* les variations saisonnières sont éliminées ; les chiffres sont donnés après correction des variations saisonnières. **4.** *Assur.* : répartir, régler (responsabilités et compensations).

**adjusted for inflation,** déflaté ; compte tenu de l'inflation ; en monnaie constante.

**adjuster** [ə'dʒʌstə] *n. Assur. marit.* : répartiteur d'avaries, dispacheur. *Assur.* : responsable du règlement des sinistres, responsable de l'évaluation des dommages.

**adjustment** [ə'dʒʌstmənt] *n.* **1.** adaptation, ajustment ; réglage, mise au point. *Currency adjustment,* aménagement monétaire. **2.** rectification, correction, modification, compensation. **3.** *Assur.* : règlement ; détermination, répartition (des responsabilités et des compensations). *Assur. marit.* : *average adjustment,* règlement d'avaries, répartition d'avaries, dispache. **4.** redressement (fiscal).

**adjustor** [ə'dʒʌstə] *n.* (U.S.) voir **adjuster.**

**adman** ['ædmæn] *n.* publicitaire, publiciste.

**administer** [əd'ministə] *v.* administrer, gérer. *Administered prices,* prix imposés. *Administered price,* prix réglementé.

**administration** [əd'mini'streiʃən] *n.* **1.** gouvernement, administration. **2.** liquidation (d'actif).

**administrative** [əd'ministrətiv] *adj.* administratif.

**administrator** [əd'ministreitə] *n.* **1.** administrateur, gestionnaire. **2.** curateur.

**admission**[əd'miʃən] *n.* entrée, admission. *Admission free,* entrée libre. *Admission fee,* prix d'entrée.

**admit** [əd'mit] *v.* admettre, faire droit à.

**admittance** [əd'mitəns] *n.* accès, entrée. *No admittance,* entrée interdite.

**ad valorem** [æd və'lɔ:rem] proportionnel. *Ad valorem duties,* droits de douane proportionnels (à la valeur de l'objet).

**advance** [əd'va:ns] *v.* **1.** avancer, progresser. **2.** faire avancer, faire progresser. **3.** avancer de l'argent. **4.** augmenter, monter (prix...).

**advance** *n.* **1.** avance, anticipation. *In advance,* à l'avance ; en avance. *Advance payment,* paiement anticipé. **2.** progrès, développement. *Technological advances,* progrès technologiques. **3.** avance d'argent. *Advance against security,* avance sur nantissement. **4.** augmentation, hausse.

**advance payment bond** *n.* (U.S.) caution garantissant le remboursement d'avances.

**advanced booking** [əd'va:nst 'bukiŋ] *n.* réservation (faite à l'avance).

**advancement** [əd'va:nsmənt] *n.* **1.** avancement, promotion. **2.** essor, progrès.

**adverse** ['ædvə:s] *adj.* défavorable, contraire. *Adverse balance of trade,* balance commerciale en déficit.

**advert** *n.* (G.B.) = **advertisement.**

**advertise** ['ædvətaiz] *v.* **1.** faire de la publicité (pour). *This brand is widely advertised,* cette marque fait l'objet d'une large publicité. **2.** annoncer, faire connaître.

**advertisement** [əd'və:tismənt], (U.S.) ['ædvər'taizmənt] *n.* annonce, réclame, publicité.

**advertiser** ['ædvətaizə] *n.* annonceur ; publicitaire.

**advertising** ['ædvətaiziŋ] *n.* publicité. *The advertising department,* le service de la publicité. *Advertising strategy,* stratégie publicitaire.

**advertising agency** *n.* agence de publicité.

**advertising blitz** *n.* campagne publicitaire intensive et de courte durée ; « matraquage » publicitaire.

**advertising campaign** *n.* campagne publicitaire.

**advertising claim** *n.* argument publicitaire.

**advertising drive** *n.* campagne de publicité.

**advertising expenditures** *n.* dépenses de publicité.

**advertising man** *n.* publicitaire.

**advertising pillar** *n.* colonne Morris.

**advertising program** *n.* plan de campagne.

**advertising revenue**, recettes publicitaires.

**advertising spot** *n.* film publicitaire, spot publicitaire.

**advice** [əd'vais] *n.* 1. conseil, conseils. *To take legal advice,* consulter un homme de loi. 2. avis. *Advice note,* avis d'expédition ; lettre d'avis.

**advisable** [əd'vaizəbl] *adj.* recommandable, judicieux, opportun.

**advise** [əd'vaiz] *v.* 1. conseiller. 2. informer, aviser.

**adviser** [əd'vaizə] *n.* conseiller. *Legal adviser,* conseiller juridique.

**advisor** (U.S.) voir **adviser.**

**advisory** [əd'vaizəri] *adj.* consultatif. *Advisory committee,* comité consultatif. *Advisory services,* services de conseil.

**advisory** *n.* (U.S.) bulletin d'information.

**advocate** ['ædvəkeit] *v.* préconiser, prôner, défendre.

**aerial** ['ɛəriəl] *n.* antenne.

**affect** [ə'fekt] *v.* 1. influer sur, atteindre. 2. *Jur. :* affecter. *Affected estate,* domaine affecté d'hypothèques.

**affidavit** [æfi'deivit] *n.* déclaration, déposition par écrit et sous serment, affidavit.

**affirm** *v.* 1. affirmer. 2. *(Jur.)* confirmer (le jugement d'un tribunal).

**affix** [ə'fiks] *v.* attacher, joindre, apposer.

**affiliate** [ə'filieit] *n.* 1. filiale (au sens étroit : filiale détenue à moins de 50 % par la société mère, par opposition à **subsidiary**). 2. associé, partenaire.

**affiliate** *v.* affilier. *Affiliated firm,* filiale.

**affiliation** [əfili'eiʃən] *n.* 1. affiliation. 2. légitimation, reconnaissance d'un enfant.

**affirmative action** (U.S.) 1. mise en pratique, application (d'une décision imposée par un tribunal ou une instance administrative). 2. Politique rendant obligatoire l'embauche et la promotion des femmes et des minorités selon des quotas correspondant à leur nombre dans la population.

**affluence** ['æfluəns] *n.* abondance, opulence.

**affluent** ['æfluənt] *adj.* abondant, riche. *The affluent society,* la société de l'opulence, la société de l'abondance.

**afford** [ə'fɔːd] *v.* 1. avoir les moyens (financiers) de, se permettre de. 2. offrir, accorder, procurer, permettre.

**afforestation** [æfɔris'teiʃən] *n.* reboisement.

**affreight** [ə'freit] *v.* affréter.

**affreighter** [ə'freitə] *n.* affréteur.

**affreightment** [ə'freitmənt] *n.* affrètement.

**A.F.L.-C.I.O.** : voir liste des abréviations en fin de volume.

**afloat** [ə'fləut] *adv.* à flot, sur l'eau.

**afore** [ə'fɔː] *adv.* et *prép.* avant. *Aforementioned,* susmentionné. *Aforesaid,* susdit, ci-dessus mentionné.

**aforethought** [ə'fɔːθɔːt] *n. Jur. :* préméditation.

**aftermath** ['aːftəmæθ] *n.* suites, séquelles, répercussions.

**after-sales service** [aːftə-seilz 'səːvis] *n.* service après-ventes.

**after-tax profits** *n.* bénéfices après impôts.

**against all risks** [ə'geinst] contre tous risques.

**age bracket** [eidʒ] *n.* tranche d'âge.

**age group** *n.* classe d'âge.

**age range** *n.* tranche d'âge.

**agency** ['eidʒənsi] *n.* agence, bureau, succursale ; (U.S.) office (sens administratif).

**agenda** [ə'dʒendə] *n.* ordre du jour.

**agent** ['eidʒənt] *n.* agent ; mandataire ; représentant. *Forwarding agent,* transitaire. *Sole agent,* agent exclusif, concessionnaire (exclusif).

**aggravate** ['ægrəveit] *v.* 1. aggraver. 2. irriter.

**aggravation** [ægrə'veiʃən] *n.* 1. aggravation. 2. irritation.

**aggregate** ['ægrigeit] *adj.* collectif, global.

**aggregate** *n.* masse, total, ensemble. *In the aggregate,* globalement.

**aggregate** ['ægrigeit] *v.* s'élever à, totaliser.

**aggressive** [ə'gresiv] *adj.* 1. agressif. 2. dynamique.

**agio** ['adʒiəu] *n.* agio. *Agio account,* compte d'agio(s).

**agrarian** [ə'grɛəriən] *adj.* agraire.

**agree** [ə'griː] *v.* 1. être d'accord. 2. se mettre d'accord. 3. s'accorder, concorder, correspondre. 4. *To agree the accounts,* faire accorder les comptes, conformer les écritures.

**agreeably** [ə'griəbli] *adv.* conformément.

**agreed** [ə'griːd] *adj. Agreed price,* prix convenu. *Unless otherwise agreed,* sauf stipulation contraire.

**agreement** [ə'griːmənt] *n.* accord, convention, contrat. *Agreement in principle,* accord de principe. *Collective agreement,* convention collective. *Working agreement,* modus vivendi.

**agribusiness** [ægri'biznis] *n.* industrie agro-alimentaire, agriculture industrielle, agro-industrie.

**agricultural** [ægri'kʌltʃərəl] *adj.* agricole. *Agricultural show,* foire agricole, salon de l'agriculture.

**agriculture** ['ægrikʌltʃə] *n.* agriculture.

**agriculturist** [ægri'kʌltʃərist] *n.* agriculteur (U.S.).

**agrobusiness** : voir **agribusiness**.

**agrofoods** [əgrəu'fuːdz] *n.* l'agro-alimentaire ; produits agro-alimentaires.

**agronomist** [ə'grɔnəmist] *n.* agronome.

**aid** [eid] *n.* aide, soutien, secours, assistance. *Audiovisual aids,* moyens audiovisuels. *Government aid,* aide, subvention, soutien de l'État.

**aid** *v.* aider, assister, secourir, soutenir, venir en aide à.

**aide** [eid] *n.* assistant.

**ailing** ['eiliŋ] *adj.* défaillant, en mauvaise santé. *Ailing economy,* économie défaillante. *Ailing firm,* entreprise en difficulté.

**aim** [eim] *n.* but, objectif.

**aim** *v.* viser, poursuivre (un but).

**air** [ɛə] *n.* air. *To carry goods by air,* transporter des marchandises par avion.

**air bill of lading** *n.* lettre de transport aérien.

**air consignment note** *n.* lettre de transport aérien.

**aircraft** ['ɛəkraːft] *n.* avion(s), appareil(s).

**aircraft industry** *n.* industrie aéronautique.

**air-crew** *n.* équipage (d'un avion).

**air-drop** *n.* parachutage.

**airfee** ['ɛəfiː] *n.* surtaxe aérienne.

**airfield** ['ɛəfiːld] *n.* aéroport.

**airfreight** ['ɛəfreit] *n.* fret aérien.

**airfreight** *v.* expédier par avion.

**airlift** *n.* 1. pont aérien. 2. transport par avion.

**airlift** *v.* 1. transporter par avion. 2. transporter grâce à un pont aérien.

**airline** ['ɛəlain] *n.* ligne aérienne ; compagnie aérienne.

**airliner** *n.* avion de ligne.

**airmail** ['ɛəmeil] *n.* poste aérienne. *By airmail,* par avion.

**airmail receipt** *n.* récépissé de poste aérienne.

**airmail transfer** *n.* transfert de fonds par courrier avion.

**airmail** *v.* envoyer par avion.

**airplane** ['ɛəplein] *n.* avion.

**airport** [ɛəpɔːt] *n.* aéroport.

**airship** [ɛəʃip] *n.* ballon, dirigeable.

**airstrip** [ɛəstrip] *n.* terrain d'atterrissage (non entièrement équipé), terrain de fortune.

**air-terminal** ['ɛətəːminl] *n.* aérogare.

**air-tight** ['ɛətait] *adj.* étanche, hermétique, « airmétique ».

**air time** *n.* temps d'antenne (à la télévision).

**air way-bill** ['ɛə wei] *n.* lettre de transport aérien (LTA).

**airworthiness** ['ɛə,wəːðinis] *n.* tenue en l'air, navigabilité.

**airworthy** [ɛəwəːði] *adj. Avion :*

navigable, bon pour le service.

**Algol** ['ælgɔl] = **Algorithm Oriented Language.** *Inform.* : algol.

**algorithm** ['ælgəriðm] *n.* algorithme.

**alien** ['eiljən] *n.* et *adj.* étranger.

**alienate** ['eiljəneit] *v. Jur.* : aliéner.

**alignment** [ə'lainmənt] *n.* alignement, rapprochement. *Currency alignment,* aménagement/ajustement monétaire.

**alimony** ['æliməni] *n.* pension alimentaire.

**all charges to goods,** tous frais à la charge du preneur de marchandises.

**allegation** [æli'geiʃən] *n.* 1. allégation, assertion. 2. chef d'accusation.

**allege** [ə'ledʒ] *v.* alléguer, prétendre, déclarer sans (apporter) preuve..

**alleged** [ə'ledʒd] *adj.* prétendu, supposé, présumé. *The alleged killer,* le meurtrier présumé, le suspect.

**allegedly** [ə'ledʒədli] *adv.* prétendument.

**alleviate** [ə'liːvieit] *v.* alléger, atténuer, rendre plus supportable.

**allied** [ə'laid] *adj.* allié, voisin, connexe, annexe.

**all in** ['ɔːl in] tout compris, tout frais compris.

**all-inclusive,** tout compris.

**all-in policy** *n.* police d'assurance tous risques.

**allocate** ['æləkeit]*v.* allouer, attribuer, répartir, affecter, assigner, imputer, ventiler.

**allocation** [ælə'keiʃən] attribution, allocation, répartition, affectation, imputation, ventilation, budgétisation, adjudication (d'un contrat). *Allocation of resources,* répartition des ressources.

**allot** [ə'lɔt] *v.* attribuer, répartir.

**allotment** [ə'lɔtmənt] *n.* répartition, attribution, affectation, imputation, parcelle.

**allow** [ə'lau] *v.* accorder, allouer.

**allowance** [ə'lauəns] *n.* 1. allocation, prestation, indemnité, pension. *Cost-of-living allowance,* indemnité de vie chère, indemnité de résidence. *Family allowances,* allocations familiales. *Travelling*

*allowance,* indemnité de déplacement. 2. remise, rabais, réduction. 3. tolérance. *To make allowance(s) for something,* tenir compte de, faire la part de. 4. franchise. *Free luggage allowance,* bagages en franchise.

**alloy** ['ælɔi] *n.* alliage.

**all-time high,** record absolu.

**all-time low,** niveau le plus bas jamais enregistré.

**alongside** [ə'lɔŋ'said] accosté, à quai, le long du quai. *To come alongside,* aborder, venir à quai. *Free alongside ship,* franco le long du navire.

**alter** ['ɔːltə] *v.* modifier, changer.

**alteration** [ɔːltə'reiʃən] *n.* changement, modification. *Closed for alterations,* fermé pour transformations.

**alternate** ['ɔːltəːneit] *v.* 1. alterner, se succéder. 2. faire alterner.

**alternative** [ɔːl'təːnətiv] *adj.* alternatif, de rechange, de réserve, de secours. *Alternative policy,* politique de rechange.

**alternative** *n.* choix.

**alumnus,** *pl.* **alumni** *n.* (U.S.) ancien (d'université, école).

**amalgamate** [ə'mælgəmeit] *v.* fusionner ; amalgamer, absorber.

**amalgamation** [əmælgə'meiʃən] *n.* fusion, absorption, amalgame.

**amend** [ə'mend] *v.* modifier, rectifier, amender.

**amendment** [ə'mendmənt] *n.* 1. rectification, modification, avenant. 2. amendement (politique).

**American Selling Price** (Douanes U.S.) perception des droits non sur le prix des marchandises importées, mais sur le prix de vente aux États-Unis d'un article équivalent fabriqué dans le pays.

**amicable** ['æmikəbl] *adj.* amiable. *Amicable settlement,* règlement à l'amiable.

**amicably** ['æmikəbli] *adv.* à l'amiable.

**amnesty** ['æmnisti] *n.* amnistie.

**amortizable** [ə'mɔːtaizəbl] *adj.* amortissable.

**amortization** [əmɔːti'zeiʃən] *n.* 1. amortissement (financier). 2. aliénation en main morte.

**amortize** [ə'mɔːtaiz] *v.* amortir.

**amortizement** [ə'mɔːtizmənt] *n.* amortissement.

**amount** [ə'maunt] *n.* 1. quantité, nombre. 2. montant, somme.

**amount** *v.* s'élever, se monter, *The bill amounted to $ 100,* la facture s'élevait à 100 dollars.

**analyse** ['ænəlaiz] *v.* analyser.

**analysis** [ə'næləsis] *n.* analyse.

**analyst** ['ænəlist] *n.* analyste. *Financial analyst,* analyste financier.

**anchor** ['æŋkə] *n.* ancre.

**anchor** *v.* mouiller.

**anchorage** ['æŋkəridʒ] *n.* ancrage, mouillage.

**anchorman** ['æŋkəman] *n.* présentateur T.V. ou radio chargé de la coordination d'une équipe de journalistes dans une tranche horaire donnée.

**ancillary** [æn'siləri] *adj.* auxiliaire, complémentaire, subordonné, connexe. *Ancillary equipment,* matériel connexe. *Ancillary buildings,* bâtiments de service.

**animal feeds** ['æniml fiːdz] *n.* aliments pour bétail, alimentation pour animaux, fourrage.

**animated cartoon** ['ænimeitid 'kaːtuːn] *n.* dessin animé.

**announce** [ə'nauns] *v.* annoncer.

**announcement** [ə'naunsmənt] *n.* avis, publication, message.

**announcer** [ə'naunsə] *n.* présentateur, speaker, animateur radiophonique, annonceur.

**annual** ['ænjuəl] *adj.* annuel. *Annual general meeting (A.G.M.),* assemblée générale annuelle. *Annual report,* rapport annuel. *Annual review,* révision annuelle, notamment (G.B.) fixation annuelle des prix agricoles.

**annuitant** *n.* rentier, rentier-viager.

**annuity** [ə'njuːiti] *n.* annuité, rente. *Annuity bond,* titre de rente. *Differed annuity,* rente différée. 2. amortissement du capital et des intérêts.

**annul** [ə'nʌl] *v.* annuler, résilier.

**annulment** [ə'nʌlmənt] *n.* annulation, résiliation, cassation, abrogation.

**answer** *n.* réponse.

**answer** *v.* répondre. *Answering machine,* répondeur téléphonique/automatique.

**answerable** ['aːnsərəbl] *adj.* 1. à quoi on peut répondre, que l'on peut résoudre, (accusation) réfutable. 2. *Answerable for something,* garant, responsable, comptable, de quelque chose. 3. *Answerable to somebody,* responsable vis-à-vis de quelqu'un. *To be answerable to the Personnel Manager,* être responsable vis-à-vis du directeur du personnel, relever de la direction du personnel.

**answer phone,** répondeur (téléphonique/automatique).

**ante** ['ænti] *n.* (poker) mise. *To raise the ante,* augmenter la mise, l'enjeu, le prix, faire monter les enchères.

**antedate** ['ænti'deit] *v.* antidater.

**antenna** [æn'tena] *n.* antenne.

**anticipate** [æn'tisipeit] *v.* prévoir, escompter, anticiper, prévoir, s'attendre à ; avancer.

**anticipation** [æntisi'peiʃən] *n.* anticipation.

**anti-clockwise** [ænti'klɔkwaiz] *adv.* dans le sens inverse des aiguilles d'une montre.

**antitrust** ['ænti'trʌst] *adj.* antitrust.

**antitruster** [ænti'trʌstə] *n.* agence anti-trust (ou leur personnel).

**apartment** [ə'paːtmənt] *n.* 1. appartement (U.S.). 2. studio (G.B.).

**apiece** [ə'piːs] *adj.* chacun, la pièce. $ 2 apiece, 2 dollars pièce.

**apologize** [ə'pɔlədʒaiz] *v.* s'excuser, présenter ses excuses.

**apology** [ə'pɔlədʒi] *n.* excuse.

**apparatus** [æpə'reitəs] *n.* appareil, dispositif, mécanisme (U.S.).

**apparel store** [ə'pærl stɔː] *n.* magasin d'habillement.

**appeal** [ə'piːl] *n.* 1. attrait, attirance, caractère tentant, tentation, séduction. *Consumer appeal,* attrait pour le consommateur, effet (d'attirance) d'un produit sur le consommateur. 2. *Jur. :* appel, recours. *Court of appeal,* cour d'appel. *To lodge an appeal,* faire appel, interjeter appel.

**appeal** *v.* 1. plaire à, attirer, séduire. 2. s'adresser à, faire appel à. 3. *Jur. :* faire appel, interjeter appel, introduire un recours, se pourvoir en cassation. *To appeal a *case,* interjeter appel.

**appeal for tenders** *n.* appel d'offre(s).

**appeal for tenders** *v.* faire un appel d'offre(s).

**appellant** *n.* *(jur.)* appelant(e).

**appellate court,** (U.S.) cour d'appel.

**appellee** *n.* *(jur.)* défendeur, défenderesse (en appel).

**append** [ə'pend] *v.* apposer. *To append one's signature,* apposer sa signature.

**appendix** [ə'pendiks] *n.* annexe.

**applause mail** [ə'plɔːz meil] lettres de félicitation.

**appliance** [ə'plaiəns] *n.* appareil. *Domestic appliances,* appareils ménagers.

**applicant** ['æplikənt] *n.* demandeur, postulant, candidat.

**application** [æpli'keiʃən] *n.* 1. demande, candidature. 2. souscription.

**application form** *n.* 1. dossier de candidature. 2. bulletin de demande (échantillons, etc.). 3. bulletin de souscription.

**applied research** [ə'plaid] *n.* recherche appliquée.

**apply** [ə'plai] *v.* 1. solliciter, demander, faire acte de candidature. *To apply for a job,* solliciter un emploi. 2. s'adresser à, s'inscrire. « *Apply within* », adressez-vous à l'intérieur. 3. souscrire (actions, obligations). 4. appliquer.

**appoint** [ə'pɔint] *v.* nommer. *He was appointed chairman,* il a été nommé président. *To appoint somebody to a position,* nommer quelqu'un à un poste.

**appointee** [əpɔin'tiː] *n.* personne nommée à un poste, personne désignée pour un emploi.

**appointment** [ə'pɔintmənt] *n.* 1. rendez-vous. *To make an appointment,* prendre un rendez-vous. 2. nomination, désignation (à un poste). 3. *Appointments vacant,* offres d'emploi.

**appointive** [ə'pɔintiv] *adj.* *Appointive posts,* emplois obtenus par nomination (par opposition aux fonctions électives).

**apportion** [ə'pɔːʃən] *v.* 1. répartir, ventiler, partager, distribuer, affecter. 2. assigner. *To apportion a task to somebody,* assigner une tâche à quelqu'un.

**apportionment** [ə'pɔːʃənmənt] *n.* partage, répartition, distribution, ventilation, allocation, affectation, imputation.

**appraisal** [ə'preizl] *n.* estimation, évaluation, expertise.

**appraise** [ə'preiz] *v.* estimer, évaluer.

**appraisement** [ə'preizmənt] *n.* évaluation, estimation. *Official appraisement,* expertise.

**appraiser** [ə'preizə] *n.* estimateur. *Official appraiser,* expert, commissaire priseur.

**appreciate** [ə'priːʃieit] *v.* 1. apprécier, faire cas, être sensible à. 2. augmenter de valeur. 3. revaloriser.

**appreciation** [əpriːʃi'eiʃən] *n.* 1. appréciation. 2. accroissement. 3. plus-value.

**apprentice** [ə'prentis] *n.* apprenti.

**apprentice** *v.* mettre en apprentissage.

**apprenticeship** [ə'prentisʃip] *n.* apprentissage.

**approach** [ə'prəutʃ] *n.* 1. approche, façon d'envisager, d'aborder, stratégie. 2. voie d'accès.

**approach** *v.* 1. approcher de, s'approcher de. 2. approcher, contacter, entrer en contact avec quelqu'un. *He has been approached for the post,* il a été pressenti pour le poste. 3. aborder, approcher, s'attaquer à (problème, marché...).

**approbation** [æprəu'beiʃən] *n.* 1. approbation, assentiment, consentement. 2. examen, essai. *Goods on approbation,* marchandises à condition, à l'essai.

**appropriate** [ə'prəuprieit] *v.* 1. affecter, consacrer. 2. s'approprier.

**appropriation** [əprəupri'eiʃən] *n.* 1. affectation, répartition, dotation. 2. appropriation.

**approval** [ə'pruːvəl] *n.* approbation. *On approval, on appro.,* à condition, à l'essai.

**approve** [ə'pruːv] *v.* 1. approuver, être d'accord avec, agréer, autoriser, ratifier. 2. *To approve of somebody, of something,* juger favorablement, avoir une opinion favorable de, être favorable à, être partisan de quelqu'un ou quelque chose.

**approximate** [ə'prɔksimeit] *v.* s'approcher de, approcher, avoisiner, rapprocher.

**approximate** [ə'prɔksimit] *adj.* approximatif.

**approximation** [əprɔksi'meiʃən] *n.* approximation.

**approximately** [ə'prɔksimitli] *adv.* approximativement.

**appurtenance** [ə'pə:tinəns] *n.* *Jur.* : appartenance, servitude. *House with all its appurtenances,* immeuble avec ses servitudes.

**arbiter** ['a:bitə] *n.* arbitre.

**arbitrage** [a:bi'tra:ʒ] *n.* *Fin. et Bourse* : arbitrage.

**arbitrager** [a:bi'tra:ʒə] *n.* arbitragiste.

**arbitrageur** *n.* = **arbitrager.**

**arbitraging** [a:bi'tra:ʒiŋ] *n.* arbitrage.

**arbitral** ['a:bitrəl] *adj.* arbitral.

**arbitrate** ['a:bitreit] *v.* arbitrer, trancher.

**arbitration** [a:bi'treiʃən] *n.* arbitrage. *Arbitration committee,* « conseil de prud'hommes ».

**arbitrator** ['a:bitreitə] *n.* arbitre.

**arbitrary** ['a:bitrəri] *adj.* arbitraire. *Arbitrary deduction,* remise forfaitaire.

**arcade** *n.* galerie. *Penny-arcade,* galerie de jeux (avec machines à sous). *Shopping arcade,* galerie marchande.

**archives** ['a:kaivz] *n.* archives.

**area** ['εəriə] *n.* zone, secteur, région, terrain nu, étendue. *Catchment area,* aire de ramassage. *Sterling area,* zone sterling.

**area code** *n.* *Télécom.* : indicatif de zone, indicatif de secteur, indicatif régional.

**area manager** *n.* chef/responsable de secteur.

**area testing** *n.* test par secteur.

**argue** ['a:gju:] *v.* 1. discuter. 2. prétendre.

**argument** ['a:gjumənt] *n.* 1. discussion, dispute. 2. argument.

**arm** [a:m] *n.* antenne (commerciale).

**arm's length (at)** *Jur.* : expression qui indique que dans une transaction ou négociation, les deux parties sont indépendantes et

qu'aucune ne domine l'autre. *Sale at arm's length,* vente loyale. *Arm's length price,* prix normal du marché, prix de pleine concurrence.

**arraign** [ə'rein] *v.* mettre en accusation.

**arraignment** [ə'reinmənt] *n.* mise en accusation.

**arrange** [ə'reindʒ] *v.* arranger, aménager, organiser. *To arrange a meeting,* organiser une réunion.

**arrangement** [ə'reidʒmənt] *n.* 1. arrangement, disposition. 2. dispositif, préparatif. 3. accord, transaction, compromis, arrangement. *Scheme of arrangement* : concordat.

**array** [ə'rei] *n.* 1. déploiement, alignement. 2. dispositif, réseau. 3. *Jur.* : tableau des jurés.

**arrear(s)** [ə'riə(z)] *n.* arriéré(s), arrérages.

**arrearage** [ə'riəridʒ] *n.* (U.S.) arriéré(s), arrérages, solde de comptes.

**arrest** [ə'rest] *n.* 1. arrêt, suspension. 2. arrestation. 3. sursis, surséance (à l'exécution d'un jugement), suspension (de jugement).

**arrest** *v.* 1. arrêter, stopper, immobiliser. 2. arrêter, mettre en état d'arrestation, appréhender. 3. *Jur.* : suspendre, surseoir.

**arrest inflation** *v.* arrêter, juguler l'inflation.

**arrest-warrant** *n.* mandat d'arrêt.

**arrival** [ə'raivl] *n.* 1. arrivée. 2. arrivage.

**arson** ['a:sn] *n.* crime d'incendie volontaire.

**arsonist** ['a:sənist] *n.* incendiaire, pyromane.

**art direction** [a:t] direction artistique.

**article** ['a:tikl] *n.* article, objet ; (contrat) article, clause, condition ; article (journal).

**article** *v.* mettre en apprentissage.

**articled** ['a:tikld] *adj.* lié par contrat d'apprentissage.

**articles of association** *n.* statuts (d'une société).

**articulated lorry** [a:'tikjuleitid] *n.* (G.B.) camion semi-remorque, semi-remorque.

**artisan** [a:ti'zæn] *n.* artisan.

**arts and crafts** [a:ts] arts et métiers.

**ascertain** [æsə'tein] *v.* s'assurer de ; constater, vérifier. *To ascertain damage,* constater des dégâts.

**ascribable** [əs'kraibəbl] *adj.* attribuable, imputable.

**ascribe** [əs'kraib] *v.* attribuer, imputer.

**ascription** [əs'kripʃən] *n.* attribution, imputation.

**as from,** *prép.* à partir de, du ; à compter de, du.

**ashore** [ə'ʃɔ:] *adv.* à terre.

**as is** [æz iz] en l'état. *The tenant shall take the dwelling as is,* le locataire s'engage à prendre l'habitation en l'état.

**ask** [a:sk (G.B), æsk (U.S.)] *v.* demander.

**asked** [æskt] *adj.* demandé. *Asked price,* prix demandé ; cours de l'offre.

**asking price** *n.* prix demandé.

**as of,** à la date du, à partir du, à compter du.

**as per** *prép.* suivant, conformément à. *As per invoice,* suivant la facture, conformément à la facture. *As per order :* suivant commande, conforme à la commande, conformément à la commande.

**assault and battery** [ə'sɔ:lt ənd 'bætəri] coups et blessures.

**assay** [ə'sei] *n.* essai (d'un métal, d'un minerai). *Assay value,* teneur.

**assay** *v.* analyser, titrer, faire l'essai (minerai, métal).

**assemble** [ə'sembl] *v.* monter (voiture).

**assembler** [ə'semblə] *n.* monteur.

**assembly** [ə'sembli] *n.* montage. *Engine assembly,* montage de moteurs.

**assembly line** *n.* chaîne de montage.

**assent** [ə'sent] *n.* accord, consentement, assentiment, agrément.

**assent** *v.* donner son accord, son assentiment, acquiescer, sanctionner.

**assert** [ə'sə:t] *v.* 1. affirmer, soutenir. 2. revendiquer, faire valoir. *To assert one's claims,* faire valoir ses droits.

**assess** [ə'ses] *v.* estimer, évaluer, établir, répartir. *To assess the damage,* évaluer les dégâts.

**assessable** [ə'sesəbl] *adj.* 1. évaluable. 2. imposable.

**assessment** [ə'sesmənt] *n.* 1. évaluation, estimation. 2. taxation, imposition.

**assessor** [ə'sesə] *n.* 1. personne chargée d'une évaluation. 2. *Impôts :* répartiteur, contrôleur. 3. *Jur. :* assesseur.

**asset(s)** ['æset(s)] *n.* 1. avoir, actif, élément d'actif. *Assets and liabilities,* actif et passif. *Current assets,* actif disponible. *Fixed assets,* immobilisations. *Liquid assets,* disponibilités, liquidités. *Personal assets,* biens meubles. *Real assets,* biens immobiliers. 2. atout(s).

**assign** [ə'sain] *n. Jur. :* ayant droit.

**assign** *v.* 1. assigner, attribuer. 2. *Jur. :* céder, attribuer. 3. *Comptab. :* imputer une charge.

**assignable** [ə'sainəbl] *adj.* 1. assignable, attribuable. 2. cessible, transférable.

**assignation** [æsig'neiʃən] *n. Jur. :* cession, transfert. *Deed of assignation,* acte de transfert.

**assignee** [æsai'ni:] *n.* 1. ayant droit. 2. cessionnaire (d'une créance). 3. syndic (de faillite).

**assignment** [ə'sainmənt] *n.* 1. mission, tâche assignée. 2. affectation, allocation, attribution. *Pub. : Assignment of space,* répartition des emplacements. 3. cession. *Assignment of a patent,* cession d'un brevet.

**assignor** [ə'sainə] *n.* cédant.

**assist** [ə'sist] *v.* assister, aider.

**assistance** [ə'sistəns] *n.* assistance, aide.

**assistant** [ə'sistənt] *n.* 1. adjoint. *Assistant manager,* sous-directeur. 2. vendeur, employé de magasin. *Shop-assistant,* vendeur, -euse.

**associate** [ə'səuʃieit] *n.* associé.

**associate** [ə'səuʃieit] *v.* 1. associer. 2. s'associer.

**association** [əsəusi'eiʃən] *n.* association, société. *Articles of association,* statuts. *Memorandum of association,* acte constitutif.

**assort** [ə'sɔ:t] *v.* assortir.

**assortment** [ə'sɔ:tmənt] *n.* assortiment, choix.

**assume** [ə'sju:m] *v.* 1. assumer.

*To assume all risks,* prendre tous les risques. **2.** s'approprier, s'arroger. *To assume ownership,* faire acte de propriétaire. **3.** supposer, présumer.

**assumption** [ə'sʌmpʃən] *n.* **1.** supposition, postulat (non démontré). **2.** immixtion, usurpation.

**assurance** [ə'ʃuərəns] *n.* assurance. *Life assurance,* assurance-vie.

**assure** [ə'ʃuə] *v.* **1.** assurer. **2.** s'assurer.

**assured (the)** *n. pl.* les assurés. On trouve aussi *the assureds.*

**astray** [ə'strei] *adv.* de travers. *To go astray,* s'égarer, faire fausse route.

**at company's risk,** aux risques et périls de l'expéditeur.

**at consignor's risk,** aux risques de l'expéditeur.

**at market price,** au prix du marché, au prix courant.

**atomizer** ['ætəmaizə] *n.* atomiseur.

**at owner's risk,** aux risques et périls du propriétaire.

**at par,** au pair (valeurs boursières, etc.).

**at sender's risk,** aux risques de l'expéditeur.

**at sight,** à vue, sur présentation.

• **attach** [ə'tætʃ] *v.* **1.** joindre ; fixer. **2.** *Jur. :* arrêter, saisir. **3.** s'appliquer à, être afférent à, être en vigueur.

**attaché** [ə'tæʃei] *n.* attaché.

**attaché-case,** serviette, porte-documents.

• **attachment** [ə'tætʃmənt] *n.* **1.** *Jur. :* saisie-arrêt. *Attachment of real property,* saisie immobilière. **2.** accessoire.

**attain** [ə'tein] *v.* atteindre, arriver à.

**attempt** [ə'tempt] *n.* tentative, essai.

**attempt** *v.* tenter, essayer.

**attend** [ə'tend] *v.* **1.** assister, participer à. *To attend a course,* suivre un cours. *To attend a meeting,* assister à une réunion. **2.** *To attend to somebody, to something,* s'occuper de, veiller à.

**attendance** [ə'tendəns] *n.* présence, assistance ; assiduité, fréquentation ; participation. *Attendance fees,* jetons de présence. *Attend-*

*ance figure,* nombre de participants, nombre de visiteurs, nombre de spectateurs, assistance, nombre de personnes présentes. *Attendance sheet,* feuille de présence.

**attendant** [ə'tendənt] *n.* **1.** personne présente, assistant. **2.** préposé, employé. *Lift attendant,* liftier, garçon d'ascenseur.

**attendee** [əten'diː] *n.* (U.S.) participant (à une réunion).

**attest** [ə'test] *v.* certifier. *Attested signature,* signature légalisée.

**attitude survey,** étude de comportement.

**attorney** [ə'təːrni] *n.* (U.S.) avoué, avocat, fondé de pouvoir. (U.S.) *Attorney General,* ministre de la justice. *Power of attorney,* procuration.

**attornment** [ə'təːnmənt] *n.* reconnaissance des droits du nouveau propriétaire.

**attract** [ə'trækt] *v.* attirer.

**attractive** [ə'træktiv] *adj.* attirant ; attrayant ; intéressant ; tentant. *Attractive prices,* prix intéressants.

**attribute** ['ætribjuːt] *v.* attribuer, imputer à.

**attrition** [ə'triʃən] *n.* **1.** usure, dégradation. *The attrition of purchasing power,* l'érosion du pouvoir d'achat. *Attrition rate,* taux d'usure, d'érosion. **2.** départs à la retraite, réduction naturelle du personnel.

**auction** ['ɔːkʃən] *n.* vente aux enchères. *To be sold by auction,* être vendu aux enchères, (U.S.) *To be sold at auction,* être vendu aux enchères. *Dutch auction,* vente à la baisse (on baisse le prix jusqu'à trouver un acquéreur).

**auction** *v.* vendre aux enchères.

**auctioneer** [ɔːkʃə'niə] *n.* commissaire-priseur.

**auction-sale** *n.* vente aux enchères.

**audience** ['ɔːdjəns] *n.* **1.** public, assistance, auditoire ; audience ; *Audience rating,* indice d'écoute. **2.** *Jur. :* droit d'être entendu devant une cour.

**audio-engineer,** *n.* ingénieur du son.

**audit** ['ɔːdit] *n.* vérification, contrôle, apurement (des comptes). *So-*

*cial audit,* audit social, bilan social de l'entreprise.

**audit** *v* . vérifier, apurer (comptes).

**auditing** ['ɔːditiŋ] *n.* vérification, contrôle.

**auditor** ['ɔːditə] *n.* commissaire aux comptes ; spécialiste de l'audit.

**augment** [ɔːg'ment] *v.* augmenter, accroître, s'accroître.

**auspices** ['ɔːspisiz] *n.* auspices ; patronage.

**austerity** [ɔ'steriti] *n.* austérité.

**autarky** ['ɔːtaːkiː] *n.* autarcie.

**authenticate** [ɔː'θentikeit] *v.* certifier, homologuer, valider, authentifier.

**authentication** [ɔːθenti'keiʃən] *n.* validation, légalisation.

**authority** [ɔː'θɔriti] *n.* 1. autorité. 2. autorisation, mandat. 3. organisme, agence. 4. *Pl. authorities,* pouvoirs publics, autorités.

**authorize** ['ɔːθəraiz] *v.* autoriser, donner mandat à.

**authorized agent** fondé de pouvoir.

**authorized capital,** capital social, nominal.

**authorized dealer,** concessionnaire, distributeur agréé.

**automaker** ['ɔːtəmeikə] *n.* constructeur d'automobiles, de voitures.

**automan** ['ɔːtəmæn] *n.* constructeur d'automobiles (U.S.)

**automate** ['ɔːtəmeit] *v.* automatiser.

**automated** ['ɔːtəmeitid] *adj.* automatisé, automatique.

**automated cash dispenser,** distributeur automatique de billets, billetterie.

**automated teller machine (ATM)** *n.* distributeur automatique de billets de banque.

**automatic** [ɔːtə'mætik] *adj.* automatique.

**automatic banking teller** *n.* distributeur automatique de billets de banque.

**automatic cash dispenser, automatic teller machine,** distributeur automatique de billets de banque, guichet automatique de banque.

**automation** [ɔːtə'meiʃən] *n.* automation, automatisation.

**automotive** ['ɔːtəməutiv] *adj.* 1. automoteur, trice. 2. automobile.

*The automotive industry,* l'industrie automobile.

**auxiliary** [ɔːg'ziljəri] *adj.* auxiliaire, secondaire. *Auxiliary books,* livres auxiliaires. *Auxiliary goods,* biens d'équipement. *Jur. : Auxiliaries,* matières adjuvantes.

**availability** [əveilə'biliti] *n.* disponibilité.

**available** [ə'veiləbl] *adj.* 1. disponible. 2. valable.

**availment** [ə'veilmənt] *n. Fin. :* réalisation.

**avail oneself of** *v.* se prévaloir de, faire usage de, user de, saisir (une occasion).

**avails** [ə'veilz] *n.* (U.S.) produit (d'une vente), revenus. Également : produit de l'escompte d'une traite (ce que reçoit celui qui la fait escompter).

**average** ['ævəridʒ] *adj.* moyen.

**average** *n.* 1. moyenne. *Weighted average,* moyenne pondérée. 2. *Assur. marit :* avaries. *General average,* avarie commune. *Particular average,* avarie simple, avarie particulière. 3. *Assur. :* règle proportionnelle.

**average** *v.* 1. établir une moyenne 2. atteindre une moyenne.

**averager** ['ævəridʒə] *n. Bourse :* faiseur de moyenne.

**averaging** ['ævəridʒiŋ] *n.* établissement d'une moyenne, calcul d'une moyenne ; évaluation d'une moyenne ; évaluation des responsabilités, arbitrage, dispache, répartition d'avarie.

**average out** *v.* pondérer.

**averment** [ə'vəːmənt] *n. Jur. :* allégation, preuve.

**avoid** [ə'vɔid] *v.* 1. éviter. 2. *Jur. :* résoudre, résilier, annuler.

**avoidance** [ə'vɔidəns] *n.* 1. action d'éviter. 2. *Jur. :* annulation, résiliation. *Avoidance clause,* clause résolutoire.

**await** [ə'weit] *v.* attendre. *Goods awaiting delivery,* marchandises en souffrance.

**award** [ə'wɔːd] *n.* 1. prix, récompense, 2. sentence arbitrale, arbitrage. 3. (U.S.) dommages-intérêts. 4. augmentation, octroi d'une augmentation. *A salary award,* une hausse de salaire.

**award** *v.* accorder, attribuer, allouer ; adjuger ; conférer (un titre).

**awarder** [ə'wɔːdə] *n. Jur. :* adjudicateur.

**aware** [ə'wɛə] *adj.* informé, au courant, au fait. *I am fully aware that...,* je n'ignore pas que, je suis pleinement conscient de ce que...

**awareness** [ə'wɛərnis] *n.* connaissance, conscience. *Advertising awareness,* impact publicitaire. *Brand awareness,* notoriété de marque. *Cost awareness,* connaissance des coûts.

**axe (ax)** [æks] *n.* hache. *To get the axe,* se faire licencier. *Axe wielding,* (mesures de) licenciement ; fait de brandir, d'agiter la menace de, menacer de (mesures de) licenciement.

**axe (ax)** *v.* éliminer, supprimer (par économie). *To axe a project,* éliminer un projet.

# B

**back** [bæk] *n.* dos, verso. *Sign on the back,* signer au verso.

**back,** arrière ; de retour.

**back** *v.* soutenir, donner son appui à, garantir. *To back a bill,* avaliser une traite ; soutenir un projet de loi.

**backdate** ['bækdeit] *v.* 1. antidater. 2. avoir effet rétroactif. *The increase was backdated to 1st September,* l'augmentation était rétroactive au 1ᵉʳ septembre.

**backdrop** *n.* toile de fond, arrière-plan.

**backer** ['bækə] *n.* 1. partisan, personne qui soutient. 2. donneur d'aval ; commanditaire. 3. *Sport :* parieur.

**backfire** [bæk'faiə] *v.* avoir un effet contraire ou différent.

**background** ['bækgraund] *n.* 1. antécédents, formation. *He has a good engineering background,* il a une bonne formation d'ingénieur. 2. arrière-plan, fond. 3. *Pub. :* fond sonore.

**backing** ['bækiŋ] *n.* 1. appui, soutien. 2. aval.

**back interest,** arrérages.

**backlog** ['bæklɔg] *n.* 1. un grand nombre de commandes en souffrance, arriéré, peut signifier selon les cas « commandes en cours » ou « retards de livraison ». 2. un grand nombre de tâches non accomplies.

**back off** *v.* reculer, faire machine arrière.

**back-pay** *n.* rappel de traitement, arrérages, arriéré(s) de salaire.

**back pay,** rappel de salaire.

**back to back,** crédit adossé (crédit s'appuyant sur un dépôt de garantie équivalent par un tiers).

**back up** *v.* soutenir, étayer. *To back up a claim,* étayer une revendication, une affirmation.

• **back up line** *n.* crédit de sécurité confirmé. *Back up line of credit,* ligne de crédit de protection, de soutien, auxiliaire.

**back value** *n.* valeur rétroactive.

**backwardation** [bækwə'deiʃən] *n.* déport (terme boursier).

**backwardness** ['bækwədnis] *n.* état arriéré, retard. *The backwardness of agriculture,* le retard de l'agriculture.

**bad** [bæd] *adj. Bad cheque,* chèque sans provision. *Bad debt,* créance douteuse, mauvaise créance. *Bad loan,* prêt à risque.

**badge** [bædʒ] *n.* insigne, macaron.

**baffle** ['bæfəl] *v.* 1. déconcerter. 2. déjouer.

**bag** [bæg] *n.* sac (emballage et/ou contenu). *A tea bag,* un sachet de thé.

**bag** *v.* mettre en sac, ensacher.

**bag-in-box,** cubitainer.

**bail** [beil] *n.* caution, cautionnement, garant.

**bail-bond,** caution remise au tribunal maritime pour obtenir la levée d'une saisie sur un navire.

**bailee** [bei'liː] *n.* dépositaire de bien(s) en garde, en dépôt.

**bailiff** ['beilif] *n.* (G.B.) 1. huissier. 2. régisseur, intendant.

**bailment** ['beilmənt] *n.* caution, consignation, contrat de dépôt.

**bailor** ['beilə] *n.* déposant, commettant, bailleur.

**bail out** *v.* renflouer, aider, sauver, tirer d'affaire, dépanner. *To bail out an ailing industry,* renflouer, subventionner une industrie en difficulté.

**baker** ['beikə] *n.* boulanger.

**balance** ['bæləns] *n.* **1.** balance, solde. *Trial balance,* balance de vérification, bilan d'essai. *Profit balance,* solde bénéficiaire. *To settle the balance on delivery,* régler le solde à la livraison. **2.** report (terme bancaire et/ou comptable). *Balance brought forward,* report, solde reporté ; report de l'exercice précédent. *Balance carried forward,* solde à reporter, solde à nouveau ; report à l'exercice suivant.

**balance** *v.* balancer, équilibrer, solder.

**balance of payments** *n.* balance des paiements.

**balance of trade** *n.* balance commerciale.

**balance sheet** *n.* bilan. *To draw up a balance sheet,* dresser, établir un bilan.

**bale** [beil] *n.* balle, ballot.

**ballast** ['bæləst] *n.* lest. *The ship sailed in ballast,* le bateau est parti sur lest.

**ballast** *v.* lester.

**ballooning** [bə'luːniŋ] *adj.* en rapide augmentation.

**balloon** [bə'luːn] *v.* augmenter rapidement (prix).

**ballot** ['bælət] *n.* scrutin, vote. *Secret ballot,* vote à bulletin secret.

**ballpark figure** *n.* estimation approximative, à vue de nez, chiffre approximatif (U.S.).

**ballyhoo** [bæli'huː] *v.* faire un battage publicitaire.

**ban** [bæn] *n.* interdiction, mise hors la loi. *Overtime ban,* refus des heures supplémentaires (décrété par les syndicats).

**ban** *v.* interdire.

**band-aid approach,** traitement superficiel.

**bandwa(g)gon** [bænd'wægən] *n.* *To climb /to jump on the bandwa(g)gon,* prendre le train en marche, suivre la mode. *They joined the bandwa(g)gon,* ils ont suivi la tendance.

**bank** [bæŋk] *v.* **1.** mettre son argent à la banque, avoir un compte dans une banque. *Bank with...,* ouvrez un compte en banque chez... **2.** *To bank on something,* tabler sur quelque chose, miser sur, compter sur. **3.** *To bank the fires,* couvrir les feux (d'où, en économie, la notion de ralentir, réduire, freiner).

**bank** *n.* banque. *Discount bank,* banque d'escompte. *Savings bank,* caisse d'épargne. *Data bank,* banque de données.

**bankable** ['bæŋkəbl] *adj.* bancable, escomptable.

**bank account** *n.* compte en banque.

**bank clerk** *n.* employé de banque.

**bank deposit** *n.* dépôt en banque.

**bank draft,** tirage d'une banque sur une autre banque.

**banker** ['bæŋkə] *n.* banquier. *Banker's draft,* traite sur une banque. *Banker's transfer,* transfert bancaire.

**banking** ['bæŋkiŋ] *n.* opérations, activités bancaires, la banque. *Banking circles* (ou : *community*), les milieux bancaires. *Banking institution,* établissement bancaire. *Banking regulations,* règlements, réglementation bancaire(s).

**banknote** ['bæŋknəut] *n.* billet de banque.

**bank rate** *n.* taux d'escompte. *Bank Rate* (G.B.), taux national de l'escompte ( = taux de réescompte de la banque centrale).

**bankroll** ['bæŋkrəul] *v.* financer.

**bankroll** *n.* liasse de billets.

**bankrupt** ['bæŋkrəpt] *n.* failli, banqueroutier. *To go bankrupt,* faire faillite.

**bankruptcy** ['bæŋkrəptsi] *n.* banqueroute, faillite. *To file a petition in bankruptcy,* déposer son bilan. *To file for bankruptcy,* déposer son bilan.

**banner** ['bænə] *n.* bannière. *Banner headline,* titre s'étalant sur toute la largeur de la première page d'un journal, manchette.

**banner** *adj.* exceptionnel. *Banner year,* année exceptionnelle.

**bar** [baː] *n.* empêchement, obstacle. *Jur. :* fin de non-recevoir.

**bar** *v.* empêcher, interdire, opposer une fin de non-recevoir.

**barber** (U.S.) *n.* coiffeur.

**bareboat charter** [bɛə'bəut] affrètement coque nue.

**bar chart** *n.* graphique en tuyaux d'orgue.

**bar code,** code à barres.

**bargain** ['ba:gin] *n.* **1.** *Bourse :* marché. *Cash bargain,* marché au comptant. **2.** bonne affaire. *Bargain sales,* soldes.

**bargain (into the)** *loc.* par-dessus le marché.

**bargain** *v.* marchander, négocier, discuter (salaires).

**bargain basement** (U.S.) *n.* rayon des soldes.

**bargainee** [ba:gi'ni:] *n.* *Jur. :* acheteur, preneur.

**bargainer** ['ba:ginə] *n.* marchandeur.

**bargaining** ['ba:giniŋ] *n.* **1.** marchandage. **2.** négociations salariales (U.S.).

**bargaining power,** pouvoir de négociation.

**bargain-prices** *n.* prix de solde, prix sacrifiés.

**bargain-sale(s)** *n.* soldes.

**barge** [ba:dʒ] *n.* péniche, allège, chaland.

**barley** ['ba:li] *n.* orge.

**barratry** ['bærətri] *n.* *Assur. mar. :* baraterie.

**barrel** ['bærəl] *n.* tonneau, fût, barril (pour le pétrole, souvent abrégé en *bbl*).

**barren** ['bærən] *adj.* stérile.

**barrier** ['bæriə] *n.* barrière. *Trade barrier,* barrière douanière.

**barrister** ['bæristə] *n.* avocat.

**barter** ['ba:tə] *n.* troc.

**barter** *v.* troquer.

**base** [beis] *n.* base.

**base lending rate** *n.* taux de base (financement).

**base-pay** [beis] *n.* salaire de base.

**base-rate** *n.* taux de base ; salaire de base ; *(banque)* taux de base, taux directeur.

**based** [beist] *adj.* *London-based company,* société sise à Londres, dont le siège social est à Londres.

**BASIC (Beginners' All purpose Symbolic Instruction Code)** basic, basique (langage informatique polyvalent).

**basic** ['beisik] *adj.* à la base, fondamental, de base.

**basics** ['beisiks] *n.* bases, fondements, connaissances de base.

**basin** ['beisn] *n.* bassin. *Coal basin,* bassin houiller.

**basis** ['beisis] *n.* Plur. : **bases,** base, fondement.

**basket** ['ba:skit] *n.* panier, corbeille. *Basket clause,* article, clause qui envisage tous les cas non réglés ailleurs.

**batch** [bætʃ] *n.* **1.** lot (de marchandises), grosse quantité, liasse. **2.** *Inform. :* lot. *Batch processing,* traitement par lot.

**battery** ['bætəri] *n.* batterie, pile.

**beacon** [bi:kən] *n.* balise ; fanal ; phare.

**beam** [bi:m] *v.* émettre, diffuser.

**bear** [beə] *n.* baissier, spéculateur à la baisse.

**bear** *v.* **1.** porter, rapporter. *To bear interest,* rapporter (des, un) intérêt(s). **2.** supporter. **3.** *To bear on,* avoir trait à, porter sur ; peser sur. **4.** spéculer à la baisse, vendre à découvert.

**bearer** ['beərə] *n.* porteur (sens financier). *Bearer cheque,* chèque au porteur. *Bearer securities,* titres au porteur.

**bearish** ['beəriʃ] *adj.* **1.** à la baisse. *Bearish market,* marché orienté à la baisse. **2.** qui croit que les cours vont baisser ; pessimiste quant à l'évolution des cours.

**bear market,** marché en baisse, à la baisse.

**bear out** *v.* confirmer (une supposition, etc.).

**bear the market** *v.* faire baisser les cours (bourse).

**bedraggled** *adj.* en piteux état.

**beef up** [bi:f] *v.* renforcer, étoffer les effectifs.

**beforehand** [bi'fɔ:hænd] *adv.* d'avance, au préalable.

**before tax proceeds,** produit brut d'exploitation.

**beg** [beg] *v.* avoir l'honneur de. *I beg to let you know,* j'ai l'honneur de vous faire savoir.

**behalf** [bi'ha:f] *n.* *On behalf of,* au nom de, de la part de, pour le compte de.

**behave** [bi'heiv] *v.* se comporter.

**behaviour** [bi'heivjə] *n.* comportement.

**behest** [bi'hest] *n.* ordre, commandement.

**behindhand** [bi'haind'hænd] *adv.* en arrière, en retard.

**beleaguered** [bi'li:gəd] *adj.* aux abois, accablé.

**bellwether** *n.* **1.** bêlier qui mène le troupeau. **2.** indicateur de tendance. *Bellwether security,* titre précurseur.

**belong (to)** [bi'lɔŋ] *v.* appartenir à.

**belongings** (bi'lɔŋiŋz] *n.* biens, propriété, effets personnels.

**below par** [bi'ləu] au-dessous du pair (valeurs boursières).

**below the line** *loc. Litt. :* en dessous de la ligne. *Below the line promotion,* promotion indirecte (qui n'implique pas de budget ni de campagne spécifique ; par exemple, on demande aux représentants de vérifier qu'un produit est correctement présenté dans les magasins qu'ils visitent).

**belt** [belt] *n.* **1.** ceinture. **2.** courroie. **3.** région, zone. *Cotton belt,* zone où l'on cultive le coton. *Sun belt,* États américains où s'installent les retraités.

**belt-tightening** *n.* restrictions, austérité.

**bench** [bentʃ] *n.* **1.** banc. **2.** *Jur. :* tribunal. *The Bench,* la magistrature assise. **3.** poste de travail.

**bench-mark** *n.* **1.** repère ; cote (de niveau) ; borne-repère. **2.** étalon de mesure.

**beneficial** [beni'fiʃəl] *adj.* profitable, utile. *Beneficial interest,* droit d'usufruit.

**beneficiary** [beni'fiʃəri] *n.* bénéficiaire.

**benefit** ['benifit] *n.* **1.** avantage, profit. *Benefits in kind,* avantages en nature. *Fringe benefits,* avantages divers. **2.** allocation, indemnité. *Sickness benefit,* prestation de sécurité sociale (maladie). *Unemployment benefit,* allocation de chômage.

**benefit (by, from)** *v.* profiter de, bénéficier de.

**bequeath** [bi'kwi:ð] *v.* léguer.

**bequest** [bi'kwest] *n.* legs.

**berth** [bə:θ] *n.* **1.** poste de mouillage. **2.** couchette.

**bestseller** ['bestselə] *n.* article qui se vend bien.

**betterment** ['betəmənt] *n.* plus-value. *Betterment levy,* impôt sur les plus-values foncières.

**bi-annual** [bai 'anjuəl] *adj.* semestriel.

**bias** ['baiəs] *n.* **1.** préjugé, prévention ; penchant. **2.** déviation, écart par rapport à la ligne droite.

**bias(s)ed** ['baiəst] *adj.* **1.** partial. **2.** (ligne, courbe) décentrée.

**bid** [bid] *n.* **1.** enchère, mise. **2.** offre, adjudication, soumission. *Take over bid (for cash),* offre publique d'achat. *Take over bid (for shares),* offre publique d'échange. **3.** tentative.

**bid** *v.* **1.** faire une offre, enchérir. **2.** *(for something)* essayer/tenter/ d'obtenir. **3.** ordonner.

**bid-bond** *n.* caution de participation à une adjudication (appels d'offres internationaux).

**bid down** *v.* faire baisser (enchères).

**bid price,** cours acheteur, prix acheteur.

**bid up** *v.* pousser, faire monter (enchères).

**bid and asked price** *loc.* prix offert et demandé.

**bidder** ['bidə] *n.* enchérisseur, offrant. *The goods will be knocked down to the highest bidder,* les marchandises seront adjugées au plus offrant.

**bidding** ['bidiŋ] *n.* **1.** enchère, mise. **2.** ordre, injonction.

**bid price,** prix offert, prix proposé (par l'acheteur).

**Big Board (the),** la bourse de New York *(the New York Stock Exchange, N.Y.S.E.).*

**big business 1.** grosse affaire ; domaine/secteur important. **2.** *Big Business,* les grosses entreprises, le grand patronat, le grand capital.

**biggies** ['bigiz] *n.* les grands. *Retailing- biggies like Sears & Roebuck,* les grands de la distribution comme Sears et Roebuck.

**big ticket items,** produits blancs, appareils électro-ménagers.

**bilge** [bildʒ] *n.* eau de cale.

**bilge-water,** eau de cale.

**bilk** [bilk] *v.* voler, escroquer, soutirer de l'argent.

**bill** [bil] *n.* **1.** projet de loi. **2.** billet de banque (U.S.). **3.** affiche. *Stick no bills,* défense d'afficher. *Handbill,* prospectus. **4.** facture, note, addition. **5.** traite, lettre de change, effet. *Accommodation bi-ll*, traite de complaisance. *To discount a bill*, escompter une traite. **6.** bon. *Treasury bill*, bon du Trésor.

**bill** *v.* **1.** facturer. **2.** annoncer par affiches et/ou prospectus.

**billboard** ['bilbɔud] *n.* panneau d'affichage publicitaire.

**billing** [biliŋ] *n.* **1.** facturation. *Billing period*, période de facturation. **2.** affichage. **3.** volume d'affaires (annuel) d'une entreprise de publicité ; budget annonceurs.

**billing machine** *n.* machine à facturer.

**billion** ['biljən] *n.* (U.S.) milliard ($10^9$) ; (G.B.) trilliard ($10^{12}$).

**bill of entry** *n.* déclaration en douane.

**bill of exchange** *n.* lettre de change.

**bill of health**, patente de santé. *Clean bill of health*, « patente de santé nette ».

**bill of lading** *n.* (B/L) : connaissement, lettre de voiture.

**bill of sale**, acte de vente, contrat de vente, facture.

**bill-posting** *n.* affichage. *Bill-posting contractor*, entrepreneur d'affichage.

**bills payable** *n.* effets à payer.

**bills receivable** *n.* effets à recevoir.

**bill stamp** *n.* timbre sur effet de commerce.

**bimetalism** (U.S.), **bimetallism** (G.B.) [bai'metəlizəm] *n.* bimétallisme.

**bimonthly** [bai'mʌnθli] *n.* et *adj.* bimensuel.

**binary** ['bainəri] *adj.* binaire.

**bind** [baind] *v.* lier, engager. *The agreement binds both parties*, l'accord lie les deux parties. *To be bound*, être tenu de.

**bind** *n.* situation difficile. *To be in a financial bind*, être dans une situation financière difficile.

**binding** ['baindiŋ] (clause) qui engage.

**binding agreement**, engagement, promesse, contrat, accord qui lie, qui engage.

**binge** [bindʒ] *n.* frénésie, ruée. *Christmas buying binge*, la frénésie d'achats à Noël (cf. spree).

**black** [blæk] *adj. To be in the black*, avoir un compte créditeur. *To stay in the black*, maintenir un solde créditeur, avoir des résultats positifs, rester rentable.

**black** *v.* boycotter (langue syndicale). *To black containers*, refuser de décharger les conteneurs.

**black-and-white film**, film noir et blanc.

**blackball** ['blækbɔ:l] *v.* black-bouler.

**blackleg** ['blækleg] *n.* briseur de grève, jaune (cf. scab).

**blacklist** ['blæklist] *v.* mettre sur la liste noire, mettre à l'index.

**blackmail** ['blækmeil] *v.* faire chanter.

**blackmail** *n.* chantage.

**black-market** *n.* marché noir.

**black-marketeer** *n.* vendeur au marché noir.

**blackout** *n.* **1.** panne d'électricité, des transmissions, etc. **2.** arrêt total d'une activité.

**black out** *v.* **1.** *(électricité)* tomber en panne ; mettre en panne. **2.** arrêter le fonctionnement de ; cesser de fonctionner.

**bladings** voir bills of lading.

**blame** [bleim] *n.* blâme, reproche ; responsabilité, faute.

**blame** *v.* blâmer. *to blame someone for something*, reprocher qqe chose à qqu'un. *To blame something on someone*, rejeter la responsabilité de qqe chose sur quelqu'un, rendre qqu'un responsable (d'une faute).

**blank** [blæŋk] *n.* et *adj.* **1.** en blanc. *Blank cheque*, chèque en blanc. *A blank signature*, un blanc-seing. **2.** blanc. *Fill in the blanks*, remplissez les blancs.

**blank-endorsed**, endossé en blanc.

**blanket** [blæŋkit] *adj.* global, forfaitaire. *Blanket rate*, taux forfaitaire.

**blanket** *n.* couverture. *Blanket clause*, condition générale. *Blanket policy*, police polyvalente, globale.

**blast furnace** [bla:st] *n.* haut fourneau.

**bleak** *adj.* sombre, sinistre. *Prospects are bleak*, l'avenir est sombre.

**blend** [blend] *n.* mélange. *A leading blend of tea*, une grande marque de thé.

**blend** *v.* mélanger.

**blindfold test**, test en aveugle, m. à m. les yeux bandés, consiste à faire reconnaître ou évaluer des produits par des consommateurs auxquels on ne révèle ni la marque ni le type de ce qu'ils goûtent.

**blip** [blip] *n.* fluctuation. *Downward blip*, légère baisse (peu importante et provisoire).

**blister-pack** ['blistə] *n.* emballage plastique, « blister ».

**blister-packing** *n.* pelliplacage, pelliculage.

**blitz** [blits] *n.* une campagne intensive. *To launch a P.R. blitz*, lancer une intense campagne de relations publiques.

**blitzkrieg** ['blitskriːg] *n.* guerre éclair. *A merchandising blitzkrieg*, une campagne de commercialisation très rapide (et très intense).

**block** [blɔk] *n.* **1.** paquet (d'actions). **2.** *Block of flats*, immeuble d'habitation. **3.** *Typogr.* : cliché. *Block maker*, clicheur, photograveur.

**block** *v.* **1.** bloquer, obstruer. **2.** bloquer des fonds. (En particulier, interdire la conversion en autres devises de fonds détenus dans un pays étranger, ou limiter au pays en question l'utilisation qui peut en être faite.)

**blockade** [blɔ'keid] *n.* blocus.

**blockade** *v.* bloquer, faire le blocus.

**block form** *n.* (lettre) présentation « compacte » (sans alinéas).

**block letters** *n.* caractères gras.

**blotter** ['blɔtə] *n.* **1.** registre ; brouillard ; main courante. **2.** buvard.

**blow up** [blɔu] *n.* agrandissement.

**blow up** *v.* agrandir.

**blue-chips** [bluː-tʃips] *n.* valeurs mobilières de premier ordre, actions des grandes sociétés industrielles.

**blue-collar (worker)** *n.* travailleur manuel.

**blue-print** *n.* bleu, plan, projet.

**blue-sky laws**, lois destinées à réglementer, assainir et moraliser le marché boursier.

**blunt** *v.* atténuer, émousser.

**board** [bɔːd] *n.* **1.** tableau, écriteau. *Notice board*, tableau d'affichage. **2.** comité, bureau, conseil. *Board meeting*, réunion du conseil. *Board of directors*, conseil d'administration. *Board of enquiry*, commission d'enquête. *To sit on the Board*, être membre du conseil (de la commission, du comité...). **3.** (U.S.) *The Board : The Federal Reserve Board*.

**board** *v.* **1.** monter à bord d'un navire. **2.** (U.S.) monter à bord d'un moyen de transport quelconque. *To board a bus*, monter dans un autobus.

**Board of Trade** *n.* (G.B.) Ministère du Commerce. (U.S.) Chambre de Commerce.

**boat** [bəut] *n.* bateau.

**boat** *v.* transporter par eau.

**bob up** *v.* remonter (à la surface).

**bodily** ['bɔdili] *adj.* corporel. *Bodily injury*, blessure corporelle, dommage corporel. *Bodily search*, fouille à corps.

**body** ['bɔdi] *n.* **1.** corps. *Jur.* : *Body corporate*, personne morale. **2.** organisme, collectivité. *Government body*, organisme gouvernemental. **3.** masse, ensemble. *A strong body of evidence*, un lourd faisceau de preuves. **4.** carrosserie. **5.** boîtier (photo.).

**body-builder** *n.* carrossier.

**body-work** *n.* carrosserie.

**bogus** ['bəugəs] *adj.* faux, « bidon », fantôme. *A bogus company*, une société fantôme.

**boiler** ['bɔilə] *n.* chaudière.

**boiler-maker** *n.* chaudronnier.

**boiler-making** *n.* chaudronnerie.

**boiler-man** *n.* chauffeur (de chaudière).

**bold face type** [bəuld] *Typogr.* : caractère gras.

**bolster** ['bəulstə] *v.* soutenir.

**bona fide** ['bəunə 'faidi] *loc.* de bonne foi. *Bona fide holder*, détenteur de bonne foi.

**bona fides** ['bəunə'faidiːz] bonne foi.

**bonanza** [bəu'nænzə] *n.* et *adj.* abondance ; aubaine. *Bonanza year*, année prospère.

• **bond** [bɔnd] *n.* **1.** obligation ; bon. *Government bond*, rente sur l'Etat. *Mortgage bond,* obligation hypothécaire. **2.** engagement, contrat, caution. *Performance bond,* garantie de bonne exécution. **3.** dépôt, entreposage, entrepôt (des douanes). *To sell in bond,* vendre en entrepôt.

**bond of indemnity** *n.* caution.

**bonded** ['bɔndid] *adj. Bonded goods,* marchandises en douane. *Bonded warehouse,* magasins généraux, entrepôt en douane.

**bonder** ['bɔndə] *n.* entrepositaire.

**bondholder** ['bɔndhəuldə] *n.* obligataire.

**bonding** ['bɔndiŋ] *n.* entreposage.

**bonus** ['bəunəs] *n.* bonus, prime, gratification. *Bonus share,* action gratuite.

**book** [buk] *n.* livre, registre, carnet. *Book entry,* écriture comptable. *Book of prime entry,* journal général. *Book value,* valeur comptable. *Cash book,* livre de caisse. *Order book,* carnet de commande.

**book** *v.* **1.** enregistrer, inscrire. **2.** réserver. **3.** arrêter pour une infraction, interpeler.

**book an order** *v.* enregistrer une commande.

**booking** [bukiŋ] *n.* réservation.

**booking-office,** guichet (des billets).

**bookkeeper** ['buk,ki:pə] *n.* aide-comptable ; teneur de livres.

**bookkeeping** ['buk,ki:piŋ] *n.* tenue des livres, comptabilité. *Double entry bookkeeping,* comptabilité en partie double.

**booklet** ['buklit] *n.* livret, brochure, notice.

**book of stamps,** carnet de timbres.

**bookseller** ['buk,selə] *n.* libraire.

**bookshop** ['bukʃɔp] *n.* librairie.

**bookstore** ['bukstɔ:] *n.* librairie.

**book-value,** valeur comptable, coût d'acquisition, valeur intrinsèque.

**boom** [bu:m] *n.* **1.** période de prospérité, haute conjoncture. *Boom and bust,* alternance de périodes d'inflation et de déflation, de prospérité et de dépression. **2.** (ciné.) girafe, grue, perche.

**boom** *v.* prospérer, être en haus-

se, être en expansion.

**booming** [bu:miŋ] *adj.* florissant, prospère, en plein essor.

**boomlet** *n.* mini-reprise.

**boomy** ['bu:mi] *adj.* (U.S.) = booming.

**boon** [bu:n] *n.* bienfait, gros avantage.

**boost** [bu:st] *n.* augmentation. *A boost in demand,* une poussée de la demande.

**boost** *v.* pousser, développer ; relancer. *To boost sales by advertising,* pousser les ventes par la publicité. *To boost profit margins,* gonfler les marges bénéficiaires.

**booster** [bu:stə] *n.* **1.** toute personne ou chose qui soutient, stimule, pousse, aide à développer, à faire décoller, etc. **2.** amplificateur, auto-régulateur, survolteur.

**booth** [bu:ð] *n.* cabine, stand. *Telephone booth,* cabine téléphonique. *Polling booth,* isoloir.

**bootleg** ['bu:tleg] *v.* **1.** faire de la contrebande. **2.** vendre illégalement.

**bootlegger** ['bu:tlegə] *n.* traficant (contrebandier) d'alcool.

**bootstrap** *adj.* qui repose sur ses propres moyens, avec les moyens du bord, « maison ».

**border** ['bɔ:də] **1.** frontière. **2.** *Typ. :* cadre.

**border price,** prix frontière, prix franco-frontière.

**borough** ['bʌrə] *n.* **1.** (G.B.) municipalité ; commune ; circonscription électorale. **2.** (U.S.) division administrative de la ville de New York.

**borrow** ['bɔrəu] *v.* emprunter.

**borrower** ['bɔrəuə] *n.* emprunteur.

**borrowing** ['bɔrəuiŋ] *n.* emprunt. *Borrowing rate,* taux d'emprunt, taux emprunteur.

**boss** [bɔs] *n.* patron.

**boss** *v.* mener, diriger, conduire, régenter. *To boss the show,* faire la loi.

**botch** [bɔtʃ] *v.* mal faire, saboter un travail.

**botcher** ['bɔtʃə] *n.* personne qui sabote, qui fait mal un travail, gâcheur.

**bottleneck** ['bɔtəlnek] *n.* goulot d'étranglement.

**bottling** ['botliŋ] *n.* mise en bou-teilles ; embouteillage.

**bottom** ['botəm] *n.* fond, bas. *Bottom of the market,* bas de gamme. *To hit, to touch bottom,* être au plus bas, atteindre le cours le plus bas. *The bottom has fallen out of the market,* les cours se sont effondrés.

**bottom** *v.* atteindre le point le plus bas.

**bottomline** *n.* **1.** dernière ligne, ligne du bas. **2.** (par extension de sens) bénéfices, profit ; résultat(s).

**bottom out** *v.* toucher le fond, être au plus bas. (Par extension) amorcer une reprise, reprendre.

**bought** [bo:t] *p.p.* de **to buy** acheté. *Bought note,* bordereau d'achat.

**bounce** [bauns] *v.* **1.** rebondir. **2.** être sans provision.

**bounce back** *v.* rebondir, remon-ter. *The dollar bounced back,* le dollar a repris, est remonté.

**bouncer** ['baunsə] *n.* **1.** chèque sans provision. **2.** videur.

**bouncing check** *n.* chèque sans provision.

**bound** [baund] *adj.* en partance, à destination. *Bound for New York,* en route pour New York.

**bound** *p.p.* de **to bind. 1.** lié, relié. **2.** obligé, tenu, engagé. *To be bound by an oath,* être lié par un serment, engagé sous serment.

**boundary** ['baundəri] *n.* limite, frontière.

**bounds** *n.* limites. *Within rea-sonable bounds,* dans des limites raisonnables. *Within the bounds of the fair,* dans l'enceinte de la foire. *Out of bounds,* (d') accès interdit.

**bounty** ['baunti] *n.* indemnité, prime, subvention.

**bout** [baut] *n.* accès, crise, pous-sée. *A new bout of inflation,* une nouvelle poussée d'inflation.

**bow out** [bau] *v.* **1.** tirer sa révérence. **2.** laisser son poste, se retirer.

**box** [boks] *n.* **1.** boîte. **2.** en-cadré. **3.** case. *Tick the appropriate box,* cochez la case correspondan-te.

**box-car** (U.S.), wagon fermé (marchandises).

**box-office receipts,** recette sur les entrées.

**box-top offer,** offre réclame sur emballages.

**boycott** ['boikət] *n.* boycott, boy-cottage.

**boycott** *v.* boycotter.

**bracket** ['brækit] *n.* **1.** catégorie, tranche. *Age bracket,* tranche d'âge. *Tax bracket,* tranche d'im-position. **2.** parenthèse, crochet. **3.** groupe de banques garantissant l'émission d'un emprunt internatio-nal.

**bradshaw** [brædʃɔ:] *n.* indicateur des chemins de fer.

**brain-drain** ['brein drein] fuite des cerveaux.

**brain storming** [brein 'stɔːmiŋ] *n.* travail de réflexion intensif à plusieurs sur un problème difficile (et en général urgent) ; « remue-méninges ».

**brake** [breik] *n.* frein, serrage. *A brake on investment spending,* le freinage des dépenses d'investis-sement.

**brake** *v.* freiner, ralentir. *To brake inflation,* freiner l'inflation.

**branch** [braːntʃ] *n.* succursale.

**branch-line** *n.* *Chem.* de fer : ligne secondaire.

**branch-office** *n.* succursale.

**branch out** *v.* diversifier. *The company is branching out into new activities,* la société diversifie ses activités.

**brand** [brænd] *n.* marque. *Lead-ing brands,* grandes marques. *Brand awareness,* notoriété de mar-que. *Brand loyalty,* fidélité à la marque. *Brand name,* marque, nom de la marque. *Brand recogni-tion,* identification de la marque. *Brand switching,* changement de marque (de la part du consomma-teur).

**brand** *v.* marquer.

**branded goods** [brændid] pro-duits de marque.

**brand-leader,** marque qui détient la plus grosse part d'un marché, première marque sur le marché.

**brand-new** [,brænd-'njuː], **bran-new** *adj.* tout neuf.

**brand-shifting,** changement de marque (de la part de l'acheteur), passage d'une marque à une autre.

**brass** [braːs] *n.* laiton. *Top*

*brass,* personnage(s) important(s), « huiles », « grosses légumes ».

**breach** [briːtʃ] *n.* infraction, rupture, violation. *Breach of regulations,* infraction aux règlements. *Breach of contract,* rupture de contrat.

**breach** *v.* ne pas tenir (promesse), enfreindre, rompre.

**breach of close,** effraction, bris de clôture.

**breach of promise,** violation de promesse, non-exécution d'engagement.

**breach of the peace,** atteinte à l'ordre public, délit contre l'ordre public.

**breach of trust,** abus de confiance.

**bread-and-butter issues** *n.* problèmes vitaux, essentiels.

**breadline** ['bredlain] *n.* queue de chômeurs (initialement pour distribution de pain, utilisé aussi pour remise de subsides).

**breadwinner, bread-winner,** soutien de famille, chef de famille.

**break** [breik] *n.* **1.** chute rapide, effondrement. *There has been a sharp break in share prices,* le cours des actions s'est effondré. **2.** rupture. **3.** interruption. **4.** moment de repos, de répit, pause. **5.** coup de chance, occasion favorable.

**break** *v.* **1.** éclater, rompre, briser. **2.** se briser, se rompre. **3.** enfreindre. *To break the law,* enfreindre la loi. *To break a promise,* ne pas tenir une promesse.

**breakage** ['breikidʒ] *n.* casse.

**break bulk** *v.* commencer le déchargement d'une cargaison.

**break down** *v.* **1.** tomber en panne. **2.** interrompre. *The talks broke down,* les discussions furent interrompues. **3.** ventiler. *The amount of the invoice was broken down,* le montant de la facture a été ventilé.

**breakdown** ['breikdaun] *n.* **1.** défaillance ; arrêt, rupture ; panne. *Breakdown of negotiations,* rupture des négociations, arrêt des discussions. *Nervous breakdown,* dépression nerveuse. *Power breakdown,* panne de courant, d'électricité. **2.** ventilation, répartition (comptabilité, sondages).

**break even** *v.* rentrer dans ses frais, atteindre le seuil de rentabilité.

**break-even point** *n.* point mort, seuil de rentabilité.

**break from work** *v.* interrompre son travail.

**breaking load** *n.* charge de rupture.

**break into** *v.* entrer par effraction.

**break off** *v.* rompre (négociations).

**break out** *v.* se déclencher.

**break-proof** *adj.* incassable.

**breakthrough** ['breik'θruː] *n.* percée, innovation. *A technological breakthrough,* une percée technologique.

**break up** *v.* démanteler. *To break up a trust,* démanteler un trust.

**break-up, breaking up** *n.* rupture, démantèlement.

**break-up price** *n.* prix, valeur de liquidation (d'une entreprise).

**breakwater** ['breik,wɔːtə] *n.* môle, jetée.

**break with somebody** *v.* rompre avec quelqu'un, se séparer de quelqu'un.

**breed** [briːd] *n.* race. *A breed of cow,* une race de vache.

**breed** *v.* élever. *To breed cattle,* élever du bétail.

**breeder** ['briːdə] *n.* **1.** éleveur. **2.** animal reproducteur. **3.** réacteur nucléaire. *Fast breeder,* réacteur suractivé. *Breeder reactor,* sur-régénérateur.

**bribe** [braib] *n.* pot-de-vin.

**bribe** *v.* corrompre, acheter.

**bribery** ['braibəri] *n.* corruption.

**bridge** [bridʒ] *v.* combler, boucher, *To bridge the gap,* combler l'écart. *Bridging loan,* prêt-relais.

**bridge financing,** crédit relais.

**bridge-over** *n. Fin. :* crédit provisoire.

**brief** [briːf] *n.* **1.** dossier. **2.** indications, spécifications. *Brief of an official organization,* mission (d'un organisme officiel) ; cahier des charges (d'un organisme). **3.** *Jur. :* dossier de procédure, conclusions présentées à la cour avant l'audience.

**brief** v. mettre au courant.

**briefing** ['briːfiŋ] n. 1. constitution de dossier. 2. mise au courant, briefing, réunion préparatoire.

**bring about** v. causer.

**bring an action against** v. engager des poursuites judiciaires contre.

**bring down** v. abaisser, faire baisser. To bring down tariffs, abaisser les tarifs douaniers.

**bring forward** v. avancer. The sale was brought forward a month, la vente a été avancée d'un mois.

**brisk** [brisk] adj. animé, vif, actif. Business is brisk, les affaires marchent. Demand is brisk, la demande est soutenue.

**briskly** ['briskli] adv. vivement.

**briskness** ['brisknis] n. activité.

**broadcast** ['brɔːdkaːst] n. programme, émission (radio, télévision).

**broadcast** v. radiodiffuser, téléviser.

**broadcast advertising** n. publicité à la radio ou à la télévision, publicité radio-télévisée.

**broadcaster** ['brɔːdkaːstə], chroniqueur, journaliste (TV, radio).

**broadsheet** ['brɔːdʃiːt] n. 1. placard publicitaire. 2. prospectus.

**broadside** ['brɔːdsaid] n. prospectus, dépliant.

**brochure** ['brəuʃjuə] n. brochure.

**broke** adj. sans-le-sou. sans ressources, désargenté, « fauché ». To go broke, faire faillite.

**broker** [brəukə] n. courtier ; agent ; revendeur. Insurance broker, courtier d'assurance. Pawnbroker, Prêteur sur gages. Stockbroker, agent de change, courtier.

• **brokerage** ['brəukəridʒ] n. courtage. Brokerage fee, (frais de) courtage.

Brokerage firm, société de courtage, charge d'agent de change.

**broking** ['brəukiŋ] n. courtage.

**broking house**, société de courtage, charge d'agent de change.

**brotherhood** ['brʌðəhud] n. syndicat ouvrier.

**brought down** p.p. Balance brought down, solde à nouveau.

**brought-forward** p.p. reporté.

**brownout** ['braunaut] n. pénurie d'électricité, panne.

**browze** v. 1. (magasin, etc.) flâner, regarder les marchandises exposées. 2. (livre) feuilleter.

**buck** [bʌk] n. Fam. : dollar.

**bucket** ['bʌkit] n. seau, godet. Bucket conveyor, transporteur à godets, à augets.

**buckle** ['bʌkəl] v. (métal) se déformer, se gondoler, se déjeter, gauchir, se gauchir.

**buck up** v. stimuler, ranimer ; encourager.

**budget** ['bʌdʒit] n. budget. Operational budget, budget de fonctionnement. Under budget, sans dépassement de budget. To build a ship under budget, construire un navire sans dépassement de budget.

**budget** v. inscrire au budget ; budgéter, établir un budget.

**budgetary** ['bʌdʒetəri] adj. budgétaire.

**buff** [bʌf] n. fanatique, « fan », enthousiaste.

**buffer** ['bʌfə] n. tampon, amortisseur. (U.S.) pare-chocs.

**buffer-pool** n. fond régulateur.

**buffer-stock** n. stock régulateur.

**buffet** ['bʌfit] v. ballotter, bousculer.

**bug** [bʌg] n. 1. défaut, vice de fabrication. 2. folie, mode, enthousiasme. 3. enthousiaste, fanatique. A fire bug, un pyromane. 4. microphone caché. 5. Inform. : parasite, erreur.

**bug** v. 1. irriter, ennuyer. 2. installer des micros clandestins, mettre sur table d'écoute. 3. Fam. : équiper d'un système d'alarme.

**build** [bild] v. construire.

**builder** ['bildə] n. constructeur.

**building** ['bildiŋ] n. 1. bâtiment. 2. construction. Building contractor, entrepreneur de bâtiment. Building licence, permis de construire. Building plots, emplacements constructibles. Building site, ground, terrain à bâtir. Building specifications, le cahier des charges. The building trade, the building industry, le bâtiment.

**building and loan association**, organisme, association offrant un plan d'épargne-logement.

**building society** n. (G.B.) société de financement immobilier, société de prêt à la construction, société de crédit immobilier (à but non lucratif), mutuelle d'épargne et de construction.

**build up** *v.* **1.** constituer, accumuler. *To build up reserves,* constituer des réserves. **2.** faire beaucoup de publicité.

**build-up** *n.* **1.** accumulation. **2.** battage publicitaire.

**built-in** *adj.* incorporé ; inhérent.

**bulb** [bʌlb] *n.* ampoule ; lampe.

**bulge** [bʌldʒ] *n.* gonflement, augmentation, hausse.

**bulge** *v.* se gonfler, grossir, augmenter. *Bulging inventories,* des stocks qui s'accroissent.

**bulging** ['bʌldʒiŋ] *adj.* volumineux. *Bulging inventories,* stocks excédentaires.

**bulk** [bʌlk] *n.* gros, masse. *Bulk cargo,* cargaison en vrac. *In bulk,* en gros, en vrac.

**bulk** *v.* **1.** totaliser, être important. **2.** estimer (douanes).

**bulk buying,** achat(s) en gros.

**bulk carrier** *n.* vraquier.

**bulk mail** *n.* envoi(s) en nombre.

**bulk sales** *n.* **1.** ventes en gros, en grandes quantités. **2.** ventes globales.

**bulk storage,** *Info. :* mémoire de masse.

**bulky** ['bʌlki] *adj.* encombrant, volumineux.

**bull** [bul] *n.* spéculateur à la hausse, haussier. *The market is all bulls,* le marché est à la hausse. *Bull run,* longue période de hausse des cours.

**bull** *v.* **1.** acheter à découvert, spéculer à la hausse. *To bull the market,* chercher à faire hausser les cours. **2.** (titres) être en hausse.

**bulletin** ['bulitin] *n.* bulletin, communiqué. *Bulletin board,* tableau d'affichage.

**bullish** ['buliʃ] *adj.* **1.** orienté à la hausse. *Bullish stocks,* valeurs en hausse. **2.** optimiste (quant à l'évolution des cours ou des événements).

**bullishness** ['buliʃnəs] *n.* tendance à la hausse.

**bullion** ['buljən] *n.* or ou argent en barres ou en lingots. *Bullion reserves,* réserves d'or, réserves métalliques.

**bull market,** marché en hausse.

**bulltrap** *n.* (bourse) reprise destinée à avorter, reprise sans lendemain.

**bumf** *n.* (G.B., fam.) paperasserie.

**bumper** ['bʌmpə] *adj.* élevé, excellent. *Bumper crop,* récolte record. *Bumper year,* année record.

**bundle** ['bʌndəl] *n.* paquet, liasse.

**bungle** ['bʌŋgəl] *v.* mal faire, saboter (un travail).

**bungler** ['bʌŋglə] *n.* personne qui sabote, qui fait mal un travail.

**bungling** ['bʌŋgliŋ] fait de mal faire, de saboter un travail, de s'y prendre maladroitement.

**bunker** ['bʌnkə] *n.* soute (à charbon).

**buoy** [bɔi] *n.* bouée.

**buoy** *v.* soutenir.

**buoyancy** ['bɔiənsi] *n.* fermeté, activité.

**buoyant** ['bɔiənt] *adj.* ferme, soutenu, actif. *Buoyant market,* marché soutenu.

**BUPA** = *British United Provident Association* (G.B.). Caisse pour la couverture des frais médicaux des cadres.

**burden** ['bə:dən] *n.* fardeau, charge. *Debt burden,* endettement. *Tax burden,* pression fiscale.

**burden** *v.* charger, grever ; encombrer. *Burdened estate,* domaine grevé d'hypothèques.

**bureau** [bjuə'rəu] *n.* service, département, division administrative, bureau.

**Bureau of Labor Statistics** (U.S.) Institut des statistiques du ministère du Travail.

**burgeon** ['bə:dʒən] *v.* **1.** bourgeonner. **2.** commencer à se manifester. **3.** prospérer, être florissant.

**burglar** ['bə:glə] *n.* cambrioleur.

**burglarize** ['bə:gləraiz] *v.* cambrioler.

**burglar-proof,** à l'épreuve de l'effraction, du cambriolage ; (coffre) inviolable.

**burgle** ['bə:gəl] *v.* cambrioler, entrer par effraction.

**burst** [bə:st] *n.* accès, poussée ; explosion. *A burst of speculative buying,* une poussée d'achats spéculatifs.

**burst** *v.* exploser, éclater. *The sacks were bursting with corn,* les sacs étaient pleins à craquer de blé, regorgeaient de blé.

**bushel** ['buʃəl] *n.* boisseau.

**business** ['biznis] *n.* affaire(s). *Business is business,* les affaires sont les affaires. *Business day,* jour ouvrable. *Business ethics,* déontologie. *Business formation,* création d'entreprise(s). *Business games,* jeux d'entreprise. *Business goods,* biens de production. *Business hours,* heures d'ouverture. *Business house,* maison de commerce. *Business management,* gestion d'entreprise. *To do business with,* commercer avec. *To get started in business,* se lancer dans les affaires, créer une affaire. *Business accounts,* portefeuille d'entreprises (nombre d'entreprises avec lesquelles on a des contrats).

**businesslike** ['biznislaik] *adj.* régulier, sérieux.

**business mail** *n.* envoi(s) en nombre.

**businessman** ['biznismən] *n.* homme d'affaires/d'entreprise, industriel.

**business minded** *adj.* qui a l'« esprit d'entreprise ».

**business reactivation,** reprise / relance / sauvetage d'entreprise.

**business reply card** *n.* carte-réponse.

**business risk,** risque d'entreprise.

**business school,** école de gestion, école de commerce.

**business slowdown,** ralentissement des affaires.

**bust** [bʌst] *n.* (U.S.) crise économique, récession, dépression, baisse brutale de l'activité économique.

**bust** *v.* « sauter », faire faillite. *To go bust,* faire faillite.

**busy** ['bizi] *adj.* actif, animé ; occupé. *The line is busy,* la ligne n'est pas libre.

**butcher** ['butʃə] *n.* boucher.

**butt** [bʌt] *n.* 1. barrique. 2. souche, talon.

**buttress** ['bʌtris] *v.* soutenir, renforcer. *Measures taken to buttress the economy,* mesures prises pour renforcer l'économie.

**buy** [bai] *n.* achat, affaire. *It is a good buy,* c'est une bonne affaire.

**buy** *v.* acheter. *To buy back,* racheter. *To buy in bulk,* acheter en gros, en grandes quantités. *To buy for the account,* acheter à terme. *To buy into a company,* acquérir une partie du capital d'une société. *To buy long,* acheter à long terme. *To buy on credit,* acheter à crédit. *To buy out,* désintéresser, racheter. *To buy up,* accaparer, rafler.

**buyback** *n.* rachat (par le propriétaire initial). *Stock buyback,* rachat de ses propres actions par l'entreprise.

**buyer** ['baiə] *n.* 1. acheteur, preneur. 2. chef de rayon, chef du service des achats.

**buyer's market,** marché où l'acheteur est roi.

**buyer's pass** *n.* carte d'acheteur (foire, etc.).

**buying** [baiiŋ] *n.* achat. *Buying power,* pouvoir d'achat. *Buying and selling,* les achats et les ventes.

**buy-out** *n.* rachat. *Buy-out offer,* offre de rachat.

**buy out** *v.* racheter (notamment une société lors d'une O.P.A.).

**buzz** [bʌz] *n.* (fam.) coup de téléphone. *Give me a buzz,* passez-moi un coup de fil.

**by-contractor** *n.* co-contractant.

**by-election** *n.* élection partielle.

**by express** par exprès.

**by-law** *n.* règlement. *Sociétés :* règlement intérieur, arrêté ou règlement émanant d'une autorité locale.

**by-pass** [bai-paːs] *v.* contourner, éviter ; court-circuiter, se passer de. *To by-pass regulations,* contourner la réglementation.

**by-product** ['bai prɔdəkt] *n.* sous-produit.

**by show of hands,** à main levée (vote).

**byte** [bait] *n. Inform. :* octet ; multiplot.

**by-way** ['bai wei] *n.* 1. chemin vicinal. 2. chemin détourné, voie indirecte.

# C

**cable** [keibəl] *n.* câble, câblogramme, télégramme.

**cable transfer,** virement par câble (télégraphique ou téléphonique).

**cable** *v.* câbler ; télégraphier.

**cable car** ['keibl ka:] *n.* **1.** téléphérique. **2.** funiculaire.

**cablecast** ['keibəlka:st] *v.* émettre, diffuser par câble.

**cablecasting** ['keibəlka:stiŋ] *n.* émission, diffusion par câble.

**cablecasting network,** réseau de diffusion par câble.

**ca'canny** [ka:'kæni] faire la grève perlée (G.B.).

**caddy** ['kædi] *n.* chariot (de supermarché).

**cadre** ['ka:dər,'kædri] *n.* cadre, (personnel d')encadrement.

**CAF,** Currency Adjustment Factor (voir ce mot).

**cahoots (to be in)** (U.S.) être de connivence, être de mèche.

**calculating machine** ['kælkjuleitiŋ] *n.* machine à calculer.

**calculus** *n.* calcul infinitésimal.

**calendar** ['kælində] *n.* calendrier. *Calendar year,* année calendaire.

**calibrate** ['kælibreit] *v.* calibrer.

**calibre** ['kælibə] *n.* **1.** calibre. **2.** stature, envergure ; grande qualité morale et intellectuelle. *A high-calibre businessman,* un homme d'affaires de grande envergure.

**call** [kɔ:l] *n.* **1.** appel de fonds. *Payable at call,* payable, remboursable sur demande, sur présentation à vue. *Money on call, money at call,* argent à court terme, au jour le jour. **2.** *Bourse :* option d'achat ; prime ; dont. **3.** *Bourse de marchandises :* cote. **4.** communication, appel téléphonique. **5.** visite. *To pay a call,* rendre visite. **6.** escale, relâche.

**call** *v.* **1.** téléphoner. **2.** appeler, convoquer (une réunion), décréter (une grève). **3.** *Fin. :* appeler. *To call the shares,* se déclarer acheteur. **4.** *To call a loan,* demander le remboursement d'un prêt. **5.** faire escale, s'arrêter. *To call at a port,* relâcher. *To call at a station,* s'arrê-ter à une gare (train). **6.** rendre visite.

**callable bond,** obligation remboursable par anticipation.

**call a meeting** *v.* convoquer, décider d'une réunion. *To call a board meeting,* convoquer le conseil d'administration.

**call a strike** *v.* décréter une grève, décider, déclencher une grève.

**call back** *v. Téléph. :* rappeler.

**call-box** *n.* cabine téléphonique.

**call-charge** *n.* prix, montant de la communication téléphonique.

**called-up capital** *n.* capital appelé.

**call collect** *v.* appeler en P.C.V.

**call for** *v.* **1.** appeler ; demander ; réclamer ; faire venir. *To be called for,* à remettre au demandeur ; « poste restante ». **2.** préconiser, en appeler à. *To call for a strike,* appeler à la grève. **3.** exiger, demander, réclamer. *The situation calls for drastic reforms,* la situation appelle des réformes radicales.

**called person** *n. Téléph. :* correspondant, personne appelée, abonné appelé.

**caller** ['kɔ:lə] *n. Téléph. :* personne qui appelle, demandeur.

**call in** *v.* convoquer, faire appel à.

**calling** ['kɔ:liŋ] *n.* métier, vocation.

**call-loan,** prêt remboursable à la demande.

**call money** *n.* prêt au jour le jour, à court terme, argent au jour le jour.

**call on** *v.* **1.** rendre visite à. **2.** faire appel à.

**call off** *v.* rapporter, annuler. *To call off a strike,* rapporter un ordre de grève.

**call up** *v.* **1.** faire monter. **2.** évoquer. **3.** téléphoner. **4.** appeler sous les drapeaux. **5.** *Called-up capital :* capital appelé.

**cambist** ['kæmbist] *n.* cambiste, agent de change.

**camera** ['kæmərə] *n.* **1.** appareil photo ; caméra. **2.** *Jur. :* In camera, à huis clos.

**cameraman** ['kæməræmən],

cadreur, opérateur de prises de vues.

**campaign** [kæm'pein] *n.* campagne. *Advertising campaign,* campagne publicitaire. *To launch a campaign,* lancer une campagne.

**campaign brief,** dossier de lancement d'une campagne.

**can** [kæn] *n.* boîte de conserve.

**can** *v.* mettre en conserve. *Canned beer,* bière en conserve. *Canning industry,* l'industrie de la conserve.

**canal** [kə'næl] *n.* canal.

**cancel** ['kænsəl] *v.* annuler.

**cancellation** [kænsə'leiʃən] *n.* annulation.

**cancel out** *v.* s'annuler, se compenser, s'équilibrer.

**candidacy** ['kændidəsi] *n.* candidature.

**candidate** ['kændidit] *n.* candidat.

**canned film** [kænd] bande film pré-enregistrée.

**canned music,** musique « en boîte », enregistrée.

**cannibalization** ['kænibəlai'zeiʃən] *n.* cannibalisation (ex. prélèvement d'une pièce de rechange sur une machine du même type).

**cannibalize** ['kænibəlaiz] *v.* cannibaliser.

**can-opener** [kæn-əupənə] *n.* ouvre-boîte.

**canvas** ['kænvəs] *n.* toile, grosse toile, bâche.

**canvass** ['kænvəs] *v.* prospecter la clientèle, démarcher.

**canvasser** ['kænvəsə] *n.* prospecteur, démarcheur.

**canvassing** ['kænvəsiŋ] *n.* prospection ; démarchage.

**capability** [keipə'biliti] *n.* capacité ; possibilité ; facultés.

**capacity** [kə'pæsiti] *n.* 1. capacité, potentiel, portée, charge, rendement. *The factory is working to full capacity,* l'usine tourne à plein. 2. contenance. 3. qualité. *To act in the capacity of,* agir en qualité de, à titre de.

**capita** ['kæpitə] *n.* tête. *Per capita income,* revenu par tête.

**capital** ['kæpit(ə)l] *n.* capital. *Authorized capital,* capital social. *Called up capital,* capital appelé. *Floating capital,* capital circulant. *Idle capital,* capitaux improductifs. *Nominal capital,* capital nominal. *Operating capital,* fonds de roulement. *Paid-up capital,* capital versé. *Registered capital,* capital social. *Risk capital,* capital à risque. *Share capital,* capital actions. *Working capital,* fonds de roulement. *To raise capital,* réunir, trouver des capitaux. *Capital appropriation,* affectation des capitaux ; approvisionnement en capital. *Capital assets,* capitaux fixes.

**capital expenditures,** dépenses d'investissement.

**capital gains,** plus-values, revenu des capitaux.

**capital gains tax,** impôt sur le revenu des capitaux, les plus-values en capital.

**capital goods** *n.* biens d'équipement, d'investissement, moyens de production.

**capital increase,** augmentation de capital.

**capital intensive industries,** industries de capitaux (par opposition aux industries de main-d'œuvre).

**capitalism** ['kæpitəlizəm] *n.* capitalisme.

**capitalist** ['kæpitəlist] *n.* capitaliste.

**capitalistic** ['kæpitəlistik] *adj.* capitaliste.

**capitalization** ['kæpitəlai'zeiʃən] *n.* capitalisation.

**capitalize** [kə'pitəlaiz] *v.* 1. capitaliser. 2. écrire en majuscules. 3. **(on)** profiter de, exploiter.

**capital letters,** (lettres) capitales, majuscules.

**capital outlay** *n.* débours, mise de fonds.

**capital spending** *n.* dépenses d'investissement.

**capital stock,** capital social, capital action.

**capital tie-up** *n.* entente financière.

**capsize** [kæp'saiz] *v.* chavirer, faire chavirer.

**caption** ['kæpʃən] *n.* légende, sous-titre.

**captive audience** ['kæptiv] public captif.

**captive custom,** clientèle captive.

**captive market,** marché captif.

**capture** ['kæpt∫ə] *v.* capturer. *To capture the market,* s'emparer du marché.

**car** [ka:] *n.* automobile, voiture ; (U.S.) wagon.

**carbon** ['ka:bən] *n.* papier carbone.

**carbon-copy** *n.* copie carbone, double (au papier) carbone.

**card** [ka:d] *n.* carte, fiche. *Visiting card,* carte de visite. *Customer's card,* fiche client. *Punch(ed) card,* carte perforée.

**cardboard** ['ka:dbɔ:d] *n.* carton.

**card-file** *n.* fichier.

**card index** *n.* fichier.

**cards (to give someone his)** *v.* licencier, mettre à la porte.

**care** [kɛə] *n.* 1. soin. *Care of (c/o),* aux bons soins de. « *With care* », « fragile ». 2. entretien. 3. garde. *The children were entrusted to the care of the grandparents,* les enfants ont été confiés à la garde des grands-parents.

**career** [kə'riə] *n.* carrière.

**career prospects,** perspectives de carrière, d'avenir, plan de carrière.

**career officer** *n. Univers. :* conseiller-orienteur.

**cargo** ['ka:gəu] *n.* cargaison. *Bulk cargo,* cargaison en vrac.

**cargo-boat** *n.* cargo.

**cargo-liner** *n.* cargo mixte.

**cargo-shifting** *n.* déplacement, glissement de cargaison.

**cargo-vessel** *n.* cargo.

**car-hire,** location de voiture. *Car-hire concern,* entreprise de location de voitures.

**carload** *n.* wagon entier, contenu d'un wagon.

**car-maker** *n.* fabricant automobile, fabricant d'automobiles.

**car-manufacturer,** constructeur automobile.

**car-park** *n.* parking.

**carriage** ['kærid3] *n.* 1. port, transport. *Carriage free,* franco de port. *Carriage forward,* en port dû. *Carriage paid,* en port payé. 2. voiture, wagon.

**carried forward,** report à nouveau.

**carrier** *n.* 1. porteur. 2. transporteur. 3. cargo. *Bulk carrier,* vraquier. 4. porte-avions.

**carry** ['kæri] *n. Bourse :* report.

**carry** *v.* 1. transporter. 2. porter, rapporter. *To carry an interest of 5 %,* rapporter un intérêt de 5 %. 3. adopter ; faire passer, faire adopter. *To carry a motion,* adopter une motion. 4. avoir (des marchandises) en magasin, en stock, en dépôt ; tenir un article. *To carry a large stock,* avoir un stock important. *To carry a line,* vendre, « faire » une gamme de produits. 5. *To carry a price,* valoir.

**carry-back** *n.* report en arrière des bénéfices.

**carry-bag,** *n.* sac (en papier ou plastique) donné pour emporter les marchandises achetées.

**carry forward** *v.* reporter. *Carried forward,* à reporter. *To carry forward to next account,* reporter à nouveau.

**carrying charge/cost,** intérêt levé sur un compte. (Notamment en bourse sur un compte à la marge.)

**carry out** *v.* exécuter, remplir, effectuer, mettre à exécution, mettre en pratique, exercer, mener à bien, s'acquitter de, appliquer, opérer. *To carry out an order,* exécuter une commande. *To carry out a mission,* s'acquitter d'une mission. *To carry out a survey,* effectuer une étude, une enquête, un sondage.

**carry over** *v. Bourse et compt. :* reporter. *Carrying over,* report.

**carry over** *n.* report.

**carry over effect** *Pub. :* effet de rappel, rappel.

**cart** [ka:t] *n.* charrette, chariot. *Push cart,* caddy, chariot.

**cartage** ['ka:tid3] *n.* camionnage.

**cartel** [ka:'tel] *n.* cartel.

**cartel(l)ization** [ka:telə'zei∫ən] *n.* cartellisation.

**carting** ['ka:tiŋ] *n.* camionnage.

**carton** ['ka:tən] *n.* boîte en carton, cartouche de cigarettes.

**cartoon** [ka:'tu:n] *n.* 1. dessin humoristique. 2. bande dessinée. 3. dessin animé.

**cartoonist** [ka:'tu:nist] *n.* dessinateur humoristique ; dessinateur de bandes dessinées ; dessinateur de dessins animés.

**cartridge** ['ka:trid3] *n.* cartouche.

**case** [keis] *n.* 1. cas, affaire.

*Case study,* étude de cas. *Case clearing house,* centrale des cas. 2. procès. 3. caisse.

**case** *v.* emballer, mettre en caisse.

**case history** *n.* 1. historique, histoire de l'évolution (d'une entreprise, etc.). 2. exemple typique.

**case law,** droit jurisprudentiel, jurisprudence.

**case study** *n.* étude de cas (concret).

**case study method,** méthode des cas.

**cash** [kæʃ] *n.* espèces, argent comptant. *Cash difficulties,* difficultés de trésorerie. *Cash inflow,* encaissement ; recettes. *Cash in hand,* espèces disponibles, liquidités. *Cash on delivery (C.O.D.),* paiement à la livraison, contre-remboursement. *Cash on the nail,* comptant. *Cash outflow,* décaissement, dépense(s), sortie(s). *Cash payment,* paiement comptant. *Cash receipts,* rentrées nettes de trésorerie. *Cash shares,* actions de numéraire. *Cash with order (C.W.O.),* paiement à la commande.

**cash** *v.* encaisser, toucher. *To cash a cheque,* encaisser un chèque.

**cash against documents** *n.* comptant contre documents.

**cash and carry** *adj.* au comptant et à emporter. *Cash and carry store,* entrepôt, magasin qui pratique la vente au comptant et à emporter. *Cash and carry market,* libre service de gros.

**cash-book** *n.* livre de caisse.

**cash-cow** *n.* vache à lait. Sens large : produit ou service qui constitue la principale ressource d'une entreprise ou d'un secteur. En marketing : produit à forte rentabilité et qui ne nécessite plus d'investissements.

**cash-desk** *n.* caisse. *Pay at the cash-desk,* payer à la caisse.

**cash discount** *n.* escompte de caisse.

**cash dispensing machine,** distributeur automatique de billets de banque.

**cash down** *n.* comptant compté.

**cash expense,** sortie(s) de fonds.

**cash flow** *n.* « cash flow », flux de liquidités, Marge Brute d'Autofinancement (M.B.A.).

**cashier** [kə'ʃiə] *n.* caissier.

**cash in** *v.* encaisser, toucher.

**cash in on** *v.* profiter de, tirer parti de, exploiter.

**cash management,** gestion de trésorerie.

**cash refund** *n.* remboursement en espèces.

**cash register** *n.* caisse enregistreuse.

**cash-strapped,** à court de liquidités, qui a des difficultés de trésorerie.

**cash with order** *n.* règlement à la commande.

**cask** [ka:sk] *n.* tonneau, fût.

**cast** [ka:st] *v.* 1. donner un suffrage. *To cast one's vote,* voter. 2. *Métall. :* fondre, mouler. 3. *Typogr. : To cast a page,* clicher une page. 4. jeter.

**cast credits** *n.* générique.

**casting** [ka:stiŋ] *n.* distribution (cinéma, théâtre).

**casting vote** *n.* voix prépondérante.

**cast iron** *n.* fonte.

**cast off** *v.* (navire) larguer les amarres.

**cast up** *v.* ajouter. *To cast up figures,* additionner des chiffres.

**casual** ['kæʒjul] *adj.* fortuit, accidentel, temporaire. *Casual labour,* main-d'œuvre intermittente ; main-d'œuvre temporaire.

**casualty** ['kæʒjuəlti] *n.* victime (d'un accident) ; personne accidentée, blessé(e) ; accident de personne. *The casualties,* les victimes, les morts et les blessés.

**catalogue,** (U.S.) **catalog** ['kætələg] *n.* catalogue. *Catalogue customers,* acheteurs par correspondance, sur catalogue.

**cataloguer** ['kætələgə] *n.* maison, entreprise de vente par correspondance.

**catch-line** [kætʃ-lain] *n. Pub. :* accroche, formule accrocheuse.

**catch on** *v.* prendre, réussir, avoir du succès (mode, etc.).

**catchment area** *n.* 1. bassin hydraulique, zone de captation, de captage. 2. aire de ramassage.

**catch up** *v.* rattraper. *They can catch up with the delay,* ils peuvent rattraper le retard.

**catch-up demand** *n.* rattrapage de la demande, manifestation d'une demande accumulée et qui cherche maintenant à être satisfaite.

**catch-up effect** *n.* effet de rattrapage. *Catch-up effect from deferred demand,* effet de rattrapage qui accompagne la reprise de la demande.

**catchword** ['kætʃwɔːd] *n.* slogan.

**catchy** ['kætʃi] *adj.* 1. facile à retenir, entraînant. 2. qui attire l'attention, accrocheur, séduisant.

**category** ['kætigəri] *n.* catégorie.

**cater** ['keitə] *v.* 1. fournir, approvisionner en denrées alimentaires. 2. s'adresser à. *To cater to, for all tastes,* satisfaire tous les goûts.

**caterer** ['keitərə] *n.* 1. fournisseur, pourvoyeur, approvisionneur. 2. traiteur.

**catering** ['keitəriŋ] *n.* 1. approvisionnement. *Catering department,* le rayon alimentation (plats préparés). 2. Restauration.

**cats and dogs** *Bourse :* actions et obligations de valeur douteuse.

**caucus** ['kɔːkəs] *n.* (U.S.) assises d'un parti, réunion des instances dirigeantes.

**cause** [kɔːz] *n.* cause, sujet, raison, objet, motif.

**cause** *v.* causer, provoquer, occasionner, susciter.

**caveat** ['keiviæt] *n.* mise en garde, avertissement. « *Caveat emptor* », que l'acheteur se méfie (dégage la responsabilité du vendeur en cas de découverte ultérieure de défaut ou déficience).

**cease** [siːs] *v.* cesser.

**cease and desist** *v.* cesser, renoncer (à une pratique) (formule utilisée par les tribunaux ou les organismes officiels lorsqu'ils enjoignent à un individu ou à une société de mettre fin à telle ou telle pratique).

**cease and desist order** (U.S.) mise en demeure de mettre fin à une pratique illégale ou déloyale (injonction donnée par tribunal ou agence gouvernementale).

**cease trading** *v.* cesser ses activités, se retirer des affaires.

**ceiling** ['siːliŋ] *n.* plafond, limite supérieure. *Ceiling price,* prix plafond.

**cell** [sel] *n.* 1. cellule. 2. pile.

**censor** ['sensə] *n.* censeur.

**censor** *v.* censurer.

**censorship** ['sensəʃip] *n.* censure.

**census** ['sensəs] *n.* recensement.

**centenary** [sen'tiːnəri] *adj.* et *n.* centenaire, centième anniversaire.

**centennial** [sen'tenjəl] *n.* centenaire, centième anniversaire.

**central** ['sentrəl] *adj.* central. *Central bank,* banque centrale. *Central tendency,* tendance à la moyenne.

**central processing unit** *Inform. :* unité centrale.

**cents-off deals** [sents] (U.S.) achats, occasions, à prix réduit, réductions.

**cents-off offer** (U.S.) offre à prix réduit.

**cents-off sale** (U.S.) vente à prix réduit.

**certificate** [sə'tifikit] *n.* 1. certificat. *Certificate of investment,* certificat d'investissement. *Certificate of origin,* certificat d'origine. 2. titre. *Registered certificate,* titre nominatif. *Share certificate,* titre d'action. 3. *certificate of receipt,* reçu, récépissé. 4. *Bankrupt's certificate,* concordat.

**certificate** [sə'tifikeit] *v.* 1. certifier. 2. accorder le concordat.

**certification** [sɔːtifi'keiʃən] *n.* certification, certificat, authentification, homologation.

**certified accounts** comptes approuvés.

**Certified Public Accountant** (C.P.A.) (U.S.) expert-comptable (diplômé).

**certify** ['sɔːtifai] *v.* certifier, attester, viser, approuver. *Certified cheque,* chèque certifié. *Certified true copy,* copie certifiée conforme.

**chafe** [tʃeif] *v.* user par frottement.

**chain** [tʃein] *n.* chaîne ; réseau ; circuit.

**chain of command** *n.* voie hiérarchique.

**chain-store** [tʃein-stɔː] *n.* magasin à succursales multiples.

**chair** [tʃɛə] *v.* présider. *To chair a meeting,* présider une réunion.

**chairman** ['tʃɛəmən] *n.* président. (G.B.) *Chairman and Managing Director*, Président-Directeur Général. (U.S.) *Chairman and Chief Executive*, Président-Directeur Général, P.D.G. *Chairman and President*, P.D.G.

**chairmanship** ['tʃɛəmənʃip] *n.* présidence.

**chalk up** *v.* enregistrer (hausse).

**challenge** ['tʃælindʒ] *n.* défi.

**challenge** *v.* défier. *Challenging position*, poste motivant, qui fait appel au dynamisme de l'individu, où l'on peut se réaliser.

**chamber** ['tʃeimbə] *n. Chamber of commerce*, chambre de commerce. *Chamber of trade*, chambre des métiers.

**Chancellor of the Exchequer** ['tʃɑːnsələ] *n.* Ministre des Finances (G.B.).

**change** [tʃeindʒ] *n.* **1.** changement, mouvement. *Price changes*, variations de prix. *Change of ownership*, mutation. **2.** change. **3.** monnaie.

**change** *v.* **1.** changer de l'argent. **2.** faire de la monnaie.

**change of venue** *n.* changement de juridiction, de lieu.

**change-over** *n.* changement, passage d'un système à un autre. *The change-over to the decimal system*, le passage au système décimal.

**change over** *v.* changer, passer d'un système à un autre.

**channel** ['tʃæn(ə)l] *n.* **1.** voie, canal, débouché. *Channels of communication*, canaux de communication. *Channels of distribution*, circuits de distribution ; chaîne (tv). **2.** chenal ; passe ; détroit.

**channel** *v.* diriger, canaliser.

**chapel** (G.B.). section syndicale, atelier syndiqué (typographes, imprimerie).

**character** ['kæriktə] *n.* **1.** caractère. **2.** personnage. **3.** qualités morales, moralité ; réputation. *Certificate of character*, certificat de bonne vie et mœurs. *Character witness*, témoin de moralité.

**characteristic** [kæriktə'ristik] *n.* et *adj.* caractéristique.

**charge** [tʃɑːdʒ] *n.* **1.** frais, prix, droits, redevances. *Collecting charges*, frais d'encaissement.

*Carriage charge*, frais de transport. *Free of charge*, gratuit. **2.** chef d'accusation. **3.** *To be in charge (of)*, s'occuper de, être responsable de.

**charge** *v.* **1.** faire payer. *To charge to an account*, facturer sur un compte. **2.** charger. **3.** hypothéquer. **4.** accuser.

**charge account** *n.* (U.S.) compte d'un client (dans un magasin).

**charge card**, carte de crédit (du type American Express ou Diner's Club, distinctes de celles émises par les banques).

**chargehand** *n.* chef d'équipe.

**charge off** *v.* amortir.

**charge-off** *n.* amortissement.

**charity** ['tʃæriti] *n.* œuvre de bienfaisance, fondation, association d'entraide. *Charity fund*, caisse de secours. *Charity performance*, représentation, soirée au profit d'une œuvre de bienfaisance, gala.

**chart** [tʃɑːt] *n.* **1.** diagramme, graphique. *Organization chart*, organigramme. **2.** carte (marine).

**chart** *v.* **1.** tracer une courbe, établir un graphique. **2.** dresser un plan, donner les grandes orientations.

**charter** ['tʃɑːtə] *n.* **1.** charte, privilège. **2.** affrètement, nolisage. *Time charter*, affrètement à temps. *Voyage charter*, affrètement au voyage.

**charter** *v.* **1.** accorder une charte à. *Chartered company*, compagnie à charte (ex. : la B.B.C. en Grande-Bretagne). **2.** affréter. *Charter(ed) flight*, vol « charter ». *Chartered plane*, avion affrété, avion « charter ».

**charterage** ['tʃɑːtəridʒ] *n.* affrètement.

**chartered accountant** *n.* expert comptable.

**charterer** [tʃɑːtərə] *n.* affréteur.

**chartering** ['tʃɑːtəriŋ] *n,* affrètement.

**charter-party** *n.* charte-partie.

**chattels** ['tʃæt(ə)lz] *n.* biens meubles, mobilier. *Chattels mortgage*, hypothèque mobilière. *Chattels personal*, biens personnels. *Chattels real*, biens réels.

**cheap** [tʃiːp] *adj.* **1.** bon marché,

peu coûteux. *Cheap fare,* billet à prix réduit. *Cheap money,* argent bon marché. *Cheap rate,* tarif réduit. 2. de mauvaise qualité.

**cheapness** ['tʃiːpnis] *n.* 1. bas prix, bon marché, faible coût. 2. mauvaise qualité, basse qualité.

**cheat** [tʃiːt] *n.* 1. tricherie, tromperie, fraude. 2. tricheur.

**cheat** *v.* tromper, frauder, tricher, escroquer.

**cheater** ['tʃiːtə] *n.* tricheur, fraudeur.

**check** [tʃek] *n.* 1. contrôle, vérification. 2. arrêt, empêchement. 3. ticket, bulletin, note, reçu. 4. (U.S.) chèque.

**check** *v.* 1. enrayer, contenir, stopper, arrêter. *To check inflation,* juguler l'inflation. 2. vérifier, apurer. *To check the books,* vérifier la comptabilité.

**check in** *v.* se présenter au contrôle ; se présenter pour faire enregistrer ses bagages (aéroports) ; arriver (dans un hôtel).

**checking** ['tʃekiŋ] *n.* 1. pointage, contrôle. 2. *Checking account* (U.S.), compte en banque.

**check-list** *n.* liste de contrôle, de vérification.

**check out** *v.* quitter (un hôtel), payer la note en partant (hôtel).

**check-out counter,** caisse (pour paiement à la sortie d'un supermarché, etc.).

**check-point** *n.* point de contrôle (frontière, etc.), poste.

**check the accounts** *v.* vérifier les comptes.

**cheese-paring economies,** économies de bout de chandelle.

**chemicals** ['kemikəlz] *n.* produits chimiques.

**chemist** ['kemist] *n.* 1. chimiste. 2. pharmacien.

**cheque** (U.S.) **check** [tʃek] *n.* chèque. *Bad cheque,* chèque sans provision, chèque en bois. *Bearer cheque,* chèque au porteur. *Cheque book,* chéquier. *Crossed cheque,* chèque barré. *Dud check,* chèque sans provision. *Order cheque,* chèque à ordre. *Open cheque,* chèque non barré. *Rubber cheque,* chèque en bois. *Stale cheque,* chèque périmé. *Cheque without funds,* chèque sans provision. *To cash a cheque,* toucher un chèque.

**chest** [tʃest] *n.* coffre ; caisse ; boîte.

**chief** [tʃiːf] *n.* chef. *Chief accountant,* chef comptable. *Chief creditor,* créancier principal. *Chief editor,* rédacteur en chef. *Chief executive, chief executive officer (C.E.O.),* directeur général de (société).

**child benefits** *n.* complément, sursalaire familial.

**chip** [tʃip] *n.* 1. *Blue chip stocks* (U.S.), *blue chips* (U.S.), valeurs vedettes. 2. *Silicon) chip,* microprocesseur, « puce ».

**chop** [tʃɔp] *v.* réduire (prix).

**chores** [tʃɔːz] *n.* corvées ; tâches quotidiennes. *A housewife's daily chores,* les corvées quotidiennes d'une ménagère.

**chose in action** [ʃəuz] droit incorporel ; propriété incorporelle. *(Droit anglo-saxon :* droit de propriété mobilière qui n'a pas fait l'objet d'une jouissance par son bénéficiaire mais qui peut être recouvré par action juridique : brevet, « copyright », garantie d'une police d'assurance.)

**chose in possession,** droit corporel (*Droit anglo-saxon :* tout bien mobilier dont le propriétaire a effectivement la jouissance.)

**C.I.F. = Cost, Insurance, Freight** [siː ai ef] C.A.F. = Coût, Assurance, Fret.

**cinema advertising** ['sinimə] publicité cinématographique.

**cinemagoer** ['sinimə gəuə] *n.* personne qui va au cinéma ; habitué de cinéma.

**cipher** ['saifə] *n.* chiffre ; code secret.

**cipher** *v.* 1. chiffrer, calculer. 2. chiffrer, coder.

**circle** ['səːk(ə)l] *n.* 1. cercle. 2. milieu. *Government circles,* milieux gouvernementaux.

**circuit** ['səːkit] *n.* 1. circuit. *Closed circuit,* circuit fermé. *Integrated circuit,* circuit intégré. *Printed circuit,* circuit imprimé. 2. ressort d'un tribunal itinérant.

**circular** ['səːkjulə] *n.* circulaire, prospectus.

**circularize** ['səːkjuləraiz] *v.* envoyer des circulaires ; expédier des prospectus ; faire connaître par voie de circulaire.

**circular letter** *n.* circulaire, lettre circulaire.

**circular note** *n.* note circulaire.

**circular tour,** voyage circulaire.

**circulate** ['sə:kjuleit] *v.* 1. circuler. 2. mettre en circulation, répandre, diffuser, faire circuler.

**circulating** ['sə:kjuleitiŋ] *adj.* en circulation.

**circulating assets,** actifs circulants.

**circulating capital** *n.* capitaux roulants.

**circulating medium,** support monétaire, agent monétaire.

**circulation** [sə:kju'leiʃən] *n.* 1. circulation, diffusion. *For circulation,* à diffuser. 2. tirage (presse) ; diffusion ; nombre de lecteurs.

**circulation breakdown** *Pub., Presse :* analyse sectorielle de la diffusion.

**circulation manager** 1. responsable de la diffusion. 2. responsable du tirage.

**circumstance** ['sə:kəmstəns] *n.* circonstance. *Circumstances beyond my control,* circonstances indépendantes de ma volonté. *Extenuating circumstances,* circonstances atténuantes.

**circumstances** ['sə:kəmstænsiz] *n.* 1. circonstances. 2. condition, moyens, situation (de fortune). *In easy circumstances,* dans l'aisance. *In poor circumstances,* dans la pauvreté.

**C.B.** [si: bi:] **Citizens' Band Radio :** bande de fréquence allouée aux particuliers pour l'émission et la réception radiophonique sur ondes courtes.

**CBers** ['sibiəz] amateurs de radios utilisant la C.B., « cibistes ».

**civil** ['sivil] *adj.* civil. *Civil engineering,* génie civil. *Civil law,* droit civil. *Civil rights,* droits civiques. *Civil service,* fonction publique, administration, service public. *Civil servant,* fonctionnaire. *Civil status,* état civil.

**civil commotions** (Ass.) troubles intérieurs.

**claim** [kleim] *n.* 1. réclamation, demande. *Claim for damages,* demande de dommages-intérêts.

*Claims department,* service des réclamations. *To entertain a claim,* faire droit à une réclamation. 2. revendications. *Wage claims,* revendications de salaires. 3. créance. *Bad claim,* créance douteuse. 4. sinistre. *Claims department,* service des sinistres. *To file a claim,* faire une déclaration de sinistre. *To fill in a claim,* faire une déclaration de sinistre. 5. demande d'indemnisation. *Travel claim,* demande de remboursement de frais de voyage. 6. droit ; concession. *To have a prior claim,* avoir un droit de priorité, un droit préférentiel, un droit d'antériorité. *Mineral claim,* concession minière. 7. affirmation, argument. *Advertising claim,* argument publicitaire.

**claim** *v.* 1. réclamer, revendiquer. 2. affirmer, prétendre.

**claimant** ['kleimənt] *n.* réclamant, l'assuré sinistré.

**claimer** ['kleimə] *n.* réclamant, demandeur, ayant droit.

**claims department,** service des réclamations.

**clamour for** ['klæmə] *v.* réclamer, réclamer à cor et à cri.

**clamp** [klæmp] *v.* imposer, fixer. *To clamp a three-month price-freeze on all goods and services,* imposer un blocage des prix pendant trois mois sur tous les biens et services.

**clampdown** ['klæmdaun] *n.* restrictions, mesures visant à restreindre, à limiter, contrôle, blocage. *Clampdown on car imports,* coup d'arrêt aux importations automobiles.

**clamp down on...** *v.* resserrer le contrôle de, bloquer, etc.

**clash** [klæʃ] *n.* conflit ; heurt, affrontement, querelle, choc ; rupture. *Clash of arms,* affrontement armé. *Clashes with the police,* heurts avec la police.

**clash** *v.* 1. jurer, détonner, être en contradiction. 2. s'opposer, s'affronter, se quereller.

**clash with** *v.* 1. *To clash with something,* être en contradiction avec quelque chose. 2. *To clash with somebody,* se heurter, s'opposer à quelqu'un, se quereller avec quelqu'un, rompre avec quelqu'un.

**class** [klɑːs] *v.* classer ; coter.

**class** *n.* **1.** classe sociale. **2.** catégorie, genre. **3.** *Assur. :* cote d'un navire.

**class actions** *n.* (U.S.) actions collectives en justice afin de permettre à un ou plusieurs individus d'agir au nom d'un grand nombre de personnes, lorsque celles-ci ont en commun un intérêt de droit ou de fait et qu'elles sont si nombreuses qu'il serait difficile de les faire toutes venir devant un tribunal.

**classified** ['klæsifaid] *adj.* classé, confidentiel, « secret ».

**classified advertisement** *n.* petite annonce (journal).

**classifieds = classified ads,** petites annonces.

**classify** ['klæsifai] *v.* **1.** classer. **2.** classer top secret.

**clause** [klɔːz] *n.* **1.** clause, article, disposition. *Avoidance clause,* clause résolutoire. *Cancelling clause,* clause d'annulation. *Escape clause,* clause échappatoire. *Saving clause,* clause de sauvegarde. **2.** avenant (d'une police d'assurance).

**claw-back clause,** clause de réduction (offre publique de vente d'actions : si le nombre des demandeurs dépasse l'offre, on réduit le nombre d'actions attribuées à chaque demandeur).

**clean** [kliːn] *adj.* propre, pur, net. *Clean bill,* effet libre ; traite simple (non accompagnée de documents). *Clean bill of lading,* connaissement sans réserves. *Clean receipt,* reçu sans réserve. *Clean signature,* signature sans réserve.

● **clean** *v.* nettoyer.

● **cleaner** ['kliːnə] *n.* nettoyeur, laveur.

**clear** [kliə] *v.* **1.** éclaircir, clarifier. **2.** solder, liquider. *To clear goods,* liquider des marchandises. **3.** acquitter (dettes), affranchir (propriété), purger (hypothèque). **4.** *(through customs)* dédouaner. **5.** (chèque) compenser, virer. **6.** *(of a charge)* disculper, innocenter.

**clearance** ['kliərəns] *n.* **1.** liquidation. *Clearance sale,* liquidation du stock, soldes pour liquidation. **2.** déclaration en douane. *Clearance inwards,* manifeste d'entrée. *Clearance outwards,* manifeste de

sortie. **3.** espace libre ; intervalle ; hauteur, hauteur libre (passage d'un véhicule sous un pont, etc.). **4.** autorisation. **5.** dégagement, libération, main-levée.

**clearer(s),** *n.* (G.B.) voir **clearing bank.** *The 4 major clearers : Barclays, Lloyds, Midland, National Westminster.*

**clearing** ['kliəriŋ] *n.* compensation.

**clearing-house** *n.* **1.** chambre de compensation. **2.** comptoir de liquidation.

**clearing bank,** *n.* (G.B.) banque de dépôt.

**clear through the customs** dédouaner.

**clear with** *v.* soumettre à l'approbation de, obtenir l'accord de, l'autorisation de, obtenir le feu vert de.

**clerical** ['klerikəl] *adj.* de bureau. *Clerical error,* erreur d'écriture. *Clerical work,* travail de bureau. *Clerical worker,* employé de bureau.

**clerk** [klɑːk] (U.S.) [kləːk] *n.* employé ; greffier. *Sales clerk,* vendeur.

**client** ['klaiənt] *n.* client.

**clientele** [kliːən'tel], U.S. [klaiən'tel] *n.* clientèle.

**clinch** [klintʃ] *v.* conclure. *Clinching argument,* argument décisif. *To clinch a deal,* conclure un accord, « enlever » un accord. *To clinch a sale,* conclure une vente, « enlever » une vente.

**climb** [klaim] *n.* avance, montée.

**climb** *v.* grimper, gravir, monter ; augmenter. *The shares climbed to $ 20,* les actions sont montées à 20 $.

**clip** [klip] *n.* agrafe ; trombone.

**clip** *v.* agrafer, fixer avec un trombone.

**clipping** ['klipiŋ] *n.* coupure (de journal).

**clipping book,** dossier de référence, recueil de coupures de presse.

**cloakroom** ['kləukruːm] *n.* **1.** vestiaire. **2.** toilettes. **3.** consigne.

**clock in** [klɔk] *v.* pointer (à l'arrivée).

**clock out** *v.* pointer (en sortant).

**clockwise** ['klɔkwaiz] dans le

sens des aiguilles d'une montre.

**close** [klǝuz] *n.* fermeture, fin de séance. *Quotations at the close,* cote à la fermeture.

**close** *v.* 1. fermer, arrêter. *To close an account,* fermer un compte. *To close the books,* arrêter les comptes. 2. clôturer. *To close at a loss,* clôturer à perte. 3. conclure (des opérations, un discours, etc.). *To close a sale,* conclure une vente. *To close a deal,* conclure une affaire.

**close** [klǝus] *adj.* 1. clos. 2. restreint. 3. isolé. 4. serré, pingre. *Close price,* prix tiré. *Close(d) company, close(d) corporation,* société contrôlée par un petit nombre d'actionnaires (cinq au moins) et à régime fiscal particulier, société de capitaux fermée, dont le capital n'a pas vocation à être négocié. 5. proche.

**closed** [klǝuzd] *adj.* 1. fermé. *Closed circuit,* circuit fermé. *Closed mortgage,* hypothèque purgée. 2. bouché, d'accès restreint. *Closed shop,* entreprise qui embauche exclusivement des ouvriers d'un syndicat donné.

**closed circuit television (C.C.-T.V.),** télévision en circuit fermé (T.V.C.F.).

**close down** *v.* fermer boutique.

**closed-end investment company,** société d'investissement à capital fixe, S.I.C.A.F., société de placement à capital fixe.

**closed-end investment trust,** société de gestion de portefeuille à capital non variable.

**close-up** ['klǝusʌp] *n.* gros plan.

**closing** ['klǝuziŋ] *n.* 1. fermeture, clôture. *Closing bid,* dernière enchère. *Closing price,* prix de clôture. *Closing time,* heure de fermeture. 2. conclusion, signature (d'une affaire, d'un contrat, d'une vente, etc.).

**closing date,** date limite, (date de) clôture des inscriptions ; date de forclusion.

**closure** ['klǝuʒǝ] *n.* 1. fermeture, arrêt. 2. clôture (débat).

**cloth** [klɔθ] *n.* étoffe.

**clothes** [klǝuðz] *n.* vêtements.

**clothing** ['klǝuðiŋ] *n.* habillement, vêtements. *The clothing industry,* l'industrie de l'habillement, du vêtement.

**clout** *n.* (U.S.) influence, pouvoir.

**cluster-pack** ['klʌstǝ pæk] « pack » (de bouteilles).

**clutch** [klʌtʃ] *n.* embrayage.

**coach** [kǝutʃ] *n.* 1. car. 2. wagon, voiture (voyageurs). 3. carrosserie. 4. *Sport :* entraîneur.

**coal** [kǝul] *n.* charbon. *Coal field,* bassin houiller. *Coal mining,* charbonnage, extraction du charbon.

**coast** [kǝust] *n.* côte.

**coast** *v.* 1. longer la côte. 2. avancer en roue libre. 3. rouler, voler, etc., en vitesse de croisière.

**coastal** ['kǝustǝl] *adj.* côtier.

**coaster** ['kǝustǝ] *n.* caboteur.

**coastline** ['kǝustlain] *n.* côte(s).

**coated paper** [kǝutid] *Impr. :* papier couché.

**C.O.B.O.L.** *n. Common Business Oriented Language,* langage informatique de programmation pour la gestion.

**code** [kǝud] *n.* code. *Code of conduct,* déontologie. *Code of practice,* déontologie.

**code** *v.* coder, classer.

**codetermination** [kǝudita:mi'-neiʃn] *n.* co-gestion.

**codification** [kǝudifi'keiʃǝn] *n.* codification.

**codify** ['kǝudifai] codifier.

**coefficient** [kǝui'fiʃnt] *n.* coefficient.

**coercion** [kǝu'ǝ:ʃn] *n.* coercition, contrainte.

**coercive** [kǝu'ǝ:siv] *adj.* 1. coercitif. 2. incontestable.

**coheir** [kǝu'eǝ] *n.* cohéritier.

**coin** [kɔin] *n.* pièce de monnaie.

**coin** *v.* monnayer, frapper monnaie.

**coin-operated,** à sous, qui marche en introduisant une pièce de monnaie. *Coin-operated machine,* machine à sous.

**co-insurance** *n.* co-assurance.

**cold storage** [kǝuld 'stɔ:ridʒ] *n.* entrepôt frigorifique.

**cold storage plant** *n.* usine frigorifique.

**collapse** [kǝ'læps] *n.* effondrement. *The collapse of the pound,* le naufrage de la livre. *Collapse of* *the talks,* échec des pourparlers, rupture des négociations.

**collapse** *v.* s'effondrer, s'écrouler (pourparlers, etc.), échouer.

**collapsible** [kə'læpsəbl] *adj.* pliant, télescopique. *Collapsible chair,* chaise pliante.

**collate** [kɔ'leit] *v.* collectionner.

**collateral** [kɔ'lætərəl] *adj.* 1. collatéral, parallèle. 2. accessoire, indirect, subsidiaire. *Collateral security,* garantie additionnelle, nantissement subsidiaire.

**collateral** *n.* garantie, nantissement, gage. *Securities lodged as collateral,* titres déposés en nantissement. *Collateral securities,* nantissement de titres (déposés pour garantir un prêt) par l'emprunteur.

**collect** [kə'lekt] *v.* 1. rassembler ; collectionner. 2. ramasser ; passer prendre ; prendre livraison de. 3. percevoir, lever, recouvrer. *To collect taxes,* lever des impôts. *To collect a cheque,* toucher, encaisser un chèque.

**collectable** [kə'lektəbl] *adj.* 1. qui se collectionne. 2. encaissable, recouvrable.

**collectables** [kə'lektəblz] *n.* objets de collection, articles qui se collectionnent (tableaux, antiquités, etc.).

**collect call** *n.* (U.S.) appel téléphonique en P.C.V.

**collectible** [kə'lektibl] *adj.* (voir **collectable**).

**collecting** [kə'lektiŋ] *n.* recouvrement. *Collecting charges,* frais de recouvrement.

**collection** [kə'lekʃn] *n.* 1. collection. 2. recouvrement, encaissement, perception. *Collection of debts,* recouvrement de créances. 3. ramassage (à domicile), enlèvement. *Luggage collection,* enlèvement des bagages. 4. levée. *Collection and delivery,* levée et distribution (courrier). 5. quête.

**collective** [kə'lektiv] *adj.* collectif. *Collective agreement,* convention collective. *Collective bargaining,* négociation collective. *Collective pay agreements,* accords collectifs sur les salaires.

**collectivise** [kə'lektivaiz] *v.* nationaliser.

**collectivism** [kə'lektivizəm] *n.* collectivisme.

**collector** [kə'lektə] *n.* 1. collectionneur. 2. contrôleur, receveur. *Tax collector,* percepteur. *Ticket collector,* contrôleur.

**collide** [kə'laid] *v.* 1. entrer en collision. 2. être en violent désaccord.

**collier** ['kɔliə] *n.* 1. mineur. 2. (navire) charbonnier.

**colliery** ['kɔljəri] *n.* mine, charbonnage.

**collusion** [kə'lu:ʒn] *n.* collusion, connivence, entente frauduleuse.

**colon** ['kəulən] *n. Typogr. :* deux points.

**colo(u)r bar, colo(u)r line** ['kʌlə] barrage par l'origine raciale, ségrégation raciale.

**colour chart** 1. table des couleurs. 2. diagramme, graphique en couleur.

**colour range,** gamme de coloris, choix de couleurs.

**colour scheme,** combinaison de couleurs, ensemble de couleurs.

**colouring** ['kʌləriŋ] *n.* colorant (aliments, etc.).

**column** ['kɔləm] *n.* colonne. *Credit column,* colonne créditrice. *Debit column,* colonne débitrice.

**column width,** largeur d'une colonne ou justification.

**columnist** ['kɔləmnist] *n.* journaliste tenant une rubrique, régulière, éditorialiste. *Advertising columnist,* journaliste en publicité.

**co-management** [kəu'mænidʒmənt] *n.* cogestion.

**combination** [kɔmbi'neiʃn] *n.* combinaison, association, ligue, coalition.

**combination carrier** *n.* pétrolier minéralier.

**combine** ['kɔmbain] *n.* cartel, entente industrielle.

**combine** [kəm'bain] *v.* combiner, unir.

**come into** [kʌm] *v.* entrer. *To come into force,* entrer en vigueur. *To come into effect,* prendre effet.

**come out** *v.* sortir. *The price comes out at $ 10,* le prix s'élève à 10 dollars. *To come out (on strike),* se mettre en grève.

**come to** *v.* venir à. *To come to an arrangement,* arriver à un compromis. *To come to maturity,* venir à échéance. *To come to terms,* arriver à un accord, s'entendre.

**come up for reelection** *v.* se présenter à une réélection. *The board will come up for reelection in March,* on votera en mars pour la réélection du conseil.

**comic** ['kɔmik] *n.* **1.** bande dessinée. **2.** *Comic book,* magazine en bandes dessinées, ouvrage de bandes dessinées. *Comic strip,* bande dessinée.

**comma** ['kɔmə] *n.* virgule.

**command** [kə'maːnd] *n.* **1.** commandement, autorité, contrôle. *Chain of command,* la hiérarchie. **2.** maîtrise, connaissance parfaite. **command** *v.* **1.** ordonner. **2.** avoir la maîtrise de. **3.** (marché, etc.) détenir, contrôler. **4.** *To command a price,* coûter, valoir (prix).

**commence** [kə'mens] *v.* **1.** débuter, commencer, entamer. *Commencing salary,* salaire de début. **2.** prendre effet à une date.

**commend** [kə'mend] *v.* recommander, louer, féliciter, approuver.

**commendation** [kɔmen'deiʃn] *n.* recommandation, éloge, louange, approbation.

**commensurate with** [kə'menʃərət] *adj.* proportionné à, en rapport avec.

**comment** ['kɔment] *n.* observation, commentaire, appréciation. *No comment,* sans commentaire.

**comment** *v.* commenter ; critiquer.

**commentary** ['kɔmentəri] *n.* commentaire.

**commerce** ['kɔmɔːs] *n.* commerce (en gros ; international). *Chamber of Commerce,* Chambre de Commerce.

**commercial** [kə'mɔːʃl] *adj.* commercial. *Commercial bank,* banque commerciale.

**commercial paper** (U.S.) papier financier, bons de caisse à court terme, billet de trésorerie.

**commercial** *n.* annonce ou émission publicitaire (radio-TV).

**commercialese** [kə,mɔːʃə'liːz] *n.* style, jargon commercial.

**commercialisation** [kə'mɔːʃəlaiz'eiʃn] *n.* commercialisation.

**commercialism** [kə'mɔːʃəlizəm] *n.* mercantilisme.

**commercialization** [kə'mɔːʃəlaiʒ'eiʃn] *n.* commercialisation.

**commercialize** [kə'mɔːʃəlaiz] *v.* commercialiser.

**commission** [kə'miʃn] *n.* **1.** commission, pourcentage. *Sale commission,* commission sur vente. *To charge a commission,* prélever une commission. *Commission agent,* commissionnaire. *Commission merchant,* commissionnaire. **2.** commission, comité. **3.** mandat, mission.

**commission** *v.* **1.** commissionner, mandater. **2.** commander. *To commission a market survey,* commander une étude de marché.

**commissioner** [kə'miʃənə] *n.* **1.** commissaire. **2.** membre d'un comité ou d'une administration.

**commit** [kə'mit] *v.* **1.** commettre (erreur, etc.). **2.** confier, livrer, remettre. **3.** engager. *To commit oneself,* s'engager. *Committed costs,* frais engagés, frais de structure.

**commitment** [kə'mitmənt] *n.* engagement, promesse, adhésion. *Financial commitment,* engagement financier. *To meet one's commitments,* tenir ses engagements.

**committee** [kə'miti] *n.* commission, comité. *Executive committee,* conseil de direction. *Management committee,* comité de direction. *Standing committee,* commission permanente. *To be on a committee,* faire partie d'une commission. *Committee of inspection,* conseil de surveillance (faillite).

**committal** [kə'mitl] *n.* **1.** voir **commitment. 2.** *Jur.* : incarcération, emprisonnement.

● **commodity** [kə'mɔdəti] *n.* marchandise, denrée, produit. *Commodity exchange,* Bourse de marchandises. *Commodity futures market,* marché à terme (marchandises).

**common** ['kɔmən] *n.* = **common stock,** action(s) ordinaire(s).

**common** ['kɔmən] *adj.* commun, ordinaire, banal. *Common carrier,* transporteur public. *Common law,* droit coutumier. *Common stock(s),* actions ordinaires. *Common* *shares,* actions ordinaires.

**Common Agricultural Policy (C.A.P.),** Politique agricole commune (dans le cadre du Marché commun).

**communicate** [kə'mju:nikeit] *v.* communiquer.

**communication** [kəmju:ni'kei∫n] *n.* communication. *Means of communication,* moyens de communication, de transport.

**communicator** [kə'mju:nikeitə] *n.* personne travaillant dans le domaine de la communication.

**communiqué** [kə'mju:nikei] *n.* communiqué, annonce officielle.

**community** [kə'mju:niti] *n.* **1.** communauté (de biens, etc.). **2.** collectivité, société, public. *Community antenna television (C.A.T.V.),* télévision par antenne collective, télévision par câble. *Community jobs,* travaux d'utilité collective. *Community network,* réseau de télévision par câble.

**commute** [kə'mju:t] *v.* **1.** voyager, aller de son domicile à son lieu de travail et vice versa. **2.** permuter, échanger. **3.** *Jur.* : commuer.

**commuter** [kə'mju:tə] *n.* voyageur, « banlieusard », usager des transports en commun.

**compact** [kəm'pækt] *adj.* compact, de faible encombrement.

**compact** ['kɔmpækt] *n.* accord, convention, pacte, contrat, entente. *Social compact,* contrat social.

**compact car,** voiture de faible encombrement (et de petite cylindrée).

**companies act** ['kʌmpəniz ækt] loi sur les sociétés.

**company** [kʌmpəni] *n.* compagnie, société. *Airline company,* compagnie aérienne. *Insurance company,* compagnie d'assurances. *Joint-stock company,* société par actions. *Limited liability company,* société à responsabilité limitée. *Parent company,* société mère. *Private limited company,* S.A.R.L. *Public limited company,* société anonyme. *Statutory company,* société concessionnaire.

**company car** *n.* voiture de fonction, voiture mise à la disposition de ses collaborateurs par l'entreprise.

**company law** *n.* droit des sociétés.

**company newspaper** *n.* journal d'entreprise.

**company secretary** *n.* secrétaire général.

**company tax** *n.* impôts sur les sociétés.

**comparative** [kəm'pærətiv] *adj.* relatif ; comparé ; comparatif. *Comparative costs,* coûts comparés.

**compare** [kəm'pεə] *v.* comparer.

**compatibility** *n.* compatibilité.

**compatible** *adj.* compatible.

**compel** [kəm'pel] *v.* contraindre, obliger, forcer, astreindre, mettre dans l'obligation de.

**compelling** [kəm'peliŋ] *adj.* **1.** contraignant. **2.** à quoi on ne peut résister, motivant, incitatif, irrésistible.

**compensate** ['kɔmpənseit] *v.* indemniser, dédommager. *To compensate for the loss,* indemniser pour la perte.

**compensating balance,** balance compensatrice (partie du crédit qui reste en dépôt).

**compensating duties** (douanes), droits compensateurs, « surcharge ».

**compensation** [kɔmpen'sei∫ən] *n.* **1.** indemnité, dédommagement, indemnisation. *To file for compensation,* réclamer un dédommagement. *Unemployment compensation,* indemnité de chômage. *Workmen's compensation.* (U.S.), assurance contre les accidents du travail. *Compensation amount,* montant compensatoire. **2.** salaire.

**compensatory** [kəm'pensətəri] *adj.* compensatoire. *Compensatory amounts/units,* montants compensatoires.

**compete (with)** *v.* concurrencer, faire concurrence à.

**competence** ['kɔmpitəns] **1.** compétence, aptitude. **2.** *Jur.* : capacité, compétence.

**competing** [kəm'pi:tiŋ] en concurrence, qui se font concurrence.

**competition** [kɔmpi'ti∫n] *n.* rivalité, concurrence. *A keen competition,* une vive concurrence. *Unfair competition,* concurrence déloyale.

**competitive** [kəm'petitiv] *adj.* concurrentiel ; compétitif. *Competitive prices*, prix concurrentiels. *Competitive edge*, (léger) avantage concurrentiel.

**competitiveness** [kəm'petitivnis] *n.* caractère concurrentiel, compétitivité.

**competitor** [kəm'petitə] *n.* concurrent.

**complain** [kəm'plein] *v.* se plaindre, porter plainte.

**complainant** [kəm'pleinənt] *n.* plaignant.

**complaint** [kəm'pleint] *n.* plainte, réclamation. *Complaint department*, le service des réclamations.

**complement** ['kɔmpli'ment] *v.* compléter.

**complementary** [kɔmpli'mentəri] *adj.* complémentaire.

**complete** *v.* 1. achever, mener à bien, terminer. 2. compléter.

**completion** [kəm'pli:ʃn] *n.* bonne exécution, achèvement ; terme, fin, finition. *Completion of an order*, exécution d'une commande. *Under completion*, en cours d'exécution, de finition.

**compliance** [kəm'plaiəns] *n.* conformité. *In compliance with your instructions*, conformément à vos instructions.

**complimentary** [kəmpli'mentəri] *adj.* 1. à titre gracieux, gratuit. *A complimentary ticket*, un billet gratuit. *A complimentary copy*, un exemplaire gratuit, hommage de l'éditeur. 2. de politesse. *Complimentary close*, formule de politesse.

**complimentary subscription**, abonnement à titre gracieux, abonnement gratuit.

**complimentary ticket**, (billet d') entrée gratuite, invitation gratuite.

**comply** [kəm'plai] *v.* s'exécuter.

**comply with** *v.* se conformer à.

**component** [kəm'pəunənt] *n.* élément composant, pièce, pièce détachée. *Component parts*, pièces détachées, pièces constituantes. *Components*, pièces détachées.

**composition** [kɔmpə'ziʃn] *n.* 1. composition. 2. entente, composition, accommodement. *To come to composition*, venir à composition. 3. *Jur.* : concordat.

**compound** ['kɔmpaund] *adj.* composite ; composé. *Compound interest*, intérêts composés.

**compound** [kəm'paund] *v.* 1. arranger, régler, composer, transiger. *To compound a debt*, régler une dette à l'amiable. *To compound with one's creditors*, s'arranger avec ses créditeurs. 2. aggraver. *Unemployment compounded by inflation*, le chômage aggravé par l'inflation.

**compound duty**, droit (de douane) mixte, composé (droit de douane spécifique s'ajoutant au droit ad valorem).

**comprehensive** [kɔmpri'hensiv] *adj.* exhaustif, complet. *Comprehensive policy*, police d'assurance tous risques. *Comprehensive survey*, étude détaillée.

**compromise** ['kɔmprəmaiz] *n.* compromis, transaction.

**compromise** *v.* 1. transiger. 2. compromettre.

**comptroller** [kən'trəulə] *n.* 1. contrôleur financier. 2. *Adm.* : vérificateur.

**compulsion** [kəm'pʌlʃn] *n.* 1. force, contrainte. 2. impulsion.

**compulsive** [kəm'pʌlsiv] *adj.* 1. coercitif, obligatoire. 2. irraisonné. *Compulsive buying*, achat sous le coup d'une impulsion.

**compulsory** [kəm'pʌlsəri] *adj.* obligatoire.

**computable** [kəm'pju:təbl] *adj.* calculable.

**computation** [kɔmpju:'teiʃn] *n.* compte, calcul ; estimation.

**compute** [kəm'pju:t] *v.* compter, calculer.

**computer** [kəm'pju:tə] *n.* ordinateur, calculatrice. *Computer-aided design (C.A.D.)*, conception assistée par ordinateur (C.A.O.). *Computer-aided instruction (C.A.I.)*, enseignement assisté par ordinateur (E.A.O.). *Computer-aided language learning (C.A.L.L.)*, enseignement des langues assisté par ordinateur. *Home computer*, ordinateur familial. *Personal computer*, P.C., ordinateur individuel.

**computer science**, informatique.

**computer scientist**, informaticien.

**computerize** [kəm'pju:təraiz] *v.*

1. calculer électroniquement, traiter par ordinateur, mettre sur ordinateur. 2. informatiser.

**computerization** [kəmpjuːtəraiˈzeiʃn] *n.* traitement par ordinateur, informatisation, passage à l'informatique.

**computerized management** [kəmˈpjuːtəraizd] gestion automatisée, gestion informatisée.

**con** [kɔn] *v.* 1. leurrer, tromper, berner. 2. escroquer.

**conceal** [kənˈsiːl] *v.* cacher. *Concealed unemployment,* chômage caché.

**concealment** [kənˈsiːlmənt] *n.* 1. dissimulation. 2. *Jur.* : recel.

**conceive** [kənˈsiːv] *v.* concevoir, rédiger (un document).

**concentrate** [ˈkɔnsəntreit] *v.* 1, concentrer. 2. se concentrer. 3. *To concentrate on something,* concentrer, porter son attention sur, s'occuper surtout de.

**concentration** [kɔnsənˈtreiʃn] *n.* 1. concentration. 2. *Univers.* : option.

**concept** [ˈkɔnsept] *n.* concept.

**conception** [kənˈsepʃn] *n.* conception.

**concern** [kənˈsəːn] *n.* 1. entreprise, firme. 2. souci, préoccupation.

**concern** *v.* concerner, regarder, toucher. *To whom it may concern,* pour servir et valoir ce que de droit.

**concerted action** [kənˈsəːtid] *n.* action concertée, concertation.

**concertina folder** [kɔnsəˈtiːnə] *n.* dépliant (en) accordéon.

**concession** [kənˈseʃn] *n.* concession, réduction ; franchise.

**conciliation** [kənsiliˈeiʃn] *n.* conciliation, arbitrage.

**conciliation board,** commission d'arbitrage.

**conclusive** [kənˈkluːsiv] *adj.* concluant, décisif, probant. *Conclusive evidence,* preuve(s) décisive(s).

**concurrence** [kənˈkʌrəns] *n.* 1. accord, concordance de vues, d'opinions ; coopération. 2. concomitance, simultanéité.

**concurrent** *adj.* 1. en concordance de vues, d'opinions. 2. concomitant, simultané.

**condition** [kənˈdiʃn] *n.* condition, stipulation. *Terms and condi-*

*tions,* modalités. *Conditions of the contract,* cahier des charges.

**condition** *v.* 1. conditionner. 2. imposer des conditions.

**conditional** [kənˈdiʃənl] *adj.* conditionnel. *Conditional on something,* dépendant de, fonction de.

**condominium** [kɔndəˈminiəm] *n.* copropriété (d'un immeuble) ; immeuble en co-propriété.

**conduct** [kɔnˈdʌct] *v.* diriger, conduire ; mener ; effectuer. *To conduct a campaign,* mener une campagne. *To conduct a survey,* mener une enquête, effectuer une étude.

**confectioner** [kənˈfekʃənə] *n.* confiseur.

**confectionery** [kənˈfekʃənəri] *n.* confiserie.

**confederation** [kɔnfedəˈreiʃn] *n.* fédération. *Confederation of British Industry (C.B.I.),* Confédération des Industries Britanniques (homologue du C.N.P.F.).

**conferee** *n.* 1. congressiste. 2. personne à qui un titre est conféré.

**conference** [ˈkɔnfərəns] *n.* 1. conférence (de presse). 2. congrès. 3. conseil, association. *Conference line,* association d'armateurs, accord international des armements.

**confess** [kənˈfes] *v.* avouer. *To confess to a crime,* avouer un crime.

**confessed judgment note** [kənˈfest] (U.S.) reconnaissance de dette qui autorise le créancier à agir en justice si la dette n'est pas payée à maturité et ce, sans aviser ou faire comparaître le débiteur (illégal dans certains états).

**confession** [kənˈfeʃn] *n.* confession, aveu(x).

**confidence** [ˈkɔnfidəns] *n.* confiance, confidence. *In strict confidence,* « discrétion assurée ».

**confident** [ˈkɔnfidənt] *adj.* confiant.

**confidential** [kɔnfiˈdenʃl] *adj.* confidentiel.

**confidentiality** *n.* confidentialité, caractère privé, secret, discrétion.

**confirm** [kənˈfəːm] *v.* confirmer.

**confirmation** [kɔnfəˈmeiʃn] *n.* confirmation.

**confirming house** [kənˈfəːmiŋ] firme spécialisée dans le commerce extérieur qui met en contact acheteur et exportateur, joue le rôle d'intermédiaire et de conseiller, et garantit la solvabilité de l'acheteur.

**confirmed** [kən'fɔːmd] *adj.* confirmé. *Confirmed credit,* crédit confirmé. *Confirmed letter of credit,* lettre de crédit confirmé.

**confiscate** ['kɔnfiskeit] *v.* confisquer.

**confiscation** [kɔnfi'skeiʃən] *n.* confiscation.

**conflict** *n.* conflit ; rivalité ; antagonisme. *Conflict of interest,* conflit d'intérêt(s).

**conflict** *v.* être en contradiction/opposition/rivalité/lutte avec.

**conflicting** *adj.* opposé, contradictoire, conflictuel.

**conform** [kən'fɔːm] *v.* se conformer.

**conformity** [kən'fɔːməti] *n.* conformité. *In conformity with,* conformément à, selon.

**conglomerate** [kən'glɔməreit] *n.* conglomérat.

**congratulation** [kən,grætju'leiʃən] *n.* félicitation.

**congratulate** [kən'grætjuleit] *v.* féliciter.

**congratulatory** [kən'grætjulətəri] *adj.* de félicitation(s).

**congress** ['kɔŋgres] *n.* congrès ; association, fédération. *Congress of Industrial Organizations (C.I.O.),* Confédération syndicale américaine associée à l'A.F.L.

**congressman** ['kɔŋgresmən] *n.* membre du Congrès, député.

**connect** [kə'nekt] *v.* lier, relier, rattacher, se raccorder.

**connection** [kə'nekʃən] *n.* 1. relation. *Business connection,* relation d'affaires. 2. clientèle. 3. connexion, branchement.

**connivance** [kə'naivəns] *n.* connivence, collusion.

**connive** [kə'naiv] *v.* 1. être de connivence, complice de. 2. tolérer, fermer les yeux sur.

**consent** [kən'sent] *n.* accord, consentement, approbation.

**consent** *v.* consentir, accepter, donner son accord.

**consequence** ['kɔnsikwəns] *n.* conséquence.

**conservative** [kən'səvətiv] *adj.* 1.

conservateur, traditionnel. 2. qui conserve, qui préserve. 3. prudent, modéré. *A conservative estimate,* une évaluation prudente (plutôt au-dessous de la réalité).

**conservation** [kɔnsə'veiʃən] *n.* 1. conservation, sauvegarde, préservation. *Nature conservation,* protection de la nature. 2. économie d'énergie. *Oil conservation,* économie de pétrole.

**conservationism** *n.* protection de la nature, mouvement pour la protection de la nature.

**conservationist** *n.* protecteur de la nature, écologiste.

**conserve** [kən'səːv] *v.* préserver, économiser.

**consider** [kən'sidə] *v.* considérer, examiner, étudier, prendre en compte, envisager.

**consideration** [kən,sidə'reiʃən] *n.* 1. considération. 2. rémunération, prix. *For a money consideration,* moyennant finances, paiement. 3. provision, couverture.

**consign** [kən'sain] *v.* 1. consigner, envoyer, expédier, adresser. *Bill of lading consigned to...* connaissement établi au nom de... 2. déposer (des fonds).

**consignee** [kɔnsai'niː] *n.* consignataire, destinataire.

**consignment** [kən'sainmənt] *n.* expédition, envoi, arrivage. *Consignment note,* bordereau d'expédition.

**consigner, consignor** [kən'sainə] *n.* expéditeur.

**consistency** *n.* 1. cohérence. 2. *Comptab. :* permanence des méthodes appliquées (des règles, des critères).

**consistent** [kən'sistənt] *adj.* 1. conséquent, logique, cohérent, uniforme. 2. *Consistent with something,* en accord avec, compatible avec.

**console** ['kɔnsəul] *n.* console.

**consolidate** [kən'sɔlideit] *v.* 1. consolider. *Consolidated balance-sheet,* bilan consolidé. 2. grouper. *To consolidate deliveries,* grouper les livraisons. *Consolidated deliveries,* livraisons groupées.

**consolidated fund** (G.B.), argent prélevé sur les impôts en vue du règlement de la dette publique.

**consolidation** *n.* **1.** consolidation. **2.** groupement, regroupement.

**consols** ['kɔnsəlz] *n.* rentes consolidées.

**consortium** [kən'sɔːtjəm] *n.* consortium.

**conspiracy** [kən'spirəsi] *n.* **1.** conspiration, conjuration. **2.** entente frauduleuse. **3.** association de malfaiteurs.

**constituency** [kən'stitjuənsi] *n.* **1.** circonscription électorale. **2.** électorat.

**constituent** [kən'stitjuənt] *n.* **1.** commettant, mandant. **2.** électeur.

**constitute** ['kɔnstitjuːt] *v.* constituer.

**constitution** [kɔnsti'tjuːʃən] *n.* constitution.

**constraint** [kən'streint] *n.* **1.** contrainte. **2.** *Jur. :* contrainte par corps.

**construct** [kən'strʌkt] *v.* construire.

**construction** [kən'strʌkʃən] *n.* construction.

**consular invoice** ['kɔnsjulə] *n.* facture consulaire.

**consultancy** *n.* conseil.

**consultant** [kən'sʌltənt] *n.* expert, conseil. *Tax consultant,* conseiller fiscal.

**consulting** [kən'sʌltiŋ] *n.* conseil, activité de conseil.

**consulting-engineer** *n.* ingénieur conseil.

**consulting firm,** société de conseil.

**consumable** [kən'sjuːməbl] *adj.* consommable.

**consumables** *n.* produits de consommation.

**consume** [kən'sjuːm] *v.* **1.** consommer. **2.** consumer, brûler.

**consumer** [kən'sjuːmə] *n.* consommateur. *Consumer goods,* biens de consommation. *Consumer durables,* biens de consommation durables. *Consumer organization,* association de consommateurs. *Consumer society,* la société de consommation. *Consumer union,* mouvement de consommateurs. *Consumer countries, consuming countries,* pays consommateurs. *Consumer acceptance,* acceptation par les consommateurs. *Consumer demand,* niveau de la consommation, demande des consommateurs. *Consumer habits,* habitudes des consommateurs.

**consumerism** [kən'sjuːmərizəm] *n.* consumérisme, défense des consommateurs.

**consumerist** *n.* consumériste, défenseur des consommateurs, membre d'un groupement de défense des consommateurs.

**consumer nation,** nation consommatrice.

**consumer needs,** besoins de consommation, besoins des consommateurs.

**consumer panel,** panel de consommateurs (groupe témoin pour juger un produit).

**consumer price,** prix à la consommation.

**consumer price index (C.P.I.)** *n.* indice des prix à la consommation.

**consumer products,** produits de consommation.

**consumer profile,** profil des consommateurs.

**consumer reaction,** réaction des consommateurs.

**consumer reluctance,** réticence des consommateurs.

**consumer requirements,** besoins des consommateurs, exigences des consommateurs.

**consumer research,** recherche sur la consommation, étude(s) de consommation, recherche sur le consommateur, étude du consommateur.

**consumer resistance,** résistance des consommateurs.

**consumer response,** réponse, réaction des consommateurs.

**consumer survey,** étude de consommation, étude des consommateurs.

**consumer test, consumer testing,** test de consommation.

**consumer trends,** tendances de la consommation, tendances des consommateurs.

**consumer wants,** désirs des consommateurs.

**consuming countries,** pays consommateurs.

**consumption** [kən'sʌmpʃən] *n.* consommation. *Conspicuous consumption,* consommation mesurable. *Consumption per head,* consommation par tête.

**consumption pattern,** modèle de consommation.

**contact** ['kɔntækt] *n.* contact.

**contact** [kɔn'tækt] *v.* se mettre en rapport avec, contacter.

**contact-man** *n. Pub. :* chef de publicité d'agence.

**contain** [kɔn'tein] *v.* 1. contenir, comprendre, renfermer, comporter. 2. contenir, maîtriser.

**container** [kɔn'teinɔ] *n.* récipient, conteneur. *Container car* (U.S.), wagon pour transport des conteneurs. *Container ship,* navire pour transport de conteneurs, porte-conteneurs.

**containerization** *n.* mise en conteneur(s), transport par conteneur(s).

**containerize** *v.* mettre en conteneur(s), transporter en conteneur(s).

**containerized shipping** *n.* transport par conteneur(s), expédition en conteneur(s).

**contango** [kɔn'tæŋgɔu] *n. Bourse :* report. *Contango rate,* intérêt de report.

**contempt of court** [kɔntempt] *n.* outrage à magistrat.

**contemplate** ['kɔntempleit] *v.* envisager.

**contender** *n.* concurrent, rival.

**content** [kɔn'tent] *n.* 1. volume, contenance. 2. teneur, titre.

**content(s)** ['kɔntents] *n.* contenu. *Table of contents,* table des matières.

**contest** ['kɔntest] *n.* concours, jeu ; concurrence, lutte.

**contingency** [kɔn'tindʒɔnsi] *n.* contingence, éventualité. *Contingencies, contingency payments,* faux frais divers. *Contingency reserves,* réserve, fonds de réserve.

**continuation** [kɔn,tinju'eiʃɔn] *n.* 1. continuation, poursuite. 2. *Bourse :* report. *Continuation rate,* intérêt de report.

**continuative education, continuing education, continuous education** *n.* formation permanente, formation continue.

**continuity girl** [kɔnti'nju:ɔti], *n.* script-girl, secrétaire de plateau.

**contraband** ['kɔntrɔbænd] *n.* 1.

contrebande. 2. marchandises de contrebande.

**contract** ['kɔntrækt] *n.* 1. contrat. *Contract of employment,* contrat de travail. *Contract work,* travail à forfait. 2. *Contract bargaining,* négociations salariales.

**contract** [kɔn'trækt] *v.* 1. contracter, s'engager à. 2. (marché, etc.) se contracter, se réduire.

**contractor** [kɔn'træktɔ] *n.* entrepreneur. *Trav. Publ. :* adjudicataire. *(Road) haulage contractor,* entrepreneur de transports routiers.

**contract out** *v.* 1. se dégager par contrat d'une obligation ; renoncer par entente préalable à certaines clauses. 2. sous-traiter. 3. donner en concession, affermer, concéder.

**contractual** [kɔn'træktjuɔl] *adj.* contractuel.

**contrary to** ['kɔntrɔri] *adv.* contrairement à.

**contravene** [kɔntrɔ'vi:n] *v.* contrevenir, enfreindre.

**contribute** [kɔn'tribju:t] *v.* contribuer.

**contribution** [kɔntri'bju:ʃɔn] *n.* cotisation ; contribution ; apport.

**contributor** [kɔn'tribjutɔ] *n.* souscripteur, cotisant.

**contributory** [kɔn'tribjutɔri] *adj.* contributif, participatif. *Contributory pension scheme,* régime de retraite avec participation des assurés.

**control** [kɔn'trɔul] *n.* 1. contrôle, réglementation. 2. maîtrise. 3. commande, automatisme.

**control** *v.* 1. contrôler, maîtriser, diriger. *Controlled economy,* économie dirigée. 2. commander (par des automatismes).

**control room,** salle des commandes, salle de contrôle, régie.

**controller** [kɔn'trɔulɔ] *n.* contrôleur.

**controlling interest,** majorité de contrôle.

**controversial** [kɔntrɔ'vɔ:ʃl] *adj.* discutable, qui prête à controverse.

**convene** [kɔn'vi:n] *v.* réunir, convoquer ; se réunir, s'assembler.

**convener** [kɔn'vi:nɔ] *n.* membre d'une association, ou d'un syndicat, dont le rôle est de convoquer ses collègues.

**convenience** [kɔn'vi:njɔns] *n.*

commodité, convenance. *At your earliest convenience,* le plus tôt possible. *Convenience bill,* traite de complaisance. *Convenience card,* carte accréditive. *Convenience flag,* pavillon de complaisance. *Convenience goods,* produits de très grande consommation, de consommation courante. *Convenience store,* magasin de proximité.

**convenient** [kən'vi:njənt] *adj.* commode, pratique, qui convient, qui agrée.

**convention** [kən'venʃən] *n.* 1. accord, contrat. 2. congrès (U.S.), assemblée, rassemblement.

**conversant with** [kən'və:sənt] *adj.* compétent en, versé dans, bien au fait de.

**conversational** [kɔnvə'seiʃənl] *adj. Inform. :* conversationnel.

**conversion** [kən'və:ʃən] *n.* conversion, convertissement, transformation. *Conversion rate,* taux de conversion.

**convert** ['kɔnvə:t] *v.* convertir, transformer.

**convertibility** [kən,və:tə'biləti] *n.* convertibilité.

**convertible** [kən'və:təbl] *adj.* convertible.

**convey** [kən'vei] *v.* 1. transporter. 2. transmettre, communiquer. 3. *Jur. :* transmettre (un bien) ; rédiger l'acte de cession.

**conveyance** [kən'veiəns] *n.* 1. transport. 2. transfert, cession. *Deed of conveyance,* acte de cession.

**conveyancing** [kən'veiənsiŋ] *n.* rédaction des actes de propriété (cession).

**conveyor** [kən'veiə] *n.* 1. porteur, transporteur. 2. appareil transporteur. *Conveyor belt,* tapis roulant, ruban transporteur.

**convict** ['kɔnvikt] *n.* forçat.

**convict** [kən'vikt] *v.* déclarer coupable, reconnaître coupable.

**conviction** [kən'vikʃən] *n.* 1. condamnation. *Previous convictions, conviction record,* condamnations antérieures, dossier judiciaire, casier judiciaire. 2. conviction, persuasion.

**cook the books** [kuk] *v.* falsifier, truquer la comptabilité, maquiller les comptes.

**cool** [ku:l] *adj.* 1. frais. 2. calme, qui garde son sang-froid.
● **cool** *v.* 1. rafraîchir. 2. calmer.

**cooling-off** ['ku:liŋ] *n.* apaisement, réflexion. *Cooling-off period,* période d'apaisement, de réflexion ; délai de réflexion (notamment avant signature officielle de l'acte de vente, dans le cas de vente porte-à-porte).

**cool media** *n.* media « froid » (télévision selon le sociologue canadien Marshall McLuhan).

**cooperate** [kəu'ɔpəreit] *v.* coopérer, collaborer.

**cooperation** [kəu,ɔpə'reiʃən] *n.* coopération, collaboration.

**cooperative education** (U.S.) [kəu'ɔpərətiv] *n.* « enseignement alterné ».

**cooperative society** *n.* société coopérative. *Wholesale cooperative society,* société coopérative de gros. *Retail cooperative society,* société coopérative de détail.

**co-optation** [kəuɔp'teiʃən] *n.* cooptation.

**co-ordinate** [kəu'ɔ:dineit] *v.* coordonner.

**co-owner** [kəu'əunə] *n.* copropriétaire.

**co-ownership** [kəu'əunəʃip] *n.* copropriété.

**co-partner** [kəu'pa:tnə] *n.* coassocié.

**cope** [kəup] *v.* être égal à une tâche, pouvoir faire face à une tâche.

**cope with** *v.* faire face à ; venir à bout de.

**copier** ['kɔpiə] *n.* duplicateur.

**copper** ['kɔpə] *n.* cuivre. *Bourse,* valeurs cuprifères.

**copy** ['kɔpi] *v.* copier.

**copy** *n.* 1. copie. « *Certified true copy* », pour copie conforme. 2. exemplaire. 1. 3. *Pub. :* texte, rédaction. 4. *Journal. :* sujet d'article, matière à reportage. 5. expédition d'un acte. *Copy deadline,* date limite de remise d'un texte. *Pub. : Copy-testing,* test d'annonce. *Copy-writer,* rédacteur (publicitaire). *Copyright,* droit d'auteur.

**core** [kɔ:] *n.* centre, partie centrale, cœur, noyau. *Univers. : Core courses,* cours de troncs communs. *Core inflation,* inflation structurelle.

**corn** [kɔːn] *n.* **1.** grains, céréales, blé. **2.** maïs (U.S.). *Corn belt,* la zone de culture du maïs aux U.S.A.

**corner** ['kɔːnə] *v.* acculer, mettre dans une situation intenable. **2.** accaparer (le marché, etc.). **3.** acculer un spéculateur à la baisse.

**coroner** ['kɔrənə] *n. Jur. :* coroner (chargé de l'instruction en cas de mort violente).

**corporate** ['kɔːpərit] *adj.* de société, social. *Corporate body,* personne morale. *Corporate culture,* culture d'entreprise. *Corporate identity,* identité de l'entreprise ; image de marque. *Corporate image,* image de marque de la société. *Corporate lawyer,* juriste d'entreprise. *Corporate name,* raison sociale. *Corporate planning,* planification d'entreprise (plan de développement à long terme). *Corporate profit,* bénéfice des sociétés. *Corporate raider,* racheteur de sociétés (par O.P.A. et O.P.E.). *Corporate tax,* impôt sur les sociétés. *Corporate earnings,* bénéfice des sociétés. *Corporate strategy,* stratégie des entreprises.

**corporation** [ˌkɔpə'reiʃən] *n.* **1.** corporation, organisme. **2.** (G.B.) organisme public ou semi-public. *Public corporation,* organisme public. **3.** (U.S.) société par actions, société anonyme. **4.** personne morale *( = corporate body).*

**correct** [kə'rekt] *adj.* correct, exact, juste.

**correct** *v.* corriger, rectifier, redresser. *Corrected invoice,* facture rectificative.

**correction** [kə'rekʃən] *n.* correction, rectification.

**corrective** [kə'rektiv] *adj.* correctif. *To take corrective action,* corriger, remédier à.

**correlation** [kɔrə'leiʃən] *n.* corrélation.

**correspond** [kɔri'spɔnd] *v.* **1.** correspondre à, être conforme à. **2.** être en correspondance, correspondre.

**correspondence** [kɔri'spɔndəns] *n.* **1.** correspondance. *Correspondence-clerk,* correspondancier. *Business correspondence,* correspondance commerciale. **2.** confor-

mité.

**correspondent** [kɔri'spɔndənt] *n.* correspondant.

**corresponding** [kɔri'spɔndiŋ] *adj.* correspondant.

**corroborate** [kə'rɔbreit] *v.* corroborer.

**corroboration** [kərɔbə'reiʃən] *n.* corroboration.

**corrode** [kə'rəud] *v.* corroder, attaquer, ronger (métal).

**corrosion** [kə'rəuʒən] *n.* corrosion.

**corrosive** [kə'rəusiv] *adj.* corrosif. *Non-corrosive,* inoxydable.

**corrugated cardboard** ['kɔrugeitid] carton ondulé.

**corrugated iron,** tôle ondulée.

**corrupt** [kə'rʌpt] *adj.* corrompu.

**corruptible** [kə'rʌptibl] *adj.* corruptible.

**corruption** [kə'rʌpʃən] *n.* corruption.

**cosine** ['kəusain] *n.* cosinus. *Table of sines and cosines* table des sinus et cosinus.

**cosmetic** *adj.* **1.** cosmétique. **2.** *(mesures, etc.)* superficiel.

**cosmetics** *n.* cosmétiques.

**co-sponsor** [kəu'spɔnsə] **1.** commanditaire associé, partenaire dans un parrainage, un patronage. **2.** co-répondant.

**co-sponsoring** [kəu'spɔnsəriŋ] co-parrainage, co-patronage.

**cost** [kɔst] *v.* **1.** coûter. **2.** calculer le prix de revient, les coûts.

**cost** *n.* coût, frais, prix de revient. *Cost accounting,* comptabilité analytique, comptabilité industrielle. *Cost allocation,* affectation de fonds, attribution de fonds, répartition de fonds. *Cost analysis,* analyse des coûts. *Cost awareness,* connaissance des coûts. *Cost-benefit-analysis,* étude du rapport coûts/avantages. *Cost estimate,* évaluation des coûts. *Cost induced inflation,* inflation des prix de revient (par les coûts). *Cost inflation,* inflation par les coûts. *Cost of entry,* coût de pénétration (sur un nouveau marché). *Cost price,* prix de revient, prix coûtant. *Cost push inflation,* inflation par les coûts.

**cost-conscious** *adj.* économe.

**cost-cutter** *n.* personne, mesure, qui réduit les coûts.

**cost-cutting** *n.* économie, réduction des coûts.

**cost-cutting** *adj.* d'économie, de réduction des coûts.

**cost-effective** *adj.* rentable, d'un bon rapport coût/performance.

**costing** ['kɔstiŋ] *n.* 1. comptabilité des prix de revient. 2. calcul du prix de revient, établissement du prix de revient.

**cost insurance and freight** (**C.I.F.**) *n.* coût, assurance, fret (C.A.F.).

**cost of living** *n.* coût de la vie. *Cost of living adjustment (C.O.L.A.),* indexation des salaires. *Cost of living allowance,* indemnité de vie chère. *Cost of living bonus,* indemnité de vie chère. *Cost of living escalator,* échelle mobile des salaires.

**cost of money,** loyer de l'argent.

**costly** ['kɔstli] *adj.* cher, coûteux.

**costless** ['kɔstlis] *adj.* gratuit, sans frais.

**cost overrun** *n.* dépassement de budget ; surcoût.

**cost price** *n.* prix de revient.

**cost push inflation,** inflation par augmentation des prix de revient, par les coûts (de production).

**cost-saving** *adj.* d'économie, économique.

**costs** *n. Jur. :* dépens. *To be ordered to pay costs,* être condamné aux dépens.

**cost variance,** écart de prix ; variations de prix.

**co-tenant** [kəu'tenənt] *n.* colocataire.

**cottage industry** ['kɔtidʒ] industrie artisanale.

**cotton** ['kɔtən] *n.* coton. *Cotton belt,* la zone de coton (aux U.S.A.). *Cotton growing,* la culture du coton. *Cotton mill,* filature de coton.

**council** ['kaunsil] *n.* conseil, municipalité. *Town council,* conseil municipal. *Council house (G.B.),* équivalent approximatif de nos H.L.M. (Habitation à Loyer Modéré).

**counsel** ['kaunsl] *n.* conseil, conseiller juridique, avocat.

**count** [kaunt] *n.* 1. compte. 2. décompte, dénombrement. 3.

*Jur. :* Chef d'accusation.

**count** *v.* compter. *To count up,* totaliser.

**count-down** ['kauntdaun] *n.* compte à rebours.

**counter** ['kauntə] *adj.* contraire, opposé. *Counter offer,* contre-proposition. *Counter order,* contrordre.

**counter** *n.* 1. guichet, caisse. *Check-out counter,* caisse. *Over the counter,* au comptant. (Bourse) de gré à gré, au marché officieux, hors cote. (Devises) *over-the-counter market,* marché interbancaire. 2. rayon, comptoir. *Counter-top,* dessus de comptoir. *Counter-top advertising,* publicité de dessus de comptoir.

**counter** *v.* contrer, riposter à. *To counter foreign penetration,* lutter contre la pénétration étrangère.

**counteract** [kauntə'rækt] *v.* contrecarrer, neutraliser, compenser. *To counteract the effects,* amortir les effets.

**counterclaim** ['kauntəkleim] *n.* demande reconventionnelle ; contre-demande.

**counterclaim** *v.* faire une demande reconventionnelle.

**counter-clockwise** (U.S.), dans le sens inverse des aiguilles d'une montre.

**counter display,** présentoir de comptoir.

**counterfeit** ['kauntəfit] *n.* contrefaçon, faux.

**counterfeit** *v.* contrefaire (monnaie).

**counterfeiter** ['kauntəfi:tə] *n.* faux-monnayeur.

**counterfeiting** ['kauntəfi:tiŋ] *n.* contrefaçon.

**counterfoil** ['kauntəfɔil] *n.* talon (chèque), souche.

**counterpart** ['kauntəpa:t] *n.* 1. contrepartie. *Counterpart account,* compte de contrepartie. 2. contremarque, souche d'un reçu. 3. homologue.

**counterproductive,** anti-productif, qui va à l'encontre du but visé.

**countersecurity** [,kauntəsi'kjuəriti] *n.* contrecaution.

**countersign** ['kauntəsain] *v.* contresigner.

**counter to** ['kauntə] *prép.* à l'encontre de.

**countertrade** *n.* troc, compensation, contrepartie.

**countervail** ['kauntəveil] *v.* compenser, contrebalancer. *Countervailing duties,* droits compensatoires. *To file a countervailing duty petition,* déposer une demande d'imposition de droits compensatoires. *Countervailing power,* contrepoids, pouvoir compensatoire.

**countless** ['kauntlis] *adj.* innombrable(s).

**country** ['kʌntri] *n.* **1.** pays. *Country planning,* aménagement du territoire. *Developing countries,* pays en voie de développement. *Less developed countries (L.D.C.s),* pays en voie de développement. *Underdeveloped countries,* pays sous-développés. **2.** la campagne ; la province ; la région.

**coupon** [ku:pɔn] *n.* **1.** coupon. *International reply coupon,* coupon-réponse international. *Send-in coupon,* coupon-réponse (dans un journal, dans une publicité, etc.). **2.** *Bourse :* coupon. *Cum-coupon,* coupon attaché. *Due coupon,* coupon échu. *Ex-coupon,* coupon détaché. **3.** bon de réduction, coupon de réduction (sur emballages, etc.) ; bon-prime, ticket-timbre, bon (distribué au client en fonction de son volume d'achats et donnant droit à un cadeau).

**couponing** ['ku:pɔniŋ] *n.* promotion par coupons de réduction (sur emballages) ou par timbres distribués aux clients en fonction de leur volume d'achats et donnant droit à un cadeau.

**coupon scheme** *n.* voir **couponing**.

**course** [kɔ:s] *n.* **1.** cours, marche, durée. **2.** direction, cours, route. **3.** décision, ligne de conduite, voie, marche à suivre. **4.** cours. *A course in economics,* un cours d'économie. **5.** service, plat. **6.** *Holder in due course,* détenteur de bonne foi et de plein droit d'un instrument négociable ou d'un article, tiers porteur. **7.** terrain.

**court** [kɔ:t] *n.* cour, tribunal. *To go to court,* aller en justice. *Court order,* décision d'un tribunal. *Out of court settlement,* règlement à l'amiable.

**covenant** ['kʌvənənt] *n.* convention, contrat.

**covenant** *v.* promettre, accorder, convenir, stipuler par contrat.

**cover** ['kʌvə] *n.* **1.** couverture (livre). *Under separate cover,* sous pli séparé. **2.** couvercle, capuchon, etc. **3.** *Assur. :* couverture, protection, assurance. *Cover note,* note de couverture, police provisoire. **4.** *Fin., Bourse :* couverture, provision, marge, garantie.

**cover** *v.* **1.** couvrir, revêtir. **2.** couvrir ; protéger ; garantir ; combler. *Covering letter,* lettre d'accompagnement. **3.** comprendre, englober. **4.** *Presse :* relater, faire un reportage sur, « couvrir ».

**coverage** ['kʌvəridʒ] *n.* **1.** champ d'application, domaine couvert. **2.** *Media, Pub. :* public atteint, tirage, audience. *An advertisement with wide coverage,* une annonce touchant un large public. **3.** *Ass., Fin. :* couverture. **4.** reportage, façon de relater dans les médias, couverture.

**covering letter** ['kʌvəriŋ] *n.* lettre confirmative, lettre d'envoi. *Ass. :* lettre de couverture.

**covering note** *n.* note de couverture, garantie.

**cover up** *n.* fait, tentative d'étouffer une affaire ; dissimulation.

**cover up** *v.* masquer, dissimuler, camoufler, donner le change, étouffer.

**crack** [kræk] *n.* fissure, fêlure ; fente.

**crack** *v.* **1.** fêler, se fêler, craquer. **2.** *To crack a ring,* démanteler un réseau.

**crackdown** ['krækdaun] *n.* action, intervention énergique.

**crack down on** *v.* intervenir énergiquement.

**cradle-to-grave social programmes,** programmes sociaux complets (littéralement du berceau à la tombe).

**craft** [kra:ft], (U.S.) [kræft] *n.* **1.** habileté, adresse. **2.** métier manuel, activité professionnelle ; corps de métier. **3.** artisanat. **4.** bateau, embarcation, bâtiment. **5.**

*Aircraft*, avion.

**craftsman** ['kra:ftsmən] *n.* artisan.

**craftsmanship** ['kra:ftsmən∫ip] *n.* qualité de l'exécution d'un travail, art, habileté de l'artisan. *Bad craftsmanship*, travail mal exécuté ; manque de soin dans l'exécution.

**craft union**, syndicat (d'ouvriers qualifiés).

**cramp** *v.* gêner, entraver.

**crane** [krein] *n.* grue.

**crane** *v.* lever, hisser.

**crash** [kræ∫] *adj.* 1. urgent, prioritaire. *Crash program*, programme d'urgence. 2. intensif. *A crash course*, cours intensif.

**crash** *n.* 1. krach, effondrement, débâcle. 2. accident (voiture, avion).

**crash** *v.* 1. s'effondrer. 2. entrer en collision, s'écraser au sol.

**crate** [kreit] *n.* cageot, caisse à claire-voie.

**crawling peg** ['krɔ:liŋ] (monétaire) parité à crémaillère.

**create** [kri:'eit] *v.* créer, fonder, lancer.

**creation** [kri:'ei∫ən] *n.* création ; fondation.

**credentials** [kri'den∫əlz] *n.* 1. lettre de créance. 2. pièce(s) justificative(s). 3. titres ; états de service.

**credit** ['kredit] *n.* crédit. *Credit advice*, avis de crédit. *Credit balance*, solde créditeur. *Credit card*, carte de crédit. *Credit crunch*, crise du crédit. *Credit note*, facture d'avoir. *Credit squeeze*, encadrement du crédit. *Credit rating, credit standing, credit status, credit worthiness*, solvabilité. *Letter of credit*, lettre de crédit. *On credit*, à crédit. *Credit terms*, conditions de crédit. *Credit transfer*, virement bancaire (virement global fait par un débiteur à une banque qui crédite individuellement les comptes des créanciers ; en métropole : ordre de paiement ; à l'étranger : envoi de fonds). *Consumer credit*, crédit à la consommation. *Revolving credit*, crédit renouvelable. *Short term credit*, crédit à court terme. *Stand-by credit*, crédit-relais. *To be in credit*, être créditeur.

**credit** *v.* créditer. *To credit an account, to credit a sum to an account*, créditer un compte, verser de l'argent à un compte.

**credit account** *n.* 1. compte créditeur. 2. crédit ; compte crédit.

**credit crunch** *n.* resserrement du crédit.

**creditor** ['kreditə] *n.* 1. créancier. *Bond creditor*, créancier obligataire. *Secured creditor*, créancier nanti. *Unsecured creditor*, créancier chirographaire. 2. créditeur. *Creditor account*, compte créditeur.

**credit rating**, évaluation du crédit, solvabilité.

**credit squeeze**, crise du crédit, resserrement du crédit.

**credit status agency**, agence de renseignements commerciaux.

**credit terms**, conditions de crédit.

**credit titles**, générique (ciné, tv).

**creeping inflation**, inflation larvée.

**creep-up** [kri:p] *v.* monter lentement, s'accroître progressivement.

**crew** [kru:] *n.* équipage.

**crime** [kraim] *n.* 1. crime. 2. délit ; délinquance. 3. criminalité. *Organized crime*, le grand banditisme.

**criminal** ['kriminl] *adj.* criminel. *Criminal law*, droit criminel. *Criminal proceedings*, action au criminel, poursuites au criminel.

**crimp** *v.* 1. gaufrer, onduler. 2. entraver, gêner.

**cripple** ['kripl] *v.* paralyser, asphyxier. *The strike crippled production*, la grève a paralysé la production.

**crippling** ['kripliŋ] *adj.* paralysant.

**crisis** ['kraisis] **pl. crises** ['krai-si:z] *n.* crise.

**criterion** [krai'tiəriən] **pl. criteria** [krai'tiəriə] *n.* critère.

**critic** ['kritik] *n.* critique (personne).

**critical path analysis (C.P.A.),** *n.* analyse du chemin critique.

**critical path method (C.P.M.)** *n.* méthode du chemin critique.

**criticism** ['kritisizəm] *n.* critique ; attaque. *To level criticism at somebody*, lancer des critiques contre quelqu'un.

**criticize** ['kritisaiz] *v.* critiquer.

**crook** [kruk] *n.* escroc.

**crooked** [krukt] *adj.* malhonnête, déshonnête, tortueux, pervers.

**crop** [krɔp] *n.* récolte. *Bumper crop,* récolte record. *Standing crop,* récolte sur pied.

**cross** [krɔs] *v.* **1.** barrer. *Crossed cheque,* chèque barré. *To cross out where necessary,* barrer les mentions inutiles. **2.** croiser, traverser, franchir. **3.** contrecarrer.

**cross-default clause,** clause de défaillance envers des tiers.

**cross-examine** [,krɔs-ig'zæmin] *v.* procéder à un contre-interrogatoire.

**crossing** ['krɔsiŋ] *n.* **1.** barrement. *General crossing,* barrement général. *Special crossing,* barrement spécial. **2.** traversée (en bateau).

**cross picket lines** *v.* franchir les piquets de grève.

**cross-question,** voir **cross-examine.**

**cross-section** [krɔs'sekʃən] *n.* coupe transversale, échantillons représentatifs.

**crowd out** *v.* (U.S.) exclure, chasser (d'un marché, etc.), empêcher la concurrence de pénétrer sur un marché. *Heavy Federal borrowing might crowd out other borrowers,* l'importance des emprunts fédéraux pourrait interdire l'accès aux prêts aux autres emprunteurs.

**crude** [kru:d] *adj.* **1.** brut, non raffiné. *Crude oil,* pétrole. **2.** brutal, vulgaire, brut.

**crude** *n.* pétrole brut.

**cruise** [kru:z] *n.* croisière.

**cruise** *v.* faire une croisière, croiser.

**crumble** ['krʌmbl] *v.* s'effriter. *Prices crumbled,* les cours se sont effrités.

**crunch** [krʌntʃ] *n.* crise. *The energy crunch,* la crise de l'énergie. *Credit crunch,* resserrement du crédit.

**crushing plant** [krʌʃiŋ] *n.* usine de concassage.

**cubage** ['kju:bidʒ] *n.* cubage, volume.

**cubic** ['kju:bik] *adj.* cubique. *Cubic capacity,* volume.

**cue** [kju:] *n.* indice, indication, suggestion.

**cuff** [kʌf] *n.* crédit. *On the cuff,* à crédit. *Off the cuff,* de façon improvisée, non officielle, sans préparation.

**culprit** ['kʌlprit] *n.* coupable.

**cultivation** [kʌlti'veiʃ(ə)n] *n.* culture. *Land under cultivation,* terre cultivée.

**cum** [kʌm] *exp. Cum-coupon,* avec coupon. *Cum-dividend,* coupon attaché, avec le dividende. *Cum-rights,* droits attachés.

**cumulated** ['kju:mjuleitid] *adj.* cumulé.

**cumulative** ['kju:mjulətiv] *adj.* cumulatif. *Inflation is a cumulative process,* l'inflation est un engrenage. *Cumulative preferred shares,* actions privilégiées cumulatives.

**curator** [kjuə'reitə] *n.* conservateur.

**curb** [kə:b] *n.* frein, blocage. (U.S.) *Curb-market,* marché en coulisse, la coulisse.

**curb** *v.* modérer, freiner, juguler. *To curb inflation,* juguler l'inflation.

**curbstone broker** ['kə:bstəun] *n.* coulissier.

**currency** ['kʌrənsi] *n.* monnaie nationale, devise, unité monétaire. *Currency rate,* cours des devises. *Foreign currency,* devises étrangères. *Hard currency,* devise forte.

**currency adjustment,** aménagement/ajustement/réaménagement monétaire.

**currency adjustment factor,** taux de réajustement des devises.

**current** ['kʌrənt] *adj.* **1.** courant. *Current account,* compte courant. *Current assets,* actif réalisable, actif(s) circulant(s). *Current liabilities,* passif exigible, dettes à court terme. *Current price list,* prix courant. **2.** présent, actuel.

**current value,** valeur actuelle ; *Comptab. :* coût de remplacement. *To convert to current value,* actualiser.

**curtail** [kə:'teil] *v.* réduire, diminuer, raccourcir. *Imports had to be curtailed,* les importations ont dû être réduites.

**curtailment** [kə:'teilmənt] *n.* réduction, diminution, compression.

**curve** [kə:v] *n.* courbe.

**cushion** ['kuʃən] *n.* marge de

sécurité, protection, garantie.

**cushion** *v.* protéger, garantir.

**cushion (off)** *v.* amortir, atténuer. *To cushion (off) seasonal fluctuations,* amortir les fluctuations saisonnières.

**cushy** *adj.* confortable. *A cushy job,* un emploi de faveur, un poste tranquille.

**custody** ['kʌstədi] *n.* 1. garde. *In safe custody,* en dépôt. 2. emprisonnement, détention, incarcération. *To take someone into custody,* arrêter, mettre en état d'arrestation.

**custom** ['kʌstəm] *n.* 1. *Jur.* : droit coutumier. 2. clientèle.

**custom-house** ['kʌstəm-həus] *n.* douane (locaux).

**custom-built** *adj.* fait sur demande.

**custom-made** *adj.* fait sur commande, sur mesure.

**customer** ['kʌstəmə] *n.* client.

**customer profile** *n.* profil de la clientèle, profil du client.

**customer response,** réaction de la clientèle.

**customize** *v.* personnaliser (un article, un produit), faire sur mesure.

**customs** *n.* douane. *Customs authorities,* autorité douanière. *Customs clearance,* dédouanement. *Customs duties,* droits de douane. *Customs agent, customs officer, customs official,* douanier. *Customs station,* poste de douane.

**cut** [kʌt] *n.* 1. réduction diminution, coupure. *A cut in production,* une réduction de la production. *A cut in spending,* une compression des dépenses. *Electricity cuts,* coupures d'électricité, délestages. *To take a pay cut,* accepter (ou subir) une réduction de salaire. 2. part. *Cut of the profits,* part des bénéfi-

ces. 3. *Impr.* : cliché.

**cut** *v.* réduire, comprimer. *To cut prices,* réduire les prix. *To cut one's losses,* limiter ses pertes ; faire la part du feu, accepter ses pertes.

**cutback** ['kʌt,bæk] *n.* réduction. *There has been a cutback in credit,* il y a eu une réduction de crédit.

**cut back** *v.* réduire.

**cutdown** ['kʌtdaun] *n.* baisse, réduction. *A cutdown in production,* une baisse de production.

**cut down** *v.* réduire, restreindre. *To cut down on profit margins,* comprimer les marges bénéficiaires.

**cut off** *v. Téléph.* : couper.

**cut out** *v.* éliminer. *To cut out waste,* éliminer le gaspillage.

**cut-rate** *adj.* à prix réduit, qui pratique des prix réduits. *Cut-rate offers,* offres à prix réduit. *Cut-rate store,* magasin à prix réduits.

**cut-throat** ['kʌtθrəut] *adj.* acharné. *Cut-throat competition,* concurrence acharnée, concurrence féroce, sauvage, à couteaux tirés.

**cutting** ['kʌtiŋ] *n.* 1. réduction. 2. coupure de presse. 3. *Ingén.* : tranchée, excavation.

**cuttings** *n.* copeaux (bois, métal).

**cutting table,** *n.* table de montage (ciné).

**cybernetics** [saibə'netiks] *n.* cybernétique.

**cycle** ['saikl] *n.* cycle (économique).

**cyclical** ['saiklikəl] *adj.* cyclique, conjoncturel. *Cyclical unemployment,* chômage conjoncturel. *The highly cyclical U.S. aerospace industry,* l'industrie aéronautique américaine particulièrement sensible à la conjoncture. *Cyclical peaks,* poussées, pointes, crêtes cycliques.

# D

**dabble** ['dæbl] *v.* 1. se mêler de. *To dabble on the Stock Exchange,* boursicoter. *To dabble in (at) law,* s'occuper un peu de droit. 2. mouiller, humecter.

**dabbler** ['dæblə] *n.* boursicoteur.

**daily** ['deili] *n.* journal quotidien.

**daily** *adj.* quotidien.

**daily** *adv.* quotidiennement, tous les jours.

**dairy** ['deəri] *n.* laiterie. *Dairy produce,* produits laitiers. *Dairy products,* produits laitiers.

**dairying** ['deəriiŋ] *n.* industrie laitière.

**dam** [dæm] *n.* barrage ; digue ;

retenue.

**dam** *v.* **1.** construire un barrage. **2.** endiguer.

**damage** ['dæmidʒ] *n.* **1.** avarie, dégât, dommage. *Damage survey,* expertise des dégâts. **2.** préjudice, tort. **3.** *Damages* (au pluriel), indemnité, dommages-intérêts. *To sue for damages,* poursuivre en dommages et intérêts. *To be liable for damages,* être civilement responsable.

**damage** *v.* **1.** avarier, endommager. **2.** léser, porter atteinte à.

**damaged** ['dæmidʒd] *adj.* abîmé, avarié, endommagé.

**damages** ['dæmidʒiz] *n.* dommages-intérêts, indemnité. *To claim damages,* réclamer des dommages-intérêts. *To sue for damages,* poursuivre quelqu'un en dommages-intérêts. *To be liable for damages,* être civilement responsable. *Consequential damages,* dommages-intérêts indirects, résultant de la violation du contrat, mais comprenant des dommages imprévisibles. *Incidental damages,* dommages-intérêts accessoires, frais commercialement raisonnables provenant de la violation du contrat. *General damages,* dommages-intérêts prévus par la loi, sans référence à aucun caractère, condition ou circonstances particuliers. *Nominal damages,* réparation, franc symbolique. *Retributory damages,* dommages-intérêts pour préjudice moral. *Substantial damages,* dommages-intérêts pour préjudice réel. *Farthing damages,* « franc symbolique » de dommages-intérêts.

**damp** [dæmp] *n.* **1.** humidité, moiteur. **2.** froid, abattement.

**damp** *v.* (U.S.) to **damper.** **1.** abattre, affaiblir, rabattre, décourager. **2.** mouiller, humecter.

**damp** *adj.* humide, moite.

**dampen** *v.* s'affaiblir, s'atténuer, se calmer. *To dampen sales,* réduire, diminuer, faire baisser les ventes.

**damper** ['dæmpə] *n.* (U.S. slang) tiroir-caisse.

**damp-proof** ['dæmp-pruːf] *adj.* imperméable, hydrofuge, à l'épreuve de l'humidité.

**danger** ['deindʒə] *n.* danger, péril. *To be in danger of...,* courir le risque de. *A danger to,* un danger pour.

**dardanism** *n.* dardanisme, dénaturation ou destruction de stocks (excédentaires).

**dark horse** [daːk hɔːs] *n.* candidat inattendu, mal connu du public, mais qui a des chances de l'emporter, outsider.

**dash** [dæʃ] *n.* **1.** tiret. **2.** *A dash* (A'), a prime. **3.** élan, ruée. **4.** choc. **5.** goutte, larme, trait (liquides).

**data** ['deitə] *n.* données, informations. *Data processing,* analyse des données, informatique. *Data sheet,* curriculum vitae. *Data handling capacity,* capacité de traitement. *Data bank,* banque de données. *Data base,* base de données.

**date** [deit] *n.* **1.** date, millésime ; quantième. *To be up to date,* être au courant, à la page, à jour. *To be out of date,* dater, être démodé. *Interest to date,* intérêts à ce jour. *Date of a bill,* terme d'un billet. **2.** (fam. U.S.) rendez-vous.

**date** *v.* **1.** dater, composter. **2.** dater de (from).

**dating** ['deitiŋ] *n.* compostage.

**date back** *v.* remonter à. *His debt dates back two years,* sa dette remonte à deux ans.

**date forward** *v.* postdater.

**day** [dei] *n.* **1.** jour. *To work by the day,* travailler à la journée. *Twice a day,* deux fois par jour. *This day week,* aujourd'hui en huit. *Every other day,* tous les deux jours. *Day-to-day loans,* prêts au jour le jour. **2.** *Day of the month,* quantième du mois. *Day-off,* jour de sortie, jour de congé.

**day-book** ['deibuk] *n.* journal, sommier, brouillard.

**day in court** *n.* jour de l'audience.

**day-light saving time** ['deilait seiviŋ taim] (U.S.) heure d'été.

**days after sight,** jour de vue, à... jours de vue.

**days of grace** *n.* jours de grâce, délai de trois jours (pour paiement d'un effet) ; délai de trente jours (pour paiement des primes d'assurance sur la vie).

**day ticket** *n.* billet d'aller et

retour, valable pour un jour.

**day-to-day,** au jour le jour. *On a day-to-day basis,* au jour le jour. *Day-to-day money,* argent au jour le jour.

**day to day market,** marché de l'argent au jour le jour.

**D-day** ['di:dei] *n.* jour J.

**dead** [ded] *adj.* mort, inactif ; *Fam. :* fini, flambé ; tombé en désuétude. *Law that remains a dead letter,* loi qui reste lettre morte. *Dead hours,* heures creuses. *Dead letter,* lettre au rebut. *Dead loan,* emprunt irrecouvrable. *Dead lode,* filon épuisé. *Dead market,* marché mort, marché éteint. *Dead money,* argent qui dort. *Dead season,* morte saison.

**dead beat** [ded 'bi:t] *n.* (U.S.) mauvais payeur.

**dead freight** *n.* **1.** dédit pour défaut de chargement (exigible lorsqu'un expéditeur ou un affréteur a réservé de la place sur un navire mais ne l'a pas occupée). **2.** espace réservé pour du fret sur un navire mais non utilisé. **3.** faux fret (destiné à remplir ou alourdir un navire). **4.** fret lourd et non périssable.

**dead-hand** *n. Jur. :* mainmorte.

**dead head** ['dedhed] *n.* (U.S.) camion roulant à vide.

**dead horse** *n.* (U.S.) travail payé d'avance ; article invendable ; sujet ou problème qui a perdu de son intérêt, de son actualité.

**deadline** ['dedlain] *n.* date limite, date de forclusion, butoir. *Deadline for applications,* clôture des inscriptions. *To meet the deadline,* respecter les délais.

**dead loan** *n.* emprunt irrécouvrable.

**deadlock** ['dedlok] *n.* impasse, point mort. *To come to a deadlock,* aboutir à une impasse. *To break the deadlock,* sortir de l'impasse (négociations).

**dead lode** *n.* filon épuisé.

**dead loss** *n.* perte sèche.

**dead market** *n.* marché mort.

**dead money** *n.* argent qui dort.

**dead season** *n.* morte saison.

**dead stock** *n.* fond de boutique, marchandises invendables, « rossignols ».

**dead time** *n.* temps mort.

**dead-weight** *n.* **1.** poids mort. **2.** chargement en lourd.

**deal** [di:l] *n.* **1.** beaucoup, quantité (en général, *a good deal, a great deal*). **2.** la donne (aux cartes). **3.** *Com. :* affaire, marché, transaction. *It's a deal,* marché conclu. *Big deals,* grosses affaires. *To give someone a fair deal,* agir loyalement envers quelqu'un.

**deal** *v.* distribuer, partager, répartir, attribuer.

**deal in (to)** *v.* faire le commerce de.

**deal with** *v.* **1.** s'occuper de, traiter de. **2.** commercer, négocier, traiter avec.

**dealer** ['di:lə] *n.* **1.** fournisseur, marchand, négociant, concessionnaire, revendeur. *(Wholesale) dealer,* grossiste. **2.** (U.S.) boursier travaillant pour son compte.

**dealing** ['di:liŋ] *n.* **1.** distribution. **2.** commerce. **3.** conduite, procédé, manière d'agir. *Fair dealing,* loyauté.

**dealings** *n.* affaires, négociations, opérations, rapports, relations d'affaires. *Dealings for cash,* opérations au comptant. *Dealings for the account,* opérations à terme. *Double dealings,* procédés déloyaux en affaires. *Forward exchange dealings,* opérations de change à terme. *Square dealings,* procédés loyaux en affaires.

**dean** [di:n] *n.* doyen (chargé de l'administration d'une université).

**dear** [diə] *adj.* **1.** cher, coûteux. **2.** cher (au début d'une lettre : *Dear Sir,* correspond au français Monsieur ou Cher Monsieur).

**dearth** [də:θ] *n.* disette, pénurie, dénuement.

**death** [deθ] *n.* décès, mort. *Death rate,* taux de mortalité. *Death penalty,* peine de mort.

**death duties,** droits de succession.

**debar** [di'ba:] *v.* exclure, interdire, refuser, priver quelqu'un de quelque chose. *To debar someone from doing something,* interdire à quelqu'un de faire quelque chose.

**debark** [di'ba:k] *v.* débarquer *(from,* de).

**debase** [di'beis] *v.* **1.** rabaisser, dégrader. **2.** altérer (monnaie). **3.**

déprécier (monnaie).

**debasement** [di'beismənt] **n. 1.** dégradation. **2.** altération, dépréciation. *Debasement of currency,* dépréciation de la monnaie.

**debate** [di'beit] **v.** débattre, discuter.

**debater** [di'beitə] **n.** orateur, spécialiste des débats publics.

**debenture** [di'bent∫ə] **n.** obligation (généralement sans garantie par opposition à *bond :* obligation avec garantie ; cette différence tend à s'atténuer dans l'usage moderne, surtout en américain). *Mortgage debenture,* obligation hypothécaire (c'est-à-dire garantie par une hypothèque). *Convertible debenture,* obligation convertible en action.

**debenture-bond** **n.** obligation non garantie par un actif, non gagée.

**debenture-capital** **n.** capital obligation.

**debenture-holder** **n.** obligataire.

**debenture-stock** **n. 1.** titre obligataire. **2.** (U.S.) actions de priorité. **3.** (G.B.) obligations non garanties.

**debit** ['debit] **n.** débit, doit.

**debit** **v. 1.** débiter (un compte). **2.** porter au débit de quelqu'un. *To debit someone with a sum,* porter une somme au débit de.

**debit account** **n.** compte débiteur.

**debit balance** **n.** solde débiteur. *His account is showing a debit balance,* son compte est déficitaire.

**debit note** **n.** bordereau de débit.

**debt** [det] **n. 1.** dette, endettement. *Debt capacity,* limite d'endettement. *Debt financing* a) remboursement des emprunts b) financement par emprunt bancaire ou par émission d'obligations. **2.** créance. *Bad debt,* créance douteuse. *Debts (due by the trader),* dette (passive). *Debts (due to the trader),* créance, dette active. *To be in debt,* être endetté. *To be out of debt,* n'avoir plus de dettes. *Secured debt,* dette garantie. *Consolidated debt,* dette consolidée.

**debt capacity,** **n.** capacité, limite d'endettement.

**debt collection,** recouvrement de créances.

**debt collector** **n.** agent de recouvrement.

**debt deferral** **n.** moratoire.

**debt-equity ratio,** ratio d'endettement (d'une entreprise).

**debtor** ['detə] **n.** débiteur. *Debtor account,* compte débiteur.

**debt ratio** **n.** coefficient d'endettement, ratio de solvabilité.

**debt relief** **n.** allègement des dettes.

**debt rescheduling** **n.** consolidation d'une dette ; rééchelonnement d'une dette.

**debt securities** **n.** nantissement d'une dette.

**debt service, debt servicing** **n.** service d'une dette, de la dette.

**debug** **v. 1.** *Inform. :* mettre au point. **2.** débarrasser de micros « espions ».

**decade** ['dekeid] **n.** décennie.

**decasualization** [di,kæʒjuəlai'-zei∫ən] **n.** régularisation (du travail), élimination du travail temporaire.

**decay** [di'kei] **n. 1.** déclin (fortune), délabrement (bâtiment, etc.). **2.** corruption, altération.

**decay** **v.** tomber en décadence (commerce, etc.), décliner, se délabrer, s'altérer, s'avarier.

**deceased** [di'si:st] **adj.** et **n.** décédé. *Son of Peter Maxwell deceased,* fils de feu P. Maxwell. *Deceased estate,* succession.

**deceased** **n.** défunt(e).

**deceit** [di'si:t] **n.** tromperie, vol, fraude.

**deceive** [di'si:v] **v.** tromper, décevoir, induire en erreur. *We have been deceived in him,* nous nous sommes trompés sur son compte.

**decelerate** [di:'seləreit] **v. 1.** ralentir (un service). **2.** ralentir, modérer (son allure).

**deceleration** ['di:,selə'rei∫n] **n.** ralentissement, freinage.

**decennial** [di'senjəl] **adj.** décennal.

**decentralization** [di:,sentrəlai'-zei∫ən] **n.** décentralisation.

**decentralize** [,di:'sentrəlaiz] **v.** décentraliser.

**deception** [di'sep∫ən] **n. 1.** tromperie, fraude. *Theft by deception,* (vol par) abus de confiance. **2.** erreur.

**deceptive** [di'septiv] *adj*. trompeur, décevant, mensonger.

**decide** [di'said] *v*. 1. décider, statuer sur, décider de, à, se décider à. 2. *To decide on something*, se décider à quelque chose, arrêter un plan, une méthode.

**decipher** [di'saifə] *v*. décoder, déchiffrer, décrypter, transcrire.

**decision** [di'siʒən] *n*. 1. décision, vote, délibération. 2. résolution, arrêt, jugement.

**decision maker** *n*. décideur.

**decision making** *n*. prise de décision.

**decision making process**, processus, méthode (de prise de) décision.

**decision tree** *n*. arbre décisionnel, arbre de décision.

**decisive** [di'saisiv] *adj*. 1. décisif, concluant. 2. décidé, net.

**deck** [dek] *n*. pont de navire.

**deck-cargo** [dek'-ka:gəu] *n*. pontée (cargaison entreposée sur le pont).

**deckload**, chargement sur le pont (d'un navire).

**declaration** [,deklə'reiʃən] *n*. déclaration. *Declaration of the poll*, proclamation des résultats (d'un scrutin).

**declaratory** [di'klærətəri] *adj*. déclaratoire, qui clarifie. *Declaratory judgement*, jugement déclaratoire. *Declaratory statute*, loi interprétative.

**declare** [di'klɛə] *v*. déclarer. *To declare bankrupt, bankruptcy*, déposer son bilan. *To declare a dividend*, déclarer un dividende. *To declare for, against something*, se prononcer pour, contre quelque chose.

**declassification** [di:klæsifi'-keiʃən] *n*. levée du secret (à propos d'un document, d'une nouvelle).

**declassify** [di:'klæsifai] *v*. lever le secret (sur un document), autoriser la mise en circulation (d'un document jusqu'ici secret).

**decline** [di'klain] *n*. déclin. *Aff*. : baisse, ralentissement.

**decline** *v* 1. refuser, décliner (invitation). 2. baisser, être en baisse, diminuer, décliner.

**decode** [di:'kəud] *v*. déchiffrer, décoder (message).

**decoder** *n*. décodeur.

**decontrol** [di:kən'trəul] *v*. libérer (le prix), lever (mesures de contrôle), détaxer.

**decrease** ['di:kri:s] *n*. diminution. *Decrease in value*, moins-value, décroissance, raréfaction.

**decrease** [di:'kri:s] *v*. 1. baisser, décroître, aller en diminuant. 2. diminuer, amoindrir, réduire.

**decree** [di'kri:] *n*. 1. décret, arrêté. *To issue a decree*, promulguer un décret. 2. décision, jugement, ordonnance. *Decree in bankruptcy*, jugement déclaratif de faillite.

**decree** *v*. décréter, arrêter, ordonner.

**decumulation** [di:,kju:mju'-leiʃən] *n*. contraction (des stocks).

**dedicate** ['dedikeit] *v*. 1. dédier. 2. (U.S.) inaugurer.

**dedicated** ['dedikeitid] *adj*. dévoué, fidèle, consacré (à), motivé, consciencieux.

**deduce** [di'dju:s] *v*. déduire, conclure, inférer.

**deduct** [di'dʌkt] *v*. déduire, retrancher, compter en moins.

**deductible** [di'dʌktibl] *adj*. déductible *(from*, de*)*.

**deduction** [di'dʌkʃən] *n*. 1. déduction *(from a quantity)*, retenue, prélèvement *(of a sum)*. 2. déduction, raisonnement déductif.

**deductive** [di'dʌktiv] *adj*. déductif(ve).

**deed** [di:d] *n*. 1. action, acte, fait. *We need deeds not words*, nous avons besoin d'actes, non de paroles. *In deed, not in name*, en fait, pas en titre. 2. acte (notarié), contrat. *To draw up a deed*, rédiger un acte. *Deed of partnership*, contrat d'association, acte de société. *Deed of transfer* acte de cession. *Private deed*, acte sous seing privé.

**deed** *v*. (U.S.) transférer par un acte.

**deejay** ['di:ʒei] *n*. voir **diskjockey**.

**deep-freeze(r)** [,di:p'-fri:z] *n*. congélateur.

**deepfreeze** *v*. congeler, surgeler ; mettre en réserve.

**deepen** ['di:pən] *v*. 1. approfondir, augmenter ; aggraver. 2. s'approfondir, s'aggraver, s'accentuer. *The recession deepens*, la récession s'aggrave.

**de facto** [di: fæktəu] *loc. lat.* *Jur.* : de facto, de fait.

**defalcate** ['di:fælkeit] *v.* détourner des fonds.

**defalcation** [di:fæl'keiʃən] *n.* **1.** détournement (de fonds). **2.** deficit.

**defalcator** ['di:fælkeitə] *n.* détourneur de fonds, concussionnaire (fonds publics).

**defamation** [,defə'meiʃəŋ] *n.* diffamation.

**defamatory** [di'fæmətəri] *adj.* diffamatoire, diffamant, infamant.

**defame** [di'feim] *v.* diffamer.

**defamer** [di'feimə] *n.* diffamateur.

**default** [di'fɔːlt] *v.* **1.** ne pas faire face à, ne pas honorer (ses engagements), manquer, faillir à. *To default on a payment,* ne pas payer. **2.** ne pas comparaître, ne pas se présenter (devant un tribunal). **3.** condamner par défaut.

**default** *n.* **1.** défaut, défaillance, manquement (à une obligation), négligence, non-paiement. **2.** *Bourse :* déconfiture. **3.** *Jur.* : non-comparution, contumace. *Judgment by default,* jugement par défaut.

**defaulter** [di'fɔːltə] *n.* **1.** délinquant. **2.** défaillant, contumace. **3.** créancier défaillant, personne qui n'honore pas ses dettes ; failli. **4.** auteur de détournement de fonds, concussionnaire.

**defeasance** [di'fiːzəns] *n.* annulation, abrogation (d'un droit).

**defeat** [di'fiːt] *v.* **1.** vaincre, battre. **2.** mettre en minorité (gouvernement), mettre en échec.

**defect** ['di:fekt] *n.* défaut, imperfection, vice. *Defect in form,* vice de forme. *Conspicuous defect,* vice apparent.

**defective** [di'fektiv] *adj.* défectueux, imparfait, en mauvais état.

**defence,** (U.S.) **defense** [di'fens] *n.* **1.** défense, protection. *Civil defence,* protection civile. **2.** *Jur.* : défense. *Counsel for the defence,* avocat de la défense. *Witness for the defence,* témoin à décharge.

**defend** [di'fend] *v.* **1.** défendre, protéger *(from, against).* **2.** défendre (un accusé). **3.** écarter un danger. *God defend !* que Dieu nous en préserve.

**defendant** [di'fendənt] *n.* **1.** dé-

fendeur (-eresse) -au civil. **2.** accusé -au pénal. **3.** intimé - en appel.

**defender** [di'fendə] *n.* **1.** défenseur. **2.** défendant.

**defer** [di'fəː] *v.* **1.** ajourner, différer, remettre. **2.** déférer, se soumettre à, s'incliner devant. *To defer to someone's will,* se soumettre à la volonté de quelqu'un.

**deferential** [,defərenʃl] *adj.* de déférence. *Deferential vote,* vote de déférence.

**deferment** [di'fəːrmənt] *n.* ajournement, remise, sursis. *Deferment of draft,* sursis d'incorporation.

**deferment factor** *n.* facteur d'escompte.

**deferral** = **deferment.**

**deferred** [di'fəːd] *adj.* différé, ajourné. *Deferred, annuity,* rente différée. *Deferred interest,* intérêts moratoriés. *Deferred payments,* paiement par versements échelonnés, paiements différés ; crédit fournisseur. *Deferred pay,* rappel de traitement. *Deferred stocks,* actions différées.

**deficiency** [di'fiʃənsi] *n.* **1.** insuffisance, manque, défaut. **2.** déficit, découvert. *To make up a deficiency,* combler un déficit.

**deficiency appropriation** *n.* rallonge budgétaire. *Deficiency bills,* avances provisoires.

**deficiency payment** *n.* subvention, montant compensatoire, paiement différentiel.

**deficient** [di'fiʃənt] *adj.* défectueux, insuffisant, déficient.

**deficit** ['defisit] *n.* déficit, découvert. *Our budget shows a deficit,* notre budget est déficitaire. *Cash deficit,* déficit de trésorerie. *Overall financial deficit,* impasse budgétaire. *To make up the deficit,* combler le déficit. *To run into deficit, to run a deficit,* avoir un déficit, faire du déficit.

**definite** ['definit] *adj.* défini, déterminé. *Definite needs,* besoins précis. *Definite order,* commande ferme.

**deflate** [di'fleit] *v.* **1.** dégonfler, se dégonfler. **2.** amener la déflation de la monnaie, diminuer la circulation du papier-monnaie.

**deflation** [di'fleiʃən] *n.* **1.** crevai-

son, dégonflement. **2.** déflation (contraction de la masse monétaire et/ou du crédit entraînant une baisse générale des prix).
**deflationary** [di'fleiʃənəri] *adj.* de déflation. *Deflationary pressures,* pressions déflationnistes. *Deflationary policy,* politique de déflation.
**deflationist** [di'fleiʃənist] *n.* partisan de la déflation, déflationniste.
**deflator** [di'fleitə] *n.* déflateur ; coefficient d'actualisation permettant de mesurer les phénomènes économiques en termes réels, après neutralisation des effets de l'inflation ; indice d'ajustement.
**deforce** [di'fɔːs] *v.* usurper *(something from, someone of).*
**defraud** [di'frɔːd] *v.* **1.** *Fisc. :* frauder. **2.** escroquer quelque chose à quelqu'un *(someone of something).*
**defrauder** [di'frɔːdə] *n.* fraudeur.
**defray** [di'frei] *v.* défrayer. *To defray the cost of something,* couvrir les frais de quelque chose.
**defrayable** [di'freiəbl] *adj.* à la charge (de, *by*). *Expenses defrayable out of...,* frais imputables à...
**defrayal** [di'freiəl] *n.* remboursement (des frais), défraiement.
**defuse** [diːˈfjuːz] *v.* désamorcer (une bombe, un incident). *To defuse an issue,* dépassionner une question.
**degree** [di'griː] *n.* **1.** degré, rang. *To some degree,* jusqu'à un certain point. *Third degree* (U.S.), « passage à tabac ». **2.** grade universitaire, diplôme. *Conferring of degrees,* collation de grades.
**degression** [di'greʃ(ə)n] *n.* **1.** dégression. **2.** diminution progressive (du rapport de l'impôt sur le revenu).
**degressive** [di'gresiv] *adj.* dégressif.
**de jure** [diː ˈdʒuəri] *loc. lat.* en droit.
**delay** [di'lei] *n.* délai, retard, sursis, atermoiements. *Without further delay,* sans plus tarder. *Excusable delay,* retard justifié.
**delay** *v.* ajourner, différer, remettre, retarder.
**delayed action** [di'leid] à retarde-

ment (action).
**del credere** [del kredəri] *adj.* et *n.* ducroire. *Del credere agent,* agent (commissionnaire), ducroire (responsable, en général en contrepartie d'une augmentation de sa commission, des dettes de ses clients envers la personne ou l'entreprise qu'il représente).
**dele** ['diːliː] *n. Typogr. :* deleatur (signe indiquant la suppression en typographie).
**delegate** ['deligət] *n.* délégué.
**delegate** ['deligeit] *v.* déléguer.
**delegation** [ˌdeli'geiʃən] *n.* délégation, nomination, désignation. *Delegation of power,* délégation de pouvoir.
**delete** [di'liːt] *v.* biffer, effacer, raturer, rayer (mot). « *Delete* », « à supprimer ».
**deletion** [di'liːʃən] *n.* **1.** annulation, rature, suppression. **2.** passage supprimé.
**deliberate** [di'libərət] *adj.* **1.** délibéré, prémédité, voulu. **2.** avisé, circonspect, réfléchi.
**deliberate** [di'libəreit] *v.* délibérer (*on, over,* de, sur).
**deliberately** [di'libərətli] *adv.* de propos délibéré, à dessein, exprès.
**deliberateness** [di'libərətnis] *n.* **1.** intention (marquée). **2.** mesure (sage lenteur).
**deliberation** [diˌlibə'reiʃən] *n.* **1.** délibération, débat. *After due deliberation,* après mûre réflexion. **2.** circonspection, mesure.
**deliberative** [di'libərətiv] *adj.* délibératif.
**delicatessen store** [ˌdelikə'tesnstɔː] *n.* (U.S.) magasin de charcuterie ; traiteur ; restaurant.
**delict** ['diːlikt] *n.* délit.
**delinquency** *n.* **1.** délinquance. **2.** défaillance, manquement à une obligation. *Mortgage delinquency,* non-remboursement de prêt hypothécaire.
**delinquent** [di'liŋkwənt] *adj.* et *n.* contrevenant, délinquant. *Delinquent account,* compte à découvert. *Delinquent taxes* (U.S.), impôts non payés.
**deliver** [di'livə] *v.* **1.** délivrer *(someone from something,* quelqu'un de quelque chose). **2.** livrer, délivrer, distribuer, remettre (let-

tres, marchandises), signifier (un acte). *Delivered free,* livraison franco. *Goods delivered at any address,* livraison à domicile. *To deliver a speech,* faire un discours. **deliverable** [di'livərəbl] *adj.* livrable.

**deliveree** [di͵livə'riː] *n.* destinataire d'une livraison, personne à qui une livraison, un colis, une lettre, etc., est remis.

**deliverer** [di'livərə] *n.* **1.** distributeur, livreur. **2.** sauveur.

**delivery** [di'livəri] *n.* **1.** livraison, distribution (courrier). *Cash on delivery,* envoi contre remboursement, paiement à la livraison. *Charge for delivery,* frais de port. *General Delivery* (U.S.), Poste Restante. *Delivery at frontier,* rendu frontière. *Free delivery,* livraison franco. *Late delivery,* retard de livraison. *Notice of delivery,* accusé de réception. *Payment on delivery,* livraison contre remboursement. **2.** signification. *Delivery of a writ,* signification d'une assignation.

**delivery-book** *n.* carnet de livraison.

**delivery date** *n.* date de livraison. *To keep, to meet the delivery date,* respecter la date de livraison.

**delivery deadline** *n.* date limite de livraison.

**delivery-man (-boy, -girl)** *n.* livreur, livreuse.

**delivery note** *n.* bulletin de livraison.

**delivery order** *n.* bon de livraison.

**delivery schedule** *n.* dates de livraison, programme de livraisons.

**delivery terms** *n.* conditions de livraison.

**delivery time-limit,** date de livraison. *Delivery time-limits,* délais de livraison.

**delivery-van** *n.* fourgonnette de livraison.

**demand** [di'maːnd] *n.* **1.** demande, exigence, réclamation. *Labour demands,* revendications des travailleurs. **2.** la demande. *Supply and demand,* l'offre et la demande. **3.** sur demande, à vue. *Payable on demand,* payable sur demande, à vue. *Demand deposit,* dépôt à vue. *Demand bill,* traite à vue. *Demand money,* argent au jour le jour, crédit à très court terme, à vue.

**demand** *v.* demander, exiger, réclamer *(something of, from, someone).*

**demand-pull inflation,** inflation par (l'augmentation de) la demande.

**demandant** [di'maːndənt] *n. Jur. :* demandeur, -eresse ; plaignant.

**demand assessment,** évaluation de la demande.

**demand forecasting,** prévision de la demande.

**demand shift,** déplacement de la demande.

**demander** [di'maːndə] *n.* **1.** acheteur, preneur. **2.** voir **demandant.**

**demarcation** [͵diːmaː'keiʃən] *n.* démarcation, délimitation, séparation. *Demarcation dispute,* conflit portant sur les compétences réciproques, la détermination des fonctions, les domaines de compétence, les secteurs de responsabilité, les zones d'influence.

**demi-john** ['demidʒɔn] *n.* bonbonne, dame-jeanne.

**demisable** [di'maizəbl] *adj.* **1.** affermable. **2.** cessible, transmissible.

**demise** [di'maiz] *n.* **1.** cession, transmission, transfert de titre. **2.** *Pub. : demise of product,* disparition, mort d'un produit.

**demise** *v.* **1.** céder, léguer, transmettre. **2.** céder à bail, affermer.

**demise charter-party** *n.* type d'affrètement à temps, le propriétaire louant le navire pour une très longue durée pendant laquelle le locataire en devient le maître.

**demit** [di'mit] *v.* démissionner. *To demit office,* se démettre de ses fonctions.

**demographer** [di:'mɔgrəfə] *n.* démographe.

**demographic** *adj.* démographique. *Demographic sample survey,* étude démographique par sondage.

**demography** [di:'mɔgrəfi] *n.* démographie.

**Democratic Party** [͵demə'krætik'paːti] (U.S.) Parti Démocrate.

**demonetization** [di:͵mʌnitai'zeiʃən] *n.* démonétisation.

**demonetize** [,di:'mʌnitaiz] *v.* démonétiser.

**demonstrate** ['demənstreit] *v.* **1.** démontrer, décrire (un système, un appareil), faire la démonstration (d'un appareil à vendre). **2.** manifester, prendre part à une manifestation. **3.** faire preuve de, montrer, manifester, prouver.

**demonstration** [,demən'streiʃən] *n.* **1.** démonstration. *Demonstration flight,* vol de démonstration. *Demonstration plants,* usines pilotes. **2.** manifestation.

**demonstrator** ['demənstreitə] *n.* **1.** démonstrateur. **2.** manifestant.

**demur** [di'mə:] *v.* soulever des objections.

**demurrage** [di'mʌridʒ] *n.* **1.** surestarie(s) (dépassement du temps prévu pour le chargement et le déchargement d'un navire ; somme à payer pour ce dépassement). **2.** magasinage (droits de).

**demurrer** [di'mʌrə] *n.* **1.** *Jur. :* fin de non-recevoir, exception péremptoire, contestation présentée par l'accusé.

**denationalization** ['di:,næʃnə-lai'zeiʃən] *n.* dénationalisation.

**denationalize** [,di:'næʃnəlaiz] *v.* **1.** dénationaliser. **2.** aliéner du domaine public.

**denial** [di'naiəl] *n.* **1.** déni, refus. **2.** démenti, dénégation. *Formal denial,* démenti formel.

**denigratory advertising,** publicité qui dénigre un produit concurrent (ce qui est interdit).

**denim** ['denim] *n.* étoffe croisée de coton, toile de « jeans » (U.S.) (origine : du français « de Nîmes »).

**denominate** [di'nɔmineit] *v.* dénommer, libeller. *Dollar denominated,* exprimé en dollars.

**denomination** [di,nɔmi'neiʃən] *n.* **1.** dénomination. **2.** sens monétaire : coupure. **3.** unité (poids, mesure, etc.). *The smallest denomination we have is...,* la plus petite unité que nous ayons est...

**denounce** [di'nauns] *v.* **1.** dénoncer, déférer *(to the authorities :* à la justice). **2.** s'élever contre, faire le procès, condamner.

**density** ['densiti] *n.* **1.** densité (corps, gaz). **2.** densité (popu-

lation). **3.** densité, opacité, intensité de noircissement (cliché photos).

**dent** [dent] *n.* marque de coup, bosselement, creux (accrochage auto). *To make a dent in one's fortune,* faire une brèche à sa fortune.

**denunciation** [di,nʌnsi'eiʃən] *n.* **1.** dénonciation, délation. **2.** condamnation.

**deny** [di'nai] *v.* **1.** démentir, nier, repousser, se défendre. *To deny a statement,* opposer un démenti à une déclaration. **2.** *To deny something to someone,* refuser quelque chose à quelqu'un. *I am denied a right,* on me refuse un droit. **3.** *To deny oneself,* se priver de quelque chose.

**deodorant** [di:'əudərənt] *n.* déodorant, désodorisant.

**depart** [di'pa:t] *v.* **1.** s'en aller, partir, quitter. **2.** s'écarter. *To depart from a rule,* se départir d'une règle.

**department** [di'pa:tmənt] *n.* **1.** rayon, service, comptoir. *The different departments,* les différents bureaux. *The heads of department,* les chefs de service. *Legal department,* service contentieux. **2.** Ministère (U.S.). *Department of Commerce,* ministère du Commerce. *Department of Labor,* ministère du Travail. *Department of the Treasury,* ministère des Finances.

**departmental** [di:pa:t'mentl] *adj.* **1.** départemental. **2.** ministériel. *Departmental committee,* commission ministérielle. *Non departmental minister,* ministre sans portefeuille.

**department store** [di'pa:tmənt] *n.* grand magasin.

**department supervisor** (U.S.) *n.* chef de rayon.

**departure** [di'pa:tʃə] *n.* **1.** départ. *A new departure,* nouvelle orientation, nouvelle tendance, nouveauté. **2.** écart, déviation, dérogation *(from a law :* d'une loi).

**depauperate** [di:'pɔ:pəreit] *v.* appauvrir.

**depauperize** [,di:pɔ:pəraiz] *v.* appauvrir.

**depauperisation** *n.* paupérisation, appauvrissement.

**depend** [di'pend] *v.* **1.** dépendre. **2.** *To depend on,* dépendre de. **3.** *To depend on, upon (someone, something),* compter sur, se reposer sur (quelqu'un, quelque chose).

**dependability** *n.* fiabilité.

**dependable** [di'pendəbl] *adj.* digne de confiance, d'une sécurité complète (machine). *He is very dependable,* on peut tout à fait compter sur lui. *Dependable news,* nouvelle non sujette à caution.

**dependant** [di'pendənt] *n.* personne à charge.

**dependent** [di'pendənt] *adj.* dépendant (*on,* de), tributaire (*upon,* de). *To be dependent on someone,* vivre aux frais de, être à charge de.

**dependent** *n.* voir **dependant.**

**deplete** [di'pliːt] *v.* épuiser (provision, ressources) ; démunir.

**depletable** *adj.* non renouvelable (ressources).

**depletion** [di'pliːʃən] *n.* épuisement (des ressources).

**depletion reserve** *n.* provision pour reconstitution de gisement (P.R.G.).

**deploy** *v.* déployer ; (missiles) installer.

**deployment** *n.* déploiement ; (missiles) installation.

**deponent** [di'pəunənt] *n.* déposant (témoin).

**depopulate** [,diː'pɔpjuleit] *v.* **1.** dépeupler. **2.** se dépeupler.

**depopulation** [diː,pɔpju'leiʃən] *n.* dépeuplement, dépopulation.

**deportation** [,diːpɔː'teiʃən] *n.* **1.** expulsion. **2.** déportation.

**deposit** [di'pɔzit] *n.* **1.** dépôt. *Deposit at short notice,* dépôt à court terme. *Fixed deposit,* dépôt à terme. **2.** arrhes, cautionnement, provision. *To make (to leave, to pay) a deposit,* verser des arrhes. **3.** gisement.

**deposit** *v.* **1.** déposer. *To deposit money with someone,* déposer de l'argent chez quelqu'un. **2.** verser une provision, des arrhes. *To deposit $200,* laisser 200 dollars comme arrhes, comme provision.

**Deposit and Consignment Office,** Caisse de Dépôts et Consignations.

**deposit account** *n.* (D.A.) compte de dépôt.

**deposit book** *n.* livret (nominatif).

**deposit receipt** *n.* **1.** récépissé de dépôt. **2.** bon de caisse. **3.** reçu de consignation.

**deposit slip,** bordereau de versement.

**depositary** [di'pɔzitəri] *n.* dépositaire, consignataire, séquestre.

**depositor** [di'pɔzitə] *n. Banque :* déposant.

**depositor's book** *n.* livret d'épargne.

**depository** [di'pɔzitəri] *n.* **1.** dépôt, entrepôt. **2.** voir **depositary.**

**depot** ['depəu] *n.* **1.** dépôt, entrepôt. **2.** (U.S.) gare (marchandise, triage).

**depreciable** *adj.* dépréciable.

**depreciate** [di'priːʃieit] *v.* **1.** déprécier, dévaloriser, rabaisser, amortir. **2.** se déprécier, diminuer de valeur, baisser. **3.** amortir, calculer l'amortissement. *To depreciate on a straight line basis,* pratiquer l'amortissement linéaire.

**depreciation** [di,priːʃi'eiʃən] *n.* **1.** dépréciation, dévalorisation, moins-value. **2.** amortissement. *Depreciation charge,* dotation aux amortissements.

**depress** [di'press] *v.* **1.** appuyer sur une touche, un bouton. **2.** abaisser, diminuer. **3.** abattre, faire baisser, déprimer.

**depressed** [di'prest] *adj.* **1.** triste, abattu. **2.** déprimé, languissant (marché). *Depressed area,* zone en difficulté. *Depressed currency,* monnaie dépréciée.

**depression** [di'preʃən] *n.* **1.** abaissement, baisse, dépression. **2.** crise, marasme, stagnation, dépression. **3.** *the Depression (U.S.),* la crise économique de 1929.

**deprive** [di'praiv] *v.* priver (de).

**depth** [depθ] *n.* profondeur, fond. *In depth,* en profondeur. *In-depth study,* étude approfondie.

**depth interview** *n.* entretien en profondeur (enquête), enquête psychologique.

**depth interviewing,** entretien en profondeur, technique de l'entretien en profondeur.

**depth prober** *n.* spécialiste (psychologue) dans la recherche de motivation.

**depth psychology** *n.* psychologie des profondeurs.

**deputation** [depju'teiʃən] *n.* députation, délégation.

**deputize** ['depjutaiz] *v.* 1. remplacer, faire l'intérim de quelqu'un. 2. nommer un remplaçant, se faire remplacer par quelqu'un.

**deputy** ['depjuti] *n.* adjoint, assistant ; fondé de pouvoir ; suppléant.

**deputy chairman** *n.* vice-président.

**deputy judge** *n.* juge suppléant.

**deputy mayor** *n.* maire adjoint.

**deputy governor** *n.* vice-gouverneur, sous-gouverneur.

**derate** [ˌdiː'reit] *v.* dégrever (industrie).

**deregister** [di'redʒistə] *v.* radier (d'un groupe, etc.), rayer (d'un registre).

**deregistration** [di,redʒi'streiʃən] *n.* radiation.

**deregulate** [diː'regjuleit] *v.* libérer (prix, loyers, etc.), déréglementer.

**deregulation** [diːregju'leiʃən] *n.* libération, déréglementation.

**derelict** ['derilikt] *n.* épave, objet abandonné.

**dereliction** [ˌderi'likʃən] *n.* abandon, délaissement ; manquement.

**derive** [di'raiv] *v.* 1. *To derive something from something,* tirer... de quelque chose, devoir... à, tenir... de. 2. dériver, tirer son origine de, émaner, provenir.

**derived demand** [di'raivd] *n.* demande dérivée, demande induite.

**derogate** ['derəugeit] *v.* 1. déprécier, diminuer, amoindrir. 2. déroger (*from,* à).

**derogation** [derəu'geiʃən] *n.* dérogation.

**derogatory** [di'rɔgətəri] *adj.* 1. dérogatoire. 2. indigne de, qui déprécie. 3. désobligeant.

**descend** [di'send] *v.* 1. descendre, tomber ; s'abattre sur. 2. descendre de, venir de (famille), tirer son origine de.

**descent** [di'sent] *n.* 1. descendance, lignage. 2. transmission de biens.

**description** [di'skripʃən] *n.* 1. description, signalement. 2. profession, qualité (du postulant, sur passeport). 3. désignation (marchandises).

**descriptive** [di'skriptiv] *adj.* descriptif. *Descriptive catalogue,* catalogue descriptif ; catalogue raisonné.

**desequilibrium** *n.* déséquilibre.

**desert** [di'zəːt] *n.* mérite.

**desert** *v.* déserter, abandonner.

**desertion** *n.* désertion ; abandon.

**deserve** [di'zəːv] *v.* mériter, être digne de.

**design** [di'zain] *v.* 1. dessiner. 2. concevoir, imaginer ; projeter. 3. destiner.

**design** *n.* 1. dessin, étude, projet, avant-projet. 2. modèle. *The latest design,* le dernier modèle. *Industrial design,* esthétique industrielle. 3. conception ; intention, projet, dessein.

**designation** [ˌdezig'neiʃən] *n.* 1. désignation, nomination. 2. dénomination.

**design department** *n.* bureau d'études, service conception, service création.

**design engineering** *n.* étude de conception.

**designer** [di'zainə] *n.* 1. dessinateur, créateur, couturier, esthéticien industriel, graphiste. *Designer brand,* griffe (du fabricant). *Designer goods,* produits griffés. 2. auteur, inventeur (projet).

**design lead time** *n.* délai de conception.

**design studio** *n.* studio de création.

**designing** [di'zainiŋ] *n.* création, dessin, étude. *Designing department,* service études.

**designate** ['dezigneit] *v.* 1. désigner, nommer *(someone to an office,* quelqu'un à une fonction). 2. nommer, appeler. *Designated by the name of,* désigné sous le nom de.

**desire** [di'zaiə] *n.* tendance(s), désir, besoin, souhait.

**desist** [di'zist] *v.* 1. cesser *(from doing something,* de faire quelque chose). 2. *To desist from something,* renoncer à quelque chose. *To cease and desist,* abandonner une pratique, renoncer à une pratique, s'engager à ne plus pratiquer, mettre fin à une pratique.

**desk** [desk] *n.* **1.** pupitre, bureau (meuble). **2.** (U.S.) secrétariat de la rédaction, bureau de presse, salle de dépêches. **3.** caisse ; guichet. **4.** console (studio son).

**desk clerk** *n.* employé à la réception (hôtel).

**desk-pad** *n.* sous-main, bloc-notes.

**desk research** *n.* recherche documentaire (souvent par opposition à l'étude sur le terrain).

**desk-top publishing,** micro-édition.

**desk work** *n.* travail de rédaction.

**despatch** [di'spætʃ] *v.* (voir **dispatch**).

**destabilize** [di'steibilaiz] *v.* déstabiliser.

**destination** [,desti'neiʃən] *n.* destination.

**destitute** ['destitjuːt] *adj.* **1.** indigent. *The destitute,* les pauvres, les indigents. **2.** dépourvu, dénué.

**destitution** [,desti'tjuːʃən] *n.* dénuement, indigence.

**detach** [di'tætʃ] *v.* détacher, séparer *(from,* de), décoller (un timbre, etc).

**detachable** [di'tætʃəbl] *adj.* détachable, amovible, mobile.

**detail** ['diːteil] *n.* **1.** détail, particularité, précision. **2.** (armée, etc.) personne ou groupe sélectionné pour une tâche particulière, détachement.

**detail** [di'teil] *v.* **1.** détailler, raconter en détail. *To detail the facts,* énumérer les faits. **2.** (armée, etc.) affecter une personne ou un groupe à une tâche particulière.

**detailed** [di'teild] *adj.* détaillé, circonstancié (récit). *Detailed work,* travail très fouillé.

**detain** [di'tein] *v.* **1.** *Police :* détenir (suspect, etc). **2.** retarder, retenir.

**detainer** [di'teinə] *n.* **1.** détention (illégale d'un objet). **2.** incarcération. *Writ of detainer,* mandat de dépôt prolongateur de détention.

**detect** [di'tekt] *v.* **1.** découvrir, surprendre. *To detect someone in the act,* prendre quelqu'un en flagrant délit. **2.** apercevoir, entrevoir. **3.** *To detect a leakage,* locali-

ser, détecter, chercher une fuite...

**detective** [di'tektiv] *n.* inspecteur de police, agent de la sûreté, policier. *Private detective,* détective (privé).

**detector** [di'tektə] *n.* détecteur. *Lie-detector,* détecteur de mensonges.

**detention** [di'tenʃən] *n.* détention.

**deter** [di'təː] *v.* détourner, décourager, dissuader, empêcher *(from,* de).

**deteriorate** [di'tiəriəreit] *v.* **1.** altérer, avarier, détériorer, déprécier. **2.** s'altérer, s'avarier, se détériorer, perdre de sa valeur.

**deterioration** [di,tiəriə'reiʃən] *n.* altération, détérioration, dégradation, dépréciation. *Deterioration of the rate of exchange,* fléchissement du taux de change.

**determinable** [di'təːminəbl] *adj.* **1.** déterminable. **2.** *Jur. :* résoluble (contrat).

**determination** [di,təːmi'neiʃən] *n.* **1.** détermination, délimitation. **2.** résolution. *To come to a determination,* se décider. **3.** *Jur. :* décision, arrêt ; résolution, résiliation (contrat).

**determination clause,** clause résolutoire.

**determine** [di'təːmin] *v.* **1.** déterminer, fixer (date, condition). **2.** décider, résoudre. **3.** *Jur. :* résoudre, résilier *(lease :* bail, etc.).

**deterrent** [di'terənt] *adj.* préventif (effet), dissuasif.

**deterrent** *n.* moyen de dissuasion, préventif. *The nuclear deterrent,* la force de dissuasion (nucléaire).

**deterrent fee** *n.* ticket modérateur.

**detour** [di'tuə] *n.* détour, déviation.

**detour** ['deituə] *v.* détourner, dévier.

**detrain** [diː'trein] *v.* (U.S.) descendre d'un train ; décharger d'un train.

**detriment** ['detrimənt] *n.* détriment, dommage, préjudice. *To the detriment of...,* au détriment, au préjudice de. *Without detriment to...,* sans préjudice de...

**detrimental** [detri'mentl] *adj.*

préjudiciable, nuisible.

**detrimental clause** *n.* clause restrictive.

**detruck** *n.* (U.S.) descendre d'un camion ; décharger d'un camion.

**deuce** [dju:s] *n.* (U.S.) billet de deux dollars.

**devalorization** [di:vælorai'-zei∫(ə)n] *n.* dévalorisation.

**devalorize** [di:'vælora:iz] *v.* dévaloriser.

**devaluate** [di:'væljueit] *v.* dévaluer.

**devaluation** [,di:vælju'ei∫ən] *n.* dévaluation.

**devalue** [,di:vælju:] *v.* **devaluate.**

**devastate** ['devəsteit] *v.* dévaster, ravager.

**devastation** [,devə'stei∫ən] *n.* 1. dévastation. 2. *Jur. :* dilapidation (d'une succession).

**develop** [di'veləp] *v.* 1. développer, exploiter, mettre en valeur, mettre au point, (U.S.) mettre à jour, révéler. 2. se développer, se révéler. *It developed to-day,* on apprend aujourd'hui.

**developed country** [di'veləpt] *n.* pays développé.

**developer** [di'veləpə] *n.* promoteur.

**developing country** [di'veləpiŋ] *n.* pays en voie de développement.

**development** [di'veləpmənt] *n.* 1. développement, exploitation, mise en valeur, mise au point. *Development area,* région à développer, à urbaniser. 2. évolution, progrès, essor, déroulement.

**development planning = corporate planning,** processus de planification et de programmation à long terme, plan de développement à long terme.

**deviate** ['di:vieit] *n.* 1. ce qui s'écarte de la norme. 2. (personne) déviant, pervers, anormal, marginal.

**deviate** *v.* dévier, s'écarter, s'éloigner (*from,* de).

**deviation** [,di:vi'ei∫ən] *n.* 1. anomalie, déviation, écart, dérogation (*from,* de). *Deviation from par,* écart par rapport à la parité. 2. déroutement.

**device** [di'vais] *n.* 1. expédient, moyen, stratagème. 2. dispositif,

appareil, invention, mécanisme.

**devise** [di'vaiz] *n. Jur. :* 1. dispositions testamentaires de biens immobiliers. 2. legs (immobilier).

**devise** *v.* 1. combiner, inventer, imaginer, concevoir. 2. *Jur. :* disposer par testament (de biens immobiliers), léguer (des biens immobiliers).

**devisee** [,divai'zi:] *n.* légataire.

**devisor** [di'vaizɔ:] *n.* testateur.

**devolution** [,di:və'lu:∫ən] *n.* dévolution. *Devolution of property,* dévolution de bien. Dans le contexte britannique, le mot prend souvent le sens de : délégation de pouvoir aux régions, régionalisation, décentralisation.

**devote** [di'vəut] *v.* consacrer, affecter (une somme à), accorder (du temps). *Area devoted to industry,* zone consacrée à l'industrie.

**devotion** [di'vəu∫ən] *n.* 1. dévotion (à). 2. dévouement, assiduité.

**diagram** ['daiəgræm] *n.* diagramme, tracé, schéma, graphique.

**diagram** *v.* représenter schématiquement ; représenter par un diagramme.

**dial** ['daiəl] *n.* cadran.

**dial** *v.* composer un numéro (sur un cadran).

**dialling tone** ['daiəliŋ] *n.* tonalité (du téléphone).

**diameter** [dai'æmitə] *n.* diamètre. *Internal diameter,* calibre, alésage.

**diamond** ['daiəmənd] *n.* 1. diamant. 2. losange, carreau (carte).

**diary** ['daiəri] *n.* 1. journal (personnel). 2. agenda. 3. carnet d'échéances.

**dicker** ['dikə] *v.* marchander.

**dictate** ['dikteit] *n.* diktat, ordre, commandement.

**dictate** [dik'teit] *v.* dicter (lettre, conditions). *To dictate a line of action,* prescrire une ligne de conduite.

**dictating machine,** machine à dicter.

**dictation** [dik'tei∫ən] *n.* dictée.

**diehard** ['dai,ha:d] *n. Polit. :* ultra-conservateur, « jusqu'au-boutiste », réactionnaire.

**diesel oil,** gasoil.

**diet** ['daiət] *n.* 1. alimentation,

nourriture. **2.** régime. *To put someone on a diet,* mettre quelqu'un au régime.

**differ** ['difər] *v.* **1.** différer, être différent (*from,* de). **2.** *To differ in opinion,* être en désaccord.

**difference** ['difrəns] *n.* **1.** différence, écart. **2.** désaccord, différend.

**differential** [difə'renʃl] *n.* écart, marge.

**differential** *adj.* différentiel, modulé. *Differential growth,* croissance différentielle.

**differentiate** [difə'renʃieit] *v.* **1.** différencier, faire la différence, distinguer. **2.** rendre distinct, différencier.

**differentiation** [‚difərenʃi'eiʃən] *n.* différenciation.

**digest** ['daidʒest] *hn.* abrégé, condensé.

**dig** [dig] *v.* **1.** creuser. **2.** *Fam.* : aimer, apprécier.

**digit** ['didʒit] *n.* chiffre de 0 à 9. *A two-digit inflation,* inflation à deux chiffres (c'est-à-dire égale ou supérieure à 10 %).

**digital** ['didʒitl] *adj.* numérique.

**dilapidated** [di'læpideitid] *adj.* délabré, en mauvais état.

**dilatory** ['dilətəri] *adj.* dilatoire.

**dime** [daim] *n.* (U.S.) dime (1/10 de dollar = *10 cents*).

**dimension** [di'menʃən] *n.* dimension.

**dimension** *v.* **1.** déterminer, calculer les dimensions. **2.** coter.

**diminish** [di'miniʃ] *v.* **1.** diminuer, réduire, atténuer. **2.** s'atténuer, décroître, subir une diminution. *Business has diminished,* les affaires ont baissé.

**diminution** [dimi'njuːʃən] *n.* diminution, réduction, abaissement. *Diminution of taxes,* dégrèvement d'impôts.

**dining-car** ['dainiŋ-kaː] *n.* wagon-restaurant.

**dip** [dip] *n.* **1.** plongée, immersion, tirant d'eau. **2.** dépression, creux, pente. **3.** baisse.

**dip** *v.* **1.** plonger, tremper. **2.** immerger. **3.** baisser subitement, s'infléchir. *Shares dipped to...,* les actions se sont infléchies à... **4.** puiser. *To dip into one's capital,* puiser dans son capital.

**direct** [di'rekt], [dai'rekt] *v.* **1.** *Aff.* : conduire, diriger, mener, gérer, administrer. **2.** *To direct someone to,* indiquer... à quelqu'un. **3.** ordonner. *As directed,* selon les instructions. **4.** adresser (lettre) (*to someone,* à quelqu'un).

**direct** *adj.* direct(e). *Direct deposit* (U.S.), virement automatique d'un salaire du compte de l'employeur au compte de l'employé. *Direct taxations,* contributions directes. *Jur.* : *Direct evidence,* preuve directe.

**direct** *adv.* directement ; tout droit. *To dispatch goods direct to,* expédier des marchandises directement à. *To sell direct to,* vendre directement à.

**direct advertising** *n.* publicité directe.

**direct costing** *n.* approche par les coûts directs.

**direction** [di'rekʃən] *n.* **1.** direction, administration (société, etc.). **2.** direction, sens. **3.** *Plur.* : directions, instructions, prescriptions.

**directions for use,** mode d'emploi ; consignes d'utilisation.

**directly** [di'rektli] *adv.* **1.** directement, tout droit. **2.** complètement, nettement, clairement. **3.** tout de suite.

**direct mail advertising** *n.* publicité postale, publipostage, « mailing ».

**director** [di'rektə], [dai'rektər] *n.* **1.** directeur. **2.** administrateur (de société). *Board of Directors,* conseil d'administration. *Directors' fees,* jetons de présence des administrateurs. *Directors' percentage of profits,* tantième des administrateurs. **3.** metteur en scène.

**directorate** [di'rektərət] *n.* conseil d'administration, directorat ; direction, administration.

**directory—** [di'rektəri] *n.* **1.** annuaire, répertoire d'adresses. **2.** (U.S.) Conseil d'administration.

**disability** [disə'biləti] *n.* incapacité (juridique ou physique), empêchement, invalidité. *Disability coverage,* assurance contre l'invalidité.

**disability clause,** clause d'assurance-vie qui prévoit que la police restera en vigueur sans paiement de primes si l'assuré devient invalide (prévoit parfois aussi un versement mensuel à l'assuré pendant la durée de son invalidité).

**disable** [dis'eibl] *v.* rendre incapable, mettre hors d'état de faire quelque chose, rendre inefficace, mettre hors de service (pers.), rendre invalide.

**disabled** [dis'eibld] *adj.* (matériel, etc.) mis hors de service, réformé ; (personne) invalide ; (navire) avarié, hors de service.

**disablement** [dis'eiblmənt] *n.* invalidité, incapacité de travail. *Degree of disablement,* coefficient d'invalidité. *Temporary disablement,* incapacité temporaire. *Disablement pension,* pension d'invalidité.

**disadvantage** [disəd'va:ntidʒ] *n.* désavantage, inconvénient. *To sell at a disadvantage,* vendre à perte.

**disadvantage** *v.* désavantager.

**disaffiliate** [disə'filieit] *v.* désaffilier.

**disaffiliation** [disəfili'eiʃ(ə)n] *n.* désaffiliation.

**disaffirm** [disə'fə:rm] *v. Jur. :* annuler, rapporter, casser (jugement), dénoncer (contrat).

**disaffirmation** [disəfər'meiʃ(ə)n] *n. Jur. :* annulation, cassation.

**disagree** [disə'gri:] *v.* 1. être en désaccord, n'être pas d'accord (*with someone,* avec quelqu'un). 2. ne pas convenir à...

**disagreement** [disə'gri:mənt] *n.* 1. désaccord, différend. 2. brouille, querelle. 3. différence, contradiction.

**disallow** [disə'lau] *v.* 1. ne pas reconnaître (réclamation, etc). *Jur. :* rejeter (un témoignage). 2. ne pas permettre, interdire.

**disallowance** [disə'lauəns] *n.* refus de reconnaître la validité, le bien-fondé ; rejet d'une réclamation. *Jur. : Disallowance of costs,* rejet des frais.

**disappearance** [disə'piərəns] *n.* disparition, destruction (navire).

**disappoint** [disə'pɔint] *v.* décevoir.

**disapproval** [disə'pru:vl] *n.* désapprobation.

**disapprove** [disə'pru:v] *v.* désapprouver.

**disarmament** [dis'a:məmənt] *n.* désarmement.

**disarray** [disə'rei] désordre ; désarroi.

**disaster** [di'za:stə] *n.* désastre, sinistre. *Disaster area,* zone sinistrée.

**disband** [dis'bænd] *v.* licencier, congédier. *The commission was disbanded,* la commission s'est séparée, a été supprimée.

**disbar** [dis'ba:] *v.* radier un avocat.

**disburse** [dis'bə:s] *v.* débourser.

**disbursement** [dis'bə:smənt] *n.* déboursement. *Disbursements,* frais ; débours. *Disbursement account,* compte de frais.

**disc** [disk] *n.* disque. *Inform. :* Disc storage unit, unité de mémoire à disque.

**discard** [di'ska:d] *v.* 1. mettre de côté, laisser de côté, écarter, renoncer à. 2. mettre au rebut. 3. renvoyer, congédier.

**discern** [di'sə:n] *v.* discerner, faire preuve de jugement, de discernement.

**discharge** [dis't ʃa:dʒ] *n.* 1. déchargement, décharge, déversement. 2. renvoi, congé, libération. 3. *Jur. :* mise en liberté ; élargissement, relaxe. 4. accomplissement. *In the discharge of his duties,* dans l'exercice de ses fonctions. 5. payement, quittance. *In full discharge,* pour acquit. *Final discharge,* quitus.

**discharge** [dis't ʃa:dʒ] *v.* 1. décharger, débarquer. 2. congédier, renvoyer, licencier. *To discharge a commission,* dessaisir une commission. 3. libérer, élargir, mettre en liberté. 4. accomplir, remplir, s'acquitter de. *To discharge one's duties,* accomplir ses fonctions. *To discharge a debt,* s'acquitter d'une dette. 5. décharger, acquitter, dégager, libérer, délier, relever. *To discharge someone of an obligation,* décharger quelqu'un d'une obligation. 6. déverser.

**dischargeable** [dis't ʃa:dʒəbl] *adj.* 1. réformable (soldat). 2. réhabilitable (failli). 3. acquittable, payable (dette).

**discharged bankrupt,** failli réhabilité.

**discipline** ['disiplin] *v.* **1.** discipliner. **2.** (syndicats, etc.) prendre des mesures disciplinaires à l'égard des membres, prendre des sanctions, forcer à respecter les règlements ou décisions officielles.

**disciplinary board** ['disiplinəri] *n.* conseil de discipline.

**disc jockey** (D.J.) ['disk ‚dʒɔki] animateur, présentateur, meneur de jeu (radio).

**disclaim** [dis'kleim] *v.* **1.** se désister, renoncer à un droit. **2.** désavouer ; décliner. *To disclaim all responsibility,* décliner toute responsabilité. **3.** rejeter, renier.

**disclaimer** [dis'kleimə] *n.* **1.** renonciation à un droit, désistement. **2.** dénégation, démenti. *Disclaimer of responsibility,* déni, dénégation de responsabilité. *To send a disclaimer to the press,* adresser un démenti à la presse.

**disclose** [dis'kləuz] *v.* **1.** découvrir, laisser voir, révéler. **2.** divulguer.

**disclosure** [dis'kləuʒə] *n.* **1.** mise à découvert, révélation. **2.** divulgation.

**disconnect** [‚diskə'nekt] *v.* débrancher, couper, interrompre.

**discontent** [diskən'tent] *n.* mécontentement.

**discontented** [‚diskən'tentid] *adj.* mécontent (*with,* de), peu satisfait de, aigri. *To work discontented,* travailler en rechignant.

**discontent with** *adj.* mécontent de.

**discontinuance** [diskən'tinjuəns] *n.* **1.** cessation, renoncement, désabonnement. **2.** *Jur. :* abandon (procès).

**discontinue** [diskən'tinju:] *v.* **1.** cesser, mettre fin à, finir. *To discontinue a line of product,* cesser la fabrication d'une ligne de produits. *To discontinue a magazine,* se désabonner à un magazine. *To discontinue a subscription,* cesser de souscrire. **2.** prendre fin.

**discount** ['diskaunt] *n.* **1.** réduction, escompte, rabais, remise, ristourne. *Cash discount,* escompte de caisse (pour paiement au comptant). *Discount broker,* courtier d'escompte. *Discount for quantities,* réduction sur la quantité, remise pour commande importante. *Trade discount,* remise commerciale, remise sur facture (consentie aux professionnels). **2.** escompte. *Discount rate,* taux d'escompte. **3.** *Bourse : Discount (from par),* décote.

**discount** ['diskaunt] *v.* **1.** ne pas tenir compte de. **2.** escompter. *To discount a bill,* escompter un effet. **3.** accorder une remise. **4.** actualiser. *Discounting rate,* taux d'inflation (dans un calcul d'actualisation).

**discount (to be at a)** *v.* être en baisse, être en perte ; (action) être au-dessous du pair. *To sell at a discount,* vendre à perte.

**discountable** *adj.* escomptable.

**discounted cash flow rate method,** méthode de l'indice de rentabilité interne.

**discounted for inflation,** corrigé de l'inflation, en monnaie constante.

**discounter** ['diskauntə] *n.* escompteur.

**discount house** *n.* **1.** (G.B.) banque d'escompte. **2.** magasin minimarge.

**discounting factor,** facteur d'escompte.

**discount rate,** taux d'escompte ; taux (national) de l'escompte, du réescompte.

**discount store,** magasin minimarge.

**discovery** [di'skʌvəri] *n.* **1.** découverte. **2.** communication. *Jur. : To give discovery of documents,* communiquer des documents.

**discredit** [dis'kredit] *n.* **1.** doute. **2.** discrédit.

**discredit** *v.* discréditer.

**discrepancy** [di'skrepənsi] *n.* désaccord, opposition, écart, contradiction. *Discrepancy report,* bordereau des litiges.

**discrepant** [di'skrepənt] *adj.* différent, en contradiction, en désaccord. *Discrepant accounts,* récits contradictoires ; comptes divergents.

**discretion** [di'skreʃən] *n.* **1.** discrétion. *To have full discretion,* avoir toute latitude. *At your discretion,* comme vous voudrez. **2.** sagesse, jugement.

**discretionary** [di'skreʃənəri] *adj.* discrétionnaire, délibéré, volontaire. *Discretionary income,* revenu disponible. *Discretionary time,* temps de loisir.

**discriminate** [di'skrimineit] *v.* 1. distinguer (*from,* de). 2. établir une distinction, faire la différence. *To be discriminated against,* être victime d'une discrimination.

**discrimination** [di,skrimi'neiʃən] *n.* 1. discrimination. 2. discernement. 3. jugement. 4. distinction.

**discriminatory** [di'skriminətəri] *adj.* 1. distinctif. 2. capable de juger, judicieux. 3. discriminatoire.

**discuss** [di'skʌs] *v.* discuter, débattre, agiter (question).

**discussion** [di'skʌʃən] *n.* discussion, délibération. *To come up for discussion,* venir à l'ordre du jour.

**disease** [di'ziːz] *n.* maladie, affection.

**diseconomy** *n.* déséconomie (prise en compte des conséquences négatives du développement industriel dans les calculs d'investissement).

**disembark** [disim'baːk] *v.* débarquer.

**disencumber** [disin'kʌmbə] *v.* 1. débarrasser, désencombrer. 2. dégrever, déshypothéquer (propriété), purger l'hypothèque.

**disequilibrium** [disekwi'libriəm] *n.* déséquilibre.

**disfranchise** [dis'fræntʃaiz] *v.* priver du droit électoral, du droit de représentation.

**disfranchisement** [dis'fræntʃizmənt] *n.* privation du droit de vote.

**disgruntled** *adj.* mécontent.

**dishonest** [dis'ɔnist] *adj.* malhonnête, déloyal ; indélicat.

**dishonesty** [dis'ɔnisti] *n.* malhonnêteté, improbité, mauvaise foi.

**dishonour** [dis'ɔnə] *n.* 1. déshonneur. 2. non-paiement d'un chèque, non acceptation (d'un effet).

**dishonour** *v.* 1. déshonorer. 2. ne pas honorer, ne pas accepter (*a bill,* une traite, un effet). *Dishonoured cheque,* chèque impayé.

**disincentive** *n.* frein, incitation à moins faire, moyen de dissuasion.

**disinflation** [disin'fleiʃən] *n.* désinflation.

**disinflationary** *adj.* désinflationniste.

**disintegrate** [dis'intigreit] *v.* 1. désintégrer, désagréger. 2. se désintégrer, se désagréger.

**disintegration** [dis,inti'greiʃən] *n.* désagrégation, désintégration.

**disinterested** [dis'intrəstid] *adj.* désintéressé, non intéressé.

**disinvestment** *n.* désinvestissement.

**disk** (U.S.) [disk] *n.* disque. *Calling disk,* disque d'appel (service automatique).

**dislocate** ['disləukeit] *v.* disloquer, désorganiser, bouleverser.

**dismantle** [dis'mæntl] *v.* 1. dégarnir, dépouiller. 2. démanteler, désarmer (navire), démonter (machine).

**dismember** [dis'membə] *v.* démembrer, amputer.

**dismiss** [dis'mis] *v.* 1. licencier, congédier, mettre à la porte ; révoquer, destituer. 2. dissoudre (assemblée). 3. rejeter (une demande). *To dismiss a charge,* rendre un non-lieu ; écarter, éloigner, ne pas tenir compte de, refuser de considérer.

**dismissal** [dis'misl] *n.* 1. licenciement, congédiement, renvoi, révocation. 2. rejet (d'une demande) ; refus de prendre en compte, fin de non recevoir, refus de considérer, fait d'écarter. 3. *Jur. :* acquittement.

**disobey** [disə'bei] *v.* désobéir, enfreindre (ordre).

**disobliging** [disə'blaidʒiŋ] *adj.* désobligeant.

**disorder** [dis'ɔːdə] *n.* désordre, infraction, délit, trouble.

**disorderly** [dis'ɔːdəli] *adj.* désordonné, turbulent, déréglé. *Disorderly conduct,* atteinte à l'ordre public, atteinte aux mœurs.

**disorganization** [disɔːgənai'zeiʃən] *n.* désorganisation.

**disorganize** [dis'ɔːgənaiz] *v.* désorganiser.

**disown** [dis'əun] *v.* désavouer, renier.

**disparage** [di'spæridʒ] *v.* déprécier, dénigrer, discréditer.

**disparity** [di'spæriti] *n.* inégalité, disparité, différence.

**dispatch** [di'spætʃ] *n.* 1. expédition, envoi. *Dispatch note,* bordereau d'expédition. **2.** expédition (des affaires) ; diligence. *With all possible dispatch,* en toute diligence. **3.** dépêche (télégraphique, diplomatique).

**dispatch** *v.* dépêcher (courrier), expédier, envoyer, faire partir.

**dispatcher** [di'spætʃə] *n.* expéditeur.

**dispense** [di'spens] *v.* **1.** exécuter, administrer. **2.** exempter (*from,* de).

**dispense with** *v.* se passer de.

**displace** [dis'pleis] *v.* **1.** déplacer. **2.** destituer, remplacer, évincer.

**displacement** [dis'pleismənt] *n.* **1.** déplacement, déclassement (d'actions). **2.** remplacement.

**display** [di'splei] *n.* exposition ; exhibition ; étalage ; présentation. *Display of goods,* présentation d'une marchandise. *On display,* exposé, visible. *Inform. :* visualisation, affichage.

**display** *v.* **1.** étaler, exposer, exhiber, montrer, présenter. **2.** faire preuve de. **3.** faire étalage de.

**display stand** *n.* présentoir.

**disposable** [di'spəuzəbl] *adj.* **1.** disponible, dont on peut disposer. **2.** à jeter (après usage). *Disposable container,* emballage à jeter, perdu.

**disposable income** *n.* revenu (individuel) disponible (après paiement des impôts directs, et donc utilisé pour la consommation et l'épargne).

**disposal** [di'spəuzəl] *n.* **1.** action de disposer, disposition, résolution. *At someone's disposal,* à la disposition de. **2.** dispensation, vente, cession. *For disposal,* à vendre. *Disposal value,* valeur de cession. **3.** destruction, évacuation, élimination. *Waste disposal,* élimination des déchets.

**dispose** [di'spəuz] *v.* **1.** disposer, arranger, aménager. **2.** *To dispose of,* se défaire de, se débarrasser de, écarter, régler (question), écouler. *To dispose of an article,* écouler, placer un article. *To dispose of the agenda,* épuiser l'ordre du jour.

**dispossess** [dispə'zes] *v.* déposséder, exproprier. *Jur. :* dessaisir.

**dispossession** [dispə'zeʃ(ə)n] *n.* dépossession. *Jur. :* dessaisisse-

ment, expropriation.

**disproportion** [disprə'pɔːʃən] *n.* disproportion.

**disproportionate** [disprə'pɔːʃnət] *adj.* disproportionné.

**disprove** [dis'pruːv] *v.* réfuter, démontrer la fausseté de.

**dispute** [di'spjuːt], *n.* **1.** conflit, différend, litige. *Industrial dispute,* conflit du travail. **2.** contestation, discussion. *Without dispute,* sans conteste.

**dispute** *v.* **1.** débattre, se disputer, se quereller. **2.** discuter, controverser.

**disqualification** [diskwɔlifi'keiʃən] *n.* **1.** incapacité, inaptitude. **2.** cause d'incapacité. **3.** mise en état d'incapacité, disqualification ; exclusion (d'un concours), élimination (d'un candidat qui ne remplit pas les conditions) ; déchéance (d'un administrateur).

**disqualify** [dis'kwɔlifai] *v.* **1.** rendre incapable ; rendre inapte. **2.** *Jur. :* frapper d'incapacité. **3.** interdire, exclure, retirer un titre, un droit, un privilège ; disqualifier.

**disregard** [disri'gaːd] *n.* **1.** indifférence, dédain, insouciance, négligence. **2.** désobéissance, non-respect, inobservation.

**disregard** *v.* faire peu de cas de, ne tenir aucun compte de, faire abstraction de, ignorer (volontairement), passer outre, enfreindre.

**disrepair** [disri'pɛə] *n.* délabrement, mauvais état.

**disrepute** [disri'pjuːt] *n.* discrédit, déshonneur, déconsidération. *To bring someone into disrepute,* discréditer quelqu'un.

**disrupt** [dis'rʌpt] *v.* **1.** perturber ; interrompre ; gêner ; désorganiser. *To disrupt a meeting,* perturber, interrompre une réunion. **2.** rompre, briser. **3.** démembrer, faire crouler.

**disruption** [dis'rʌpʃən] *n.* rupture, perturbation.

**disruptive** [dis'rʌptiv] *adj.* perturbateur.

**dissatisfaction** [dis,sætis'fækʃən] *n.* mécontentement.

**dissatisfied** [dis'sætisfaid] *adj.* mécontent.

**dissemble** [di'sembl] *v.* dissimuler, cacher, passer sous silence.

**disseminate** [di'semineit] *v.* disséminer, propager, répandre.

**dissemination** [disemi'nei∫ən] *n.* dissémination, propagation.

**dissent** [di'sent] *n.* 1. désaccord, dissentiment, avis contraire. 2. dissidence. 3. contestation (sociale).

**dissent** *v.* 1. différer (*from*, de), être en désaccord. 2. être dissident. 3. contester (un système social, etc.).

**dissenter** [di'sentə] *n.* 1. personne qui est en désaccord, qui exprime son désaccord. 2. dissident. 3. contestataire.

**dissenting opinion** *n.* opinion contraire (d'un juge en désaccord avec une majorité ; peut être le point de départ d'une annulation).

**dissimilar** [di'similə] *adj.* dissemblable, différent (*to*, de).

**dissimilarity** [disimi'lærəti] *n.* dissemblance, dissimilarité, dissimilitude.

**dissimulation** [di,simju'lei∫ən] *n.* dissimulation.

**dissolution** [disə'lu:∫ən] *n.* 1. dissolution (assemblée, mariage). 2. annulation.

**distance** ['distəns] *n.* 1. distance, éloignement. 2. trajet. 3. intervalle.

**distance** *v.* 1. éloigner, reculer. 2. distancer, dépasser.

**distant contract** (U.S.) contrat à terme éloigné.

**distort** [di'stɔ:t] *v.* 1. tordre, déformer, distordre, dévier, altérer, fausser. 2. se déformer, se fausser.

**distortion** [di'stɔ:∫ən] *n.* distorsion, altération, déformation.

**distrain** [di'strein] *v.* saisir. *To distrain upon someone*, contraindre par saisie de biens.

**distrainable** [di'streinəbl] *adj. Jur. :* saisissable.

**distrainer** [di'streinə] *n. Jur. :* saisissant.

**distraint** [di'streint] *n.* saisie-exécution. *Distraint of property*, mainmise sur les biens.

**distrainee** [distrei'ni:] *n. Jur. :* débiteur-saisi.

**distress** [di'stres] *n.* 1. détresse, angoisse, embarras. *Distress area*, zone sinistrée. 2. *Jur. :* saisie, exécution. *Distress warrant*, mandat de saisie. *To levy a distress*, opérer une saisie.

**distress** *v.* 1. affliger, angoisser, peiner. 2. *Jur. :* saisir.

**distributable** [di'stribjutəbl] *adj.* distribuable, partageable.

**distribute** [di'stribju:t] *v.* distribuer, partager, répartir.

**distribution** [distri'bju:∫ən] *n.* distribution, répartition. *Distribution network*, réseau de distribution.

**distributive** [di'stribjutiv] *adj.* distributif(-ive).

**distributor** [di'stribjutə] *n.* distributeur, concessionnaire.

**district** ['distrikt] *n.* circonscription (administrative, électorale), district, secteur, région, contrée.

**district** ['distrikt] *v.* diviser en districts.

**district court** *n.* tribunal d'instance, de district.

**District of Columbia (D.C.)** « District » fédéral où se trouve Washington, la capitale des États-Unis.

**distrust** [dis'trʌst] *v.* se méfier de, ne pas faire confiance à.

**disturb** [di'stə:b] *v.* déranger, troubler, agiter, remuer. *Jur. :* inquiéter (dans la jouissance d'un droit). *To disturb the peace*, troubler l'ordre public.

**disturbance** [di'stə:bəns] *n.* 1. trouble, dérangement, perturbation, soulèvement, troubles. 2. *Jur. :* trouble de jouissance. *Disturbance allowance*, allocation pour trouble de jouissance. 3. *Disturbance of the peace*, trouble de l'ordre public.

**disuse** [dis'ju:s] *n.* 1. désuétude. 2. abandon.

**disuse** [dis'ju:z] *v.* cesser de se servir, cesser d'employer.

**disused** [dis'ju:zd] *adj.* hors d'usage, désaffecté ; désuet.

**diverge** [dai'və:dʒ] *v.* diverger, s'écarter (*from*, de), quitter ; faire diverger.

**divergence** [dai'və:dʒəns] *n.* divergence.

**divergent** [dai'və:dʒənt] *adj.* divergent.

**diverse** [dai'və:s] *adj.* divers, différent, varié.

**diversification** [dai,və:sifi'kei∫ən] *n.* diversification.

**diversify** [dai'və:sifai] *v.* diversifier, varier.

**diversion** [dai'və:ʃən] *n.* détour, dérivation, détournement, déviation.

**diversity** [dai'və:səti] *n.* diversité.

**divert** [dai'və:t] *v.* 1. détourner, dériver. 2. divertir, amuser.

**divest** [dai'vest] *v.* retirer, débarrasser (*of,* de), priver, déposséder. *To divest oneself of a right,* renoncer à un droit. *To divest oneself of an asset,* se désaisir, se défaire d'un actif.

**divestment** *n.* voir **divestiture.**

**divestiture** [dai'vestitʃə] *n.* 1. dessaisissement, dépossession. 2. cession d'actifs, vente d'actifs.

**divide** [di'vaid] *v.* 1. diviser, partager, répartir (*profits,* bénéfices). 2. se diviser. 3. *Parlement G.B.* : aller aux voix, passer au vote.

**dividend** ['dividend] *n.* dividende. *Final dividend,* solde de dividende. *Dividend income, dividend yield,* dividende, rendement d'une action.

**dividend-warrant** *n.* chèque dividende, coupon d'arrérages.

**divisibility** [divizi'biliti] *n.* divisibilité.

**divisible** [di'vizibl] *adj.* divisible, partageable, répartissable.

**division** [di'viʒən] *n.* 1. division, partage, répartition. *Division of labour,* division du travail. 2. *Parlement G.B.* : vote. *Without a division,* sans scrutin. *Division vote,* vote par assis-levé. 3. *Parliamentary division,* circonscription électorale.

**divisional** [di'viʒənəl] *adj.* divisionnaire.

**divisor** [di'vaizə] *n.* diviseur.

**divorce** [di'vo:s] *n.* divorce. *To start divorce proceedings,* intenter une action en divorce.

**divvy** ['divi] *n.* (U.S.) *Fam.* : part, portion.

**divvy up,** diviser, partager.

**Dixie** ['diksi] appellation populaire du Sud des États-Unis ; chant national des Sudistes pendant la Guerre de Sécession.

**do** [du:] *v.* faire ; agir. *What do you do ?* Quelle est votre profession ? *To do a sum,* faire une addition, un calcul. *How do you do ?* enchanté (de vous connaître) ! *That will do,* cela va, cela fera l'affaire.

**do away with** *v.* abolir, abandonner, se défaire de, éliminer, proscrire.

**do business** *v.* faire des affaires (*with,* avec).

**dock** [dɔk] *n.* 1. bassin (port) 2. box, banc des accusés.

**dock** *v.* 1. faire entrer au bassin, au dock, en cale sèche. 2. (vaisseaux spatiaux) réaliser un rendez-vous orbital, s'amarrer, s'arrimer. 3. réduire, soumettre à une déduction ; déduire, retirer.

**dockage** ['dɔkidʒ] *n.* droits de bassin, de docks.

**docker** ['dɔkə] *n.* débardeur, docker.

**docket** ['dɔkit] *n.* 1. bordereau (des pièces d'un dossier) ; registre des jugements rendus ; (U.S.) rôle 2. extrait, fiche (d'un document).

**docket** *v.* 1. enregistrer (un jugement rendu), porter sur le rôle (U.S.). 2. étiqueter, classer (papiers).

**dockyard** ['dɔkja:d] *n.* chantier de construction (navires).

**doctor** ['dɔktə] *v.* 1. soigner, réparer. 2. modifier ; falsifier, truquer. *To doctor a tape,* falsifier une bande magnétique.

**doctor** *n.* docteur. *Doctor's degree,* doctorat.

**doctorate** ['dɔktəreit] *n.* doctorat.

**doctrine** ['dɔktrin] *n.* doctrine.

**document** ['dɔkjumənt] *n.* document, pièce, titre. *Legal documents,* acte authentique. *To draw up a document,* rédiger un acte.

**document** *v.* 1. documenter, appuyer sur des documents. 2. munir des papiers nécessaires.

**documentary** [dɔkju'mentəri] *adj.* documentaire, qui repose sur un document. *Documentary evidence,* document probant.

**documentary bill** *n.* traite documentaire.

**documentation** [,dɔkjumen'teiʃən] *n.* documentation.

**documents against acceptance** *n.* documents contre acceptation.

**documents against payment** *n.* documents contre payement.

**document-case** *n.* porte-documents.

**documents of title** *n.* titres de propriété.

**dodge** [dɔdʒ] *n.* 1. mouvement d'esquive. 2. ruse, artifice ; truc (ingénieux).

**dodge** *v.* éviter, esquiver, éluder (question).

**dodger** ['dɔdʒə] *n.* 1. malin ; personne qui évite, essaie d'esquiver ou de passer à travers (réglementation, etc.). *Draft dodger,* insoumis, personne essayant d'échapper à la conscription. *Tax dodger,* fraudeur du fisc. 2. (U.S.) prospectus.

**doer** ['duːə] *n.* auteur d'une action, celui qui fait, qui agit par opposition à *talker,* celui qui se contente de parler, de bavarder.

**Doe (John)** [dəu] nom fictif correspondant au « X » français dans les formules du genre plainte contre « X ».

**dog-ear** ['dɔg-iə] *v.* corner (la page d'un livre).

**dog's-ear** *v.* voir **dog-ear.**

**do-it-yourself** [duːit jɔːˈself] *n.* bricolage.

**do-it-yourself kit** *n.* panoplie, trousse, ensemble à monter soi-même, « kit ».

**do-it-yourselfer** [duːitjɔːˈselfə] *n.* bricoleur.

**doldrums** ['dɔldrəmz] *n.* 1. idées noires. *To be in the doldrums,* broyer du noir. 2. zone de calme plat, calmes équatoriaux. *Business is in the doldrums,* les affaires sont dans le marasme.

**dole** [dəul] *n.* allocation, indemnité, secours. *To go on the dole,* s'inscrire au chômage. *Unemployment dole,* indemnité de chômage.

**dole out** *v.* distribuer avec parcimonie ou condescendance.

**dollar** ['dɔlə] *n.* unité monétaire des États-Unis (origine : déformation de « thaler », ancienne pièce de monnaie allemande). Le dollar est symbolisé par la lettre « S » barrée : $.

**dollar gap** *n.* pénurie de dollars (commerce extérieur).

**dollar glut** *n.* surabondance de dollars (commerce extérieur).

**dollar standard** *n.* étalon dollar.

**dollar store** (U.S.) *n.* magasin à prix unique.

**dolly** ['dɔli] *n.* travelling, chariot.

**dolly-shop** ['dɔli-ʃɔp] *n.* 1. boutique de fournitures pour la marine. 2. boutique de fripier ; de prêts sur gages.

**domestic** [dəˈmestik] *adj.* 1. domestique ; intérieur, national, interne. *Domestic policy,* politique intérieure. *Domestic trade,* commerce intérieur. *Domestic quarrels,* dissensions intérieures. *Domestic flight,* vol sur les lignes intérieures. 2. domestique, ménager.

**domestic arts** *n.* arts ménagers.

**domestic content(s)** (U.S.), règlement exigeant que, pour pénétrer le marché U.S., les machines ou articles importés contiennent une certaine proportion de pièces fabriquées aux États-Unis ou de produits U.S.

**domestic workshop** *n.* atelier à domicile.

**domicile** ['dɔmisail] *n.* domicile.

**domicile** *v.* 1. domicilier (un effet, une traite). 2. se domicilier, résider.

**domiciliation** [,dɔmisilˈjeiʃən] *n.* domiciliation (d'un effet).

**dominant** ['dɔminənt] *adj.* dominant.

**domination** [dɔmiˈneiʃən] *n.* domination.

**dominion** [dəˈminjən] *n.* 1. domination, autorité, maîtrise. *To hold dominion over,* exercer son emprise sur. 2. *Plur. :* possessions (État), colonies, dominions (États ayant fait partie de l'Empire britannique et actuellement en grande partie membres du Commonwealth).

**donate** [dəuˈneit] *v.* faire un don de ; donner.

**donation** [dəuˈneiʃən] *n.* donation, don. *To make a donation of something to someone,* faire don de quelque chose à quelqu'un.

**done** [dʌn] *adj.* fait(e). *Done in duplicate at Brighton the 12th,* fait en double à Brighton le 12. *Done !,* tope-là ! ; marché conclu ! *To have done,* avoir fini. *What's to be* *done ?,* qu'y faire ? *It can't be done,* c'est impossible. *I've been done,* je me suis fait avoir, j'ai été eu.

**donee** [dəu'niː] *n.* donataire.

**donor** ['dəunə] *n.* donateur.

« **do not tilt** » ne pas incliner, ne pas renverser.

**doom** [duːm] *n.* **1.** destin, sort. **2.** ruine. **3.** décret.

**doom** *v.* condamner.

**door** [dɔː] *n.* porte. *Within closed doors,* à huis clos. *Open-door policy,* politique de la porte ouverte.

**door-to-door** *n.* porte-à-porte. *Door-to-door calling,* démarchage à domicile. *Door-to-door selling,* vente porte-à-porte.

**dope** [dəup] *n.* **1.** enduit. **2.** stupéfiant, narcotique. **3.** (U.S.). *Fam. :* renseignement, tuyau. **4.** *Fam. :* abruti.

**dormant** ['dɔːmənt] *adj.* endormi, en suspens, oisif ; tombé en désuétude. *Dormant law,* loi inappliquée. *Dormant warrant,* mandat en blanc. *Dormant balance,* solde inactif. *Dormant partner,* commanditaire ; bailleur de fonds. *Dormant capital,* capitaux oisifs.

**do's and don'ts** [duːz ənd' dəunts] *n.* prescriptions (ce qu'il faut faire et ne pas faire), règlement, code de conduite.

**dot** [dɔt] *n.* point. *To pay on the dot,* payer argent comptant.

**dot** *v.* mettre un point sur (un « i ») ; marquer avec des points, pointiller.

**dotted** ['dɔtid] *adj.* pointillé. *Dotted line,* ligne (en) pointillée.

**double** ['dʌbl] *adj.* double. *To reach double figure,* atteindre les deux chiffres. *To pay double the value,* payer le double de la valeur.

**double** *n.* double, deux fois. *To toss double or quits,* jouer à quitte ou double.

**double** *v.* doubler, porter au double (chiffre). *To double one's stake,* doubler sa mise.

**double check** [,dʌbl't∫ek] *n.* contre-vérification.

**double check** *v.* recontrôler, revérifier.

**double cross** *v.* (U.S.) tromper, « doubler ».

**double decker** [,dʌbl'dekə] *n.* autobus à impériale ; sandwich géant.

**double-digit inflation** *n.* inflation à deux chiffres.

**double entry** [,dʌbl'entri] *n.* partie double. *Double entry bookkeeping,* comptabilité en partie double.

**double page spread** *n.* publicité en double page.

**double taxation** *n.* double imposition.

**double-truck** *n.* (U.S.) annonce occupant deux pages entières.

**doubt** [daut] *v.* douter.

**doubtful** ['dautful] *adj.* douteux, indécis, incertain. *Doubtful debt,* créance douteuse, dette véreuse.

**dough** [dəu] *n.* (U.S.). *Fam. :* argent, fric, galette.

**dove** [dʌv] *n.* colombe (partisan de la paix, par opposition à *hawk,* faucon).

**dower** ['dauə] *n.* douaire ; dot.

**Dow-Jones** [,dau'dʒəunz] indice boursier (du nom de deux journalistes Dow et Jones — Wall Street Journal) indiquant le cours des valeurs industrielles à la Bourse de New York.

**Dow Jones Industrial Average,** indice des valeurs industrielles à la Bourse de New York.

**down** [daun] *adv.* **1.** vers le bas. *She is down for $ 10,* elle est inscrite pour 10 dollars. *He is £ 120 down,* il a un déficit de 120 livres. *To be down,* être en baisse, être en moins-value. *The shares were down at $ 8.35 against $ 8.70,* les actions sont en moins-value à 8.35 dollars contre 8.70 dollars. **2.** comptant. *A hundred dollars down,* cent dollars comptant.

**down and out** *adj.* ruiné, sans le sou.

**downfall** ['daunfɔːl] *n.* chute, effondrement, ruine.

**downgrade** ['daungreid] *v.* **1.** faire passer dans une catégorie inférieure. **2.** rendre moins difficile, baisser le niveau. **3.** déclasser.

**downgrading** *n.* **1.** fait de faire passer dans une catégorie inférieure. **2.** baisse de niveau, fait de rendre plus facile. **3.** déclassement professionnel.

**downhill (to go),** péricliter.

**down payment** *n.* acompte.

**down period** *n.* période durant laquelle une entreprise est fermée pour travaux.

**downswing** ['daunswiŋ] *n.* (U.S.) phase descendante, baisse.

**downtick** (bourse) baisse légère.

**down time** *n.* temps mort, temps d'arrêt.

**down tools** *v.* cesser le travail, se mettre en grève.

**downtown** ['daun'taun] *n.* (U.S.) centre ville.

**downturn** [,daun'tə:n] *n.* récession, baisse, repli.

**downward** ['daunwəd] *adv.* de haut en bas, vers le bas, en descendant. *Downward movement of stocks,* mouvement de baisse des valeurs. *Downward trend,* tendance à la baisse.

**dowry** ['dauəri] *n.* dot.

**dozen** ['dʌzn] *n.* douzaine. *To sell by the dozen,* vendre à la douzaine. *Thirteen to the dozen,* treize à la douzaine.

**Dr** ['detə] abréviation de **debtor** au sens de « doit », « débit » (déb., dt, D.).

**draft** [dra:ft] *n.* 1. traite, effet, lettre de change. *Draft at sight,* effet à vue. 2. projet, avant-projet, brouillon, plan, esquisse. 3. contingent (de recrues), conscription (U.S.).

**draft** *v.* 1. rédiger, libeller. 2. faire un brouillon, une ébauche (de projet). 3. incorporer (troupes) ; envoyer en détachement.

**draft agreement** *n.* projet d'accord, de convention, de contrat, protocole d'accord.

**draft contract,** projet de contrat.

**drafting-department** *n.* service de rédaction (d'actes).

**draftsman** ['dra:ftsmən] *n.* 1. dessinateur (industriel). 2. rédacteur (d'un projet).

**draftsmanship** ['dra:ftsmən[ip] *n.* art du dessinateur industriel ; qualité du dessin.

**drag** [dræg] *n.* entrave, obstacle, frein.

**drag** *v.* 1. traîner, tirer. 2. traîner en longueur, être à la traîne. 3. (cours) languir, faire preuve de lourdeur. 4. *To drag one's feet,* se livrer à des manœuvres dilatoires,

ne pas se montrer coopératif, manquer d'enthousiasme, faire de la résistance passive.

**dragnet** ['drægnet] *n.* 1. *Pêche :* chalut. 2. *Police :* filet, piège, dispositif policier pour arrêter un criminel, « souricière ».

**drain** [drein] *n.* 1. canal, tranchée, tuyau, orifice de trop-plein. 2. perte, ponction, fuite, hémorragie. *Brain drain,* exode des cerveaux. *Gold drain,* pertes en or. *Drain of money,* drainage de capitaux. *It will be a drain on our resources,* cela pèsera lourdement, cela obérera nos ressources.

**drain** *v.* 1. évacuer, drainer, vider. 2. assécher, assainir, drainer (terrain). 3. épuiser, saigner, mettre à sec. *Drained inventories,* stocks épuisés.

**drastic** ['dræstik] *adj.* radical, rigoureux, énergique. *To take drastic measures,* prendre des mesures énergiques.

**draught** [dra:ft] *n.* 1. traction ; tirage, courant d'air. *Draught beer,* bière à la pression. 2. tirant d'eau. 3. *Draughts,* (jeu de) dames.

**draughtsman** ['dra:ftsmən] *n.* 1. dessinateur, traceur (plans). 2. rédacteur (d'un décret). 3. pion (jeu de dames).

**draughtsmanship** ['dra:ftsmən[ip] *n.* art du dessin (industriel), talent de dessinateur.

**draw** [dro:] *n.* 1. tirage au sort. 2. marchandise en réclame. *This month's draw,* la réclame du mois. 3. partie nulle, match nul.

**draw** *v.* 1. tirer, attirer ; retirer, prélever. *To draw a cheque,* tirer un chèque. *To draw something by lot,* tirer quelque chose au sort. *To draw a commission,* prélever une commission. *To draw a bill,* émettre une traite. *To draw on someone,* tirer sur quelqu'un. 2. toucher (salaire).

**drawback** ['dro:bæk] *n.* 1. inconvénient, désavantage ; obstacle (à). 2. remboursement, ristourne des droits de douane, prime d'exportation ; drawback.

**drawdown** *n.* tirage, utilisation. *Drawdown date,* date de tirage. *Drawdown period,* période pendant laquelle un emprunteur est autorisé à effectuer des tirages sur une ligne de crédit.

**drawer** ['drɔːə] *n.* **1.** tireur, souscripteur (d'une traite), (celui qui tire une traite sur le tiré). **2.** dessinateur. **3.** tiroir.

**drawee** [drɔː'iː] *n.* tiré, accepteur (d'une traite).

**drawing** ['drɔːiŋ] *n.* **1.** dessin. **2.** prélèvement, levée (de compte), prise, tirage (de chèque, d'effet).

**drawing up** *n.* **1.** rédaction ; passation (acte) ; relèvement (compte). **2.** élaboration ; indication.

**drawing account** *n.* compte de dépôt ; compte prélèvement.

**draw out** *v.* **1.** sortir. *To draw out money from a bank,* retirer de l'argent d'une banque. **2.** prolonger, tirer en longueur, faire traîner.

**draw up** *v.* **1.** tirer en haut, lever, relever, s'arrêter, se garer (voiture). **2.** dresser, libeller, établir (compte, document), rédiger, élaborer. *Documents drawn up before a lawyer,* actes établis devant notaire. *To draw up a balance sheet,* établir un bilan.

**dredge** [dredʒ] *n.* drague.

**dredge** *v.* draguer, curer, dévaser.

**dredger** voir **dredge.**

**dress** [dres] *v.* habiller, orner, vêtir, parer, préparer. *To dress the window,* faire la vitrine, l'étalage.

**drift** [drift] *n.* **1.** mouvement, direction, sens (d'un courant) ; cours, marche (des affaires). **2.** but, tendance, sens général, portée. **3.** glissement, dérive (des salaires) ; baisse (des prix, des cours).

**drift** *v.* flotter, être entraîné, dériver ; entraîner, charrier.

**drill** [dril] *n.* **1.** foret, mèche, perceuse. **2.** exercice, manœuvre, épreuve.

**drill** *v.* **1.** forer. **2.** instruire, exercer. *Milit. :* faire faire l'exercice. *Chem. de fer :* faire faire la manœuvre.

**drilling** ['driliŋ] *n.* **1.** forage, perçage, sondage. *Off-shore drilling,* forage en mer. **2.** *Milit. :* exercices, manœuvres.

**drilling-machine** *n.* perceuse, foreuse, sondeuse.

**drink** [driŋk] *n.* boisson. *Food and drink,* le boire et le manger ;

consommation. *To have a drink,* prendre un verre. *To stand a drink,* payer à boire à quelqu'un. *Soft drinks,* boissons sans alcool.

**drink** *v.* boire. *To drink to someone's health,* boire à la santé de quelqu'un. *To drink to someone's success,* boire au succès de quelqu'un. *To drink oneself into debt,* s'endetter à force de boire.

**drive** [draiv] *n.* **1.** promenade en voiture. **2.** mouvement, transmission, entraînement. **3.** énergie. *He has plenty of drive,* il est plein d'énergie, d'allant. **4.** (U.S.) campagne (de publicité, etc.). *Recruiting drive,* campagne d'embauche, de recrutement. *Export drive,* campagne de promotion des exportations. *Output drive,* campagne de production.

**drive** *v.* **1.** pousser, faire aller (devant), faire marcher ; conduire (voiture, machine). **2.** contraindre, pousser à. *To drive someone into doing something,* pousser quelqu'un à faire quelque chose. *He was driven to resign,* on l'a poussé à démissionner. **3.** *To drive a trade,* exercer un métier. *To drive a bargain,* passer un marché. *To drive a hard bargain,* imposer à quelqu'un des conditions très dures, être dur en affaires.

**drive down** *v.* faire baisser.

**drive-in** *n.* (U.S.) **1.** cinéma en plein air (on y assiste en auto) ; restaurant en bordure de la route. **2.** poste de ravitaillement.

**drive-in bank** *n.* banque conçue pour servir les conducteurs sans qu'ils sortent de leur véhicule.

**drive up** *v.* faire monter (cours, prix, etc.).

**driving** ['draiviŋ] *n.* conduite (voiture).

**driving licence** *n.* permis de conduire.

**driving test** *n.* examen pour permis de conduire. *To pass one's driving-test,* être reçu à son permis de conduire.

**droop** [druːp] *n.* abaissement, affaissement, fléchissement.

**droop** *v.* pencher (se), s'abaisser ; fléchir. *Prices drooped last week,* les prix ont fléchi la semaine dernière.

**drooping** ['druːpiŋ] *n.* fléchissement.

**drop** [drɔp] *n.* **1.** goutte. **2.** chute, baisse, abaissement. *Drop in prices,* chute, baisse de prix. *Drop in value,* moins-value.

**drop** *v.* **1.** tomber goutte à goutte ; tomber, verser. **2.** laisser tomber, abandonner. **3.** baisser, se calmer, faiblir. *The shares have dropped from 4 1/2 to 4,* les actions ont baissé de 4 1/2 à 4.

**drop behind** *v.* se faire dépasser, prendre du retard, se faire distancer, se laisser devancer.

**drop in** *v. Fam. :* rendre visite, passer voir quelqu'un.

**drop out** *v.* laisser tomber, omettre, abandonner. *To drop out of school,* abandonner ses études ; disparaître, cesser ses activités (pour une entreprise).

**drop-out** ['drɔpaut] *n.* **1.** (U.S.) étudiant quittant l'université avant la fin de ses études. **2.** marginal.

**drop-tag** *v.* démarquer (une marchandise).

**drought** [draut] *n.* sécheresse.

**drug** [drʌg] **1.** produit pharmaceutique. **2.** drogue, stupéfiant, narcotique.

**drugstore** ['drʌgstɔ:] *n.* **1.** (U.S.) pharmacie. **2.** magasin qui tient de l'épicerie et du bazar.

**drum** [drʌm] *v.* **1.** battre du tambour. (U.S.) *To drum for customers,* faire de la réclame, se déplacer pour accrocher le client. **2.** *To drum something into someone's head,* enfoncer quelque chose dans la tête de quelqu'un.

**drum** *n.* **1.** tambour. **2.** tonneau, récipient cylindrique, bidon.

**drummer** ['drʌmə] *n.* **1.** tambour (celui qui joue du) ; batteur. **2.** commis voyageur ; (U.S.) voyageur de commerce.

**drumming** ['drʌmiŋ] *n.* **1.** bruit de tambour ; bourdonnement (oreille) ; bruit de ferraille (auto). **2.** activité du commis voyageur ; racolage de clients.

**drum up** *v.* racoler, solliciter (les clients). *To drum up sales,* enregistrer des ventes.

**dry** [drai] *adj.* **1.** sec, sèche. *To run dry, to go dry,* s'assécher, s'épuiser, (se) tarir ; ne plus rien

avoir à dire, se trouver à court d'idées. **2.** (U.S.) *To go dry,* interdire la consommation des boissons alcoolisées. *Dry state* (U.S.), État où l'alcool était prohibé.

**dry-cargo** [,drai'kaːgəu] *n.* cargaison sèche.

**dry-clearing** [,drai'kliːriŋ] *n.* dégraissage ; nettoyage à sec.

**dry-dock** [,drai'dɔk] *n.* cale sèche ; bassin à sec ; forme de radoub ; bassin de radoub.

**dry-dock** *v.* entrer, faire entrer en cale sèche.

**dry dockage** [,drai'dɔkidʒ] *n.* entrée en cale sèche ; entrée en forme.

**dry-docking** [,drai'dɔkiŋ] *n.* voir dry-dockage.

**dry-farming** [,drai'faːmiŋ] *n.* culture à sec.

**dry-goods** [,drai'guːdz] *n.* (U.S.) articles de nouveauté ; tissus, étoffes.

**dry hole** [,drai'həul] *n.* puits de pétrole à rendement faible.

**dry money** [,drai'mʌni] *n.* argent liquide.

**drysalter** [,drai'sɔːltə] *n.* (U.S.) marchand de salaisons.

**dual** ['djuːəl] *adj.* double. *Dual carriageway,* double voie (G.B. : sur panneau annonçant une autoroute). *Dual citizenship,* double citoyenneté. *Dual exchange rate,* double régime des taux de change.

**dub** ['dʌb] *v.* **1.** doubler (cinéma). **2.** nommer, surnommer, qualifier de.

**dubbing** *n.* [dʌbiŋ] (ciné.) doublage.

**dubious** ['djuːbjəs] *adj.* douteux, hasardeux, incertain, vague. *Dubious paper,* papier de valeur douteuse.

**duck** [dʌk] *n.* **1.** canard. **2.** *Bourse :* spéculateur insolvable.

**dud** [dʌd] *adj.* nul, sans valeur ; incapable. *Dud cheque,* chèque sans provision. *Dud stock,* « rossignols ». *Dud note,* faux billet de banque.

**due** [djuː] *adj.* exigible, dû, échu ; régulier. *Debts due to us,* créances. *In due form,* en bonne forme, en règle. *After due consideration,* après mûre réflexion. *The train is due at ten o'clock,* le train arrive à 10 h.

**due bill** *n.* effet échu, effet venant à échéance, (U.S.) reconnaissance de dette.

**due date** *n.* échéance, date d'échéance.

**due-date** *v.* To due-date a bill, coter (effet).

**due notice** *n.* délai réglementaire.

**due time (in)** *n.* le moment venu.

**due process of law,** clause de sauvegarde des libertés individuelles.

**due** *n.* dû, droits, taxes, cotisation, redevance. *Union dues,* cotisations syndicales.

**dull** [dʌl] *adj.* inactif, maussade, terne, lent, calme (à propos du marché ou des affaires).

**dullness** ['dʌlnis] *n.* **1.** lenteur, pesanteur, ennui, monotonie. **2.** stagnation, marasme, inactivité. *The general dullness of business,* le marasme général des affaires.

**duly** ['djuːli] *adv.* **1.** bien, dûment, comme de juste, en temps voulu. *We have duly received your letter of,* nous avons bien reçu votre lettre du. *Lender duly secured,* prêteur dûment nanti.

**dummy** ['dʌmi] *n.* **1.** mannequin, poupée, figure de cire, maquette, factice. *A dummy company,* une société fictive. **2.** prête-nom, homme de paille. **3.** (math.) variable, auxiliaire.

**dummy pack** *n.* emballage factice.

**dump** [dʌmp] *v.* **1.** décharger, déverser. **2.** écouler à perte sur le marché extérieur, faire du dumping.

**dump display** *n.* présentoir de produits en vrac.

**dumping** ['dʌmpiŋ] *n.* **1.** basculage, déversement. **2.** vente à perte sur le marché extérieur, « dumping ».

**dumps** *n.* To be in the dumps, être dans le marasme.

**dump-truck** *n.* camion à bascule, benne basculante.

**dun** [dʌn] *n.* agent de recouvrement (dette).

**dun** *v.* harceler, pourchasser, talonner (débiteur). *He is dunned by his creditors,* il est assiégé par ses créanciers. *Dunning letter,* lettre de recouvrement, lettre de demande

de remboursement (de dette), lettre d'un créancier.

**dunnage** ['dʌnedʒ] *n.* calage, fardage, parquet de chargement. *Dunnage wood,* bois d'arrimage.

**dunnage** *v.* *Navig.* : faire un grenier.

**duplicate** ['djuːplikət] *adj.* double. *Duplicate parts,* pièces de rechange. *Duplicate receipt,* duplicata de reçu. *Duplicate invoice,* double de facture.

**duplicate** *n.* double, duplicata, ampliation (d'un acte). *In duplicate,* en double exemplaire.

**duplicate** ['djuːplikeit] *v.* faire le double, copier, reproduire, photocopier, reprographier.

**duplicating** ['djuːplikeitiŋ] *n.* duplication, reproduction.

**duplicating-machine** *n.* duplicateur.

**duplication** [djuːpli'keiʃən] *n.* duplication, reproduction, double emploi.

**duplication in invoicing,** doublon(s) dans la facturation.

**duplicator** ['djuːplikeitə] *n.* duplicateur.

**durability** [ˌdjuərə'biləti] *n.* longévité, durée, stabilité, résistance, solidité.

**durable** ['djuərəbl] *adj.* durable, résistant, inusable.

**durables** ['djuərəblz] *n.* biens de consommation à longue durée de vie.

**durable goods** *n.* biens de consommation à longue durée de vie.

**duration** [djuə'reiʃən] *n.* durée, étendue. *Duration of a patent,* durée d'un brevet. *Duration of a lease,* durée d'un bail.

**duress** [djuə'res] *n.* **1.** emprisonnement. **2.** contrainte, coercition. *To act under duress,* agir sous la contrainte.

**Dutch auction** [dʌtʃ 'ɔːkʃən] *n.* enchères au rabais, vente à la baisse.

**dutiable** ['djuːtjəbl] *adj.* passible de droit, taxable.

**duties** ['djuːtiz] *n.* droits, taxes. *Customs duties,* droits de douane. *Excise duties,* droits de régie, impôts indirects. *Stamp duties,* droits d'enregistrement.

**duty** ['djuːti] *n.* **1.** devoir, fonction, attribution. **2.** droit, taxe. *Liable to duty,* passible de droit. *Duty-free,* en franchise, exempt de droit.

**duty-paid** *adj.* acquitté, (marchandises) dédouané.

**dwell** [dwel] *v.* **1.** habiter, résider, loger. **2.** *(on something)* s'étendre sur, s'apesantir sur, insister sur, s'attarder sur.

**dwelling** ['dweliŋ] *n.* habitation, résidence, domicile, logement.

**dwindle** ['dwindl] *v.* diminuer, s'amenuiser. *Dwindling production,* production qui va en diminuant.

**dwindling** ['dwindliŋ] *n.* diminution, affaiblissement, déperdition (capitaux), dépérissement.

# E

**eager** ['i:gə] *adj.* impatient ; désireux ; avide ; passionné.

**eagerness** ['i:gənis] *n.* ardeur, empressement ; désir, impatience.

**eagle** [i:gl] *n.* (U.S.) pièce d'or de 10 dollars.

**early** ['ə:li] *adv.* tôt, de bonne heure.

**early** *adj.* **1.** tôt, du début, de bonne heure ; précoce ; hâtif ; anticipé. *At an early age,* tout jeune, dès l'enfance, de bonne heure. **2.** prochain, rapproché ; prompt, rapide. *Early delivery,* livraison rapide. *An early reply would oblige us,* une réponse rapide nous obligerait.

**earmark** ['iəma:k] *v.* **1.** affecter, louer, consacrer (fonds, budget). **2.** désigner pour un certain usage. *Earmarked for refund,* appelé au remboursement. **3.** faire une marque au coin de, marquer d'un signe distinctif.

**earn** [ə:n] *v.* **1.** gagner. **2.** rapporter. **3.** acquérir, mériter.

**earnest** ['ə:nist] *adj.* **1.** sérieux, consciencieux ; zélé. **2.** sincère, convaincu.

**earnest** *n.* arrhes ; acompte ; dépôt ; cautionnement, garantie.

**earning capacity** *n.* rentabilité (d'une entreprise).

**earning power,** capacité bénéficiaire, rentabilité.

**earnings** ['ə:niŋz] *n.* **1.** gain(s), recettes. **2.** bénéfice(s), profit(s), revenu(s). *Earnings report,* compte de résultat(s). *Retained earnings,* bénéfices non distribués (réserve, notamment, pour auto-financement). *Windfall earnings,* bénéfices exceptionnels. **3.** salaire.

**earnings per share,** bénéfice par action.

**earphones,** *n.* écouteurs.

**ease** [i:z] *v.* **1.** faciliter, rendre facile. **2.** assouplir, alléger, atténuer, desserrer, soulager, réduire, modérer. *To ease the bite of inflation,* atténuer les effets de l'inflation. **3.** baisser, fléchir, se détendre, mollir (prix, cours). *Prices are easing,* les prix baissent.

**easement** ['i:zmənt] *n.* servitude, droit d'usage (par exemple, droit de passage sur une propriété).

**easing** ['i:ziŋ] *n.* **1.** assouplissement, allègement, atténuation, desserrement, réduction, modération, soulagement, détente. **2.** baisse, fléchissement (des prix, des cours).

**easiness** ['i:zinəs] *n.* facilité.

**easy** ['i:zi] *adj.* **1.** facile. *To be in easy circumstances,* être dans l'aisance. **2.** (marché, cours) calme, tranquille, en baisse.

**easy money** *n.* **1.** argent facile. **2.** crédit bon marché.

**easy terms,** facilités de paiement. *To grant/extend easy terms,* accorder/octroyer des facilités de paiement.

**eavesdrop** ['i:vzdrop] *v.* écouter aux portes, d'où le sens moderne espionner, surveiller (électroniquement), mettre sur table d'écoute.

**eavesdropping** ['i:vzdropiŋ] *n.* espionnage, surveillance électronique, écoute(s) téléphonique(s).

**ebb** [eb] *n.* reflux ; déclin, baisse.

**ebb** *v.* refluer ; décliner, baisser, descendre.

**ecological** [,ikə'lodʒikl] *adj.* écologique.

**ecologist** [i:'kolədʒist] *n.* écologiste.

**ecology** [i:'kolədʒi] *n.* écologie.

**econometric** [ikonə,metrik] *adj.* économétrique.

**econometrics** *n.* économétrie.

**economic** [,i:kə'nɔmik] *adj.* économique (au sens de : qui a trait, qui se rapporte à la science ou à la situation économique).

**economical** [,i:kə'nɔmikəl] *adj.* 1. qui fait faire des économies, économique, bon marché. 2. rentable, profitable. 3. (personne) économe, ménager.

**economics** [,i:kə'nɔmiks] *n.* l'économie, la science économique, l'économie politique.

**economies of scale,** économies d'échelle.

**economist** [i'kɔnəmist] *v.* économiste.

**economize** [i'kɔnəmaiz] *v.* économiser, ménager, épargner.

**economy** [i'kɔnəmi] *n.* 1. économie (d'un pays donné). *The French economy,* l'économie française. 2. économie (fait d'économiser). *Economy class,* classe touriste.

**eco-system,** écosystème (unité écologique reposant sur l'équilibre entre un groupe d'êtres vivants et leur environnement).

**edge** [edʒ] *n.* 1. bord, coin, arête, rebord, tranchant, fil, tranche, lisière, liseré. 2. avantage (en général léger et de courte durée). *To have an edge, to have the edge,* avoir l'avantage.

**edge** *v.* 1. se déplacer insensiblement. 2. déplacer insensiblement. 3. border. *Gilt-edged securities,* valeurs dorées sur tranche, placements de père de famille.

**edged** [edʒd] *adj.* 1. tranchant, acéré. 2. bordé. *Gilt-edged,* doré sur tranche.

**edge down** *v.* baisser, décliner (lentement, peu à peu, progressivement, insensiblement).

**edge up** *v.* augmenter, progresser, monter (peu à peu, insensiblement).

**edible** ['edibl] *adj.* comestible.

**edibles** ['ediblz] *n.* comestibles, denrées comestibles.

**edit** ['edit] *v.* 1. préparer un texte pour la publication, mettre en forme un document. 2. adapter, modifier, altérer un texte, pratiquer des coupures et des modifications. 3. diriger une publication, diriger la rédaction d'un journal, d'une revue, etc. 4. monter (un film).

**editing room** *n.* salle de montage.

**editor** ['editə] *n.* 1. rédacteur en chef, directeur d'une publication. 2. éditorialiste, responsable d'une rubrique. *Our science editor,* notre responsable de la rubrique scientifique.

**editorial advertising** [,edi'tɔ:riəl] publicité rédactionnelle.

**editorial matter,** texte rédactionnel.

**editorial room** *n.* salle de rédaction.

**education** [,edju:'keiʃən] *n.* enseignement, éducation, formation. *Adult education,* formation des adultes, formation permanente.

**educational** [,edju:'keiʃənəl] *adj.* de l'enseignement, d'enseignement, qui a trait à l'enseignement, pédagogique, éducatif.

**effect** [i'fekt] *n.* 1. effet, influence, conséquence, incidence, action, résultat. 2. exécution, mise en vigueur, réalisation, application, mise en œuvre, effet. *To come into effect,* entrer en vigueur. 3. sens, teneur d'un document.

**effect** *v.* 1. effectuer, faire, accomplir, opérer, exécuter, réaliser, atteindre, mener à bien, rendre effectif. *To effect an insurance policy,* prendre, souscrire une assurance. 2. produire, causer.

**effects** [i'fekts] *n.* effets, biens personnels, biens mobiliers. *Banque :* « *No effects* », sans provision, défaut de provision (chèque, etc.). *Effects not cleared,* effets en cours d'encaissement.

**effects man** *n.* bruiteur.

**effective** [i'fektiv] *adj.* 1. efficace, qui a du rendement. 2. réel, effectif. *To become effective,* entrer en vigueur, entrer en application, s'appliquer, être appliqué.

**effectiveness** [i'fektivnis] *n.* 1. efficacité. 2. effet produit, force d'impact.

**effectual** [i'fektʃuəl] *adj.* 1. efficace. 2. valide, en vigueur.

**effectuate** [i'fektjueit] *v.* effectuer, appliquer, mettre en pratique. *To effectuate the policies of the Act,* appliquer les mesures prévues par la loi.

**efficacious** [efi'keiʃəs] *adj.* efficace, qui a de l'effet, qui agit.

**efficaciousness** [efi'keiʃəsnis] *n.* efficacité, rendement.

**efficacity** [efi'kæsəti] *n.* efficacité, rendement.

**efficacy** ['efikəsi] *n.* efficacité, rendement.

**efficiency** [i'fiʃənsi] *n.* efficience ; efficacité, rendement. *Efficiency engineer,* ingénieur-conseil. *Efficiency price,* prix économique.

**efficient** [i'fiʃənt] *adj.* **1.** efficace, compétent, qui a du rendement. **2.** efficace, rentable.

**effluent** ['efluənt] *n.* effluent, rejet industriel, eau usée ou liquide rejeté par usine, liquide pollué (rejeté par usine).

**e.g.** [i:'dʒi:] voir abréviations.

**egg head** (U.S.) *Fam. :* intellectuel, « crâne d'œuf ».

**elaborate** [i'læbərət] *adj.* approfondi, poussé, élaboré, compliqué.

**elaborate** [i'læbəreit] *v.* **1.** élaborer. **2.** préciser. *He refused to elaborate on his statement,* il refuse de préciser sa déclaration, de commenter sa déclaration.

**elastic** [i'læstik] *adj.* élastique. *Elastic market,* marché élastique (où la demande fluctue largement selon le prix).

**elasticity** [elæ'stisiti] *n.* élasticité, flexibilité, souplesse. *Elasticity of demand,* élasticité de la demande (= variations de la demande en fonction du prix).

**elect** [i'lekt] *v.* **1.** élire. **2.** choisir.

**election** [i'lekʃən] *n.* **1.** élection, élections. **2.** choix.

**electioneering** [i,lekʃə'niəriŋ] *n.* propagande électorale, manœuvre électorale, campagne électorale.

**elective** [i'lektiv] *adj.* **1.** (fonction, etc.) électif. **2.** (processus, etc.) électoral. **3.** (cours) facultatif, à option.

**elector** [i'lektə] *n.* **1.** électeur ; membre du corps électoral. **2.** (U.S.) membre du collège qui élit le Président et le Vice-Président : grand électeur.

**electoral** [i'lektərəl] *adj.* électoral. *Electoral college,* collège électoral (aux États-Unis, représentants des États qui élisent le Président et le Vice-Président). *Electoral system,* mode de scrutin, mode de représentation.

**electorate** [i'lektərət] *n.* électorat, électeurs, votants, corps électoral.

**electric** [i'lektrik] *adj.* électrique. *Electric current,* courant électrique. *Electric meter,* compteur électrique.

**electrical** [i'lektrikəl] *adj.* électrique, qui marche à l'électricité.

**electrical engineering,** industrie électrique ; technique électrique ; génie électrique ; études, fonctions, carrière de l'ingénieur en électricité.

**electricity** [ilek'trisiti] *n.* électricité, énergie électrique.

**electrification** [i,lektrifi'keiʃən] *n.* électrification.

**electrify** [i'lektrifai] *v.* **1.** électrifier. **2.** électriser.

**electronic** [ilek'trɔnik] *adj.* électronique. *Electronic calculator,* calculatrice électronique. *Electronic payment,* paiement électronique.

**electronic data processing** (E.D.P.), informatique (analyse électronique des données).

**electronic funds transfer** (E.F.T.), transfert électronique de fonds (T.E.F.).

**electronics** [ilek'trɔniks] *n.* électronique.

**elevator** ['eliveitə] *n.* **1.** (U.S.) ascenseur. **2.** monte-charge. **3.** (U.S.) silo à grain. *Bonded elevator,* silo sous douane.

**eligibility** [elidʒi'biliti] *n.* **1.** éligibilité. **2.** fait de remplir les conditions requises ; conditions d'accès (à un poste) ; acceptabilité, titres d'éligibilité (d'un candidat). **3.** désirabilité, avantage (d'un choix).

**eligible** ['elidʒibl] *adj.* **1.** éligible. *Eligible paper* (U.S.), traite, effet escomptable. **2.** (personne) qui remplit les conditions requises, qui a droit à, qualifiée. *Eligible for a pension,* ayant droit à la retraite. Digne d'être choisi, élu ou nommé ; agréé. **3.** (solution, choix, etc.) agréé, acceptable, désirable, avantageux, préférable, méritant d'être choisi, justifié.

**eliminate** [i'limineit] *v.* éliminer, supprimer.

**elimination** [i,limi'neiʃən] *n.* élimination, suppression.

**embankment** [im'bæŋkmənt] *n.*

1. quai ; berge. 2. digue ; levée, talus, remblai.

**embargo** [em'ba:gəu] *n.* embargo, séquestre, saisie, arrêt ; contingentement.

**embargo** *v.* mettre l'embargo sur, séquestrer, réquisitionner.

**embark** [im'ba:k] *v.* 1. embarquer, prendre à bord, charger à bord (d'un bateau, d'un avion). 2. s'embarquer. 3. entreprendre, se lancer dans, s'embarquer dans, entamer. *To embark on a program,* entreprendre un programme.

**embarkation** [,emba:'keiʃən] *n.* embarquement, chargement à bord.

**embassy -ies** ['embəsi] *n.* ambassade.

**embezzle** [im'bezl] *v.* détourner des fonds, commettre des détournements de fonds.

**embezzlement** [im'bezlmənt] *n.* détournement de fonds.

**embezzler** [im'bezlə] *n.* auteur d'un détournement de fonds.

**emcee** [em'si:] *n.* = M.C. Master of Ceremonies, animateur, présentateur.

**emerge** [i'mə:dʒ] *v.* émerger, apparaître (faits).

**emergency** [i'mə:dʒənsi] *n.* urgence, situation critique, crise. *Emergency landing field,* terrain d'atterrissage de secours. *Emergency power,* pouvoir exceptionnel, pouvoirs d'exception. *Emergency repairs,* réparations d'urgence, réparations de fortune.

**emerging nations,** pays en voie de développement.

**emigrant** ['emigrənt] *n.* émigrant.

**emigrate** ['emigreit] *v.* émigrer.

**emigration** [emi'greiʃən] *n.* émigration.

**eminent domain** (U.S.) (droit) 1. domaine éminent. 2. droit d'expropriation.

**emission** [i'miʃən] *n.* 1. émanation, dégagement (de gaz, souvent toxique ou polluant). 2. *Banque :* émission de pièces ou billets, mise en circulation de pièces ou billets.

**emit** [i'mit] *v.* 1. émettre (un gaz). 2. émettre du papier-monnaie, des pièces. 3. émettre (un avis, etc.).

**Emmy** ['emi] *n.* (U.S.) prix décerné à des créateurs et des artistes par la *Television Academy of Arts and Science.*

**emolument** [i'mɔljumənt] émoluments, appointement(s), salaire, rémunération, indemnité.

**emphasis** ['emfəsis] *n.* accent (mis sur quelque chose), insistance, importance donnée à quelque chose.

**emphasize** ['emfəsaiz] *v.* souligner, insister sur, mettre en relief, faire ressortir, mettre l'accent sur.

**employ** [im'plɔi] *n.* emploi. *In the employ of a trucking company,* employé par une société de transport routier.

**employ** *v.* employer.

**employee** [emplɔi'i:] *n.* salarié, employé.

**employee buy-out,** rachat de l'entreprise par ses salariés.

**employee relations, employer relations,** relations industrielles, relations sociales, relations salariés employeur(s).

**employee share scheme,** actionnariat (ouvrier, du personnel).

**employer** [im'plɔiə] *n.* employeur, patron. *Jur. :* commettant. *Employer-employee relations,* relations industrielles, relations sociales. *Employers' association,* association patronale, syndicat patronal. *Employer's liability insurance,* assurance patronale contre les accidents du travail.

**employment** [im'plɔimənt] *n.* emploi, situation, occupation, travail, marché de l'emploi, situation de l'emploi, embauche, recrutement. *Employment agency,* bureau de placement, agence de recrutement, bureau d'embauche, agence pour l'emploi.

**emporium** [em'pɔ:riəm] *n.* 1. marché, centre d'activités commerciales, centre commercial. 2. grand magasin. 3. entrepôt, hall d'exposition.

**empower** [im'pauə] *v.* mandater, autoriser, donner pouvoir, habiliter, donner procuration, donner pleins pouvoirs, conférer.

**empties** ['emptiz] *n.* emballages vides. *Empties are returnable,* les emballages sont consignés, les emballages vides sont repris.

**empty** *v.* vider.

**empty** *adj.* **1.** vide. **2.** inoccupé.

**emulsion speed** *n.* sensibilité (photo).

**enact** [i'nækt] *v.* décréter, arrêter, promulguer, passer (législation).

**enacting clauses** *n.* dispositif, dispositions d'une loi.

**enactment** [i'næktmənt] *n.* **1.** promulgation, passage d'une loi. **2.** loi, ordonnance, décret, arrêté, texte voté.

**encash** [in'kæʃ] *v.* encaisser, toucher.

**encashment** [in'kæʃmənt] *n.* encaissement.

**enclose** [in'kləuz] *v.* **1.** joindre. *We enclose..., veuillez trouver ci-joint...* **2.** entourer, clôturer.

**enclosed** [in'kləuzd] *adj.* joint. *Please find enclosed,* veuillez trouver ci-joint...

**enclosure** [in'kləuʒə] *n.* pièce jointe.

**encounter** [in'kauntə] *v.* rencontrer.

**encroach** [in'krəutʃ] *v.* **1.** empiéter sur, entamer. **2.** usurper.

**encroachment** [in'krəutʃmənt] *n.* **1.** empiétement. **2.** usurpation.

**encumber** [in'kʌmbə] *v.* **1.** encombrer, gêner, embarrasser, entraver. **2.** obérer, grever (d'hypothèque).

**encumbered** [in'kʌmbəd] *adj.* **1.** encombré. **2.** hypothéqué, grevé d'hypothèque.

**encumbrance** [in'kʌmbrəns] *n.* **1.** embarras, charge. **2.** charges de succession, hypothèque, servitude.

**end** [end] *n.* **1.** fin. **2.** extrémité, bout. **3.** but, dessein, objectif. *The end justifies the means,* la fin justifie les moyens.

**end** *v.* **1.** arrêter, terminer, achever, mettre fin à, conclure. **2.** finir, se terminer, prendre fin, s'achever, aboutir. **3.** (valeur boursière) coter en fin de séance, clôturer.

**endanger** [in'deindʒə] *v.* mettre en danger, mettre en péril, compromettre.

**endeavour** [in'devə], U.S. **endeavor** *n.* effort, tentative.

**endeavour,** U.S. **endeavor** *v.* tenter, essayer, s'efforcer de.

**endorsable** [in'dɔːsəbl] *adj.* endossable.

**endorse** [in'dɔːs] *v.* **1.** endosser (chèque, etc), avaliser (une traite) ; viser. **2.** approuver, appuyer, souscrire à, s'associer à, donner son appui à, accorder son soutien à. **3.** *Polit. :* donner son investiture (à un candidat), investir (un candidat).

**endorsee** [endɔː'siː] *n.* endossataire, bénéficiaire d'un endossement.

**endorsement** [in'dɔːsmənt] *n.* **1.** *Banque :* endossement, endos, aval (d'une traite). **2.** *Assur. :* avenant. **3.** approbation, adhésion, soutien. **4.** *Polit. :* investiture (accordée à un candidat par un parti).

**endorser** [in'dɔːsə] *n.* endosseur, avaliste, donneur d'aval.

**endow** [in'dau] *v.* doter, faire une dotation. *Endowed with,* doué de, doté de.

**endowment** [in'daumənt] *n.* **1.** dotation. **2.** fondation (hôpital, hospice, etc.), donation. **3.** don, talent.

**endowment insurance,** assurance en cas de vie, à capital différé (assurance vie prévoyant le paiement d'une certaine somme à un bénéficiaire désigné si l'assuré décède avant une date donnée, ou à l'assuré lui-même s'il est encore vivant après cette date).

**end product** *n.* **1.** produit final. **2.** résultat.

**end user** *n.* utilisateur final.

**energetic** [enə'dʒetik] *adj.* **1.** (homme, mesure, etc.) énergique. **2.** énergétique, qui a trait à l'énergie, aux sources d'énergie.

**energize** *v.* dynamiser.

**energy** ['enədʒi] *n.* énergie. *Energy-saving measures,* mesures d'économie d'énergie.

**enface** [en'feis] *v.* inscrire au recto d'une traite.

**enfacement** [ən'feismənt] *n.* formule inscrite au recto d'une traite, d'un effet.

**enforce** [in'fɔːs] *v.* mettre en vigueur, mettre en pratique, exécuter, faire appliquer, faire exécuter, veiller à l'application de, imposer, faire respecter, faire valoir (des droits).

**enforceable** [in'fɔːsəbl] *adj.*

exécutoire.

**enforcement** [in'fɔːsmənt] *n.* exécution, mise en vigueur, application (avec un caractère contraignant, obligatoire, légal). *Law enforcement,* application de la loi, maintien de l'ordre.

**enfranchise** [in'fræntʃaiz] *v.* accorder le droit de vote.

**enfranchisement** [in'fræntʃizmənt] *n.* admission au suffrage, octroi du droit de vote.

**engage** [in'geidʒ] *v.* 1. embaucher, engager, recruter, employer. 2. retenir, réserver.

**engage in** *v.* se mettre à, se lancer dans, entrer dans, se livrer à, prendre part à. *To be engaged in agriculture,* travailler dans l'agriculture.

**engaged** [in'geidʒd] *adj.* 1. retenu, occupé. 2. recruté, embauché, engagé. 3. fiancé. 4. *Engaged in,* se livrant à, travaillant dans.

**engagement** [in'geidʒmənt] *n.* 1. engagement, promesse, obligation ; rendez-vous. 2. recrutement, embauche, engagement. 3. fiançailles.

**engine** ['endʒin] *n.* 1. machine, engin, appareil. 2. moteur. 3. locomotive.

**engineer** [endʒi'niə] *n.* 1. ingénieur. *Consulting engineer,* ingénieur conseil. 2. mécanicien, technicien. 3. conducteur de locomotive. 4. auteur d'un complot, responsable d'une manœuvre, d'une machination, d'une opération, d'un projet. 5. soldat du Génie.

**engineer** *v.* 1. faire le travail de conception et de réalisation d'un ingénieur, concevoir, construire, réaliser. *He engineered more powerful engines,* il réalisa des moteurs plus puissants. 2. *To engineer a scheme,* organiser, promouvoir un projet, machiner, ourdir, concevoir et superviser un plan.

**engineering** [endʒi'niəriŋ] *n.* 1. science de l'ingénieur, génie. 2. ingénierie. 3. organisation, technique(s), méthode(s). 4. mécanique. *Engineering and electrical industries,* industrie électro-mécanique. 5. manœuvre(s), machination(s), conception et supervision d'un projet.

**engineering department,** bureau d'étude, département d'ingénierie.

**engineering firm 1.** société d'étude. 2. entreprise de mécanique.

**engraving** [in'greiviŋ] *n.* gravure.

**enhance** [in'haːns] *v.* 1. rehausser, accroître, augmenter, mettre en valeur, relever. 2. (prix, valeur) renchérir, faire monter.

**enhancement** [in'haːnsmənt] *n.* 1. rehaussement. 2. hausse, renchérissement.

**enjoin** [in'dʒɔin] *v.* 1. enjoindre, prescrire, ordonner, imposer, donner une injonction, intimer. 2. (U.S.) interdire, prohiber (par décision de justice ou décret).

**enjoy** [in'dʒɔi] *v.* 1. prendre plaisir à, aimer, apprécier, goûter. *To enjoy oneself,* se divertir, s'amuser. 2. jouir de, bénéficier de, pouvoir exercer (un droit, etc.) *To enjoy a world-wide reputation,* avoir une réputation mondiale.

**enjoyment** [in'dʒɔimənt] *n.* 1. plaisir. 2. jouissance (d'un droit, d'une fortune, etc.). *Prevention of enjoyment,* trouble de jouissance.

**enlarge** [in'laːdʒ] *v.* 1. agrandir, augmenter, étendre, accroître. *To enlarge the premises,* agrandir les locaux. 2. *To enlarge on something,* s'étendre sur un sujet. 3. proroger (bail, droit, etc.). 4. (U.S.) *To set at large,* relaxer, élargir, relâcher, libérer (un prisonnier).

**enlarged copy,** reproduction en grand, cliché agrandi.

**enlargement** [in'laːdʒmənt] *n.* 1. agrandissement, extension, accroissement, élargissement. 2. agrandissement photographique. 3. (U.S.) relaxe, libération (d'un prisonnier).

**enlist** [in'list] *v.* 1. enrôler, recruter, engager (des partisans), s'assurer les services de. 2. s'engager, s'enrôler.

**enlisted men** [in'listid] troupe, simples soldats (par rapport à officiers).

**enlistment** [in'listmənt] *n.* 1. enrôlement, engagement. 2. durée d'un engagement dans l'armée.

**enquire** [in'kwaiə] *v.* 1. se renseigner, s'informer, demander, poser une question. 2. enquêter, faire des recherches, faire des investigations, se livrer à une enquête, étudier une question. *I'll enquire into the matter personally,* j'étudierai, j'examinerai l'affaire personnellement, je me pencherai personnellement sur l'affaire.

**enquiry** [in'kwaiəri] *n.* **1.** demande de renseignement, question. *Enquiries office, enquiry office,* guichet, office, bureau des renseignements, bureau d'information. **2.** enquête, recherche, investigation. *Board of enquiry,* commission d'enquête. *Public enquiry,* enquête de comodo et incomodo. *To open a judicial enquiry,* ouvrir une instruction (judiciaire). *I'll make personal inquiries into the matter,* j'examinerai l'affaire personnellement, je me pencherai personnellement sur l'affaire.

**enrich** [in'ritʃ] *v.* enrichir, fertiliser, augmenter la teneur.

**enrichment** [in'ritʃmənt] *n.* enrichissement, fertilisation, augmentation de la teneur. *Job enrichment,* enrichissement des tâches.

**enrol(l)** [in'rəul] *v.* **1.** engager, enrôler, embaucher, inscrire (des étudiants). **2.** s'engager, s'inscrire, s'enrôler. *To enrol for a course,* s'inscrire à un cours. **3.** enregistrer (un texte, un jugement).

**enrolment** [in'rəulmənt] *n.* **1.** engagement, embauche, inscription (à un cours, etc.), affiliation. *Enrolment figures in universities,* le nombre d'étudiants inscrits dans les universités. **2.** enregistrement, inscription officielle.

**ensue** [in'sju:] *v.* s'ensuivre, résulter.

**ensuing** [in'sju:iŋ] *adj.* **1.** suivant, subséquent. **2.** conséquent.

**ensure** [in'ʃuə] *v.* assurer, faire en sorte que, garantir.

**entail** [in'teil] *v.* **1.** entraîner, occasionner, causer, amener. **2.** *Jur. :* substituer un bien. *To entail an estate,* restreindre le droit d'héritage à telle catégorie d'héritiers (par exemple la deuxième génération).

**entail** *n.* **1.** *Jur. :* substitution d'héritier. **2.** *Jur. :* bien substitué (voir **to entail**).

**enter** ['entə] *v.* **1.** entrer, pénétrer (dans un lieu). **2.** entrer dans,

s'engager dans, s'inscrire à, devenir membre de. *To enter a university,* s'inscrire à une université. *To enter a club,* devenir membre d'un club. *To enter the job market, the labor market,* arriver sur le marché du travail. **3.** s'inscrire à un concours, participer à une compétition, s'engager (épreuves sportives). *To enter a contest,* s'inscrire à un concours. **4.** commencer, se lancer dans. *To enter the legal profession,* se lancer dans la carrière juridique, choisir la carrière juridique. **5.** inscrire, enregistrer, consigner, porter sur un livre, passer une écriture. **6.** *Jur. :* *To enter an action against somebody,* intenter un procès, une action en justice, engager des poursuites. *To enter a protest,* protester par écrit. **7.** *Jur. :* *To enter an estate,* prendre possession d'un bien, d'un domaine. **8.** *Douanes :* *To enter goods,* déclarer des marchandises en douane.

**enter in** *v.* **1.** inscrire. *To enter an item in the books,* porter une écriture dans un livre, passer une écriture, faire écriture d'un article (dans un livre de comptes). **2.** *To enter somebody in a contest,* inscrire quelqu'un à un concours, engager quelqu'un pour une compétition.

**enter into** *v.* contracter, conclure. *To enter into an agreement,* conclure un accord. *To enter into a bargain,* conclure un marché. *To enter into a contract,* passer un contrat. *To enter into a partnership,* s'associer.

**enterprise** ['entəpraiz] *n.* **1.** entreprise. **2.** esprit d'entreprise.

**entertain** [entə'tein] *v.* **1.** amuser ; divertir. **2.** recevoir ; accueillir. *Entertaining allowance,* frais de représentation. **3.** avoir (une opinion), éprouver, concevoir, nourrir, caresser (crainte, idée, espérance, illusion, etc.).

**entertainment** [entə'teinmənt] *n.* **1.** amusement, divertissement. *The world of entertainment,* le monde du spectacle. **2.** réception, fête. *Entertainment allowance,* indemnité de représentation, frais de représentation, indemnité de fonctions.

**enthuse** [in'θju:z] *v.* s'enthousiasmer, faire preuve d'enthousiasme.

**entice** [in'tais] *v.* séduire, attirer.

**entire** [in'taiə] *adj.* entier.

**entitle** [in'taitl] *v.* **1.** intituler. **2.** autoriser, donner le droit de, habiliter, permettre.

**entitled** [in'taitld] *adj.* autorisé, habilité, ayant droit à, fondé à, remplissant les conditions pour.

**entitlement** *n.* **1.** droit (en particulier à des prestations sociales). **2.** allocation (de fonds), dotation.

**entity** ['entiti] *n.* entité. *Such a company is a legal entity,* une telle société est considérée comme une personne morale, une entité juridique.

**entrance** ['entrəns] *n.* **1.** entrée. *Main entrance,* entrée principale. *Tradesmen's entrance,* entrée des fournisseurs. **2.** admission, accès. *Entrance fee,* droit d'entrée.

**entrant** ['entrənt] *n.* **1.** personne qui pénètre. *Illegal entrants into the country,* les immigrés clandestins. **2.** *New entrants on the job market,* les nouveaux arrivants sur le marché du travail. **3.** inscrit, concurrent, participant (compétition, concours).

**entrepreneur** [ɔntrəprə'nə:] *n.* entrepreneur (avec l'idée d'initiative économique).

**entrepreneurial** [ɔntrəprə'nəriəl] *adj.* qui caractérise l'entrepreneur, qui fait preuve d'initiative économique.

**entrepreneurship** *n.* rôle, fonction, activité, qualités, initiative de l'entrepreneur ; esprit d'entreprise ; création d'entreprise.

**entrust** [in'trʌst] *v.* confier. *To entrust something to somebody,* confier quelque chose à quelqu'un. *To entrust money to a bank,* confier de l'argent à une banque. *To entrust someone with something,* charger quelqu'un de quelque chose (responsabilité, mission, etc.).

**entry** ['entri] *n.* **1.** entrée, adhésion, admission. *To gain entry to a club,* être admis dans un club. *The entry of Greece into the E.E.C.,* l'adhésion de la Grèce au Marché Commun. **2.** inscription à un concours. *The number of entries,* le nombre de concurrents, le

nombre d'inscrits, d'inscriptions. **3.** écriture, article, poste, passation d'écriture. *To post an entry,* passer écriture d'un article. **4.** article de journal. **5.** prise de possession, entrée en possession, en jouissance. **6.** *Douanes :* déclaration. *Entry inwards,* déclaration d'entrée. *Entry outwards,* déclaration de sortie. *Right of free entry,* droit de libre franchissement des frontières ; droit de libre circulation.

**envelope** ['envələp] *n.* enveloppe. *Wage envelope,* paie, salaire.

**environment** [in'vaiərənmənt] *n.* milieu, environnement (en anglais moderne, souvent au sens écologique).

**environmental** [invaiərən'mentl] *adj.* qui a trait à l'environnement (souvent au sens écologique).

**environmentalist** *n.* défenseur de l'environnement, écologiste.

**equal** ['i:kwəl] *v.* égaler, être égal à.

**equal** *adj.* **1.** égal ; paritaire. *Equal pay,* salaire égal, égalité, parité des salaires. *Equal rights,* égalité des droits (en général des femmes). **2.** à la hauteur de. *He is not equal to the job,* il n'est pas de taille à faire le travail, incapable d'occuper ce poste.

**equality** [i:'kwɔliti] *n.* égalité, parité.

**equalization** [i:kwəlai'zeiʃən] *n.* égalisation ; régularisation (de comptes) ; péréquation. *Equalization account,* compte de régularisation. *Equalization fund,* fond de régularisation, de compensation.

**equalize** ['i:kwəlaiz] *v.* **1.** égaliser ; régulariser (des comptes) ; faire une péréquation ; compenser, équilibrer, niveler. **2.** s'égaliser, se compenser, s'équilibrer.

**equate** [i'kweit] *v.* **1.** égaler, égaliser. **2.** mettre en parallèle, identifier, assimiler à, considérer comme équivalent, comme nécessairement associés. *They tend to equate business with profit,* pour eux, affaires et bénéfices sont inséparables.

**equation** [i'kweiʒn] *n.* **1.** équation. **2.** égalisation. **3.** mise en parallèle, assimilation.

**equilibrium** [i:kwi'libriəm] *n.* équilibre. *The equilibrium of the* *balance of payments,* l'équilibre de la balance des paiements.

**equip** [i'kwip] *v.* équiper ; pourvoir, doter, munir, outiller.

**equipment** [i'kwipmənt] *n.* équipement, matériel, installation ; outillage, appareillage ; accessoires. *Plant and equipment,* usine et outillage.

**equitable** ['ekwitəbl] *adj.* équitable, juste.

**equities** ['ekwətiz] *n.* actions ordinaires.

**equity** ['ekwiti] *n.* **1.** justice, équité, impartialité. **2.** intérêt que l'on a dans quelque chose, partie du capital que l'on détient. *To have an equity in something,* avoir des intérêts dans, détenir une partie du capital de. *Stockholders' equity,* capitaux propres, capital propre, fonds propres, valeur nette (d'une société). *Equity financing,* financement par fonds propres, par émission d'actions, par augmentation de capital. *Equity fund,* fonds commun de placement en actions. *Equity loan,* prêt participatif, avec prise de participation. *Equity market,* marché des actions. **3.** action ordinaire (d'une société). **4.** (G.B.) « *Equity* », syndicat des artistes.

**eradicate** [i'rædikeit] *v.* arracher, déraciner, faire disparaître.

**erase** [i'reiz] *v.* effacer, gommer ; raturer.

**eraser** [i'reizə] *n.* gomme (à effacer).

**erasure** [i'reʒə] *n.* suppression (d'un mot dans un texte), effaçage ; grattage, rature.

**erection** [i'rekʃən] *n.* construction, érection, montage, assemblage, installation.

**erect** [i'rekt] *v.* construire, bâtir, monter, installer, élever, édifier, ériger ; dresser, instituer.

**ergonomics** [ə:gəu'nɔmiks] *n.* ergonomie.

**erode** [i'rəud] *v.* ronger, éroder, saper, user progressivement.

**erosion** [i'rəuʒən] *n.* érosion, usure. *The erosion of real earnings through inflation,* l'érosion des bénéfices réels du fait de l'inflation.

**erratic** [i'rætik] *adj.* **1.** irrégulier, inégal, intermittent. **2.** capricieux, excentrique, désordonné.

**error** ['erə] *n.* **1.** erreur, faute, méprise. *Typist's error, typing error,* faute de frappe. **2.** (statistique) écart, variation.

**errors and omissions excepted (E. & O.E.),** sauf erreur ou omission.

**escalate** ['eskəleit] *v.* **1.** monter en flèche. **2.** se livrer à une escalade, une surenchère.

**escalation** [eskə'leiʃən] *n.* escalade ; hausse, montée, flambée ; surenchère.

**escalator clauses** ['eskəleitə], clauses d'indexation, clauses d'échelle mobile (du mot *escalator :* escalier roulant).

**escape clause** [i'skeip] = **escape provision.**

**escape period,** période de réflexion, délai de grâce (avant application d'un règlement), délai de remise en question (d'un accord, etc.).

**escape provision** [i'skeip] (contrat) clause dérogatoire, clause d'échappatoire, clause de sauvegarde.

**escheat** [is'tʃi:t] *n.* déshérence ; dévolution d'héritage à l'État, réversion à l'État.

**escheat** *v.* **1.** tomber en déshérence, revenir à l'État (succession). **2.** confisquer une succession ; faire échoir une succession à quelqu'un.

**eschew** [is'tʃu:] *v.* éviter, s'abstenir de.

• **escrow** [es'krəu] *n.* *Jur. :* **1.** acte ou bien confié à la garde d'un tiers pour n'être remis au destinataire ou bénéficiaire qu'après la réalisation de certaines conditions spécifiées par contrat. **2.** nom de cette procédure. *Escrow account,* compte séquestre, sur lequel un débiteur en litige avec un créancier verse les sommes dues pour ne pas être considéré comme défaillant (cf. Caisse des Dépôts et Consignations). *Funds held in escrow,* fonds confiés à un tiers et destinés à servir de garantie à une opération spécifiée dans un accord sous seing privé appelé « escrow agreement ».

**essential** [i'senʃəl] *adj.* essentiel.

**establish** [i'stæbliʃ] *v.* **1.** établir, fonder, créer, édifier, instituer, instaurer. **2.** installer dans ses fonc-

tions, titulariser (un fonctionnaire). **3.** établir, prouver, démontrer (la vérité, la validité, etc.).
**establishment** [iˈstæbliʃmənt] *n.* **1.** établissement. *Business establishment,* maison de commerce. *Educational establishment,* établissement scolaire. **2.** création, fondation, constitution ; institution, instauration. **3.** confirmation, démonstration, constatation. **4.** « *The Establishment* », la classe dirigeante, la classe dominante.

**estate** [iˈsteit] *n.* **1.** bien, propriété ; patrimoine ; domaine ; immeuble. *Housing estate,* lotissement, zone résidentielle. *Industrial estate,* zone industrielle (G.B.). *Life estate,* biens en viager. *Personal estate,* biens mobiliers, biens meubles. *Real estate,* biens immobiliers, immobilier. **2.** succession. **3.** rang, condition, état. *The Fourth Estate,* la Presse.

**estate agent,** agent immobilier.

**estate duty,** droits de succession.

**esteemed** [iˈstiːmd] *adj. In hand your esteemed...,* en main votre honorée... (expression vieillie et à déconseiller).

**estimate** [ˈestimət] *n.* **1.** évaluation, estimation, appréciation, calcul. **2.** prévision, pronostic. **3.** devis. **4.** *Budget estimates,* prévisions budgétaires, crédits demandés.

**estimate** [ˈestimeit] *v.* estimer, évaluer, apprécier, calculer.

**estimation** [estiˈmeiʃən] *n.* estimation, évaluation ; jugement.

**estoppel** [iˈstɔpl] *n. Jur. :* principe juridique qui interdit aux parties de revenir sur leurs déclarations (en niant ce qu'elles ont affirmé ou en affirmant ce qu'elles ont nié), ou qui rend irrecevables de telles dénégations.

**estranged** [iˈstreindʒd] *adj.* brouillé, séparé. *An estranged couple,* un couple qui vit séparé.

**ethics** [ˈeθiks] *n.* éthique, morale. *Professional ethics,* déontologie.

**eurobond** [ˈjuərəubɔnd] *n.* euro-obligation.

**eurocommercial paper,** effets de commerce en eurodevises.

**eurocurrencies** *n.* eurodevises.

**euro-dollar,** euro-dollar.

**euroloan** *n.* crédit en euro-devi-

ses.

**euromarket,** marché des euro-dollars.

**European Economic Community (E.E.C.),** Communauté Économique Européenne.

**evade** [iˈveid] *v.* se soustraire à, déjouer, éluder, tourner (la loi).

**evader** [iˈveidə] *n.* fraudeur, personne qui tente de se soustraire à une obligation. *Draft-evader,* insoumis, réfractaire, conscrit refusant de faire son service militaire. *Tax-evader,* contribuable pratiquant la fraude, la dissimulation ou l'évasion fiscale.

**evaluate** [iˈvæljueit] *v.* évaluer, estimer, apprécier.

**evaluation** [i,væljuˈeiʃən] *n.* évaluation, estimation, appréciation.

**evasion** [iˈveiʒən] *n.* fait de se soustraire ou de tenter de se soustraire, d'éluder ; évasion (fiscale), dissimulation, échappatoire. *Tax-evasion,* évasion fiscale, dissimulation fiscale ou fraude fiscale.

**even** [ˈiːvn] *adj.* **1.** uni, égal, régulier. *To get even with someone,* régler ses comptes avec quelqu'un, rendre la pareille à quelqu'un. *Even break,* égalité des chances, chances égales. **2.** pair. **3.** *Your letter of even date,* votre lettre de ce jour (formule démodée et à déconseiller).

**even dates,** jours pairs.

**event** [iˈvent] *n.* **1.** événement. *Current events,* l'actualité. **2.** cas. *Event of default,* cas de défaillance. **3.** résultat, issue. **4.** réunion sportive, rencontre sportive, épreuve sportive, concours.

**eventual** [iˈventʃuəl] *adj.* final.

**eventually** [iˈventʃuəli] *adv.* finalement, en fin de compte.

**evergreen** *n.* crédit permanent non confirmé (crédit en général d'un an, reconductible tacitement sauf dénonciation de l'une des deux parties).

**evict** [iˈvikt] *v.* expulser, évincer.

**eviction** [iˈvikʃən] *n.* expulsion, éviction, dépossession.

**evidence** [ˈevidəns] *n.* **1.** signe, marque, trace, preuve. **2.** preuve(s), témoignage. *To give evidence,* témoigner, déposer. *Circumstancial evidence,* preuve(s) indirecte(s), par présomption. *Documentary evidence,* preuve(s) écrite(s). **3.** témoin.

**evolve** [i'vɔlv] *v.* **1.** élaborer, développer (projets). **2.** évoluer.

**evolution** [i:və'luʃən] *n.* évolution.

**ex,** voir abréviations.

**examination** [ig,zæmi'neiʃən] *n.* **1.** examen, inspection, étude, vérification, dépouillement, compulsation. *Competitive examination,* concours. *Thorough examination,* examen en profondeur, étude approfondie. **2.** *Jur.* : instruction (d'un procès, d'un dossier).

**examine** [ig'zæmin] *v.* **1.** examiner, inspecter, étudier, vérifier, contrôler. **2.** interroger (un témoin, un candidat), examiner. **3.** *To examine into a matter,* faire une enquête sur une affaire, procéder à l'examen d'une question. **4.** *Jur.* : instruire (un procès).

**examinee** *n.* personne qui passe un examen, candidat(e).

**examiner** [ig'zæminə] *n.* **1.** inspecteur, contrôleur, vérificateur. **2.** examinateur, membre d'un jury (scolaire, universitaire, etc). **3.** *Jur.* : juge d'instruction.

**examining magistrate,** magistrat chargé d'instruire une affaire, juge d'instruction.

**exceed** [ik'si:d] *v.* **1.** dépasser, excéder. **2.** surpasser. **3.** outrepasser.

**except** [ik'sept] *v.* excepter.

**excepted** [ik'septid] *p.p.* excepté.

**exception** [ik'sepʃən] *n.* **1.** exception. **2.** objection. *To take exception to something, to somebody,* objecter à, trouver à redire à, récuser, faire des objections à.

**excerpt** [ik'sə:pt] *n.* extrait (d'un texte).

**excess** [ik'ses] *n.* **1.** excès. **2.** excédent, surplus, supplément.

**excess** *adj.* en surnombre, en trop, superflu, en excès. *Excess baggage,* excédent de bagages.

**excess capacity,** capacité de production inutilisée, surcapacité.

**excessive** [ik'sesiv] *adj.* excessif, exagéré, démesuré, abusif, immodéré.

**excess-profits,** super-bénéfices, bénéfices extraordinaires.

**exchange** [iks'tʃeindʒ] *v.* **1.** échanger, troquer. **2.** permuter. **3.** s'échanger.

**exchange** *n.* **1.** échange, troc. **2.** change, changes, opérations de change. *Exchange control,* contrôle des changes. *Foreign exchange,* change. *Rate of exchange,* taux de change. **3.** bourse (des valeurs, de commerce, du travail). **4.** *Bill of exchange,* effet de commerce, traite. *First of exchange,* première de change. *Foreign exchange,* effet(s) sur l'étranger, traite(s) sur l'étranger. **5.** *Telephone exchange,* central téléphonique, central.

**exchangeable** [iks'tʃeindʒəbl] *adj.* échangeable.

**exchangee** [,ekstʃein'dʒi:] bénéficiaire d'un programme d'échange.

**exchange rate,** taux de change, taux du change.

**exchange stabilisation fund,** fond de stabilisation des changes.

**Exchequer** [iks'tʃekə] *n.* (G.B.) Trésor Public, ministère des Finances. *The Chancellor of the Exchequer,* le Chancelier de l'Échiquier, le ministre des Finances.

**excisable** [ek'saizəbl] *adj.* soumis aux droits de régie, sujet aux droits de régie, justiciable de droits de régie, imposable.

**excise** ['eksaiz] *n.* impôt(s) indirect(s), contribution(s) indirecte(s), régie, droit de régie (impôt perçu sur la fabrication, la vente ou la consommation de marchandises produites et vendues à l'intérieur du pays). *Excise duty,* droit de régie, accise (sur le tabac, l'alcool...). *Customs and Excise duties,* droits de douane et de régie.

**exclude** [ik'sklu:d] *v.* **1.** exclure, bannir, refuser d'admettre, rejeter. **2.** écarter, éliminer (une possibilité).

**excluded** [ik'sklu:did] *adj.* exclu.

**excluding** [ik'sklu:diŋ] à l'exclusion de.

**exclusion** [ik'sklu:ʒən] *n.* exclusion.

**exclusion clause,** clause d'exclusion, exclusion de garantie (dans un contrat d'assurance, clause prévoyant que certains risques ne seront pas couverts).

**exclusive** [ik'sklu:siv] *adj.* **1.** exclusif. *Exclusive agent,* agent exclusif. *Exclusive jurisdiction,* compétence exclusive (d'un tribunal). *Exclusive rights of sale,* droit exclusif de vente. **2.** sans compter, non compris, sans les extras. **3.** (club, etc.) fermé, sélect.

**exclusive of** *prép.* sans compter..., non compris. *Exclusive of extras,* options non comprises.

**ex-coupon,** coupon détaché (se dit d'une action pour laquelle le dividende de l'année a déjà été perçu. L'acheteur éventuel n'en bénéficiera donc pas).

**ex-dividend,** coupon détaché (se dit d'une action pour laquelle le dividende de l'année a déjà été perçu. L'acheteur éventuel n'en bénéficiera donc pas).

**exec(s)** [ig'zek] *n. Fam. :* pour **executive** (n.).

**execute** ['eksikju:t] *v.* exécuter, accomplir, remplir, effectuer, s'acquitter de. *To execute an order,* exécuter un ordre.

**execution** [,eksi'kju:ʃən] *n.* **1.** exécution, accomplissement, exercice (de fonctions). **2.** *Jur. :* saisie, saisie-exécution.

**executive** [ig'zekjutiv] *n.* **1.** cadre, dirigeant. *In the executive suite,* dans les milieux cadres. *Junior executive,* cadre moyen, cadre débutant. *Middle executive,* cadre moyen. *Senior executive,* cadre supérieur. *Top executive,* cadre supérieur. **2.** (U.S.) responsable, chef. *The Chief Executive,* le président des États-Unis, mais aussi le directeur, le président, le P.D.G. d'une entreprise. **3.** organe de direction, organisme central, comité directeur, instance(s) dirigeante(s), instance décisionnelle, bureau. **4.** *The Executive,* l'exécutif, le pouvoir exécutif (d'un État).

**executive,** *adj.* exécutif(ve), exécutoire.

**executive agreement,** (U.S.) accord entre le chef de l'État et un gouvernement étranger traitant en général de problèmes de routine et ne justifiant pas le recours au traité qui nécessiterait l'accord du Sénat.

**executive board,** conseil de direction.

**executive committee,** commis-sion exécutive, bureau (d'une association).

**executive officer,** fondé de pouvoir, responsable en second.

**executive order,** (U.S.) décret-loi.

**executive pay,** salaire(s) des cadres.

**Executive Vice Président,** (U.S.) vice-président assurant des fonctions de direction générale.

**executor** [ig'zekjutə] fém. **executrix** [ig'zekjutriks] *n.* exécuteur testamentaire.

**executory** [ig'zekjutəri] *adj.* exécutoire.

**exemplification** [ig,zemplifi'-keiʃən] *n.* **1.** illustration, démonstration par l'exemple. **2.** copie authentique, ampliation.

**exemplify** [ig'zemplifai] *v.* **1.** illustrer par un exemple, servir d'exemple. **2.** faire une copie conforme, délivrer une copie conforme.

**exempt** [ig'zempt] *adj.* exempté, exempt, dispensé, exonéré. *Tax-exempt,* exempté d'impôt, exonéré d'impôt.

**exempt** *v.* exempter, dispenser, exonérer.

**exemption** [ig'zempʃən] *n.* exemption, dispense, exonération, dégrèvement. *Tax-exemption,* exonération d'impôt.

**exercisable** ['eksəsaizəbl] *adj.* qui peut s'exercer, que l'on peut exercer, qui peut s'appliquer, que l'on peut appliquer.

**exercise** ['eksəsaiz] *n.* exercice.

**exercise** *v.* **1.** exercer, pratiquer, manifester. **2.** s'exercer, s'entraîner.

**exert** [ig'zə:t] *v.* exercer, mettre en œuvre, employer (s').

**exhaust** [ig'zɔ:st] *n.* **1.** échappement. **2.** gaz d'échappement.

**exhaust** *v.* **1.** épuiser (personne, ressources), exténuer. **2.** arriver au terme de. **3.** (gaz) s'échapper.

**exhaustion** [ig'zɔ:stʃən] *n.* épuisement (personne, ressources).

**exhibit** [ig'zibit] *n.* **1.** objet, pièce exposée. **2.** pièce à conviction.

**exhibit** *v.* **1.** exposer. **2.** produire une pièce à conviction, produire une preuve, présenter un document. **3.** manifester.

**exhibition** [eksi'biʃən] *n.* 1. exposition. *Exhibition room,* salle d'exposition. *Exhibition site,* lieu d'exposition. 2. démonstration. 3. production, présentation de documents.

**exhibitor** [ig'zibitə] *n.* exposant.

**ex-interest,** intérêt déjà versé, déjà perçu.

**exit** ['eksit] *n.* sortie. *Emergency exit,* issue de secours. *Exit fee,* droit de sortie (fonds commun de placement, etc.).

**ex-mill** *n.* sortie usine.

**exonerate** [ig'zɔnəreit] *v.* 1. exonérer, décharger, dispenser. 2. disculper, absoudre, mettre hors de cause.

**exoneration** [ig,zɔnə'reiʃən] *n.* 1. exonération, décharge, dispense. 2. disculpation, mise hors de cause.

**expand** [ik'spænd] *v.* s'étendre, se développer, prendre de l'extension, grandir.

**expansion** [ik'spænʃən] *n.* expansion, extension, développement, croissance.

**expatriate** [eks'pætrieit] *adj.* et *n.* expatrié.

**expect** [ik'spekt] *v.* attendre, s'attendre à, prévoir, compter sur ; penser, croire que.

**expectancy** [ik'spektənsi] *n.* attente. *Life-expectancy,* espérance de vie.

**expectation** [,ekspek'teiʃən] *n.* 1. attente, espérance, anticipation. 2. prévision, probabilité. *Expectation of life,* espérance de vie.

**expedite** ['ekspidait] *v.* 1. accélérer, exécuter rapidement, accomplir avec diligence. 2. (U.S.) expédier, envoyer.

**expel** [ik'spel] *v.* expulser.

**expend** [ik'spend] *v.* 1. dépenser de l'argent. 2. consommer, épuiser.

**expendable** [ik'spendəbl] *adj.* qui peut être intégralement dépensé, intégralement consommé, intégralement détruit. *Expendable goods,* biens non durables.

**expenditure(s)** [ik'spendit ʃə] *n.* 1. dépense(s) (souvent dépense(s) publique(s)). 2. mise de fond, engagement de dépenses. 3. consommation.

**expense** [ik'spens] *n.* dépense, frais, charge. *Expense account,* no-

te de frais.

**expenses** [ik'spensiz] *n.* dépenses, frais, charges. *Household expenses,* dépenses des ménages. *Initial expenses,* frais d'établissement, frais de premier établissement, frais initiaux. *Legal expenses,* frais de justice ; dépens. *Operating expenses,* frais d'exploitation, coût de fonctionnement. *Overhead expenses,* frais généraux. *Preliminary expenses,* frais d'établissement, de constitution (d'une société). *Travelling expenses,* frais de déplacement ; indemnité de voyage.

**expensive** [ik'spensiv] *adj.* cher, coûteux, onéreux.

**experience** [ik'spiəriəns] *n.* expérience (acquise).

**experience** *v.* faire l'expérience de, éprouver, connaître, subir, rencontrer.

**experienced** [ik'spiəriənst] *adj.* 1. expérimenté ; exercé ; qui a du métier. 2. éprouvé, subi, connu, rencontré.

**experiment** [ik'sperimənt] *n.* expérience (de type scientifique ou empirique) ; test, essai, épreuve, tentative.

**experiment** *v.* expérimenter, faire une expérience, faire des expériences. *To experiment with a new model,* tester un nouveau modèle.

**expert** ['ekspəːt] *n.* expert, spécialiste.

**expertise** [ekspə:'tiːz] *n.* compétence, expérience technique, maîtrise ; expertise.

**expiration** [ekspi'reiʃən] *n.* expiration, fin, cessation ; échéance.

**expire** [ik'spaiə] *v.* expirer, cesser, prendre fin, arriver à son terme, se terminer.

**expired** [ik'spaiəd] *adj.* 1. terminé, parvenu à son terme, parvenu à expiration, expiré, fini, écoulé. 2. périmé. *Expired bill,* effet périmé.

**expiry** [ik'spaiəri] *n.* expiration, fin, terminaison, terme.

**explanatory** [ik'splænətəri] *adj.* explicatif, d'éclaircissement.

**explicit** [ik'splisit] *adj.* 1. explicite, clair. 2. formel, catégorique.

**exploit** [ik'splɔit] *v.* 1. exploiter, mettre en valeur. 2. exploiter (la main-d'œuvre, etc.), profiter (injustement) de.

**exploitation** [eksplɔi'teiʃən] *n.* **1.** exploitation, mise en valeur. **2.** exploitation (de la main-d'œuvre, etc). **3.** (U.S.) publicité, exploitation publicitaire.

**exploratory** [ek'splɔrətəri] *adj.* exploratoire.

**exploration** [eksplə'reiʃən] *n.* exploration ; prospection (d'un gisement, d'un marché).

**explore** [ik'splɔː] *v.* explorer ; prospecter ; étudier, examiner (une possibilité).

**explosion** [ik'spləuʒən] *n.* explosion. *Population explosion,* explosion démographique.

**exponent** [ik'spəunənt] *n.* **1.** *Maths. :* exposant. **2.** avocat de, personne qui expose une théorie, se fait le porte-parole d'une théorie.

**export** [ik'spɔːt] *v.* exporter. .

**export** ['ekspɔːt] *n.* **1.** exportation. **2.** marchandise exportée.

**exportation** ['ekspɔː'teiʃən] *n.* exportation, fait d'exporter.

**export bounty,** prime à l'exportation.

**export duty,** droit(s) de sortie.

**exporter** [ik'spɔːtə] *n.* exportateur.

**export-import company,** société d'import-export.

**export packing,** emballage maritime.

**export tax,** droits de sortie.

**export trade,** commerce d'exportation, l'exportation.

**expose** [ik'spəuz] *v.* **1.** mettre à jour, démasquer, dévoiler, révéler (un scandale). **2.** mettre au contact de, familiariser avec, habituer à.

**exposure** [ik'spəuʒə] *n.* **1.** exposition (au froid, à l'air, etc.). *To die of exposure,* mourir de froid. **2.** mise à nu, révélation (d'une faute, d'une tare, d'un scandale). **3.** familiarisation, contact régulier, fait d'être exposé à des influences. **4.** *Indecent exposure,* attentat à la pudeur. **5.** risque.

**expound** [ik'spaund] *v.* exposer, expliquer (une théorie).

**express** [ik'spres] *n.* **1.** express (train). **2.** exprès, messager.

**express** *adj.* **1.** exprès, exact, explicite, précis. **2.** rapide, sans délai.

**express** *v.* **1.** exprimer, énoncer, formuler. **2.** envoyer par exprès.

**expropriate** [eks'prəuprieit] *v.* exproprier.

**expropriation** [eks,prəupri'eiʃən] *n.* expropriation.

**expulsion** [ik'spʌlʃən] *n.* expulsion.

**ex-quay** [eks-kiː] à quai, franco à quai. Il faut distinguer entre *ex-quay = ex-dock = duty paid* où le prix indiqué comprend le dédouanement des marchandises et « *ex-quay, duty on buyer's account* » où les droits de douane restent à payer par l'acheteur.

**ex-serviceman** [eks'səːvismən] *n.* militaire à la retraite, retraité de l'armée, ancien militaire.

**ex-ship,** suivie du nom du port de déchargement, cette expression indique que le prix s'entend : marchandise mise à la disposition de l'acheteur à bord du navire au port de déchargement, prête à être enlevée, frais de déchargement et de douane à la charge de l'acheteur.

**ex-store,** prix en magasin, prix sortie d'entrepôt.

**extend** [ik'stend] *v.* **1.** étendre ; s'étendre. **2.** prolonger ; se prolonger, continuer ; proroger (une échéance). **3.** présenter, offrir, adresser (remerciements, etc.). **4.** accorder. *To extend a loan,* accorder un prêt. *To extend credit facilities,* accorder du crédit.

**extension** [ik'stenʃən] *n.* **1.** extension, accroissement ; (U.S.) crédit maximum que l'on peut accorder à un client, plafond. **2.** poste (téléphonique). *Extension number,* numéro de poste. **3.** annexe d'un bâtiment.

**extensive** [ik'stensiv] *adj.* vaste, étendu, considérable, ample, approfondi, complet. *Extensive knowledge,* vastes connaissances. *Extensive travels,* nombreux voyages (dans différents pays).

**extent** [ik'stent] *n.* **1.** étendue. *Extent of cover,* étendue de la garantie, risques couverts. **2.** importance. *Extent of damage,* importance des dégâts. *To the extent of,* jusqu'à concurrence de.

**extenuating circumstances,** circonstances atténuantes.

**external** [eks'təːnl] *adj.* **1.** extérieur. *External affairs* (U.S.), relations extérieures. **2.** externe.

**extinction** [ik'stiŋk[ən] *n.* **1.** extinction, anéantissement. **2.** amortissement. *Extinction of a debt,* amortissement d'une dette. **3.** *Jur.* : *Extinction of an action,* péremption d'instance (il est trop tard pour engager des poursuites).

**extinguish** [ik'stiŋgwi[] *v.* éteindre, abolir, mettre fin à. *To extinguish a debt,* éteindre une dette.

**extort** [ik'stɔːt] *v.* extorquer, arracher.

**extortion** [ik'stɔː[ən] *n.* extorsion.

**extortionate** [ik'stɔː[nət] *adj.* exorbitant. *Extortionate charge, extortionate price,* prix exorbitant, prix prohibitif.

**extra** ['ekstrə] *n.* **1.** supplément, extra. *Extras,* frais supplémentaires. **2.** (cinéma, etc.) extra, personne engagée pour une fonction, un travail de courte durée.

**extra** *adj.* **1.** supplémentaire, en plus, en sus. **2.** supérieur.

**extra bold** *n.* gras (caractère).

**extract** [ik'strækt] *v.* **1.** extraire (minerai, etc.). **2.** arracher (argent, etc.).

**extract** ['ekstrækt] *n.* extrait.

**extraction** [ik'stræk[ən] *n.* **1.** extraction, arrachage. **2.** origine, extraction.

**extractive industries** [ik'stræktiv] industries minières, industries extractives.

**extra-curricular** [,ekstrəkə'rikjələ] hors programme. *Extracurricular activities,* dans une école ou une université, activités étudiantes qui ne figurent pas au cursus, qui ne font pas partie des cours.

**extradite** ['ekstrədait] *v.* extrader, obtenir l'extradition.

**extradition** [ekstrə'di[ən] *n.* extradition.

**extra vires,** voir **ultra vires.**

**ex-warehouse,** (prix) en entrepôt, (prix) en magasin, prix sortie d'entrepôt, prix sortie de magasin.

**ex-wharf,** franco à quai, (prix) marchandises à quai, marchandises débarquées (le prix indiqué comprend le débarquement des marchandises dans le port d'arrivée).

**ex-works,** sortie d'usine (prix).

**eye-appeal** *n. Pub.* : (valeur d') attraction visuelle.

**eye-camera** *n. Pub.* : caméra qui enregistre les mouvements de l'œil face à une annonce.

**eye-catcher** *n.* = **eye-stopper.**

**eye-catching** *adj.* qui attire le regard, qui accroche l'œil, accrocheur, spectaculaire.

**eye-stopper** *n.* objet qui attire, accroche le regard.

# F

**fabric** ['fæbrik] *n.* **1.** tissu, étoffe. **2.** structure, contexture. *The social fabric,* l'édifice social, le tissu social.

**fabricate** ['fæbrikeit] *v.* **1.** inventer. **2.** forger (un document). **3.** fabriquer.

**fabrication** [fæbri'kei[ən] *n.* **1.** invention. **2.** contrefaçon. **3.** fabrication.

**face** [feis] *n.* **1.** physionomie, visage, apparence, aspect. *To lose face,* perdre la face. **2.** façade, devant. *Coal face,* front de taille (mine).

**face** *v.* affronter, faire face à, rencontrer ; envisager (une possibilité).

**facelift** ['feislift] *n.* **1.** chirurgie esthétique du visage. **2.** mise au

goût du jour, modification superficielle.

**facelift** *v.* **1.** remodeler un visage. **2.** mettre au goût du jour, modifier superficiellement.

**facet** ['fæsit] *n.* facette, aspect (d'une question).

**face up to** *v.* confronter, faire face à.

**face-value,** (titre) valeur nominale. *To take something at facevalue,* prendre quelque chose pour argent comptant.

**facilitate** [fə'siliteit] *v.* faciliter.

**facilities** [fə'silitiz] *n.* **1.** facilités. *To offer facilities for payment,* offrir des facilités de paiement. **2.** installations, infrastructure(s), usine. *Harbour facilities,* installations portuaires, infrastructure portuaire.

**facility** [fə'siliti] *n.* **1.** facilité. **2.** *Facility for,* disposition, aptitude, aisance (à, pour). **3.** équipement, installation.

**fact** [fækt] *n.* **1.** fait. **2.** acte délictueux. *Accessory before the fact,* complice par instigation. *Accessory after the fact,* complice après coup (recel, etc.), complice a posteriori.

**fact finder,** investigateur. En général, tiers impartial nommé par le Gouvernement pour enquêter sur l'origine et le déroulement d'un conflit du travail.

**fact finding commission,** commission d'enquête.

**factitious** [fæk'tiʃəs] *adj.* factice, artificiel.

**factor** ['fæktə] *n.* **1.** *Maths :* facteur, indice, coefficient, diviseur. **2.** facteur, élément. **3.** commissionnaire, mandataire, consignataire, dépositaire, agent de vente. Le « factor » est un agent travaillant à la commission et qui, à la différence du courtier *(broker),* achète et vend en son nom propre et est propriétaire des marchandises. **4.** agent à la commission louant ses services aux entreprises pour recouvrer leurs créances ; « factor ».

**factor** *v.* **1.** décomposer en facteurs. **2.** intégrer. **3.** agir en tant qu'agent à la commission (voir ci-dessus **factor** 3).

**factorage** ['fæktəridʒ] *n.* commission, travail à la commission, droits de commission du « factor » (voir **factor** 3).

**factor analysis,** analyse factorielle (méthode statistique pour l'identification des variables et la détermination de leur rôle respectif).

**factoring** ['fæktəriŋ] *n.* affacturage (recouvrement des créances par recours à un organisme extérieur qui gère les comptes clients de l'entreprise. De tels organismes sont rémunérés à la commission et selon un pourcentage de la masse globale des créances).

**factorize** ['fæktəraiz] *v.* décomposer en facteurs, factoriser.

**factory farming,** agriculture industrielle.

**factory-gate price,** prix sortie usine.

**factory hand,** ouvrier d'usine.

**factory-outlet (store),** magasin de vente directe (des produits de l'usine au consommateur) ; magasin d'usine ; « usine-center ».

**factory ship** *Pêche :* navire usine, bateau usine.

**facts and figures,** faits et chiffres, description chiffrée, données chiffrées.

**factual** ['fæktʃuəl] *adj.* réel, effectif, reposant sur les faits, concret, factuel, avec faits à l'appui. *Factual evidence,* preuve nourrie par les faits, preuve avec faits à l'appui. *Factual advertising,* publicité informative.

**faculty** ['fækəlti] *n.* **1.** faculté, pouvoir, privilège. **2.** corps enseignant.

**faded** ['feidid] *adj.* (article) défraîchi, passé, décoloré.

**fail** [feil] *v.* **1.** ne pas faire quelque chose, manquer, faillir, omettre, manquer à ses engagements. **2.** échouer, ne pas réussir. *To fail in a suit,* perdre un procès. **3.** (moteur, machine) tomber en panne. **4.** (société) faire faillite.

**failing payment,** faute de paiement, à défaut de paiement, sauf règlement. *Failing payment within a week we shall have to take legal action,* faute de paiement sous huitaine, nous nous verrons contraints d'engager des poursuites.

**failure** ['feiljə] *n.* **1.** fait de ne pas faire, manquement. *Failure to observe the regulation,* inobservation du règlement, manquement au règlement. **2.** échec. **3.** (commerce, etc.) faillite. **4.** panne, non-fonctionnement. *Power failure,* panne d'électricité.

**fair** [feə] *adj.* **1.** beau. **2.** blond. **3.** juste, équitable, honnête, loyal. *Fair competition,* concurrence loyale, libre concurrence. *Fair practices,* pratiques commerciales en conformité avec la libre concurrence. **4.** passable, assez bon, moyen. *Good fair quality,* bonne qualité courante. **5.** net, sans tache. *Fair copy,* copie au propre, copie au net.

**fair** *n.* foire, exposition. *Trade*

*fair,* foire commerciale. *World fair,* exposition universelle.

**fairgoer** [fɛə'gəuə] *n.* visiteur (d'une foire).

**fairly** ['fɛəli] *adv.* 1. équitablement, loyalement. 2. moyennement, passablement.

**fairness** ['fɛənis] *n.* qualité de ce qui est « fair » (voir ci-dessus) ; en particulier, équité loyauté, impartialité, justice, honnêteté.

**fair presentation** *Comptab. :* image fidèle, régularité et sincérité des comptes.

**fair-trade,** respect d'accord de réciprocité des transactions commerciales.

**fair-trade agreement,** (U.S.) accord entre distributeur et producteur ou fabricant, portant sur le respect d'un prix minimum de vente au détail.

**fairway** ['fɛəwei] *n.* chenal.

**faith** [feiθ] *n.* 1. confiance. 2. foi, croyance, conviction(s). 3. bonne foi, parole, fidélité à ses engagements, fidélité, loyauté.

**faithful** [feiθful] *adj.* fidèle, loyal ; exact, juste, vrai.

**faithfully** ['feiθfuli] *adv.* fidèlement, loyalement, exactement.

**faithfully yours,** mot à mot : « fidèlement vôtre », formule de clôture d'une lettre jouant le même rôle que notre : « nous vous prions d'agréer nos sentiments distingués ».

**fake** [feik] *n.* 1. faux (objet ou document). 2. supercherie, imposture, tromperie. 3. imposteur, charlatan.

**fake** *adj.* faux, truqué, maquillé.

**fake** *v.* 1. truquer, maquiller. 2. simuler.

**fall** [fɔːl] *n.* 1. chute. 2. baisse (prix, cours, etc.). *To play for a fall,* jouer la baisse, jouer à la baisse. 3. (U.S.) automne.

**fall** *v.* 1. tomber. 2. baisser.

**fallacy** ['fæləsi] *n.* 1. idée fausse ou illusoire. 2. raisonnement erroné. 3. tromperie, présentation tendancieuse.

**fall back** *v.* 1. reculer. 2. *To fall back on something, on somebody,* se rabattre sur, se replier sur, avoir recours à, se rattraper sur.

**fall behind** [fɔːl bi'haind] *v.* se laisser distancer, se faire dépasser.

**fall due** *v.* (traite, etc.) venir à échéance, arriver à maturité.

**fallible** ['fæləbl] *adj.* faillible.

**fall in** *v.* 1. arriver à échéance, expirer. 2. *To fall in with something,* se conformer à, accéder à (une demande), accepter, se prêter à. *To fall in with somebody,* se conformer à, se ranger à l'avis de quelqu'un.

**fall-off** ['fɔːlɔːf] *n.* baisse, diminution. *Fall-off in demand,* baisse de la demande.

**fall off** *v.* baisser, diminuer, fléchir, décroire, décliner, se ralentir, dépérir.

**fall-out** ['fɔːlaut] *n.* retombée(s) (atomique, économique...).

**fall out** *v.* 1. tomber, retomber. 2. se produire, survenir. 3. *To fall out with somebody,* se brouiller avec quelqu'un, se quereller avec quelqu'un.

**fallow** ['fæləu] *adj.* en jachère, en friche, non cultivé.

**fall short** *v.* échouer. *To fall short of the mark,* ne pas atteindre l'objectif.

**fall through** *v.* échouer, avorter.

**fall to** *v.* incomber à, échoir à, revenir à.

**false** [fɔːls] *adj.* faux ; de contrefaçon, contrefait. *False pretences,* présentation mensongère, allégation(s) mensongères(s). *Under false pretences,* sous de faux prétextes ; par des moyens frauduleux. *False swearing,* faux témoignage. *False weight,* poids inexact (en général, poids insuffisant).

**falsification** [fɔːlsifi'keiʃən] *n.* falsification ; trucage.

**falsify** ['fɔːlsifai] *v.* falsifier, truquer.

**falter** ['fɔːltə] *v.* 1. hésiter, trébucher ; défaillir. 2. (cours, etc.) fléchir, vaciller, faiblir.

**fame** [feim] *n.* réputation, notoriété, célébrité, gloire.

**familiar** [fə'miljə] *adj.* familier ; familiarisé. *Familiar with,* au fait de, connaissant bien.

**familiarize** [fə'miliəraiz] *v.* familiariser.

**family allowance** ['fæmili ə'lauəns] allocation familiale.

**family concern,** entreprise familiale.

**famine** [fæmin] *n.* famine ; disette.

**famous** ['feiməs] *adj.* fameux, célèbre.

**fan** [fæn] *n.* **1.** ventilateur. **2.** amateur, fanatique, « supporter », « fan ».

**fancy** ['fænsi] *adj.* de fantaisie, d'agrément, de luxe. *Fancy goods,* nouveautés.

**fare** [fɛə] *n.* **1.** prix du voyage, prix de la course, tarif. *Return fare,* aller et retour (prix). *Single fare,* aller simple (prix). **2.** nourriture, régime alimentaire. *Bill of fare,* menu. **3.** *Fam.* : client (d'un taxi).

**fare** *v.* aller (bien, mal), se porter, se comporter ; se passer. *He fared badly at the polls,* il a obtenu de mauvais résultats aux élections.

**farm** [faːm] *n.* ferme, exploitation agricole. *Farm equipment,* matériel agricole. *Dairy farm,* élevage laitier. *Poultry farm,* élevage de volailles. *Stud farm,* haras. *Farm income,* revenu agricole. *Farm prices,* prix agricoles. *Farm vote,* électorat rural.

**farm** [faːm] *v.* cultiver, exploiter, faire valoir ; élever (du bétail).

**farmer** ['faːmə] *n.* agriculteur, cultivateur, exploitant, fermier. *Stock farmer,* éleveur (de bétail).

**farm gate price,** prix à la production, au producteur.

**farm-hand** ['faːm-,hænd] *n.* ouvrier agricole.

**farming** ['faːmiŋ] *n.* **1.** agriculture, exploitation agricole. *Stock farming,* élevage de bétail. **2.** affermage.

**farm out** *v.* **1.** confier la réalisation d'un projet, la fabrication d'une pièce à un sous-traitant ; distribuer, répartir le travail parmi des opérateurs et des ouvriers extérieurs à l'entreprise. **2.** épuiser le sol (par une agriculture trop intensive). **3.** affermer, donner en fermage.

**farming out** *n.* **1.** fait de confier la réalisation d'un projet, la fabrication d'une pièce à un sous-traitant ; distribution, répartition du travail parmi des opérateurs ou des ouvriers extérieurs à l'entreprise ; sous-traitance. **2.** épuisement du sol (par agriculture trop intensive). **3.** affermage.

**fashion** ['fæʃən] *n.* **1.** façon, manière. **2.** mode. **3.** coutume.

**fashion** *v.* façonner, confectionner.

**fashionable** ['fæʃnəbl] *adj.* élégant, à la mode, en vogue, au goût du jour.

**fast** [faːst], U.S. [fæst] *adj.* **1.** rapide, prompt. *By fast train,* en grande vitesse. *Fast buck,* (U.S.) *Fam.* : argent facile à gagner. **2.** qui avance, en avance. *My watch is fast,* ma montre avance. **3.** ferme, stable, solide, bien attaché. **4.** (couleur, tissus) qui ne déteint pas. **5.** malhonnête ; dissipé.

**fast access memory,** mémoire à accès rapide.

**fasten** ['faːsn] *v.* attacher, fixer.

**fastening** ['faːsniŋ] *n.* attache, fixation.

**fast foods,** restauration rapide.

**fast forward,** (magnéto.) avance rapide.

**fat** [fæt] *adj.* **1.** gros, gras. **2.** bien payé, lucratif. *A fat job,* un travail, un emploi bien rémunéré.

**fastidious** [fə'stidiəs] *adj.* exigeant, difficile, pointilleux.

**fathom** ['fæðm] *n.* (unité de mesure de profondeur) brasse = 6 pieds = 1,829 m.

**fathom** *v.* sonder.

**fatten** ['fætn] *v.* **1.** engraisser. **2.** enrichir, s'enrichir.

**fault** [fɔːlt] *n.* **1.** défaut. **2.** faute. **3.** vice de construction, défaut ; (métal) paille. **4.** (géologie) faille, cassure.

**faulty** ['fɔːlti] *adj.* **1.** défectueux. **2.** erroné.

**favour** ['feivə], U.S. **favor** *n.* **1.** faveur. **2.** approbation. **3.** *Your favour of the 12th,* votre estimée du 12, votre honorée du 12 (formule vieillotte et à éviter).

**favour,** U.S. **favor** *v.* **1.** favoriser, faciliter, avantager ; honorer. **2.** approuver ; préférer.

**favoured** ['feivəd] *adj.* avantagé, favorisé. *The most favoured nation clause,* la clause de la nation la plus favorisée (commerce international).

**favourable** ['feivərəbl] *adj.* avantageux, favorable. *Favourable terms,* conditions avantageuses.

**feasibility** [,fiːzə'biləti] *n.* praticabilité ; faisabilité.

**feasible** ['fiːzəbl] *adj.* faisable, réalisable, praticable, exécutable.

**featherbedding** ['feðəbediŋ] *n.* pratique syndicale en accord avec la direction d'une entreprise ou imposée à celle-ci, impliquant le maintien d'emplois non productifs ou le paiement d'un plus grand nombre d'ouvriers que celui justifié par les tâches à accomplir.

**feature** ['fiːtʃə] *n.* trait, caractéristique, point saillant. *Presse :* article important, chronique spéciale. *Cinéma :* film principal.

**feature** *v.* **1.** comporter. **2.** (film, musique, etc.) être fait avec la participation de, présenter en vedette. *Featuring...,* avec la participation de, avec... **3.** *Presse :* chroniquer ; mettre en manchette. **4.** caractériser, marquer, distinguer.

**federal** ['fedərəl] *adj.* fédéral. Aux États-Unis, désigne ce qui a trait au gouvernement central, situé à Washington, par opposition à ce qui a trait aux différents gouvernements des états.

**Federal Reserve Board** (U.S.), organisme de contrôle des 12 banques régionales qui constituent le système fédéral de réserve des États-Unis (ce système décentralisé joue le même rôle qu'une banque centrale). Le **Federal Reserve Board** fixe les grandes orientations de la politique monétaire et notamment du crédit.

**Federal Trade Commission** (U.S.), commission fédérale chargée d'assurer le respect de la libre concurrence sur le marché des États-Unis.

**federate** ['fedəreit] *v.* **1.** fédérer. **2.** se fédérer.

**federation** [fedə'reiʃən] *n.* fédération.

**fee** [fiː] *n.* **1.** honoraires, cachet, vacation, rémunération (autre que traitement ou salaire), commission ; jetons de présence. *Tuition fee,* frais de scolarité. **2.** droit. *Entrance fee, admission fee,* prix d'entrée, droit d'entrée. **3.** cotisation. *Union fees,* cotisations syndi-

cales.

**feed** [fiːd] *n.* aliment pour bétail, fourrage.

**feed** *v.* **1.** nourrir, approvisionner, ravitailler. **2.** alimenter (machine), fournir, introduire, communiquer. *The programme will be fed into the machine,* le programme sera introduit dans la machine, le programme sera passé en, sur machine. **3.** *To feed on something,* se nourrir de quelque chose.

**feedback** ['fiːdbæk] *n.* **1.** (électricité, etc.) rétro-action. **2.** information en retour.

**feeder** ['fiːdə] *n.* peut s'appliquer à tout ce qui approvisionne en énergie ou alimente une machine, un secteur, etc. ; câble d'alimentation, canal d'alimentation, tuyau d'alimentation, collecteur, etc.

**feeder line** *n.* **1.** ligne (bus, avion, train) secondaire se raccordant à une ligne principale. **2.** câble électrique approvisionnant un réseau.

**feedstock** *n.* matières premières utilisées pour la fabrication.

**feeler** ['fiːlə] *n.* antenne. *To put out feelers,* lancer un ballon d'essai.

**fee simple** (in), sans condition, libre, en toute propriété, avec tous droits de jouissance et de possession. *Property held in fee simple,* bien détenu en toute propriété, propriété inconditionnelle.

**fellow** ['feləu] *n.* **1.** membre d'une société à caractère culturel ou scientifique. **2.** en composition (suivi ou non d'un trait d'union) désigne des personnes dans la même situation. *Fellow citizen,* concitoyen. *Fellow passenger,* compagnon de voyage.

**fellowship** ['feləuʃip] *n.* **1.** association, société (en particulier dans l'université). **2.** solidarité, communauté de vues. **3.** appartenance à une association, une société ; titre de membre, qualité de membre. **4.** bourse de recherche (à un niveau avancé, offerte à des enseignants ou des spécialistes).

**felon** ['felən] *n.* criminel ; auteur d'une infraction grave.

**felony** ['feləni] *n.* (G.B) infraction, délit. (U.S.) infraction majeure, crime (kidnapping, meurtre, etc.).

**felt** [felt] *n.* feutre.

**female** ['fi:meil] *adj.* féminin.
*Female worker,* ouvrière.

**female** *n.* **1.** femme. **2.** femelle.

**fence** [fens] *n.* **1.** clôture, barrière. *To sit on the fence,* ne pas se commettre, ménager la chèvre et le chou, attendre avant de s'engager de tel ou tel côté. **2.** receleur.

**fend off** *v.* parer, écarter (un risque).

**ferry** ['feri] *n.* bac, bac transbordeur, ferry-boat.

**ferry** *v.* franchir en bac, traverser en bac, faire traverser en bac, transborder.

**ferry-boat** ['feribəut] *n.* bac, ferry-boat.

**fertilization** [fə:tilai'zei∫ən] *n.* fertilisation, amendement du sol.

**fertilize** ['fə:tilaiz] *v.* fertiliser ; amender le sol.

**fertilizer** ['fə:tilaizə] *n.* engrais.

**fetch** [fet∫] *v.* **1.** aller chercher. **2.** se vendre à, valoir (prix).

**feud** [fju:d] *n.* inimitié, haine, rivalité, dissensions. *There is an on-going feud between the two companies,* les deux sociétés se livrent une guerre permanente, se font une guérilla permanente.

**fiat** ['faiət] *n.* **1.** autorisation (officielle). **2.** décret, ordre, oukase.

**fibre** (U.S. **fiber**) ['faibə] *n.* fibre. *Man-made fiber,* textile artificiel, fibre synthétique. *Fibre-optics,* fibres optiques.

**fictitious** [fik'ti∫əs] *adj.* fictif. *Fictitious bill,* traite de complaisance, traite en l'air.

**fidelity bond** (U.S.) [fi'deliti,] assurance protégeant un employeur contre un détournement de fond commis par un employé.

**fiduciary** [fi'dju:∫əri] *adj.* **1.** fiduciaire (prêt, monnaie). **2.** impliquant des rapports de confiance.

**field** [fi:ld] *n.* **1.** champ. **2.** champ d'application, étendue. **3.** secteur, domaine. **4.** terrain (désigne souvent des activités concrètes « sur le tas » par rapport aux activités d'état-major). **5.** *Milit. :* champ de bataille, front.

**field** *v.* engager sur le terrain, lancer, mettre en campagne. *To*

*field a candidate,* présenter un candidat (élections).

**field operator,** homme de terrain, personne qui opère sur place.

**field survey,** enquête sur les lieux, étude sur le terrain, « étude terrain ».

**field testing,** test « sur place » ; essai sur le terrain.

**field trip,** voyage d'étude(s), déplacement sur le terrain, mission.

**fierce** [fiəs] *adj.* acharné ; violent, brutal. *Fierce competition,* concurrence acharnée.

**F.I.F.O.** (**First in First Out**), méthode de gestion des stocks : « premier rentré premier sorti ».

**fight** [fait] *n.* **1.** combat, bataille, affrontement. **2.** lutte. **3.** combativité.

**fight** *v.* **1.** se battre. **2.** lutter contre, combattre.

**figure** ['figə] *n.* **1.** personnalité, personne, figure. **2.** forme, représentation, image, illustration, figure. **3.** chiffre. *Sales figure,* chiffre de ventes. *Unemployment figures,* nombre de chômeurs.

**figure** *v.* **1.** représenter, figurer. **2.** penser, estimer, évaluer. **3.** chiffrer.

**figure in** *v.* calculer, prendre en compte.

**figure out** *v.* **1.** se chiffrer, se monter. **2.** calculer, évaluer, imaginer. *I can't figure it out,* je n'arrive pas à me le représenter, à l'imaginer.

**file** [fail] *n.* **1.** dossier. **2.** fichier, classeur. **3.** file. **4.** lime.

**file** *v.* **1.** classer ; ranger un document. **2.** enregistrer un document. **3.** déposer (document, requête), faire enregistrer. *To file a claim,* déposer une réclamation ; porter plainte. *To file an application,* déposer une demande. **4.** *To file a story* (presse) câbler une information.

**file a law suit** *v.* engager des poursuites, porter plainte, intenter un procès.

**file a petition in bankruptcy,** déposer son bilan.

**file consolidation,** fusion de fichiers.

**filibuster** ['filibʌstə] *n.* (U.S.) **1.** manœuvre obstructionniste consis tant pour les parlementaires U.S. à garder la parole, en se relayant pendant des jours et des semaines, pour empêcher un vote. **2.** voir **filibusterer.**

**filibuster** *v.* (U.S.) pratiquer l'obstruction parlementaire.

**filibusterer** [filibʌstərə] *n.* (U.S.) parlementaire faisant de l'obstruction (voir **filibuster**).

**filing** ['failiŋ] *n.* **1.** classement. **2.** dépôt, enregistrement (d'une pièce, d'un document).

**filing cabinet,** classeur (meuble).

**filing clerk,** employé chargé du classement ; archiviste.

**fill** [fil] *v.* **1.** remplir ; occuper (un poste). **2.** se remplir. **3.** voir to **fulfil.** *To fill an order,* exécuter une commande.

**filler** ['filə] *n.* matériau de remplissage, bourre.

**fillip** *n.* (bourse) fluctuation légère (vers le haut).

**fill in** *v.* remplir ; combler. *To fill in a form,* remplir, compléter un formulaire.

**fill out** *v.* remplir (en totalité) ; compléter. *To fill out one's tax return,* rédiger sa déclaration d'impôts, remplir sa feuille d'impôts.

**fill up** *v.* remplir (en totalité) ; faire le plein. *To fill up a form,* remplir un formulaire.

**final** ['fainl] *adj.* **1.** final. **2.** définitif, décisif, sans appel, de rigueur.

**finality** [fai'næliti] *n.* caractère définitif, péremptoire ; irrévocabilité.

**finalize** ['fainəlaiz] *v.* donner sa forme finale à, mettre en forme, compléter, donner l'accord final à...

**finance** [fai'næns] *n.* finance.

**finance** *v.* financer.

**financial** [fai'nænʃl] *adj.* financier. *Financial year,* exercice financier ; année budgétaire. *Financial standing,* situation financière, solvabilité. *Financial statement,* état financier ; bilan.

**financial futures,** contrats à terme d'instruments financiers.

**financier** [fai'nænsiə] *n.* financier.

**financing** [fai'nænsiŋ] *n.* financement.

**find** [faind] *n.* découverte.

**find** *v.* **1.** découvrir, trouver. **2.** *Jur. :* prononcer un verdict, rendre un verdict, déclarer. *He was found guilty by the court,* il fut déclaré coupable par le tribunal.

**finding** ['faindiŋ] *n.* **1.** découverte. **2.** conclusion d'un tribunal.

**findings** *n.* conclusions d'un tribunal, résultats d'une enquête, d'une étude, d'un sondage.

**fine** [fain] *adj.* **1.** fin. **2.** beau. **3.** excellent.

**fine** *n.* amende.

**fine** *v.* faire payer une amende, condamner à une amende, infliger une amende.

**fine print,** **1.** petit(s) caractère(s). **2.** partie(s) d'un contrat écrite(s) en petits caractères.

**fine trade bill,** traite de premier ordre, papier de haut commerce.

**fine-tuning,** réglage précis (souvent employé au sens de réglage précis de l'économie).

**finish** ['finiʃ] *n.* **1.** fini (d'un ouvrage), finesse d'exécution, perfection du détail. **2.** fin (d'une lutte). *A fight to the finish,* une lutte à mort.

**finish** *v.* **1.** terminer, finir, achever. **2.** se terminer, s'achever. **3.** parachever, parfaire. *The finishing touch,* la touche finale, la dernière main.

**finished goods** ['finiʃt] produits finis.

**finished products,** produits finis.

**finite** ['fainait] *adj.* fini, qui a une limite.

**fire** ['faiə] *n.* **1.** feu. **2.** incendie. *Fire hazard,* risque d'incendie. *Fire and theft,* vol et incendie.

**fire** *v.* **1.** mettre à la porte, congédier. **2.** mettre le feu à ; exciter, enflammer (controverse, passion). **3.** faire feu, tirer. **4.** lancer (fusée, etc.).

**fire alarm,** signal d'incendie.

**fire insurance,** assurance incendie.

**firm** [fə:m] *n.* firme, entreprise, maison de commerce, maison, société.

**firm** *adj.* ferme. *To stand firm,* rester ferme (personne) ; se maintenir (cours, etc.). *Firm-fixed price,* prix ferme et définitif.

**firm up** *v.* **1.** se raffermir (cours, etc.). **2.** confirmer. *To firm up a contract,* confirmer, signer définitivement un contrat. **3.** se confirmer.

**firmness** ['fə:mnis] *n.* fermeté, stabilité, bonne tenue (des cours).

**first** [fə:st] *adj.* premier.

**first** *adv.* **1.** premièrement. **2.** pour la première fois. **3.** en premier.

**first-class** *adj.* **1.** de premier choix, de premier ordre, de première qualité. **2.** de première classe.

**first of exchange,** première de change.

**first rate,** excellent, de première qualité.

**first in first out** v. **FIFO.**

**first-mortgage,** hypothèque de premier rang.

**fiscal** ['fiskl] *adj.* fiscal.

**fiscal year,** exercice budgétaire ; exercice fiscal. Débute le 1ᵉʳ avril en Grande-Bretagne et le 1ᵉʳ octobre aux États-Unis.

**fish** [fiʃ] *n.* poisson.

**fish** *v.* pêcher.

**fisherman** ['fiʃəmən] *n.* pêcheur.

**fishery** ['fiʃəri] *n.* pêcherie.

**fish farming,** pisciculture.

**fishing** ['fiʃiŋ] *n.* fait de pêcher, la pêche. *The fishing industry,* l'industrie de la pêche.

**fishmonger** ['fiʃ,mʌŋgə] *n.* poissonnier.

**fit** [fit] *n.* **1.** accès. **2.** accord, ajustement, adaptation, ajustage, entente, fait d'aller bien ensemble, de s'entendre.

**fit** *adj.* convenable, qui convient, propre à, fait pour, adapté à, bon, opportun, apte à, capable de. *(Physically) fit,* en forme. *Fit for consumption,* propre à la consommation.

**fit** *v.* **1.** s'accorder, convenir, correspondre, aller ; (vêtements) être à la taille. **2.** adapter, ajuster, monter (une pièce). **3.** s'ajuster, s'adapter, s'emboîter, etc.

**fitness** ['fitnis] *n.* **1.** aptitude, compétence. **2.** fait d'être adapté, de convenir à ; à propos, justesse. **3.** *(Physical) fitness,* forme physique (bonne).

**fitter** ['fitə] *n.* ajusteur, monteur.

**fitting** ['fitiŋ] *n.* **1.** ajustement.

**2.** installation ; montage.

**fittings** *n.* installations, équipement ; accessoires ; outillage, appareillage. *Fittings and fixtures,* installations et agencements.

**fiver** ['faivə] *n.* billet de 5 livres, billet de 5 dollars. *(Fam.).*

**fix** [fiks] *n.* **1.** embarras, difficulté, pétrin. **2.** (U.S.) pot de vin. **3.** (U.S.) dose (drogue).

**fix** *v.* **1.** fixer, établir, déterminer, régler. **2.** *Fam. :* réparer, arranger, bricoler ; préparer. **3.** truquer, fausser ; acheter (un jury, etc.). *To fix prices,* s'entendre sur les prix (de façon illicite).

**fixed** [fikst] *adj.* **1.** fixé, déterminé, établi. **2.** truqué, faussé ; (jury, etc.) acheté. **3.** immobilisé. *Fixed capital,* capital immobilisé, immobilisations.

**fixed assets,** actif immobilisé, immobilisations.

**fixed salary,** salaire fixe, fixe, salaire régulier.

**fixed-yield securities, fixed-income securities,** valeurs à rendement fixe (obligations et actions privilégiées).

**fixing** ['fiksiŋ] *n.* **1.** fait de fixer, régler, déterminer. *(Gold) fixing,* fixation du cours de l'or, fixage, cotation de la barre d'or. **2.** fait de truquer.

**fixity** ['fiksiti] *n.* fixité. *Fixity of purpose,* détermination.

**fixture** ['fikstʃə] *n.* **1.** appareil fixe, installation fixe. **2.** événement (sportif, etc.) programmé ou régulier. **3.** objet ou personne associé(e) à un lieu dont il ou elle semble faire partie intégrante.

**fixtures** ['fistʃəz] *n.* installations fixes, installations à demeure.

**fizzle (out)** ['fizl] *v.* échouer.

**flag** [flæg] *n.* drapeau, pavillon. *Flag of convenience,* pavillon de complaisance. *To fly a flag,* battre pavillon, arborer un pavillon.

**flag** *v.* (cours) mollir, se relâcher, baisser, fléchir. *Écon. :* se ralentir, languir.

**flagging** ['flægiŋ] *adj.* languissant ; en baisse, fléchissant.

**flare up** *v.* (prix, etc.) flamber.

**flash back,** retour en arrière.

**flash point, flashing point** ['flæʃ pɔint] point d'ignition, de combustion, d'inflammation (p. ext., seuil de déclenchement d'une crise).

**flask** [flɑːsk] *n.* flacon.

**flat** [flæt] *n.* appartement. *A show flat,* un appartement témoin.

**flat** *adj.* 1. plat, sans relief. 2. (marché) languissant, terne, (trop) calme 3. uniforme, forfaitaire. *Flat fee,* honoraires forfaitaires, versement forfaitaire. *Flat rate,* taux uniforme. 4. (refus, etc.) catégorique.

**flat-rolled steel,** acier laminé.

**flat withholding,** prélèvement libératoire.

**flatten** ['flætn] *v.* 1. aplatir, aplanir. 2. s'aplatir, s'aplanir. *To flatten out,* s'aplanir, redevenir horizontal.

**flavour** ['fleivə], U.S. **flavor** *n.* parfum, saveur, goût.

**flavour** ['fleivə], U.S. **flavor** *v.* parfumer, assaisonner.

**flaw** ['flɔː] *n.* 1. défaut, imperfection. 2. *Jur. :* vice de forme. 3. (métal, etc.) paille, fissure, fente.

**flawless** ['flɔːlis] *adj.* sans faille, sans défaut, impeccable.

**flax** [flæks] *n.* lin.

**flaxen** ['flæksən] *adj.* 1. de lin. 2. couleur de lin, blond.

**fleet** [fliːt] *n.* 1. flotte. 2. parc de véhicules, nombre de véhicules. *They have a large fleet of delivery vans,* ils ont un grand nombre de camionnettes de livraison.

**Fleet Street,** la presse londonienne (du nom d'une rue de Londres).

**flex** [fleks] *n.* cordon ; câble flexible.

**flexibility** [fleksə'biləti] *n.* souplesse, adaptabilité, élasticité ; fait d'avoir plusieurs cordes à son arc.

**flexible** ['fleksəbl] *adj.* souple, adaptable, élastique. *Flexible working hours,* horaires flexibles.

**flextime** *n.* horaires flexibles.

**flier** voir **flyer.**

**flight** [flait] *n.* 1. vol (avion). 2. fuite. *Capital flight,* fuite de capitaux.

**flimsy** ['flimzi] *n.* papier pelure.

**flip chart,** tableau papier, tableau mobile ; fiche mobile.

**float** [fləut] *n.* 1. (U.S.) produit en cours de fabrication. 2. masse des effets en circulation (qui n'ont pas été encore encaissés). 3. flotte-

ment d'une monnaie.

**float** *v.* 1. flotter. 2. mettre à flot. 3. lancer (une société, un emprunt).

**floatation** [fləu'teiʃən] *n.* lancement (d'une société, d'un emprunt).

**floater** *n.* émission (Eurodollars, etc.).

**floaters** ['fləutəz] *n.* monnaies flottantes.

**floating assets,** actif circulant.

**floating capital,** capital disponible, fonds de roulement.

**floating exchange rate,** taux de change flottant.

**floating policy,** *Assur. mar. :* police flottante.

**floating rate,** taux flottant, variable. *Floating rate bond,* obligation à taux flottant/variable. *Floating rate note,* bon à taux flottant/révisable.

**floating vote,** électorat indécis.

**flood** [flʌd] *v.* 1. inonder, submerger. 2. déborder.

**flood** *n.* inondation.

• **floor** [flɔː] *n.* 1. plancher. 2. étage. *First floor,* (G.B.) premier étage. (U.S.) rez-de-chaussée. 3. (enceinte de la) bourse.

• **floor (to take the)** *v.* prendre la parole (devant une assemblée, un groupe).

**floor price,** prix plancher.

**floor trader,** boursier.

**floor walker,** surveillant (de grand magasin).

**flop** [flɔp] *n.* échec ; « bide ».

**flop** *v.* échouer ; « faire un bide ».

**floppy disk,** disquette.

**flotation** [fləu'teiʃən] voir **floatation.**

**flotsam** ['flɔtsəm] *n.* épave(s) flottante(s).

**flourish** ['flʌriʃ] *v.* prospérer, être florissant.

**flow** [fləu] *n.* flux, flot, courant, débit. *Rate of flow,* régime (d'un cours d'eau).

**flow** *v.* couler, s'écouler, circuler, etc.

**flow-chart, flow-diagram** *n.* diagramme, graphique (enregistrant les flux).

**flow production,** production à la chaîne.

**fluctuate** ['flʌktjueit] *v.* fluctuer, varier, osciller.

**fluctuation** [flʌktju'eiʃən] *n.* fluctuation, variation, oscillation.

**fluency** ['flu:ənsi] *n.* aisance (du style, de la parole). *Fluency in English,* maîtrise de l'anglais, « anglais courant ».

**fluent** [flu:ənt] *adj.* coulant, facile, (langue) parlée ou écrite de façon courante.

**fluently** ['flu:əntli] *adv.* couramment. *He speaks German fluently,* il parle l'allemand couramment.

**fluid** ['flu:id] *n.* fluide, liquide.

**fluidity** [flu:'idəti] *n.* fluidité.

**flurry** *n.* (Bourse) accès de fièvre.

**flush** [flʌʃ] *n.* 1. accès ; afflux, abondance soudaine. *A flush of orders,* un afflux de commandes. 2. chasse-d'eau.

**flush** *adj.* 1. plein, débordant, abondant. *To be flush,* être plein aux as. 2. de niveau, affleurant.

**flush** *v.* 1. jaillir. 2. inonder. 3. rincer, nettoyer.

**flutter (to have a)** ['flʌtə] risquer de petites sommes, jouer de petites sommes.

**flux** [flʌks] *n.* flux, flot.

**fly a flag** [flai] battre pavillon, arborer un pavillon, naviguer sous un pavillon.

**flyer** *n.* 1. aviateur, aviatrice. 2. passager aérien. *Frequent flyer plan/program(me),* système de bonus sous forme de kilomètres de vol gratuit offerts à ses clients réguliers par une compagnie aérienne. 3. (U.S.) prospectus.

**fly sheet** *n.* 1. feuille volante ; feuille de renseignements (au début d'un dossier, d'un catalogue). 2. prospectus.

**F O B = Free on Board** [ef əu bi:] franco à bord.

**F O C** [ef əu si:] 1. *Free of charge,* gratuit, gratuitement. 2. (U.S.) *Free on car,* franco wagon.

**focus** ['fəukəs] *n.* centre, foyer, point central. *To bring into focus,* mettre au point ; centrer (un problème).

**focus** *v.* 1. concentrer, converger ; centrer. *Most of the discussion was focussed on costs,* la discussion a surtout porté sur les coûts. 2. se concentrer sur.

**foil** [fɔil] *n.* 1. feuille (de métal) 2. *To serve as a foil, to act as a foil,* servir de repoussoir, faire ressortir.

**foil** *v.* déjouer, faire échouer.

**fold** [fəuld] *n.* 1. plier. 2. envelopper. 3. (U.S.) *To fold, to fold up,* faire faillite, fermer boutique.

**folder** ['fəuldə] *n.* 1. chemise (pour documents). 2. dépliant.

**follow up** ['fɔləu ˌʌp] *n.* suite, poursuite, exploitation, suivi ; relance.

**follow up** *v.* suivre, poursuivre, exploiter ; relancer.

**follow up letter,** lettre de relance.

**follow up study, follow up survey,** étude complémentaire.

**food** [fu:d] *n.* nourriture, aliments, denrées alimentaires.

**foodstuff(s)** ['fu:dstʌf(s)] *n.* produit(s) alimentaire(s), denrée(s) alimentaire(s), aliment(s).

**foot the bill** *v.* régler la note.

**footage** ['futidʒ] *n.* longueur ou quantité exprimée en pieds. P. ex. : métrage d'un film.

**foothold** ['futhəuld] *n.* prise (pour le pied). *To gain a foothold, to get a foothold, to secure a foothold, to win a foothold,* prendre pied, pénétrer (sur un marché), commencer à s'implanter.

**footing** ['futiŋ] *n.* 1. pose (des pieds). 2. position, situation, statut. *To gain a footing,* commencer à s'implanter. *On the same footing,* sur le même plan, sur un pied d'égalité.

**footnote** ['futnəut] *n.* note (de bas de page).

**forbid** [fə'bid] *v.* interdire.

**force** [fɔ:s] *n.* force, vigueur, puissance. *To be in force,* être en vigueur. *To come into force,* entrer en vigueur. *To put into force,* mettre en vigueur.

**force down** *v.* faire baisser (en exerçant des pressions, de force).

**force majeure** [ˌfɔ:s mæ'ʒə:] force majeure, cas de force majeure.

**force out** *v.* évincer. *To be forced out of a market,* se faire évincer d'un marché.

**force up** *v.* faire monter (en exerçant des pressions, de force).

**forecast** ['fɔ:ka:st] *v.* prévoir, pronostiquer, annoncer, faire des prévisions, prédire.

**forecast** *n.* prévision, pronostic ; prédiction ; estimation.

**forecaster** ['fɔ:ka:stə] prévisionniste.

**foreclose** [fɔ:'kləuz] *v.* 1. exclure (une possibilité). 2. forclore. 3. (hypothèque) saisir. 4. *Banque :* mettre fin à un prêt, refuser de continuer à accorder un prêt.

**foreclosure** [fɔ:'kləuʒə] *n.* 1. exclusion (d'une solution). 2. forclusion. 3. saisie (d'un bien hypothéqué).

**foreign** ['fɔrin] *adj.* étranger, de l'étranger.

**foreign currency,** devise étrangère.

**foreigner** ['fɔrinə] *n.* étranger.

**foreign exchange,** devises, marché du change. *Foreign exchange market,* marché des changes, des devises.

**foreign trade,** commerce extérieur.

**foreman** ['fɔ:mən] *n.* 1. contremaître, chef d'équipe. 2. *Jur. :* premier juré.

**foremost** ['fɔ:məust] *adj.* de tête, premier, qui vient en tête, de tout premier rang.

**forensic** [fə'rensik] *adj.* judiciaire. *Forensic pathology,* médecine légale.

**forerunner** ['fɔ:,rʌnə] *adj.* avantcoureur ; signe avant-coureur ; précurseur.

**foresee** [fɔ:'si:] *v.* prévoir.

**foreseeable** *adj.* prévisible.

**foresight** ['fɔ:sait] *n.* prévoyance ; prévision.

**forest** ['fɔrist] *v.* boiser.

**forestation** *n.* plantation d'une forêt.

**forestry** ['fɔristri] *n.* 1. sylviculture. 2. exploitation des forêts.

**forestall** [fɔ:'stɔ:l] *v.* prévenir, devancer, anticiper.

**foretell** [fɔ:'tel] *v.* prédire.

**forewarn** [fɔ:'wɔ:n] *v.* avertir ; prévenir à l'avance.

**forewarning** [fɔ:'wɔ:niŋ] *n.* avertissement.

**forfeit** ['fɔ:fit] *n.* dédit.

**forfeit** *v.* perdre (par confiscation), se voir retirer, se voir confisquer. *Below a certain percentage of votes, the candidates will forfeit their deposit,* au-dessous d'un certain pourcentage de voix, les candidats perdront leur caution.

**forfeitable** ['fɔ:fitəbl] *adj.* confiscable.

**forfeiture** ['fɔ:fitʃə] *n.* 1. confiscation, retrait. 2. *Jur. :* déchéance (d'un droit).

**forge** [fɔ:dʒ] *n.* forge ; atelier de forge ; usine métallurgique.

**forge** *v.* 1. forger. 2. faire un faux, contrefaire, falsifier.

**forge ahead** *v.* aller de l'avant.

**forger** ['fɔ:dʒə] *n.* 1. forgeron ; ouvrier travaillant dans une forge. 2. faussaire, faux-monnayeur, contrefacteur.

**forgery** ['fɔ:dʒəri] *n.* 1. contrefaçon, falsification. 2. faux, document falsifié.

**forget** [fə'get] *v.* oublier.

**forgive** [fə'giv] *v.* pardonner.

**forgo** [fɔ:'gəu] *v.* renoncer à (un droit).

**fork out, fork over** [fɔ:k] *v. Fam. :* cracher, casquer, payer, verser.

**form** [fɔ:m] *n.* 1. formulaire, bulletin, imprimé. 2. forme. 3. formule.

**form** *v.* former, constituer, créer, fonder. *To form a partnership,* s'associer.

**formal** ['fɔ:ml] *adj.* 1. formel, en bonne et due forme, officiel. 2. cérémonieux, solennel. 3. (personne) formaliste.

**formality** [fɔ:'mæliti] *n.* 1. formalité. 2. respect des formes, caractère formaliste.

**formalize** ['fɔ:məlaiz] *v.* formaliser, préciser, définir.

**formally** ['fɔ:məli] *adv.* formellement, en bonne et due forme, dans les formes ; officiellement ; cérémonieusement.

**format** ['fɔ:mæt] *n.* 1. format. 2. type de programme, d'émission, genre d'une production, cadre d'une production.

**formation** [fɔ:'meiʃən] *n.* formation, constitution, fondation.

**former** ['fɔ:mə] *adj.* précédent, ancien, ex-.

**formula** ['fɔ:mjulə] *n.* formule.

**formulate** ['fɔ:mjuleit] *v.* formuler.

**formulation** [,fɔ:mju'leiʃən] *n.*

formulation.

**for rent,** (U.S.) à louer.

**forthcoming** [,fɔ:θ'kʌmiŋ] **1.** prochain, à venir. **2.** obtenu facilement.

**forthwith** [fɔ:θ'wið] *adv.* sans délai, sur-le-champ, immédiatement, séance tenante.

**fortnight** ['fɔ:tnait] *n.* (G.B.) quinzaine.

**fortran (formula translation)** [fɔ:træn] langage scientifique pour ordinateur.

**fortunate** ['fɔ:tʃənit] *adj.* heureux (chanceux).

**fortune** ['fɔ:tʃən] *n.* **1.** chance. **2.** richesse(s).

**forum** ['fɔ:rəm], (presse) tribune libre.

**forward** ['fɔ:wəd] *v.* **1.** expédier, envoyer, acheminer. **2.** transmettre, faire suivre. « *Please forward* », « faire suivre ».

**forward** *adj.* **1.** d'avant, de l'avant, à l'avant, en avant. **2.** avancé ; progressiste. **3.** *Bourse, marchés :* à terme. *Forward purchase,* achat à terme. *The forward market,* le marché à terme.

**forward** *adv.* **1.** en avant, vers l'avant. *Compt. : carried forward,* à reporter. *To carry the balance forward,* reporter le solde à nouveau. *To date forward,* postdater. **2.** désormais, à partir de. *From that date forward,* à partir de cette date.

**forward delivery,** livraison à terme.

**forwarder** ['fɔ:wədə] transitaire ; expéditeur.

**forward exchange market,** marché des changes (du change) à terme.

**forwarding** ['fɔ:wədiŋ] *n.* **1.** expédition. **2.** fait de faire avancer, de promouvoir.

**forwarding agent,** transitaire ; agent chargé de l'expédition.

**forwarding charges,** frais d'expédition.

**forwarding clerk,** expéditionnaire, commis s'occupant de l'expédition.

**forwarding instructions,** indications concernant l'expédition.

**forwarding station,** gare d'expédition, gare de départ (marchandi-

ses).

**forward-looking,** qui regarde vers l'avenir, dynamique.

**forward price,** cours du livrable.

**forward rate,** cours à terme.

**foster** ['fɔstə] *v.* encourager, favoriser, stimuler, entretenir, faire se développer.

**foul** [faul] *n.* **1.** collision. **2.** violation des règles, coup bas, coup interdit.

**foul bill of lading,** connaissement avec réserves, connaissement clausé (réserves faites sur l'état des marchandises ou l'emballage).

**foul of (to run)** *To run foul of a ship,* entrer en collision avec un navire, aborder. *To run foul of the law,* avoir des ennuis avec la justice, se trouver en état d'infraction.

**foul play,** coup interdit, jeu déloyal, « coup fourré ».

**found** [faund] *v.* fonder, créer.

**foundation** [faun'deiʃən] *n.* **1.** fondation, création. **2.** fondement, base ; motif. **3.** fondation (pour la recherche, etc.), œuvre.

**founder** ['faundə] *n.* fondateur.

**founder's shares,** parts de fondateur.

**founding** ['faundiŋ] *n.* **1.** fondation, création. **2.** fonderie (technique).

**foundry** ['faundri] *n.* fonderie.

**fourfold** ['fɔ:,fauld] *adj.* **1.** quadruple, à quatre parties. **2.** multiplié par quatre, quatre fois plus...

**fraction** ['frækʃən] *n.* fraction.

**fractional** ['frækʃənl] *adj.* fractionnel.

**fractionize** ['frækʃənaiz] *v. Maths :* fractionner.

**fragment** ['frægmənt] *v.* fragmenter, diviser en fragments. *A fragmented market,* un marché fragmenté, non homogène.

**frame** [freim] *n.* structure, cadre ; châssis. *Frame of mind,* état d'esprit.

**frame** *v.* **1.** former, construire une structure, organiser un projet, arrêter un plan, concevoir une idée, établir les grandes lignes. **2.** monter une accusation contre quelqu'un, faire tomber quelqu'un dans le panneau, monter une machination.

**framework** ['freimwə:k] *n.* cadre

(institutionnel, juridique, etc.). *Within the framework of the E.E.C.*, dans le cadre du Marché Commun.

**franchise** ['frænt∫aiz] *n.* 1. franchise, immunité, exemption. 2. droit de vote. 3. *Assur. :* franchise (plancher au-dessous duquel la responsabilité de l'assureur n'est plus engagée ou n'est plus que partiellement engagée). 4. (U.S.) concession exclusive accordée par le gouvernement à une compagnie pour assurer un service public ou pour exploiter tel ou tel secteur. 5. franchise, droit accordé à un individu ou à un groupe contre paiement d'une redevance, de distribuer les produits ou les services d'une société sur un certain territoire, en utilisant le nom de cette société, une licence exclusive de vente ou de fabrication sous brevet.

**franchise** *v.* 1. accorder le droit de vote. 2. accorder une concession exclusive à une société pour assurer un service public ou exploiter tel ou tel secteur. 3. accorder par contrat, contre le paiement d'une redevance, le droit à un distributeur indépendant de distribuer les produits ou services d'une société, en utilisant le nom de celle-ci, sur un territoire donné, franchiser.

**franchisee** [frænt∫ai'zi:] *n.* distributeur (personne ou société) exploitant un contrat de « franchisage », c'est-à-dire distribuant les produits ou services d'une autre société en utilisant le nom de cette dernière, contre redevance, sur un certain territoire, franchisé.

**franchiser** *n.* personne ou société accordant à des distributeurs indépendants, contre redevance, le droit de distribuer ses produits ou services en utilisant son nom sur certains territoires, franchiseur.

**franchising** ['frænt∫aiziŋ] *n.* franchisage (fait pour une personne ou une société d'accorder à des distributeurs indépendants, contre redevance, le droit de distribuer ses produits ou ses services et d'utiliser son nom, sur un certain territoire).

**franco** ['fræŋkəu] *adv.* 1. dispensé de timbrage. 2. envoyé gratuitement. 3. franco domicile.

**frank** [fræŋk] *v.* affranchir.

**franking machine** ['fræŋkiŋ mə'∫i:n] machine à affranchir.

**fraud** [frɔ:d] *n.* 1. fraude ; tromperie ; abus de confiance. 2. (personne) imposteur ; personne peu sincère.

**fraudster** *n.* fraudeur.

**fraudulent** ['frɔ:djulənt] *adj.* frauduleux.

**freak** [fri:k] *n.* 1. caprice, bizarrerie. *Freak variation*, variation due au hasard, n'ayant pas de valeur normative ; écart aléatoire. 2. drôle d'individu ; marginal.

**free** [fri:] *adj.* 1. libre. 2. gratuit. *Free copy*, specimen gratuit. *For free*, gratis, gratuitement.

**free** *v.* libérer ; débarrasser ; délivrer, affranchir. *To free a property from mortgage*, dégrever, déshypothéquer.

**free admission**, 1. entrée gratuite. 2. *Douanes :* admission en franchise.

**free allowance of luggage**, franchise de bagages.

**free alongside ship**, franco long du bord, franco le long du navire (le prix mentionné comprend le transport des marchandises jusqu'au quai du port d'expédition mais non le chargement à bord du navire).

**free copies**, (édit.) service de presse.

**free customer's warehouse**, franco domicile, franco entrepôt du destinataire.

**freedom** ['fri:dəm] *n.* 1. liberté. 2. indépendance. 3. exemption, immunité.

**free enterprise**, libre entreprise.

**free entry**, droit de passer librement les frontières.

**freehold** ['fri:həuld] *n.* propriété foncière perpétuelle et libre ; pleine propriété.

**freeholder** ['fri:həuldə] *n.* détenteur d'une propriété foncière perpétuelle et libre, propriétaire foncier à perpétuité.

**free in and out (F.I.O.)**, bord à bord (B.A.B.).

**free lance** ['fri:la:ns], **free-lancer**, *n.* pigiste, journaliste ou spécialiste louant ses services sans être attaché à une entreprise particulière.

**free list, 1.** liste des articles non soumis à une taxe. **2.** liste des gens recevant gratuitement un journal.

**free-market economy,** économie libérale, économie de marché.

**free marketeer,** partisan de l'économie libérale, de l'économie de marché.

**free of average,** *Assur.* : franc d'avarie. *Free of general average,* franc d'avarie grosse. *Free of particular average,* franc d'avarie particulière.

**free of charge,** gratuit, gratuitement.

**free on board,** franco à bord (attention : dans un document provenant des États-Unis, cette mention ne signifie pas nécessairement que les frais de transport jusqu'au quai sont inclus).

**free on quay,** franco à quai.

**free on rail,** franco wagon.

**free-trade** [,fri:'treid] *n.* libre échange.

**free-trader** [,fri:'treidə] *n.* libre échangiste ; partisan du libre échange.

**freeze** [fri:z] *n.* **1.** gel. **2.** blocage (des prix, etc.). *Price-freeze,* blocage des prix. *Wage-freeze,* blocage des salaires, gel des salaires.

**freeze** *v.* **1.** geler. **2.** congeler ; surgeler. **3.** bloquer, geler (prix, etc.).

**freeze-drying** *n.* lyophilisation.

**freeze-frame,** (ciné, TV), arrêt sur image.

**freezer** ['fri:zə] *n.* glacière, frigorifique, réfrigérateur. *Freezer trawler,* chalutier frigorifique.

**freezing** ['fri:ziŋ] *n.* **1.** gel. **2.** congélation. **3.** blocage, gel (des prix, des salaires).

**freight** [freit] *n.* **1.** fret, marchandises transportées. **2.** fret, prix du transport des marchandises.

**freight** *v.* **1.** affréter. **2.** (U.S.) transporter des marchandises.

**freightage** ['freitidʒ] **1.** affrètement. **2.** fret, cargaison. **3.** transport de marchandises.

**freight car,** (U.S.) wagon de marchandises.

**freight collect,** fret payable à l'arrivée.

**freighter** ['freitə] *n.* **1.** affréteur.

**2.** entrepreneur de transport. **3.** exportateur. **4.** expéditeur. **5.** cargo. **6.** avion cargo. **7.** (U.S.) wagon de marchandises.

**freight forwarder,** transitaire.

**freight prepaid,** (en) port payé.

**freight ton,** tonneau d'affrètement (1m³ 44 en France, 40 pieds cubiques en Angleterre).

**freight train (U.S.),** train de marchandises.

**friend of the court,** (U.S.) tiers intéressé par l'issue d'un procès dans lequel il n'est pas nommément impliqué, et qui donne son témoignage.

**friendly** ['frendli] *adj.* amical. *Friendly agreement,* accord à l'amiable.

**Friendly Society,** (G.B.) mutuelle, Société de secours mutuel, association de bienfaisance.

**fringe** [frindʒ] *n.* **1.** bord, bordure, frange, périphérie. **2.** chose ou personnes marginales. En particulier désigne les marginaux, extrémistes ou déviants.

**fringe benefits,** avantages en nature ou en espèces qui ne sont pas intégrés dans le salaire de base ; avantages de fonction (disposition d'une automobile, assurance-vie payée par l'entreprise, etc.).

**fringes = fringe benefits.**

**front** [frʌnt] *n.* **1.** devant ; façade ; devanture ; étalage. **2.** homme de paille, personnage de façade.

**front** *v.* (U.S.) *to front for someone.* **1.** représenter/remplacer quelqu'un. **2.** être l'homme de paille de quelqu'un.

**frontage** ['frʌntidʒ] *n.* **1.** façade, devanture. **2.** *Jur.* : droit de façade. **3.** terrain en bordure.

**front-end fee,** commission payée d'avance, (opération financière) commission de montage, commission d'ouverture.

**fronting** *Assur.* : façade (opération selon laquelle une société garantit juridiquement un risque dont elle cède tout ou partie à une autre société qui n'apparaît pas dans le contrat et est le plus souvent inconnue de l'assuré).

**front page** *n.* (revue) couverture, (journal) première page.

**front page** *v.* publier en première

page.

**frozen** ['frəuzən] *adj.* **1.** gelé, glacé. **2.** congelé, frigorifié, surgelé. **3.** bloqué, gelé, *frozen assets,* actifs gelés, fonds non liquides. *Frozen credits,* crédits gelés.

**fruition** [fru:'iʃən] *n.* **1.** jouissance (d'un bien). **2.** réalisation, accomplissement, conclusion. *To come to fruition,* porter ses fruits.

**fuel** ['fjuəl] *n.* combustible (bois, charbon, gaz, etc.), carburant.

**fuel** *v.* **1.** alimenter en combustible. **2.** nourrir (inflation, etc.), entretenir.

**fulfil** [ful'fil] *v.* accomplir, remplir, satisfaire. *To fulfil an order,* exécuter une commande.

**fulfilment** [ful'filmənt] *n.* accomplissement, exécution ; achèvement (d'une période).

**full** [ful] *adj.* plein, rempli, entier. *Full responsibility,* responsabilité totale. *Full time work,* travail à temps plein, travail à temps complet. *To give full particulars,* donner tous les détails.

**full-blown** [,ful'bləun] complet, qui a tous ses titres. *A full-blown depression,* une véritable dépression.

**full-fledged** [ful'fledʒd] achevé, qualifié, qui a tous ses titres, de plein droit, à part entière. *A full-fledged recovery,* une authentique reprise.

**full-length feature,** film de long métrage.

**full pay,** plein salaire. *Full-pay leave,* congé avec plein salaire.

**full-scale,** grandeur nature ; total, complet, intégral. *A full-scale labour walkout,* un débrayage de tous les employés, de tous les travailleurs.

**fully** *adv.* pleinement, entièrement, totalement, intégralement. *Fully paid-up shares,* actions entièrement libérées.

**fully-fledged** (G.B.) = **full-fledged.**

**function** *n.* **1.** fonction ; charge. **2.** réception officielle, cérémonie publique, réunion solennelle ; célébration, fête.

**function** ['fʌŋkʃən] *v.* fonctionner, marcher ; opérer.

**functional** ['fʌŋkʃnəl] *adj.* fonctionnel.

**functionary** ['fʌŋkʃnəri] *n.* fonctionnaire.

**fund** [fʌnd] *n.* fonds, caisse. *Contingency fund,* fonds de prévoyance. *Emergency fund,* fonds de secours. *Exchange equalization fund,* fonds d'égalisation des changes. *Fund collection/raising,* collecte de fonds. *International Monetary Fund,* Fonds Monétaire International. *Pension fund,* caisse de retraite. *Relief fund,* caisse de secours. *Reserve fund,* fonds de réserve, fonds de prévoyance, caisse de prévoyance. *Sinking fund,* caisse d'amortissement. *Slush fund,* fonds secret, caisse secrète, caisse noire. *Unemployment fund,* caisse de chômage, fonds d'assurance chômage.

**fund** *v.* **1.** financer, assurer le financement de. **2.** consolider (une dette). **3.** placer de l'argent en fonds d'État.

**fundable** ['fʌndəbl] *adj.* (dette) consolidable.

**fundamental** [,fʌndə'mentl] *adj.* fondamental, de base.

**funding** [,fʌndiŋ] *n.* **1.** financement. **2.** consolidation (d'une dette). **3.** placement en fonds d'État.

**funds** [fʌndz] *n.* **1.** fonds, ressources pécuniaires, capitaux, moyens financiers. **2.** *Banque :* provision. « *No funds »,* défaut de provision. **3.** dette publique. *Government funds,* rente(s) sur l'État.

**funds flow** *n.* flux de fonds. *Funds flow statement,* tableau de financement.

**funnel** ['fʌnl] *v.* orienter, diriger, canaliser.

**furlong** ['fə:lɔŋ] *n.* mesure de longueur (220 yards = 201 mètres).

**furlough** ['fə:ləu] *n.* **1.** permission (militaire). **2.** congé. **3.** mise en chômage temporaire. *On furlough,* au chômage (s'applique le plus souvent aux cadres).

**furlough** *v.* **1.** (U.S.) accorder un congé. **2.** (U.S.) mettre au chômage temporaire.

**furnish** ['fə:niʃ] *v.* **1.** fournir, présenter, procurer, munir, pourvoir, approvisionner. **2.** meubler.

**furnisher** ['fə:niʃə] *n.* **1.** fournisseur. **2.** marchand de meubles, spécialiste de l'ameublement.

**furnishing** ['fə:niʃiŋ] *n.* **1.** fourniture, provision, apport. **2.** ameublement. *Furnishings,* articles d'ameublement (y compris tentures, etc.).

**furniture** ['fə:nitʃə] *n.* meubles, mobilier, ameublement.

**furrier** ['fʌriə] *n.* fourreur, pelletier.

**further** ['fə:ðə] *v.* favoriser, promouvoir, encourager, faire avancer, faciliter.

**further** *adj.* **1.** plus loin. **2.** nouveau, additionnel, complémentaire, supplémentaire. *For further information,* pour de plus amples détails.

**further** *adv.* **1.** plus loin, plus avant ; davantage. **2.** de plus, en outre, et même.

**furtherance** ['fə:ðərəns] *n.* avancement, progrès (d'un projet), fait de faciliter.

**further education,** formation permanente, formation continue, cours pour adultes.

**further to,** suite à, comme suite à, à la suite de. *Further to our conversation,* suite à notre conversation.

**fuse** [fju:z] *n.* **1.** fusible. **2.** détonateur, amorce.

**fusion** ['fju:ʒən] *n.* fusion.

**future contract,** contrat à terme (change ou marchandises).

• **futures** ['fju:tʃəz] *n. Bourse de commerce :* marchandises vendues à terme, livraisons à terme. *The futures market,* le marché de contrats à terme. *Futures options,* options sur contrats à terme. *Selling of futures, futures sale,* vente à découvert.

# G

**gadget** ['gædʒit] *n.* accessoire, dispositif, mécanisme ; truc ; gadget.

**gadgetry** ['gædʒitri] *n.* accessoires, ensemble de petits appareils ; trucs.

**gaffer** ['gæfə] *n.* chef électricien (ciné.).

**gain** [gein] *n.* gain, avantage, augmentation, accroissement ; profit, bénéfice. *Capital gains,* plus-values en capital.

**gain** *v.* gagner, acquérir ; obtenir ; (cours, etc.) progresser.

**gainful** ['geinful] *adj.* profitable, avantageux, rémunérateur, rémunéré. *Gainful occupation,* activité rémunérée.

**galley proof** ['gæli 'pru:f] *n. Impr. :* épreuve à la brosse.

**gallon** ['gælən] *n.* gallon (mesure de capacité). G.B. : 4,54 litres ; U.S. : 3,78 litres. *Miles per gallon, m.p.g.,* nombre de milles par gallon (en français : nombre de litres d'essence aux cent kilomètres).

**galloping** ['gæləpiŋ] *Galloping inflation,* inflation galopante.

**gamble** ['gæmbl] *n.* **1.** pari, coup de dé, prise de risque, jeu de hasard. **2.** *Bourse,* spéculation.

**gamble** *v.* **1.** jouer de l'argent, miser, prendre des risques. *To gamble on something,* miser sur, tabler sur, compter sur. **2.** *Bourse :* spéculer, jouer.

**gambler** ['gæmblə] *n.* **1.** joueur, joueur professionnel. **2.** personne qui prend des risques. **3.** *Bourse :* spéculateur.

**game** [geim] *n.* **1.** jeu. *Business games,* jeux d'entreprise. *The games theory, the theory of games,* la théorie des jeux. **2.** gibier.

**gamester** ['geimstə] *n.* joueur.

**game tree,** arbre de décision.

**gang** [gæŋ] *n.* **1.** équipe (d'ouvriers). **2.** bande (de voleurs), gang.

**gangway** ['gæŋwei] *n.* **1.** allée centrale (dans atelier, etc.). **2.** (navire) passerelle (pour monter à bord et débarquer).

**gantry** ['gæntri] *n.* pont roulant.

**gaol** [dʒeil] *n.* prison, maison d'arrêt, centrale.

**gap** [gæp] *n.* **1.** fossé, trou, brèche, vide, lacune ; créneau. *To bridge a gap,* combler un fossé. *To fill in a gap, to stop a gap,* boucher un vide, combler un fossé. **2.** retard, décalage, écart. *To close a gap,* combler un écart, rattraper un retard. **3.** déficit.

**garbage** ['ga:bidʒ] *n.* ordures, rebut, détritus, immondices. *Garbage in, garbage out,* appliquée aux ordinateurs, cette formule signifie que la qualité des résultats dépend de celle de la programmation.

**garden** *n.* jardin. *Garden-centre* (U.S. *center*), jardinerie. *Garden-produce,* produits du jardin.

**garden** *v.* jardiner.

**gardening** *n.* jardinage.

**garment** ['ga:mənt] *n.* vêtement.

**garnish** ['ga:niʃ] *v.* 1. garnir, orner. 2. appeler en justice. 3. opérer une saisie-arrêt.

**garnishee** ['ga:ni'ʃi:] *n.* tiers-saisi.

**garnishee** *v.* (U.S.) opérer une saisie-arrêt. *To garnishee someone's wages,* opérer une saisie sur salaire.

**garnisher** ['ga:niʃə] *n.* 1. partie qui cite un tiers devant un tribunal. 2. créancier saisissant.

**garnishment** ['ga:niʃmənt] *n.* 1. citation à comparaître. 2. saisie-arrêt.

**gas** [gæs] *n.* 1. gaz. 2. (U.S.) essence.

**gasoline** ['gæsəuli:n] *n.* (U.S.) essence.

**gas-works** [gæs'wə:ks] *n.* usine à gaz.

**G.A.T.T.,** General Agreement on Tariffs and Trade.

**gate** [geit] *n.* 1. porte, portail, entrée, barrière, portillon. 2. nombre de personnes assistant (à un match, etc.), public.

**gate crashing,** fait d'entrer sans payer, sans billet, sans invitation (concert, festival), fait de resquiller.

**gate money,** (somme d'argent correspondant au) nombre d'entrées.

**gate receipts,** somme d'argent correspondant au nombre d'entrées, total des entrées.

**gateway** ['geitwei] *n.* 1. porte, entrée. 2. point d'accès à une région, de passage des personnes ou des marchandises pour accéder à une région.

**gather** ['gæðə] *v.* 1. rassembler, réunir. 2. croire, comprendre, conclure, déduire.

**gauge** [geidʒ] *n.* 1. calibre, éta-lon. 2. *Chem. de fer :* écartement des voies. 3. jauge, indicateur. 4. tirant d'eau.

**gauge** *v.* 1. calibrer, jauger, éta-lonner, standardiser. 2. mesurer, estimer, juger, évaluer.

**gavel** ['gævl] *n.* (U.S.) marteau de commissaire-priseur ou de présti-dent de séance.

**gavel off** *v.* adjuger. *The auc-tioneer gavel(l)ed off the furniture to the highest bidder,* le commissai-re-priseur adjugea le mobilier au plus offrant.

**GDP** = **Gross Domestic Product,** Produit Domestique Brut ; Produit Intérieur Brut.

**gear** [giə] *n.* 1. appareil, mécani-que, dispositif, engin(s), équipe-ment. 2. transmission, vitesse. *To change gear(s),* changer de vitesse. *Out of gear,* détraqué, déréglé.

**gear** *v.* 1. enclencher, engrener, embrayer ; s'enclencher, s'engre-ner. 2. adapter à, ajuster à, orienter vers.

**geared to** [giəd] *adj.* orienté vers, adapté à, ajusté à, organisé en fonction de, tourné vers.

**gearing** ['giəriŋ] *n.* 1. fait d'en-clencher, d'embrayer. 2. adapta-tion, ajustement, orientation. 3. effet de levier (voir **low-geared capital, high-geared capital**).

**gem** ['dʒem] *n.* joyau, pierre précieuse.

**general acceptance** ['dʒenərəl ək'septəns] acceptation sans réserve (d'un document).

**general audience,** grand public.

**general average.** *Transports ma-rit. :* avarie grosse, avarie commu-ne (terme d'assurance maritime s'appliquant à un type d'avarie qui sera supportée à la fois par les propriétaires du navire et ceux de la cargaison, par exemple : dom-mages causés à la cargaison pour juguler un début d'incendie).

**General Certificate of Education (G.C.E.),** (G.B.) diplôme de fin d'études secondaires.

**General Delivery** *n.* (U.S.) Poste Restante.

**general manager** *n.* directeur gé-néral.

**general meeting** *n.* assemblée générale.

**general operating account,** compte d'exploitation générale.

**general public** *n.* grand public. *Public limited companies can appeal to the general public for the subscription of their shares,* les sociétés anonymes peuvent faire appel au grand public pour la souscription de leurs actions.

**general store,** magasin qui dans un village ou une petite ville joue à la fois le rôle d'épicier, quincailler, droguiste, etc., bazar.

**generate** ['dʒenəreit] *v.* générer, engendrer, produire, provoquer.

**generating** ['dʒenəreitiŋ] *adj.* générateur, génératrice.

**generating station,** centrale électrique.

**generic product,** (produit vendu sous la) marque du distributeur.

**generous** ['dʒenərəs] *adj.* généreux, copieux, (somme d'argent) élevée. *A generous allowance,* une allocation confortable.

**gentleman's agreement** ['dʒentlmən]

**gentlemen's agreement,** accord non écrit reposant sur l'engagement d'honneur des parties.

**genuine** ['dʒenjuin] *adj.* authentique, véritable.

**get down** [get] *v. To get down to business,* en venir au fait, parler affaires. *To get down to work,* se mettre au travail.

**get in** *v.* **1.** entrer, monter dans un véhicule. **2.** recouvrer (une créance), faire rentrer (des stocks). **3.** *To get somebody in on something,* mettre quelqu'un au courant de quelque chose, « mettre dans le coup ».

**get off** *v.* **1.** descendre (d'un véhicule). **2.** expédier. **3.** s'en tirer. **4.** se débarrasser de quelque chose.

**get on** *v.* **1.** continuer. **2.** s'entendre avec quelqu'un. **3.** faire des progrès, réussir. **4.** prendre de l'âge.

**get out** *v.* **1.** sortir. **2.** échapper à, se tirer de, se soustraire à. **3.** arracher, retirer, enlever. **4.** publier.

**get over** *v.* surmonter.

**get-rich-quick,** qui permet de faire fortune rapidement ; qui espère faire fortune rapidement. *Get-rich-quick developers,* promoteurs immobiliers sans scrupules. *Get-rich-quick fever,* course à la fortune.

**get through** *v.* **1.** traverser, passer à travers. **2.** faire passer, faire comprendre. **3.** terminer, finir.

**getup, get-up** ['getʌp] *n.* habillage, présentation (des marchandises).

**giant-tanker** [dʒaiənt] *n.* pétrolier géant.

**gift** [gift] *n.* **1.** cadeau, don, donation, prime. *Company gift,* cadeau d'entreprise. **2.** don, talent, génie.

**gift wrap** *v.* faire un emballage cadeau.

**gilt** [gilt] *adj.* doré.

**gilt-edged** [,gilt'edʒd] *adj.* doré sur tranche. *Gilt-edged securities,* voir **gilts**.

**gilts** [gilts] *n.* voir **gilt-edged securities,** placement de père de famille, valeurs de tout repos (techniquement, désigne des obligations et titres d'État, c'est-à-dire des valeurs à rendement fixe).

**gimcrak** ['dʒimkræk] *adj.* et *n.* de pacotille, article de pacotille.

**gimmick** ['gimik] *n.* truc, artifice. *Advertising gimmick,* truc publicitaire, artifice publicitaire.

**giro** ['dʒaiərəu] *n.* (G.B.) système de chèques postaux. *Giro account,* compte-chèque postal. *Giro form,* chèque postal.

**give** [giv] *v.* **1.** donner, etc. **2.** (cours) fléchir, faiblir.

**give-and-take** [givən'teik] donnant donnant (idée de réciprocité, de concessions mutuelles).

**give-away** ['givəwei] *n.* cadeau publicitaire, cadeau promotionnel.

**give-away price,** prix sacrifié.

**give up** *v.* abandonner, renoncer, cesser.

**give way** *v.* fléchir, céder.

**give or take,** plus ou moins. *Give or take 5 %,* à 5 % près.

**glamours** ['glæməz] *n. Bourse :* actions de prestige.

**glass** [glɑːs] *n.* verre.

**glassware** ['glɑːsweə] *n.* verre, articles de verre.

**glass-works** ['glɑːswəːks] *n.* verrerie, fabrique de verre.

**glazed paper** [gleizd] *Impr. :* papier surglacé.

**global** *adj.* **1.** global, général, d'ensemble. **2.** mondial.

**gloom** [glu:m] *n.* **1.** obscurité. **2.** pessimisme, caractère sombre, noir.

**gloomy** ['glu:mi] *adj.* sombre, pessimiste. *Gloomy forecasts,* des prévisions pessimistes. *The outlook is gloomy,* l'avenir est sombre.

**glossy print proof** ['glɔsi] épreuve sur papier couché.

**glut** [glʌt] *n.* saturation, engorgement, encombrement, surabondance.

**glut** *v.* saturer, engorger, encombrer. *The market is glutted,* le marché est saturé, encombré, surchargé.

**go-ahead (to give the)** ['gəuəhed] donner le feu vert.

**go-ahead** *adj.* dynamique, qui va de l'avant, entreprenant.

**goal** [gəul] *n.* but, objectif.

**go bankrupt** *v.* faire faillite.

**gobble up** *v.* avaler, dévorer, engloutir.

**go-between** ['gəubi,twi:n] *n.* intermédiaire (dans une négociation).

**go broke** *v.* être à court d'argent, faire faillite.

**go bust** *v.* faire faillite.

**God (Act of)** [gɔd] *Assur. :* cas de force majeure.

**go down** *v.* **1.** baisser. **2.** faire faillite.

**godsend** ['gɔdsənd] *n.* aubaine, occasion qui tombe du ciel, bénédiction.

**go for** *v.* se vendre à (prix).

**go-getter** [,gəu'getə] *n.* personne entreprenante ; arriviste, personne qui fait tout pour réussir, personne ambitieuse.

**go-go** ['gəugəu] *adj.* (U.S.) qui va de l'avant sans se préoccuper du reste. *Go-go conglomerates,* conglomérats aventuristes. *Go-go investments,* investissements qui semblent très profitables, mais à hauts risques.

**going, going, gone !** [gəuiŋ, gɔn] (vente aux enchères) une fois, deux fois, trois fois, adjugé !

**going concern,** affaire qui marche, entreprise prospère, saine. *Comptab. : Going concern principle,* continuité d'exploitation.

**going price,** prix en vigueur.

**going rate,** taux en vigueur, taux actuel, cours du marché.

**go into debt** *v.* s'endetter.

**gold** [gəuld] *n.* or.

**goldbug** [gəuldbʌg] *n.* détenteur d'or.

**golden handshake,** somme remise à un dirigeant qui prend sa retraite. Par extension, cadeau d'adieu fait à un responsable dont on veut se débarrasser.

**golden parachute,** compensation financière garantie à un cadre ou dirigeant d'entreprise s'il est licencié ou si ses pouvoirs sont réduits lors d'une O.P.A.

**golden share,** action spécifique portant un droit particulier.

**gold exchange standard,** étalon de change or, étalon or de change.

**gold-plate** [,gəuld'pleit] vaisselle d'or.

**gold point,** point d'or.

**gold-standard,** étalon or.

**good** [gud] *n.* **1.** bien. *The common good,* l'intérêt commun, le bien public. **2.** bien, produit (dans la langue économique uniquement, seul le pluriel « goods » existe en anglais commercial). *A consumer good,* un bien de consommation.

**good** *adj.* bon, de bonne qualité. *Good merchantable quality,* bonne qualité marchande.

**good (to make) 1.** compenser, récupérer, rattraper, combler, dédommager. **2.** établir le bien-fondé de, prouver la validité de.

**goods** [gudz] *n.* marchandises, produits, biens. *Capital goods,* biens d'équipement. *Consumer goods,* biens de consommation. *Household goods,* articles ménagers.

**goods and chattels** [tʃætlz] biens et effets.

**good time,** *In good time,* à temps. *To make good time,* aller vite.

**goodwill** [,gud'wil] *n.* **1.** bonne volonté, bienveillance, bon vouloir. **2.** clientèle, fonds de commerce, pas de porte ; actif incorporel d'une entreprise constitué par sa réputation, sa notoriété, sa clientèle ; survaleur.

**G.O.P. Grand Old Party,** (Parti républicain aux États-Unis).

**go public** v. Sociétés : s'introduire en bourse, se faire coter en bourse, passer du statut de S.A.R.L. à celui de S.A. (en vendant ses actions en bourse).

**go-slow** [,gəu'sləu] grève se traduisant par un ralentissement des cadences, grève perlée. Correspond parfois à une grève du zèle.

**go-slow policy,** politique de faible croissance.

**go through the floor** v. s'effondrer (cours).

**go through the roof** v. monter en flèche (cours).

**go to law,** faire procès, faire appel aux tribunaux.

**go to the wall** v. faire faillite.

**gouge** [gaudʒ] v. extorquer, pratiquer des prix prohibitifs, « estamper ».

**go under** v. faire faillite, s'effondrer.

**go unpaid** v. être impayé, rester en souffrance.

**go up** v. monter, augmenter.

**govern** ['gʌvn] v. gouverner, régir, administrer.

**government** ['gʌvnmənt] n. 1. gouvernement. 2. administration ; secteur public. 3. État.

**government loan,** emprunt d'État.

**government securities,** titres d'État, fonds d'État.

**government spending,** dépenses publiques.

**government stock,** titres d'État, fonds d'État.

**government worker,** (U.S.) employé de l'État, fonctionnaire.

**governor** ['gʌvənə] n. gouverneur.

**G.P.O. - General Post Office** [dʒi:pi: əu] 1. Ministère des P. et T. 2. bureau de poste central, recette principale.

**grab** [græb] v. saisir, s'emparer de.

**grace** [greis] n. grâce, faveur. Days of grace, jours de grâce, délai (pour un règlement).

**grace period,** (crédit) période de franchise.

**gradable** ['greidəbl] adj. classable, qui peut être classé par catégorie.

**grade** [greid] n. 1. grade, rang, degré ; niveau. 2. qualité. 3. (écoles, etc.), note, évaluation du travail. To get high grades, obtenir de bonnes notes (dans la classification A, B, C, D, E, du meilleur au moins bon). 4. (U.S.) pente, rampe. 5. teneur. Low-grade ores, minerais à basse teneur.

**grade** v. 1. classer. 2. graduer. 3. (écoles) noter, évaluer un travail (dans la classification A, B, C, D, E, du meilleur au moins bon).

**grade-crossing** n. (U.S.) passage à niveau.

**graded** ['greidid] adj. 1. classé par degré ou catégorie, gradué, graduel. 2. (tarif, etc.) modulé dégressif ou progressif selon les cas. 3. (école, etc.) noté, évalué (pour un travail).

**gradient** ['greidjənt] n. rampe, pente, côte ; dénivellation.

**gradual** ['grædʒuəl] adj. progressif, graduel.

**graduate** ['grædʒuət] n. diplômé (d'école, d'université).

**graduate** ['grædʒueit] v. 1. obtenir un diplôme, un titre. 2. conférer un diplôme. 3. graduer ; moduler (impôt, etc.).

**graduation** [,grædju'eiʃən] n. 1. obtention d'un grade, d'un titre, d'un diplôme, réussite à un examen de fin d'études. 2. collation des grades. 3. gradation ; modulation (impôt, etc.).

**graft** ['gra:ft], U.S. [græft] n. 1. greffe. 2. corruption.

**grain** [grein] n. céréales. Grain-carrier, navire céréalier. Grain crop, récolte de céréales.

**granary** ['grænəri] n. 1. entrepôt de céréales. 2. grenier (zone où les récoltes sont abondantes).

**grand** [grænd] n. (U.S.) Fam. : mille dollars.

**grant** [gra:nt], (U.S.) [grænt] n. 1. octroi, délivrance, concession, attribution. 2. subvention, allocation, aide financière, bourse. 3. don, donation.

**grant** v. 1. accorder, octroyer, attribuer, concéder, délivrer. 2. allouer, accorder (une subvention), consentir (un prêt). 3. conférer (un titre). 4. admettre, reconnaître, concéder.

**grant a loan,** accorder un emprunt.

**grant credit,** accorder un crédit.

**grantee** [gra:n'ti:] *n.* bénéficiaire d'une allocation, d'une subvention, d'une aide financière, d'une bourse ; concessionnaire, donataire.

**grantor** [gra:n'tɔ:] *n.* personne ou organisme qui accorde (une subvention, une allocation, une bourse) ; donateur ; concédant.

**graph** [gra:f], (U.S.) [græf] *n.* graphique, diagramme, courbe.

**graph** *v.* tracer un graphique, une courbe ; représenter sous forme de graphique, de courbe.

**graphic design** ['græfik] dessin industriel.

**graphic designer,** graphiste, dessinateur industriel.

**grapple with** ['græpl] *v.* être aux prises avec, lutter contre, se battre avec. *To grapple with inflation,* être aux prises avec l'inflation.

**grasp** [gra:sp], (U.S.) [græsp] *n.* 1. étreinte, emprise ; portée. 2. compréhension.

**grass roots** [,gra:s'ru:ts], (U.S.) ['græs'ru:ts] la base ; la masse.

**grateful** ['greitful] *adj.* reconnaissant.

**gratifying** ['grætifaiiŋ] *adj.* agréable, flatteur, réconfortant, qui donne une grande satisfaction.

**gratuitous** [grə'tju:itəs] *adj.* gratuit, bénévole, à titre gracieux.

**gratuity** [grə'tju:əti] *n.* 1. gratification ; prime. 2. pourboire. 3. pot-de-vin. 4. indemnité en cas de décès. 5. gratuité.

**graving dock** ['greiviŋdɔk] bassin de radoub.

**gravity** ['græviti] *n.* poids ; gravité, pesanteur.

**grazier** ['greizjə] *n.* éleveur de bétail.

**greed** [gri:d] *n.* avidité, âpreté au gain.

**greedy** ['gri:di] *adj.* avide, cupide, gourmand.

**green** [gri:n] *adj.* 1. vert. 2. ayant trait à l'agriculture, agricole. *The green revolution,* la révolution verte. 3. inexpérimenté ; naïf.

**greenback** ['gri:nbæk] *n.* (U.S.) billet d'un dollar.

**greengrocer** ['gri:n,grəusə] *n.* marchand de légumes.

**greenhouse** ['gri:nhaus] *n.* serre.

**greenmail** *n.* (formé sur blackmail et greenback) rachat par la société-cible, au-dessus du cours, de ses actions détenues par un « raider ».

**green paper,** avant-projet (d'un programme officiel).

**green pound,** (G.B.) « livre verte ».

**greens** [gri:nz] *n.* légumes verts.

**greet** [gri:t] *v.* accueillir (une personne, un discours, une nouvelle).

**greeting** ['gri:tiŋ] *n.* salutation, salut. *Greetings,* salutations, compliments.

**grey area,** zone hachurée, de densité/de taux/d'intensité moyenne.

**greying,** vieillissement de la population.

**grey population,** troisième âge.

**grid** [grid] *n.* grille ; réseau. *Price-grid,* tarif. *The grid* (G.B.), le réseau électrique.

**grief** [gri:f] *n.* douleur, peine, malheur. *To come to grief,* avoir des malheurs, faire de mauvaises affaires, échouer, s'effondrer.

**grievance** ['gri:vns] *n.* 1. grief, doléance, plainte, réclamation, revendication — en particulier, litige entre patrons et ouvriers (non-application de convention collective, conditions de travail, etc.). 2. abus.

**grievance committee,** commission qui traite des réclamations, commission qui arbitre les litiges, commission d'arbitrage ; commission syndicale ou commission paritaire qui tente de résoudre les litiges.

**grind** [graind] *v.* moudre.

**grind to a halt,** s'immobiliser, s'arrêter, cesser de fonctionner.

**grip** [grip] *n.* emprise, étreinte.

**grocer** ['grəusə] *n.* épicier.

**groceries** ['grəusəriz] *n.* articles d'épicerie.

**grocery** ['grəusəri] *n.* épicerie.

**groove** [gru:v] *n.* rainure, gorge, sillon. *To get into a groove,* s'encroûter, sombrer dans la routine.

**gross** [grəus] *adj.* 1. grossier. 2. brut. *Gross income,* revenu brut. *Gross profit,* bénéfice brut. *Gross tonnage,* jauge brute.

**gross** *v.* faire un bénéfice brut de,

rapporter, gagner (avant déduction des frais d'impôt).

**gross** *n.* douze douzaines, grosse.

**gross cash flow,** « cash flow » brut avant impôt, produit brut ; résultat brut d'exploitation.

**Gross Domestic Product - G.D.P.,** Produit Intérieur Brut.

**Gross National Product - G.N.P.,** Produit National Brut.

**ground** [graund] *n.* **1.** sol, terre, terrain. **2.** champ, terrain, domaine. **3.** sujet, motif, raison, cause ; grief. *On legal grounds,* pour des raisons juridiques, pour des motifs de droit.

**ground** *v.* **1.** fonder, baser, justifier, appuyer (un argument, une décision...). **2.** (navire) s'échouer, aller à la côte. **3.** (avion) empêcher de prendre l'air, interdire le décollage, bloquer au sol.

**ground (to get off the),** décoller, réussir, démarrer, se réaliser.

**groundage** ['graundidʒ] *n.* (G.B.) droits de mouillage.

**ground-clearance,** hauteur libre au-dessous d'un véhicule, hauteur du châssis au-dessus du sol.

**grounded** ['graundid] *adj.* fondé, justifié, motivé.

**ground glass,** verre dépoli.

**groundless** ['graundlis] *adj.* non fondé, sans motif, sans raison, non justifié, sans fondement.

**grounds** [graundz] *n.* pluriel de **ground** dans ses différents sens mais le plus souvent. **1.** terrains, propriété, domaine (entourant une habitation, une école, etc.). **2.** motifs, causes, raison. *Grounds for complaint,* matière à réclamation.

**groundwork** ['graundwəːk] *n.* fondement, fondation, base ; structure de base. *To do the groundwork,* faire le travail préparatoire, assurer les bases.

**group dynamics** [gruːp] *n.* dynamique de groupe.

**group incentive,** prime collective, prime attribuée à une équipe.

**grow** [grəu] *v.* **1.** pousser. **2.** cultiver, faire pousser. **3.** (suivi d'un adjectif) devenir. **4.** grandir, augmenter, croître, s'accroître, se développer.

**grower** ['grəuə] *n.* cultivateur, exploitant ; planteur. *Vine-grower,*

*wine-grower,* vigneron, viticulteur.

**grown-ups** ['grəunʌps] *n.* les adultes.

**growth** [grəuθ] *n.* **1.** croissance. *Zero-growth,* croissance nulle, croissance zéro. **2.** accroissement, augmentation, développement, extension. *Growth company,* société en expansion.

**growth rate,** taux de croissance.

**growth stocks,** valeurs de croissance.

**grubstake** ['grʌb,steik] *n.* **1.** provisions ou fonds fournis à un prospecteur contre la promesse d'une partie de ses profits. **2.** *Par ext. :* aide matérielle ou financière fournie à une personne en difficulté ou à une entreprise pendant sa phase de lancement.

**grubstake** *v.* fournir une aide matérielle ou financière à une personne en difficulté ou à une entreprise pendant sa phase de lancement.

**guarantee** [,gærən'tiː] *n.* garantie, caution ; gage ; aval. *To go guarantee for someone,* se porter garant de quelqu'un.

**guarantee** *v.* garantir, cautionner, se porter caution, se porter garant ; avaliser. (U.S.) *guaranteed notes,* effets ou obligations garantis par un tiers.

**guarantor** [,gærən'tɔː] *n.* garant, répondant, caution ; avaliste, donneur de caution ; avaliste, donneur d'aval.

**guaranty** ['gærənti] *n.* voir **guarantee.**

**guard** [gaːd] *n.* **1.** garde. **2.** gardien ; factionnaire ; sentinelle, garde. **3.** système de protection, disposition de protection.

**guardian** ['gaːdjən] *n.* **1.** gardien. **2.** tuteur ; curateur ; protecteur.

**guardianship** ['gaːdjənʃip] *n.* **1.** garde. **2.** tutelle ; curatelle.

**gubernatorial** [gubərnə'tɔːriəl] *adj.* de gouverneur, qui a trait au gouverneur.

**guess** ['ges] *v.* **1.** deviner. **2.** (U.S.) penser, estimer.

**guesstimate,** voir **guestimate.**

**guesswork** ['geswəːk] *n.* conjecture, estimation au jugé.

**guest** [gest] *n.* **1.** invité. **2.** client (d'un hôtel), pensionnaire. *Guest-*

*house*, pension de famille. *Paying-guest*, pensionnaire.

**guestimate** ['gestimeit] *n.* évaluation, estimation au jugé.

**guestimate** *v.* évaluer, estimer au jugé.

**guest worker**, travailleur immigré.

**guidance** ['gaidəns] *n.* conseil(s), assistance, supervision, indication, orientation, information.

**guide** [gaid] *n.* 1. guide. 2. exemple, indication. 3. livret, indicateur, brochure, guide.

**guide-book** ['gaidbuk] *n.* guide, indicateur, livret, brochure.

**guide-lines** ['gaid,lainz] *n.* grandes orientations (d'un projet, d'un programme), lignes directrices, grands axes (d'un programme), directives.

**guidepost** *n.* indicateur (économique), indication.

**guild** [gild] *n.* guilde, corporation, confrérie.

**guilt** [gilt] *n.* culpabilité.

**guilty** ['gilti] *adj.* coupable.

**guinea** ['gini] *n.* (G.B.) guinée = 1 livre et 5 pence.

**guinea-pig** ['ginipig] *n.* cobaye.

**gum** [gʌm] *n.* 1. colle. 2. caoutchouc.

**gum** *v.* 1. coller. 2. gommer (une toile, etc.).

**gum up** *v.* bloquer la machine, empêcher le fonctionnement.

**gush** [gʌʃ] *v.* jaillir (pétrole, etc.).

**gut-issue** [gʌt'iʃju:] *n.* (U.S.) problème qui provoque des réactions passionnelles, viscérales, affectives.

**guzzle** ['gʌzl] *v.* avaler en grande quantité ; consommer (du carburant) en grande quantité. (U.S.) *Gas-guzzling cars*, voitures qui consomment énormément, gouffres à essence. •

**guzzler** ['gʌzlə] *n.* (U.S.) voiture qui consomme beaucoup d'essence.

# H

**habeas corpus** [,heibjəs'kɔ:pəs] principe qui garantit les droits de l'individu, principe juridique selon lequel un citoyen ne peut être gardé à vue ou maintenu en prison sans être présenté à un juge ou à un tribunal dans un certain délai.

**haberdasher** ['hæbədæʃə] *n.* mercier, chemisier.

**haberdashery** ['hæbədæʃəri] *n.* mercerie, chemiserie.

**habilitate** [hə'biliteit] *v.* équiper pour l'exploitation (d'une mine, d'une usine).

**habilitation** [hə,bili'teiʃən] *n.* fait d'équiper, de fournir des fonds pour l'exploitation (d'une mine, d'une usine).

**habitual offender** [hə'bitjuəl], récidiviste.

**hack** [hæck] *n.* personne qui loue ses services, (U.S.) chauffeur de taxi ; synonyme de **hack-writer**, écrivain à gages, écrivassier.

• **hacker** *n.* *(info.)* 1. amateur, fanatique. 2. pirate de disquette.

**haggle** ['hægl] *v.* marchander.

**haggler** ['hæglə] *n.* marchandeur.

**haggling** ['hægliŋ] *n.* marchan-

dage.

**hail** [heil] *v.* 1. saluer. 2. accueillir (une nouvelle). 3. héler. *To hail a cab*, appeler, héler, faire signe à un taxi. *To hail a ship*, arraisonner un vaisseau. 4. (navire) *To hail from a port*, venir d'un port, être en provenance d'un port, avoir comme port d'attache.

**hairdresser** ['heə,dresə] *n.* coiffeur, capilliculteur.

**half, halves** [ha:f, ha:vz] *n.* 1. moitié. 2. *Sports : First-half, second-half*, première, deuxième mi-temps.

**half** *adj.* demi.

**half** *adv.* à moitié, à demi.

**half-monthly** *adj.* semi-mensuel.

**half-pay** [ha:f'pei] *n.* demi-traitement, demi-salaire. *On half-pay*, en demi-solde, en disponibilité, avec un demi-salaire.

**half-price** [,ha:f'prais] moitié prix, demi-tarif. *To pay half price*. 1. payer moitié prix. 2. payer demi-tarif.

**half-time** [,ha:f-'taim] 1. mi-temps. 2. pause au milieu d'une conférence, d'une réunion, etc.

**half-time (to work)**, travailler

à mi-temps, travailler à la demi-journée.

**half-tone,** *Impr.* : simili.

**half-weekly** *adj.* semi-hebdomadaire.

**half-weekly** *adv.* deux fois par semaine.

**half-year** *n.* semestre.

**half-yearly** *adj.* semestriel.

**half-yearly** *adv.* semestriellement, tous les six mois.

**hall** [hɔ:l] *n.* **1.** hall (hôtel). **2.** grande salle. *Lecture hall,* salle de conférence. **3.** immeuble utilisé comme siège ou comme lieu de réunion par un syndicat, une association, etc.

**hall-mark 1.** poinçon de contrôle (sur les objets d'orfèvrerie). **2.** cachet, empreinte, signe distinctif, trait distinctif.

**halt** [hɔ:lt] *v.* **1.** cesser, se terminer, s'interrompre. **2.** mettre fin à, arrêter, stopper. *To halt inflation,* stopper l'inflation.

**halve** [ha:v] *v.* **1.** couper en deux, diviser en deux. **2.** partager en deux, se partager (à deux). **3.** à réduire de moitié.

**hammer** ['hæmə] *n.* marteau. *To come under the hammer, to go under the hammer,* être vendu aux enchères.

**hammer** *v.* **1.** marteler, frapper à coups répétés. **2.** façonner, mettre en forme, au prix d'efforts répétés. *To hammer out an agreement,* aboutir non sans mal à un accord. **3.** *Bourse :* faire baisser les cours (en vendant à découvert). **4.** *Bourse de Londres :* exclure un membre pour non-respect des règlements.

**hammer the market** *Bourse :* faire baisser les cours en vendant à découvert.

**hamper** ['hæmpə] *n.* bourriche, panier.

**hamper** *v.* gêner, empêcher, embarrasser, entraver, contrecarrer.

**hand** [hænd] *n.* **1.** main. **2.** ouvrier, employé, manœuvre, membre de l'équipage (navire). *Farm-hand,* ouvrier agricole. **3.** écriture. **4.** signature. **5.** jeu (de cartes), cartes. *To have a good hand,* avoir de bonnes cartes en main.

**hand (at)** *adv.* **1.** proche, à proximité, à portée de la main. **2.** prochain.

**hand (by)** *adv.* **1.** à la main, fait à la main. **2.** (lettre) par porteur.

**hand (in)** *adv.* **1.** disponible. *Cash in hand,* espèces en caisse. *Stock in hand,* marchandises en magasin. **2.** en cours, en chantier, en discussion. **3.** en main. *To have the situation in hand,* contrôler la situation.

**hand (on)** *adv.* **1.** disponible (marchandise ou personne). **2.** en cours. **3.** *Goods left on hand,* marchandises invendues, laissées pour compte.

**hand (out of)** *adv.* **1.** sur-le-champ. **2.** échappant au contrôle, que l'on ne contrôle plus.

**hand (second)** *adj.* et *adv.* d'occasion, de seconde main, usagé.

**hands (show of),** vote à main levée.

**hand (to)** *adv.* **1.** en main (lettre, etc.) arrivé, arrivé à destination. *To come to hand,* arriver à destination. **2.** disponible, facile à obtenir.

**hand (to be a good),** être compétent, adroit, capable. *He is a good hand at figures,* il sait manier les chiffres, il est bon en mathématiques.

**hand** *v.* donner, remettre, tendre, présenter, passer.

**handbill** ['hændbil] *n.* prospectus, affichette.

**handbook** ['hændbuk] *n.* guide, annuaire ; manuel.

**handicraft** ['hændikra:ft] *n.* **1.** artisanat. **2.** produits de l'artisanat. **3.** habileté manuelle.

**handicraftsman** ['hændikra:ftsman] *n.* artisan.

**hand in** *v.* remettre, déposer. *To hand in one's resignation,* remettre sa démission, donner sa démission, démissionner.

**handle** ['hændl] *v.* **1.** manier, manipuler, manutentionner. **2.** traiter, prendre en main. **3.** brasser (des affaires), s'occuper (d'une commande), gérer (un budget), exécuter (une opération), tenir, faire (des articles).

« **handle with care** », « fragile ».

**handling** ['hændliŋ] *n.* **1.** maniement. **2.** manutention. **3.** traitement (d'une affaire, d'une situa-

tion, de personnes). **4.** gestion.
**handling charges**, frais de manutention.
**hand-made** [hænd'meid], fait
main, fait à la main.
**hand-me-down** *adj.* **1.** d'occasion, de deuxième main, usé, déjà
utilisé une première fois. **2.** (vêtements) bon marché et de mauvaise
qualité.
**handout** ['hændaut] *n.* **1.** aumô-
ne ; don. **2.** document distribué,
document à distribuer, en particulier compte rendu communiqué à
la presse. **3.** tract.
**hand out** *v.* tendre, remettre ;
distribuer.
**hand over** *v.* **1.** remettre, transmettre. **2.** céder (un bien).
**hand-picked** ['hænd,pikt] *adj.*
sélectionné, trié sur le volet.
**hands** [hændz] *n.* employés, ouvriers, main-d'œuvre ; membres
d'une équipe, d'un équipage. *All
hands on deck,* tout le monde sur
le pont.
**hands-on** loc., de terrain, pratique ; qui met la main à la pâte,
praticien.
**handsome** ['hænsəm] *adj.* **1.**
beau ; élégant. **2.** considérable, important. *A handsome profit,* un
joli bénéfice, de beaux bénéfices.
**handwriting** *n.* écriture.
**hang on** *v.* **1.** (tél.) ne pas quitter.
**2.** persévérer.
**hangover** ['hæŋ,əuvə] *n.* **1.** reste,
survivance, conséquence fâcheuse
mais inévitable d'un événement
passé. **2.** *Fam. :* « gueule de bois ».
**hang up** *v. Tél. :* raccrocher.
**harass** ['hærəs] *v.* tracasser, harceler.
**harassment** ['hærəsmənt] *n.* har-
cèlement, tracasserie.
**harbour** [ha:bə] *n.* **1.** port ; rade.
**2.** abri, refuge.
**hard currency**, devise forte.
**hard cash**, espèces sonnantes,
argent liquide.
**hard-core** ['ha:d,kɔ:] *adj.* irréductible.
**hardcore** *n.* noyau irréductible.
**harden** ['ha:dn] *v.* **1.** durcir,
endurcir. **2.** se durcir, s'endurcir.
**3.** (prix, cours) se raffermir, se
tendre, être en hausse.
**hard-sell** *v.* vendre selon des mé-

thodes agressives.
**hard-selling**, vente à l'arrachée,
méthode de vente agressive.
**hardware** ['ha:dwɛə] *n.* **1.** quincaillerie. **2.** *inform. :* « hardware », tout ce qui a trait aux machines par opposition aux programmes ; matériel.
**hard-wearing** *adj.* résistant, qui
fait de l'usage.
**harm** [ha:m] *n.* mal, dommage,
tort, préjudice.
**harm** *v.* nuire à, faire du tort à,
léser.
**harmonization** [,ha:mənai'-
zeiʃən] *n.* harmonisation.
**harmonize** ['ha:mənaiz] *v.* harmoniser.
**harness** ['ha:nis] *v.* exploiter
(une ressource), mettre en valeur,
aménager, utiliser (en partic. aménager une chute d'eau, une rivière,
pour produire de l'énergie hydraulique).
**harvest** ['ha:vist] *n.* moisson, récolte.
**harvest** *v.* moissonner, récolter.
**harvester** ['ha:vistə] *n.* **1.** mois-
sonneur. **2.** moissonneuse-lieuse.
**has-been** *n.* personne dont la
carrière est finie, qui n'a plus
d'avenir.
**haste** [heist] *n.* hâte, célérité,
précipitation.
**hasten** [heisn] *v.* se hâter, se
dépêcher, s'empresser.
**hasty** [heisti] *adj.* rapide, hâtif,
précipité, irréfléchi.
**hat** [hæt] *n.* chapeau. *Top-hat
benefits,* indemnité(s) pour frais de
représentation.
**hatch** *n.* écoutille. *Under hatch,*
en cale. *Before hatch opening,*
avant déchargement.
**hat-money** *n.* chapeau du capitaine, primage (versement fait au
capitaine d'un navire par l'expéditeur des marchandises).
**haul** [hɔ:l] *n.* **1.** prise, pêche,
coup de filet. **2.** parcours, trajet,
chemin parcouru. *Short haul,* trajet
court, courte distance.
**haul** *v.* **1.** transporter (des marchandises). **2.** tirer, traîner, hâler,
remorquer.
**haulage** ['hɔ:lidʒ] *n.* **1.** transport
de marchandises, transport par camion. *Road haulage,* transport(s)

routier(s). *Road haulage contractor,* entrepreneur de transport routier. **2.** fait de tirer, traîner, remorquer.

**hauler** ['hɔːlə] *n.* (U.S.) voir **haulier.**

**haulier** ['hɔːljə] *n.* (G.B.) entrepreneur de transports, entrepreneur de transport routier, camionneur.

**hauling** ['hɔːliŋ] *n.* **1.** transport de marchandises, transports routiers. **2.** remorquage, fait de tirer, de traîner.

**haven** ['heivn] *n.* havre, port, abri, refuge, asile, retraite. *Taxhaven,* paradis fiscal.

**have-nots** ['hævnɔts] *n.* pauvres. Souvent employé pour les pays pauvres du Tiers Monde.

**haves** ['hævz] *n.* nantis. Souvent au sens de : les pays nantis, les pays riches, les pays développés par opposition aux pays pauvres du Tiers Monde.

**haves and have-nots,** (pays) riches et (pays) pauvres.

**hawk** [hɔːk] *v.* colporter.

**hawker** ['hɔːkə] *n.* marchand ambulant, camelot, colporteur.

**hazard** ['hæzəd] *n.* danger, risque. *Occupational hazards,* risques professionnels.

**head** [hed] *n.* **1.** tête. *Heads,* face (sur une pièce de monnaie). *To go over somebody's head,* passer par-dessus la tête de quelqu'un. *To be head over ears in debt,* être criblé de dettes. **2.** chef, directeur, responsable. *Department head,* chef de service, responsable de département, chef de rayon.

**head** *v.* conduire, mener, diriger ; venir en tête.

**head-accountant** *n.* chef comptable.

**head-cashier** *n.* caissier principal.

**head-clerk** *n.* chef de bureau, commis principal.

**head for** *v.* se diriger vers, faire route vers.

**head-grip** *n.* chef machiniste (ciné.).

**head-hunter** ['hed,hʌntə] *n.* chasseur de tête (recruteur).

**heading** ['hediŋ] *n.* **1.** en-tête, intitulé. **2.** poste, rubrique.

**headline** ['hedlain] *n.* titre. *To*

*hit the headlines,* faire les gros titres, défrayer la chronique.

**head of cattle** *n.* tête de bétail, invariable : *six head of cattle.*

**head off** *v.* repousser, écarter.

**head-office** ['hed'ɔfis] *n.* siège social, siège central, bureau central, siège.

**headphones** ['hedfəunz] *n.* écouteurs, casque.

**headquarters** [,hed'kwɔːtəz] *n.* quartier général. (U.S.) siège social.

**headway (to make)** ['hedwei] *v.* progresser, avancer, faire des progrès.

**health** [helθ] *n.* santé. *Health benefits,* prestations (pour) maladie. *Health certificate,* certificat médical. *Health foods,* aliments « biologiques ». *Health insurance,* assurance maladie.

**health (bill of)** *n. Marine :* patente de santé (certificat attestant la bonne santé de l'équipage). *Clean bill of health.* **1.** patente de santé nette. **2.** rapport favorable (dans une enquête) ; mise hors de cause.

**hearing** ['hiəriŋ] *n.* **1.** audience, séance (d'un tribunal, d'une commission d'enquête). **2.** audition (d'un témoin).

**hearsay** ['hiəsei] *n.* ouï-dire. *Hearsay evidence,* témoignage indirect, témoignage se fondant sur les affirmations d'un tiers, déposition sur la foi d'autrui.

**heat** [hiːt] *n.* chaleur.

**heat-resistant** *adj.* résistant à la chaleur, calorifuge, calorifugé.

**heat** *v.* chauffer.

**heating** ['hiːtiŋ] *n.* chauffage. *Heating appliance,* appareil de chauffage. *Central heating,* chauffage central.

**heater** ['hiːtə] *n.* radiateur, appareil de chauffage.

**heave** [hiːv] *v.* lever, soulever.

**heave to** *v.* (navire) mettre en panne, se mettre en panne.

**heaviness** ['hevinis] *n.* (cours) lourdeur. *The markets exhibited a seasonal heaviness,* les marchés ont fait preuve de la torpeur habituelle en cette saison.

**heavy** ['hevi] *adj.* lourd, pesant. *Heavy expenses,* grosses dépenses. *A heavy fine,* une lourde amende, une amende élevée.

**heavy-duty** *adj.* résistant, solide ; (équipement) lourd, pour gros travaux, pour service intensif, capable de résister à des conditions d'utilisation très dures.

**heavy goods** *n.* marchandises lourdes, pondéreux.

**heckle** ['hekl] *v.* (élections, grèves) poser des questions embarrassantes, interrompre, interpeller, empêcher de parler (un orateur, un candidat) ; lancer des quolibets (à un orateur, à un candidat). *Strikebreakers heckling the pickets,* briseurs de grèves lançant des quolibets aux piquets de grève.

**heckler** ['heklə] *n.* interpellateur, contradicteur (voir **to heckle**).

**hedge** [hedʒ] *n.* 1. haie. 2. moyen de protection ou de défense. *A hedge against inflation,* un moyen de se prémunir contre l'inflation. 3. *Fin.* : couverture ; compensation des risques de change (provenant de la fluctuation dans la valeur des devises). 4. *Bourse* : arbitrage, achat ou vente à terme pour compenser les effets de fluctuation des cours. 5. *Bourse* : valeur de refuge.

**hedge** *v.* 1. entourer d'une haie, enclore. 2. se défendre, se protéger (contre l'inflation, etc.), se couvrir contre un risque. 3. *Fin.* : se couvrir contre les risques de change (fluctuations dans la valeur des devises). 4. *Bourse* : faire la contrepartie, faire un arbitrage, acheter ou vendre à terme pour compenser les effets des fluctuations des cours.

**hedging** ['hedʒiŋ] *n.* 1. couverture contre un risque. 2. *Fin.* : couverture ; compensation des risques de change (provenant de la fluctuation dans la valeur des devises). 3. *Bourse* : arbitrage : opération qui consiste à prendre dans le temps ou sur des marchés différents des positions contraires (achats - ventes) afin de limiter ou d'annuler la perte éventuelle.

**hefty** [hefti] *adj.* substantiel, important.

**hegemony** [hi'geməni] *n.* hégémonie, impérialisme.

**height** [hait] *n.* hauteur, élévation, faîte, comble, apogée, moment de plus grande activité.

**heighten** ['haitn] *v.* augmenter, accentuer, faire ressortir.

**heir** [ɛə] *n.* héritier. *Sole heir,* héritier unique.

**heiress** ['ɛəris] *n.* héritière.

**heirloom** ['ɛəluːm] *n.* héritage, meuble ou bijou de famille légué par héritage.

**helm** [helm] *n.* barre, gouvernail.

**help** [help] *n.* 1. aide, assistance, secours. 2. employé ; employé de maison.

**help** *v.* 1. aider, secourir. 2. (à table, dans un magasin) servir. *To help oneself,* se servir. 3. *I can't help it,* a) je ne peux pas m'en empêcher. b) je ne peux pas l'empêcher, je n'y peux rien.

**help wanted ads,** petites annonces d'offre d'emploi, offres d'emploi.

**hemp** [hemp] *n.* chanvre.

**hence** [hens] *adv.* 1. dorénavant, à partir d'aujourd'hui. *Two years hence,* dans deux ans. 2. de là, c'est pourquoi. 3. (distance) d'ici.

**henceforth** [,hens'fɔ:θ] *adv.* dorénavant, désormais, à partir de maintenant, à l'avenir.

**henceforward** [,hens'fɔ:wəd] *adv.* dorénavant, désormais, à partir de maintenant, à l'avenir.

**hereafter** [hiə'a:ftə] *adv.* 1. ci-après, ci-dessous. 2. dorénavant, désormais, à l'avenir.

**hereby** [,hiə'bai] par la présente (la formule « *I hereby testify that* » correspond souvent au français « Je soussigné, certifie que »).

**herein** [,hiər'in] *adv.* ci-inclus, ici, dans ce document.

**hereinafter** [,hiərin'a:ftə] *adv.* ci-après, ci-dessous.

**hereof** [,hiər'ɔv] *adv.* de la présente, duquel, de laquelle.

**hereto** [,hiə'tu:] *adv.* à la présente, au présent document. *The table hereto attached,* le tableau joint au présent document.

**heretofore** [,hiətu'fɔ:] *adv.* jusqu'ici.

**hereunder** [,hiər'ʌndə] *adv.* ci-dessous.

**hereupon** [,hiərə'pɔn] *adv.* à ce sujet, là-dessus, sur quoi.

**herewith** [hiə'wið] *adv.* ci-joint, ci-inclus, sous ce pli, par la présente.

**heritage** ['heritidʒ] *n.* héritage, patrimoine.

**hidden defect** ['hidn] défaut caché, vice caché.

**hide** [haid] *n.* peau d'un animal, cuir.

**hide** *v.* 1. cacher, dissimuler. 2. se cacher, se dissimuler.

**hi-fi** [hai'fai], « hi-fi », haute fidélité.

**high** [hai] *n.* (courbe, etc.) point haut, point le plus élevé, niveau le plus élevé. *Quotations have reached a new high,* les cours ont atteint un nouveau record.

**high** *adj.* haut, élevé ; cher.

**high-flyer,** personne de haut vol ; cadre qui monte.

**high-geared capital,** 1. capital d'une société où les actions ordinaires sont en nombre plus faible que les actions préférentielles. 2. capital à fort effet de levier. (Cet effet de levier provient du ratio entre les actions ordinaires d'une part, et, d'autre part, les obligations et les actions privilégiées sur lesquelles un intérêt ou un dividende fixe est versé. Si le nombre d'actions ordinaires est relativement faible, une augmentation même légère des bénéfices au-delà des sommes nécessaires à la rémunération des détenteurs d'obligations et d'actions de préférence se traduira par une substantielle augmentation des dividendes servis aux actionnaires ordinaires) cf. **low-geared capital.**

**high gear** *n.* vitesse supérieure, activité intense. *To go into high gear,* passer à la vitesse supérieure.

**high-grade** *adj.* 1. (minerai, etc.) à forte teneur ; (essence) à haut degré d'octane. 2. de haute qualité, de qualité supérieure.

**highjack** ['haidʒæk] *v.* voir **hijack.**

**highjacker** ['haidʒækə] *n.* voir **hijacker.**

**highlight** ['hailait] *n.* clou (d'une fête), manifestation, événement de grande importance.

**highlight** *v.* 1. éclairer fortement. 2. mettre en relief, insister sur, mettre en lumière.

**high-profile** *adj.* bien en vue, bien établi, « profil haut ».

**high-rise** ['hai,raiz] *n.* tour (im-meuble). *High-rise apartment building,* tour d'habitation, immeuble d'habitation à nombreux étages.

**High Street,** grand-rue, grande rue (symbolise le monde du commerce de détail).

**highway** ['haiwei] *n.* route, grand-route.

**hijack** ['haidʒæk] *v.* détourner (un avion), voler (un camion).

**hijacker** ['haidʒækə] *n.* pirate de l'air ; voleur de camion.

**hike** [haik] *n.* (U.S.) augmentation. *Price hike,* augmentation de prix.

**hike** *v.* (U.S.) augmenter, faire monter.

**hinder** ['hində] *v.* empêcher, gêner, entraver, faire obstacle à ; retenir, arrêter.

**hindrance** ['hindrəns] *n.* entrave, empêchement, obstacle, gêne.

**hindsight** ['haindsait] *n.* perception des événements après qu'ils se soient produits, sagesse a posteriori, compréhension après coup.

**hinge on** [hindʒ] *v.* dépendre de.

**hint** [hint] *n.* 1. allusion, insinuation. 2. conseil, recommandation, indication ; indice, « tuyau ».

**hint** *v.* insinuer, suggérer ; faire allusion.

**hire** ['haiə] *n.* 1. location ; louage. 2. embauche. 3. salaire ; loyer. *Hire of money,* loyer de l'argent, loyer des capitaux.

**hire** *v.* 1. louer, prendre en location (parfois aussi utilisé au sens de *To hire out,* donner en location). 2. embaucher.

**hire away** *v.* débaucher du personnel.

**hire out** *v.* louer (donner en location).

**hire-purchase** ['haiə'pəːtʃəs] *n.* location-vente, système de vente à tempérament (selon lequel l'acheteur ne devient propriétaire qu'après avoir réglé le dernier versement), crédit à la consommation.

**hiring** ['hairiŋ] *n.* 1. location. 2. embauche.

**hiss** [his] *n.* bruit de fond, sifflement, « souffle ».

**historical cost,** *Comptab.* : coût historique, coût d'acquisition.

**hit** [hit] *v.* frapper, toucher, at-

teindre. *To be hard hit,* être durement touché. *Small retailers are the worst hit (the hardest hit),* les petits commerçants sont les plus durement atteints. *To hit the headlines,* faire les gros titres, défrayer la chronique. *To hit the bricks* (U.S.). *Fam. :* se mettre en grève.
**hit** *n.* **1.** coup. **2.** coup au but. **3.** succès, coup réussi (en partic. chanson à succès).

**hive off** [haiv] *v.* essaimer. (Organisation) détacher et rendre indépendant.

**hoard** [hɔːd] *n.* amas, accumulation ; réserve, trésor, cache.

**hoard** *v.* amasser, accumuler, (capitaux, or) thésauriser.

**hoarder** ['hɔːdə] *n.* amasseur, accumulateur ; (capitaux, or) thésauriseur.

**hoarding** ['hɔːdiŋ] *n.* **1.** palissade. **2.** panneau d'affichage, panneau publicitaire. **3.** amassage, accumulation, thésaurisation.

**hoax** [həuks] *n.* mystification, supercherie, canular.

**hoax** *v.* mystifier.

**hobo** ['həubəu] *n.* (U.S.) **1.** travailleur itinérant. **2.** vagabond (qui voyage clandestinement à bord des trains).

**hock** [hɔk] *n.* gage. *In hock,* au clou, au mont de piété.

**hock** *v.* mettre au clou, mettre au mont de piété, engager.

**hogshead** ['hɔgzhed] *n.* **1.** tonneau, barrique, foudre. **2.** l'une quelconque des diverses unités de capacité, par exemple : 63 gallons U.S. ou 54 gallons G.B. (= 64,85 gallons U.S., c'est-à-dire environ 250 litres).

**hoist** [hɔist] *n.* **1.** treuil, grue, palan, engin de levage. **2.** montecharge.

**hoist** *v.* hisser, soulever, faire monter.

**hold** [həuld] *n.* **1.** prise. **2.** emprise. **3.** cale (d'un navire), soute à bagages (d'un avion).

**hold** [həuld] *v.* **1.** tenir. **2.** tenir, résister. *To hold one's ground,* tenir bon, ne pas céder, ne pas lâcher pied. **3.** détenir, posséder, occuper. *To hold an office,* être titulaire d'une fonction. *To hold a degree,* avoir, détenir un diplôme.

**4.** durer, continuer, se maintenir. **5.** garder, conserver, détenir, maintenir. *To hold public expenditure flat,* ne pas augmenter les dépenses publiques, maintenir les dépenses publiques au niveau actuel. **6.** être vrai, demeurer vrai, rester valable. **7.** retenir ; arrêter ; empêcher ; bloquer ; détenir ; retarder. *I've been held up by the traffic,* j'ai été bloqué par la circulation. **8.** considérer, estimer, penser, juger, être d'avis. **9.** contenir, avoir une contenance de.

**hold a meeting** *v.* tenir une réunion.

**hold back** *v.* **1.** rester sur l'expectative, ne pas se commettre, ne pas s'engager. *Until budget day, investors will hold back,* jusqu'à l'annonce officielle du budget, les investisseurs s'abstiendront. **2.** retenir, dissimuler, garder pour soi.

**hold by** *v.* s'en tenir à, se conformer à.

**hold down** *v.* (prix, etc.) éviter l'augmentation, empêcher d'augmenter ; limiter. *To hold prices down,* tenir les prix.

**holder** ['həuldə] *n.* **1.** détenteur ; titulaire ; (actions, etc.) porteur ; possesseur. **2.** support, monture.

**holder in due course,** tiers porteur ; tiers détenteur d'un instrument négociable (contrat, etc.) de bonne foi et de plein droit.

**holder of an account,** détenteur d'un compte (en banque).

**holder of a policy,** détenteur d'une police.

**holding company** ['həuldiŋ] *n.* société de portefeuille, société de holding, holding.

**hold out** *v.* **1.** tendre, offrir, présenter. **2.** durer, résister.

**hold off** *v.* **1.** tenir à distance. **2.** s'abstenir, se réserver, ne pas se commettre, montrer peu d'empressement.

**hold on** *v.* **1.** tenir bon, tenir ferme, s'accrocher à. **2.** attendre. *Téléph. : Hold on !,* ne quittez pas !

**holdover** ['həuldəuvə] *n.* reste, survivance, conséquence fâcheuse mais inévitable d'un, événement passé.

**hold up** *v.* **1.** lever ; dresser,

redresser ; tenir en l'air. **2.** soutenir. **3.** arrêter, immobiliser, stopper, bloquer, entraver, retarder, suspendre. **4.** faire un hold-up, dévaliser, tenir en respect avec un revolver, attaquer à main armée. **5.** tenir bon, tenir le coup, bien résister. *The firm held up well during the depression,* l'entreprise a bien résisté pendant la crise.

**hold-up** ['həuldʌp] *n.* **1.** attaque à main armée. **2.** arrêt, suspension, immobilisation. **3.** embarras de circulation.

**holiday** ['hɔlədi] *n.* jour de vacance, jour férié. (G.B.) *Bank holiday,* jour férié (avec fermeture des banques).

**holiday(s) with pay,** congé(s) payé(s).

**holography** ['hɔ'lɔgrəfi] *n.* holographie.

**home** [həum] *n.* **1.** logis, foyer, domicile conjugal, intérieur, demeure, maison. *The Ideal Home Exhibition,* le salon des Arts Ménagers. **2.** patrie, pays natal, terre natale. **3.** asile, refuge, abri ; maison de repos ; maison de retraite.

**home** *adj.* **1.** à la maison, chez soi. **2.** au pays, du pays. **3.** qui atteint son but, qui fait mouche, qui atteint la cible.

**homebuilder** ['həum'bildə] *n.* constructeur de maison, entrepreneur du bâtiment.

**homebuilding** ['həum'bildiŋ] *n.* construction de maisons, (industrie du) bâtiment.

**home development company,** société de promotion immobilière.

**homeless** ['həumlis] *adj.* sans gîte, sans logis. *The homeless,* les sans-abri.

**home loan** *n.* prêt immobilier.

**home-made** ['həum'meid] *adj.* **1.** fait à la maison. **2.** de fortune.

**home market** *n.* marché intérieur.

**Home Office** *n.* (G.B.) Ministère de l'Intérieur.

**home policy** *n.* politique intérieure.

**home sales** *n.* ventes sur le marché intérieur.

**home savings plan,** plan d'épargne-logement.

**homestead** ['həumstəd] *n.* ferme, exploitation agricole ; (U.S.) maison et terrain familiaux.

**homeward** ['həumwəd] *adv.* et *adj.* qui se dirige vers sa maison, vers son pays, (navire) vers son port d'attache. *Homeward bound,* en route vers son pays, (navire) vers son port d'attache. *Homeward journey,* voyage de retour.

**homework** ['həumwə:k] *n.* **1.** travail fait à la maison, travail fait chez soi. **2.** travail préparatoire, travail de recherche, étude préliminaire d'un dossier.

**homeworker** *n.* travailleur à domicile.

**honest** ['ɔnist] *adj.* **1.** honnête, intègre, probe, droit, loyal. **2.** juste, légitime.

**honesty** ['ɔnisti] *n.* honnêteté, probité, intégrité, loyauté, moralité ; véracité, franchise, sincérité, bonne foi. *Honesty is the best policy,* l'honnêteté est toujours récompensée ; l'honnêteté paie.

**honoraria** [ɔnə'rɛəriə] *n. pl.* honoraires.

**honorarium** [ɔnə'rɛəriəm] *n.* honoraire.

**honorary** ['ɔnərəri] *adj.* honoraire. *Honorary degree,* grade honoris causa. *Honorary membership,* honorariat.

**honour** ['ɔnə], U.S. **honor** *v.* honorer, faire honneur à. *To honour a bill,* payer, acquitter une traite.

**honour** ['ɔnə], U.S. **honor** *n.* honneur. *Diplôme : With honours,* avec mention. *Fin. : Acceptor for honour,* avaliste, donneur d'aval.

**hook** [huk] *n.* crochet, croc. (inscription sur colis) : *Use no hooks,* n'utilisez pas de crochets.

**hook-up** *n.* connexion.

**hook up** *v.* connecter, se connecter, brancher, se brancher (sur, *to*).

**horse-power** ['hɔ:s,pauə] *n.* (invariable) cheval-vapeur, chevaux-vapeur, puissance en chevaux.

**hosier** ['həuziə] *n.* bonnetier.

**hosiery** ['həuziəri] *n.* bonneterie.

**host** *n.* hôte. *Host country,* pays d'accueil.

**host** *v.* accueillir, recevoir.

**hostess** ['həustis] *n.* hôtesse. *Air-hostess,* hôtesse de l'air.

**hostile** ['hɔstail], U.S. ['hɔstl] *adj.* hostile, inamical.

**hostile suitor** *n.* société qui tente une O.P.A. sur une autre société qui ne veut pas se laisser racheter.

**hot cakes (to sell like)** *v.* se vendre comme des petits pains.

**hot issue** *n.* **1.** question brûlante, problème aigu, problème controversé. **2.** émissions d'actions vedettes, très cotées.

**hot item**, article qui se vend bien.

**hot line** *n.* téléphone rouge, ligne directe.

**hot money** *n.* capitaux spéculatifs, capitaux fébriles (passant d'une place financière à l'autre pour bénéficier des meilleurs taux d'intérêt).

**hot seller** *n.* article qui se vend bien.

**hour** ['auə] *n.* heure. *Business hours,* heures d'ouverture. *Office hours,* heures de bureau. *Off-peak hours,* heures creuses. *Peak hours,* heures de pointe. *Per hour,* à, de l'heure, par heure. *Rush hour,* heure de pointe.

**hourly** ['auəli] *adj.* horaire. *Hourly wages,* salaire horaire. *Hourly workers,* travailleurs payés à l'heure. *Workers on hourly wages,* ouvriers rémunérés sur une base horaire.

**hourly** *adv.* **1.** toutes les heures. **2.** constamment, continuellement. **3.** d'un moment à l'autre.

**house** [haus] *n.* **1.** maison, habitation. **2.** maison, firme, entreprise. *In-house publication,* journal d'entreprise. *A mail-order house,* une maison de vente par correspondance. **3.** salle, auditoire, assemblée, assistance. *A full house,* une salle pleine. **4.** *Parlement :* chambre.

**house** *v.* loger, abriter.

**house agent** ['haus,eidʒənt] *n.* agent immobilier.

**housebreaking** ['haus,breikiŋ] *n.* effraction, cambriolage avec effraction.

**housebuilder** ['haus,bildə] *n.* entrepreneur en bâtiments.

**housebuilding** ['haus,bildiŋ] *n.* (entreprise du) bâtiment ; le bâtiment, la construction.

**household** ['haushəuld] *n.* ménage, famille. *Household consumption,* consommation des ménages. *Household expenses,* dépenses domestiques. *Household head,* chef de famille. *Household word,* mot qui est sur toutes les lèvres, expression courante.

**household goods** *n.* articles ménagers.

**housekeeper** ['haus,kiːpə] *n.* **1.** responsable de la surveillance ou de la garde (bureaux, immeuble). **2.** (hôtel, école, etc.) responsable du service d'entretien (de nettoyage).

**housekeeping** ['haus,kiːpiŋ] *n.* économie domestique, gestion domestique, soins du ménage.

**house-organ** ['haus'ɔːgən] *n.* journal d'entreprise.

**housewife** ['hauswaif] *n.* ménagère ; mère de famille.

**housing** ['hauziŋ] *n.* **1.** logement. *Housing allowance,* allocation de logement. **2.** construction de logements ; le bâtiment.

**housing accommodation** *n.* logement, conditions de logement.

**housing development** *n.* grand ensemble, ensemble d'habitations, ensemble résidentiel ; lotissement.

**housing estate** *n.* (G.B.) grand ensemble, ensemble d'habitations, ensemble résidentiel.

**housing industry** *n.* (le) bâtiment.

**housing project** *n.* grand ensemble, ensemble immobilier d'habitations (en général financé par les autorités publiques pour les familles à revenu modeste).

**housing schemes** *n.* programmes de constructions de logements.

**housing shortage** *n.* crise du logement.

• **housing starts** *n.* nombre de logements mis en chantier (indice de santé de l'industrie du bâtiment).

**hub** [hʌb] *n.* **1.** moyeu. **2.** centre d'activité, centre, cœur, point central.

**huckster** ['hʌkstə] *n.* publicitaire (qui travaille pour la radio et la télévision).

**hucksterism** ['hʌkstərizəm] *n.* techniques de vente agressives.

**hucksterize** ['hʌkstəraiz] *v.* vendre à l'arraché.

**hug** [hʌg] *v.* **1.** étreindre, serrer dans ses bras, donner l'accolade. **2.** (navire) *To hug the coast,* longer la côte, raser la côte, naviguer près de la côte.

**huge** [hju:dʒ] *adj.* énorme, considérable, vaste, immense.

**hull** [hʌl] *n.* 1. coque (de navire). *Hull insurance,* assurance sur corps. 2. cosse, coquille, gousse.

**hum** [hʌm] *v.* (affaires, etc.) être très actif, faire preuve d'une grande activité. *Business is humming,* les affaires marchent, les affaires tournent.

**humid** ['hju:mid] *adj.* humide, moite.

**humidity** [hju:'miditi] *n.* humidité ; hygrométrie.

**hunch** [hʌntʃ] *n.* intuition. *To act on a hunch,* agir sur intuition, sur une impulsion.

**hundredweight** ['hʌndrədweit] *n.* G.B. : 112 livres = 50,802 kg (parfois appelé *long hundredweight*). U.S. : 100 livres = 45,359 kg (parfois appelé *short hundredweight*).

**hurry** ['hʌri] *n.* précipitation, hâte, empressement.

**hurry** *v.* 1. hâter, presser, activer. 2. se presser, se hâter, se dépêcher.

**husband** ['hʌzbənd] *v.* (bien) gérer ses ressources, gérer avec économie, économiser.

**husbandry** ['hʌzbəndri] *n.* 1. utilisation judicieuse des ressources ; gestion sage. 2. administration, gestion. 3. agriculture et élevage.

**hush** [hʌʃ] *v.* 1. se taire, faire silence. 2. imposer silence, faire taire. 3. étouffer (scandale, etc.), faire silence (sur une affaire).

**hush-money** ['hʌʃ,mʌni] *n.* prix du silence, pot-de-vin pour acheter le silence de quelqu'un.

**hush up** *v.* faire taire (un scrupule) ; étouffer (un scandale).

**hustle** ['hʌsl] vendre à l'arraché.

**hustler** *n.* (U.S.) 1. vendeur ou homme d'affaires agressif et peu scrupuleux. 2. prostituée.

**hype** [haip] *n.* (U.S.) battage, exagération, publicité tapageuse.

**hype** [haip] *v.* (U.S.) multiplier ; gonfler ; exagérer. *To hype the value of a property,* multiplier la valeur d'une propriété.

**hyperinflation** [,haipə'infleiʃən] *n.* hyperinflation.

**hypermarket** [,haipə'ma:kit] *n.* hypermarché.

**hyphen** ['haifn] *n.* trait d'union.

**hyphenate** ['haifəneit] *v.* écrire avec un trait d'union, mettre un trait d'union.

**hypothecate** [hai'pɔθikeit] *v.* 1. hypothéquer ; gager, nantir. 2. déposer en nantissement, fournir en gage.

**hypothecation** [hai'pɔθi'keiʃən] *n.* fait d'hypothéquer ; inscription hypothécaire ; nantissement.

**hypothecator** [hai'pɔθikeitə] *n.* gageur.

**hypothesis,-es** [hai'pɔθisis-i:z] *n.* hypothèse(s).

# I

**Ideal Home Exhibition** [ai'diəl] Salon des Arts Ménagers.

**identification** [ai,dentifi'keiʃən] *n.* identification.

**identify** [ai'dentifai] *v.* identifier.

**identity** [ai'dentiti] *n.* identité.

**idle** ['aidl] *adj.* 1. oisif, désœuvré, inoccupé, inactif. *To lie idle,* être à l'arrêt, inoccupé, inactif, inutile. 2. en chômage. 3. (machine) à l'arrêt. 4. (fonds) dormants, inemployés, improductifs. 5. oiseux, futile, inutile, vain, sans motif.

**idle** *v.* 1. mettre au chômage. 2. *Navire :* désarmer.

**idle capacity,** capacité (de production) inutilisée ; potentiel inutilisé.

**idleness** ['aidlnis] *n.* 1. oisiveté ; inaction. 2. chômage. 3. caractère futile, oiseux, vain.

**idle shipping,** tonnage, navires inemployés, navires désarmés.

**ignore** [ig'nɔ:] *v.* rejeter, ne pas tenir compte de.

**ill-advised** [,iləd'vaizd] *adj.* mal inspiré, mal avisé ; mal venu.

**ill-assorted** *adj.* mal assorti.

**illegal** [i'li:gl] *adj.* illégal. *Illegal insider trading, (Bourse)* délit d'initié.

**illegible** [i'ledʒəbl] *adj.* illisible.

**ill-famed** *adj.* de mauvaise réputation.

**ill-grounded** *adj.* mal fondé, peu fondé, sans fondement.

**ill-informed** *adj.* mal informé.

**ill-matched** *adj.* mal assorti.

**ill-qualified** *adj.* peu, mal qualifié, incompétent.

**ill-repute** *n.* mauvaise réputation.

**ill-timed** *adj.* inopportun, mal à propos, mal programmé.

**image** ['imidʒ] *n.* image. *Brand-image,* image de marque. *Corporate image,* image d'une société, image de marque (d'une société).

**imbalance** [im'bæləns] *n.* déséquilibre.

**I.M.F.** (**International Monetary Fund**), Fonds Monétaire International (F.M.I.).

**imitate** ['imiteit] *v.* 1. imiter. 2. contrefaire.

**imitation** ['imi'teiʃən] *n.* 1. imitation. 2. contrefaçon.

**imitator** ['imiteitə] *n.* 1. imitateur. 2. contrefacteur.

**immaterial** [,imə'tiəriəl] *adj.* sans rapport, qui n'a aucun rapport, qui n'a aucune importance, sans importance. *Immaterial to the case,* sans rapport avec l'affaire.

**immediate** [i'miːdjət] *adj.* immédiat. *Immediate delivery,* livraison immédiate. *Available for immediate delivery,* livrable immédiatement, livraison à la commande.

**immigrant** ['imigrənt] *n.* immigrant.

**immigrate** ['imigreit] *v.* immigrer.

**immigration** [,imi'greiʃən] *n.* immigration.

**immobilization** [i,məubilai'zeiʃən] *n.* immobilisation.

**immobilize** [i'məubilaiz] *v.* immobiliser.

**immovable** [i'muːvəbl] *adj.* 1. fixe, à demeure. 2. inébranlable (personne). 3. *Jur. :* immobilier.

**immovables** [i'muːvəblz] *n. Jur. :* biens immobiliers.

**immune** [i'mjuːn] *(from, to, against)* à l'abri de ; inaccessible à, insensible à.

**immunity** [i'mjuːniti] *n.* 1. exemption ; exonération. *Immunity from tax, exemption de l'impôt.* 2. immunité.

**impact** ['impækt] *n.* impact, choc, répercussion.

**impair** [im'pɛə] *v.* compromettre, altérer, ébranler, endommager, affaiblir, diminuer.

**impairment** [im'pɛəmənt] *n.* altération, affaiblissement, dégradation. *Impairment of performance,* diminution/baisse de l'efficacité, dégradation des résultats.

**impart** [im'paːt] *v.* faire part de, communiquer, annoncer, faire connaître, transmettre.

**impeach** [im'piːtʃ] *v.* 1. mettre en accusation (haut fonctionnaire, etc.). 2. récuser (un témoin).

**impeachment** [im'piːtʃmənt] *n.* 1. mise en accusation (d'un haut fonctionnaire). 2. récusation (d'un témoin).

**impede** [im'piːd] *v.* entraver, gêner, empêcher, retarder, faire obstacle à.

**impediment** [im'pedimənt] *n.* entrave, obstacle, gêne, empêchement.

**impending** [im'pendiŋ] *adj.* imminent.

**impersonate** [im'pəːsəneit] *v.* se faire passer pour.

**impersonation** [im,pəːsə'neiʃən] *n.* usurpation d'identité.

**impersonator** [im'pəːsəneitə] *n.* personne qui se fait passer pour une autre, imposteur.

**impervious** [im'pəːvjəs] *adj.* imperméable, étanche.

**impetus** ['impitəs] *n.* élan ; impulsion ; vitesse acquise.

**impinge** [im'pindʒ] *v. (on)* 1. empiéter sur. 2. avoir de l'influence, un impact, sur.

**impingement** [im'pindʒəmənt] *n.* empiétement.

**implement** ['implimənt] *n.* outil (en général agricole) ; instrument ; ustensile.

**implement** *v.* appliquer, mettre en pratique, mettre en place, rendre effectif, mettre en œuvre ; exécuter.

**implementation** [,implimen'teiʃən] *n.* application, mise en œuvre, mise en pratique ; exécution.

**implementing** ['implimentiŋ] *n.* application, mise en œuvre, mise en pratique, exécution.

**import** ['impɔːt] *n.* 1. importation. 2. imports, marchandises importées, articles d'importation, importations.

**import** [im'pɔːt] *v.* importer.

**importation** [impɔːˈteiʃən] *n.* importation.

**import duty,** droit de douane, droit d'entrée (marchandises).

**importer** [im'pɔːtə] *n.* importateur.

**import licence,** licence d'importation.

**import permit,** autorisation d'importer.

**import quota,** contingent d'importation.

**impound** [im'paund] **1.** mettre en fourrière (véhicule). **2.** confisquer, saisir (marchandises).

**imprest account/fund,** compte d'avances de caisse, compte d'avances temporaires.

**imprison** [im'prizn] *v.* emprisonner, mettre en prison, incarcérer.

**imprisonment** [im'prizənmənt] *n.* emprisonnement, prison.

**improve** [im'pruːv] *v.* **1.** améliorer. **2.** s'améliorer, devenir meilleur, devenir plus favorable.

**improvement** [im'pruːvmənt] *n.* amélioration, progrès.

**impulse buying** ['impʌls] achat sur impulsion, achat impulsif.

**impulse shopping,** achats sur impulsion.

**impulsive item,** article qui s'achète sous l'impulsion du moment.

**inaccuracy** [in'ækjurəsi] *n.* inexactitude, imprécision ; erreur.

**inaccurate** [in'ækjurət] *adj.* inexact, imprécis ; erroné.

**inadequacy** [in'ædikwəsi] *n.* inadéquation, insuffisance.

**inadequate** [in'ædikwət] *adj.* insuffisant, mal adapté.

**inadmissible** [,inəd'misəbl] *adj.* inadmissible ; irrecevable, non recevable.

**inasmuch as** [,inəz'mʌtʃæz], attendu que, vu que, puisque, considérant que, étant donné que ; dans la mesure où.

**inaugurate** [i'nɔːgjureit] *v.* **1.** inaugurer. **2.** mettre en vigueur, commencer à appliquer.

**inauguration** [i,nɔːgjuˈreiʃən] *v.* **1.** inauguration. **2.** (U.S.) *Inauguration Day,* jour de prise de fonc-

tions du nouveau président.

**inboard** [in'bɔːd] *adv.* (navire) à bord, à l'intérieur du bord.

**inboard** *adj.* (navire) de l'intérieur, à l'intérieur (cabine).

**in bond** [in'bɔnd] en entrepôt sous douane.

**inbound** [in'baund] (navire) qui se dirige vers un port, qui rentre au port.

**Inc.,** voir **Incorporated.**

**in camera** [in'kæmərə] (procédure) à huis clos.

**incapability** [in,keipəˈbiliti] *n.* **1.** incapacité. **2.** inéligibilité.

**incapable** [in'keipəbl] *adj.* incapable, incompétent.

**incapacitation** ['inkə,pæsiˈteiʃən] *n.* **1.** incapacité ; invalidité. *Incapacitation for work,* incapacité de travail (notamment après accident de travail). **2.** *Jur. :* privation de capacité légale.

**incapacitate** [,inkə'pæsiteit] *v.* **1.** rendre incapable de. *To be incapacitated for work,* être dans l'incapacité de travailler (notamment après accident du travail). **2.** *Jur. :* priver de capacité légale.

**in cash,** en espèces.

**incentive** [in'sentiv] *n.* incitation, stimulant, encouragement. *Incentive bonus scheme,* système de primes d'encouragement.

**inception** [in'sepʃən] *n.* début, commencement, origine(s).

**inch** [intʃ] *n.* pouce = 2,54 cm.

**inch up** *v.* monter, augmenter petit à petit, progressivement.

**incidence** ['insidəns] *n.* incidence, effet, conséquence.

**incident** ['insidənt] *n.* **1.** incident. **2.** accident.

**incident** *adj. Incident to,* qui tient à, attaché à, qui accompagne.

**incidental** [,insi'dentl] *adj.* fortuit, accidentel, imprévu. *Incidental expenses,* faux frais. *Incidental to,* résultant de, inséparable de.

**incidentals** *n.* faux frais.

**incite** [in'sait] *v.* inciter.

**incitement** [in'saitmənt] *n.* incitation, encouragement.

**include** [in'kluːd] *v.* comprendre, renfermer, englober, recouvrir.

**included** [in'kluːdid] y compris, compris.

**including** [in'klu:diŋ] y compris, comprenant ; (date) y compris. *Up to and including July 1st,* jusqu'au 1er juillet compris.

**inclusion** [in'klu:ʒən] *n.* inclusion, fait de comporter, d'inclure, de contenir.

**inclusive** [in'klu:siv] *adj.* total, qui comprend, y compris. *From the 1st to the 15th inclusive,* du 1er au 15 compris, du 1er au 15 inclusivement. *Inclusive charge,* tarif forfaitaire.

**inclusively** [in'klu:sivli] *adv.* inclusivement.

**inclusive rate,** prix, tarif forfaitaire.

**inclusive sum,** somme globale, forfaitaire.

**inclusive terms,** conditions tout compris.

**income** ['inkʌm] *n.* **1.** revenu, revenus. *Earned income,* revenu du travail. *Unearned income,* rente(s). *Gross income,* revenu brut. *Net income,* revenu net. *To supplement one's income,* compléter ses revenus. **2.** *Sociétés :* bénéfice(s).

**income bracket,** tranche de revenus.

**income group,** tranche de revenus. *The lowest income group,* les plus bas revenus, les revenus les plus faibles ; les plus défavorisés ; les économiquement faibles.

**income period,** exercice.

**income return,** déclaration de revenu(s).

**income statement,** compte de résultat(s), compte d'exploitation.

**incomes policy,** politique des revenus.

**income tax,** impôt sur le revenu.

**incoming** ['inkʌmiŋ] *adv.* **1.** qui entre, qui arrive. **2.** (année) qui commence.

**incoming mail,** courrier à l'arrivée.

**incoming order,** commande reçue.

**incomings** *n.* recettes, rentrées ; revenus.

**incompatibility** ['inkəm,pætə'biləti] *n.* incompatibilité, inconciliabilité.

**incompatible** [,inkəm'pætəbl] *adj.* incompatible, inconciliable.

**incompetence** [in'kɔmpitəns] *n.*

incompétence, inhabilité, manque de capacité.

**incompetent** [in'kɔmpitənt] *adj.* incompétent, incapable.

**inconvenience** [inkən'vi:njəns] *n.* **1.** gêne, embarras, dérangement, contretemps, incommodité. *We are sorry to put you to such inconvenience,* nous sommes désolés de vous causer un tel dérangement. **2.** inconvénient.

**inconvenience** *v.* déranger, gêner, causer des embarras.

**inconvenient** [inkən'vi:njənt] *adj.* gênant, peu pratique, peu commode. *If this is not inconvenient to you,* si cela vous convient, si cela ne vous gêne pas, si cela vous agrée.

**inconvertibility** ['inkənvə:tə'biliti] *n.* inconvertibilité, non-convertibilité.

**inconvertible** [,inkən'və:təbl] *adj.* inconvertible, non-convertible.

**incorporate** [in'kɔ:pəreit] *v.* **1.** incorporer, intégrer, fusionner. **2.** former un corps constitué, réunir en société, en particulier, se constituer en société par actions. *Incorporated under the companies Act. Sociétés :* créée, fondée, constituée, conformément à la loi sur les sociétés.

**incorporated** [in'kɔ:pəreitid] *adj.* **1.** incorporé, intégré, fusionné. **2.** constitué en société par actions (l'abréviation Inc. figure souvent dans la raison sociale de telles entreprises U.S.).

**incorporation** [in,kɔ:pə'reiʃən] *n.* **1.** incorporation, intégration, fusion. **2.** constitution en société (par actions).

**increase** ['inkri:s] *n.* augmentation, accroissement, montée, majoration, développement, extension, accélération. *Price increase,* augmentation des prix, montée des prix. *Wage increase,* augmentation des salaires.

**increase** [in'kri:s] *v.* **1.** augmenter, croître, monter, grimper ; grandir, prendre de l'extension, se développer. **2.** augmenter, faire monter ; accroître, agrandir, accélérer.

**increase in prices,** augmentation, montée des prix.

**increase in value,** augmentation de valeurs, plus-value.

**increase in wages,** augmentation de(s) salaire(s).

**increment** ['inkrimənt] *n.* **1.** augmentation. **2.** quantité ajoutée. **3.** (légère) augmentation dans une série d'augmentations semblables ou proportionnelles (indices, retraites, etc.). **4.** *Unearned increment,* plus-value (terrain, etc.).

**increment** *v.* incrémenter (augmenter une variable d'une valeur généralement constante).

**incremental** [inkri'mentl] *adj.* constituant, ayant trait à ou résultant d'une augmentation ; indiciaire. *Incremental cost,* coût différentiel.

**incumbency** [in'kʌmbənsi] *n.* **1.** fait d'occuper une fonction, une charge, un poste administratif, officiel. **2.** durée d'une fonction officielle, d'une charge administrative.

**incumbent** [in'kʌmbənt] **1.** titulaire d'une fonction administrative, d'un poste officiel. **2.** (en période électorale) candidat sortant.

**incumbrance** [in'kʌmbrəns] *n. Jur. :* charges d'une succession.

**incur** [in'kə:] *v.* courir, encourir, risquer, s'attirer, s'exposer à, contracter (dettes). *To incur criticism,* s'exposer aux critiques. *To incur losses,* éprouver, subir des pertes.

**incur no charges,** « sans frais ».

**incur no expenses,** « sans frais ».

**incurred expenses** [in'kə:d] dépenses engagées, frais engagés.

**indebted** [in'detid] *adj.* **1.** endetté. **2.** redevable, reconnaissant.

**indebtedness** [in'detidnis] *n.* **1.** dette, montant d'une dette, endettement. **2.** *Mutual indebtedness,* dettes et créances mutuelles (entre deux parties). **3.** fait d'être redevable (envers quelqu'un).

**indecisive** [indi'saisiv] *adj.* **1.** peu concluant, indécis. **2.** (personne) irrésolu, indécis.

**indefinite** [in'definit] *adj.* **1.** vague, mal défini, incertain, ambigu. **2.** (période, etc.) indéfini, illimité.

**indemnification** [in,dəmnifi'-kei ʃən] *n.* indemnisation, compensation, dédommagement, indemnité.

**indemnify** [in'demnifai] *v.* **1.** in-demniser, dédommager. **2.** exempter d'une sanction.

**indemnitee** [in,demni'ti:] *n.* indemnitaire (personne qui a droit à une indemnité).

**indemnity** [in'demniti] *n.* **1.** indemnité, dédommagement, compensation. **2.** garantie, assurance (contre pertes), cautionnement. **3.** exemption d'une sanction. *He received indemnity for his overdrawn accounts,* on décida de ne pas le pénaliser pour ses comptes à découvert.

**indent** ['indent] *n.* commande, bon de commande, ordre d'achat (reçu de l'étranger).

**indent** [in'dent] *v.* **1.** passer une commande. **2.** *Jur. :* rédiger (contrat, etc.) en partie double.

**indenture** [in'dent ʃə] *n.* contrat synallagmatique, contrat bilatéral. *Bond indenture,* contrat bilatéral d'émission (entre société émettrice d'obligations et obligataires).

**indenture** [in'dent ʃə] *v.* **1.** lier par contrat. **2.** mettre en apprentissage, engager par un contrat d'apprentissage.

**indentures** [in'dent ʃəz] *n.* contrat d'apprentissage.

**indented form** [in'dentid] présentation de lettre avec paragraphes décalés, avec alinéas.

**independent** [indi'pendənt] *n.* commerçant indépendant.

**independent retailer,** *n.* détaillant indépendant.

**independent shopkeeper,** *n.* commerçant indépendant.

**index** ['indeks] *n.* **1.** *Pl. :* **indexes,** index, répertoire, table. *Index, card-index,* fichier. **2.** *Pl. :* **indices, indexes,** indice. *Consumer price index,* indice des prix à la consommation. *Dow Jones index,* indice Dow-Jones à la Bourse de New York (établi à partir d'un certain nombre de valeurs industrielles). **3.** indication, signe, indice.

**index** *v.* **1.** répertorier, fournir un index, ajouter un index. **2.** indexer.

**index-book,** classeur, répertoire (livre).

**index-card** *n.* fiche (de fichier).

**indexing** ['indeksiŋ] *n.* **1.** fait de répertorier, de fournir un index. **2.**

indexation.
**index-linked,** indexé.
**index-number,** indice.
**index-tied,** indexé.
• **indicator** ['indikeitə] *n.* indice, « clignotant ». *Economic indicators,* les indices de la conjoncture.
**indict** [in'dait] *v.* inculper.
**indictment** [in'daitmənt] *n.* inculpation.
**indifferent** [in'difrənt] *adj.* médiocre, quelconque, seulement passable. *Indifferent quality,* qualité médiocre. *Indifferent results,* résultats quelconques.
**indispensable** [,indi'spensəbl] *adj.* 1. indispensable, nécessaire. 2. obligatoire, que l'on ne peut omettre, que l'on ne peut négliger, dont on ne peut se dispenser.
**individual** [,indi'vidjuəl] *n. A private individual,* un simple particulier. *Individual income tax,* impôt sur le revenu des personnes physiques.
**indorsable** [in'dɔ:səbl] *adj.* voir **endorsable,** endossable, transmissible par endos.
**indorse** [in'dɔ:s] *v.* = **endorse.** 1. endosser. 2. avaliser. 3. soutenir, approuver.
**indorsement** [in'dɔ:smənt] *n.* 1. endossement, endos. 2. aval. 3. *Assur. :* avenant.
**indorsee** [indɔ:'si:] *n.* endossataire.
**indorser** [in'dɔ:sə] *n.* endosseur, avaliste, donneur d'aval.
**induce** [in'dju:s] *v.* 1. inciter, induire, amener à, pousser. 2. induire, conclure.
**induced demand** [in'dju:st] demande induite.
**inducement** [in'dju:smənt] *n.* 1. incitation ; mobile, motif, raison, attrait, tentation. 2. *Jur. :* cause (d'un contrat), considération ou avantage à l'origine du contrat.
**induction** [in'dʌkʃən] *n.* 1. induction (raisonnement du particulier vers le général). *Induction of facts,* apport de preuves (par énumération des faits). 2. accueil des nouveaux membres, présentation, introduction. 3. *Armée :* recrutement (par conscription). 4. fait de causer, de créer (à l'origine). *Induction of labor,* création de main-

d'œuvre. *Électr. :* induction. 5. *Mécan. :* admission, entrée, arrivée (des gaz).
**industrial** [in'dʌstriəl] *adj.* 1. industriel. *Industrial site, industrial park* (U.S.), industrial estate (G.B.), zone industrielle. 2. qui a trait aux rapports entre patronat et ouvriers. *Industrial action,* grève, mouvement de grève. *To take industrial action,* faire grève. *Industrial country,* pays industrialisé. *Industrial disease,* maladie professionnelle. *Industrial injury,* accident du travail. *Industrial relations,* relations industrielles, relations entre direction et employés, entre patronat et syndicats.
**industrial design,** esthétique industrielle.
**industrial dispute,** conflit social, conflit du travail.
**industrial drawing,** dessin industriel.
**industrialist** [in'dʌstriəlist] *n.* industriel ; dirigeant d'entreprise.
**industrialize** [in'dʌstriəlaiz] *v.* industrialiser.
**industrials** [in'dʌstriəlz] *n.* valeurs (actions) des sociétés (entreprises) industrielles, valeurs industrielles.
**industrial unrest,** troubles sociaux ; conflits du travail.
**industrialized world** [in'dʌstriəlaizd] monde industrialisé ; ensemble des pays industrialisés.
**industry** ['indəstri] *n.* 1. industrie. *Extracting industries,* industries minières. *Heavy industry,* industrie lourde. *Mining industry,* industrie minière. 2. secteur industriel ou commercial, branche industrielle. *The insurance industry,* les assurances.
**industry-wide,** dans toute l'industrie, dans tout le secteur industriel (industrie en général ou secteur particulier).
**ineffective** [ini'fektiv] *adj.* inefficace, sans effet ; qui ne produit pas d'effet, qui manque son but.
**ineffectiveness** [ini'fektivnis] *n.* inefficacité, manque d'efficacité.
**inefficiency** [ini'fiʃənsi] *n.* 1. inefficacité (d'une mesure, etc.). 2. incapacité, incompétence, inefficacité (d'une personne).

**inefficient** [ini'fiʃənt] *adj.* 1. inefficace (mesure, etc.). 2. incapable, incompétent, inefficace (personne).

**inelastic** [ini'læstik] *adj.* inélastique (demande, etc.), fixe.

**inelasticity** [inilæs'tisiti] *n.* inélasticité (demande, etc.), fixité.

**ineligible** [in'elidʒəbl] *adj.* 1. inéligible (candidat). 2. qui ne remplit pas les conditions requises (postulant, etc.). 3. inacceptable.

**inexpensive** [inik'spensiv] *adj.* bon marché, peu coûteux, pas cher.

**inexperienced** [inik'spiəriənst] *adj.* inexpérimenté, sans expérience, novice.

**inflate** [in'fleit] *v.* gonfler, accroître, grossir, charger. *To inflate the currency,* augmenter la masse monétaire en circulation, avoir recours à l'inflation. *The assets had been artificially inflated,* les actifs avaient été gonflés artificiellement.

**inflation** [in'fleiʃən] *n.* inflation ; gonflement, augmentation. *Double-digit inflation,* inflation à deux chiffres. *Inflation ridden,* en proie à l'inflation.

**inflation accounting,** réévaluation de bilan en fonction de l'inflation.

**inflationary** [in'fleiʃnəri] *adj.* inflationniste. *Inflationary pressures,* pressions inflationnistes.

**inflow** ['infləu] *n.* afflux, arrivée, rentrée. *Inflow of capital,* afflux de capitaux ; apport de capitaux.

**influence** ['influəns] *n.* influence. *Jur. : undue influence,* intimidation.

**influence** ['influəns] *v.* influer sur, influencer.

**influential** [influ'enʃl] *adj.* influent.

**influx** ['inflʌks] *n.* arrivée, afflux.

**inform** [in'fɔːm] *v.* informer, faire savoir, renseigner.

**informal** [in'fɔːml] *adj.* 1. officieux ; non officiel. 2. sans cérémonie ; familier, détendu. 3. *Jur. :* en dehors des règles, des statuts, irrégulier.

**informality** [infɔː'mæliti] *n.* 1. absence de cérémonie ; caractère familier, détendu. 2. *Jur. :* vice de forme, irrégularité.

**informant** [in'fɔːmənt] *n.* 1. informateur, personne qui informe. 2. *Jur. :* déclarant.

**information** [infə'meiʃən] *n.* renseignements, informations. *A piece of information,* un renseignement. *Information bureau, information centre (U.S. center), information office,* bureau des renseignements. *Information desk,* guichet de renseignements. *Information processing,* traitement de l'information. *For further information,* pour plus amples renseignements, pour une information plus complète... *The information explosion,* la révolution dans les moyens de communication, l'explosion des moyens d'information.

**informatics** *n.* informatique.

**infringe** [in'frindʒ] *v.* enfreindre, violer, transgresser. *To infringe a patent,* contrefaire un brevet, être en infraction avec la loi sur les brevets.

**infringement** [in'frindʒmənt] *n.* infraction, violation, empiétement. *Patent infringement,* infraction à la loi sur les brevets, contrefaçon de brevet.

**ingenious** [in'dʒiːnjəs] *adj.* ingénieux.

**ingenuity** [indʒi'njuːiti] *n.* ingéniosité.

**in good repair,** en bon état.

**ingot** ['iŋgət] *n.* lingot.

**inhabit** [in'hæbit] *v.* habiter.

**inhabitant** [in'hæbitənt] *n.* habitant ; résident (dans un immeuble).

**inherit** [in'herit] *v.* hériter.

**inheritance** [in'heritəns] *n.* héritage, succession ; patrimoine. *To come into an inheritance,* faire un héritage.

**inheritance tax,** impôt sur les successions.

**inheritor** [in'heritə] *n.* héritier.

**inheritress** [in'heritres] *n.* (fém.) héritière.

**inheritrix** [in'heritriks] *n.* héritière.

**in-house training,** formation interne, dans l'entreprise.

**in ink,** à l'encre.

**initial** [i'niʃəl] *adj.* initial, d'origine.

**initial expenses,** (commerce, société...) frais de premier établissement.

**initial** *v.* parapher, viser, émarger ; authentifier un document en y apposant ses initiales.

**initials** [i'niʃəlz] *n.* initiales, paraphe.

**initiate** [i'niʃieit] *v.* commencer, lancer, instaurer, inaugurer, être à l'origine de, entamer, engager (procédure). *To initiate a bill,* proposer un projet de loi.

**initiate proceedings** *v.* instituer, entamer, engager des poursuites.

**initiation** [iniʃi'eiʃən] *n.* commencement, début ; fait d'entamer (procédure), fait de proposer (projet de loi) ; (entreprise) débuts, premier établissement.

**initiative** [i'niʃiətiv] *n.* initiative.

**initiative** *adj.* préliminaire, préparatoire, introductif.

**initiator** [i'niʃieitə] *n.* initiateur ; lanceur (d'une idée) ; personne à l'origine de...

**initiatory** [i'niʃiətəri] *adj.* préparatoire, préliminaire, introductif.

**injunction** [in'dʒʌŋkʃən] *n.* injonction, ordre. *Court injunction,* arrêt d'un tribunal, mise en demeure.

**injure** [ˈindʒə] *v.* 1. blesser. 2. nuire à, léser, porter préjudice à, faire du tort à. 3. endommager, abîmer, avarier.

**injured** [ˈindʒəd] *adj.* 1. blessé. *The injured,* les blessés, les accidentés. 2. lésé, à qui on a fait du tort, offensé. *The injured party,* la partie lésée, l'offensé(e). 3. gâté, avarié, endommagé.

**injury** [ˈindʒəri] *n.* 1. blessure ; lésion. *Personal injury, bodily injury,* dommage corporel, accident corporel. *Injuries to workmen,* accidents du travail. 2. préjudice, tort, atteinte. 3. dommage, dégâts, avaries.

**ink** [iŋk] *n.* encre. *Black ink,* position créditrice. *Red ink,* position débitrice. *Rising red ink,* augmentation du déficit.

**inland** [ˈinlənd] *adj.* intérieur. *Inland navigation,* navigation intérieure, navigation fluviale. *Inland trade,* commerce intérieur. *Inland freight,* fret terrestre.

**inland bill,** traite sur l'intérieur.

**inland rate,** tarif, régime intérieur (postes, etc.).

**Inland Revenue** (the), (G.B.) le fisc, les contributions.

**inland waterways,** voies navigables, voies fluviales, canaux.

**innovate** [ˈinəuˈveit] *v.* innover.

**innovation** [inəuˈveiʃən] *n.* innovation.

**innovator** [ˈinəuveitə] *n.* innovateur, novateur.

**inobservance** [inəbˈzɜːvəns] *n.* inobservation, non-respect (d'une clause, d'un contrat).

**inordinate** [iˈnɔːdinit] *adj.* excessif, immodéré, démesuré, injustifié. *Inordinate spending,* dépenses immodérées.

**in-plant,** (ayant lieu) sur le lieu de travail, à l'intérieur de l'usine. *In-plant training program* (U.S.), programme de formation sur le lieu de travail (à l'usine).

**input** [ˈinput] *n.* input, alimentation, puissance fournie ou absorbée, arrivée, nombre d'éléments, d'unités, etc., fournis ; somme d'informations fournies ; somme de données fournies, etc.

**inquiry** [inˈkwaiəri] *n.* 1. demande de renseignements. *To make inquiries into something,* se renseigner sur quelque chose ; étudier, faire des recherches. *Inquiry office, inquiries office,* bureau, service, guichet de renseignements. 2. *judicial inquiry,* enquête judiciaire, instruction.

**inquire** [inˈkwaiə] *v.* 1. se renseigner, s'informer, demander, demander des renseignements. 2. enquêter, faire des recherches. *I'll inquire into the matter personally,* j'étudirai l'affaire personnellement.

**inroad** [ˈinrəud] *n.* incursion, raid ; empiétement. *To make inroads into a market,* lancer des attaques sur un marché, pénétrer un marché.

**inscribe** [inˈskraib] *v.* inscrire.

**inscribed stock** [inˈskraibd] titres inscrits, nominatifs, actions nominatives, inscrites.

**inscription** [inˈskripʃən] *n.* inscription. *Inscriptions,* titres nominatifs, actions nominatives.

**insert** [ˈinsəːt] *n.* encart.

**insert** [in'sə:t] *v.* insérer, faire figurer (clause, article). *To insert an ad,* faire passer une petite annonce, insérer une petite annonce.

**insertion** [in'sə:ʃən] *n.* insertion, apposition (d'une clause). *Insertion order,* ordre d'insérer.

**inset** ['inset] *n.* encart ; feuillet intercalaire.

**inside information** *n.* (bourse) information privilégiée.

**insider** [in'saidə] *n.* initié, personne qui fait partie d'une organisation. *Company insider,* membre d'une société (en particulier, le mot « insider » désigne une personne ayant accès à des informations confidentielles en raison de sa fonction ou de son rang dans une organisation. Dans le domaine boursier, le terme s'applique aux cadres ou dirigeants d'une entreprise ou aux détenteurs de plus de 10 % de la valeur des actions cotées de cette entreprise).

**insider trading** *(Bourse)* délit d'initié (utilisation illégale à des fins de profit d'informations privilégiées auxquelles on a accès de par ses fonctions).

**insist** [in'sist] *v.* insister. *To insist on payment,* exiger le paiement.

**insofar as,** dans la mesure où.

**insolvency** [in'sɔlvənsi] *n.* insolvabilité ; défaillance d'entreprise.

**insolvent** [in'sɔlvent] *adj.* insolvable.

**inspect** [in'spekt] *v.* inspecter, examiner, contrôler, vérifier.

**inspection** [in'spekʃən] *n.* inspection, examen ; contrôle, vérification, surveillance ; visite (médicale, en cas de dommage corporel) ; étude du dossier individuel d'un demandeur d'assurance. *Inspection copy,* exemplaire d'un livre en spécimen. *Douanes : Inspection order,* bon d'ouverture. *To buy goods on inspection,* acheter sur examen.

**inspector** [in'spektə] *n.* inspecteur, contrôleur, surveillant, vérificateur, visiteur. *Tax inspector,* contrôleur fiscal, inspecteur fiscal, contrôleur des contributions.

**install** [in'stɔ:l] installer, monter, poser. *To install a plant,* installer une usine, monter une usine, implanter une usine, s'implanter.

**installation** [instə'leiʃən] *n.* **1.** installation, pose, montage. **2.** appareils, installations.

**instalment, (U.S.) installment** [in'stɔ:lmənt] *n.* **1.** versement partiel, acompte. *Monthly instalment,* mensualité. *To pay by instalments,* payer à tempérament, par versements échelonnés. **2.** tranche (emprunt, crédit...).

**instalment contract,** contrat d'achat, de vente, à crédit.

**instalment credit,** crédit à la vente, à l'achat.

**instalment loan,** crédit (prêt) pour achat à tempérament.

**instalment payment,** règlement à tempérament.

**instalment plan,** plan, système, calendrier de paiement à tempérament.

**instalment selling,** vente à tempérament, vente à crédit.

**instant** ['instənt] *adj.* **1.** immédiat. **2.** (abrégé en **inst.**) courant, de ce mois. *On the 10th instant,* le 10 courant, le 10 de ce mois (considéré comme désuet).

**institute** ['institju:t] *v.* **1.** établir, fonder, créer, constituer (une société). **2.** instituer, engager, entamer, intenter. *To institute an inquiry,* ordonner une enquête. **3.** *Jur. : To institute somebody as heir,* instituer quelqu'un héritier.

**institute proceedings** *v.* engager, entamer, instituer des poursuites, intenter un procès, porter plainte, poursuivre en justice.

**institution** [insti'tju:ʃən] *n.* **1.** institution, établissement, organisation, association, fondation. **2.** constitution création, fondation (d'un organisme). **3.** ouverture, institution (d'une enquête). **4.** *Jur. :* institution (d'un héritier).

**institutional investor** [insti't-ju:ʃənl] investisseur institutionnel (banque, etc.).

**institutional advertising,** publicité institutionnelle, publicité de prestige.

**institutional trading,** transactions boursières des investisseurs institutionnels.

**instruct** [in'strʌkt] *v.* **1.** informer, renseigner, instruire d'un fait. **2.** donner des instructions à, donner des directives à. **3.** charger (quelqu'un de faire quelque chose).

**instruction book** [in'strʌkʃən] carnet (livret) d'entretien, manuel d'entretien ; livret d'instructions.

**instructions** *n.* instructions, directives, indications, consignes, ordres ; mandat, charge.

**instructions for use,** mode d'emploi, conseils d'utilisation.

• **instrument** ['instrumənt] *n.* **1.** instrument, appareil. *Instrument board, instrument panel,* tableau de bord. **2.** instrument de commerce, de crédit. *Financial instrument,* instrument financier. *Negotiable instrument,* effet négociable. **3.** *Jur. :* acte, document officiel, acte notarié.

**instrumental (to be)** [instru'-mentəl] contribuer. *His decision was instrumental in bringing about the strike,* sa décision a contribué à provoquer la grève.

**insulate** ['insjuleit] *v.* isoler, calorifuger ; protéger.

**insulation** [insju'leiʃən] *n.* isolation. *Heat insulation,* isolation calorifuge.

**insulator** ['insjuleitə] *n.* isolant ; isolateur.

**insurable** [in'ʃuərəbl] *adj.* assurable, susceptible d'être assuré.

**insurance** [in'ʃuərəns] *n.* assurance. *To take out an insurance (policy),* prendre une assurance, souscrire une assurance, s'assurer. *Burglary insurance,* assurance vol. *Comprehensive insurance,* assurance multirisque. *Fire insurance,* assurance incendie. *Fire and theft insurance,* assurance vol et incendie. *Life insurance,* assurance vie. *Marine insurance,* assurance maritime. *National insurance,* Sécurité Sociale. *Third-party insurance,* assurance au tiers.

**insurance-broker,** courtier d'assurance, agent d'assurance, assureur.

**insurance company,** compagnie d'assurance.

**insurance policy,** police d'assurance, assurance.

**insurance premium,** prime d'assurance.

**insure** [in'ʃuə] *v.* (v.t.) **1.** assurer. **2.** faire assurer. **3.** assurer, garantir

(l'exécution de). (v.i.) s'assurer, se faire assurer).

**insured** [in'ʃuəd] *n.* *The insured,* l'assuré, les assurés.

**insured** *adj.* assuré.

**insurer** [in'ʃuərə] *n.* assureur.

**intangible** [in'tændʒəbl] *adj.* incorporel. *Intangible asset,* actif incorporel, immobilisation incorporelle. *Intangible property,* bien incorporel.

**intangible** *n.* immobilisation incorporelle.

**integrate** ['intigreit] *v.* **1.** intégrer. **2.** concentrer, fusionner. **3.** s'intégrer. **4.** pratiquer la déségrégation.

**integration** [inti'greiʃən] *n.* **1.** intégration. **2.** déségrégation.

**integrated circuit** ['intigreitid] circuit intégré.

**intensive** [in'tensiv] *adj.* intensif. *Capital-intensive industry, labour-intensive industry,* industrie de capitaux, industrie de main-d'œuvre.

**intent** [in'tent] *n.* intention, but. *Jur. : With intent,* de propos délibéré. *To all intents and purposes,* à tous égards ; virtuellement.

**interactive** *adj.* interactif.

**interchangeable** [intə't ʃeindʒəbl] *adj.* interchangeable, permutable.

**intercom** [intəkəm] interphone.

**interconnected** [,intəkə'nektid] *adj.* interconnecté, relié ; dépendants l'un de l'autre.

**intercourse** ['intəkɔ:s] *n.* relation(s), rapport(s), commerce, échanges, communication(s).

**interdependence** [intədi'pendəns] *n.* interdépendance.

**interdependent** [intədi'pendənt] *adj.* interdépendant.

**interest** ['intrist] *n.* **1.** intérêt. *To bear, to carry, to yield an interest,* produire, porter, servir un intérêt. *Back interest,* arrérages. *Compound interest,* intérêt composé. **2.** participation, placement, investissement, capitaux. *To have a vested interest in a concern,* avoir des capitaux dans, être intéressé dans une entreprise. *Vested interests,* les intérêts acquis, les intérêts des gens en place. **3.** avantage, profit.

**interest** *v.* intéresser.

**interest-bearing,** qui produit un intérêt. *Interest-bearing invest-*

*ment,* investissement qui produit un intérêt. *Interest-bearing securities,* valeurs productives d'intérêt.

**interested** ['intristid] *adj.* intéressé ; impliqué, concerné. *To be interested in something,* s'intéresser à quelque chose.

**interest rate,** taux d'intérêt.

**interface** ['intəfeis] *n.* interface.

**interfere** [intə'fiə] *v.* s'ingérer, s'immiscer, s'interposer, se mêler, gêner, entraver, contrarier, porter atteinte.

**interference** [intə'fiərəns] *n.* ingérence, intrusion, immixtion, intervention inopportune.

**interim** ['intərim] *n.* intérim.

**interim** *adj.* intérimaire, provisoire, transitoire.

**interim dividend,** acompte sur dividende, dividende provisoire.

**intermediary** [intə'mi:djəri] *n.* intermédiaire ; *Jur. :* personne interposée.

**intermediary** *adj.* intermédiaire.

**intermediate** [intə'mi:djət] *adj.* intermédiaire ; moyen ; à moyen terme. *Intermediate credit,* crédit à moyen terme.

**intermediates** [intə'mi:djəts] *n.* produits intermédiaires.

**intermission** [intə'miʃən] *n.* interruption, pause, entracte, arrêt. *Without intermission,* sans trêve, sans arrêt, sans relâche.

**in terms of** [in 'tə:mz əv] sous l'angle de, pour ce qui est de, dans le domaine de, en termes de.

**internal** [in'tə:nl] *adj.* intérieur, interne. *Internal rate of return,* taux interne de rentabilité.

**internal audit,** *Comptab. :* contrôle interne, audit interne.

**internal auditor,** auditeur interne.

**Internal Revenue Service (I.R.S.),** (U.S.) le fisc.

**internal trade,** commerce intérieur.

**international** [intə'næʃənl] *adj.* international. *International union (U.S.) :* syndicat US existant aussi dans un autre pays (en général le Canada).

**International Monetary Fund (I.M.F.),** Fond monétaire international (F.M.I.).

**internationalization**

['intə,næʃnəlai 'zeiʃən] *n.* internationalisation.

**internationalize** [intə'næʃnəlaiz] *v.* **1.** internationaliser. **2.** s'internationaliser.

**internationally** [intə'næʃənli] *adv.* internationalement.

**internship** [in'tə:nʃip] *n.* **1.** (médecine, etc.) internat. **2.** stage en entreprise.

**interphone** [intə'fəun] *n.* interphone.

**interpret** [in'tə:prit] *v.* **1.** interpréter, expliquer, déchiffrer. **2.** faire l'interprète, interpréter.

**interpretation** [in,tə:pri'teiʃən] *n.* **1.** interprétation. **2.** interprétariat.

**interpreter** [in'tə:pritə] *n.* interprète.

**interrelated** [,intəri'leitid] *adj.* lié, relié, dépendants l'un de l'autre, en rapport étroit.

**interrelation** [intəri'leiʃən] *n.* relation mutuelle, influence réciproque ; interaction.

**interrupt** [intə'rʌpt] *v.* interrompre.

**interstate** [intə'steit] *adj.* entre États (utilisé spécialement pour les relations entre les différents États des États-Unis). *Interstate commerce,* le commerce entre États.

**intervene** [intə'vi:n] *v.* intervenir.

**intervention** [intə'venʃən] *n.* intervention.

**interventionism** *n.* interventionisme.

**interview** ['intəvju:] *n.* entrevue ; entretien, interview. *To ask for an interview,* demander un entretien, demander un rendez-vous.

**interview** *v.* interviewer ; avoir une entrevue avec.

**interviewee** ['intəvju:i:] *n.* interviewé, personne interviewée.

**interviewer** ['intəvju:ə] *n.* interviewer.

**in the long run,** à long terme.

**in the short run,** à court terme.

**intimate** ['intimit] *adj.* intime.

**intimate knowledge,** connaissance approfondie.

**in the black,** *To be in the black,* avoir une position créditrice. *To be back in the black, to return to the black,* redevenir créditeur.

**in the red,** en déficit, débiteur.

**introduce** [intrə'djuːs] *v.* **1.** présenter. *May I introduce Mr X to you,* je vous présente Mr X. **2.** établir, faire adopter, introduire. *This new clause was introduced last May,* cette nouvelle clause a été adoptée en mai dernier. *To introduce a bill,* déposer, présenter un projet de loi. **3.** introduire, introduire à la cote, introduire en bourse. **4.** *To introduce a product on the market,* lancer un produit sur lé marché. *Introducing...,* (au cinéma) avec, pour la première fois...

**introduction** [intrə'dʌkʃən] *n.* **1.** présentation (de quelqu'un à quelqu'un d'autre). *Letter of introduction,* lettre d'introduction, de recommandation. **2.** introduction (d'une mesure), dépôt, introduction (d'une proposition, etc.). **3.** introduction en bourse.

**introductory** [intrə'dʌktəri] *adj.* d'introduction, liminaire. *Introductory offer,* offre promotionnelle (lors du lancement d'un produit ou service, pour un premier abonnement, etc.).

**invade** [in'veid] *v.* envahir.

**invalidate** [in'vælideit] *v.* invalider, casser, annuler, vicier, infirmer.

**invalidation** [invæli'deiʃən] *n.* **1.** invalidation, cassation, infirmation. **2.** action en nullité.

**invalidity** [invə'liditi] *n.* **1.** invalidité (contrat, etc.). **2.** invalidité, incapacité de travail.

**inventories** ['invəntriz] *n. pl. Comptab. :* valeurs d'exploitation, stocks.

**inventory** ['inventri] *n.* **1.** stock. *Beginning inventory,* stock initial (en début d'exercice). *Closing inventory,* stock final (en clôture d'exercice). **2.** inventaire. **3.** état des lieux.

**inventory** *v.* inventorier, faire l'inventaire (en particulier, faire l'inventaire chiffré des actifs).

**inventory control,** contrôle des stocks.

**inventory management,** gestion des stocks.

**invest** [in'vest] *v.* **1.** investir, placer, faire un, des placement(s), mettre des fonds. **2.** confier (une responsabilité à quelqu'un), investir (quelqu'un d'une responsabilité, mission, etc.). *To invest someone with a function,* investir quelqu'un d'une fonction. *Most of the real power is invested in the board,* la plus grande partie du pouvoir réel est confiée au conseil, c'est le conseil qui détient la plus grande part du véritable pouvoir.

**investigate** [in'vestigeit] *v.* faire des recherches, étudier, enquêter, examiner. *We will investigate the matter thoroughly,* nous examinerons l'affaire minutieusement.

**investigation** [investi'geiʃən] *n.* enquête, investigation, recherche, examen, étude, instruction (d'un litige).

**investigator** [in'vestigeitə] *n.* enquêteur, investigateur, chercheur.

**investment** [in'vestmənt] *n.* investissement, placement, mise de fonds, portefeuille (de titres). *Closed-end investment trust,* société de placement à capital fixe. *Open-end investment trust,* société de placement à capital variable (cf. SICAV). *Fixed-yield investment,* placement à revenu, à rendement fixe. *Investment bank, investment banker,* banque de placement, d'investissement, (U.S.) banque d'affaires. *Investment company / fund / house,* société d'investissement, société de placement collectif. *Investment tax-credit,* avoir fiscal (actions), crédit d'impôt (obligations).

**investor** [in'vestə] *n.* investisseur ; épargnant. *Small investors,* petits épargnants. *Institutional investors,* investisseurs institutionnels.

**in view of,** en raison de.

**invisible** [in'vizəbl] *adj.* invisible. *Invisible exports,* exportations invisibles.

**invisibles** [in'vizəblz] *n.* exportations invisibles, importations invisibles, exportations et importations invisibles.

**invitation** [invi'teiʃən] *n.* invitation. *Invitation to tender, invitation for tenders,* adjudication.

**invite** [in'vait] *v.* inviter, faire appel. *Applications are invited for*

*the position of,* on fait appel aux candidatures pour le poste de...
**invoice** ['invɔis] *n.* facture, note. *As per invoice,* conformément à la facture. *Consular invoice,* facture consulaire. *Pro forma invoice,* facture pro-forma. *To make out an invoice,* établir une facture. *To receipt an invoice,* acquitter une facture.
**invoice** *v.* facturer.
**invoice-book,** facturier (journal, livre).
**invoice-clerk,** facturier (personne).
**invoicing** ['invɔisiŋ] *n.* facturation.
**involve** [in'vɔlv] *v.* 1. impliquer, comporter, entraîner. 2. engager, mêler, impliquer quelqu'un. *To be involved in exports,* s'occuper d'exportation. *To be involved in a law suit,* être impliqué dans un procès.
**involved** [in'vɔlvd] 1. *To be involved in something,* être engagé dans (une activité) ; être mêlé à, impliqué dans. 2. compliqué, complexe. *An involved situation,* une situation compliquée, complexe.
**involvement** [in'vɔlvmənt] *n.* 1. implication, fait d'être impliqué dans. 2. complication ; confusion. 3. difficultés financières.
**inward** ['inwəd] *adj.* intérieur, interne, vers l'intérieur. *Inward bill of lading,* connaissement d'entrée. *Navire : Inward bound,* sur le chemin du retour, en retour.
**IOU** [aiəu'juː] *n.* = I owe you, je vous dois. Reconnaissance de dette (qui n'a pas nécessairement une valeur légale).
**iron** ['aiən] *n.* fer. *Iron-ore,* minerai de fer. *Corrugated iron,* tôle ondulée.
**iron-clad,** à toute épreuve, intégral, « en béton ».
**iron out** *v.* aplanir (une difficulté).
**iron and steel industry,** industrie sidérurgique.
**ironmonger** ['aiən,mʌŋgə] *n.* quincailler.
**ironworks** ['aiənwəːks] *n.* fonderie, usine sidérurgique.
**irredeemable** [iri'diːməbl] *adj.* 1. irrachetable, irremboursable. 2. irrémédiable.

**irregular** [i'regjulə] *adj.* irrégulier.
**irrelevant** [i'reləvənt] *adj.* non pertinent, sans rapport avec le problème, la question, hors sujet.
**irrespective of** [iri'spektiv] *adj.* indépendant de.
**irrespective of** *adv.* indépendamment de, sans tenir compte de.
**irresponsibility** ['irispɔnsə'biliti] *n.* irresponsabilité.
**irresponsible** [iri'spɔnsəbl] *adj.* 1. irresponsable ; qui manque de sens des responsabilités ; qui n'est pas maître de ses actes, inconscient. 2. (acte) irréfléchi, qui relève de l'inconscience. 3. *Financially irresponsible,* insolvable.
**irrevocable** [i'revəkɔbl] *adj.* irrévocable. *Irrevocable letter of credit,* lettre de crédit irrévocable.
**isothermal, isothermic** [aisəu'θəːml, aisəu'θəːmik] *adj.* isotherme.
**issuance** ['iʃuəns] *n.* 1. émission, mise en circulation. 2. délivrance (brevet, permis de conduire).
**issue** ['iʃuː] *n.* 1. mise en circulation, parution, publication, lancement. 2. numéro, édition (d'une revue). *This month's issue,* le numéro de ce mois. 3. *Fin., Bourse :* émission. *Issue at par,* émission au pair. *Issue above par,* émission au-dessus du pair. *Issue below par,* émission au-dessous du pair. 4. problème, question (controversée). *A point at issue,* un point controversé, contesté. *To take issue with somebody,* exprimer son désaccord avec quelqu'un.
**issue** *v.* 1. émettre, mettre en circulation, lancer, publier. *To issue shares,* émettre des actions. *To issue a statement,* émettre, publier un communiqué. 2. *To issue from,* provenir de.
**issue a cheque** *v.* émettre un chèque.
**issuer** ['iʃuə] *n.* émetteur, distributeur.
**issuing** ['iʃu:iŋ] *n.* 1. émission, lancement. 2. publication. 3. délivrance, distribution (billets, etc.).
**issuing** *adj.* 1. émetteur, d'émission. *Issuing bank,* banque émettrice. *Issuing house,* banque de placement. 2. *Issuing from,* provenant

de.

**item** ['aitəm] *n.* **1.** article. **2.** (compte) écriture, entrée, rubrique, poste. *News item,* fait divers. *Item on the agenda,* question à l'ordre du jour.
**itemization** ['aitəmai'zei\ən] *n.* détail (d'un compte), liste détaillée.

**itemize** ['aitəmaiz] *v.* détailler, établir une liste détaillée.
**itemized invoice,** facture détaillée.
**itinerant vendor** [ai'tinərənt] marchand ambulant ; marchand forain.

# J

**jack** [dʒæk] *n.* **1.** (Élec.) fiche. **2.** (Autom.) cric.
**jackpot (to hit the)** ['dʒækpɔt] gagner une grosse somme, gagner le gros lot, réussir.
**jack up** [dʒæk] *v.* relever, hausser, majorer (prix).
**jaded** [dʒeidid] *adj.* blasé ; excédé. *Jaded consumers,* consommateurs blasés.
**jail** [dʒeil] *n.* prison.
**jail** *v.* emprisonner, mettre en prison, incarcérer.
**jam** [dʒæm] *n.* (circulation) embouteillage.
**jam** *v.* **1.** brouiller, interférer. **2.** embouteiller (circulation).
**jar** [dʒaː] *n.* bocal ; récipient ; pot.
**jawbone** ['dʒɔːbəun] *n.* (U.S.) intimidation ou autorité personnelle, en particulier intervention active du Président des États-Unis dans l'économie, en donnant des injonctions à tel ou tel secteur industriel.
**jawbone** *v.* (U.S.) faire acte d'autorité personnelle ou d'intimidation, en particulier pour le Président des États-Unis, intervenir directement dans le domaine économique en donnant des injonctions à tel ou tel secteur industriel.
**jeopardize** ['dʒepərdaiz] *v.* menacer, mettre en danger.
**jeopardy** ['dʒepərdi] *n.* danger. *Jeopardy clause,* clause de sauvegarde.
**jerry-built** ['dʒeribilt] *adj.* (immeuble, maison) de mauvaise qualité, mal construit(e).
**jet-lag** *n.* fatigue due au décalage horaire sur les vols internationaux.
**jetsam** ['dʒetsəm] *n.* épave.
**jet-speed** *v.* envoyer en express par avion.
**jettison** ['dʒetisən] *v.* jeter à la mer, larguer.

**jettison** *n.* jet à la mer.
**jetty** ['dʒeti] *n.* jetée, quai.
**jewel** ['dʒuːəl] *n.* bijou.
**jeweller** ['dʒuːələ] *n.* bijoutier.
**jewelry** ['dʒuːəlri] *n.* bijoux.
**jingle** ['dʒingl] *n.* indicatif musical (publicité), chanson publicitaire.
**job** [dʒɔb] *n.* emploi, poste, place. *To be in a job,* avoir un emploi. *To have a job :* a) avoir un métier ; b) avoir un emploi. *To look for a job,* chercher du travail. *Job with a future,* métier d'avenir.
**job** *v.* agioter, spéculer.
**job cuts,** (U.S.) **job cutbacks,** suppressions d'emplois.
**job definition,** définition de poste, profil de poste, définition des fonctions.
**job description,** profil de poste.
**job enrichment** *n.* enrichissement des tâches.
**job flexibility,** flexibilité de l'emploi.
**job generation,** création d'emploi.
**job-holder** *n.* titulaire (d'un emploi), détenteur d'un emploi.
**job-hopping,** changement d'emploi, d'employeur.
**job-hunting,** recherche d'emploi.
**job lot** *n.* articles soldés, articles dépareillés, lot d'articles d'occasion.
**job-related injury,** accident du travail.
**job satisfaction,** satisfaction professionnelle.
**job search,** recherche d'emploi.
**job-seeker** *n.* demandeur d'emploi.
**jobber** ['dʒɔbə] *n.* **1.** grossiste et/ou demi-grossiste (U.S.). **2.** « négociant » en valeurs mobilières (G.B. : à la bourse de Londres, les courtiers passaient par leur inter-

médaire pour se procurer ou vendre des titres). *Jobber's turn,* la marge du « jobber ».

**jobbing** ['dʒɔbiŋ] *n.* **1.** vente en gros, demi-gros. **2.** *Bourse :* courtage.

**jobless** ['dʒɔbləs] *adj.* sans emploi, en chômage. *Jobless benefits,* allocations chômage. *Jobless rate, jobless figure(s),* nombre des chômeurs.

**joblessness** ['dʒɔbləsnəs] *n.* chômage.

**job vacancy,** poste à pourvoir.

**join** [dʒɔin] *v.* adhérer, entrer dans. *To join a firm,* entrer dans une entreprise.

**joint** [dʒɔint] *adj.* commun, solidaire, co-, etc. *Joint and several,* conjoint et solidaire. *Joint committee,* commission mixte. *Joint management,* codirection. *Joint ownership,* a) copropriété ; b) indivision. *Joint stock,* capital social. *Joint stock company,* société par actions. *Joint venture,* participation, entreprise commune. (Voir **venture**.)

**joint account,** compte joint ; compte mixte.

**jointly** ['dʒɔintli] *adv.* **1.** conjointement. *Jointly and severally,* conjointement et solidairement. **2.** contradictoirement.

**joint-management** *n.* cogestion.

**joint-stock company** *n.* société par actions.

**jointure** ['dʒɔintʃə] *n.* **1.** indivision entre époux. **2.** douaire.

**joint-venturer,** co-entrepreneur.

**journal** ['dʒə:nl] *n.* journal. *Bought journal,* livre des achats. *Subsidiary journal,* journal auxiliaire.

**journalist** ['dʒə:nəlist] *n.* journaliste.

**journey** ['dʒə:ni] *n.* voyage, trajet, parcours.

**journey-man** ['dʒə:nimən] *n.* **1.** compagnon. **2.** ouvrier qualifié.

**judg(e)ment** ['dʒʌdʒmənt] *n.* jugement, arrêt. *Enforceable judgment,* arrêt exécutoire.

**judicial** [dʒu:'diʃə] *adj.* judiciaire. *Judicial factor* (U.S.), syndic de faillite.

**juggernaut** ['dʒʌgənɔ:t] *n.* poids lourd avec remorque ou semi-remorque.

**jugulate** ['dʒʌgjuleit] *v.* juguler.

**jumbo jet** ['dʒʌmbəu dʒet] *n.* (avion) gros porteur.

**jump** [dʒʌmp] *v.* augmenter rapidement (prix), faire un bond.

**jump** *n.* hausse, bond. *A sudden jump in prices,* une brusque hausse des prix.

**jump bail** *v.* disparaître alors qu'on est en liberté sous caution.

**jump to a conclusion** *v.* tirer une conclusion prématurée, arriver trop vite à une conclusion.

**junction** ['dʒʌŋkʃən] *n.* **1.** embranchement, bifurcation, nœud ferroviaire. **2.** gare.

**jungles** [dʒʌŋglz] *n. Bourse :* valeurs ouest-africaines.

**junior** ['dʒu:njə] *adj.* moins ancien, subalterne, débutant. *Junior clerk,* petit employé. *Junior debt,* dette de deuxième rang. *Junior executive,* cadre débutant. *Junior market, (Bourse)* second marché.

**junk** [dʒʌŋk] *n.* camelote, pacotille.

**junk** *v.* jeter, mettre au rebut.

• **junk bond,** « obligation camelote », émise pour financer le rachat d'une société. (Voir **Leveraged Management Buy Out**.)

**junk mail,** courrier publicitaire considéré comme sans intérêt par le destinataire.

**juridical** [dʒuə'ridikəl] *adj.* juridique, judiciaire. *Juridical person,* personne morale.

**jurisdiction** [dʒuəris'dikʃən] *n.* juridiction, compétence. *Within our jurisdiction,* de notre compétence.

**juror** ['dʒuərə] *n.* juré, membre d'un jury.

**justice** ['dʒʌstis] *n.* **1.** justice. **2.** juge. *Justice of the peace,* juge de paix.

**justify** ['dʒʌstifai] *v.* justifier. *Jur. : To justify bail,* justifier de sa solvabilité avant de fournir une caution.

**jute** [dʒu:t] *n.* jute.

# K

**kaffirs** ['kæfəz] *n.* valeurs sud-africaines.

**keel** [kiːl] *n.* quille (d'un bateau).

**keelage** ['kiːlidʒ] *n.* droit(s) de mouillage.

**keen** [kiːn] *adj.* vif, fort. *Competition was keen,* la concurrence était vive.

**keep** [kiːp] *v.* **1.** garder, tenir, conserver, maintenir. « *keep dry* », craint l'humidité. **2.** se conserver. **3.** tenir, faire commerce. *To keep a shop,* tenir un magasin. **4.** vendre, avoir en stock. *We no longer keep this article,* nous ne faisons plus cet article. **5.** respecter, observer. *We shall keep the delivery date,* nous respecterons le délai de livraison.

**keep abreast of** *v.* se tenir au courant de, se tenir informé sur, suivre les progrès de.

**keep ahead of** *v.* avoir de l'avance sur. *Demand is still keeping ahead of supply,* la demande excède l'offre.

**keep down** *v.* empêcher d'augmenter, tenir, maintenir.

**keep out** *v.* empêcher la pénétration de. *To keep out foreign goods,* empêcher l'importation de marchandises étrangères.

**keep up** *v.* empêcher de baisser, tenir, maintenir.

« **keep dry** », (à) maintenir dans un endroit sec, au sec.

**keep going** *v.* continuer à fonctionner, ne pas s'arrêter.

« **keep in a cool place** », (à) maintenir au frais, (à) garder au frais.

**keep posted up** *v.* se tenir au courant. *To keep somebody posted (up),* tenir quelqu'un au courant.

**keep up with** *v.* garder le rythme de, se maintenir au niveau de. *Consumers cannot keep up with rising prices,* les consommateurs n'arrivent pas à suivre le rythme de la hausse des prix.

**keg** [keg] *n.* petit tonneau, fût (notamment pour la bière).

**kerb** [kəːb] *n.* bord (de trottoir). *Kerb-stone broker* (U.S.), coulissier. *Kerb-stone market,* coulissse.

**key** [kiː] *n.* clé. *Key-telephone,* téléphone à touches.

**key** *adj.* essentiel, clé. *Key issue,* problème essentiel/principal, problème clé.

**key-audience** [kiː] public principal.

**keyboard** ['kiːbɔːd] *n.* clavier (de machine à écrire, de terminal).

**key code** (télex) clef de contrôle.

**key economic indicators,** principaux indicateurs économiques, tableau de bord de l'économie.

**key market monitors,** principaux indicateurs économiques.

**key money,** dessous de table (pour location d'appartement), reprise.

**keynote** ['kiːnəut] *n.* la note dominante. *Keynote address,* discours d'ouverture.

**keyword** ['kiːwəːd] *n.* mot clé.

**kick** [kik] *v.* pousser.

**kick-back** ['kikbæk] *n.* pot-de-vin.

**kick back** *v.* verser un pot-de-vin.

**kick out** *v.* renvoyer.

**kick upstairs** *v.* se débarrasser de quelqu'un en le nommant à un poste honorifique.

**killing** ['kiliŋ] *n.* (en bourse) gain, profit soudain et considérable.

**kind** [kaind] *adj.* aimable, bienveillant. *Would you be kind enough to send us...,* voudriez-vous avoir l'obligeance de nous envoyer...

**kind** *n.* genre, espèce, classe, sorte, variété, catégorie ; nature. *In kind,* en nature. *To repay somebody in kind,* rendre à quelqu'un la monnaie de sa pièce.

**in kind** *loc.* en nature.

**kindly** ['kaindli] *adv.* avec bienveillance (avant un verbe, peut se traduire par : « prière de, je vous prie de, veuillez, ayez la gentillesse de... »).

**kit** [kit] *n.* **1.** équipement. **2.** objet en pièces détachées et à assembler soi-même, prêt-à-monter ; panoplie.

**kite** [kait] *n.* **1.** cerf-volant. *To*

*fly a kite,* lancer un ballon d'essai. **2.** traite en l'air, effet de cavalerie.

**kite upward** *v.* monter en flèche (prix).

**knob** [nɔb] *n.* bouton.

**knock down** [nɔk] *v.* **1.** réduire. *Prices were knocked down by 2 %,* les prix ont été réduits de 2 %. **2.** adjuger, vendre aux enchères

**knock off** *v.* **1.** cesser le travail, finir la journée. *In winter bricklayers knock off at 5 p.m.,* en hiver, les maçons finissent à 17 h. **2.** rabattre, faire une diminution de prix.

**knock off work** *v.* **1.** débrayer. **2.** finir sa journée.

**knock-out price** ['nɔkaut] prix défiant toute concurrence.

**knot** [nɔt] *n.* nœud.

**know-how** ['nəuhau] *n.* savoir-faire, connaissances techniques.

**knowledge** ['nɔlidʒ] *n.* connaissance, savoir.

## L

**label** ['leibl] *v.* **1.** étiqueter (v.t.), apposer une étiquette ; adresser (un paquet) ; enregistrer (des bagages). **2.** qualifier, désigner, classer ; « étiqueter quelqu'un ». « *He was labelled as...* ». « il était classé comme... ».

**label** *n.* **1.** étiquette, étiquette de marque, par extension : marque. *The label carries the goods,* le pavillon couvre la marchandise. **2.** *Jur. :* queue (de document).

**label-holder** *n.* porte-étiquette.

**labelling,** (U.S.) **labeling** ['leibəliŋ] *n.* étiquetage.

**labor** (U.S.) ['leibə] *n.* voir **labour.**

**labor agreement** *n.* convention salariale, accord sur les salaires et/ou les conditions de travail.

**labor contract** *n.* accord sur les salaires.

**labor court** (U.S.) *n.* le tribunal des prud'hommes.

**Labor Day** (U.S.) *n.* fête du travail (chômée le premier lundi de septembre aux U.S.A. et au Canada).

**labor flare up,** embrasement, tension soudaine dans le domaine des relations industrielles.

**labor piracy** *n.* débauchage de la main-d'œuvre.

**labor turnover** *n.* taux de mobilité de la main-d'œuvre.

**labour** (G.B.), **labor** (U.S.) *n.* **1.** travail, labeur, peine. *The division of labour,* la division du travail. **2.** travailleurs, main-d'œuvre. *Capital and labour,* le capital et le travail, le capital et la main-d'œuvre. *Casual labour,* main-d'œuvre temporaire. *Coloured labour,* main-d'œuvre de couleur. *Skilled labour,* main-d'œuvre qualifiée. *Unskilled labour,* main-d'œuvre non qualifiée ; manœuvres. Peut correspondre à ouvriers spécialisés (O.S.). **3.** monde ouvrier, mouvement syndical. *Labor* (U.S.), les syndicats. **4.** (avec majuscules) = **Labour Party. 5.** *Child labour,* exploitation (en général illégale) de la main-d'œuvre enfantine. *Hard labour,* travaux forcés.

**labour, labor** *v.* travailler durement, peiner, s'efforcer, fatiguer, souffrir.

**labour costs** *n.* coût de la main-d'œuvre ; frais de personnel.

**labour exchange** *n.* bureau de placement, office de la main-d'œuvre.

**labour force** *n.* l'ensemble des travailleurs, la main-d'œuvre.

**Labour government** *n.* gouvernement travailliste.

**labour(-)intensive** *adj.* qui exige, fait appel à une main-d'œuvre abondante. *A labour intensive industry,* une industrie de main-d'œuvre ; à forte valeur ajoutée.

**labour law** *n.* législation du travail, droit du travail.

**labour leader** *n.* dirigeant/responsable syndical.

**labour legislation** *n.* législation ouvrière, du travail.

**labour-management relations,** relations sociales.

**labour market** *n.* marché du travail.

**Labour Party** (G.B.) *n.* parti travailliste.

**labour relations** *n.* relations industrielles (sociales).

**labour-saving, laborsaving** *adj.*
qui épargne les forces, qui (fait)
économise(r) la peine. *Laborsaving
device,* machine qui économise le
travail manuel ; machine qui fait
économiser de la main-d'œuvre.

**labour shortage** *n.* pénurie de
main-d'œuvre.

**labour troubles** *n.* troubles ouvriers, troubles sociaux.

**labourer** ['leibərə] *n.* travailleur,
manœuvre, homme de peine. *Day-
labourer,* journalier. *Agricultural
labourer,* ouvrier agricole.

**laches** ['leit∫iz] *n. Jur. :* négligence, inaction aboutissant en péremption ou forclusion ; carence, négligence coupable.

**lack** [læk] *n.* défaut de, manque,
pénurie de. *Lack of funds,* manque
de fonds. *For lack of...,* par manque de...

**lack** *v.* manquer (de quelque
chose), ne pas avoir, être dépourvu,
démuni, dénué de quelque chose.
*To lack experience,* manquer d'expérience. *To lack capital,* ne pas
avoir de capitaux.

**lacquer** ['lækə] *n.* vernis, laque.

**ladder** ['lædə] *n.* échelle. *The
social ladder,* l'échelle sociale.

**laden** ['leidən] *adj.* chargé. *Lad-
en draught,* tirant d'eau en charge.
*Laden in bulk,* chargé en vrac.

**laden draught,** tirant d'eau en
charge.

**lading** ['leidiŋ] *n.* charge, chargement, cargo, cargaison.

**lading port** *n.* port de chargement, port d'embarquement, d'expédition.

**lag** [læg] *n.* retard, décalage,
intervalle. *Jet-lag,* fatigue causée
par le décalage horaire lors de
voyages en avion à réaction. *Time-
lag,* retard.

**lag** *v.* traîner, être à la traîne ;
languir, être morose, manquer de
ressort. *To lag behind,* être à la
traîne. *Business continued to lag,*
les affaires continuaient à faire
preuve de torpeur. *Rents lagged
far behind prices,* les loyers étaient
loin de suivre l'augmentation des
prix, restaient à la traîne par rapport aux prix.

**lamb** [læm] *n.* agneau. fig. :

spéculateur novice et inexpérimenté, gogo.

**lame duck** [leim dʌk] *n.* **1.** canard boiteux ; affaire non rentable,
qui périclite, qui va à vau l'eau,
qui ne se maintient qu'avec l'aide
financière de l'État. *For years, the
textile industry has been a lame
duck,* depuis des années, l'industrie
textile est un canard boiteux ; spéculateur insolvable. **2.** (U.S.) officiel encore en poste en attendant
l'arrivée de son successeur élu.

**land** [lænd] *n.* terre, terres, terrain, bien(s), fonds, propriété foncière.

**land** *v.* **1.** mettre à terre, débarquer, débarder. **2.** atterrir, aborder, débarquer ; amerrir, alunir.
**3.** s'assurer, obtenir, conquérir de
haute lutte. *To land a job,* obtenir
un emploi. *To land a sale,* s'assurer
une vente. **4.** se retrouver, finir
avec. *To land up with a huge
majority,* se retrouver avec une
énorme majorité. *To land with
debt,* finir dans les dettes.

**land agent,** *n.* **1.** agent terrestre,
à terre. **2.** régisseur, intendant. **3.**
courtier, agent immobilier (G.B.).

**landed** ['lændid] *adj., p.p.* to
land v.t. et v.i. **1.** foncier. *Landed
property, landed estate,* propriété
foncière, bien(s) - fonds. **2.** débarqué.

**landholder** ['lænd ,həuldə] *n.*
propriétaire foncier.

**landing** ['lændiŋ] *n.* **1.** débarquement, débardage, atterrissage. **2.**
débarcadère.

**landing charges** *n.* frais (droits)
de débarquement.

**landing order** *n.* ordre, permis
de débarquement.

**landing platform** *n.* quai de débarquement.

**landing stage** *n.* embarcadère
(débarcadère) flottant.

**land laws** *n.* lois agraires.

**landlord** ['lænlɔːd] *n.* (landlady,
fém.) propriétaire (terrien).

**landmark** ['lændmɑːk] *n.* **1.**
point de repère, borne, jalon. **2.**
date historique.

**land office** *n.* (U.S.) bureau/ad-
ministration des domaines.

**land-owner** ['lænd ,əunə] *n.*
propriétaire terrien.

**land-poor** *adj.* qui connaît des difficultés financières du fait (découlant) de la possession de terres non rentables.

**land reform,** réforme agraire.

**land-reshaping,** remembrement.

**land rights** *n.* droits ou servitudes liés à l'occupation ou à la propriété de terrain(s).

**landslide** ['lændslaid] *n.* **1.** glissement de terrain. **2.** raz de marée (électoral, etc.), majorité énorme dans une élection. *He was swept into office by the Tory landslide,* il a été porté au pouvoir par le raz de marée conservateur.

**land tax** ['lændtæks] impôt foncier.

**lane** [lein] *n.* **1.** allée, chemin ; ruelle. *Ad lane,* Madison Avenue (New York), la Mecque de la Publicité. **2.** file, voie. *Keep to nearside lane,* (G.B.), gardez la file de gauche. **3.** *(Sea)-lane,* route maritime.

**lap (up)** [læp] *v.* **1.** envelopper, plier. **2.** laper ; *fig.* : gober, avaler.

**lapel microphone** [lə'pel] microcravate.

**lapse** [læps] *n.* **1.** erreur, lapsus. **2.** chute, perte, déclin. **3.** intervalle, période de temps. *Lapse of time,* période de temps. **4.** déchéance, péremption, fin de couverture (assurance) pour non-paiement de primes.

**lapse** *v.* **1.** s'écouler. **2.** échoir, venir à échéance, à terme. **3.** devenir caduc, périmé, tomber en désuétude.

**lapsed** [læpst] *adj.* **1,** écoulé, passé, terminé. **2.** échu, venu à échéance. **3.** périmé, caduc (contrat).

**larceny** ['la:səni] *n.* larcin, vol (les divers degrés de gravité pénale sont données par les adjectifs : **grand larceny, petty larceny, simple larceny,** etc.).

**large** [la:dʒ] *adj.* **1.** grand vaste, ample, étendu, gros, de grande dimension. **2.** important, fort, imposant, considérable, élevé, etc.

**large (at)** *adv.* **1.** libre, en liberté. **2.** en général, en gros, dans l'ensemble.

**largely** ['la:dʒəli] *adv.* en grande partie, pour la plupart. *The crisis was largely due to political factors,* la crise était largement due à des facteurs politiques.

**large retailers,** grandes surfaces, commerce intégré.

**large-surface store,** (magasin à) grande surface.

**lash** [læʃ] *n.* **1.** coup de fouet ; mèche de fouet. *Fig.* : sarcasme. *To be under the lash of public opinion, of criticism, of competition, etc.,* être sous le coup de, aiguillonné par, etc. **2.** navire porte-allège, porte-gabarre.

**lash** *v.* **1.** cingler, fouetter, fouailler. **2.** lier, attacher, amarrer, brider.

**lash out** *v.* **1.** *To lash out at something, somebody,* attaquer violemment. **2.** *To lash out into expenditure,* se lancer dans de folles dépenses.

**last** [la:st] *adj.* dernier (d'une série) ; passé ; précédent.

**last** *v.* durer. *To last out,* perdurer, subsister, surpasser ; suffire. *Clearance price while they last,* en solde jusqu'à épuisement. *It will last you a lifetime,* ça vous durera (restera) toute la vie.

**last but one,** avant-dernier.

**last-ditcher** *n.* jusqu'au-boutiste.

**last in first out = LIFO,** mot à mot : dernier entré, premier sorti (informatique, gestion du personnel, etc.).

**last hired, first fired,** dernier embauché, licencié le premier.

**late** [leit] *adj.* **1.** en retard. **2.** tard. *In the late 70's,* vers la fin des années 70. *In late October,* à la fin du mois d'octobre. *Applicants should be in their late twenties,* les candidats devront avoir de 25 à 30 ans. **3.** tardif. **4.** *Techn.* : retardé. *Late admission of gas,* retard à l'admission des gaz. **5.** récent. *The late proposal,* la récente proposition. **6.** ancien. *The late minister,* l'ancien ministre. **7.** feu, défunt, décédé.

**lately** ['leitli] *adv.* récemment, dernièrement.

**lateness** ['leitnis] *n.* arrivée tardive ; retard (d'un navire, d'un train) ; état avancé ; date récente d'un événement.

**latent** ['leitənt] *adj.* latent, potentiel, « en puissance », caché. *Latent fault, latent defect*, vice caché.

**later date** (at a) ['leitə] ultérieurement, plus tard, à une date ultérieure.

**latest** ['leitist] dernier en date, dernier paru, dernier sorti, le plus récent, le plus nouveau. *At the latest*, au plus tard, impérativement (date).

**latest closing**, derniers cours cotés (bourse).

**latest date (or time)** , terme de rigueur ; forclusion.

**latest news**, dernières nouvelles, dernière heure.

**latter** ['lætə] *adj.* dernier, final. *The latter*, le dernier des deux (souvent associé à *former*) ; appartenant à la deuxième partie. *The latter part*, la deuxième moitié.

**launch** [lɔ:ntʃ] *n.* **1.** lancement (produit campagne). **2.** chaloupe.

**launch** *v.* lancer (un navire, une fusée, un produit, un emprunt, une société, etc.) ; mettre à la mer ; mettre sur un marché. *To launch a new product*, lancer un nouveau produit, se lancer. *To launch out on new markets*, se lancer sur de nouveaux marchés.

**launder** ['lɔ:ndə] *v.* blanchir, lessiver, nettoyer. *Fam.*, fig. : *To launder funds*, blanchir des capitaux (d'origine douteuse ou illégale).

**laundering** ['lɔ:ndəriŋ] *n.* **1.** blanchissage. **2.** « lessivage » (de capitaux).

**laundry** ['lɔ:ndri] *n.* **1.** lessive, blanchissage. **2.** blanchisserie ; laverie automatique.

**lavish** ['læviʃ] *adj.* prodigue ; somptueux, plantureux.

**lavish** *v.* prodiguer, (se) dépenser (de l'argent) sans compter.

**law** [lɔ:] *n.* **1.** loi. *To keep the law*, observer la loi. **2.** droit. *Civil law*, droit civil. *Common law*, droit commun, droit coutumier. *Criminal law*, droit criminel, droit pénal. *Commercial law, mercantile law, law merchant*, droit commercial. *Air law*, droit aérien. *Maritime law*, droit maritime. *Court of law*, cour(s) de justice, tribunal. *To go to law*, aller en justice. *To break*

*the law*, enfreindre la loi. *Action at law*, action en justice.

**law-abiding** ['lɔ:ə'baidiŋ] *adj.* respectueux des lois, qui observe la loi.

**law and order**, la loi et l'ordre ; l'ordre public.

**law-breaker** ['lɔ:,breikə] *n.* violateur, infracteur de la loi.

**law-case** *n.* cause civile, affaire contentieuse.

**law costs** *n.* frais de procédure, de justice ; dépens.

**law court (s)** *n.* cour de justice, tribunal.

**law department**, service du contentieux.

**law-firm** *n.* cabinet juridique, conseils juridiques.

**lawful** ['lɔ:ful] *adj.* légal, permis, licite ; juste. *Lawful currency*, cours légal. *Lawful money*, monnaie libératoire.

**lawfully** ['lɔ:fuli] *adv.* légalement.

**lawfulness** ['lɔ:fulnis] *n.* légalité, légitimité, caractère légal.

**lawless** ['lɔ:lis] *adj.* sans loi ; déréglé.

**lawlessly** ['lɔ:lisli] *adv.* de façon déréglée, anarchique.

**lawlessness** ['lɔ:lisnis] *n.* état de ce qui est sans loi ; dérèglement, désordre, anarchie, licence.

**law-maker** ['lɔ:,meikə] *n.* législateur.

**lawsuit** ['lɔ:su:t] *n.* procès, poursuites judiciaires. *To file a lawsuit*, engager des poursuites.

**lawyer** ['lɔ:jə] *n.* avocat, juriste, homme de loi, conseil juridique.

**lax** [læks] *adj.* **1.** lâche, mou ; vague, imprécis. **2.** déréglé ; relâché, négligent.

**lay-by** ['leibai] *n.* aire de stationnement aménagée au bord des routes ; zone d'évitement (canal, tunnel).

**lay by** *v.* mettre en réserve(s), mettre de côté. *Money laid by for unexpected circumstances*, de l'argent mis en réserve pour des circonstances imprévues.

**lay-days** *n.* jour de planche, de starie, staries, estaries, temps d'escale.

**lay down** *v.* **1.** coucher, poser, déposer. **2.** établir, imposer, stipuler, prendre des arrêts.

**lay in** *v.* s'approvisionner, emmagasiner. *To lay in a stock,* faire entrer, faire rentrer un stock.

**lay-off** *v.* (U.S.) **1.** licencier, mettre au chômage (technique). **2.** suspendre, faire cesser. **3.** prendre quelques jours de vacances.

**lay-off, layoff** (U.S.) ['leiɔf] *n.* licenciement, mise au chômage (pour raisons économiques).

**lay-off rate,** nombre de chômeurs.

**lay-out, layout** ['leiaut] *n.* dessin, agencement, tracé, étude, dispositif, disposition, mise en place, plan.

**lay out** *v.* **1.** arranger, étendre, disposer. **2.** préparer, agencer, aménager. **3.** tracer, tirer des plans, aligner. **4.** dépenser, débourser, engager de l'argent.

**lead** [led] *n.* plomb, mine de crayon ; sonde (nautique).

**lead** [li:d] *n.* **1.** conduite ; direction ; premier rôle. *To take the lead,* prendre la direction des opérations ; prendre la tête, mener. **2.** longe ; cordon électrique. **3.** indication, piste, « tuyau ». **4.** avance.

**lead** *v.* mener, guider, conduire, diriger ; contrôler ; entraîner ; ouvrir, débuter.

**leads and lags,** effets d'avance et de retard de phase, déphasage (utilisé en commerce international pour désigner les effets de décalage entre le recouvrement des créances et le règlement des dettes), termaillage.

**lead astray** *v.* égarer, détourner ; dévergonder.

**lead bank,** chef de file (émission d'obligations, etc.).

**leader** ['li:də] *n.* **1.** chef, guide, dirigeant, conducteur, meneur. *Team leader,* chef d'équipe. **2.** question destinée à ouvrir ou élargir un débat. **3.** produit bon marché destiné à attirer la clientèle vers d'autres produits. **4.** article de tête d'un journal, éditorial.

**leadership** ['li:dəʃip] *n.* **1.** position de chef. **2.** qualité de chef, sens du commandement. **3.** situation dominante, position dominante.

**leading** ['li:diŋ] *adj.* **1.** principal, éminent, dominant, qui dirige.

*Leading indicator,* indicateur de tendance. *Leading share,* valeur marquante, vedette. **2.** directif, qui contrôle. *Leading question,* question qui suggère une réponse. **3.** qui a le rôle principal. *Leading actor,* premier rôle. *Leading article,* article de fond, éditorial. *Leading question, Jur.* : question tendancieuse (par ex. celle qui est posée à un témoin pour amener la réponse qu'on souhaite).

**lead manager = lead bank.**

**lead on** *v.* **1.** conduire, entraîner, mener. **2.** inciter, pousser, encourager.

**lead time** *n.* délai de livraison, délai de réalisation, période de gestation d'un projet.

**lead to** *v.* aboutir à, entraîner, produire (un effet, une conséquence), avoir pour résultat.

**lead up** *v.* **1.** conduire en haut, faire monter. **2.** amener, faire avancer. **3.** *To lead up to,* amener à, conduire à, préluder à, aborder.

**leaf** [li:f] *n. Pl.* : leaves ; feuille, feuillet, volant. *Counterfoil and leaf,* talon et volant (chèque, etc.).

**leaflet** ['li:flit] *n.* feuillet, feuille mobile, prospectus.

**leaf-raking (employment)** [li:f'-reikiŋ] création artificielle d'emplois non productifs (par ex. le ramassage de feuilles mortes pour réduire le chômage).

**leaf through** *v.* feuilleter.

**leak** [li:k] *n.* fuite, écoulement, perte de liquide, infiltration. *(Fig.)* une fuite (de faits ou de nouvelles). *(Naut.)* voie d'eau. *To spring a leak,* faire eau, faire une voie d'eau. *To stop a leak,* boucher, étancher, maîtriser une voie d'eau.

**leak** *v.* **1.** fuir, couler, avoir une fuite. **2.** révéler par des fuites. *The report has been leaked to the press,* des fuites ont informé la presse du contenu du rapport.

**leak out** *v.* se répandre, transpirer. *Word leaked out that,* le bruit s'est répandu que.

**leakage** ['li:kidʒ] *n.* défaut d'étanchéité, coulage ; fuite, suintement.

**lean** [li:n] *adj.* maigre. *Lean crops,* maigres récoltes. *Lean inventories,* stocks dégarnis. *Lean* *years,* années maigres, années défi-citaires.

**-leap** [li:p] *n.* **1.** bond, saut important. **2.** hausse importante et soudaine. *A leap in the dark,* un saut dans l'inconnu. *The great leap forward,* le grand bond en avant.

**leap-year** ['li:pjə] *n.* année bissextile.

**learn** [lə:n] *v.* apprendre.

**leasable** ['li:səbl] *adj.* qui peut être mis à bail.

**lease** [li:s] *n.* bail, ferme. *Long lease,* bail à long terme.

**lease** *v.* prendre à bail, mettre à bail, louer à bail, affermer.

**leaseback** ['li:sbæk] *n.* vente d'une propriété à un acheteur qui la loue ensuite au vendeur, crédit-bail adossé ; cession-bail.

**leasing** *n.* crédit-bail, location à bail.

**leasehold** *n.* location à bail, fermage.

**leaseholder** *n.* locataire à bail, fermier.

**lease out** *v.* donner à bail.

**least** [li:st] *adj. The least,* le moindre.

**leather** ['leðə] *n.* cuir.

**leather goods industries fair,** salon de la maroquinerie.

**leave** [li:v] *n.* permission, autorisation, faculté de... *Leave, leave of absence,* autorisation de s'absenter ; congé. *Two weeks' leave,* congé de deux semaines. *Paid leave,* congé payé.

**leave** *v.* **1.** laisser. **2.** quitter ; partir.

**leave a deposit** *v.* verser des arrhes.

**lecture** ['lektʃə] *n.* **1.** conférence. **2.** *Univers.* : cours.

**ledger** ['ledʒə] *n. Comptab.* : grand livre ; registre.

**leeway** *n.* liberté d'action, marge de manœuvre, marge de sécurité.

**left luggage office** [left lʌgidʒ] *n.* consigne (de gare).

**leg** [leg] *n.* étape, partie d'un voyage.

**legacy** ['legəsi] *n.* legs ; héritage. *To come into a legacy,* faire un héritage. (G.B.) *legacy duty,* (U.S.) *legacy tax,* droit, impôt, sur l'héritage, les successions.

**legal** ['li:gl] *adj.* **1.** légal, licite.

**2.** juridique. *By legal process,* par voie de droit. **3.** judiciaire. *Legal aid,* aide judiciaire.

**legal action,** voies légales, voies de droit. *To take legal action,* poursuivre en justice.

**legal adviser** *n.* conseiller juridique. ,

**legal department,** service du contentieux.

**legalese** ['li:gəli:z] *n.* jargon juridique.

**legal entity,** personne morale, personne juridique, entité légale.

**legal expenses,** frais de justice.

**legalize** ['li:gəlaiz] *v.* rendre légal, légaliser ; certifier, authentifier.

**legal notice,** avis au public.

**legal parlance,** terminologie juridique.

**legal person,** personne morale.

**legal practitioner(s)** *n.* homme(s) de loi, gens du barreau.

**legal precedent,** précédent.

**legal tender,** monnaie légale, monnaie libératoire. *To be legal tender,* avoir cours légal, pouvoir libératoire.

**legislate** ['ledʒisleit] *v.* légiférer.

**legislation** [,ledʒis'leiʃn] *n.* législation.

**legislator** *n.* législateur.

**legwork** *n.* travail, enquête, etc., impliquant de nombreux déplacements. En particulier, enquête minutieuse sur le terrain.

**leisure** ['leʒə], U.S. ['li:ʒər] *n.* loisir(s).

**lemon** ['lemən] *n.* **1.** citron. **2.** produit fabriqué (voiture, etc.) de mauvaise qualité. **3.** *Fig.* : *What a lemon !,* quel jobard ! quel gogo !

**lend** [lend] *v.* prêter. *Lending rate,* taux prêteur. (U.S.) *Prime lending rate,* taux de prêt le plus favorable, taux consenti aux meilleurs clients. *Minimum lending rate (M.L.R.),* meilleur taux de prêt consenti par les banques.

**lend-lease aid,** prêt-bail.

**lender** ['lendə] *n.* prêteur. *Lender on security,* prêteur sur nantissement / gage. *Money-lender,* prêteur, bailleur de fonds ; parfois usurier.

**length** [leŋθ] *n.* longueur.

**lengthen** *v.* allonger, rallonger ;

augmenter.

**less developed countries (LDCs),** pays en voie de développement.

**lessee** [le'si:] *n.* locataire (à bail), preneur à bail, fermier.

**lessen** ['lesən] *v.* (s') amoindrir, diminuer, (s') atténuer.

**lesser** ['lesə] *adj.* (forme comparative) petit, moindre, mineur.

**lessor** [le'sɔ:] *n.* bailleur (bailleresse), loueur.

**let** [let] *v.* laisser. *To let go,* laisser partir, laisser faire, laisser passer. *To be let go,* être licencié.

**let** *v.* louer, donner (mettre) en location. « *To let* », à louer. *To let on lease,* louer à bail. *To let by the month,* louer au mois.

**letter** ['letə] *n.* lettre. *Registered letter,* lettre recommandée. *Follow-up letter,* lettre de relance commerciale.

**letter of credit (L.C.),** lettre de crédit, de créance.

**letter of hypothecation,** lettre d'affectation en nantissement.

**letter of indemnity** lettre de garantie, caution.

**letter of knowledge and consent,** lettre d'apaisement.

**letter of subordination** (U.S.), **letter of subrogation** (G.B.), lettre d'antériorité de créance.

**letters to the editor,** « courrier des lecteurs ».

**letter-box** ['letəbɔks] *n.* boîte à lettres, boîte aux lettres.

**let-up** ['letʌp] *n.* relâchement, diminution, atténuation. *There was no let-up in the price spiral,* la spirale des prix n'a pas connu de ralentissement.

**level** ['levəl] *n.* niveau. *At a high level,* à un niveau élevé.

**level** *adj.* à niveau égal, uni, régulier, uniforme. *Level with,* au niveau de, à la hauteur de.

**level** *v.* mettre à niveau, niveler.

**level off** (ou **out**) *v.* (courbe, etc.) se stabiliser ; connaître une pause après forte hausse. *Unemployment has levelled off,* le chômage s'est stabilisé, marque une pause.

**level crossing** [levəl 'krɔsiŋ] *n.* passage à niveau.

• **lever** ['li:və] *n.* levier.

• **leverage** ['li:vəridʒ] *n.* force d'appui, de levier. *Fig. :* effet de levier (en finance, dénote l'effet de l'endettement d'une entreprise sur la rentabilité de ses capitaux propres). *Leverage ratio,* ratio de levier, ratio de structure du passif, ratio de solvabilité-endettement. Cf. **low-geared capital, high-geared capital.**

**leverage** *v.* exercer une influence ; avoir un effet multiplicateur.

**leveraged** *adj.* endetté. *Highly leveraged,* à fort degré d'endettement ; surendetté. *Underleveraged,* à faible coefficient d'endettement ; sous-endetté.

**leveraged buy-out, leveraged buyout,** prise de contrôle par recours à l'emprunt.

**Leveraged Management Buy Out (L.M.B.O.),** rachat d'une entreprise par son état-major (cadres). A été traduit de façon discutable par « rachat d'une entreprise par ses salariés » (R.E.S.). Le « *Leverage* » est assuré par une banque et constitué par l'émission d'obligations permettant de réunir les fonds nécessaires à l'achat. A aussi été traduit, plus justement, par RECEL : rachat de l'entreprise par ses cadres avec effet de levier.

**leveraging** *n.* endettement.

**levy** ['levi] *n.* levée d'impôt ; impôt, contribution, prélèvement.

**levy** *v.* lever, percevoir (l'impôt).

**liability** [laiə'biləti] *n.* 1. responsabilité, obligation, engagement. *Joint and several liability,* responsabilité solidaire et indivise. 2. dette(s). 3. point faible, faiblesse, défaut.

**liabilities** [laiə'bilətiz] *n.* (ensemble des) engagements. *Comptab. :* passif. (U.S.) *Liabilities and stockholders' equity,* passif et capital propre.

**liable** ['laiəbl] *adj.* 1. responsable (*for,* de). 2. *Liable to,* passible de, astreint à, assujetti à, tenu de, redevable de. 3. *Liable to,* sujet à, enclin à, susceptible de.

**libel** ['laibl] *n.* diffamation, calomnie.

**libel** *v.* diffamer.

**liberal** ['libərəl] *adj.* libéral, large, généreux, prodigue.

**liberalism** ['libərəlizəm] *n.* libé-

ralisme.
**liberalization** [,libərəlai'zei∫ən]
*n.* libéralisation.
**liberalize** ['libərəlaiz] *v.* libéraliser, rendre libéral ; libérer (prix,
etc.).
**LIBOR** = *London Interbank
Offered Rate,* Taux du marché des
Eurodevises.
**library** ['laibrəri] *n.* bibliothèque.
**licence** (U.S. : **license**) ['laisəns]
*n.* autorisation, permission, permis, licence, brevet, patente. *Driving licence,* permis de conduire.
*Radio TV licence,* redevance pour
utilisation de radio et télévision.
**license** *v.* breveter, accorder un
permis, une licence, une autorisation ; patenter.
**licensee** [laisən'si:] *n.* personne
ayant obtenu une autorisation ou
licence pour exercer une activité
particulière (soumise à autorisation), licencié, patenté, concessionnaire.
**licensing fee** ['laisensiŋ] droit de
licence, redevance.
**licensor, licenser** ['laisənsə] *n.*
celui qui octroie, accorde ou cède
une licence, une patente, etc. ; « li-
censieur ».
**lid** [lid] *n.* couvercle.
**lie** [lai] *v.* 1. mentir. 2. être
étendu, être immobile (navire). *To
lie at anchor,* être à l'ancre, être
au mouillage. *To lie idle,* être
immobilisé, rester inutilisé.
**lien** [liən] *n.* privilège ; droit de
rétention ; gage, droit de suite.
*Vendor's lien,* privilège du vendeur.
**lienee** ['liəni:] *n.* celui dont les
marchandises sont gagées.
**lienor** ['liənə] *n.* créancier gagiste, qui a le droit de rétention.
**lie with** *v.* incomber à, être du
domaine de.
**life** [laif] *n.* vie. *Life assuran-
ce/insurance,* assurance sur la vie.
*Life boat,* canot de sauvetage. *Life
endowment,* pension à vie/viagère.
*Life estate,* propriété viagère,
propriété en viager.
**lifetime** *n.* vie, durée de vie,
vivant. *Lifetime gift,* donation entre vifs.
**LIFO** = **Last In, First Out,**

dernier entré, premier sorti (informatique, gestion du personnel,
etc.).
**lift** [lift] *n.* 1. levée, levage ;
hauteur de levage. 2. augmentation. 3. ascenseur. *Fam. : To give
someone a lift,* conduire quelqu'un
en voiture.
**lift** *v.* 1. lever. 2. augmenter
(prix), soulever, porter (des masses). 3. lever, honorer (des documents) ; lever un embargo, purger
une hypothèque.
**lift a ban** *v.* lever une interdiction.
**lift sanctions** *v.* lever des sanctions.
**light** [lait] *n.* 1. lumière ; feu.
*Navigation lights,* feux de navigation. 2. enseigne lumineuse. *Neon
lights,* enseignes au néon. 3. phare.
*Light boat,* navire phare. *Light
dues,* droits de phare.
**light** *adj.* 1. clair. 2. léger.
**light** *adv.* légèrement. *To travel
light,* voyager avec un minimum
de bagages.
**light dues,** droits de phare.
**light face type** *typogr. :* caractère
maigre.
**lighthouse** ['laithaus] *n.* phare.
**lighter** ['laitə] *n.* 1. briquet. 2.
allège, gabarre, péniche de déchargement.
**lighterage** ['laitəridʒ] *n.* déchargement par allèges.
**lightning strike** ['laitniŋ] grève
éclair.
**light vessel,** navire marchand à
vide.
**like for like replacement** [laik]
remplacement type pour type (investissement de maintenance).
**likely** ['laikeli] 1. susceptible de.
2. probable.
**lime** [laim] *n.* 1. chaux. 2. lime
(petit citron). 3. tilleul.
**limit** ['limit] *n.* limite. *Bourse :*
prix maximum donné par un client
à son agent pour la vente ou l'achat
de valeurs.
**limit** *v.* limiter.
**limitation** [limi'tei∫ən] *n.* limite,
limitation.
**limitative** ['limitətiv] *adj.* limitatif, restrictif.
**limited** *adj.* 1. limité, borné,
délimité. 2. *Limited, ltd* = *limited*

*company* (équivalent de la) société anonyme.

**limited liability,** responsabilité limitée. *Limited liability company,* société à responsabilité limitée.

**limited partner,** commanditaire.

**limited partnership,** société en commandite, société en commandite simple.

**line** [lain] *n.* **1.** ligne (de téléphone, de chemin de fer, de navires). *To bring into line,* ramener au même niveau, à égalité. *To bring into line with,* aligner. *To bring wages into line with prices,* aligner les salaires sur les prix. *Line of credit,* limite de crédit accordé par une banque. *Line organization,* organisation (d'une entreprise) par départements plus ou moins cloisonnés. **2.** ligne de produits. **3.** profession, domaine d'activité, branche. *What's your line ?* quelle est votre profession ? **4.** (U.S.) queue, file d'attente. « *Wait in line* », veuillez prendre la queue.

**line** [lain] *v.* **1.** ligner, régler. **2.** border, doubler de toile, mettre, poser une doublure.

**linear programming** ['liniǝ] programmation linéaire.

**line cut** *Typogr. :* cliché au trait.

**linen** ['linin] *n.* **1.** toile de lin. **2.** linge de table.

**linen-draper** ['linin-,dreipǝ] *n.* marchand de toile, de linge, de nouveautés.

**liner** ['lainǝ] *n.* navire de ligne, paquebot.

**lining** ['lainiŋ] *n.* doublure, toile intérieure, entoilage, garnissage.

**linger** ['liŋgǝ] *v.* s'attarder, traîner.

**link** [liŋk] *n.* lien, chaînon, maillon.

**link** *v.* réunir, lier, attacher ; joindre, relier ; indexer.

**linkage** ['liŋkidʒ] *n.* liaison, union ; indexation.

**lion's share** ['laiǝnz'ʃɛǝ] part du lion.

**liquid** ['likwid] *adj.* liquide ; disponible.

**liquid assets** *n.* actif liquide, disponibilités.

**liquidate** ['likwideit] *v.* liquider (une société, des dettes).

**liquidation** [likwi'deiʃǝn] *n.* li-

quidation. *Voluntary liquidation,* liquidation volontaire.

**liquidator** ['likwideitǝ] *n.* liquidateur.

**liquidity** [li'kwiditi] *n.* **1.** liquidité. **2.** solvabilité d'une entreprise. **3.** capacité d'une valeur à être négociée sans fluctuation notable.

**list** [list] *n.* **1.** liste, tableau, état, rôle, bordereau, etc. *To make out a list,* établir une liste, dresser un état. *List of bills for collection,* bordereau d'effets à encaisser. *Black list,* liste noire, rôle des mauvais payeurs. *Crew list,* liste d'équipage. **2.** *Bourse :* cote, bulletin. **3.** *Navire :* gîte, bande.

**list** *v.* **1.** inscrire des recrues, dresser une liste, un état, un inventaire, un catalogue. *Listed stock,* valeurs cotées. *Listed securities,* valeurs inscrites à la cote, cotées. **2.** *Navire :* donner de la bande, prendre de la gîte.

**listing** ['listiŋ] *n.* **1.** établissement d'une liste, fait de faire figurer sur une liste. **2.** *Bourse :* cotation. *(Full) listing,* cote officielle. **3.** liste.

**list prices** *n.* prix du catalogue (prix de base susceptibles d'être diminués selon quantité, selon délais de paiement, etc.).

**literature** ['litǝrǝtʃǝ] *n.* **1.** littérature. **2.** imprimés, prospectus, brochures publicitaires. *Descriptive literature,* documentation. *Sales literature,* documentation sur les conditions de ventes.

**litigant** ['litigǝnt] *n.* plaideur, partie d'un procès.

**litigate** ['litigeit] *v.* plaider, être en procès, mettre un point en litige.

**litigation** [liti'geiʃǝn] *n.* litige, procès.

**litigious** [li'tidʒǝs] *adj.* litigieux ; (d'une personne) procédurier.

**live** [laiv] *adj.* vivant, vif. *Live weight,* charge utile d'un engin de transport ; poids sur pied du bétail. *Live claims,* créances (toujours) valides. *Live on TV,* en direct à la télévision. *Live program,* programme en direct.

**live experience,** expérience de terrain, opérationnelle.

**live** [liv] *v.* vivre.

**livelihood** ['laivlihud] *n.* moyens

d'existence, de subsistance, façon de gagner sa vie.

**liveliness** ['laivlinis] *n.* animation, activité (d'un marché).

**livestock** ['laivstɔk] *n.* bétail, bestiaux, bêtes sur pieds.

**living** ['liviŋ] *n.* vie, existence. *To work for a living,* travailler pour vivre.

**living cost(s)** voir **cost of living.**

**load** [loud] *n.* fardeau, charge, chargement. *At full load,* à pleine charge. *A truck-load,* un plein camion. *Load factor,* coefficient de remplissage (avion, etc.). *Pay load,* charge utile. *Work load,* charge de travail, plan de charge.

**load** *v.* 1. charger. 2. *To load up,* prendre une charge, faire sa cargaison.

**loaf on the job** [louf] tirer au flanc.

**loan** [loun] *n.* 1. prêt, avance de fonds. *Loan on mortgage,* prêt hypothécaire. *Loan on overdraft,* (prêt sur) découvert. 2. emprunt. *To float a loan, lo launch a loan,* émettre, lancer un emprunt. *Loan syndication,* lancement d'un emprunt en participation.

**loan** *v.* prêter, faire un prêt.

**loan capital,** capitaux d'emprunt, capitaux empruntés ; obligations.

**loan on security,** avance sur titres.

**loan-sharking,** pratique de prêts à des taux usuraires.

**loan store,** officine de prêt.

**lobby** ['lɔbi] *n.* 1. couloir (d'hôtel, etc.) 2. groupe de pression (agissant auprès des administrations, des médias, pour promouvoir une entreprise ou une cause, ex. : *the steel lobby).*

**lobby** *v.* faire les couloirs, intervenir pour influencer les législateurs en faveur d'une cause ou d'un groupe de pression (sens large : militer auprès des milieux officiels).

**lobbyist** ['lɔbiist] *n.* spécialiste des relations avec les pouvoirs de décision. *Péjor :* intrigant.

**local** ['loukəl] *adj.* local. *Téléph. : local call,* appel local. *Local branch,* succursale sur place.

**local** *n.* 1. section locale de syndi-

cat. 2. personne de l'endroit, indigène.

**locale** [lou'ka:l] *n.* scène, théâtre des événements.

**locate** [lou'keit] *v.* situer, localiser, établir, implanter ; repérer, déterminer. (U.S.) s'installer quelque part, s'implanter.

**location** [lou'keiʃən] *n.* site, situation, emplacement, localisation. *Location of the registered office,* adresse du siège social ; (ciné) *on location,* en extérieur.

**lock** [lɔk] *n.* 1. serrure. *Under lock and key,* sous clef. 2. écluse (canal ou bassin).

**lock** *v.* fermer à clé ; verrouiller ; caler.

**lock out** ['lɔk-aut] *n.* fermeture d'usine (par mesure de rétorsion patronale).

**lock-out** *v.* fermer une usine (pour en interdire l'accès aux ouvriers).

**loco price,** prix sur place, prix départ usine.

**lockup** ['lɔkʌp] *n.* 1. prison, cellule. 2. (U.S.) fait de retirer des valeurs boursières de la circulation et de les déposer dans un coffre en vue de réaliser un investissement à long terme.

**lodge** [lɔdʒ] *n.* loge ; maisonnette de jardin ; pavillon, chalet.

**lodge** *v.* 1. loger, héberger. 2. déposer. *To lodge a complaint,* porter plainte. *To lodge money with a friend,* confier de l'argent à un ami.

**log** [lɔg] *v.* enregistrer. *To log gains,* enregistrer des gains.

**log-book** ['lɔgbuk] *n.* journal, livre de bord (navire, avion). Par extension : registre où sont consignés les événements d'intérêt.

**logo** ['lɔgou] *n.* logotype.

**log rolling** *n.* échange de bons procédés (un service pour un autre), renvoi de l'ascenseur.

**long** [lɔŋ] *adj.* 1. long. 2. *To be long 20 ITT's,* être propriétaire de 20 (actions d') ITT. 3. *Long position,* contraire de *short position.* (*To sell short,* vendre à découvert). Cette expression s'applique aux opérateurs qui détiennent des titres et qui comptent sur une augmentation des cours.

**long** *adv.* longtemps.

**long** *n.* (U.S.) spéculateur = **bull,** contraire de **a short.**

**long-dated,** à long terme. *Long-dated investment,* placement à long terme. *Long-dated issues,* émissions à long terme du Trésor britannique.

**long distance,** à longue distance, lointain. *Téléph.* : *Long distance,* appel interurbain.

**long dozen** *loc.* treize à la douzaine.

**long-haul, 1.** transport de marchandises sur une grande distance ; long trajet, long parcours. **2.** une affaire difficile et qui a pris longtemps.

**long hundred,** 120 pour 100.

**long range, 1.** à long terme. *Long range planning,* planification à long terme. **2.** à longue portée, à long rayon d'action. *Long range airplane,* avion à long rayon d'action.

**long run** *In the long run,* à long terme, à longue échéance.

**longs** [lɔŋz] (G.B.) titres d'État à remboursement à plus de 15 ans.

**longshoreman** *n.* (U.S.) débardeur, docker.

**long-standing** *adj.* **1.** ancien, établi de longue date, qui existe depuis longtemps. *A long-standing policy,* une politique pratiquée depuis longtemps. **2.** durable, capable de durer longtemps.

**long standing (of),** de longue date, créé(e) il y a longtemps. *A firm of long standing,* une entreprise établie depuis longtemps.

**long-term,** à long terme, de longue durée. *Long-term credit,* crédit à long terme (à plus de six mois). *In the long-term,* dans un avenir éloigné, à long terme. *Long-term liabilities,* dettes à long terme. *Long-term trend,* la tendance à long terme.

**long ton,** tonne forte (environ 1 016 kg).

**look after** *v.* s'occuper de, veiller à, prendre soin de.

**look for** *v.* chercher, rechercher. *To look for a job,* être à la recherche d'un emploi.

**look into** *v.* examiner. « *Look into this (matter)* », « regardez ça d'un peu près », « étudiez cette affaire ».

**look up** *v.* **1.** s'améliorer. *Business should look up soon,* les affaires devraient aller mieux d'ici peu. **2.** consulter, rechercher (un nom, un mot dans une liste). *To look up an address in a directory,* chercher une adresse dans un annuaire.

**loom** [luːm] *n.* métier à tisser.

**loom** *v.* se profiler, apparaître à l'horizon (de façon inquiétante).

**loop** [luːp] *n.* boucle.

**loop-hole** [luːp-həul] *n.* **1.** créneau, ouverture au sommet d'un mur. **2.** lacune, faille (de la législation), moyen de tourner une réglementation. *Loop-holes in taxation,* façons (légales) d'échapper au fisc, failles dans la législation fiscale.

**loose** [luːs] *adj.* **1.** lâche, relâché ; peu soigné. *Loose funds,* fonds non affectés. *Loose thinking,* réflexions peu serrées. **2.** détaché, mobile, non affecté. *Loose sheet,* feuille(t) mobile, feuille volante. *Loose card,* fiche (mobile).

**loosen** ['luːsn] *v.* relâcher, assouplir ; défaire. *The money market is loosening,* le marché financier connaît une détente.

**loose sheet,** feuille volante.

**loot** [luːt] *n.* butin.

**loot** *v.* piller.

**looter** ['luːtə] *n.* pillard, pilleur ; « casseur ».

**lop off** [lɔp] *v.* amputer, élaguer, ébrancher, tailler, émonder. *The deals means that Chrysler is lopping off 25 % of its world wide production,* l'accord signifie que Chrysler s'ampute de 25 % de sa production mondiale.

**lopsided** [lɔp'saidid] *adj.* qui penche d'un côté, déjeté, de guingois. Fig. : boiteux, déséquilibré. *A lopsided agreement,* un accord déséquilibré.

**lorry** ['lɔri] *n.* (G.B.) camion.

**lose** [luːz] *v.* perdre. *To lose money,* perdre de l'argent. *That business lost us a lot,* cette affaire nous a coûté énormément.

**loser** ['luːzə] *n.* perdant.

**loss** [lɔs] *n.* **1.** perte ; déficit d'exploitation. *To show a loss,* faire un déficit. *A dead loss,* une perte sèche. *At a loss,* à perte. *To be at a loss,* être dans une confusion totale. *Loss of profit,* manque à gagner. **2.** déchéance. *Loss of a right,* déchéance d'un droit.

**loss-leaders,** articles sacrifiés ; articles vendus à perte ou à bas prix afin d'attirer les clients.

**loss-leaders,** articles sacrifiés ; articles vendus à perte ou à bas prix afin d'attirer les clients.

**loss on exchange,** perte de change.

**loss of momentum,** perte de vitesse.

**loss payee clause,** clause de délégation d'assurance (permet au délégataire de percevoir seul les indemnités aux lieu et place de l'intéressé).

**lot** [lɔt] *n.* **1.** grande quantité. *A lot of* = *much/many.* **2.** lot, parcelle (terrain). **3.** lot, partie d'un tout. **4.** tirage au sort. *Redeemable by lot,* remboursable par tirage au sort. **5.** sort, destin, destinée.

**lottery bond** ['lɔtəri] *n.* bon, obligation à lot.

**loudspeaker** [ləud'spiːkə] *n.* haut-parleur.

**loudspeaker advertising,** publicité par haut-parleur.

**low** [ləu] *adj.* et *adv.* bas, faible, bon marché. *Lowest price,* cours le plus bas.

**low** *n. A low,* un creux, un point bas (sur une courbe). *Profits have reached a new low,* les bénéfices sont tombés à leur niveau le plus bas.

**lowdown,** (fam.) *To give the lowdown (on),* donner des tuyaux (sur), donner des renseignements confidentiels, « tuyauter ».

**lower** ['ləuə] *v.* baisser, abaisser, diminuer, faire descendre. *The banks have lowered their rates,* les banques ont abaissé leurs taux.

**lower middle class,** classes moyennes, petite bourgeoisie.

**low-geared capital, 1.** capital d'une société où les actions ordinaires sont en nombre plus important que les actions préférentielles. **2.** capital à faible effet de levier (cf.

**high-geared capital).**

**low-key** *adj.* modéré, discret, qui évite de prendre de front, en sourdine.

**low key ad campaign,** campagne publicitaire discrète.

**low-profile** *adj.* modéré ; discret.

**loyalty** ['lɔiəlti] *n.* loyauté, fidélité. *Brand loyalty,* fidélité à une marque.

**lubricant** ['luːbrikənt] *n.* lubrifiant.

**lubricate** ['luːbrikeit] *v.* lubrifier, huiler, graisser.

**luggage** ['lʌgidʒ] *n.* (coll. sing.) bagages. *Her luggage is as heavy as ever,* ses bagages sont toujours aussi lourds.

**lull** [lʌl] *n.* accalmie. *The summer lull,* la pause estivale.

**lull** *v.* **1.** bercer. **2.** endormir les soupçons.

**lumber** ['lʌmbə] *n.* **1.** articles, objets inutiles mis au rancard. **2.** U.S. = **timber** = bois de charpente (ou d'abattage). **3.** *Fam.* : chose ou personne encombrante.

**lump** [lʌmp] *n.* bloc, morceau, masse. *In the lump,* en bloc, en gros, globalement.

**lump** *adj.* global, indivis, total, complet.

**lump** *v.* mettre en tas, en masse, en bloc.

**lump sum,** somme nette, forfaitaire réglée en totalité et en une seule fois. *Lump-sum settlement,* règlement global, règlement forfaitaire. *Lump-sum expenses,* frais forfaitaires.

**lump-sum contract,** contrat au forfait.

**lump together** *v.* **1.** mettre ensemble. **2.** considérer globalement, prendre ensemble.

**luncheon voucher** *n.* ticket-restaurant.

**lunge** [lʌndʒ] *v.* donner un coup en avant. *Prices lunged ahead,* les prix ont augmenté brutalement.

**lure** [ljuə] *v.* leurrer, attirer, séduire par des charmes trompeurs.

**luxury** ['lʌkʃəri] *n.* luxe, superflu. *Luxury tax,* impôt sur les produits de luxe.

# M

**M.A.** [em ei] abr. = **Master of Arts,** grade universitaire correspondant à 5 ou 6 ans d'études supérieures dans le domaine des lettres et des sciences humaines.

**Ma'am** [mæm] (G.B.) abréviation de *Madam ;* forme (polie) pour s'adresser à une dame ; (U.S.) *Fam. :* Madame.

**machine** [mə'ʃiːn] *n.* 1. machine. *Calculating machine,* machine à calculer. *Slot-machine,* distributeur automatique. 2. appareil, structures permanentes. *The machine of a (political) party,* l'appareil d'un parti (politique).

**machine-gun** [mə'ʃiːn-gʌn] *n.* pistolet-mitrailleur, mitraillette.

**machinery** [mə'ʃiːnəri] *n.* machines, appareillage, ensemble des installations, rouages, mécanisme. *The machinery of the administration,* les rouages de l'administration. *Union machinery,* appareil syndical, rouages, courroies de transmission de l'appareil syndical.

**machine** *v.* fabriquer, faire à la machine. 2. *To machine down,* usiner, fabriquer selon des cotes précises. *A part machined down to less than 0.01 millimetre,* une pièce usinée à moins de 1/100 mm.

**machine-tool** [mə'ʃiːntuːl] *n.* machine-outil.

**Madam** ['mædəm] forme polie utilisée pour s'adresser à une femme mariée ou non.

**Madam,** pl. **Mesdames** ['meidæm] équivalent au féminin, de *Sir,* au début d'une lettre : *Dear Madam* = Madame.

**made** [meid] *adj.* participe passé de **to make,** fait, fabriqué, réalisé, exécuté. *Custom-made,* (fait, fabriqué) sur mesure. *Ill-made,* mal fait. *Poorly-made,* mal fait, bâclé. *Ready-made,* de confection, tout fait, tout prêt, prêt-à-porter. *Tailor-made,* (fait, fabriqué) sur mesures. *Well-made,* bien fait, bien réalisé, bien conçu, bien exécuté.

**made in duplicate,** fait en double exemplaire.

**made in France, Japan, etc.,** fabriqué en France, au Japon, etc.

**made in triplicate,** fait en triple exemplaire.

**made to measure,** fait sur mesure.

**Madison Avenue** ['mædisn] Avenue de New York où se trouvent les grandes agences de publicité, désigne symboliquement la publicité, le monde de la publicité.

**magazine** [mægə'ziːn] *n.* 1. revue, magazine. *A quarterly magazine,* une revue trimestrielle. 2. magasin, chambre (arme à feu, appareil photo).

**magistrate** ['mædʒistreit] *n.* magistrat (de rang inférieur). *Examining magistrate,* juge d'instruction (approximativement).

**magnate** ['mægneit] *n.* magnat, personnage puissant. *The oil magnates,* les grands du pétrole.

**magnet** ['mægnit] *n.* aimant.

**magnifier** ['mægnifaiə] *n.* loupe.

**magnify** ['mægnifai] *v.* 1. agrandir, augmenter (à l'aide d'un instrument grossissant). *Magnifying glass,* loupe. 2. magnifier, grossir, exagérer.

**maiden** ['meidən] *adj.* 1. de jeune fille. *Maiden name,* nom de jeune fille. 2. initial, inaugural, premier. *Concorde's maiden flight,* le premier vol de Concorde. *Maiden speech,* premier discours d'un élu, discours inaugural.

**maiden voyage,** voyage inaugural, premier voyage, première traversée (d'un navire).

**mail** [meil] *n.* courrier, poste ; dépêche. *(by) Airmail,* (courrier) par avion. *Mail sorting,* tri postal. *Outgoing mail,* courrier au départ.

**mail** *v.* (cf. **to post**) poster, mettre au courrier, envoyer, expédier (par la poste).

**mail-bag** ['meilbæg] sac postal (contenant le courrier).

**mail box** *n.* boîte à lettres.

**mailing** ['meiliŋ] *n.* 1. envoi par la poste. 2. « mailing », publipostage, démarchage par correspondance.

**mailing address,** adresse postale.

**mailing list,** liste, fichier d'adresses.

**mail-order** ['meil-ɔːdə] *n.* commande, achat par correspondance. *Mail-order business (M.O.B.),* vente par correspondance (V.P.C.). *Mail-order business, mail-order firm, mail-order house,* entreprise, maison de vente par correspondance. *Mail-order catalogue,* catalogue de V.P.C. *Mail-order department,* service des ventes par correspondance. *Mail-order selling,* vente par correspondance.

**mail-train** ['meiltrein] *n.* train postal.

**main** [mein] *adj.* principal, grand. *The main point is,* le point essentiel c'est. *Main line,* ligne principale, primaire. *Their main activities,* leurs activités premières, fondamentales.

**mains** [meinz] *n.* courant (qui fonctionne sur le secteur). *It must be plugged on mains,* il faut le brancher sur le secteur.

**mainstay** ['meinstei] *n.* soutien financier (de famille) ; base principale des revenus d'une entreprise ; soutien principal ; élément principal.

**mainspring** ['meinspriŋ] mobile essentiel, cause principale, motif, principe.

**maintain** [mein'tein] *v.* 1. maintenir, conserver. 2. entretenir, assurer l'entretien, le service (de machines, etc.).

**maintenance** ['meintənəns] *n.* maintien, entretien, maintenance. *Road maintenance,* entretien des routes. *Maintenance officer,* responsable de l'entretien.

**maize** [meiz] *n.* maïs.

**major** ['meidʒə] *adj.* majeur, principal, de premier rang.

**major in** *v.* obtenir un grade universitaire dans une discipline principale. *He majored in physics,* il a obtenu un diplôme en physique.

**majority** [mə'dʒɔrəti] *n.* majorité. *By a vast majority,* à une très large majorité.

**majority** *adj.* majoritaire, de la, relatif à la majorité. *Majority rules,* les règles majoritaires, de la majorité.

**majority interest,** participation majoritaire.

**majority owner,** actionnaire ma-

joritaire.

**majors (the)** ['meidʒəz] *n.* les plus grandes sociétés pétrolières mondiales.

**make** [meik] *n.* marque (commerciale ou industrielle), fabrication.

**make** *v.* faire, fabriquer, créer. *To make a bargain,* passer un marché, faire une affaire. *To make a bill,* créer un effet. *To make a fortune,* faire fortune. *To make cars,* fabriquer des automobiles. *To make a journey,* faire un voyage. *To make a loan,* accorder, faire un prêt. *To make a mistake,* se tromper. *To make an appointment,* prendre rendez-vous. *To make a profit,* faire, tirer un bénéfice. *To make a remittance,* régler une somme, opérer un règlement, un versement. *To make a report,* rendre compte. *To make a statement,* faire une déclaration. *To make ends meet,* joindre les deux bouts.

**make for** *v.* faire route vers.

**make good** *v.* payer, compenser, bonifier (assurance), combler. *We have managed to make our loss good,* nous avons réussi à compenser notre perte.

**make out** *v.* 1. comprendre. *I can't make out this word,* je ne comprends pas ce mot. 2. rédiger, établir, dresser, créer. *To make out a bill,* créer un effet. *To make out a cheque,* créer, rédiger un chèque. *To make out a list,* rédiger, dresser une liste. *To make out a statement,* établir un relevé.

**maker** ['meikə] *n.* 1. fabricant, spécialiste. *Watchmaker,* fabricant d'horlogerie, horloger. 2. tireur, souscripteur (bills, chèques, etc.).

**makeshift** ['meikʃift] *n.* expédient, moyen de fortune, pis-aller. *Makeshift device,* installation de fortune.

**make up** *v.* 1. fabriquer ; controuver ; maquiller, truquer. *To make up a story,* inventer une histoire. 2. payer, rembourser.

**make up for** *v.* rembourser ; compenser, rattraper. *To make up for lost time,* rattraper le temps perdu.

**make-up pay,** rattrapage de salaire.

**make-up** (ou **making-up**) **prices** Bourse : cours de compensation.

**making** ['meikiŋ] *n.* **1.** réalisation, accomplissement. **2.** fait de faire, de créer, etc. *In the making,* en cours de réalisation, de fabrication.

**makings** *n. pl.* potentiel, possibilités, potentialités. *He has the makings of a good manager,* il a l'étoffe d'un bon directeur.

**male** [meil] *adj.* masculin, mâle ; du sexe ou du genre masculin par opposition au sexe ou genre féminin (souvent en composition). *Male clerks,* employés (hommes).

**male** *n.* homme, mâle.

**malfeasance** [mæl'fiːzns] **1.** délit. **2.** plus particulièrement, malversation ou agissements délictueux d'un fonctionnaire ou agent de l'état dans l'exercice de ses fonctions.

**malfunction** [mæl'fʌŋkʃn] *n.* mauvais fonctionnement, fonctionnement défectueux ; défectuosité.

**malfunction** *v.* fonctionner mal/anormalement/imparfaitement.

**malice** ['mælis] *n.* (Jur.) malveillance, intention criminelle ou délictueuse. *With malice aforethought,* avec préméditation.

**malicious** [mə'liʃəs] *adj.* ayant des intentions délictueuses ou criminelles. *Malicious damage,* dommage par acte de malveillance. *Malicious intent,* intention de nuire, intention délictueuse.

**malinger** [mə'liŋgə] *v.* *Fam.* : (essayer de) se faire passer pour malade, tirer au flanc, se faire porter pâle.

**malingerer** [mə'liŋgərə] *n.* simulateur, faux malade, tire-au-flanc.

**malingering** [mə'liŋgəriŋ] *n.* le fait de feindre la maladie pour ne pas travailler, de se faire porter malade (pâle), de tirer au flanc.

**mall** [mɔːl] *n.* avenue, promenade, mail. *Shopping-mall* (U.S.) avenue marchande ; galerie marchande ; centre commercial.

**malnutrition** [mælnjuː'triʃn] *n.* malnutrition, sous-alimentation.

**malpractice** [mæl'præktis] *n.* faute professionnelle, négligence d'une personne ayant des responsabilités ou d'un membre des professions libérales.

**malthusian** [mæl'θjuːzjən] *adj.* de Malthus, malthusien.

**malversation** [mælvə'seiʃən] *n.* **1.** malversation, détournement de fonds, extorsion de fonds. **2.** abus de confiance dans l'exercice d'une fonction officielle. **3.** administration/gestion corrompue.

**mammoth** ['mæməθ] *n.* mammouth, monstre gigantesque. *Mammoth sales,* soldes gigantesques.

**man** [mæn] *n.* **1.** homme. **2.** les hommes en général, la race humaine. **3.** ancien (élève). *A Harvard man,* un ancien d'Harvard. **4.** ouvrier, travailleur, marin, bras, etc. *The man in the street,* l'homme de la rue. *One's own man,* son propre employeur. *To the last man,* jusqu'au dernier. *Man-Friday,* homme à tout faire, factotum.

**man** *v.* armer un navire, équiper, fournir en hommes. *The night-shift is undermanned,* l'équipe de nuit manque de bras. *A manned spacecraft,* un vaisseau spatial habité.

**manage** ['mænidʒ] *v.* **1.** réussir, parvenir, arriver à, se débrouiller. *I can manage,* je peux me débrouiller, m'en sortir. **2.** mettre en œuvre les moyens pour atteindre un objectif donné ; manier. **3.** gérer, diriger, conduire les affaires, administrer. *To manage a business,* gérer une affaire. *To manage a hotel,* diriger un hôtel.

**manageable** ['mænidʒəbl] *adj.* qui se prête à un contrôle facile, à une gestion sans problème ; facile à gérer ; permettant des arrangements.

**management** ['mænidʒmənt] *n.* **1.** conduite d'une (des) affaire(s), gestion, direction, contrôle ; maniement ; savoir-faire. **2.** (ensemble des personnes constituant la) direction, les dirigeants, les cadres, l'encadrement. *Line management,* direction hiérarchique classique, « en ligne directe ». *Lower management,* cadres subalternes, d'exécution. *Middle management,* cadres moyens, *Upper management,* cadres supérieurs. **3.** Patronat. *The American Management*

*Association,* correspond au C.N.P.F. ou à *Confederation of British Industry (C.B.I.).*

**management accounting,** comptabilité de gestion.

**management audit,** contrôle de gestion.

**management buy-out,** rachat de l'entreprise par sa direction et ses cadres.

**management by objectives (M.B.O.),** direction (participative) par objectifs (D.P.O.).

**management control,** contrôle de gestion.

**management fee,** commission de chef de file.

**management stock, 1.** titres possédés par les directeurs d'une société. **2.** titres qui permettent le contrôle d'une société grâce à leurs votes privilégiés.

**manager** ['mænidʒə] *n.* gérant, directeur, chef, gestionnaire, dirigeant ; administrateur ; régisseur. *Area manager,* directeur régional. *Assistant manager,* sous-directeur, directeur adjoint. *Deputy manager,* sous-directeur, directeur adjoint. *District manager,* directeur régional. *General manager,* directeur général. *Marketing manager,* directeur du marketing. *Personnel manager,* directeur, chef du personnel. *Product manager,* directeur, chef de produit. *Production manager,* directeur, chef de la production. *Project manager,* directeur, chef de projet. *Regional manager,* directeur régional. *Sales manager,* directeur, chef des ventes. *Works manager,* directeur d'usine.

**manageress** ['mænidʒə'res] *n.* fém. de **manager.**

**managerial** [mænə'dʒiəriəl] *adj.* **1.** relatif à la direction ou aux dirigeants. **2.** directorial, technocratique.

**managers (the)** ['mænidʒəz] *n.* les dirigeants ; les cadres ; les technocrates.

**managing committee** ['mænidʒiŋ] comité directeur.

**managing director,** (président-)directeur général, administrateur délégué, administrateur gérant.

**managing partner,** associé gérant.

**mandate** ['mændeit] *n.* **1.** mandat (non électif). **2.** injonction, mandement.

**mandatary** ['mændətəri] *adj.* voir **mandatory.**

**mandatory** *n.* mandataire.

**mandatory** *adj.* impératif, obligatoire.

**maneuvrable, (G.B.) manœuvrable** [mə'nu:vrəbl] *adj.* facile à manœuvrer, d'un maniement facile.

**maneuvre, manœuvre** *n.* évolution, manœuvre, agissement, intrigue. *Underhand manœuvres,* agissements en sous-main, intrigues.

**maneuvre, manœuvre** *v.* manœuvrer ; intriguer.

**manipulate** [mə'nipjuleit] *v.* manipuler, manœuvrer avec habileté ; tripoter.

**man-handle** ['mæn ,hændl] *v.* **1.** déplacer à force d'homme. **2.** se saisir d'une personne avec brutalité.

**man-hour** *n.* quantité de travail faite en une heure par un ouvrier ; heure d'homme ; heure-ouvrier, heure par employé, heure travaillée.

**manifest** ['mænifest] *n.* manifeste (état détaillé de la cargaison d'un navire à son port d'embarquement).

**manifold** ['mænifəuld] *adj.* multiple, diversifié, à plusieurs facettes.

**manila, manilla** [mə'nilə] *n.* (papier) résistant de couleur chamois (souvent utilisé pour les enveloppes officielles ou commerciales).

**manipulation** [mə'nipju'leiʃən] *n.* manipulation, manœuvre ; tripotage.

**man-made** *adj.* fabriqué, artificiel. *Man-made fibres,* fibres synthétiques.

**manpower** ['mæn, pauə] *n.* main-d'œuvre. *Manpower policy,* politique du personnel.

**mansion** ['mænʃən] *n.* demeure, hôtel particulier, (pl.) immeuble de rapport.

**manslaughter** ['mæn,slɔ:tə] *n.* homicide involontaire. *Manslaughter without malice aforethought,* homicide sans préméditation.

**manual** ['mænjuəl] *adj.* manuel, fait à la main. *Jur. : Manual deliv-*

*ery,* tradition manuelle, matérielle. *Téléph.* : *Manual exchange,* inter-urbain manuel. *Manual skilled workers,* O.S., ouvriers spécialisés. *Manual workers,* travailleurs manuels.

**manufactory** [mænju'fæktəri] *n.* fabrique, manufacture.

**manufacture** [mænju'fækt∫ə] *n.* 1. fabrication, industrie. 2. produit manufacturé.

**manufacture** *v.* 1. fabriquer, produire, transformer. *Manufactured goods,* produits finis, produits manufacturés. 2. inventer (une histoire), fabuler.

**manufacturer** [mænju'fækt∫ərə] *n.* fabricant, industriel. *Manufacturer's agent,* agent exclusif.

**manufacturing** [mænju'-fækt∫əriŋ] *n.* fabrication, transformation. *Manufacturing industries,* industries de transformation, manufacturières. *Manufacturing licence (license),* licence de fabrication.

**manure** [mə'njuə] *n.* fumier ; engrais naturel.

**map** [mæp] *n.* carte (géographique), plan. *To be on the map,* a) figurer, être sur la carte. b) être d'actualité, de raison. *Fam.* : être dans le coup/dans le vent. *To put on the map,* rendre célèbre, faire connaître. *To wipe off the map,* détruire, anéantir, faire disparaître.

**map** *v.* 1. établir la carte, dresser le plan. 2. faire des relevés topographiques.

**map out** *v.* dresser (un plan), tracer (un itinéraire), arranger/organiser (son emploi du temps), monter. *To map out a low-budget assault (on)...,* monter une attaque avec un budget réduit (contre)...

**map up** *v.* 1. faire des relevés topographiques (en vue d'un plan, d'une carte). 2. établir le détail d'une stratégie, faire un montage. *To map up a strategy,* régler les détails d'une stratégie.

**mar** *v.* gâcher, gâter, nuire à.

**margin** ['ma:dʒiŋ] *n.* 1. *Imprim.* : marge. *As per margin,* comme indiqué en marge. 2. marge, taux. *Profit margin,* marge bénéficiaire. *Safety margin,* marge

de sécurité. 3. *Fin., Bourse* : marge, couverture, provision, acompte, réserve. *To deposit a margin in cash,* laisser en dépôt une provision en espèces. *Margin account,* compte à la marge. (Cette marge, ou dépôt de couverture, est constituée par des titres ou de l'argent liquide.) *Margin dealing,* transaction sur provision. *Margin ratio,* taux de couverture.

**marginal** ['ma:dʒinəl] *adj.* 1. marginal. *Marginal cost,* coût marginal. 2. occasionnel, marginal. *Marginal buyer,* acheteur occasionnel. *Marginal land,* terre exploitée seulement en cas de nécessité (compte tenu du coût d'exploitation). *Marginal seat,* siège très disputé (dans une élection).

**marine** [mə'ri:n] *adj.* maritime, marin. *Marine insurance, assurance,* assurance maritime. *Marine loss,* perte maritime. *Marine stores,* magasins maritimes.

**marine** *n.* 1. marine. *Merchant, mercantile marine,* la marine marchande. 2. fusilier marin.

**marital status** ['mæritəl] situation de famille (notamment utilisé comme rubrique dans les formulaires imprimés) ; état civil.

**maritime** ['mæritaim] *adj.* maritime, de la mer. *Maritime law,* droit maritime, droit de la mer. *Maritime peril,* fortune de mer.

**mark** [ma:k] *n.* marque, note, marquage ; estampille ; cote, cotation (bourse). *To be off the mark,* manquer la cible, ne pas atteindre l'objectif, être loin du compte.

**mark** *v.* 1. noter, marquer, coter ; repérer ; chiffrer. 2. estampiller, viser. *Marked cheque,* chèque certifié, visé. *Marked shares,* actions estampillées. 3. remarquer ; signaler, témoigner. *Marked recovery,* rétablissement éclatant. 4. *To mark time,* marquer le pas ; piétiner.

**mark-down, markdown** [,ma:k'daun] *n.* rabais, réduction, remise, démarque. *To get a markdown of $ 3 on a sticker price,* obtenir un rabais de trois dollars sur le prix marqué (sur l'étiquette).

**mark down** *v.* démarquer, réduire un prix.

**marker** ['maːkə] *n.* **1.** marqueur ; pointeur, aiguille (sur un cadran). **2.** jalon, repère, témoin. *Marker (radio) beacon,* émetteur embarqué (à bord d'un avion) signalant son passage à des balises fixes au sol ou en mer. *Marker crude,* brut (pétrole) de référence. **3.** (U.S.) billet à ordre ou reconnaissance de dette.

**market** ['maːkit] *n.* marché (lieu, acheteurs, débouchés). *There is no market for their goods,* il n'y a pas de débouchés pour leurs produits. *We are in the market for 2,000...,* nous sommes acheteurs de 2 000... *Domestic market,* marché intérieur. *Foreign market,* marché(s) extérieur(s). *Home market,* marché intérieur. *Market analysis,* analyse de marché. *Market demand,* besoins du marché. *Market penetration,* pénétration (implantation sur le) marché. *Market prices,* prix du marché. *Market trend,* tendance, orientation du marché. *Market value,* valeur marchande, vénale. *The commodity market,* le marché/la bourse/des marchandises et des matières premières. *The Common Market,* le marché commun. *The stock market,* le marché des titres, des valeurs.

**market** *v.* **1.** mettre sur le marché, commercialiser, distribuer, lancer un produit. **2.** faire son marché, faire des courses.

**marketable** ['maːkitəbl] *adj.* négociable, qui a un marché. *Shares marketable on the Stock Exchange,* actions négociables en bourse.

**market economy,** économie de marché, économie libérale.

**marketeer** *n.* vendeur sur un marché. *Black-marketeer,* vendeur au marché noir.

**marketer** *n.* **1.** distributeur ; personne ou organisme qui commercialise un produit ; vendeur. **2.** commercial, membre d'un service commercial ou marketing.

**market forecast,** prévision de marché(s).

**market gap,** créneau commercial.

**market-gardener,** maraîcher en gros.

**market-gardening,** culture de produits maraîchers ; horticulture maraîchère.

**marketing** ['maːkətiŋ] *n.* N.B. malgré les tentatives de spécialistes pour donner de ce mot une traduction trop limitative, rappelons qu'en tant que forme en -ING du verbe *to market,* il a tous les sens de ce verbe, jusques et y compris celui de « porter ses marchandises au marché ». **1.** techniques marchandes, de commercialisation, mercatique, marketing. **2.** vente, distribution, commercialisation (des produits). **3.** le fait d'acheter ou de vendre sur un marché. **4.** le fait de porter ses marchandises au marché. **5.** ensemble des activités en rapport avec le marché et le transfert des marchandises du producteur vers le consommateur, entre autres : étude de marché, étude commerciale d'un projet, achat, vente, stockage, transport, normalisation, financement.

**marketing mix,** ensemble des opérations relatives à la mise sur le marché de produits nouveaux ; « marketing mix », marchéage.

**market leader,** firme ou produit qui détient la plus grande part d'un marché.

**market-maker,** teneur de marché (entreprise de courtage qui assure en permanence la contrepartie, achat et vente, sur un marché boursier ou de devises) ; contrepartiste.

**market-making,** contrepartie, tenue de marché.

**market penetration,** pénétration d'un marché ; pénétration sur le marché.

**market research,** étude de marché.

**market rule of return,** taux de rémunération du marché.

**market share,** part du marché, portion/segment du marché (détenu(e) par un produit ou une entreprise dans un domaine donné).

**market thrust,** percée sur un marché, percée commerciale.

**market value,** valeur sur le marché ; valeur marchande, valeur vénale ; prix sur le marché ; (actions) valeur boursière.

**marking** ['maːkiŋ] *n.* **1.** *Bourse :*

cote, cotation. **2.** (généralement pl.) marques sur emballage d'expédition, marquage.

**mark-up, markup** *n.* majoration, marge ; taux de marque.

**mark-up** *v.* majorer (prix).

**marque** *n.* marque (de luxe, de voiture de sport, etc.).

**mart** [maːt] *n.* centre de commerce, marché.

**marshal** [ˈmaːʃəl] *n.* **1.** maréchal ; chef du protocole royal. **2.** (G.B.) huissier, garde auprès d'un tribunal. **3.** (U.S.) sheriff : commissaire de police chargé de l'application des décisions de justice aux États-Unis.

**marshal** *v.* **1.** faire manœuvrer (des trains), trier. **2.** arranger, mettre en ordre ; exposer, présenter (des faits). **3.** établir un ordre de priorité, de préséance.

**marshalling yard** [ˈmaːʃəliŋ] *n.* (U.S.) gare de triage.

**mass** [mæs] *n.* **1.** masse ; grande quantité (souvent pl.). *The masses,* la masse, les masses. *Masses of people,* une foule (de gens). **2.** *Fin. :* masse. *Mass to be made good,* masse créancière, masse active.

**mass** *adj.* de masse, massif. *Mass meeting,* rassemblement de masse, rassemblement monstre. *Mass picketing,* piquet(s) (de grève) formé(s) de très nombreux grévistes.

**mass media** *n.* moyens de communication de masse (presse, TV, radio) ; supports publicitaires.

**mass memory,** mémoire de masse, mémoire auxiliaire (informatique : disques ou bandes permettant de stocker un grand nombre d'informations).

**mass-produce** [ˌmæsˈprəˈdjuːs] *v.* produire en masse, en quantités industrielles ; faire de la production en grande série, fabriquer en série.

**mass production** [ˌmæs prəˈdʌkʃən] *n.* production en grande série, production industrielle de masse, fabrication en série.

**mass transit system,** système de transport collectif.

**mass volume mailer,** expéditeur en nombre.

**master** [ˈmaːstə] *n.* **1.** maître,

capitaine (marine), chef, responsable suprême. *Headmaster,* directeur d'école. *To be one's own master,* être son propre maître. **2.** modèle de référence, original. *Master agreement,* convention collective de référence. *Master contract,* accord cadre. *Master file,* fichier de base. **3.** maître, - qualifié. *Master carpenter,* maître charpentier. **4.** grade universitaire. *M.A. = Master of Arts,* maître ès lettres. *M.B.A. = Master of Business Administration,* titulaire d'une maîtrise des sciences de la gestion. *M.S.(c) = Master of Science,* maître ès sciences.

**master copy,** copie originale.

**master file,** dossier de référence.

**master key** [ˈmaːstəkiː] « passe », passe-partout, clé permettant d'ouvrir plusieurs serrures = **Skeleton key.**

**Master Porter,** entrepreneur agréé de chargement et de déchargement portuaire.

**master tape,** bande (magnétique)-mère, originale ; bande matrice.

**mastery** [ˈmaːstəri] *n.* maîtrise, contrôle total. *To keep complete mastery of the situation,* garder le contrôle absolu de la situation.

**match** [mætʃ] *v.* **1.** égaler, rivaliser, concurrencer. **2.** convenir, aller, assortir, être assorti. *Matching funds,* montants compensatoires. *Ill-matched,* mal assorti. *Well-matched,* bien assorti.

**matching** *n.* alignement de l'offre sur la concurrence. *Comptab. :* rapprochement.

**matching principle** *Comptab. :* spécialisation/indépendance des exercices (rattachement des charges et produits aux exercices correspondants).

**match up to** *v.* être à la hauteur (de la situation, des espoirs, de l'attente).

**matchless** [ˈmætʃlis] *adj.* sans rival, inégalable, sans égal, inégalé.

**mate** [meit] *n.* compagnon, camarade ; second (officier) ; aide. *Carpenter's mate,* aide-charpentier. *Running mate,* (élection U.S.) co-listier. *Work mate,* collègue de travail.

**material** [mə'tiərəl] *n.* **1.** matériau, matière. *Building materials,* matériaux de construction. *Raw material,* matière première. *Material cost,* coût de la matière brute. **2.** tissu(s). **3.** matériel, matière, matériau (sens abstrait). *To gather material for a book,* rassembler la matière pour un livre.
**material** *adj.* **1.** matériel. *Material damage,* dommages matériels. **2.** important, conséquent, substantiel. *A material change in our plans,* un changement significatif de nos plans. **3.** *Jur.* : matériel, tangible. *Material evidence,* preuve tangible. *Material witness,* témoin matériel.
**materiality** *n. Comptab.* : importance relative. *Materiality principle,* seuil de signification.
**materialize** [mə'tiəriəlaiz] *v.* **1.** se matérialiser, prendre corps, prendre forme. **2.** devenir vrai, réel, se réaliser, se matérialiser. *Our expectations never materialized,* nos espoirs ne se sont jamais réalisés.
**maternity** [mə'tə:nəti] *n.* maternité. *Maternité allowance,* allocation de maternité. *Maternity benefit,* allocation de maternité. *Maternity grant,* prime de naissance. *Maternity leave,* congé de maternité.
**mate's receipt,** reçu (provisoire) de bord, certificat de bord, bon de chargement (devra être échangé contre le « *bill of lading* », connaissement).
**mathematical economics** [mæθə'mætikəl] économétrie, économie mathématique.
**matriculate** [mə'trikjuleit] *v.* être reçu, être inscrit à l'université à la suite d'un examen.
**matrix,** pl. **matrixes/ces** ['meitriks, -si:z] *n.* **1.** moule, matrice. **2.** gangue, matrice. **3.** *Sc.* : matrice.
**matter** ['mætə] *n.* **1.** matière, chose(s) ; substance. *Printed matter,* imprimés. **2.** affaire. *Private matters,* affaires privées, personnelles. **3.** sujet, question, point. *A matter of opinion,* une affaire, une question d'opinion. *In this matter,* sur cette question, dans cette affaire.

re.
**matter** *v.* importer, avoir de l'importance.
**mature** [mə'tjuə] *adj.* **1.** mûr, parvenu à maturité. **2.** mûri, réfléchi. **3.** arrivé à échéance, échu.
**mature** *v.* **1.** mûrir. **2.** échoir, parvenir à échéance.
**maturing** [mə'tjuəriŋ] *adj.* parvenant, arrivant à échéance, à maturité. *Bills maturing shortly,* effets parvenant à échéance prochainement.
**maturity** [mə'tjuəriti] *n.* échéance. *Maturity date,* date d'échéance. *Maturity value,* valeur à échéance.
**maverick** ['mævərik] *n.* **1.** (à l'origine) tête de bétail non marquée. **2.** personnalité politique restant indépendante, à l'écart de son (d'un) parti ; personne non conformiste, indépendante.
**maximal** ['mæksiməl] *adj.* maximum, maximal.
**maximization** [mæksimai'zeiʃən] *n.* maximisation, maximalisation.
**maximize** ['mæksimaiz] *v.* maximiser, porter à son état le plus grand.
**maximum** ['mæksiməm] *n.* maximum, point le plus haut. *Maximum-minimum tariff system,* tarification basée sur la pénalisation du prix maximum et l'octroi du meilleur prix à la nation favorisée.
**maximum** *adj.* maximum, maximal, le degré le plus grand, le plus fort, etc.
**May-Day** ['meidei] *n.* 1er mai.
**mayday** *n.* signal de détresse international. *The pilot put out a mayday distress call,* le pilote a lancé un S.O.S.
**mayhem** ['meihem] *n.* (U.S.) *Jur.* : voie de fait, pouvant entraîner une incapacité.
**mean** [mi:n] *adj.* **1.** pingre, avare. **2.** déplaisant. **3.** méchant, mal intentionné. **4.** moyen, appartenant au juste milieu. *Mean price,* cours, prix moyen. *G.M.T.* = *Greenwich Mean Time,* temps moyen de Greenwich, temps universel.
**mean** *n.* **1.** moyenne (cf. **average**). *Arithmetic mean,* moyenne arithmétique. **2.** médiane. **3.** chiffre moyen, etc.
**means** [mi:nz] *n.* **1.** moyen, mé-

thode, façon. *By fair means or foul,* par tous les moyens, par n'importe quel moyen. 2. ressource. *Means of payment,* moyen de paiement. *Means of production,* moyen de production. *Means of transport,* (U.S. : *transportation*) moyen de transport.

**meantime** ['miːnˈtaim] *n.* temps moyen ; (entre deux événements) intervalle. *In the meantime,* entretemps.

**measurable** ['meʒərəbl] *adj.* mesurable, qui peut être mesuré.

**measure** ['meʒə] *n.* mesure ; démarches ; manœuvres. *To take legal measures,* avoir recours aux voies de droit. *To take measures against,* prendre des mesures contre. *Drastic measures,* des mesures draconiennes.

**measure** *v.* mesurer, jauger, évaluer. *To measure up,* être de taille, au niveau, faire le poids.

**measured** ['meʒəd] *adj.* déterminé, mesuré ; considéré ; modéré.

**measurement** ['meʒəmənt] *n.* mesure, prise de mesure, jaugeage. *To pay by measurement for cargo,* payer la cargaison au cubage, au volume, à l'encombrement. *Measurement goods,* marchandises (légères) pour lesquelles le coût de fret est établi en fonction du volume occupé. *Measurement ton,* tonne d'encombrement, tonne de mer (40 pieds-cubes à la tonne).

**mechanic** [mi'kænik] *n.* mécanicien, machiniste.

**mechanical engineer** [mi'kænikəl] *n.* ingénieur mécanicien.

**mechanical engineering,** génie mécanique, industrie mécanique ; technique, science de la fabrication (de machines).

**mechanics** [mi'kæniks] *n.* 1. mécanique (science de la mécanique). 2. mécanique, mécanisme(s), technique d'une activité. *You must learn the mechanics of the job,* il vous faut apprendre la technique du métier. *The mechanics of violence,* l'engrenage de la violence.

**mechanism** ['mekənizəm] *n.* mécanisme.

**mechanization** [mekənai'zeiʃən] *n.* mécanisation, automatisation.

**mechanize** *v.* mécaniser, automa-

tiser.

**media** ['miːdiə] *n. pl.* moyens, supports de la communication (presse, TV, radio). Le singulier est *medium. Media buying,* achat de media.

**median** ['miːdjən] *n.* médiane.

**median** *adj.* médian, de la médiane ; moyen. *Median income,* revenu moyen.

**media-planning** *Pub. :* planification des medias, choix des medias, « média-planning ».

**mediate** ['miːdieit] *v.* intervenir comme médiateur, intercéder, offrir ses bons offices.

**mediation** [,miːdi'eiʃən] *n.* 1. médiation, intercession, bons offices. 2. procédure de conciliation.

**mediator** ['miːdieitə] *n.* médiateur, intercesseur, arbitre.

**medical** ['medikəl] *adj.* médical, relatif à la médecine.

**medical** *n. Fam. :* examen médical.

**medicare** ['medikeə] *n.* (U.S.) système d'assurance maladie pour les retraités.

**medium** ['miːdjəm] *n.* voir pl. **media.** 1. moyen, support de l'information, de la connaissance ou de l'expression. *The theatre remains his favorite medium,* le théâtre reste son moyen d'expression favori. 2. milieu naturel. 3. position moyenne, médiane. *The happy medium between two extremes,* la bonne moyenne entre deux extrêmes.

**medium** *adj.* moyen, appartenant à la moyenne. *Medium wave,* onde(s) moyenne(s). *Medium-size (sized),* de taille moyenne.

**medium term,** moyen terme.

**meet** [miːt] *v.* 1. (se) rencontrer ; se rassembler, se réunir. *To make both ends meet,* joindre les deux bouts. 2. faire (la) connaissance de, être présenté. *Meet Mr Jackson,* je vous présente M. Jackson. 3. satisfaire à, honorer ; convenir. *We hope this model will meet your requirements,* nous espérons que ce modèle satisfera vos exigences. *To meet one's commitments,* honorer ses engagements.

**meet a claim,** satisfaire une revendication.

**meet a deadline,** honorer une échéance, faire quelque chose dans les délais prévus.

**meet the demand,** faire face à la demande.

**meeting** ['mi:tiŋ] *n.* rencontre, réunion, assemblée, rassemblement, meeting. *Annual general meeting,* assemblée générale ordinaire. *Board meeting,* réunion du conseil d'administration. *Extraordinary meeting,* assemblée, réunion, extraordinaire.

**meet with** *v.* trouver, connaître, rencontrer, éprouver. *We met with difficulties,* nous avons éprouvé des difficultés.

**melon** ['melən] *n.* **1.** melon. **2.** *Fam.* : bénéfice exceptionnel distribué aux actionnaires.

**member** ['membə] *n.* membre ; adhérent. (G.B.) *Member of Parliament, M.P.,* parlementaire, député. *Union member,* adhérent, membre d'un syndicat, syndicaliste. (U.S.) *Member bank,* banque ayant adhéré au *Federal Reserve System. member-country,* pays membre.

**membership** ['membəʃip] *n.* **1.** appartenance, qualité de membre, adhésion. **2.** nombre d'adhérents, effectif(s). **3.** charge, office. *Stockbroker's membership,* charge, office d'agent de change.

**memo** ['meməu] *n.* voir memorandum.

**memorandum** [memə'rændəm, -ə, əmz] *n. pl.* —**da/dums. 1.** = **memo,** mémoire, note, rapport, memorandum, note de service. **2.** *Memorandum (of association),* acte constitutif d'une société. *Memorandum and articles,* statuts. (U.S.) *Memorandum buying,* vente à condition. *Memorandum of insurance,* arrêté (provisoire) d'assurance.

**memorize** ['meməraiz] *v.* apprendre par cœur, mémoriser.

**memory** ['meməri] *n.* **1.** mémoire. **2.** souvenir.

**memory bank,** banque de données.

**menace** ['menəs] *n.* menace ; personne ou objet dangereux.

**mend** [mend] *n.* réparation.

**mend** *v.* réparer.

**mend (on the),** en cours d'amélioration, en convalescence.

**menial** ['mi:njəl] *adj.* mineur, auxiliaire, secondaire ; modeste ; servile. *Menial job,* tâche inférieure, travail d'exécution n'impliquant aucune responsabilité.

**mercantile** ['mə:kəntail] *adj.* marchand, commerçant, commercial. (U.S.) *Mercantile agency,* agence de renseignements commerciaux (concernant notamment la solvabilité de demandeurs de crédit). *Mercantile credit,* crédit fournisseurs, crédit entre marchands. *Mercantile exchange,* bourse des marchandises. *Mercantile law,* droit commercial.

**merchandise** ['mə:tʃəndaiz] *n.* marchandise. *Merchandise rack,* « gondole ».

**merchandise** *v.* commercialiser.

**merchandiser** *n.* marchandiseur.

**merchandising** ['mə:tʃəndaiziŋ] *n.* marchandisage (techniques commerciales relatives à la création, présentation et distribution des marchandises), techniques de commercialisation, marchéage.

**merchant** ['mə:tʃənt] *n.* **1.** (à l'origine) marchand spécialisé dans l'import-export. **2.** négociant, marchand, commerçant. *Corn-merchant,* marchand de grains. **3.** courtier (U.S. : souvent : *merchant middleman*).

**merchant** *adj.* marchand, commercial. *Merchant bank,* banque d'affaires. *Merchant law,* droit commercial. *Merchant marine, merchant fleet,* marine marchande.

**merchantable** [mə:tʃəntəbl] *adj.* commercialisable. *Good merchantable quality,* bonne qualité marchande.

**merchant man** *n.* navire marchand ( = *merchant ship*).

**merge** [mə:dʒ] *v.* fusionner, se fusionner ; fondre, amalgamer.

**merger** ['mə:dʒə] *n.* fusion, concentration d'entreprises.

**merit** ['merit] *n.* mérite, valeur. *Merit rating,* notation, évaluation des performances du personnel (administration U.S.). *On its, her, his merits,* sur sa valeur propre, personnelle. *Jur. : The merits of a case,* le fond d'une cause.

**message** ['mesidʒ] *n.* message. *To get one's message across,* se faire comprendre.

**messenger** ['mesindʒə] *n.* **1.** messager. **2.** commissionnaire. *By messenger,* par porteur.

**messenger-boy,** garçon de courses.

**metal** ['metl] *n.* métal.

**metal-banded,** à cerclage métallique.

**metal-strapped,** à cerclage métallique.

**metallic currency** [mi'tælik] monnaie métallique légale.

**metallurgy** [me'tælədʒi] *n.* métallurgie.

**metal-worker,** ouvrier métallurgiste.

**metal-works,** usine métallurgique.

**meter** ['miːtə] *n.* compteur, instrument de mesure de débit. *Gasmeter,* compteur à gaz. *Meter rate,* facturation basée uniquement sur les quantités débitées.

**metes and bounds, 1.** *Jur.* : bornes, limites d'une propriété. **2.** (U.S.) Limites établies, limites reconnues.

**method** ['meθəd] *n.* méthode, mode, modalité. *Methods engineer,* ingénieur des méthodes. *Straight line method,* méthode d'amortissement linéaire.

**metric** ['metrik] *adj.* métrique. *Metric system,* système métrique. *To go metric,* adopter le, passer au système décimal.

**metropolis** [mi'trɔpəlis] *n.* métropole.

**metropolitan** [metrə'pɔlitən] *adj.* métropolitain. **1.** qui appartient à la grande ville. **2.** qui a trait à la mère patrie.

**micro** ['maikrəu] *préf.* micro. *Micro-economics,* micro-économie. *Micro-waves,* micro-ondes.

**micro-computer,** micro-ordinateur.

**micro-processor** [maikrəu'prəusesə] micro-processeur.

**middle** ['midl] *adj.* du centre, du milieu, moyen. *Middle East,* le Moyen-Orient. *Middle name,* mot à mot : le nom du milieu = le second prénom (très répandu chez les Anglo-Saxons, il figure souvent sous forme d'initiale). *Middle-sized,* de taille moyenne, moyen.

**middle** *n.* milieu, centre. *Middle of the road,* juste milieu.

**middle class,** les classes moyennes, la bourgeoisie.

**middleman** ['midlmæn] *n.* intermédiaire, grossiste.

**middle manager,** cadre moyen.

**middling** *adj.* moyen, médiocre.

**mid-size** *adj.* de taille moyenne, de taille intermédiaire.

**migrant** ['maigrənt] *n.* migrant. *Migrant workers,* les travailleurs migrants.

**migrate** [mai'greit] *v.* migrer, émigrer.

**migration** [mai'greiʃən] *n.* migration.

**mild** *adj.* modéré ; peu sévère, peu rigoureux, bénin.

**mile** [mail] *n.* mille : unité de longueur = 1 609 mètres ou 1,760 yards. *Nautical mile,* mille nautique = 1 852 mètres.

**mileage** ['mailidʒ] *n.* (nombre de miles), kilométrage. *Mileage allowance,* indemnité kilométrique. *Mileage (bonus) award,* kilomètres gratuits offerts aux clients réguliers (par exemple, kilomètres de vol offerts par les compagnies aériennes).

**milestone** ['mailstəun] *n.* jalon repère, date historique.

**military** (the) ['militəri] *n.* les militaires, l'armée, la force armée.

**military** *adj.* militaire. *Military Police (M.P.),* police militaire, prévôté.

**milk** [milk] *v.* **1.** traire. **2.** extorquer (de l'argent, des renseignements).

**milking** ['milkiŋ] *n.* **1.** traite (du lait). **2.** abus, surexploitation, exploitation abusive.

**mill** [mil] *n.* **1.** moulin. **2.** usine (utilisant à l'origine une énergie naturelle : eau, vent). *Spinning mill,* usine de tissage. *Weaving mill,* filature.

**miller** ['milə] *n.* **1.** meunier. **2.** fraiseur. **3.** fraiseuse, machine à fraiser.

**mimeograph** ['mimiəgraːf] *v.* reproduire, copier au moyen de stencils.

**mine** [main] *n.* **1.** mine. *Coal mine,* mine de charbon. *Bourse : The mines,* les valeurs minières. **2.** explosif. *Magnetic mine,* mine magnétique.

**mine** *v.* extraire, creuser, saper, miner.

**miner** ['mainə] *n.* mineur.

**mineral** ['minərəl] *adj.* minéral.

**mineral** *n.* minéral, minerai. *Mineral concession,* concession minière. *Mineral rights,* droits d'exploitation de minéraux.

**mineworker** [main'wə:kə] *n.* travailleur de la mine, employé dans une mine.

**mini-computer** ['mini kəm'pju:tə] *n.* mini-ordinateur.

**mining** ['mainiŋ] *n.* activités minières, extraction. *Mining law,* droit minier. *Mining shares,* valeurs minières, « minières ».

**minimal** ['miniməl] *adj.* minime, minium, minimal.

**minimization** [minimai'zei∫ən] *n.* minimisation, minoration, atténuation.

**minimize** ['minimaiz] *v.* minimiser, atténuer, minorer.

**minimum** ['miniməm] *n.* Pl. **minima, minimums,** minimum, point le plus bas. *Sales fell to a minimum,* les ventes sont tombées au plus bas.

**minimum** *adj.* minimum, le plus bas. *Minimum rate,* tarif, taux minimum, *Minimum wage,* salaire minimum.

**minimum lending rate (M.L.R.),** taux de crédit préférentiel.

**minimum wage,** salaire minimum.

**minister** ['ministə] *n.* 1. ministre. 2. ministre plénipotentiaire. 3. pasteur, ministre de culte.

**ministry** ['ministri] *n.* ministère.

**minor** ['mainə] *n.* mineur, personne n'ayant pas atteint l'âge de la majorité légale (actuellement, 18 ans en G.B.).

**minor** *adj.* 1. mineur (d'importance ou de taille), moindre ; secondaire, sans grand intérêt. *Minor coins,* menue monnaie, piécettes. 2. peu grave, léger (maladie).

**minority** [mai'nɔriti] *n.* 1. minorité, état de mineur légal. 2. minorité, groupe ethnique, religieux ou sociologique, etc. dont l'effectif total représente un pourcentage faible de la population globale. *Minority rights,* droits des minorités.

**minority** *adj.* 1. minoritaire. 2. de la minorité, de l'opposition.

**minority interest,** intérêt minoritaire, participation minoritaire.

**Mint** [mint] *n.* 1. monnaie, Hôtel des Monnaies. *Mint par of exchange,* pair métallique. 2 pièce ou timbre dans son état d'origine. *In mint condition,* en parfait état, à l'état neuf.

**mint** *v.* 1. frapper, battre monnaie. 2. inventer. *To mint a phrase, a new word,* forger une expression, créer un mot nouveau.

**minus** ['mainəs] *prép.* moins. *77 minus 52 leaves, makes, equals, is 25,* 77 moins 52 égale 25.

**minus** *n.* 1. (signe) moins (devant quantité négative ou nombre à retrancher). 2. quantité négative inférieure à zéro. *The balance of his calculations was a minus,* le solde de ses calculs était négatif. .

**minute** ['minit] *n.* 1. minute (unité de temps ou de mesure d'angles). 2. minute, note officielle.

**minute-book** ['minitbuk] *n.* registre des procès-verbaux, registre des délibérations.

**minutes** ['minits] *n.* procès-verbal de séance, procès-verbal de réunion ; minutes. *Minutes of the proceedings,* procès-verbal des délibérations.

**mire** [maiə] *v.* enliser, embourber, s'enliser, s'embourber.

**mis-** [mis] *préf.* mal..., ...par erreur, absence de...

**misapplication** ['mis,æpli'kei∫ən] *n.* mauvaise interprétation (de la loi), détournement (de la loi).

**misapprehension** ['mis,æpri'hen∫ən] *n.* malentendu, erreur d'interprétation. *(To labour) under a misapprehension,* être victime d'un malentendu.

**misappropriation** ['misə,prəupri'ei∫ən] *n.* détournement de fonds, abus de confiance.

**miscalculation** ['mis,kælkju'lei∫ən] *n.* erreur de calcul, erreur de jugement ; mécompte.

**miscarriage** [mis'kærid3] *n.* avortement ; perte ; échec. *Miscarriage of justice,* erreur judiciaire, déni de justice.

**miscarry** [mis'kæri] *v. Propre et fig. :* avorter ; échouer ; s'égarer.

**miscellaneous** [,misi'leinjəs] *adj.*

divers (articles, objets), variés.

**misconduct** [,mis'kɔndʌkt] *n.* **1.** inconduite ; adultère. **2.** mauvaise gestion (d'une entreprise). **3.** *Professional misconduct,* faute professionnelle.

**misdeed** *n.* délit, crime ; méfait.

**misdemeanour** [,misdi'miːnə] *n.* délit, infraction.

**misdirect** [misdai'rekt] *v.* **1.** mal indiquer une direction, une adresse. **2.** gâcher, gaspiller (des efforts). **3.** (d'un juge) mal renseigner (les jurés) sur des points de droits.

**misfeasance** *n.* infraction ; abus de pouvoir, d'autorité.

**misfire** [mis'faiə] *v.* rater.

**mishap** ['mishæp] *n.* aléa, incident, accident, péripétie.

**mislay** [mis'lei] *v.* égarer, mettre au mauvais endroit.

**mislead** [,mis'liːd] *v.* tromper, induire en erreur ; abuser.

**misleader** [mis'liːdə] *n.* personne qui induit en erreur, trompe, abuse de la crédulité des autres ; corrupteur.

**misleading** [mis'liːdiŋ] *adj.* trompeur, fallacieux. *Misleading advertising,* publicité mensongère.

**mismanage** [mis'mænidʒ] *v.* mal gérer, commettre des erreurs de gestion.

**mismanagement** [mis'mænidʒmənt] *n.* mauvaise gestion, gestion fautive.

**mismatch risk,** risque lié au décalage entre les échéances.

**misplace** [mis'pleis] *v.* **1.** placer au mauvais endroit, déplacer. **2.** égarer.

**misprint** ['misprint] *n.* faute d'impression, coquille, erreur typographique.

**misprint** [mis'print] *v.* faire une faute d'impression, imprimer incorrectement.

**misquote** [mis'kwəut] *v.* **1.** faire une erreur dans une citation. **2.** mal rendre compte (d'un discours, d'un texte). *He complained that newspapermen kept misquoting him,* il se plaignit que les journalistes ne cessaient de déformer ses propos.

**misrepresent** ['mis,repri'zent] *v.* faire une déclaration fausse ou tendancieuse, une présentation volontairement inexacte, souvent avec intention de nuire.

**misrepresentation** ['mis,reprizen'teiʃən] *n.* fausse déclaration, rapport tendancieux, présentation déformée ou inexacte (des faits), allégation inexacte.

**miss** [mis] *v.* **1.** manquer, rater. *To miss the boat, the bus,* rater sa chance, laisser échapper l'occasion. *To miss the mark,* rater son coup, manquer son objectif. **2.** échapper à, éviter. **3.** regretter l'absence de, se languir de.

**missing** ['misiŋ] *adj.* manquant, absent, porté disparu. *Missing persons,* personnes disparues.

**misstatement** *n.* rapport inexact, renseignement erroné.

**mistake** [mi'steik] *n.* erreur, faute, méprise. *To make a mistake,* se tromper. *By mistake,* par erreur.

**mistake** *v.* mal comprendre, se méprendre, se tromper, confondre. *To mistake something for something else,* prendre qqch pour qqch d'autre.

**mistaken** [mi'steikən] *adj.* **1.** (d'une personne) dans l'erreur, qui a mal compris. **2.** (fait ou idée) mal compris, mal perçu ; erroné.

**mistime** [mis'taim] *v.* faire mal à propos/à contretemps, mal calculer.

**mistrial** [mis'traiəl] *n.* **1.** erreur judiciaire. **2.** jugement entaché d'une erreur de procédure.

**misunderstand** [,misʌndə'stænd] *v.* comprendre de travers, ne pas comprendre.

**misunderstanding** [misʌndəstændiŋ] *n.* **1.** le fait de ne pas comprendre. **2.** incompréhension, malentendu. **3.** désaccord.

**misuse** [mis'juːs] *n.* mauvais usage, abus. *Unforgivable misuse of power,* abus impardonnable de pouvoir.

**misuse** [mis'juːz] *v.* **1.** faire un mauvais usage. **2.** maltraiter.

**misuse of funds,** détournement de fonds.

**miswrite** [mis'wrait] *v.* écrire incorrectement, mal écrire.

**mitigate** ['mitigeit] *v.* atténuer, alléger, réduire. *Mitigating circumstances,* circonstances atténuantes.

**mix** [miks] *n.* combinaison, mélange, gamme, composition. *Mar-*

*keting-mix,* ensemble des opérations relatives à la mise sur le marché de produits nouveaux. *Sales mix,* éventail de produits.

. **mixed** [mikst] *adj.* mêlé, mélangé, composite, mixte. *Mixed cargo,* cargaison mixte. *Mixed economy,* économie qui tient à la fois du dirigisme et du libéralisme. *Mixed policy,* police d'assurance mixte. *Mixed property,* biens meubles et immeubles.

**mob** [mɔb] *n.* 1. foule excitée. 2. populace. 3. (U.S.) *The Mob,* la Mafia.

**mob** [mɔb] *v.* 1. attaquer (en groupes), malmener. 2. s'attrouper.

**mobile** ['məubail] *adj.* mobile ; portable, transportable.

**mobility** [məu'biliti] *n.* mobilité.

**mobilization** [məubilai'zeiʃən] *n.* mobilisation (armée, capitaux).

**mobster** [mɔbstə] (U.S.) gangster, membre de la Maffia.

**mock** [mɔk] *adj.* de faux-semblant, non réel, imitant le réel. *Mock battle,* simulacre de bataille.

**mock-up** ['mɔkʌp] *n.* maquette (souvent en grandeur réelle), représentation, modèle.

**model** ['mɔdl] *n.* 1. modèle (d'automobile, etc.), type. 2. copie en réduction, maquette. 3. exemple, modèle. 4. représentation mathématique, modèle. *Growth model,* modèle de croissance. 5. mannequin (mode, couture).

**model** *v.* 1. modeler. 2. faire une copie, une maquette. 3. poser comme modèle, présenter un modèle. 4. modéliser (transcrire en termes mathématiques).

**modelling** ['mɔdliŋ] *n.* 1. modelage. 2. métier de mannequin. 3. modélisation.

**moderate** ['mɔdəreit] *adj.* modéré, modique, modeste, raisonnable. *A moderate increase in prices,* une hausse des prix raisonnable.

**modernization** [,mɔdənai'zeiʃən] *n.* modernisation.

**modernize** [,mɔdənaiz] *v.* moderniser, se moderniser.

**modify** ['mɔdifai] *v.* 1. changer, modifier. 2. atténuer, alléger, modérer (changer dans le sens d'une moindre rigueur/exigence).

**moiety** ['mɔiəti] *n.* *(Jur.)* moitié ; part.

**moisture** ['mɔistʃə] *n.* humidité ; buée.

**mole** [məul] *n.* môle, digue, jetée, brise-lames.

**mom-and-pop grocery,** (U.S.) la boutique, le petit commerce du coin de la rue, du quartier (mot à mot : l'épicerie de papa-maman, l'épicerie tenue par un couple de petits commerçants).

**mom-and-pop operation,** petite entreprise familiale, magasin ou boutique tenu par un couple de petits commerçants.

**momentum** [məu'mentəm] *n.* 1. *Tech.* : couple, vitesse, moment. 2. vitesse acquise, élan. *The recovery is gaining momentum,* la reprise va en s'accélérant.

**monetary** ['mʌnitəri] *adj.* monétaire. *International Monetary Fund (I.M.F.),* Fonds Monétaire International (F.M.I.). *International Monetary System,* Système Monétaire International. *Monetary base,* base monétaire. *Monetary reserves,* réserves monétaires. *Monetary standard,* étalon monétaire. *Monetary system,* système monétaire. *Monetary unit,* unité monétaire.

**monetarist** ['mʌnitərist] monétariste.

**monetization** [,mʌnitai'zeiʃən] *n.* monétisation.

**money** ['mʌni] *n.* monnaie, argent, numéraire, capitaux. *Money is scarce,* l'argent est rare, les capitaux sont rares. *Call money,* argent à vue. *Credit money,* monnaie fiduciaire. *Easy money,* argent facile (à trouver, à emprunter). *Bourse : For money,* au comptant. *Idle money, money lying idle,* argent qui dort. *Money assets,* avoirs monétaires. *Money of account,* monnaie de compte. *Near money,* quasi-monnaie. *Ready money,* argent disponible. *Reserve money,* monnaie de réserve. *Tight money,* argent rare, difficile à trouver, resserrement du crédit. *To pay good money,* payer en bel et bon argent, un bon prix. *To put up money,* investir (de l'argent) dans. *To raise money,* trouver des capitaux, emprunter.

**money-card,** carte de crédit.

**money lender,** *n.* 1. prêteur, bailleur de fonds. 2. usurier.

**money-maker,** *n.* 1. personne qui sait « faire » de l'argent. 2. objet ou article qui rapporte.

**moneyman** ['mʌnimən] *n.* financier.

**money market,** *n.* marché monétaire, financier. *Money market fund,* fonds commun de placement.

**money of account,** monnaie de compte.

**money order, M.O., P. et T. :** mandat postal, mandat-poste.

**money rate(s),** taux du loyer de l'argent, taux de l'argent sur le marché monétaire.

**moneys** ou **monies** ['mʌniz] *n.* 1. fonds, capitaux. 2. monnaie.

**money-spinner,** (G.B.) (activité, etc.) qui rapporte gros.

• **money supply,** masse monétaire.

**money-token,** jeton.

**money trader,** cambiste.

**money troubles,** difficultés, ennuis, problèmes d'argent (financiers).

**monitor** ['mɔnitə] *n.* 1. élève chargé d'une responsabilité. 2. appareil de contrôle. *TV monitor,* récepteur/moniteur télé. 3. contrôleur (d'émissions radio).

**monitor,** *v.* contrôler, surveiller, vérifier (à l'aide de matériel ou de personnel).

**monitoring system** ['mɔnitəriŋ] *n.* 1. système de contrôle et de surveillance. 2. système d'enseignement collectif (où les élèves plus âgés ou plus avancés aident les plus jeunes ou les moins avancés).

**monoculture** ['mɔnə'kʌlt∫ə] *n.* monoculture.

**monometallism** ['mɔnəmə'tælizəm] *n.* monométallisme.

**monopolist** [mə'nɔpəlist] *n.* monopoliste.

**monopolistic** [mə,nɔpə'listik] *adj.* monopolistique.

**monopolization** [mə,nɔpəlai'zei∫ən] *n.* monopolisation.

**monopolize** [mə'nɔpəlaiz] *v.* monopoliser.

**monopoly** [mə'nɔpəli] *n.* monopole, droit d'exclusivité. *Monopolies commission,* commission britannique d'enquête sur les monopoles.

**month** [mʌnθ] *n.* 1. mois. 2. mois calendaire. *To get a month's credit,* obtenir un mois de crédit. *Bills at three months,* effets/billets/papier à trois mois. *To draw one's month's pay,* toucher son mois. *Month's pay/salary,* mois, salaire.

**monthly** [mʌnθli], *adv.* et *adj.* 1. mensuellement. *Settlements made monthly or quarterly,* règlements effectués mensuellement ou trimestriellement. 2. mensuel. *Monthly instalment,* règlement/remboursement/traite mensuel(le), mensualité. *Monthly money,* argent au mois. *Monthly statement,* relevé mensuel.

**moonlight** ['muːnlait] *v.* avoir deux emplois, cumuler deux salaires, travailler au noir.

**moonlighter,** *n.* personne qui cumule deux salaires, « cumulard », travailleur au noir.

**moonlighting,** *n.* travail au noir, cumul d'emplois.

**moor** [muə] *v.* (s')amarrer, mouiller.

**moorage** ['muərid3] *n.* 1. amarrage, mouillage. 2. droits d'amarrage, droits de mouillage, droits de corps mort, (canal) droits de rivage.

**mooring** ['muərid3] *n.* 1. amarrage, mouillage. 2. droits d'amarrage, mouillage, droits de corps mort, (canal) droits de rivage.

**mooring** ['muəriŋ] *n.* amarrage, mouillage.

**moorings,** *n.* amarres ; corps morts.

**moot** [muːt] *v.* débattre (une question, un point de droit) sur le plan théorique.

**moot** *adj. (Jur.)* sans objet, purement abstrait, qui n'a pas ou plus de sens, de raison d'être.

**moot point/moot question,** point litigieux, question controversée.

**moratorium** [mɔrə'tɔːriəm] *n.* Pl. **moratoria,** moratoire, moratorium.

**moratory** [mɔrə'tɔri] *adj.* moratoire.

**mortality** [mɔ:'tæliti] *n.* 1. mortalité. 2. taux, rythme de mortalité. *Mortality table : Assur. :* table/tableau d'espérance de vie.

**mortgage** ['mɔːgid3] *n.* hypothèque, gage. *Mortgage deed,* acte hypothécaire. *First mortgage debenture/bond,* obligation hypothécaire de premier rang. *Redemption of mortgage,* purge/extinction d'hypothèque. *Registrar of mortgages,* conservateur des hypothèques.

**mortgagee** *n.* créancier hypothécaire.

**mortgagor** *n.* débiteur hypothécaire.

**most-favo(u)red nation clause** [,məust'feivəd] clause de la nation la plus favorisée.

**mothballing** [mɔθ'bɔːliŋ] *n.* mise sous cocon, mise en sommeil (instruments de capacité de production).

**motion** ['məuʃən] *n.* 1. mouvement. *In motion,* en mouvement. 2. geste. 3. motion, proposition, résolution. *To carry a motion,* adopter une résolution. *To move a motion,* déposer une motion. *To table a motion,* présenter, déposer une motion.

**motion picture (ou screen)** ['məuʃən'piktʃə] **advertising,** publicité cinématographique au cinéma.

**motion studies,** analyse du mouvement ; chronophotographie.

**motivate** ['məutiveit] *v.* motiver.

**motivation** [məuti'veiʃən] *n.* motivation.

**motivational** [,məuti'veiʃənl] *adj.* qui a trait à la motivation.

**motivational research (M.R.),** recherche/étude/analyse des motivations.

**motivation analysis,** recherche / étude / analyse des motivations.

**motor** ['məutə] *n.* moteur.

**motor,** *adj.* 1. entraîné par un moteur. *Motor-boat,* bateau à moteur. *Motor-car,* automobile. *Motor-vehicle,* véhicule à moteur. 2. relatif aux voitures ou aux moteurs. *The motor industry,* l'industrie automobile. *Motor insurance,* assurance des véhicules à moteur. *Motor show,* salon de l'auto.

**motorcade** ['məutəkeid] *n.* cortège de voitures (souvent officielles).

**motorist** ['məutərist] *n.* conducteur, possesseur de voiture, automobiliste.

**motorization** [,məutərai'zeiʃən] *n.* motorisation.

**motor show,** salon de l'auto(mobile).

**motorway** ['məutəwei] *n.* (G.B.) autoroute.

**motto** ['mɔtəu] *n.* devise ;

épigraphe.

**mount** [maunt] *v.* 1. monter, croître, se développer. 2. monter, organiser. *To mount a campaign,* organiser une campagne. *To mount a demonstration,* organiser une manifestation.

**movable, moveable** ['muːvəbl] *adj.* mobile, meuble, mobilier. *Movable property,* biens mobiliers, biens meubles.

**movables, moveables,** *n.* biens mobiliers, biens meubles.

**move** [muːv] *n.* 1. coup, décision, geste. *A good move, a clever move,* une fine manœuvre, un pas décisif. *That was a clever move !,* bien joué ! *To make a move,* jouer (échecs). *To make the first move,* faire le premier pas, le premier geste. 2. mouvement. *On the move,* en mouvement. 3. déménagement.

**move** *v.* 1. bouger, changer de place, déplacer. 2. être en mouvement, se mouvoir. 3. déménager. 4. appuyer, proposer *(a motion).* 5. émouvoir. 6. *(marchandises)* transporter ; *(personnel)* transférer. 7. écouler, vendre ; faire vendre ; se vendre. 8. inciter ; décider ; agir.

**move in,** *v.* 1. emménager. 2. intervenir.

**move out,** *v.* déménager.

**move up,** *v.* faire monter, monter, promouvoir, être promu. *He moved up quickly to a better position,* il parvint rapidement à une meilleure position.

**movement** ['muːvmənt] *n.* 1. mouvement ; déplacement. 2. mouvement ; rassemblement, groupe. *The Labour movement,* le mouvement travailliste.

**M.P.** [em piː] *abrév.* 1. *Member of Parliament,* député (G.B.). 2. *Military Police,* prévôté, police militaire.

**M P G/m p g** [em piː dʒiː] *abrév. Miles per gallon,* consommation mesurée à la distance parcourue pour 4,5 l d'essence (équivaut à nos litres aux 100 km).

**M P H/m p h** [em piː eitʃ] *abrév. Miles per hour,* milles à l'heure (cf. km/h).

**Mr** ['mistə] *abrév.* de Mister. Toujours suivi du nom : Monsieur...

**Mrs** ['misiz] *abrév.* Madame. Toujours suivi du nom.

**Ms** [miz] *abrév.* titre des femmes qui ne souhaitent pas être appelées Mrs ou Miss ou dont on ne sait pas si elles sont mariées ou non.

**M.S.** [,em'es] *abrév.* = *Master of Science* (U.S.), grade universitaire correspondant à 5 à 6 ans d'études supérieures scientifiques.

**M.Sc.** [,emes'siː] *abrév.* = *Master of Science* (G.B.), grade universitaire correspondant à 5 à 6 ans d'études supérieures scientifiques.

**muckraker** ['mʌkreikə] *n.* mot à mot : remueur de boue ; personne (journaliste) qui déterre les scandales.

**muddle** *n.* confusion, désordre, pagaille.

**muddle along** *v.* progresser médiocrement.

**muddle through** *v.* s'en tirer tant bien que mal.

**multi-** ['mʌlti] *préf.* multi-/multiple. *Multi-processing,* multi-traitement. *Multi-purpose,* polyvalent, à usages multiples.

**multicurrency** *adj.* multidevise.

**multilateral netting,** compensation des créances internes.

**multi-market corporation,** firme diversifiée, conglomérat aux activités diversifiées.

**multinational** [,mʌlti'næʃənl] société multinationale, multinationale. *Multinational company, multinational corporation,* société multinationale.

**multiple** ['mʌltipl] *adj.* multiple. *Multiple store,* magasin à succursales.

**multiple,** *n.* 1. multiple. 2. *Multiple (store),* magasin à succursales, succursaliste. 3. *Multiple (share),* action multiple. 4. = *price-earnings (ratio),* P/E (ratio).

**multiplication** [,mʌltipli'keiʃən] *n.* multiplication.

**multiplier** ['mʌltiplaiə] *n.* multiplicateur. *Multiplier principle,* effet multiplicateur.

**multiply** ['mʌltiplai] *v.* (se) multiplier.

**municipal** [mjuː'nisipl] *adj.* 1. municipal (U.S.). *Jur.* : *Municipal courts,* tribunaux d'arrondissement. *Municipal notes,* emprunts des collectivités locales (de la ville de New York par ex.). 2. intérieur, interne à un État. *Municipal law,* droit national/interne.

**municipality** [mjuː,nisi'pæləti] *n.* municipalité.

**munificent** [mjuː'nifisnt] *adj.* généreux, libéral, manificent.

**muniments** ['mjuːnimənt] *n. pl.* titres (de propriété), archives.

**murder** ['məːdə] *n.* crime, meurtre ; homicide volontaire. *Jur.* : *Second degree murder,* meurtre involontaire. *Wilful murder,* homicide volontaire.

**mushroom** ['mʌʃrum] *v.* 1. se développer, s'épanouir en forme de champignon. 2. se développer très rapidement, proliférer. *Supermarkets have mushroomed around the city,* les supermarchés ont poussé comme des champignons autour de la ville.

**muster** ['mʌstə] *v.* 1. passer en revue (troupes), faire l'appel des hommes. 2. rassembler, compter ses partisans. 3. rassembler des ressources.

**mutiny** ['mjuːtini] *n.* mutinerie.

**mutual** ['mjuːtʃuəl] *adj.* 1. mutuel, réciproque. *Mutual benefit society, association,* société, association de secours mutuel. *Mutual claims,* créances réciproques. *Mutual insurance,* assurance mutuelle. 2. commun. *Our mutual friend,* notre ami commun.

**mutual fund,** *n.* fonds commun de placement, société d'investissements, de portefeuille, de placement ; SICAV (Société d'Investissement à Capital Variable).

**mutually-exclusive** ['mjuːtʃuəli] qui s'excluent l'un(e) l'autre, d'exclusion réciproque (clauses, etc.).

# N

**name** [neim] *n.* nom., intitulé, patronyme ; dénomination. *Name of a firm,* raison sociale d'une entreprise. *Name day,* 2ᵉ jour d'une transaction en bourse où le nom de l'acheteur est communiqué au vendeur.

**name** *v.* 1. nommer, donner un nom. 2. nommer (à un poste). 3. fixer (jour, heure, somme), arrêter, indiquer. *To name a price,* fixer un prix.

**name at Lloyd's,** avoir son nom au Lloyd's n'implique pas forcément qu'on soit assureur mais qu'on soutienne, grâce à une grosse fortune personnelle, un *underwriter.*

**name-plate** ['neimpleit] *n.* plaque (de porte, etc.), écusson.

**narrow** ['nærəu] *adj.* étroit, faible, resserré, étriqué. *Narrow margin,* marge faible. *Narrow market,* marché étroit.

**narrow** *v.* (se) rétrécir, diminuer, (se) resserrer. *The margin is narrowing,* la marge diminue, devient plus étroite.

**national** ['næʃənəl] *adj.* national, public ; nationalisé. *Gross National Product,* Produit National Brut. *National accounting,* comptabilité nationale. *National accounts,* comptabilité nationale, comptes de la nation. *National debt,* dette publique. (G.B.) *National Economic Development Council, N.E.D.C.,* approximativement, conseil supérieur du plan. *National income,* revenu national.

**national** *n.* ressortissant. *A US national,* un (ressortissant) américain.

**National Insurance** (G.B.), Sécurité Sociale. *National Insurance Contributions,* cotisations à la Sécurité Sociale ; charges sociales (d'une entreprise).

**nationalization** [ˌnæʃənəlaiˈzeiʃən] *n.* nationalisation ; étatisation.

**nationalize** ['næʃənəlaiz] *v.* nationaliser.

**nation state,** « État » = État-nation, État tout puissant et centra-

lisateur, tel que la France vue par les Anglo-Saxons.

**nationwide** *adj.* à l'échelle de la nation, qui concerne, s'adresse à l'ensemble du pays, national. *A nationwide campaign,* une campagne d'envergure nationale.

**native** ['neitiv] *adj.* indigène, natif, autochtone, local maternel. *Native gold,* or natif. *Native language,* langue maternelle.

**native** *n.* indigène, autochtone. *A native of California,* une personne née en Californie.

**natural** ['nætʃurəl] *adj.* naturel ; inné, foncier. *Natural law,* loi naturelle. *Natural resources,* ressources naturelles.

**nautical** ['nɔːtikl] *adj.* nautique, marin, naval. *Nautical mile,* mille marin (1/60 de degré) = 1,852 km.

**naval engineering** ['neivl] génie maritime.

**navy** ['neivi] *n.* marine, forces navales. *The Merchant Navy,* la marine marchande. (G.B.) *The (Royal) Navy,* (U.S.) *The (U.S.) Navy,* la marine (de guerre).

**near** [niə] *adj.* proche, près, rapproché. *Near-money,* quasi-monnaie. *Bourse des march. : Near position,* (position) rapprochée.

**neddy** ['nedi] *Fam. :* voir **National Economic Development Council (N.E.D.C.).**

**need** [niːd] *n.* 1. besoin ; nécessité. *If need be,* si besoin est, le cas échéant. *If the need arises,* si le besoin s'en fait sentir. *Needs analysis,* analyse des besoins. 2. obligation. 3. pauvreté.

**need** *v.* avoir besoin de.

**needle** [niːdl] *n.* aiguille ; pointe, stylet.

**needy** ['niːdi] *adj.* indigent, dans le besoin. *The needy,* les nécessiteux.

**negative** ['negətiv] *adj.* négatif ; inférieur à zéro, nul.

**negative income tax,** (U.S.) (projet de) subvention aux personnes trop pauvres pour payer des impôts, et donc pour bénéficier des abattements fiscaux.

**neglect** [niˈglekt] *n.* 1. négligence, inattention, oubli. **2.** manque de soin, mauvais entretien (d'une machine).

**neglect** *v.* négliger, omettre, oublier, laisser échapper (une occasion).

**negligence** ['neglidʒəns] *n.* négligence ; incurie ; inobservation (des règles ou des règlements). *Jur.* : *Action for negligence,* demande de dommages et intérêts.

**negotiability** [ni,gəuʃiə'biliti] *n.* négociabilité.

**negotiable** [ni'gəuʃiəbl] *adj.* **1.** négociable, commercialisable. *Negotiable bills,* effets, papier(s) négociable(s). *Negotiable instruments/ paper,* effets de commerce. **2.** à débattre.

**negotiate** [ni'gəuʃieit] *v.* négocier ; traiter. *To negotiate a loan,* négocier un emprunt.

**negotiation** [ni,gəuʃi'eiʃən] *n.* négociation(s) ; échange. *To carry out a negotiation,* conduire, mener une négociation. *Matter for negotiation,* affaire à débattre.

**negotiator** [ni'gəuʃieitə] *n.* négociateur.

**neon sign** ['niːən] *n.* enseigne au néon.

**nest-egg** *n.* pécule, « magot ».

**net** parfois **nett** [net] *adj.* net. *Net cash,* comptant net. *Net income,* revenu net. *Net lease,* loyer total (avec certaines charges). *Net proceeds,* produit net. *Net profit,* bénéfice net. *Net result,* résultat final. *Net weight,* poids net. *Net net weight,* poids net réel. *Net worth,* valeur nette.

**net** *v.* **1.** prendre au filet. **2.** encaisser au titre de bénéfices ; rapporter. *The firm netted a fat profit,* l'entreprise a encaissé un gros bénéfice.

**netback deal,** accord sur les prix entre producteur et distributeur, assurant une marge fixe au second contre un débouché régulier au premier.

**net out** *v.* exprimer en chiffres nets.

**netting** *n.* (Gestion de trésorerie) compensation multilatérale, compensation des créances internes (regroupement des paiements en une échéance et compensation des créances entre toutes les filiales).

**network** ['netwəːk] *n.* réseau, système. *Railway network,* réseau de chemin de fer. *Road network,* réseau routier. *TV network,* chaîne(s) de télévision.

**net worth,** capitaux propres ; valeur nette.

**new** [njuː] *adj.* **1.** nouveau, neuf. *Polit. : The « New Deal »,* le Nouveau Partage. **2.** *New to,* inexpérimenté, jeune, nouveau. *He is new to the job,* il débute dans le métier.

**news** [njuːz] *n.* (coll. sing.) nouvelle ; nouvelles (presse), information(s), annonce. *The news of the strike broke quickly,* l'annonce de la grève se répandit rapidement. *To be in the news,* avoir la vedette, être dans les journaux.

**news-agency,** agence de presse.

**news-agent** ['njuːz,eidʒənt] *n.* marchand de jounaux, de presse.

**news-letter** ['njuːz,letə] *n.* lettre confidentielle, journal spécialisé dans un certain type de nouvelles (sur abonnement).

**newsman** ['njuːzmən] *n.* journaliste (U.S.).

**newspaper** ['njuːs,peipə] *n.* journal.

**newspaperman** ['njuːs,-peipəmən] *n.* journaliste.

**newsprint** ['njuːzprint] *n.* papier-journal.

**newsreel** ['njuːzriːl] *n.* actualités (cinéma), bande d'actualités.

**next** [nekst] *adj.* prochain, à venir. *Bourse : Next account,* liquidation prochaine. *Next settlement,* liquidation prochaine.

**next-of-kin** [,nekstəv'kin] plus proche parent.

**niche** [niːʃ] *n.* créneau, marché.

**night-** [nait] *préf.* -de nuit, nocturne.

**night-safe,** coffre de nuit (banque).

**night-shift** *n.* équipe de nuit.

**nil** [nil] *n.* et *adj.* **1.** rien. **2.** nul, néant, égal à zéro. *The balance is nil,* le solde est nul.

**nitrate fertilizers** ['naitreit] engrais azotés.

**no-brand articles,** « produits libres ». *No-brand groceries,* produit (d'épicerie) libres.

**no-fault insurance,** indemnisation automatique de l'assuré.

**no-frills,** sans fioritures, réduit à l'essentiel.

**no funds,** (sur un chèque) : sans provision.

**nominal** ['nɔminl] *adj.* **1.** nominal, nominatif. *Nominal capital,* capital nominatif, capital social. *In nominal terms,* en monnaie courante. **2.** fictif, négligeable. *Nominal partner,* prête-nom. *Nominal damages,* franc symbolique.

**nominate** ['nɔmineit] *v.* proposer un nom (pour une distinction, une récompense) ; désigner un candidat.

**nomination** [nɔmi'nei∫ən] *n.* investiture officielle, désignation d'un candidat.

**nominee** [,nɔmi'niː] *n.* **1.** personne dénommée, désignée ; intermédiaire, (titres) mandataire. *Nominee company,* société écran. **2.** candidat désigné (officiel). (U.S.) *Presidential nominee,* candidat à la présidence des États-Unis ayant reçu l'investiture lors de la convention de son parti.

**non-acceptance** ['nɔnək'septəns] *n.* non-acceptation. *Non-acceptance of bill,* non-acceptation d'un effet.

**no-name goods,** produits sans marque de fabrication, vendus sous la marque du distributeur.

**nonbank bank** (U.S.) institution financière fonctionnant comme une banque, mais sans en offrir tous les services (exemple : ouverture de compte-chèques ou service de prêt, mais pas les deux).

**non-compliance** *n.* non-respect ; insoumission ; infraction.

**non-contributory** *adj.* (pension de retraite) payée par l'employeur, sans versement du bénéficiaire.

**non-durable** *n.* bien de consommation non durable.

**nonfeasance** *n.* délit par abstention.

**non-fulfilment** *n.* non-exécution.

**non-participating stock,** actions sans droit de participation.

**non-performance** *n.* non-exécution, inexécution.

**non-profit** *adj.* à but non lucratif.

**non-returnable** *adj.* non consi-

gné.

**non-stop** *adj.* continu, sans arrêt, sans escale. *Non-stop flight,* vol sans escale.

**nonsuit** [nɔn'suːt] *n.* **1.** (ordonnance de) non-lieu, déboutement, débouté. *To direct a nonsuit,* rendre une ordonnance de non-lieu. **2.** abandon, cessation de poursuites, retrait de plainte.

**nonsuit** *v.* débouter. *To be nonsuited,* être débouté de sa demande.

**non-voting** *adj.* sans droit de vote. *Non-voting preference shares,* actions privilégiées sans droit de vote (voisin des certificats d'investissement). *Non-voting share :* a) action ne portant pas de droit de vote ; b) certificat d'investissement.

**nonworking spouse,** conjoint au foyer.

**no-par value,** sans valeur nominale.

**norm** [nɔːm] *n.* souvent pl. norme. *According to the norm,* conforme à la norme.

**normal** ['nɔːml] *adj.* **1.** normal, conforme à la norme. **2.** régulier, de régime normal. **3.** *Géométrie :* normal, perpendiculaire.

**normalcy** ['nɔːmlsi] *n.* (U.S.) normalité. *Back to normalcy,* retour à la (situation) normale. *Return to normalcy,* retour à la (situation) normale.

**normality** [nɔː'mæliti] *n.* normalité.

**normalize** ['nɔːməlaiz] *v.* **1.** rendre normal, conforme à la normale. **2.** normaliser, régulariser.

**nose-dive** ['nəuzdaiv] *n.* **1.** (aviation) piqué. **2.** (actions, cours, etc.) chute libre, baisse rapide, plongeon.

**nose-dive** *v.* **1.** (aviation) descendre en piqué. **2.** (actions, cours, etc.) faire un plongeon, baisser rapidement, être en chute libre.

**no-strings, no strings attached,** sans conditions, sans contrepartie.

**notarial** [nəu'teəriəl] *adj.* notarial, notarié, relatif au(x) notaire(s).

**notarize** ['nəutəraiz] *v.* certifier (conforme), légaliser.

**notarized** ['nəutəraizd] *adj.* notarié, légalisé, certifié conforme. *No-*

*tarized copy, statement,* copie certifiée devant notaire.

**notary (public)** *n.* notaire. N'a pas un rôle aussi important que celui du notaire français : c'est un fonctionnaire dont le rôle principal est d'authentifier des documents.

**note** [nəut] *n.* **1.** note ; mémorandum ; lettre. *To make a note of something,* prendre (bonne) note de quelque chose. *A diplomatic note,* une note diplomatique. **2.** bordereau, facture, note, bulletin, bon. *Credit note,* (facture d') avoir. **3.** billet de banque *(banknote). A five-pound (bank) note,* un billet de 5 livres. **4.** billet, effet. *Promissory notes,* billets à ordre. *Notes receivable,* effets à recevoir. **5.** éclat, renom. **6.** note, signe, indice, caractère, touche.

**note** *v.* constater, relever, noter. *Noting a bill,* constat de refus de paiement d'un effet par un *notary public.*

**notebook** ['nəutbuk] *n.* carnet, calepin.

**note-pad** *n.* bloc-notes.

**not guilty,** non coupable.

**notice** ['nəutis] *v.* **1.** observer, prendre connaissance, remarquer ; tenir compte de, faire attention à ; relever (des fautes, des erreurs). **2.** mentionner, faire remarquer quelque chose à quelqu'un. **3.** signifier un congé, congédier.

**notice** *n.* **1.** avis, avertissement, notification. *Notice to pay,* avertissement d'avoir à payer. *To give notice,* notifier, signaler, prévenir. *Public notice,* avis au public. **2.** préavis, délai. *At short notice,* dans un délai très court. *At very short notice,* au pied levé. *To give a week's notice,* donner un préavis d'une semaine. *To give notice,* donner congé, remettre sa démission.

**noticeable** ['nəutisəbl] *adj.* **1.** digne d'attention, remarquable. **2.** apparent, visible.

**notice of dismissal,** préavis de renvoi, avis de débauche, lettre de mise à pied.

**notification** [,nəutifi'keiʃən] *n.* notification, avertissement, avis, annonce, déclaration.

**notice period,** (période de) préavis.

**notify** ['nəutifai] *v.* notifier, annoncer, signaler, informer, faire savoir. *Jur. : To notify the parties,* faire des intimations aux parties.

**noting a bill** ['nəutiŋ] constat de refus de paiement d'un effet par un *notary public.*

**no-toll number,** numéro vert, numéro d'appel gratuit.

**notwithstanding** [nɔtwiθ'stændiŋ] **1.** *(prép.)* en dépit de, malgré, nonobstant. *Notwithstanding the provisions of...,* par dérogation aux clauses de... **2.** *(adv.)* néanmoins, malgré tout. *He did it notwithstanding,* il le fit quand même. **3.** *(conj.)* quoique, bien que (archaïque, se trouve encore en langue juridique).

**novelty** ['nɔvlti] *n.* caractère nouveau, innovation, nouveauté. *The novelty of a design, an invention,* la nouveauté d'une conception, d'une invention. *Novelties,* nouveautés, articles de nouveauté.

**novelty shop, novelty store,** magasin d'articles de nouveauté.

**Now account, Negotiable Order of Withdrawal Account,** (U.S.), compte-chèques nécessitant un préavis avant retrait.

**noxious** ['nɔkʃəs] *adj.* nocif, nuisible, malsain. *Noxious fumes,* émanations malsaines, toxiques.

**nuclear** ['njuːkliə] *adj.* nucléaire. *Nuclear energy,* l'énergie nucléaire. *Nuclear plant,* centrale nucléaire. *Nuclear powers,* les puissances nucléaires. *Nuclear waste,* déchets nucléaires. *Nuclear weapons,* armes nucléaires.

**nudge up** [nʌdʒ] *v.* augmenter légèrement, donner un coup de pouce.

**nugget** ['nʌgit] *n.* pépite.

**nuisance** ['njuːsns] *n.* **1.** fléau (personne, choses), chose insupportable. *To make a nuisance of oneself,* se rendre insupportable. **2.** tort, dommage causé à autrui. « *Commit no nuisance* », « défense d'uriner ». **3.** nuisance.

**null** [nʌl] *adj.* nul, caduc. *Null and void,* nul et non avenu, nul et de nul effet.

**nullification** [,nʌlifi'keiʃən] *n.* annulation, infirmation.

**nullify** ['nʌlifai] *v.* annuler, rendre caduc, sans effet ; nullifier, dirimer (contrat).

**nullity** ['nʌliti] *n.* nullité ; invalidité, caducité. *Nullity suit,* demande de nullité (d'un mariage).

**number** ['nʌmbə] *n.* (abr. *No, Nos*). 1. nombre, numéro. *A telephone number,* un numéro de téléphone. *In large numbers,* en grand nombre. (G.B.) *Number 10, No 10, 10 Downing Street,* adresse du Premier Ministre. 2. chiffre.

**number** *v.* 1. compter, dénombrer. 2. numéroter, chiffrer.

**numberless** ['nʌmbəlis] *adj.* innombrable.

**numberplate** ['nʌmbəpleit] *n.* plaque minéralogique.

**numeracy** ['nju:mərəsi] *n.* compétence dans le domaine des chiffres, dans le domaine quantitatif (cf. **literacy**).

**numerate** ['nju:mərət] *adj.* rompu aux techniques quantitatives.

**numerical** [nju:'merikə] *adj.* numérique.

**nuncupative** ['nʌnkjupeitiv] *adj.*

(testament) nuncupatif (fait verbalement devant témoin et consigné ensuite par écrit).

**nurse** [nə:s] *v.* soigner. *To nurse a constituency,* être aux petits soins pour ses électeurs.

**nursery** ['nə:səri] *n.* 1. crèche, garderie, pouponnière. 2. pépinière. 3. vivier.

**nut** [nʌt] *n.* 1. noix. 2. écrou.

**nutrient** ['nju:triənt] *n.* substance nutritive, aliment.

**nutrient** *adj.* nutritif, nourrissant.

**nutrition** [nju:'triʃən] *n.* nutrition.

**nutritionist** [nju:'triʃənist] *n.* spécialiste de la diététique diététicien.

**nutritrious** [nju:'triʃəs] *adj.* nutritif, nourrissant.

**nutritiousness** *n.* nutritivité, caractère nourrissant.

**nutritive** ['nju:tritiv] *n.* substance nutritive, aliment.

**nutritive** *adj.* nutritif, nourrissant.

# O

**oath** [əuθ] *n.* 1. serment. *To swear, to take an oath, the oath,* prêter serment. *Broker on oath,* courtier assermenté. 2. juron.

**obedience** [ə'bi:djəns] *n.* obéissance, obédience, respect.

**object** [əb'dʒekt] *v.* objecter, élever une objection, désapprouver, avoir des objections à. *To object to a witness,* récuser un témoin.

**obligation** [ɔbli'geiʃən] *n.* obligation, devoir, engagement ; dette.

**obligatory** [ə'bligətəri] *adj.* obligatoire, obligé, de rigueur. *Writ/ writing obligatory,* engagement par écrit (devant *notary public*).

**oblige** [ə'blaidʒ] *v.* 1. obliger, faire plaisir, rendre service. 2. obliger, astreindre, contraindre.

**obligee** [ɔbli'dʒi:] *n.* obligataire, créancier ; obligé.

**observance** [əb'zə:vns] *n.* observation, respect (des lois, usages, etc.).

**observer** [əb'zə:və] *n.* observateur.

**obsolescence** [ɔbsəu'lesəns] *n.*

vieillissement, obsolescence, désuétude. *Built-in obsolescence,* vieillissement dû à des causes internes, prévu à l'origine, programmé. *Planned obsolescence,* obsolescence, planifiée, programmée, calculée. *Obsolescence replacement,* investissement de productivité, investissement de modernisation.

**obsolescent** [ɔbsəu'lesənt] *adj.* absolescent, désuet, en passe de devenir désuet, vieillissant.

**obsolete** ['ɔbsəli:t] *adj.* vieilli, démodé, qui n'a plus cours, aboli, tombé en désuétude.

**obstacle** ['ɔbstəkəl] *n.* obstacle, empêchement.

**obstruction** [əb'strʌkʃən] *n.* obstruction, empêchement. *To practise obstruction,* faire de l'obstruction (au Parlement, par ex.).

**obtain** [əb'tein] *v.* 1. obtenir, se procurer. 2. (intransitif) avoir cours, prévaloir, être en vigueur.

**obviate** ['ɔbvieit] *v.* éviter, obvier à, pallier, parer à.

**occasional** [ə'keiʒənl] *adj.* irrégulier, occasionnel, de circonstance. *Occasional worker,* travailleur occasionnel, intermittent, surnuméraire, « extra ».

**occupancy** ['ɔkjupənsi] *n.* occupation, possession, habitation.

**occupant** ['ɔkjupənt] *n.* occupant, locataire, titulaire.

**occupation** [ɔkju'peiʃən] *n.* métier, profession, emploi, état, occupation professionnelle.

**occupational** [,ɔkju:'peiʃənəl] *adj.* professionnel, relatif aux activités professionnelles, ayant trait au métier. *Occupational disease,* maladie professionnelle. *Occupational hazard,* risque professionnel, du métier. *Occupational injury,* accident du travail. *Occupational tax,* (taxe) patente.

**ocean-going** ['əuʃən] *adj.* au long cours, long-courrier, de haute mer.

**odd** [ɔd] *adj.* **1.** étrange, bizarre. **2.** irrégulier, occasionnel, dépareillé. **3.** impair. *Odd numbers,* nombres impairs. **4.** environ, en chiffres ronds. *An odd-twenty,* une vingtaine, environ 20.

**odd dates,** jours impairs.

**odd jobs,** petits travaux, bricolage.

**odd lot, 1.** solde (articles soldés). **2.** nombre (d'actions, etc.) ne correspondant pas à l'unité habituelle (en dessous de 100).

**odd man out,** individu (par extension pays, etc.) que son comportement ou ses positions singularisent par rapport à un groupe.

**odd size,** taille spéciale.

**oddments** ['ɔdmənts] *n.* articles dépareillés, sans suite, fins de série.

**odds** [ɔdz] *n.* **1.** chances, perspectives, probabilités. **2.** cote (pari).

**off** [ɔ:f] *adv.* **1.** au large, au loin, à l'écart, à distance, etc. **2.** *To be off,* être éteint, arrêté, parti, annulé, etc. ; *Bourse :* être en baisse. *The deal is off,* le marché est rompu, l'affaire est annulée. *Day-off,* jour de congé. *Off the books,* au noir. *To pay off the books,* payer quelqu'un sans le déclarer. *Off the record,* officieusement, confidentiellement, non destiné au compte rendu.

**off-board** (cf. **over-the-counter**), au guichet (transactions ne s'effec-

tuant pas en bourse).

**offence** (U.S. **offense**) [ə'fens] *n.* **1.** attaque, agression, offensive. **2.** injure, offense. **3.** contravention, violation de la loi, délit, crime, infraction, faute, atteinte. *Minor offence,* infraction mineure, délit. *Indictable, non-indictable offence,* infraction majeure, mineure.

**offender** [ə'fendə] *n.* contrevenant, délinquant, criminel, malfaiteur. *Persistent offender,* récidiviste, repris de justice. *First offender,* délinquant primaire. *Second offender,* récidiviste.

**offensive** [ə'fensiv] *adj.* offensif ; choquant, blessant, déplaisant. *Offensive weapons,* armes offensives.

**offer** ['ɔfə] *n.* offre, proposition. *Firm offer,* offre ferme. *Offer price,* prix de vente. *On offer,* à vendre. *Verbal offer,* offre verbale.

**offer** *v.* **1.** offrir, proposer, présenter, consentir. **2.** s'offrir, se présenter.

**offering** ['ɔfəriŋ] *n.* émission (d'obligations, d'actions). *Bourse :* offre.

**offering price,** prix au catalogue, tarif officiel.

**off-hand** [ɔf'hænd] *adv.* et *adj.* **1.** de prime abord, à première vue, sur-le-champ, de façon inopinée. **2.** impromptu, improvisé.

**office** ['ɔfis] *n.* **1.** charge, office, fonction, mandat, emploi. *To take, to leave office,* prendre, cesser (se démettre de) ses fonctions. *To stand for office,* se présenter à une élection. *In office,* en fonction, au pouvoir. *Public offices,* administration. **2.** (G.B. = *Ministry*) ministère. *Foreign Office,* ministère des Affaires étrangères. *Home office,* ministère de l'Intérieur ; (U.S.) bureau, service d'un ministère. **3.** bureau, étude, agence, cabinet. *Office block,* immeuble de bureaux. *Office boy,* garçon de bureau. *Office hours,* heures de bureau. **4.** siège. *Head Office,* siège social. *Registered office,* siège social.

**officer** ['ɔfisə] *n.* **1.** officier. *Non-commissioned officer (N.C.O.),* sous-officier. **2.** fonctionnaire, agent. *Customs-officer,* douanier. **3.** responsable, dirigeant, membre de la direction ; administrateur. *P.R.O.* = *Public Relations Officer* (ou *Official*), responsable, chargé des relations publiques.

**official** [ə'fiʃəl] *adj.* et *n.* **1.** officiel, public administratif. *Official list/quotations,* liste/cours officiel (de la Bourse de Londres). **2.** responsable, fonctionnaire, agent. *Officials,* les officiels, les dirigeants, hauts fonctionnaires, personnalités.

**official receiver,** (G.B.) syndic de faillite.

**officialdom** [ə,fiʃəldəm] *n.* la bureaucratie, (l'ensemble des) fonctionnaires.

**officialese** [ə,fiʃə'li:z] *n.* le jargon administratif.

**off-label,** dégriffé.

**off-peak** ['ɔfpi:k] calme, creux, en dehors des périodes de pointe. *Off-peak day,* jour creux. *Off-peak season,* morte-saison.

**offset** ['ɔfset] *v.* contrebalancer, compenser, équilibrer.

**offset** *n.* **1.** *Impr.* : offset. **2.** compensation, parcontre. *Offset contract,* liquidation, contrepartie, couverture d'une position.

• **offshore** ['ɔfʃɔ:] *adv.* et *adj.* **1.** au large, en mer. **2.** de haute mer. *Offshore drilling platform,* plateforme de forage en mer.

**offshore bank,** banque hors-lieu (banque internationale établie sur un territoire insulaire ou portuaire où elle trouve des privilèges particuliers).

**O H M S = On Her Majesty's Service** (G.B.), pour le service de Sa Majesté (cette abréviation se trouve sur les correspondances officielles et correspond à une franchise postale).

**oil** [ɔil] *n.* **1.** huile. **2.** pétrole. *Crude oil,* pétrole brut. *Fuel oil,* mazout. *To strike oil,* a) atteindre la nappe de pétrole, trouver du pétrole. b) trouver le filon (fig.). *Oils,* les (valeurs) pétrolières.

**oil-cloth** ['ɔilklɔθ] toile cirée.

**oil-field** ['ɔilfi:ld] gisement pétrolifère.

**oil pricing,** tarification (des cours) du pétrole.

**oil rig** ['ɔilrig] plate-forme, installation de forage pétrolifère.

**oil shale,** schiste bitumineux.

**oil shock,** choc pétrolier.

**oil slick,** nappe de pétrole (mazout) (flottant sur l'eau).

**oil spill,** nappe de pétrole ; pétrole s'échappant des réservoirs d'un navire, marée noire, etc.

**oil tanker,** (navire) pétrolier.

**old-established** [əuldi'stæbliʃd] *adj.* ancien, établi depuis longtemps.

**oligarchy** ['ɔliga:ki] *n.* oligarchie.

**oligopoly** [əli'gɔpəli] *n.* oligopole (situation de monopole partiel où chacun des rares vendeurs peut évaluer l'impact de ses décisions sur le marché et sur ses concurrents).

**oligopsony** [əli'gɔpsəni] *n.* oligopsonie (situation de monopole partiel où chacun des rares acheteurs peut évaluer l'impact de ses décisions sur le marché et sur ses concurrents).

**ombudsman** ['ɔmbudzmən] *n.* médiateur chargé d'arbitrer les litiges entre les citoyens et l'administration.

**ominous** *adj.* inquiétant, menaçant.

**omission** [ə'miʃən] *n.* omission, négligence, oubli.

**omnibus** ['ɔmnibəs] *adj.* omnibus ; de portée générale.

**omnibus bill,** projet de loi englobant des mesures diverses.

**on appro, on approval** [ɔnə'pru:vəl] à condition, sous condition.

**on consignment,** en consignation, en dépôt.

**on demand,** sur demande, à vue, sur présentation. *Payable on demand,* payable à vue.

**one** [wʌn] *pr.* un ; un seul, unique ; un certain. *One Mr Smith asked for you,* un certain M. Smith vous a demandé.

**one-man business,** entreprise individuelle.

**one-stop shopping,** commerce intégré.

**one-way** [,wʌn'wei] *adj.* à un sens, à sens unique, dans une seule direction, unilatéral. *A one-way agreement,* accord unilatéral. *A one-way ticket* (U.S.), un billet aller simple. *One-way bottles,* bouteilles non consignées.

**on hand, 1.** disponible, en caisse. *Cash on hand,* disponibilités, fonds en caisse. **2.** en cours. **3.** présent. **4.** laissé pour compte.

**on-line,** en ligne, en circuit ; direct ; interactif, conversationnel. *On-line data service,* serveur de données.

**onslaught** ['ɔnslɔːt] *n.* attaque, assaut, ruée.

**on(-)stream** ['ɔn,striːm] en fonctionnement. *The nuclear reactor has come on stream,* le réacteur nucléaire a divergé.

**on tap,** disponible en permanence et sans limitation de quantité.

**on-the-job,** sur le lieu de travail, dans l'entreprise. *On the job accident,* accident du travail. *On the job training,* formation (apprentissage) sur le poste de travail, « sur le tas ».

**on (to be), 1.** avoir lieu, se passer, se faire. **2.** *To be on to somebody (on the phone),* parler à quelqu'un au téléphone.

**onus** ['əunəs] *n.* responsabilité, charge.

**onus of proof, onus of proving, onus probandi,** la charge de la preuve.

**open** ['əupən] *adj.* ouvert, découvert, à découvert ; public, libre.

**open** *v.* **1.** ouvrir, déboucher, décacheter, défaire ; commencer, aborder. **2.** s'ouvrir, s'entrouvrir, commencer.

**open account 1.** compte courant. **2.** compte ouvert, crédit à découvert, crédit en blanc.

**open credit,** crédit à découvert, crédit en blanc, crédit libre.

**open cheque,** chèque non barré.

**open-end, open-ended,** ouvert, non directif. *Open-end questions* (dans un sondage, au cours d'une entrevue), questions permettant des réponses non sollicitées.

**open-end investment company/fund,** société d'investissement ouverte au grand public (cf. SICAV).

**open grounds, site, space,** terrain en plein air, à l'air libre, découvert.

**open house,** opération « portes ouvertes ».

**opening** ['əupəniŋ] *n.* **1.** ouverture, inauguration. **2.** débouché, possibilité.

**open market, 1.** marché libre. **2.** *Open market operations,* opérations de régulation effectuées sur le marché des effets à court ou moyen terme par les banques centrales. **3.** marché monétaire.

**open pricing,** fixation libre des prix.

**open shop** (U.S.), entreprise où l'embauche et l'emploi ne sont pas liés à l'appartenance à un syndicat.

**open university** (G.B.), système d'enseignement télévisé s'adressant surtout à un public non inscrit en faculté.

**open up a plant (to),** ouvrir une usine, s'implanter.

**operate** ['ɔpəreit] *v.* **1.** fonctionner, opérer ; être en fonctionnement. **2.** gérer, exploiter, faire marcher.

**operating account,** compte d'exploitation.

**operating costs** ['ɔpəreitiŋ] coûts d'exploitation ; frais d'utilisation de l'équipement.

**operating cyle,** cycle d'exploitation.

**operating income, operating profit,** bénéfice d'exploitation.

**operating surplus,** excédent net d'exploitation.

**operation** [ɔpə'reiʃən] *n.* **1.** fonctionnement, manœuvre, utilisation, exploitation, opération. *In operation,* en fonctionnement, en exploitation. **2.** unité de production, installation.

**operational** [ɔpə'reiʃənəl] *adj.* opérationnel, en état de marche, de fonctionnement.

**operational research** (G.B.), **operations research** (U.S.), recherche opérationnelle.

**operative** ['ɔpərətiv] *n.* agent, ouvrir, artisan.

**operative** *adj.* en vigueur, qui prend effet ; actif, efficace.

**operator** ['ɔpəreitə] *n.* **1.** opérateur. *Telephone operator,* standardiste. **2.** joueur, spéculateur en bourse.

**opinion poll** [ə'pinjən] sondage d'opinion.

**opponent** [ə'pəunənt] *n.* opposant, adversaire.

**opportunity** [ɔpə'tjuːniti] *n.* occasion, opportunité, possibilité. *Equal opportunity,* égalité des chances. *Market opportunity,* créneau commercial.

**opportunity cost, 1.** produit de l'emploi alternatif (des capitaux). **2.** coût d'option, coût d'opportunité.

**opposite** ['ɔpəzit] *adj.* opposé, vis-à-vis ; contraire. *Your opposite number,* votre homologue.

**optimal** ['ɔptiməl] *adj.* optimal, optimum.

**optimization** [,ɔptimai'zeiʃən] *n.* optimisation.

**optimize** ['ɔptimaiz] *v.* optimiser.

**optimum** ['ɔptiməm] *adj.* et *n.* optimum.

• **option** ['ɔpʃən] *n.* **1.** choix, option. **2.** *Bourse :* option, prime. *Option(s) exchange, option(s) market,* bourse, compartiment des options. *Call option,* option d'achat. *Put option,* option de vente.

**optional** ['ɔpʃənəl] *adj.* optionnel, facultatif, électif.

**order** ['ɔːdə] *n.* **1.** ordre, règle, règlement, réglementation. *Law and order,* la loi et l'ordre, l'ordre public. *To be in order,* être conforme (à la règle), en bon ordre. *To be out of order,* être en mauvais état, ne pas marcher, être déréglé, en panne. *To get out of order,* se dérégler, se détraquer, tomber en panne. *More precautions are in order,* il convient de prendre des précautions supplémentaires. **2.** *Jur. et polit. :* ordonnance, injonction, arrêt, arrêté. **3.** *P. et T. :* mandat. *Money order,* mandat-poste. *Postal order,* bon de poste. **4.** *Commerc. :* commande, ordre. *To book an order,* prendre, noter une commande. *To cancel, to place an order :* annuler, passer une commande. *To carry out an order,* exécuter, traiter une commande. *Bulk order,* commande en grande quantité, en gros. *Outstanding order,* commande non exécutée, en cours. *Repeat order,* commande renouvelée, régulière. *Trial order,* commande d'essai. *True to order,* conforme à la commande.

**order** *v.* **1.** commander, ordonner. **2.** commander, passer commande.

**order book,** carnet de commande.

**order form,** bon de commande, formulaire de commande.

**ordinance** [ɔ:dinəns] *n.* ordonnance, décret, arrêté, règlement.

**ordinary** ['ɔːdnri] *adj.* ordinaire, normal, habituel, moyen, régulier. *Assur. : Ordinary average,* avarie simple, particulière. *Ordinary share,* action ordinaire. *Ordinary stock,* actions ordinaires. *Ordinary seaman,* matelot.

**ordinate** ['ɔːdinit] *n.* ordonnée (cf. **abcisse**).

**ore** [ɔː] *n.* minerai.

**organ** ['ɔːgən] *n.* **1.** organe. **2.** orgue. **3.** organe ; journal. *House-organ,* bulletin, revue intérieur(e), journal d'entreprise, journal « maison ».

**organic agriculture,** agriculture biologique.

**organization (organisation)** [ɔːgənai 'zeiʃən] *n.* organisation ; organisme. *Trade organization,* organisme professionnel.

**organization chart,** organigramme.

**organization expenses,** frais d'établissement.

**organize** ['ɔːgənaiz] *v.* organiser ; mettre au point, en place. *To organize workers,* syndiquer, organiser les ouvriers. *Right to organize,* droit, liberté syndical(e).

**organized crime,** le grand banditisme, le gangstérisme.

**organized labour** ['ɔːgənaizd] main-d'œuvre syndiquée. (U.S.) *Organized Labor,* les syndicats.

**organizer** ['ɔːgənaizə] *n.* organisateur. *Union organizer,* recruteur (Syndicats).

**orient** ['ɔːriənt] *v.* voir **to orientate.**

**orientate** ['ɔːrienteit] *v.* orienter ; donner des orientations.

**orientation** [,ɔːrien'teiʃən] *n.* orientation ; tendance.

**oriented** ['ɔːriəntid] *adj.* orienté (vers), dirigé (vers). *Research-oriented,* orienté vers la recherche.

**origin** ['ɔridʒin] *n.* origine, source, provenance, (point de) départ.

**original** [ə'ridʒənl] *adj.* original, d'origine, originaire, originel.

**originate** [ə'ridʒineit] *v.* (in, from) avoir sa source, son origine dans, résulter de.

**originating bank** [ə'ridʒineitiŋ] banque d'origine.

**originator** [ə'ridʒineitə] *n.* créateur, inventeur, auteur, initiateur, promoteur.

**ounce** [ausn] *n.* once : la 16ᵉ partie de la livre (1 pound = 453 g), soit 28,35 g.

**oust** [aust] *v.* déloger, chasser, évincer, expulser, renverser.

**ouster** *n.* éviction, renvoi, mise à pied ; limogeage ; (homme politique) renversement.

**out** [aut] *adv.* 1. dehors, au-dehors ; en dehors ; à l'extérieur ; à l'étranger. 2. sorti, absent. *My day out,* mon jour de congé, mon jour de sortie. 3. (livre, films, etc.) paru, sorti. 4. terminé, achevé, épuisé ; à bout ; jusqu'au bout. 5. échappé ; révélé. *The word will be out,* cela se saura. 6. exclu, éliminé, non envisageable, hors de question. 7. dans l'erreur, faux. 8. en grève. 9. franchement, ouvertement. 10. *To be out after, out for,* être à la recherche de, chercher à obtenir, être en quête de. *To be out to,* avoir pour but de, vouloir.

**outbid** [aut'bid] *v.* surenchérir, enchérir sur, dépasser.

**outcome** ['autkʌm] *n.* résultat, issue, effet.

**outdated** [aut'deitid] *adj.* démodé ; vétuste ; qui n'est plus à jour.

**outdoor location** ['autdɔ:] emplacement, situation en plein air, à l'air libre.

**outfit** ['autfit] *n.* 1. attirail, équipement ; armement, appareil. *Outfit allowance,* prime, indemnité d'équipement. 2. *Fam.* : organisation, entreprise.

**outfit** *v.* équiper ; habiller.

**outfitter** ['autfitə] *n.* confectionneur, chemisier, marchand de vêtements, de confection.

**outflow** ['autfləu] *n.* flux, sortie, écoulement. *Capital outflow,* sortie, fuite des capitaux.

**outgoing** [,aut'gəuiŋ] *adj.* qui sort, sortant, à la sortie, en partance, au départ. *Outgoing auditors,* commissaires aux comptes sortants.

**outgoings** [aut'gəuiŋz] *n. pl.* dépenses, sorties.

**outlaw** ['autlɔ:] *v.* mettre hors la loi, bannir, proscrire, interdire.

**outlay** ['autlei] *n.* dépense, débours, mise de fonds. *First outlay,* coûts d'établissement. *Public outlays,* dépenses publiques.

**outlet** ['autlet] *n.* 1. issue, sortie, voie d'écoulement. 2. débouché, marché. 3. magasin, point de vente.

**outline** ['autlain] *n.* contour, esquisse ; grands traits, schéma, ébauche.

**outline** *v.* 1. esquisser les grandes lignes. 2. souligner.

**outlook** ['autluk] *n.* vue, perspective, futur, avenir. *The outlook is gloomy,* l'avenir est sombre.

**outlying** ['aut,laiiŋ] *adj.* écarté, isolé, éloigné, excentré, excentrique.

**outmoded** [aut'məudid] *adj.* démodé, dépassé.

**out of** ['autəv] *prép.* 1. hors de ; à l'extérieur de ; sorti de. 2. à court de, démuni, dépourvu de. *Out of cash,* à court d'argent liquide. *Out of stock,* (article) épuisé. 3. parmi, entre. 4. par, sous le coup de. *To act out of spite,* agir par dépit.

**out-of-court settlement** *n.* règlement à l'amiable.

**out of date** *adj.* démodé, passé de mode, qui date.

**out of pocket,** de sa poche. *To be out of pocket,* en être de sa poche. *Out-of-pocket expenses,* débours.

**out of print,** *Ed.* : épuisé.

**out of stock,** *Comm.* : épuisé.

**out of work** *adj.* sans emploi, chômeur, au chômage, privé de travail.

**outperform** *v.* avoir de meilleurs résultats, une meilleure rentabilité, être plus efficace.

**output** ['autput] *n.* 1. rendement, débit. 2. production.

**outright** ['autrait] *adj.* et *adv.* 1. total, complet (totalement, complètement). *To buy rights outright,* acheter des droits en bloc. 2. forfaitaire, au forfait, au comptant. *Outright sale,* vente au comptant.

**outrun** *v.* dépasser, distancer, l'emporter sur, gagner de vitesse. *Supplies outrun consumption,* l'offre l'emporte sur la consommation.

**outsell** [,aut'sel] *v.* **1.** vendre davantage ou plus vite. **2.** se vendre davantage que.

**outset** ['autset] *n.* début, commencement.

**outside** [,aut'said] *adj.* **1.** extérieur, de l'extérieur. **2.** hors-tout, global. *An outside figure,* un chiffre global.

**outsider** [aut'saidə] *n.* **1.** personne extérieure, indépendante ; étranger, intrus, profane. **2.** *Bourse :* coulissier.

**outstanding** [,aut'stændiŋ] *adj.* **1.** éminent, remarquable, hors pair. **2.** impayé, échu, en souffrance, à recouvrer. *Outstanding debts,* créances à recouvrer. **3.** en circulation. *Outstanding shares,* actions en circulation.

**outstrip** [,aut'strip] *v.* **1.** aller plus vite, dépasser ; laisser derrière, devancer, prendre le meilleur sur, distancer. **2.** dépasser en nombre, surpasser, l'emporter sur. *Demand outstrips supply,* la demande est plus forte que l'offre.

**outvote** [aut'vaut] *v.* avoir un plus grand nombre de voix, l'emporter sur (au nombre des voix, dans un scrutin).

**outward** ['autwəd] *adj.* extérieur ; qui va vers l'extérieur, en partance, qui gagne le large. *Outward-bound,* (navire) en partance, en route pour l'étranger.

**outwork** [aut'wə:k] *n.* travail fait à domicile.

**outwork** *v.* travailler mieux, travailler plus vite (que les autres).

**outworker** ['aut,wə:kə] *n.* travailleur à domicile, ouvrier à domicile.

**over** ['əuvə] *n.* excédent, bonus.

**overage** ['əuvəreidʒ] *adj.* trop vieux (pour une fonction donnée).

**overage** *n.* excédent, surplus, excès, dépassement.

**overall** [əuvər'ɔ:l] *adj.* **1.** hors tout, d'un bout à l'autre. *Overall dimension,* encombrement hors tout, total. **2.** global, total. *Overall expenditure,* dépenses globales.

**overall** *n.* blouse. *Overalls,* combinaison, salopette, bleu(s).

**overbalance** [,əuvə'bæləns] *n.* excédent.

**overbid** [,əuvə'bid] *n.* surenchère ; annonce supérieure.

**overbid** *v.* surenchérir, relancer les enchères.

**overboard** [əuvə'bɔ:d] *adv.* pardessus bord, à la mer.

**overbooking** *n.* surréservation.

**overcapacity** [,əuvəkə'pæsiti] *n.* surcapacité.

**overburden** [,əuvə'bə:dən] *v.* surcharger, accabler.

**overcapitalization** [,əuvə,kæpitəlai'zeiʃən] *n.* surcapitalisation.

**overcharge** [əuvə'tʃa:dʒ] *n.* majoration ; trop-perçu ; surtaxe ; prix excessif.

**overcharge** *v.* faire trop payer ; prendre trop cher, faire payer, vendre trop cher.

**overdraft** ['əuvədra:ft] *n.* **1.** découvert ; avance bancaire, avance à découvert. *Loan on overdraft,* prêt à découvert. **2.** découvert en compte, dépassement.

**overdraw** [,əuvə'drɔ:] *v.* mettre un compte à découvert, tirer à découvert. *Overdrawn account,* compte à découvert.

**overdue** [,əuvə'dju:] *adj.* **1.** arriéré, en retard, échu, qui aurait dû être réglé, impayé. **2.** en retard, qui a dépassé l'heure, qui n'est pas à l'heure ; qui aurait dû avoir lieu il y a longtemps.

**overextend oneself** *v.* prendre un risque inconsidéré, excessif ; s'endetter exagérément. *Consumers are overextened,* les consommateurs sont surendettés.

**overflow** ['əuvəfləu] *n.* débordement ; (Inform.) dépassement.

**overflow** [,əuvə'fləu] *v.* déborder.

**overhang** *n.* offre excédentaire.

**overhaul** ['əuvəhɔ:l] *n.* **1.** révision générale (machine). **2.** refonte, remise à jour, révision (d'un programme, etc.), restructuration.

**overhaul** *v.* **1.** faire une révision générale, réviser complètement, refondre, remettre à jour, restructurer. **2.** *Navig. :* rattraper, dépasser.

**overhead** ['əuvəhed] *adj.* **1.** au-dessus (de la tête). **2.** généraux (avec mot pluriel). *Overhead costs / expenses / charges,* frais généraux.

**overhead** *n.* (U.S.) = **overheads.**

**overheads** ['əuvəhedz] *n.* frais généraux, frais indirects.

**overheating** [,əuvə'hiːtiŋ] *n. Propre et fig. :* surchauffe, surchauffage, échauffement.

**overinsurance** [,əuvə,in'ʃuərəns] *n.* sur-assurance, assurance excédant la valeur de la chose assurée.

**overinsure** [əuvə,in'ʃuə] *v.* sur-assurer, assurer au-dessus de la valeur.

**overissue** [,əuvə'iʃuː] *n.* surémission, émission excédentaire.

**overkill** ['əuvə'kil] *n.* (Inform.) surpuissance.

**overland** ['əuvəlænd] *adj.* [,əuvə'lænd] *adv.* à terre, par terre. *To travel overland,* voyager par terre.

**overlap** ['əuvəlæp] *n.* chevauchement, recouvrement ; empiétement, double emploi, recoupement.

**overlap** *v.* chevaucher, recouvrir en partie ; faire double emploi, empiéter.

**overlay** *n.* 1. (archi., dessin industriel) transparent. 2. (Inform.) recouvrement ; segmentation.

**overload** ['əuvələud] *n.* 1. surcharge, surcroît de charge. 2. surtension.

**overload** *v.* surcharger ; surmener.

**overlook** [,əuvə'luk] *v.* 1. avoir vue sur, donner sur, dominer ; commander. 2. oublier, négliger, laisser échapper, laisser passer. 3. surveiller.

**overlooker** *n.* surveillant(e).

**overman** ['əuvəmæn] *v.* affecter trop d'hommes ou de travailleurs à une tâche.

**overmanning** ['əuvəmæniŋ] *n.* 1. mise en place d'un nombre de travailleurs excessif. 2. sureffectif(s). *One of the firm's problems was overmanning,* l'un des problèmes de l'entreprise était sa main-d'œuvre pléthorique.

**overnight** [,əuvə'nait] *v.* passer une nuit.

**overnight** *adv.* du jour au lendemain, pendant la nuit. *Overnight*

*funds,* argent au jour le jour. *Overnight loan,* prêt au jour le jour.

**overpaid** ['əuvəpeid] *adj.* payé trop cher, surpayé, trop payé, surévalué.

**overpayment** [,əuvə'peimənt] *n.* trop-perçu.

**overproduction** [,əuvəprə'dʌkʃən] *n.* surproduction.

**overrate** [,əuvə'reit] *v.* surévaluer, surestimer, surtaxer.

**override** *v.* 1. l'emporter sur. 2. outrepasser. 3. passer outre, ne pas tenir compte de.

**overriding** [əuvə'raidiŋ] *adj.* 1. qui dépasse tous les autres, primordial. *Overriding importance,* importance primordiale. 2. qui outrepasse, qui dépasse. *Overriding commission,* commission additionnelle. 3. qui passe outre. .

**overrule** [,əuvə'ruːl] *v.* 1. Jur. : annuler, casser, rejeter, passer outre. 2. dominer, maîtriser.

• **overrun** [,əuvə'rʌn] *n.* 1. dépassement (de devis, de coût initialement budgeté, etc.). 2. envahissement. 3. (Inform.) surcharge, engorgement, embouteillage. 4. *Typogr. :* chasse, report, ligne(s) à reporter.

**overrun** *v.* 1. envahir. 2. dépasser, aller au-delà des limites. 3. *Typogr. :* reporter à la ligne ou à la page suivante.

**oversea(s)** [,əuvə'siː(z)] *adj.* et *adv.* (d')outre-mer ; étranger, à l'étranger.

**oversee** [,əuvə'siː] *v.* 1. surveiller, contrôler, voir de près. 2. superviser.

**oversell** *v.* 1. vendre plus qu'on ne peut livrer. 2. vanter de façon excessive. 3. *To oversell a client, a prospect,* manquer une vente en voulant trop persuader l'acheteur.

**overseer** ['əuvə'siə] *n.* surveillant, contremaître.

**oversight** ['əuvəsait] *n.* 1. inadvertance, oubli. 2. surveillance.

**overstocking** [,əu'və'stɔkiŋ] *n.* stockage excessif, surabondance de marchandises.

**oversubscription** [,əuvəsəb'skripʃən] *n.* demande d'achats dépassant le nombre de titres émis ; couverture excédentaire d'une émission de titres.

**oversupply** [,əuvəsə'plai] *n.* fourniture excédentaire, excessive.

**over-the-counter market, 1.** *(titres)* marché hors cote, devenu une sorte de second marché. **2.** *(devises)* marché interbancaire.

**overtime** ['əuvətaim] *n.* heures supplémentaires. *Overtime ban,* refus de faire des heures supplémentaires, boycott des heures supplémentaires.

**overtime** *adv.* en heures supplémentaires. *To work overtime,* travailler en/faire des heures supplémentaires.

**overturn** *v.* **1.** (véhicule) se renverser. **2.** (cour d'appel) casser un jugement.

**overvaluation** [,əuvə,vælju:'ei∫ən] *n.* surévaluation.

**overvalue** [,əuvə'vælju:] *v.* surévaluer.

**overview** *n.* vue d'ensemble.

**overweight** ['əuvə'weit] *n.* excédent, surcharge.

**overweight** [,əuvə'weit] *adj.* trop lourd ; obèse.

**overwork** [,əuvə'wə:k] *n.* travail excessif, surmenage.

**overwork** *v.* **1.** surmener, surcharger de travail ; se surmener. **2.** abuser (d'une formule, d'un truc, etc.).

**owe** [əu] *v.* devoir. *I.O.U.,* voir ce mot.

**owing** [əui∫ŋ] *adj.* dû. *Owing to,* en raison de, compte tenu de.

**own** [əun] *v.* **1.** posséder, être propriétaire, avoir ; réclamer, revendiquer. *State-owned,* nationalisé, public. *Privately-owned,* privé. **2.** admettre, reconnaître, (s')avouer. *To own a child,* reconnaître un enfant.

**own brand,** marque du distributeur.

**owner** [əunə] *n.* propriétaire, possesseur. *Shipowner,* armateur. *Rightful owner,* possesseur légitime, propriétaire.

**owners' equity,** situation nette.

**ownership** ['əunə∫ip] *n.* propriété, possession.

# P

**pace** [peis] *n.* **1.** allure, rythme, train, cadence. *To keep pace with,* maintenir l'allure (des autres), garder le rythme, soutenir le train, se maintenir au même niveau. *To set the pace,* donner le rythme, établir l'allure.

**pacesetter** ['peis,setə] *n.* meneur, personne qui donne l'allure ou conduit la tendance.

**pack** [pæk] *v.* **1.** emballer, empaqueter, conditionner, faire des (ses) paquets. **2.** (s')entasser, (se) mettre ensemble. *People started packing into the carriage,* les gens se mirent à s'entasser dans la voiture. *The pub was packed,* le café était bondé. **3.** rassembler, constituer un groupe de gens favorables. *To pack a committee,* choisir les membres d'une commission. **4.** *To pack up, Fam. :* faire ses malles, plier bagage, « se tirer ».

**package** ['pækidʒ] *n.* **1.** emballage, conditionnement. *Fig. :* ensemble, série, lot, train de mesures, etc. **2.** paquet, colis, ballot, envoi (de marchandises). **3.** *Inform. :* produit-programme, « paquège », progiciel.

**package** *v.* **1.** emballer. **2.** conditionner.

**package deal,** transaction globale, accord global, négociation d'ensemble.

**package settlement,** règlement global, d'ensemble.

**package tour,** circuit (organisé) tout compris, forfaitaire.

**packaging** ['pækidʒiŋ] *n.* conditionnement, présentation d'un produit.

**packer** ['pækə] *n.* emballeur, conditionneur.

**packet** ['pækit] *n.* paquet, colis, envoi.

**packet-boat** ['pækitbəut] navire assurant une liaison régulière, paquebot ; (navire) malle.

**packing** ['pækiŋ] *n.* emballage ; enveloppe, matériau d'emballage. *Export packing,* emballage pour l'exportation. *Packing list,* note de colisage.

**pact** [pækt] *n.* pacte, accord solennel, traité.

**pad** [pæd] *n.* **1.** rembourrage, garniture. **2.** coussin, coussinet. **3.** tampon. *Ink(ing) pad,* tampon encreur. **4.** bloc. *Writing pad,* bloc notes. **5.** support. *Launching pad,* rampe, plate-forme de lancement.

**pad** *v.* **1.** bourrer, rembourrer, capitonner, matelasser. **2.** faire du remplissage, allonger la sauce, délayer, gonfler artificiellement ou frauduleusement. *To pad the bill,* gonfler la note.

**paddy** ['pædi] *n.* rizière.

**pad-stamp,** timbre humide, tampon humide.

**page** [peidʒ] *v.* **1.** paginer ; folioter ; chiffrer, numéroter. **2.** faire passer une annonce par un chasseur (dans un hôtel, restaurant, etc.). « *Paging Mr Jones* », « on demande M. Jones au téléphone ».

**page-(boy)** *n.* commissionnaire, chasseur ; saute-ruisseau.

**pager** *n.* bip (avertisseur de poche).

**paid** [peid] *p.p.* payé, pour acquit (sur facture), pour solde de tout compte, également « *Paid with thanks* ».

**paid-in,** payé, versé. *Paid-in capital,* capital versé.

**paid-up,** payé, réglé. *Paid-up capital,* capital versé (sur des actions), capital libéré.

**pallet** ['pælit] *n.* **1.** palette (manutention). *Pallet-load,* chargement sur palette. **2.** paillasse, grabat.

**palletise** ['pælitaiz] *v.* **1.** mettre sur palettes ; transporter par palettes. **2.** introduire le système de transport par palettes.

**pamphlet** ['pæmflit] *n.* brochure, plaquette.

**panel** ['pænl] *n.* **1.** panneau. **2.** tableau. *Instrument panel,* tableau de bord. **3.** *Jur. :* liste des membres du jury, d'où : jury. *To serve on the panel,* faire partie du jury. **4.** membres d'un groupe témoin qui répondent à des questions ; groupe de spécialistes réunis sur un sujet.

**panel truck,** (U.S.) camionnette (de livraison).

**panic** ['pænik] *n.* panique. *Panic buying,* achat(s) dû(s) à la panique, achat de précaution.

**paper** ['peipə] *n.* **1.** papier. *Com-mercial paper,* effet(s) de commerce. *High quality paper,* papier/titres de première catégorie. *On paper,* sur le papier, en théorie. **2.** journal. *Sunday paper,* journal dominical. **3.** document, pièces officielles. *Identity paper(s),* pièces, papiers d'identité. *Paper work,* paperasserie. *Ship's papers,* pièces de bord, papiers de bord, lettre de mer. **4.** communication, examen, exposé, composition. *He wrote a paper on his experiments,* il a rédigé une communication sur ses expériences.

**paper-back** ['peipəbæk] (U.S.) « livre de poche » (édition populaire d'ouvrage publié à l'origine en « *hard cover* »).

**paper book,** *Jur. :* dossier d'une affaire.

**paper clip** ['peipəklip] (attache) trombone.

**paper currency,** monnaie fiduciaire, monnaie papier.

**paper-mill** ['peipəmil] *n.* papeterie, fabrique (usine) de papier.

**paper-money** ['peipə,mʌni] monnaie papier, monnaie fiduciaire.

**paper profits,** profits fictifs.

**paperwork** *n.* **1.** travail administratif, mise à jour des dossiers. **2.** paperasserie.

**par** [pa:] *n.* égalité, pair, parité. *At par,* au pair, à la parité. *Above par,* au-dessus du pair. *Below par,* au-dessous du pair. *Exchange at par,* change au pair. *Mint par (of exchange),* parité d'échange, pair intrinsèque, pair métallique.

**paragraph** ['pærəgra:f] *n.* paragraphe ; entrefilet. *New paragrah,* à la ligne.

**paralyse** ['pærəlaiz] *v.* paralyser (propre et figuré), rendre inopérant, bloquer.

**paramount** ['pærəmaunt] *adj.* éminent, insigne, souverain, suprême. *Of paramount importance,* de la plus haute, extrême importance.

**parcel** ['pa:sl] *n.* **1.** paquet, colis. *Ordinary parcel post,* colis postal, paquet-poste ordinaire. **2.** parcelle, lot, partie d'un ensemble. *Part and parcel of,* partie intégrale (d'un tout). *Parcel of lies,* tissu de mensonges.

**parcelling** ['pa:səliŋ] *n.* **1.** fragmentation, distribution, répartition. **2.** lotissement.

**parcel out** *v.* morceler, diviser, partager, lotir.

**parcel up** *v.* mettre en paquets, empaqueter, emballer.

**pardon** ['pa:dn] *n.* **1.** pardon. **2.** grâce, remise de peine ; exercice du droit de grâce. *Free pardon,* grâce. *General pardon,* amnistie. *To grant free pardon,* gracier.

**pare** [pɛə] *v.* réduire, diminuer.

**parent company** ['pɛərənt] société mère, société principale, maison mère.

**pari passu,** pari passu (en proportion égale, à égalité).

**parity** ['pæriti] *n.* parité, égalité.

**parley** ['pa:li] *v.* parlementer, être en pourparlers ; engager, entamer des négociations.

**par of exchange,** parité officielle de change.

**parole** [pə'rəul] *n.* mise en liberté conditionnelle, libération sur parole, provisoire. *On parole,* (mise en liberté) conditionnelle, sur parole. *To break one's parole,* faire défaut, ne pas se présenter à l'issue de la période de liberté sur parole.

**parole** *v.* mettre en liberté provisoire, libérer sur parole.

**part** [pa:t] *n.* **1.** partie ; part ; fascicule. **2.** rôle (théâtre), voix (chorale). **3.** pièce, élément, organe. *Component part,* pièce détachée, composant. *Replacement part,* pièce de rechange. *Spare part,* pièce de rechange.

**part** [pa:t] *adv.* partiellement, en partie.

**part** *v.* **1.** séparer en deux, diviser. **2.** se séparer, se diviser, se quitter. *To part with one's possessions,* renoncer à ses biens, aliéner, céder ses biens.

**partake** [pa:'teik] *v.* **1.** (in, of) prendre part à, participer à. **2.** (of) participer de, tenir de.

**part delivery** *n.* livraison partielle.

**partial** ['pa:ʃəl] *adj.* **1.** partiel, incomplet. **2.** partial, injuste, arbitraire. *To be partial to,* avoir un faible pour.

**participant** [pa:'tisipənt] *n.* participant.

**participate** [pa:'tisipeit] *v.* participer. *To participate in,* participer à. *To participate of,* participer de.

**participation** [pa:,tisi'peiʃən] *n.* participation.

**participation loan,** « prêt en participation » : les lois bancaires imposent parfois, dans le cas d'un prêt important à un même client, que plusieurs banques s'associent pour financer un tel prêt.

**particular** [pə'tikjulə] *adj.* **1.** particulier, spécial. **2.** pointilleux, vétilleux, maniaque. *He is very particular,* il est très exigeant. **3.** détaillé, minutieux, exact, précis.

**particular** *n.* détail, particularité, renseignement, indication, précision. *To give full particulars,* donner tous les renseignements, détails.

**particular average,** (assurance maritime) avarie particulière, avarie simple (avarie affectant soit la cargaison, soit le navire et qui n'implique pas l'intérêt commun des propriétaires des marchandises et du transporteur).

**particular lien,** privilège spécial.

**particulars of a charge,** chefs d'accusation.

**particulars of sale,** description de la propriété à vendre ; cahier des charges.

**partition** [pa:'tiʃən] *n.* **1.** partage, division, morcellement. **2.** cloison.

**partition** *v.* **1.** diviser, morceler, partager. **2.** séparer par une cloison, cloisonner.

**partly paid (up)** ['pa:tli] non entièrement libéré, non intégralement versé.

**partner** ['pa:tnə] *n.* associé, partenaire. *Acting/active partner,* associé-gérant, commandité. *Sleeping partner,* U.S. *silent partner, dormant partner,* commanditaire, bailleur de fonds. *Nominal partner,* associé/partenaire/commanditaire fictif. *Senior partner,* associé majoritaire. *Junior partner,* associé minoritaire. *General partner,* commandité ; *limited partner,* commanditaire (le premier correspond plus ou moins à l'associé gérant, le second ne perd que sa mise).

**partnership** ['pa:tnəʃip] *n.* **1.** association ; partenariat. **2.** société de personnes. *Articles, deed of* *partnership,* contrat, acte d'association. *General partnership,* société en nom collectif. *Limited partnership,* société en commandite. *Ordinary partnership,* société en nom collectif. *Particular partnership,* société en participation. *Partnership limited by shares,* société en commandite par actions.

**partnership certificate,** (U.S.) « certificat d'association commerciale » : pièce déposée en banque qui donne le détail des intérêts de chaque associé dans la société.

**part-owner** *n.* co-propriétaire.

**part-ownership** *n.* co-propriété.

**part-payment,** paiement, règlement partiel, acompte.

**part-time** *adv.* à temps partiel, à mi-temps. *To work part-time,* travailler à mi-temps, à temps partiel.

**part-timer,** employé(e) à temps partiel.

**party** ['paːti] *n.* 1. partie, ayant droit ; individu. *Third party,* tiers. *To be party to a crime,* être impliqué dans un crime. *To become a party to an agreement,* signer un contrat. 2. parti, groupe, parti politique. 3. réunion, réception, soirée.

**party line** 1. ligne téléphonique commune (utilisée par plusieurs abonnés). 2. ligne politique d'un parti. 3. ligne de séparation entre plusieurs partis. *To cross party-lines,* changer de parti, voter pour le candidat du parti adverse.

**party liner,** inconditionnel de la politique d'un parti.

**party wall,** mur mitoyen.

**par value,** valeur au pair.

**pass** [paːs] *n.* carte (d'entrée). *Buyer's pass,* carte d'acheteur.

**pass** *v.* 1. passer, dépasser, traverser. 2. réussir, être reçu, subir avec succès. 3. présenter ; adopter, prononcer, approuver. *To pass a bill,* voter un projet de loi. *To pass judgment,* prononcer un jugement.

**pass** [paːs], U.S. [pæs] *n.* 1. passage, col, passe. 2. passe (maritime). 3. permis, laissez-passer.

**passage** ['pæsidʒ] *n.* 1. passage, traversée, trajet, voyage. *Passage (-money),* voyage, coût du voyage. 2. adoption (d'une loi).

**pass along** *v.* 1. passer, avancer.

2. transmettre, transférer. *To pass along costs,* transférer les coûts.

**pass-along readership,** diffusion des journaux par transmission (par opposition à l'abonnement ou à l'achat).

**pass-book** ['paːsbuk] 1. carnet, livret de banque ; livre de comptes courants indiquant les opérations effectuées. 2. carnet de passage en douane.

**passbook account,** compte d'épargne sur livret.

**passenger** ['pæsindʒə] *n.* voyageur, passager. *Passenger-ship,* paquebot. *Passenger-train,* train de voyageurs. *By passenger-train,* en grande vitesse.

**passenger car,** (U.S.) wagon de voyageurs, voiture.

**passenger carriage,** wagon de voyageurs.

**passenger coach,** wagon de voyageurs.

**pass on** *v.* 1. passer, continuer sa route. 2. transmettre ; distribuer. 3. répercuter. *The increase will be passed on to the consumers,* les consommateurs supporteront l'augmentation.

**pass-on readership,** nombre de lecteurs d'un journal, livre, etc. par transmission d'un lecteur à l'autre. A distinguer de *circulation* (nombre moyen d'exemplaires vendus).

**passport** ['paːspɔːt] *n.* passeport.

**pass-sheet** *n.* triptyque, feuille de passage en douane.

**password** ['paːswəːd] *n.* 1. mot de passe. 2. mot d'ordre, consigne.

**past** [paːst] *adj.* passé, ancien ; écoulé, révolu ; précédent.

**paste** [peist] *v.* coller. *To paste up,* afficher.

**paste-up** *n.* 1. montage, collage, assemblage d'éléments divers pour constituer une maquette. 2. réunion d'extraits de textes divers pour constituer un texte apparemment nouveau. *The speech was a paste-up of several campaign pitches,* le discours était un pot-pourri de plusieurs harangues électorales.

**patch-up** [pætʃ'ʌp] *v.* ravauder, rapiécer. *Fam. :* recoller les morceaux, replâtrer.

**patent** *v.* déposer, breveter, faire breveter, obtenir un brevet.

**patent** ['peitənt], U.S. ['pætənt] *n.* **1.** patente, privilège (G.B.). **2.** brevet. *Patent office,* bureau des brevets. *Patent infringement,* contrefaçon. *Patent pending,* modèle déposé, breveté.

**patent** *adj.* **1.** patent, éclatant, manifeste. *Patent leather,* cuir verni. **2.** relatif aux brevets. *Patent law,* loi sur les brevets.

**patentable** ['peitəntəbl] *adj.* brevetable, susceptible d'être breveté.

**patentee** [,peitən'ti:] *n.* titulaire d'un brevet.

**path** [pa:θ], U.S. [pæθ] *n.* **1.** chemin, sentier, voie. **2.** trajet, chemin, trajectoire. *Critical path method* ou *critical path analysis,* méthode, analyse du chemin critique.

**patron** ['peitrən] *n.* **1.** protecteur, mécène, patron. **2.** client, pratique, habitué.

**patronage** ['pætrənidʒ] *n.* **1.** protection, patronage, parrainage, auspices. **2.** clientèle (de fidèles, d'habitués), pratique.

**patronize** ['pætrənaiz] *v.* **1.** patronner, protéger. **2.** être (un) client (habituel, fidèle), se servir chez le même commerçant. **3.** parler sur, avoir, un ton protecteur.

**pattern** ['pætən] *n.* **1.** modèle, type, patron (coupe, couture, etc.) ; gabarit, échantillon, spécimen, exemple ; dessin (d'un tissu). **2.** modèle, structure, type, agencement, mode, schéma.

**pattern** *v.* **1.** réaliser d'après un modèle, copier ; calquer (**after :** sur). **2.** dessiner un motif ornemental.

**pavillon** [pə'viljən] *n.* pavillon, stand couvert (dans une foire, exposition).

**pawn** [pɔ:n] *n.* **1.** pion, jeton (jeu). **2.** gage, nantissement. *Security held in pawn,* titre détenu en gage.

**pawn** *v.* mettre en gage, gager, engager.

**pawn-broker** ['pɔ:n,brəukə] *n.* prêteur sur gages.

**pawnshop** ['pɔ:nʃɔp] *n.* crédit municipal, boutique de prêt(eur) sur gage.

**pawnee** [,pɔ:'ni:] *n.* créancier gagiste, détenteur d'un gage.

**pay** [pei] *v.* **1.** acquitter, payer, régler, verser. *To pay taxes,* acquitter des impôts. *To pay (in) cash.* régler (au) comptant. *Order to pay,* ordonnancement, ordre de paiement. *He's paid by the hour,* il est payé à l'heure. **2.** payer, rapporter, être profitable. *They made their investment pay,* ils ont fait fructifier leur placement. **3.** *Fig. :* s'acquitter, rendre, faire. *To pay a visit,* rendre visite.

**pay** *n.* paye, paie, salaire, solde, gages, rémunération, indemnités, traitement. *In the pay of,* à la solde de. *Back-pay,* arrérage, arriéré, rappel de salaire. *Equal pay,* principe de l'égalité des salaires, à travail égal. *Take home pay,* salaire net, après déduction des cotisations. *Without pay,* sans solde, à son compte.

**payable** ['peiəbl] *adj.* payable, exigible. *Payable on demand,* payable sur demande. *Payable to bearer,* payable au porteur. *Payable at sight,* payable à vue.

**payables** ['peiəblz] *n.* (U.S.) sommes exigibles, sommes à verser.

**pay and price freeze,** blocage (gel) des salaires et des prix, encadrement/ contrôle des salaires et des prix.

**pay as you earn** = P.A.Y.E., (G.B.) mot à mot : payez à mesure que vous gagnez ; système britannique de retenue à la source (des cotisations diverses, mais aussi de l'impôt).

**pay as you go,** (U.S.) **1.** (système de) retenue à la source équivalant au P.A.Y.E. britannique. **2.** régler ses créances en temps voulu. **3.** ne pas dépenser au-delà de ses moyens.

**pay back** *v.* **1.** rendre, rembourser, acquitter une dette, restituer. **2.** rembourser une mise de fonds, être rentable. **3.** se venger, faire payer (un affront), rendre la pareille.

**pay back period,** durée de récupération de l'investissement, période de rentabilisation, période de récupération du capital ; période de remboursement, période de recouvrement.

**pay check,** chèque représentant le montant de la paie ou du salaire ; par extension : paie, salaire.

**pay-claim,** revendication salariale.

**pay-day, 1.** jour de paie. **2.** *Bourse :* jour du règlement, jour de la liquidation.

**pay-differential(s),** écart(s), marge(s), des salaires.

**pay-dispute,** conflit salarial.

**payee** [pei'i:] *n.* bénéficiaire (d'un chèque, d'un effet de commerce, etc.).

**pay envelope,** enveloppe du salaire, de la paie ; par extension : salaire, paie (surtout des ouvriers), ensemble des salaires et des avantages en nature.

**payer** ['peiə] *n.* payeur. *A slow payer,* un mauvais payeur, un payeur qui se fait tirer l'oreille.

**pay-fight,** conflit salarial.

**pay freeze,** (politique de) blocage des salaires.

**pay in** *v.* déposer, verser, payer (une somme à un compte en banque).

**paying-in slip** [peiiŋ] bordereau de versement (d'une somme à un compte bancaire).

**payload** ['peiləud] *n.* **1.** charge(s) salariale(s). **2.** charge payante, charge utile (C.U.) d'un véhicule (avion, camion, etc.) **3.** charge explosive (de la tête) d'un missile.

**payment** ['peimənt] *n.* **1.** paiement, versement, règlement. **2.** somme versée en paiement. *Balance of payments,* balance des paiements. *Transfer payments,* transferts sociaux et économiques. *Payment against documents,* paiement/règlement contre documents. *Payment by result,* paiement/salaire à la pièce, au résultat. *Payment in full,* règlement intégral, libération (complète). *Payment on account,* (versement en) acompte à valoir.

**payment bill,** (à distinguer de **acceptance bill**) traite, documents contre paiement.

**payment bond** (U.S.) caution garantissant le paiement de la main-d'œuvre et des fournisseurs.

**paymaster** ['pei,ma:stə] *n.*

payeur, trésorier-payeur ; capitaine-trésorier.

**pay-off** *n.* **1.** règlement, remboursement, acquittement, solde ; désintéressement (créance), purge (hypothèque) ; règlement de compte, vengeance. **2.** dessous-de-table, pot-de-vin. **3.** rentabilité, rapport (d'une mise de fonds). **4.** congédiement (employé de maison) ; désarmement (d'un navire). **5.** dénouement, chute (d'une histoire).

**pay off** *v.* **1.** rembourser, acquitter, régler. **2.** payer par dessous la table, corrompre, acheter. **3.** donner son compte, renvoyer, payer ses huit jours à quelqu'un ; désarmer un navire. **4.** rapporter, être rentable/ valable. *Our decision paid off,* notre décision a été très profitable.

**pay-offer,** offre d'augmentation, augmentation offerte, offre salariale.

**payola** *n.* dessous-de-table, pot-de-vin, rétribution en sous-main d'une faveur ou d'un service (par exemple à un « *disc jockey* » pour le « matraquage » sur les ondes en faveur d'un disque nouveau).

**pay one's way 1.** payer rubis sur l'ongle, ne rien acheter à crédit. **2.** rapporter, être profitable/rentable. *This item will soon pay its own way,* cet article nous remboursera bientôt de ses coûts de fabrication, de notre mise.

**pay out** *v.* **1.** payer, régler. **2.** payer par petites sommes, s'acquitter à mesure. **3.** rembourser. **4.** *Fig. :* s'acquitter d'une dette, régler ses comptes.

**payout date,** date effective de rentrée des fonds ; date de versement.

**payout ratio,** ratio de distribution (des dividendes par rapport aux bénéfices).

**pay packet,** ensemble des salaires et des avantages en nature ; enveloppe des salaires ; paie, salaire.

**pay-phone,** téléphone public (à pièces ou à jetons).

**payroll** ['peirəul] **1.** état des salaires d'une entreprise, livre des comptes d'employés. *Payroll costs,* coûts salariaux. **2.** paie (globale de l'entreprise). *To be on the payroll,* être salarié (d'une entreprise). *Fam. :* travailler pour. *He is no longer on the payroll,* il ne travaille plus ici. *To cut the payroll,* licencier, réduire les effectifs ; *They decided to reorganize with a smaller payroll,* ils ont décidé de se réorganiser avec des effectifs moins nombreux. **3.** *Fam. : To be on the payroll,* recevoir des pots-de-vin.

**pay-sheet** ['peiʃiːt] feuille de(s) salaire(s).

**pay slip,** bulletin de salaire, feuille de paie.

**pay up** *v.* **1.** acquitter, régler, verser. *To pay up front,* payer d'avance. **2.** libérer, verser entièrement.

**peace** [piːs] *n.* paix ; ordre public ; tranquillité. *Breach of the peace,* trouble de l'ordre public. *To keep the peace,* faire régner, maintenir l'ordre, ne pas troubler l'ordre public. *Justice of the Peace (J.P.),* juge de paix, juge d'instance. *Peace of God,* trêve de Dieu.

**peacemaker** ['piːs,meikə] *n.* pacificateur, homme de paix. (facétieux, U.S.) : revolver.

**peak** [piːk] *n.* pic, sommet, pointe, point culminant ; crête ; maximum, record. *Failures have reached a new peak,* le nombre des faillites a battu les records. *Peaks and troughs (valleys),* les sommets/records et les niveaux les plus bas.

**peak** *v.* atteindre son maximum, atteindre un sommet, battre un record. *Interest rates are about to peak,* les taux d'intérêt sont sur le point de battre des records. (U.S.) *To peak out,* diminuer.

**peak attendance,** affluence exceptionnelle, record d'affluence.

**peak hour,** heure de pointe, heure de plus grande circulation.

**peak listening time,** *Radio :* heure de plus grande écoute.

**peak load,** charge maximum, pointe de consommation (électricité), limite de rupture.

**peak viewing time,** *Télév. :* heure de plus grande écoute.

**peak year,** année record.

**peck** [pek] *n.* **1.** boisseau (mesure de capacité = 9 litres). **2.** *Fig. :* grande quantité.

**pecking order** ['pekiŋ] *n.* ordre hiérarchique, de préséance.

**pecuniary** *adj.* pécuniaire.

**peddle** [pedl] *v.* **1.** colporter, faire du colportage. **2.** essayer de vendre ou de faire admettre (idées, etc.).

**peddler** ['pedlə] *n.* **1.** colporteur, marchand ambulant. **2.** petit trafiquant.

**pedlar** *n.* voir **peddler.**

**peg** [peg] *n.* **1.** cheville ; patère ; piquet. *To come/bring/set down a peg or two,* baisser d'un cran ou deux.

**peg** *v.* **1.** cheviller, accrocher ; assembler. **2.** contrôler (prix), tenir, stabiliser, modérer (marché), indexer, encadrer.

**pegging** ['pegiŋ] *n.* **1.** le fait de cheviller, accrocher, assembler. **2.** le fait de contrôler, indexer, etc. ; contrôle, indexation, stabilisation, encadrement (marché, prix).

**penal** ['piːnl] *adj.* **1.** pénal, passible d'une peine ou d'une amende. **2.** pénitentiaire. *Penal farm,* ferme pénitentiaire. *Penal servitude,* travaux forcés. **3.** sévère, extrême, qui pénalise. *Penal terms,* conditions très dures.

**penalize** ['piːnəlaiz] *v.* **1.** infliger une peine, sanctionner. **2.** pénaliser, punir. **3.** défavoriser.

**penalty** ['penlti] *n.* pénalité, peine, amende, sanction ; dédit. *Penalty clause,* clause pénale, clause de pénalité (par ex. : pour rupture de contrat ou retard), donnant lieu à dommages et intérêts. *Penalty for non-performance,* dédit.

**penalty charge,** pénalité de retard (ou pour remboursement anticipé d'emprunt).

**pending** ['pendiŋ] **1.** (adj.) en attente, en instance, en cours, prochain. **2.** (prép.) en attendant.

**pension** ['penʃən] *n.* **1.** pension, retraite, pension de retraite. *Old age pension,* retraite vieillesse. *Public pension plan/scheme,* régime de retraite des fonctionnaires. **2.** allocation, pension. *Disability pension,* pension d'invalidité.

**pensionable** ['penʃənəbl] *adj.* qui a droit à une pension ; qui donne/ouvre droit à pension. *Pensionable age,* âge de la retraite.

**pensioner** ['penʃənə] *n.* pensionné, retraité.

**pension fund,** fonds/caisse de retraite.

**pensioning** ['penʃəniŋ] *n.* **1.** versement d'une retraite. **2.** mise à la retraite.

**pension off.** *v.* mettre à la retraite.

**pension scheme,** plan/régime de retraite. *Contributory pension scheme,* régime de retraite auquel cotise le bénéficiaire. *Non-contributory pension scheme,* régime de retraite payée par l'employeur.

**pep up** [pep] *v.* stimuler.

**peppercorn rent** ['pepəkɔ:n] mot à mot : loyer de grains de poivre = de très faible valeur. *Fig. :* loyer nominal, de principe.

**per** [pə:] *prép.* par (pour, de, en, ...). *Per annum* par an, annuellement. *Per capita,* par habitant, par individu, par tête. *Per cent,* pour cent. *Per contra,* en contrepartie. *Per diem,* par jour. *Per procuration(em),* par procuration.

**percentage** [pə'sentidʒ] *n.* pourcentage, proportion ; commission, guelte, tantième.

**percentile** [pə'sentail] *n.* percentile, décile (statistiques).

**perception** [pə'sepʃən] *n.* perception ; recouvrement (impôts, loyers).

**peremptory** [pə'remptəri] *adj.* **1.** tranchant, impérieux, autoritaire. **2.** péremptoire, absolu, décisif, impératif. *Peremptory call to do something,* mise en demeure de faire quelque chose. *Peremptory writ,* mandat de comparaître.

**perfect** ['pə:fikt] *v.* **1.** parachever, accomplir, mener à bien. **2.** parfaire, rendre parfait. **3.** perfectionner, améliorer. **4.** *Typogr. :* retirer, imprimer le verso d'une feuille déjà imprimée au recto.

**perform** [pə'fɔ:m] *v.* **1.** accomplir, exécuter, faire, effectuer ; s'acquitter de. **2.** se comporter, fonctionner, marcher (machines). **3.** jouer, représenter.

**performance** [pə'fɔ:məns] *n.* **1.** accomplissement, exécution, réalisation. *Performance bond,* garantie de bonne exécution. **2.** comportement, fonctionnement, marche.

**3.** résultat, rendement ; exploit.

**perfunctory** [pə'fʌnktəri] *adj.* superficiel, négligent, de pure forme.

**peril** ['perəl] *n.* péril, danger, risque. *Perils point,* cote d'alerte. *Perils of the sea,* fortune de mer.

**period** ['piəriəd] *n.* **1.** période, ère. époque, durée, phase ; terme. *Period of notice,* délai de préavis. **2.** (ponctuation) point ; point final, un point c'est tout. *To put a period to,* mettre un terme à. **3.** (adj.) d'époque, authentique. *Period furniture,* meuble d'époque.

**periodical** [,piəri'ɔdikl] *n.* (journal) périodique, magazine, revue.

**periodical,** *adj.* périodique, régulier.

**peripheral** [pə'rifərəl] *n.* (souvent pluriel) périphérique(s) : matériel d'informatique connecté à une unité centrale.

**peripheral,** *adj.* périphérique extérieur ; (d'un intérêt) secondaire, mineur, marginal. *Inform. : Peripheral equipment,* périphérique(s), matériel d'informatique connecté à une unité centrale.

**perishable** ['periʃəbl] *adj.* périssable. *Perishable goods,* denrées périssables.

**perishables** ['periʃəblz] *n. pl.* denrées périssables.

**perjury** ['pə:dʒəri] *n.* parjure, faux témoignage, faux serment.

**perk(s)** cf. **perquisites** [pə:ks] *n.* (souvent pl.) petits profits, petits bénéfices, avantages divers (s'ajoutant au salaire).

**perk up,** *v.* **1.** revigorer, ravigoter. **2.** se ranimer, reprendre. **3.** se rengorger.

**permanent** ['pə:mənənt] *adj.* permanent, stable, fixe. *Permanent assets,* capitaux fixes, immobilisations. *Permanent address,* adresse habituelle, permanente.

**permission** [pə'miʃən] *n.* permission, consentement, accord ; permis, autorisation.

**permissive** [pə'misiv] *adj.* **1.** qui est toléré, qui est permis ; facultatif, autorisé mais non obligé. *Permissive-wage adjustment,* convention permettant la renégociation périodique des salaires entre employeurs et syndicats. **2.** tolérant, indulgent, permissif.

**permit** ['pə:mit] *n.* permis, autorisation ; congé (administration), passavant, licence (douanes).

**permit** [pə'mit] *v.* **1.** autoriser, permettre ; tolérer. **2.** rendre possible, permettre.

**perpetual** [pə'petʃuəl] *adj.* perpétuel, incessant, continu, continuel, ininterrompu.

**perpetuate** [pə'petʃueit] *v.* préserver, perpétuer, éterniser.

**perpetuity** [pə:pi'tju:əti] *n.* perpétuité. *Rule against perpetuities,* règle qui interdit toute disposition contractuelle à perpétuité en matière d'immobilier.

**perquisite(s)** ['pə:kwizit(s)] *n.* cf. **perk**, avantage en nature, petit profit.

**per se** [,pə:'sei] en soi, par soi-même ; en tant que tel.

**person** ['pə:sn] *n.* **1.** personne, individu, être humain. *In person,* en personne. **2.** personne physique ou morale. *A private person,* un particulier.

**personal** ['pə:snl] *adj.* personnel, individuel, relatif à la personne. *Personal Assistant, P/A,* secrétaire de direction, assistant(e). *Personal computer,* ordinateur personnel. *Personal consumption,* consommation individuelle. *Personal rights,* droits du citoyen, individuels.

**personal estate,** biens personnels, biens meubles, biens mobiliers.

**personal income tax,** impôts sur le revenu des personnes physiques (I.R.P.P.).

**personal loan,** prêt (bancaire) personnel (prêt à court terme).

**personal property,** biens meubles, biens mobiliers. *Personal property tax,* impôt mobilier.

**personal security,** garantie personnelle ou mobilière donnée à l'occasion d'un emprunt.

**personalty** ['pə:snlti] *n.* = **personal property/estate,** biens mobiliers, biens meubles. *To convert realty into personalty,* ameublir un bien.

**personnel** [,pə:sə'nel] *n.* **1.** personnel. **2.** (service du) personnel.

**personnel manager,** chef du personnel, directeur du personnel.

**personnel officer,** chef du personnel, directeur du personnel, responsable du service du personnel, responsable du personnel.

**perspective** [pə'spektiv] *n.* **1.** perspective (géométrie). **2.** vue perspective, proportion, angle d'observation. *To see something in a new perspective,* voir quelque chose sous un jour nouveau, sous un nouvel angle.

**peter out** ['pi:tə] *v.* partir en fumée, s'évanouir, s'épuiser, disparaître, tomber à l'eau.

**P.E.R.T.** [pə:t] *v.* = **Program Evaluation and Review Techniques,** techniques de revision et d'évaluation de programme (recherche opérationnelle).

**pervasive** [pə'veisiv] *adj.* envahissant (de façon sournoise ou insidieuse), qui se répand partout, qui pénètre partout.

**petition** [pi'tiʃən] *n.* petition, requête, demande, supplique, recours. *Petition in bankruptcy,* demande de mise en liquidation judiciaire. *To file one's petition in bankruptcy,* déposer son bilan.

**petition,** *v.* pétitionner, implorer ; déposer une supplique, une requête, un recours.

**petitioning creditor** [pi'tiʃəniŋ] créancier requérant (dans une faillite).

**petrol** ['petrəl] *n.* essence (U.S. : **gas**).

**petroleum** [pi'trəuljəm] *n.* pétrole ; huile minérale.

**petty** ['peti] *adj.* **1.** petit, chétif. **2.** sans importance, insignifiant ; mesquin. **3.** d'importance moindre, véniel.

**petty cash,** petite caisse. *Petty cash fund,* fonds de caisse.

**petty expenses,** petits frais, faux-frais, menues dépenses.

**petty offences,** délits mineurs, contraventions.

**phase** [feiz] *n.* **1.** phase, étape, stade. **2.** phase, période, époque. *Out of phase,* déphasé, en opposition de phase. *In phase,* en phase.

**phase in** *v.* introduire graduellement.

**phase out** *v.* supprimer peu à peu, interrompre graduellement, mettre progressivement un terme à, programmer le retrait (d'un produit).

**phasing out** ['feiziŋ] interruption progressive, retrait graduel.

**phone** [fəun] *n.* = **telephone**.

**phone,** *v.* to telephone.

**phone-card,** carte téléphonique.

**phone-in,** (G.B.) émission de radio ou de télévision à laquelle les auditeurs peuvent participer par téléphone (c.f. U.S. : call-in).

**phoney/phony** ['fəuni] *adj.* qui fait semblant, faux, factice, « bidon », frauduleux. *A phony financial statement,* un état financier falsifié/truqué.

**photocopy** ['fəutəu,kɔpi] *n.* photocopie.

**photocopy,** *v.* photocopier, faire une photocopie, reproduire.

**photostat** ['fəutəstɔet] *n.* (à l'origine avec majuscule) photocopie.

**photostat,** *v.* photocopier, reproduire, faire une photocopie.

**pick** [pik] *n.* **1.** choix. *Take your pick,* faites votre choix. **2.** morceau de choix, élite, le meilleur, la fine fleur.

**pick** *v.* choisir, cueillir, prendre, trier ; plumer ; éplucher. *Handpicked,* trié à la main, trié sur le volet. *To have a bone to pick with someone,* avoir un différend avec quelqu'un, un compte à régler avec quelqu'un.

**picket** ['pikit] *n.* **1.** piquet de garde, piquet d'alerte ; piquet de grève. *To cross picket lines,* franchir les piquets de grève. **2.** gréviste de faction.

**picket** *v.* installer des grévistes de faction, mettre un piquet de grève ; faire le piquet de grève ; installer une faction.

**pick-up** ['pikʌp] *v.* **1.** reprendre, repartir, se redresser, se ressaisir, retrouver ses forces, son allant, être en reprise, s'améliorer, redémarrer. **2.** rassembler, ramasser, prendre, saisir. *To pick up momentum,* prendre de l'élan. *To pick up steam,* (reprise, etc.) se renforcer.

**pick-up** *n.* **1.** le fait de prendre, saisir, ramasser ; ramassage, collecte, chargement. **2.** reprise, redémarrage. **3.** (U.S.) *pickup (truck),* camionnette.

**pictorial** [pik'tɔːriəl] *adj.* illustré. *Pictorial graph,* diagramme, graphique illustré, photographique.

**piece** [piːs] *n.* **1.** pièce, morceau, partie, bout, élément. *Piece of paper,* bout de papier. *To pay workers by the piece,* payer les ouvriers à la pièce. **2.** pièce d'un jeu, pièce de monnaie.

**piecemeal** ['piːsmiːl] *adv.* petit à petit, peu à peu, graduellement ; par morceaux.

**piecemeal** *adj.* fait par bribes, fragmentaire.

**piece-rate** *n.* taux à l'unité, à la pièce ; tarif à la pièce.

**piece-work** *n.* travail à la pièce, aux pièces, travail à la tâche.

**pie-chart** [,pai'tʃaːt] graphique circulaire, « camembert ».

**pier** [piə] *n.* digue, jetée, môle, ponton, estacade ; pile (d'un pont).

**pigeonhole** ['pidʒinhəul] *n.* case, casier, alvéole.

**pigeonhole** *v.* placer dans des casiers, caser, classer.

**piggyback** ['pigibæk] *n.* **1.** ferroutage (transport de remorques routières ou de conteneurs sur wagon). **2.** *(réseau commercial)* portage.

**piggyback** *v.* **1.** ferrouter. **2.** *(réseau commercial)* faire du portage.

**piggyback** *adv.* **1.** (d'un enfant) porté sur le dos. **2.** par ferroutage : transport de remorques routières ou de conteneurs sur wagon. **3.** *Piggyback exports,* portage, exportations kangourou.

**piggyback service,** service de ferroutage.

**piggy-bank** ['pigibank] *n.* tirelire.

**piggy financings,** financement gigognes.

**pig-iron** ['pig,aiən] fonte, fer en gueuse.

**pile** [pail] *v.* entasser, empiler, amasser ; amonceler. *To pile with,* charger de, recouvrir de.

**pilfer** ['pilfə] *v.* commettre des larcins, dérober.

**pilferage** ['pilfəridʒ] *n.* larcins, chapardages ; démarque inconnue.

**pilot** [pailət] *n.* **1.** pilote, conducteur. **2.** pilote, modèle, témoin, d'essai. *Pilot plant,* usine pilote.

**pinball machine,** machine à sous, « flipper ».

**pinch** [pintʃ] *n.* **1.** restriction ; gêne ; privation ; pénurie. *A labor pinch,* une pénurie de main-d'œuvre. *At a pinch,* au besoin, en cas de besoin. **2.** point critique, moment difficile ; effet (déplaisant). *When it comes to the pinch,* au moment décisif.

**pinch** *v.* **1.** serrer, gêner. **2.** se priver.

**pin-money,** argent de poche (pour femme ou jeune fille).

**pinpoint** ['pinpɔint] *v.* indiquer avec précision, mettre le doigt sur, mettre en évidence ; monter en épingle.

**pint** [paint] *n.* pinte, unité de capacité : G.B. : 0,56 l, U.S. : 0,47 l.

**pipe-line** ['paiplain] *n.* oléoduc, gazoduc, etc. *In the pipe-line,* se dit d'une mesure déjà prise mais dont les effets ne se sont pas encore fait sentir ou d'une mesure sur le point d'être prise.

**piracy** ['paiərəsi] *n.* **1.** piraterie. **2.** pillage, piratage, contrefaçon.

**pit** [pit] *n.* **1.** fossé, trou dans le sol. **2.** mine, puits de mine. **3.** tuyau, gaine. **4.** marché, corbeille (bourse).

**pit-head** *n.* carreau de la mine, tête de puits. *Pit-head price,* prix sur le carreau de la mine.

**pit-prop** *n.* poteau de mine, étai.

**pitch** [pitʃ] *n.* **1.** lancement, jet. **2.** tangage. **3.** angle d'élévation, hauteur, espacement, pas ; registre. **4.** place, emplacement (sur un marché). **5.** *Salesman's pitch,* boniment du vendeur, « baratin » du vendeur.

**placard** ['plæka:d] *n.* placard, affiche, avis au public.

**placard** *v.* **1.** placarder. **2.** aviser par affichage public.

**place** [pleis] *n.* endroit, lieu, place, localité, emplacement, position, ordre, rang.

**place** *v.* **1.** placer, ranger, disposer. **2.** placer, écouler, vendre. *To place an order,* passer commande, passer un ordre, commander.

**placement** ['pleismənt] *n.* **1.** placement, arrangement, ordre, position, disposition. **2.** placement, affectation. **3.** *Placement office,* bureau de placement. *Placement*

*officer,* responsable de l'orientation *Univers. :* conseiller-orienteur. *Placement test,* test d'orientation. **4.** placement, investissement.

**placing** *n.* placement.

**plaintiff** ['pleintif] *n.* demandeur, demanderesse, plaignant, requérant, partie plaignante.

**plan** [plæn] *n.* dessein, plan, projet, système, dispositif.

**plan** *v.* **1.** projeter, faire des plans, établir des plans. **2.** planifier. *Planned economy,* économie planifiée ; dirigisme. *Planning horizon,* horizon économique, avenir planifiable.

**plane** [plein] *n.* **1.** plan, surface plane. **2.** niveau, standard. *Plane of living,* niveau de vie. **3.** avion. *Jet plane,* avion à réaction. **4.** rabot.

**plank** [plæŋk] *n.* **1.** planche. **2.** ligne de conduite politique, plate-forme politique ; élément d'un programme politique ou électoral.

**planner** ['plænə] *n.* planificateur.

**planning** ['plæniŋ] *n.* planification.

**plant** [pla:nt], U.S. [plænt] *n.* **1.** installations, outillage d'une usine, machinerie. *Heavy plant,* grosses machines. *Plant and equipment,* installations (éléments d'actifs). **2.** usine, installation industrielle. *Power plant,* centrale électrique. *Plant location analysis,* analyse d'implantation d'usines.

**plastic** *n.* **1.** plastique, matière plastique. **2.** employé de façon générique pour désigner les cartes de crédit.

**plastics** ['plæstiks] *n.* **1.** matières plastiques. **2.** sciences des matières plastiques.

**plate** [pleit] *n.* **1.** assiette, plat, vaisselle plate. **2.** (machines) plaque ; platine ; cliché ; planche ; plateau. **3.** plaque, lame métallique, feuille de métal. *Armour-plate,* blindage. *Registration plate,* plaque minéralogique. *Silver-plate,* argenterie, vaisselle d'argent.

**plate** *v.* **1.** plaquer ; dorer, argenter. *Gold-plated,* plaqué-or. **2.** réduire en plaques, laminer. **3.** blinder, cuirasser, recouvrir de plaques ; border (un navire) ; ferrer.

**plate-glass** [,pleit'gla:s] glace ; vitre, vitrage ; verre laminé. *Plate-glass insurance,* assurance contre le(s) bris de glaces, vitres, vitrines.

**plate-iron,** feuille de tôle, tôlerie.

**platform** ['plætfɔ:m] *n.* **1.** plate-forme, estrade, tribune, plateau, terrasse ; quai (train), tablier (pont). **2.** programme ou profession de foi politique, programme électoral d'un parti politique.

**play down** [plei] *v.* minimiser.

**plea** [pli:] *n.* **1.** action en justice, procès, cause. **2.** conclusions, moyens de (la) défense. *Plea of necessity,* impossibilité de faire autrement, cas de force majeure. **3.** plaidoirie, plaidoyer. **4.** excuse, prétexte.

**plead** [pli:d] *v.* plaider, arguer, alléguer, faire valoir.

**pleading** ['pli:diŋ] *n.* **1.** plaidoirie, plaidoyer. **2.** *Plur. :* pièces, débats ; exposé des chefs d'accusation.

**please** [pli:z] *v.* plaire, faire plaisir, contenter, satisfaire.

**please** *adv.* s'il vous plaît ; veuillez... prière de... *Please forward,* prière de faire suivre, faire suivre S.V.P. *Please let us know,* veuillez nous faire savoir. *Please turn over (P.T.O.),* veuillez voir page suivante, tournez S.V.P. (T.S.V.P.).

**pledge** [pledʒ] *n.* **1.** gage, engagement, nantissement ; caution. **2.** promesse, vœu, parole d'honneur. **3.** toast.

**pledge** *v.* **1.** engager, gager, mettre en gage, nantir, donner en garantie. **2.** donner sa parole, prendre un engagement, s'engager à. **3.** boire à la santé, porter un toast.

**pledgee** ['pledʒi:] *n.* gagiste.

**pledger** ['pledʒə] *n.* **1.** emprunteur sur gage, gageur. **2.** garant.

**pledging** ['pledʒiŋ] *n.* **1.** engagement, nantissement, mise en gage. **2.** promesse, fait de promettre.

**plenary** ['pli:nəri] *adj.* plein, total, entier, complet, sans partage, plenier, illimité. *Plenary powers,* pleins pouvoirs.

**plentiful** ['plentiful] *adj.* abondant, copieux, ample.

**plight** [plait] *n.* **1.** condition lamentable, situation fâcheuse ou pénible, état difficile ou doulou-reux, marasme. **2.** état, condition, situation, cas. *As is the plight,* comme c'est le cas. **3.** engagement solennel, engagement, gage.

**plot** [plɔt] *n.* **1.** complot, conjuration, conspiration, intrigue. **2.** pièce de terre, terrain, parcelle. *Building plot,* terrain à bâtir, lotissement.

**plot** *v.* **1.** conspirer, intriguer, comploter, machiner. **2.** dresser des plans, faire le relevé.

**plough back** [plau] *v.* réinvestir.

**ploughing back** ['plauiŋ] *n.* réinvestissement, auto-financement.

**plow back** (U.S.) voir **plough.**

**plowing back** (U.S.) voir **ploughing back.**

**ploy** [plɔi] *n.* stratagème, astuce, truc, tour.

**plug** [plʌg] *n.* **1.** bouchon, bonde, tampon, cheville. **2.** fiche, prise de courant. *Spark(ing)-plug,* bougie d'allumage.

**plug** *v.* **1.** cheviller, tamponner. **2.** brancher, mettre sur le courant. **3.** faire une publicité fracassante ; matraquer.

**plumb** [plʌm] *v.* **1.** sonder. **2.** apposer des scellés.

**plummet** ['plʌmit] *v.* s'écraser, chuter verticalement, s'effondrer, diminuer énormément. *Prices have plummeted,* les cours se sont effondrés.

**plunge** [plʌnʒ] *n.* plongeon, chute.

**plunge** *v.* **1.** plonger. **2.** risquer de grosses sommes dans des entreprises hasardeuses.

**plurality** [pluə'ræliti] *n.* **1.** pluralité ; cumul. **2.** majorité relative (à une élection U.S.).

**plus** [plʌs] **1.** *adj.* positif ; avec en plus, plus, supplémentaire, supérieur. **2.** *adv.* plus ; augmenté de. **3.** *n.* signe plus ; gain, avantage ; surplus.

**plussage/plusage** ['plʌsidʒ] *n.* excédent.

**ply** [plai] *v.* **1.** faire la navette, assurer une liaison, un service régulier. **2.** manier vigoureusement.

**plywood** ['plaiwud] *n.* contreplaqué.

**poach** [pəutʃ] *v.* **1.** braconner. **2.** débaucher de la main-d'œuvre (en général, par surenchère salariale).

*Poaching of labour,* débauchage de main-d'œuvre, chasse au personnel chez les concurrents, recrutement de personnel chez les concurrents.

**point** [pɔint] *n.* **1.** point, pointe, coupon, ticket. **2.** argument, question, but. *He made his point,* il a fait valoir son point de vue. *Sales point,* argument de vente. **3.** signe de ponctuation : équivaut à la virgule (avec chiffres) : *10.25* = 10,25. **4.** aiguillage. **5.** *Bourse :* a) unité de compte des actions, titres et valeurs correspondant à un dollar (ou à 10 dollars pour les obligations) ; b) valeur du point d'indice (Dow Jones, par ex.).

**pointer** ['pɔintə] *n.* indicateur.

**point of order,** rappel au règlement intérieur (dans une assemblée ou réunion, par exemple) ; objection ; point de procédure.

**point of purchase advertising,** publicité sur les lieux de vente, au point de vente, P.L.V.

**point of sale,** point de vente, lieu de vente.

**point of sale advertising,** publicité sur le point de vente, sur les lieux de vente, P.L.V.

**pointsman** ['pɔintsmən] *n.* aiguilleur.

**poison pill** (m. à m. pillule empoisonnée), mesure qui rend une O.P.A. si coûteuse qu'elle décourage l'acquéreur éventuel. (Exemple : titres convertibles en liquide dès la réussite d'une O.P.A.)

**policeman's report** [pə'liːsmən] rapport de police.

**police record** [pə'liːs] casier judiciaire. *To have a police record,* avoir un casier, être fiché.

**police records,** archives de police, « sommier ».

**police station,** commissariat de police, « poste ».

**policy** ['pɔlisi] *n.* **1.** politique, ligne de conduite. *Income policy,* politique des revenus. **2.** police d'assurance. *Standard policy,* contrat d'assurance type, ordinaire.

**policy-holder,** assuré.

**policy maker,** décideur, responsable d'une politique.

**politics** ['pɔlitiks] *n.* politique (science ou vie).

**polity** ['pɔliti] *n.* système politique, institutions, constitution politique.

**poll** [pəul] *n.* **1.** scrutin, vote, consultation, élection. **2.** nombre de votants ; résultats du vote du scrutin, décompte des voix. **3.** sondage, consultation du public. *Opinion poll,* sondage d'opinion.

**poll** *v.* **1.** voter. **2.** sonder. **3.** obtenir des voix.

**polling booth** ['pəuliŋ] isoloir.

**polling-day,** jour des élections.

**polling station,** bureau de vote.

**pollster** ['pəulstə] *n.* spécialiste des sondages d'opinion.

**pollutant** [pə'luːtənt] *n.* polluant.

**pollute** [pə'luːt] *v.* polluer.

**polluter** [pə'luːtə] *n.* pollueur.

**pollution** [pə'luːʃən] *n.* pollution.

**ponderous** ['pɔndərəs] *adj.* pesant, lourd.

**pool** [puːl] *n.* **1.** bassin, mare, étang. *Swimming pool,* piscine. **2.** poule, mise commune, pot commun ; masse, fonds commun ; syndicat de placement. *Car pool,* parc de voitures appartenant à une entreprise ou un ministère. *Typing pool,* « pool » de dactylos.

**pool** *v.* mettre en commun ; mettre en syndicat.

**pooling** ['puːliŋ] *n.* mise en commun ; mise en syndicat.

**poor** [puə] *adj.* **1.** pauvre, indigent ; malheureux, triste. **2.** mauvais, de faible qualité. *Of poor quality,* de mauvaise qualité. **3.** faible, peu convaincant, médiocre.

**popular** ['pɔpjulə] *adj.* **1.** en vogue, populaire, à la mode. **2.** couru, à la portée de tous. **3.** répandu, commun, généralement admis.

**populate** ['pɔpjuleit] *v.* peupler, se peupler.

**populated** ['pɔpjuleitid] *adj.* habité. *Thinly populated,* à faible densité.

**population** ['pɔpjuleiʃən] *n.* population ; peuplement.

**pork-barreling** [,pɔːk'bærəliŋ] (U.S.) défense, par des parlementaires, des intérêts locaux qu'ils représentent ; forme d'électoralisme.

**port** [pɔːt] *n.* **1.** port. *Free port,*

port franc. *Home port,* port d'atta-
che. *Port of registry,* port d'attache ; port d'armement. *Port of sailing,* port de départ. **2.** bâbord.

**portable** ['pɔːtabl] *adj.* portable, portatif, transportable.

**portage** ['pɔːtidʒ] *n.* **1.** portage ; port, transport. **2.** frais de portage.

**port charges,** droits de port.

**port dues,** droits de port.

**porterage** ['pɔːtəridʒ] *n.* **1.** factage, transport ; manutention. **2.** droit, frais de transport, manutention.

**portfolio** [,pɔːt'fəuljəu] *n.* **1.** carton, serviette. **2.** portefeuille ministériel, maroquin. **3.** portefeuille financier, d'investissements.

**port of call,** (port d') escale.

**portion** ['pɔːʃən] *n.* portion, part, partie, secteur, segment. *Portion of the market,* segment du marché.

**position** [pə'ziʃən] *n.* **1.** situation, position, condition. *To be in a position to,* être en mesure, à même de. **2.** poste, emploi, fonction, situation. *He holds a good position,* il a une bonne situation.

**positioning** [pə'ziʃəniŋ] *n.* positionnement, recherche de la position adéquate.

**positive** ['pɔzətiv] *adj.* **1.** certain, sûr et certain, assuré, avéré. *I'm positive about it,* j'en suis absolument sûr. *It's a positive fact,* c'est un fait avéré. **2.** manifeste, évident, absolu. *Positive law,* loi en vigueur. **3.** positif, constructif.

**possess** [pə'zes] *v.* posséder, avoir, être propriétaire.

**possession** [pə'zeʃən] *n.* possession, propriété ; jouissance ; (pl.) biens, avoirs.

**possessor** [pə'zesə] *n.* possesseur, porteur (d'un effet).

**possessory** [pə'zesəri] *adj.* *Jur.* : possessoire.

**post** [pəust] *n.* **1.** poteau. **2.** poste ; bureau de poste ; courrier, correspondance. *By return of post,* par retour du courrier. **3.** emploi, situation ; poste. *Trading-post,* comptoir (Indes, Canada).

**post** *v.* **1.** afficher, placarder, coller (U.S.). *Post no bills,* défense d'afficher. *To post rates,* afficher les cours. **2.** poster, mettre à la poste, au courrier, envoyer par la poste, affranchir. **3.** informer. *Keep me posted,* tenez-moi au courant. *To be posted (up) on something,* être tenu au fait de, être bien informé sur. **4.** inscrire, passer en écriture, passer, reporter, transcrire. *To post an item,* passer un article. *To post entries,* inscrire, passer des écritures. *To post (up) books,* mettre à jour les livres. *To post up the ledger,* arrêter le grand livre. **5.** affecter à un poste.

**postage** ['pəustidʒ] *n.* affranchissement, port.

**postage due stamp,** timbre-taxe, timbre fiscal.

**postal** ['pəustəl] *adj.* postal, relatif à la poste, se faisant par la poste.

**postal order,** bon de poste (G.B. : jusqu'à une date récente, coupons émis pour des valeurs fixes par la poste britannique).

**postdate** [,pəust'deit] *v.* postdater.

**poster** ['pəustə] *n.* affiche, placard.

**poster advertising,** publicité par affichage, par voie d'affiches.

**poster designer,** affichiste, concepteur, créateur d'affiches.

**poste restante** [,pəust'rɛstaːnt] poste restante.

**poster panel,** panneau d'affichage.

**post-free** [,pəust'friː] *adj.* franco, franco de port, port payé (U.S. : **post-paid**).

**posting** [,pəustiŋ] *n.* **1.** affichage, placardage. **2.** inscription au grand livre *(comptab.),* passation, inscription. **3.** *(milit.)* nomination, affectation.

**postmark** ['pəustmaːk] *n.* cachet de la poste, timbre, tampon (de la poste), (timbre d') oblitération. *Date as postmark,* le cachet de la poste faisant foi.

**postmark** *v.* timbrer, apposer un cachet de poste.

**postmaster** ['pəust,maːstə] *n.* receveur des postes.

**Postmaster General,** Ministre des P.T.T.

**postmortem** [,pəust'mɔːtem] *n.* *(Postmortem examination).* **1.** autopsie, examen post-mortem. **2.**

examen a posteriori afin de déterminer les causes de l'échec d'un plan, projet, etc.

**post-office** ['pəust'ɔfis] *n.* **1.** bureau de poste, bureau des P.T.T. **2.** *The Post-Office,* les Postes, les P.T.T.

**post-paid** ['pəustpeid] *adj.* (G.B. : **post-free**) (U.S.) franco de port, port payé.

**postponable** [,pəust'pəunəbl] *adj.* ajournable, qui peut être reporté, remis à une date ultérieure.

**postpone** [,pəust'pəun] *v.* reporter, remettre à plus tard, à une date ultérieure, ajourner, différer, reculer (une date).

**postponement** [,pəust'pəunmənt] *n.* ajournement, renvoi, remise à une date ultérieure, sursis.

**postscript** ['pəustkript] *n.* P.S.., post-scriptum, p.s. ; post-face.

**post up** *v.* **1.** rendre public, publier, faire connaître par voie publique, afficher, placarder. **2.** informer, documenter, mettre au courant, renseigner. **3.** mettre à jour (comptes, livres).

**potential** [pəu'tenʃl] *n.* potentiel, potentialité, aptitude. *Big sales potential,* bon potentiel de ventes.

**potential** *adj.* potentiel, latent, virtuel, théorique, possible, éventuel. *Loss of potential income,* manque à gagner.

**pound** [paund] *n.* livre. **1.** unité de masse (abr. : *lb.*) ; système *avoirdupois :* 0,454 kg. système *troy* (métaux précieux) : 0,373 kg. *Sold by the pound,* vendu à la livre. **2.** unité monétaire (abrév. : £). *Pound sterling,* livre sterling. **3.** fourrière.

**poundage** ['paundidʒ] *n.* commission, droit de commission, pourcentage (à l'origine, calculée en pourcentage par livre).

**pound note,** billet de banque d'une livre. *A five-pound note,* un billet de cinq livres. *A ten-pound note,* un billet de dix livres.

**pound-stretcher,** économe, qui tire le maximum de son argent.

**poverty** ['pɔvəti] *n.* pauvreté, pénurie, indigence. *Poverty line (threshold),* niveau de revenu au-dessous duquel on est considéré comme pauvre (notion utilisée pour

l'octroi d'allocations, etc.).

**power** ['pauə] *n.* **1.** pouvoir, force, autorité, puissance, influence. *The Great/the Big Powers,* les Grandes Puissances. *To be in power,* être au pouvoir. *To the 4th power, to the power 4,* à la puissance 4. **2.** capacité, aptitude à, faculté de. *Mental power,* capacité intellectuelle. *Working power,* puissance de travail. **3.** énergie, puissance. *Nuclear power,* énergie nucléaire. *Horse-power* (H.P.), cheval-vapeur.

**power** *v.* **1.** actionner, mouvoir. **2.** fournir de l'énergie.

**powerful** ['pauəful] *adj.* puissant ; fort, vigoureux ; énergique.

**power of attorney,** procuration (écrite), mandat, pouvoir.

**power station** ['pauə ,steiʃən] centrale électrique.      •

**practice** ['præktis], (U.S.) **practise** *n.* **1.** pratique, habitude, expérience. *Social practices,* les usages sociaux, les mœurs. *To be out of practice,* manquer d'entraînement, être hors de forme. **2.** usage, exercice, règle(s), pratique. *fair practice act,* loi sur les usages en matière de garantie et de service après-vente. *Restrictive practices,* pratiques restrictives. *Sharp practices,* procédés malhonnêtes. **3.** clientèle (professions libérales).

**practise** ['præktis] *v.* **1.** mettre en pratique, pratiquer, exercer. **2.** s'entraîner, s'exercer, étudier.

**practised** ['præktist] *adj.* **1.** pratiqué. **2.** (personne) expérimenté(e).

**practising** ['præktisiŋ] *adj.* en exercice.

**preamble** [pri:'æmbl] *n.* préambule, exposé des motifs.

**precarious** [pri'kɛəriəs] *adj.* précaire, à titre précaire ; incertain, douteux.

**precedence** ['presidəns] *n.* **1.** préséance. *To have/take precedence of someone,* avoir, prendre le pas sur quelqu'un. **2.** (**over,** sur) droit de priorité.

**precedent** ['presidənt] *n.* précédent. *Without precedent,* sans précédent.

**precept** ['pri:sept] *n.* **1.** précepte, principe moral ; commandement (divin). **2.** *Jur. :* mandat. **3.** avis d'impôt local (G.B.).

**precinct** ['priːsiŋkt] *n.* 1. enceinte ; bornes, limites ; domaines ; environs. 2. district, quartier, secteur, « arrondissements » (limites administratives dans une ville) ; ressort, juridiction ; (U.S.) circonscription électorale, subdivision électorale ; (ressort d'activité d'un) commissariat de police.

**précis** ['preisiː] *n.* précis, résumé ; compte rendu.

**preclude** [pri'kluːd] *v.* empêcher, exclure, interdire, prévenir.

**preclusive buying** [pri'kluːsiv] achat destiné à empêcher d'autres acheteurs de se manifester.

**predatory competition** ['predətəri] concurrence déloyale par vente au-dessous du prix de revient.

**predatory price-cutting**, pratique de prix plus bas que le prix d'achat, en vue de s'emparer d'un marché.

**predecessor** ['priːdisesə] *n.* prédécesseur, devancier.

**predict** [pri'dikt] *v.* prédire, annoncer, prévoir.

**preempt** [ˌpriː'empt] *v.* 1. préempter, user d'un droit de préemption. 2. acquérir au préalable, à l'avance. 3. prendre des mesures, préalables, prendre des mesures préventives, prendre des mesures dissuasives. 4. *To preempt a T.V. program* (U.S.), remplacer une émission de télévision (en raison de l'actualité).

**preemption** [ˌpriː'empʃən] *n.* préemption, droit de préemption.

**preemptive** [ˌpriː'emptiv] *adj.* préemptif, à titre préventif. *Preemptive bid,* ouverture préemptive, enchère dissuasive. *Preemptive right,* droit de préemption.

**preemptor** [ˌpriː'emptə] *n.* (U.S.) personne qui utilise un droit de préemption.

**prefab** ['priːfæb] *n.* 1. *Abrév. fam.* : maison préfabriquée, construction préfabriquée/en éléments fabriqués en usine. 2. *adj.* en préfabriqué.

**prefer** [pri'fəː] *v.* 1. préférer, aimer mieux. 2. nommer, promouvoir, faire avancer. 3. privilégier. 4. *Jur.* : déposer. *To prefer a complaint,* déposer une plainte, porter plainte.

**preference** ['prefərəns] *n.* 1. préférence, chose préférée. 2. traitement préférentiel ; droit de priorité.

**preference bond,** obligation privilégiée.

**preference rate,** taux de préférence, taux préférentiel, privilégié.

**preference share,** action privilégiée, préférentielle, action de priorité, à dividende prioritaire.

**preferential** [ˌprefə'renʃl] *adj.* préférentiel, de préférence, privilégié. *Preferential creditor,* créancier privilégié, prioritaire. *Preferential duty,* droit (de douane) privilégié. *Preferential shop,* atelier, usine, entreprise donnant la priorité à l'embauche d'employés syndiqués.

**preferment** [pri'fəːmənt] *n.* avancement, promotion.

**preferred** [pri'fəːd] *adj.* de préférence, privilégié. *Preferred creditor,* créancier prioritaire, privilégié. *Preferred dividend,* dividende privilégié. *Preferred share,* cf. **preference share.** *Preferred stock/« B » stock,* titres privilégiés.

**preferred position** *Pub.* : emplacement spécial, privilégié.

**preferred stock,** actions privilégiées, de priorité, à dividende prioritaire.

**prejudice** ['predʒədis] *n.* 1. prévention, préjugé. 2. préjudice, tort, dommage. *Jur.* : *Without prejudice,* sous réserve de, sans préjuger...

**prejudice** *v.* 1. nuire, faire du tort, porter tort. 2. prédisposer, prévenir contre. *To be prejudiced against/for someone,* avoir des préventions contre/être bien disposé en faveur de quelqu'un.

**prejudicial** [ˌpredʒu'diʃəl] *adj.* 1. qui fait tort, qui nuit, nuisible, préjudiciable. 2. préjudiciel.

**preliminaries** [pri'liminəriz] *n.* préliminaires, préalables.

**preliminary** [pri'liminəri] *adj.* préliminaire, préalable.

**premier** ['premjə] *n.* chef du gouvernement, premier ministre.

**premise** ['premis] *n.* prémisse (logique).

**premises** ['premisiz] *n.* local, locaux, immeuble, établissement ;

domicile (commercial). *Large premises,* vastes locaux. *On the premises,* sur place.

**premium** ['priːmjəm] *n.* **1.** prime (d'assurance). *Insurance premium,* prime d'assurance. **2.** prime (en bourse), surcote. *At a premium,* au-dessus du pair. **3.** prime, récompense. *Premium pay,* salaire supplémentaire. **4.** supplément (dû pour service exceptionnel).

**premium bonds** *n.* obligations à lots (au lieu d'être répartis également entre tous les détenteurs, les intérêts sont regroupés au bénéfice des heureux gagnants de tirages au sort, mensuels dans le cas des *Premium Savings Bonds* britanniques).

**prepack** [ˌpriː'pæk] *v.* pré-emballer.

**prepacks** ['priːpæks] *n.* produits pré-emballés, vendus sous emballage.

**preparatory talks** [pri'pærətəri] négociations préparatoires, pré-négociations.

**prepaid** [ˌpriː'peid] *adj.* **1.** payé d'avance. **2.** franco (de port).

**prepay** [ˌpriː'pei] *v.* payer d'avance, avancer.

**prepayment** [ˌpriː'peimənt] *n.* **1.** paiement d'avance, à l'avance. **2.** affranchissement (préalable).

**prerequisite** [ˌpriː'rekwizit] *n.* prérequis, condition préalable.

**prerogative** [pri'rɔgətiv] *n.* prérogative. *The Royal Prerogative* (G.B.), le privilège royal.

**prescribe** [pri'skraib] *v.* **1.** prescrire, ordonner. **2.** rédiger une ordonnance.

**prescription** [pri'skripʃən] *n.* **1.** *Méd. :* ordonnance, prescription. **2.** *Jur. :* prescription. **3.** (U.S.) titre de propriété fondé sur la possession ininterrompue ; moyen d'obtenir ce titre.

**prescriptive** [pri'skriptiv] *adj.* **1.** prescriptif, qui commande, ordonne, exige. **2.** consacré par l'usage.

**present** ['preznt] *v.* **1.** offrir, donner, faire cadeau. **2.** montrer, présenter. *To present a bill for acceptance,* présenter un effet à l'acceptation. *To present a bill for collection,* présenter un effet à l'encaissement, au recouvrement.

*To present a bill for discount,* présenter un effet à l'escompte, demander l'escompte de papier commercial.

**presentation** [ˌprezen'teiʃən] *n.* présentation. *On presentation,* à présentation ; à bureau ouvert ; à vue ; sur demande.

**presentment** [pri'zentmənt] *n.* **1.** présentation ; représentation, tableau, description. **2.** *Jur. :* déclaration du jury ou d'un magistrat dénonçant une situation délictueuse.

**present value,** valeur actuelle, valeur actualisée.

**preservation** [ˌprezə'veiʃən] *n.* préservation, conservation ; salut. *Preservation order,* (G.B.) ordonnance stipulant qu'un objet (par ex. : monument) doit être préservé ou maintenu en bon état.

**preserve** [pri'zəːv] *n.* **1.** confiture, conserve. **2.** réserve, parc de gibier. **3.** *Fig. :* chasse gardée.

**preserve** *v.* **1.** conserver, préserver. **2.** faire des confitures, confire.

**preside** [pri'zaid] *v.* présider. *Presiding judge,* président de tribunal.

**president** ['prezidənt] *n.* président. *Univers. :* recteur. *President of the Board of Trade* (G.B.), ministre du Commerce. *President* (U.S.), président-directeur général, P.D.G. *President and Chief Executive,* P.D.G.

**press** [pres] *n. The press,* la presse ; les gens de presse.

**press advertising,** publicité-presse.

**press agent** ['pres,eidʒənt] agent de presse, chargé des relations avec la presse, le public.

**press Baron/Lord,** magnat de la presse.

**press-book,** album de presse.

**(press) clipping,** coupure de presse.

**press cutting,** coupure de presse.

**press release,** communiqué de presse.

**press-run** *n.* **1.** opération de tirage en continu d'un journal. **2.** tirage, nombre d'exemplaires imprimés (d'un journal).

**pressure** ['preʃə] *n.* poussée, pression, contrainte, tension ;

poids (de la chose subie). *Inflationary pressures,* pressions inflationnistes.

**pressure** *v.* exercer des pressions, contraintes.

**pressure-group,** groupe de pression.

**presumption** [pri'zʌmpʃən] *n.* présomption.

**presumptive** [pri'zʌmptiv] *adj.* 1. présumé. 2. *Jur. :* présomptif. *Presumptive heir,* héritier présomptif.

**pre-tax cash flow** [pritæks] cashflow brut avant impôts, produit brut, résultat brut d'exploitation.

**prevail** [pri'veil] *v.* prévaloir, l'emporter (sur) ; dominer, prédominer.

**prevailing** [pri'veiliŋ] *adj.* dominant, en vigueur. *Prevailing opinion,* opinion générale, dominante.

**prevention** [pri'venʃən] *n.* prévention ; fait d'empêcher, empêchement.

**previous** ['pri:vjəs] *adj.* précédent, antérieur, préalable. *Previous conviction,* condamnation antérieure. *Jur. : Previous question,* question préalable. *prép. Previous to :* préalablement à, avant.

**prevision** [,pri:'viʒn] *n.* prévision.

**price** [prais] *n.* prix, cours. *Buying price,* prix d'achat. *Cost price,* prix de revient. *Pegged price,* prix de soutien, de stabilisation. *Posted price,* prix affiché, théorique. *Sales prices,* prix de vente. *Target price,* prix de référence, prix d'équilibre, prix d'objectif.

**price** *v.* 1. établir, déterminer, fixer le prix, tarifer. 2. marquer le prix, mettre l'étiquette de prix. 3. rechercher le meilleur prix d'un même article en visitant plusieurs points de vente ; comparer les prix. 4. *To price oneself out of a market,* pratiquer des cours au-dessus du marché, perdre un marché en pratiquant des prix trop élevés.

**pricebasher** [,prais'bæʃə] *n.* fabricant ou commerçant qui casse les prix.

**price-consumption curve,** courbe de la consommation et des prix.

**price control(s),** contrôle(s) des prix.

**price(s) current,** tarif, liste des prix en vigueur (à un moment donné pour des articles désignés).

**price cut,** rabais ; baisse.

**price differential, price differential spread,** différentiel des prix.

**price discrimination,** discrimination en matière de prix (application des tarifs différents pour les mêmes marchandises vendues à des clients différents).

**price-earning(s) ratio,** *abrév. :* *P/E ratio, P/E,* rapport cours-bénéfice, rapport bénéfice-prix (cours d'une action divisé par le dividende qu'elle rapporte), taux de capitalisation du bénéfice net par action ; coefficient de capitalisation des résultats (C.C.R.).

**price-elastic market,** marché sensible au prix.

**price-fixing,** 1. fixation du prix, établissement du prix a priori. 2. fixation illicite des prix (par entente entre fabricants et/ou distributeurs).

**price-freeze,** blocage des prix.

**price-gouging,** pratique de prix exorbitants.

**price-grid** tarif.

**price-index,** indice des prix.

**price leadership,** position dominante en matière de prix.

**priceless** ['praislis] *adj.* hors de prix.

**price-list,** tarif, prix courant.

**price loco,** voir **loco price.**

**price-maintenance,** vente à prix imposé.

**price marker,** porte-prix (P.L.V.).

**price-off label,** étiquette d'offre spéciale, de prix cassé.

**price pyramiding,** répercussion exponentielle des hausses de coût sur les prix.

**price slashing,** prix cassés, très forte baisse.

**price tag,** étiquette de prix ; par extension, prix.

**price-wise** *adv.* pour ce qui est du prix, en termes de prix.

**pricing** ['praisiŋ] *n.* établissement du prix ; tarification, fixation des prix, formation des prix. *Common pricing,* prix de cartel. *Pricing policy,* politique de(s) prix.

**primage** ['praimidʒ] *n.* chapeau

du capitaine, primage (il s'agissait de l'argent donné au capitaine pour l'usage des engins de bord lors du chargement ou du déchargement de la cargaison ; le principe en demeure sous forme d'un pourcentage ajouté au coût du fret, d'un montant variable selon les ports).

**primary commodities** ['praiməri] produits de base.

**primary household,** ménage, foyer de lecteurs primaires (qui ont acheté une publication ou l'ont demandée).

**primary drives** *Psychol.* : besoins primaires, élémentaires ; impulsions primaires.

**prime** [praim] *adj.* **1.** premier, principal, de premier rang, premier en date ou en importance. *Prime minister,* premier ministre. *Prime bill,* effet de haut commerce. **2.** excellent, de premier choix. (U.S.) *Prime time,* heure de grande écoute (médias audiovisuels).

**prime cost,** prix coûtant. **1.** prix de revient (incluant matières premières, salaires et frais encourus directement). **2.** (U.S.) coût direct ; coût de fonctionnement ; coût qui varie en raison directe du volume de la production. Synonyme : *flat cost.*

**prime mover** *n.* moteur (sens figuré).

**prime rate,** (U.S.) taux d'escompte bancaire préférentiel : taux préférentiel consenti par les banques d'affaires aux toutes premières entreprises américaines ; peut varier en fonction du volume de l'emprunt, des conditions économiques locales ou internationales.

**principal** ['prinsəpl] *n.* **1.** patron, employeur, chef, directeur. **2.** montant d'un prêt sur lequel un intérêt est perçu, principal. **3.** commettant, mandant, donneur d'ordre. **4.** *Jur.* : auteur principal d'un crime ou d'un délit.

**print** [print] *n.* **1.** impression, empreinte, marque ; estampe, gravure. **2.** imprimé ; caractère d'imprimerie. *In print,* imprimé ; disponible. *Out of print,* épuisé. *In small print,* en petits caractères (au bas des contrats notamment). *Print media,* les médias de la presse écrite,

la presse écrite.

**print** *v.* imprimer ; faire une empreinte ; tirer (livre, document...).

**printed matter** ['printid] *n.* imprimés.

**printer** ['printə] *n.* **1.** imprimeur ; typographe. *Printer's error,* còquille. *Printer's proof,* épreuve d'imprimerie. *Printer's reader,* correcteur d'épreuves. **2.** imprimante. *Laser printer,* imprimante à laser.

**print-out** ['printaut] *n.* liste imprimée (produit par l'imprimante d'un ordinateur), listage, « listing ».

**print run,** chiffre de tirage (d'un journal).

**prior** ['praiə] *adj.* antérieur ; préalable. *prép. Prior to :* avant. *To have a prior claim,* avoir un droit de priorité, d'antériorité, avoir priorité.

**prior analysis,** étude préalable.

**priority** [prai'ɔriti] *n.* **1.** priorité, préséance. **2.** privilège (d'un créancier). *Priority share,* action privilégiée.

**private** [,praivit] *adj.* **1.** particulier, personnel, privé. « *Private* » (sur courrier), personnel. *Private account,* compte particulier. *Private Assistant, P/A,* secrétaire de direction, assistant(e). **2.** privé, restreint, non public. *Private agreement,* accord amiable. **3.** sans fonction spéciale, ordinaire. *A private individual,* un simple particulier. **4.** *Jur.* : *Private sitting,* huis-clos.

**private brand,** marque de distributeur, marque privée.

**private company,** également **private limited company.** société privée, société à responsabilité limitée (équivalence approximative ; dans cette forme de société, le nombre des actionnaires est limité à 50 et ils ne peuvent céder leurs parts à des tiers sans le consentement de la société ; celle-ci n'a pas le droit d'annoncer une émission d'actions au public).

**private consumption,** consommation des ménages.

**private corporation** (U.S.), société à responsabilité limitée (dont les parts ne sont pas négociées dans le public).

**private entreprise,** libre entreprise.

**private exhibition,** salon spécialisé réservé aux professionnels, ou sur invitation.

**private income,** revenu des ménages.

**private label,** marque de distributeur.

**private party selling,** vente chez et par un particulier dans le cadre d'une réception.

**private secretary,** secrétaire particulière, secrétaire de direction.

**privatisation** *n.* privatisation.

**privatise** *v.* privatiser, rendre au secteur privé.

**privilege** ['privilidʒ] *n.* 1. privilège, prérogative. 2. immunité. *Breach of privilege,* (cas de) rupture de privilège ou d'immunité. 3. *Bourse : Privileges* (U.S.), options.

**privity** ['priviti] *n.* 1. connivence, connaissance (d'un fait secret). 2. *Jur. :* lien de droit, obligation (contractuelle) (concerne notamment le cas d'héritage de droits d'un contrat, pour garantir aux héritiers les mêmes droits que la partie contractante dont ils héritent).

**Privy Council** ['privi' kaunsəl] (G.B.) Conseil Privé de la Reine.

**prize** [praiz] *n.* 1. prix, récompense ; lot. *Prize bond,* obligation à lot. *Prize drawing,* tirage de lots. 2. prise, capture (maritime).

**pro** [prəu] *n.* et *prép.* 1. *Fam. :* professionnel. 2. pour. *Pros and cons,* le pour et le contre, les arguments pour et contre.

**probability sampling** [ˌprɔbə'biliti] sondage par échantillon probabiliste, sondage aléatoire.

**probate** ['prəubeit] *n. Jur. :* validation, homologation, vérification (d'un testament). *Probate court,* tribunal vérifiant et homologuant les testaments et traitant les affaires qui en découlent. *Probate duty,* droit de succession.

**probation** [prə'beiʃən] *n.* 1. probation, épreuve ; examen, stage ; essai. *On probation,* à l'épreuve. *Probation period,* période d'essai. 2. mise à l'épreuve (sous surveillance de la police), liberté conditionnelle, liberté surveillée. *Probation officer,* responsable des délin-

quants mis en liberté surveillée.

**probationer** [prə'beiʃənə] *n.* 1. délinquant mis en liberté surveillée (sous la responsabilité du *probation officer*). 2. employé en cours de formation, stagiaire ; en particulier infirmière en stage de formation.

**probative** ['prəubətiv] *adj.* 1. exploratoire, probatoire. 2. probant.

**probe** [prəub] *n.* 1. sonde. 2. enquête ; sondage.

**probe** *v.* 1. sonder ; examiner à fond. 2. enquêter.

**problem debtor** ['prɔbləm' detə] *n.* mauvais payeur.

**procedure** [prə'si:dʒə] *n.* procédure ; procédés ; pratiques en usage.

**proceed** [prə'si:d] *v.* 1. naître de, procéder de. 2. commencer, se mettre à, entreprendre de. 3. poursuivre, continuer, procéder. 4. s'accomplir, avancer, poursuivre son cours. 5. poursuivre en justice, intenter un procès.

**proceedings** [prə'si:diŋz] *n.* 1. événements, actions, actes ; affaires. 2. poursuites judiciaires. *To take, undertake proceedings,* engager, entreprendre des poursuites. 3. débats, délibérations. 4. procès-verbal (des délibérations) ; compte rendu, annales (d'un congrès).

**proceeds** [prə'si:dz] *n.* 1. produit, montant ; gains, bénéfices, recettes, rentrées. 2. *Fin. :* produit net.

**process** ['prəuses] *n.* 1. processus, cours, étapes, développement. 2. procédé, méthode, mode, opération. 3. *Jur. :* action en justice, sommation à comparaître.

**process** [prə'ses], (U.S.) ['prɔses] *v.* 1. traiter, transformer, apprêter. 2. traiter, analyser, dépouiller. *Data-processing,* traitement des données. *To process an order,* traiter, exécuter une commande. 3. *Jur. :* poursuivre.

**processing** ['prəusesiŋ] *n.* 1. traitement, transformation. 2. analyse, traitement, acheminement. *Data processing,* informatique, traitement des données, de l'information. *Processing plant,* usine de traitement. *Statistical processing,* dépouillement, analyse des statistiques.

**processing fee** *n.* (crédit, etc.) frais de dossier.

**processed foods,** produits alimentaires industriels, de transformation.

**process-server** *n. Jur. :* huissier.

**procuration** [,prɔkjuə'reiʃən] *n.* 1. procuration, mandat. 2. délégation de pouvoir. 3. obtention. *Procuration fee/money,* droit de commission (versé à un agent pour l'obtention d'un prêt).

**procurator** ['prɔkjuəreitə] *n.* 1. agent d'affaires ; fondé de pouvoirs. 2. *Jur. :* procurateur.

**procuratory-letters** [prə'kjuəreitəri 'letəz] *n. plur. Jur. :* pouvoir, lettre d'accréditation comme fondé de pouvoir.

**procure** [prə'kjuə] *v.* 1. procurer, obtenir ; se procurer. 2. causer, amener. 3. servir d'entremetteur, agir comme proxénète.

**procurement** [prə'kjuəmənt] *n.* 1. obtention, acquisition. 2. entremise ; débauchage, proxénétisme. 3. (U.S.) service des fournitures, approvisionnement. *Public procurement,* appel d'offres public.

**produce** ['prɔdjuːs] *n.* 1. denrées, produits (coll. sing.) (souvent d'origine agricole). *Farm-produce,* produits agricoles. 2. rendement, produit.

**produce** [prə'djuːs] *v.* 1. produire, montrer, exhiber, présenter. 2. présenter, produire, fournir (pour inspection). *To produce a witness,* faire comparaître un témoin. 3. rapporter, produire, rendre (un bénéfice). 4. créer, produire, provoquer (un effet).

**producer** [prə'djuːsə] *n.* producteur.

**producer advertising,** 1. publicité du fabricant/producteur. 2. publicité pour des produits industriels.

**producer buyer,** acheteur industriel.

**producer goods, producers goods,** biens de production, biens d'équipement (cf. **capital goods :** biens tels que les matières premières, utilisés pour produire d'autres biens — de consommation ou d'équipement).

**producer price index,** indice des prix à la production.

**product** ['prɔdʌkt] *n.* 1. produit, denrées ; production. *Finished product,* produit fini. 2. *Math. :* produit.

**product abandonment,** suppression d'un produit.

**product-ad,** annonce-produit.

**product-area,** domaine de produits.

**product benefits,** avantage d'un produit pour le consommateur.

**product capabilities,** possibilités, performances que l'on peut attendre d'un produit.

**product change-over,** changement radical, mutation d'un produit.

**product clinic,** exposition-démonstration de produits à l'intention de détaillants.

**product demeaning,** érosion de l'image d'un produit.

**product executive,** chef, responsable de produit.

**product life cycle concept/PLC concept,** concept de cycle de vie d'un produit.

**product life span,** durée de vie d'un produit.

**product manager/PM,** chef de produit.

**production** [prə'dʌkʃən] *n.* 1. présentation, représentation, soumission, communication (pièces, documents, etc.). 2. génération, création, production (effets physiques, chroniques, etc.). 3. production, fabrication. *Mass production,* production de série/masse. 4. produits, denrées, productions.

**production control,** contrôle de la production ; planification de la production.

**production cost,** coût de production (matières premières + main-d'œuvre directe + charges).

**production delays,** retard de/à la production.

**production index,** indice de la production.

**production line,** chaîne de production.

**production standard,** norme de production.

**productive** [prə'dʌktiv] *adj.* 1. générateur, producteur. 2. fertile, riche, généreux. 3. productif, rentable, lucratif.

**productivity** [prɔdʌk'tiviti] *n.* productivité, rendement, rapport.

**product(s) liability,** responsabilité du fabricant — ou de l'inporteur — pour les dommages ou accidents causés par un défaut grave de ses produits.

**product line,** ligne de produits.

**product mix,** ensemble des différents produits (ou de la production) d'une entreprise.

**product planning,** (merchandising) techniques marchandes.

**profession** [prɔ'feʃən] *n.* **1.** déclaration (d'intention), profession (de foi). **2.** métier, carrière, profession. *The profession,* les gens du métier, les professionnels. *The professions,* les professions et carrières libérales, les membres des professions libérales.

**professional** *n.* **1.** professionnel, expert, spécialiste. **2.** membre des professions libérales. **3.** cadre.

**professional** [prɔ'feʃənəl] *adj.* professionnel, spécialisé. *Professional advice,* conseil d'un spécialiste ; de carrière, de métier. *The professional army,* l'armée de métier ; expert, professionnel, spécialiste.

**professional engineer,** équivalent à « ingénieur diplômé » (dans le système britannique d'éducation, l'université a le privilège exclusif de la collation des grades ; pour devenir ingénieur, la voie habituelle est de passer un B.Sc. dans le domaine des sciences de l'ingénieur — B.Sc.Eng. — ; le jeune diplômé pourra ensuite éventuellement devenir *professional engineer* en se voyant admis au sein des *Chartered Engineers).*

**professional rules,** (l'ensemble des) règles (de conduite), le code de conduite d'une profession libérale ; le code de déontologie professionnelle.

**proficiency** [prɔ'fiʃənsi] *n.* compétence, capacité, force, habileté, connaissance.

**proficient** [prɔ'fiʃənt] *adj.* compétent, expérimenté, efficace, expert, habile, capable, versé.

**profit** ['prɔfit] *n.* **1.** profit, bénéfice, gain, avantage. **2.** profit, bénéfice (commercial). *To make a*

*profit,* faire du, des bénéfice(s). *To bring in, show, yield a profit,* produire un, des bénéfice(s). *After-tax profits,* bénéfices après impôt, bénéfices nets. *Capital profits,* plus-value en capital. *Corporate profit(s),* bénéfices des sociétés. *Gross profit(s),* bénéfice(s) brut(s). *Loss of profit,* manque à gagner. *Net operating profit,* bénéfices nets d'exploitation, profits nets. *Net profits,* profits nets, bénéfices nets. *Pre-tax profits,* bénéfices avant impôts, profits bruts. *To turn a profit,* faire des bénéfices ; commencer à faire des bénéfices.

**profit** *v.* **1.** profiter (de), bénéficier (de), être avantageux ; mettre à profit. **2.** réaliser des bénéfices/profits.

**profitable** ['prɔfitəbl] *adj.* **1.** avantageux, profitable, intéressant. **2.** rentable, lucratif, fructueux, rémunérateur.

**profitability** [,prɔfitə'biliti] *n.* rentabilité. *Profitability index,* indice de profitabilité, coefficient de rentabilité.

**profit and loss account,** compte de(s) profits et pertes.

**profit balance,** solde bénéficiaire.

**profiteer** [,prɔfi'tiə] *n.* profiteur.

**profiteer** *v.* profiter, faire des bénéfices sans cause/excessifs ; exploiter.

**profit graph,** courbe de rentabilité.

**profitless** ['prɔfitlis] *adj.* qui ne produit pas de bénéfice, non rentable, sans profit, inutile. *Profitless deal,* affaire blanche. (U.S.) *Profitless point,* seuil de rentabilité, point mort.

**profit margin,** marge bénéficiaire.

**profit sharing** ['prɔfit ˌʃeəriŋ] **(plan or scheme)** (système) de participation/d'intéressement des travailleurs aux bénéfices.

**profit take** *v. Bourse :* prendre son bénéfice.

**profit taking** *Bourse :* prise de bénéfice(s).

**profligacy** ['prɔfligəsi] *n.* **1.** prodigalité, folles dépenses. **2.** débauche, dévergondage.

**profligate** ['prɔfligit] *adj.* **1.** prodigue, dépensier. 2. débauché, dépravé.

**pro forma** [,prəu 'fɔ:mə] (du latin : pour la forme) de pure forme, théorique.

**pro forma account**, compte fictif (établi comme guide, exemple ou modèle).

**pro forma invoice**, facture proforma.

**programme, program** (U.S.) ['prəugræm] *n.* programme (de spectacles, de travail, etc.) ; catalogue. *Programme Evaluation and Review Techniques,* voir **P.E.R.T.**

**program** *v.* programmer, mettre au programme.

**programmer** ['prəugræmə] *n.* 1. programmeur (informatique : spécialiste de la conception, de la réalisation et de l'utilisation des programmes). 2. *(appareil)* programmateur.

**programming language** ['prəugræmiŋ] langage de programmation (par exemple : Algol, Cobol, Fortran, etc.).

**progress** [prəu'gres] *n.* (coll. sing.) 1. cours, avancement, marche en avant, progression. *Negotiations in progress,* pourparlers en cours. 2. progrès, état d'avancement, amélioration, mieux, progression. *The progress of negotiations,* les progrès de la négociation. *Progress chasing,* suivi des dossiers. *Progress report,* compte rendu (d'une opération en cours) ; suivi ; état périodique.

**progression** [prəu'greʃən] *n.* progression, progrès, mouvement en avant.

**progressive** [prəu'gresiv] *adj.* 1. progressif, qui avance régulièrement. 2. progressiste, de progrès.

**prohibit** [prə'hibit] *v.* interdire, défendre, prohiber. *Prohibited goods,* marchandises prohibées, dont l'importation ou l'exportation sont interdites dans un pays.

**prohibition** [prəui'biʃən] *n.* 1. interdiction, défense. 2. *Jur.* : défense de statuer. 3. (U.S.) *Prohibition* (1920-1933), période pendant laquelle il était interdit de fabriquer, de transporter et de vendre des boissons alcoolisées ; régime sec.

**prohibitive** [prə'hibitiv] *adj.* 1. qui interdit, prohibe, défend, empêche, dissuade, etc. *Prohibitive duty,* droit prohibitif. 2. prohibitif, exorbitant, d'un coût excessif. *Prohibitive price,* prix exorbitant.

**prohibitory** [prə'hibitəri] voir **prohibitive** (1).

**project** ['prɔdʒekt] *n.* 1. projet, dessein, plan. 2. (U.S.) ensemble immobilier, lotissement.

**project** [prə'dʒekt] *v.* 1. projeter ; faire des plans. 2. (se) projeter. 3. faire saillie.

**projection** [prə'dʒekʃən] *n.* 1. saillie, projection ; ressaut. 2. projection, anticipation.

**project manager**, chef de projet.

**prolong** [prəu'lɔŋ] *v.* 1. prolonger, retarder. 2 proroger.

**prolongation** [,prəulɔŋ'geiʃən] *n.* 1. prolongement ; prolongation. 2. prorogation.

**pro memoriam item**, note pour mémoire.

**promise** ['prɔmis] *n.* 1. espérance, promesse. *Of great promise,* qui permet, autorise de grands espoirs, qui est riche/plein de promesse. 2. promesse, engagement.

**promise** *v.* promettre.

**promisor** *n.* engagé, promettant.

**promissory note** ['prɔmisəri] billet à ordre (promesse écrite faite par une personne de payer à une autre personne une somme d'argent convenue, soit à vue, soit à une date déterminée).

**promote** [prə'məut] *v.* 1. promouvoir, donner de l'avancement. 2. promouvoir, encourager, servir, soutenir, favoriser, lancer.

**promoter** [prə'məutə] *n.* promoteur ; lanceur d'entreprises/d'affaires ; animateur, instigateur.

**promotion** [prə'məuʃən] *n.* 1. promotion, avancement. *Promotion by seniority,* avancement à l'ancienneté. *Promotion list,* tableau d'avancement. 2. promotion, action de soutenir, monter, lancer, favoriser (des idées, des activités économiques, etc.). *Promotion cost,* frais d'établissement. *Promotion shares,* actions de primes.

**promotional** [prə'məuʃənəl] *adj.* promotionnel, relatif à la promotion ou à la publicité. *Promotional* *sale,* vente publicitaire, promotionnelle. *Promotional material,* matériel publicitaire.

**prompt** [prɔmpt] *v.* **1.** pousser à (l'achat, consommation, etc.), tenter, inciter. **2.** provoquer, rappeler (idées, souvenir). **3.** souffler (théâtre, etc.). **prompt** *adj.* **1.** prompt, rapide. *Prompt cash,* comptant d'usage. *Net prompt cash,* comptant sans escompte. *Prompt delivery,* livraison immédiate. **2.** vif, prompt.

**prompter** ['prɔmptə] *n.* **1.** souffleur (théâtre). **2.** (T.V.) appareil fixé sur une caméra de télévision sur lequel le texte des informations se déroule pour permettre à l'annonceur ou au journaliste de donner l'impression d'improviser ou de parler sans notes.

**prompting** ['prɔmptiŋ] *n.* **1.** suggestion ; incitation. **2.** impulsion.

**promulgate** ['prɔmʌlgeit] *v.* promulguer (une loi) ; disséminer, diffuser (des idées).

**proof** [pruːf] *n.* **1.** preuve, fait établi, fait prouvé. *Burden of proof,* charge de la preuve. *Proof by documentary evidence,* notoriété de droit. *Proof in bankruptcy,* constat de faillite. *Proof of loss,* pièce justificative de pertes. **2.** essai, épreuve ; preuve. *Standing the proof,* qui résiste à l'épreuve. *Press proof,* bon à tirer. **3.** contenu en alcool d'une boisson.

**proof,** à l'épreuve de. *Bulletproof,* à l'épreuve des balles. *Soundproof,* insonorisé. *Waterproof,* étanche.

**prop** [prɔp] *n.* **1.** appui, support, soutien, pilier ; étai ; cale. **2.** (théâtre, cinéma, etc.) accessoire.

**prop** *v.* étayer, soutenir, appuyer. *To prop up the economy,* soutenir l'économie.

**property** ['prɔpəti] *n.* **1.** avoir(s), bien(s), possession(s), propriété(s). *Acquired property,* acquêt. *Item of property,* élément de fortune. *Landed property,* biens-fonds. *Personal property,* biens mobiliers. *Real property,* biens immeubles. **2.** propriété, caractéristique, attribut. **3.** accessoire de théâtre.

**property damage,** dommages aux biens. *Assur. :* « multirisque habi-

tation ».

**property deed,** acte de propriété.

**property developer,** promoteur immobilier.

**property firm** (G.B.), société de placement immobilier.

**property owner** *n.* propriétaire (foncier).

**property tax,** impôt foncier (U.S., correspond en fait à un impôt sur le capital).

**proportion** [prə'pɔːʃən] *n.* **1.** proportion. **2.** proportion, quotepart, quotité, partie.

**proportional** [prə'pɔʃənəl] *adj.* Proportionnel. *Proportional representation,* représentation proportionnelle. (U.S.) *Proportional taxation,* imposition proportionnelle (applicable en principe sur la valeur déclarée dans une « **property** »).

**proportionate** [prə'pɔːʃənət] *adj.* proportionné, en rapport.

**proportionately** [prə'pɔːʃənətli] *adv.* proportionnellement.

**proposal** [prə'pəuzəl] *n.* **1.** proposition. **2.** (U.S.) soumission.

**propose** [prə'pəuz] *v.* **1.** proposer, offrir, faire une proposition. **2.** se proposer. **3.** faire une demande en mariage.

**proposition** [prɔpə'ziʃən] *n.* **1.** proposition, offre, affaire. **2.** idée émise, suggestion.

**proprietary** [prə'praiətəri] *adj.* de propriétaire, relatif à la propriété. *The proprietary classes,* les classes possédantes. *Proprietary company,* **1.** société mère (possède la totalité ou la majorité d'une autre société). **2.** société propriétaire de terrains loués à d'autres sociétés. **3.** (G.B.) société dont les titres ne sont pas commercialisés, et donc non détenus par le public.

**proprietary interest, 1.** intérêt patrimonial ; part de capital. **2.** participation majoritaire dans l'actif.

**proprietor** [prə'praiətə] *n.* propriétaire.

**proprietorship** [prə'praiətəʃip] *n.* possession ; droit de propriété.

**prorate** [prəu'reit] *v.* affecter, distribuer, diviser ou estimer de façon proportionnelle, au prorata.

**prorateable** [prəu'reitəbl] *adj.* proportionnel, au prorata.

**prorogation** [prəurə'geiʃən] *n.* **1.** prorogation, prolongation. **2.** suspension, ajournement (d'une session parlementaire).

**prosecute** ['prɔsikjuːt] *v.* poursuivre en justice ; intenter (une action) ; poursuivre (une plainte).

**prosecution** [,prɔsi'kjuːʃən] *n.* **1.** poursuite, recherche, étude, continuation. **2.** poursuites judiciaires. **3.** partie plaignante, plaignants. **4.** ministère public, accusation Ministère Public. *Witness for the prosecution,* témoin à charge.

**prosecutor** ['prɔsikjuːtə] *n.* plaignant, poursuivant. *Public prosecutor,* Procureur de la République.

**prospect** ['prɔspekt] *n.* **1.** perspective ; vue, coup d'œil ; espoir, espérance, avenir. **2.** futur client, client potentiel, client éventuel.

**prospecting** [prɔs'pektiŋ] *n.* prospection, recherches.

**prospective** [prə'spektiv] *adj.* **1.** à venir, futur, en perspective. **2.** potentiel, éventuel, attendu, espéré, probable.

**prospectus** [prə'spektəs] *n.* prospectus ; prospectus d'émission. Ce document peut donner : **1.** les grandes lignes et les objectifs d'une entreprise qu'on se propose de créer. **2.** une brève description d'un bien mis à la vente ou à la location. **3.** les détails exigés par la commission de contrôle des opérations boursières, avant toute émission de titres nouveaux.

**prosper** ['prɔspə] *v.* prospérer, réussir.

**prosperity** [prɔ'speriti] *n.* prospérité, succès.

**prosperous** ['prɔspərəs] *adj.* prospère.

**protect** [prə'tekt] *v.* **1.** protéger, défendre ; préserver, garder, sauvegarder, garantir, couvrir, soutenir. **2.** garantir la bonne fin, être responsable de la bonne fin (d'un effet), faire provision (lettre de change).

**protection** [prə'tekʃən] *n.* **1.** protection, défense, sauvegarde, garantie. **2.** bonne fin, garantie de bonne fin. **3.** protectionnisme.

**protectionism** [prə'tekʃənizəm] *n.* protectionnisme.

**protectionist** [prə'tekʃənist] *n.* protectionniste.

**protective** [prə'tektiv] *adj.* protecteur, destiné à protéger, soutenir. *Protective duties,* droits de protection.

**pro tem(pore)** [,prəu'tem] *adv.* provisoirement, à titre provisoire, précaire.

**protest** ['prəutest] *n.* **1.** protestation (diplomatie), représentation. *Jur. : Under protest,* sous réserve, à son corps défendant. **2.** protêt, protestation. *Protest for non acceptance,* protestation faute d'acceptation. *Protest for non-payment,* protestation faute de paiement. *Certified protest,* protestation authentique. *To give notice of a protest,* notifier un protêt. **3.** *Ship's protest,* rapport de mer, procès-verbal, déclaration d'avaries.

**protest** [prə'test] *v.* **1.** protester (contre, de), émettre des protestations ; (U.S.) contester, mettre en cause. **2.** *To protest a bill,* protester un effet.

**protester** [prə'testə] *n.* **1.** protesteur. **2.** protestataire. **3.** débiteur qui fait protester un effet.

**protracted** [prə'træktid] *adj.* prolongé.

**protraction** [prə'trækʃən] *n.* **1.** prolongation (procès), longueurs, lenteurs (procédure). **2.** relevé (topographique), réduction à l'échelle.

**prove** [pruːv] *v.* **1.** prouver, démontrer ; vérifier, éprouver, tester ; homologuer (un testament). **2.** (+ adj.) se révéler, se montrer. *To prove fruitful,* se révéler fructueux.

**proven** ['pruːvən] *adj.* confirmé, attesté. *Proven reserves,* réserves confirmées.

**prove up** *v.* **1.** se vérifier, (s')avérer. **2.** (U.S.) apporter la preuve (de), faire valoir ses droits (à).

**provide** [prə'vaid] *v.* **1.** fournir, pourvoir, munir. **2.** *Jur. :* prévoir (cas), spécifier, stipuler. *The law provides that,* la loi stipule que.

**provide for** *v.* **1.** subvenir à, pourvoir à. *To provide for oneself,* se suffire, subvenir à ses propres besoins. **2.** tenir compte de, prévoir, parer à.

**provident** ['prɔvidənt] *adj.* prévoyant, économe. *Provident funds,* caisse de prévoyance, fond de prévoyance.

**provision** [prə'viʒən] *n.* **1.** prévision(s), disposition(s) prises en vue d'un résultat, recherche ; précaution ; pension. **2.** *Comptab.* : réserve, provision ; prestation (de capitaux). **3.** *Jur.* : article, clause ; disposition, stipulation, prescription. *Falling within the provision of the law,* tombant sous le coup de la loi. **4.** fourniture, mise en place, installation ; alimentation.

**provisional** [prə'viʒənl] *adj.* **1.** provisoire, temporaire. **2.** *Jur.* : conservatoire, provisionnel.

**provisioning** [prə'viʒəniŋ] *n.* approvisionnement, ravitaillement.

**provisions** [prə'viʒənz] *n.* produits alimentaires, comestibles, provisions, vivres.

**proviso** [prə'vaizəu] *n.* condition, clause conditionnelle, clause ; stipulation. *With the proviso that,* à la condition (expresse) que.

**provisory** [prə'vaizəri] *adj.* provisoire, conditionnel.

**prox.,** **proximo** [prɔks'prɔksiməu] *adv.* (du mois) prochain.

**proxy** ['prɔksi] *n.* **1.** fondé de pouvoir, mandataire. **2.** procuration, mandat, délégation de pouvoir(s). *To vote by proxy,* voter par procuration. *Proxy contest, proxy fight,* bataille de procurations.

**prudential** [pru'denʃl] *adj.* dicté par la prudence, de prudence. (U.S.) *Prudential committee,* comité de gestion.

**prune** [pruːn] *v.* réduire, diminuer, élaguer.

**public** ['pʌblik] *adj.* **1.** public ; connu du public, non secret. **2.** appartenant à l'Etat, au gouvernement ou à l'administration ; social. **3.** *To go public,* se transformer en « public company » (par émission d'actions en bourse). *To take a firm public,* introduire une entreprise en bourse.

**public** *n.* **1.** le public ; l'opinion publique ; le peuple ; la communauté (nationale ou locale). *The general public,* le (grand) public,

les citoyens. *The public at large,* le (grand) public, les citoyens. **2.** clientèle.

**public administror,** (U.S.) curateur aux successions (fonctionnaire local chargé des successions).

**publican** ['pʌblikən] *n.* (G.B.) tenancier de « **public house** » ou « **pub** », cafetier.

**public assistance,** (G.B.) aide publique, aide de l'Etat.

**publication** [,pʌbli'keiʃən] *n.* **1.** publication (œuvre imprimée). **2.** publication, publicité, annonce publique ou officielle.

**public carrier,** transporteur public (qui assure le transport à titre onéreux des voyageurs et des marchandises).

**public company,** société anonyme par actions (**joint-stock companies** ou **limited liability companies**) dont le capital est la propriété d'actionnaires qui peuvent négocier librement les titres sur le marché.

**public corporation,** organisme public ou semi-public.

**public debt,** dette publique, dette de l'État.

**public domain,** domaine public, les domaines. **1.** terres qui sont propriété de l'État ou des communes. **2.** situation d'une œuvre artistique ou littéraire, ou bien d'une invention, qui cessent d'être protégées par des droits (d'auteurs ou de brevets).

**publicist** ['pʌblisist] *n.* **1.** journaliste politique. **2.** publicitaire.

**publicity** [pʌb'lisiti] *n.* (à distinguer de **advertising**) publicité, mise à la connaissance du public d'événements officiels ou commerciaux (dans ce dernier cas, activité de **public relations**).

**publicity stunt,** truc, astuce publicitaire.

**publicity agent,** agent de publicité, spécialiste des relations extérieures.

**publicize** ['pʌblisaiz] *v.* divulguer, rendre public, dévoiler, porter à la connaissance du public, faire connaître.

**public jobs,** les emplois du service public.

**public law, 1.** loi concernant les citoyens dans leur ensemble. **2.** loi internationale (régissant les rapports entre États).

**publicly-owned** ['pʌblikli 'əund] propriété du public, de l'État, du gouvernement ; public.

**public nuisance,** trouble de l'ordre public, désordre (sur la voie publique).

**public offering (of shares),** offre publique (d'actions).

**public relations,** relations publiques, relations extérieures ; relations internes (à l'entreprise).

**public relations officer - P.R.O.,** responsable/chargé des relations publiques/extérieures.

**public schools, 1.** (U.S.) l'école publique. **2.** (G.B.) écoles privées souvent renommées (Eton, Harrow, Rugby, Winchester, etc.).

**public servant,** (U.S.) fonctionnaire = **civil servant.**

**public service,** (U.S.) le service public ; l'administration, fonction publique. *President Ford was ready to accept a public service jobs program,* le Président Ford était prêt à accepter un programme (de création) d'emplois dans la fonction publique. (U.S.) *Public Service Commission,* commission de contrôle des services publics et des agences fédérales.

**public spending,** dépenses publiques.

**public utility (corporation/service/ company),** (G.B.) organisme ou société de service public (eau, gaz, électricité, transport, etc.). (U.S.) société privée assurant le même service public.

**public trustee,** (G.B.) curateur de l'État aux successions.

**public workers,** travailleurs du secteur public (administration, fonction publique, agences gouvernementales ou fédérales).

**public works,** travaux publics.

**publish** ['pʌbliʃ] *v.* publier, faire paraître, éditer.

**publisher** ['pʌbliʃə] *n.* éditeur.

**publishing house** ['pʌbliʃiŋ] maison d'édition.

**pull down** [pul] *v.* **1.** déprimer, tirer vers le bas, entraîner vers le bas, faire baisser/tomber. *A fall in the price of bonds may pull down the prices of stocks,* une chute du

prix des obligations risque de faire baisser celui des actions. **2.** démolir, abattre (bâtiment).

**pull-out** *n.* **1.** retrait. **2.** bon à détacher, encart détachable.

**pull out** *v.* se retirer.

**pump-priming** ['pʌmp 'praimiŋ] mot à mot, amorçage de la pompe. *Pump-priming (measures),* mesures de relance de l'économie, mesures d'incitation économique (par l'injection de capitaux publics lors de périodes de dépression économique).

**punch(ed) card** [pʌntʃ(t)] carte perforée.

**pundit** ['pʌndit] *n.* expert, spécialiste, autorité.

**purchase** ['pəːtʃəs] *n.* **1.** achat, acquisition ; emplette. *Hire-purchase, H.P.,* location-vente, vente à tempérament. *Purchase order,* ordre d'achat. **2.** marché, affaire. *A good purchase,* une bonne affaire. **3.** *Jur. :* acquêt, acquisition. **4.** loyer annuel, dans l'expression : *bought at 20 years' purchase,* acquis pour un montant de 20 années de loyer (ou bien : moyennant...). **5.** point d'appui, prise, force mécanique ; levier, appareil de levage, palan.

**purchase** *v.* acheter, acquérir, faire ses achats.

**purchaser** ['pəːtʃəsə] *n.* acheteur, acquéreur.

**purchase-tax,** taxe d'achat (impôt local perçu sur les ventes de marchandises ou de services au détail, remplacé en G.B. par le **V.A.T.).**

**purchasing agent** ['pəːtʃəsiŋ] **1.** directeur (du service) des achats, acheteur. **2.** courtier, intermédiaire qui achète pour le compte de clients.

**purchasing power,** pouvoir d'achat. *Purchasing power of the dollar,* pouvoir d'achat du dollar (mesure de l'évolution quantitative des marchandises ou services qu'un dollar permet d'acquérir au cours d'une période de référence).

**purportedly,** censément, se présentant comme.

**purpose** ['pəːpəs] *n.* dessein, but, objet, fin, intention, résolution. *For the purpose of,* afin de, dans le but de. *To answer a purpose,* remplir un objectif. *To good purpose,* utilement. *To no purpose,* inutilement, en pure perte. *For customs purposes,* dans le cadre de la législation des douanes.

**purpose-made,** spécial, spécialement, fait pour.

**purser** ['pəːsə] *n. Marine :* commissaire (de bord).

**pursuance** [pə'sjuəns] *n.* poursuite, action de poursuivre ; conséquence. *In pursuance of,* en vertu de, conformément à.

**pursuant** [pə'sjuənt] **1.** *adj.* conforme. *Jur. :* poursuivant. **2.** *prép. Pursuant to,* conformément à.

**pursuit** [pə'sjuːt] *n.* **1.** poursuite, recherche. **2.** occupation. *Pursuits,* travaux.

**purveyance** [pə'veiəns] *n.* approvisionnement, fourniture.

**purveyor** [pə'vəiə] *n.* fournisseur, pourvoyeur. *Purveyor to Her Majesty,* fournisseur de la Reine.

**purview** ['pəːvjuː] *n.* **1.** vue générale, étendue, portée, limites. **2.** *Jur. :* dispositif ; corps d'une loi, d'un statut, texte, articles. *To be within the purview of,* être du ressort de, de la compétence de. **3.** être à portée de vue de.

**push** [puʃ] *v.* **1.** pousser, faire avancer. *To push sales,* pousser vigoureusement les ventes. **2.** pousser, exercer une pression. *The rate of inflation is pushing towards a 12 % annual rate,* le taux d'inflation tend vers un rythme annuel de 12 % ; bousculer, presser, importuner (par des demandes). *To push one's luck,* prendre des risques. **3.** faire l'article, vendre, placer, promouvoir. *To push drugs,* vendre, placer de la drogue. *To push oneself,* se faire valoir, se faire mousser. *To push shares,* placer des actions douteuses.

**push-button** *adj.* **1.** qui marche en appuyant sur un bouton, automatisé. **2.** à touches. *Push-button telephone,* téléphone à touches.

**push-cart** ['puʃ-kaːt] *n.* charrette à bras ; chariot (de magasin en libre-service).

**pusher** [puʃə] *n.* **1.** pousseur (machine, mécanique). **2.** arriviste, personne qui cherche à se faire valoir.

**3.** vendeur agressif. *Drug pusher,* colporteur de drogue.

**push-money,** (U.S.) commission payée par un fabricant ou commerçant à un vendeur qui pousse ses produits.

**push-up** *v.* faire monter (cours, prix, etc.).

**put** [put] *n.* **1.** mise ; coup, jet, lancement. **2.** *Bourse :* aussi **put option,** option de vente.

**put** *v.* **1.** mettre, poser, placer. **2.** lancer (poids), jeter. **3.** faire, demander (question). **4.** *To put to sea,* prendre la mer.

**put and call** *Bourse :* double option, double prime, stellage.

**put in** *v.* poser, déposer. *To put in a claim,* déposer une réclamation. *To put in a claim for compensation,* déposer une demande en dommages et intérêts.

**put off** *v.* **1.** remettre, reporter, ajourner, renvoyer. **2.** décourager, dissuader. **3.** indisposer ; désarçonner, déconcerter.

**put on** *v. Téléph. :* passer. *Could you put me on to him ,* pourriez-vous me le passer ?

**put out** *v.* **1.** éteindre (feu). **2.** ennuyer, déranger, perturber. **3.** produire (industrie). **4.** émettre, publier. **5.** *To put out at interest,* prêter avec intérêt.

**put the shares,** se déclarer vendeur (d'actions).

**put through** *v. Téléph. :* passer, connecter sur un (autre) poste téléphonique. *Put me through to extension 502,* passez-moi le poste 502.

**putting** *n.* **1.** présentation, soumission. **2.** *Bourse :* délivrement, remise (d'actions).

**putting up** ['putiŋ] *n.* **1.** majoration. **2.** mise en vente. **3.** emballage.

**put up** *v.* **1.** relever, lever, faire monter, remettre en place, fixer, accrocher, caser. **2.** présenter, adresser (adresse, pétition). **3.** fournir, mettre en vente. *To put up for auction,* mettre aux enchères. *To put up for sale,* mettre en vente. **4.** réunir (une somme d'argent), déposer, verser. **5.** loger (quelqu'un). **6.** bâtir, construire, monter. **7.** *To put up a candidate,* présenter un candidat. **8.** *To put up with,* s'accommoder de, s'arranger de, supporter.

**pyramid selling,** vente pyramidale.

# Q

**qualification** [ˌkwɔlifiˈkeiʃən] *n.* **1.** compétence, titre et compétence, aptitude, capacité. **2.** spécialité. **3.** réserve, restriction.
**qualified** [ˈkwɔlifaid] *adj.* **1.** qualifié, compétent. **2.** qui remplit les conditions, autorisé, habilité. **3.** restreint, conditionnel. *Qualified acceptance,* acceptation sous condition, sous réserve.
**qualify** [ˈkwɔlifai] *v.* **1.** *To qualify for,* avoir les qualités requises pour, répondre aux conditions requises, remplir les conditions. **2.** *To qualify someone for something,* rendre quelqu'un apte à ; autoriser quelqu'un à. **3.** apporter des réserves, des nuances ; restreindre.
**quality** [ˈkwɔliti] *n.* qualité.
**quantify** [ˈkwɔntifai] *v.* quantifier.
**quantity** [ˈkwɔntiti] *n.* quantité. *Discount for quantities,* réduction pour commande (achat) en nombre.
**quarantine** [ˈkwɔrəntiːn] *n.* quarantaine.
**quarantine** *v.* mettre en quarantaine.
**quarry** [ˈkwɔri] *n.* carrière.
**quarry** *v.* **1.** tirer d'une carrière. **2.** exploiter une carrière.
**quart** [kwɔːt] *n.* quart de « gallon » : environ un litre. G.B. : 1,136 litre ; U.S. : 0,946 litre.
**quarter** [ˈkwɔːtə] *n.* **1.** quart. **2.** trimestre ; terme. **3.** milieu, sphère. *Business quarters,* milieux industriels, commerciaux, d'entreprise. **4.** U.S. : pièce de 25 *cents.* **5.** mesure : environ 12 kg, etc.
**quarterly** [ˈkwɔːtəli] *adv.* trimestriel.
**quarterly journal,** magazine trimestriel, revue trimestrielle.
**quarter-page advertisement,** annonce quart de page, publicité quart de page.
**quay** [kiː] *n.* quai, appontement. *Alongside quay,* à quai.
**quayage** [ˈkiːidʒ] *n.* droit de quai ; droit de bassin.

**quay-berth** *n.* place, emplacement, à quai.
**quell** [kwel] *v.* réprimer, étouffer. *To quell inflation,* réprimer l'inflation. *To quell an uprising,* étouffer une révolte.
**query** [ˈkwiəri] *n.* question, interrogation, demande de renseignement.
**query** *v.* **1.** demander. **2.** se demander. **3.** mettre en doute.
**question** [ˈkwestʃən] *v.* **1.** mettre en doute, mettre en question, mettre en cause. **2.** interroger, soumettre à un interrogatoire.
**questionnaire** [ˌkwestiəˈnɛə] *n.* questionnaire.
**queue** [kjuː] *v.* faire la queue.
**queue** *n.* queue, file d'attente.
**queueing problems** [ˈkjuːiŋ] problèmes de files d'attente.
**queueing theory,** théorie des files d'attente.
**quick** [kwik] *adj.* rapide ; vif.
**quicken** [ˈkwikən] *v.* accélérer.
**quickness** [ˈkwiknis] *n.* rapidité, vitesse, promptitude.
**quid** [kwid] *n. Fam. :* livre (sterling). *4 quid,* 4 livres.
**quietus** [kwaiˈiːtəs] *n.* quitus.
**quit** [kwit] *v.* **1.** abandonner, cesser. **2.** démissionner, se démettre de ses fonctions.
**quiz** [kwiz] *n.* jeu radiophonique ; jeu publicitaire (radio, T.V.).
**quorum** [ˈkwɔːrəm] *n.* quorum. *To have, to form a quorum,* constituer un quorum.
**quota** [ˈkwəutə] *n.* contingent ; quota.
**quotable** [ˈkwəutəbl] *adj.* **1.** *Bourse :* cotable. **2.** citable.
**quotation** [kwəuˈteiʃən] *n.* **1.** cours, cote, cotation. **2.** citation. *Quotation marks,* guillemets.
**quote** *n.* [kwəut] **1.** citation. **2.** début de citation, ouvrez les guillemets. **3.** = **quotation 1.**
**quote** *v.* **1.** citer (paroles, texte...). *Please quote this number in your reply,* prière de rappeler, de mentionner ce numéro dans votre

réponse. « *Quote* », « ouvrez les guillemets ». **2.** (un prix) fixer, établir, faire connaître, mentionner, annoncer. **3.** *Bourse :* coter. *Officially quoted,* admis à la cote officielle.

**quote a price** *v.* mentionner un prix, donner, indiquer un prix, annoncer, faire connaître un prix. **quoted on the stock-exchange** [kwəutid] coté en Bourse.

# R

**rack** [ræk] *n.* casier, étagère ; présentoir. *Luggage-rack,* filet à bagages.

**racketeer** *n.* racketteur.

**racketeering** *n.* fait de se livrer à un racket, rackettage.

**rackjobber** [,ræk'dʒɔbə] *n.* grossiste ou spécialiste se chargeant contractuellement de l'approvisionnement des rayons et de la présentation des marchandises dans les magasins de détail (en général supermarchés).

**rackjobbing** [,ræk'dʒɔbiŋ] *n.* réapprovisionnement des rayons d'un magasin de détail par grossiste ou spécialiste travaillant au contrat.

**radio** ['reidiəu] *n. On the radio,* à la radio.

**radio** *v.* émettre par radio, transmettre par radio, signaler par radio.

**radio announcement,** annonce à la radio, annonce radiophonique, annonce radio-diffusée.

**radio quiz,** jeu radiophonique.

**raider** *n.* raider, « prédateur ».

**rail** [reil] *n.* chemin de fer, rail. *By rail,* par chemin de fer. *Free on rail,* franco-wagon.

**rail-car** *n.* (U.S.) wagon de chemin de fer.

**railhead** [,reil'hed] *n.* tête de ligne.

**railroad** ['reilrəud] *n.* (U.S.) voir **railway.**

**railroad** *v.* (U.S.) expédier par chemin de fer.

**railroad bill of lading, railroad waybill** (U.S.), lettre de voiture ferroviaire.

**rail transport,** transport par fer.

**railway** ['reilwei] *n.* chemin de fer, ligne, voie ferrée. *The railways,* les chemins de fer.

**railway bill** (G.B.) lettre de voiture ferroviaire.

**railway guide,** indicateur des chemins de fer.

**railway line,** ligne de chemin de fer.

**railwayman** ['reilweimən] *n.* employé des chemins de fer, cheminot.

**railway station,** gare de chemin de fer.

**railway traffic,** trafic ferroviaire.

**raise** [reiz] *n.* augmentation.

**raise** *v.* **1.** augmenter, relever. **2.** dresser, lever, soulever. **3.** élever (bétail, etc.) **4.** promouvoir (à un poste). **5.** lever (des impôts), contracter (un emprunt), emprunter (de l'argent). *To raise money,* se procurer des capitaux.

**raise capital** *v.* se procurer des capitaux, trouver des capitaux ; emprunter des capitaux.

**rally** ['ræli] *n.* **1.** rassemblement, manifestation, rallye, « meeting ». *To stage a rally,* organiser un rassemblement, une manifestation. **2.** reprise (boursière, économique).

**rally** *v.* se ranimer, être en reprise, se redresser ; (se) rallier.

**rampage** *n.* agitation, tapage. *Bears are on the rampage,* affolement chez les baissiers.

**rampant** ['ræmpənt] *adj.* violent, déchaîné. *Rampant inflation,* inflation « rampante », « galopante ».

**random** ['rændəm] *n. At random,* au hasard.

**random access memory** (R.A.M.) mémoire vive.

**random** *adj.* **1.** fait au hasard, aléatoire. *Random sampling,* prélèvement d'un échantillon au hasard, échantillonnage aléatoire. **2.** tout-venant. *Random widths,* largeurs tout-venant.

**random problems,** problèmes aléatoires.

**randomization** [,rændəmai'-zei∫ən] *n.* **1.** dans les études statistiques, dispersion systématique des facteurs pour obtenir des conclusions de valeur générale. **2.** dans les études statistiques, procédé aléatoire pour éliminer ou réduire l'interférence de variables autres que celles que l'on étudie.

**randomize** ['rændəmaiz] *v.* assurer une répartition aléatoire, une dispersion systématique.

**range** [reindʒ] *n.* **1.** portée, étendue, domaine, champ d'action. *Range of action,* champ d'activité. **2.** gamme, variété, éventail, série, choix. *A wide range of samples,* une grande variété d'échantillons.

**range** *v.* **1.** s'étendre (de... à), aller de... à, varier (de... à). **2.** avoir une portée de.

**rank** [ræŋk] *n.* rang, classe, grade, niveau hiérarchique ; classement, place. *Promoted from the ranks,* sorti du rang.

**rank** *v. To rank (somebody or something) among...,* ranger parmi, placer au nombre de, situer parmi. **2.** se ranger, se classer, se placer, se situer, avoir le rang de. *To rank with,* être égal à, être au même niveau que, être comparable à.

**rank and file** (the) la base (syndicat, etc.).

**rank and filers,** les membres de la base.

**ranking** ['ræŋkiŋ] *n.* classement, position, rang.

**ransom** ['rænsəm] *n.* **1.** rançon. **2.** rachat.

**ransom** *v.* **1.** rançonner, faire payer rançon. **2.** payer la rançon, racheter.

**rapid** ['ræpid] *adj.* rapide.

**rare** [rɛə] *adj.* rare.

**rarefy** ['rɛərifai] *v.* **1.** se raréfier. **2.** raréfier.

**rareness** [rɛənis] *n.* rareté.

**rarity** ['rɛərəti] *n.* rareté.

**rash** [ræʃ] *adj.* téméraire, imprudent, risqué, irréfléchi, inconsidéré.

**rash** *n.* vague, épidémie. *A rash of strikes,* une vague de grèves.

• **ratchet** *n.* cliquet. *Ratchet effect,* effet de cliquet, effet d'entraînement.

**rate** [reit] *n.* **1.** taux. **2.** cours ; prix, tarif. **3.** cadence, rythme. **4.** classe, qualité, catégorie. *First-rate,* de premier ordre, de première qualité. **5.** *Rates,* impôts locaux.

**rate** *v.* **1.** estimer, évaluer, consi-

dérer comme. **2.** situer, classer. **3.** taxer.

**rateable** ['reitəbl] *adj.* **1.** évaluable. **2.** imposable.

**rate card,** fiche d'évaluation.

**rate of exchange,** taux de change.

**rate-payer,** contribuable (impôts locaux, etc.).

**ratification** [,rætifi'keiʃən] *n.* **1.** ratification. **2.** homologation.

**ratify** ['rætifai] *v.* ratifier, valider, entériner, homologuer ; approuver.

**rating** ['reitiŋ] *n.* **1.** estimation, classement, évaluation, cote. *Credit rating,* évaluation de la surface financière, de la solvabilité ; crédit. *His credit rating is good,* son crédit est bon. **2.** classement, classification ; notation.

**ratio** ['reiʃiəu] *v.* ratio, rapport, proportion, taux. *In inverse ratio,* en raison inverse.

**ration** ['ræʃən] *n.* ration.

**ration** *v.* rationner.

**raw** [rɔ:] *adj.* **1.** cru. **2.** brut. **3.** inexpérimenté. **4.** à vif. *To get a raw deal,* faire une mauvaise affaire, se faire posséder, se faire avoir.

**raw material,** matière première.

**re** [ri:] relativement à, au sujet de (les formules du genre « *Re your letter of March 2nd...* » sont à déconseiller dans la correspondance commerciale moderne).

**reach** [ri:tʃ] *n.* **1.** portée, atteinte. *Within reach,* à portée, accessible. **2.** bief.

**reach** *v.* **1.** atteindre. **2.** arriver à (conclusion, destination). **3.** s'élever, se monter à. **4.** s'étendre.

**reach an agreement,** parvenir à un accord.

**read** [ri:d] *v.* **1.** lire. **2.** se lire, dire. *The telegram read « arriving »,* le télégramme disait « arrivons ».

**reader** ['ri:də] *n.* **1.** lecteur. **2.** recueil, manuel, livre. **3.** affichette (indiquant le prix dans une vitrine, etc.) **4.** maître de conférence.

**reader habit survey,** enquête sur les habitudes de lecture du public.

**readership** ['ri:dəʃip] *n.* **1.** nombre de lecteurs, lectorat. *Pass-on readership,* nombre de lecteurs (par opposition au nombre d'abonnés). **2.** maîtrise de conférence.

**readership survey,** enquête sur le nombre de lecteurs d'une publication ; enquête sur les habitudes de lecture d'un public ; étude d'audience.

**reading notice** (U.S.) ['ri:diŋ] *Pub.* : annonce rédactionnelle.

**readjust** [ri:ə'dʒʌst] *v.* réadapter, réajuster, rectifier, réaménager.

**readjustment** [ri:ə'dʒʌstmənt] *n.* réajustement, réadaptation, rectification, réaménagement.

**read law** *v.* faire son droit, faire des études de droit.

**readmission** [ri:əd'miʃən] *n.* réadmission (douanes).

**readmittance** [,ri:əd'mitəns] *n.* réadmission (douanes, etc.).

**read out** *v.* lire à haute voix.

**readout** ['ri:daut] *n.* (informatique) « sortie », « sortie machine », « sortie » de la machine, « affichage ».

**read only memory** (ROM) « mémoire morte ».

**ready** [redi] *adj.* prêt(e). *Ready acceptance,* acceptation facile. *Ready sales,* ventes faciles.

**ready-made** [,redi'meid] tout fait. *Ready-made clothes,* vêtements de confection.

**ready money,** argent comptant.

**ready-reckoner** *n.* barème (permettant le calcul) ; table (où sont donnés les résultats d'opérations arithmétiques, de conversion, etc.).

**ready to wear,** prêt à porter, de confection.

**reafforestation** *n.* reboisement.

**real accounts** [riəl] comptes de l'exploitation, compte de valeur.

**real cost,** coût réel.

**real estate,** 1. propriété immobilière, bien(s) immobilier(s), immeubles. 2. l'immobilier.

**real estate development** [riəl i's-teit] promotion immobilière.

**real estate developer,** promoteur immobilier.

**real-estate loan,** prêt hypothécaire, prêt immobilier.

**realign** *v.* réaligner, réajuster ; *(monnaies, etc.)* réaménager.

**realigment** *n.* réaligment, réajustement ; *(monnaies)* réaménagement.

**realizable** ['riəlaizəbl] 1. dont on peut se rendre compte. 2. convertible en espèces. 3. réalisable, qui peut se faire.

**realization** [riəlai'zeiʃən] 1. prise de conscience. 2. conversion en espèces. 3. réalisation.

**realize** ['riəlaiz] *v.* 1. s'apercevoir ; prendre conscience (de). 2. convertir en espèces. 3. réaliser (un bénéfice).

**reallocate** [ri:'æləukeit] *v.* réattribuer ; réaffecter ; réadjuger.

**re-allocation** [ri:,æləu'keiʃən] *n.* réattribution ; réaffectation ; réadjudication.

**real property,** bien(s) immobilier(s), immeuble(s).

**real terms (in),** (en) monnaie constante.

**realtor** ['riəltə] *n.* (U.S.) agent immobilier.

**realty** *n.* bien immobilier ; biens immobiliers, immeubles.

**realty office,** agence immobilière.

**real value** *n.* valeur réelle, effective.

**real wage** *n.* salaire réel.

**ream** [ri:m] *n.* rame (de papier).

**reap** [ri:p] *v.* 1. moissonner. 2. recueillir, tirer (profit, etc.).

**reaper** ['ri:pə] *n.* moissonneuse.

**re-appoint** [,ri:ə'pɔint] *v.* réintégrer, rétablir dans ses fonctions.

**re-appointment** [ri:ə'pɔintmənt] *n.* réintégration.

**reapportion** [ri:ə'pɔ:ʃən] *v.* redistribuer, réaffecter.

**reapportionment** [ri:ə'pɔ:ʃənmənt] *n.* redistribution.

**reappraisal** [ri:ə'preizəl] *n.* réévaluation. *Agonizing reappraisal,* révision déchirante.

**reappraise** [ri:əpreiz] *v.* réévaluer.

**rear** [riə] *adj.* arrière, de l'arrière, de derrière.

**rear** *v.* élever (une famille, du bétail).

**reassess** [ri:ə'ses] *v.* 1. réévaluer. 2. réimposer.

**reassessment** [ri:ə'sesmənt] *n.* 1. réévaluation. 2. réimposition.

**reassign** [ri:ə'sain] *v.* 1. réaffecter (une personne). 2. opérer une nouvelle cession (terrain, titre, etc.).

**reassignment** [ri:ə'sainmənt] *n.* 1. réaffectation (d'une personne).

**2.** nouvelle cession (terrain, titre, etc.).

**reassurance** [riːəˈʃuərəns] *n.* réassurance.

**reassure** [riːəˈʃuə] *v.* **1.** rassurer. **2.** réassurer. *The reassured,* les réassurés (on trouve aussi *the reassureds*).

**rebate** [ˈriːbeit] *n.* **1.** rabais. **2.** remise. **3.** ristourne.

**rebound** [ˈriːˈbaund] *n.* reprise (économie, bourse).

**rebound** [riːˈbaund] *v.* reprendre (économie, bourse).

**rebuild** [ˌriːˈbild] *v.* reconstruire.

**recall** [riˈkɔːl] *v.* **1.** se rappeler. **2.** rappeler (quelqu'un de son poste). **3.** annuler, révoquer, rétracter. **4.** retirer du marché pour révision ou réparation de marchandises défectueuses.

**recall** *n.* **1.** rappel (d'un envoyé, etc.). **2.** révocation, annulation, rétractation. **3.** retrait du marché de marchandises défectueuses.

**recall test,** test de mémorisation.

**recede** [riˈsiːd] *v.* reculer, décliner, baisser.

**receipt** [riˈsiːt] *n.* **1.** reçu, quittance ; récépissé. **2.** *Receipts,* rentrées, recette(s), encaissements. **3.** réception. *To acknowledge receipt,* accuser réception.

**receipt** *v.* acquitter ; apposer la mention « acquitté ».

**receipt an invoice,** acquitter une facture.

**receipt-book** *n.* livre de quittances ; quittancier.

**receipt-stamp** *n.* timbre à quittance.

**receivable** [riˈsiːvəbl] *adj.* recevable, admissible. *Bills receivable,* effets à recevoir.

**receivables** [riˈsiːvəblz] *n.* effets à recevoir.

**receive** [riˈsiːv] *v.* **1.** recevoir ; toucher, percevoir. **2.** contenir. **3.** capter (radio, etc.).

**receiver** [riˈsiːvə] *n.* **1.** destinataire ; réceptionnaire. **2.** receveur (administrateur). **3.** récepteur (par opposition à émetteur). **4.** combiné (téléphone). **5.** *Receiver in bankruptcy, official receiver,* liquidateur, administrateur judiciaire, syndic de faillite. **6.** receleur.

**receivership** [riˈsiːvəʃip] *n.* syndi-

cat de faillite. *To go into receivership,* entrer en liquidation. *To fall into receivership,* faire faillite.

**receiving** [riˈsiːviŋ] *n.* **1.** réception. **2.** recel.

**receiving note,** bon à embarquer.

**receiving order,** ordonnance de mise sous séquestre.

**receiving station,** gare d'arrivée, de destination.

**recess** [riˈses] *n.* vacances (parlementaires), période entre deux sessions d'une assemblée.

**recession** [riˈseʃən] *n.* récession ; recul, retraite.

**recipient** [riˈsipiənt] *n.* bénéciaire, destinataire. *Welfare recipient,* bénéficiaire d'une aide sociale, assisté social.

**reciprocal** [riˈsiprəkl] *adj.* **1.** réciproque, mutuel. **2.** *Math. :* inverse. *Reciprocal ratio,* raison inverse.

**reciprocate** [riˈsiprəkeit] *v.* rendre la pareille, payer en retour, échanger des services. *To reciprocate an entry,* passer écriture conforme, passer une écriture en conformité.

**reciprocity** [resiˈprɔsəti] *n.* réciprocité.

**recital clause** [riˈsaitl] *Assur. :* conditions d'application (du contrat), liste des garanties.

**reckon** [ˈrekən] *v.* **1.** calculer, compter. **2.** estimer, juger, penser.

**reckoning** [ˈrekəniŋ] *n.* **1.** compte, calcul. **2.** évaluation, estimation, estime, prévision.

**reclaim** [riˈkleim] *v.* **1.** rendre cultivable (terrain), défricher, assécher, gagner sur la mer, les marais, mettre en valeur. **2.** (sous-produit) récupérer. *To reclaim V.A.T.,* récupérer la T.V.A.

**reclaimable** [riˈkleiməbl] adj. **1.** asséchable, défrichable (terrain). **2.** récupérable (sous-produit).

**reclamation** [ˌrekləˈmeiʃən] *n.* défrichement, assèchement, mise en valeur, régénération (sols).

**recognition** [rekəˈgniʃən] *n.* **1.** reconnaissance. **2.** considération, notoriété, réputation.

**recognizance** [riˈkɔgnizəns] *n.* caution ; cautionnement ; engagement (devant tribunal).

**recognize** [ˈrekəgnaiz] *v.* reconnaître.

**recognized** ['rekəgnaizd] *adj.* agréé, accrédité, attitré, patenté.

**recognized agent,** agent accrédité.

**recommend** [,rekə'mend] *v.* recommander, conseiller.

**recommendation** [,rekəmen:'dei∫ən] **1.** recommandation. **2.** avis. *Recommendation of a court, of a commission,* avis rendu par un tribunal, une commission.

**reconcile** ['rekənsail] *v.* concilier, accorder ; réconcilier. *To reconcile accounts,* faire concorder les comptes.

**reconciliation** [,rekənsili'ei∫ən] *n.* conciliation ; réconciliation.

**recondition** [ri:kən'di∫ən] *v.* remettre en état, réviser, rénover.

**reconduct** [ri:kən'dʌkt] *v.* reconduire.

**reconduction** [ri:kən'dʌk∫ən] *n.* reconduction.

**reconsider** [,ri:kən'sidə] *v.* **1.** reconsidérer, examiner à nouveau. **2.** réviser, revoir (décision, jugement), revenir sur, changer d'avis.

**reconstruction** [,ri:kən'strʌk∫ən] *n.* reconstruction.

**reconversion** [,ri:kən'və:∫ən] *n.* reconversion.

**record** ['rekɔ:d] *n.* **1.** record. **2.** enregistrement. *To say something off the record,* faire une déclaration non officielle, déclarer en privé. **3.** archive, registre. **4.** carrière, dossier, antécédents, états de service. *Clean record,* casier judiciaire vierge. *Good record,* bons états de service. *Police record,* casier judiciaire. **5.** disque.

**record** *adj.* record. *Record sales,* ventes record.

**record** [ri'kɔ:d] *v.* enregistrer, consigner par écrit.

**recorded delivery** [ri'kɔ:did] (envoi avec) accusé de réception.

**records** ['rekədz] *n.* archives ; dossiers.

**recoup** [ri'ku:p] *v.* **1.** dédommager, indemniser. **2.** se dédommager, se rattraper de ses pertes, récupérer, se refaire.

**recoupment** [ri'ku:pmənt] *n.* dédommagement.

**recourse** [ri'kɔ:s] *n.* recours.

**recover** [,ri:'kʌvə] *v.* **1.** recouvrer, récupérer. **2.** reprendre (ventes, économie).

**recoverable** [ri'kʌvərəbl] *adj.* recouvrable, récupérable.

**recovery** [ri'kʌvəri] *n.* **1.** recouvrement (créance, etc.). **2.** reprise, redressement (économie).

**recreational** [rekri'ei∫ənəl] *adj.* de divertissement, de loisir. *Recreational facilities,* équipements de loisir. *Recreational industries,* industries des loisirs.

**recruit** [ri'kru:t] *n.* recrue.

**recruit** *v.* recruter, embaucher, engager.

**recruitment** [ri'kru:tmənt] *n.* recrutement.

**recur** [ri'kə:] *v.* se reproduire, se représenter.

**recurrence** [ri'kʌrəns] *n.* répétition, récidive.

**recurrent** [ri'kʌrənt] *adj.* répétitif, périodique, récurrent.

**recyclable** [ri:'saikləbl] *adj.* recyclable (matériaux).

**recycle** [,ri:'saikl] *v.* **1.** recycler (matériaux). *The recycling of waste,* le recyclage des déchets. **2.** (rare) recycler du personnel.

**recycling** [,ri:'saikliŋ] *n.* **1.** recyclage (de matériaux). **2.** voir **retraining,** recyclage (du personnel).

**red (to be in the)** [red] être dans le rouge, avoir une balance déficitaire. *Your account is in the red,* votre compte est à découvert.

**redeem** [ri'di:m] *v.* **1.** racheter, rembourser, amortir (dette, etc.). **2.** racheter, compenser.

**redeemable** [ri'di:məbl] *adj.* remboursable, rachetable, amortissable.

**redemption** [ri'demp∫ən] *n.* amortissement, remboursement (dette, obligation), purge.

**redemption rate 1.** taux de remboursement, d'amortissement (dette, obligation). **2.** taux de réponse **(mailing).**

**redeploy** [,ri:di'plɔi] *v.* reconvertir ; redéployer ; réaffecter (main-d'œuvre dans des secteurs techniques ou géographiques différents).

**redeployment** [,ri:di'plɔimənt] *n.* reconversion ; redéploiement ; réaffectation ; redistribution ; recyclage.

**redeveloped area** [,ri:di'veləpt] zone de redéveloppement.

**redevelopment** [,ri:di'veləpmənt] *n.* redéveloppement, rénovation.

**red ink**, déficit.

**redirect** [,ri:di'rekt] *v.* réexpédier.

**redirection** [,ri:di'rek∫ən] *n.* réexpédition.

**redistribute** [,ri:di'stribju:t] *v.* redistribuer, répartir à nouveau.

**redistribution** ['ri:,distri'bju:∫ən] *n.* redistribution, nouvelle répartition.

**redistributional** ['ri:,distri'bju:∫ənəl] *adj.* redistributif, qui correspond à une nouvelle répartition.

**redress** [ri'dres] *n.* réparation (d'un tort), recours. *To seek redress,* demander réparation, demander justice.

**redress** *v.* réparer (un tort), rétablir, corriger, redresser, porter remède à.

**red tape** [,red' teip] routine administrative, lenteurs de l'administration ; bureaucratie ; paperasserie(s).

**reduce** [ri'dju:s] *v.* réduire, diminuer, atténuer, abaisser, limiter. *At reduced prices,* au rabais, en solde.

**reducible** [ri'dju:sebl] *adj.* réductible.

**reduction** [ri'dʌk∫ən] *n.* 1. réduction, diminution, baisse. *Reduction in price,* baisse de prix. *Reduction in taxation,* allégement fiscal. 2. *Reduction in rank,* rétrogradation.

**redundancy** [ri'dʌndənsi] *n.* redondance, surnombre, d'où 1. licenciement. 2. personne licenciée. *Redundancy figures,* nombre de licenciements. *Redundancy compensation,* allocation de chômage. *Redundancy notice,* lettre de licenciement, notification de licenciement. *Redundancy payment,* prime de licenciement.

**redundant** [ri'dʌndənt] *adj.* 1. redondant, en surnombre. 2. licencié. *To make workers redundant,* licencier des ouvriers.

**reelect** [,ri:i'lekt] *v.* réélire.

**reelection** [,ri:i'lek∫ən] *n.* réélection. *To be eligible for reelection,* être rééligible. *To come up for reelection,* se présenter pour un nouveau mandat. *The Board will come up for reelection,* on va voter

pour réélire des administrateurs.

**reenact** [,ri:i'nækt] *v.* remettre en vigueur, rétablir.

**reenactment** [,ri:i'næktmənt] *n.* remise en vigueur, rétablissement.

**re-entry** [ri:' entri] *n.* 1. réinscription. 2. réintroduction. *Vehicles awaiting re-entry to the assembly line for correction,* véhicules attendant d'être réintroduits sur la chaîne de montage pour rectification. 3. *Douanes :* réimportation. 4. rentrée dans l'atmosphère (missiles, etc.).

**re-enter** [,ri:'entə] *v.* 1. réinscrire. 2. réintroduire. 3. réimporter (marchandises exportées). 4. entrer à nouveau.

**reexport** [,ri:'ekspɔ:t] *n.* 1. réexportation. 2. marchandise réexportée.

**reexport** [ri:ək'spɔ:t] *v.* réexporter.

**reexportation** [,ri:,ekspɔ:'tei∫ən] *n.* réexportation.

**refer** [ri'fə:] *v.* 1. soumettre (quelque chose à quelqu'un). *To refer a matter to a court,* soumettre une affaire à un tribunal. 2. adresser quelqu'un à quelqu'un. *Refer to drawer, referred to drawer,* (chèque) voir le tireur. 3. se référer à, se rapporter à, se reporter à. *Referring to your letter,* en référence à votre lettre, comme suite à votre lettre. 4. faire mention de, faire allusion à, signaler, désigner. *Referred to as...,* désigné sous le nom de.

**referee** [,refə'ri:] *n.* 1. *Jur. :* arbitre, arbitre expert, tiers arbitre. 2. *Commerce :* garant, répondant ; recommandataire, donneur d'aval, avaliste.

**referee** *v.* arbitrer.

**refer to drawer**, (chèque) voir le tireur.

**reference** ['refrəns] *n.* référence ; rapport ; allusion ; cadre ; données pertinentes. *Terms of reference,* attributions, pouvoirs (d'un organisme) ; cahier des charges.

**referral** [ri'fə:rəl] *n.* fait d'adresser, d'envoyer à l'organisme ou l'instance compétents.

**refill** ['ri:fil] *n.* recharge ; plein.

**refill** ['ri:fil] *v.* recharger, remplir, faire le plein.

**refine** [ri'fain] *v.* raffiner.
**refinery** [ri'fainəri] *n.* raffinerie.
**reflate** [,ri:'fleit] *v.* relancer par augmentation de la masse monétaire.
**reflation** [ri:'fleiʃən] *n.* relance par l'augmentation de la masse monétaire, « reflation ».
**reflationary** [ri'fleiʃənəri] *n.* « reflationniste », (politique) de relance par l'augmentation de la masse monétaire.
**refloat** [,ri:'fləut] *v.* 1. renflouer (navire, société), déséchouer ; remettre à flot. 2. émettre à nouveau.
**reforestation** [,ri:'fɔris'teiʃən] *n.* reboisement.
**reforwarding** [ri:'fɔ:wədiŋ] *n.* réexpédition.
**refresher course** [ri'freʃə] cours de recyclage.
**refuel** [ri:'fjuəl] *v.* 1. réapprovisionner, ravitailler en combustible. 2. se réapprovisionner, se ravitailler en combustible, faire le plein. 3. ranimer, raviver, relancer. *To refuel inflation,* relancer l'inflation.
**refund** ['ri:fʌnd] *n.* remboursement.
**refund** [ri:'fʌnd] *v.* rembourser, restituer de l'argent.
**refunding** [ri:'fʌndiŋ] *n.* remboursement.
**refundment** [ri:'fʌndmənt] *n.* remboursement, restitution d'argent.
**refusal** [ri'fju:zl] *n.* refus.
**refuse** ['refju:s] *n.* déchet(s), détritus, rebut.
**refuse** [ri'fju:z] *v.* refuser.
**regard** [ri'ga:d] *n.* égard, considération. *In regard to,* par rapport à. *My kind regards to..., Give my kind regards to..., Best regards,* Meilleur souvenir / Amitiés / Cordialement.
**regard** *v.* 1. regarder, considérer. 2. regarder, concerner. *As regards,* en ce qui concerne.
**regarding** [ri'ga:diŋ] concernant, quant à, à l'égard de.
**regardless of** [ri'ga:dlis] sans tenir compte de. *Regardless of expenses,* sans regarder à la dépense.
**régime** [rei'ʒi:m] *n.* régime politique.
**region** ['ri:dʒən] *n.* partie du monde ; région. *In the region of,*

aux alentours de, dans les environs.
**regional** ['ri:dʒənl] *adj.* régional. *Regional development,* aménagement du territoire.
**register** ['redʒistə] *n.* registre, livre ; listes.
**register** *v.* 1. enregistrer, inscrire. *To register a company,* faire enregistrer une société. *To register a patent,* déposer, faire enregistrer un brevet. *Registered clerk,* commis, employé accrédité. 2. recommander (lettre). *Registered delivery* (U.S.), avec accusé de réception. 3. s'inscrire.
**Register of Business Names,** Registre du Commerce.
**registered bond,** obligation nominative.
**registered capital,** capital social, déclaré, nominal.
**registered office,** siège social (adresse officielle).
**registered share,** action nominative.
**registered stock,** titre nominatif.
**registered trade-mark,** marque déposée.
**registrar** [,redʒi'stra:] *n.* 1. greffier. 2. officier d'état civil. *The Registrar's office,* (le bureau de) l'état civil. *The Registrar, the Companies Registrar,* l'enregistrement. *The registrar of mortgages,* le conservateur des hypothèques. 3. archives ; archiviste.
**registrar of companies,** enregistrement des sociétés, registre des sociétés.
**registration** [,redʒi'streiʃən] *n.* 1. enregistrement, immatriculation, inscription ; tenue de registre. *Registration number,* numéro d'immatriculation. *Registration plate,* plaque d'immatriculation, plaque minéralogique. 2. recommandation (lettre).
**registration deadline,** (date de) clôture des inscriptions.
**registry** ['redʒistri] *n.* 1. enregistrement. *Port of registry,* port d'attache. 2. recommandation (lettre, colis).
**regress** [ri'gres] *v.* régresser, rétrograder, décliner.
**regression** [ri'greʃən] *n.* régression, recul, baisse.
**regressive** [ri'gresiv] *adj.* régres-

sif.

**regroup** [,ri:'gru:p] *v.* regrouper.

**regrouping** [,ri:'gru:piŋ] *n.* regroupement.

**regret** [ri'gret] *n.* regret. *Letter of regret,* avis de retour de souscription.

**regret** *v.* regretter. *We regret to inform you that,* nous avons le regret de vous annoncer que.

**regular** ['regju:lə] *adj.* régulier ; fixe ; dans les règles, dans les formes réglementaires.

**regular** *n. Fam. :* habitué, client fidèle.

**regulate** ['regjuleit] *v.* **1.** régler, ajuster. **2.** régler, réglementer, régir.

**regulation** [regju'leiʃən] *n.* **1.** réglage. **2.** réglementation. **3.** règlement, disposition, prescription. *Safety regulations,* consignes, règles de sécurité.

**regulator** *n.* régulateur, organisme de contrôle.

**regulatory** [,regju'lætəri] *adj.* **1.** de régulation. **2.** (agence, organisme) chargé(e) de la réglementation.

**rehabilitate** [,ri:ə'biliteit] *v.* **1.** réhabiliter. **2.** rééduquer, réadapter, réintégrer, reclasser. **3.** (Urbanisme) rénover.

**rehabilitation** ['ri:əbili'teiʃən] *n.* **1.** réhabilitation. **2.** rééducation, réadaptation, réintégration, reclassement. *Rehabilitation of the victims of industrial injuries,* rééducation, reclassement des victimes d'accidents du travail. **3.** (urbanisme) rénovation, réhabilitation.

**reignite** *v.* rallumer, relancer. *To reignite inflation,* relancer l'inflation.

**reimbursable** [ri:im'bə:səbl] *adj.* remboursable.

**reimburse** [,ri:im'bə:s] *v.* rembourser.

**reinstate** [,ri:in'steit] *v.* **1.** réintégrer (quelqu'un dans ses fonctions, ses droits, ses possessions). **2.** rétablir.

**reinstatement** [,ri:in'steitmənt] *n.* **1.** réintégration de quelqu'un (dans ses fonctions, ses droits, ses possessions). **2.** rétablissement.

**reinsurance** [,ri:in'ʃuərəns] *n.* réassurance.

**reinsure** [,ri:in'ʃuə] *v.* réassurer.

**reinsurer** [,ri:in'ʃuərə] *n.* réassureur.

**reinvest** [,ri:in'vest] *v.* réinvestir.

**reinvestment** [,ri:in'vestmənt] *n.* réinvestissement.

**reissue** [ri:'iʃu:] *v.* **1.** émettre à nouveau (actions, etc.). *To reissue a statement,* répéter une déclaration. **2.** rééditer.

**reissue** *n.* **1.** nouvelle émission ; répétition (déclaration, etc.). **2.** ré-édition.

**reject** ['ri:dʒekt] *n.* pièce mise au rebut, article, etc., rejeté parce que non conforme.

**reject** [ri'dʒekt] *v.* **1.** rejeter, repousser, refuser. **2.** mettre au rebut.

**rejection** [ri'dʒekʃən] *n.* **1.** rejet, refus. **2.** mise au rebut.

**rejection rate,** taux de rejet, taux de rebut.

**rekindle** [,ri:'kindl] *v.* rallumer. *To rekindle inflation,* rallumer, relancer l'inflation.

**relate** [ri'leit] *v.* **1.** rapporter, rapprocher, associer. **2.** entretenir des rapports avec. **3.** raconter.

**relation** [ri'leiʃən] *n.* **1.** rapport, relation. *To enter into relations with someone,* se mettre en rapport avec quelqu'un. **2.** relation, personne avec qui on a des relations. *A business relation,* une relation d'affaires. **3.** parent. **4.** récit.

**relationship** [ri'leiʃənʃip] *n.* **1.** rapport, relation. **2.** parenté ; lien, degré de parenté.

**relative** ['relətiv] *adj.* relatif.

**relative** *n.* parent.

**relax** [ri'læks] *v.* **1.** relâcher, assouplir (contrainte, etc.). **2.** (contrainte, etc.) se relâcher, diminuer, s'assouplir. **3.** se détendre (personne).

**relaxation** [,ri:læk'seiʃən] *n.* **1.** assouplissement, adoucissement, relâchement (contrainte, règlement, etc.). **2.** (personne) détente ; délassement.

**relay** ['ri:lei] *n.* relais.

**relay** [ri:'lei] *v.* relayer ; prendre le relais de ; transmettre (un message).

**release** [,ri:'li:s] *n.* **1.** libération, décharge. **2.** mise en vente, mise sur le marché, sortie, mise en circulation. **3.** émission (d'un communiqué). *Press release,* communiqué de presse. **4.** mise en marche, déclenchement.

**release** [ri'li:s] *v.* **1.** libérer, relâcher, relaxer. **2.** libérer, décharger, acquitter (d'une obligation). **3.** mettre en vente, en circulation, sur le marché, sortir. **4.** émettre (un communiqué, etc.). **5.** déclencher. **6.** relâcher (son emprise), desserrer.

**relevance** ['reləvəns] *n.* pertinence, rapport, opportunité, convenance, adéquation.

**relevant** ['reləvənt] *adj.* pertinent, applicable, qui a rapport, opportun, adéquat.

**reliability** [rilaiə'biliti] *n.* **1.** sûreté, honnêteté, crédibilité, degré de confiance que l'on peut accorder. **2.** endurance, solidité, fiabilité.

**reliable** [ri'laiəbl] *adj.* **1.** fiable, sûr, digne de confiance, honnête, digne de foi. **2.** solide, résistant.

**reliance** [ri'laiəns] *n.* **1.** confiance (que l'on met en quelque chose ou quelqu'un). **2.** dépendance.

**relief** [ri'li:f] *n.* **1.** secours, aide, assistance. **2.** soulagement, allégement. *Tax relief,* allégement fiscal. **3.** relève. **4.** relief.

**relief check,** chèque d'assistance, bon de secours, versement à personne assistée.

**relieve** [ri'li:v] *v.* **1.** secourir, aider, assister. **2.** alléger, soulager. **3.** relever, remplacer, prendre la relève. **4.** destituer.

**relinquish** [ri'liŋkwiʃ] *v.* abandonner, renoncer à (fonction, droit, propriété).

**relinquishment** [ri'liŋkwiʃmənt] *n.* abandon, renonciation (fonction, droit, propriété).

**reload** [ri:'ləud] *v.* recharger.

**reloading** [ri:'ləudiŋ] *n.* rechargement.

**relocation** [ri:ləu'keiʃən] *n.* transfert, déménagement, relogement ; nouvelle implantation, choix d'une nouvelle implantation.

**relocation allowance,** indemnité de transfert, indemnité de déménagement.

**relocate** [ri:ləu'keit] *v.* déménager, transférer, réimplanter, reloger.

**reluctance** [ri'lʌktəns] *n.* réticence, répugnance.

**reluctant** [ri'lʌktənt] *adj.* réticent.

**reluctantly** [ri'lʌktəntli] *adv.* avec répugnance, réticence, à contre-cœur, à regret, de mauvaise grâce.

**rely** [ri'lai] *v.* compter sur, faire confiance à, tabler sur, se reposer sur, s'en remettre à, s'en rapporter à ; dépendre de.

**remainder** [ri'meində] *n.* reste ; restant, reliquat.

**remand** [ri'ma:nd] *v.* renvoyer un prévenu à une autre audience. *To remand a prisoner in custody,* renvoyer à huitaine la comparution de l'inculpé, avec détention provisoire. *To remand on bail,* mettre en liberté sous caution.

**remedy** ['remedi] *v.* remédier à.

**remedy** *n.* remède, solution ; recours ; dédommagement.

**remind** [ri'maind] *v. To remind somebody of something,* rappeler quelque chose à quelqu'un. *To remind somebody to do something,* rappeler à quelqu'un de faire quelque chose.

**reminder** [ri'maində] *n.* **1.** rappel, relance. **2.** lettre de rappel. **3.** mémento, mémoire.

**remission** [ri'miʃən] *n.* remise (dette, impôt, peine).

**remit** [ri'mit] *v.* **1.** remettre, envoyer, faire envoi d'une somme, payer. **2.** exonérer, exempter d'un paiement, faire remise (d'une peine).

**remittal** [ri'mitl] *n.* remise (d'une peine, d'une dette).

**remittance** [ri'mitəns] *n.* envoi de fonds, versement, remise d'argent.

**remittance advice** [ri'mitəns] avis de règlement, avis de remise, remise à l'encaissement, remise documentaire à l'encaissement.

**remittee** [ri'miti:] *n.* destinataire (d'un envoi de fonds).

**remitter** [ri'mitə] *n.* remetteur, expéditeur de fonds.

**remnant** ['remnənt] *n.* reste, restant.

**remodel** [,ri:'mɔdl] *v.* remodeler, remanier, réadapter, réorganiser, transformer.

**remote** [ri'məut] *adj.* **1.** lointain, distant, éloigné, écarté, reculé. **2.**

vague, léger, faible, moindre. *Remote-control,* commande à distance, télécommande.

**removable** [ri'muːvəbl] *adj.* 1. détachable ; transportable. 2. amovible, révocable.

**removal** [ri'muːvl] *n.* 1. suppression, enlèvement. 2. déménagement.

**remove** [ri'muːv] *v.* 1. enlever, faire disparaître. 2. déménager. 3. déplacer (fonctionnaire, etc.), retirer d'un poste.

**remover** [ri'muːvə] *n.* 1. produit qui enlève, détachant, décapant. *Stain-remover,* détachant. *Varnish-remover,* décapant pour vernis. 2. déménageur, entrepreneur de déménagements.

**remunerate** [ri'mjuːnəreit] *v.* rémunérer.

**remuneration** [ri,mjuːnə'reiʃən] *n.* rémunération.

**remunerative** [ri'mjuːnərətiv] *adj.* rémunérateur, profitable.

**render** ['rendə] *v.* 1. rendre. 2. remettre (un compte, un relevé).

**renew** [ri'njuː] *v.* 1. rénover. 2. renouveler. 3. reconduire, proroger.

**renewable** [ri'njuːəbl] *adj.* renouvelable ; reconductible.

**renewal** [ri'njuːəl] *n.* 1. rénovation. 2. renouvellement. 3. prorogation ; reconduction.

**renewed area** [ri'njuːd] *n.* zone reconstruite, zone d'urbanisation prioritaire.

**rent** [rent] *n.* loyer, rente.

**rent** *v.* louer (prendre en location).

**rentable** ['rentəbl] *adj.* qui peut être loué, qui peut se louer ; affermable.

**rental** ['rentl] *n.* 1. loyer ; prix de la location. 2. organisme de location.

**renter** ['rentə] *n.* 1. locataire. 2. personne qui prend en location.

**renunciation** [ri,nʌnsi'eiʃən] *n.* renonciation ; abandon.

**reopen** [riː'əupən] *v.* rouvrir.

**reopening** [riː'əupəniŋ] *n.* réouverture.

**reorder** [riː'ɔːdə] *v.* commander à nouveau, passer une nouvelle commande, repasser commande.

**reorganization** ['riː,ɔːgənai'-

zeiʃən] *n.* réorganisation, réaménagement ; restructuration.

**reorganize** [,riː'ɔːgənaiz] *v.* 1. réorganiser, réaménager. 2. resyndiquer (le personnel d'une entreprise).

**reorient** [riː'ɔːriənt] *v.* réorienter.

**reorientate** [,riː'ɔːrienteit] *v.* réorienter.

**reorientation** ['riː,ɔːrien'teiʃən] *n.* réorientation.

**repaid** [riː'peid] *adj.* remboursé.

**repair** [ri'pɛə] *n.* réparation. *In good repair,* en bon état. *Under repair,* en travaux, travaux en cours.

**repair** *v.* réparer.

**repairman** [ri'pɛəmən] *n.* réparateur.

**repatriate** [riː'pætrieit] *v.* rapatrier.

**repatriation** [,riːpætri'eiʃən] *n.* rapatriement.

**repay** [riː'pei] *v.* rembourser.

**repayable** [riː'peiəbl] *adj.* remboursable.

**repayment** [riː'peimənt] *n.* remboursement.

**repeal** [ri'piːl] *n.* abrogation, révocation.

**repeal** *v.* abroger.

**repeat** [ri'piːt] *v.* 1. répéter. 2. recommencer. 3. renouveler.

**repeat** *n.* répétition. *Repeat offender,* récidiviste. *Repeat order,* commande renouvelée.

**repetition** [,repi'tiʃən] *n.* répétition.

**repetitious** [ri'petiʃəs] *adj.* répétitif.

**repetitive** [ri'petitiv] *adj.* répétitif ; monotone.

**replace** [ri'pleis] *v.* remplacer, substituer, se substituer.

**replacement** [ri'pleismənt] *n.* 1. remplacement, substitution, renouvellement, rechange, réapprovisionnement. *Replacement costs,* coûts de remplacement. *Replacement cost accounting,* prise en compte par la comptabilité des coûts réels de remplacement (pour corriger les effets de l'inflation). 2. remplaçant. 3. pièce de rechange.

**replacement level,** niveau de remplacement.

**replacement market,** marché de renouvellement.

**replacement part,** pièce de rechange.

**replacement value,** valeur de remplacement, de renouvellement.

**replay** *n.* répétition (T.V.) *instant replay,* retour sur image ; ralenti.

**replenish** [ri'pleniʃ] *v.* réapprovisionner ; recharger ; remplir, refaire le plein, compléter. *To replenish the shelves,* réapprovisionner les étagères.

**replenishment** [ri'pleniʃmənt] *n.* réapprovisionnement.

**replete** [ri'pliːt] *adj.,* rempli, plein.

**repletion** [ri'pliːʃən] *n.* 1. plénitude. 2. satiété.

**replevin** [ri'plevin] *n.* mainlevée.

**reply** [ri'plai] *n.* réponse ; réplique.

**reply** *v.* répondre ; répliquer.

**report** [ri'pɔːt] *n.* rapport, compte rendu ; procès-verbal (d'une réunion) ; dépêche ; (informatique) état.

**report** *v.* 1. rapporter, signaler. 2. rendre compte. 3. être responsable vis-à-vis de, dépendre de. *He will report direct to the manager,* il dépendra directement du directeur. 4. se présenter.

**repossess** [ˌriːpə'zes] *v.* rentrer en possession de ; reprendre possession de ; saisir, faire saisir un article ou un bien non entièrement payé.

**repossession** [ˌriːpə'zeʃən] *n.* rentrée en possession, reprise de possession ; saisie (au bénéfice du vendeur) d'un article non entièrement payé.

**represent** [ˌrepri'zent] *v.* représenter.

**representative** [ˌrepri'zentətiv] *n.* 1. représentant ; délégué. 2. représentant de commerce.

**representative** *adj.* représentatif, typique, caractéristique.

**reprieve** [ri'priːv] *n.* sursis, répit.

**reprieve** *v.* accorder un sursis, un répit, un délai.

**reprint** ['riːprint] *n.* réimpression, retirage ; réédition.

**reprint** *v.* réimprimer, faire un nouveau tirage ; rééditer.

**repress** [ri'pres] *v.* réprimer.

**repression** [ri'preʃən] *n.* répres-sion, fait de réprimer.

**reprisal(s)** [ri'praizlz] *n.* représailles.

**repurchase** *n.* rachat ; réméré. *With option of repurchase,* avec faculté de rachat.

**reputable** ['repjutəbl] *adj.* de bonne réputation, honorable.

**reputation** [ˌrepju'teiʃən] *n.* réputation.

**repute** [ri'pjuːt] *n.* renom, renommée, réputation.

**request** [ri'kwest] *n.* requête, demande, sollicitation ; réclamation. *On request,* sur demande.

**request** *v.* demander, inviter (à). *As requested,* conformément aux instructions.

**require** [ri'kwaiə] *v.* demander, réclamer ; exiger, nécessiter. *If required,* si nécessaire, si on le demande.

**requirement** [ri'kwaiəmənt] *n.* 1. besoin, nécessité. *To meet the requirements,* satisfaire les besoins. 2. condition requise, caractéristique, exigence. *The requirements of the job,* les exigences du poste. *To meet the requirements,* remplir les conditions.

**requisite** ['rekwizit] *adj.* nécessaire, requis.

**requisites** ['rekwizits] *n.* 1. conditions requises. 2. accessoires, objets nécessaires. *Office requisites,* fournitures de bureau.

**requisition** [ˌrekwi'ziʃən] *n.* 1. demande. 2. réquisition.

**requisition** *v.* réquisitionner.

**reroute** [riː'ruːt] *v.* réacheminer ; modifier l'itinéraire ; modifier le tracé (d'une route).

**resale** [riː'seil] *n.* revente.

**resale price maintenance,** vente au détail à prix imposé.

**rescale** [riː'skeil] *v.* revoir, réajuster (souvent à une moindre échelle).

**reschedule** [riː'ʃedjul, U.S. : riː'skedʒul] *v.* rééchelonner, réordonnancer, reprogrammer, replanifier, modifier l'horaire, l'échéance. *To reschedule a debt,* rééchelonner une dette. *To reschedule a loan,* consolider un prêt.

**rescheduling** *n.* rééchelonnement, réordonnancement ; réaménagement (d'une dette).

**rescind** [ri'sind] *v.* annuler, casser, abroger, résilier.

**rescission** [ri'siʒən] *n.* annulation, abrogation, résiliation.

**rescue** ['reskjuː] *n.* sauvetage.

**rescue** *v.* porter secours (à), opérer le sauvetage (de).

**research** [ri'səːtʃ] *n.* recherche, travail de recherche. *Research and development,* recherche et développement ; études.

**research** *v.* faire de la recherche, faire des recherches (scientifiques, technologiques).

**researcher** [ri'səːtʃə] *n.* chercheur.

**resell** [riː'sel] *v.* revendre.

**reseller** [riː'selə] *n.* revendeur.

**reservation** [rezə'veiʃən] *n.* 1. réserve, arrière pensée. 2. réservation.

**reserve** [ri'zəːv] *n.* 1. réserve ; provision. 2. réserve, restriction.

**reserve** *v.* réserver, retenir, louer.

**reserved** [ri'zəːvd] *All rights reserved,* tous droits réservés.

**reserved price,** prix minimum (dans une mise à prix).

**resettle** [riː'setl] *v.* reclasser, réaffecter (personnel) ; réinstaller, transférer ; se réinstaller.

**resettlement** [riː'setlmənt] *n.* réaffectation, reclassement (du personnel).

**reshipment** [riː'ʃipmənt] *n.* réembarquement, réexpédition.

**reshuffle** [riː'ʃʌfl] *n.* remaniement, réorganisation.

**reshuffle** *v.* remanier ; réorganiser.

**reshuffling** [riː'ʃʌfliŋ] *n.* remaniement.

**reside** [ri'zaid] *v.* résider.

**residence** ['rezidəns] *n.* résidence.

**resident** ['rezidənt] *n.* résident.

**residence permit,** permis de séjour, carte de séjour.

**residual value** [ri'zidjuəl] *n.* valeur résiduelle.

**residuary estate** [ri'zidjuəri] propriété résiduelle.

**residuary legatee,** légataire universel des biens mobiliers.

**residue** ['rezidjuː] *n.* reliquat d'une succession.

**resign** [ri'zain] *v.* 1. démissionner, donner sa démission. 2. abandonner, renoncer à.

**resignation** [rezig'neiʃən] *n.* 1. démission. *To tender one's resignation, to hand out one's resignation,* démissionner. 2. abandon (d'un droit), renonciation.

**resilience** [ri'ziliəns] *n.* 1. élasticité, ressort. 2. résistance.

**resolution** [rezə'luːʃən] *n.* résolution.

**resolutive** ['rezəlutiv] *adj.* résolutoire, qui annule.

**resolve** [ri'zɔlv] *v.* décider, se décider, prendre une décision, trouver une solution, résoudre.

**resource** [ri'sɔːs] *n.* ressource.

**respond** [ri'spɔnd] *v.* 1. réagir. 2. répondre.

**respondent** [ri'spɔndənt] *n.* 1. répondant. 2. (enquête, sondage) personne interrogée.

**response** [ri'spɔns] *n.* 1. réaction. 2. réponse.

**response time,** 1. temps de réaction. 2. délai de réponse.

**responsibility** [rispɔnsə'biliti] *n.* responsabilité.

**responsible** [ri'spɔnsəbl] *adj.* responsable ; qui a le sens des responsabilités.

**responsive** [ri'spɔnsiv] *adj.* coopératif. *They have been responsive to our efforts,* ils ont répondu à nos efforts.

**rest** [rest] *n.* 1. repos. 2. reste.

**rest** *v.* 1. se reposer. 2. (on, sur) reposer, être posé, s'appuyer, être appuyé. 3. (**with,** à) incomber, revenir, appartenir. 4. demeurer. *There the matter rests,* l'affaire en est là. *The problem rests in this,* le problème réside en ceci. 5. *Jur. :* (U.S.) *To rest the case,* conclure son plaidoyer.

**restate** [riː'steit] *v.* se reformuler ; spécifier à nouveau.

**restock** [riː'tɔk] *v.* réapprovisionner, se réapprovisionner, réassortir, renouveler les stocks.

**restocking** [riː'tɔkiŋ] *n.* réapprovisionnement, renouvellement des stocks.

**rest on, rest upon** *v.* 1. reposer sur. 2. faire reposer sur, fonder, baser, appuyer sur. *To rest a case on facts,* appuyer, fonder un dossier sur des faits.

**restore** [ri'stɔː] *v.* 1. rendre, restituer. **2.** restaurer, reconstituer, rétablir. **3.** réintégrer (dans une fonction).

**restrain** [ri'strein] *v.* contenir, réprimer ; entraver.

**restraint** [ri'streint] *n.* contrainte, restriction, entrave. *Voluntary restraint,* modération volontaire (salaire, etc.). *In restraint of trade,* qui porte atteinte à la liberté du commerce.

**restrict** [ri'strikt] *v.* limiter, réduire, restreindre.

**restriction** [ri'strik∫ən] *n.* restriction, limitation.

**restrictive practise,** (G.B.) **practice** [ri'striktiv] **1.** atteinte à la libre concurrence. **2.** discrimination à l'embauche.

**rest with** *v.* être de la responsabilité de, être à la charge de.

**restroom** ['restru:m] *n.* (U.S.) toilettes.

**restructuring** [ri:'strʌkt∫əriŋ] *n.* restructuration.

**result** [ri'zʌlt] *n.* résultat ; performance.

**result** *v. To result in,* aboutir à, amener, mener à, avoir pour conséquence. *To result from,* provenir de, découler de.

**resume** [ri'zju:m] *v.* reprendre, recommencer (travail, négociations).

**résumé** ['rezju:mei] *n.* curriculum vitae.

**resumption** [ri'zʌmp∫ən] *n.* reprise (travail, négociations, etc.). *Resumption of work,* reprise du travail.

**resupply** [ri:sə'plai] *n.* réapprovisionnement.

**resupply** *v.* réapprovisionner.

**retail** ['ri:teil] *n.* détail, vente au détail.

**retail** [ri:'teil] *v.* vendre au détail.

**retail dealer** *v.* détaillant.

**retailer** [ri:'teilə] *n.* détaillant. *Large retailer,* grande surface.

**retail outlet,** magasin de détail.

**retail trade,** commerce de détail, petit commerce. *Large-scale retail trade,* commerce intégré.

**retain** [ri'tein] *v.* retenir, conserver, maintenir.

**retained earnings,** bénéfices non distribués ; réserves.

**retainer** [ri'teinə] *n.* arrhes ; provision, avance, avance sur honoraires, somme versée à l'avance pour s'assurer les services d'une personne ou d'un organisme. *To be on retainer* (avocat, expert, etc.) avoir un contrat à l'année (pour des services épisodiques).

**retaliate** [ri'tælieit] *v.* exercer des représailles.

**retaliation** [ri,tæli'ei∫ən] *n.* représailles, (mesures de) rétorsion.

**retaliatory** *adj.* de représailles, de rétorsion. *To take retaliatory steps,* prendre des mesures de rétorsion.

**retention** *n.* **1.** conservation, maintien, fait de retenir. **2.** ce qui reste. *After tax retention,* (somme, montant, volume) après impôt.

**retire** [ri'taiə] *v.* **1.** prendre sa retraite. **2.** mettre à la retraite. **3.** retirer de la circulation (titre, effet, etc.).

**retiree** [ri'taiəri:] *n.* retraité(e).

**retirement** [ri'taiəmənt] *n.* **1.** retraite. **2.** mise au rancart.

**retirement fund,** caisse de retraite.

**retirement pension,** pension de retraite.

**retool** *v.* se rééquipper en machines, moderniser les chaînes, la production.

**retrain** [ri:'trein] *v.* recycler (le personnel).

**retraining** [ri:'treiniŋ] *n.* recyclage (du personnel).

**retreat** *v.* **1.** se retirer. **2.** *(cours, etc.)* baisser.

**retrench** [ri'tren∫] *v.* réduire, comprimer, diminuer, restreindre (les dépenses) ; faire des économies.

**retrenchment** [ri'tren∫mənt] *n.* réduction, compression, restriction des dépenses. *Retrenchment policy,* politique d'austérité.

**retrievable** *adj.* récupérable. (Donnée informatique) accessible.

**retrieval** [ri'tri:vl] *n.* **1.** recouvrement. **2.** réparation, récupération. **3.** accès à l'information, (informatique) restitution (des données).

**retrieve** [ri'tri:v] *v.* retrouver, recouvrer ; récupérer. *To retrieve one's losses,* récupérer ses pertes, se refaire. *To retrieve information,*

1. avoir accès à des renseignements (ordinateur, banque de données). 2. restituer des renseignements.

**retroaction** [retrə'æk∫ən] *n.* rétroaction.

**retroactive** [retrə'æktiv] *adj.* rétroactif.

**retroactivity** [retrə,æk'tiviti] *n.* rétroactivité.

**retrocede** [,retrəu'si:d] *v.* rétrocéder.

**retrocession** [retrəu'se∫ən] *n.* rétrocession.

**return** [ri'tə:n] *n.* 1. retour. *By return of mail, by return of post,* par retour (du courrier). *Return ticket,* billet aller et retour. *Return address,* adresse de l'expéditeur. 2. rendu, invendu. *On sale or return,* (vente) en dépôt, à condition (avec reprise des invendus). 3. revenu, rendement, bénéfice. *Return on capital,* rémunération du capital. *Return on investment,* rapport, rendement, profitabilité d'un investissement. *Sales return,* produit des ventes. 4. compte rendu, rapport, relevé, état, situation (banque, etc.), bilan, statistique. *Tax return,* déclaration d'impôt. 5. ristourne ; remboursement.

**return** *v.* 1. revenir (à), retourner (à). 2. renvoyer ; rendre. 3. faire une déclaration (revenu, etc.). 4. (G.B.) élire. *To return to Parliament,* élire comme député.

**returnable** [ri'tə:nəbl] *adj.* 1. qui peut être rendu, qui peut être renvoyé ; (emballage) repris, consigné. 2. (G.B.) (candidat) éligible.

**returnables** [ri'tə:nəblz] *n.* emballages repris ; emballages consignés.

**return on assets,** rentabilité des actifs.

**return on equity,** rentabilité des capitaux propres.

**return on investment,** rentabilité d'un investissement ; taux de rendement comptable ; rendement des actifs.

**return on sales,** pourcentage du résultat d'exploitation par rapport au chiffre d'affaires, taux de marge.

**returns** [ri'tə:nz] *n.* 1. recettes, rentrées. 2. invendus, « retours ». 3. résultats (élection, etc.). *Census*

*returns,* résultats du recensement.

**return ticket,** billet aller et retour.

**return to sender,** retour à l'envoyeur ; à retourner à l'envoyeur, à l'expéditeur.

**revaluation** [ri:,vælju'ei∫ən] *n.* réévaluation.

**revalue** [ri:'vælju:] *v.* réévaluer.

**revamp** [ri'væmp] *v.* transformer, moderniser, rénover.

**revenue** ['revənju:] *n.* 1. revenu, rapport, recettes, chiffre d'affaires. *Comptab. :* produit. 2. revenu de l'impôt. *The Inland Revenue* (G.B.), *The Internal Revenue* (U.S.), le fisc.

**revenue bond,** obligation à long terme émise par une collectivité publique pour financer un projet.

**revenue stamp,** timbre fiscal.

**reversal** [ri'və:sl] *n.* 1. renversement, retournement (de tendance). 2. annulation (jugement, écriture).

**reverse** [ri'və:s] *n.* inverse, contraire, opposé ; marche arrière.

**reverse** *adj.* inverse, contraire, opposé.

**reverse** *v.* 1. faire marche (ou machine) arrière, inverser. 2. annuler, révoquer (sentence).

**reverse charge call,** (G.B.) appel en PCV.

« **reverse charges** », (G.B.) « en PCV ».

**reversed take over,** contre OPA.

**reversibility** [rivə:sə'biliti] *n.* caractère réversible, réversibilité.

**reversible** [ri'və:səbl] *adj.* réversible.

**reversion** [ri'və:∫ən] *n.* 1. retour (à situation antérieure). 2. réversion, droit de retour (d'un bien). 3. *Assur. :* rente viagère.

**reversionary** [ri'və:∫ənəri] *adj.* réversible, de réversion.

**revert** [ri'və:t] *v.* retourner, revenir (à).

**review** [ri'vju:] *n.* 1. revue, périodique, magazine. 2. examen, compte rendu, recensement, étude critique. *The year under review,* l'exercice en question, l'exercice écoulé. 3. révision (d'un procès).

**review** *v.* 1. passer en revue, revoir, examiner ; faire le compte rendu, la critique de. 2. réviser, revoir (procès, décision).

**revisable** [ri'vaizəbl] *adj.* révisable.

**revise** [ri'vaiz] *v.* réviser. *To revise downward,* réviser en baisse. *To revise upward,* réviser en hausse.

**revision** [ri'viʒən] *n.* révision.

**revival** [ri'vaivl] *n.* reprise (économie, etc.) ; renaissance, renouveau.

**revive** [ri'vaiv] *v.* **1.** reprendre, se ranimer, repartir (économie, etc.). **2.** ranimer, faire reprendre, faire revivre ; raviver, relancer. **3.** remettre en vigueur ; réactiver.

**revocable** ['revəkəbl] *adj.* révocable.

**revocation** [revə'keiʃən] *n.* révocation, abrogation, annulation.

**revoke** [ri'vəuk] *v.* révoquer, annuler, abroger.

**revolving credit** [ri'vɔlviŋ] crédit à renouvellement automatique, crédit renouvelable.

**rev up** *v.* **1.** faire tourner à plein régime, lancer (un moteur, etc.). **2.** stimuler, relancer (l'économie).

**reward** [ri'wɔːd] *n.* récompense, prime.

**reward** *v.* récompenser.

**rewarding** [ri'wɔːdiŋ] *adj.* **1.** rémunérateur. **2.** qui récompense, satisfaisant, qui donne de grandes satisfactions. *A rewarding job,* un emploi qui apporte des satisfactions.

**rewrite** [riː'rait] *v.* remanier, réécrire.

**rice-paddy** *n.* rizière.

**rich** [ritʃ] *adj.* riche ; magnifique. *The rich,* les riches.

**riches** ['ritʃiz] *n.* richesses. *From rags to riches,* de la pauvreté à la fortune.

**rid** [rid] *v.* débarrasser.

**ride out a crisis** [raid] surmonter une crise, passer au travers d'une crise.

• **rider** ['raidə] *n.* avenant, clause additionnelle.

**ridership** *n.* *(train)* nombre de voyageurs.

**rift** [rift] *n.* divergence, dissension ; scission.

**rig** [rig] *n.* **1.** équipement, installation, accessoires, mécanisme. **2.** *Oil rig,* plate-forme de forage (en mer). **3.** (U.S.) camion semi-remor-

que.

**rig** *v.* **1.** équiper. **2.** truquer. *Bourse : To rig the market,* fausser le marché, manipuler le marché.

**rigging** ['rigiŋ] *n.* *Bourse :* agiotage, manipulation du marché.

**right** [rait] *n.* droit. *Sole right,* droit exclusif.

**rights issue,** émission de droits de souscription, émission de droits d'attribution.

**rig up** *v.* **1.** installer, monter, faire une installation de fortune. *To rig up a demonstration,* improviser une démonstration. **2.** *Bourse : To rig up prices,* faire monter artificiellement les prix, les cours.

• **ring** [riŋ] *n.* **1.** coup de téléphone. **2.** réseau (de trafiquants, etc.).

**ring** *v.* sonner.

**ring off** *v.* raccrocher (Tél.).

**ring road** [riŋ rəud] (G.B.) route circulaire, boulevard de ceinture, périphérique.

**ring up** *v.* **1.** appeler au téléphone. **2.** enregistrer.

**riot** ['raiət] *n.* émeute.

**riot** *v.* être en état d'émeute, se livrer à une émeute.

**rioter** ['raiətə] *n.* émeutier.

**ripe** [raip] *adj.* mûr.

**ripen** ['raipən] *v.* mûrir, parvenir à maturité.

**rip-off** *n.* vente à un prix trop élevé (vol).

**rip off** *v.* escroquer.

**ripple effect,** propagation, réaction en chaîne. *It will have a ripple effect on...,* cela va s'étendre à, se propager dans...

**rise** *n.* **1.** augmentation, montée, accroissement. *Rise in wages,* augmentation de(s) salaires. *Rise in unemployment figures,* augmentation du chômage. **2.** ascension, essor. **3.** source, naissance, origine.

**rise** [raiz] *v.* monter, augmenter, croître, s'accroître. *To rise by 5 %,* augmenter de 5 %.

**risk** [risk] *n.* risque, danger. *At owner's risk,* aux risques et périls du propriétaire.

**risk** *v.* risquer, courir un risque, prendre un risque.

**risk analysis,** analyse du risque.

**risk capital,** capital à risque, capital-risque.

**risk management,** gestion des

risques ; prévention-assurance.

**risk profile,** profil de risque(s), distribution de la probabilité (du risque).

**rival** ['raivl] *n.* rival, concurrent.

**rival** *v.* rivaliser (avec), concurrencer.

**road** [rəud] *n.* route. *To be on the road,* être voyageur de commerce.

**roadholding** [,rəud'həuldiŋ] *n.* (véhicule) tenue de route.

**roadstead** ['rəudsted] *n.* rade.

**road tax,** vignette automobile.

**roadtest** *v.* tester, vérifier si qqchose « tient la route » (propre et figuré).

« **road up** », rue barrée, route barrée, route en réfection, attention travaux.

**roadway** ['rəudwei] *n.* chaussée.

**road works** *n.* travaux routiers. « *Road works ahead* », « attention travaux ».

**roadworthiness** ['rəudwə:ðinis] *n.* état général d'un véhicule, état de marche d'un véhicule.

**roadworthy** ['rəudwə:ði] *adj.* (véhicule) en bon état de marche.

**roar** [rɔ:r] *v.* 1. rugir, gronder. 2. prospérer. *To do a roaring trade,* faire des affaires d'or.

**rob** [rɔb] *v.* voler.

**robbery** ['rɔbəri] *n.* vol, vol qualifié. *Armed robbery,* vol à main armée.

**robot** ['rəubɔt] *n.* robot.

**robotics** *n.* robotique.

**rock bottom price** [rɔk'bɔtəm] prix sacrifiés, prix le plus bas qui peut être consenti.

**roll** [rəul] *n.* 1. liste, rôle, état, contrôle. *To call the roll,* faire l'appel. 2. (U.S.) liasse de billets de banque. 3. *Rolls,* train de laminoir.

**roll** *v.* rouler ; (métaux) laminer.

**rollback** (U.S.) ['rəulbæk] *n.* baisse des prix imposée. *To force a steel-price rollback,* imposer une baisse des prix de l'acier.

**roll back** *v.* imposer une baisse (des prix).

**roller coaster** ['rəulə] montagnes russes (expression utilisée pour les variations de prix, etc.).

**rolling-mill** ['rəuliŋ] *n.* laminoir.

**rolling stock,** (chemin de fer) matériel roulant.

**roll-on roll-off,** fret intégré. *Roll-on roll-off ship,* navire roulier.

**roll over,** 1. crédit à taux révisable. 2. refinancement d'une obligation arrivée à maturité en offrant en échange une obligation de même type.

**roll-over credit,** crédit renouvelable/reconductible à taux variable, crédit à taux révisable.

**room** [ru:m] *n.* 1. pièce, salle. 2. place, espace.

**Ro Ro ship** = *Roll-on roll-off ship.*

**roster** ['rəustə] *n.* (U.S.) tableau, état, liste, rôle.

**rotate** *v.* alterner, faire se succéder, faire tourner. *Rotating presidency,* présidence tournante.

**rotation of crops** [rəu'teiʃən] assolement, rotation des cultures.

**rough** [rʌf] *adj.* 1. rude, rugueux. 2. brut. 3. brutal ; rude ; grossier ; dur. 4. approximatif.

**rough** *n.* ébauche, brouillon, avant-projet.

**rough book,** brouillard, brouillon.

**rough draft,** esquisse, brouillon, (premier) projet.

**rough estimate,** devis approximatif, évaluation approximative.

**round** [raund] *n.* 1. tournée, circuit. *The postman's round,* la tournée du facteur. 2. série, tour. *Round of talks,* série de négociations. *Second round,* 2ᵉ tour d'une élection. 3. étape, phase d'une négociation.

**round down** *v.* arrondir au chiffre inférieur.

**round table,** table ronde.

**round the clock** ['raund ðə klɔk] 24 heures sur 24 heures, jour et nuit.

**round trip,** voyage circulaire ; (U.S.) aller et retour. *Round-trip charter,* affrètement aller et retour.

**roundup** ['raundʌp] *n.* 1. rassemblement (fait de rassembler). 2. (police) arrestation d'un groupe. 3. résumé (des nouvelles).

**round up** *v.* 1. rassembler. 2. *Police :* arrêter un groupe. 3. résumer (les nouvelles). 4. arrondir au chiffre supérieur.

**route** [ru:t] *n.* itinéraire, parcours, route (maritime) ; cheminement.

**route** *v.* router.

**routine** [ruː'tiːn] *n.* routine, train-train.

**routing** [ruːtiŋ] *n.* routage.

**row** [rəu] *n.* rang, rangée, ligne.

**row** [rau] *n.* querelle, dispute, éclat.

**royalty/royalties** ['rɔiəltiz] *n.* droit(s) d'auteur ; redevance(s) dues à inventeur ou détenteur de droit(s) (sur un brevet, une mine, un puits de pétrole).

**rubber cheque** ['rʌbə] chèque sans provision.

**rubbers** ['rʌbəz] *n.* Bourse : caoutchoucs (valeurs).

**rubber-stamp** *v.* entériner.

**rudder** ['rʌdə] *n.* gouvernail.

**rule** [ruːl] *n.* règle, règlement, loi ; pouvoir, domination.

**rule** *v.* 1. gouverner, régir. 2. décider, déterminer, régler.

**rule off** *v.* arrêter, clore un compte.

**rule of thumb,** méthode empirique, « pifométrique ».

**rule out** *v.* éliminer, écarter (une possibilité).

**ruling** ['ruːliŋ] *n.* décision, ordonnance (d'un tribunal, d'un juge).

**ruling** *adj.* actuel, courant, dominant. *Ruling prices,* cours actuel, cours actuellement pratiqués.

**rummage** ['rʌmidʒ] *v.* fouiller ; (douanes) visiter un navire.

**rummage** *n.* visite de douane (à bord d'un navire).

**rummage sale,** (U.S.) vente de charité, vente d'objets usagés, braderie.

**rummaging** ['rʌmidʒiŋ] *n.* recherches, fouille, visite à bord (par les autorités douanières).

**run** [rʌn] *v.* (intransitif) 1. courir. 2. fuir, s'enfuir. 3. courir, durer. *The bill has 15 days to run,* l'effet a 15 jours à courir. *The contract has 3 more years to run,* le contrat est encore valable pour 3 ans. 4. fonctionner, marcher, opérer. 5. circuler ; faire route, aller. 6. avoir cours. 7. être élevé. *Prices run high,* les prix sont élevés. 8. dire ; se lire. *The document ran thus,* le document disait ceci. 9.

disputer, concourir ; se présenter, être candidat (élection). 10. couler, s'écouler. 11. déteindre.

**run** *v.* (transitif) 1. diriger, faire fonctionner, gérer, tenir. 2. organiser (concours, etc.). 3. faire fonctionner, faire travailler (machine) ; exploiter (une ligne, un service). 4. faire passer, publier (annonce, article). 5. vendre, avoir en magasin. *To run a line of products,* vendre une ligne de produits. 6. *To run a risk,* courir un risque.

**run** *n.* 1. trajet, parcours, traversée. *Trial run,* parcours d'essai, course d'essai ; essai(s). 2. marche (d'une machine) ; période de fonctionnement d'une machine. 3. rythme, cours. *The run of the market,* les tendances du marché. 4. période, séquence, suite, série, succession. *First run,* présentation, sortie (film, etc.). *In the short run,* à court terme. 5. ruée, panique. *Run on a bank,* ruée sur une banque (pour demandes de remboursement), panique bancaire. *Run on gold,* ruée sur l'or. *Run on the dollar,* ruée spéculative sur le dollar. 6. libre accès, libre disposition. *To have the run of the building,* avoir libre accès au bâtiment, pouvoir disposer du bâtiment. 7. tirage.

**run a car** *v.* faire fonctionner une voiture. *How much it costs to run a car,* combien coûte l'entretien d'une voiture, combien coûte l'utilisation de la voiture.

**run afoul of,** entrer en collision avec (navire, etc.). *To run afoul of the law,* avoir des démêlées avec la justice ; tomber sous le coup de la loi.

**run aground** *v.* s'échouer.

**run an ad,** faire passer, publier une petite annonce ; mettre une annonce.

**run a poll,** faire un sondage (d'opinion).

**runaway inflation** ['rʌnəwei] inflation galopante, incontrôlable, non-maîtrisable.

**runaway plant,** (U.S.) usine se transportant là où la main-d'œuvre est moins chère.

**rundown** ['rʌndaun] *n.* 1. compte rendu, rapport, bref exposé ;

analyse point par point, résumé point par point. 2. déclin, contraction (d'une industrie).

**run down** *v.* 1. décliner. 2. réduire, faire baisser (stocks), faire se contracter.

**run foul of,** voir **run afoul of.**

**rung** [rʌŋ] *n.* échelon.

**run in** *v.* roder (moteur).

**runner** ['rʌnə] *n.* concurrent ; candidat.

**runner-up** [,rʌnər'ʌp] *n.* concurrent, candidat en 2ᵉ position, qui obtient la 2ᵉ place.

**running** ['rʌniŋ] *n.* 1. direction, gestion. 2. fonctionnement, marche. 3. course, compétition, concurrence.

**running** *adj.* 1. consécutif. *2 days running,* 2 jours de suite. 2. courant.

**running expenses,** coûts, frais de fonctionnement ; dépenses courantes.

**running in** *n.* rodage. « *Running in* », « en rodage ».

**running-in period,** période de rodage.

**run into debt,** s'endetter.

**run-off,** (U.S.) 2ᵉ tour d'une élection.

**run-of-paper position** *Pub.* : em-

placement ordinaire (dans un journal).

**run-of-the-mill** *adj.* ordinaire, standard, moyen, normal, habituel.

**run out** 1. expirer (contrat), se terminer. 2. chasser. 3. (U.S.) supplanter.

**run out of,** être à court de, (commencer à) manquer de.

**run short of,** être à court de, commencer à manquer de.

**run to** *v.* se monter à.

**run up** *v.* 1. monter, s'élever (prix). 2. faire monter (prix, enchères). 3. *To run up bills,* s'endetter. *To run up a deficit,* accumuler un déficit.

**runway** ['rʌnwei] *n.* piste de décollage.

**rush** [rʌʃ] *n.* ruée ; cohue. *Rush on a bank,* ruée sur les guichets (pour retirer ses fonds).

**rush** *v.* se ruer, se précipiter.

**rush hour,** heure de pointe.

**rust** [rʌst] *n.* rouille.

**rust** *v.* rouiller.

**rusty** ['rʌsti] *adj.* rouillé.

**rut** [rʌt] *n.* ornière, routine.

**rye** [rai] *n.* seigle ; whisky à base de seigle.

# S

**sack** [sæk] *n.* sac, grand sac.

**sack** *v.* 1. mettre à la porte, renvoyer, licencier. 2. ensacher, mettre en sac. 3. piller.

**sack (to give the),** mettre à la porte, renvoyer, licencier.

**sackcloth** ['sæk,klɔθ] *n.* toile à sac, grosse toile, toile d'emballage.

**sacking** ['sækiŋ] *n.* 1. mise à la porte, renvoi, licenciement. 2. mise en sac, ensachage. 3. toile à sac, grosse toile, toile d'emballage. 4. pillage, mise à sac.

**sacrifice** ['sækrifais] *v.* sacrifier ; (marchandises) vendre à perte.

**saddled** ['sædld] *adj. To be saddled with a debt,* endosser une dette (avoir une dette sur les bras). *To be saddled with a loss,* endosser une perte.

**safe** [seif] *n.* coffre-fort.

**safe** *adj.* 1. en sûreté. *Safe and sound,* sain et sauf. 2. sûr, sans

danger, sans risque. *Safe investment,* placement sûr.

**safe-box,** compartiment de coffre-fort.

**safe conduct** [,seif 'kɔndʌkt] *n.* sauf-conduit.

**safe custody,** dépôt en garde. *Banque : Safe custody of valuables,* garde des objets de valeur mis en dépôt.

**safe-department** *Banque :* service des coffres.

**safe-deposit,** dépôt en coffre-fort.

**safeguard** ['seifgɑ:d] *n.* 1. garantie, sauvegarde. 2. sauf-conduit.

**safeguard** *v.* protéger, sauvegarder, mettre à l'abri, mettre à couvert.

**safekeeping department** [,seif 'ki:piŋ] service des coffres-forts.

**safely** ['seifli] *adv.* sans accident, sans dommage. *To arrive safely,* arriver en bon état, sans dommage.

**safety** ['seifti] *n*. sécurité ; sûreté. *Safety measures,* mesures de sécurité. *Safety regulations,* consignes de sécurité.

**safety,** (en position d'adjectif devant un nom) de sécurité ; de protection.

**safety standards,** normes de sécurité.

**sag** [sæg] *v*. fléchir, baisser, s'affaisser ; ployer.

**sag** *n*. baisse, fléchissement, affaissement.

**sagging** [sægiŋ] *n*. baisse, fléchissement, affaissement (cours, etc.).

**sagging** *adj*. en baisse ; languissant, atone, en perte de vitesse.

**said** [sed] *adj*. déjà mentionné, ci-dessus. *The said contract,* ledit contrat. *The said price,* le prix fait.

**sail** [seil] *n*. voile.

**sail** *v*. 1. naviguer. 2. prendre la mer, partir (navire), appareiller.

**sailing** ['seiliŋ] *n*. 1. navigation. 2. appareillage ; départ (navire). *Sailing time,* heure de départ (navire). *Port of sailing,* port de départ.

**sailing** *adj*. navigant(e).

**sailor** ['seilə] *n*. marin.

**salaried worker,** ouvrier salarié.

**salary** ['sæləri] *n*. salaire, traitement ; appointements. *To draw a salary,* toucher un traitement.

**sale** [seil] *n*. vente. *On sale,* en vente. *Bargain-sale,* soldes. *Cash sale,* vente au comptant. *Clearance sale,* soldes. *Closing-down sale,* soldes, liquidation du stock. *Credit sale,* vente à crédit.

**saleability** [,seilə'biliti] *n*. caractère marchand, qualité marchande, facilité de vente, d'écoulement (d'un article).

**saleable** ['seiləbl] *adj*. vendable, marchand.

**sale by auction,** vente aux enchères.

**sale by private contract,** vente de gré à gré, à l'amiable.

**sale by tender,** vente par soumission.

**sale for cash,** vente au comptant.

**sale for the account** *Bourse :* vente à terme.

**sale on approval,** vente à l'essai ; vente sur qualité vue.

**sale on sample,** vente sur échantillon.

**sale on trial,** vente à l'essai.

**sale or return (on)** (vente) en dépôt, à condition, avec faculté de retour, avec reprise des invendus.

**sales account,** compte de(s) vente(s).

**sales area,** secteur de vente.

**sales book,** livre des ventes, journal des ventes.

**sales chart,** courbe des ventes.

**sales clerk** *n*. vendeur ; commis.

**sales department,** service des ventes, service commercial.

**sales drive,** campagne de ventes.

**sales expectation(s),** espérance de vente(s).

**sales figure,** chiffre de ventes, chiffre d'affaires.

**sales forecast,** prévision de vente(s).

**sales force,** force de vente (équipe de vendeurs, représentants, etc.).

**sales girl** *n*. vendeuse.

**saleslady** ['seilzleidi] *n*. (U.S.) vendeuse.

**salesman** ['seilzmən] *n*. 1. vendeur. 2. *(Travelling) salesman,* représentant, voyageur de commerce.

**sales manager,** responsable des ventes, chef du service des ventes, chef du service commercial.

**salesmanship** ['seilzmənʃip] *n*. art de vendre, art de la vente, sens commercial.

**sales mix,** gamme, éventail de produit.

**salespeople** ['seilzpi:pl] vendeurs et vendeuses, membres du service commercial, employés du service de vente.

**salesperson** *n*. vendeur, vendeuse.

**sales promotion,** promotion des ventes.

**sales receipts,** produit des ventes.

**sales resistance,** résistance à la vente.

**sales returns,** recettes, rentrées provenant des ventes, produit des ventes.

**sales tax,** impôt sur le chiffre d'affaires.

**saleswoman** ['seilzwu:mən] *n*. vendeuse.

**salt away** *v*. mettre de l'argent de côté.

**saltwater** ['sɔ:lt'wɔ:tə:] *n.* eau de mer, eau salée.

**salutations** [,sælju:'teiʃənz] *n.* formules d'introduction (lettre) ex. : *Dear Sir,* Monsieur.

**salvage** ['sælvidʒ] *n.* **1.** sauvetage (navire, marchandise). **2.** droit, prime de sauvetage. **3.** matériel, objets récupérés, sauvés après un naufrage, un incendie.

**salvage** *v.* récupérer (marchandises, navire après naufrage, etc.), effectuer le sauvetage de.

**salvage value,** valeur résiduelle ; valeur de récupération.

**salve** [sælv] *v.* voir **to salvage.**

**salver** ['sælvə] *n.* sauveteur (de matériel après naufrage, incendie).

**salvor** ['sælvə] *n.* voir **salver.**

**sample** ['sa:mpl], U.S. ['sæmpl] *n.* échantillon. *Free sample,* échantillon gratuit. *Probability sample,* échantillon aléatoire. *Random sample,* échantillon aléatoire. *Sale on sample,* vente sur échantillon. *True to sample, up to sample,* conforme à l'échantillon, répondant à l'échantillon.

**sample** *v.* **1.** échantillonner. **2.** prendre un échantillon. *Sampling order,* autorisation de prélever des échantillons sur des marchandises entreposées. **3.** faire un sondage.

**sample census,** recensement par sondage.

**sampler** ['sa:mplə] *n.* échantillonneur/euse.

**sample request card,** (carte de) demande d'échantillon.

**« samples »** ['sa:mplz] *n.* « échantillons gratuits ».

**sample survey,** enquête par sondage.

**sample testing,** test par échantillon(nage).

**sampling** ['sa:mpliŋ] *n.* échantillonnage.

**sandwich courses** ['sænwidʒ] enseignement alterné.

**sandwichman** ['sænwidʒmən] *n.* homme sandwich.

**sanitation** [,sæni'teiʃən] *n.* hygiène.

**satiated** ['seiʃieitid] *adj.* saturé.

**satiation** [seiʃi'eiʃən] *n.* saturation.

**satisfaction** [,sætis'fækʃən] *n.* **1.** satisfaction. **2.** exécution (d'une promesse), acquittement, paiement, liquidation (d'une dette), désintéressement (d'un créancier).

**satisfied that (to be)** ['sætisfaid] être assuré que, avoir vérifié que, être convaincu que.

**satisfied with (to be),** être content de, satisfait de.

**satisfy** ['sætisfai] *v.* **1.** satisfaire. **2.** remplir (les conditions), satisfaire à. **3.** exécuter (une promesse), payer, liquider, s'acquitter de (dette).

**saturate** ['sætʃəreit] *v.* saturer.

**saturation** [sætʃə'reiʃən] *n.* saturation.

**save** [seiv] *v.* épargner, économiser, mettre de côté.

**saver** ['seivə] *n.* épargnant. *Small-savers,* petits épargnants.

**saving** ['seiviŋ] *adj. Labour-saving device,* système qui économise la main-d'œuvre, qui réduit les coûts de main-d'œuvre. *Time-saving,* qui fait gagner du temps, qui fait économiser du temps.

**saving clause,** clause de sauvegarde.

**savings** ['seiviŋz] *n.* économies, épargne. *Savings plan,* plan d'épargne.

**savings account,** compte d'épargne.

**savings and loan association,** (U.S.) organisme, association offrant un plan d'épargne-logement.

**savings-bank,** caisse d'épargne, banque d'épargne. *Savings-bank depositor's book,* livret de caisse d'épargne.

**savings bond,** bon d'épargne, bon de caisse.

**savvy** ['sævi] savoir faire, connaissance (du spécialiste).

**sawdust** ['sɔ:dʌst] *n.* sciure.

**sawmill** [sɔ:mil] *n.* scierie.

**say (to have one's)** [sei] avoir son mot à dire. *To have no say,* ne pas avoir voix au chapitre.

**say** *adv.* par exemple.

**scab** [skæb] *n.* jaune, briseur de grève.

**scaffolding** ['skæfəldiŋ] *n.* échafaudage.

**scale** [skeil] *n.* échelle ; barème ; tarif ; gamme. *Wage-scale,* échelle des salaires. *Sliding wage-scale,* échelle mobile des salaires. *On a*

*large scale,* sur une grande échelle.
**scale** *v.* tracer (carte, plan) à l'échelle. *To scale down,* réduire l'échelle (salaires, etc.). *To scale up,* augmenter l'échelle.
**scale back** *v.* réduire (dans une certaine proportion).
**scaling** *n.* **1.** graduation. **2.** calcul selon une échelle commune.
**to scan** [skæn] balayer, explorer.
**scant** [skænt] *adj.* rare.
**scantiness** *n.* rareté, insuffisance (quantité).
**scanty** ['skænti] *adj.* rare, peu abondant, en quantité insuffisante.
**scarce** [skɛəs] *adj.* rare, peu abondant, en quantité insuffisante. *To be scarce,* faire défaut.
**scarceness** ['skɛəsnis] *n.* rareté ; pénurie ; manque ; disette.
**scarcity** ['skɛəsiti] *n.* rareté ; pénurie ; manque ; disette.
**scare** *n.* panique.
**scatter** ['skætə] *v.* **1.** disperser, éparpiller. **2.** diffuser, disséminer (informations). **3.** se disperser, s'éparpiller.
**scattered** ['skætəd] *adj.* **1.** dispersé, éparpillé. **2.** (informations) disséminé.
**schedule** (G.B.) ['ʃedjuːl] (U.S.) ['skedjuːl] *n.* **1.** plan, programme, « planning », calendrier, échéancier. *According to schedule,* selon le programme. *Behind schedule,* en retard sur le programme. **2.** horaire (train, etc.), indicateur. **3.** nomenclature, tarif, barème (douanes, prix, etc.), rubrique. **4.** annexe (contrat, etc.). **5.** bordereau.
**schedule** *v.* **1.** établir un programme, un plan, une chronologie, programmer ; ordonnancer. *The meeting is scheduled for next week,* la réunion est prévue pour la semaine prochaine. **2.** porter, faire figurer sur un horaire. **3.** inscrire, faire figurer sur une liste. *The scheduled territories,* les pays de la zone sterling. **4.** ajouter, faire figurer en annexe.
**scheduled flight** ['ʃedjuːld] (G.B.), ['skedjuːld] (U.S.) vol régulier.
**scheduled time,** heure indiquée, officielle ; heure (date, période) prévue.
**scheduling** ['ʃedjuːliŋ] (G.B.), ['skedjuːliŋ] (U.S.) *n.* ordonnancement.
**scheme** [skiːm] *n.* **1.** projet, plan ; combinaison. **2.** système. *Bonus scheme,* système de primes. *Pension scheme,* système de retraite. *Contributory pension scheme,* système de retraite avec cotisations de l'intéressé. **3.** *Scheme of composition,* concordat (dans le cas d'une faillite).
**scheme** *v.* dresser des plans ; combiner ; intriguer.
**scheme of arrangement,** concordat.
**scholarship** ['skɔləʃip] *n.* bourse (d'études).
**scofflaw** *n. et adj.* qui bafoue la loi.
**scoop** [skuːp] **1.** exclusivité ; nouvelle (sensationnelle) publiée ou diffusée par un organe d'information (presse écrite ou radio télévisée) avant ses concurrents. **2.** coup d'éclat, « coup ».
**scope** [skəup] *n.* **1.** envergure, portée, rayon, étendue. **2.** zone de compétence, terrain d'application, champ d'action. **3.** liberté d'action, latitude. *To give somebody wide scope,* donner une grande latitude à quelqu'un.
**scorched earth** (m. à m. terre brûlée), technique consistant pour une société à se rendre moins attrayante en cas d'O.P.A. (Exemple : remboursement d'emprunt immédiatement exigible dès le rachat...)
**scrap** [skræp] *n.* déchet(s), débris (métallique(s)), rebut. *Scrap iron,* ferraille.
**scrap** *v.* **1.** mettre au rebut, au rencart, hors service, à la ferraille, etc. **2.** abandonner (un projet).
**scrap value,** valeur résiduelle ; valeur à la casse.
**scratch (to start from)** [skrætʃ] partir de zéro ; avoir un handicap au départ.
**scratch** *v.* **1.** rayer (un nom sur une liste). **2.** décommander, annuler (réunion, etc.).
**scratch off** *v.* rayer un nom (sur une liste).
**screen** [skriːn] *v.* **1.** trier, filtrer, sélectionner. *To screen applicants,* sélectionner les candidats, opérer

un tri, un choix parmi les candidats. **2.** abriter, protéger.

**screening** ['skri:niŋ] *n.* sélection, tri, filtrage, examen attentif.

**scrip** [skrip] *n.* **1.** certificat, document, reçu, bon donnant au détenteur le droit de toucher une somme d'argent, de recevoir un titre de propriété ou de recevoir des marchandises. ex. : *Scrip worth $ 100 in merchandise,* titre, bon, document donnant droit à 100 dollars de marchandises. **2.** valeurs, titres, actions. *Registered scrip,* titres nominatifs. **3.** *Scrip (certificate),* certificat provisoire (actions), « scrip ».

**scrip-holder** *n.* **1.** porteur de titre. **2.** détenteur de certificats (provisoires) d'actions. **3.** détenteur d'un bon, reçu, certificat, titre donnant droit au versement d'une somme d'argent, à des marchandises ou à un titre de propriété.

**script** [skript] *n. Jur. :* document original, d'origine. **2.** manuscrit, scénario.

**scripter** (U.S.) ['skriptə] *v.* voir **scriptwriter.**

**scriptwriter** ['skript,raitə] *n.* auteur de scénario, scénariste.

**scrutinize** ['skru:tinaiz] *v.* examiner, étudier minutieusement. *To scrutinize votes,* vérifier les suffrages, pointer les suffrages.

**sea** [si:] *n.* mer. *At sea,* en mer. *By sea,* par mer, par voie de mer. *To put to sea,* prendre la mer.

**sea-borne** ['si:bɔ:n] **1.** *Sea-borne trade,* commerce, transport maritime. **2.** (marchandises) transportées par mer.

**sea-carriage,** transport par mer.

**sea-carrier,** transporteur maritime.

**sea-damage,** fortune de mer.

**sea-damaged,** avarié, endommagé pendant le transport par mer.

**seal** [si:l] *n.* **1.** sceau, cachet. *Seals,* scellés. *Custom-house seal,* plomb de la douane. **2.** label (de garantie). *Quality seal,* label de qualité. **3.** bouchon, fermeture hermétique.

**seal** *v.* **1.** sceller, cacheter. **2.** fermer hermétiquement, assurer l'étanchéité de. **3.** apposer les scellés. **4.** Conclure. *To seal a deal,* conclure une affaire.

**sealing** ['si:liŋ] *n.* **1.** cachetage. **2.** apposition des scellés. **3.** fermeture hermétique. **4.** plombage d'un colis (douanes).

**seaman** ['si:mən] *n.* **1.** marin, matelot. **2.** navigateur.

**sea-peril,** risque de mer.

**search** [sə:tʃ] *n.* **1.** recherche(s). **2.** perquisition, fouille, visite (par les autorités douanières).

**search** *v.* **1.** fouiller, inspecter. **2.** perquisitionner. **3.** *To search for,* chercher, rechercher.

**search warrant,** mandat de perquisition.

**sea-route,** route maritime.

**season** ['si:zn] *n.* saison.

**seasonal** ['si:zənl] *adj.* saisonnier.

**seasonal swings,** variations saisonnières.

**seasonally adjusted** ['si:znəli] corrigé des variations saisonnières.

**season-ticket** ['si:zn,tikit] carte d'abonnement.

**season-ticket holder,** abonné.

**seat** *n.* siège.

**sea-transport,** transport maritime.

**seawater,** eau de mer.

**seaworthiness** *n.* état de navigabilité (pour un navire), aptitude à tenir la mer.

**seaworthy** ['si:,wə:ði] *adj.* en bon état de navigabilité (navire), apte à prendre la mer. *Seaworthy packing,* emballage maritime.

**second** ['sekənd] *v.* **1.** seconder. *To second a motion,* appuyer, soutenir (une motion). **2.** détacher (fonctionnaire).

**second** *adj.* second, deuxième.

**secondary market,** *Bourse :* second marché.

**secondary picketing** ['sekəndəri] (G.B.) mise en place de piquets de grève autour d'établissements qui traitent avec une entreprise en grève.

**second debenture,** obligation de deuxième rang.

**second endorser,** tiers porteur (pour document transmissible par endos).

**second-hand,** d'occasion ; de seconde main.

**secondment** [si'kɔndmənt] *n.* détachement.

**second mortgage,** hypothèque de deuxième rang. *Second mortgage bond,* obligation hypothécaire de deuxième rang.

**second of exchange,** deuxième de change (lettre de change).

**second opinion,** avis d'un confrère, d'un (autre) expert, contre-expertise.

**second-rate** [,sekənd'reit] médiocre, inférieur, de qualité inférieure.

**secrecy** ['si:krəsi] *n.* secret ; discrétion totale.

**secret** ['si:krit] *adj.* secret.

**secretarial** [,sekrə'teəriəl] *adj.* de secrétariat, de secrétaire. *Secretarial job,* travail, poste de secrétaire.

**secretariat** [,sekrə'teəriət] *n.* secrétariat.

**secretary** ['sekrətri] *n.* 1. secrétaire. *Executive secretary, private secretary,* secrétaire de direction. *General Secretary, Secretary General, Company Secretary,* secrétaire général. 2. ministre, secrétaire d'État.

**secret ballot,** vote à bulletin secret.

**secret partner,** bailleur de fonds.

**secret reserve,** caisse secrète, fonds secrets, fonds occultes, caisse noire.

**secretion** [si'kri:ʃən] *n.* dissimulation. *Jur. :* recel (d'objets volés).

**section** ['sekʃən] *n.* 1. section, partie, division, tranche, portion. *Cross-section,* coupe, tranche. 2. paragraphe, rubrique, article.

**sectional interests** ['sekʃənəl] 1. intérêts catégoriels. 2. intérêts régionaux, intérêts locaux.

**sector** ['sektə] *n.* secteur.

**secure** [si'kjuə] *adj.* sûr, assuré, en sécurité. *Secure investment,* placement sûr, de tout repos.

**secure** *v.* 1. obtenir, se procurer, acquérir, s'assurer, se faire accorder. *To secure a good job,* trouver un bon emploi. 2. (emprunt) garantir, nantir. *To secure a loan,* garantir un emprunt. 3. mettre en sûreté. *To secure oneself against something,* se garantir contre quelque chose. 4. assurer, fixer, arrimer.

**secure an order,** obtenir une commande, s'assurer une comman-

de.

**secured** [si'kjuəd] *adj.* 1. sûr, assuré. 2. (emprunt) garanti, gagé, nanti. *Secured bond,* obligation garantie.

**securing** ['si'kjuəriŋ] *n.* 1. obtention ; approvisionnement. *To secure supplies,* s'approvisionner. 2. nantissement, garantie, cautionnement. 3. arrimage, fixation. 4. protection, mise en lieu sûr, mise à l'abri.

**Securities and Investments Board (S.I.B.),** (G.B.) cf. Commission des Opérations de Bourse.

**security** [si'kjuəriti] *n.* 1. sécurité. *Job security,* sécurité de l'emploi. *Social security,* sécurité sociale. 2. caution, gage, garantie, cautionnement, nantissement, sûreté. *As security for the sum,* en couverture de la somme. *Loan on security,* prêt ou emprunt sur gage. *Personal security,* garantie mobilière. *Security for costs,* caution judiciaire. *To lend on security,* prêter sur gage, sur nantissement. *To lodge stock as security,* déposer des titres en nantissement. 3. donneur de caution, garant, répondant, accréditeur, donneur d'aval. *To stand security for someone,* se porter garant (caution) pour quelqu'un. *To stand security for a debt,* assurer, avaliser une créance. *To stand security for a signature,* avaliser une signature. 4. *Securities,* valeurs (boursières), titres. *The securities market,* le marché des valeurs. *Bearer securities,* titres, valeurs au porteur. *Gilt-edged securities,* valeurs de tout repos, valeurs de père de famille (techniquement, obligations et titres d'État). *Government securities,* fonds d'État. *Marketable securities,* titres négociables. *Outstanding securities,* titres en circulation. *Registered securities,* titres nominatifs valeurs nominatives. *Banque : Securities department,* service des titres. *Transferable securities,* valeurs mobilières.

**seed** [si:d] *n.* graine, grain, semence.

**seed money,** investissement initial, mise de fond de départ.

**seek** [si:k] *v.* chercher, rechercher. *To seek employment*, chercher un emploi. *To seek advice*, demander conseil.

**seep** [si:p] *v.* suinter, s'infiltrer.

**seepage** ['si:pidʒ] *n.* **1.** suintement, infiltration. **2.** fuite, déperdition (par infiltration).

**seesaw** ['si:sɔ:] *v.* monter et descendre, pencher d'un côté ou d'un autre. *Seesawing prices*, oscillation des prix.

**see to** [si:] *v.* veiller à, s'occuper de, s'assurer de ce que.

**segment** ['segmənt] *n.* portion, secteur, segment (d'un marché).

**segment** [seg'mənt] *v.* segmenter (un marché).

**segmentation** [,seg'mən'teiʃən] *n.* segmentation.

**seize** [si:z] *v.* saisir, confisquer, opérer la saisie de, faire arrêt sur.

**seizing** ['si:ziŋ] *n.* saisie (marchandises, propriété).

**seizure** ['si:ʒə] *n.* saisie (judiciaire, de marchandises). *Seizure of real estate*, saisie immobilière.

**select** [si'lekt] *v.* choisir, trier, sélectionner, prélever.

**select** *adj.* choisi, d'élite, de premier choix, de première catégorie, trié sur le volet. *Parlement : Select committee*, commission d'enquête.

**selectee** [silek'ti:] (candidat) sélectionné, retenu. *Non-selectees*, candidats non sélectionnés, non retenus.

**selection** [si'lekʃən] *n.* sélection.

**selective** [si'lektiv] *adj.* sélectif.

**selectivity** [,silek'tiviti] *n.* sélectivité.

**selector** [si'lektə] *n.* sélectionneur.

**self** [self] (chèques) moi-même. *Pay self*, (chèques) payez à moi-même.

**self-defence**, (U.S.) **defense** *n.* légitime défense.

**self-drive**, voir **drive yourself.** voiture sans chauffeur.

**self-employed**, travailleur(s) indépendant(s).

**self-financing**, auto-financement.

**self-indulgent** [,selfin'dʌldʒənt] qui ne se refuse rien ; qui s'écoute.

**self-propelled**, (véhicule) automoteur, auto-propulsé.

**self-reliance** *n.* **1.** indépendance,

autonomie. **2.** confiance en soi.

**self-service**, libre service. *Self-service store*, magasin en libre service, self-service, self.

**self-starter** *n.* **1.** démarreur automatique. **2.** personne douée d'initiative.

**self-sufficiency** [,selfsə'fiʃənsi] autarcie, indépendance.

**self-sufficient** [,selfsə'fiʃənt] indépendant, autarcique, qui répond à ses propres besoins.

**self-supporting**, qui survient à ses besoins, qui vit de son travail, autonome.

**self-sustained**, indépendant, autonome, autarcique. *Self-sustained recovery*, reprise autarcique.

**sell** [sel] *v.* **1.** vendre ; écouler, placer (des marchandises...). *To sell afloat*, vendre en cargaison flottante. *To sell at a loss*, vendre à perte. *To sell back*, revendre. *To sell by auction*, vendre aux enchères. *To sell for cash*, vendre au comptant. *To sell for the account*, vendre à terme. *To sell forward*, vendre à terme. *To sell on appro*, vendre sur qualité vue. *To sell on credit*, vendre à crédit. *To sell on trust*, vendre à crédit. *To sell short*, vendre à découvert. **2.** se vendre. *To sell poorly*, se vendre mal. *To sell like hot cakes*, se vendre comme des petits pains.

**sell by retail**, vendre au détail ; détailler.

**seller** ['selə] *n.* **1.** vendeur. *A seller's market*, un marché où la demande est forte, un marché porteur. **2.** article qui se vend plus ou moins bien. *A strong/brisk/hot seller*, un article qui se vend bien, un produit d'appel. *A poor seller*, un article qui se vend mal.

**sell for cash**, vendre au comptant.

**selling** ['seliŋ] *n.* vente ; réalisation. *Pyramid selling*, vente pyramidale.

**selling price**, prix de vente.

**selling space**, surface de vente.

**sell off** *v.* solder, écouler, vendre à bas prix, liquider.

**sell out** *v.* vendre la totalité de son stock ; réaliser (un portefeuille d'actions). *We are sold out*, nous avons tout vendu.

**sellout** *n.* **1.** trahison totale (des siens, de ses intérêts). **2.** *(match, etc.)* qui se joue à guichets fermés. **3.** article qui se vend comme des petits pains. **4.** rupture de stock en raison d'une demande considérable.

**sell up** *v.* **1.** voir **to sell out. 2.** faire vendre (les biens de quelqu'un) en remboursement d'une dette.

**semi-annual** [ˌsemiˈænjuəl] *adj.* semestriel, semi-annuel.

**semicolon** [ˌsemiˈkəulən] point (et) virgule.

**semi-manufactured,** mi-ouvré.

**semi-trailer** [ˌsemiˈtreilə] semi-remorque.

**send** [send] *v.* envoyer, adresser, expédier, faire tenir.

**send back** *v.* renvoyer, retourner, réexpédier.

**sendee** [senˈdiː] *n.* destinataire.

**sender** [ˈsendə] *n.* expéditeur, envoyeur, expéditionnaire.

**send in** *v.* envoyer, livrer, remettre. *To send in one's application,* envoyer, remettre sa demande. *To send in one's resignation,* envoyer, remettre sa démission.

**sending** [ˈsendiŋ] *n.* envoi, expédition.

**sending back** *n.* renvoi, réexpédition.

**send on** *v.* faire suivre, transmettre.

**send out** *v.* envoyer, lancer (circulaire, etc.).

**send through** *v.* transmettre (communication, télégramme).

**senior** [ˈsiːnjə] *adj.* **1.** aîné. **2.** plus ancien, plus élevé en grade, supérieur.

**senior clerk** *n.* commis principal, premier commis, chef de bureau.

**senior executive,** cadre supérieur.

**seniority** [ˌsiːniˈɔriti] *n.* ancienneté. *Promotion by seniority,* promotion/avancement à l'ancienneté. *Seniority bonus, seniority pay,* prime d'ancienneté.

**senior management,** direction, cadres de direction.

**senior manager,** cadre supérieur.

**senior officer,** directeur ; supérieur ; membre de l'équipe de direction , responsable situé au sommet de la hiérarchie.

**senior partner,** associé principal.

**senior staff,** cadre(s) supérieur(s).

**sensitive** [ˈsensitiv] *adj.* sensible. *Sensitive market,* marché instable, prompt à réagir.

**sensitivity** [ˌsensiˈtiviti] *n.* sensibilité. *Sensitivity of demand,* sensibilité de la demande.

**sensitize** [ˈsensitaiz] *v.* sensibiliser.

**sentence** [ˈsentəns] *n.* **1.** jugement (d'un tribunal), condamnation, peine. *Life sentence,* condamnation à vie. *Death sentence,* condamnation à mort. **2.** phrase.

**sentence** *v.* condamner, prononcer une sentence.

**separate entity concept,** *Comptab. :* principe de séparation des patrimoines.

**sequence** [ˈsiːkwəns] *n.* séquence, succession, série.

**sequential** [siˈkwenʃəl] *adj.* successif, consécutif, séquentiel.

**sequentially** [siˈkwenʃəli] *adv.* successivement, consécutivement, chronologiquement.

**sequester** [siˈkwestə] *v.* séquestrer, mettre sous séquestre.

**sequestrate** [siˈkwestreit] *v.* voir **to sequester.**

**sequestration** [ˌsiːkweˈstreiʃən] *n.* séquestration, mise sous séquestre.

**sequestrator** [siˈkwestreitə] *n.* séquestre (personne).

**serial** [ˈsiəriəl] *adj.* de série. *Serial number,* numéro de série, numéro d'ordre, numéro matricule.

**serial** [ˈsiəriəl] *n.* feuilleton, roman-feuilleton. *Serial rights,* droits de reproduction dans journaux et périodiques.

**series** [ˈsiəriːz] *n.* série.

**servant** [ˈsəːvənt] *n.* serviteur. *Civil servant,* fonctionnaire.

**serve** [səːv] *v.* **1.** servir (client, etc.). **2.** desservir (moyen de transport, etc.). **3.** jouer le rôle de, tenir lieu de, servir de. **4.** accomplir, faire un temps ; purger (une peine). *To serve one's apprenticeship,* faire son apprentissage. *To serve one's sentence,* purger sa peine. **5.** signifier, notifier, délivrer, émettre. *To serve a writ, to serve a summons,* notifier une assignation. *To serve* *a notice on somebody,* signifier un arrêt à quelqu'un. *To serve notice,* signifier. *To serve notice upon a tenant,* donner congé à un locataire. **6.** servir un intérêt, verser un intérêt.

**service** ['sə:vis] *n.* **1.** service. **2.** entretien, dépannage. **3.** emploi, carrière. *The civil service,* l'administration, le fonctionnariat. **4.** délivrance, signification d'un acte, d'une assignation.

**service** *v.* **1.** assurer l'entretien, entretenir, réparer. **2.** *To service a loan,* payer les intérêts d'un emprunt. **3.** desservir, assurer un service.

**service charge 1.** service, pourboire. **2.** frais de gestion de compte.

**service industries,** industries de(s) service(s), secteur tertiaire.

**service life,** durée d'utilisation.

**servicing** ['sə:visiŋ] *n.* **1.** entretien ; service après-vente (entretien d'un appareil). **2.** service d'une dette.

**serving** ['sə:viŋ] *n. Jur. :* signification, notification, délivrance (d'un arrêt, d'un acte, d'une citation).

**session** ['seʃn] *n.* session, séance, audience, réunion.

**set** [set] *n.* **1.** ensemble, jeu, collection. *Set of bills of lading,* jeu de connaissements. **2.** milieu, groupe d'individus.

**set** *v.* **1.** disposer, placer. *To set the controls,* régler les commandes. **2.** fixer, désigner, préciser, arrêter. *To set a date,* fixer une date. **3.** donner quelque chose à faire à quelqu'un. *To set a task,* donner une tâche. **4.** *Jur. : To set one's hand and sign,* apposer sa signature.

**set apart** *v.* mettre de côté, réserver.

**set a record,** établir un record.

**set aside 1.** mettre de côté. **2.** rejeter, écarter. *Jur. :* annuler, casser, infirmer.

**setback** ['setbæk] *n.* revers, échec ; recul.

**set forth,** énoncer, formuler, présenter.

**set free** *v.* libérer. *To set prices free,* libérer les prix.

**set out** *v.* **1.** se mettre en route.

**2.** commencer.

**set objectives,** fixer des objectifs.

**setting** ['setiŋ] *n.* cadre ; environnement.

**setting-out,** disposition.

**settle** [setl] *v. trans.* **1.** régler (une somme). *To settle a bill,* régler une facture, une note. *To settle a debt,* régler une dette. *To settle an account,* régler un compte, une note. **2.** régler (un problème), résoudre. *To settle a dispute,* régler un conflit. *To settle a claim,* régler un litige. **3.** constituer (une annuité).

**settle** *v. intr.* **1.** s'installer. **2.** se tasser, s'apaiser, se calmer, rentrer dans l'ordre ; se stabiliser.

**settled** ['setld] *adj.* **1.** pour acquit, réglé. **2.** invariable, sûr.

● **settlement** ['setlmənt] *n.* **1.** règlement (d'une somme). *Early settlement,* règlement anticipé. *Settlement day,* jour du terme, de la liquidation. **2.** règlement, résolution (d'un litige). *Settlement of a dispute,* règlement d'un conflit. *Out-of-court settlement,* règlement à l'amiable (d'un litige avant d'aller en justice ou en cours de procès). **3.** établissement (d'une population dans un pays), colonie. **4.** constitution (d'une annuité).

**settle up** *v.* régler les comptes, s'acquitter.

**settling** ['setliŋ] *n.* **1.** règlement, liquidation. **2.** constitution (d'une annuité, etc.).

**settling day,** jour du terme, de la liquidation, du règlement.

**settler** ['setlə] *n.* **1.** colon. **2.** décideur, personne qui prend la décision.

**set-up** ['setʌp] *n.* structure, disposition, agencement, organisation.

**set up** *v. intr.* s'établir, s'installer. *To set up in business,* s'établir dans les affaires.

**set up** *v. tr.* créer, fonder (une société, etc.), constituer, former ; instituer. *To set up shop.* **1.** ouvrir (une) boutique. **2.** créer une entreprise, s'installer, s'implanter.

**seven sisters (the)** ['sevn' sistəz] (les sept sœurs) ; les sept plus grosses sociétés pétrolières mondiales : Exxon, Gulf, Mobil Royal

Dutch, Shell, Texaco, British Petroleum, Standard Oil of California.

**sever** ['sevə] *v.* rompre, couper. *To sever diplomatic ties,* rompre les relations diplomatiques.

**several** ['sevrəl] *adj.* **1.** plusieurs. **2.** séparé, différent. **3.** respectif, individuel.

**severally** ['sevrəli] *adv.* individuellement, séparément. *Severally liable,* individuellement responsable(s). *Jointly and severally,* conjointement et solidairement.

**severance** ['sevərəns] *n.* séparation, rupture.

**severance pay,** prime de licenciement.

**shade** [ʃeid] **1.** baisser, diminuer progressivement. **2.** *To shade prices,* établir des prix dégressifs.

**shady** ['ʃeidi] *adj.* louche, douteux, véreux. *Shady dealings,* transactions, affaire(s) louche(s).

**shaft** [ʃa:ft] *n.* **1.** puits de mine. **2.** cage d'ascenseur.

**shake-out** ['ʃeikaut] *n.* **1.** *Bourse :* tassement, récession, resserrement du marché intervenant après une période d'inflation. S'emploie aussi pour l'activité industrielle. **2.** *Eco. :* bouleversement s'accompagnant de fermetures et de licenciements.

**shake-up** ['ʃeikʌp] remaniement ; restructuration.

**shale oil,** schiste bitumineux.

**sham** [ʃæm] *adj.* feint, simulé, faux, fictif.

**shantytown** ['ʃænti'taun] *n.* bidonville.

**shape** [ʃeip] *n.* forme.

**shape** *v.* **1.** façonner, modeler, tailler, former, esquisser. **2.** se développer, prendre tournure, s'annoncer.

**shape up** *v.* **1.** se profiler, apparaître, se préparer, s'annoncer, prendre forme, se dessiner. *A recovery is shaping up,* une reprise se dessine. **2.** faire face, s'adapter.

**share** [ʃeə] *v.* **1.** partager. **2.** participer. *To share in profits,* participer aux bénéfices.

**share** *n.* **1.** part ; partie. *Share of the market,* part du marché. **2.** action (boursière). *Bearer share,* action au porteur. *Bonus share,*

action gratuite. *Called-up share,* action appelée. *Common share,* action ordinaire. *Deferred share,* action différée. *Founder's share,* part de fondateur. *Issued share,* action émise. *Management share,* part de fondateur. *Ordinary share,* action ordinaire. *Outstanding share,* action émise et en circulation. *Paid up share, fully paid up share,* action libérée, entièrement libérée. *Preference share, preferred share,* action privilégiée (de préférence, de priorité). *Cumulative preference share,* action privilégiée cumulative (les actions privilégiées donnent droit à un dividende fixe et ont priorité sur les actions ordinaires en cas de faillite ou de liquidation. « *Cumulative* » signifie que le dividende non payé pour une année reste dû et devra s'ajouter au dividende pour l'année suivante). *Qualification share,* action de garantie, de cautionnement. *Registered share,* action nominative. *Transferable share,* action cessible, action au porteur.

**share capital,** capital actions.

**share certificate,** certificat d'action, titre d'action.

**share-cropper,** (U.S.) métayer ; locataire d'une ferme recevant en paiement de son travail une partie de la récolte.

**share-cropping,** (U.S.) métayage.

**shareholder** ['ʃeə,həuldə] *n.* actionnaire.

**share of the market,** part du marché.

**share option scheme,** actionnariat (ouvrier, du personnel), plan de participation par achat d'actions.

**shareowner** ['ʃeə,əunə] *n.* actionnaire.

**share qualification,** cautionnement en action.

**sharer** [ʃeərə] *n.* participant, partie prenante (partage, projet, etc.).

**share-tenant,** métayer.

**share warrant 1.** titre d'action, certificat d'action, titre au porteur. **2.** droit de souscription préférentiel à des actions permettant une option d'achat à l'avenir à un prix fixé.

**sharing** *n.* partage ; participation. *Profit-sharing scheme,* système d'intéressement aux bénéfices (entreprise).

**shark** [ʃɑːk] *n.* requin, escroc, aigrefin, usurier. *Shark repellent,* mesure visant à décourager les tentatives d'O.P.A. (Exemple : statuts exigeant l'accord de 75 % des actionnaires...)

**sharp** [ʃɑːp] *adj.* 1. aigu, pointu, accentué, net, accusé, vigoureux. *A sharp rise in profits,* une nette augmentation des bénéfices. 2. fin, éveillé, vif. 3. retors, rusé, peu scrupuleux.

**shave** [ʃeiv] *v.* rogner, réduire. *To shave subsidies,* rogner les subventions.

**shavings** *n.* copeaux (emballage).

**shed** [ʃed] *n.* hangar, atelier, baraque.

**sheet** [ʃiːt] *n.* feuille, feuillet, fiche, bordereau. *Attendance sheet,* feuille de présence. *Balance sheet,* bilan. *Data sheet,* fiche de renseignements, curriculum vitae. *Loose sheet,* feuille volante. *Order sheet,* bulletin, bordereau de commande. *Pay-sheet,* feuille de paye.

**sheet-iron** [ʃiːt ‚aiən] tôle.

**sheet-mill,** laminoir à tôle.

**shelf** (pl. **shelves**) [ʃelf-ʃelvz] *n.* étagère.

**shelf-space** *n.* rayonnage, espace sur les étagères, « linéaire » (supermarchés, etc.).

**shelf-strip,** dépassant de rayon.

**shell company,** société écran (société sans actifs réels, créée pour les besoins d'une opération, par exemple une O.P.A.).

**shell out** *v.* débourser, dépenser.

**shelter** [ʃeltə] *n.* abri, refuge. *Bus shelter,* abri-bus. *Tax shelter,* paradis fiscal.

**shelve** [ʃelv] *v.* mettre au rancart, ajourner, abandonner (au moins provisoirement). *To shelve a project,* enterrer, classer un projet.

**shenanigans** [ʃi'nænigənz] *n.* combines, manœuvres, stratagèmes, mystifications.

**shift** [ʃift] *n.* 1. équipe. *Night-shift,* équipe de nuit. *The 3-shift system,* les 3 huit (3 équipes de huit heures). 2. journée de travail, durée de travail de l'équipe. 3. changement, modification, fluctuation. 4. déplacement, transfert.

*Population shift,* déplacement de population. 5. expédient.

**shift** *v.* changer, modifier, se modifier, fluctuer, (se) déplacer. *To shift the balance,* modifier l'équilibre ; (cargaison) se désarrimer, riper.

**shifting** [ʃiftiŋ] *n.* changement ; déplacement. *Cargo-shifting,* déplacement, désarrimage de la cargaison.

**shift-work** *n.* travail par équipe ; travail posté.

**ship** [ʃip] *n.* navire, bateau, vaisseau, bâtiment. *Merchant-ship,* navire marchand. *Space-ship,* vaisseau spatial. *Ship's sweat,* buée de cale (dommages causés par l'humidité des cales).

**ship** *v.* 1. expédier, envoyer, adresser (colis, etc.). 2. charger, embarquer (marchandises).

**ship-broker,** courtier maritime.

**shipbuilder** [ʃip‚bildə] constructeur de navire.

**shipbuilding** [ʃip‚bildiŋ] *n.* construction navale.

**shipbuilding yard,** chantier naval.

**ship-canal,** canal maritime.

**ship-chandler,** fournisseur, approvisionneur de la marine, « ship-chandler ».

**ship-load,** cargaison, fret, chargement.

**shipmaster** [ʃip‚maːstə] capitaine (de navire).

**shipment** [ʃipmənt] *n.* 1. expédition, chargement, envoi (marchandises expédiées). 2. expédition, envoi ; transport. *Packing for shipment,* emballage pour transport ; embarquement, mise à bord, chargement.

**shipowner** [ʃip‚əunə] *n.* armateur.

**shipped bill of lading,** connaissement à bord (attestant que les marchandises sont à bord).

**shipper** [ʃipə] *n.* 1. expéditeur, chargeur. 2. affréteur.

**shipping** [ʃipiŋ] *n.* 1. expédition. 2. embarquement, chargement, mise à bord. 3. navigation, transports maritimes. *Shipping intelligence, shipping news,* nouvelles maritimes, mouvements des navires. *Shipping office,* inscription maritime, bureau maritime. *Shipping routes,* routes maritimes. *Shipping shares,* actions des compagnies de navigation. *The shipping trade, shipping business,* les affaires maritimes, le commerce maritime. **4.** tonnage (de l'ensemble des navires d'un pays, d'un port, etc.). *Idle shipping,* tonnage désarmé.

**shipping agency,** agence maritime.

**shipping agent, 1.** agent maritime. **2.** (marchandises) commissionnaire expéditeur, commissionnaire chargeur.

**shipping bill,** déclaration de réexportation d'entrepôt.

**shipping clerk,** expéditionnaire.

**shipping company,** compagnie maritime.

**shipping charges,** frais d'expédition.

**shipping documents,** pièces d'embarquement, documents d'expédition.

**shipping-exchange,** bourse des frets.

**shipping instructions,** instructions pour le chargement, l'expédition.

**shipping note,** note de chargement, permis d'embarquement.

**shipping port,** port de chargement.

**shipping terms,** conditions du contrat de transport.

**shipping ton,** tonneau d'affrétement.

**shipping weight,** poids embarqué.

**ship policy** *Assur. mar. :* police sur corps.

**ship's papers,** papiers de bord, documents de bord.

**ship's register,** certificat d'immatriculation.

**shipwreck** [' ʃiprek] naufrage.

**shipyard** [' ʃipjaːd] chantier naval, chantier de construction navale.

**shirk** *v.* tirer au flanc.

**shirker** *n.* tire-au-flanc.

**shock-proof** [, ʃɔk'pruːf] à l'épreuve des chocs.

**shoddy** [' ʃɔdi] *adj.* de mauvaise qualité, de camelote.

**shoestring (on a)** [' ʃuːstriŋ] (U.S.) avec des capitaux insuffi-

sants, avec des capitaux à peine suffisants. *To start business on a shoestring,* se lancer dans les affaires avec très peu de capitaux. *To operate on a shoestring,* fonctionner avec des capitaux extrêmement réduits.

**shoot** [ ʃuːt] *v.* **1.** tirer, faire feu. **2.** blesser, tuer par balle. **3.** tourner (un film), prendre (une photo).

**shoot down** *v.* (prix, etc.) baisser considérablement.

**shoot on location,** filmer en extérieur.

**shoot up** *v.* (prix, etc.) monter en flèche, augmenter rapidement.

**shop** [ ʃɔp] *n.* **1.** boutique, magasin. *To talk shop,* parler boutique. **2.** atelier. **3.** entreprise, lieu de travail. *Closed shop,* entreprise qui n'embauche que des employés syndiqués. *Open shop,* entreprise qui n'exige pas que les employés soient syndiqués ou se syndiquent à l'embauche. *Union shop,* entreprise où la direction, par accord avec le syndicat, est libre d'engager des non-syndiqués aussi bien que des syndiqués, mais où les non-syndiqués devront adhérer au syndicat avant une date limite sous peine de licenciement. **4.** *Bourse :* introducteurs. *Shop-buying,* achats professionnels. *Shop-selling,* ventes professionnelles. *Shop-shares,* actions à l'introduction.

**shop** *v.* faire ses courses, faire ses achats. *To shop around,* faire les magasins pour comparer les prix. *To shop for something,* chercher à acheter quelque chose, chercher à se procurer quelque chose ; examiner et comparer en vue d'acheter. *To shop for prices,* comparer les prix. *To shop by catalogue, by mail,* acheter par correspondance.

**shop-assistant** [' ʃɔpə,sistənt] employé de magasin, vendeur, vendeuse.

**shopfloor** [, ʃɔp'flɔː] (syndicats) la base. *Shopfloor workers,* les ouvriers de la base.

**shopfloor politics,** politique syndicale au niveau de la base.

**shop-girl** [' ʃɔpgəːl] vendeuse dans un magasin, employée de magasin.

**shopkeeper** ['ʃɔp,kiːpə] (petit) commerçant, boutiquier.

**shopkeeping** ['ʃɔp,kiːpiŋ] tenue de boutique ; (secteur du) petit commerce.

**shoplifter** ['ʃɔp,liftə] voleur à l'étalage.

**shoplifting** ['ʃɔp,liftiŋ] vol à l'étalage, vol dans les rayons.

**shopper** ['ʃɔpə] *n.* acheteur, personne qui fait ses courses.

**shopping** ['ʃɔpiŋ] *n.* achat, emplettes, courses.

**shopping area**, surface d'un magasin.

**shopping around** s'emploie lors de la réalisation d'un ensemble industriel, quand l'acheteur ou promoteur choisit plusieurs fournisseurs et traite séparément avec eux au lieu de confier l'ensemble de l'opération à un entrepreneur maître-d'œuvre.

**shopping centre**, (U.S.) **center**, centre commercial.

**shopping goods**, produits d'utilisation courante.

**shopping-list**, liste de commissions, liste d'achats.

**shopping mall**, centre commercial ; avenue marchande, galerie marchande.

**shopping space**, surface commerciale (supermarchés, etc.).

**shop-soiled** [,ʃɔp'sɔild] (article) défraîchi, qui a fait l'étalage.

**shopsteward** [,ʃɔp'stjuəd] délégué d'atelier.

**shop-walker** ['ʃɔp,wɔːkə] **1.** surveillant, inspecteur (dans magasin, supermarché...). **2.** chef de rayon.

**shop-window** [,ʃɔp'windəu] devanture, vitrine, étalage.

**shore** [ʃɔː] *n.* rivage, côte, littoral, bord, rive.

**shore up** *v.* étayer, soutenir. *To shore up a shaky economy,* soutenir une économie chancelante.

**short** [ʃɔːt] *adj.* **1.** court, bref. *Short credit,* crédit à court terme. *Short bills,* traites à courte échéance. **2.** *Bourse :* à découvert. *Short seller,* vendeur à découvert. **3.** insuffisant, incomplet, déficitaire. *I am $ 10 short,* il me manque 10 dollars. *To be short of,* être à court de.

**short** *v.* vendre à découvert.

**short** *adv.* **1.** en deçà. *To fall short of something,* ne pas atteindre le but fixé, être inférieur à. *To fall short of expectations,* ne pas être à la hauteur des espoirs. **2.** *Bourse :* à découvert. *To sell short,* vendre à découvert.

**short** *n.* **1.** *Bourse :* vente à découvert. **2.** *Bourse :* baissier. **3.** manque, déficit.

**short account** *Bourse :* position vendeur.

**shortage** ['ʃɔːtidʒ] *n.* pénurie ; insuffisance, manque, déficit. *Labour shortage,* pénurie de main-d'œuvre.

**shortchange** ['ʃɔːt,tʃeindʒ] *v.* **1.** ne pas rendre assez de monnaie. *He says he's been shortchanged by the cashier,* il dit que le caissier s'est trompé en lui rendant la monnaie, l'a volé en lui rendant la monnaie. **2.** (transaction, contrat, etc.) voler. *To be shortchanged,* ne pas en avoir pour son argent.

**shortcoming** [,ʃɔːtkʌmiŋ] *n.* **1.** défaut, imperfection, insuffisance. **2.** (argent) manque, insuffisance, déficit.

**short covering** *Bourse :* rachat (pour couvrir un découvert).

**short-dated,** à courte échéance.

**short delivery,** livraison incomplète.

**shorten** ['ʃɔːtən] *v.* raccourcir, réduire.

**shortfall** ['ʃɔːtfɔːl] *n.* déficit, manque.

**shorthand** ['ʃɔːthænd] *n.* sténo.

**shorthanded** ['ʃɔːthændid] à cours de personnel, de main-d'œuvre.

**shorthand-typist** ['ʃɔːthænd'taipist] sténo-dactylo.

**short haul,** (U.S.) transport de marchandises ou de passagers sur une faible distance.

**shorting** ['ʃɔːtiŋ] *n.* (U.S.) *Bourse :* vente à découvert.

**short-landed cargo,** cargaison débarquée en moins.

**shortlist** ['ʃɔːtlist] *v.* sélectionner.

**shortly** ['ʃɔːtli] *adv.* sous peu, très bientôt.

**short notice,** délai bref, court délai de préavis. *At short notice,* à bref délai ; du jour au lendemain. *To give somebody short notice,* donner à quelqu'un un délai bref, prendre quelqu'un de court. *Withdrawal at short notice,* retrait à court terme.

**short order,** commande incomplète.

**shorts** [ʃɔːts] *n.* **1.** éléments, unités qui manquent pour compléter une quantité, un total. *Cash shorts and overs,* déficit et excédent de caisse. **2.** *Bourse :* vendeurs à découvert. **3.** *Short term loans,* prêts (emprunts) à court terme. **4.** *Short term bonds,* obligations à court terme.

**short sale,** vente à découvert.

**short-selling,** vente à découvert.

**short-term** [ʃɔːttəːm] court terme.

**short time,** horaire réduit. *To put workers on short time,* mettre les ouvriers à un horaire réduit, réduire les horaires des ouvriers. *To be on short time,* travailler à horaire réduit.

**short ton,** (U.S.) tonne courte (907,184 kg).

**short weight,** manque de poids, poids insuffisant. *There is short weight,* le poids n'y est pas.

**shoulder** [ʃəuldə] *v.* endosser, supporter. *To shoulder the cost of something,* supporter la totalité du coût de quelque chose.

**show** [ʃəu] *v.* **1.** présenter, exposer. **2.** faire apparaître, accuser, faire ressortir, indiquer. *To show a profit,* faire apparaître un bénéfice. **3.** (vote) lever la main. *Those in favour please show,* que ceux qui sont pour lèvent la main.

**show** *n.* **1.** spectacle. *Show of wealth,* signe extérieur de richesse. **2.** salon. *The Motor show,* le Salon de l'Auto. *On show,* exposé ; visible.

**show a profit,** indiquer un bénéfice, enregistrer un bénéfice, faire des bénéfices.

**show business,** industrie du spectacle.

**showcard** [ʃəukaːd] *n.* **1.** pancarte. **2.** étiquette (de vitrine, etc.). **3.** carte d'échantillons.

**show case** [ʃəukeis] présentoir ; vitrine.

**show of hands,** vote à main levée.

**showdown** [ʃəudaun] confrontation, épreuve de force, règlement de compte (entre adversaires).

**showroom** [ʃəurum] *n.* salle d'exposition.

**show up,** se présenter, paraître.

**showy** [ʃəui] *adj.* voyant, tape-à-l'œil, tapageur.

**shrink** [ʃriŋk] *v.* rétrécir, diminuer, se réduire, se contracter, baisser. *A shrinking market,* un marché qui se contracte.

**shrinkage** [ʃriŋkidʒ] *n.* **1.** rétrécissement, contraction, diminution. **2.** vol, « fauche ».

**shunt** [ʃʌnt] *v.* **1.** (train) manœuvrer, garer, faire la manœuvre, aiguiller. *To shunt into a siding,* mettre sur une voie de garage (au propre et au figuré). **2.** *Bourse* (G.B.) : faire l'arbitrage (entre deux bourses du même pays).

**shunting** [ʃʌntiŋ] *n.* **1.** *Chem. de fer :* manœuvres de triage, changement de voie. **2.** mise au rancart, ajournement, mise sur une voie de garage (d'un programme, etc.). **3.** *Bourse* (G.B.) : arbitrage.

**shut** [ʃʌt] *v.* fermer.

**shutdown** [ʃʌtdaun] *v.* fermer (usine, etc.).

**shutdown** *n.* fermeture (d'usine, etc.).

**shut out** *v.* exclure, éliminer, empêcher. *The purpose of cartels is to shut out newcomers to an industry unless they are willing to join,* le but des cartels est d'interdire aux nouveaux venus l'accès à un secteur industriel, à moins qu'ils n'acceptent de faire partie du cartel.

**shutter** [ʃʌtə] *n.* **1.** volet. *To put up the shutters,* fermer boutique, mettre la clé sous la porte. **2.** obturateur (photo).

**shuttle** [ʃʌtl] *n.* navette.

**shuttle** *v.* faire la navette.

**shyster** (U.S.) [ʃaistə] homme de loi véreux.

**sick** [sik] *adj.* malade.

**sick-allowance,** allocation maladie.

**sick-benefit,** allocation, prestation maladie.

**sick-leave,** congé de maladie. *To be on sick leave,* être en congé maladie.

**sick pay,** prestation maladie.
**sickness benefit,** allocation maladie, prestation maladie.
**sickness insurance,** assurance maladie.
**side issue** [said'iʃu:] question d'intérêt secondaire.
**side effect,** effet secondaire.
**side-entrance,** entrée latérale, de côté.
**sideline** ['saidlain] activité secondaire, activité complémentaire.
**sideline** v. mettre sur la touche, éliminer un concurrent.
**side-note** ['saidnəut] note marginale.
**sidestep** v. esquisser, éluder. To sidestep an issue, éluder un problème.
**sidetrack** ['saidtræk] voie de garage.
**sidetrack** v. mettre sur une voie de garage.
**siding** ['saidiŋ] n. voie de garage. The proposal was shunted into a siding, la proposition a été mise sur une voie de garage.
**sight** [sait] n. vue. At sight, à vue. Bill payable at sight, effet, traite payable à vue, sur présentation, sur demande. Sight withdrawal, retrait à vue. Sight deposit, dépôt à vue. Sight unseen, sur plan, sur description, etc. To buy land sight unseen, acheter un terrain sur description. On sale sight unseen, vendu sur plan, sur description, etc.
**sight** v. voir ; viser. To sight a bill, voir, viser un effet.
**sight bill,** effet, traite à vue.
**sight draft,** traite à vue.
**sighting** ['saitiŋ] n. visa (d'une lettre de change).
**sign** [sain] n. 1. enseigne. 2. panneau, poteau de signalisation, poteau indicateur. Traffic sign, panneau de signalisation. 3. signe, trace. Jur. : Hand and sign, signature. To set one's hand and sign, apposer sa signature.
**sign** v. signer.
**signal light** ['signəl 'lait] feu de signalisation.
**signatory** ['signətəri] n. signataire.
**signature** ['signətʃə] n. signature. To affix, to append one's signa-

ture, apposer sa signature. Document sent over somebody's signature, document envoyé sous la signature de quelqu'un.
**signee** [sai'ni:] n. signataire.
**signer** ['sainə] n. signataire.
**significant** [sig'nifikənt] adj. important ; de grande portée, considérable ; significatif.
**signing** ['sainiŋ] n. signature (d'un contrat, etc.).
**signing clerk,** fondé de pouvoir, clerc.
**sign on** v. 1. embaucher, engager. To sign somebody on, embaucher quelqu'un. 2. s'inscrire. Signing-on fee, droit d'inscription.
**sign-post** ['sainpəust] poteau indicateur.
**sign-post** v. marquer, signaliser, baliser.
**silage** ['sailidʒ] n. ensilage.
• **silent partner** ['sailənt] bailleur de fonds (dans une société de personne, « partnership »).
**silicon** ['silikən] n. silicone.
**silk** [silk] n. soie.
**silver** ['silvə] n. argent (métal) ; pièces d'argent. Silver coin, pièce d'argent. Silver in the till, encaisse (en monnaie).
**silver-plate** [,silvə'pleit] argenterie.
**single** [siŋgl] adj. 1. seul, unique. 2. célibataire.
**single** n. voir single ticket, aller simple.
**single** v. choisir.
**single entry book keeping,** tenue de livre, comptabilité en partie simple.
**single frame** n. vue par vue, image par image.
**single out** v. choisir, remarquer, distinguer.
**single room,** chambre à un lit.
**single ticket,** aller simple.
**Single European Act,** Acte Unique Européen.
**singly** ['siŋgli] adv. séparément, singulièrement.
**sink** [siŋk] v. 1. (navire) couler, sombrer. 2. amortir, éteindre (une dette). 3. placer de l'argent à fonds perdu (par ex. viager). 4. placer de l'argent à perte, engloutir. 5. (cours, etc.) baisser.
**sinking fund** ['siŋkiŋ 'fʌnd] fond

d'amortissement.

**sister company** ['sistə] société appartenant au même groupe.

**sister ship,** navire du même type, bâtiment de la même série.

**sit** v. siéger. *To sit on the Board,* faire partie du conseil d'administration.

**sit-down strike,** grève sur le tas, grève avec occupation d'usine.

**site** [sait] n. 1. emplacement, site. 2. chantier. *Site manager,* directeur de chantier. *Site supervisor,* responsable de chantier.

**site** v. implanter. *To site a plant,* implanter une usine.

**siting** n. implantation, installation.

**sitting** ['sitiŋ] n. séance, réunion, tenue d'une assemblée, session, audience.

**situation** [sitju'ei∫ən] n. 1. situation (politique, financière, etc.). *The economic situation,* la conjoncture. 2. poste, position, emploi, situation, place. *Journaux :* *Situations vacant,* offres d'emploi. *Situations wanted,* demandes d'emploi. 3. situation, emplacement.

**situate** ['sitjueit] adj. sis, situé (forme archaïque encore utilisée dans la langue juridique).

**sizable** ['saizəbl] adj. voir **sizeable.**

**size** [saiz] n. taille, dimension, grandeur, étendue, volume, format, etc.

**size** v. calibrer.

**sizeable** ['saizəbl] adj. de bonnes dimensions, assez grand ; considérable. *A sizeable sum,* une grosse somme.

**size up** v. jauger, évaluer.

**skeleton-law** ['skelitn] loi-cadre.

**skeleton staff,** personnel réduit au strict minimum ; permanence.

**sketch** [sket∫] n. 1. croquis ; levé (topographique). *Dimensioned sketch,* croquis coté. *Rough sketch,* ébauche, esquisse, croquis de projet. 2. esquisse, résumé, grandes lignes (d'une idée, d'un plan).

**sketch** v. esquisser, ébaucher, décrire à grands traits. *Sketch-book,* cahier, carnet album de croquis.

**skew** [skju:] n. écart, distorsion déviation (d'une courbe), irrégula-

rité (d'une fréquence).

**skew** adj. oblique, qui dévie (courbe), qui a une distribution asymétrique (fréquence).

**skew** v. biaiser, obliquer, dévier (courbe).

**skid** [skid] v. faire des embardées, déraper. *To skid downward,* dégringoler.

**skids** [skidz] n. partie du chantier naval où se déroule le lancement. *On the skids.* 1. (navire) en construction, en chantier. 2. (entreprise) en perte de vitesse, qui court à la faillite.

**skill** [skil] n. 1. adresse, habileté, talent, art. *Verbal skills,* aptitudes verbales. 2. spécialité, spécialisation, compétence technique ; métier.

**skilled** [skild] adj. 1. adroit, habile. 2. compétent, expert. 3. (main-d'œuvre, etc.) qualifié.

**skilled labour,** main-d'œuvre qualifiée.

**skilled worker,** ouvrier qualifié.

**skimming policy** ['skimiŋ] *(skim the cream policy)* politique d'écrémage (marketing, etc.).

**skin** [skin] v. tondre, plumer, écorcher, dépouiller.

**skip** [skip] v. sauter, omettre.

**skipper** [skipə] n. Fam. : capitaine ; patron de bateau.

**sky-rocket** [,skai' rɔkət] v. monter en flèche.

**slack** [slæk] adj. 1. négligent, nonchalant, peu actif, peu dynamique, peu zélé. 2. (affaires) peu actives. *Business is slack,* les affaires vont mal. *Slack demand,* faible demande.

**slack** n. ralentissement des affaires, faiblesse des activités, morte saison.

**slacken** ['slækən] v. ralentir (vitesse, pas, rythme...).

**slackness** ['slæknəs] n. stagnation, marasme, atonie (d'un marché), manque d'activité, torpeur de l'économie ; relâchement.

**slander** ['sla:ndə] n. diffamation verbale. *Slander action ;* poursuites en diffamation.

**slander** v. diffamer (verbalement), calomnier.

**slant** [sla:nt] n. 1. pente, inclinaison, biais, oblique. 2. *Fam. :* point de vue.

**slap** [slæp] *v.* imposer. *To slap a price freeze,* imposer un blocage des prix. *To slap a tax,* imposer un impôt.

**slash** [slæʃ] *n.* réduction, baisse. *A 5 to 10 per cent price slash on new cars,* une baisse de 5 à 10 % sur les voitures neuves.

**slash** *v.* réduire (considérablement). *To slash prices,* sacrifier des prix.

**slate** [sleit] *n.* (U.S.) liste des candidats.

**slaughter** ['slɔ:tə] *v.* 1. abattre (animaux de boucherie, etc.). 2. liquider, solder.

**slaughter-house,** abattoir.

**slaughter price,** prix sacrifié.

**sleeper** ['sli:pə] *n.* 1. voiture-lit, wagon-lit, wagon-couchette. 2. (rail) traverse.

**sleeping berth,** couchette.

**sleeping car,** voiture-lit, wagon-lit.

**sleeping-coach** ['sli:piŋ kəutʃ] voiture-lit, wagon-lit, wagon-couchette, voiture couchette.

• **sleeping partner,** bailleur de fonds (dans une association de personnes) ; commanditaire.

**slender** ['slendə] *adj.* mince, maigre, modique.

**slew** [slu:] *v.* virer, pivoter (brutalement).

**slick** [slik] *n.* nappe (d'huile, etc.). *Oil-slick,* nappe (de mazout, de pétrole, en mer).

**slick** *adj.* 1. adroit, habile. 2. débrouillard, roublard, malin, opportuniste, de vieux routier.

**slice** [slais] *n.* part, portion, tranche.

**slice** *v.* retrancher, amputer.

**slide** *n.* 1. baisse, glissement, débâcle (cours). 2. diapositive.

**slide** [slaid] *v.* glisser ; baisser ; s'effondrer (cours).

**slide-rule** ['slaidru:l] *n.* règle à calculer.

**sliding** ['slaidiŋ] *adj.* 1. coulissant, mobile. *Sliding wage scale,* échelle mobile des salaires. 2. qui baisse, qui s'effondre.

**slip** [slip] *n.* 1. bordereau, fiche, billet, feuille. 2. *Assur. mar. :* police provisoire, projet de police. 3. erreur, faute d'inattention, inad-

vertance, étourderie, lapsus. **4.** baisse, déclin, recul (cours, etc.). **5.** (navire) chantier de construction, de lancement. **6.** encart.

**slip** *v.* 1. glisser. 2. se glisser (erreur, etc.). 3. se tromper, commettre une faute d'étourderie. 4. (cours) baisser, décliner, reculer.

**slip back** *v.* baisser.

**slip behind** *v.* se laisser dépasser, se laisser distancer.

**slippage** ['slipidʒ] *n.* glissement, tassement, baisse. *Slippage in profit margins,* tassement, baisse des profits.

**slipshod** ['slipʃɔd] *adj.* (travail) bâclé, négligé, mal fait, sans finition, sans soin.

**slip up** *v.* 1. se tromper, commettre une erreur. 2. échouer.

**slogan** ['sləugən] *n.* slogan, devise, mot d'ordre.     •

**slot** [slɔt] *n.* 1. fente. 2. créneau (commercial, etc.).

**slot machine,** machine à sous, distributeur automatique, appareil à jetons.

**sloth** [sləuθ] *n.* paresse, fainéantise.

**slovenly** ['slʌvnli] - *adj.* (travail) négligé, sans soin, sans finition.

**slow** [sləu] *adj.* lent. *Slow train,* train de marchandises. *Business is slow,* les affaires vont mal.

**slow** *v.* ralentir.

**slowdown** ['sləudaun] *n.* 1. ralentissement. 2. (douaniers, etc.) grève du zèle.

**slow down** *v.* ralentir.

**slow motion,** ralenti.

**slow-moving** *adj.* à rotation lente (article).

**sluggish** ['slʌgiʃ] *adj.* paresseux ; (marché) peu actif, léthargique, atone.

**sluggishness** ['slʌgiʃnis] *n.* torpeur ; paresse.

**slump** [slʌmp] *n.* baisse, effondrement (des cours) ; dégringolade (prix, devises) ; crise, marasme, dépression (économique).

**slump** *v.* s'effondrer, baisser brutalement, dégringoler.

**slumpflation** [ˌslʌmpˈfleiʃən] *n.* conjoncture caractérisée par l'inflation et la dépression, l'inflation et la récession, période de crise économique et d'inflation.

**slush fund** [,slʌ∫'fʌnd] *n.* fonds secrets, caisse secrète, caisse noire.

**small** [smɔ:l] *adj.* petit, de petite taille, peu important, peu nombreux, faible, peu sensible. *Small-sized,* petit, de petite taille.

**small business, 1.** petite entreprise. **2.** (sens collectif) les petites entreprises.

**small print** *n.* les passages écrits en petits caractères dans un contrat.

**smart card** *n.* carte à mémoire.

**smash** [smæ∫] *n.* **1.** désastre, sinistre, collision. **2.** faillite, déconfiture, débâcle, banqueroute.

**smash** *v.* **1.** détruire, anéantir, annihiler. **2.** ruiner, faire échouer, faire faire faillite.

**smash-up** *n.* **1.** collision, accident (routier, ferroviaire). **2.** faillite.

**smelt** [smelt] *v.* fondre (le minerai).

**smelting** ['smeltiŋ] *n.* fusion, fonte (du minerai). *Smelting-works,* fonderie.

**smokestack,** cheminée d'usine. *Smokestack industries.* **1.** industrie(s) lourde(s). **2.** industries anciennes/traditionnelles.

**smuggle** ['smʌgl] *v.* passer en fraude, en contrebande. *To smuggle in,* introduire en fraude. *To smuggle out,* faire sortir en fraude.

**smuggler** ['smʌglə] *n.* contrebandier.

**smuggling** ['smʌgliŋ] *n.* contrebande, fraude douanière.

**snafu** [snæ'fu:] **(Situation Normal All Fouled Up)** désordre complet, confusion totale. (U.S.)

**snap** [snæp] *v.* **1.** saisir. *To snap at an opportunity,* saisir une occasion, une chance. **2.** rompre, se rompre. **3.** dire d'un ton cassant.

**snap up** *v.* saisir, sauter sur, enlever, arracher, prendre d'assaut, acquérir immédiatement et en totalité.

**snarl** *v.* **1.** embouteiller. **2.** créer de la pagaille. **3.** bloquer.

**snarl (up)** *n.* **1.** embouteillage. **2.** pagaille, confusion, complication. **3.** blocage.

**snatch** [snæt∫] *v.* saisir, s'emparer de. *To snatch a market,* saisir, arracher un marché.

**snowball** ['snəubɔ:l] *v.* faire bou-

le de neige, s'amplifier.

**soak-the-rich tax reform** [səuk] réforme fiscale destinée à faire payer les riches. **(To soak :** pomper, boire comme une éponge).

**soar** [sɔ:] *v.* prendre son essor, s'élever, monter, grimper, faire un bond. *Soaring prices,* prix qui grimpent.

**so-called** [səu'kɔ:,ld] prétendu, nommé, appelé.

**social** ['səu∫l] *adj.* social, qui a trait à la vie en société ; qui a trait à la vie d'une communauté, d'un groupe. *Social duties,* devoirs de représentation.

**social charges,** charges sociales.

**social climber,** personne qui veut s'élever dans l'échelle sociale ; arriviste.

**social ladder,** échelle sociale.

**social payments,** transferts sociaux.

**social ownership,** actionnariat populaire.

**social security,** sécurité sociale.

**social security tax,** charges sociales.

**society** [sə'saiəti] *n.* **1.** société. *Primitive societies,* les sociétés primitives. **2.** association à but non lucratif.

**socio-economic group,** catégorie socio-professionnelle.

**sociological** [səusjə'lɔdʒikəl] *adj.* sociologique.

**sociologically** [səusjə'lɔdʒikəli] *adv.* sociologiquement.

**sociologist** [səusi'ɔlədʒist] *n.* sociologue.

**sociology** [səusi'ɔlədʒi] *n.* sociologie.

**socket** ['sɔkit] douille ; prise.

**soft currency** [sɔft] devise faible.

**soft drinks,** boissons non alcoolisées.

**soft goods,** tissus, textiles.

**soft loan,** crédit à taux privilégié.

**soft sell,** vente par des méthodes de suggestion ou de persuasion (s'oppose à **hard sell :** vente par des méthodes agressives).

**soft spot,** point faible ; (bourse, marché, etc.) secteur en baisse.

**software** ['sɔftwɛə] logiciel.

**soil** [sɔil] *n.* sol, terrain, terreau.

**soil bank,** (U.S.) service gouvernemental ayant pour mission de régler les problèmes de surproduction agricole (subventions aux fermiers pour remplacer récoltes par herbages, etc.).

**soil** *v.* salir, souiller.

**soiled** ['sɔild] *adj.* défraîchi. *Shop-soiled goods,* articles défraîchis (dans magasins).

**sold-ledger,** grand livre des ventes (comptabilité).

**sole agent** [sɔul] agent exclusif, concessionnaire exclusif, représentant exclusif.

**sole legatee,** légataire universel.

**solely** ['sɔully] *adv.* uniquement, exclusivement. *Solely responsible,* entièrement responsable.

**sole proprietorship,** entière propriété, entreprise possédée par une seule personne, entreprise individuelle.

**sole right,** droit exclusif.

**sole-trader,** entrepreneur individuel.

**solicit** [sə'lisit] *v.* solliciter, demander, prier.

**soliciting agent** [sə'lisitiŋ] placier.

**solicitor** [sə'lisitə] *n.* **1.** homme de loi qui cumule les fonctions de notaire et d'avoué ; conseiller juridique. **2.** (U.S.) placier, démarcheur. **3.** chef du contentieux. *Solicitor's department,* service du contentieux.

**solid-state** ['sɔlid-,steit] transistorisé.

**solvency** ['sɔlvənsi] *n.* solvabilité.

**solve** [sɔlv] *v.* résoudre (un problème, une crise).

**solvent** ['sɔlvənt] *adj.* solvable.

**solvent** *n.* dissolvant.

**sophisticated** [sə'fistikeitid] *adj.* sophistiqué, complexe, compliqué, évolué.

**sophistication** [sə,fisti'keiʃən] *n.* sophistication, complexité.

**sort** [sɔːt] *v.* trier.

**sorter** *n.* trieuse.

**sorting** ['sɔːtiŋ] *n.* tri, triage, classement.

**sort out** *v.* **1.** trier. **2.** démêler, tirer au clair.

**sound** [saund] *n.* son.

**sound** *adj.* **1.** sain. *Sound management,* gestion saine. **2.** valide, juste, irréfutable (argument).

**sound** *v.* sonder.

**soundness** ['saundnis] *n.* **1.** bon état, état sain, fiabilité. **2.** solidité, solvabilité (entreprise...). **3.** validité, pertinence (d'un argument...).

**sound insulation,** isolation sonique, insonorisation.

**soundproof** ['saundpruːf] *adj.* insonorisé.

**soundproof** *v.* insonoriser.

**sound the alarm,** lancer un cri d'alarme.

**sound truck,** camion publicitaire équipé d'un haut-parleur.

**soup kitchen,** soupe populaire.

**source** [sɔːs] *n.* source, origine. *At source,* à la source. *Source document,* document de base. *Source materials,* matières de base, matériaux de base (pour un processus de transformation).

**sourcing** *n.* achat de composants, de pièces.

**sovereign credit,** emprunt garanti par l'État.

**sovereign risk,** risque d'insolvabilité de l'état emprunteur, risque souverain.

**sow** [sɔu] *v.* semer.

**space** [speis] *n.* **1.** espace ; place, emplacement ; intervalle ; zone, étendue, surface. **2.** l'espace. *The space race,* la course à l'espace. *The space industry,* l'industrie spatiale. *Outer space,* l'espace (interstellaire). **3.** *Typogr.* : espacement, intervalle, interligne. **4.** case. *Tick the appropriate space,* cochez la case appropriée.

**space** *v.* espacer ; échelonner.

**space buyer** *Pub.* : acheteur d'espace (dans journaux, revues, etc.).

**space buying** *Pub.* : achat d'espace.

**spacer** ['speisə] *n. Typogr.* : barre d'espacement.

**spacing** ['speisiŋ] *n.* espacement.

**span** [spæn] *n.* envergure, portée, écartement, distance entre deux points ou deux dates. *The span of a man's life,* la durée d'une vie humaine.

**span** *v.* **1.** (pont) enjamber, franchir, traverser (un cours d'eau, une vallée). **2.** couvrir, embrasser (une période, une durée).

**spanner** ['spænə] *n.* clé anglaise. *To throw a spanner in the works,* mettre des bâtons dans les roues.

**spare** [spɛə] *adj.* **1.** disponible. *Spare capacity,* capacité de production disponible. *Spare capital,* capital disponible. *Spare copies,* exemplaires disponibles, exemplaires en surplus. *Spare time,* temps disponible, heures de loisir. *Spare time activities,* activités de loisir. **2.** de rechange ; de réserve. *Spare parts,* pièces de rechange.

**spare** *n.* pièce de rechange ; pièce détachée ; rechange. *Spares,* les pièces de rechange.

**spare** *v.* **1.** épargner, ménager, mettre de côté. *Can you spare me 5 minutes ?,* pouvez-vous m'accorder 5 minutes ? *I can't spare it,* je ne peux m'en passer. **2.** éviter, épargner, faire grâce de. *This will spare you the trouble of,* cela vous évitera (épargnera) la peine de. *There is enough and to spare,* il y en a largement assez, plus qu'il n'en faut.

**spark** [spaːk] *v.* déclencher.

**sparse** [spaːs] *adj.* peu dense ; clairsemé.

**sparsely** *adv. Sparsely populated,* faiblement peuplé, à population clairsemée.

**spate** [speit] *n.* afflux, déferlement, vague, marée, sortie en grand nombre. *Spate of publicity,* déferlement publicitaire, vague de publicité. *Spate of strikes,* vague de grèves.

**spec(s)** [speks] *v.* **specifications.**

**special delivery** ['speʃl] « par exprès », par porteur.

**special drawing rights,** droits de tirage spéciaux (Fonds Monétaire International).

**special effects,** effets spéciaux.

**specialization** [,speʃəlai'zeiʃən] *n.* spécialisation.

**specialize** ['speʃəlaiz] *v.* spécialiser.

**specialized** ['speʃəlaizd] *adj.* spécialisé.

**specialty** ['speʃlti] *n.* **1.** spécialité. **2.** *Jur. :* contrat formel sous seing privé.

**specialty store,** magasin de spécialité, spécialisé.

**specie** ['spiːʃiː] *n.* espèces, numéraire.

**species** ['spiːʃiːz] *n.* espèce, sor-te, genre.

**specific** [spi'sifik] *adj.* spécifique.

**specification** [spesifi'keiʃən] *n.* **1.** spécification, description détaillée, précision(s), prescription, stipulation, indication précise. *Specifications,* fiche technique. *Specification of work to be done,* prescription des travaux à exécuter. *Specifications of a contract,* stipulations d'un contrat ; cahier des charges. *Acceptance specifications,* prescriptions pour la réception, conditions d'admission, conditions d'acceptation. **2.** devis descriptif. **3.** *Jur. : Specifications of charge,* chef d'accusation. **4.** *Brevet : Patent specification,* demande de dépôt de brevet (avec descriptif), mémoire descriptif d'une invention. **5.** *Douanes :* déclaration d'embarquement. **6.** (bourse, etc.) bordereau.

**specifications** *n.* **1.** spécifications, etc. **2.** caractéristiques (d'un modèle). **3.** cahier des charges.

**specification sheet,** notice technique, fiche technique.

**specificity** [spesi'fisiti] *n.* spécificité.

**specify** ['spesifai] *v.* spécifier, préciser, stipuler, désigner, déterminer, prescrire, indiquer, mentionner, énoncer. *Unless otherwise specified, unless we specify to the contrary, except where otherwise specified,* sauf indication(s) contraire(s).

**specimen** ['spesimin] *n.* spécimen, échantillon, modèle, exemplaire. *Specimen signature,* modèle de signature (banque, chèques postaux).

**spec sheet** [,spek 'ʃiːt] voir **specification sheet.**

**spectacular** [spek'tækjulə] *adj.* spectaculaire, frappant, impressionnant.

**spectacular** *n.* (U.S.) publicité lumineuse, grande enseigne lumineuse animée.

**speculate** ['spekjuleit] *v.* spéculer.

**speculation** [spekju'leiʃən] *n.* spéculation.

**speculative** ['spekjulətiv] *adj.* spéculatif-ve.

**speculator** ['spekjuleitə] *n.* spéculateur.

**speed** [spi:d] *n.* vitesse, rapidité. *High-speed trains,* trains à grande vitesse.

**speed** *v.* 1. faire de la vitesse. *Jur. : A speeding offense,* un excès de vitesse. 2. accélérer.

**speed goods,** marchandises de grande vitesse.

**speedily** ['spi:dili] *adv.* rapidement, vite, avec promptitude, en toute hâte.

**speeding** ['spi:diŋ] *n.* 1. grande vitesse. 2. excès de vitesse. 3. *Speeding up,* accélération (d'un travail, etc.).

**speed-up** *n.* accélération. *A speed-up in inflation,* une accélération de l'inflation.

**speed up** *v.* accélérer.

**speedy** ['spi:di] *adj.* rapide, prompt. *Speedy delivery,* livraison rapide.

**spell** [spel] *n.* période. *At a spell,* à la suite.

**spell** *v.* 1. épeler. 2. orthographier. 3. signifier. *It spells disaster,* cela signifie la ruine.

**spelling** ['speliŋ] *n.* orthographe.

**spell out** *v.* annoncer (en détail), expliquer, formuler avec clarté et précision.

**spend** [spend] *v.* 1. dépenser. 2. passer du temps, employer, consacrer son temps.

**spender** ['spendə] *n.* 1. personne ou organisme qui dépense. 2. dépensier. *A great spender,* une personne qui dépense beaucoup.

**spending** ['spendiŋ] *n.* dépense. *Spending power,* pouvoir d'achat.

**spending spree,** frénésie de dépense. *To go on a spending spree,* se lancer dans les dépenses, être saisi d'une frénésie de dépenses.

**spendthrift** ['spendθrift] *n.* dépensier, gaspilleur, prodigue.

**sphere** [sfiə] *n.* sphère, zone, rayon, domaine, champ, secteur, ressort. *Sphere of activity,* domaine, champ, zone, secteur d'activité. *Sphere of influence,* zone d'influence. *This is not (does not fall) within my sphere,* ce n'est pas de mon ressort.

**spiel** [spi:l] *n.* numéro, boniment, baratin (du vendeur, etc.)

(U.S.).

**spill** [spil] *n.* écoulement, quantité perdue par écoulement, perte par écoulement ; pollution par déversement de matières toxiques.

**spill** *v.* 1. répandre, renverser. 2. se répandre, s'écouler.

**spillage** ['spilidʒ] *n.* perte par écoulement.

**spillover** *v.* 1. débordement, trop plein. 2. retombée(s), conséquence(s). 3. glissement de la demande d'un produit vers un autre en cas de difficultés d'approvisionnement.

**spin** [spin] *v.* filer (textiles).

**spinning-factory** ['spiniŋ] filature.

**spinning-mill,** filature.

**spin-off** *n.* 1. retombées (économiques, etc.). 2. essaimage.

**spin off** *v.* 1. avoir des retombées (économiques, etc.), produire des retombées. 2. faire de l'essaimage, essaimer.

**spiral** ['spaiərəl] *n.* spirale. *The wage-price spiral,* la course prix-salaires, la spirale des prix et des salaires.

**spiral** *v.* monter en spirale, grimper, augmenter rapidement.

**spira(l)ling** ['spaiərəliŋ] qui grimpe, qui monte vertigineusement. *Spiralling costs,* coûts qui augmentent de façon vertigineuse. *Spiralling inflation,* inflation galopante.

**spit** [spit] *v. Douanes :* sonder (pour vérifier le contenu).

**splinter group,** groupe dissident.

**split** [split] *n.* 1. division, partage, fractionnement. 2. scission.

**split** *v.* 1. diviser, partager, scinder, fractionner. *To split shares,* fractionner des actions. 2. provoquer une scission, une rupture. *A split vote,* un vote indécis (voix partagées à peu près également entre plusieurs candidats).

**splitting** ['splitiŋ] *n.* 1. partage, division, fractionnement. 2. scission.

**split level building,** bâtiment à niveaux décalés.

**spoil** [spɔil] *v.* gâcher, gâter, abîmer.

**spoilable** ['spɔiləbl] *adj.* périssable, susceptible de se gâter.

**spokesman** ['spəuksmən] *n.* porte-parole.

**sponsion** ['spɔnʃən] *n. Jur.* : garantie personnelle ; engagement formel en faveur d'un tiers ; fait de se porter garant, de se porter caution.

**sponsor** ['spɔnsə] *n.* **1.** parrain ; personne ou organisme qui parraine, patronne ou finance (spectacle, émission de télévision, etc.) ; organisateur, responsable ; « annonceur ». **2.** initiateur d'une proposition de loi. **3.** caution, répondant.

**sponsor** *v.* **1.** parrainer, patronner ; prendre en charge. *Courses sponsored by the government,* cours patronnés par le gouvernement. *To sponsor a bill,* présenter une proposition de loi. **2.** commanditer. **3.** se porter caution pour (de), être le garant, le répondant de.

**sponsoring** ['spɔnsəriŋ] *n.* parrainage, patronage, parrainage publicitaire.

**sponsorship** ['spɔnsəʃip] *n.* parrainage, patronage.

**spot** [spɔt] *n.* **1.** lieu, endroit. *On the spot.* a) sur place. b) sur-le-champ. **2.** spot, séquence. *Advertising spot,* séquence/spot publicitaire. *T.V. spot,* spot/séquence publicitaire. **3.** (U.S.) poste, position dans la hiérarchie, situation, place.

**spot cash,** argent comptant.

**spot check,** sondage, vérification par sondage.

**spot delivery,** livraison immédiate.

**spot exchange transactions,** opérations de change au comptant.

**spot goods,** marchandises disponibles immédiatement.

**spotlight** *v.* mettre en vedette, en valeur, braquer le projecteur sur.

**spot market,** marché au comptant, marché du disponible.

**spot price,** prix sur place, prix du disponible ; (devises) cours du comptant.

**spot quotation,** cote du disponible.

**spot rate,** cours du disponible.

**spot sale,** vente en disponible.

**spot transaction,** opération au comptant.

**spouse** [spaus] *n.* conjoint.

**spray** [sprei] *n.* **1.** vaporisateur, atomiseur. **2.** liquide pour vaporisation.

**spray** *v.* vaporiser, pulvériser, atomiser (liquide).

**spray-can** *n.* atomiseur, vaporisateur, bombe à aérosol.

● **spread** [spred] *n.* **1.** étendue, extension. **2.** diffusion, dissémination, propagation. **3.** éventail, différence, marge, différentiel. *Banque :* majoration appliquée au taux de base d'un crédit en fonction de différentes caractéristiques propres à l'emprunteur. *Income spread,* éventail de salaires. *Price spread,* différence entre deux prix (notamment entre prix de revient et prix de vente). **4.** *Bourse :* opération à cheval. **5.** (annonce) pleine page. *2-page spread, double page spread,* annonce sur deux pages, publicité sur deux pages.

**spread** *v. tr.* répartir, échelonner, ventiler. *Payment will be spread over 2 months,* le règlement sera réparti sur deux mois. *To spread risks,* répartir les risques.

**spread** *v. intr.* s'étendre, se répandre, se disséminer, se propager, se généraliser. *The strike will spread to other sectors,* la grève s'étendra à d'autres secteurs.

**spread sheet,** tableur, présentation panoramique sur écran.

**spree** [spri:] *To go on a buying spree, a purchasing spree, a shopping spree,* se lancer dans une frénésie d'achats. *To go on a spending spree,* se lancer dans une frénésie de dépenses.

**spring a leak** [spriŋ] faire une voie d'eau.

**spud in date** [spʌd] date de démarrage, de mise en route d'un chantier ; (pétrole, etc.) début des opérations de forage.

**spur** *n.* stimulant, aiguillon, incitation.

**spur** [spə:] *v.* stimuler, aiguillonner, inciter. *To spur a lagging economy,* stimuler une économie languissante.

**spurious** ['spjuəriəs] *adj.* faux, falsifié, contrefait, de contrefaçon.

**spuriously** ['spjuəriəsli] faussement, par contrefaçon.

**spurt** *n.* **1.** effort soudain. **2.**

(Bourse, etc.) montée soudaine, démarrage.

**spurt** *v.* 1. faire un effort soudain. 2. (Bourse, etc.) monter soudainement, démarrer.

**squander** ['skwɔndə] *v.* gaspiller, dilapider, dissiper. *To squander money,* jeter l'argent par les fenêtres.

**square** [skweə] *v.* 1. balancer, égaliser, régler un compte. *To square matters,* arranger les choses. 2. élever au carré. *Two squared,* 2 au carré.

**square with** *v.* correspondre à, s'accorder avec, cadrer avec.

**square** *adj.* 1. carré. *Square foot,* pied carré. 2. loyal.

**squeeze** [skwiːz] *n.* 1. compression, resserrement, blocage, gel. *Credit squeeze,* resserrement du crédit, encadrement du crédit. *Economic squeeze,* crise économique. 2. pression (exercée sur quelqu'un). 3. *Bourse :* étranglement des vendeurs à découvert.

**squeeze** *v.* 1. resserrer, comprimer, bloquer, geler. 2. excercer des pressions sur quelqu'un. 3. *Bourse : To squeeze the bears, to squeeze the shorts,* étrangler les vendeurs à découvert, faire la chasse au découvert.

**squelch** *v.* aspirer ; enrayer. *To squelch inflation,* enrayer l'inflation.

**stability** [stə'biliti] *n.* stabilité.

**stabilization** [steibilai'zeiʃn] *n.* stabilisation. *Stabilization loan,* emprunt de valorisation.

**stabilize** ['steibilaiz] *v.* stabiliser.

**stabilizer** ['steibilaizə] *n.* stabilisateur. *Built-in stabilizers,* stabilisateurs organiques, amortisseurs organiques, régulateurs organiques.

**stable** ['steibl] *adj.* stable.

**stack** [stæk] *n.* pile, tas.

**stack** *v.* entasser, empiler.

**stack up** *v.* entasser, empiler ; s'entasser, s'empiler.

**staff** [staːf], U.S. [stæf] *n.* 1. personnel. *Clerical staff,* personnel administratif, de bureau. *To be on the staff,* faire partie du personnel. 2. état-major (cadres et dirigeants de l'entreprise). *The senior staff,* les cadres supérieurs, les cadres

d'état-major.

**staff** *v.* fournir, pourvoir en personnel ; nommer du personnel. *Over-staffed,* surchargé en personnel. *Under-staffed,* qui manque de personnel.

**staff and line,** organisation mixte reposant sur des cadres d'état-major et des responsables sur le terrain.

**staffer** *n.* (U.S.) membre de l'état-major (journal, administration).

**staffing** *n.* affectation de personnel ; fourniture d'effectifs.

**staff status (to have)** *v.* avoir un statut de cadre.

**staff-manager,** directeur du personnel.

**stag** [stæg] *n. Bourse :* loup, chasseur de prime, spéculateur mixte (spéculateur qui souscrit à une nouvelle émission pour revendre rapidement en bénéficiant de l'augmentation temporaire des cours qui fait souvent suite à la mise des titres sur le marché).

**stage** [steidʒ] *n.* étape, stade, stage, phase. *At this stage,* à ce stade. *Production stages,* phases de la production.

**stage** *v.* organiser, mettre sur pied. *To stage a demonstration,* organiser une manifestation. *To stage an exhibition,* organiser une exposition.

**stagflation** [stæg'fleiʃn] *n.* stagflation (inflation dans la stagnation).

**stagger** ['stægə] *v.* 1. chanceler. 2. frapper de stupeur. 3. échelonner, étaler. *Staggered holidays,* vacances échelonnées.

**staggering** ['stægəriŋ] *adj.* surprenant, renversant. *A staggering amount,* une somme incroyable.

**staggering** *n.* échelonnement, étalement (paiement, vacances, etc.).

**stagnant** ['stægnənt] *adj.* stagnant.

**stagnate** [stæg'neit] *v.* stagner.

**stagnation** [stæg'neiʃn] *n.* stagnation.

**stain** [stein] *n.* tache, souillure.

**stain** *v.* tacher, souiller.

**stake** [steik] *n.* enjeu, mise ; participation. *At stake,* en jeu.

**stake** *v.* mettre en jeu, risquer,

hasarder.

**stakeholder** *n.* partie prenante.

**stale** [steil] *adj.* **1.** éventé, rassis, qui n'est pas frais, défraîchi. *Stale goods,* articles défraîchis. *Stale market,* marché lourd, peu animé. **2.** *Jur. :* prescrit, périmé. *Stale cheque,* chèque périmé, prescrit.

**stalemate** ['steilmeit] situation de blocage, impasse.

**stalemate** *v.* bloquer, mettre dans l'impasse. *The talks have been stalemated for a few weeks,* les discussions sont dans l'impasse depuis quelques semaines.

**stall** [sto:l] *n.* étalage, étal, éventaire, échoppe, stand. *Newspaper stall,* kiosque à journaux.

**stall** *v.* **1.** (moteur, etc.) caler, bloquer ; perdre de la vitesse. **2.** faire caler, faire perdre de la vitesse à.

**stamp** [stæmp] *n.* **1.** timbre, vignette. *Adhesive stamp,* timbre auto-collant. *Inland revenue stamp,* timbre fiscal. *Postage stamp,* timbre poste. *Receipt stamp,* timbre de quittance. **2.** tampon, cachet, griffe. **3.** *Métall. :* emboutisseuse, estampeuse.

**stamp** *v.* **1.** timbrer, estampiller, viser. **2.** tamponner, imprimer. **3.** *Métall. :* emboutir, estamper. **4.** composter.

**stamp-duty,** droit de timbre.

**stampede** [stæm'pi:d] *n. Bourse :* panique, débâcle, débandade, affolement.

**stampede** *v.* **1.** être pris de panique. **2.** créer la panique, l'affolement.

**stance** [stæns] *n.* (U.S.) position, attitude, point de vue (d'un gouvernement, etc.).

**stand** [stænd] *n.* **1.** stand, étal, étalage. **2.** position, prise de position.

**stand** *v.* **1.** être debout, se tenir debout, se trouver, être situé, se dresser. **2.** être inscrit, être porté, apparaître (dans un document). **3.** *Bourse :* To stand at a premium,* faire prime, être au-dessus du pair. *To stand at a discount,* faire perte, être au-dessous du pair. **4.** tenir, se maintenir, rester valable. *Our offer still stands,* notre offre reste valable. **5.** *To stand one's ground,*

tenir bon, résister, ne pas lâcher pied. *Colours that stand,* des couleurs qui résistent. **6.** être candidat à, se porter candidat. *To stand for reelection,* se représenter. **7.** *How do we stand ?* comment nous situons-nous ?, où en sont nos comptes ?, *Where do we stand,* où en sommes-nous ? quelle est notre situation, notre position ? **8.** *To stand as security for debt,* assurer une créance. *To stand surety for someone,* se porter caution pour quelqu'un, se porter garant de quelqu'un. **9.** *To stand a loss,* enregistrer une perte, supporter, subir une perte. **10.** supporter, subir, tolérer, soutenir, endurer. *I can't stand him,* je ne peux pas le supporter. **11.** *to stand a drink,* offrir un verre, payer à boire.

**standard** ['stændəd] *adj.* standard, type, ordinaire, courant, normal, classique. *Standard deduction,* prélèvement libératoire, forfaitaire.

**standard** *n.* **1.** étalon. *Gold standard,* étalon or. **2.** modèle, norme, type, mesure. *Up to standard,* conforme à la norme, conforme à l'échantillon. **3.** niveau, degré. *Standard of living,* niveau de vie. *High standards,* niveau élevé, haut degré. **4.** titre, teneur (d'un métal, d'une solution chimique).

**standard deviation,** écart type.

**standardization** [stændədai'-zei(n] *n.* standardisation, normalisation, homogénéisation.

**standardize** ['stændədaiz] *v.* standardiser, normaliser.

**standard measure, 1.** mesure étalon. **2.** dimension normale.

**standard model,** modèle courant, modèle de série.

**standard of living,** niveau de vie.

**standard weight, 1.** poids étalon. **2.** poids normal.

**stand by** ['stændbai] *n.* **1.** (machine, etc.), (de) rechange, (de) secours. **2.** (finance, etc.) en réserve, de soutien, de secours. **3.** (to be on), être sur une liste d'attente.

**stand by 1.** être présent. **2.** se tenir prêt (à agir) ; être en état d'alerte, être prêt à remplacer. **3.** soutenir. **4.** rester fidèle à sa promesse. **5.** *(Télécom.)* être en écoute

permanente.
• **stand-by credit,** crédit-relais.
**stand for** *v.* **1.** signifier, vouloir dire, représenter. *What does this abbreviation stand for ?,* à quoi correspond cette abréviation ? **2.** représenter quelqu'un (procès, etc.). **3.** *To stand surety for someone,* se porter garant, caution pour quelqu'un. **4.** défendre, soutenir (quelqu'un, une cause).
**standing** ['stændiŋ] *n.* **1.** standing, statut, situation, rang, importance. *Financial standing,* situation financière, surface financière, crédit (d'une entreprise). **2.** durée. *Of long standing, of old standing,* de longue date, anciennement établi.
**standing** *adj.* **1.** permanent, fixe, établi. **2.** debout, sur pied. *Standing crop,* récolte sur pied.
**standing committee,** commission permanente.
**standing expenses,** frais généraux ; frais fixes.
**standing order,** ordre permanent (banques, etc.).
**standing price,** prix fixe.
**standing procedure,** procédure établie, procédure normale.
**standings** *n. pl.* classement.
**standoff** ['stændɔf] *n.* impasse, point mort. *The situation is a standoff,* la situation est au point mort ; c'est l'impasse.
**stand off** *v.* mettre en chômage temporaire, mettre en congé.
**stand over** *v.* laisser en suspens, laisser en souffrance.
**standstill** ['stændstil] *n.* immobilisation, arrêt, panne. *To come to a standstill,* s'immobiliser. *Business is at a standstill,* les affaires stagnent. *Negotiations are at a standstill,* les négociations sont au point mort.
**standstill agreement,** moratoire. *A standstill agreement on nuclear testing,* décision mutuelle de surseoir à de nouveaux essais nucléaires.
**staple** [steipl] *adj.* principal, de base. *Staple commodities,* denrées de base. *Staple industries,* industries de base.
**staple** *n.* **1.** matière première, matériau de base, produit de base, denrée de base. **2.** agrafe.

**staple** *v.* agrafer.
**stapler** ['steiplə] *n.* agrafeuse, machine à agrafer.
**stapling machine** ['steipliŋ] agrafeuse, machine à agrafer.
**starboard** ['sta:bəd] tribord.
**starch** [sta:tʃ] *n.* amidon.
**starch** *v.* amidonner.
**start** [sta:t] *n.* **1.** début, commencement, démarrage, départ. *Housing starts,* mises en chantier (de logements). **2.** avance.
**start** *v.* **1.** partir. **2.** commencer, débuter, entamer, lancer, créer, ouvrir. *To start a campaign,* lancer une campagne. *To start a firm,* créer une entreprise. *To start an entry,* ouvrir une écriture, ouvrir un poste (comptabilité). *To start a new line,* lancer une nouvelle filière. *To start negotiations,* entamer des négociations. *To start from scratch,* partir de zéro, partir de rien.
**starting** ['sta:tiŋ] *adj.* de départ, de début. *Starting price,* prix de départ ; mise à prix (enchères), prix d'appel. *Starting salary,* salaire de départ, salaire à l'embauche.
**start-up** *n.* **1.** démarrage, mise en route. **2.** création (d'entreprise).
**start-up costs,** frais d'établissement, frais initiaux.
**starvation** [sta:'veiʃn] *n.* famine, manque de nourriture. *To die of starvation,* mourir de faim.
**starve** [sta:v] *v.* **1.** mourir de faim. **2.** manquer de nourriture. **3.** affamer.
**state** [steit] *n.* état. *State intervention,* intervention de l'État.
**state** *v.* **1.** déclarer. **2.** préciser, spécifier. **3.** *Jur.* : *To state a case,* exposer les faits, présenter un dossier, exposer une affaire.
**state-aided,** aidé, subventionné par l'État, bénéficiant d'une aide de l'État.
**statehood** ['steit'hu:d] *n.* fait de constituer un État ; conditions d'indépendance nationale et de souveraineté qui caractérisent un État.
**statement** ['steitmənt] *n.* **1.** déclaration, rapport, communiqué, exposé, compte rendu, affirmation. **2.** état, relevé, bordereau, mémoire, note, bilan. *Bank statement,*

situation de banque, relevé bancaire. *Cash statement,* état de caisse. *Financial statement,* état financier, compte de résultat. *Operating statement,* compte d'exploitation. **3.** *Jur. :* déposition.

**statement of account,** relevé de compte.

**statement of affairs,** bilan de liquidation.

**statement of expenses,** état de frais.

**statement of source and application of funds,** tableau de financement.

**state of the art,** état de la technique.

**state-of-the-art** *adj.* à la pointe des connaissances.

**state-ownership,** propriété de l'État, fait que l'État est propriétaire.

**statesman** ['steitsmən] homme d'État.

**station** ['stei∫ən] *n.* **1.** gare. *At station price,* prix en gare de départ. *Forwarding station,* gare d'expédition, gare de départ (marchandises). *Goods station,* gare de marchandises. *Receiving station,* gare d'arrivée (marchandises), gare de destination. **2.** station. *Filling station, Service station,* station service. **3.** centrale. *Nuclear station,* centrale nucléaire. *Power station,* centrale électrique. **4.** *Police station,* commissariat de police. **5.** poste de travail. **6.** position, rang, condition, situation.

**station** *v.* affecter, placer, poster.

**stationary** ['stei∫nəri] *adj.* stationnaire.

**stationer** ['stei∫nə] *n.* papetier, libraire.

**stationery** ['stei∫nəri] *n.* papeterie. *Office stationery,* fournitures de bureau (papier, enveloppes, etc.).

**station-master** ['stei∫n-maːstə] chef de gare.

**statism** *n.* étatisme.

**statistic** [stə'tistik] *n.* statistique.

**statistical** [stə'tistikəl] statistique. *Statistical returns,* résultats statistiques, statistiques officielles.

**statistician** [stæti'sti∫n] *n.* statisticien, statisticienne.

**statistics** [stə'tistiks] *n.* statistique(s).

**status** ['steitəs], U.S. ['stætəs] *n.* **1.** statut, position, situation, état, rang, standing, prestige. *Official status,* position, situation officielle. *Status car,* voiture de prestige. **2.** situation financière, solvabilité. *Credit status,* solvabilité, réputation financière. *Financial status,* situation financière, solvabilité. *Status information,* renseignements commerciaux. *Status inquiry,* enquête sur la situation financière, la solvabilité.

**status quo** [,steitəs 'kwəu] statu quo.

**statute** ['stætjuːt] *n.* statut. *Statute of limitations,* prescription légale, loi établissant la prescription (dettes).

**statute-barred,** prescrit.

**statute-book** ['stætjuːtbuk] code (lois), recueil de lois.

**statute-law,** droit écrit, jurisprudence.

**statutory** ['stætjutəri] statutaire, réglementaire, établi, fixé, imposé, prévu par la loi, conforme à la loi.

**statutory company,** société concessionnaire, compagnie assurant un service public.

**statutory meeting,** assemblée statutaire ; assemblée constitutive.

**statutory reserve,** réserve statutaire.

**stave off** [steiv] *v.* écarter, détourner, éviter, prévenir, conjurer, parer à, échapper à. *To stave off bankruptcy,* prévenir, éviter la faillite. *To stave off creditors,* échapper aux créanciers. *To stave off foreclosure,* éviter la saisie.

**stay** [stei] *n.* **1.** séjour. **2.** entrave ; suspension, sursis. *Stay of execution,* suspension dans l'application (d'un jugement, etc.), ordonnance de surseoir.

**stay** *v.* **1.** séjourner, rester, demeurer. **2.** suspendre, surseoir, ajourner, remettre.

**stay even** *v.* **1.** rester identique, ne pas se modifier, rester en équilibre. **2.** être solvable.

**stay-in strike** ['steiin straik] grève sur le tas, grève avec occupation des locaux, grève avec occupation d'usine.

**S.T.D.** [es ti: di:] voir **Subscriber Trunk Dialling,** automatique interurbain.

**steadily** ['stedili] régulièrement, de façon continue.

**steadiness** ['stedinis] fermeté, stabilité, régularité, sûreté.

**steady** ['stedi] *adj.* ferme, stable, régulier, fixe, soutenu, continu, constant. *A steady increase,* une augmentation régulière.

**steady** *v.* affermir, raffermir, stabiliser, régulariser.

**steadying** ['stediiŋ] *n.* affermissement.

**steal** [sti:l] *v.* voler, dérober.

**steam** [sti:m] *n.* vapeur. *Steam-engine,* machine à vapeur.

**steamboat** ['sti:m,bəut] *n.* bateau, navire à vapeur, vapeur.

**steamer** ['sti:mə] *n.* navire à vapeur, vapeur.

**steamship** ['sti:mʃip] *n.* navire à vapeur, vapeur.

**steel** [sti:l] *n.* acier. *The iron and steel industry,* la sidérurgie.

**steel-worker** [sti:l 'wə:kə] ouvrier de l'acier, ouvrier sidérurgiste.

**steel-works** ['sti:l 'wə:ks] aciérie, usine sidérurgique.

**steep** [sti:p] *adj.* à pic, à forte pente. *A steep rise in prices,* une forte augmentation des prix, une augmentation exorbitante des prix.

**steer** [stiə] *v.* conduire, diriger, gouverner. *Steering committee,* comité directeur, commission qui détermine les procédures et l'ordre du jour.

**stem** [stem] *v.* endiguer, enrayer, contenir, arrêter, stopper. *To stem inflation,* endiguer l'inflation.

**stem from** *v.* provenir de, être issu de, venir de, être le résultat de, être causé par.

**stencil** ['stensl] *n.* stencil.

**stencil** *v.* 1. tirer (au stencil), polycopier, reproduire. 2. marquer (une caisse).

**stenographer** [stə'nɔgrəfə] *n.* sténographe, sténo.

**stenography** [stə'nɔgrəfi] *n.* sténographie, sténo.

**step** [step] *n.* 1. démarche, mesure. *To take steps,* a) faire des démarches ; b) prendre des mesures. *To take legal steps,* faire les démarches légales. 2. pas, cadence. *A step forward,* un pas en avant. *To keep step with,* aller au rythme de, marcher du même pas que, avancer au même rythme que, se maintenir au niveau de. 3. étape, échelon.

**step down** *v.* se retirer (quitter la fonction qu'on occupe).

**step in** *v.* intervenir.

**step up** *v.* 1. accélérer, augmenter le rythme de. *To step up production,* accélérer la production. 2. intensifier.

**sterling** ['stə:liŋ] *n.* livre sterling.

**sterling** *adj.* de bonne qualité, véritable, solide, de bon aloi.

**sterling area,** zone sterling.

**sterling balance,** balance sterling.

**stern** [stə:n] *n.* poupe.

**stern** *adj.* sévère, dure, rigide. *Stern regulation,* réglementation rigide.

**stevedore** ['sti:vidɔ:] arrimeur.

**stevedore** *v.* arrimer.

**stevedoring company** ['sti:-vidɔ:riŋ] entreprise d'arrimage.

**steward** [stjuəd] 1. *Shop steward,* délégué d'atelier, délégué du personnel. 2. administrateur (d'une propriété), intendant, économe.

**stewardship** ['stjuədʃip] *n.* économat, intendance, fonctions d'économe, d'intendant, d'administrateur.

**stick** [stik] *v.* 1. coller, tenir. *The stamp doesn't stick,* le timbre ne tient pas. 2. coller, apposer, placarder. *Stick no bills,* défense d'afficher.

**sticker** ['stikə] *n.* étiquette, autocollant, affiche, affichette.

**stick to** *v.* rester fidèle à, adhérer à, persister, ne pas en démordre. *To stick to the words of a contract,* s'en tenir à, s'attacher à la lettre d'un contrat.

**sticker-price,** prix affiché, prix porté sur l'étiquette.

**stiff** [stif] *adj.* 1. raide, rigide. *Stiff regulations,* règlements draconiens. 2. (marché) tendu. 3. (travail, examen, etc.) difficile. 4. (prix) élevé, exagéré.

**stiffen** ['stifn] *v.* 1. (réglementation, etc.) durcir, renforcer. 2. rendre plus difficile (examen, etc.). 3.

raidir, se raidir, se durcir.

**still(s)** [stil(z) ] **1.** vue(s) fixe(s). **2.** alambic, cornue.

**stimulate** ['stimjuleit] *v.* stimuler, motiver.

**stint** [stint] *n.* **1.** tâche assignée, travail effectué pendant une période donnée. *He did a 4-year stint with them,* il a travaillé chez eux pendant une période de 4 ans, il a fait 4 ans chez eux. *The day's stint,* la somme de travail effectuée dans la journée. **2.** restriction, limite. *To spend without stint,* dépenser sans compter.

**stipend** ['staipənd] rémunération, indemnité.

**stipulate** ['stipjuleit] *v.* stipuler, préciser.

**stipulated** ['stipjuleitid] *adj.* stipulé, convenu, prévu, mentionné.

**stipulation** [stipju'leiʃn] *n.* stipulation, précision, condition.

**stock** [stɔk] *adj.* courant, classique, standard. *A stock answer,* une réponse toute faite. *Stock size,* taille courante.

**stock** *n.* **1.** stock, provisions, approvisionnement, marchandises. *From stock,* de stock. *To be out of stock,* être en rupture de stock, à court d'approvisionnement. *To run out of stock,* voir ses stocks s'épuiser. *To lay in a stock,* s'approvisionner. *To take stock,* faire l'inventaire. *To carry a large stock,* avoir de gros stocks. **2.** *Chem. de fer : Rolling stock,* matériel roulant. **3.** bétail. *Live-stock, grazing stock,* bestiaux, animaux sur pied. **4.** valeur(s) titre(s). *Fully paid stock,* titres libérés. *Government stock,* fonds d'État, titres d'État, obligations d'État. *Railway stock,* valeurs (actions et obligations) du chemin de fer. *Registered stock(s),* titres nominatifs. *Stocks and shares,* valeurs mobilières. **5.** ensemble du capital d'une société, ensemble des actions d'une société. *Capital stock,* capital actions, capital social. *Common stock* (U.S.), actions ordinaires. **6.** (U.S.) action. **7.** *Navig. : Stocks,* cale de construction, cale de lancement. *On the stocks,* en construction.

**stock** *v.* stocker, approvisionner, emmagasiner.

**stock accounting,** comptabilité matières.

**stock analyst,** analyste boursier.

**stock average,** indice des valeurs boursières.

**stock-book** ['stɔkbuk] livre d'inventaire(s).

**stock breeder** ['stɔk ˌbriːdə] éleveur de bétail.

**stockbroker** ['stɔk ˌbrəukə] agent de change, courtier en bourse.

**stock dividend,** distribution/attribution d'actions gratuites.

**stock exchange** ['stɔkiks ˌtʃeindʒ] bourse des valeurs. *The Stock Exchange,* la bourse de Londres.

**stockholder** ['stɔk,həuldə] porteur de titre ; (U.S.) actionnaire.

**stockholders' equity,** (U.S.) capital propre, situation nette, fonds propres.

**stockholding 1.** actionnariat. **2.** stockage.

**stock in hand** [stɔk in 'hænd] marchandises en magasin.

**stock-in-trade** [stɔkin'treid] fonds de commerce.

**stock jobber** ['stɔk ˌdʒɔbə] **1.** *Jobber,* marchand de titres, négociant en valeurs, sorte de grossiste spécialisé dans certaines valeurs. **2.** agioteur.

**stock list, 1.** inventaire. **2.** *Bourse :* bulletin de la cote.

**stock management,** gestion des stocks.

**stock market** ['stɔk ˌmaːkit] **1.** bourse des valeurs, place boursière. **2.** marché des valeurs.

**stock option,** option de souscription. *Stock option scheme,* plan de participation par achat d'actions.

**stock outstanding,** actions en circulation.

**stockpile** ['stɔkpail] *v.* stocker, entasser.

**stockpile** *n.* stock ; réserve(s).

**stock-sheet,** feuille d'inventaire.

**stock-shot** *n.* (TV, ciné.) plan d'archives.

**stock taking,** inventaire.

**stock turnover,** rotation des stocks.

**stone** [stəun] mesure de poids 6,348 kg. *10 stone,* (environ) 64 kg.

**stop** [stɔp] *n.* **1.** arrêt, interruption, halte, pause. **2.** (ponctuation) point. **3.** arrêt, butoir, dispositif de blocage. *(Machine à écrire) Margin stop,* régulateur de marge.

**stop** [stɔp] *v. tr.* **1.** arrêter, interrompre, bloquer, endiguer, stopper, empêcher, suspendre. *Goods stopped at the customs,* marchandises bloquées (consignées) en douane. *To stop a cheque,* faire opposition à un chèque, bloquer un chèque. *To stop payment on something,* cesser le paiement, interrompre le paiement, suspendre le paiement, faire opposition au paiement. *To stop somebody from doing something,* empêcher quelqu'un de faire quelque chose. **2.** déduire, retenir, opérer une retenue (à la source). *The sum will be stopped from their wages, out of their wages,* la somme sera retenue sur leurs salaires.

**stop** *v. intr.* **1.** s'arrêter, stopper. **2.** séjourner brièvement, rendre visite, faire escale. *To stop at a port,* faire escale dans un port.

**stop (and) go** [stop ənd 'gəu] croissance « en escalier », coups d'accordéon, (période d'arrêt de la croissance économique, suivie d'une reprise, puis nouvel arrêt, etc.). *Stop-and-go policy,* politique économique consistant en une alternance de coups d'arrêt à la croissance, et de mesures de relance. *Stop-and-go cycle of inflation,* cycle d'inflation caractérisée par la succession de périodes de flambée des prix et de périodes de stabilisation.

**stop-gap** ['stɔp-gæp] bouchetrou. *Stop-gap measures,* mesures provisoires, temporaires, de transition, expédients, palliatifs.

**stop order** *Bourse :* ordre stop (ordre donné à un agent de change d'acheter ou de vendre lorsque le cours d'une valeur monte ou descend jusqu'à un niveau précisé à l'avance).

**stop over** *v.* faire escale, faire étape.

**stopover** *n.* **1.** escale, étape. **2.** (voyage aérien) passager, voyageur en transit. « *Stopovers first* », voyageurs en transit d'abord.

**stoppage of work** ['stɔpidʒ] arrêt de travail.

**stop-press,** dernière minute.

**stop-watch** *n.* chronomètre.

**storage** ['stɔridʒ] *n.* **1.** stockage, emmagasinage, entreposage. *Storage and removal,* déménagement et garde-meubles. **2.** *Info. :* mémoire, mémorisation.

**storage space,** capacité de stockage, surface de stockage, espace disponible pour le stockage, surface des entrepôts, capacité d'emmagasinage.

**store** [stɔ:] *n.* **1.** approvisionnement, stock, fournitures, réserve(s), provisions, vivres. *To have, hold, keep in store,* avoir en stock, en réserve. *To lay in a store,* s'approvisionner. *In store,* a) en réserve ; b) à venir. **2.** entrepôt, dépôt, magasin, garde-meubles. **3.** magasin ; (U.S.) boutique, magasin. *Chain-stores,* magasins à succursales multiples. *Cooperative store,* coopérative (de vente au détail). *Department stores,* grands magasins.

**store** *v.* **1.** entreposer, emmagasiner, stocker. **2.** amasser, accumuler, mettre en réserve. **3.** approvisionner, munir, pourvoir. **4.** *Info. :* mettre en mémoire.

**store accounting,** comptabilité matières, comptabilité des stocks.

**storehouse** ['stɔ:haus] *n.* entrepôt, dépôt, magasin.

**storekeeper** ['stɔ:ki:pə] *n.* **1.** magasinier. **2.** (U.S.) commerçant, boutiquier, marchand, propriétaire ou gérant d'un magasin, d'une boutique.

**store-room** ['stɔ:rum] salle de stockage ; dépôt, entrepôt, magasin.

**story board** ['stɔ:ri,bɔ:d] *n.* scénario du message publicitaire, « story board ».

**storyline** ['stɔ:rilain] *n.* scénario, intrigue.

**stow** [stəu] *v.* arrimer.

**stowage** ['stəuidʒ] *n.* **1.** arrimage. **2.** frais d'arrimage.

**stower** [stəuə] *n.* arrimeur.

**stowing** [stəuiŋ] *n.* arrimage.

**straddle** ['strædl] *n. Bourse :* opération à cheval, opération mixte, ordre lié. Par exemple : **1.** achat simultané d'option de vente et d'achat d'une certaine valeur (boursière). **2.** la réalisation d'une option d'achat et d'une option de vente sur la même valeur. **3.** pour les marchandises, vendre à terme en même temps qu'on achète au comptant les mêmes marchandises.

**straight** [streit] *adj.* juste, honnête, droit, d'aplomb. *To put matters straight,* arranger, rectifier les choses. *Straight angle,* angle de 180°. *Straight bill,* traite simple (non accompagnée de documents). *Straight dealings,* transactions, procédés honnêtes.

**straight bill of lading,** connaissement à personne nommée, connaissement nominatif.

**straighten** ['streitən] *v.* **1.** redresser, arranger, mettre en ordre, régulariser. **2.** se redresser, s'arranger.

**straight line (method of) depreciation,** (méthode de l')amortissement linéaire, constant.

**strain** [strein] *n.* **1.** tension, fatigue. **2.** limite de charge ou de rupture.

**strain** *v.* tendre. *Strained relations,* relations tendues.

**straitened circumstances** ['streitənd] gêne, besoin, nécessité, embarras.

**straits** [streits] *n.* **1.** détroit. **2.** situation difficile, critique. *To be in financial straits,* être dans une situation financière difficile, dans l'embarras financier.

**strand** [strænd] *v.* s'échouer. *To be stranded,* a) être échoué. b) être dans la gêne, dans l'embarras. c) être bloqué, rester en plan, être abandonné dans un pays étranger sans argent ni moyens de retour.

**stranglehold** ['stræŋgl'hɔuld] *n.* mainmise, étau. *To have a stranglehold on,* tenir à la gorge.

**strap** [stræp] *n.* courroie ; cercle, bande métallique.

**strap** *v.* **1.** attacher, lier avec une courroie ; cercler avec une bande métallique. **2.** *strapped for cash,* à court de liquidités.

**strategic** [strə'tiːdʒik] *adj.* stratégique.

**strategist** ['strætidʒist] *n.* stratégiste, stratège.

**strategy** ['strætidʒi] *n.* stratégie.

**straw** [strɔː] *n.* paille. *Man of straw,* homme de paille.

**stream** [striːm] *n.* **1.** cours d'eau, fleuve, rivière, ruisseau, torrent. **2.** flot, flux. *Stream of customers,* afflux de clientèle, flot de clients. *On stream,* en production, en service. *To come on stream,* (réacteur) diverger. *Up-stream,* en amont. *Down-stream,* en aval. **3.** filière.

**streamer** ['striːmə] *n.* banderole.

**streamline** [striːmlain] *v.* **1.** caréner, rendre aérodynamique. **2.** rationaliser, alléger, rénover, refondre, moderniser.

**streamlined** ['striːmlaind] *adj.* aérodynamique.

**streamlining** ['striːmlainiŋ] *n.* rationalisation, refonte, allégement, rénovation.

**street** [striːt] *n.* rue. *High Street,* la grand rue (symbole en anglais britannique des activités du petit commerce). *Main Street* (U.S.), idem. (U.S.) *Street vendor,* marchand ambulant.

**street** *n.* Bourse : *Street market,* marché après bourse. *Street price,* cours après bourse.

**strength** [streŋθ] *n.* **1.** force. **2.** résistance (matériaux). **3.** effectif (d'un groupe, etc.).

**strengthen** ['streŋθn] *v.* **1.** renforcer, raffermir, consolider. **2.** se renforcer, se raffermir, se consolider.

**strength of materials,** resistance des matériaux.

**strenuous** ['strenjuəs] *adj.* **1.** vigoureux, énergique. **2.** épuisant.

**stress** [stres] *n.* **1.** insistance. *To lay, to put the stress on something,* mettre l'accent sur, insister sur quelque chose. **2.** tension, fatigue nerveuse. **3.** *Mécan.* : tension mécanique, contrainte, travail.

**stress** *v.* **1.** insister sur, souligner. **2.** faire subir une tension à.

**stretch** [stretʃ] *n.* **1.** tension, allongement. **2.** étendue, bande de terrain, section (de route). **3.** période. *At a stretch,* d'affilée, à la suite.

**stretch** *v.* **1.** tendre, étirer, allonger. *To stretch to breaking point,* tendre jusqu'à la rupture. **2.** s'étirer, s'allonger, s'étendre. **3.** trop demander à.

**strict** [strikt] *adj.* strict, précis,

exact, rigoureux. *Strict adherence to the contract,* respect scrupuleux du contrat.

**strife** [straif] *n.* lutte, conflit. *Labour strife,* conflit du travail.

**strike** [straik] (1) *n.* grève. *To be on strike, to be out on strike,* être en grève. *To bring out on strike,* mettre en grève. *To call a strike,* lancer un mot d'ordre de grève, appeler à la grève. *To call off a strike,* annuler un mot d'ordre de grève. *To come out on strike, to go on strike,* se mettre en grève. *To stage a strike,* organiser une grève. *Ca'canny strike,* grève perlée. *General strike,* grève générale. *Go-slow strike,* grève perlée. *Lightning strike,* grève surprise. *Protest strike,* grève de protestation. *Sitdown strike,* grève sur le tas. *Slowdown strike,* grève perlée. *Stay-in strike,* grève avec occupation des locaux. *Sympathetic, sympathy strike,* grève de solidarité. *Token strike,* grève symbolique. *Unofffficial strike,* grève sans l'accord de l'organisation syndicale. *Wildcat strike,* grève sauvage. *Work-to-rule strike,* grève du zèle.

**strike** (2) *n.* découverte (de minerai, de pétrole).

**strike** (1) *v.* **1.** être en grève, se mettre en grève. **2.** (U.S.) mettre une usine en grève. *The plant was struck for a month,* l'usine a été mise en grève pendant un mois.

**strike** (2) *v.* **1.** frapper. **2.** *To strike a load,* découvrir un filon.

**strike a balance, 1.** trouver l'équilibre, équilibrer. **2.** établir une balance, dresser un bilan.

**strike a bargain, a deal** *v.* conclure une affaire, conclure un marché, conclure un accord.

**strikebound** ['straik'baund] victime d'une grève, atteint par une grève (usine, etc.).

**strike-breaker** ['straik ,breikə] briseur de grève.

**strike committee,** comité de grève.

**strike fund,** fond, caisse syndicale de grève.

**strike off** *v.* **1.** barrer, rayer, biffer, éliminer, retrancher. **2.** radier, rayer des contrôles. **3.** déduire, faire une réduction. *To strike*

off 10 %, faire une réduction de 10 %, baisser de 10 %.

**strike out** *v.* barrer, rayer, biffer, tirer un trait sur (un mot), radier.

**strike pay,** indemnité syndicale versée aux grévistes.

**strike picket,** piquet de grève.

**strike-prone** *adj.* enclin à la grève.

**striker** ['straikə] *n.* gréviste.

**strike vote,** vote pour décider d'une grève, mise aux voix d'une grève. *To take a strike vote,* voter sur la grève, voter pour décider d'une grève.

**string** [striŋ] *n.* **1.** fil, ficelle, corde. *To pull the strings,* tirer les ficelles. **2.** condition (dans des expressions comme : *With strings attached,* à certaines conditions). **3.** suite, file, procession. *A string of barges,* un train de péniches. **4.** *Bourse de marchandises :* filière.

**string** *v.* ficeler.

**stringency** ['strindʒənsi] *n.* **1.** rigueur, sévérité (des règlements). **2.** resserrement du crédit, rareté de l'argent ; austérité.

**stringent** ['strindʒənt] *adj.* **1.** rigoureux, sévère, strict. **2.** (marché financier, etc.) tendu, serré.

**stringer** *n.* pigiste.

**strip** [strip] *v.* dépouiller, dégarnir. *Asset stripping,* élimination d'actifs non rentables.

**strip-mining** ['strip'-mainiŋ] exploitation minière à ciel ouvert (charbon).

**strip** *n.* bande (papier, étoffe, terrain). *Comic strip,* bande dessinée.

**strip cartoon,** bande dessinée.

**stripper** ['stripə] *n.* trieur (qui trie en arrachant, en éliminant) ; machine à trier.

**strive** [straiv] *v.* faire des efforts pour, s'efforcer de.

**strong** [strɔŋ] *adj.* fort, résistant, robuste, ferme, solide.

**strong-box** ['strɔŋbɔks] coffre-fort.

**strong room** ['strɔŋrum] salle des coffres, salle blindée, salle forte, cave forte.

**structural** ['strʌktʃərəl] *adj.* structurel.

**structure** ['strʌktʃə] *n.* structure.

**struggle** ['strʌgl] *n.* lutte, combat, concurrence.

**struggle** *v.* lutter, se débattre. *To struggle with somebody,* lutter avec quelqu'un ; rivaliser.

**stub** [stʌb] *n.* talon, souche.

**stub-book,** carnet à souches.

**student** ['stuj:dnt] *n.* étudiant. *Student board, council,* bureau des élèves. *Students' union,* association d'(des) étudiants.

**study** *n.* 1. étude. 2. bureau (de travail).

**study** ['stʌdi] *v.* étudier.

**study group,** groupe d'étude.

**study trip,** voyage d'études.

**stuff** [stʌf] *n.* étoffe, tissu.

**stuff** *v.* bourrer, rembourrer.

**stuffing** ['stʌfiŋ] *n.* bourrage, rembourrage.

**stumer** ['stjumə] *n.* (G.B.) *Fam. :* chèque sans provision.

**stump** [stʌmp] *n.* souche.

**stunt** [stʌnt] *n.* 1. cascade (cinéma). 2. coup sensationnel, coup de publicité. *Stunt advertising,* publicité tapageuse.

**style** [stail] *n.* 1. style. 2. mode. 3. *Style of a company,* raison sociale d'une société.

**style** *v.* 1. dénommer. 2. dessiner (une voiture, etc.). 3. mettre un article à la mode.

**styling** ['stailiŋ] *n.* modification de l'apparence ou de la présentation d'un produit ; conception d'un produit.

**stymie** ['staimi] *v.* bloquer, faire échouer.

**sub** [sʌb] *n.* avance sur salaire. *To get a sub,* toucher une avance sur salaire.

**sub-account** [,sʌb-ə'kaunt] sous-compte.

**sub-agency** [,sʌb-'eidʒənsi] sous-agence.

**sub-compact** *adj.* de petit format, miniature, miniaturisé.

**subcontract** [,sʌbkən'trækt] contrat sous-traité, contrat de sous-traitance.

**subcontract** *v.* sous-traiter.

**subcontracting** [,sʌbkən'træktiŋ] *n.* 1. sous-traitance. 2. essaimage.

**subcontractor** [,sʌbkən'træktə] *n.* sous-traitant.

**subcharter** [,sʌb't∫a:tə] *v.* sous-affréter.

**subdivide** [,sʌbdi'vaid] *v.* subdi-

viser.

**subdivision** ['sʌbdi,viʒən] *n.* sous-division.

**sub-editor** [,sʌb-'editə] secrétaire de rédaction ; rédacteur.

**sub-head, sub-heading** ['sʌb ,hed] sous-titre.

**subject** ['sʌbdʒikt] *n.* 1. sujet. 2. sujet, citoyen. 3. matière, domaine (d'enseignement). 4. objet (d'un contrat, d'un accord).

**subject** [səb'dʒekt] *v.* soumettre.

**subject to** ['sʌbdʒikt] 1. sujet à, prédisposé à, exposé à. 2. soumis à, assujetti à, justiciable de, passible de, bénéficiant de. *Subject to regulations,* soumis aux règlements. *Subject to stamp duty,* passible de droit de timbre. *Prices subject to 5 % discount,* prix bénéficiant d'une remise de 5 %. *Subject to alteration,* sous réserve de modification.

**subjoin** [sʌb'dʒɔin] *v.* ajouter, joindre, donner en annexe.

**sublease** *v.* sous-louer, donner en sous-location, prendre en sous-location (avec bail).

**sub-lessee** [sʌb-le'si:] *n.* 1. sous-locataire. 2. sous-contractant.

**sub-lessor** [sʌb-'lesɔ:] *n.* sous-bailleur.

**sub-let** ['sʌb-'let] *v.* 1. sous-louer. 2. sous-traiter (un contrat, une tâche).

**sub-licence** [,sʌb-laisəns] *n.* sous-licence.

**sub-licensee** [,sʌb-laisən'si:] sous-licencié, détenteur d'une sous-licence.

**subliminal advertising,** publicité subliminale.

**sub-manager** [sʌb-'mænidʒə] *n.* sous-directeur, sous-gérant.

**submission** [səb'mi∫ən] *n.* 1. soumission (d'une proposition, d'un problème à un arbitre). 2. engagement contractuel de deux parties de soumettre leurs différends à un arbitre. 3. *Jur. :* plaidoirie. *To submit a statement of one's affairs,* déposer son bilan. 2. plaider, faire valoir.

**sub-office** ['sʌb-'ɔfis] *n.* agence, succursale.

**subordinated debt,** dette de deuxième rang.

**subordinated loan,** prêt non privilégié.

**subpoena** [sǝb'pi:nǝ] *n.* citation, assignation à comparaître. 2. obligation faite par un tribunal de remettre ou présenter un document.

**subpoena** *v.* 1. citer à comparaître, assigner à comparaître. 2. enjoindre de remettre ou présenter un document dans le cadre d'une enquête judiciaire.

**subrogate** ['sʌbrǝgeit] *v.* subroger, substituer.

**subrogation** [sʌbrǝu'geiʃǝn] *n.* subrogation, substitution de créancier.

**sub-routine** [,sʌbru:'ti:n] *Inform.* : sous-programme.

**subscribe** [sǝb'skraib] *v.* 1. signer, apposer sa signature. 2. souscrire. *To subscribe to a loan,* souscrire à un emprunt. *To subscribe for shares,* souscrire à des actions. 3. s'abonner, payer une cotisation, cotiser.

**subscribed** [sǝb'skraibd] *adj.* souscrit. *Subscribed capital,* capital souscrit. *The issue has been entirely subscribed,* l'émission a été entièrement souscrite.

**subscriber** [sǝb'skraibǝ] *n.* 1. signataire, soussigné, contractant. 2. souscripteur. 3. abonné (journaux, téléphone). 4. cotisant.

**subscribing** [sǝb'skraibiŋ] *n.* 1. souscription. 2. abonnement. 3. cotisation (à un club, etc.).

**subscription** [sǝb'skripʃǝn] *n.* 1. signature, approbation. 2. souscription. 3. abonnement. 4. cotisation.

**subsection** ['sʌb,sekʃǝn] *n.* sous-division.

**subsequent** ['sʌbsikwǝnt] *adj.* subséquent, postérieur, ultérieur. *Subsequent to,* consécutif à.

**subsidiary** [sǝb'sidjǝri] *adj.* subsidiaire, auxiliaire, secondaire.

**subsidiary** *n.* filiale (en général détenue à plus de 50 %).

**subsidiary account** *n.* sous-compte.

**subsidiary books** *n.* livres auxiliaires.

**subsidize** ['sʌbsidaiz] *v.* subventionner, fournir des subsides.

**subsidy** ['sʌbsidi] *n.* subvention, allocation, subsides.

**subsistence** [sǝb'sistǝns] *n.* subsistance ; moyens d'existence. *Subsistence crops,* récolte destinée à la consommation sur place (et non à la vente).

**subsoil** ['sʌbsɔil] *n.* sous-sol.

**·substance over form,** *Comptab.* : prééminence de la réalité sur l'apparence.

**substandard** [sǝb'stændǝd] *adj.* au-dessous du niveau requis, au-dessous de la norme, de qualité inférieure, inacceptable.

**substantial** [sǝb'stænʃl] *adj.* considérable, substantiel.

**substantiate** [sǝb'stænʃieit] *v.* *Jur.* : établir, prouver, justifier. *To substantiate a charge,* établir une accusation, fournir des faits à l'appui d'une accusation. *To substantiate a claim,* prouver le bien-fondé d'une réclamation, apporter des faits à l'appui d'une réclamation.

**substantiation** [sǝb,stænʃi'eiʃǝn] *n.* justification (d'une affirmation) ; établissement des faits.

**substantive law** ['sʌbstǝntiv] droit positif.

**sub-station** [sǝb-'steiʃǝn] *n.* sous-station, sous-centrale.

**substitute** ['sʌbstitju:t] *n.* 1. remplaçant, suppléant, intérimaire ; substitut. 2. mandataire, représentant. 3. succédané, produit de remplacement. 4. contrefaçon, imitation.

**substitute** *adj.* de remplacement.

**substitute** *v.* 1. remplacer, suppléer, se substituer à (quelqu'un). 2. substituer, remplacer. *Jur.* : subroger. 3. *Jur.* : nover (une dette).

**substitution** [sʌbsti'tju:ʃǝn] *n.* 1. substitution, remplacement. *Jur.* : subrogation. 2. *Jur.:* novation (de créance).

**sub-title** ['sʌb-,taitl] *n.* sous-titre.

**subtotal** ['sʌb'tǝutǝl] sous-total, somme partielle.

**subtract** [sǝb'trækt] *v.* soustraire, déduire.

**subtraction** [sǝb'trækʃǝn] *n.* soustraction.

**suburb** ['sʌbǝ:b] *n.* banlieue, faubourg.

**suburban** [sǝ'bǝ:bǝn] de banlieue, suburbain.

**suburbanite** [sə'bə:bənait] *n.* banlieusard, habitant de la banlieue.

**subvention** [səb'ven∫ən] *n.* subvention.

**subway** ['sʌbwei] *n.* **1.** passage souterrain. **2.** (U.S.) métro.

**succeed** [sək'si:d] *v.* **1.** réussir. **2.** succéder.

**success** [sək'ses] *n.* succès.

**succession** [sək'se∫ən] *n.* succession.

**successor** [sək'sesə] *n.* successeur.

**sucker** ['sʌkə] *n.* (U.S. slang) naïf, pigeon, gogo, poire.

**sue** [sju:] *v.* poursuivre en justice, intenter un procès, engager des poursuites, déposer une plainte. *To sue for damages,* poursuivre en dommages et intérêts.

**suffer** ['sʌfə] *v.* **1.** subir, supporter, souffrir, endurer. **2.** tolérer, permettre.

**sufferance** ['sʌfərəns] *n.* **1.** *Jur.* : tolérance, permission. **2.** *Douanes:* *Bill of sufferance,* (document permettant l'exemption des droits de douanes lors du transfert de marchandises d'un entrepôt portuaire à un autre).

**sufficiency** [sə'fi∫ənsi] *n.* suffisance. *Self-sufficiency,* autarcie.

**sufficient** [sə'fi∫ənt] *adj.* suffisant.

**suffrage** ['sʌfridʒ] *n.* **1.** vote. **2.** droit de vote.

**sugar-mill** ['∫ugə,mil] *n.* sucrerie (usine).

**suggestion box** [sə'dʒest∫ən] *n.* boîte à idées.

**suit** [su:t] *n.* procès, poursuite(s).

**suit** *v.* **1.** convenir, aller. **2.** adapter, approprier.

**suitability** [su:tə'biliti] *n.* caractère adapté, souhaitable, convenance, accord. *Suitability of an applicant for a position,* aptitude d'un candidat à un poste, qualification d'un candidat pour un poste.

**suitable** ['su:təbl] qui convient, adéquat, adapté, pertinent, approprié, satisfaisant.

**suited** ['su:tid] adapté, qui convient. *Candidate not suited to (for) the job,* candidat qui n'est pas fait pour le poste.

**suite** [swi:t] *n.* appartement, salon, suite (d'hôtel). *In the executive suite,* dans les milieux cadres, chez les dirigeants d'entreprises.

**suitor** *n.* plaideur.

**sum** [sʌm] *n.* **1.** somme, total, montant. **2.** addition, calcul mathématique.

**summarize** ['sʌməraiz] *v.* résumer.

**summary** ['sʌməri] *n.* résumé, récapitulation. *Summary of the proceedings,* résumé de la séance.

**summary** *adj.* succinct, sommaire. *Jur.* : *summary proceedings,* procédure sommaire (procédure de référé).

**summons** ['sʌmənz] *n.* convocation, citation à comparaître, assignation.

**summon** ['sʌmən] *v.* convoquer, citer à comparaître, assigner.

**sum of the years' digits method,** *Comptab.* : méthode de l'amortissement proportionnel à l'ordre numérique inversé des années.

**sum up** *v.* **1.** résumer. **2.** additionner, totaliser. **3.** évaluer (une personne, une situation).

**sundries** ['sʌndriz] *n. plur.* divers. **1.** articles divers. **2.** frais divers.

**sundry** ['sʌndri] *adj.* divers. *Sundry expenses,* frais divers.

**sunrise industries,** industries d'avenir.

**sunset industries,** industries déclinantes.

**superannuable** *adj.* (G.B.) qui donne droit à une retraite. *Superannuable position,* poste qui donne droit à une retraite.

**superannuation** ['su:pə,rʌnju'ei∫ən] *n.* **1.** retraite. **2.** pension de retraite. *Superannuation act,* loi sur les mises à la retraite.

**superannuation fund,** caisse de retraite.

**supercover** ['su:pə,kʌvə] *n.* garantie totale, couverture complète.

**superette,** supérette.

**superintend** [,su:pərin'tend] *v.* diriger, présider, surveiller, superviser.

**superintendence** [,su:pərin'tendəns] *n.* surveillance, direction, contrôle, supervision, conduite (d'opérations). *Superintendence* *report,* rapport de surveillance.

**superintendent** [ˌsuːpərin'tendənt] *n.* **1.** commissaire de police, chef de la police. **2.** directeur, responsable, chef de département. *Airport superintendent,* directeur d'aéroport. **3.** *Building superintendent,* responsable de l'entretien d'un immeuble.

**superior** [suː'piəriə] *n.* supérieur, supérieur hiérarchique.

**superior** *adj.* **1.** supérieur, du haut, d'un rang élevé. **2.** suffisant, condescendant.

**superiority** [suːpiəriə'ɔrəti] *n.* supériorité.

**supermarket** ['suːpəˌmaːkit] *n.* supermarché.

**supersede** [suːpə'siːd] *v.* remplacer, supplanter, détrôner, prendre la place de.

**supersession** [ˌsuːpə'seʃn] *n.* . remplacement, évincement. **2.** annulation (tarif, etc.).

**superstore** [suːpə'stɔː] *n.* hypermarché.

**supertanker** *n.* pétrolier géant.

**supertax** ['suːpətæks] *n.* surtaxe, impôt supplémentaire sur le revenu (pour les tranches élevées).

**supervise** ['suːpəvaiz] *v.* superviser, contrôler, surveiller.

**supervision** [ˌsuːpə'viʒn] *n.* surveillance, contrôle, direction.

**supervisor** ['suːpəvaizə] *n.* **1.** surveillant, contremaître. **2.** (U.S.) responsable de l'embauche et du licenciement du personnel.

**supervisory board** ['suːpəvaizəri] conseil de surveillance.

**supplement** ['sʌplimənt] *n.* complément, supplément.

**supplement** *v.* compléter, ajouter en supplément.

**supplementary** [sʌpli'mentəri] *adj.* complémentaire, supplémentaire. *Supplementary entry,* écriture complémentaire. *Supplementary estimates,* rallonges budgétaires. *Supplementary unemployment benefit,* allocation de chômage complémentaire.

**supplier** [sə'plaiə] *n.* fournisseur.

**supplies** [sə'plaiz] *n.* marchandises, fournitures, stocks, approvisionnement.

**supply** *v.* **1.** fournir, pourvoir, approvisionner. *To supply some-*

*body with something,* fournir quelque chose à quelqu'un. *To supply from stock,* fournir de stock. **2.** réparer, combler, répondre à, remédier à. *To supply a defect,* corriger un défaut. *To supply a need,* répondre à un besoin. *To supply a want,* remédier à un manque.

**supply** *n.* **1.** approvisionnement, fourniture(s), provisions, ravitaillement, vivres. *The law of supply and demand,* la loi de l'offre et de la demande. *Supply-side economics,* économie de l'offre. **2.** (en général pluriel) fonds, ressources (financières).

**supply (in short),** en faible quantité, rare, peu abondant, difficile à trouver.

**supply (to lay in a),** faire des provisions, faire des stocks.

**support** [sə'pɔːt] *n.* soutien, appui. *Support price,* prix de soutien (à l'agriculture, etc.).

**support** *v.* **1.** appuyer, soutenir, être partisan de, donner son accord à, corroborer (théorie). *Supporting document,* pièce justificative ; document d'accompagnement. *Supporting evidence,* preuves à l'appui. **2.** entretenir, faire vivre, subvenir aux besoins de. *To support a family,* faire vivre une famille ; avoir une famille à charge.

**supporter** [sə'pɔːtə] *n.* partisan (d'une cause), personne favorable à, « supporter ».

**suppress** [sə'pres] *v.* **1.** supprimer. **2.** cacher, dissimuler, réprimer.

**suppression** [sə'preʃn] *n.* **1.** suppression. **2.** dissimulation, étouffement.

**supremacy** [su'preməsi] *n.* suprématie, supériorité absolue.

**supreme** [su'priːm] *adj.* suprême ; souverain.

**supranational** [suːprə'næʃənəl] *adj.* supranational.

**surcharge** [sə'tʃaːdʒ] *n.* **1.** droit supplémentaire, taxe supplémentaire, impôt supplémentaire. **2.** surcharge, charge excessive. **3.** prix excessif.

**surcharge** [sə'tʃaːdʒ] *v.* **1.** surtaxer (contribuables, lettre). **2.** surcharger.

**surety** ['ʃuərəti] *n.* **1.** *Jur. :* caution, garant, répondant. *To stand surety for somebody,* se porter caution pour quelqu'un, se porter garant de quelqu'un. **2.** (effets de commerce) donneur d'aval. **3.** (dette) cautionnement, garantie ; sûreté.

**surety bond,** cautionnement, engagement de garantie.

**surface mail,** courrier ordinaire (autre que par avion).

**surfeit** ['sə:fit] *n.* surabondance, excès (quantité excessive).

**surge** [sə:dʒ] *n.* vague, flot, montée. *A surge of buying,* une vague d'achats. *A surge in prices,* une augmentation (forte et soudaine) des prix.

**surge** *v.* monter, monter soudainement, s'élever soudainement.

**surname** ['sə:neim] *n.* nom de famille.

**surmise** ['sə:maiz] *n.* supposition, conjecture.

**surmise** [sə:'maiz] *v.* supposer, conjecturer, faire des conjectures.

**surpass** [sə'pɑ:s] *v.* surpasser, devancer, excéder.

**surplus** ['sə:pləs] *n.* surplus, excédent, réserve(s). *Operating surplus,* bénéfices d'exploitation.

**surplus capacity,** potentiel (de production) non employé.

**surplus dividend,** superdividende.

**surrender** [sə'rendə] *n.* **1.** reddition. **2.** remise (documents). *On surrender of the bill of lading,* sur remise de connaissement. **3.** *Jur. :* abandon, renonciation, cession, restitution. *Surrender of a patent,* abandon de (droits sur) brevet. **4.** *Assur. :* rachat d'une police. *Surrender value,* valeur de rachat. *Surrender charge,* frais de rachat (d'assurance vie).

**surrender** *v.* **1.** se rendre. **2.** produire (document). **3.** *Jur. :* renoncer à, abandonner (ses droits sur), céder, restituer. **4.** *Assur. :* racheter (une police).

**surrogate** ['sʌrəgit] *n.* **1.** suppléant, substitut. **2.** succédané, produit de remplacement. **3.** (U.S.) juge chargé d'homologuer les testaments.

**surrogate mother,** mère porteuse.

**surtax** ['sə:tæks] *n.* **1.** surtaxe. **2.** impôt supplémentaire (sur les revenus élevés).

**surtax** *v.* **1.** surtaxer. **2.** percevoir un impôt supplémentaire (sur les revenus élevés).

**surveillance** [sə:'veiləns] *n.* **1.** surveillance. **2.** espionnage (électronique, etc.).

**survey** ['sə:vei] *n.* **1.** étude, recherche, examen, exposé, vue générale d'une situation. *Market survey,* étude de marché. **2.** inspection, visite, certificat d'expertise. *Damage survey,* expertise des dégâts, des dommages. *Survey report,* rapport d'expertise, certificat d'expertise, compte rendu d'expert. **3.** relevé topographique.

**survey** [sə'vei] *v.* **1.** étudier, examiner, faire des études, des recherches sur. **2.** inspecter, expertiser, visiter. **3.** relever, faire le relevé de (topographie).

**surveyor** [sə'veiə] *n.* **1.** contrôleur, inspecteur, vérificateur, surveillant. *Tax surveyor,* inspecteur des contributions directes. *Quantity surveyor,* métreur vérificateur. **2.** expert. **3.** *Land surveyor,* géomètre, expert-géomètre.

**survival** [sə'vaivəl] *n.* survie.

**survivor** [sə'vaivə] *n.* survivant, rescapé. *Survivor benefits,* pension de réversion.

**survivorship annuity** [sə'vaivə-ʃip] rente viagère avec réversion (dont un tiers désigné peut bénéficier s'il survit aux bénéficiaires initiaux).

**suspect** ['sʌspekt] *adj.* et *n.* suspect.

**suspect** [sə'spekt] *v.* **1.** soupçonner. **2.** avoir le sentiment que.

**suspend** [sə'spend] *v.* **1.** suspendre, cesser, interrompre. **2.** suspendre quelqu'un de ses fonctions, démettre, relever (provisoirement) quelqu'un de ses fonctions.

**suspended sentence** [sə'spendid] jugement, condamnation, avec sursis.

**suspense** [sə'spens] *n.* suspens, souffrance. *Comptab. : Suspense account,* compte d'ordre.

**suspension** [sə'spenʃn] *n.* **1.** suspension, arrêt, interruption. **2.** suspension (de quelqu'un), mise à pied.

**sustain** [sə'stein] *v.* 1. subir, supporter, souffrir, essuyer. *To sustain a loss,* subir une perte. *To sustain an injury,* recevoir une blessure. 2. soutenir, appuyer, corroborer.

**sustenance** ['sʌstinəns] *n.* (moyens de) subsistance.

**swamp** [swɔmp] *v.* inonder, submerger. *To swamp a market,* inonder un marché.

**swap** [swɔp] *n.* troc; échange. *Swap agreement,* crédit croisé (accord entre banques).

**swaps** *n. pl.* opérations liées, opérations « swap ».

**swap** *v.* échanger, troquer.

**sway** [swei] *v.* 1. influencer, influer sur, entraîner. 2. gouverner, diriger.

**sway** *n.* domination, emprise, puissance, influence.

**swear** [sweə] *v.* 1. prêter serment, jurer. 2. assermenter, faire prêter serment. *To swear somebody in,* faire prêter serment à quelqu'un avant sa prise de fonction (président des E.U., etc.).

**sweat** [swet] *v.* 1. transpirer. 2. *Fam. :* exploiter. 3. travailler dur.

**sweater** [swetə] *n.* chandail.

**sweatshop** ['swetʃɔp] *n.* usine où les ouvriers sont exploités (souvent utilisé pour désigner les excès du capitalisme du XIXᵉ siècle), bagne.

**sweep** [swi:p] *v.* balayer. *He was swept into office,* il a été porté au pouvoir par un raz de marée.

**sweeping** ['swi:piŋ] *adj.* général, complet, intégral, radical, sans nuance. *Sweeping changes,* bouleversements complets, changement de fond en comble. *A sweeping statement,* une affirmation radicale, sans nuance, trop générale, à l'emporte-pièce.

**sweeten** ['swi:tn] *v.* adoucir, rendre plus agréable, plus attrayant. *To sweeten an offer,* rendre une offre plus attrayante, plus tentante.

**sweetener** *n.* incitation (notamment à acheter des titres).

**swell** [swel] *n.* augmentation, accroissement, gonflement.

**swell** *v.* 1. augmenter, gonfler (le nombre de). 2. s'enfler, se gonfler.

**swerve** [swə:v] *v.* faire un écart, faire une embardée, s'écarter.

**swindle** ['swindl] *n.* escroquerie.

**swindle** *v.* escroquer.

**swindler** ['swindlə] *n.* escroc.

**swing** [swiŋ] *n.* 1. variation, fluctuation, oscillation. *Seasonal swings,* variations saisonnières. 2. amplitude d'une variation, marge. *Credit swing,* marge de crédit. *Swing in votes,* déplacement des voix.

**swing** *v.* fluctuer, varier, osciller.

**swing line,** crédit relais (de papier commercial).

**swing (to be in full),** battre son plein.

**switch** [switʃ] *n.* 1. commutateur, interrupteur, disjoncteur, contacteur. 2. aiguillage. 3. permutation, échange, commutation. 4. arbitrage. 5. opération de courtage international impliquant un négoce de marchandise et un arbitrage de devises. 6. changement, modification ; volte-face.

**switch** *v.* 1. commuter, mettre le contact. *To switch on,* allumer, mettre le contact. *To switch off,* éteindre, couper le contact. 2. aiguiller. 3. changer. *To switch from... to...,* passer de... à... 4. *Bourse de marchandises :* faire passer un contrat à terme d'un mois à un autre.

**switchboard** ['switʃbɔ:d] *n.* 1. *Électr. :* tableau de distribution, de commutation, disjoncteur. 2. standard (téléphonique). *Switchboard operator,* standardiste.

**switching value,** valeur critique, valeur seuil.

**sworn** [swɔ:n] *adj.* assermenté.

**sworn in (to be),** prêter serment.

**syllabus** ['siləbəs] *n.* programme (université).

**sympathetic** [,simpə'θetik] *adj.* compréhensif ; qui éprouve de la sympathie pour. *Sympathetic strike,* grève de solidarité, de soutien.

**sympathy** ['simpəθi] *n. Bourse, Fin. :* rapport. *Prices moved in sympathy with,* les prix ont évolué en rapport avec, les prix ont suivi l'évolution de. *Sympathy strike,* grève de solidarité.

**sync** [siŋk] *adj.* synchrone. *Out of sync,* déphasé.

**synchronize** ['siŋkrənaiz] *v.* synchroniser.

**syndicate** ['sindikit] *n.* 1. consortium. 2. syndicat, association de copropriétaires. 3. *The Syndicate*, la maffia.

**syndicate** ['sindikeit] *v.* syndiquer, se syndiquer ; former un consortium. *Syndicated loans*, prêts en participation.

**synopsis** [si'nɔpsis] *n.* synopsis, résumé (film).

**synthesis** ['sinθisis] synthèse.

**synthesize** ['sinθisaiz] *v.* synthétiser.

**synthetic** [sin'θetik] *adj.* synthétique.

**synthetize**, voir **synthesize**.

**system** ['sistem] *n.* 1. système, méthode. 2. réseau. *River system*, réseau fluvial.

**systematize** ['sistimɘtaiz] *v.* systématiser ; unifier.

**systems analyst**, analyste de système.

# T

**tab** [tæb] *n.* 1. onglet. 2. étiquette (à bagages). *To keep tabs on*, contrôler. *To foot the tab*, régler la note. *To pick up the tab*, régler la note.

**table** [teibl] *n.* table, tableau, barème (ch. de fer, etc.). *Table of fares, of charges*, barème des prix. *Input-output table*, tableau entrées-sorties ; *Use and resource table*, tableau des emplois et des ressources.

**table** *v.* 1. mettre en forme de tableau, faire figurer sur un tableau. 2. déposer un projet de loi. 3. (U.S.) ajourner (indéfiniment) un projet de loi.

**tabloid** ['tæblɔid] *n. Journal :* tabloïde.

**tabular** ['tæbjulɘ] *adj.* tabulaire. *In tabular form*, sous forme de tableau.

**tabulate** ['tæbjuleit] *v.* disposer (des chiffres) en forme de tableau ; classifier ; cataloguer (des marchandises).

**tabulator** ['tæbjuleitɘ] *n.* tabulatrice.

**tacit** ['tæsit] *adj.* tacide, implicite. *Renewal by tacit agreement*, reconduction tacite.

**tack** [tæk] *n.* ligne d'action, méthode suivie.

**tackle** ['tækl] *n.* 1. palan. *Assur. : Under ship's tackle*, sous palan. 2. attirail, équipement.

**tackle** *v.* s'attaquer à. *To tackle a problem*, s'attaquer à un problème.

**tack on**, ajouter, joindre. *To tack a 2 % tax on a product*, ajouter une taxe de 2 % sur un produit.

**tacky** *adj.* de mauvaise qualité.

**tactician** ['tæktiʃn] tacticien.

**tactics** ['tæktiks] tactique(s).

**tag** [tæg] *n.* étiquette. (= pricetag), étiquette de prix, prix. *To bear a tag of*, valoir.

**tag** *v.* 1. étiqueter. 2. référencer. 3. ajouter.

**tail** [teil] *n.* 1. queue. 2. arrière. 3. (pièce) pile. 4. *Jur. :* clause de substitution.

**tail away**, décroître, s'amenuiser.

**tailback (of traffic)** ['teilbæk] bouchon (circulation sur autoroute, etc.).

**tailgate** ['teilgeit] *n.* hayon.

**tail off** *v.* voir **To tail away**.

**tailor** ['teilɘ] *v.* adapter, concevoir en fonction de, faire sur mesure. *Our products are tailored to the needs of foreign customers*, nos produits sont conçus en fonction des besoins de la clientèle étrangère.

**tailor-made**, sur mesure, parfaitement adapté.

**tailspin** *n.* chute verticale.

**take** [teik] *n.* 1. prise. 2. rentrées, revenu, profit. 3. part (des bénéfices).

**take** *v.* 1. prendre, se saisir de. 2. tenir, contenir. 3. prendre, demander, exiger. 4. accepter, supporter, recevoir. 5. conduire, emmener, transporter. 6. *To take an exam*, passer un examen. 7. *To take a trip*, faire un voyage.

**take a poll**, faire un sondage (d'opinion).

**take back** *v.* reprendre.

**take home pay** *n.* salaire net.

**take into account**, prendre en considération, tenir compte de, prendre en compte.

**take legal action,** engager des poursuites, faire procès.

**takeoff** ['teikɔf] *n.* décollage.

**take off** *v.* **1.** faire un rabais, retirer (d'un prix). **2.** décoller. **3.** (projet, etc.) prendre corps, se réaliser.

**take on** *v.* **1.** embaucher, engager. **2.** accepter, entreprendre. **3.** s'en prendre à. **4.** prendre (mode), avoir du succès.

**take-or-pay contract,** contrat d'achat ferme, contrat de prise ferme.

**take out** *v.* prendre, obtenir (un brevet, un permis) ; contracter (une assurance). *To take out an insurance policy,* contracter, souscrire une police d'assurance.

**take-over** ['teik,əuvə] *n.* **1.** rachat, achat (d'une société), prise de contrôle. **2.** prise de pouvoir.

**take over** *v.* **1.** prendre le contrôle de, racheter ; prendre possession de. *To take over a company,* prendre le contrôle d'une société. **2.** succéder, prendre la suite, la succession, reprendre. *To take over from somebody,* succéder à quelqu'un. **3.** prendre en charge. *To take over the liabilities,* prendre les dettes à sa charge, reprendre le passif. **4.** absorber. *To take over an issue,* absorber une émission (de titres, etc.). **5.** recevoir, accepter (du fabricant). *To take over a car, a machine,* accepter, recevoir une voiture, une machine (du constructeur).

**take-over bid** *loc.* offre publique d'achat, O.P.A., offre de rachat.

**take place** *v.* se produire, avoir lieu, se passer, se dérouler.

**taker** ['teikə] *n.* **1.** preneur (d'un bail, etc.). *Taker of a bill,* preneur d'une lettre de change. *Taker of an option,* optant. **2.** acheteur. *Taker for a put,* acheteur (option de vente). **3.** vendeur. *Taker for a call,* vendeur (option d'achat).

**take steps** *v.* **1.** prendre des mesures. **2.** faire des démarches.

**take stock** *v.* faire, dresser l'inventaire ; évaluer.

**take the floor** *v.* prendre la parole (devant une assemblée), s'adresser à l'auditoire.

**take the lead** *v.* prendre la tête.

**take up** ['teikʌp] *v.* **1.** lever. *To take up an option,* lever une option, une prime. *To take up stocks,* lever des titres. **2.** honorer. *To take up a bill,* honorer un effet.

**taking out** *n.* relevé.

**taking-over** *n.* **1.** prise de possession. **2.** rachat, reprise (mobilier, etc.). **3.** réception, acceptation.

**takings** ['teikiŋz] *n. pl.* recette, produit.

**taking-up** *n.* levée (de titres) ; consolidation (d'un marché à prime).

**talk** [tɔːk] *n.* conversation, entretien, discussion. *The talks with the trade unions will resume next week,* les négociations avec les syndicats reprendront la semaine prochaine.

**talk** *v.* parler, discuter, s'entretenir avec.

**tally** ['tæli] *n.* **1.** pointage ; inventaire au déchargement. *To keep tally of goods,* pointer des marchandises. **2.** compte, décompte. **3.** étiquette. **4.** jeton de présence. **5.** contre-partie (d'un document).

**tally** *v.* **1.** pointer, étiqueter. **2.** décompter, dénombrer.

**tally-clerk** *n.* pointeur, contrôleur ; marqueur de marchandises.

**tally-keeper** *n.* pointeur, contrôleur.

**tally-sheet** *n.* feuille de pointage, bordereau.

**tally with** *v.* correspondre à, concorder avec, être en accord avec.

**tamper with** ['tæmpə] *v.* altérer, falsifier, trafiquer. *To tamper with a witness,* tenter de suborner un témoin. *The books have been tampered with,* les livres (de compte) ont été maquillés (« bricolés »). *Tampering with official documents,* falsification de documents officiels.

**tangible** ['tændʒəbl] *adj.* tangible, palpable. *Jur. : Tangible assets,* valeurs matérielles. *Tangible personal property,* biens mobiliers corporels.

**tangle** ['tæŋgl] *n.* embrouillement, situation embrouillée, enchevêtrement, complication ; embouteillage.

**tank** [tæŋk] *n.* réservoir.

**tank car** *n.* camion-citerne, wagon-citerne.

**tanker** ['tænkə] *n.* 1. bateau-citerne, pétrolier. 2. camion-citerne. 3. wagon-citerne.

**tank truck** *n.* camion-citerne, wagon-citerne.

**tank wag(g)on** *n.* camion-citerne, wagon-citerne.

**tantamount** ['tæntəmaunt] *adj.* équivalent. *To be tantamount to something,* équivaloir à quelque chose.

**tap** *n.* robinet. *Bills on tap,* effets placés de gré à gré. *Tap security,* titre émis à guichets ouverts, à jet continu. *To put into the tap,* mettre en exploitation.

**tap** [tæp] *v.* 1. exploiter. *To tap resources,* exploiter des ressources. *To tap a new market,* exploiter, commencer à exploiter un nouveau marché. 2. mettre un téléphone sur table d'écoute.

**tap issue,** émission à guichets ouverts.

**tape** [teip] *n.* ruban, bande (de papier gommé, magnétique, de récepteur télégraphique, etc.). *Tape quotation,* cotation télégraphique. *Red-tape,* paperasserie.

**tape (off)** *v.* 1. attacher, ficeler. 2. enregistrer (sur bande magnétique, etc.). 3. mesurer au cordeau.

**taper** ['teipə] *v.* décroître, diminuer.

**tape-recorder** ['teip-ri,kɔːdə] *n.* magnétophone.

**tapering** ['teipəriŋ] *adj.* dégressif. *Tapering charge, rate,* tarif dégressif.

**tar** [taː] *n.* goudron.

**tardiness** ['taːdinəs] *n.* 1. lenteur, nonchalance (**in doing something**). 2. (U.S.) retard, manque de ponctualité.

**tardy** ['taːdi] *adj.* 1. tardif. 2. (U.S.) en retard.

**tare** [tɛə] *n.* tare, poids à vide. *Allowance for tare,* tarage. *To ascertain, allow for the tare,* faire la tare. *Average tare,* tare commune. *Customary tare,* tare d'usage. *Extra tare,* surtare. *Real, actual tare,* tare réelle.

**tare** *v.* tarer, faire la tare.

**target** ['taːgit] *n.* objectif, cible, but. *Target-date* (U.S.), date limite (livraison, achèvement d'un tra-vail).

**target** *v.* prendre pour cible.

**target audience,** auditoire cible, public visé.

**target company,** société cible (dans une O.P.A.).

**target estimate,** tableau prévisionnel.

**target group,** groupe cible.

**target price,** prix d'objectif, prix de référence, prix de campagne.

**tariff** ['tærif] *n.* tarif. *Customs tariff,* tarif douanier, tarif d'importation. *Tariff walls,* barrières douanières.

**tariff** *v.* tarifer.

**tariff barrier,** barrière douanière.

**tariffication** *n.* tarification.

**tariff walls,** barrières douanières.

**tarmac,** 1. macadam. 2. piste de décollage.

**tarpaulin** [taː'pɔːlin] *n.* bâche, toile goudronnée.

**tarry** ['tæri] *v.* tarder, s'attarder.

**task** [taːsk] *n.* tâche. *Task work,* travail à la tâche.

**task force,** groupe constitué pour traiter un objectif donné ; groupe d'experts de diverses spécialités assurant une mission ponctuelle.

**taste** [teist] *n.* goût.

**taste** *v.* 1. goûter, déguster. 2. avoir goût de.

**tax** [tæks] *n.* impôt, imposition, taxe, droit, prélèvement, contribution. *To collect a tax,* percevoir un impôt. *To lay a tax,* imposer, frapper d'un impôt. *To levy a tax,* lever, percevoir un impôt. *Tax on capital,* impôt sur le capital, impôt sur la fortune. *Capital gains tax,* impôt sur le bénéfice des capitaux, impôts sur les plus-values. *Income tax,* impôt sur le revenu. *Land tax,* impôt foncier, contribution foncière des propriétés non bâties. *Sales tax,* taxe sur le chiffre d'affaires.

**tax** *v.* 1. imposer, taxer. 2. peser lourdement sur ; mettre à l'épreuve.

**tax authorities,** services fiscaux.

**taxability** [tæksə'biliti] *n.* caractère imposable (d'un bien) ; ressources imposables (d'un pays).

**taxable** ['tæksəbl] *adj.* imposable. *To make something taxable,* imposer quelque chose. *Taxable* *year,* année d'imposition, exercice fiscal. *Jur. : Costs taxable to,* frais à la charge de.

**tax-allowance** [tæks-ə'lauəns] exonération fiscale ; crédit d'impôt.

**taxation** [tæk'seiʃn] *n.* **1.** imposition, charges fiscales, impôts. **2.** *Jur. : Taxation of costs,* taxation, taxe des frais.

**tax-base,** assiette de l'impôt.

**tax-bite,** ponction fiscale.

**tax bracket,** tranche d'impôt.

**tax break,** réduction d'impôt.

**tax code,** code des impôts.

**tax-collector** ['tæks-kə,lektə] percepteur, receveur (des contributions).

**tax credit** [,tæks 'kredit] avoir fiscal ; crédit d'impôt.

**tax-deductible** [,tæks-di'dʌktibl] déductible des impôts.

**tax deduction** [tæks di'dʌkʃn] réduction fiscale ; déduction fiscale.

**tax-dodger** [,tæks-'dɔdʒə] fraudeur (du fisc).

**tax-dodging** [,tæks-'dɔdʒiŋ] évasion fiscale, fraude fiscale.

**tax-evader** ['tæks-i'veidə] fraudeur (du fisc).

**tax-evasion** ['tæks-i'veiʒən] évasion fiscale, fraude fiscale.

**tax-exempt** *adj.* exempté d'impôt, exonéré d'impôt.

**tax fraud,** fraude fiscale.

**tax-free** [,tæks-'fri:] libre d'impôt(s).

**tax-haven** ['tæks-'heivn] paradis fiscal.

**tax-incentive,** incitation fiscale.

**tax-law,** droit fiscal.

**tax rate,** barème de l'impôt.

**taxi** ['tæksi] *n.* taxi.

**taxi** *v.* **1.** aller en taxi. **2.** rouler sur le sol (pour un avion).

**tax-man** ['tæks-mæn] *n.* percepteur.

**tax-payer** ['tæks-,peiə] *n.* contribuable.

**tax-rebate** ['tæks-'ri:beit] réduction fiscale.

**tax-relief** ['tæks-,ri'li:f] *n.* abattement fiscal.

**tax return** ['tæks ri'tə:n] déclaration d'impôts. *To file one's tax-return,* faire sa déclaration d'impôts.

**tax schedules** [tæks 'ʃedju:lz] barèmes fiscaux.

**tax-shelter** [tæks-'ʃeltə] paradis fiscal.

**team** [ti:m] *n.* équipe. *Team work,* travail d'équipe, en équipe.

**teamster** ['ti:mstə] *n.* (U.S.) routier. *Teamsters' union,* syndicat des conducteurs de poids lourds (U.S.).

**team up** *v.* se joindre. *To team up with,* se joindre à, faire équipe avec.

**teamwork** ['ti:mwə:k] *n.* travail en équipe, travail d'équipe.

**tear** [tɛə] *n.* usure. *(Fair) wear and tear,* usure (normale).

**tear** [tɛə] *v.* **1.** déchirer, arracher. **2.** se déchirer. **3.** aller à toute vitesse.

**tear-off** *adj.* qui s'arrache, perforé. *Tear-off calendar,* éphéméride.

**tear off** *v.* arracher.

**technical** ['teknikl] *adj.* technique.

**technical data,** renseignements techniques.

**technical director,** directeur technique.

**technicality** [tekni'kæliti] *n.* détail technique ; technicité.

**technician** [tek'niʃn] *n.* technicien.

**technique** [tek'ni:k] *n.* technique ; méthode.

**technics** ['tekniks] *n.* (U.S.) technique, technologie.

**technocracy** [tek'nɔkrəsi] *n.* technocratie.

**technocrat** ['teknə'kræt] *n.* technocrate.

**technocratic** [teknə'krætik] *adj.* technocratique.

**technologic** [teknə'lɔdʒik] *adj.* technologique.

**technological** [teknə'lɔdʒikəl] technologique, technique.

**technological transfer,** transfert technologique.

**technologist** [tek'nɔlədʒist] *n.* technologue.

**technology** [tek'nɔlədʒi] *n.* technologie, technique. *High technology industries, advanced technology industries,* industries de pointe. *Technology transfer,* transfert technologique, transfert de technologie.

**technostructure** *n.* technostructure.

**tele-cine** [,teli-'cini] *n.* télécinéma.

**telescript** ['teliskript] *n.* téléscript.

**tele-film** ['teli-film] *n.* téléfilm.

**telecommunication(s)** ['telikə,mjuːni'keiʃn] *n.* télécommunication(s).

**telegram** [telegram] *n.* télégramme.

**telegraph** ['teligraːf] *n.* télégraphe. *Telegraph-line,* ligne télégraphique. *Telegraph-pole/-post,* poteau télégraphique. *Telegraph-wire,* fil télégraphique.

**telegraph** *v.* télégraphier.

**telegraphic** [teli'græfik] *adj.* télégraphique. *Telegraphic money order,* mandat télégraphique. *Telegraphic transfer,* virement télégraphique.

**telegraphy** [ti'legrəfi] *n.* télégraphie.

**telemeter** ['telimiːtə] *n.* télémètre.

**telemetry** [ti'lemitri] *n.* télémétrie.

**telephone** ['telifəun] *n.* téléphone. *Telephone booth, telephone box,* cabine téléphonique. *Telephone book, telephone directory,* annuaire téléphonique. *Telephone exchange,* central téléphonique. *Telephone ordering service,* service/département des commandes téléphoniques. *Telephone subscriber,* abonné au téléphone.

**telephone** *v.* téléphoner.

**teleprint** ['teliprint] *v.* télexer.

**teleprinter** ['teli,printə] *n.* téléscripteur.

**teleprocessing** ['teliprəu'sesiŋ] télétraitement ; télégestion.

**tele-sale(s),** marketing téléphonique, vente par téléphone.

**telescreen** ['teliskriːn] *n.* écran de télévision.

**teletype** ['telitaip] *n.* télétype.

**televiewer** ['telivjuːə] *n.* téléspectateur.

**televise** ['telivaiz] *v.* téléviser.

**television** ['teli,viʒn] *n.* télévision.

**telex** ['teleks] *n.* télex.

**telex** *v.* télexer.

**teller** ['telə] *n.* 1. caissier, guichetier. *Teller's cashbook,* main courante de caisse. 2. scrutateur.

**telly** ['teli] *n.* Fam. : « télé ».

**temp** *n. abrév.* de temporary worker, intérimaire.

**temp** *v.* (Fam., G.B.) faire un travail intérimaire.

**temporary** ['tempərəri] *adj.* temporaire, provisoire, interimaire. *Temporary employee,* intérimaire.

**tenancy** [tenənci] *n.* location. *To hold a life tenancy of a house,* jouir viagèrement d'une maison.

**tenant** ['tenənt] *n.* locataire. *Tenant for life,* usufruitier. *Tenant's repairs,* réparation locatives. *Undertenant,* sous-locataire.

**tend** [tend] *v.* 1. s'occuper de (clientèle, machine), servir. 2. tendre (à), avoir tendance (à).

**tendency** ['tendənsi] *n.* tendance. *Bearish tendency,* tendance à la baisse. *Bullish tendency,* tendance à la hausse. *Downward tendency,* tendance à la baisse. *To show an upward tendency,* manifester une tendance à la hausse.

• **tender** ['tendə] *n.* 1. soumission, offre. *Invitation for tenders,* appel d'offre. *To go for tender.* : a) faire l'objet d'un appel d'offre, être soumissionné ; b) soumissionner. *To invite tenders for,* mettre en adjudication. *To lodge a tender with,* adresser une soumission à. *To make, put in, send in a tender for,* soumissionner pour. *To offer for tender,* concéder, faire un appel d'offre. *To seek tender,* faire un appel d'offre. 2. Jur. : offre réelle. 3. Fin : cours légal. *To be legal tender,* avoir cours légal, avoir pouvoir libératoire. 4. machiniste.

**tender** *v.* 1. offrir, présenter. *Jur : To tender money in discharge of debt,* faire une offre réelle. *To tender one's resignation,* donner sa démission. 2. *To tender for,* soumissionner, faire une soumission (pour).

**tenderer** ['tendərə] *n.* soumissionnaire. *Allocation to the lowest tenderer,* adjudication au plus bas soumissionnaire, au mieux-disant. *Successful tenderer for a contract,* adjudicataire.

**tendering** *n.* soumissionnement.

**tenement** ['tenimənt] *n.* 1. appartement dans un immeuble de rapport. *Tenement house,* logements ouvriers, H.L.M. **2.** *Jur.* : fonds de terre ; jouissance, tenure.

**tenor** ['tenə] *n.* **1.** teneur, contenu. **2.** *Jur.* : copie conforme. **3.** échéance (d'une traite).

**tense** [tens] *adj.* tendu.

**tentacular** [ten'tækjulə] *adj.* tentaculaire.

**tentative** ['tentətiv] *adj.* expérimental, d'essai, sujet à révision. *A tentative agreement,* un accord provisoire, un accord non définitif. *To make a tentative offer,* faire une ouverture.

**tenure** ['tenjuə] *n. Jur.* : (période de) jouissance, (d')occupation (d'un office, d'une propriété, etc.). *Fixity of tenure,* bail assuré, stabilité d'un emploi (université, etc.), titularisation. *To have tenure,* être titulaire ; avoir une chaire.

**term** [tə:m] *n.* **1.** terme, mot, expression. **2.** terme, période, durée, limite, délai. *Term loan,* prêt à terme fixe. *Long-term planning,* planification à long terme. *Term of limitation,* délai de prescription. *Term of notice,* délai de préavis. *Term of office,* mandat, durée de fonction. *To extend a term,* proroger un délai. *To keep a term,* observer un délai. **3.** (École, université) trimestre. **4. terms,** clauses, termes. *Terms of a contract,* clauses d'un contrat, conditions. *Terms of sale,* conditions de vente. *Easy terms,* facilités de paiement. **5. terms,** rapports, relations. **6. to come to terms,** parvenir à un accord ; accepter.

**terminable** ['tə:minəbl] *adj.* résiliable. *Jur.* : résoluble.

**terminal** ['tə:minl] *adj.* **1.** terminal. *Terminal port,* port de tête de ligne. **2.** trimestriel. **3.** *Bourse de marchandises :* livrable. *Terminal market,* marché à terme. *Terminal price,* cours du livrable.

**terminal** *n.* **1.** (gare) terminus. *Air-terminal,* aérogare. **2.** terminal (d'ordinateur), console. **3.** dépôt, entrepôt, hangar.

**terminals** [tə:minəlz] *n. pl. Chem. de fer :* frais de manutention.

**terminate** ['tə:mineit] *v.* **1.** terminer. **2.** se terminer. **3.** résilier,

résoudre, mettre fin.

**termination** [,tə:mi'nei∫n] *n.* **1.** terminaison, fin, expiration. **2.** résiliation. **3.** résultat, conclusion. *Termination notice :* a) notification d'expiration, de résiliation ; b) lettre de licenciement.

**terminology** [tə:mi'nɔlədʒi] *n.* terminologie.

**terminus** ['tə:minəs] *n.* terminus.

**terms** [tə:mz] **1.** conditions, clauses, teneur (contrat, etc.). *To come to terms,* s'accorder, transiger, en venir à un accord, s'accommoder, trouver un arrangement ; pactiser. **2.** relations, rapports. *To be on good terms,* être en bons termes.

**terms inclusive,** tout compris.

**terms of payment,** conditions de paiement.

**terms of reference, 1.** (d'une commission) pouvoir(s), mandat, attributions, compétence, instructions reçues. **2.** moyens d'évaluation, de comparaison.

**terms of trade,** termes de l'échange (commerce international).

**terrain** [tə'rein] *n.* terrain.

**territorial** [teri'tɔ:riəl] *adj.* territorial. *Territorial waters,* eaux territoriales.

**territory** ['teritəri] *n.* territoire. *Representative's territory,* secteur assigné à un représentant de commerce.

**terse** [tə:s] *adj.* concis, net, bref.

**tertiary** ['tə:∫əri] *adj.* tertiaire. *The tertiary sector,* le secteur tertiaire.

**test** [test] *n.* épreuve, essai, test. *Test market,* marché test. *Test marketing,* test de marché. *Aptitude test,* test d'aptitude. *Market test,* test de vente, vente expérimentale. *Jur. : Test case,* cas qui fait jurisprudence. *Test area,* zone test.

**test** *v.* tester, éprouver, essayer.

**testament** ['testəmənt] *n.* testament. *To make one's testament,* faire son testament, tester.

**testator** [te'steitə] *n. Jur. :* testateur.

**testee** *n.* personne qui passe un test, personne testée, candidat(e).

**testify** ['testifai] *v.* témoigner ; déclarer sous serment.

**testimonial** [testi'məunjəl] *n.* certificat, recommandation, attestation (délivrée par un employeur).

**testimony** ['testiməni] *n.* témoignage, déposition.

**testing** ['testiŋ] *n.* test, essai. *Testing plant,* laboratoire d'essai. *Product testing,* test de produit.

**textile** ['tekstail] *adj.* et *n.* textile. *The textile industry,* l'industrie textile.

**thank** [θæŋk] *v.* remercier ; exprimer sa gratitude.

**thanks,** remerciements.

**thanks to,** grâce à.

**theft** [θeft] *n.* vol. *Theft-proof,* inviolable, anti-vol.

**theoretical** [θiə'retikəl] *adj.* théorique.

**theorize** ['θiəraiz] *v.* théoriser, faire la théorie de ; spéculer.

**theory** ['θiəri] *n.* théorie. *Critical path theory,* méthode du chemin critique. *Game theory,* théorie des jeux. *Queueing theory,* théorie des files d'attente.

**thereabout(s)** ['ðɛərəbauts] *adv.* environ.

**thereafter** [,ðɛə'a:ftə] *adv.* 1. ci-dessous, plus bas. 2. ensuite de quoi.

**thereby** [,ðɛə'bai] *adv.* de ce fait, par là, par ce moyen.

**therm** [θə:m] *n.* thermie.

**thesis** ['θi:sis] *n.* thèse.

**thief** ['θi:f] *n.* pl. **thieves** [θi:vz] voleur.

**thieving** ['θi:viŋ] vol. *Petty thieving,* larcin.

**think** [θiŋk] *v.* penser. *Think tank,* usine à penser ; groupe de réflexion.

**thin out** [θin] *v. intr.* s'amenuiser, se réduire.

**thin out** *v. tr.* amenuiser, réduire, dégraisser (les structures).

**third** [θə:d] *adj.* 1. troisième. *Thirds,* articles de qualité inférieure, de troisième choix. *Third of exchange,* troisième de change. 2. tiers. *Third person,* tierce personne, tiers. *Third-party,* tiers. *Third-party insurance,* assurance de responsabilité civile, assurance au tiers. *Third-party risk,* risque de recours au tiers.

**third-rate,** de troisième ordre, médiocre.

**third world,** tiers monde.

**this side up,** « haut ».

**thorough** ['θʌrə] *adj.* 1. complet, approfondi, parfait. *Thorough enquiry,* enquête approfondie. 2. consciencieux, méthodique, minutieux. *Thorough work,* travail consciencieux.

**thoroughfare** ['θʌrəfɛə] *n.* artère, voie de communication.

**thread** [θred] *n.* 1. fil, filament. 2. fil conducteur. 3. filetage, pas de vis.

**threadbare** [θred'bɛə] *adj.* 1. usé jusqu'à la corde. 2. rebattu, éculé, banal.

**threat** [θret] *n.* menace.

**threaten** ['θretn] *v.* menacer.

**three** [θri:] *n.* et *adj.* trois. *Three-course rotation,* assolement triennal. *Three-cornered election,* élection triangulaire. *Three-shift system,* les trois huit.

**threshold** ['θreʃhəuld] *n.* seuil.

**thrift** ['θrift] *n.* économie, épargne. (U.S.) **thrifts,** désigne les *Savings and loans Associations,* organismes d'épargne logement.

**thrifty** ['θrifti] *adj.* économe.

**thrive** [θraiv] *v.* prospérer.

**thriving** *adj.* prospère, florissant.

**throng** [θrɔŋ] *n.* foule (en mouvement), affluence, presse, cohue.

**throng** *v.* affluer, faire foule, arriver en foule, encombrer, remplir, envahir.

**throttle** [θrɔtl] *v.* juguler.

**through** [θru:] *adv.* complètement, jusqu'au bout, entièrement ; directement.

**through** *prép.* à travers, par ; à cause de ; par l'intermédiaire de ; pendant.

**through** *adj.* 1. direct, en communication. *Through B/L,* connaissement direct, à forfait. *Through freight,* fret à forfait. *Through put,* données en traitement. *Through rate,* tarif forfaitaire. *Through train,* train direct. *To forward in through freight,* envoyer en transit. *To get through to,* entrer en communication avec. *I'm putting you through to his secretary,* je vous passe sa secrétaire. 2. fini, terminé.

**throw** [θrəu] *v.* jeter, lancer. *To throw a spanner in the works,* mettre des bâtons dans les roues.

*To throw a party,* organiser une soirée.

**throwaway** ['θrəuəwei] *adj.* *Throwaway products,* produits à jeter. *Throwaway packaging,* emballage(s) à jeter, jettable(s), perdu(s).

**throwaways** *n.* 1. emballages perdus, non consignés. 2. prospectus (distribués dans la rue).

**thru** [θruː] (U.S.) voir **through**.

**thrust** [θrʌst] *n.* poussée, percée. *Competitive thrust,* percée commerciale.

**thumb** [θʌm] *n.* pouce. *Rule of thumb,* méthode empirique, procédé approximatif. *By rule of thumb,* approximativement, à vue de nez.

**thwart** [θwɔːt] *v.* contrecarrer, faire échouer.

**tick** [tik] *v.* 1. cocher. *Tick the appropriate box,* cochez la case correspondante (appropriée). 2. bien fonctionner, aller (bien), marcher, « tourner rond ».

**tick** *n.* *On tick,* à crédit.

**tick off** [tik] *v.* 1. pointer. 2. rembarrer, réprimander.

**ticking off** ['tikiŋ] *n.* 1. pointage. 2. réprimande, rappel à l'ordre.

**ticker** ['tikə] *n.* télescripteur. *Ticker-tape,* bande de téléscripteur.

**ticket** ['tikit] *n.* 1. billet; ticket. *Single ticket,* billet simple. *Return ticket,* billet d'aller-retour. 2. étiquette. *(Price-) ticket,* étiquette (de prix). 3. *Bourse :* fiche. 4. *Politique :* (U.S.) liste des candidats. *The presidential ticket,* les candidats à la Présidence et à la Vice-Présidence. 4. *Fam. :* contravention.

**ticketing** ['tikitiŋ] *n.* 1. étiquetage. 2. billeterie.

**tidal wave** ['taidəl] *n.* raz-de-marée.

**tide over** ['taid əuvə] *v.* aider quelqu'un à franchir le cap, faire la soudure, surmonter des difficultés (notamment financières).

**tide-over loan,** prêt-relais.

**tidy** ['taidi] *adj.* 1. propre, net, bien rangé. 2. *Fam. :* important, coquet, rondelet. *A tidy sum,* une somme coquette.

**tidy up** *v.* ranger, mettre de l'ordre.

**tie** [tai] *n.* 1. lien. 2. égalité (vote,

etc.) (par extension : ballottage).

**tie** *v.* lier, attacher. *Tied loan,* prêt conditionnel (par exemple pour un achat précis à un fournisseur nommé). 2. être à égalité (vote, etc.). *They are tied for 1st place,* ils sont premiers ex-aequo.

**tie-in** *n.* 1. lien, relation. 2. *Pub. :* publicité conjointe par détaillant et fabricant.

**tie-in** *adj.* (U.S.) conditionnel. *Tie-in sale,* vente à condition.

**tie in** *v.* 1. relier, se relier, se rejoindre. 2. concorder.

**tie-up** *n.* 1. association, entente. 2. (U.S.) arrêt de travail. 3. impasse, situation sans issue. *Ties-up caused by the recent postal strike,* retards (dans le tri du courrier) causés par la récente grève des postes.

**tie up** *v.* 1. bloquer, immobiliser. *Tied up capital,* immobilisations. *To be tied up,* être pris, ne pas être libre, être occupé. *To be tied up in a meeting,* être pris/retenu par une réunion. 2. *To tie up with someone,* s'associer à quelqu'un.

**tier** [tiə] *n.* étage, niveau, strate. *To arrange in tiers,* disposer par étages (marchandises). *A two-tier letter service,* courrier à deux vitesses, affranchissement postal à deux tarifs.

**tight** [tait] *adj.* 1. étanche, hermétique. 2. étroit, serré, difficile, rare. *Tight money policy,* politique d'encadrement du crédit. *Tight money,* argent rare. *Tight schedule,* emploi du temps serré. 3. sévère, strict.

**tighten** ['taitn] 1. resserrer. 2. se resserrer.

**tightening** ['taitəniŋ] *n.* resserrement, restriction.

**till** [til] *n.* tiroir-caisse. *Till money,* encaisse.

**tilt** [tilt] *n.* inclinaison, pente.

**tilt** *v.* 1. s'incliner, pencher. *Do not tilt,* ne pas incliner.

**tilt the balance,** faire pencher la balance ; déséquilibrer.

**timber** ['timbə] *n.* bois d'œuvre. *Building timber,* bois de construction, de charpente.

**time** [taim] *n.* 1. temps ; époque, période ; heure ; terme, délai. *Lead time,* délai (de livraison, de production). *Light-saving time,* passage de l'heure d'été à l'heure d'hiver et vice versa. *On time* **a)** à temps, à l'heure **b)** à tempérament, à crédit. *To be on short time,* travailler à horaire réduit. **2.** taux de rémunération horaire. *To get double time on Sundays,* toucher double paie le dimanche.

**time** *v.* **1.** fixer l'heure de quelque chose, fixer la date de quelque chose. **2.** mesurer la durée de quelque chose, chronométrer.

**time (and) motion studies,** organisation scientifique du travail.

**time-bill,** effet à terme.

**time book,** registre de présence.

**time buyer** *Pub. :* acheteur de temps.

**time buying** *Pub. :* achat de temps.

**time card,** fiche de présence, fiche de pointage (au travail).

**time charter,** affrètement à temps.

**time clerk,** pointeur, contrôleur (de présence).

**time-clock,** horloge pointeuse.

**time-consuming,** qui prend du temps, long.

**time deposit,** dépôt à terme.

**time-draft,** effet à terme.

**time for shipment,** délai d'embarquement.

**time freight,** fret à temps.

**time-keeper, 1.** chronométreur, contrôleur de présence. **2.** personne qui est toujours à l'heure.

**time-lag 1.** déphasage. **2.** temps de réponse.

**time-limit,** délai (de paiement, etc.).

**timely** ['taimli] *adj.* opportun ; à propos.

**time-machine,** horloge pointeuse.

**time off,** congé, période de repos.

**time payments,** paiements à tempérament.

**time-piece** *n.* horloge.

**time policy,** police à temps.

**time-saving,** qui fait gagner, économiser, du temps.

**time-sharing,** temps partagé.

**time-sheet,** feuille de présence, fiche de pointage (usine, bureau).

**time study,** étude des temps,

chronométrage.

**timetable** ['taim,teibl] *n.* horaire, emploi du temps, (négociations) calendrier.

**time-zone,** fuseau horaire.

**timing** ['taimiŋ] *n.* **1.** chronométrage. **2.** choix du moment. *The timing of their advertising campaign has been excellent,* la date du lancement de leur campagne publicitaire a été très bien choisie.

**tin** [tin] *n.* **1.** étain, fer-blanc. *Tin-lined (container...),* (conteneur...) doublé de fer-blanc. **2.** boîte de conserve.

**tin** *v.* **1.** étamer. **2.** mettre en boîte, en conserve.

**tinker** ['tiŋkə] *n.* **1.** rétameur, ferblantier. **2.** (mauvais) bricoleur.

**tinker** *v.* **1.** rétamer. **2.** bricoler.

**tinware** ['tinwɛə] *n.* articles en fer-blanc, ferblanterie.

**tip** [tip] *n.* **1.** bout, extrémité, pointe, sommet ; filtre (de cigarette). **2.** pourboire. **3.** tuyau, renseignement confidentiel. **4.** monceau (d'ordures, déchets) ; crassier ; décharge. **5.** pente, inclinaison.

**tip** *v.* **1.** déverser, décharger, basculer. *To tip the scale(s) at a hundred pounds,* peser cent livres. **2.** donner un pourboire. **3.** donner un tuyau, fournir des renseignements. **4.** *Bourse :* indiquer un bon placement. *Industrials are being tipped in the forecasts,* les pronostics donnent les valeurs industrielles comme un bon placement.

**tip-in** *n.* encart.

**tip-lorry,** camion à benne basculante.

**tip off** *n.* tuyau, renseignement, avertissement.

**tip off** *v.* avertir, renseigner, « tuyauter ».

**tip(ping) truck,** wagon à bascule.

**tire** [taiə] (U.S.) voir **tyre.**

**tissue paper** ['tiʃu: 'peipə] *n.* **1.** papier de soie. **2.** papier pelure.

**tithe** [taið] *n.* dîme.

**title** ['taitl] *n.* **1.** titre. **2.** titre, droit. Title to property, titre de propriété. *Title by occupancy,* titre, droit de propriété de premier occupant. *To take title to,* s'assurer la propriété légale de. **3.** *Jur. :* intitulé. **4.** titre (de l'or).

**title-deed** ['taitl,di:d] *n.* titre (constitutif) de propriété, acte.

**title-page,** *n.* page de titre ; la « une » (presse).

**titular** ['titjulə] *n.* titulaire.

**tobacco** [tə'bækəu] *n.* tabac.

**toe the line** [təu] *loc.* obéir, s'exécuter, se conformer au mot d'ordre.

**toil** [tɔil] *n.* labeur, travail pénible.

**toil** *v.* travailler dur, peiner.

**token** ['təukən] *adj.* symbolique. *Token money,* monnaie fiduciaire, divisionnaire, d'appoint. *Token strike,* grève d'avertissement, grève symbolique.

**token** *n.* **1.** signe, marque, symbole, preuve. *Token payment,* paiement symbolique. **2.** jeton. **3.** bon (à échanger contre une marchandise chez un détaillant).

**tolerance.** ['tɔlərəns] *n.* tolérance.

**toll** [təul] *n.* **1.** péage, droit de péage. *Téléph. : Toll-call,* communication interurbaine (avec la grande banlieue). *Toll-free number,* numéro de libre appel, pour appel gratuit, numéro vert, pour appel en P.C.V. **2.** nombre de victimes. *The toll of the roads,* la mortalité sur les routes. *Even a short strike would take its toll,* même une grève de courte durée serait lourde de conséquences.

**tombstone** ['tu:mstəun] *n.* plaquette publicitaire : annonce dans la presse financière publiant les noms de tous les participants à un crédit financier international. Les banquiers chefs de file ont tendance à considérer ces « tombstones » (mot à mot pierres tombales) comme des références publicitaires.

**ton** [tʌn] *n.* **1.** tonne. **2.** tonneau (de jauge). *Gross ton, long ton,* tonne forte (1 016,04 kg). *Measurement ton,* tonneau d'arrimage, d'encombrement (de 40 pieds cube). *Net ton, short ton,* tonne courte (907,18 kg). *Per net register ton,* par tonneau de jauge nette. *Ton-mile,* tonne par mille, tonne milliaire (transport d'une **ton** sur un **mile**). *Ton-mileage,* nombre de tonnes transportées sur un mille pour une période donnée. *Shipping ton,* tonneau d'affrètement.

**tone** [təun] *n.* **1.** *Bourse :* allure, tendance. *The prevailing tone,* la tendance générale. *The tone of the market,* la tenue, l'allure, l'atmosphère du marché. **2.** *Dialling tone,* tonalité (du téléphone).

**tone down** *v.* atténuer.

**tonnage** ['tʌnidʒ] *n.* tonnage. *Bill of tonnage,* certificat de tonnage. *Register tonnage,* tonnage de jauge.

**tonner** ['tʌnə] *n.* En composition : *A thousand-tonner,* un navire de 1 000 tonneaux.

**tontine** [tɔn'ti:n] *n.* tontine (dispositif d'assurance par lequel des fonds ou rentes sont payables aux survivants jusqu'au dernier, à la mort des autres participants, ou partagés entre les survivants à une date déterminée).

**tool** [tu:l] *n.* outil, instrument, outillage. *Tool-box,* boîte à outils.

**tool-maker** *n.* fabricant d'outils, outilleur, taillandier.

**tool up** *v.* équiper, s'équiper (en machines) ; outiller, s'outiller.

**tooling** ['tu:liŋ] *n.* **1.** outillage. **2.** ciselage ; usinage.

**top 1.** haut, sommet ; **2.** dessus. **3.** couvercle.

**top** [tɔp] *adj.* supérieur. *Top executives, top management,* cadres supérieurs, cadres dirigeants. *Top price,* prix fort, cours le plus haut.

**top** *v.* **1.** surmonter, couronner, coiffer. **2.** dépasser, franchir une limite. **3.** venir en tête de. *To top a poll,* venir en tête d'un sondage (d'opinion).

**topic** ['tɔpik] *n.* sujet, domaine, thème.

**topical** ['tɔpikəl] *d'*actualité, qui se rapporte à l'actualité.

**topmost** ['tɔpməust] *adj.* le plus haut, le plus élevé.

**top-notch** [tɔp-'nɔtʃ] *adj.* de premier choix.

**top of the line,** haut de gamme.

**top out** *v.* plafonner (atteindre une pointe).

**top-secret** *adj.* absolument secret.

**torque** [tɔːk] *n.* couple (machine, moteur).

**tort** [tɔːt] *n.* préjudice, dommage.

**tot up** [tɔt] *v.* **1.** s'élever à. **2.** additionner, faire le compte, le total de.

**total** ['təutl] *adj.* total, global. *Total amount,* somme totale, globale. *Total capital,* capital global. *Assur. : Total loss,* sinistre total. *Total tonnage,* tonnage global.

**total** *n.* total.

**total** *v.* **1.** totaliser. **2.** se monter à.

**totalize** ['təutəlaiz] *v.* totaliser.

**touchdown,** atterrissage (navette spatiale, etc.).

**touch off** [tʌtʃ] *v.* provoquer, déclencher, entraîner. *The results of the negotiations touched off a storm of protests,* les résultats des négociations ont déclenché une tempête de protestations.

**tough** [tʌf] *adj.* dur, rude, difficile. *Tough competition,* concurrence serrée, forte concurrence.

**toughen** ['tʌfən] *v.* durcir, endurcir ; s'endurcir.

**tour** [tuə] *n.* circuit (touristique). *Tour operator,* organisateur de voyages, voyagiste.

**tourism** ['tuərizəm] *n.* tourisme.

**tourist trade** *n.* (industrie du) tourisme.

**tout** [taut] *n.* démarcheur. *Business tout,* placier.

**tout** *v.* solliciter la clientèle, démarcher ; racoler.

**tow** [təu] *n.* **1.** remorque. *On tow, in tow,* en remorque. *To take a boat in tow,* prendre un bateau en remorque. **2.** remorquage.

**tow** *v.* remorquer.

**towage** *n.* remorquage, touage, halage. *Towage charges, towage dues,* frais, droit de remorquage.

**tow-boat** *n.* remorqueur.

**tower** ['tauə] *v.* **1.** monter très haut, monter en flèche. **2.** dominer.

**towering prices** ['tauəriŋ] prix très élevés, prix exorbitants.

**to wit** *loc. Jur. :* à savoir, c'est-à-dire.

**town** [taun] *n.* ville. *Town and country planning,* aménagement du territoire. *Town cheque,* chèque sur place. *Town-planner,* urbaniste. *Town-planning,* urbanisme.

**trace** [treis] *v.* **1.** tracer. **2.** suivre à la trace ; trouver, retrouver ;

retrouver l'origine de ; localiser.

**tracer** ['treisə] *n.* avis, fiche de recherche (pour retrouver un article perdu en cours de transport).

**track** [trak] *n.* voie, piste.

**trackage** *n.* halage, frais de halage.

**track-boat** *n.* chaland, péniche (de canal).

**track record** *Fam. :* antécédents professionnels ; curriculum vitae.

**traction unit** ['trækʃən] partie tractante, tracteur (camion).

**tractor** ['træktə] *n.* tracteur.

**trade** [treid] *n.* **1.** emploi, métier, commerce. **2.** commerce, trafic, négoce. *Home trade,* commerce intérieur. *Foreign trade,* commerce extérieur. **3.** corps de métier ; ensemble des professionnels. *A copy will be supplied free to the trade,* un exemplaire sera fourni gratuitement aux professionnels.

**trade** *v.* faire le commerce de, commercer, négocier, faire le trafic de ; échanger.

**trade agreement,** accord commercial.

**trade balance,** balance commerciale.

**trade bank,** banque de commerce, banque commerciale.

**trade bills,** effets de commerce.

**trade deficit,** déficit commercial.

**trade discount,** escompte d'usage, rabais pour revendeurs.

**trade fair,** foire commerciale.

**trade gap,** déséquilibre commercial.

**trade-in** *n.* reprise (voiture, etc.).

**trade in** *v.* **1.** donner en reprise (voiture, etc.) **2.** reprendre, payer une reprise (voiture, appareil ménager, etc.).

**trade journal,** revue professionnelle, revue spécialisée.

**trade magazine,** magazine professionnel, magazine spécialisé.

**trade-mark,** marque de fabrique.

**trade-name,** raison commerciale.

**trade-press,** presse professionnelle.

**trade-off** *n.* échange, arrangement, compromis.

**trade off** *v.* échanger.

**trader** ['treidə] *n.* **1.** négociant, commerçant, marchand. **2.** navire marchand, de commerce (de ligne

régulière). **3.** opérateur (en bourse).
**trade referee,** garant commercial.

**tradesman** ['treidzmən] *n.* marchand, fournisseur. *Tradesmen's entrance,* entrée des fournisseurs.

**trade-union** [,treid'juːnjən] *n.* syndicat ouvrier. *Trades-union congress (T.U.C.),* Confédération des Syndicats Britanniques, à laquelle sont affiliés les principaux syndicats ; porte-parole du mouvement syndical et interlocuteur du gouvernement.

**trade-wind** ['treid-wind] *n.* vent alizé, alizé.

**trading** ['treidiŋ] *n.* **1.** commerce, négoce, trafic. *Trading concern, trading company,* entreprise, société commerciale. **2.** exploitation commerciale, exercice. *Trading account,* compte d'exploitation. *Trading assets,* actif engagé. *Trading capital,* capital de roulement. *Trading results,* résultats de l'exercice. *Trading stamps,* timbres-primes, timbres réduction. **3.** transactions, volume des transactions. *Bourse : Stock trading,* opérations boursières.

**trading account, 1.** compte d'exploitation. **2.** = *Trade account, trade balance,* balance commerciale. *The yield from their foreign investments no longer covers the deficit on the trading account,* les bénéfices de leurs investissements à l'étranger ne couvrent plus le déficit de la balance commerciale.

**trading in** *n.* reprise (d'un véhicule, etc.), vente avec reprise.

**trading year,** exercice (commercial).

**tradition** [trə'diʃən] *n.* **1.** tradition. **2.** *Jur. :* transfert (d'un bien).

**traffic** ['træfik] *n.* **1.** trafic, commerce. **2.** mouvement, circulation. *Traffic manager, traffic superintendent,* chef du trafic, directeur du service du trafic.

**trafficker** *n.* trafiquant.

**trail** [treil] *v.* venir derrière, être à la traîne.

**trailer** ['treilə] *n.* **1.** remorque. **2.** bande-annonce, film-annonce, présentation d'un film (contenant des extraits).

**train** [trein] *n. Fast train,* ex-

press. *Slow train,* omnibus. *Through train,* train direct. *By goods train,* en petite vitesse. *By passenger train,* en grande vitesse.

**train** *v.* former, donner une formation, préparer à (une profession, un métier) ; entraîner.

**trainee** [trei'niː] *n.* stagiaire.

**train ferry** *n. Navig. :* transbordeur de train, « ferry-boat ».

**traineeship** [trei'niːʃip] *n.* stage.

**training** ['treiniŋ] *n.* formation. *Training officer,* responsable de formation. *On-the-job training,* formation permanente dispensée dans l'entreprise. *Vocational training,* formation professionnelle.

**training period,** stage (de formation).

**trajectory** ['trædʒiktəri] *n.* trajectoire.

**tram** [træm] *n.* voir **tramcar.**

**tramcar** ['træmkaː] *n.* (voiture de) tramway.

**tramp (steamer)** [træmp] *n.* navire cargo sans ligne régulière, vapeur en cueillette.

**tramping,** transport maritime à la demande.

**transact** [træn'zækt] *v.* traiter, être en affaires. *To transact business with,* être en affaires avec, faire des affaires avec.

**transaction** [træn'zækʃən] *n.* **1.** opération, transaction. *Cash transaction,* opération, marché au comptant. *Transactions on change,* opérations en bourse. **2.** *pl.* annales ; actes (colloque, etc.).

**transactional** *adj.* transactionnel(le).

**transactor** [træn'zæktə] *n.* négociateur, personne qui traite une affaire.

**transcribe** [træn'skraib] *v.* transcrire.

**transcript** ['trænskript] *n.* copie dactylographiée ou imprimée ; transcription ; relevé. *Transcript of record(s),* (université) relevé, copie des résultats scolaires.

**transcription** [træn'skripʃən] *n.* transcription.

**transfer** ['trænsfə] *n.* **1.** déplacement, mutation (de fonctionnaire, etc.) transport. *Transfer ticket,* billet de correspondance. **2.** *Jur. :* transfert, transmission (d'un droit), cession. *Transfer by death,* mutation par décès. *Transfer duty,* droit de mutation (entre vifs). *Transfer of a debt,* cession, revirement d'une créance. *Transfer of shares,* transfert, assignation d'actions. *Transfer payments,* transferts sociaux. **3.** *Fin.* : transfert, virement, contre-passement (d'une écriture). *Transfer of funds,* virement de fonds. *Bank transfer,* virement bancaire.

**transfer** [træns'fə:] **1.** transférer, muter, changer de train. **2.** transférer, transmettre, céder. **3.** virer, contrepasser. **4.** *Téléph.* : passer, faire passer (un appel).

**transferability** [træns,fə:rə'biliti] *n.* transmissibilité, cessibilité.

**transferable** [træns'fə:rəbl] *adj.* transférable, transmissile, cessible, négociable. *Transferable securities,* titres négociables, cessibles.

**transferal,** voir **transferral.**

**transfer charge call,** appel en P.C.V.

**transfer-deed** *n.* acte de cession.

**transferee** [trænsfə:'ri] *n.* **1.** cessionnaire (d'un bien, d'un effet de commerce). **2.** bénéficiaire d'un transfert (crédit documentaire, connaissement...).

**transference** ['trænsfərəns] *n.* mutation, transfert (à un autre poste).

**transfer of technology,** transfert de technologie, transfert technologique.

**transferor** *n.* cédant.

**transferral** *n.* transfert.

**transfer-tax** *n.* droits de mutation.

**tranship** *v.* transborder.

**transhipment** *n.* transbordement.

**transgress** [træns'gres] *v.* transgresser, enfreindre.

**transient** ['trænziənt] *adj.* transitoire, passager.

**transient** *n.* **1.** voyageur de passage (motels, etc.). **2.** migrant à la recherche de travail.

**transire** [tra:n'saiəri] *n.* passavant, laissez-passer.

**transit** ['trænsit] *n.* **1.** transport, voyage, expédition. *Ships in transit,* navires transiteurs. *Damage in transit,* avarie(s) en cours de route. *Transit agent,* transitaire. **2.** tran-

sit. *Goods in transit,* marchandises en transit.

**transition** [træn'siʃən] *n.* transition.

**transmission** [trænz'miʃən] *n.* transmission.

**translate** [træns'leit] *v.* traduire.

**translation** [træns'leiʃən] *n.* traduction.

**translator** [træns'leitə] *n.* traducteur.

**transmit** [trænz'mit] *v.* **1.** transmettre. **2.** émettre.

**transmitter** [trænz'mitə] **1.** transmetteur. **2.** émetteur (poste).

**transmutation** [trænzmju:'teiʃən] *n. Jur.* : mutation.

**transport** ['trænspɔ:t] *n.* transport. *Transport agent,* transporteur. *Transport company,* société de transport. *Inland water transport,* batellerie. *River transport,* transport fluvial.

**transport** [træn'spɔ:t] *v.* transporter.

**transportation** [trænspɔ:'teiʃən] *n.* **1.** (U.S.) transport. **2.** (U.S.) moyen de transport. **3.** (G.B.) déportation.

**transporter** [træn'spɔ:tə] *n.* **1.** entrepreneur de transports, transporteur. **2.** (appareil) transporteur, convoyeur. *Transporter bridge,* pont transbordeur.

**transsship** *v.* voir **tranship.**

**trap** [træp] *n.* piège.

**trap** *v.* prendre au piège, faire tomber dans un piège, piéger.

**trash** [træʃ] *n.* **1.** détritus, ordures, déchets. **2.** marchandise(s) sans valeur, camelote.

**travel** ['trævl] *n.* voyage. *Travel agency,* agence de voyage. *Travel card,* carte de transport. *Travel expenses,* frais de voyage.

**travel** *v.* **1.** voyager. **2.** être voyageur de commerce. *To travel for a firm,* représenter une maison de commerce. **3.** supporter le voyage (denrées périssables).

**travel agency,** agence de voyage.

**travel bureau** (U.S.), agence de voyage.

**traveller** (U.S. **traveler**) ['trævlə] *n.* voyageur. *Commercial traveller,* voyageur de commerce, commis voyageur, représentant de commerce.

**traveller's cheque** (U.S. **traveler-'s check**), chèque de voyage.

**travel(l)ing allowance** ['trævəliŋ] indemnité de déplacement.

**travel(l)ing expenses** *loc.* frais de déplacement.

**travelling fair**, exposition itinérante.

**travel(l)ing salesman**, (U.S.) voyageur de commerce.

**traversable** ['trævəsəbl] *adj.* *Jur.* : contestable.

**traverse** ['trævəs] *n.* *Jur.* : dénégation.

**traverse** *v.* *Jur.* : dénier.

**trawler** ['trɔ:lə] *n.* chalutier.

**treacherous** ['tretʃərəs] *adj.* déloyal ; traitre, trompeur, dangereux.

**treachery** ['tretʃəri] *n.* acte déloyal ; déloyauté ; traîtrise.

**treasurer** ['treʒərə] *n.* trésorier. (U.S.) *Treasurer's check,* chèque bancaire.

**treasury** ['treʒəri] *n.* trésor (public), trésorerie. *Treasury bill,* billet, bon du trésor, (U.S.) bon du trésor en comptes courants (maturité à moins d'un an). *Treasury bond,* bon du trésor, (U.S.) bon du trésor à long terme. *Treasury note* (U.S.), bon du trésor. *Treasury-warrant,* mandat du trésor.

**treat** [tri:t] *v.* 1. traiter. 2. négocier. 3. recevoir avec magnificence.

**treaty** ['tri:ti] *n.* 1. traité (de commerce, de paix), conversation. *To enter into a treaty with,* conclure un traité avec. *Treaty port,* port ouvert au commerce étranger. 2. accord, contrat. *To sell something by private treaty,* vendre quelque chose de gré à gré, à l'amiable.

**treble** ['trebl] *v.* tripler.

**trend** [trend] *n.* tendance, orientation. *Upward trend,* tendance à la hausse. *To reverse a trend,* renverser une tendance.

**trend** *v.* se diriger, tendre (*to, towards,* vers). *To trend higher,* tendre à augmenter. *To trend lower,* tendre à baisser.

**trend-setter**, personne (ou acte) qui donne le ton, lance la mode.

**trespass** ['trespəs] *n.* 1. contravention, transgression de la loi, délit. 2. *Jur.* : violation des droits, trouble de jouissance. *Trespass to land,* violation de propriété (foncière).

**trespass** *v.* transgresser, violer (loi), enfreindre ; entrer sans permission ; empiéter (sur).

**trespasser** ['trespəsə] *n.* contrevenant ; auteur d'une violation de propriété.

**tret** [tret] *n.* déduction (poids).

**trial** ['traiəl] *n.* 1. essai ; épreuve. *Trial balance,* balance de vérification. *Trial balance book,* livre de balance, de soldes. *Trial order,* commande d'essai. 2. procès. 3. jugement.

**trial-and-error method**, méthode des essais et des erreurs, méthode du tâtonnement.

**trial period**, période d'essai(s).

**tribunal** [trai'bju:nl] *n.* tribunal, cour de justice. *Industrial tribunal,* (G.B.) prud'hommes.

**tributary** ['tribjutəri] *n.* affluent.

**trick** [trik] *n.* tour, ruse, truc. *The tricks of the trade,* les ficelles du métier.

**tricky** ['triki] *adj.* compliqué, délicat.

**trifle** [traifl] *n.* chose sans importance, bagatelle, broutille ; petite somme d'argent, somme ridicule.

**trifle** *v.* jouer, badiner (*with,* avec). *To trifle away,* gaspiller, gâcher.

**trifling** ['traifliŋ] *adj.* sans importance, négligeable, insignifiant, futile.

**trigger** ['trigə] *n.* stimulus, stimulant. *Fin.* : *Trigger rate,* taux/seuil de déclenchement (taux auquel des bons à taux flottant sont automatiquement convertis en papier à taux fixe).

**trigger (off)** *v.* déclencher, provoquer.

**trillion** *n.* (U.S.) $10^{12}$ ; (G.B.) $10^{18}$.

**trim** [trim] *n.* 1. bon ordre, parfait état. 2. arrimage, assiette. *Ship in trim, out of trim,* navire qui a, qui n'a pas son assiette.

**trim** *v.* 1. arranger, mettre en ordre. 2. arrimer. *To trim the cargo,* arrimer ou réarrimer le chargement. *Free on board and trimmed,* franco bord et arrimage. (Marchandises en vrac) *Trimmed,* convenablement mises en soute. 3.

réduire, retrancher, « dégraisser ». *To trim a budget,* réduire un budget. *To trim the profit margins,* serrer les marges bénéficiaires. *60 people were trimmed from the company's payroll,* le personnel de la société fut réduit de 60 personnes. **4.** orner, parer.

**trimmer** ['trimə] *n.* opportuniste.

**trimming** ['trimiŋ] *n.* **1.** arrimage. **2.** réduction. **3.** opportunisme.

**trip** [trip] *n.* voyage, trajet. *Business trip,* voyage d'affaires. (U.S.) *Round trip,* aller-retour. *To go on, to make, to take a trip,* faire un voyage.

**triplicate** ['triplikit] *adj.* triplé, triple.

**triplicate** *n.* triple, triplicata. *Invoice in triplicate,* facture en triple exemplaire.

**triplicate** ['triplikeit] *v.* rédiger un document en triple exemplaire, tripler.

**trivial** ['triviəl] *adj.* sans importance, insignifiant, ordinaire.

**trolley** ['trɔli] *n.* chariot. *Trolley basket,* caddy, chariot de supermarché.

**trouble** ['trʌbl] *n.* **1.** ennui, difficulté. *Money troubles,* problèmes d'argent, soucis d'argent. **2.** dérangement, mal, peine. **3.** trouble, désordre. *Labour troubles,* conflits sociaux, troubles sociaux.

**trouble** *v.* **1.** inquiéter, préoccuper, s'inquiéter, se préoccuper. **2.** déranger, incommoder, gêner. **3.** se déranger, se donner la peine de, se mettre en peine.

**troubleshooter** ['trʌbl'ʃuːtə] *n.* enquêteur ; médiateur ; spécialiste chargé de trouver les causes d'un problème ou d'une panne.

**trough** [trɔf] *n.* creux. *Trough of a graph, of a curve,* creux d'un graphique, d'une courbe. *Troughs and peaks,* les creux et les crêtes, les extrêmes d'un graphique.

**troy (weight)** [trɔi] *n.* poids troy (pour la pesée de l'or et de l'argent). *Troy ounce, ounce troy,* once troy (31,1 g).

**truce** *n.* trêve.

**truck** [trʌk] *n.* **1.** wagon. **2.** (U.S.) camion. **3.** chariot ; diable. **4.** troc, échange. *Truck (system),* paiement des ouvriers en nature.

**5.** (U.S.) produits maraîchers.

**truck** *v.* **1.** camionner, transporter par camion. **2.** échanger, troquer.

**truckage** ['trʌkidʒ] *n.* camionnage, roulage.

**trucker** ['trʌkə] *n.* camionneur.

**trucking** ['trʌkiŋ] *n.* camionnage, transport en wagons, roulage. (U.S.) *Trucking b/l,* lettre de voiture, de transport routier.

**true** [truː] *adj.* vrai, exact, conforme. *True to sample,* conforme à l'échantillon.

**true and fair view,** *Comptab. :* fidélité.

**truly** *adv.* vraiment ; sincèrement. (lettre) *yours truly,* je vous prie de croire à l'assurance de mes sentiments distingués.

**trunk** [trʌŋk] *n.* **1.** *Télécom. :* interurbain. *S.T.D.* (G.B.), *Subscriber Trunk Dialling,* automatique interurbain. *Trunk call,* communication interurbaine. *Trunk line,* ligne interurbaine. **2.** *Chem. de fer :* *Trunk line,* ligne principale, grande ligne. *Trunk road,* grande route.

**trust** [trʌst] *n.* **1.** confiance. **2.** crédit. *To supply goods on trust,* fournir des marchandises à crédit. **3.** responsabilité, charge. **4.** garde, dépôt. *To hold something on trust, in trust,* garder quelque chose en dépôt. **5.** fidéicommis. *To hold something in trust,* tenir quelque chose par fidéicommis, administrer (un bien) par fidéicommis. **6.** *Trust, investment trust,* société d'investissement. *Closed-end investment trust,* société de gestion de portefeuille à capital fixe. *Open-end investment trust, unit trust,* société d'investissement à capital variable (S.I.C.A.V.).

**trust** *v.* **1.** se fier à, faire confiance à, compter sur. **2.** faire crédit à.

**trustbuster** *n.* « briseur de trust », (U.S.) fonctionnaire fédéral chargé de faire appliquer les lois anti-trusts.

**trust company** *n.* (U.S.) société de gestion.

**trust-deed** *n.* acte fiduciaire, acte de fidéicommis.

**trust department** *n. Banque :* service des titres en dépôt, service de gestion de portefeuille.

**trustee** [trʌs'ti:] **n. 1.** commissaire fiduciaire, fidéicommissaire, curateur. **2.** dépositaire, consignataire. **3.** mandataire, administrateur, syndic de faillite. *Trustee in bankruptcy,* syndic de faillite. **4.** administrateur, membre du conseil d'administration d'une fondation. *Board of trustees,* conseil d'administration. **5.** fondé de pouvoir. **6.** (Procédure d'escrow) Tiers détenteur.

**trust indenture,** acte fiduciaire ; contrat fiduciaire.

**trust mortgage** **n.** hypothèque fiduciaire.

**trusteeship** [,trʌs'ti:ʃip] **n. 1.** fidéicommis. *Trusteeship in bankruptcy,* syndicat de faillite. **2.** administration.

**trustification** **n.** (U.S.) formation d'un trust, groupement de sociétés. *Vertical trustification,* intégration.

**trustify** **v.** réunir en trust, intégrer (des sociétés).

**trustworthiness** [,trʌst,wəːðinis] **n. 1.** loyauté, fidélité. **2.** crédibilité, véracité, exactitude.

**trustworthy** ['trʌst,wəːði] **adj. 1.** digne de foi, de confiance, loyal, honnête. **2.** digne de foi, croyable, exact.

**truth** **n.** vérité.

**truthful** **adj.** vrai, fidèle, véridique ; digne de foi.

**truth-in-lending laws,** lois veillant à ce que l'emprunteur soit bien informé sur les conditions réelles des prêts.

**try** [trai] **n.** essai, tentative.

**try** **v. 1.** essayer, expérimenter. **2.** tenter, tâcher de faire quelque chose. **3.** éprouver.

**try for something** **v.** tâcher d'obtenir quelque chose. *To try for a post,* poser sa candidature à un poste.

**try on** **v.** essayer (vêtement, chaussures).

**try-out** **n.** essai (technique, d'une machine).

**try out** **v.** essayer, soumettre à des essais prolongés.

**tug** [tʌg] **n.** remorqueur.

**tug** **v.** remorquer.

**tugboat** [,tʌg'bəut] **n.** remorqueur.

**tug of war** [tʌgəv'wɔː] **n.** lutte, rivalité, bras de fer.

**tuition** [tju:'iʃən] **n.** enseignement. *Tuition fees,* frais de scolarité. *Private tuition,* cours particuliers.

**turbine** ['təːbain] **n.** turbine.

**turbo-jet** [,təːbəu'dʒet] **n.** turbo propulseur.

**turmoil** **n.** désordre, agitation, ébullition.

**turn** [təːn] **n. 1.** tour. **2.** *Bourse :* changement de tendance, revirement. **3.** *Bourse : Turn of the market,* écart entre le prix d'achat et le prix de vente. **4.** *Jobber's turn,* marge du « jobber ».

**turnabout, n.** retournement de situation, de tendance ; volte-face.

**turn around** **v.** (société) **1.** se rétablir, se redresser. **2.** redresser. *To turn around an ailing company,* redresser une société en difficulté.

**turnaround** **n. 1.** retournement de situation, de tendance ; volte-face. **2.** redressement (de société, de l'économie).

**turnaround time,** temps d'immobilisation (chargement, déchargement, entretien) d'un véhicule, navire, etc., opérant une rotation.

**turn down** **v.** repousser, rejeter. *To turn down an offer, a proposal,* repousser, rejeter une offre, une proposition.

**turn in** **v.** rendre, remettre.

**turn in one's resignation** **v.** remettre sa démission.

**turn-key job,** opération clés en main.

**turn-key project** **n.** projet clés en main.

**turn-key unit,** unité, ensemble (livrable, livré) clés en main.

**turn on** **v.** mettre en marche, allumer, mettre en route, mettre le contact, faire démarrer, déclencher.

**turnout** ['təːnaut] **n. 1.** production, rendement. **2.** (taux de) participation (à un vote). **3.** assemblée, concours, foule. **4.** (G.B.) grève. **5.** aiguillage, voie de garage.

**turn out** **v. 1.** produire, fabriquer, sortir. **2.** mettre dehors, congédier. **3.** se présenter. **4.** se produire, se trouver, se montrer. **5.** éteindre. **6.** *To turn out on strike,* se mettre en grève.

**turnover** ['tə:n,əuvə] *n.* **1.** chiffre d'affaires. *Turnover tax,* impôt sur le chiffre d'affaires. **2.** *Bourse :* volume des transactions. **3.** rotation des stocks, roulement, ventes. *Rapid turnover of goods,* écoulement rapide des marchandises. **4.** mouvement, rotation du personnel, instabilité d'emploi.

**turnpike** ['tə:npaik] *n.* **1.** barrière de péage. **2.** *Turnpike road,* route à péage, autoroute.

**turn-round** ['tə:n-raund] *n.* renversement, revirement.

**turntable** ['tə:n,teibl] *n.* **1.** *Chem. de fer :* plaque-tournante. **2.** tourne-disque.

**turn the corner** *v.* sortir d'une mauvaise passe.

**tutor** ['tju:tə] *n.* **1.** tuteur. **2.** précepteur, répétiteur. **3.** *Univers. :* responsable des études d'un groupe d'étudiants.

**tutorial** [tju:'tɔ:riəl] *n.* cours individuel ou en petit groupe.

**turn upward** *v.* (courbe, etc.) repartir, remonter.

**T.V. set** ['ti: 'vi: set] poste de télévision, récepteur, télé.

**twin** [twin] *adj.* jumeau, jumelé.

**twin** *v.* jumeler.

**twist off** [twist] *v.* enlever en tournant, arracher en tournant, détacher en tournant.

**two-digit inflation** [tu:'didʒit] inflation à deux chiffres.

**two-tier** [tu:tiə] *loc.* à deux niveaux, à deux étages. *Two-tier letter service,* courrier à deux vitesses, à deux tarifs.

**two-way bottles,** (U.S.) bouteilles consignées.

**tycoon** [tai'ku:n] *n.* magnat, potentat, brasseur d'affaires.

**type** [taip] *v.* dactylographier, taper à la machine.

**typewriter** ['taipraitə] *n.* machine à écrire.

**typewrite** ['taiprait] *v.* dactylographier, taper à la machine.

**typewriting** ['taipraitiŋ] *n.* dactylographie.

**typing** ['taipiŋ] *n.* dactylographie.

**typist** ['taipist] *n.* dactylo. *Shorthand typist,* sténo-dactylo.

**typographer** [tai'pɔgrəfə] *n.* typographe.

**typographic** [taipə'græfik] *adj.* typographique.

**tyre** [taiə] pneumatique, pneu.

# U

**ullage** ['ʌlidʒ] *n. Douanes :* manquant. *On ullage,* (tonneau) en vidange.

**ulterior** [ʌl'tiəriə] *adj.* **1.** ultérieur. **2.** secret, caché, inavoué.

**ultimate** ['ʌltimit] *adj.* ultime, final, définitif, fondamental. *Ultimate destination of a parcel,* destination finale d'un colis.

**ultimatum** [,ʌlti'meitəm] *n.* ultimatum.

**ultimo** ['ʌltiməu] *adv.* (abr. **ult**) du mois dernier, du mois écoulé. *Your letter of the 14th ult.,* votre lettre du 14 du mois dernier.

**ultra vires** ['ʌltrə 'vaiəri:z] *loc. lat. Jur. :* au-delà des pouvoirs, anti-statutaire, illégal. *Action ultra vires,* action antistatutaire, excès de pouvoir.

**umpire** ['ʌmpaiə] *n.* **1.** arbitre, juge. **2.** *Jur. :* sur-arbitre, tiers-arbitre.

**umpire** *v.* arbitrer (un différend). *To umpire between two parties,* servir d'arbitre entre deux parties.

**umpteen** [,ʌmp'ti:n] *adj.* très grand nombre. *For the umpteenth time,* pour la nième fois.

**unaccountable** [ʌnə'kauntəbl] *adj.* **1.** inexplicable, incompréhensible, étrange, bizarre. **2.** qui n'a pas à rendre compte.

**unaccounted** [ʌnə'kauntid] *adj.* **1.** inexpliqué. **3.** non inscrit au bilan.

**unaccredited** [,ʌnə'kreditid] *adj.* non accrédité, sans pouvoirs.

**unadulterated** [,ʌnə'dʌltəreitid] *adj.* inaltéré, pur, sans mélange.

**unadvisable** [,ʌnəd'vaizəbl] *adj.* inopportun, à déconseiller, peu recommandable, imprudent.

**unaffiliated** [ʌnə'filieitid] *adj.* non affilié.

**unalienable** ['ʌn'eiljənəbl] *adj.*

**inaliénable.**
**unallocated** [,ʌn'æləukeitid] *adj.* sans affectation, inaffecté.
**unalloyed** [,ʌnə'lɔid] *adj.* (métal) pur, sans alliage.
**unaltered** [,ʌn'ɔ:ltəd] *adj.* inchangé.
**unanimity** [,ju:nə'nimiti] *n.* unanimité.
**unanimous** [ju:'næniməs] *adj.* unanime.
**unanimously** [ju:'næniməsli] *adv.* à l'unanimité.
**unannounced** [,ʌnə'naunst] *adj.* sans être annoncé, sans se faire annoncer, à l'improviste.
**unanswered** [,ʌn'a:nsəd] *adj.* sans réponse, sans solution.
**unappropriated** [,ʌnə'prəuprieitid] *adj.* 1. inutilisé, disponible, sans destination spéciale. *Unappropriated funds,* fonds sans affectation, sans application déterminée. 2. non distribué, non réparti. *Unappropriated profits,* bénéfices non distribués, non répartis.
**unapproved** [,ʌnə'pru:vd] *adj.* non approuvé. *Douanes :* non agréé.
**unassessed** [,ʌnə'sest] *adj.* 1. non évalué. 2. non imposé.
**unassignable** [,ʌnə'sainəbl] *adj.* (droit, bien) inaliénable, incessible, intransférable.
**unassigned** [,ʌnə'saind] *adj.* non affecté (en garantie), non gagé.
**unattached** [,ʌnə'tætʃt] *adj.* libre d'attache, d'engagement, indépendant ; disponible, sans affectation. *These documents were left unattached to our letter,* ces documents n'ont pas été joints à notre lettre.
**unattested** [,ʌnə'testid] *adj.* non attesté, non certifié ; (document) non légalisé.
**unauthenticated** [,ʌnɔ:'θentikeitid] *adj. Jur. :* non légalisé.
**unauthorized** [,ʌn'ɔ:θəraizd] *adj.* inautorisé, illicite (transaction) ; (personne) sans mandat.
**unavailability** [,ʌnə,veilə'biliti] *n.* indisponibilité ; illiquidité (du capital) ; (billet) non-validité.
**unavailable** [,ʌnə'veiləbl] *adj.* indisponible, non disponible ; (capital) illiquide.
**unbalanced** [,ʌn'bælənst] *adj.* 1. non équilibré, en déséquilibre, dé-

séquilibré. 2. *Comptab. :* non soldé.
**unbias(s)ed** [,ʌn'baiəst] *adj.* sans préjugé, sans parti pris, sans prévention, loyal, objectif.
**unbranded goods** [,ʌn'brændid] *adj.* « marque du distributeur ». Ex. : produits vendus dans les supermarchés sous la marque desdits supermarchés.
**unbundling** [,ʌn'bʌndliŋ] *n.* séparation des tarifs.
**unbusinesslike** [,ʌn'biznislaik] *adj.* dépourvu du sens des affaires, peu commerçant ; (pratique commerciale) irrégulière, incorrecte.
**uncalled** [,ʌn'kɔ:ld] *adj.* non appelé. *Uncalled capital,* capitaux non appelés.
**unchallenged** [,ʌn'tʃæləndʒd] *adj.* incontesté, indiscutable, indiscuté, non récusé, sans rival.
**unchanged** [,ʌn'tʃeindʃd] *adj.* inchangé, sans modification.
**uncharged** [,ʌn'tʃa:dʒd] *adj.* 1. déchargé, dégagé, libre de responsabilité. 2. non accusé. 3. qui n'est pas soumis au paiement d'un droit, gratuit.
**unchecked** [,ʌn'tʃekt] *adj.* 1. incontrôlé, à quoi on n'impose pas de limites ; sans entraves. 2. non contrôlé, non vérifié.
**unclaimed** [,ʌn'kleimd] *adj.* non réclamé. *Unclaimed letter,* lettre de rebut. *Unclaimed parcel,* colis en souffrance. *Unclaimed right,* droit non revendiqué.
**uncleared** [,ʌn'kliəd] *adj.* 1. (of debt) non acquitté, non liquidé. 2. (of goods) non dédouané. 3. (of cheque) non compensé.
**uncollected** [,ʌnkə'lektid] *adj.* non encaissé. *Uncollected taxes,* impôts non perçus.
**uncollectible** *adj.* non recouvrable.
**uncommissioned** [,ʌnkə'miʃənd] *adj.* 1. non commissionné, non délégué (pour faire quelque chose). 2. (vaisseau) désarmé.
**unconditional** [,ʌnkən'diʃənl] *adj.* inconditionnel, absolu, sans réserve, sans conditions.
**unconfirmed** [,ʌnkən'fə:md] *adj.* non confirmé, qui n'a pas reçu de confirmation.
**unconscionable** [ʌn'kɔnʃənəbl]

*adj.* (contrat, clause) léonin.

**unconscionability** [ʌn'kɔnʃə-nə'biliti] *n.* caractère léonin.

**unconvertible** [ˌʌnkən'vəːtbl] *adj.* inconvertible.

**uncorrected** [ˌʌnkə'rektid] *adj.* non corrigé, non rectifié, non redressé.

**uncovered** [ʌn'kʌvəd] *adj.* à découvert. *Uncovered balance,* découvert.

**uncrossed** [ˌʌn'krɔst] *adj.* non barré.

**uncurbed** ['ʌn'kəːbd] *adj.* libre 'd'entrave, sans frein, déchaîné.

**uncurtailed** [ˌʌnkə:'teild] *adj.* 1. non écourté, non réduit, intact. 2. sans restriction.

**uncustomed** [ʌn'kʌstəmd] *adj.* 1. en contrebande, en fraude, de contrebande. 2. *Douanes :* libre à l'entrée.

**undamaged** [ʌn'dæmidʒd] *adj.* non endommagé, en bon état, sans avarie.

**undated** [ˌʌn'deitid] *adj.* non daté, sans date.

**undecided** [ˌʌndi'saidid] *adj.* *Bourse :* indécis, hésitant.

**undelivered** [ˌʌndi'livəd] *adj.* non livré. *Undelivered letter,* lettre non encore remise à destination ; lettre de rebut.

**undepressed** [ʌndi'prest] *adj.* *Bourse :* soutenu, (marché) ferme.

**under** ['ʌndə] *prép.* 1. sous, en. *To be under s.o.,* être sous les ordres de quelqu'un. *Under construction,* en construction. *Under oath,* sous serment. *Under registered cover,* sous pli recommandé. *Under repair,* en réparation. *Under separate cover,* sous pli séparé. *Under ship's derrick (tackle),* sous palan. *Under the style of,* sous la raison sociale de. 2. au-dessous (de), de moins de. 3. en vertu, aux termes de, au titre de, en application de. *Under this agreement,* en vertu de cet accord. *Under article five,* d'après, aux termes de l'article cinq. *Under the terms of the contract,* aux termes du contrat.

**under (to go)** *loc.* faire faillite, échouer.

**underassessment** [ˌʌndə,ə'sesmənt] *n.* 1. sous-esti-

mation. 2. sous-imposition.

**underbid** [ˌʌndə'bid] *v.* offrir des conditions plus avantageuses que, demander moins cher que, faire une soumission moins élevée.

**under bond** *loc.* lié, engagé.

**undercarriage** ['ʌndə,kæridʒ] *n.* châssis ; train d'atterrissage.

**undercharge** [ˌʌndə'tʃaːdʒ] *v.* ne pas faire payer assez à (quelqu'un).

**underconsumption** [ˌʌndəkən'sʌmpʃən] *n.* sous-consommation.

**undercut** ['ʌndəkʌt] *v.* vendre moins cher que, consentir des conditions plus avantageuses que.

**underdeveloped** [ˌʌndədi'veləpt] *adj.* sous-développé, en voie de développement.

**underdevelopment** [ˌʌndədi'veləpmənt] *n.* sous-développement.

**underdog** ['ʌndədɔg] *n.* opprimé, exploité, « perdant ».

**under-employment** [ˌʌndər-im'plɔimənt] *n.* sous-emploi.

**underestimate** [ˌʌndər'estimeit] *v.* sous-estimer.

**undergo** [ˌʌndə'gəu] *v.* subir, supporter, souffrir (une perte).

**underhand** [ˌʌndə'hænd] *adj.* secret, clandestin, en sous-main.

**underinsurance** [ˌʌndərin'ʃuərəns] *n.* sous-assurance.

**underinsure** [ˌʌndərin'ʃuə] *v.* sous-assurer.

**underlease** ['ʌndəliːs] *n.* sous-bail, sous-location.

**underlessee** ['ʌndəlesiː] *n.* sous-locataire.

**underlessor** ['ʌndəlesə] *n.* sous-bailleur.

**underlet** [ˌʌndə'let] *v.* sous-louer.

**underline** ['ʌndə'lain] *v.* souligner, mettre en évidence.

**underlying** ['ʌndə'laiiŋ] *adj.* 1. sous-jacent, caché. 2. fondamental.

**undermanned** ['ʌndəmænd] *adj.* à court de personnel ; (tâche, service) auquel un personnel insuffisant a été affecté.

**undermentioned** [ˌʌndə'menʃənd] *adj.* mentionné ci-dessous, ci-dessous mentionné.

**undermine** [ˌʌndə'main] *v.* saper, miner.

**underpaid** [ˌʌndə'peid] *adj.* 1. mal rétribué, insuffisamment rétribué. 2. (lettre, colis) insuffisamment affranchi.

**underprivileged** [,ʌndə'privilid-ʒd] *adj.* défavorisé, déshérité.

**underproduction** [,ʌndəprə'd-ʌk∫ən] *n.* sous-production.

**underscore** [,ʌndə'skɔ:] *v.* souligner.

**undersell** [,ʌndə'sel] *v.* 1. vendre moins cher que quelqu'un. 2. vendre à bas prix, au-dessous de sa valeur.

**undersign** ['ʌndəsain] *v.* soussigner.

**undersigned** [,ʌndəsaind] *adj.* soussigné.

**understaffed** [,ʌndə'sta:ft] *adj.* qui manque de personnel, à court de personnel.

**understand** [,ʌndə'stænd] *v.* 1. comprendre. 2. reconnaître, convenir (de ce que). *I understand that any misrepresentation...,* je reconnais que toute distorsion des faits...

**understanding** [,ʌndə'stændiŋ] *n.* 1. compréhension. 2. accord, entente. *On the understanding that,* à condition que.

**understate** [,ʌndə'steit] *v.* sous-estimer, sous-évaluer, amoindrir des faits, rester au-dessous de la réalité.

**understood** [,ʌndə'stud] *adj.* 1. compris. 2. convenu.

**undersubscribed** [,ʌndəsəb'sk-raibd] *adj.* non couvert. *The issue was undersubscribed,* l'émission n'a pas été couverte.

**undertake** [,ʌndə'teik] *v.* 1. entreprendre, se charger de. 2. s'engager à.

**undertake proceedings** *v.* engager des poursuites, intenter un procès, faire procès.

**undertaker** [,ʌndə'teikə] *n.* entrepreneur de pompes funèbres.

**undertaking** [,ʌndə'teikiŋ] *n.* 1. action d'entreprendre, entreprise. 2. entreprise (commerciale, industrielle). 3. engagement, promesse. *On the undertaking that,* sous promesse que, à condition que.

**undervaluation** ['ʌndə,vælju'-ei∫ən] *n.* sous-estimation, sous-évaluation.

**undervalue** [,ʌndə'vælju:] *v.* sous-estimer, sous-évaluer.

**underworld** ['ʌndəwə:ld] *n.* mi-lieu (du crime).

**underwrite** ['ʌndərait] *v.* 1. soutenir, donner son accord à, prendre en compte, prendre en charge, financer. *To underwrite a proposal,* soutenir une proposition. *To underwrite expenses,* prendre en charge des dépenses. 2. garantir, souscrire (une émission). 3. soumissionner (des bons, une nouvelle émission). 4. *Assur.:* souscrire, assurer. *To underwrite a policy, a risk,* souscrire une police, un risque, partager un risque.

**underwriter** [,ʌndəraitə] *n.* 1. membre d'un syndicat de garantie ; soumissionnaire (émission de titres). 2. assureur, souscripteur (de risques).

**underwriting** ['ʌndəraitiŋ] *n.* 1. garantie d'émission. *Underwriting commission,* commission syndicale (d'un syndicat de garantie). *Underwriting contract,* contrat de garantie, acte syndical, contrat de souscription éventuelle à forfait (engagement de prendre tout ou partie des actions émises par une société si elles ne sont pas souscrites en totalité par le public). 2. souscription (d'une police d'assurance, d'un risque) ; assurance maritime.

**underwriting fee,** commission de garantie, commission de placement.

**underwriting group/pool,** syndicat de prise ferme.

**undischarged** [,ʌndis't∫a:dʒd] *adj.* 1. (navire) non déchargé. 2. non déchargé (d'une obligation). *Undischarged bankrupt,* failli non réhabilité. 3. non acquitté, non liquidé. *Undischarged debt,* dette inacquittée, non liquidée, non soldée.

**undiscountable** [,ʌndis'kauntəbl] *adj.* (effet) inescomptable, incourant.

**undisposed** [,ʌndi'spəuzd] *adj.* non écoulé, invendu. *Stock undisposed of,* marchandises non écoulées, invendues.

**undistributed** [,ʌndi'stribju:tid] *adj.* non distribué, non réparti. *Undistributed profits,* profits non distribués.

**undivided** [,ʌndi'vaidid] *adj.* non partagé, non réparti, indivis.

*Undivided profits,* bénéfices non répartis. *Undivided property,* biens indivis.

**undock** [,ʌn'dɔk] *v.* **1.** faire sortir (un navire) du bassin. **2.** sortir du bassin, sortir de cale sèche. **3.** détacher un module d'un vaisseau spatial.

**undue** [,ʌn'dju:] *adj.* **1.** (paiement) inexigible, indu (effet) non échu, à échoir. **2.** injuste, illégitime, inique, exagéré. *Undue authority,* abus d'autorité. *Undue influence,* influence illégitime, intimidation.

**unearned** [,ʌn'ə:nd] *adj.* non gagné par un travail ou un service rémunéré. *Unearned income,* rentes. *Unearned increment,* plus-value.

**uneconomic** [,ʌn,i:kə'nɔmik] *adj.* **1.** non économique, contraire aux lois de l'économie. **2.** non rémunérateur, non rentable. *Uneconomic project,* projet non rentable.

**uneconomical** [,ʌn,i:kə'nɔmikəl] *adj.* **1.** (méthode, appareil) peu économique ; peu rentable. **2.** (personne) peu économe.

**unemployed** [,ʌnim'plɔid] *adj.* **1.** sans emploi, sans travail. *The unemployed ; unemployed people,* les chômeurs. **2.** (capital) inemployé. *Unemployed funds,* capitaux inactifs, improductifs, dormants.

**unemployment** [,ʌnim'plɔimənt] *n.* chômage. *Unemployment benefit,* (U.S.) *unemployment compensation,* indemnité de chômage. *Unemployment figures, unemployment rate,* taux de chômage, nombre de chômeurs. *Unemployment fund,* caisse d'assurance contre le chômage. *Unemployment insurance,* assurance contre le chômage. *Cyclical unemployment,* chômage cyclique. *Structural unemployment,* chômage structurel.

**unencumbered** [,ʌnin'kʌmbəd] *adj.* libre d'hypothèque. *Unemcumbered estate,* propriété franche d'hypothèque, non grevée.

**unendorsed** [,ʌnin'dɔ:st] *adj.* **1.** (chèque) non endossé. **2.** (projet, action) auquel on ne donne pas son adhésion.

**unentered** [,ʌn'entəd] *adj.* Dou-

anes : non enregistré, non déclaré.

**uneven** [,ʌn'i:vn] *adj.* **1.** inégal, irrégulier. **2.** impair. **3.** rugueux, accidenté.

**unexceptionable** [,ʌnik'sepʃə-nəbl] *adj.* irréprochable.

**unexchangeable** [,ʌn'iks't ʃeind3əbl] *adj.* inéchangeable.

**unexecuted** [,ʌn'edsikju:tid] *adj.* inexécuté, non réalisé. *Jur. : Unexecuted deed,* acte non souscrit, non validé.

**unexpected** [,ʌnik'spektid] *adj.* inattendu, inopiné.

**unexpired** [,ʌnik'spaiəd] *adj.* non expiré, non périmé.

**unfair** [,ʌn'fɛə] *adj.* **1.** injuste, partial. **2.** inéquitable, déloyal. *Unfair competition,* concurrence déloyale. *Unfair practice,* a) pratique déloyale, atteinte à la libre concurrence. b) (emploi) pratique discriminatoire. *Unfair labor practice,* (U.S.) infraction à la législation sur l'emploi, au code du travail. *Unfair price,* prix exorbitant. *Unfair wage,* salaire inéquitable.

**unfair contract terms,** conditions discriminatoires à l'embauche.

**unfaithful** [,ʌn'feiθful] *adj.* **1.** infidèle, déloyal. **2.** inexact.

**unfashionable** [,ʌn'fæʃənəbl] *adj.* démodé.

**unfasten** [,ʌn'fa:sn] *v.* défaire, dénouer, délier, détacher.

**unfavourable** [,ʌn'feivərəbl] *adj.* défavorable, peu favorable. *Unfavourable balance of trade,* balance commerciale déficitaire, défavorable, passive. *Unfavourable exchange,* change défavorable.

**unfilled** [,ʌn'fild] *adj.* **1.** non rempli, non comblé, non pourvu. **2.** (voir **unfulfilled**) non exécuté, non honoré, non satisfait.

**unfinished** [,ʌn'fini ʃt] *adj.* **1.** inachevé. **2.** brut, non façonné, non usiné.

**unfit** [,ʌn'fit] *adj.* impropre, inapte, inadéquat. *Unfit for work,* inapte au travail.

**unforeseen** [,ʌnfɔ:'si:n] *adj.* imprévu. *Unforeseen event, contingency,* imprévu. *Jur. : Unforeseen circumstances,* force majeure.

**unfortunate** [,ʌn'fɔ:t ʃənit] *adj.* malheureux, infortuné ; regrettable, malencontreux.

**unfulfilled** [,ʌnful'fild] *adj.* inaccompli, non satisfait, inexécuté, non rempli ; inachevé.

**unfunded** [,un'fʌndid] *adj.* non financé ; non consolidé. *Unfunded debt,* dette flottante.

**unification** [, juːnifi'keiʃən] *n.* **1.** unification. **2.** consolidation.

**unified** [,juːnifaid] *adj.* unifié, consolidé. *Unified debt,* dette consolidée. *Unified mortgage,* hypothèque consolidée.

**uniform** [,juːnifɔːm] *adj.* uniforme. *Uniform accounting,* comptabilité normalisée.

**unify** [,juːnifai] *v.* **1.** unifier. **2.** consolider.

**unilateral** [,juːni'lætərəl] *adj.* unilatéral.

**uninsured** [,ʌnin'ʃuəd] *adj.* non assuré. *Poste :* sans valeur déclarée.

**union** ['juːnjən] *n.* **1.** union. *Customs union,* union douanière. **2.** (*Trade,* (U.S.) *labor*) *union,* syndicat. *Union card,* carte syndicale. *Union contribution,* cotisation syndicale. *Union hours,* heures conformes aux règles syndicales. *Union local* (U.S.), section syndicale. *Union member,* membre d'un syndicat. *Non-union man,* ouvrier non syndiqué. *Union leader,* dirigeant syndical.

**union contract** (U.S.), convention, contrat, entre employeur et syndicat, renégocié périodiquement.

**unionism** *n.* syndicalisme.

**unionist** ['juːnjənist] *n.* ouvrier syndiqué, syndicaliste.

**unionization** *n.* syndicalisation.

**unionize** ['juːnjənaiz] *v.* syndiquer, affilier à un syndicat.

**union-management disputes,** affrontement patronat-syndicats ; conflits entre patronat et syndicats.

**union official** *n.* responsable syndical, permanent.

**unissued** [,ʌn'iʃuːd] *adj.* non émis. *Unissued debentures,* obligations à la souche. *Unissued shares,* actions non encore émises, à la souche.

**unit** ['juːnit] *n.* **1.** unité. *Téléph. : Unit charge,* taxe unitaire. *Unit cost,* prix de revient unitaire. *Unit price,* prix unitaire, prix à l'unité. *Unit trust,* SICAV (société d'investissement à capital variable). **2.** appareil ; dispositif.

**united** [juː'naitid] *adj.* uni ; associé, conjoint.

**unitized cargo,** unité de charge normalisée, conteneur.

**unknown at this address** [,ʌn-'nəun] inconnu à l'adresse indiquée.

**unlawful** [,ʌn'lɔːful] *adj.* illégal, illicite.

**unless** [ən'les] *prép.* sauf. *Unless otherwise stipulated, agreed, specified, stated,* sauf stipulation, indication contraire. *Unless we specify to the contrary,* sauf stipulation contraire.

**unlicensed** [,ʌn'laisənst] *adj.* non autorisé, illicite ; sans patente. *Unlicensed broker,* courtier marron.

**unlikely** [ʌn'laikli] *adj.* peu probable, improbable, peu susceptible, peu vraisemblable.

**unlimited** [ʌn'limitid] *adj.* illimité. *Unlimited liability,* responsabilité illimitée.

**unlisted** *adj. Bourse :* non inscrit (à la cote officielle), non coté. *Unlisted security,* valeur non inscrite/admise à la cote officielle. *Unlisted securities market,* (G.B.) Correspond en fait au second marché (Bourse). Différence avec cote officielle : pour accéder à la cotation sur l'U.S.M., les sociétés doivent avoir fait des bénéfices au cours des 3 dernières années (au lieu de 5) et offrir au public 10 % de leurs actions (au lieu de 25 %).

**unload** [,ʌn'ləud] *v.* **1.** décharger, débarquer (une cargaison). **2.** se décharger, se débarrasser de. *To unload stock on the market,* se décharger d'un paquet d'actions. **3.** réaliser son portefeuille.

**unloading** [,ʌn'ləudiŋ] *n.* déchargement, débarquement. *Unloading platform, bay,* quai de déchargement.

**unmarked** [,ʌn'maːkt] *adj.* **1.** sans marque, non estampillé. **2.** non remarqué, inaperçu.

**unmarketable** [ʌn'maːkətəbl] *adj.* invendable, non négociable.

**unmortgaged** [ʌn'mɔːgidʒd] *adj.* libre d'hypothèque, franc d'hypothèque, non grevé d'hypothèque.

**unnegotiable** [ʌni'gəuʃiəbl] *adj.* (chèque) non négociable ; (effet) incommerçable.

**unnotified** [ɔn'nəutifaid] *adj.* **1.** qui n'a pas été averti, qui n'a pas reçu notification. **2.** sans avertissement préalable. **3.** qui n'a pas été convoqué, qui n'a pas reçu de convocation.

**unofficial** [,ʌnə'fiʃəl] *adj.* non officiel, officieux, non confirmé. *Unofficial information,* renseignements officieux. *Unofficial market,* marché hors cote. *Unofficial strike,* grève qui n'est pas organisée ou reconnue par les autorités syndicales ; grève sans préavis.

**unpack** [,ʌn'pæk] *v.* déballer, dépaqueter, décaisser (des marchandises).

**unpacked** [,ʌn'pækt] *adj.* **1.** déballé, dépaqueté. **2.** pas encore emballé ou empaqueté, sans emballage.

**unpaid** [,ʌn'peid] *adj.* **1.** (personne) non rétribué, bénévole. **2.** (effet) impayé ; (dette) non acquitté. **3.** (lettre) non affranchi.

**unperformed** [,ʌnpə'fɔːmd] *adj.* non exécuté, non accompli, non rempli.

**unpractical** [,ʌn'præktikəl] *adj.* **1.** peu pratique, peu commode, malcommode, impraticable. **2.** qui n'a pas de sens pratique.

**unpriced** [,ʌn'praist] *adj.* sans prix, dont le prix n'est pas marqué, sans indication de prix.

**unproductive** [,ʌnprə'dʌktiv] *adj.* non productif, improductif ; (capital) dormant.

**unprofessional** *adj.* contraire à la déontologie, à l'éthique de la profession ; peu professionnel.

**unprofitable** [,ʌn'prɔfitəbl] *adj.* peu profitable, sans profit, non rentable, stérile.

**unprotected** [,ʌnprə'tektid] *adj.* sans protection ; nu, sans emballage.

**unprotested** [,ʌnprə'testid] *adj.* (effet) non protesté.

**unquote** [,ʌn'kwəut] *loc.* fermez les guillemets, fin de citation.

**unquoted** [ʌn'kwəutid] *adj. Bourse :* **1.** non coté. **2.** non inscrit à la cote officielle.

**unreclaimed** [,ʌnri'kleimd] *adj.*

non récupéré ; (terrain) resté en friche, non cultivable.

**unrecoverable** [,ʌnri'kʌvərəbl] *adj.* irrecouvrable.

**unredeemable** [,ʌnri'diːməbl] *adj.* **1.** irrachetable, irrémédiable. **2.** irremboursable, non amortissable.

**unregistered** [,ʌn'redʒistəd] *adj.* **1.** non enregistré ; (marque) non déposé. **2.** (lettre) non recommandée.

**unreliability** *n.* caractère peu fiable, manque de fiabilité ; (renseignement) inexactitude, caractère douteux, incertain.

**unreliable** *adj.* peu sûr, peu fiable, sur qui on ne peut compter, peu digne de confiance ; *(renseignement, etc.)* sujet à caution, incertain, inexact.

**unreservedly** [,ʌnri'zəːvidli] *adv.* sans réserve.

**unrest** [,ʌn'rest] *n.* inquiétude, malaise, agitation. *Labour unrest, social unrest,* troubles sociaux.

**unrestricted** [,ʌnri'striktid] *adj.* sans restriction, absolu.

**unsafe** [,ʌn'seif] *adj.* dangereux, peu sûr. *Unsafe investment,* investissement risqué.

**unsalable, unsaleable** [,ʌn'seiləbl] *adj.* invendable.

**unsalaried** [,ʌn'sælərid] *adj.* (personne) sans traitement, non salarié ; (emploi) non rétribué.

**unsatisfactory** ['ʌn,sætis'fæktəri] *adj.* peu satisfaisant, qui laisse à désirer, défectueux, médiocre.

**unsatisfied** [,ʌn'sætisfaid] *adj.* **1.** mécontent. **2.** non satisfait, non réglé, non honoré.

**unscrupulous** [ʌn'skruːpjuləs] *adj.* **1.** malhonnête, peu scrupuleux, indélicat. **2.** peu soigneux.

**unseal** [,ʌn'siːl] *v.* décacheter, desceller.

**unseat** *v.* **1.** battre, faire perdre son siège à, défaire. *He unseated the incumbent mayor,* il a battu le maire sortant. **2.** démettre, invalider, renvoyer quelqu'un de son poste. *To unseat a board,* démettre un conseil d'administration.

**unseaworthiness** [,ʌn'siː-,wəːðinis] *n.* mauvais état de navigabilité, inaptitude à prendre la mer.

**unseaworthy** [,ʌn'si:,wɜ:ði] *adj.* en mauvais état de navigabilité, hors d'état de prendre la mer.

**unsecured** [,ʌnsi'kjuəd] *adj.* (emprunt) non garanti, à découvert. *Unsecured creditor,* créancier sans garantie, chirographaire.

**unserviceable** [,ʌn'sə:visəbl] *adj.* inutilisable ; (personne) peu serviable.

**unsettled** [,ʌn'setld] *adj.* **1.** troublé, instable, incertain, variable, indécis ; dérangé. **2.** non encore réglé, douteux, indécis. **3.** impayé, non réglé, non acquitté.

**unship** [,ʌn'ʃip] *v.* débarquer, décharger.

**unshipment** [,ʌn'ʃipmənt] *n.* débarquement, déchargement.

**unskilled** [,ʌn'skild] *adj.* (ouvrier) non qualifié, sans qualification. *Unskilled labour,* main-d'œuvre non qualifiée.

**unskilled worker,** ouvrier non qualifié, manœuvre.

**unsnarl** *v.* démêler. *To unsnarl a legal tangle,* débrouiller une situation juridique complexe.

**unsold** [,ʌn'səuld] *adj.* invendu. *Subject unsold,* en cas de non-vente, sauf vente.

**unsolicited goods or services act** [,ʌnsə'lisitid] loi sur la vente forcée.

**unsolicited offer,** offre non sollicitée. **1.** offre spontanée. **2.** (tentative de) vente forcée.

**unsound** [,ʌn'saund] *adj.* malsain ; erroné ; mauvais. *Assur. : Unsound risk,* mauvais risque, mauvais sujet d'assurance.

**unspecialized** [,ʌn'speʃəlaizd] *adj.* non spécialisé ; (travail) de manœuvre, de journalier.

**unspent** [,ʌn'spent] *adj.* **1.** non dépensé, non utilisé. **2.** non épuisé.

**unstable** [,ʌn'steibl] *adj.* instable.

**unstamped** [,ʌn'stæmpt] *adj.* non timbré, non estampé, non estampillé, (lettre) non affranchi. *Unstamped paper,* papier libre.

**unsteady** [,ʌn'stedi] *adj.* instable, irrégulier.

**unstocked** [,ʌn'stɔkt] *adj.* désassorti, sans stock, désapprovisionné, en rupture de stock.

**unsubscribed** [,ʌnsəb'skraibd] *adj.* **1.** (document) non souscrit, non signé. **2.** (capital) non souscrit.

**unsubsidized** [,ʌn'sʌbsidaizd] *adj.* non subventionné, sans subvention, sans prime.

**unsuccessful** [,ʌnsək'sesful] *adj.* **1.** non réussi, sans succès, vain, infructueux. **2.** (personne) qui ne réussit pas.

**unsuitability** ['ʌn,su:tə'biliti] *n.* **1.** inaptitude, incapacité. **2.** caractère impropre, inopportun.

**insuitable** [,ʌn'su:təbl] *adj.* **1.** inapte. **2.** impropre, mal approprié.

**unsuited** [,ʌn'su:tid] *adj.* **1.** peu fait pour, inapte, impropre. **2.** non satisfait. *We do not want our clients to remain unsuited,* nous ne voulons pas que nos clients restent insatisfaits.

**untapped** [,ʌn'tæpt] *adj.* non exploité, non utilisé.

**untax** [,ʌn'tæks] *v.* détaxer.

**untaxable** [,ʌn'tæksəbl] *adj.* non imposable. *Untaxable costs,* faux frais.

**untenable** [,ʌn'tenəbl] *adj.* intenable, insoutenable.

**untenanted** [,ʌn'tenəntid] *adj.* inoccupé, sans locataire, vide, inhabité.

**untested** [,ʌn'testid] *adj.* non vérifié, qui n'a pas été mis à l'épreuve, non soumis à un test ou une vérification.

**untimely** [ʌn'taimeli] *adj.* inopportun, mal venu, mal à propos, intempestif.

**untransferability** [,ʌntræns,fə:rə'biliti] *n.* incessibilité ; caractère inaliénable.

**untransferable** [,ʌntræns'fə:rəbl] *adj.* incessible, intransférable, inaliénable.

**untrue** [,ʌn'tru:] *adj.* faux, inexact ; mensonger, déloyal.

**untrustworthy** [,ʌn'trʌst,wɜ:ði] *adj.* indigne de confiance, déloyal ; peu sûr.

**unused** [,ʌn'ju:zd] *adj.* **1.** non utilisé, inutilisé, dont on ne se sert pas. **2.** (personne) peu habitué.

**unvalued** [ʌn'vælju:d] *adj.* non évalué, non estimé. *Unvalued policy,* police non évaluée.

**unvouched (for)** [ʌn'vautʃt] *adj.* non garanti, non confirmé.

**unwarranted** [,ʌn'wɔːrəntid] *adj.*
**1.** sans garantie. **2.** injustifié, abusif, anormal.

**unwind,**[ʌn'waind] *v.* débobiner, dérouler ; se dérouler.

**unworkable** [,ʌn'wəːkəbl] *adj.* **1.** impraticable, inexécutable. **2.** (gisement) inexploitable.

**unworthy** [ʌn'wəːði] *adj.* indigne.

**up** [ʌp] *adv.* **1.** en hausse, en augmentation. *Our turnover is 5 % up on last year's,* notre chiffre d'affaires est en hausse de 5 % sur l'an dernier. **2.** haut, en haut. *This end up, this side up,* haut, dessus, ne pas renverser, mettre debout.

**up** *v.* (U.S.) **1.** augmenter. **2.** promouvoir.

**up against (to be)** *v.* se heurter à, être aux prises avec.

**upcoming** *adj.* imminent.

**update** [,ʌp'deit] *v.* mettre à jour, moderniser, actualiser.

**up-front, 1.** devant, à l'avant. **2.** au début, au départ ; (paiement) comptant.

**upgrade** *v.* promouvoir, améliorer, relever le niveau.

**upgrade** *n.* hausse, remontée.

**upgrading** [ʌp'greidiŋ] *n.* promotion, amélioration.

**uphold** [ʌp'həuld] *v.* supporter, soutenir, confirmer, maintenir. *Contract that can be upheld,* contrat valide.

**upheaval** [ʌp'hiːvəl] *n.* bouleversement, agitation.

**upholster** [ʌp'həulstə] *v.* capitonner, rembourrer, tapisser.

**upholsterer** [ʌp'həulstərə] *n.* tapissier.

**upholstery** [ʌp'həulstəri] *n.* capitonnage, rembourrage, garniture, tapisserie (d'ameublement).

**up in arms (to be)** *v.* se révolter, se dresser, se soulever, se mobiliser. *Car manufacturers are up in arms against the new regulation,* les fabricants d'automobiles se dressent contre le nouveau règlement, s'attaquent au...

**upkeep** ['ʌpkiːp] *n.* (frais d') entretien.

**uplift** ['ʌplift] *n.* reprise. *Business uplift,* reprise des affaires.

**up market,** haut de gamme. *Up market model,* modèle haut de gamme.

**upper** ['ʌpə] *adj.* supérieur, du haut. *To get the upper hand,* prendre le dessus.

**upper class,** classe dirigeante, grande bourgeoisie, haute bourgeoisie.

**upper middle class,** bourgeoisie.

**uppermost** [,ʌpə'məust] *adj.* **1.** en dessus. **2.** prédominant. *To do one's uppermost,* faire son maximum, faire tout ce qui est en son pouvoir.

**uprising** ['ʌp,raiziŋ] soulèvement, révolte.

**ups-and-downs,** fluctuations, vicissitudes, hauts et bas.

**upscale** *adj.* haut de gamme. *Upscale model,* modèle haut de gamme.

**upset** [ʌp'set] *v.* **1.** renversement. **2.** désorganisation, bouleversement.

**upset** ['ʌpset] *n.* **1.** renverser. **2.** désorganiser, bouleverser.

**upset price,** (enchères) mise à prix, prix de départ, prix demandé. *Knocked down for $ 450 from an upset price of $ 75,* adjugé à $ 450 sur demande de $ 75.

**upsetting** [ʌp'setiŋ] *adj.* inquiétant, bouleversant.

**upside down** [,ʌpsaid'daun] la tête en bas, à l'envers, renversé, sens dessus dessous.

**uspstanding** [ʌp'stændiŋ] *adj.* **1.** dressé, droit. **2.** (salaire) fixe. **3.** honnête, intègre, probe.

**upstream** [,ʌp'striːm] en amont.

**upsurge** ['ʌpsəːdʒ] *n.* poussée, hausse (sensible).

**upswing** ['ʌp'swiŋ] *n.* revirement, redressement, reprise.

**uptick** ['ʌptik] *On the uptick,* en reprise.

**up to** *adv.* jusqu'à. *Up to $ 3,000,* jusqu'à concurrence de $ 3 000.

**up to a point,** dans une certaine mesure, jusqu'à un certain point.

**up-to-date** *adj.* **1.** à la mode. **2.** à jour.

**up-to-sample,** conforme à l'échantillon.

**upturn** [ʌp'təːn] *n.* reprise, poussée.

**up-valuation** *n.* réévaluation.

**upward** ['ʌpwəd] *adj.* montant, ascendant. *Upward movement,* mouvement de reprise. *Upward* *tendency,* tendance à la hausse. *Upward trend,* tendance à la hausse.

**upward(s)** *adv.* **1.** de bas en haut, vers le haut, en hausse. *The estimates have had to be revised upward,* les prévisions ont dû être revues en hausse. **2.** au-dessus. *$ 50,000 and upwards,* $ 50 000 et au-dessus.

**urban** ['ə:bən] *adj.* urbain. *Urban renewal,* rénovation, réaménagement des zones urbaines. *Urban roadways,* voies rapides.

**urbanization** [,ə:bənai'zei∫ən] *n.* urbanisation.

**urbanize** ['ə:bənaiz] *v.* urbaniser.

**urge** [ə:dʒ] *n.* incitation, besoin, impulsion.

**urge** *v.* encourager, inciter, pousser, insister ; préconiser.

**urgency** ['ə:dʒənsi] urgence, besoin pressant.

**urgent** ['ə:dʒənt] *adj.* urgent, pressant.

**urtel** (U.S.), abréviation de *your telegram,* en référence à votre télégramme.

**usage** ['ju:zidʒ] *n.* **1.** usage. **2.** *Jur. :* droit de passage.

**usance** ['ju:zns] *n.* **1.** usance : période pendant laquelle les traites sur l'étranger peuvent être présentées pour paiement. *Usance draft,* traite à échéance. **2.** revenu d'une fortune ; intérêt de l'argent. **3.** utilisation, emploi.

**use** [ju:s] *n.* **1.** emploi, usage, utilité. *Directions for use,* mode d'emploi. **2.** *Jur. :* détention précaire, usufruit.

**use** [ju:z] *v.* utiliser, se servir de, employer.

**used** [ju:zd] *adj.* usagé, usé, de seconde main. *Used cars,* voitures d'occasion.

**useful** [ju:sful] *adj.* utile. *Useful life,* (durée de) vie utile, durée d'utilisation.

**usefulness** ['ju:sfulnis] *n.* utilité.

**useless** ['ju:slis] *adj.* inutile.

« **use no hooks** », ne pas utiliser de crochets.

**user** ['ju:zə] *n.* **1.** utilisateur, usager. **2.** *Jur. :* détenteur précaire,

usufruitier. **3.** *Jur. :* droit d'usage continu. *Land subject to a right of user,* propriété grevée d'une servitude.

● **user-friendly** *Info. :* d'utilisation facile, facile à utiliser, bien adapté à l'utilisateur.

**usher** ['ʌ∫ə] *n.* huissier ; ouvreur, ouvreuse.

**usual** ['ju:ʒuəl] *adj.* usuel, habituel. *On usual terms,* aux conditions habituelles.

**usufruct** ['ju:sju:frʌkt] *n.* usufruit.

**usufructuary** ['ju:sju:frʌk,tjuəri] *adj.* usufruitier. *Usufructuary right,* droit usufructaire.

**usufructuary** *n.* usufruitier. *Usufructuary's repairs,* réparations usufruitières.

**usurer** ['ju:ʒərə] *n.* usurier.

**usurious** [ju:'zjuəriəs] *adj.* **1.** (intérêt) usuraire. **2.** (prêteur) usurier.

**usury** ['ju:ʒuri] *n.* usure, intérêt exorbitant.

**utensil** [ju:'tensil] *n.* ustensile ; instrument, outil.

**utilities** [ju:'tilitiz] *n.* **1.** services publics, V.R.D. (voiries, réseaux divers). **2.** eau, gaz, électricité. **3.** sociétés assurant un service public.

**utility** [ju:'tiliti] *n.* utilité. *Public utility services,* services publics. *Utility bill,* note, dépenses d'eau, gaz et électricité. *Utility bond,* obligation émise par société gérant un service public. *Utility company,* société chargée d'assurer un service public (eau, gaz, électricité). *Info. : Utility program(me),* programme utilitaire.

**utilization** ['ju:tilai'zei∫ən] *n.* utilisation, mise en valeur. *Utilization per cent,* taux du rendement.

**utilize** ['ju:tilaiz] *v.* utiliser, tirer profit de, mettre en valeur.

**utter** ['ʌtə] *adj.* complet, absolu, total, extrême.

**utter** *v.* **1.** émettre, prononcer. **2.** émettre, mettre en circulation. *To utter a forged document,* émettre un faux document.

# V

**vacancy** ['veikənsi] *n.* 1. vacance, poste vacant. *To fill a vacancy,* pourvoir à une vacance. 2. souvent pluriel, **vacancies,** (hôtel, locations) « chambres » libres ; (appartement) à louer.

**vacant** ['veikənt] *adj.* 1. vide, inoccupé. 2. libre, vacant, à pourvoir. 2. *Jur. : Vacant possession,* libre possession, jouissance immédiate.

**vacate** [və'keit] *v.* 1. quitter un emploi, donner sa démission. 2. évacuer, quitter, libérer laisser libre (un lieu). *To vacate the premises,* vider les lieux. 3. annuler, résilier (un contrat).

**vacating** [və'keitiŋ] *n.* 1. évacuation. 2. démission. 3. annulation.

**vacation** [və'keiʃn] *n.* vacances. *Jur. :* vacations.

**vacuum** ['vækjuəm] *n.* vide.

**vacuum-packed,** emballé sous vide.

**vagrancy** ['veigrənsi] *n.* vagabondage.

**vagrant** ['veigrənt] *n.* vagabond.

**valediction** [væli'dikʃən] *n.* discours d'adieu.

**valedictory** [væli'diktəri] *n.* (U.S.) discours d'adieu.

**valid** ['vælid] *adj.* valide, valable, régulier. *No longer valid,* périmé.

**validate** ['vælideit] *v.* valider, rendre valable.

**validation** [væli'deiʃən] *n.* validation.

**validity** [və'liditi] *n.* validité.

**valorization** *n.* valorisation ; (U.S.) maintien (artificiel) des prix.

**valorize** *v.* valoriser.

**valuable** ['væljuəbl] *adj.* 1. précieux, de valeur, de prix. 2. évaluable.

**valuables,** objets de valeur.

**valuation** [vælju'eiʃn] *n.* 1. évaluation, estimation, expertise. 2. inventaire. 3. valeur estimée. *To set too high a valuation,* surestimer, surimposer. *To set too low a valuation,* sous-estimer, sous-imposer.

**valuation of a policy,** *Assur. :* évaluation d'une police, établissement de la valeur de rembourse-

ment d'un bien assuré (à la signature du contrat).

**valuator** *n.* expert, commissaire-priseur.

**value** ['vælju:] *n.* 1. valeur. *To get good value for one's money,* en avoir pour son argent. *To set a value upon something,* estimer, attribuer une cote de valeur à quelque chose. *Book value,* valeur comptable. *Break-up value,* valeur d'inventaire. *Commercial value,* valeur vénale, marchande, négociable, cours. *Decrease in value,* moins-value. *Face value,* valeur nominale. *For value received,* valeur reçue. *Increase in value,* plus-value. *Invoice value,* valeur de facture. *To lose value,* se dévaloriser. *Loss of value, fall in value,* dévalorisation. *Market value,* valeur vénale, marchande, négociable, cours. *Nominal value,* valeur nominale. *Par value,* valeur du pair, valeur au pair. *Rateable value,* valeur fiscale. *Redemption value,* valeur de rachat, valeur de remboursement. *Rental value,* valeur locative. *Assur. : Surrender value,* valeur de rachat. *Taxable value,* valeur imposable. 2. *Value date :* échéance, date d'entrée en valeur, date de valeur (chèque).

**value** *v.* 1. évaluer, estimer, apprécier ; inventorier (des marchandises). 2. tenir à, faire grand cas de, priser. 3. valoriser.

**value added tax (V.A.T.),** taxe à la valeur ajoutée (T.V.A.).

**value as security,** valeur en garantie.

**value for collection,** valeur à l'encaissement.

**value for money,** rapport qualité/prix. *Good value for money,* d'un bon rapport qualité/prix.

**value here and there,** valeur compensée.

**value in account,** valeur en compte.

**value in exchange,** contre-valeur.

**value received in cash,** valeur reçue au comptant.

**value upon someone** *v.* disposer, tirer sur quelqu'un.

**valued** ['vælju:d] *adj.* **1.** évalué, estimé. *Valued policy,* police évaluée. **2.** estimé, précieux.

**valuer** ['vælju:ə] *n.* expert, commissaire-priseur.

**valuing** ['vælju:iŋ] *n.* **1.** évaluation, estimation, appréciation. **2.** valorisation (de chèque).

**van** [væn] *n.* fourgon, camion, camionnette. *Delivery van,* camionnette de livraison.

**van** *v.* transporter, livrer (des marchandises) en camionnette.

**van-driver,** conducteur de camionnette, chauffeur-livreur.

**variable** ['vɛəriəbl] *n.* variable.

**variable** ['vɛəriəbl] *adj.* variable, changeant.

**variance** ['vɛəriəns] *n.* **1.** désaccord, divergence. *At variance,* en désaccord. **2.** *Statist. :* écart, variation, variance.

**variant** ['vɛəriənt] *adj.* différent, divergent.

**variation** [,vɛəri'ei∫ən] *n.* variation, changement. *Adjusted for seasonal variations,* compte tenu des variations saisonnières.

**variety** [və'raiəti] *n.* variété, diversité, assortiment. *Variety store* (U.S.), sorte de bazar à bon marché.

**various** ['vɛəriəs] *adj.* varié, divers.

**vary** ['vɛəri] *v.* changer, modifier ; varier, être variable, se modifier.

**V.A.T. : value added tax** ['vi: ei 'ti:] taxe à la valeur ajoutée, T.V.A.

**vault** [vɔ:lt] *n.* voûte ; chambreforte. *Safety vault,* chambre-forte. *Vault cash* (U.S.), réserves en espèces.

**vault** *v. (Bourse)* dépasser, franchir un niveau.

**vector** ['vektə] *n.* vecteur.

**vehicle** ['vi:ikl] *n.* véhicule.

**velocity** [vi'lɔsiti] *n.* vitesse. *Velocity of circulation,* vitesse de circulation (monnaie).

**vend** [vend] *v.* vendre.

**vendee** [ven'di:] *Jur. :* acheteur, acquéreur.

**vending machine** ['vendiŋ] *n.* (U.S.) distributeur automatique.

**vendibility** [,vendə'biliti] *n.* caractère vendable.

**vendor** ['vendɔ:] *n.* **1.** vendeur. *Vendor's assets,* valeurs d'apport. *Vendor's lien,* privilège du vendeur. *Vendor's shares,* actions d'apport, de fondateur. **2.** distributeur automatique.

**vendue** *n.* (U.S.) vente aux enchères.

**venture** ['vent∫ə] *n.* **1.** risque, entreprise hasardeuse. **2.** entreprise, spéculation, opération. *Joint venture,* association qui peut prendre des formes juridiques diverses entre plusieurs individus ou sociétés afin de mener à bien une entreprise commune ; opération conjointe, co-entreprise. En particulier, création par 2 ou plusieurs firmes d'une filiale exploitée conjointement. *Foreign venture,* implantation à l'étranger.

**venture** *v.* hasarder, risquer, s'aventurer. *We venture to inquire about,* nous nous permettons de nous renseigner sur.

**venture capital,** capital spéculatif, capital de risque (capitaux investis dans des entreprises de création récente, ou contribuant à leur lancement).

**venturesome** ['vent∫əsəm] *adj.* risqué, aventureux, imprudent.

**venue** ['venju:] *n.* lieu du jugement, juridiction ; lieu où se tient un congrès, un salon, etc. *To change the venue,* a) renvoyer l'affaire devant une autre cour. b) changer le lieu de réunion. *Change of venue,* a) changement de juridiction. b) changement de lieu (réunion, congrès, etc.).

**verbal** ['və:bl] *adj.* oral, verbal.

**verbatim** [və:'beitim] *adv.* mot pour mot, textuellement.

**verifiable** ['verifaiəbl] contrôlable, vérifiable.

**verification** [verifi'kei∫ən] *n.* vérification, contrôle. *Jur. :* confirmation.

**verify** ['verifai] *v.* vérifier, contrôler. *Jur. :* confirmer.

**V.L.C.C. abr. very large crude carrier,** très gros transporteur de brut.

**versatile** *adj.* **1.** doué de talents multiples. **2.** d'une grande souplesse d'utilisation.

**versatility** *n.* faculté d'adaptation, souplesse d'utilisation.

**versus** (abr. **vs.** ou **v.**) ['vɔ:səs] *prép.* contre. *Our sales for 78 totaled $ 3 million vs. $ 2.8 for 77,* nos ventes pour 78 ont totalisé $ 3 millions contre $ 2,8 millions pour 77. *Jur.* : *Jones v. Brown,* Jones c. Brown.

**vessel** ['vesl] *n.* 1. récipient. 2. navire.

**vest** [vest] *v.* investir. *To vest someone with authority,* investir, revêtir quelqu'un de l'autorité. *To vest someone with a function,* investir quelqu'un d'une fonction. *To vest someone with an inheritance,* saisir quelqu'un d'un héritage ; affecter, confier.

**vested** ['vestid] *adj.* dévolu, acquis. *Vested interests,* droits acquis ; intérêts des gens en place. *To have a vested interest in a company,* avoir des capitaux, être intéressé dans une société.

**vet** [vet] *n.* contrôler, vérifier (un dossier, des antécédents).

**veteran** ['vetərən] *n.* ancien combattant.

**veteran employee** *n.* retraité, ancien employé.

**veto** ['vi:təu] véto, droit de véto.

**veto** ['vi:təu] *v.* interdire, opposer son véto à.

**via** ['vaiə] *prép.* par, en passant par, via, par la voie de.

**via** *n.* exemplaire de traite.

**vicarious** [vi'keəriəs] *adj.* 1. délégué. 2. fait par, pour un autre, par personne interposée.

**vice-chairman** ['vais-'tʃeəmən] *n.* vice-président.

**vice-manager** ['vais-'mænidʒə] *n.* vice-gérant.

**vice-president** [,vais-'prezident] *n.* vice-président. En américain peut désigner le responsable d'un département d'entreprise : *Marketing vice-president, sales vice-president, etc.* Certaines sociétés U.S. ayant de nombreux **Vice-Presidents,** il peut être intéressant de savoir si le titre est **Executive Vice President** ou non. Dans le premier cas le poste aura un caractère opérationnel ; sinon il se peut qu'il soit surtout honorifique.

**vice versa** [,vaisi'vɔ:sə] réciproquement, vice versa.

**vicinity** [vi'siniti] *n.* voisinage ; proximité.

**victim** ['viktim] *n.* victime.

**victimization** [viktimai'zeiʃən] *n.* 1. traitement défavorable. 2. duperie. 3. oppression ; représailles (règlement d'un conflit syndical). *There shall be no victimization,* on n'exercera pas de représailles contre les individus.

**victimize** ['viktimaiz] *v.* 1. défavoriser. 2. tromper, duper, escroquer. 3. exercer des représailles contre quelqu'un, prendre pour bête noire.

**video library** *n.* vidéothèque.

**videotape,** bande vidéo.

**videotape recorder,** magnétoscope.

**vie** [vai] *v.* rivaliser (*with,* avec).

**view** [vju:] *n.* 1. vue, point de vue, opinion, idée, avis, intention, dessein. *In view of,* en raison de, eu égard à, compte tenu de. *With a view to,* en vue de, afin de. 2. vue, perspective (visuelle).

**view** *v.* 1. envisager ; considérer. 2. examiner, scruter. 3. regarder (T.V., etc.).

**view finder** *n.* (photo) viseur.

**viewer** [vjuə] *n.* 1. spectateur. *T.V. viewer,* téléspectateur. 2. inspecteur, expert.

**view-point** *n.* point de vue.

**views** *n.* idées, vues, sentiments, opinion.

**vine-grower** [,vain'grəuə] *n.* (G.B.) viticulteur, vigneron.

**vine-growing** *n.* viticulture.

**vineyard** ['vinjəd] *n.* vignoble, vigne.

**vintage** ['vintidʒ] *n.* 1. récolte du raisin, vendanges. 2. année (de récolte remarquable, grande année, millésime). *Vintage wine,* vin de cru, ou grand cru, vin fin. *Vintage year,* année exceptionnelle. *Vintage car,* voiture ancienne ou rare prisée des amateurs.

**vintner** ['vintnə] *n.* négociant en vins.

**vinyl** ['vainil] *n.* (mat. plastique) vinyle.

**V.I.P.** [vi: ai pi:] **very important person,** personnalité, personnage important.

**virtual** ['vɔ:tʃuəl] *adj.* de fait, en fait.

**virtually** ['və:tʃuəli] *adv.* de fait, en fait, pratiquement ; quasiment, presque.

**visa** ['vi:zə] *n.* visa.

**vis-à-vis** ['vi:z-a:-vi:] vis-à-vis de.

**visible** ['vizibl] *adj.* visible. *Visible index,* indice visible.

**visit** ['vizit] *n.* visite.

**visit** *v.* visiter, rendre visite.

**visitor** ['vizitə] *n.* 1. visiteur. 2. touriste. *Foreign visitors,* touristes étrangers. *Visitor's tax,* taxe de séjour. 3. inspecteur (des douanes). 4. fonctionnaire chargé des visites, visiteur, surveillant ; travailleur social.

**visitor's book,** livre d'or, registre (d'hôtel par ex.).

**vitalize** *v.* dynamiser, revitaliser.

**vitiate** ['viʃieit] *v.* 1. vicier, corrompre. 2. rendre nul (un contrat).

**vocation** [vəu'keiʃn] *n.* 1. profession, métier. 2. vocation.

**vocational** [vəu'keiʃənl] *adj.* professionnel. *Vocational guidance,* orientation professionnelle. *Vocational training,* formation professionnelle.

**voice** [vɔis] *n.* voix, suffrage. *Advisory voice,* voix consultative.

**voice** *v.* exprimer, énoncer, interpréter. *To voice concern,* exprimer son inquiétude.

**voice over,** commentaire, voix du commentateur (films, T.V.).

**void** [vɔid] *adj.* 1. vide . 2. dénué de. 3. nul. *To make a clause void,* annuler une clause, frapper une clause de nullité. *To declare null and void,* déclarer nul et non avenu.

**void** *v.* résilier, annuler, rendre caduc.

**void a contract,** frapper un contrat de nullité, annuler un contrat, résilier un contrat.

**voidable** ['vɔidəbl] *adj.* annulable.

**voidance** ['vɔidəns] *n.* résiliation.

**voidness** ['vɔidnis] *n.* nullité.

**volatile** *adj.* instable. *(Bourse)* en effervescence. *A highly volatile situation,* une situation explosive.

**volume** ['vɔlju:m] *n.* volume. *Sales volume,* chiffre des ventes. *Volume control,* (son) réglage de volume, de puissance.

**voluntary** ['vɔləntəri] *adj.* volontaire, bénévole. *Voluntary chain,* regroupement volontaire de détaillants, coopérative d'achat (pour détaillant). *Voluntary organization,* organisation bénévole. *Voluntary restraint,* (revendications salariales) modération volontaire : autolimitation. *Voluntary winding-up,* liquidation volontaire.

**volunteer** [vɔlən'tiə] se porter volontaire.

**vote** [vəut] *n.* 1. scrutin, vote secret, vote, scrutin secret ; vote à bulletin secret. *To take the vote,* procéder au scrutin. 2. voix. *Casting vote,* voix prépondérante. *To count the votes,* compter les voix, dépouiller le scrutin. *To poll votes,* obtenir des voix. *To tally the votes,* dépouiller le scrutin, décompter les voix.

**vote** *v.* voter.

**vote by proxy,** vote par procuration.

**vote down** *v.* repousser, rejeter (par un vote).

**voter** ['vəutə] *n.* 1. votant. 2. électeur. *Voters' list,* registre électoral.

**voting right** ['vəutiŋ] droit de vote. *Voting rights of the shareholders,* droits de vote des actionnaires, nombre de voix dont disposent les actionnaires.

**voting stock,** actions avec droit de vote.

**vouch** [vautʃ] *v.* attester, garantir.

**vouchee** [vautʃ'i:] *n.* bénéficiaire d'une caution.

**voucher** ['vautʃə] *n.* 1. justification, pièce justificative, pièce comptable. *Voucher for receipt,* récépissé, quittance. *Luncheon voucher,* ticket restaurant. 2. bon d'achat, coupon de réduction. 3. (personne) garant.

**vouch for,** 1. attester, répondre de, témoigner de, confirmer. 2. se porter garant de quelqu'un, répondre de quelqu'un.

**vouching** ['vautʃiŋ] *n.* attestation, justification ; vérification.

**vouchsafe** [vautʃ'seif] *v.* 1. concéder, accorder, octroyer. 2. accepter de faire quelque chose.

**voyage** ['vɔiidʒ] *n.* voyage (par mer), traversée. *Voyage charter,* affrètement au voyage. *Voyage policy,* police au voyage.

**vulgarize** ['vʌlgəraiz] *v.* populariser, vulgariser.

**vulnerability** [vʌlnərə'biliti] *n.* vulnérabilité.

**vulnerable** ['vʌlnərəbl] *adj.* vulnérable.

# W

**wad** [wɔd] *n.* **1.** bourre. **2.** pile de lettres. **3.** « gros paquet » (de billets).

**wage** [weidʒ] *n.* (s. pl. **wages**) salaire, paye (d'ouvrier). *Incentive wages* (U.S.), primes de rendement. *Minimum living wage,* salaire minimum vital. *Money wages,* salaires nominaux. *Retention on wages,* retenue sur salaires. *Supplementary wages,* sursalaire.

**wage** *v.* poursuivre, continuer, mener (guerre, campagne).

**wage adjustment,** réajustement de salaire.

**wage-agreement,** accord salarial.

**wage contracts,** contrats salariaux.

**wage costs,** coût salarial, main-d'œuvre.

**wage differential(s),** écart, éventail, grille des salaires.

**wage-earner** ['weidʒ,ə:nə] salarié.

**wage-escalator** (U.S.) échelle mobile des salaires.

**wage-packet,** (G.B.) salaire.

**wage (-price) freeze,** blocage des salaires (et des prix).

**wage-hike** (U.S.) hausse des salaires.

**wage increase,** hausse des salaires.

**wage-price spiral,** spirale des prix et des salaires.

**wage-round,** négociation salariale.

**wage scale,** échelle des salaires.

**wage-sheet,** feuille de paye.

**wage stop,** blocage des salaires.

**wages standstill,** blocage des salaires.

**wages tax,** impôt sur les salaires.

**wag(g)on** ['wægən] *n.* wagon (découvert à marchandises).

**wag(g)onage** *n.* (U.S.) roulage.

**wait** *n.* attente.

**wait** [weit] *v.* attendre. *Wait days,* jours d'attente. *Wait-list,* liste d'attente.

**wait and see (policy),** politique d'attente, attentisme.

**waiter** ['weitə] serveur, garçon.

**waiting list** ['weitiŋ list] liste d'attente.

**waiting-room,** salle d'attente.

**wait on** *v.* **1.** servir (un client). **2.** rendre visite (à un client).

**waitress** ['weitris] *n.* serveuse (rest.).

**waive** [weiv] *v.* renoncer à, abandonner un droit ; se désister ; déroger à.

**waiver** ['weivə] *n.* abandon, désistement, renonciation ; décharge. *Waiver clause,* clause d'abandon, de désistement.

**waiving** ['weiviŋ] *n.* abandonnement, désistement, renonciation, dérogation.

**wake** [weik] *n.* sillage ; conséquences.

**walkie-talkie** [,wɔ:ki'tɔ:ki] « talkie-walkie », émetteur-récepteur radio (portatif).

**walk off** [wɔ:k] *v.* s'en aller, partir. *To walk off the job, to walk off the lines,* débrayer, cesser le travail.

**walk out** *v.* **1.** débrayer, cesser le travail, se mettre en grève. **2.** quitter la table de conférence, se retirer des négociations.

**walkout** ['wɔ:kaut] *n.* **1.** débrayage, grève. *To stage a walkout,* organiser un débrayage. **2.** départ, retrait (d'une des parties lors d'une négociation).

**wall** [wɔ:l] *n. Douanes :* barrière. *High tariff wall,* hautes barrières douanières.

**wall out** *v.* dresser des barrières contre, limiter. *To wall out imports,* dresser des barrières contre les importations.

**Wall Street,** « La Bourse de New York ».

**Wall-Streeter** ['wɔ:l'stri:tə] *n.* (U.S.) boursier.

**wane** [wein] *v.* décroître, diminuer, décliner.

**want** [wɔnt] *n.* **1.** manque, défaut. *For want of funds,* faute de provisions. **2.** indigence, misère. **3.** besoin.

**want** *v.* **1.** vouloir, désirer. **2.** manquer de, avoir besoin de, demander. **3.** être dans le besoin. **4.** rechercher (police, voir **wanted**).

**want-ad,** (petites annonces) demande ou offre d'emploi ; demandes diverses.

**wantage** ['wɔntidʒ] *n.* (U.S.) manque, déficit.

**wanted** ['wɔntid] *adj.* recherché, « on recherche », demandé. *Stocks, securities wanted,* valeurs demandées. « *Situations wanted* », « demandes d'emplois ».

**war** [wɔ:] *n.* guerre. *War loan,* emprunt de la Défense nationale. *To wage a price war,* livrer la bataille des prix, se livrer à une guerre des prix.

**ward** [wɔ:d] *n.* **1.** garde, tutelle. **2.** pupille. *Ward of the court,* pupille sous tutelle judiciaire. **3.** arrondissement, quartier. *Electoral ward,* circonscription électorale.

**ward off** *v.* détourner, écarter, prévenir (un danger). *To ward off bankruptcy,* éviter la faillite, échapper à la faillite.

**warden** ['wɔ:dn] *n.* **1.** gardien. **2.** responsable, directeur (d'une institution). *Warden of the standards,* gardien des poids et mesures.

**ware** [wɛə] *n.* **1.** articles fabriqués ; articles nécessaires à une activité donnée. *Glass-ware,* verrerie. *Kitchen ware,* ustensibles de cuisine. *Tin-ware,* ferblanterie. **2.** pl. *wares,* marchandises.

**warehouse** ['wɛəhaus] *n.* entrepôt, magasin, dépôt. *Bonded warehouse* , entrepôt en douanes, magasins généraux. *Ex-warehouse,* à prendre en entrepôt. *Ex-warehouse price,* prix départ entrepôt. *Furniture warehouse,* garde-meubles.

**warehouse** ['wɛəhauz] *v.* entreposer, (em)magasiner. *To warehouse one's furniture,* mettre son mobilier en garde-meubles.

**warehouse charges,** frais de magasinage, d'emmagasinage, d'entrepôt.

**warehouse-keeper,** surveillant d'entrepôt.

**warehouseman** *n.* magasinier.

**warehouse-receipt,** récépissé d'entrepôt.

**warehouse rent,** frais d'entrepôt.

**warehouse-warrant,** certificat d'entrepôt.

**warehousing** ['wɛəhauziŋ] *n.* entreposage, (em)magasinage. *Warehousing charges,* frais de magasinage, d'entrepôt.

**warfare** ['wɔ:fɛə] *n.* guerre, conduite de la guerre.

**warn** [wɔ:n] *v.* **1.** avertir, prévenir. **2.** alerter.

**warning** ['wɔ:niŋ] *n.* **1.** avertissement. **2.** avis, préavis, congé. *To give an employee warning,* donner congé à un employé. *Warning to leave,* congé. *To give an employer warning,* donner congé à son employeur.

**warn off** *v.* mettre en garde, détourner.

**warp** [wɔ:p] *n.* **1.** amarre, remorque, touée. **2.** (tissus) chaîne, lisse.

**warp** [wɔ:p] *v.* touer, haler (un navire).

**warpage** ['wɔ:pidʒ] *n.* touage, halage. *Warpage dues,* droits de touage.

**warrant** ['wɔrənt] *n.* **1.** garantie, garant. **2.** autorisation, justification, titre. *Bearer warrant,* titre au porteur. *Dividend warrant,* coupon de dividende. *Share warrant,* actions, titres au porteur. *Stock purchase warrant* (U.S.), droit préférentiel d'achat d'actions, certificat donnant au porteur un droit de souscription. **3.** *Douanes :* warrant, récépissé-warrant. *Interest warrant,* mandat d'intérêts. *Produce warrant,* warrant en marchandises. *Warehouse warrant, dock warrant,* certificat d'entrepôt, bulletin de dépôt, warrant. *To issue a warehouse warrant for goods,* warranter des marchandises. *Issuing of a warehouse warrant,* warrantage. *Goods covered by a warehouse warrant,* marchandises warrentées. **4.** *Jur. :* mandat, ordre, pouvoir. *Arrest warrant,* mandat d'arrêt. *Search warrant,* mandat de perquisition. *Warrant of attorney,* procuration, mandat, pouvoirs.

*Warrant for payment,* ordonnance de paiement. **5.** brevet.

**warrant** *v.* **1.** garantir, attester, certifier. **2.** justifier. *Nothing warrants such a policy,* rien ne justifie une telle politique.

**warrantable** ['wɔrentəbl] *adj.* **1.** justifiable, légitime, permis. **2.** que l'on peut garantir.

**warranted** ['wɔrentid] *adj.* **1.** garanti. **2.** autorisé. **3.** justifié.

**warrantee** [wɔrən'tiː] *n.* **1.** receveur d'une garantie. **2.** personne sous le coup d'un mandat d'amener.

**warranter** ['wɔrəntə] *n.* garant.

**warrantor** ['wɔrəntə] *n. Jur. :* répondant, garant.

**warranty** ['wɔrenti] *n.* **1.** autorisation, justification. **2.** garantie. *Assur. mar. : Express warranty,* garantie expresse. *Implied warranty,* garantie implicite. *Jur. : Warranty of title,* attestation de titre. *Breach of warranty,* rupture de garantie.

**wary** ['wɛəri] *adj.* prudent, méfiant.

**wash sale** *n. Bourse :* vente fictive de titres (pour influer sur les cours ou pour raison fiscale).

**washed** [wɔʃt] *adj. Bourse* (U.S.) : *Washed sale,* vente fictive.

**washed ashore** *adj.* rejeté sur le rivage, échoué à la côte.

**washed overboard,** enlevé par une lame.

**wash-goods** *n.* détergents, produits lessiviels.

**washing** ['wɔʃiŋ] *n.* **1.** *Bourse* (U.S.) : vente fictive. **2.** *Washing overboard of goods,* enlèvement de marchandises par la mer, par les lames.

**washing-machine,** machine à laver.

**wash out** *v.* (U.S.) échouer.

**wash-out** *n.* fiasco. *The deal is a wash-out,* le marché, l'opération est manqué(e), est un fiasco.

**wash-sale** *n. Bourse* (U.S.) : vente fictive.

**wash up,** laver, nettoyer. *To be washed up,* être tombé à l'eau (plan).

**W.A.S.P.** [wɔsp] **White anglo-saxon protestant,** américain blanc protestant.

**wastage** ['weistidʒ] *n.* **1.** coulage, perte. **2.** s.pl. déchets, rebuts. **3.** (personnel) *Natural wastage,* départs à la retraite. *The loss of up to 4,000 jobs, mostly by natural wastage,* la disparition de près de 4 000 emplois, la plupart par départs à la retraite.

**waste** [weist] *n.* **1.** gaspillage, gâchis. **2.** déchet(s). *Liquid waste,* déchets liquides. *Nuclear waste,* déchets nucléaires. *Radio-active waste,* déchets radio-actifs. *Solid waste,* déchets solides. **3.** *Jur. :* dégradation(s), détérioration. **4.** désert.

**waste** *adj.* non utilisé, perdu. *Waste-paper basket,* corbeille à papier(s).

**waste-book** *Comptab. :* main-courante, brouillard (brouillon servant à des inscriptions temporaires).

**wasteful** ['weistful] qui gaspille, peu rentable.

**wastefulness** ['weistfulnis] gaspillage ; caractère ruineux ; prodigalité.

**wasting** ['weistiŋ] *n.* gaspillage, dilapidation, dissipation, perte.

**wasting** *adj.* défectible. *Wasting assets,* actifs défectibles.

**watch** [wɔtʃ] *n.* **1.** montre. **2.** garde, surveillance. **3.** quart, période de garde.

**watch** *v.* **1.** regarder. **2.** surveiller.

**watchdog** ['wɔtʃdɔg] *n.* **1.** chien de garde. **2.** gardien ; en particulier organisme chargé de contrôler le bon fonctionnement d'une institution.

**watchmaker** ['wɔtʃ,meikə] *n.* horloger, fabricant de montre.

**watchman** ['wɔtʃmən] *n.* gardien, garde. *Night watchman,* veilleur de nuit.

**watchword** ['wɔtʃwəːd] *n.* mot d'ordre.

**water** ['wɔːtə] *n.* **1.** eau. *Water carriage,* transport par eau. *Water line,* ligne de flottaison. *Water route,* voie navigable. *To be in deep water(s),* être dans une situation difficile. **2.** *Fin. Fam. :* actions émises pour diluer le capital.

**water** *v.* **1.** arroser. **2.** diluer (le capital d'une société). *Watered* *capital,* capital dilué. *Watered stocks,* actions en baisse par suite d'émissions d'actions gratuites.

**water down** *v. Fam. :* atténuer, affaiblir. *To water down a statement,* atténuer une affirmation.

**waterage** *n.* 1. batelage, transport par eau. 2. prix de transport par eau, droit(s) de batelage.

**watering** ['wɔtəriŋ] *n.* dilution de capital (social). *Watering of stock,* dilution de capital (social).

**waterlogged** ['wɔːtəlɔgd] *adj.* 1. (navire) plein d'eau, entre deux eaux. 2. (terrain, édifice) envahi par les eaux.

**waterman** ['wɔːtəmən] *n.* batelier, marinier.

**watermark** ['wɔːtəmaːk] *n.* filigrane.

**waterpipe** ['wɔːtəpaip] conduite d'eau, tuyau d'eau.

**waterpower,** énergie hydraulique.

**waterproof** ['wɔːtəpruːf] *adj.* imperméable, hydrofuge.

**watershed** ['wɔːtəʃed] *n.* 1. ligne de partage des eaux, par extension : date historique. 2. bassin hydrographique, aire d'alimentation.

**watertight** ['wɔːtətait] *adj.* étanche.

**waterway** ['wɔːtəwei] *n.* voie navigable. *Inland waterways,* réseau navigable, voies navigables (canaux et rivières).

**waterworks** ['wɔːtəwəːks] *n.* usine de distribution des eaux, usine hydraulique.

**wattage** ['wɔtidʒ] *n.* puissance en watts.

**wave** [weiv] *n.* 1. vague. *Wave of wildcat strikes,* vague de grèves sauvages. 2. onde. *Short waves,* ondes courtes.

**wave-length** ['weivleŋθ] longueur d'onde.

**wax** [wæks] *n.* cire.

**wax** *v.* cirer, encaustiquer.

**wax paper** papier paraffiné.

**way** [wei] *n.* 1. chemin, route, voie, direction. *Way of business,* branche d'affaires, métier, emploi. *To be in a small way of business,* avoir un petit commerce. 2. moyen, manière, façon.

**way-bill** *n.* lettre de voiture, feuille de route, bordereau d'expé-

dition.

**way of life,** mode de vie.

**ways and means,** voies et moyens, façons et moyens ; manière de se procurer des fonds.

**Ways and Means Committee** *Polit.* (U.S.) : Commission des Recettes Budgétaires.

**weak** [wiːk] *adj.* faible.

**weaken** ['wiːkən] *v.* 1. s'affaiblir, faiblir, fléchir. *The market weakens,* le marché fléchit, se tasse. 2. affaiblir.

**weakening** ['wiːkəniŋ] *n.* affaiblissement, fléchissement, tassement. *Weakening of a currency,* fléchissement, affaiblissement d'une monnaie.

**wealth** [welθ] *n.* 1. richesse(s), opulence, fortune ; patrimoine. *National wealth,* patrimoine national. 2. abondance, profusion.

**wealth tax,** impôt sur la fortune.

**wealthy** ['welθi] *adj.* riche, fortuné.

**wear** [wɛə] *n.* 1. usage. 2. usure. *Wear and tear,* usure, détérioration, dégradation, frais d'entretien. *Jur. : Fair wear and tear,* usure normale.

**wear** *v.* 1. porter (un vêtement). 2. user. 3. s'user. *Clothes that wear well,* vêtements qui font un bon usage.

**weather** ['weðə] *n.* temps. *Weather conditions,* conditions atmosphériques, météorologiques. *Weather permitting,* si le temps le permet. *Weather working day,* jour où le temps permet de travailler.

**weather** *v.* surmonter.

**Weather Bureau,** office météorologique.

**weather forecast,** prévision météorologique.

**weather man,** météorologue, météorologiste.

**weatherproof,** qui résiste aux intempéries.

**weather report,** bulletin météorologique.

**weathership,** navire météo.

**weather** *v.* 1. (navire) doubler, franchir (un cap). 2. (fig.) résister à, se tirer d'affaire, s'en sortir. *To weather a storm,* survivre, résister à une tempête. 3. (métal) prendre de la patine.

**weave** [wi:v] *v.* tisser.
**weaver** ['wi:və] *n.* tisserand.
**weaving** ['wi:viŋ] *n.* tissage.
*Weaving loom,* métier à tisser.
*Weaving mill,* usine de tissage.
*The weaving trade,* l'industrie du tissage.
**weed out** *v.* éliminer, extirper.
**week** [wi:k] *n.* semaine. *A week from now, this day week, to-day week,* aujourd'hui en huit. *Thursday week,* jeudi en huit. *Weekday,* jour ouvrable. *Within a week,* d'ici huit jours, sous huitaine.
**weekly** ['wi:kli] *adj.* hebdomadaire. *Weekly return,* situation hebdomadaire.
**weekly** *n.* hebdomadaire (magazine, journal).
**weft** [weft] *n.* (tissus) trame.
**weigh** [wei] *v. tr.* et *intr.* **1.** peser. **2.** soupeser. **3.** évaluer.
**weigh** *n.* pesage.
**weigh-bridge** *n.* pont à bascule, (balance à) bascule.
**weigher** [weiə] *n.* peseur.
**weighing** ['weiiŋ] *n.* pesée. *Weighing instruments,* instruments de pesage.
**weight** [weit] *n.* poids, charge. *Chargeable weight,* poids taxé. *Dead-weight,* poids mort, poids inerte. *Delivered weight,* poids rendu. *Loaded net weight,* poids net embarqué. *Paper-weight,* presse-papier. *Jur. : Public weight master,* peseur juré. *Short weight,* manque de poids. *To sell by weight,* vendre au poids.
**weight** [weit] *v.* **1.** charger, lester, alourdir. **2.** pondérer.
**weight allowed free,** franchise de poids.
**weight ascertained,** poids constaté.
**weight cargo,** marchandises lourdes.
**weighted** *adj.* chargé d'un poids, lesté, alourdi ; pondéré. *Weighted average,* moyenne pondérée. *Weighted index,* indice pondéré. *Heavily weighted in favour of,* pesant lourdement en faveur de.
**weighted average cost** ['weitid] coût moyen pondéré.
**weighting** *n.* **1.** lestage. **2.** pondération. *Weighting allowance* (G.B.), indemnité, supplément pour résidence, vie chère, etc. *Weighting coefficient,* coefficient pondérateur, pondération, péréquation.
**weight note,** bulletin de pesage.
**weight or measurement,** poids ou cube, poids ou encombrement.
**weight stamp,** griffe de pesée.
**weights and measures,** poids et mesures.
**weight when empty,** poids à vide.
**welcome** *n.* accueil, bienvenue.
**welcome** *v.* accueillir.
**welfare** ['welfɛə] *n.* bien-être. *To be on welfare* (U.S.), bénéficier de l'aide sociale, être économiquement faible, être un assisté social. *Welfare department,* service social (d'une entreprise). *The welfare state,* l'État-providence. *Welfare worker,* assistante sociale, travailleur social.
**welfare committee,** comité de bienfaisance.
**welfare fund,** caisse, fonds de secours ; caisse de solidarité.
**welfare recipient,** bénéficiaire d'une aide sociale.
**welfare services,** services de prévoyance sociale, services d'assistance sociale.
**well** [wel] *n.* puits. *Oil-well,* puits de pétrole.
**well-connected** [welkə'nektid] *adj.* qui a des relations.
**well-heeled** *adj.* à l'aise, dans l'aisance.
**well-off** [,wel'ɔf] *adj.* prospère, aisé, dans l'aisance.
**well-to-do** [,weltə'du:] *adj.* **1.** prospère, aisé, cossu, dans l'aisance. **2.** de bon ton, comme il faut.
**well versed in,** familiarisé avec, compétent en, très au fait de.
**wet** [wet] *adj.* mouillé, humide. *Wet dock,* bassin à flot. *Bourse, fam. : Wet goods,* marchandises liquides. *Wet stocks,* les spiritueux.
**whacking** *adj.* énorme, colossal.
**wharf** [wɔ:f] *n.* (pl. s. ou **wharves**) quai. *Ex wharf,* à prendre à quai. *Ex wharf prices,* prix départ quai, entrepôt maritime.
**wharf** *v.* **1.** débarquer. **2.** venir à quai, amarrer (un navire) à quai.
**wharfage** ['wɔ:fidʒ] *n.* **1.** débarquement, embarquement, mise en entrepôt (de marchandises). **2.**

quayage, droit de quai, de bassin.

**wharfinger** ['wɔːfindʒə] *n.* **1.** propriétaire d'un quai. **2.** gardequai.

**wheat** [wiːt] *n.* blé, froment.

**wheeler-dealer** ['wiːlə 'diːlə] *n.* (U.S.) *Fam. :* brasseur d'affaires.

**wheeling and dealing** ['wiːliŋ ən diːliŋ] *n.* affairisme.

**whence** [wens] *adv.* d'où.

**whereabouts** ['wɛərəbauts] *n.* lieu où se trouve quelqu'un ou quelque chose.

**whereas** [wɛəræz] *conj.* **1.** alors que, tandis que. **2.** alors que, au lieu que. **3.** attendu que. *The whereas clauses,* les attendus (d'un jugement).

**whereby** [wɛə'bai] *conj.* par quoi, par lequel, par laquelle.

**whereof** [wɛər'ɔv] *adv.* de quoi, duquel, dont.

**whereon** ['wɛər'ɔn] *adv.* sur quoi ; ce en quoi.

**whereupon** [,wɛərə'pɔn] voir **whereon.**

**whip** [wip] *n.* **1.** fouet. **2.** député chargé d'assurer la liaison avec les parlementaires de son parti et de veiller à la discipline de vote. **3.** (G.B.) appel écrit lancé par le « whip » aux membres de son groupe parlementaire.

**whip** [wip] *v.* **1.** fouetter. **2.** vaincre. *To whip inflation,* vaincre l'inflation.

**whipsaw** ['wipsɔː] *v.* (U.S.) *Syndicats :* utiliser comme précédents les avantages acquis dans une entreprise pour les étendre à l'ensemble d'un secteur.

**whipsaw strike** *n.* (U.S.) grève sélective organisée par les ouvriers d'une usine *(« target company »)* choisie pour cible pour obtenir des avantages au niveau du secteur industriel dans son ensemble *(« industrywide »).*

**whistle** *n.* sifflet. *To blow the whistle,* donner l'alarme, l'alerte ; dénoncer.

**white coal** *n.* la houille blanche.

**white-collar** *n.* employé de bureau.

**white-collar** *adj.* (d'employé) de bureau. *White-collar job,* situation d'employé de bureau. *White-collar worker,* employé de bureau ; em-

ployé du secteur des services.

**white elephant** objet, réalisation, coûteux et peu rentable.

**white goods,** produits blancs (électroménagers).

**white knight** (m. à m. chevalier blanc), société qui vole au secours d'une autre menacée d'une O.P.A.

**white paper** *n.* **1.** *Parlement et administration :* livre blanc, projet détaillé d'un programme officiel. **2.** *Fin. :* papier de haut commerce.

**whitewash** ['waitwɔʃ] *v.* **1.** blanchir à la chaux. **2.** disculper, réhabiliter (un failli). *Fam. :* blanchir. **3.** (U.S.) *Fam. :* battre ses adversaires sans qu'ils aient marqué un point.

**whittle down** *v.* réduire, rogner, comprimer. *To whittle down a profit margin,* rogner une marge bénéficiaire. *To whittle down a cost price,* comprimer un prix de revient.

**whole** ['həul] *adj.* entier, complet. *Whole cargo charter,* affrètement total. *Whole life insurance,* assurance en cas de décès. *Whole time work,* travail à plein temps.

**wholesale** ['həulseil] *adv.* en gros. *To sell wholesale,* vendre en gros. *To buy wholesale,* acheter en gros.

**wholesale** *n.* (vente en) gros. *Wholesale dealer,* grossiste. *Wholesale and retail,* gros et détail. *Wholesale price index,* indice des prix de gros. *Wolesale trade,* commerce de gros. *Wholesale trader,* commerçant en gros, grossiste.

**wholesale** *v.* **1.** vendre en gros. **2.** se vendre en gros.

**wholesaler** ['həul'seilə] *n.* grossiste.

**wholly** ['həuli] *adv.* entièrement. *Wholly-owned subsidiary,* filiale à 100 %.

**wicker-basket** ['wikə'bæskit] panier d'osier.

**wicket** ['wikit] *n.* guichet.

**wide** [waid] *adj.* large, étendu. *Wide connection,* grosse clientèle. *Wide range of articles,* gamme étendue d'articles. *Wide quotation,* cours avec un gros écart entre le prix d'achat et le prix de vente.

**widen** ['waidən] *v.* **1.** agrandir, élargir. **2.** s'élargir, s'agrandir. *The* *gap is widening,* l'écart s'accentue, le fossé se creuse.

**widespread** ['waidspred] *adj.* répandu, fréquent, généralisé.

**widow** ['widəu] *n.* veuve.

**widower** ['widəuə] *n.* veuf.

**width** [widθ] *n.* largeur.

**wildcat** ['waildkæt] *adj.* **1.** risqué, extravagant. *Wildcat scheme,* projet extravagant, spéculation risquée. **2.** illégal, sauvage. *Wildcat strike,* grève sauvage.

**wildcatter** [,waild'kætə] *n.* **1.** gréviste. **2.** spéculateur.

**wilful** ['wilful] *adj.* volontaire, intentionnel, délibéré. *Wilful misrepresentation of facts,* distorsion volontaire des faits, fausse déclaration. *Wilful murder,* homicide volontaire, meurtre avec préméditation.

**will** [wil] *n.* **1.** volonté. **2.** testament. *The last will and testament of,* les dernières volontés de. *To make one's will,* faire son testament. *To mention someone in one's will,* coucher quelqu'un sur son testament.

**will** *v.* léguer, disposer de quelque chose par testament. *To will one's property away from someone,* déshériter quelqu'un.

**win** [win] *v.* **1.** gagner. **2.** extraire. *To win coal,* extraire du charbon. *To win metal from ore,* extraire le métal des minerais.

**win customers** *v.* se faire une clientèle, attirer des clients, se faire des clients.

**winch** [wintʃ] *n.* treuil.

**windfall** ['windfɔ:l] *n.* **1.** aubaine, bonne fortune. **2.** héritage, inattendu. *Jur. :* acquêt.

**windfall** *adj.* inattendu. *Windfall earnings,* gains, bénéfices inattendus. *Windfall gains,* gains inattendus. *Windfall profit,* bénéfice inattendu (et exceptionnellement élevé). *Windfall tax,* impôt sur les bénéfices exceptionnels.

**winding-up** [,waindiŋ'ʌp] *n.* liquidation, dissolution (d'une société). *Winding-up sale,* vente pour cessation de commerce ; vente pour cause de liquidation.

**windlass** ['windləs] *n.* treuil.

**windmill** ['windmil] *n.* **1.** moulin à vent. **2.** cavalerie, traite-en-l'air,

cerf-volant.

**window** ['windəu] *n.* **1.** fenêtre. **2.** vitrine, devanture. *To put something in the window,* mettre quelque chose à l'étalage. **3.** guichet. **4.** créneau.

**window bill,** affichette pour vitrine.

**window-case,** vitrine.

**window display** *n.* étalage ; présentation à l'étalage. *Window display artist,* étalagiste.

**window-dresser** *n.* étalagiste.

**window-dressing** *n.* **1.** arrangement d'une devanture, décoration d'une vitrine ; art de l'étalage. **2.** truquage, camouflage. *Window-dressing of the balance-sheet,* truquage/habillage du bilan.

**window-shopping** *n.* lèche-vitrine.

**wind up** [waind] *v.* **1.** clôturer, régler (un compte). *To wind up a meeting,* clore une séance. **2.** liquider (une société). **3.** se mettre en liquidation, (se) liquider. *The company wound up,* la société se mit en liquidation.

**wine** [wain] *n.* vin. *The wine trade,* l'industrie viticole.

**wine-grower** [,wain'grəuə] *n.* viticulteur, vigneron.

**winner** ['winə] *n.* **1.** gagnant. **2.** celui qui obtient quelque chose par son travail. *Breadwinner,* soutien de famille ; instrument de travail. *Winner-take-all,* tout au gagnant, le vainqueur ramasse tout.

**wipe** [waip] *v.* essuyer.

**wipe off** *v.* **1.** essuyer, enlever, effacer. **2.** apurer, liquider, régler. *To wipe off a debt,* apurer une dette.

**wipe out** *v.* **1.** effacer. **2.** liquider, amortir, apurer (une dette). **3.** exterminer ; éliminer, écraser. *Business wiped out,* affaire réduite à zéro.

**wiping-off** ['waipiŋ] *n.* apurement, amortissement (d'une dette).

**wiping-out** *n.* liquidation, amortissement d'une dette.

**wire** ['waiə] *n.* **1.** câble ; fil de fer ; fil métallique. *Baling wire,* fil de fer d'emballage (pour faire des colis, des paquets). *Barbed-wire,* fil de fer barbelé. **2.** télégramme, dépêche. *To send an order by wire,*

transmettre un ordre par télégramme. *Reply by wire,* réponse télégraphique. **3.** *Fam. : Hold the wire,* ne quittez pas (téléphone).
**wire** *v.* **1.** télégraphier, câbler. **2.** poser des fils électriques. **3.** armer de fil de fer, attacher avec du fil de fer.
**wire fraud** (U.S.) information trompeuse donnée au téléphone.
**wireless** ['waiəlis] *adj.* sans fil. *Wireless set,* poste de T.S.F., de radio. *Wireless telegram,* radiotélégramme, radio.
**wiretap** *v.* mettre sur table d'écoute.
**wiretapping** *n.* écoute(s) téléphonique(s), mise sur table d'écoute.
**with** [wið] *prép.* avec. *Cash with order (C.W.O.),* paiement à la commande.
**withdraw** [wið'drɔ:] *v.* **1.** retirer : *To withdraw an action,* retirer sa plainte. *To withdraw banknotes from circulation,* démonétiser des billets. *To withdraw a sum from a bank account,* retirer une somme d'un compte en banque. **2.** se retirer. *To withdraw from a Board of Directors,* se retirer d'un conseil d'administration.
**withdrawal** [wið'drɔ:əl] *n.* **1.** retrait. *Withdrawal of capital,* retrait de fonds. *The gold withdrawals,* les sorties d'or. *Withdrawal of a sum,* retrait d'une somme d'argent. **2.** mainlevée, retrait. *Withdrawal of interdiction,* mainlevée de l'interdiction.
**withhold** [wið'həuld] *v.* détenir, retenir. *Withholding tax,* impôt retenu à la source.
**withholding** [wið'həuldiŋ] *n.* détention, rétention, prélèvement. *Withholding at source,* prélèvement à la source, libératoire. *Withholding system,* système de retenue(s) à la source. *Withholding tax,* retenue à la source.
**within** [wi'ðin] *adv.* à l'intérieur, avant, en moins de, d'ici. *Delivery within a month,* délai de livraison d'un mois. *Within a week,* sous huitaine, d'ici une semaine.
**without** [wi'ðaut] *prép.* sans. *Without any liability on our part,* sans engagement de notre part. *Without notice,* sans préavis ; sans

prévenir.
**withstand** [wið'stænd] *v.* résister à, s'opposer à.
**witness** ['witnis] *n.* **1.** témoin. **2.** témoignage. *To bear witness to, of,* porter témoignage de, témoigner. *In witness whereof,* en témoignage, en foi de quoi. *To call someone as a witness,* citer quelqu'un comme témoin. *Eyewitness,* témoin oculaire.
**witness** *v.* **1.** témoigner, déposer, certifier. **2.** *To witness to something,* témoigner de.
**witness-box,** barre des témoins.
**wizard** ['wizəd] *n.* grand spécialiste, « sorcier ».
**wobbly** ['wɔbli] *adj.* branlant, chancelant, vacillant.
**woes** *n. pl.* malheurs, difficultés.
**wood** [wud] *n.* bois.
**wooden** ['wudn] *adj.* de bois, en bois.
**woodland** ['wudlənd] *n.* bois, pays boisé.
**woodcuttings** ['wud,kʌtiŋz] *n.* copeaux de bois.
**woodwork** ['wudwə:k] *n.* **1.** charpente. **2.** menuiserie ; ébénisterie.
**woodworker** ['wudwə:kə] ouvrier du bois ; charpentier ; menuisier ; ébéniste.
**woof** [wu:f] *n.* trame.
**wool** [wul] *n.* laine.
**woollen** ['wulən] *adj.* de laine, en laine. *Woollen goods, woollens,* tissus de laine, lainages. *Woollen merchant,* négociant en draps.
**womb-to-tomb** [wu:m-tu:-tu:m] *loc. Womb-to-tomb National Health Service,* système de sécurité sociale qui prend en charge le citoyen de la naissance au décès.
**word** [wə:d] *n.* mot.
**word** *v.* libeller, rédiger, formuler.
**wording** ['wə:diŋ] *n.* rédaction, libellé, formulation.
**word-process** *v.* faire du traitement de texte.
**word-processing** *n.* traitement de texte.
**word-processor** *n.* machine à (pour) traitement de texte.
**work** [wə:k] *n.* travail ; ouvrage ; emploi. *To be out of work,* être sans travail, sans emploi, au

chômage. *Clerical work,* travail de bureau. *Job work,* travail à la pièce. *To knock off work,* cesser le travail. *Work at piece-rates,* travail payé à la pièce. *Work at time-rates,* travail payé au temps. *Work force,* effectif, personnel, main-d'œuvre. *Work in hand, in process, in progress,* travail en cours. *Work order,* ordre de fabrication. *Worksheet,* feuille d'opérations, brouillon. *Work ticket,* bon de travail. *Work-to-rule strike,* grève du zèle.

**work** *v. intr.* **1.** travailler, fonctionner. *The number of hours worked,* le nombre d'heures de travail. *To work full-time,* travailler à plein temps. *To work part-time,* travailler à mi-temps. *To work one's way through college,* travailler pour payer ses études. *To work overtime,* faire des heures supplémentaires. *To work shorter hours,* avoir un horaire réduit ; subir une réduction du temps de travail. *To work unsocial hours,* travailler aux heures où tout le monde est au repos. **2.** réussir.

**work** *v. tr.* **1.** opérer. **2.** exploiter. *To work a patent,* exploiter un brevet.

**workable** ['wə:kəbl] *adj.* **1.** exploitable. **2.** (projet) exécutable, réalisable.

**workaholic** *n.* drogué du travail.

**work-day** *n.* jour de travail, jour ouvrable.

**work down** *v.* écouler. *To work down inventories,* écouler des stocks.

**worker** ['wə:kə] *n.* ouvrier, travailleur. *Clerical worker,* employé de bureau. *Semi-skilled worker,* ouvrier spécialisé (O.S.). *Skilled worker,* ouvrier qualifié. *Worker participation,* participation des travailleurs à la gestion, co-gestion.

**workers' control,** autogestion.

**workfare programs** (U.S.), programmes de travaux d'utilité publique pour les bénéficiaire d'une aide sociale.

**work flow,** déroulement des opérations.

**work force,** effectif(s), personnel, main-d'œuvre.

**work-in** *n.* occupation d'usine (sans arrêt de la production).

**working** ['wə:kiŋ] *adj.* **1.** qui travaille. *The working classes,* la classe ouvrière, les classes laborieuses. **2.** qui fonctionne, efficace. *Working agreement,* modus vivendi.

**working** *n.* **1.** travail. **2.** marche, fonctionnement. *Short-time working,* travail à horaire réduit, réduction d'horaire. *Working balance,* fonds de roulement. *Working capital,* fonds de roulement. *Working conditions,* conditions de travail. **2.** exploitation. *Working account,* compte d'exploitation. *Working expenses,* frais d'exploitation. *Working plant,* matériel d'exploitation. *Working ratio,* coefficient d'exploitation. *Working stock,* matériel d'exploitation.

**working class,** classe ouvrière, classe(s) laborieuse(s).

**working-out** *n.* **1.** mise au point, établissement. *Working-out of an agreement,* mise au point, établissement d'un accord. **2.** décompte.

**working party,** groupe de travail.

**work in hand,** travaux, travail en cours.

**workless** ['wə:klis] *adj.* sans travail ; au chômage.

**workload** ['wə:kləud] *n.* charge de travail, plan de charge.

**workman** ['wə:kmən] *n.* ouvrier, artisan. *The workmen's compensation act,* la loi sur les accidents du travail. *Workmen's compensation,* indemnité (accident du travail).

**workmanship** ['wə:kmənʃip] *n.* exécution, fini, qualité du travail.

**workmen's compensation,** assurance contre les accidents du travail.

**work off** *v.* écouler. *To work off excess stock(s),* écouler des stocks excédentaires.

**work out** *v.* étudier, calculer, mener à bien, élaborer, établir.

**work permit,** permis de travail.

**works** [wə:ks] *n. pl.* **1.** ouvrages, travaux. *Public works program(me),* programme de travaux publics. **2.** usine. *Gasworks,* usine à gaz. *Steelworks,* aciérie. *Works council,* conseil d'entreprise ; comité d'entreprise. *Works manager,* directeur de l'exploitation. *Works regulations,* « règlements d'entreprise ».

**works (to be in the works),** être en préparation, se préparer.

**work-sharing,** partage du travail.

**workshop** *n.* atelier.

**work station** *n.* poste de travail.

**work-to-rule strike,** grève du zèle.

**work up** *v.* **1.** susciter, éveiller, exciter, provoquer. **2.** développer, élaborer. *To work up a campaign,* organiser une campagne. **3.** monter, augmenter. **4.** avancer, progresser (dans la hiérarchie).

**workweek** *n.* semaine de travail.

**world** [wə:ld] *n.* monde. *The business world,* le monde des affaires, les milieux d'affaires. *The third world,* le tiers-monde. *World consumption,* consommation mondiale.

**world fair,** exposition universelle.

**world trade,** commerce mondial, échanges internationaux.

**worldwide** *adj.* mondial, universel. *Worldwide letter of credit,* lettre de crédit mondiale. *Worldwide reputation,* réputation mondiale.

**worth** [wə:θ] *n.* valeur, prix. *Net worth,* valeur nette, valeur résiduelle.

**worth** *adj.* valant, qui vaut.

**worthless** ['wə:θlis] *adj.* **1.** sans valeur. **2.** sans provision. *Worthless cheque,* chèque sans provision.

**worthwhile** [wə:θ'wail] valable, qui vaut la peine.

**wrangle** ['ræŋgl] *n.* dispute, querelle.

**wrangle** *v.* se disputer, se quereller, chicaner (sur les prix).

**wrap** [ræp] *v.* emballer, envelopper.

**wrapper** *n.* **1.** bande (de journal). **2.** emballage. **3.** chemise de dossier. **4.** emballeur.

**wrapping** ['ræpiŋ] *n.* **1.** mise en paquet, emballage. **2.** papier, toile d'emballage.

**wrapping-paper,** papier d'emballage.

**wrap up** *v.* **1.** envelopper, emballer. **2.** compléter, mener à bien, terminer.

**wreck** [rek] *n.* **1.** naufrage, sinistre ; accident. **2.** épave, débris.

**wreck** *v.* **1.** démolir, détruire. **2.** causer le naufrage de. **3.** faire échouer, ruiner (un projet, etc.) ; briser (une carrière, etc.).

**wreckage** ['rekidʒ] *n.* **1.** épaves. **2.** naufrage.

**wrecked** ['rekt] *adj.* sinistré.

**wrecker** ['rekə] *n.* **1.** démolisseur. **2.** récupérateur d'épaves.

**wrest** [rest] *v.* **1.** arracher. *To wrest land from the sea,* arracher des terres à la mer. **2.** forcer, fausser.

**writ** [rit] *n.* acte judiciaire, mandat, ordonnance, assignation, acte émis par un tribunal. *Writ of summons,* citation/sommation à comparaître.

**writ** *v.* assigner.

**write** [rait] *v.* **1.** écrire, adresser une lettre, envoyer une lettre. **2.** écrire, rédiger, libeller. *To write a cheque,* faire un chèque. **3.** *Assur. :* assurer, souscrire (un risque). *To write business,* faire de l'assurance, assurer.

**write back** *v.* **1.** répondre (par écrit). **2.** *Comptab. :* contre-passer, ristourner (un article).

**write-down** *n.* réduction (comptable) de la valeur d'un actif, de l'actif.

**write down** *v.* **1.** coucher, consigner par écrit. **2.** réduire (le capital). *To write down assets by,* réduire la valeur de l'actif de.

**write-in** *n.* **1.** pétition. **2.** (U.S.) vote par correspondance.

**write in** *v.* **1.** insérer. **2.** (U.S.) envoyer, écrire une réclamation.

**write off** *v.* **1.** amortir ; annuler, déduire. *To write off a bad debt,* défalquer une mauvaise créance, passer une créance par profits et pertes. *To write off capital,* amortir du capital. **2.** *(solution, etc.)* éliminer, exclure. **3.** rayer. **4.** passer par pertes et profits ; (matériel) réformer.

**write-off** *n.* **1.** déduction ; remise. (U.S.) *Tax write-off,* somme déductible sur la déclaration des revenus, abattement, déduction fiscal(e). **2.** amortissement. **3.** annulation (notamment de facture insolvable). **4.** pertes.

**write out** *v.* tirer (un chèque), rédiger.

**write-up** *n.* (U.S.) fausse déclaration dans un bilan.

**write up** *v.* rédiger.

**writing** ['raitiŋ] **1.** écriture. *In writing,* par écrit. *Writing-back,* contre-passement. *Writing-off,* amortissement. *Writing-up,* rédaction. **2.** *Assur.* : souscription d'un risque.

**writing-pad, 1.** bloc-notes, bloc de papier (pour écrire). **2.** sous-main.

**writing-paper,** papier à lettres.

**writ of arrest,** exploit de saisie. *Writ of attachment,* ordonnance de saisie-arrêt. *Writ of execution,* exploit de saisie-exécution. *Writ of habeas corpus,* injonction de déférer un accusé devant un tribu-nal. *To serve a writ upon someone,* assigner quelqu'un en justice, signifier un exploit à quelqu'un.

**written** ['ritn] *adj.* écrit. *Written agreement,* accord écrit, convention par écrit. *Written-off,* a) a-morti. b) considéré comme perdu.

**wrong** ['rɔŋ] *adj.* faux, inexact, erroné.

**wrong** *n.* tort, injustice. *To do someone wrong,* faire du tort à quelqu'un, léser quelqu'un.

**wrong** *v.* faire du tort à quelqu'un, léser quelqu'un.

**wrongdoing** *n.* **1.** fait de mal agir, de causer du tort ; injustice ; méfaits. **2.** infraction à la loi.

**wrought iron** [,rɔːt'aiən] fer forgé.

# X

**x-coupon** ['eks'kuːpɔn] *loc.* : (voir **ex-coupon**) ex-coupon, coupon détaché. *This stock goes x-coupon on,* le coupon de cette action se détache le...

**x-dividend** *loc.* : (voir **ex-divi-dend**) ex-dividende. *Shares quoted x-dividend,* actions cotées ex-dividende.

**xerox** ['ziərɔks] *v.* photocopier, reproduire (des documents).

**xerography** [ziə'rɔgrəfi] *n.* reprographie, xérographie.

**x-interest** *loc.* : (voir **ex-interest**) sans intérêt.

**x-mill** *loc.* : (voir **ex-mill**) départ usine (prix).

**x-quay** *loc.* : (voir **ex-quay**) à prendre à quai.

**x-ray** *v.* radiographier, passer aux rayons X ; passer au crible, examiner avec soin.

**x-ship** *loc.* : (voir **ex-ship**) à enlever à bord.

**x-store** *loc.* : (voir **ex-store**) en magasin ; disponible.

**x-warehouse** *loc.* : (voir **ex-ware-house**) à enlever en entrepôt, (prix) départ entrepôt.

**x-wharf** *loc.* : (voir **ex-wharf**) à prendre à quai.

**x-works** *loc.* : (voir **ex-works**) (prix) départ usine.

# Y

**yard** [jaːd] *n.* **1.** mesure de longueur (= 0,914 m). **2.** chantier, dépôt. *Marshalling yard,* gare de triage. *Shipyard,* chantier de constructions navales.

**yardstick** ['jaːdstik] *n.* critère d'évaluation, étalon.

**yarn** [jaːn] *n.* **1.** fil. **2.** invention, histoire inventée.

**year** [jəː] *n.* an, année. *Bumper year,* année excellente, exceptionnelle. *Calendar year,* année civile. *Company's year,* année sociale. *Financial year,* année budgétaire. *Fiscal year,* année budgétaire. *To earn £ 10,000 a year (per year),* gagner 10 000 livres par an. *Trading year,* (année d') exercice commercial. *Year in year out,* bon an, mal an.

**year-book** ['jəːbuk] *n.* annuaire, almanach, recueil annuel.

**yearly** ['jəːli] *adj.* annuel.

**yearly** *adv.* annuellement.

**year-to-year,** d'une année sur l'autre. *Year-to-year increase,* augmentation d'une année sur l'autre.

**yellow-dog contract, clause** ['jeləu] (U.S.) convention, stipulation, qui n'est pas conforme aux règlements syndicaux.

**yellow pages,** pages jaunes, annuaire par profession.

**yield** [jiːld] *n.* rapport, rendement. *Yield of shares,* rendement, rapport des actions. *Gross current yield,* taux actuariel brut ; production. *Yield to maturity,* rendement à l'échéance.

**yield** *v.* **1.** rapporter, rendre, produire. *To yield a 10 % dividend,* produire un dividende de 10 %. **2.** céder.

**yield an interest,** rapporter un intérêt, porter un intérêt, servir un intérêt.

**York-Antwerp rules** *Assur. :* règles d'York et d'Anvers.

**Yours sincerely** *loc.* nous vous prions d'agréer l'expression de nos sentiments les meilleurs.

**Yuppy, Yuppies** *n.* (U.S.) abrév. de *young urban professional(s), young upwardly mobile professional(s),* jeune(s) cadre(s) dynamique(s)/qui monte(nt).

# Z

**z-chart** G.B. ['zed't∫aːt], (U.S.) ['ziː'tʃaːrt] *n.* graphe, graphique en dents de scie.

**zeal** [ziːl] *n.* zèle.

**zero** ['ziərəu] *n.* zéro.

**zero-base budgeting,** pratique du budget base zéro.

**zero-coupon bond,** obligation à coupon zéro (ne rapporte pas d'intérêt, mais vendue très au-dessous du pair).

**zero-growth,** croissance zéro, croissance nulle.

**zero in on** *v.* **1.** prendre dans le collimateur. **2.** prendre pour objectif principal, se concentrer sur.

**zinc-lined** [ziŋk,laind] *adj.* doublé de zinc.

**z.i.p. (zone of improved postage),** voir **zip code.**

**zip code,** (U.S.) code postal.

**zip-fastener** ['zip,faːsnə] *n.* fermeture à glissière.

**zone** [zəun] *n.* zone. *Free zones,* zones franches.

**zone** *v.* répartir en zones ; urbaniser.

**zone of improved postage,** (U.S.) code postal.

**zoning** ['zəuniŋ] *n.* répartition en zones ; urbanisation ; aménagement du territoire.

**zoom** [zuːm] *n.* montée en flèche, hausse spectaculaire, astronomique.

**zoom** *v.* monter en flèche, subir une hausse spectaculaire, astronomique.

**zooming** ['zuːmiŋ] *adj.* qui monte en flèche. *Zooming inflation,* inflation galopante. *Zooming prices,* prix qui subissent, accusent une hausse astronomique.

# AMERICAN AND BRITISH ABBREVIATIONS AND ACRONYMS

The symbol ≃ has been used in certain cases to indicate that a rough French approximation is given for an abbreviation or acronym.

**A1,** *first-class (ship in Lloyd's register),* de première catégorie, de première cote.

**A.A.,** *Automobile Association* (G.B.).

**A/A,** *Articles of Association,* statuts (d'une société).

**A.A.A.,** *American Automobile Association.*

**AAA, Aaa,** obligation de premier ordre.

**A.A.A.A.,** *American Association of Advertising Agencies.*

**A.A.R., a.a.r.,** *against all risks,* contre tous les risques, contre tous risques.

**A.B.C.,** *American Broadcasting Corporation,* chaîne de T.V. américaine.

**A.B.C.,** *Audit Bureau of Circulation,* bureau de contrôle du tirage des journaux.

**ABEND,** abnormal end of task.

**A/C,** *account current,* compte courant.

**A.C., a/c,** *Alternating Current,* courant alternatif.

**A.C.A.S.** (G.B.) *Advisory Conciliation and Arbitration Service,* organisme d'arbitrage et de conciliation dans les conflits du travail.

**acct, acc.,** *account,* compte.

**Acc.,** *acceptance, accepted,* acceptation, accepté.

**ACE,** *American Council on Education.*

**ad,** *advertisement,* petite annonce.

**a/d,** *after date, three months after date,* à trois mois de date, à trois mois d'échéance.

**ADRs,** *American Depositary Receipts. (They represent securities issued in a foreign country and can be bought and sold in the U.S. juste like the underlying shares.)*

**ad. val.,** *ad valorem (according to value),* selon valeur.

**A.F.L./C.I.O.,** *American Federation of Labor/Congress of Industrial Organization,* principale organisation syndicale (U.S.).

**A.G.,** *Attorney General,* ministre de la Justice (U.S.).

**A.G.M.,** *Annual General Meeting,* assemblée générale annuelle.

**agt,** *agent,* agent.

**A-level** (G.B.) *advanced level* (≃ baccalauréat 2ᵉ partie).

**a.m.,** ante meridiem, du matin.

**AMA,** *American Medical Association.*

**A.M.A.,** *American Management Association.*

**AMEX,** *American Stock Exchange.*

**amt,** *amount,* montant.

**A.M.F.,** *Arab Monetary Fund,* organisme destiné à procurer les crédits nécessaires pour couvrir les déficits des balances des paiements dans le monde arabe.

**A.M.T.,** *Air Mail Transfer,* transfert de fonds par courrier avion.

**A.N.A.M.,** *American National Association of Manufacturers.*

**A.N.P.A.,** *American Newspaper Publishers' Association,* Association américaine des éditeurs de journaux.

**a/o,** *account of,* compte de.

**A.P.,** *Associated Press.*

**A & P,** *The Atlantic and Pacific*

*Tea Co,* la plus importante épicerie à succursales multiples des U.S.A.

**A/P,** *Additional Premium,* complément de prime (assurances).

**appro,** *approval,* approbation.

**A.R.,** *advice of receipt,* avis de réception.

**A/R,** *all risks (insurance),* (assurance) tous risques.

**arb.,** *arbitrageur,* contrepartiste.

**arr, 1.** *arrival,* arrivée. **2.** *arrived,* arrivé(e), arrivé(e)s.

**a/s,** *after sight.* Four days after sight, à quatre jours de vue (traite).

**A/S,** *Account Sales,* compte de ventes.

**ASCAP,** *American Society of Composers, Authors and Publishers.*

**ASE,** *American Stock Exchange.*

**ASEAN,** *Association of South-East Asian Nations.*

**asgd,** *assigned.*

**asgmt,** *assignment.*

**A.S.P.,** *American Selling Price.*

**Ave, ave,** *avenue.*

**A.T.M.,** *automatic teller machine, automated teller machine,* distributeur automatique de billets de banque, guichet automatique de banque.

**A.T. & T.,** *American Telephone and Telegraph Co.*

**A/V,** ad valorem, selon la valeur.

**av.,** *average,* moyenne.

**B.A.,** *Bachelor of Arts* ≃ licencié ès lettres.

**bal,** *balance,* solde.

**BASIC,** *Beginner's All purpose Symbolic Instruction Code,* Basique (langage informatique polyvalent).

**B.B.,** *bill-book,* carnet d'échéance, livre d'effets.

**BBB,** *Better Business Bureau,* organisme américain de déontologie professionnelle.

**BBC,** *British Broadcasting Corporation.*

**bbl.,** *barrel,* baril (= 42 *gallons* U.S.), 155 litres pour le pétrole.

**B/D,** *bank draft,* traite ou chèque tiré sur une banque.

**b.d.,** *b/d, brought down. Balance brought down,* solde à nouveau.

**B/E,** *bill of entry,* rapport en douane, déclaration de détail.

**B/E,** *bill of exchange,* effet de commerce.

**bf, b.f.,** *b/f, brought forward,* report.

**B.I.S.,** *Bank for International Settlements,* Banque des règlements internationaux (B.R.I.).

**Bk.,** *bank, book, backwardation,* banque, livre, déport.

**bl, 1.** *barrel,* tonneau, fût. **2.** *bale,* balle.

**B/L,** *bill of lading,* connaissement.

**B.O.,** *Branch office,* agence.

**B.of.E.,** *Bank of England,* Banque d'Angleterre (banque centrale).

**B.O.T., B.of.T.,** *Board of Trade* (G.B.), ministère du Commerce.

**BRAD,** *British Rate and Data,* catalogue (G.B.) donnant les prix des espaces publicitaires des différents médias.

**B.R.I.** *Brand Rating Index* (U.S.), indice d'évaluation des supports.

**Bro,** *brother,* frère.

**Bros.,** *brothers,* frères (cette mention, si elle n'est pas suivie de *Ltd = limited,* indique une association de personnes).

**B.R.S.,** *British Road Services,* Transports routiers britanniques.

**B.S.** (U.S.), **B.S.c.** (G.B.) *Bachelor of Science* ≃ licencié ès sciences.

**B/S, 1.** *balance-sheet,* bilan. **2.** *bill of sale,* acte de vente.

**B.S.T.,** *British Summer Time.*

**B.T.U.,** *British Thermal Unit,* Unité de chaleur (0,25 kilo calories).

**B.U.P.A.,** *British United Provident Association* (G.B.), Caisse complémentaire des cadres.

**B.V.C.A.,** *British Venture Capital Association.*

**c.,** *circa,* aux alentours de, aux environs de, environ.

**C.A.,** *Chartered Accountant* (G.B.), expert comptable.

**C.A.I.,** *Computer Aided Instruction,* Enseignement assisté par ordinateur (E.A.O.).

**C.A.P.,** *Common Agricultural Policy,* politique agricole commune (Communauté Européenne).

**Cat.,** *catalogue,* catalogue.

**cats** (U.S.), *certificate of Accrual on Treasury Securities.*

**C.A.T.V.**, *Community Antenna Television,* Télévision par câble.

**C.B.D.**, *Cash Before Delivery,* paiement avant livraison.

**C.B.I.**, *Confederation of British Industry,* Centre national du patronat britannique.

**C.B.S.**, *Columbia Broadcasting System,* chaîne de T.V. américaine.

**C.C.**, *cubic centimetre,* centimètre cube ; *in the small CC's,* de petite cylindrée.

**C.C.A.**, *Controlled Circulation Audit, C.J.D.*

**C.C.T.V.**, *Closed Circuit Television,* télévision en circuit fermé.

**c/d**, *carried down,* reporté.

**C.Eng.**, *Chartered Engineer* ≃ ingénieur diplômé (G.B.).

**C.E.O.**, *Chief Executive Officer* (U.S.), président directeur général.

**c/f**, *carried forward,* à reporter, reporté.

**C & F**, **c.f.**, *cost and freight,* coût et fret.

**cge pd**, *carriage paid,* port payé.

**cgt**, *capital gains tax,* impôt sur les plus-values de capitaux.

**change**, *Exchange,* bourse (de Londres).

**CHIPS**, *Clearing House Interbank Payment System* (U.S.) Caisse de compensation interbanques.

**chm**, *chairman,* président.

**chq**, *cheque* (G.B.), chèque.

**C.I.A.**, *Cash in advance,* paiement d'avance.

**C.I.A.**, *Central Intelligence Agency* (U.S.).

**C.I.F.**, **c.i.f.**, *Cost insurance and freight,* coût, assurance, fret (C.A.F.).

**c.i.f. & c.**, *Cost, insurance, freight and commission,* coût, assurance, fret et commission.

**c.i.f.c. & i.**, *Cost, insurance, freight, commission and interest,* coût, assurance, fret, commission et intérêt.

**C.L.I.**, *Cost of living index,* indice du coût de la vie.

**C.M.E.**, *Chicago Mercantile Exchange,* Bourse des marchandises de Chicago.

**C/N**, *circular note,* chèque de voyage.

**C/N**, *credit note,* facture d'avoir.

**Co**, *Company,* société, compagnie.

**C/O**, *care of,* aux bons soins de.

**COBOL**, *Common Business Oriented Language,* COBOL (langage informatique à orientation commerciale).

**COCOM**, *Coordinating Committee for Multilateral Export Controls,* organisme international contrôlant les exportations technologiquement sensibles vers les pays du bloc soviétique.

**C.O.D.**, *cash on delivery,* envoi contre remboursement, règlement à la livraison.

**C.O.L.A.**, *Cost of living allowance/ adjustment,* allocation de vie chère.

**consol.**, *consolidated,* consolidé.

**cont.**, 1. *contents,* contenu. 2. *continued (to be),* à suivre.

**CORE**, (U.S.) *Congress of Racial Equality.*

**corp.**, *corporation,* compagnie.

**COS**, **C.O.S.**, *cash on shipment,* règlement à l'expédition.

**C/P**, *charter-party,* charte partie.

**C.P.** 1. *carriage paid,* port payé. 2. *commercial paper.*

**CPA**, *Critical Path Analysis,* analyse du chemin critique.

**C.P.A.**, *Certified Public Accountant* (U.S.), expert comptable.

**C.P.I.**, *Consumer Price Index,* indice des prix à la consommation.

**CPM**, *Critical Path Method,* méthode du chemin critique.

**C.P.S.**, *cycles per second.*

**CPT**, *Cost per thousand (exposures),* coût aux 1 000 (personnes atteintes par un message publicitaire).

**C.P.U.**, *Central Processing Unit,* unité centrale de traitement.

**C.R.**, **C/R**, *at Company's risk, carrier's risk,* aux risques et périls de la compagnie.

**C.R.**, *current rate,* taux en vigueur.

**C.R.T.**, *cathode-ray tube,* écran cathodique.

**Cr.**, *credit, creditor,* crédit, créancier.

**C.S.O.**, *Central Statistical Office* (G.B.), équivalent de l'INSEE.

**C.U.**, *close-up*, gros plan, plan serré.

**cu.ft.**, *cubic foot*, pied cube, pied cubique.

**cum div.**, *with dividend*, avec dividende.

**curr.**, **currt**, *current*, du mois en cours, actuel.

**CVD**, *Countervailing duty*, droit compensatoire.

**C.W.O.**, **c.w.o.**, *cash with order*, paiement à la commande, règlement à la commande.

**cwt.**, *hundredweight*, mesure de poids de 50,80 kg (G.B.) ou de 45,35 kg (U.S.).

**D/A**, *documents against acceptance*, documents contre acceptation.

**D.A.**, *deposit account*, compte de dépôt.

**D.A.**, *District Attorney* (U.S.), procureur.

**D.C.**, *Direct current*, courant continu.

**D.C.**, *District of Columbia*, où se trouve Washington, capitale des U.S.A.

**D.C.L.**, *Doctor of Civil Law* (U.S.).

**DCS**, *Doctor of Commercial Science*.

**dd.**, **d/d**, **deld**, *delivered*, livré.

**deb(s)**, *debentures(s)*, obligation(s).

**DHSS**, *Department of Health and Social Security* (G.B.).

**D.I.Y.**, *Do it yourself.*

**D.J.**, *disc jokey* (U.S.), animateur radio.

**dely**, *delivery*, livraison.

**demo**, *demonstration*, démonstration.

**DMU**, *decision-making unit*, unité de prise de décision.

**dept.**, *department*, service, département.

**dft**, *draft*, traite.

**dis**, **disc**, **disct**, *discount*, escompte.

**div.**, *dividend*, dividende.

**D/N**, *debit note*, note de débit, facture de débit.

**D.N.**, *dispatch note*, bulletin d'expédition.

**D/O**, *delivery order*, bon de livraison.

**dol(s)**, *dollar(s)*, dollar(s).

**doz.**, *dozen*, douzaine.

**D/P**, *documents against payment*, documents contre paiement.

**D.P.**, *data-processing*, informatique.

**D.P.I.**, *disposable personal income*, revenu personnel disponible.

**Dr**, *debtor*, débiteur, débit ; *doctor*, docteur.

**Dr(s)**, *debtors*, débiteur(s).

**d/s**, **d.s**, *days after sight*, à... jours de vue (traite).

**D.T.I.**, *Department of Trade and Industry* (G.B.).

**D/W**, *dock-warrant*, certificat d'entrepôt, bulletin de dépôt, warrant.

**d/y**, *delivery*, livraison.

**E.C.**, *European Community*, abréviation U.S. pour E.E.C., Communauté européenne.

**E.C.P.**, *Euro-Commercial Paper*, effets de commerce en eurodevises.

**ECU**, *European Currency Unit*, Unité monétaire européenne.

**E.D.P.**, *electronic data processing*, informatique.

**ENIAC**, *Electronic Numerical Integrator and Computer*, machine à calculer.

**E.E.**, *errors excepted*, sauf erreur.

**E.E.C.**, *European Economic Community*, Communauté économique européenne.

**E.E.O.**, *Equal Employment Opportunity.*

**EFT**, *Electronic Funds Transfer*, transfert électronique de fonds (T.E.F.).

**EFTS**, *Electronic Funds Transfer System.*

**E.F.T.A.**, *European Free Trade Association*, Association européenne de libre échange (A.E.L.E.).

**Eftpos**, *Electronic Funds Transfer at Point of Sale* (G.B.).

**e.g.**, *exempli gratia (for example)*, par exemple.

**E.M.S.**, *European Monetary System*, Système Monétaire Européen, S.M.E.

**ENC.**, **Encl**, **enc**, *enclosure(s)*, pièce(s) jointe(s).

**E. & O.E.**, *errors and omissions excepted*, sauf erreur ou omission.

**E.P.S.**, *earnings per share*, bénéfice par action, B.P.A.

**E.S.O.P.**, *Employee Stock Ownership Plan*, participation des employés au capital par distribution d'actions en sus du salaire.

**est.**, *established*, fondé, créé (société, etc.).

**ETD**, **e.t.d.**, *estimated time of departure*.

**ex cp.**, *ex-coupon*, ex-coupon, coupon détaché.

**ex.div.**, *ex-dividend*, ex-dividende.

**execs**, *executives*, cadres.

**EXIMBANK**, *Export Import Bank*, Banque américaine du secteur public spécialisée dans le financement et l'assurance du commerce extérieur aux États-Unis.

**ex ss**, *ex-steamer*, au débarquement.

**ex stre**, *ex-store*, disponible.

**ex-whf**, *ex-wharf*, franco à quai.

**ex whse**, *ex-warehouse*, disponible.

**FAA**, (U.S.) *Federal Aviation Administration*.

**F.A.A.**, **f.a.a**, *free of all average*, franc d'avarie, franc de toutes avaries.

**"Fanny Mae"** (U.S.), *Federal National Mortgage Association* (pour le refinancement des hypothèques).

**F.A.O.**, *Food and Agriculture Organization*, Organisation pour l'alimentation et l'agriculture (O.A.A.).

**F.A.Q.**, **f.a.q**, 1. *free alongside quay*, franco à quai. 2. *fair average quality*, qualité courante, qualité commerciale, bonne qualité marchande.

**F.A.S.**, **f.a.s**, *free alongside ship*, franco le long du navire.

**F.B.I.**, *Federal Bureau of Investigation* (U.S.).

**F.C.C.**, *Federal Communications Commission* (U.S.).

**FDA**, (U.S.) *Food and Drug Administration*.

**FDIC**, *Federal Deposit Insurance Corporation*.

**F.D.R.**, *Franklin Delano Roosevelt* (Président des U.S.A.).

**Fed**, (U.S.) 1. *Federal Reserve System*. 2. *Federal Reserve Board ;* le système bancaire fédéral est un système décentralisé : 12 banques régionales et 24 succursales, contrôlées par le Federal Reserve Board de Washington.

**FEPC**, (U.S.) *Fair Employment Practices Commission*.

**f.g.a.**, *free of general average*, franc d'avarie grosse, franc d'avarie commune.

**Fifo**, *First in first out*, (gestions des stocks, informatique) premier entré, premier sorti, P.E.P.S.

**4-A's (the)**, cf. *A.A.A.A.*, les quatre A (pub.).

**F.O.B.**, **f.o.b**, *free on board*, franco à bord.

**f.o.c**, *free of charge*, franco, franco de port et d'emballage.

**folg**, *following*, suivant(e), suivant(e)s.

**f.o.q.**, *free on quay*, franco à quai.

**F.O.R.**, **f.o.r.**, *free on rail*, franco wagon.

**forex**, *foreign exchange*, (marché des) devises.

**FORTRAN**, *Formula Translation*, FORTRAN (langage informatique à orientation scientifique).

**F.O.S.**, **f.o.s.**, *free on steamer*, franco à bord du navire.

**F.O.T.**, **f.o.t.**, *free on truck*, franco-wagon, sur wagon, franco-camion, sur camion (U.S.).

**Four-0,40**, excellent (meilleure note) (U.S.).

**f.p.**, *fully paid*, intégralement versé(es).

**F.P.A.**, **f.p.a**, *free of particular average*, franc d'avarie particulière.

**FRA**, *future rate agreement*, garantie sur les taux d'intérêt.

**FRN**, *Floating-Rate Note*, bon à taux flottant, à taux révisable (papier à court terme).

**frt**, *freight*, fret.

**F.S.L.I.C.**, *Federal Savings and*

*Loan Insurance Corporation* (U.S.), système d'assurance fédérale des fonds déposés dans ces institutions.

**ft,** *foot, feet,* pied(s) (30,48 cm).

**F.T.C.,** *Federal Trade Commission* (U.S.).

**F.T. index,** *Financial Times index* (G.B.), cf. Down Jones U.S.

**fwd,** *forward,* à terme ; livrable.

**G.A., g.a.,** *general average,* avarie grosse, avarie commune.

**G.A.A.P.,** *Generally Accepted Accounting Principles.*

**gal., gall.,** *gallon,* mesure de capacité valant 4,54 litres (G.B.), 3,78 litres (U.S.).

**G.A.T.T.,** *General Agreement on Tariffs and Trade,* Accord général sur les tarifs douaniers et le commerce, AGETAC.

**G.C.E.,** *General Certificate of Education* (G.B.), cf. baccalauréat, examen passé à la fin de l'enseignement secondaire.

**G.D.P.,** *Gross Domestic Product,* produit domestique brut, Produit intérieur brut (P.I.B.).

**G.F.T.U.,** *General Federation of Trade Unions* (U.S.).

**G.I.,** « *government issue* », soldat américain.

**G.L.C.,** *Greater London Council* (G.B.).

**G.M.,** *General Manager,* directeur général.

**G.M.,** *General Motors* (U.S.).

**G.M.T.,** *Greenwich mean time,* heure de Greenwich, temps universel.

**G.N.P.,** *Gross National Product,* produit national brut, P.N.B.

**G.O.P.,** *Grand Old Party* (U.S.), parti républicain.

**G.P.,** *General Practitioner,* médecin généraliste.

**G.P.O.,** *General Post Office,* **1.** le ministère des P. et T. **2.** la poste principale.

**gr(s),** *grain(s),* unité de poids de 6,48 centigrammes.

**gr.wt.,** *gross weight,* poids brut.

**gtd,** *guaranteed,* garanti.

**guar,** *guaranteed,* garanti.

**hdqrs,** *headquarters,* quartier général, siège.

**hdwe,** *hardware.*

**H.E.W.,** *Health, Education and Welfare* (U.S.), ancien ministère de la Santé publique, de l'Enseignement et de l'Aide sociale.

**hgt,** *height,* hauteur.

**H.H.S.,** *Health and Human Services,* ministère de la Santé (U.S.).

**H.M.C.,** *Her (His) Majesty's Customs* (G.B.), douanes de Sa Majesté.

**H.M.S.,** *Her (His) Majesty's ship* (G.B.), navire de sa Majesté, navire de la marine royale britannique.

**H.O.,** *Head Office,* siège social.

**H.P., h.p.,** *horse power,* puissance en chevaux.

**H.P.,** *Hire-purchase,* vente à tempérament.

**H.Q., hq,** *Headquarters,* quartier général.

**hr(s),** *hour(s),* heure(s).

**H.S.,** *High School* (U.S.).

**H.S.,** *Home Secretary* (G.B.), ministre de l'Intérieur.

**I.B.,** *Invoice-book,* facturier.

**I.B.A.,** *Independent Broadcasting Authority* (G.B.), organisme britannique de radiotélévision commerciale.

**I.B.M.,** International Business Machines.

**IBRAD, IBRD,** *International Bank for Reconstruction and Development,* Banque internationale pour la reconstruction et le développement, B.I.R.D.

**I.C.,** *integrated circuit,* circuit intégré.

**I.C.A.,** *Institute of Chartered Accountants (G.B.),* association professionnelle des experts-comptables.

**I.C.C.,** *Interstate Commerce Commission* (U.S.), Commission fédérale pour la réglementation du commerce.

**I.D.,** *Immigration Department* (U.S.).

**I.D.,** *Identification* (U.S.).

**I.G.,** *Inspector General* (U.S.).

**I.L.G.W.U.,** *International Ladies Garment Workers Union* (U.S.).

**I.L.O.,** *International Labour Organization,* Organisation internationale du travail, O.I.T.

**I.M.F.**, *International Monetary Fund,* Fonds monétaire international, F.M.I.

**Inc.**, *incorporated* (U.S.), constitué(e) en société.

**ince, ins, insce,** *insurance,* assurance.

**incl.**, *inclusive,* tout compris.

**inst.**, *instant,* du mois en cours.

**I.O.U.**, *I owe you,* reconnaissance de dette.

**I.Q.**, *Intelligence Quotient,* quotient d'intelligence.

**I.R.**, *Inland revenue* (G.B.), le fisc.

**I.R.A.**, *Individual Retirement Account,* compte retraite établi par l'intéressé, compte de retraite volontaire.

**I.R.S.**, *Internal Revenue Service* (U.S.), le fisc.

**I.T.O.**, *International Trade Organization,* Organisation internationale du commerce (O.I.C.).

**I.T.V.**, *Independent Television,* (G.B.) chaîne de télévision (commerciale).

**J/A,** *joint-account,* compte conjoint, compte joint, compte en participation.

**J.C.S.**, *Joint Chiefs of Staff* (U.S.).

**JICNARS,** *Joint Industry Committee for National Readership Surveys,* homologue anglais du Centre d'étude des supports de publicité (C.E.S.P.).

**jnr, jr., jun, junr.,** *junior,* jeune, cadet, fils.

**J.P.**, *Justice of the Peace,* juge de paix.

**L.A.**, *Los Angeles.*

**Laser,** *Light Amplification by Stimulated Emission of Radiation,* laser.

**lb(s),** *pound(s),* livre(s) unité de poids de 453,59 g.

**L/C,** *letter of credit,* lettre de crédit.

**L.D.C.('s),** *less developed country, less developed countries,* pays en voie de développement.

**ldg,** *loading,* chargement.

**led,** *ledger,* grand livre.

**L.I.B.I.D.**, *London Interbank Bid rate,* taux du marché des Euro-devises (à l'achat).

**L.I.B.O.R.**, *London Interbank Offered Rate,* Taux du Marché des Euro-devises.

**L.I.F.F.E.**, *London International Financial Futures Exchange.*

**Lifo,** *Last in, first out,* dernier entré, premier sorti, D.E.P.S. (gestion du personnel ; gestion des stocks).

**Limean,** average of L.I.B.O.R. and L.I.B.I.D., moyenne du taux de vente et d'achat pour les Euro-devises.

**L.I.P.**, *Life Insurance Policy,* police d'assurance-vie.

• **L.M.B.O.**, *Leveraged Management Buy-Out,* rachat de l'entreprise par ses cadres.

**L.M.E.**, (G.B.) *London Metal Exchange.*

**L.P.**, *Long-playing,* longue durée (disque, bande).

**L.P.G.**, *Liquefied Petroleum Gas,* gaz de pétrole liquéfié (G.P.L.).

**l.t.,** *long ton,* tonne forte (1 016 kg).

**Ltd,** *Limited,* limité(e) (à la suite du nom d'une société, indique qu'elle est à responsabilité limitée).

**Lyons,** (U.S.) *Liquid yield option notes.*

**m.,** *million(s), mile(s), minute(s),* million(s), mille(s), minute(s).

**M1,** *Money supply,* masse monétaire.

**M.A.**, *Master of Arts.*

**M/A,** *Memorandum of Association* (G.B.), acte constitutif d'une société.

**M & A,** *mergers and acquisitions,* fusions et rachats.

**M.B.A.**, *Master of Business Administration* ≃ maîtrise de gestion.

**MBO,** *Management By Objectives,* direction par objectif (D.P.O.).

**M.C.**, *Master of Ceremonies,* animateur, présentateur.

**M.C.U.s.,** *Monetary Compensatory Units,* montants compensatoires monétaires (M.C.M.).

**M.D.**, *Doctor of Medicine,* docteur en médecine.

**m/d,** *months after date,* à ... mois, à ... mois de date, à ... mois d'échéance (traite).

**M.E.**, *Medical Examiner*, médecin légiste.

**Merc**, *New York Mercantile Exchange.*

**Messrs**, messieurs.

**mgr**, *manager*, directeur.

**M.I.P.**, *Marine Insurance Policy*, police d'assurance maritime.

**M.I.P.**, *monthly investment plan* (permet d'acheter à tempérament des actions avec des moyens limités).

**M.I.T.**, *Massachusetts Institute of Technology.*

**M.L.R.**, *Minimum Lending Rate.*

**M.O.**, *Money-Order*, mandat postal.

**M.O.B.**, *Mail Order Business,* vente par correspondance.

**M.O.D.**, *Mail Order Department*, service de vente par correspondance.

**mo(s)**, *month(s)*, mois.

**M.P.**, *Member of Parliament* (G.B.), membre de la chambre des Communes (au sens large, et appliqué à d'autres pays que la Grande-Bretagne : député, parlementaire).

**M.P.G.**, **m.p.g.**, *miles per gallon*, milles au gallon (consommation d'une voiture).

**M.R.**, *Motivational Research*, recherche des motivations, étude des motivations, analyse des motivations.

**Mr**, *Monsieur, M.*

**Mrs**, *Madame, Mme.*

**m/s**, *months after sight*, à … mois de vue (traite).

**M.S.**, *Master of science* (U.S.) ≃ maître ès sciences.

**M.Sc.**, *Master of science* (G.B.) ≃ maître ès sciences.

**M.T.N.**, *medium-term note.*

**n.a.**, *not available*, non disponible.

**N.A.A.C.P.**, *National Association for the Advancement of Colored People* (U.S.).

• **NASA**, *National Aeronautics And Space Agency* (U.S.).

**NASDAQ**, (U.S.) *National Association of Securities Dealers Automated Quotations* (pour valeurs hors cote).

**N.A.T.O.**, *North Atlantic Treaty Organization*, Organisation du traité de l'Atlantique-Nord (O.T.A.N.).

**N.B.C.**, *National Broadcasting Company*, chaîne de TV (U.S.).

**N.C.B.**, *National Coal Board* (G.B.), Direction des houillères (nationalisées).

**N.C.O.**, *Non-Commissioned Officer*, sous-officier.

**N.C.V.**, *no commercial value*, (échantillon) sans valeur commerciale.

**N.E.D.C.**, *National Economic Development Council* (G.B.), Conseil national pour le développement économique ≃ le « Plan ».

**Neddy**, *N.E.D.C.* (G.B.).

**N.H.S.**, *National Health Service.*

**N.L.R.B.**, *National Labor Relations Board* (U.S.).

**NMB**, *National Mediation Board* (U.S.).

**No.**, *number*, numéro.

**NORAD**, *North American Air Defense.*

**N.O.W.**, *National Organization for Women* (U.S.).

**Now account**, (U.S.) *Negotiable order of withdrawal account*, compte-chèques nécessitant un préavis avant retrait.

**NSC**, *National Security Council* (U.S.).

**NSF**, *National Science Foundation* (U.S.).

**N.U.M.**, *National Union of Mineworkers* (G.B.), syndicat des mineurs.

**N.U.R.**, *National Union of Railwaymen* (G.B.), syndicat national des chemins de fer.

**N.Y.S.E.**, *New York Stock Exchange*, bourse de New York.

**N.Y.U.**, *New York University.*

**o.**, *order*, commande.

**o/a**, *on account of*, pour le compte de ; à l'acquit de.

**O.A.S.**, *Organisation of American States*, Organisation des États américains (regroupant les E.-U. et la majorité des pays d'Amérique centrale et d'Amérique du Sud).

**OCAS**, *Organisation of Central American States.*

**o/d**, *on demand*, à la demande, à vue.

**O.D.,** *overdrawn,* à découvert.

**o/d,** *overdraft,* découvert.

**O.E.C.D.,** *Organization for Economic Cooperation and Development,* Organisation de coopération et de développement économique, O.C.D.E.

**O.H.M.S.,** *On Her (His) Majesty's Service,* au service de Sa Majesté, en franchise postale.

**O & M,** *organization and methods,* organisation et méthodes.

**O.E.M.,** *Original Equipment Manufacturer,* système de vente de matériel informatique à des prix de gros, mais avec maintenance réduite et sans formation du personnel.

**o.n.o.,** *or nearest offer,* à débattre (somme).

**o/o,** *order of,* à l'ordre de.

**O.P.,** *open policy,* police ouverte.

**O.P.,** *out of print,* épuisé.

**O.P.E.C.,** *Organisation of Petroleum Exporting Countries,* Organisation des pays exportateurs de pétrole (O.P.E.P.).

**O.R.,** *owner's risk,* aux risques et périls du propriétaire.

**O.R.,** *operations research, operational research,* recherche opérationnelle.

**O.T.C.,** *over-the-counter, over the counter market,* hors cote, marché hors cote, de gré à gré.

**OTS,** *opportunity to see,* « occasion de voir » (publicité).

**oz,** *ounce,* once, unité de poids (28,35 g).

**P.A.,** *Personal Assistant, Private Assistant, Personal Aide,* adjoint, assistant, collaborateur. *P.A. Secretary,* secrétaire de direction, rédactrice.

**P.A., p.a.,** *particular average,* avarie particulière.

**P/A,** *power of attorney,* procuration, pouvoir, mandat.

**p.a.,** *per annum,* par an.

**PAA,** *Pan American Airways.*

**p & p,** *postage and packing,* affranchissement et emballage.

**pat,** *patent,* brevet.

**patd,** *patented,* breveté.

**P.A.Y.E.,** *Pay as you earn,* système de prélèvement à la source

(prélèvement direct de l'impôt sur le salaire mensuel, etc.).

**P.C., 1.** *Police constable* (G.B.), agent de police. **2.** *Personal computer,* ordinateur individuel, ordinateur personnel.

**pcl,** *parcel,* colis.

**pd,** *paid,* payé(es).

**P.E.,** *Production Engineer.*

**P.E.R.,** *price-earnings ratio,* (action) rapport cours-bénéfices.

**per pro,** *per procurationem,* par procuration, pour le compte de.

**P.E.R.T.,** *Program Evaluation and Review Technique,* méthode « PERT ».

**P.I.,** *Profitability index,* coefficient de rentabilité.

**P.I.N.,** *Personal Indentification Number,* numéro personnel d'identification.

**pkg,** *package,* colis.

**P & L,** *profit and loss,* profits et pertes.

**plc,** *public limited company* (G.B.), société anonyme, S.A.

**pm,** *premium,* prime (d'assurance).

**PM, 1.** *push money,* gratification aux vendeurs. **2.** *Prime Minister* (G.B.), Premier ministre.

**PMG,** *Postmaster General* (U.S.), ministre des P. et T.

**P/N, P.N., p.n.,** *promissory note,* billet à ordre.

**PO,** *Personnel Officer,* Chef/ Responsable/du personnel.

**P.O., 1.** *Post Office,* bureau des postes. **2.** *Postal Order,* mandat postal (pour petites sommes).

**P.O.B.,** *Post Office Box,* boîte postale.

**P.O.D.,** *pay on delivery,* paiement à la livraison.

**P.O.E., 1.** *port of embarkation,* port d'embarquement, port de chargement. **2.** *Port of entry,* port d'arrivée.

**P.O.S.,** *point-of-sale,* point de vente.

**P.P.B.S.,** *Planning, Programming, Budgeting System,* Rationalisation des choix budgétaires, R.C.B.

**P.R.,** *public relations,* relations publiques.

**P.R.,** *port risks,* risques de port.

**Pres.,** *President,* Président.

**P.R.O.**, *Public Relations Officer*, chef du service des relations publiques, responsable des relations publiques.

**prox.**, *proximo*, du mois prochain, du mois à venir.

**pt**, *pint*, pinte, mesure de capacité de 5,68 dl.

**P.T.O.**, *Please Turn Over*, tournez la page, suite page suivante, voir page suivante, suite au dos, T.S.V.P.

**P.W.A.**, *Public Works Administration*.

**PX**, *Post Exchange* (U.S.), magasin d'approvisionnement des militaires.

**qr(s)**, *quarter(s)*, mesure de poids de 12,70 kg.

**qt(s)**, *quart(s)*, mesure de capacité de 1,136 litre.

**R. & D.**, **R and D**, *Research and Development*, recherche et développement.

**RAM**, *Random Access Memory*, mémoire vive.

**RAMAC**, *Random Access Memory Accounting Machine*, machine comptable électronique.

**RAROC**, *risk-adjusted return on capital*, rentabilité du capital en fonction des risques.

**RCA**, *Radio Corporation of America*.

**R/D**, *refer to drawer*, voir le tireur.

**re**, *with reference to, relating to*, concernant, au sujet de, à propos de.

**R.E.**, **RE**, *real estate*, immobilier, biens immobiliers.

**recd**, *received*, reçu(es).

**rect**, *receipt*, reçu.

**ref**, *reference*, référence.

**reg.**, **regd**, *registered*. 1. recommandé (courrier, colis). 2. nominatif (actions, etc.).

**R.E.I.T.**, *Real Estate Investment Trust* (U.S.).

**rem.**, *remittance*, versement.

**rept**, *report*, rapport.

**retd**, *returned*, renvoyé, retourné, en retour.

**rly**, *railway*, chemin de fer.

**R.M.D.**, *Ready money down* (U.S.), comptant.

**R.O.A.**, *Return of Assets*, rentabilité des actifs.

**R.O.I.**, *Return on Investment*, retour sur investissement, profitabilité d'un investissement.

**ROM**, *read-only memory*, mémoire morte.

**R.O.S.**, *Return on Sales*, taux de marge, pourcentage du résultat d'exploitation par rapport au chiffre d'affaires.

**R.R.**, *railroad* (U.S.), chemins de fer.

**RT**, *return ticket, round trip*, aller-retour.

**RTA**, *Reciprocal Trade Agreement*.

**Ry**, **ry**, *railway* (G.B.), chemins de fer.

**SALT**, *Strategic Arms Limitation Talks*, négociations sur la limitation des armes stratégiques.

**S.A.T.**, *Scholastic Aptitude Tests*, Tests passés aux E.U. à la fin du secondaire par les candidats aux Universités.

**S.A.Y.E.**, *Save As You Earn*, plan d'épargne par retenue automatique sur salaire ; (G.B.) plan d'intéressement des cadres.

**S.D.R.**, *Special Drawing Rights*, droits de tirage spéciaux (D.T.S.).

**S.E.**, *Stock - Exchange*, bourse des valeurs.

**SEAQ**, *Stock-Exchange Automated Quotations*.

**S.E.A.T.O.**, *South East Asia Treaty Organization*, Organisation du traité de l'Asie du Sud-Est (O.T.A.S.E.).

**S.E.C.**, *Securities and Exchange Commission* (U.S.), commission qui surveille les opérations boursières (cf. C.O.B. en France).

**secy**, *secretary*, secrétaire.

**Sen, Senr.**, *Senior*, aîné, doyen, père, (associé) principal.

**S.E.T.**, *Selective Employment Tax*.

**sgd.**, *signed*, signé(es).

**sh., shr.**, *share*, action.

**shipt, shpt**, *shipment*, expédition, chargement.

**S.I.B.**, *Securities and Investments Board* (G.B.), cf. Commission des Opérations de Bourse et S.E.C. américaine.

**S/N, S.N.**, *shipping note*, permis d'embarquement, note de chargement.

**S/O**, *standing order*, ordre permanent.

**SOP**, *Standard Operating Procedure*.

**SS, S/S, s.s., s/s**, *steamship*, navire à vapeur, vapeur, paquebot.

**S.S.T.**, *Supersonic Transport*.

**st.**, *stone*, unité de poids de 6,35 kg.

**ST**, *Standard Time*.

**s.t.**, *short ton*.

**std.**, *standard*, standard, type.

**St. Ex.**, *Stock Exchange*, Bourse des valeurs.

**S.T.D.**, *Subscriber trunk dialling* (G.B.), automatique interurbain.

**subs.**, *subscription*, souscription.

**svgs**, *savings*, épargne.

**SWIFT**, *Society for Worldwide Interbank Financial Telecommunications* (pour transfert électronique de fonds).

**synd.**, *syndicate*.

**t**, *ton*, tonne.

**T.B.**, *trial balance*, balance de vérification.

**temp**, *temporary*, temporaire.

**T.G.W.U.**, *Transport and General Workers' Union* (G.B.), syndicat des transports et des ouvriers non qualifiés en Grande-Bretagne.

**Tigers**, (U.S.) *Treasury Investors Growth Receipts*.

**tk**, *truck*, camion ; wagon.

**T.L.C.**, *Transferable Loan Certificate*.

**T.M.O.**, *Telegraphic money-order*, mandat télégraphique.

**T.O.**, *turnover*, chiffre d'affaires.

**T.O.**, *Telephone Office. Telegraph Office*.

**TOPS**, *Training Opportunities* (G.B.), Programmes de formation ou de recyclage patronnés par le gouvernement.

**T.T.**, *Telegraphic Transfer*, versement télégraphique, virement télégraphique.

**T.U.**, *Trade Union* (G.B.), syndicat.

**T.U.C.**, *Trades Union Congress* (G.B.), organisme de coordination et de représentation du mouvement syndical à l'échelon national.

**T.V.A.**, *Tennessee Valley Authority*.

**T.V.R.**, *Television Rating*, indice d'écoute.

**U.A.W.**, *United Automobile Workers* (U.S.), fédération des travailleurs de l'automobile.

**U.C.L.A.**, *University of California at Los Angeles*.

**U.H.F.**, *Ultra High Frequency*.

**ult., ulto**, *ultimo*, du mois dernier, du mois écoulé.

**U.K.**, *United Kingdom*.

**U.M.W.**, *United Mine Workers (of America)*.

**U.N.**, *United Nations*, les Nations unies.

**U.N.C.T.A.D.**, *United Nations Conference on Trade and Development*, Conférence des Nations unies pour le commerce et le développement (C.N.U.C.E.D.).

**U.N.E.S.C.O.**, *United Nations Education, Science and Culture Organization*, Organisation des Nations unies pour l'éducation, la science et la culture.

**UNICEF**, *United Nations Children's Fund*.

**UNIVAC**, *Universal Automatic Computer*.

**UNRRA**, *United Nations Relief and Rehabilitation Administration*.

**U.P.I.**, *United Press International*, agence de presse U.S.

**U.S.A.**, *The United States of America*.

**USDA**, *United States Department of Agriculture*.

**USIA**, *United States Information Agency*.

**U.S.M.**, *unlisted securities market* (G.B.).

**U.S.T.C.**, *United States Tariff Commission*.

**u/w**, *underwriter*, assureur.

**v**, *versus*, contre.

**V.A.T.**, *Value Added Tax*, taxe à la valeur ajoutée, TVA.

**V.C.**, *Vice-chairman*, Vice-Président.

**V.C.R.**, *Video Cassette Recorder*, magnétoscope à cassette.

**VDT**, *Visual Display Terminal*.

**Veep**, *Vice-President* (U.S.), Vice-Président.

**V.H.F.**, *Very High Frequency*, très haute fréquence.

**VHS.** *Video Home System*, magnétoscope à cassettes.

**V.I.P.**, *very important person*,

personne très importante, personnalité.

**viz.**, *videlicet (namely)*, à savoir.

**V.O.**, *voice over*, commentaire
sur image.

**V.O.A.**, *Voice of America*, « La
voix de l'Amérique ».

**V.P.**, *Vice-President*, vice-président.

**VTR**, *Videotape recorder*, magnétoscope à bande.

**WASP**, *White Anglo-Saxon Protestant*, Américain de race blanche,
d'origine anglo-saxonne et de reli-
gion protestante.

**W/B**, *way-bill*, lettre de voiture,
feuille de route.

**wgt, wt**, *weight*, poids.

**whf**, *wharf*, quai.

**W.H.O.**, *World Health Organization*, Organisation Mondiale de la
Santé (O.M.S.).

**whse**, *warehouse*, entrepôt.

**whsle**, *wholesale*, en gros.

**wk**, *week*, semaine.

**wkly**, *weekly*, hebdomadaire,
par semaine.

**W.P.**, 1. *word-processor*, machine à traitement de texte. 2. *word-
processing*, traitement de texte.

**W.P.A., w.p.a.**, *with particular
average*, avec avarie particulière.

**w.p.m.**, *words per minute*, mots
à la minute.

**wt.**, *weight*, poids.

**W/W**, *Warehouse Warrant*, récépissé-warrant.

**X.C.**, *ex-coupon*, ex-coupon,
coupon détaché.

**X.d.**, *ex-dividend*, ex-dividende.

**x.i.**, *ex-interest*, ex-intérêt.

**X-ml, X-mll**, *ex-mill*, départ usine.

**X-ship, X-shp**, *ex-ship*, au débarquement.

**x-stre**, *ex-store*, disponible, départ magasin.

**x-whf**, *ex-wharf*, franco à quai.

**x-whse**, *ex-warehouse*, disponible, départ entrepôt.

**x-wks**, *ex-works*, départ usine.

**Y/A, Y.A.R.**, *York-Antwerp
Rules*, règles d'York et d'Anvers
(assur. marit.).

**yd(s)**, *yard(s)*, mesure de longueur (91,44 cm).

**YOB**, *year of birth*, année de
naissance.

**yr**, 1. *year*, année. 2. *your*, votre,
vos.

**yrs**, 1. *years*, années. 2. *yours*,
le vôtre, la vôtre, les vôtres.

**Y.T.M.**, *yield to maturity*, rendement à l'échéance.

**z**, *zero*, zéro.

**Z.B.B.**, *zero base budgeting*,
budget base zéro.

**zip [code]**, *Zone of Improved
Postage* (U.S.), code postal.

**ZPG**, *zero population growth*,
croissance démographique zéro.

# FRENCH-ENGLISH
# FRANÇAIS-ANGLAIS

# A

**abaissement** *n.m.* **1.** lowering ; reduction. *L'~ des tarifs douaniers,* the lowering of tariff walls. **2.** fall, drop, decrease, cut.

**abaisser** *v.* to lower, to lessen, to reduce, to bring down.

**abaisser (s')** *v.* to fall, to drop, to decrease, to go down.

**abandon** *n.m.* **1.** giving up, surrender, relinquishment. **2.** *(fin.)* cession ; yielding up. **3.** *(ass. mar.)* abandonment. **4.** *(de fonction)* resignation ; (*~ de poste)* desertion. **5.** neglect. *Être à l'~* , to be derelict, in dereliction. **6.** *(des études)* dropping out.

**abandonner** *v.* **1.** to give up, to abandon. **2.** *(laisser derrière soi)* to abandon, to leave behind. **3.** *(une fonction)* to withdraw from, to retire from. **4.** *(un poste)* to desert, *(une fabrication)* to discontinue, to scrap ; *(progressivement)* to phase out (production). **6.** *(laisser tomber quelqu'un)* to let down. **7.** *(Fam. : « baisser les bras »)* to quit. **8.** *(valeur boursière = perdre)* to lose. **9.** *~ ses études,* to drop out.

**abattement** *n.m.* deduction, discount, allowance, cut, relief, write-off. *~ forfaitaire,* standard deduction.

**abîmer** *v.* **1.** to damage. **2.** *(nourriture, etc.)* to spoil. *Marchandises abîmées par l'exposition en magasin,* shop-soiled articles.

**abîmer (s')** *v.* **1.** *(marchandises, etc.)* to get/spoilt/spoiled. **2.** *(bâtiments, etc.)* to deteriorate, to wear out, to go to ruin, to go to rot. **3.** *(navire, etc.)* to sink.

**abolir** *v.* **1.** to abolish, to do away with, to suppress. **2.** *(annuler)* to cancel ; *décret, etc.,* to abrogate.

**abolissement** *n.m.* voir **abolition 1.**

**abolition** *n.f.* **1.** abolishment, abolishing, abolition. **2.** *(annulation)* cancellation, cancelling. *(Décret, etc.)* abrogation, annulment.

**abondance** *n.f.* **1.** abundance, plenty ; profusion. **2.** wealth, affluence ; *vivre dans l'~* , to be affluent, to live in plenty, *(Fam.)* to be on easy street. *La société d'~* , the affluent society.

**abondant** *adj.* abundant, plentiful, copious.

**abonné, e** *n.m.f.* subscriber. *(Tél.) l'~ ne répond pas,* the party doesn't answer.

**abonnement** *n.m.* **1.** subscription. *~ d'essai,* trial subscription. *~ gracieux,* complimentary subscription. *Prendre un ~ à,* to subscribe to..., to take out a subscription to. **2.** *(transports, etc.)* season-ticket, commuter-ticket ; *(U.S.)* pass. **3.** *(eau, gaz, etc.)* rate ; standing charges. **4.** *(location, service)* rental. **5.** *(ass. mar.)* police d'~ , floating policy.

**abonner** *v.* to take out a subscription (for someone).

**abonner (s')** *v.* to subscribe (to), to become a subscriber, to take out a subscription.

**à bord** *adv.* aboard, on board. *~ d'un navire,* aboard (a) ship, on board.

**aborder** *v.* **1.** *(un sujet)* t. come to, to tackle, to deal with, to introduce, to broach. **2.** *(une personne)* to approach, to contact. **3.** *(naut.)* to collide with, to run foul of. **4.** *(un rivage)* to land.

**abrégé** *n.m.* précis, summary, abstract.

**aboutir** *v.* **1.** *(négociation, etc.)* to succeed, to be successful. *~ à un accord,* to reach an agreement, to work out an agreement, to close a deal, to clinch a deal ; *ne pas ~* , to fail, to abort, *(négociations)* to break down. **2.** *(mener à)* to lead to, to result in, to entail, to involve, to end in.

**aboutissement** *n.m.* result, outcome ; conclusion.

**abréger** *v.* **1.** to shorten ; to reduce, to limit, to restrict, to curtail. **2.** *(article, etc.)* to abridge, to condense. *Pour ~* , to be brief ; for short.

**abréviation** *n.f.* **1.** abbreviation, *par ~,* for short. **2.** *(d'une durée)* shortening, reducing, limiting, restricting.

**abri** *n.m.* shelter ; protection ; *à l'~,* under cover ; safe ; *à l'~ de (danger, etc.)* secure from ; immune from.

**abrogation** *n.f.* abrogation, cancellation, annulment ; *(d'une loi)* repeal ; *(d'un décret, d'un jugement)* rescission, rescinding.

**abroger** *v.* to abrogate, to cancel, to annul ; *(une loi)* to repeal ; *(un décret, un jugement)* to rescind.

**absence** *n.f.* **1.** absence ; non-attendance, non-appearance. *Pendant son ~,* while he/she/is (was) away. **2.** *(manque)* lack, default, want, absence.

**absent, -e** *adj.* **1.** absent, away. **2.** *(manquant)* missing.

**absent, -e** *n.m.f.* absentee.

**absentéisme** *n.m.* absenteeism.

**absenter (s')** *v.* to be absent ; to go away.

**absolu, -e** *adj.* absolute ; complete ; total ; unrestricted, unlimited.

**absorber** *v.* **1.** to absorb. **2.** *(entreprise)* to take over.

**absorption** *n.f.* *(entreprise)* taking over, acquisition.

**abstenir (s')** *v.* to abstain ; *(de)* to abstain from, to refrain from.

**abstention** *n.f.* abstention, abstaining.

**abstentionnisme** *n.m.* abstentionism.

**abus** *n.m.* abuse ; excess. *~ de biens sociaux,* misappropriation of corporate assets/funds. *~ de confiance,* breach of trust. *~ de pouvoir,* action/act/ultra vires.

**abuser** *v.* **1.** to exaggerate. **2.** *(tromper)* to abuse, to cheat, to deceive, to mislead. **3.** *(abuser de)* to consume immoderately. **4.** *(abuser du temps de quelqu'un, etc.)* to encroach on, to trespass on.

• **abusif, -ive** *adj.* **1.** excessive ; exaggerated ; *prix ~,* prohibitive price. **2.** *(emploi ~,* etc.) improper, irregular.

**accaparement,** *(d'un marché)* cornering.

**accaparer** *v.* to monopolize ; *(des marchandises, un secteur)* to buy up ; *(un marché)* to corner, to capture ; *(Fam.)* to grab.

**accapareur** *n.m.* monopolizer, monopolist ; *(Fam.)* grabber.

**accédant à la propriété,** new property-owner, prospective home-owner.

**accéder** *v.* **1.** *(à une demande)* to meet, to agree (to), to comply with. **2.** *(avoir accès à)* to have access to, to reach. *~ à la propriété,* to become a property owner.

**accélération** *n.m.* speeding up ; *(production, etc.)* stepping up.

**accéléré, -e** accelerated, speeded-up ; *(ciné.)* quick motion.

**accélérer** *v.* **1.** *(aller plus vite)* to accelerate ; to hurry. **2.** *(faire aller plus vite)* to speed up ; to hasten ; to quicken ; *(production)* to step up.

**accent** *n.m.* *(insistance)* emphasis, stress ; *(mettre l'~ sur)* to stress, to emphasize ; *(se concentrer sur)* to focus on.

**accentuation** *n.f.* increase ; *(d'un déficit, etc.)* increase, worsening.

**accentuer** *v.* **1.** *(mettre l'accent sur)* to emphasize, to stress. **2.** *(augmenter, etc.)* to increase.

**accentuer (s')** *v.* to increase ; *(déficit, etc.)* to worsen, to get worse.

**acceptabilité** *n.f.* *(marketing)* acceptability ; acceptance.

**acceptable** *adj.* acceptable, fair ; reasonable.

**acceptation** *n.f.* **1.** agreement, approval. **2.** *(traite, etc.)* acceptance. *~ sans réserves,* general acceptance, clean acceptance. *~ sous protêt,* acceptance supra protest. *~ sous réserve,* qualified acceptance. *Refus d'~,* non acceptance. **3.** *(marketing)* acceptance. *~ de la marque,* brand acceptance. *~ du produit,* product acceptance.

**accepter** *v.* **1.** to accept, to agree to. **2.** *(traite, assurance)* to accept. **3.** *Acceptez-vous les chèques ?* Do you take cheques ?

**accepteur** *n.m.* acceptor.

**acception** *n.f.* *(d'un terme)* acceptation. *Dans son ~ la plus large,* in the full acceptation of the word, in every sense of the word.

**accès** *n.m.* **1.** *(fait d'avoir accès)* access. *~ libre,* free access ; *facilité(s) d'~* easy access. *(Entrée)* entrance, admittance. *(Fait d'être admis)* admission. **2.** *(poussée)* fit, burst.

**accession** *n.f.* access. ~ *à la propriété,* property ownership, property purchase, estate buying, housing purchase.

**accessoire** *adj.* accessory, subsidiary, secondary, subordinate, incidental.

**accessoire** *n.m.* accessory ; attachment ; fitting ; *(accessoires de studio)* properties, props.

**accident** *n.m.* accident ; *(voiture, avion)* crash, *(U.S.)* wreck. ~ *du travail,* industrial injury, *(U.S.)* occupational injury. *Assurance contre les ~s du travail,* workmen's compensation.

**accidenté, e** *adj. (personne)* injured ; *(véhicule, etc.)* damaged, wrecked.

**accommodement** *n.m.* arrangement ; adjustment ; settlement ; compromise ; *(dettes, etc.)* composition.

**accommoder (s')** *v.* 1. *(s'accorder)* to come to terms. 2. *(se satisfaire de)* to be satisfied with something ; to make do with something.

**accompagnement** *n.m. (mesures d')* attending measures, package, supportive measures/steps.

**accompagner** *v.* to accompany ; to attend ; *je vais vous ~,* let me see you to... ; *je vais vous ~ à la porte,* I'll show you out ; *à l'hôtel,* I'll take you tô your hotel ; *à la gare, à l'aéroport,* I'll see you/take you/to the station, the airport.

**accompli, e** *adj. (parfait)* accomplished ; *(effectué)* fulfilled, performed ; met ; accomplished ; *(terminé)* completed ; *fait accompli,* fait accompli.

**accomplir** *v.* to carry out, to perform, to effect, to accomplish, to fulfil ; *(des obligations)* to meet ; *(un stage)* to complete. ~ *son devoir,* to do one's duty. ~ *un voyage d'affaires,* to go on /to make /to take /a business trip.

**accomplissement** *n.m.* fulfilment, fulfilling, performance, performing, accomplishment, completion.

**accord** *n.m.* 1. agreement ; arrangement ; settlement ; *(Pol.)* accord. 2. *(autorisation)* consent, approval, agreement, authorization.

~ *cadre,* frame agreement. ~ *de principe,* agreement in principle.

**accorder** *v.* 1. to grant, to allow. 2. *(harmoniser)* to adjust, to conform. 3. *(reconnaître)* to admit, to grant. 4. *(attribuer)* to award.

**accorder (s')** *v.* to reach an agreement/an arrangement.

**accouplement** *n.m.* coupling, pairing ; interlocking.

**accoupler** *v.* to couple ; to pair.

**accréditer** *v.* 1. to open a credit (for s.o.). *Veuillez accréditer le porteur...,* please open a credit to the bearer. 2. to accredit. 3. to authorize.

**accréditif** *n.m.* credit.

**accréditif, -ive** *adj.* accreditive. *Carte accréditive,* credit card.

**accréditeur, -trice** *n.m.* guarantor, surety ; endorser.

**accroissement** *n.m.* increase ; rise, growth.

**accroître** *v.* to increase, to raise, to augment.

**accroître (s')** *v.* to increase, to rise, to grow.

**accueil** *n.m.* 1. welcome ; reception. *Bureau d'~,* information centre/center. *Pays d'~,* host country. 2. *(traite, etc.) faire bon ~ à,* to honour, to meet. 3. *(capacité d'~)* accommodation facilities.

**accueillir** *v.* 1. to welcome ; to meet. 2. *(une nouvelle, un produit, etc.)* to receive, to react to ; *(avec plaisir)* to greet, to hail. 3. *(traite, etc.)* to honour, to meet. 4. *(héberger, etc.)* to accommodate. 5. *(une manifestation, un congrès)* to host.

**accumulation** *n.m.* accumulation ; piling up ; *(stocks)* build-up ; *(de commandes non satisfaites)* backlog.

**accumuler** *v.* to accumulate, to pile up ; *(des richesses)* to amass ; *(des informations)* to collect.

**accumuler (s')** *v.* to accumulate, to pile up, to stack up.

**accusation** *n.f.* accusation ; charge ; *chef d'~,* count.

**accusé, -e** *n.m.f.* defendant. *L'accusé(e),* the defendant ; the accused.

**accusé de réception** *n.m.* acknowledgment of receipt.

**accuser** *v.* to accuse (somebody

of something) ; to charge (somebody with something). (~ *une hausse, etc.)* to show ; to record ; to register. ~ *réception,* to acknowledge receipt.

**accuser (s')** *v. (s'accentuer)* to get more obvious, to get stronger ; *(crise, etc.)* to get worse.

**achalandage** *n.m.* custom.

**achalandé, e** *adj.* with a large custom, with numerous customers.

**achat** *n.m.* purchase, buy ; *(fait d'acheter)* purchasing, buying, acquisition. *(Bourse)* ~ *à découvert,* bull purchase. ~ *à la hausse,* bull buying. ~ *à tempérament,* instalment buying, buying on instalment, hire purchase. ~ *au comptant,* buying for cash, cash purchase. ~ *de précaution,* anticipation buying. ~ *d'espace,* space buying. ~ *d'impulsion (par, sur impulsion, impulsif)* impulse buying. ~ *en gros,* wholesale purchase, wholesale buying, bulk buying, buying in large quantities. ~ *sur catalogue,* buying on description. ~ *sur échantillon,* purchase (buying) on sample. *(Bourse)* ~ *à terme,* buying for the account, for the settlement. *(Bourse de marchandises)* futures buying. ~ *par correspondance,* mail order buying. *Centrale d'~,* buying (purchasing) group. *Pouvoir d'~,* purchasing power. *Prix d'~,* cost price.

**acheminement** *n.m.* forwarding, dispatching, routing.

**acheminer** *v.* to dispatch, to forward, to route.

**acheter** *v. (voir* **achat***)* to buy, to purchase, to acquire ; *(corrompre)* to bribe. ~ *à crédit,* to buy on credit. ~ *en gros,* to buy wholesale ; to buy in bulk.

**acheteur** *n.m.* buyer ; purchaser. ~ *-cible,* target buyer. ~ *d'espace,* space buyer. ~ *potentiel,* potential buyer/purchaser, prospective buyer, prospect. ~ *régulier,* repeat buyer, regular customer.

**achever** *v.* to end, to finish (off) ; to complete, to fulfil ; to carry out.

**achever (s')** *v.* to come to an end, to end ; to draw to a close ; *(tâche)* to near completion.

**achèvement** *n.m.* completion ;

fulfilment, carrying out.

**acier** *n.m.* steel.

**aciérie** *n.f.* iron and steel works ; *(U.S.)* steel plant.

**acompte** *n.m.* deposit ; instalment. *Laisser, verser un* ~, to pay/ leave/make/a deposit.

**à-coup** *n.m.* jerk, jolt ; *sans* ~, smoothly ; *travailler par* ~, to work by fits and starts ; *(croissance économique)* stop and go.

**acquéreur** *n.m.* purchaser, buyer.

**acquérir** *v.* 1. to acquire ; to gain ; to secure. 2. *(= acheter)* to buy, to purchase.

**acquêt** *n.m. (Jur.)* acquest.

**acquisition** *n.f.* 1. acquisition ; securing. 2. purchase ; buying.

**acquis** *n.m.* 1. experience, background ; attainments. 2. what has been acquired, gained, achieved.

**acquis, e** *adj.* 1. acquired. 2. *(démontré)* established. 3. *(gagné)* earned. 4. *(acheté)* bought, purchased. 5. *(à garder)* not returnable.

**acquit** *n.m.* receipt ; « *pour* ~ » « received with thanks » ; *à l'~ de,* on behalf of ; *(douanes)* ~*-à-caution (titre de douane ou de régie délivré moyennant la fourniture d'une caution et permettant de faire circuler des marchandises en suspension des droits et taxes auxquels elles sont soumises)* bond-note ; transhipment note.

**acquittement** *n.m.* 1. *(d'une somme)* payment, settlement ; discharge, paying off ; clearing. 2. *(d'une personne)* acquittal.

**acquitter** *v.* 1. *(une somme)* to pay, to settle, to pay off, to discharge. 2. *(une personne)* to acquit. 3. *(qqu'un d'une obligation)* to discharge (from) ; to release (from).

**acquitter (s')** *v.* 1. *(d'une dette)* to settle, to pay off, to pay up, to discharge. 2. *(d'une obligation)* to meet, to carry out, to fulfil, to perform.

**acronyme** *n.m.* acronym.

**acte** *n.m.* 1. act, action. 2. *(notarié, etc.)* deed. ~ *constitutif,* articles of incorporation *(voir* **constitutif***).* ~ *de fidéicommis,* deed of trust. ~*s (d'un congrès, etc.),* proceedings. *Acte Unique Euro-*

*péen,* Single European Act.

**acte de propriété,** deed of property, title-deed.

**actif** *n.m.* asset *l' ~ (d'un bilan)* the assets. *~ circulant,* current assets, circulating assets. *~ immobilisé,* fixed assets ; tied up capital. *~ réalisable,* current assets.

**actif, -ive** *adj.* **1.** active, dynamic. **2.** *(marché)* buoyant, brisk, lively. **3.** *(dette)* outstanding debt(s). **4.** *population ~,* working population.

**action** *n.f.* share ; *(U.S.)* stock. *~ privilégiée, de priorité, à dividende prioritaire ,* preference share, *(U.S.)* preferred stock.

**action au porteur,** bearer share.

**actionnaire** *n.m.f.* shareholder, *(U.S.)* stockholder.

**actionnariat** *n.m.* shareholding, *(U.S.)* stockholding. *~ ouvrier,* employee share scheme, share option scheme.

**actionner** *v.* **1.** *(Jur.)* to sue, to prosecute, to take legal action, *(U.S.)* to file a suit. **2.** *(machine, etc.)* to run, to operate ; to actuate ; to drive ; to set in motion, to start.

**action nominative,** registered share.

**activer** *v.* **1.** to speed up, to accelerate. **2.** *(économie, etc.)* to spur, to stimulate.

**activité** *n.f.* **1.** activity. **2.** *(des affaires, de l'économie)* briskness, buoyancy. **3.** *(métier)* job, occupation, profession. *En ~,* in service.

**actuaire** *n.m.* actuary.

**actualisation** *n.f.* **1.** updating. **2.** *(Compta.),* current value accounting, conversion to current value.

**actualiser** *v.* **1.** to update. **2.** *(Compta.)* to convert to current value.

**actualité(s)** *n.f.* current events ; news. *(Ciné.)* newsreel(s), newscast ; *actualités télévisées,* television/T.V./news.

**actuel** *adj.* present, current ; *(d'actualité)* topical.

**actuellement** *adv.* currently, now, today ; *(U.S.)* presently.

**adaptateur** *n.m. (d'un ouvrage)* adapter ; *(instru.)* adapter ; *(tension)* converter.

**adapter** *v.* **1.** to adapt, to adjust,

to fit. **2.** *(faire convenir)* to suit ; to gear. **3.** *(modifier)* to modify, to adapt.

**adapter (s')** *v.* to adjust, to adapt.

**addenda** *n.m.* addendum, *(pl.)* addenda.

**additif** *n.m.* **1.** addition, complement, supplement. **2.** *(chimique)* additive.

**addition** *n.f.* **1.** *(opération)* sum. **2.** addition, adding. **3.** *( = note)* bill, *(U.S.)* check.

**additionner** *v.* to add, *(U.S.)* to tot up.

• **adhérent** *n.m.* member.

**adhérer** *v.* **1.** *(syndicat, etc.)* to join. **2.** *(coller)* to adhere, to stick. **3.** *(être d'accord avec)* to approve, to support.

**adhésion** *n.f.* **1.** adhesion ; membership, joining. **2.** *(approbation)* approval, support, backing.

**adjoindre** *v.* **1.** *(ajouter)* to add. **2.** *(un collaborateur, etc.)* to appoint as an assistant, to engage as assistant, to attach as an assistant.

**adjoint, e** *n.m.f.* assistant ; deputy.

**adjonction** *n.f.* adding ; addition, adjunction.

**adjudicataire** *n.m.* **1.** contractor. **2.** *(vente aux enchères)* buyer, highest bidder, successful bidder.

**adjudicateur, -trice** *n.m.f.* awarder ; adjudicator.

**adjudication** *n.f.* **1.** *(de contrat)* *~,* award, allocation ; « *par ~* », by tender. *~ publique,* public/open tender. **2.** *(enchères)* knocking down ; « *par ~* », by auction. **3.** *(judiciaire)* sale by order of court.

**adjuger** *v.* **1.** *(contrat)* to award. **2.** *(enchère)* to knock down ; *une fois, deux fois, trois fois, adjugé,* going, going, gone !

**admettre** *v.* **1.** to admit, to accept ; to allow, to permit ; *(un membre)* to take in/on. **2.** *(tolérer)* to tolerate, to admit. **3.** *(reconnaître)* to acknowledge, to grant, to own, to admit. **4.** *(supposer)* to assume, to suppose. **5.** *(quelqu'un à un examen)* to pass. **6.** *(douanes) admettre en franchise,* to allow duty-free, to import duty-free. **7.** *(Bourse) admettre à la cote,* to list.

**administratif, -ive** *adj.* administrative. *Routine administrative, lenteurs administratives,* red-tape.

**administrateur, -trice** *n.m.* **1.** administrator. **2.** *(conseil d'administration)* Director, board-member. *~ sortant,* retiring / outgoing director. **3.** *(de faillite) (official)* receiver. **4.** *(de succession)* trustee.

**administration** *n.f.* **1.** administration ; administrative services. **2.** management. **3.** *(services publics)* public services ; civil service. **4.** *(Jur.)* trusteeship ; *(de la preuve)* producing (of proofs, of evidence). *Conseil d'~,* Board of Directors.

**administrer** *v.* **1.** to administer, *(U.S.)* administrate, to manage ; *(pays)* to govern. **2.** *(une preuve)* to produce. **3.** *(un coup)* to deal, to deliver, to give.

**admission** *n.f.* **1.** *(entrée)* admittance, entrance. *Droit d'~,* entrance fee, admission charge, *(club)* membership fee/dues. *L'~ du Portugal dans le Marché Commun,* Portugal's entry into the Common Market. **2.** *(marchandises)* entry. *~ en franchise,* duty-free entry. *~ temporaire,* duty-free entry for re-export. **3.** *(Bourse) ~ à la cote,* admission to quotation, to the Stock-Exchange list, listing.

**adopter** *v.* **1.** to adopt. **2.** *(une loi)* to vote, to pass, to carry.

**adressage** *n.m.* *(inform.)* addressing.

**adresse** *n.f.* **1.** address ; *~ postale,* postal address, mailing address. **2.** skill.

**adresser** *v.* **1.** to address. **2.** to send, to forward. **3.** *(critique, etc.)* to level, to aim.

**adresser (s')** *v.* **1.** *(verbalement)* to address (somebody). **2.** *(pour renseignement, etc.)* to apply (to). **3.** *(remarque, critique)* to apply. *Ce commentaire ne s'adresse pas à vous,* this comment is not meant for you.

**ad valorem,** ad valorem.

**adversaire** *n.m.* adversary, opponent, contender, challenger, enemy.

**aérogare** *n.f.* air terminal.

**aéronautique** *n.f.* aeronautics, aerospace, aerospace industry.

**aéroport** *n.m.* airport.

**aérosol** *n.m.* **1.** aerosol. **2.** *(bom-*be aérosol)* spray, spray-can.

**affacturage** *n.m.* factoring.

**affaiblir** *v.* to weaken.

**affaiblir (s')** *v.* to weaken, to grow weaker.

**affaiblissement** *n.m.* weakening.

**affaire** *n.f.* **1.** matter ; business ; affair. **2.** *(commerce)* business, transaction, deal, operation. **3.** *(Jur.)* case. **4.** *bonne affaire,* (good) bargain. **5.** *(firme)* firm, business, concern, enterprise, company. **6.** *(affaires personnelles)* personal belongings.

**affaires** *n.f.pl.* business. *Le monde des ~,* the world of business. *Milieux d'~,* business circles, business community. *Anglais des ~,* business English. *Faire des ~* **1.** to do business, to transact business, to trade. **2.** to make money, to make a profit. *Faire des ~ d'or,* to do a roaring trade. *Avoir le sens des ~,* to have a head for business, to have business acumen, to have (a strong) business sense.

**affairisme** *n.m.* wheeling and dealing.

**affairiste** *n.m.f.* wheeler-dealer.

**affaissement** *n.m.* sagging ; collapse.

**affaisser (s')** *v.* to sag ; *(s'effondrer)* to collapse.

**affecter** *v.* **1.** *(atteindre, toucher)* to concern ; to hit, to hurt. **2.** *(à un poste)* to appoint ; to assign. **3.** *(des fonds)* to allocate, to allot. **4.** *(à une dette)* to charge ; to apply. **5.** *(Fin. : imputer)* to appropriate, to apply, to allocate ; to charge ; *(à l'avance)* to earmark. *Fonds affectés à l'opération,* funds earmarked for the operation/transaction.

**affectation** *n.f.* **1.** *(d'une personne)* appointment, assignment. *(Temporaire)* tour of duty. **2.** *(de fonds)* allotment, allocation, appropriation ; *~s budgétaires,* budget appropriations. **3.** *(Fin. : imputation)* appropriation, application, earmarking. **4.** *(en garantie)* charge, charging.

**afférent, e** *adj.* **1.** *(se rapportant à)* relating to, attaching to, pertaining to. *Coûts ~s,* costs incurred. **2.** *(qui revient à)* accruing to, falling to, assignable to.

**affermage** *n.m.* **1.** *(terre, propriétaire)* leasing. **2.** *(terre, locataire)* renting. **3.** *(marketing, etc.)* farming out, leasing. **4.** *(pour emplacements publicitaires)* contracting.

**affermer** *v.* **1.** *(terre, propriétaire)* to lease. **2.** *(terre, locataire)* to rent. **3.** *(marketing)* to farm out, to lease. **4.** *(pour emplacements publicitaires)* to contract (for something). **5.** *(donner en sous-traitance)* to contract out.

**affermir** *v.* to strengthen, to firm up, to harden ; *(monnaie, etc.)* to bolster ; *(position, etc.)* to consolidate ; *(stabiliser)* to steady.

**affermir (s')** *v.* to strengthen, to harden ; *(monnaie, etc.)* to rally ; *(position, etc.)* to consolidate ; *(se stabiliser)* to steady.

**affermissement** *n.m.* strengthening, firming up, hardening ; *(stabilisation)* steadying ; *(d'une position)* consolidating, consolidation ; *(monnaie, etc.)* rallying, strengthening.

**affichage** *n.m.* bill-posting, billing, placarding. *Tableau d'~,* notice board, bulletin board. *Panneau d'~,* hoarding, bill-board. *~ interdit,* stick no bills. **2.** *(Inform.)* read-out ; display.

**affiche** *n.f.* poster ; *(théâtre, annonce administrative)* bill, placard. *Publicité par ~,* poster-advertising. *Colleur d'~,* bill-poster, bill-sticker.

**afficher** *v.* **1.** to post ; *~ les résultats,* to post results. **2.** *(annoncer par affiche, mettre à l'~)* to bill. **3.** *(afficher sur écran)* to display.

**affichette** *n.f.* card, showcard, small poster, handbill.

**affichiste** *n.m.* poster-designer, poster-artist.

**affilié** *n.m.* *(compagnie, groupe)* affiliated company, affiliate.

**affilier** *v.* to affiliate.

**affilier (s')** *v.* **1.** to affiliate oneself, to become affiliated. **2.** *(adhérer)* to join.

**affirmer** *v.* to affirm, to state, to assert.

**affirmer (s')** *v.* to get firmer, to become pronounced, to firm up, to make oneself felt. *La tendance s'affirme,* the trend is getting stronger.

**affluence** *n.f.* **1.** inflow, influx. **2.** crowd, rush ; *heure d'~,* rush hour.

**affluer** *v.* to flow in, to pour in. *Les commandes affluent,* orders are piling up, pouring in. *Les visiteurs affluent,* visitors are crowding/ flocking/ in.

**afflux** *n.m.* inflow, influx ; *~ de capitaux,* capital inflow.

**affranchir** *v.* **1.** to stamp, to frank ; *(colis, etc.)* to prepay. **2.** *(exonérer)* to exempt, to clear, to free, to release, to relieve, to discharge.

**affranchissement** *n.m.* **1.** *(droit d'~)* postage, stamping, franking, prepayment. **2.** *(exonération)* exemption, exoneration, discharge, releasing, freeing, clearance.

**affrètement** *n.m.* chartering, freighting. *Affrètement à temps,* time charter. *Affrètement au voyage,* voyage charter. *Contrat d'affrètement,* charter agreement, chartering agreement.

**affréter** *v.* to charter, to freight.

**affréteur** *n.m.* charterer, freighter.

**âge** *n.m.* age. *Classe d'~,* age bracket, age group, age range. *Limite d'~,* age limit.

**agence** *n.f.* agency, branch. *~ bancaire,* bank branch. *~ de publicité,* advertising agency. *~ de presse,* press agency, news agency.

**agencement** *n.m.* **1.** arrangement, organization, disposition, lay-out. **2.** *(fait d'agencer)* fitting up. **3.** *(équipement fixe)* fixtures and fittings.

**agenda** *n.m.* diary.

**agent** *n.m.* **1.** agent, representative, broker. *~ d'assurances,* insurance broker. *~ de change,* stockbroker. *~ comptable,* accountant. *~ exclusif,* sole agent, exclusive agent. **2.** factor, element, agent.

**agent de changement,** agent of change.

**agent de maîtrise,** supervisor.

**agglomération** *n.f.* city, town ; built-up area ; urban district ; conurbation.

**aggravation** *n.f.* increase,

worsening, aggravation.

**aggraver** *v.* to increase, to worsen, to make worse, to aggravate.

**aggraver (s')** *v.* to get worse, to worsen, to increase.

**agio** *n.m.* **1.** *(sur transaction bancaire)* agio, bank commission ; premium. **2.** *(Bourse)* jobbery, speculation.

**agiotage** *n.m. (Fin., péjoratif)* stock- jobbing ; rigging the market ; gambling ; speculation.

**agioteur** *n.m.* gambler, speculator.

**agir** *v.* **1.** to act, to take steps. **2.** *(se conduire)* to behave. **3.** *(faire procès à)* to take legal action, to undertake proceedings (against s.o.).

**agitateur, -trice** *n.m.f.* agitator.

**agitation** *n.f.* agitation. *Agitation sociale,* labour unrest, social unrest.

**agrafe** *n.f. (fourniture de bureau)* staple.

**agrafer** *v.* to staple ; to attach.

**agrafeuse** *n.f.* stapling machine, stapler.

**agraire,** *adj.* agrarian. *Réforme ~,* land reform.

**agrandir** *v.* to increase, to enlarge, to extend, to widen ; *agrandir les locaux,* to enlarge the premises.

**agrandir (s')** *v.* to extend, to enlarge, to develop, to grow.

**agrandissement** *n.m.* **1.** extension, enlargement, increase. **2.** *(photo, etc.)* enlargement, blow-up.

**agréé, e** *adj.* approved ; authorized. *Comptable ~,* chartered accountant, *(U.S.)* Certified Public Accountant. *Distributeur ~,* authorized dealer. *Fournisseur ~,* regular supplier.

**agréer** *v.* to approve, to agree (to), to accept, to recognize. *Veuillez ~, etc.,* Yours faithfully, Yours sincerely, *(U.S.)* Sincerely yours, Sincerely. *Si cela vous agrée,* if this is convenient to you.

**agrément** *n.m.* **1.** authorization, approval, consent, agreement. **2.** charm, pleasure, attractiveness. *Voyage d'agrément,* pleasure trip.

**agressif, -ive** *adj.* aggressive.

**agressivité** *n.f.* aggressiveness.

**agricole** *adj.* agricultural. *Comice ~, exposition ~,* agricultural show. *Subventions ~ s,* farm(ing) subsidies. *Machine ~,* farming machine, farming machinery.

**agriculteur, -trice** *n.m.f.* farmer ; *(U.S.)* agriculturist.

**agriculture** *n.f.* agriculture, farming.

**agronome** *n.m.f.* agronomist.

• **aide** *n.f.* **1.** help. **2.** relief ; assistance, aid. *~ économique,* economic assistance. *~ militaire,* military aid. *~ étrangère,* foreign aid, foreign assistance.

**aide** *m.* assistant, aide ; *(mots composés)* assistant-, under-.

**aide-comptable** *n.m.f.* assistant-accountant, bookkeeper.

**aider** *v.* **1.** to help, to assist, to aid. **2.** *(faciliter)* to further, to promote, to facilitate, to help.

**aiguiller sur une voie de garage,** to shunt into a siding, to sidetrack.

**aiguilleur** *n.m.* pointsman, *(U.S.)* switchman. *Aiguilleurs du ciel,* air-controllers.

**aire** *n.f.* area. *Aire de chargement,* loading area. *~ de lancement,* launching pad. *~ de repos,* lay-by.

**aisance** *n.f.* **1.** ease **2.** easy circumstances, easy means, affluence. *Être, vivre dans l'~,* to be well-off. *(Fam.)* to be on easy street.

**aisé, e** *adj.* **1.** *(facile)* easy. **2.** *(revenus)* well-off ; well-to-do.

**ajournement** *n.m.* postponement, postponing, putting off, deferment, deferring, adjournment, adjourning.

**ajourner** *v.* to postpone, to defer, to put off, to adjourn.

**ajout** *n.m.* addition, complement, supplement.

**ajouter** *v.* **1.** to add. **2.** *(mettre à la suite)* to tag on. *A cette situation s'ajoute...,* the situation is compounded by...

**ajustement** *n.m.* **1.** adjustment. **2.** *(règlement)* adjustment, arrangement, settlement. **3.** *(à la demande, etc.)* adapting, adjusting, matching.

**ajuster** *v.* **1.** to adjust. **2.** *(faire concorder)* to adapt, to adjust, to fit. **3.** *(en fonction d'une cible)* to target.

**ajusteur** *n.m.* fitter.

**alanguir** (s') *v.* to weaken.

**alanguissement** *n.m.* weakening.

**alarme** *n.f.* alarm ; *signal d'alarme,* alarm signal.

**alarmant, e** *adj.* disturbing, worrying. *Des signes alarmants,* disquieting signs, disturbing signs.

**alarmer** *v.* to alarm, to disturb, to cause concern.

**alarmer** (s') *v.* to worry, to be worried (about something, over something), to be concerned (about...), to be disturbed (by...).

**aléatoire** *adj.* **1.** random ; *échantillonnage aléatoire,* random sampling. **2.** uncertain ; hazardous.

**algorithme** *n.m.* algorithm.

**aliéner** *v.* to alienate.

**alignement** *n.m.* **1.** alignment ; *alignement monétaire,* currency alignment. **2.** *(Compta., fin.)* balancing, adjustment. **3.** *alignement sur la concurrence (prix, crédit)* matching. **4.** line, building-line.

**aligner** *v.* to align ; ~ *des chiffres,* to list figures ; *(Compta.)* to balance, to adjust.

**aligner** (s') *v.* **1.** to fall into line. **2.** *(sur la concurrence)* to match.

**aliment** *n.m.* food, foodstuff(s) ; aliment. ~ *pour bétail,* cattle food, cattle feed. ~ *(s) préparé(s),* convenience food(s). ~ *(s) surgelé(s),* frozen food(s).

**alimentaire** *adj.* **1.** alimentary, nutritive. *Carence* ~, nutritional deficiency. *Denrée* ~, *produit* ~, foodstuff. *Régime* ~, diet. *Substance* ~, nutrient. **2.** *pension* ~, alimony ; *versée à un(e) ex-concubin(e),* palimony. **3.** *(Fam.) besogne* ~, pot- boiler.

**alimentation** *n.f.* **1.** *(nourriture)* food ; *rayon* ~, food department, grocery department. *Magasin d'* ~, grocery shop/*(U.S.)* store. **2.** *(nutrition)* nutrition ; *(régime)* diet. **3.** *(fait de nourrir)* feeding. **4.** *(fait de fournir)* supply, supplying ; *(en énergie)* power supply.

**alimenter** *v.* **1.** to feed. **2.** *(une activité, un budget)* to maintain, to support, to supply ; ~ *un compte,* to pay money into an account, to provision an account. **3.** *(une machine)* to supply power (to), to power, to feed. ~ *l'inflation,* to

fuel inflation, to feed inflation.

**alinea** *n.m.* **1.** paragraph. **2.** indented line.

**allécher** *v.* to appeal, to attract ; *offre alléchante,* attractive offer.

**allège** *n.f.* ligther ; *frais d'allèges,* lighterage.

**allégement** *n.m.* lightening, easing. ~ *fiscal,* ~ *d'impôt* **1.** tax reduction, tax relief, tax deduction, tax cut. **2.** easing of taxation.

**alléger** *v.* to lighten, to ease (the burden of), to reduce. ~ *les charges,* to reduce charges, to ease charges.

**alléguer** *v.* to allege.

**allocataire** *n.m.f.* recipient, beneficiary.

**allocation** *n.f.* **1.** allowance, benefit, subsidy, grant ; ~ *de chômage,* unemployment benefit ; ~ *de vie chère,* cost of living allowance ; ~ *familiales,* family allowances. **2.** *(de fonds)* allocation, appropriation. **3.** *(d'actions, etc.)* allotment, attribution.

**allocution** *n.f.* address. *Prononcer une* ~, to deliver an address.

**allonger** *v.* **1.** to lengthen ; to prolong. **2.** *(période, délai)* to extend, to stretch.

**allongement** *n.m.* lengthening ; *(d'une période, etc.)* extension, stretching.

**allouer** *v.* **1.** *(des subsides, etc.)* to allow, to grant, to award. **2.** *(affecter)* to allocate, to allot, to assign, to attribute ; *(à l'avance)* to earmark ; *(budget)* to appropriate.

**allumer** *v.* *(poste, etc.)* to switch on.

**alourdir** *v.* to make heavy, to weigh (on), to increase the burden of...

**alourdir** (s') *v.* to grow heavy, to become heavy ; *(marché)* to become dull.

**alourdissement** *n.m.* *(des charges, etc.)* increase ; *(d'un marché)* increased dullness ; glutting.

**altération** *n.f.* change, deterioration, impairing ; *(produit)* adulteration ; *(texte)* modification, amendment ; falsification.

**alternatif, -ive** *adj.* alternating, alternate, alternative.

**alternative** *n.f.* choice, option, alternative.

**amarrage** *n.m.* **1.** mooring. **2.** *(emplacement)* moorings, berth. *Droit d'~,* berthage, mooring dues. **3.** *(d'une cargaison)* stowage, stowing, lashing. **4.** *(vaisseau spacial)* docking.

**amarre** *n.f.* (mooring) rope, line ; *amarres,* moorings.

**amarrer** *v.* **1.** to moor ; *être amarré au quai,* to lie alongside, to be berthed/lying at the quay. **2.** *(une cargaison)* to stow, to lash. **3.** *(vaisseau spatial)* to dock.

**amasser** *v.* **1.** *(rassembler)* to collect, to gather, to amass. **2.** *(entasser)* to pile up, to stock up, to heap up. **3.** *(mettre en réserve)* to stock, to store ; *(argent, or)* to hoard. **4.** *(économiser)* to save, to lay by.

**ambulant, e** *adj.* itinerant, mobile, travelling. *Marchand ambulant,* pedlar, hawker.

**amélioration** *n.f.* improvement, amelioration, bettering.

**améliorer** *v.* to improve, to better, to ameliorate.

**améliorer (s')** *v.* to improve, to get better, to grow better ; *(perspectives, etc.)* to look up, to get brighter.

**aménagement** *n.m.* **1.** *(bureau, etc.)* fitting up, arrangement, layout ; disposition ; installations ; equipment ; organization. **2.** *(impôts, mesures, etc.)* adjustment. *~ monétaire,* currency / monetary / parity adjustment / alignment. *~ d'une dette,* rescheduling of a debt. **3.** *(hôtel, etc.)* accommodation ; amenities. **4.** *(cours d'eau, etc.)* harnessing. **5.** *~ du territoire,* town planning, *(U.S.)* zoning. **6.** *~ du temps de travail,* (implementation of) flexible working hours, flextime, flexi-time.

**aménager** *v.* **1.** *(bureau, etc.)* to fit up ; to arrange ; to equip ; to install ; to organize. **2.** *(mesures, etc.)* to adjust, to adapt. **3.** *(cours d'eau)* to harness. **4.** *(planifier)* to plan, to organize.

**amende** *n.f.* fine ; penalty ; *faire payer une ~, mettre à l'~, condamner à une ~,* to fine. *(Fam.)* a ticket.

**amendement** *n.m.* **1.** improvement. **2.** *(Pol.)* amendment ; *(con-*

*trats, etc.)* additional clause.

**amenuisement** *n.m.* shrinking, dwindling, decrease, narrowing (of gap).

**amenuiser (s')** *v.* to shrink, to dwindle, to decrease. *L'écart s'amenuise,* the gap is narrowing.

**amiable** *adj.* amicable ; *à l'~,* amicably ; by private contract, by mutual agreement ; *règlement à l'~* **1.** amicable settlement. **2.** *(si des poursuites ont déjà été engagées)* settlement out of court, out of court settlement.

**amnistie** *n.f.* amnesty, pardon.

**amnistier** *v.* to amnesty, to pardon.

**amodier** *v.* **1.** to change, to modify, to alter. **2.** *(terre)* to farm out, to lease.

**amodiation** *n.f.* **1.** change, modification. **2.** leasing.

**amoindrir** *v.* to lessen, to reduce, to diminish, to restrict, to limit ; *(un choc)* to soften ; *(résistance)* to weaken ; *(efficacité)* to impair.

**amoindrir (s')** to lessen, to diminish, to decrease, *(résistance)* to weaken.

**amoindrissement** *n.m.* lessening, reduction, diminution, decrease.

**amonceler** *v.* to pile up, to heap up, to stack up ; *(renseignements)* to collect.

**amonceler (s')** *v.* to accumulate, to pile up, to heap up, to stack up.

**amont (en)** upstream.

**amorçage** *n.m.* starting ; *(reprise économique, etc.)* pump-priming.

**amorce** *n.f.* beginning, starting.

**amorcer** *v.* **1.** *(économie)* to start, to prime the pump. **2.** to start, to initiate, to trigger.

**amorcer (s')** *v.* to begin, to start.

**amortir** *v.* **1.** *(un choc)* to soften, to cushion. **2.** *(réduire)* to lessen, to reduce. **3.** *(une dette)* to redeem, to pay off, to pay back. **4.** *(des frais d'établissement)* to amortize. **5.** *(du matériel, etc.)* to write off, to depreciate.

**amortissable** *adj.* *(dette)* redeemable ; amortizable ; to be written off.

**amortissement** *n.m.* **1.** *(dette)* redemption, paying off, paying back. **2.** *(frais d'établissement)* amortization, amortizement. **3.** *(matériel)* depreciation, writing off. ~ *linéaire,* straight line depreciation. ~ *dégressif,* depreciation on a reducing (decreasing) balance, reducing charge method, declining balance method. *Caisse d'* ~ *,* sinking fund.

**amortisseur** *n.m.* shock-absorber ; *(= régulateur)* buffer.

**ample** *adj.* ample, extensive, wide, vast, copious, abundant ; *d'-* ~ *s réformes,* wide reforms, sweeping reforms.

**ampleur** *n.f.* width, extensiveness, size. *L'* ~ *des dégâts,* the extent of damage. *D'une grande* ~ *,* extensive, far-reaching.

**amovible** *adj.* **1.** detachable. **2.** *(fonctionnaire, etc.)* removable. **3.** *(pension, etc.)* revocable.

**ampliation** *n.f.* certified copy, attested copy ; *pour* ~ *,* certified true copy.

**amplification** *n.f.* development, growth, increase, amplification.

**amplifier** *v.* **1.** to extend, to increase, to enlarge, to amplify, to expand, to spread, to boost. **2.** to magnify.

**amplifier (s')** *v.* to extend, to increase, to expand, to spread, to grow, to develop.

**amplitude** *n.f.* **1.** extent, size. **2.** amplitude, range, spread.

**amputation** *n.f.* cut, reduction, curtailment, amputation, cutting off, lopping off, pruning.

**amputer** *v.* to cut down, to cut off, to curtail, to reduce, to amputate, to lop off, to prune ; *(salaire, etc.)* to dock.

**an** *n.m.* year ; *par an,* per annum, p.a., per year, a year ; *les candidats devront avoir de 30 à 35 ans,* applicants should be in their early thirties.

**analyse** *n.f.* analysis *(pl.* analyses*).* ~ *des coûts,* cost analysis. ~ *des données,* data processing. ~ *des flux financiers,* funds flow analysis. ~ *détaillée (des résultats),* breakdown.

**analyser** *v.* to analyse.

**analyste** *n.m.f.* analyst. ~ *système,* systems analyst.

**analytique** *adj.* analytical.

**anarchie** *n.f.* anarchy.

**anarchique** *adj.* anarchic.

**ancien, -ne** *adj.* former ; old ; *(qui a de l'ancienneté)* senior.

**ancien élève,** *(U.S.)* alumnus *(pl.* alumni*) ;* former pupil, old boy, old girl.

**ancienneté** *n.f.* seniority. *Promotion à l'* ~ *,* promotion by/according to/seniority.

**ancre** *n.f.* anchor. *Être à l'* ~ *,* to lie/to ride/at anchor, to be anchored. *Jeter l'* ~ *,* to cast anchor. *Lever l'* ~ *,* to heave/to weigh anchor, to sail.

**ancrer** *v.* to anchor.

**anéantir** *v.* to destroy, to wipe out, to stamp out, to annihilate.

**anéantissement** *n.m.* destruction, wiping out, stamping out, annihilation.

**animateur, -trice** *n.m.f. (télé, etc.)* ~ *de tranche horaire,* anchorman, anchorwoman ; M.C., *(U.S.)* emcee ; Master of ceremonies ; host. ~ *de la force de vente,* manager /head /coordinator /of the sales force. *(cours)* instructor.

**animation** *n.f.* **1.** liveliness, briskness ; *(marché)* buoyancy. **2.** animation, stimulation, coordination. ~ *de la force de vente,* management of the sales force, coordination of the sales force.

**animé, -e** *adj.* busy, lively ; *(marché)* brisk, buoyant.

**animer** *v.* **1.** to animate, to stimulate. **2.** *(une force de vente, etc.)* to manage, to head, to run, to motivate, to coordinate.

**animer (s')** *v. (marché, affaires)* to liven up, to become lively, to come to life, to look up.

**année** *n.f.* year. ~ *bissextile,* leap year. ~ *budgétaire,* financial year. ~ *civile,* calendar year. ~ *de référence,* base year. ~ *fiscale,* fiscal year. ~ *record,* peak year, record year. ~ *scolaire,* school year. ~ *universitaire,* academic year. *Payer à l'* ~ *,* to pay by the year.

**annexe** *adj.* **1.** supplementary, additional, complementary. **2.** related. **3.** secondary.

● **annexe** *n.f.* **1.** *(bâtiment)* annex, outbuilding. **2.** *(document)* annex, appendix, supplement, schedule. **3.**

*(lettre)* enclosure.

**annexer** *v.* **1.** *(un territoire)*, to annex. **2.** *(joindre)* to annex, to enclose, to attach, to append.

**annonce** *n.f.* **1.** announcement ; news ; statement ; notification ; *(légale)* notice. **2.** *(signe)* sign, indication, signal. **3.** *(publicitaire)* advertisement, *(G.B.)* advert, *(U.S.)* ad. *(Radio, télé)* commercial, spot. *Annonce double page,* spread. *Petites annonces,* classified ads, classifieds. *Passer une annonce,* to run an ad, to place an ad.

**annoncer** *v.* **1.** to announce, to notify. **2.** *(publicité)* to advertise. **3.** ~ *un prix,* to quote a price. ~ *des conditions,* to quote terms, to offer terms. **4.** *(promettre)* to promise ; to herald ; to show, to indicate.

**annonceur** *n.m.* **1.** *(Pub.)* advertiser. **2.** announcer.

**annotation** *n.f.* note, annotation, annotating.

**annoter** *v.* to annotate.

**annuaire** *n.m.* **1.** *(calendrier)* calendar. **2.** *(publication annuelle)* year book, almanac. **3.** *(professionnel, etc.)* directory ; *(catalogue)* repertory, list. ~ *téléphonique,* phone directory, phone book. ~ *par profession,* (trade) directory, ''yellow pages''.

**annualisation** *n.f.* annualization.

**annualiser** *v.* to calculate / compute / on a yearly basis, to annualize, to pay by the year.

**annuel, -le** *adj.* annual, yearly ; *(par an)* per year. *Rente ~ le,* annuity.

**annuellement** *adv.* yearly, annually, every year, on a yearly basis ; *(par an)* per year.

**annuité** *n.f. (dette)* annuity, annual instalment ; *(Ass.)* ~ *à vie,* life annuity.

**antiquaire** *n.m.* antique dealer.

**antiquité(s),** antique(s). *Magasin d' ~ s,* antique shop.

**annulable** *adj.* cancellable ; *(contrat, etc.)* voidable.

**annulation** *n.f.* cancelling, cancellation ; *(Jur.)* voiding, voidance, annulment ; *(abrogation d'un jugement)* quashing, rescission ; *(abrogation d'une loi)* repeal.

**annuler** *v.* **1.** to cancel ; ~ *un* *chèque,* to cancel a cheque. **2.** *(réunion, mot d'ordre, etc.)* to call off. **3.** *(résilier un contrat)* to cancel, to terminate. **4.** *(invalider un contrat)* to nullify, to render null and void. **5.** *(jugement, etc.)* to void, to quash, to render null and void, to rescind. **6.** *(une loi)* to repeal. **7.** *(un mariage, une mesure)* to annul.

**annuler (s')** *v.* to cancel out.

**anomal, e** *adj.* anomalous.

**anomalie** *n.f.* **1.** anomaly. **2.** *(par rapport à la règle et à la déontologie)* irregularity. **3.** *(bizarrerie)* oddity.

**anonymat** *n.m.* anonymity. *Garder l' ~ ,* to remain anonymous, to retain/to preserve/one's anonymity.

**anonyme** *adj.* anonymous ; unnamed. *Société anonyme,* joint-stock company, limited liability company. *Société Anonyme (S.A.),* *(G.B.)* Public Limited Company (plc), Large Company, *(U.S.)* corporation.

**anonymement** *adv.* anonymously.

**anormal, e** *adj.* abnormal, irregular.

**anormalement** *adv.* abnormally.

**antagonisme** *n.m.* antagonism.

**antagoniste** *n.m.f.* opponent.

**antécédents** *n.m. pl.* previous record, past record, career to date, track record.

**antenne** *n.f.* **1.** aerial ; antenna ; wave collector ; *être à l'antenne,* to be, to go on the air. *Heure(s) d' ~ ,* air time. **2.** *(élément avancé d'une organisation)* office, unit, branch, arm.

**antérieur, e** *adj.* **1.** *(précédent)* former, previous, earlier. **2.** *(qui a priorité) engagement ~ ,* prior engagement, prior commitment.

**antérieurement** *adv.* previously ; before. ~ *à ...,* before, prior to.

**antériorité** *n.f.* **1.** anteriority ; antecedence ; *(droit)* priority. **2.** *(ancienneté)* seniority.

**antichambre** *n.f.* waiting-room ; *faire ~ ,* to be kept waiting.

**anticipation** *n.f.* anticipation. *Par ~ ,* in advance. *Payment par ~ ,* advance payment, prepayment. *Achat d' ~ ,* hedge buying, anticipation buying.

**anticipé, e** *adj.* advanced, anticipated. *Avec mes remerciements ~s,* Thanking you in advance. *Remboursement ~,* redemption before due date, early refund.

**anticiper** *v.* to anticipate ; *(obligation, remboursement)* to meet, to redeem before due date.

**antidater** *v.* to antedate, to foredate, to predate.

**antisocial, e** *adj.* antisocial.

**antivol** *adj.* antitheft ; against theft.

**antivol** *n.m.* safety lock.

**apaisement** *n.m.* **1.** *(fait de s'apaiser)* abatement, calming down, subsiding. **2.** *(garantie)* assurance, appeasement.

**apaiser** *v.* to calm, to pacify, to soothe, to appease ; *(tension)* to ease, to relax.

**apaiser (s')** *v.* to calm down, to die down, to abate, to subside ; *(tension, etc.)* to relax, to ease.

**apathie** *n.f.* apathy, listlessness.

**aphatique** *adj.* apathetic, listless.

**aperçu** *n.m.* outline ; (rough) estimate ; survey ; summary.

**apériteur** *n.m.* lead insurer/underwriter in charge of defining the terms of risk-coverage.

**aplanir** *v. (des difficultés)* to iron out, to smooth out ; *(un terrain, une surface)* to level, to smooth, to flatten.

**aplanissement** *n.m. (de difficultés)* smoothing (out), ironing out ; *(d'un terrain, d'une surface)* levelling, smoothing, flattening.

**aplatir (s')** *v. (courbe)* to flatten out.

**aplatissement** *n.m. (courbe)* flattening out.

**apogée** *n.m.* climax, acme, height ; *(d'une courbe)* peak ; *(d'une activité)* heyday. *L'~ de l'exploitation du charbon,* the heyday of coal mining.

**apolitique** *adj.* apolitical.

**a posteriori,** a posteriori, post factum ; *(de façon rétroactive)* ex post facto.

**apparaître** *v.* **1.** to appear, to emerge. **2.** *(sembler)* to seem, to appear.

**apparaître (faire),** to show.

**appareil** *n.m.* **1.** appliance, apparatus, device. *~ de chauffage,* heater. *~ électrique,* electrical appliance. *~ ménager,* domestic/household appliance. **2.** machine, machinery, instrument, equipment. **3.** *(organisation)* machinery. *L'~ du parti,* the party machinery. **4.** *(avion)* aircraft, craft. **5.** *(~ photo)* camera.

**appareil électrique,** electrical appliance.

**appareil ménager,** household appliance, domestic appliance.

**appareillage** *n.m.* **1.** *(navire)* sailing, leaving (harbour), getting under way. **2.** equipment, fittings, accessories, gear ; device ; apparatus.

**appareiller** *v.* **1.** *(navire)* to sail, to leave (harbour), to get under way. **2.** *(apparier)* to match.

**apparier** *v.* to match.

**apparition** *n.f.* appearance, emergence. *~ sur le marché,* arrival on the market, launching/marketing. *L'~ des chemins de fer,* the advent of the railway(s).

**appartement** *n.m.* flat ; *(U.S.)* apartment ; *(hôtel, résidence)* suite (of rooms).

**appartenance** *n.f. (à un club, etc.)* membership.

**appartenir** *v.* **1.** to belong. **2.** *(être de la responsabilité de)* to rest (with), to fall (to), to lie (with), to concern.

**appât** *v.* **1.** bait. **2.** lure.

**appâter** *v.* to lure.

**appauvrir** *v.* **1.** to impoverish, to make poorer. **2.** *(réduire)* to reduce, to weaken.

**appauvrir (s')** *v.* **1.** to become poorer, to become impoverished. **2.** *(diminuer)* to dwindle, to shrink.

**appauvrissement** *n.m.* **1.** impoverishment, impoverishing. **2.** *(diminution)* dwindling, shrinking.

**appel** *n.m.* **1.** *(téléphone, etc.)* call ; *~ en P.C.V.,* collect call ; *~ gratuit,* free call, toll-free call. **2.** *(Jur.)* appeal. *Cour d'~,* Court of Appeal, *(U.S.)* Appellate Court. **3.** *(liste d'~)* roll ; roll-call. *Faire l'~,* to call the roll. *Feuille d'~,* roll. **4.** *(demande, requête)* appeal ; call ; invitation. **5.** *(prix d'~),* loss leader. **6.** *(militaire)* draft.

**appel (faire) 1.** *(à quelqu'un)* to

call on somebody, on somebody's services ; to call somebody in. **2.** *(à quelque chose),* to summon, to call forth. **3.** *(Jur.)* to appeal (against a decision), *(U.S.)* to appeal a decision. *Interjeter ~,* to lodge an appeal, *(U.S.)* to file an appeal. **4.** *(faire l'~),* to call the roll.

**appelant, e** *n.m.f. (Jur.)* appellant.

**appel de fonds,** call (for funds, for money). *Faire un ~ de fonds,* to call up capital.

**appel d'offre(s),** invitation to tender, invitation for tenders, appeal for tenders ; competitive bidding.

**appelé,** *(capital)* called up capital.

**appelé** *n.m. (militaire)* draftee.

**appeler quelqu'un au téléphone,** to call someone on the phone, to ring someone up, to telephone.

**appellation** *n.f.* name ; trade name.

**appel,** *(téléphonique)* (telephone) call, (phone) call.

**appendice** *n.m.* appendix, annex.

**applicable** *adj.* applicable. *Le règlement sera ~ à partir de,* the regulation will take effect (come into force, become operative, effective) as from/as of...

**application** *n.f.* **1.** applying, application ; *(mesure)* implementation ; *(loi)* enforcement. *En ~ de...,* in pursuance of. **2.** *(d'une somme à un usage)* appropriation. **3.** *(Jur.)* ~ *de peine,* determination of penalty. **4.** *(dans le travail)* steadiness ; dedication.

**appliquer** *v.* to apply ; *(des mesures, etc.)* to apply, to implement ; to put into practice.

**appoint** *v.* change. *Faire l'~,* to pay the exact amount, to tender the exact amount. *Activité d'~,* sideline, means of making up one's income. *Ressource d'~,* complementary income.

**appointement(s)** *n.m.* salary ; *toucher des ~s,* to draw a salary ; remuneration.

**appointer** *v.* to pay a salary to, to put on a salary basis.

**apport** *n.m.* contribution, investment ; supply, provision. ~ *de*

*capitaux étrangers,* inflow of foreign capital. *La responsabilité financière des membres est limitée à leur ~,* the members' financial liability is limited to their contribution. *(Jur.)* estate brought in ; assets brought into business ; assets transferred to company. *Capital d'~,* initial capital.

**apporter** *v.* **1.** to bring **2.** *(faire un apport)* to bring in, to contribute, to transfer ; *(des capitaux)* to supply, to provide.

**apporteur** *n.m.* contributor ; *apporteur de capitaux,* provider of capital.

**apposer** *v.* **1.** *(sa signature)* to affix, to append one's signature ; to set one's hand (and seal), to put one's signature (to a document). **2.** *(une affiche)* to stick. **3.** *(insérer)* to insert, to add (a clause). **4.** *(les scellés)* to affix the seals.

**appréciation** *n.f.* **1.** *(estimation)* estimate, estimation, estimating, valuation ; evaluation, evaluating, assessment, assessing, appraising, appraisal, appraisement ; rating. **2.** *(jugement)* appreciation, opinion, judgment.

**apprécier** *v.* **1.** *(mesurer)* to estimate, to assess, to evaluate, to appraise, to value, to determine, to judge, to rate. **2.** *(faire cas de)* to appreciate, to value, to like, to be fond of.

**apprenti, e** *n.m.f.* apprentice.

**apprentissage** *n.m.* apprenticeship ; *contrat d'~,* articles of apprenticeship, indenture(s). *Être en ~,* to be apprenticed, articled *(chez, to). Faire son ~* a) to serve one's apprenticeship, to be in training. b) to learn one's trade, one's job, to be in training. *Mettre en ~,* to apprentice, to article.

**approbation** *n.f.* **1.** approval. **2.** accord, consent, agreement. *Cette décision doit être soumise à l'~ de,* the decision must be submitted to the approval of..., the decision must be cleared with ..., *(U.S.)* vetted by... **3.** *(des comptes, etc.)* certifying (of accounts).

**approche** *n.f.* **1.** approach. **2.** *(approximation)* approximation.

**approcher** *v.* **1.** to approach. **2.** *(contacter)* to approach, to contact.

**3.** *(idée d'approximation)* to approximate.

**apprendre** *v.* **1.** *(étudier)* to learn, to study. **2.** *(faire savoir)* to inform ; *nous sommes heureux de vous ~ que,* we are pleased to let you know that. **3.** *(enseigner)* to teach ; to train.

**approfondi, e** *adj.* thorough ; *étude ~ e,* thorough study, in-depth study.

**appropriation** *n.f.* appropriation ; *~ frauduleuse de fonds,* embezzlement.

**approprié, e** *adj.* appropriate, proper, relevant, adequate, well-suited, suitable, adapted.

**approuver** *v.* **1.** to approve ; *(avec valeur morale)* to approve of something. **2.** *(donner son accord)* to consent to, to agree to ; to endorse ; to confirm ; to ratify ; « *lu et approuvé* », "read and approved". **3.** *(les comptes)* to certify. **4.** *(un projet de loi, une dépense, un dividende, etc.)* to pass.

**approvisionnement** *n.m.* **1.** supply, stock, store, supplies. **2.** *(fait d'approvisionner)* supplying ; stocking. *(fonction)* procurement.

**approvisionner** *v.* to supply. *Bien approvisionné,* well supplied, well stocked. *~ quelqu'un,* to supply someone (with something) ; to cater for someone. *(un compte)* to replenish.

**approvisionner (s')** *v.* to get one's supplies (one's· supply) ; to supply oneself ; to lay in a stock / a supply / stores.

**approximatif, -ive** *adj.* approximate ; *(empirique)* rule-of-thumb. *Une estimation approximative,* a rule-of-thumb estimate, a gues(s)timate.

**approximation** *n.f.* approximation ; gues(s)timate. *Faire une ~,* to make a rough guess ; to approximate.

**approximativement** *adv.* approximately.

**appui** *n.m.* support ; backing.

**appuyer** *v.* **1.** *(presser)* to press. **2.** *(soutenir)* to support, to back, to back up ; *~ une demande,* to support an application. **3.** *(insister sur)* to stress, to emphasize.

**appuyer (s')** *v.* **1.** *(sur des personnes)* to be supported by, to be backed by, to rely on, to have the support of, to have the backing of. **2.** *(sur des données)* to rely on ; to be based on, grounded on, founded on. *Ces propositions s'appuient sur les résultats du sondage,* these proposals are based on the findings of the poll.

**âpre** *adj.* harsh, rough ; *(concurrence, etc.)* keen, bitter, harsh. *La concurrence est de plus en plus ~,* competition is harsher and harsher.

**après-demain** *adv.* the day after tomorrow.

**après impôt,** after tax.

**après-vente** *(service)* after-sales (service).

**âpreté** *n.f.* harshness ; bitterness ; keenness ; sharpness.

**a priori,** a priori.

**apte** *adj.* **1.** *(compétent)* qualified. **2.** *(capable d'exercer une fonction)* fit (for something) ; *(armée, etc.)* able, apt. **3.** *(susceptible de)* likely to ; liable to.

**aptitude** *n.f.* aptitude, ability, capacity ; *(compétence)* qualification(s) ; *(physique)* fitness.

**apurement** *n.m.* **1.** *(vérification de compte)* checking (of accounts), agreeing (of accounts), auditing. **2.** *(d'une dette)* discharge, wiping off ; settlement.

**apurer** *v.* **1.** *(vérifier les comptes)* to check (the accounts), to agree the accounts, to audit, to pass. **2.** *(une dette)* to discharge, to wipe off.

**aquaculture** *n.f.* aquaculture, aquiculture ; fish farming.

**arbitrage** *n.m.* **1.** arbitration. **2.** *(Bourse)* arbitrage, arbitraging, arbitration. **3.** *(Fin.)* arbitration ; hedging. **4.** *(sentence arbitrale)* (arbitration) award.

● **arbitragiste** *n.m.* arbitrage(u)r, arbitragist.

**arbitraire** *adj.* **1.** arbitrary. **2.** *(despotique)* despotic, tyrannical. **3.** *(au hasard)* random.

**arbitrairement** *adv.* arbitrarily.

**arbitre** *n.m.* **1.** arbitrator, arbiter ; referee. **2.** *(sports)* referee ; umpire. **3.** *libre ~,* free will.

**arbitrer** *v.* **1.** to arbitrate, to settle, to judge, to decide, to act as arbitrator ; to make an award. **2.** *(sports)* to referee, to umpire.

**arboriculture** *n.f.* tree farming.

**archiver** *v.* to file.

**archives** *n.f. pl.* **1.** archives ; ~ *cinématographiques,* film archives, stock shot library. **2.** *(dossiers)* files, records.

**ardoise** *n.f.* **1.** slate. **2.** *(Fam. = note)* bill.

**argent** *n.m.* **1.** silver. **2.** money ; funds ; cash. *A court d'~,* short of money, short of cash. ~ *à vue (au jour le jour)* call money, day to day money. ~ *comptant,* cash, ready money. ~ *en caisse,* cash in hand, cash position ; money in the till. ~ *liquide,* cash, liquidities. ~ *de poche,* pocket money. *En avoir pour son ~,* to get one's money's worth, to get good value for one's money. *Faire de l'~,* to make money. *Loyer de l'~,* price of money, cost of money. *Obtenir, trouver de l'~,* to raise money/funds.

**argent comptant,** hard cash, cash money.

**argenté, e** *adj.* moneyed, rich.

**argent liquide,** cash.

**argument** *n.m.* argument ; point ; ~ *fort, valable,* strong point. ~ *convaincant,* cogent/convincing argument.

**argumentaire** *n.m.* **1.** sales arguments, sales claims ; sales pitch. **2.** *(dossier)* sales folder.

**argumentation** *n.f.* argumentation.

**argumenter** *v.* to argue.

**aride** *adj.* barren.

**aridité** *n.f.* barrenness.

**armateur** *n.m.* shipowner.

**armement** *n.m.* **1.** *(fait d'équiper un navire)* fitting out ; *(navire de guerre)* commissioning ; *(équipement d'un navire)* equipment ; *(fourniture d'un équipage)* manning. *Port d'~,* port of registry. **2.** *(désigne collectivement les armateurs et leur fonction)* shipowners, shipowning, the shipping business. **3.** *(les armes)* armament, arms, weapons, weaponry. **4.** *(fait d'armer)* arming, providing, supplying, equipping with arms.

**armer** *v.* **1.** *(navire)* to man and supply, to fit out, to equip ; *(navire*

*de guerre)* to commission. **2.** to arm, to supply with weapons.

**arpent** *n.m.* acre.

**arpentage** *n.m.* surveying, land-surveying.

**arpenter** *v.* to survey.

**arpenteur** *n.m.* surveyor, land-surveyor.

**arrachage** *n.m.* **1.** tearing off, pulling off. **2.** *(déracinage)* uprooting.

**arracher** *v.* **1.** *(une page, etc.)* to tear off ; to pull off. **2.** *(déraciner)* to uproot. **3.** *(une promesse, etc.)* to wring, to wrest, to force. **4.** *(un marché)* to snatch.

**arraisonnement** *n.m.* boarding.

**arraisonner** *v.* *(Douanes)* to board, to stop and examine (a ship), to visit (a ship).

**arrangeant, e** *adj.* accommodating.

**arrangement** *n.m.* agreement, settlement, understanding, accommodation.

**arranger** *v.* **1.** to arrange, to organize, to manage. **2.** *(régler)* to settle, to straighten out. **3.** *(faire plaisir à)* to accommodate, to oblige, to suit ; to meet somebody's requirements. *Si cela vous arrange,* if this is convenient to you, if that fits in with your plans. **4.** *(réparer)* to repair, to mend, to fix.

**arranger (s')** *v.* **1.** *(situation)* to be settled, to straighten out. **2.** *(s'accorder)* to come to an agreement. **3.** *(se débrouiller)* to manage. **4.** *(se satisfaire de)* to do with something, to make do.

**arrérages** *n.m. pl.* arrears, back-interest(s).

**arrestation** *n.f.* arrest ; *en état d'~,* under arrest.

**arrêt** *n.m.* **1.** stop ; cessation ; pause ; break ; *être à l'~,* to be at a standstill ; ~ *cardiaque,* heart failure ; *(de la fabrication d'un produit, etc.)* discontinuation ; ~ *de paiement d'un chèque,* stopping of a cheque ; ~ *de travail,* a) stoppage of work ; b) sick-leave, day(s) off ; ~ *d'une entreprise,* business shut-down. **2.** *(d'autobus, etc.)* stop ; ~ *facultatif,* stop by request, request stop. **3.** *(des comptes)* closing of accounts. **4.** *(légal, saisie-~)* attachment, seizure, distress, distraint. ~

*sur salaire,* retention on wages, distress on salary, garnishment. **5.** *(d'un tribunal)* court decision, court order, court injunction, ruling ; sentence, judg(e)ment, award. **6.** *(arrestation)* arrest ; *mandat d'~,* arrest warrant.

**arrêté** *n.m.* **1.** decision, order, decree ; bylaw. **2.** *arrêté de compte,* settlement of account.

**arrêter** *v.* **1.** to stop ; to bring to a standstill ; to halt. *~ la circulation,* to stop, to block, to hold up the traffic. *~ le paiement d'un chèque,* to stop a cheque. **2.** *( = cesser)* to cease ; *(une fabrication, etc.)* to discontinue ; *(progressivement)* to phase out. *~ de fumer,* to quit smoking, to give up smoking. **3.** *(les comptes)* to close, to balance, to rule off, to make up the accounts. **4.** *(arriver à une décision)* to decide, to conclude, to agree ; to order. **5.** *(fixer une date)* to fix, to set, to decide on. *~ une stratégie,* to decide on a strategy. **6.** *(un criminel)* to arrest. **7.** *(retenir les services à l'avance)* to retain.

**arrêter (s')** *v.* **1.** to stop, to pause, to come to a standstill ; *(véhicule)* to pull up. **2.** *(cesser de)* to cease, to give up.

**arrhes** *n.m. pl.* deposit ; *verser/laisser/des ~,* to leave/to make a deposit, to pay a deposit ; earnest money.

**arrière** *adj.* back, rear.

**arriéré, e** *adj.* **1.** backward. **2.** *(paiement)* overdue, outstanding, owing, late, behind, in arrears. *Compte ~,* outstanding account. *Loyer ~,* back rent. *Paiement ~,* overdue payment, outstanding payment.

**arriéré,** *(de paiement)* arrears. *En ~,* overdue, outstanding, owing. *~ de loyer,* back rent. *~ de salaire,* back pay, wage arrears ; *(de commandes)* backlog.

**arrière-boutique,** back-shop.

**arrière-pays,** hinterland.

**arrière-plan,** background.

**arrière port,** inner harbour.

**arriérés** *n.m. pl.* arrears.

**arrière-saison,** late season.

**arrimage** *n.m.* **1.** *(d'une cargaison)* stowing, *(U.S.)* stevedoring. **2.** *(droits d'~)* stowage. **3.** *(équilibra-* ge de la cargaison*)* trimming. **4.** *(fait de fixer)* securing.

**arrimer** *v.* **1.** *(une cargaison)* to stow, *(U.S.)* to stevedore. **2.** *(équilibrer la cargaison)* to trim. **3.** *(fixer)* to secure.

**arrimer (s')** *v.* *(vaisseau spatial)* to dock.

**arrimeur** *n.m.* stower, *(U.S.)* stevedore.

**arrivage** *n.m.* arrival ; new consignment.

**arrivant (nouvel)** new-comer ; *(marché du travail)* new-entrant.

**arrivée** *n.f.* **1.** arrival ; *gare d'arrivée,* station of arrival ; *(marchandises)* station of destination, receiving station ; *port d'~,* port of arrival, of destination ; *courrier à l'~* incoming mail. **2.** *(livraison)* delivery. **3.** *(d'une nouvelle technique, etc.)* advent.

**arriver** *v.* **1.** to arrive, to come. **2.** *(atteindre)* to arrive at, to reach, to attain. **3.** *(réussir)* to manage (to do), to succeed (in doing). **4.** *(se produire)* to happen, to take place, to occur.

**arriver à échéance,** to fall due ; to come to maturity.

**arrivisme** *n.m.* place-seeking, pushing, climbing, go-getting.

**arriviste** *n.m.f.* place-seeker, pusher, climber, go-getter.

**arroger (s')** *v.* to arrogate to oneself ; to assume.

**arrondir** *v.* **1.** to round off. *~ une somme,* to round off a sum. *~ ses fins de mois,* to round off /to supplement /one's income. *~ les angles,* to round off the angles, to iron out difficulties. **2.** *(faire une approximation)* to approximate.

**art de la vente,** salesmanship.

**artère** *n.f.* artery ; *(ville)* thoroughfare.

**article** *n.m.* **1.** article, item ; *(marchandise)* commodity. *~ d'appel,* loss leader ; *~ défraîchi,* shop-soiled article. *~s de grande consommation,* convenience goods. *~s de marque,* branded goods, proprietory articles. *~s de voyage,* travel goods. *~ en réclame,* special offer. *~s ménagers,* household appliances, domestic appliances. *Faire l'~,* to plug /to boost /an article, to hawk /to peddle /one's wares. *Nous* *ne faisons (tenons) pas cet* ~, we don't sell / keep / stock / this article. **2.** *(d'un contrat, etc.)* article, clause, provision, item. ~*s de dépense,* items of expenditure. **3.** *(de journal)* article ; ~ *de fond,* leader, leading article ; lead story ; editorial. *(Coupures de journaux)* press-cuttings.

**articles** *n.m. pl.* **1.** articles ; items ; goods. **2.** *(de contrat, etc.)* articles, clauses, provisions, items. **3.** *(de journaux)* articles ; *(coupures)* press-cuttings.

**articles de marque,** branded goods ; proprietory articles

**articles de toilette,** toiletry.

**articles ménagers,** household goods, domestic goods.

**articles passés par pertes et profits,** losses and write-offs.

**artificiel, -le** *adj.* artificial ; imitation, man-made. *Fibres* ~ *les,* artificial fibres, man-made fibres.

**artificiellement** *adv.* artificially.

**artisan** *n.m.* craftsman, artisan ; *(classification administrative)* self-employed person (not belonging to the professions or engaged in agriculture ; ex : self-employed taxi-driver).

**artisanal, e** *adj.* **1.** craft. **2.** small-scale, on a small scale.

**artisanat** *n.m.* handicraft, arts and trades ; *(d'art)* arts and crafts ; the cottage industry. *(Les artisans)* craftsmen.

**ascenseur** *n.m.* lift, *(U.S.)* elevator ; *(pour marchandises)* hoist.

**ascension** *n.f.* rise, climb.

**asile** *n.m.* asylum ; ~ *politique,* political asylum ; *droit d'*~, right of sanctuary ; shelter, refuge, haven, home.

**asphyxie économique,** economic strangulation.

**asphyxier** *v.* to axphyxiate ; *(étouffer)* to stifle.

**aspirateur** *n.m.* vacuum-cleaner ; *(Fam.)* hoover *(nom de marque).*

**aspiration** *n.f. (du public, etc.)* yearning, desire.

**assassinat** *n.m.* murder, assassination, killing, slaying ; *(homicide volontaire)* wilful murder.

**assainir** *v.* to make healthier ; *(hygiène)* to improve sanitation ; *(un marché, des pratiques)* to police ; *(des finances, etc.)* to reform, to restore, to reorganize ; *(la monnaie, le budget)* to stabilize ; *(un terrain)* to drain, to reclaim.

**assainissement** *n.m. (hygiène)* improvement of sanitation ; *(d'un marché, de pratiques)* policing ; *(des finances)* reforming, reorganizing, restoring ; *(de la monnaie, du budget)* stabilization, stabilizing ; *(d'un terrain)* draining, drainage ; reclaiming.

**asséchage,** *voir.* **assèchement.**

**assèchement** *n.m.* drainage, draining, reclaiming.

**assécher** *v.* to drain ; to dry ; *(pour rendre cultivable)* to reclaim.

**assemblée** *n.f.* **1.** meeting ; assembly ; conference. **2.** *(rassemblement)* gathering. **3.** *(auditoire)* audience, public, assembly.

**assemblée constitutive,** constituting assembly.

**assemblée générale annuelle,** Annual General Meeting (A.G.M.).

**assemblée générale ordinaire,** ordinary general meeting.

**assemblée générale extra-ordinaire,** Extraordinary General Meeting.

**assemblée des actionnaires,** shareholders'meeting, *(U.S.)* stockholders'meeting.

**assembler** *v.* **1.** *(des choses)* to gather, to collect, to bring together. **2.** *(des personnes)* to convene, to summon, to call together, to assemble. **3.** *(des pièces)* to assemble. **4.** *(connecter)* to connect.

**assembler (s')** *v.* to meet, to gather ; *(tenir une réunion)* to convene, to hold a meeting.

**asseoir** *v.* **1.** *(établir fermement)* to establish, to place, to lay ; to strengthen. **2.** *(fonder une opinion)* to ground, to found, to base. **3.** *(un impôt)* to assess.

**assermenté, e** *adj.* sworn, sworn in, on oath ; *courtier* ~, broker on oath.

**asservir** *v.* **1.** to enslave. **2.** *(une machine)* to hook up, to tie (up).

**assesseur** *n.m. (Jur.)* assessor ; *(sens large)* assistant.

**assiduité** *n.f.* dedication to work ; devotion to work, application to work ; perseverance ; *(présence régulière)* regular attendance.

**assiette** *n.f.* **1.** *(équilibre)* stability, balance. **2.** *(impôt)* tax base ; property/income/on which a tax is assessed, basis/assessment/of a tax. ~ *d'une rente,* property / funds / on which an annuity rests / is secured.

**assignation** *n.f.* **1.** *(Fin. : transfert)* assignment, transfer. **2.** *(Jur.)* summons ; subpoena. *Remettre une* ~ *à quelqu'un,* to serve a writ, a process, on somebody. ~ *à comparaître,* summons, subpoena. ~ *à résidence,* placing under forced residence.

**assigner** *v.* **1.** *(fixer)* to assign, to set, to fix, to appoint, to allot, to apply. **2.** *( = affecter une somme)* to assign, to allot, to allocate, to appropriate, to earmark ; *à un compte,* to charge to an account. **3.** *(Jur.)* to summon, to subpoena, to cite, to issue a writ against, to serve a writ on ; *(faire procès)* to sue somebody, to take legal action against somebody, to bring an action against somebody.

**assises** *n.f. pl.* **1.** *(Jur.)* Assizes ; *les* ~, *la cour d'* ~, the Assizes, the Assize Court. **2.** *(construction, etc.)* foundations. **3.** *(d'un parti, etc.)* National Convention, *(U.S.)* Caucus.

**assistance** *n.f.* **1.** *(fait d'assister)* attendance, presence. **2.** *(auditoire)* audience, public, spectators. **3.** *(aide)* assistance, aid, help, relief, backing, support ; ~ *économique,* economic aid ; ~ *judiciaire,* legal aid ; ~ *Publique, (G.B.)* Public National Hospital Organisation ; ~ *sociale,* a) social work ; b) *(organisme G.B.)* National Assistance ; ~ *technique,* technical assistance.

**assistant, e** *n.m.f.* **1.** assistant ; ~ *chef de produit,* Assistant Product Manager. **2.** *assistants = personnes présentes,* those present, those attending ; *(U.S.)* attendees. **3.** ~ *(e) social(e),* social worker.

**assisté, e** *adj.* **1.** *(aidé)* assisted, helped, aided, supported, backed. **2.** *(aidé par collectivité)* on welfare.

**assister** *v.* **1.** *(aider)* to assist, to aid, to help, to back, to support ; *assisté par ordinateur,* computer-aided. *Enseignement Assisté par Ordinateur (E.A.O.),* computer-aided instruction (C.A.I.). **2.** *(être témoin de)* to witness. **3.** *(être présent)* to attend.

**assister à une réunion,** to attend a meeting.

**associatif, -ive** *adj.* of association(s), pertaining to associations.

**association** *n.f.* **1.** *(fait de s'associer ou d'associer)* association, associating ; connecting, connection. **2.** *(organisme)* association, council, body. **3.** *(à but non lucratif)* society ; *(non-commerçante)* non-trading association. **4.** *(de personnes)* partnership. *Entrer en* ~, to enter into partnership. **5.** *(de capitaux)* company, *(U.S.)* corporation. **6.** *(Jur.)* association de malfaiteurs, conspiracy.

**association de personnes,** partnership.

**associé, e** *n.m.f.* associate ; *(dans une association de personnes)* partner. ~ *principal,* senior partner. ~ *commanditaire (société en commandite simple)* limited partner ; ~ *commanditaire (société en nom collectif)* sleeping partner, *(U.S.)* silent/dormant/partner. ~ *commandité,* general / acting, active / partner. ~ *gérant,* managing partner. ~ *passif,* sleeping partner.

**associé, e** *adj.* associated ; joint- ; *porteurs* ~ *s, souscripteurs* ~ *s,* joint-holders of stock.

**associer** *v.* to associate, to connect, to unite, to link, to join.

**associer (s')** *v.* **1.** *(commerce)* to enter into an association, into a partnership. **2.** to associate with.

**assolement,** rotation of crops ; ~ *triennal,* three-course rotation.

**assombrir (s')** *v.* to become gloomy, to darken, to cloud over.

**assombrissement** *n.m.* darkening, gloom.

**assorti, e** *adj.* assorted, matched, matching.

**assortiment** *n.m.* **1.** *(fait d'assortir ou d'être assorti)* matching, match. **2.** *(variété)* assortment, variety, range. *Une grande variété de produits,* a wide range of products.

**assortir** *v.* **1.** *(couleurs, etc.)* to assort, match, to suit. **2.** *(stocks)* to stock.

**assouplir** *v.* *(règlements, etc.)* to ease, to relax, to loosen ; to make more flexible ; *(une position)* to soften, to tone down, to water down.

**assouplissement** *n.m. (règlement, etc.)* easing, relaxing, loosening, making more flexible ; *d'une position,* softening, toning down, watering down.

**assujetti, e** *adj.* subject to ; liable to. *Les ~s à l'impôt,* the tax-payers.

**assujettir** *v.* to subject to, to make liable to, to submit to.

**assujettissement** *n.m.* subjecting to, making liable to, liability.

**assumer** *v.* to assume ; ~ *le contrôle de,* to take over, to control, to run ; ~ *les frais,* to meet the expenses.

**assurable** *adj.* insurable, assurable, which/who can be insured.

**assurance** *n.f.* 1. *(compagnie)* insurance company. 2. *(fait de s'assurer)* insurance, insuring ; *prime d'~,* insurance premium. 3. *(couverture d'un risque)* coverage, covering, insuring. 4. *(police d'~)* insurance policy. *Prendre une police d'~,* to take out an insurance policy. 5. *(garantie)* guarantee. 6. *(promesse, engagement)* assurance. 7. *(certitude)* assurance, certainty, guarantee. 8. *veuillez croire à l'~ de mes sentiments distingués, etc.,* *(G.B.)* Yours faithfully, Yours sincerely, *(U.S.)* Sincerely yours, Sincerely.

**assurance au tiers,** third-party insurance.

**assurance contre le chômage,** unemployment insurance.

**assurance contre les accidents du travail,** insurance against industrial injuries ; employers'liability insurance, *(U.S.)* workmen's compensation.

**assurance contre le vol,** theft insurance ; burglary insurance.

**assurance contre le vol et l'incendie,** fire and theft insurance.

**assurance contre les accidents du travail,** employers'liability insurance, *(U.S.)* workmen's compensation insurance.

**assurance maladie,** sickness insurance.

**assurance maritime,** marine insurance ; underwriting.

**assurance multirisque,** comprehensive insurance.

**assurance sur corps,** hull insurance.

**assurance sur facultés,** *(Ass. mar.)* cargo insurance.

• **assurance tous risques,** all-in policy ; insurance against all-risks.

**assurance-vie,** life insurance, life assurance.

**assurance vieillesse,** old age insurance.

**assuré, e** *n.m.f* insured ; policy holder.

**assurer** *v.* 1. *(contre un risque)* to insure ; to have something insured. *S'~,* to take out an insurance policy. 2. *(garantir)* to guarantee. 3. *(donner une assurance)* to assure ; to vouch for something. 4. *(faire en sorte)* to ensure. 5. *(fournir)* to supply, to provide. 6. *(honorer)* to meet. 7. ~ *une créance,* to stand security for a debt. 8. *(affirmer)* to assure, to affirm, to insist, to claim.

**assureur** *n.m.* insurer, insurance company ; (ass. mar.) underwriter.

**assureur maritime,** underwriter.

**astreignant, e** *adj.* exacting, demanding.

**astreindre** *v.* to compel, to oblige, to subject to, to make liable to.

**astreint à,** subjected to, liable to.

**astreinte** *n.f.* penalty, fine (for delay) ; daily fine for delay.

**astronomique** *adj.* astronomical, *(prix)* prohibitive. *Augmentation ~,* sky-rocketing increase.

**asynchrone** *adj.* non-synchronized, asynchronous.

**atelier** *n.m.* workshop ; *délégué d'~,* shop-steward.

**atermoiement** *n.m.* 1. *(vieilli)* deferment of payment, composition, arrangement with creditors for deferment of payment. 2. ~ *s,* delay, procrastination.

**atermoyer** *v.* to defer payment ; to procrastinate.

**atmosphère** *n.f.* atmosphere, mood, feeling ; environment.

**atome** *n.m.* atom.

**atomique** *adj.* atomic, nuclear. *Déchets ~ s,* nuclear waste. *Énergie ~,* atomic energy, nuclear power. *Usine ~,* nuclear plant.

**atonie** *n.f.* dullness ; *(économie)* sluggishness.

**atout** *n.m.* asset, trump, trump-card, winning card, strong point. ~

*principal,* main asset.

**attache** *n.f.* **1.** *(lien)* link, contact, tie, connection. **2.** *(matériel de bureau)* paper-clip. **3.** *(maritime)* mooring. *Droits d'~,* mooring rights, mooring dues, moorage. *Port d'~,* port of registry.

**attaché, e** *n.m.f.* attaché, *~ de presse,* press attaché, press agent. *~ commercial* a) *(ambassade)* commercial attaché b) *(entreprise)* sales representative.

**attacher** *v.* **1.** to attach, to bind, to fix, to fasten, to tie, to make fast, to secure ; *(avec une agrafe)* to clasp, to staple, to clip ; *(Bourse) coupon attaché,* with coupon, cum coupon, coupon on. **2.** *(lier, relier)* to attach, to link, to connect. **3.** *(~ de l'importance à),* to attach importance to, to value.

**attardé, -e** *adj.* backward ; lagging.

**attaque** *n.f.* **1.** attack, assault, onslaught ; strike, offensive. **2.** criticism.

**attaquer** *v.* **1.** *~ un marché,* to tap a market, to tackle a (new) market. **2.** *~ en justice,* to sue, to take legal action against, to bring an action against. **3.** to criticize, to attack.

**attaquer un nouveau marché,** to tap a new market.

**attaquer à (s')** **1.** to tackle. **2.** to attack, to criticize.

**atteindre** *v.* **1.** to reach ; *~ un but,* to reach/to achieve/a goal. *La production a atteint son niveau le plus bas depuis 5 ans,* Production has hit a five-year low. **2.** *(prix)* to amount to, to fetch. **3.** *(toucher, affecter)* to hit, to hurt, to affect. *Les entreprises les plus durement atteintes,* the hardest-hit firms, the worst-hit firms.

**atteint, e** *adj.* *(touché)* hit, affected, hurt.

**atteinte** *n.f.* **1.** reach ; *hors d'~,* out of reach. **2.** attack. *Porter ~ à,* to interfere with, to impair, to damage, to injure, to tamper with. **3.** *(jur.)* breach. *~ à la sécurité des personnes,* breach of personal safety. *~ à l'ordre public,* breach of the peace, disruption of the peace. *~ à la libre concurrence,* restrictive practice, practice in restraint of trade, unfair trade practice.

**attendre** *v.* **1.** to wait for ; to await. *Faire ~ quelqu'un,* to keep somebody waiting. **2.** to expect.

**attendre (s')** *v.* to expect, to anticipate.

**attendus** *n.m.pl.* *(Jur.)* whereas clauses, reasons adduced.

**attentat** *n.m.* attempt. *~ à la bombe,* bomb attempt.

**attente** *n.f.* **1.** wait. *10 minutes d'~,* 10 minutes' wait, a ten-minute wait. *Salle d'~,* waiting room. **2.** expectation, anticipation. *Cet article ne répond pas à notre ~,* this article does not meet our expectations. *Dans l'~ de votre réponse,* looking forward to your reply.

**attention** *n.f.* **1.** attention ; care ; notice. *A l'~ de...* For the attention of... **2.** *mise en garde,* caution ; beware. *~ à la peinture,* mind the paint. *~ travaux,* danger, works ahead.

**attentivement** *adj.* attentively, closely, carefully, thoroughly.

**atténuation** *n.f.* lessening, reducing, reduction, decrease, softening.

**atténuer** *v.* to lessen, to diminish, to reduce, to decrease, to soften, to mitigate. *Circonstances atténuantes,* extenuating circumstances.

**atténuer (s')** *v.* to decrease, to lessen, to diminish.

**atterrir** *v.* to land.

**atterrissage** *n.m.* landing ; *~ en catastrophe,* crash landing.

**attestation** *n.f.* **1.** certificate. **2.** *(recommandation)* testimonial. **3.** *(sous serment)* affidavit.

**attester** *n.m.* to attest, to certify ; *(témoigner)* to testify (to something), to vouch (for something).

**attirail** *n.m.* apparatus, gear, equipment.

**attirance** *n.f.* attraction, appeal, attractiveness.

**attirer** *v.* to attract, to draw ; *(plaire)* to appeal to.

**attitré, e** *adj.* regular, appointed. *Fournisseur ~,* regular supplier. *Fournisseur ~ de sa Majesté,* purveyor by appointment to His (Her) Majesty.

**attitude** *n.f.* attitude. *~s de la clientèle,* customer attitudes. *~*

*des consommateurs,* consumer attitudes.

**attractif, -ive** *adj.* attractive ; *(spectacle, etc.)* entertaining.

**attrait** *n.m.* appeal ; attractiveness.

**attrayant, e** *adj.* attractive.

**attribuable** *adj.* attributable, ascribable, assignable ; due (to), caused (by).

**attribuer** *v.* **1.** to attribute, to assign, to allocate ; *(actions)* to allot ; ·*(récompense, bourse, etc.)* to grant, to award. **2.** *(imputer),* to ascribe, to attribute.

**attributaire** *n.m.f.* **1.** *(succession, etc.)* assign, assignee. **2.** *(distribution d'actions, etc.)* allottee.

**attribution** *n.f.* **1.** attribution, attributing, allocation, allocating, assigning, assignment ; *(d'une récompense, d'une bourse)* granting, award, awarding ; *(d'actions)* allotment. **3.** *(fonction)* duty, duties, functions, powers, attributions, competence, field of responsibility, job definition.

**au-dessous,** below, under.

**au-dessus,** above ; over ; *(audelà)* beyond.

**attribut** *n.m.* feature, charateristic.

**audience** *n.f.* **1.** *(juridique)* hearing ; session. **2.** *(pub-marketing)* audience ; *(messages imprimés)* readership ; *(télé)* viewership.

**audio-visuel,** audio-visual. *L'audio-visuel (selon contexte),* audio-visual aids/equipment/techniques/methods, the audio-visual industry ; the audio-visual press.

**auditeur, -trice** *n.m.f.* **1.** *(radio)* listener. **2.** *(compta., etc.)* auditor.

**audition** *n.m.* **1.** hearing ; ~ *de témoins,* hearing/examination, examining/of witnesses. **2.** *(candidat)* trial performance, audition.

**auditoire** *n.m.* audience ; public ; attendance ; listeners.

**auditorium** *n.m.* auditorium.

**augmentation** *n.f.* rise, increase ; *(U.S.)* hike ; *(U.S.)* raise ; *(du prix de vente au consommateur)* mark-up. ~ *de capital,* increase of capital. ~ *de prix,* price rise, price increase. ~ *de salaire,* pay rise, wage increase, rise in wages ; *(U.S.)* pay hike, pay raise. ~ *du nombre des*

*chômeurs,* rise in unemployment figures ; *(U.S.)* rise in the jobless rate.

**augmenter** *v.* **1.** to rise, to increase, to go up. **2.** *(faire monter)* to raise, to increase ; *(relever)* to jack up. ~ *le rythme de,* to step up.

**austérité** *n.f.* austerity ; squeeze ; *(Fam.)* belt-tightening. *Mesures d'~,* austerity measures, *(entreprise)* retrenchment policy.

**autarcie** *n.f.* self-sufficiency. *Vivre en autarcie,* to be self-sufficient.

**autarcique** *adj.* self-sufficient. *Croissance* ~, self-sustained growth. *Reprise* ~, self-sustained recovery.

**auteur** *n.m.* **1.** author ; *(livre)* author, writer, *(chanson)* composer, *(d'un scénario)* screenplay writer, scriptwriter, *(U.S.)* scripter ; *(d'une méthode)* creator, originator, promoter. *Droits d'~,* copyrights, royalties. **2.** ~ *d'un accident,* party at fault.

**authenticité** *n.f.* genuineness, authenticity.

**authentification** *n.f.* certification, certifying, authentication.

**authentifier** *v.* to certify, to authenticate.

**authentique** *adj.* genuine, certified.

**autobus** *n.m.* bus. *Ligne d'~,* bus route/line. *Arrêt d'~,* bus stop.

**autocar** *n.m.* bus, coach.

**auto-collant** *n.m.* sticker, self-adhesive label.

**auto-concurrence** *n.m.* self-competition. *Politique d'~ (entre marques appartenant au même groupe)* multiple branding policy. ~ *involontaire,* cannibalization.

**autodidacte** *n.m.f.* self-made man / woman / person ; *adj.* self-taught.

**auto-financement** *n.m.* self-financing.

**auto-gestion** *n.f.* self-management.

**auto-guidage** *n.m.* homing. *Système d'~,* homing device.

**automate** *n.m.* automaton. ~ *bancaire,* automatic/automated teller machine.

**automation** *n.f.* automation.

**automatique** *adj.* automatic, automated. *A démarrage* ~, self-starting.

**automatisation** *n.f.* automation.

**automatiser** *v.* to automate.

**automobile** *n.f.* motor-car, car ; *(U.S.)* automobile. *Usine* ~, car factory, *(U.S.)* automobile plant.

**automobile** *adj.* self-propelled. *Véhicule* ~, motor vehicle. *L'industrie* ~, the car industry, the automobile industry, the automotive industry, *(l'industrie* ~ *américaine)* Detroit.

**automobiliste** *n.m.f.* motorist ; car-driver.

**automoteur** *adj.* self-propelled, self-propelling.

**automotrice** *n.f.* voir **autorail**.

**autonome** *adj.* autonomous, independent, free ; *(pays)* independent, self-governing ; *(appareil)* self-operating, self-operative ; self-contained.

**autonomie** *n.f.* autonomy, independence ; *(pays)* self-government, self-governing, self-rule.

**autonomiste** *n.m.f.* autonomist.

**auto-propulsé, e** *adj.* self-propelled.

**auto-propulsion** *n.f.* self-propulsion, self-propelling.

**auto-radio** *n.f.* car-radio.

**autorail** *n.m.* rail-car.

**auto-régulation** *n.f.* self-regulation.

**auto-régulé, e** *adj.* self-regulated.

**autorisation** *n.f.* authorisation ; consent, agreement, approval ; *(d'exporter)* permit ; *(d'exercer une fonction, etc.)* licence.

**autorisé, e** *adj.* authorized, approved, permitted. *Représentant* ~, accredited representative. *Avis* ~, authoritative opinion. *Source* ~ *e, milieux* ~ *s*, reliable source(s).

**autoriser** *v.* **1.** to authorize, to allow, to permit. **2.** *(justifier)* to justify, to entitle. **3.** *(donner autorité à quelqu'un pour...)* to empower somebody (to do something).

**autoritaire** *adj.* authoritarian ; *(régime)* autocratic, dictatorial ; *(personne)* tyranical, overbearing ; *(Fam.)* bossy ; *(ton)* peremptory, commanding.

**autorité** *n.f.* **1.** authority. *Donner toute* ~, to give full power(s). *Les* ~ *s*, the authorities, the officials, the administration. *C'est une* ~

*dans ce domaine*, he is an authority, a recognized expert in this field. *Qui fait* ~, authoritative. **2.** *(Jur.)* jurisdiction.

**autoroute** *n.f.* motorway ; *(U.S.)* highway (*aussi* expressway, thruway, freeway). ~ *à péage*, toll-motorway ; *(U.S.)* turnpike road.

**autoroutier, e** *adj. réseau* ~, motorway network, motorway system ; *(U.S.)* highway system, highway network.

**auto-stop**, hitchhiking. *Faire de l'* ~, to hitchhike.

**autour de** *prép.* about, around, *(somme, etc.)* in the region of, circa.

**autrui**, third party, third parties.

**auxiliaire** *n.m.f.* auxiliary, collaborator, aide, assistant.

**auxiliaire** *adj.* auxiliary, subsidiary, supplementary, reserve ; *(équipement, etc.)* auxiliary, ancillary.

**aux risques et périls de l'expéditeur**, at sender's risks.

**aux risques et périls du destinataire**, at owner's risks.

**aval** *n.m.* **1.** *(garantie)* endorsement, endorsing, guarantee ; *donner son* ~, to endorse, to guarantee, to back ; *(pour une créance, également)* to stand security, to stand surety ; *donneur d'* ~, guarantor, backer ; endorser, surety, security. **2.** *(cours d'eau et sens large)* en ~, downstream.

**avaliser** *v.* to endorse, to guarantee, to back. ~ *une créance,* to stand security/surety/for a debt.

**avaliseur** *n.m. voir* **avaliste**.

**avaliste** *n.m.* endorser, guarantor, backer, security, surety.

**à-valoir** *n.m.* instalment, sum (paid) on account.

**avance** *n.f.* **1.** advance, lead ; *arriver en* ~, to arrive early. *A voir de l'* ~ *sur la concurrence,* to have a competitive edge. *D'* ~, in advance, beforehand. **2.** *de fonds,* advance, loan. ~ *sur découvert,* overdraft. ~ *sur marchandises,* advance on goods. ~ *sur nantissement,* advance against security. ~ *sur titres,* advance on securities. *Demander une* ~, to ask for a loan. *Faire une* ~, to lend money, to make a loan, to advance. **3.** *(sonder, etc.)* to make approaches, to make advances.

**avancé, e** *adj.* **1.** advanced, sophisticated. **2.** *La réunion a été ~ e d'une heure,* the meeting has been brought forward/put forward/an hour.

**avancée** *n.f.* *(percée)* breakthrough ; advance, development.

**avancement** *n.m.* **1.** promotion, advancement. ~ *à l'ancienneté,* promotion by seniority, *obtenir de l'~,* to be promoted. **2.** *(des travaux)* progress.

**avancer** *v.* **1.** to move, to go forward, to come forward. **2.** *(progresser)* to advance, to progress, to make headway. **3.** *(faire progresser)* to advance, to promote, to further. **4.** *(de l'argent)* to advance, to lend, *(U.S.)* to loan. **5.** *(une réunion, etc.)* to bring forward, to put forward. **6.** *(avoir de l'avancement)* to be promoted. **7.** *(une théorie)* to put forward. **8.** *(montre) ma montre avance de 5 minutes,* my watch is 5 minutes fast. ~ *sa montre,* to put one's watch forward. **9.** *Ceci ne nous avance à rien,* this is not taking us anywhere, we are not making any progress.

**avancer (s')** *v.* **1.** to move forward. **2.** *(prendre un risque) Je ne veux pas m'avancer,* I cannot' commit myself, *(Fam.)* I can't stick my neck out on this.

**avant** *n.m.* front ; *(navire)* bow(s).

**avant** *adv.* before ; beforehand ; in advance. *Vers l'~, en ~,* forward.

**avantage** *n.m.* advantage, benefit, *(atout)* asset. ~ *s en nature,* ~ *s de fonction,* fringe benefits, perks. *Avoir un ~ sur la concurrence,* to have a competitive edge, to have an edge (the edge) on competitors. *Vous auriez ~ à vendre maintenant,* you had better sell now. *Vous auriez ~ à annuler la commande,* your best course would be to cancel the order.

**avantager** *v.* to favour, to advantage.

**avantageux, -euse** *adj.* advantageous, favourable, profitable. *Conditions ~ euses,* favourable terms.

**avant impôt,** before tax. *Bénéfices ~ (s)* pre-tax profit(s), profit(s) before tax.

**avant projet,** draft project, rough draft ; tentative plan, preliminary version ; *(d'un document ou programme officiel)* green paper.

**avarie** *n.f.* damage ; average. ~ *commune,* ~ *grosse,* general average. ~ *particulière,* particular average. *Règlement d'~,* average adjustment. *Répartiteur d'~ s,* average adjuster.

**avarié, e** *adj.* **1.** *(navire)* damaged, injured. **2.** *(marchandises)* spoiled, damaged.

**avarier** *v.* **1.** *(navire)* to damage, to injure. **2.** *(marchandises)* to spoil, to damage.

**avarier (s')** *v.* to spoil, to get spoiled/spoilt.

**avenant** *n.m.* additional clause, endorsement, rider.

**avertir** *v.* **1.** *informer à l'avance,* to inform, to advise, to notify, to let someone know, to tell, to give notice. **2.** *(mettre en garde)* to warn.

**avertissement** *n.m.* notice, warning ; *sans ~,* without notice.

**aveu(x)** *n.m.* confession, admission.

**avilir (s')** *v.* *(perte de valeur)* to fall, to drop, to depreciate.

**avilissement** *n.m.* *(perte de valeur)* fall, drop, depreciation.

**avion** *n.m.* plane, aeroplane ; *(U.S.)* airplane, aircraft. ~ *à réaction,* jet. ~ *d'affaires,* executive jet.

**avionneur** *n.m.* aircraft manufacturer.

**avis** *n.m.* **1.** opinion, view ; point of view, judg(e)ment. *A mon ~,* according to me, to my mind, in my opinion, from my point of view. **2.** *(conseil)* advice, counsel, recommendation. **3.** *(information)* announcement, notification, notifying, notice ; *(avec nuance de menace)* warning. *A moins d'~ contraire,* unless you hear to the contrary, unless we specify to the contrary, unless otherwise specified, except where otherwise stated. *Jusqu'à nouvel ~,* until further notice. ~ *d'attribution (d'actions)* letter of allotment. ~ *de crédit,* credit advice, credit note. ~ *de débit,* debit advice, debit note. ~ *de livraison,* delivery note. ~ *d'encaissement,* collection advice, receipt. ~ *de réception,* acknowledgement of receipt. *(Bourse)* ~ *d'exécution,* contract note. ~ *d'expédition,* advice of dispatch, notification of dispatch, advice note. ~ *de retour de souscription (attribution d'actions)* letter of regret.

**aviser** *v.* **1.** to inform, to advise, to let someone know, to notify, to tell, to give notice ; *(mettre en garde)* to warn. **2.** *(prendre une décision)* to take (the necessary) steps.

**aviver** *v.* to increase, to revive ; *(l'inflation)* to refuel.

**avocat n.m. 1.** lawyer, barrister ; *l' ~ de la défense,* the counsel for the defence. **2.** *(sens large, ~ d'une cause)* advocate. *Se faire l' ~ de,* to advocate.

**avoir** *n.m.* **1.** *(actif)* asset. **2.** *(biens)* property, estate, possessions. **3.** *(remise sur achat ultérieur)* credit note. **4.** *(d'un compte)* credit/credit side/of an account.

**avoir droit à...,** to be eligible for, to be entitled to, to qualify for.

**avoir fiscal,** tax credit.

**avoir la responsabilité de,** to be responsible for, to be in charge of.

**avoué n.m.** solicitor.

**avouer** *v.* to confess, to admit, to acknowledge, to recognize. ~ *un crime,* to confess to a crime.

**axe n.m.** axis, trend ; *(d'une campagne publicitaire)* platform ; *(publicitaire)* appeal ; central message.

**axé, e adj.** ~ *sur,* focus(s)ed on, centered (G.B. centred) on ; geared to, directed to, aimed at, addressed to.

**axer** *v.* to center, to focus, to gear, to direct, to aim.

**ayant-cause,** *voir* **ayant-droit.**

**ayant-droit n.m. 1.** assign, assignee. ~ *à la retraite,* eligible for retirement. **2.** *(Sécurité sociale, etc.)* recipient, beneficiary.

# B

**babiole** *n.f.* **1.** curio, knickknack, trinket. **2.** *(chose sans importance),* trifle.

**bâbord** port ; port side.

**bac n.m. 1.** ferry, ferry boat. **2.** *(récipient)* tank.

**baccalauréat n.m.** school-leaving certificate (after secondary studies) cf. *G.B.* General Certificate of Education.

**bâche** *n.f.* tarpaulin, cover ; *(au-dessus d'une devanture)* awning.

**bachelier, -ère n.m.f.** one who has passed his/her/school-leaving certificate on completion of secondary studies.

**bâcher** *v.* to cover ; to cover with a tarpaulin.

**bâcler** *v.* **1.** to scamp, to perform in a hasty or careless manner. **2.** *(produire un travail de mauvaise qualité)* to botch, to bungle.

**badaud, -e n.m.f. 1.** idler ; *(qui se promène)* stroller ; window-shopper **2.** *(spectateur)* onlooker, *(U.S.)* gawker.

**bagage(s) n.m.** luggage ; baggage ; *(U.S.)* bag(s). *Consigne des bagages,* left-luggage office ; *(U.S.)* cloak-room, baggage room. *Bagage à main,* hand luggage, *(U.S.)* carry-on baggage. *Franchise*

*bagages, bagages en franchise,* baggage allowance. *Excédent de bagage,* excess baggage.

**bagagiste n.m.f. 1.** luggage-porter. **2.** baggage store.

**bagout n.m.** gift of the gab ; glibness, salesman's talk.

**bail, baux n.m.** lease. *Donner à bail,* to lease out. *Prendre à bail,* to lease. *Location à bail,* leasehold. *Locataire à bail,* leaseholder.

**bailleur n.m.** lessor. ~ *de fonds,* sleeping/silent/dormant partner.

**bâillonner** *v.* to gag, to silence.

● **baisse** *n.f.* drop, fall, decrease, decline. *Tendance à la baisse,* downward trend. *Opérations à la baisse,* bear transactions. *Marché à la baisse,* falling market, bear market. *Les estimations ont été revues en baisse,* estimates have been revised down(ward). *Jouer à la baisse (Bourse),* to play for a fall.

**baisse de la demande** fall (off) in demand, decrease in demand, decreasing demand.

**baisser** *v.* **1.** to fall, to drop, to go down, to decrease, to decline. **2.** *abaisser,* to lower, to reduce, to cut.

**baissier n.m.** bear.

**balance** *n.f.* 1. scales ; weighing machine. 2. balance.
**balance commerciale,** trade balance, balance of trade. *Balance commerciale excédentaire,* favourable trade balance. *Balance déficitaire,* negative/adverse trade balance.
**balance des paiements** balance of payments. ~ *des paiements courants,* balance on current account.
**balance de vérification** trial balance.
**balancement** *n.m.* swing.
**balancer** *v.* 1. to balance ; *(compta.) balancer un compte,* to balance/settle/an account. 2. to hesitate.
**balancier** *n.m.* pendulum ; *mouvement de balancier,* swing of the pendulum. *Retour du balancier,* backlash.
**balayage** *n.m.* sweeping ; *(télé)* scanning.
**balayer** *v.* to sweep ; *(télé)* to scan.
**balise** *n.f.* beacon ; buoy.
**baliser** *v.* to beacon, to buoy, to mark out.
**ballast** *n.m.* ballast.
**balle** *n.f.* *(coton, etc.)* bale.
**ballot** *n.m.* bundle, package.
**ballottage** *n.m.* tie, draw ; *(2e tour)* second ballot, *(U.S.)* runoff.
**banal,e** *adj.* commonplace, ordinary, trite, trivial.
**banaliser** *v.* to vulgarize, to render commonplace.
**banc** *n.m.* 1. *(des accusés)* dock ; *(des témoins)* box. 2. *(de sable)* bank, shoal. 3. *(de poissons)* shoal. 4. *(siège)* bench.
**bancaire** *adj.* bank, banking. *Opération bancaire,* banking transaction/operation. *Traite bancaire,* banker's draft. *Milieux bancaires,* banking circles/community.
**bancatique** *n.f.* electronic banking.
**banc d'essai** 1. testing bench. 2. *(sens général)* testing ground.
**bande** *n.f.* 1. band, party ; bunch ; *(criminels)* gang, crowd. 2. *(magnétophone, etc.)* tape. *Bande son,* sound track. *Bande vidéo,* video tape. 3. *(de terrain)* strip, stretch, tract. 4. *bande dessinée,* comic strip, comic(s).
**banlieue** *n.f.* suburb. *La banlieue de Londres,* the London suburbs. *Train de banlieue,* commuter train.
**banlieusard, e** *n.m.f.* 1. suburbanite. 2. *(transport)* commuter.
**banque** *n.f.* bank. *Compte en banque,* bank account, banking account. *Avoir un compte dans une banque,* to bank with, to have an account with.
**banque à domicile,** home banking.
**banque centrale,** central bank.
**banque commerciale,** commercial bank, trade bank.
**banque de dépôt,** deposit bank.
**banque de données,** data bank.
**banque d'affaires,** investment bank, *(G.B.)* merchant bank.
**banque d'émission,** issuing bank.
**banque d'escompte,** discount bank.
**banqueroute** *n.f.* bankruptcy. *Faire banqueroute,* to go bankrupt. *Banqueroute frauduleuse,* fraudulent bankruptcy.
**banqueroutier, -ère** *n.m.f.* bankrupt, unrehabilitated bankrupt, fraudulent bankrupt.
**banquier, -ère** *n.m.f.* banker.
**baraque** *n.f.* shanty, shed. *Baraque foraine,* booth.
**baraterie** *n.f.* barratry.
**baratin** *n.m.* *(du vendeur)* salesman's pitch, sales pitch, *(U.S.)* spiel.
**barème** *n.m.* 1. *(de prix)* price list ; schedule ; *(douanier)* tariff. 2. table, scale.
**barge** *n.f.* barge ; lighter.
**baril** *n.m.* barrel, cask ; *petit baril,* keg.
**barillet** *n.m.* keg.
**barque** *n.f.* (small) boat ; *(de pêche)* fishing-boat, fishing smack.
**barrage** *n.m.* 1. dam. 2. *(routier)* roadblock. 3. *faire barrage,* to block.
**barre** *n.f.* 1. bar, rod ; *(de protection)* rail. 2. *(des témoins)* witness box, witness stand. *Aller à la barre,* to testify, to give evidence. 3. *(d'un bateau)* helm, rudder, tiller. *Tenir la barre,* to steer.
**barrement** *n.m.* *(chèque)* crossing.

**barrer** *v.* 1. to bar, to obstruct ; *(route)* to block, to close ; *(un cours d'eau)* to dam. 2. *(rayer)* to cross out, to strike out. 3. *(un chèque)* to cross a cheque. 4. *(un navire)* to steer.

**barrer un chèque,** to cross a cheque/*(U.S.)* check.

**barrière** *n.f.* barrier, gate.

**barrières douanières,** tariff walls, tariff barriers, customs barriers, customs walls.

**barrique** *n.f.* cask.

**bas, basse** *adj.* low.

**bas** *n.m.* bottom, lower part.

**bascule** *n.f.* *(balance)* weighing-machine, weigh-bridge.

**basculer** *v.* to tip, to tilt, to swing ; *(U.S.)* to teeter.

**base** *n.f.* 1. basis, foundation, grounds ; *de base,* basic. 2. *(d'un raisonnement)* premise(s). 3. *(base militaire)* base. 4. *(syndicats etc.)* rank and file ; *(G.B.)* shopfloor. 5. *(politique, électorat par opposition aux états-majors)* grassroots. 6. *(banque) Taux de ~,* base rate. 7. *Salaire de ~,* basic wage, base pay. 8. *Industrie de ~,* staple industry. *Produit de ~,* staple, staple commodity/product, basic commodity/product.

**baser** *v.* 1. to base (on), to found (on), to ground (on). 2. *(affecter)* to base.

**bassin** *n.m.* 1. basin ; *bassin houiller,* coal basin, coal field. 2. *dock, bassin de radoub,* dry dock, graving dock. 3. *(d'un fleuve)* drainage basin, river system, catchment area.

**bastion** *n.m.* stronghold.

**bât** *n.m.* pack, pack-saddle. *Animal de bât,* pack-animal. *C'est là que le bât blesse,* that's where the shoe pinches.

**bataille** *n.f.* battle, fight, struggle.

**batailler** *v.* to battle, to fight, to struggle.

**bâtard, e** *adj. Solution bâtarde,* hybrid solution, compromise.

**bateau** *n.m.* boat, craft ; *(navire)* ship, vessel. *~ à rames,* rowing boat/(U.S.) row-boat. *~ à moteur,* motor boat, motor launch. *~ à vapeur,* steamboat, steamer. *~ à voile,* sailing boat/(U.S.) sail-boat.

*~ charbonnier,* collier. *~ citerne,* tanker. *~ de pêche,* fishing boat, fishing smack. *~ de plaisance,* pleasure boat. *~ de sauvetage,* lifeboat. *~ grue,* crane boat. *~ phare,* lightship. *~ pilote,* pilot boat. *~ pompe,* fire-boat.

**bateau-citerne** *n.m.* tanker.

**batelage** *n.m.* lighterage. *Frais de batelage,* lighterage charges.

**batelier, -ère** *n.m.f.* boatman, boatwoman ; *(bac)* ferryman, ferry-woman ; *(de chaland)* bargeman ; lighterman.

**batellerie** *n.f.* 1. inland water transport, inland navigation, inland shipping. 2. lighterage. 3. river fleet.

**bâtiment** *n.m.* 1. building ; *peintre en ~,* house-painter. 2. *(secteur)* the building trade. *Entrepreneur en ~,* building contractor. 3. *(navire)* ship, vessel. *~ fluvial,* river boat, rivercraft.

**bâtir** *v.* to build ; to erect ; to construct. *Terrain à ~,* building site. *Zone bâtie,* built-up area.

**battage** *n.m.* 1. *(blé)* threshing. 2. *(pub)* boosting, pushing ; *(U.S.) (fam.)* ballyhoo. *Faire du ~ autour de,* to boost, to ballyhoo, to push, to plug.

**battant** *n.m.* *(fam.)* fighter, winner, dynamic person, energetic person.

**battement** *n.m.* time between... ; *dix minutes de ~ entre l'arrivée et le départ,* 10 minutes'/a ten-minute wait/between arrival and departure.

**battre** *v.* 1. to beat, to defeat. *~ l'inflation,* to beat inflation, to halt inflation, *(fam.)* to lick inflation. *~ (la) monnaie,* to mint. *~ un candidat,* to defeat a candidate ; *(un candidat sortant)* to unseat. *~ un record,* to break a record.

**se battre** *v.* to fight.

**baux** *voir* **bail.**

**bazar** *n.m.* 1. *(oriental)* bazaar. 2. ≠ General Store (U.S.).

**bénéfice** *n.m.* 1. profit, gain, earning(s), return(s) ; *(d'un organisme à but non lucratif)* proceeds. *~ brut,* gross profit. *~ d'exploitation,* operating profit. *~ consolidés,* consolidated profit. *~ net,* net profit. ~ *non distribués,* retained earnings. ~ *par action,* earnings per share. *Faire un ~,* to make, to show a profit. *Intéressement (participation) aux ~ de l'entreprise,* profit-sharing, profit-sharing scheme. *Marge de ~,* profit margin. *Prise de ~ (Bourse),* profit taking. *Vendre à ~,* to sell at a profit. **2.** *(sens large d'avantage)* benefit *(attention, ce terme ne désigne jamais les ~s d'une entreprise).*

**bénéfices avant impôt,** profit(s) before tax, pre-tax profit.

**bénéfice(s) d'exploitation,** operating profit.

**bénéfices non distribués,** retained earnings.

**bénéficiaire,** *n.m.f.* beneficiary ; *(d'un versement)* payee. *~ de l'aide sociale,* welfare recipient.

**bénéficiaire,** *adj.* showing a profit ; in the black ; *(rentable)* profitable. *Marge bénéficiaire,* profit margin. *Solde bénéficiaire,* profit balance.

**bénéficier** *v.* to benefit, to profit, [*de, (G.B.)* by ; *(U.S.)* from] ; to take advantage of. *~ de la Sécurité Sociale,* to draw Social Security. *~ d'une clause,* to be covered, protected by a clause. *~ d'une pension,* to receive /to be paid /a pension.

**bénéfique** *adj.* beneficient, positive.

**bénévole** *n.m.f.* volunteer ; *des ~s,* volunteers.

**bénévole** *adj.* gratuitous, voluntary, unpaid.

**bénévolement** *adv.* gratuitously, voluntarily.

**benne** *n.f. (camion à)* tip-lorry, *(U.S.)* dump-truck, tipping-truck.

**berge** *n.f. (rivière)* bank ; slope, side.

**berner** *v.* to deceive, to con.

**besogne** *n.f.* task, work, job ; *besogne fastidieuse,* tedious job, chore, drudgery.

**besoin** *n.m.* **1.** need, requirement, want, necessity. *Avoir ~ de,* to need, to require, to want. *~s alimentaires,* food requirements. *En cas de ~,* if the need arises, in case of need, if need be, if necessary. *Répondre aux ~s,* to meet the needs/the requirements. **2.** *(pauvreté) être dans le ~,* to live in poverty, to be in want, to be in poor circumstances.

**besoins de consommation,** *(des consommateurs)* consumer needs.

**bestiaux** *n.m.pl.* cattle, *(U.S.)* livestock ; *cent bestiaux,* a hundred head of cattle. *Élevage de ~,* stock-breeding, cattle raising. *Éleveur de ~,* stock-breeder, cattle-raiser, grazier ; *(U.S.)* cattleman. *Parc à ~,* cattle-pen, stock-yard. *Wagon à ~,* cattle-truck.

**bétail** *n.m.* cattle, *(U.S.)* livestock ; *20 têtes de ~,* 20 head of cattle. *Élevage de ~,* stock-breeding. *Éleveur de ~,* stock-breeder, cattle-raiser, grazier ; *(U.S.)* cattleman. *~ sur pied,* cattle on the hoof.

**bête** *n.f.* animal, beast, *(bêtes)* cattle. *~ de somme,* pack animal, beast of burden. *~ de trait,* draught-animal, *(U.S.)* draft-animal. *(Fig.) ~ de travail,* workaholic.

**béton** *n.m.* concrete.

**betterave** *n.f.* beetroot, beet. *~ à sucre,* sugar-beet.

**beurre** *n.m.* butter ; *~ d'intervention,* intervention butter.

**bévue** *n.f.* blunder, slip, mistake.

**bibelot** *n.m.* curio, ornament, knick-knack, trinket.

**bibliographie** *n.f.* bibliography.

**bibliothèque** *n.f.* **1.** library. *~ de gare,* bookstall. **2.** *(meuble)* bookcase.

**bic** *n.m.* *(= stylo-bille)* ballpoint pen, *(G.B. fam.)* biro.

**bicyclette** *n.f.* bicycle, cycle, *(fam.)* bike.

**bidon** *n.m.* can, drum, tin, can.

**bidon** *adj. (fam.)* bogus ; *une société ~,* a dummy company, a straw company.

**bidonville** *n.m.* shantytown.

**bief** *n.m.* reach.

**bien** *n.m.* **1.** property, estate, possession. *~s fonciers,* landed property. *~ immobiliers, ~ immeubles,* real estate, real property, immovables. *~ meubles, ~ mobiliers,* personal estate, personal property, chattels, movables. *~ sociaux,* corporate assets. **2.** *~ de consommation,* consumer goods.

~ *d'équipement,* capital goods. **3.** good. *Faire le ~,* to do good.

**bien-être** *n.m.* well-being, comfort, *(des citoyens)* welfare.

**bienfaisance** *n.f.* charity. *Bureau de ~,* charitable trust, charitable institution, charitable association, society, *(pl. sociétés de ~)* charities.

**bien-fondé, e** *adj.* well-founded, well-grounded, justified.

**bien-fondé** *n.m.* validity, soundness. *Établir le ~ d'une réclamation,* to substantiate a claim. *Reconnaître le ~ d'une réclamation,* to allow a claim, to validate a claim.

**biennal, e** *adj.* biennal, two-yearly.

**biens de consommation,** consumer goods.

**biens d'équipement,** capital goods.

**biens durables,** durables, durable goods.

**bienveillance** *n.f.* kindness, benevolence, sympathy.

**bienveillant, e** *adj.* kindly, benevolent, sympathetic.

**bienvenue** *n.f.* welcome ; *souhaiter la ~,* to welcome, to greet.

**biffer** *v.* to cross out, to strike out, to delete.

**biffure** *n.f.* crossing-out, striking out.

**bijou** *n.m.* jewel, gem ; ~*x,* jewellery, jewelry.

**bijouterie** *n.f.* jewelry, jewellery.

**bijoutier, -ère** *n.m.f.* jeweller.

**bilan** *n.m.* **1.** *(sens large d'évaluation)* assessment, evaluation, estimate. *Faire le ~ d'une situation,* to assess a situation, to take stock of a situation. ~ *provisoire,* provisional estimate. ~ *de santé,* medical check-up. **2.** *(d'une catastrophe, nombre de morts)* toll. **3.** *(compta.)* balance-sheet. *Dresser un ~, faire un ~,* to draw up a balance sheet. *Déposer son ~,* to file one's petition in bankruptcy, to file for bankruptcy. ~ *provisoire,* interim balance sheet. ~ *de vérification,* trial balance. *Trucage de ~ ;* cooking (of) the books / window-dressing.

**bilan consolidé,** consolidated balance-sheet.

**bilan de liquidation,** statement of affairs.

**bilatéral, e** *adj.* bilateral.

**billet** *n.m.* **1.** note, letter. **2.** ticket. ~ *aller simple,* single ticket/*(U.S.)* one-way ticket. ~ *aller et retour,* return ticket/*(U.S.)* round-trip ticket. ~ *d'abonnement,* season ticket/*(U.S.)* pass. ~ *d'entrée,* admission ticket. *(Transports) Le prix du ~,* the fare. **3.** ~ *de banque,* bank-note/*(U.S.)* bill. **4.** *(finance, etc.)* note ; bill.

**billet à ordre,** promissory note.

**billet à présentation,** bill payable on demand.

**billet à vue,** sight-bill, bill payable at sight.

**billeterie** *n.f.* **1.** ticketing ; ticket-office. **2.** automatic/automated cash dispenser.

**bimbeloterie** *n.f.* knick-knacks, toys.

**bimensuel, elle** *adj.* fortnightly, semi-monthly, twice a month, *(parfois U.S.)* bimonthly. *Une revue ~ le,* a fortnightly review, *(U.S. parfois)* a bimonthly review.

**bimestriel, elle** *adj.* bimonthly, every two months.

**bimétallisme** *n.m.* bimetallism.

**bimétalliste** *n.m.* bimetallist.

**binaire** *adj.* binary.

**bis** *adv.* **1.** *(spectacle)* encore. **2.** *n° 42 bis,* No 42 A. *L'article 2 bis,* clause 2 A.

**bissextile (année),** leap year.

**bistro(t)** *n.m.* *(fam.)* pub, café.

**blackbouler** *v.* *(un candidat)* to blackball, to reject, to turn down.

**bitumage** *n.m.* **1.** *(route)* asphalting, surfacing. **2.** tarring.

**bitume** *n.m.* **1.** *(route)* asphalt, bitumen. **2.** tar.

**bitumer** *v.* **1.** *(route)* to asphalt, to surface, to bituminize. **2.** *(carton, etc.)* to tar.

**bituminer** *v.* *voir* **bitumer.**

**bitumineux, -se** *adj.* bituminous. *Pétrole ~,* shale oil. *Schiste ~,* bituminous shale.

**blâme** *n.m.* blame, reprimand, disapprobation, disapproval, censure, rebuke.

**blâmer** *v.* to blame (somebody for something), to make responsible (somebody for something), to lay the blame (on), to reproach (somebody with something), to reprimand.

**blanc, -che** *adj.* **1.** white. **2.** *(sans profit)* profitless. *Affaire blanche,* deal that just breaks even, profitless transaction, blank transaction.

**blanc** *n.m.* **1.** *(couleur)* white. **2.** *(de race blanche)* white. **3.** *(vide, espacement)* blank, blank space. *Acceptation en ~,* blank acceptance. *Chèque en blanc,* blank cheque. *Remplir les ~s,* to fill in the blanks. *Signature en ~,* blank signature. **4.** *(tissus)* linen, linen drapery. *Vente de ~,* white sale.

**blanchir** *v.* **1.** to whiten. **2.** *(textiles, chimie, exposition à la lumière)* to bleach. **3.** *(par cuisson, absence d'exposition à la lumière)* to blanch. **4.** *(linge)* to launder. **5.** *~ à la chaux,* to whitewash. **6.** *(innocenter)* to clear. **7.** *(recycler des fonds d'origine douteuse)* to launder.

**blanchissage** *n.f.* laundering ; *(à la chaux)* whitewashing.

**blanchisserie** *n.f.* **1.** *(magasin)* laundry. *~ automatique,* launderette. **2.** *(activité)* laundering.

**blanchisseur** *n.m.f.* *(magasin)* laundry ; *(personne)* laundryman, laundrywoman.

**blanc-seing** *n.m.* **1.** blank signature. **2.** full delegation, full powers.

**blé** *n.m.* *(G.B.)* corn, wheat ; *(U.S.)* wheat (corn *en américain signifie* maize, maïs).

**blessé, e** *n.m.f.* **1.** injured person, casualty ; *les ~s,* the injured, the casualties. **2.** *(par balle, arme blanche, soldat, etc.)* a wounded person ; *les ~s,* the wounded ; *morts et ~,* casualties, toll.

**blesser** *v.* **1.** *(moralement)* to hurt ; to offend. **2.** *(accident)* to injure. **3.** *(par balle, arme blanche)* to wound.

**blessure** *n.f.* **1.** *(morale)* wound ; hurt. **2.** *(accident)* injury. **3.** *(par balle, arme blanche)* wound. *Coups et ~s,* assault and battery.

**blindage** *n.m.* plating.

**blinder** *v.* to plate.

**bloc** *n.m.* **1.** block, lump, chunk ; *en ~,* in bulk. *D'un seul ~,* all of a piece, all in one piece. *Acheter en ~,* to buy in bulk, to buy in the lump. *Acheter des actions en ~ (s),* to buy blocks of

shares. **2.** *(politique)* bloc.

**blocage** *n.m.* **1.** blocking, stoppage. **2.** *(salaires, etc.)* freeze, freezing ; pegging.

**blocage des prix,** price-freeze.

**blocage des salaires,** wage-freeze.

**blocage des prix et des salaires,** price and wage freeze, wage-price freeze.

**bloc-note** *n.m.* note-pad, writing-pad, memo-pad, *(pour brouillon)* scratch pad.

**blocus** *n.m.* blockade ; *faire le ~ de,* to blockade.

**bloquer** *v.* to block, to halt, to stop ; *(salaires, etc.)* to freeze, to peg ; *(des fonds)* to freeze ; *(des fonds à l'étranger)* to block, to freeze ; *(navigation, etc.),* to bring to a standstill ; *(négociation, etc.)* to block. *Les négociations sont bloquées,* the talks are deadlocked. *Marchandises bloquées en douane,* goods held up at the customs. *J'ai été bloqué par la circulation,* I've been held up by the traffic. *~ un chèque,* to stop a cheque. *~ un port,* to blockade a port. *(Réserver, date, etc.)* to reserve. *(Grouper commande, etc.)* to bulk. *Compte bloqué,* escrow account.

**bluff** *n.m.* bluff.

**bluffer** *v.* to bluff.

**bobine** *n.f.* **1.** *(textile)* bobbin, spool, reel. **2.** *(ficelle, etc.)* reel, coil, drum. **3.** *(photo)* spool, roll. **4.** *(film)* reel, spool. **5.** *(électricité)* coil.

**bocal** *n.m.* jar ; bottle ; *mettre en ~,* to bottle.

**bœuf** *n.m.* **1.** *(animal)* ox, *pl.* oxen ; *(U.S., jeune ~),* steer. **2.** *(viande)* beef.

**boire** *v.* to drink.

**bois** *n.m.* wood ; *en ~,* wooden. *~ de construction,* timber, lumber. *Chèque en ~,* rubber check.

**boisage** *n.m.* *(construction, mine)* timbering, scaffolding, framing.

**boisé, e** *adj.* wooded.

**boisement** *n.m.* afforestation.

**boiser** *v.* **1.** *(mine, etc.)* to timber, to prop (up) **2.** *(planter)* to afforest.

**boisson** *n.f.* drink, beverage. *~ gazeuse,* sparkling drink. *~ non alcoolisée,* soft drink. *~ pilote,* drink on special offer.

**boîte** *n.f.* **1.** box. ~ *aux lettres,* mail-box. ~ *postale,* post office box, P.O. box ; ~ *noire,* black box. **2.** *(de conserve)* tin, can. *Mettre en boîte,* to tin, to can. **3.** ~ *de nuit,* night-club ; *(fam.)* joint. **4.** *(fam. : entreprise)* office, firm ; outfit.

**boîteux, -euse** *adj. (compromis, etc.)* unsatisfactory, patched-up, unbalanced ; lopsided.

**boîtier** *n.m.* case.

**bombarder** *v.* **1.** to bomb. **2.** *(fam. = nommer)* to appoint.

**bon** *n.m.* **1.** order, ticket, voucher. ~ *de commande,* order form. ~ *de livraison,* delivery note, delivery order. **2.** *(Finance, Bourse)* bond. ~ *du Trésor,* Treasury bond ; Treasury bill.

**bon, bonne** *adj.* **1.** good. **2.** *(exact)* right, correct. **3.** *(qui convient)* suitable, proper.

**bon à découper,** cut-out coupon.

**bon à détacher,** tear-off coupon.

**bon à tirer** *adj.* ready for press ; ready for print ; good for printing.

**bon à tirer** *n.n.* press-proof.

**bon-cadeau** *n.m.* gift-coupon, gift voucher.

**bond** *n.m.* jump, leap. ~ *en avant,* leap forward.

**bondé, e** *adj.* crowded, packed, crammed, *(U.S.)* mobbed ; *(rue, etc.)* thronged.

**bon de caisse** *n.m.* deposit receipt, certificate of deposit.

**bon de commande** *n.m.* order form, order card, order sheet, order slip.

**bon de livraison** *n.m.* delivery note.

**bon de réduction** *n.m.* **1.** premium voucher, cash voucher, premium coupon. **2.** *(à l'intérieur d'un paquet) :* in-pack coupon.

**bon du trésor,** Treasury bond ; *(à court terme)* Treasury bill.

**boni** *n.m.* **1.** surplus, profit. **2.** *(excédent de salaire, prime)* bonus *(pl.* bonuses).

**bonification** *n.f.* **1.** improvement. **2.** rebate, discount. **3.** *(assurance)* bonus.

**bonifié, e** *adj.* improved. *Prêt* ~ *,* government-subsidized loan, low-interest loan.

**bonifier** *v.* **1.** *(améliorer)* to improve. **2.** *(faire bénéficier)* to allow, to credit. **3.** *(compenser, perte, etc.)* to make good.

**bonifier (se)** *v.* to improve.

**boniment** *n.m.* **1.** *(de forain)* ballyhoo, patter ; *(U.S.)* shilling. **2.** *(de vendeur)* sales talk, (sales) pitch ; *(U.S.)* (sales) spiel. **3.** *(baratin, etc.)* trash, claptrap, ballyhoo, *(U.S.)* baloney, *(argot U.S.)* schmalz.

**bonimenter** *v.* to ballyhoo, to patter ; *(U.S.)* to shill.

**bonimenteur** *n.m. (de foire)* barker ; *(U.S.)* spieler.

**bon marché,** low-priced, inexpensive, economical, cheap.

**bonne affaire,** (good) bargain.

**bonne fin,** meeting of commitment, completion of project.

**bonne qualité marchande,** good merchantable quality.

**bonneterie** *n.f.* hosiery.

**bonnetier, -ère** *n.m.f.* hosier.

**bon pour accord,** *n'a pas de traduction, une signature suffit mais on peut utiliser,* agreed, authorized by, *etc.*

**bon-réponse** *n.m.* reply coupon, reply voucher, reply card.

**bonus** *n.m.* **1.** bonus, supplement. **2.** *(assurance)* no claim bonus, premium discount.

**bord** *n.m.* **1.** *(rebord)* verge. **2.** *(côté, camp, parti)* side. **3.** *(rivière)* bank. **4.** *(de la mer)* shore, seaside. **5.** *(d'un abîme, d'une catastrophe)* verge, brink. *Être au* ~ *de la faillite,* to be on the verge of bankruptcy. **6.** *(à* ~ *d'un navire)* on board, aboard. *être à* ~ *d'un navire,* to be aboard/on board/(a) ship. *Jeter par-dessus* ~ *,* to jettison. *Journal, livre de* ~ *,* ship's log. *Monter à* ~ *,* to go aboard, to board. *Papiers de* ~ *,* ship's papers. *Reçu de bord,* mate's receipt. *Tomber par-dessus* ~ *,* to fall overboard.

**bordereau** *n.m.* note, slip ; *(liste)* list, docket. ~ *d'expédition,* dispatch note. *(banque)* ~ *de versement,* paying-in slip. ~ *de paye,* wages docket. ~ *de crédit,* credit note. ~ *de débit,* debit note. *(Bourse)* ~ *d'achat,* ~ *de vente,* contract note.

**bornage** *n.m.* marking out ; boundary.

**borne** *n.f.* **1.** landmark, boundary-stone. ~ *kilométrique,* milestone. **2.** *(pl. : limites)* limits, boundaries, bounds. *Sans* ~*s,* boundless.

**borner** *v.* **1.** to mark out, to set landmarks, to mark the boundaries. **2.** *(restreindre)* to limit, to restrict.

**se borner (à)** *v.* to restrict oneself (to), to limit oneself (to).

**bosse** *n.f.* *(fam.)* avoir la ~ *du commerce,* to have business acumen, to have a gift for business, to be gifted for business.

**botte** *n.f.* **1.** (high) boot. **2.** *(de foin etc.)* bundle ; bunch.

**bottelage** *n.m.* *(foin, etc.)* trussing, tying up, bundling.

**botteler** *v.* to truss, to tie up, to bundle.

**bottier** *n.m.* bootmaker.

**bottin** *n.m.* (trade name) directory, trade directory ; *(pour annuaire téléphonique)* telephone-book, phone book.

**bouc émissaire,** scapegoat.

**bouche** *n.f.* **1.** mouth ; *de* ~ *à oreille,* by word of mouth ; *(pl. = embouchure)* mouth(s), delta. **2.** *(ouverture)* opening, mouth ; ~ *à incendie,* fire hydrant. ~ *d'aération,* air-vent, air-flue. ~ *d'égout,* manhole. ~ *de métro,* underground entrance.

**bouché, e** *adj.* **1.** *(marché, etc.)* saturated, clogged, glutted. **2.** *(avenir, perspective)* gloomy. **3.** *(carrière, métier)* overcrowded. **4.** *(bouteille, etc.)* stopped, corked. **5.** *(rue)* blocked.

**boucher** *v.* **1.** *(bouteille)* to stop, to cork. **2.** *(passage)* to block.

**boucher** *n.m.* butcher.

**boucherie** *n.f.* **1.** butcher's shop. *Aller à la boucherie,* to go to the butcher's. **2.** *(métier)* butcher's trade.

**bouchon** *n.m.* **1.** *(bouteille)* stopper, cork ; *(tonneau)* plug, bung. **2.** *(circulation)* traffic jam.

**boucle** *n.f.* *(inform.)* loop.

**boucler** *v.* **1.** *(attacher)* to fasten, to strap, to buckle. **2.** *(les comptes)* to close. **3.** *(un budget) arriver à boucler son budget,* to manage

to make both ends meet. **4.** *(un marché, une affaire)* to clinch, to close. **5.** *(fermer)* to close down. **6.** *(un quartier, par la police)* to cordon off, to seal off.

**bouder** *v.* **1.** *(des marchandises)* to refuse to buy, to be reluctant to buy, to stay away from ; to be loath to buy, to show no inclination to buy. **2.** *(Bourse)* to hold off, to stand aloof, to shy at ; not to commit oneself.

**boue** *n.f.* mud *Traîner dans la* ~, to drag through the mud/the mire.

**bouée** *n.f.* buoy. ~ *d'amarrage,* mooring buoy. ~ *de balisage,* marking buoy. ~ *de sauvetage,* life buoy.

**bouger** *v.* **1.** to move, *(marché)* to stir. **2.** *(changer)* to change, to shift, to move.

**bougie** *n.f.* **1.** candle. **2.** *(moteur)* plug.

**boulanger, -ère** *n.m.f.* baker.

**boulangerie** *n.f.* **1.** baker's shop ; *aller à la* ~, to go to the baker's. **2.** *(industrielle)* bakery. **3.** *(métier)* baking, bread-making ; baker's business, baker's trade.

**bouleverser** *v.* **1.** to disrupt, to upset. **2.** *(émotion)* to upset.

**bouleversement** *n.m.* disruption, upsetting ; upheaval.

**bourgeois, e** *n.m.f.* middle-class person, bourgeois.

**bourgeoisie** *n.f.* middle-class. *Petite* ~, lower middle-class. *Haute* ~, upper middle-class.

**bourre** *n.f.* padding, stuffing. ~ *de laine,* flock. ~ *de soie,* floss silk.

**bourrer** *v.* **1.** *(avec de la bourre)* to stuff, to pad. **2.** *(remplir, entasser)* to fill, to cram, to pack.

**bourriche** *n.f.* hamper, basket.

**bourse** *n.f.* **1.** *(des valeurs, etc.)* stock-exchange. *En* ~, *à la* ~, on the stock-exchange. *(sens large : marché boursier)* stock market. **2.** *(pour études)* scholarship ; grant. **3.** purse, bag. *C'est à portée de leur* ~, they can afford it, it is within their means.

**bourse du travail,** Labour Exchange.

**bourse de marchandises,** commodity exchange, produce exchange.

**bourse des valeurs,** stock-exchange, stock market.

**bourse maritime,** shipping exchange.

**boursicotage** *n.m.* dabbling (in stocks).

**boursicoter** *v.* to dabble (in stocks, on the stock-exchange) ; to speculate in stocks, on the stock-exchange.

**boursicoteur** *n.m.* small speculator, dabbler (in stocks, on the stock exchange).

**boursier, -ère** *adj.* stock-exchange, stock-market.

**boursier** *n.m.* **1.** *(étudiant)* scholarship holder, scholar. *Un boursier Fulbright,* a Fulbright scholar. **2.** *(agent de change, etc.)* stock-broker. **3.** *(spéculateur)* stock exchange operator, speculator.

**bousculer** *v.* *(plans)* to upset.

**bout** *n.m.* **1.** *(fin.)* end. **2.** *(extrémité)* end ; tip. **3.** *(morceau)* bit. **4.** *(naut.)* rope.

**bouteille** *n.f.* bottle ; *mettre en ~ ;* to bottle.

**boutique** *n.f.* shop ; *(U.S.)* store.

**boutiquier, -ère** *n.m.f.* shopkeeper.

**bouton** *n.m.* **1.** *(de vêtement)* button. **2.** *(électrique)* switch ; *(mécanique, etc.)* knob, button, switch.

**box** *n.m.* **1.** *(des accusés)* dock. **2.** *(parking etc.)* lock-up garage, private garage.

**boycottage** *n.m.* boycott, boycotting.

**boycotter** *v.* to boycott.

**braconnage** *n.m.* poaching.

**braconner** *v.* to poach.

**braconnier** *n.m.* poacher.

**brader** *v.* to sell off, to sell below the normal price.

**braderie** *n.f.* **1.** jumble sale, rummage sale. **2.** *(fait de brader)* selling off.

**branche** *n.f.* branch, segment, field, line ; industry. *~ d'activité,* field of activities, occupational field, line of business, branch. *~ commerciale,* branch of trade.

**branchement** *n.m.* **1.** *(électrique)* connection ; *(fait de brancher)* plugging (in). **2.** *(rail)* junction. **3.** *(conduite, oléoduc)* branching,

connection ; tapping.

**brancher** *v.* to connect, *(électricité)* to plug (in).

**brancher (se)** *v.* to connect (with) ; to tie up (with) ; *(électricité)* to plug (into) ; *(ordinateur)* to hook up (to) ; *(écoutes téléphoniques)* to tap.

**brandir une menace,** to threaten (with something).

**bras de fer,** contest, tug of war.

**bras** *n.m.* arm. *Avoir le ~ long,* to have a wide influence. *Avoir quelque chose sur les ~,* to have something on one's hands, to be left with something, to be saddled with something. *Être le ~ droit de quelqu'un,* to be somebody's right hand. *Manquer de ~,* to be short-handed, to be undermanned.

**brasser** *v.* **1.** *(bière etc.)* to brew. **2.** *(affaires)* to handle ; *(U.S.)* to wheel and deal.

**brasserie** *n.f.* **1.** brewery. **2.** *(café)* beer-house, beer-saloon.

**brasseur** *n.m.* **1.** *(bière)* brewer. **2.** *(d'affaires)* big-time operator, wheeler-dealer, *(U.S., péjoratif)* hustler.

**brebis galeuse,** black sheep.

**brèche** *n.f.* breach, gap, opening. *~ dans la législation, etc.* loophole.

**bref, -ève** *adj.* brief, short. *En ~,* briefly, in short, in brief, to make a long story short.

**bretelle** *n.f.* strap, sling ; *(paire de) ~,* (pair of) braces, *(U.S.)* suspenders. *~ d'autoroute,* link-up.

**brève** *n.f.* *(Presse)* short.

**brevet** *n.m.* **1.** patent. *Bureau des ~s,* Patent Office. *Prendre, déposer un ~,* to take out a patent. *Contrefaçon de ~,* patent infringement. **2.** certificate ; commission.

**brevetable** *adj.* patentable.

**breveter** *v.* **1.** to patent. **2.** to certificate.

**bric à brac** *n.m.* odds and ends, curios. *Magasin/boutique/de ~,* curiosity shop.

**bricole** *n.f.* **1.** *(menu travail)* odd job. **2.** *(chose sans importance)* trifle.

**bricoler** *v.* **1.** to do odd jobs, to potter, *(U.S.)* to putter ; to tinker. **2.** *(péjoratif)* to bungle, to botch.

**bricoleur** *n.m.* do-it-yourselfer, handyman, potterer, *(U.S.)* putterer.

**brider** *v.* to restrict, to limit, to slow down, to restrain, to curb, to hinder, to hamper.

**briguer** *v.* to solicit, to court, to scheme for. ~ *des voix,* to solicit votes, to canvas for votes. ~ *un poste,* to seek a position.

**brillant, e** *adj.* **1.** bright, brilliant. **2.** *(visuellement)* shiny ; bright.

**brimade** *n.f.* **1.** ill-treatment, bullying. **2.** *(administrative, etc.)* harassment.

**brique** *n.f.* brick.

**briqueterie** *n.f.* **1.** brick-works. **2.** *(métier)* brick-making

**bris** *n.m.* breaking, *(casse)* breakage. ~ *de clôture,* breach of close.

**briser** *v.* to break.

**briser (se)** *v.* to break.

**briseur de grève,** strike-breaker, blackleg, *(U.S.)* scab.

**brocante** *n.f.* curios, dealing in curios, dealing in second-hand goods ; *(boutique)* antique shop ; junk shop.

**brocanteur** *n.m.* dealer in curios, dealer in second-hand goods, second-hand dealer.

**brochure** *n.f.* booklet, brochure, pamphlet.

**broderie** *n.f.* **1.** embroidery ; embroidering **2.** embroidery shop.

**bronze** *n.m.* bronze.

**brouette** *n.f.* wheelbarrow, barrow.

**brouillage** *n.m.* *(radio)* jamming.

**brouillard** *n.m.* fog, smog ; *(fig.)* être dans le ~, to be in the dark.

**brouillon** *n.m.* rough draft, rough copy.

**broyeur** *n.m.* crusher, grinder.

**bruit** *n.m.* **1.** noise. **2.** rumour.

**brûler** *v.* to burn.

**brusque** *adj.* sudden, abrupt.

**brusquer** *v.* *(les choses)* to precipitate, to hurry ; *(des personnes)* to be sharp, rude with somebody ; *(bousculer)* to rush somebody, *(U.S.)* to hustle.

**brut, e** *adj.* **1.** *(matière première)* raw. **2.** *(bénéfice, poids, etc.)* gross. *Bénéfice ~,* gross profit. *Produit National ~,* Gross National Product / Income, G.N.P. **3.** *(pétrole ~)* crude oil.

**brutal, e** *adj. augmentation brutale,* sharp rise, sudden rise. *Refus brutal,* blunt refusal , flat no.

**bûcheron** *n.m.* lumberman, *(U.S.)* lumberjack, logger.

**budget** *n.m.* budget, estimates ; *(publicité)* ~ *d'annonceur,* account. ~ *serré,* tight budget.

**budgétaire** *adj.* budget, budgetary ; financial, fiscal. *Année ~,* fiscal year, financial year.

**budgeter** *v.* to budget.

**bulletin** *n.m.* bulletin, report. *Bulletin d'enregistrement des bagages,* luggage ticket, *(U.S.)* baggage check. ~ *d'information,* news bulletin. ~ *météorologique,* weather forecast ; weather report ; *vote à* ~ *secret,* vote/voting/by secret ballot.

**bulletin de commande,** order form.

**bulletin d'expédition,** dispatch note, consignment note, way-bill.

**bulletin de paye, bulletin de salaire,** pay-slip.

**bulletin de souscription,** application form, subscription form, subscription blank.

**bulletin de vote,** ballot paper, voting paper.

**bureau** *n.m.* **1.** office, agency, department ; committee ; bureau ; board. *Fournitures de ~,* office stationery. **2.** *(meuble)* desk. **3.** ~ *de tabac,* tobacconist's.

**bureaucrate** *n.m.f.* bureaucrat.

**bureaucratie** *n.f.* bureaucracy, red-tape, red-tapism.

**bureaucratiser** *v.* to bureaucratize.

**bureau de change,** exchange bureau.

**bureau de placement,** employment office, placement office/bureau/.

**bureau de poste,** post office.

**bureau de renseignements,** information office, inquiries office, inquiry office.

**bureau d'études 1.** *(d'une entreprise)* design office, research department ; R and D (Research and Development). **2.** consulting firm.

**bureautique** *n.f.* office automation, bureautics.

**bus,** *n.m. (transport ; inform.)* bus.

**but** *n.m.* goal, purpose, objective, object ; target ; design. *Dans le ~ de,* with a view to. *A ~ lucratif,* for pecuniary gain ; profit-making. *Société à ~ lucratif,* trading company ; profit-seeking organization ; *à ~ non lucratif,* not for money, non-profit, non profit making. *Société à ~*

*non lucratif,* non profit organization ; society.

**buter** *v. ~ contre,* to encounter, to come up against, to meet with (difficulties).

**butin** *n.m.* loot, booty.

**buttoir** *n.m.* buffer, limit.

**buvable** *adj.* drinkable.

**buvard** *n.m.* blotting-paper ; blotting-pad.

**buvette** *n.f.* (refreshment) bar.

**buveur, -euse** *n.m.f.* drinker.

# C

**cabaret** *n.m.* **1.** public-house, pub, bar. **2.** cabaret.

**cabaretier** *n.m. (G.B.)* publican, bar-owner, bar-operator, innkeeper.

**cabine** *n.f.* box, booth.

**cabine téléphonique** *n.f.* phone box, *(U.S.)* phone booth, public call box, public box, pay-phone.

**cabinet** *n.m.* office, firm. *~ juridique,* law-firm. *~ d'audit,* consulting firm, auditing firm.

**câblage** *n.m.* cabling, wiring.

**câble** *n.m.* cable ; wire ; *(télégramme)* cable, wire. *Aviser par ~,* to cable, to wire.

**câbler** *v.* to cable, to wire.

**cabotage** *n.m.* **1.** coasting ; coastal traffic. **2.** *(navigation à la cueillette le long d'une côte)* tramping.

**caboter** *v.* to coast.

**caboteur** *n.m.* coasting vessel, coaster.

**cacao** *n.m.* cocoa.

**cachet** *n.m.* **1.** stamp, seal. *~ de la poste,* post-mark. *Le ~ de la poste faisant foi,* date as postmark. **2.** *(somme)* fee. **3.** *(médical)* tablet, lozenge.

**cacheter** *v.* to seal.

**cadeau** *n.m.* gift, present. *Faire un ~,* to offer a gift, to make a present. *Pouvez-vous me faire un paquet-~ ?,* Can you gift-wrap it for me ?

**cadence** *n.f.* rate ; pace ; rhythm ; speed. *~ de production,* production rate.

**cadran** *n.m.* dial. *Vente au ~,* auction sale, sale by auction.

**cadre** *n.m.* **1.** *(personne)* executive ; (senior) staff ; (senior) offi-

cer ; cadre. **2.** framework. *Dans le ~ de...,* within the framework of... **3.** *(d'emballage)* (packing) frame, crate.

**cadre moyen,** *n.m.* junior executive ; middle executive.

**cadrer** *v.* **1.** *(correspondre)* to correspond (to), to tally (with), to fit in (with), to agree (with), to go (with).

**cadres** *n.pl.* executives, senior staff.

**cadre supérieur** *n.m.* senior executive, top executive. *Les cadres ~s,* top management.

**cadreur** *n.m.* cameraman, camera operator.

**caduc, caduque** *adj.* null and void. *Rendre ~,* to void, to render / to make null and void.

**caducité** *n.f.* nullity.

**C.A.F.** *coût assurance fret,* C.I.F. (Cost, Insurance, Freight).

**café** *n.m.* **1.** coffee. **2.** café, pub, bar, coffee-house. *Garçon de ~,* waiter.

**cafetier** *n.m.* café-owner.

**cageot** *n.m.* crate.

**cagnotte,** *n.f.* **1.** nest-egg. **2.** *(jeux)* pool, kitty.

**cahier** *n.m.* copy-book. *Cahier des charges,* terms of reference ; specifications ; brief.

**caisse** *n.f. (pour paiement)* (cash-) desk ; *(supermarché)* check-out counter ; *(pour expédition)* box ; case ; *(tiroir ~)* till, cash-box ; *(argent en ~)* cash, money in the till, money in hand ; *(d'une administration, etc.)* cashier's desk. *Livre de caisse,* cash-book. *Petite ~,* petty cash. *Faire sa ~,* to balance one's cash.

**caisse d'amortissement** sinking fund.

**caisse d'épargne,** savings bank.

**caisse de retraite,** pension fund.

**caisse enregistreuse,** cash-register.

**caisse de sortie,** check-out counter.

**caissier, e** *n.m.f.* cashier, teller.

**calcul** *n.m.* **1.** calculation, computing, computation, reckoning. **2.** *(différentiel, etc.)* calculus. **3.** *(évaluation)* estimate, assessment. **4.** *(projet)* calculation, scheme, plan.

**calculateur** *n.m.* **1.** calculator, reckoner. **2.** *(ordinateur)* computer. **3.** *(personne)* schemer, scheming person.

**calculatrice** *n.f.* calculating machine, calculator ; ~ *électronique,* electronic computer ; ~ *numérique,* digital computer.

**calcul des probabilités,** theory of probability, probability calculus.

**calculer** *v.* **1.** to calculate, to compute, to reckon. **2.** *(sens large)* to work out. **3.** *(estimer, évaluer)* to estimate, to assess. **4.** *(ses dépenses)* to regulate, to adjust.

**calculette** *n.f.* pocket calculator.

**cale** *n.f.* **1.** *(d'un navire)* hold. *Eau de cale,* bilge, bilge water. **2.** *(pour réparation, etc.)* dock. ~ *sèche,* dry-dock. ~ *de construction,* stocks. ~ *de lancement,* slip, slipway. **3.** *(pour caler)* wedge, block, chock.

**calendrier** *n.m.* **1.** calendar. **2.** schedule, time-chart ; *(~ d'une négociation, etc.)* timetable.

**calibre** *n.m.* calibre ; *(tuyau, etc.)* bore, gauge.

**calibrer** *v.* to standardize, to calibrate.

**calme** *adj.* *(affaires, Bourse, marché)* quiet ; *(insuffisamment animé)* dull.

**calme** *n.m.* quietness.

**calorie** *n.f.* calorie, calory.

**calque** *n.m.* tracing.

**se calmer** *v.* to calm down ; *(controverse, etc.)* to subside, to blow over, to spend oneself, to die down.

**cambiste** *n.m.* (foreign) exchange-broker ; (foreign) exchange-dealer.

**cambriolage** *n.m.* burglary

*(U.S.)* burglarizing, burglaring.

**cambrioler** *v.* to break into something, to burgle ; *(U.S.)* to burglarize, to burglar.

**cambrioleur** *n.m.* burglar.

**camelot** *n.m.* hawker.

**camelote** *n.f.* trash, junk, shoddy goods, cheap goods.

**camion** *n.m.* truck ; *(G.B.)* lorry. ~ *de déménagement,* removal van. ~*-grue,* breakdown van, breakdown lorry.

**camion-citerne** tanker ; *(U.S.)* tank-truck ; *(G.B.)* tanker lorry.

**camionnage** *n.m.* haulage, road-haulage ; cartage, carting.

**camionner** *v.* to carry, to cart, *(U.S.)* to truck.

**camionnette** *n.f.* van, truck ; *(U.S.)* pick-up truck. ~ *de livraison,* delivery van. ~ *de dépannage,* tow-truck, breakdown van, *(U.S.)* tow car, wrecker.

**camionneur** *n.m.* lorry driver, *(U.S.)* truck driver, trucker, teamster.

**campagne** *n.f.* **1.** countryside, country. **2.** campaign, drive. ~ *de recrutement,* recruiting drive.

**campagne publicitaire,** advertising campaign.

**canal,** *n.m.,* *pl.* **canaux,** canal ; *(mer)* channel ; *(de distribution etc.)* channel.

**canard boiteux,** lame duck.

**canaux de communication,** communication channels.

**canaux de distribution,** distribution channels.

**canalisation** *n.f.* pipe, piping, mains, conduit.

**canaliser** *v.* **1.** to channel. **2.** to canalize. **3.** *(source d'énergie)* to harness.

**candidat, e** *n.m.f.* candidate, applicant ; ~ *désigné,* ~ *officiel,* nominee.

**candidature** *n.f.* application, candidacy. *Faire acte de* ~, to apply. *J'ai l'honneur de faire acte de* ~ *au poste de,* I wish to apply for the position of.

**cannibalisation** *n.f.* cannibalization.

**cannibaliser** *v.* to cannibalize.

**canton** *n.m.* canton, district.

**caoutchouc** *n.m.* rubber.

**capable** *adj.* capable ; able ;

competent.

**capacité** *n.f.* capacity, ability, capability, competence, competency, talent ; qualification. ~ *d'autofinancement,* self-financing capability ; cash-flow. ~ *d'endettement, d'emprunt,* debt capacity. ~ *financière (moyens),* financial means. *Avoir (la)* ~ *de,* to be qualified (for, to do).

**capacité de traitement,** processing capacity, *(données)* data-handling capacity.

**capitaine** *n.m.* captain ; *(bateau de pêche, de plaisance)* skipper. ~ *au long cours,* master mariner.

**capital, e** *adj.* **1.** basic, fundamental, chief, essential, major. **2.** *peine* ~ *e,* death sentence.

**capital** *n.m. pluriel* **capitaux. 1.** capital. *(Attention : ce nom n'est jamais pluriel en anglais dans ce sens). Afflux de capitaux,* capital inflow. *Augmentation de* ~ *,* increase of capital. *Capitaux d'une société,* corporate assets. *Avoir besoin de capitaux,* to need funds, to need cash. *Entrer dans le* ~ *d'une société,* to buy shares of a company, to buy into a company. **2.** *(d'un prêt)* capital, principal. ~ *et intérêt,* principal and interest.

**capital actions,** share capital ; *(U.S.)* capital stock.

**capital appelé,** called-up capital.

**capital à risques,** risk capital, venture capital.

**capital circulant,** circulating capital.

**capital d'apport,** initial capital.

**capital disponible,** available capital, available assets.

**capitale** *n.f.* capital.

**capital fixe,** fixed capital, fixed assets.

**capital flottant,** floating capital.

**capitalisable,** *adj.* capitalizable.

**capitalisation,** *n.f.* capitalization.

**capitaliser,** *v.* to capitalize.

**capitalisme,** *n.m.* capitalism.

**capitaliste** *adj.* capitalist, capitalistic.

**capitaliste** *n.* capitalist.

**capital propre,** stockholders' equity.

**capital social 1.** *(nominal)* authorized capital, registered capital. **2.**

*(réel d'une société)* capital.

**capital souscrit,** subscribed capital.

**capital versé,** paid-up capital.

**capitaux,** capital, funds, money, cash. ,

**capitaux fébriles,** hot money.

**capitaux flottants,** hot money, floating capital.

**capitaux improductifs,** idle capital.

**capitaux mobiles,** floating capital, hot money.

**capitaux propres 1.** stockholders' equity, net worth, equity capital. **2.** *(d'un individu, etc.)* own capital, proprietary capital.

**capitaux spéculatifs 1.** *(fébriles)* hot money. **2.** *(capital risque)* risk capital.

**capricieux, -euse** *adj. (marché)* changing, irregular, unsteady, shifting, freakish.

**captif, -ive** *adj.* captive. *Màrché* ~ *,* captive market ; *(chasse gardée)* preserve.

**capter** *v. (une énergie)* to tap, to harness.

**car** *n.m.* coach, bus.

**caractère** *n.m.* **1.** *(caractéristique)* characteristic, (main) feature ; trait. **2.** *(d'une personne)* temper ; personality ; disposition ; turn ; nature. **3.** *(nature d'un événement, etc.)* nature ; turn ; tone. **4.** *(imprimerie)* type. *Écrire en* ~ *s d'imprimerie,* to write in block characters, to write in capitals ; *(U.S.)* to print.

**caractéristique** *n.f.* characteristic, (main) feature.

**carambouillage** *n.m.* swindling (immediate resale of goods bought on credit or unpaid).

**carambouiller** *v.* to swindle (cf. **carambouillage**).

**carambouilleur** *n.m.* swindler (who resells goods bought on credit or unpaid).

**caravane** *n.f.* **1.** caravan *(U.S. :* trailer). **2.** *(publicitaire, etc.)* motorcade.

**carburant** *n.m.* fuel.

**carénage** *n.m.* **1.** *(mer)* careening, careenage. **2.** *(av., aut. fait de donner un profil aérodynamique)* streamlining.

**carence** *n.f.* **1.** *(inefficacité)* inefficiency. **2.** *(manque)* deficiency ;

lack. 3. *(non-paiement)* defaulting, insolvency.

**caréner** *v.* 1. *(mar.)* to careen. 2. *(av. aut. donner un profil aérodynamique)* to streamline.

**cargaison** *n.f.* cargo, freight, load ; *également selon le mode de transport,* boatload, truckload, carload *(U.S., pour un wagon, etc.).*

**cargo** *n.m.* cargo-boat, cargoship, cargo-vessel, freighter. ~ *mixte,* passenger-cargo ship, *avion* ~ *,* cargo-plane, air-freighter.

**caritatif, -ive** *adj.* charitable. *Association* ~ *,* charitable association, charity.

**carnet** *n.m.* book, notebook. ~ *à souche,* counterfoil book, stub book. ~ *de bord, de route,* log book.

**carnet de chèques,** cheque-book, *(U.S.)* check-book.

**carnet de commandes,** order book.

**carreau** *n.m.* 1. *(de verre)* glass pane, window pane. 2. *(tuile)* tile. 3. *(~ de mine)* pit-head. 4. *(~ des halles)* market. 5. *(tissus à carreaux, etc.)* check, checked.

**carrefour** *n.m.* crossroads, intersection.

**carrier** *n.m.* quarryman, quarrier, quarry operator.

**carrière** *n.f.* 1. *(de pierre, etc.)* quarry, pit. 2. *(d'une personne)* career ; *(dans les annonces)* record, track record.

**carrossable** *adj.* *(route)* carriageable.

**carrosserie** *n.f.* 1. *(d'une voiture, etc.)* body. 2. *(métier)* coach-building, body-building.

**carrossier** *n.m.* coach-builder.

**carrousel,** *(de diapositives)* round slide-tray.

• **carte** *n.f.* 1. card, sheet, slip ; *(restaurant)* menu. ~ *des vins,* wine list. *Donner* ~ *blanche,* to give a free hand, to give carte blanche. 2. *(géographique)* map, plan, *(maritime)* chart. 3. *(bus, métro, etc.)* pass.

**carte accréditive,** convenience card *(cf. American Express, Visa, Mastercard, etc.).*

**carte à détacher,** tear-out card.

**carte d'abonnement,** season ticket, pass ; *(club, etc.)* subscription card.

**carte de crédit,** credit card.

**carte de visite,** visiting card, *(U.S.)* calling card ; business card.

**carte de réduction,** pass, season ticket ; *(pour banlieusard)* commuter ticket.

**carte grise,** car licence, *(U.S.)* automobile license.

**carte perforée,** punched card, punch-card.

**cartel** *n.m.* cartel.

**carte-lettre** *n.f.* letter-card.

**cartellisation** *n.f.* cartellization.

**carte-réponse** *n.f.* reply-card, business reply-card ; reply-coupon.

**carte téléphonique,** phone card.

**carton** *n.m.* 1. *(matériau)* cardboard. ~ *ondulé,* corrugated cardboard. 2. case, carton.

**cartonnage** *n.m.* 1. making/manufacturing/of cardboard boxes. 2. *(collectif : boîtes en cartons)* cardboard boxes.

**cartonnerie** *n.f.* 1. cardboard trade, cardboard industry. 2. cardboard factory.

**cartouche** *n.f.* cartridge, refill.

**cas** *n.m.* case. *Étude de* ~ *,* case study. *Méthode des* ~ *,* case study method. ~ *limite,* borderline case. ~ *de force majeure,* case of absolute necessity ; *(ass.)* Act of God ; « force majeure ».

**case** *n.f.* box, space. *Cocher la* ~ *correspondante,* tick the appropriate box.

**casier** *n.m.* 1. box ; pigeon-hole. 2. *(à bouteille)* rack. 3. *(judiciaire)* police record.

**cassation** *n.f.* quashing, rescinding, annulment, reversing, reversal. *Cour de* ~ *,* Supreme Court of Appeal, Highest Court of Appeal.

**casse** *n.f.* breaking, breakage, damage.

**casser** *v.* 1. to break. 2. ~ *les prix,* to slash prices, to undersell, to undercut competitors ; *(Bourse)* ~ *les cours,* to bang the market. 3. *(un fonctionnaire)* to demote. 4. *(un jugement)* to rescind, to quash, to reverse, to annul.

**catalogue** *n.m.* catalogue, *(U.S.)* catalog ; *(des prix)* price-list.

**cataloguer** *v.* 1. to catalogue, to list, to feature. 2. to class, to categorize.

**catastrophe** *n.f.* catastrophe ; *bilan d'une* ~, toll.

**catastrophique** *adj.* catastrophic.

**catégorie** *n.f.* category, kind, variety ; ~ *de revenus,* income bracket.

**catégoriel, le** *adj.* socio-professional. *Intérêts* ~ *s,* sectional interests.

**cause** *n.f.* 1. cause, reason, grounds. 2. *(jur.)* suit, action, proceedings, trial, case.

**causer** *v.* to cause, to bring about, to lead to, to result in, to involve, to entail, to provoke.

**caution** *n.f.* 1. *(commerce)* deposit. 2. *(banque, etc.)* security, guarantee. *Se porter* ~ *pour quelqu'un,* to stand surety for somebody. 3. *(jur.)* bail, bond.

**cautionnement** *n.m.* 1. security, guarantee, deposit. 2. *(judiciaire)* bail.

**cautionner** *v.* 1. *(sens large)* to guarantee. 2. *(banque)* to stand surety for somebody. 3. *(jur.)* to go bail for somebody.

**cavalerie** *n.f.* *(traite de)* accommodation bill, kite.

**cavalier seul (faire)** *loc.* to go it alone.

**céder** *v.* 1. *(s'incliner)* to give up, to yield. ~ *aux pressions,* to bow to pressure. 2. *(abandonner)* to surrender, to relinquish, to yield, to part with. 3. *(vendre)* to sell, to transfer. 4. *(se rompre)* to break, to yield, to give way.

**célibataire** *adj.* single, unmarried.

**célibataire** *n.* *un* ~, an unmarried man, a bachelor. *Une* ~, an unmarried woman.

**cellule** *n.f.* cell.

**cens** *n.m.* *(électoral)* property qualification (for citizens to be allowed to vote).

**censitaire** *adj.* *(électeur)* qualified by property. *Suffrage* ~, franchise dependent on property qualification.

**censure** *n.f.* censorship. *Vote de* ~, vote of no confidence.

**censurer** *v.* to censor.

**cent** *adj.* et *n.m.* hundred.

**centaine** *n.f.* 1. hundred. 2. *(environ 100)* about a hundred.

**centenaire** *n.m.* centenary, centennial.

**centésimal** *adj.* centesimal.

**centième** *adj.* hundredth.

**centigrade** *adj.* centigrade.

**centigramme** *n.m.* centigramme.

**centilitre** *n.m.* centilitre.

**centime** *n.m.* centime, « cent ».

**centimètre** *n.m.* centimetre.

**central, e** *adj.* central, centre, *(U.S.)* center ; *(ordinateur) unité centrale,* central processing unit, central processor.

**centrale,** *n.f.* ~ *atomique,* atomic plant. ~ *d'achat,* purchasing group, buying group. ~ *électrique,* power plant, power station, generating station. ~ *syndicale,* Confederate Union, Confederated Union. ~ *thermique,* thermal plant, thermal station.

**centrale nucléaire,** nuclear plant.

**centralisateur, -trice** *adj.* centralizing.

**centralisation** *n.f.* centralization.

**centraliser** *v.* to centralize.

**central téléphonique,** *n.m.* telephone exchange, *(U.S.)* central.

● **centre** *n.m.* 1. centre, *(U.S.)* center. 2. *(milieu)* middle, centre. 3. *(pour vacances)* resort. 4. *(politique)* centre, middle-of-the-road. 5. ~ *d'activité,* hub. *Au XIXᵉ siècle, Londres était le* ~ *du monde commercial,* in the 19th century, London was the hub of the commercial world.

**centre commercial,** shopping centre ; shopping mall.

**centrer** *v.* to centre, to focus.

**centuple** *n.m.* centuple, *au* ~, a hundredfold.

**centupler** *v.* to centuple, to centuplicate, to increase a hundredfold, to multiply by a hundred.

**cercle** *n.m.* circle ; ~ *s de qualité,* quality circles.

**cercler** *v.* *(barrique, etc.)* to hoop ; to bind.

**céréale,** *n.f.* cereal. ~ *s,* grain.

**céréalier, e** *adj.* *cultures* ~ *es,* cereal crops, grain crops.

**cérémonie** *n.f.* ceremony ; ~ *officielle,* state function, formal ceremony, public ceremony.

**certificat** *n.m.* 1. certificate ; ~ *de bonne vie et mœurs,* certificate of character. ~ *(provisoire) de* *titres,* scrip. **2.** *(attestation)* recommendation, testimonial.

**certificat d'avarie,** damage report.

**certificat de chargement,** certificate of receipt ; *(nav.)* mate's receipt.

**certificat d'entrepôt,** warehouse warrant.

**certificat d'investissement,** certificate of investment, non-voting share convertible into a voting one at a small premium.

**certificat d'origine,** certificate of origin.

**certificateur** *n.m.* certifier, guarantor.

**certification** *n.f.* certification, authentication ; *(d'une caution)* guaranteeing.

**certifier** *v.* to certify, to authenticate ; *(une caution)* to guarantee ; *(sens large)* to attest (to something), to vouch (for something), to assure. *Copie certifiée conforme,* certified true copy, authenticated copy.

**cessation** *n.f.* end, stoppage, discontinuance, termination, cessation, suspension, interruption, ceasing, breach, closure. ~ *d'activité,* ~ *de commerce,* discontinuance of business, closing down. ~ *de contrat,* termination of contract, closure of contract. ~ *de paiement,* suspension of payment ; stoppage of payment.

**cesser** *v.* to stop, to cease, to suspend, to discontinue ; *(relations)* to break off. ~ *le travail,* to knock off work, *(faire grève)* to go on strike, to down tools, to walk out, to walk off the job. ~ *de fabriquer,* to discontinue (a product, a line), to drop.

**cessibilité** *n.f.* transferability ; *(patrimoine)* assignability.

**cessible** *adj.* transferable *(patrimoine)* assignable.

● **cession** *n.f.* transfer ; *(patrimoine)* assignment ; ~ *de,* to transfer ; *(territoire)* cession.

**cessionnaire** *n.m.* transferee, assignee.

● **chaîne** *n.f.* **1.** chain. ~ *de fabrication,* production line. ~ *de manutention,* handling chain. ~ *de montage,* assembly line. *Travail à*

*la* ~, assembly-line production, work on the assembly line. ~ *de magasins de vente au détail,* retail chain, chain stores, multiple-shop operation, multiples. **2.** *(télé.)* channel ; ~ *à accès public,* public access channel.

**chaire** *n.f.* *(université)* professorship ; tenure.

**chaland** *n.m.* barge. ~ *automoteur,* self-propelled barge. ~ *sans moteur,* dumb barge.

**chaleur** *n.f.* heat ; *(affective)* warmth.

**chalutier** *n.m.* trawler.

**chambre** *n.f.* **1.** room ; ~ *forte,* strong room. **2.** *(des députés)* House, Chamber, House of Representatives. **3.** ~ *de compensation,* clearing-house. **4.** ~ *froide,* cold storage ; cold storage room. **5.** ~ *des Métiers,* Guild. **6.** ~ *syndicale,* Committee of Elected Representatives, Elected Board, Committee of Union Representatives.

**Chambre de Commerce,** Chamber of Commerce.

**chambre pour une personne,** single room.

**chambre pour deux personnes,** double room.

**champ,** *n.m.* field ; ~ *d'activité,* field of operation. ~ *d'action,* scope. ~ *de course,* race-course, race-track. ~ *de foire,* fairground. ~ *pétrolifère,* oil-field.

**chance,** *n.f.* **1.** luck. **2.** *(hasard)* chance. **3.** *(occasion)* opportunity, chance.

**chancelant, e** *adj.* unsteady *(vacillant)* staggering, *(hésitant)* wavering.

**chanceler,** *v.* to be unsteady ; *(vaciller)* to stagger ; *(hésiter)* to waver.

**change,** *n.m.* exchange ; foreign exchange. *Taux de* ~, exchange rate. *Lettre de* ~, bill of exchange. *Première de* ~, first of exchange. *Deuxième de* ~, second of exchange. *Perte de* ~, loss on exchange.

**changeant, e** *adj.* changing, variable, unstable.

**changement** *n.m.* change ; alteration ; transformation. ~ *de direction* a) new management

b) shift.

**changer** *v.* **1.** to change, to alter, to transform. ~ *d'emploi,* to change jobs, to switch jobs. **2.** *(de l'argent)* to change, to exchange.

**changeur** *n.m.* money changer.

**chantage** *n.m.* blackmail.

**chanter (faire)** to blackmail.

**chantier** *n.m.* site ; yard. ~ *de construction,* building site. *Mettre en ~ :* a) to start construction on ; b) to start work on.

**chantier naval,** shipyard.

**chanvre** *n.m.* hemp.

**chaos** *n.m.* chaos.

**chapeau du capitaine** *n.m.* primage, hat money.

**chapeauter** *v.* to head, to supervise.

**chapelier** *n.m.* hat-maker, hatter.

**chapitre** *n.m.* **1.** chapter. **2.** *(d'un compte)* heading, item.

**charge** *n.f.* **1.** load ; burden. ~ *de travail,* workload. ~ *utile,* payload. **2.** *(fonction)* office, function, duties. **3.** *(responsabilité)* charge, responsibility, onus. *En ~ de,* responsible for ; in charge of. **4.** *(dépenses)* charge, expense, cost. *A la ~ de,* payable by, to be borne by, chargeable to. ~ *d'exploitation,* operating expenses. ~*s directes,* direct cost(s). ~ *(s) fiscale(s),* tax, taxes, taxation, the burden of taxation, fiscal charges. **5.** *(jur. : accusation)* charge ; indictment. *Témoin à ~,* witness for the prosecution. **6.** *Avoir ~ de famille,* to support a family, to have dependants/ dependents. **7.** ~ *de la preuve,* burden of proof. **8.** *Libre de toute ~ (propriété, etc.),* free from all encumbrances. **9.** ~ *d'agent de change,* brokerage firm, broking house.

**chargé(e) de** *adj.* responsible for, in charge of.

**chargé d'affaires** *n.m.* chargé d'affaires, ambassador's deputy.

**chargé de famille (être)** to have dependents, to support a family.

**chargé d'études** *n.m.* researcher.

**chargement** *n.m.* **1.** load, cargo. **2.** *(fait de charger)* loading. **3.** *(intérêts, dette)* charge.

**charger** *v.* **1.** to load, to ship. **2.** *(une batterie)* to charge. **3.** *(quel-qu'un de faire quelque chose)* to instruct somebody to do something ; to entrust somebody with (doing) something, to charge somebody to do something, to commission somebody, to put somebody in charge of something, to assign somebody to do something. **4.** *(gonfler)* to inflate. ~ *un compte,* to inflate an account. **5.** *(jur.)* to accuse, to charge, to indict (somebody with something).

**charger** *(se ~ de quelque chose)* to take care of something, to attend to something, to look after something, to deal with something.

**charges** *n.f.pl.* voir **charge. 1.** expenses. **2.** *(jur.)* charges.

**charges à payer** expenses payable.

**charges sociales,** social charges.

**chargeur** *n.m.* loader, shipper.

**chariot** *n.m.* truck, wag(g)on, cart. ~ *de supermarché,* cart, trolley-basket, trolley. ~ *élevateur,* fork-lift truck.

**charpentier** *n.m.* carpenter.

**charrette** *n.f.* cart.

**charrue** *n.f.* plough, *(U.S.)* plow.

**charte** *n.f.* charter.

**charte-partie** *n.f.* charter-party.

**chasse** *n.f.* shooting, hunting ; hunt.

**chasser** *v.* **1.** to hunt, to shoot. **2.** *(renvoyer)* to drive out, to drive away, to expel, to dismiss, to chase.

**chasseur** *n.m.* **1.** hunter. ~ *de têtes,* head-hunter. **2.** *(hôtel)* page, page boy, *(U.S.)* bell boy, bell hop. **3.** *(avion)* fighter.

**chaud, e** *adj.* warm, hot.

**chaudière** *n.f.* boiler.

**chaudronnerie** *n.f.* boiler-making ; boiler-trade.

**chaudronnier** *n.m.* boiler-maker ; coppersmith, tinsmith.

**chauffage** *n.m.* heating. ~ *central,* central heating. *Appareil de ~,* heating appliance, heater.

**chauffagiste** *n.m.* heating systems specialist.

**chauffer** *v.* **1.** *(transitif)* to heat. **2.** *(intransitif)* to get hot, to become hot.

**chauffeur** *n.m.* **1.** *(conducteur)* driver. ~ *de camion, de poids lourd, routier,* lorry driver, *(U.S.)* truck driver, trucker, teamster. **2.**

*(de maître)* chauffeur. **3.** *(industrie)* stoker ; fireman ; boilerman ; furnace man.

**chaussure** *n.f.* shoe, footwear. *L'industrie de la* ~ *,* the shoe industry.

**chavirer** *v.* to capsize, to overturn.

**check-list** *n.f.* check-list.

• **chef** *n.m.* **1.** head ; manager ; director ; chief ; *(fam.)* boss. ~ *de file,* leader. **2.** *(d'accusation)* count ; charge.

**chef caissier** *n.m.* (head) cashier.

**chef comptable** *n.m.* chief accountant, head accountant.

**chef d'atelier** *n.m.* (work) shop-supervisor, shop-foreman, overseer.

**chef de bureau** *n.m.* office manager, head clerk ; department head, departmental head.

**chef de fabrication** *n.m.* production manager, technical manager.

**chef de famille** *n.* head of a family, householder.

**chef de file** *n.* leader. *(Banque)* lead bank.

**chef de gare** *n.m.* station master.

**chef de groupe** *n.m.* Divison Manager ; *(pub.)* account director.

**chef d'entreprise** *n.m.* firm manager, business manager, entrepreneur.

**chef de produit** *n.m.* product manager.

**chef de publicité** *n.m.* **1.** *(agence)* account executive, *(G.B.)* budget executive. **2.** *(annonceur)* advertising director, advertising manager. **3.** *(media, support)* advertisement manager/director ; *(U.S., presse)* advertising sales manager.

**chef de rayon** *n.m.* department head, department supervisor, *(surveillant)* shop-walker, *(U.S.)* floor walker.

**chef de service** *n.m.* department head, departmental head.

**chef des informations,** desk editor, news editor.

**chef des ventes** *n.m.* sales manager.

**chef-d'œuvre** *n.m.* masterpiece.

**chef du personnel** *n.m.* Personnel Manager, Personnel Executive, Staff Manager.

**chemin** *n.m.* path, way, road ;

*méthode du* ~ *critique,* critical path method.

**chemin de fer** *n.m.* railway(s), *(U.S.)* railroad(s), rail. *Voyager par* ~ *,* to travel by rail.

**chemise** *n.f.* **1.** shirt. **2.** *(pour documents)* folder, jacket.

**chemiserie** *n.f.* **1.** haberdashery. **2.** shirtmaking, shirt factory.

**chemisier** *n.m.* **1.** haberdasher. **2.** shirt-maker.

**chenal** *n.m., pl.* **chenaux,** channel, fairway.

**cheptel** *n.m.* livestock, cattle.

**chèque** *n.m.* cheque, *(U.S.)* check. *Émettre un* ~ *,* to issue a cheque. *Faire un* ~ *,* to write a cheque, to make out a cheque. *Refuser un* ~ *,* to stop a cheque. *Toucher un* ~ *,* to cash a cheque.

**chèque au porteur,** bearer cheque, cheque to bearer.

**chèque bancaire,** bank cheque.

**chèque barré,** crossed cheque.

**chèque de voyage,** traveller's cheque, *(U.S.)* traveler's check.

**chèque en blanc,** blank cheque.

**chèque en bois,** bad/ dud/ bouncing/ rubber/ worthless cheque *(U.S.,* check).

**chèque postal,** giro cheque, giroform. *Compte* ~ *,* giro account.

**chèques postaux (les),** the Giro.

**chèque restaurant,** luncheon voucher ; meal ticket.

**chèque sans provision,** bad cheque, *(U.S.)* bad check, dud cheque ; bouncing cheque, *(U.S.)* rubber check.

**chéquier** *n.m.* cheque book, *(U.S.)* checkbook.

**cher, ère** *adj.* dear, expensive ; *vie chère,* high cost of living, high prices.

**chercher** *v.* to look for, to seek, to search for ; *(petite annonce de recrutement, également)* to need, to want. *Aller* ~ *,* to go and fetch ; *(un colis)* to collect, to take delivery of ; *aller* ~ *quelqu'un à la gare, etc.,* to meet, to pick up.

**chercheur, euse** *n.m.f.* researcher ; scientist.

**cherté** *n.f.* (high) cost, expensiveness, dearness, high price.

**cheval** *n.m.* horse ; ~ *de trait,* draught-horse.

**cheval-vapeur** *n.m.* horse-power,

h.p.

**chevauchement** *n.m.* overlap, overlapping.

**chevaucher** *v.* to overlap.

**chicane** *n.f.* quarrel, wrangling ; *(jur.)* pettifogging.

**chicaner** *v.* **1.** *(jur.)* to pettifog, to argue, to dispute. **2.** to wrangle ; *(prix)* to haggle.

**chiffrable** *adj.* calculable, computable.

**chiffrage** *n.m.* **1.** calculating, reckoning, computing, numbering. **2.** *(code)* coding, ciphering.

**chiffre** *n.m.* **1.** figure ; number, numeral ; digit, amount, sum. *Inflation à deux ~s,* double-digit inflation. **3.** *(code)* cipher, code.

**chiffre d'affaires,** turnover.

**chiffre de vente,** sales figure.

**chiffrer** *v.* **1.** to calculate, to reckon, to compute, to quote a figure ; to work out/to figure out/a sum, an amount. **2.** *(fam.)* to reach a high figure, to add up to a lot, to be very expensive, to cost a lot. **3.** *(en code)* to code, to cipher.

**chiffrer (se ... à),** to amount to.

**chimie** *n.f.* chemistry.

**chimique** *adj.* chemical. *Un produit ~,* a chemical product, a chemical. *Industrie ~,* chemical industry ; chemical engineering.

**chimiste** *n.m. et f.* chemist. *Ingénieur ~,* chemical engineer.

**chirurgie** *n.f.* surgery. *~ esthétique,* plastic surgery, *(fam.)* face-lifting.

**chirurgien, ne** *n.m. et f.* surgeon.

**choc** *n.m.* shock ; impact. *Prix ~ !,* slashed prices, bottom prices. *~ pétrolier,* oil crisis, oil shock.

**chocolat** *n.m.* chocolate.

**choisir** *v.* to choose, to select, to pick.

**choix** *n.m.* **1.** choice, selection, choosing. *De ~,* choice, top, prime, high quality, first-class, high grade. *Avancement au ~,* promotion by selection/on merit. **2.** *(variété)* range, variety, choice. *Nous avons un grand ~ d'articles,* we have a wide range of articles.

**chômage** *n.m.* unemployement. *Allocation de ~,* unemployment benefit, *(fam.)* the dole. *Être au ~,* to be unemployed, to be out of work, to be out of one's job, to be out of a job, to be jobless, to be workless, to be idle, *(fam.)* to be on the dole.

**chômer** *v.* **1.** to be unemployed, to be idle, etc. *(voir* **chômage***).* **2.** *(usine)* to stand idle, to be at a standstill. **3.** *(volontairement)* to knock off work, not to work, to take (a day, a week, etc.) off ; *jour chômé,* public holiday, *(G.B.)* bank holiday.

**chômeur** *n.m.* unemployed person ; *les chômeurs,* the unemployed. *Le nombre de ~,* unemployment figures, *(U.S.)* the jobless rate.

**chronique** *n.f.* *(presse)* chronicle, column.

**chronique,** *adj.* chronic ; structural.

**chroniqueur,** *n.m.* *(presse)* columnist, commentator. *(radio, télé)* broadcaster.

**chronologie** *n.f.* chronology, time-sequence.

**chronologique** *adj.* chronological, in sequential order.

**chronologiquement** *adv.* chronologically, sequentially.

**chronométrage** *n.m.* time-keeping, timing.

**chronométrer** *v.* to time.

**chronométreur** *n.m.* time-clerk.

**chute** *n.f.* *(des prix)* fall, drop ; *(effondrement)* collapse ; *(d'une personnalité, d'un gouvernement)* fall.

**cible** *n.f.* target ; *(publicité)* population *~,* target group, target audience, target market. *~ visée,* target, intended target, target aimed at.

**cibler** *v.* to target, *(une population)* to define, to identify ; *(une campagne, un produit)* to gear ; *~ une campagne.* **1.** to gear a campaign (to a group). **2.** *(géog.)* to zone a campaign. *Population ciblée,* target audience, target group.

**ci-dessous** *adv.* below ; hereunder ; hereinafter.

**ci-dessus** *adv.* above, above-mentioned.

**cidre** *n.m.* cider.

**cidrerie** *n.f.* **1.** cider-house. **2.** cider-making.

**ci-inclus** *adv.* enclosed, herewith.

**ci-joint** *adv.* enclosed, herewith. *Veuillez trouver ~*, please find enclosed.

**ciment** *n.m.* cement ; *ciment armé*, reinforced cement, concrete.

**cimenter** *v.* to cement ; *(sens large)* to consolidate.

**cimenterie** *n.f.* cement factory.

**cinéma** *n.m.* 1. cinema (motion) pictures, *(U.S.)* movies. 2. *(salle)* cinema, picture-house, *(U.S.)* theater.

**cinémathèque** *n.f.* film library.

**circonstance** *n.f.* circumstance, situation, event, occasion, instance. *~s atténuantes,* extenuating circumstances.

**circuit** *n.m.* 1. circuit. *~ fermé,* closed circuit. 2. *(itinéraire)* tour, route. *~ habituel,* usual round(s). 3. *tour de ~ (course automobile, etc.)* lap.

**circulaire** *n.f.* circular. Envoyer des *~s, prospecter par ~*, to circularize.

**circulaire** *adj.* circular. *Voyage ~*, round trip.

**circulant, e** *adj.* circulating. *Actif ~*, circulating assets, current assets. *Capitaux ~s*, circulating capital, floating capital.

**circulation** *n.f.* 1. traffic. *Être bloqué, retardé par la ~*, to be held up by (the) traffic. 2. *(journal, etc.)* circulation. 3. *(de l'information)* circulation ; dissemination.

**circuler** *v.* to circulate.

**citadin, e** *n.m.f.* town-dweller, townsman, townswoman.

**citation** *n.f.* 1. quotation, citation. 2. *~ à comparaître,* summons, subpoena. *Notifier une ~*, to serve a summons (on somebody), to subpoena.

**cité** *n.f.* 1. city ; town. 2. *(groupe d'habitations)* housing estate ; housing project. 3. *~ administrative,* administrative centre/*(U.S.)* center.

**citer** *v.* 1. *(mot à mot)* to quote. *~ un prix,* to quote a price. 2. *(sens large)* to mention. 3. *(en justice)* to summon, to subpoena.

**citerne** *n.f.* tank ; reservoir. *Camion ~*, tank-lorry *(G.B.)*, tank-truck, tanker ; *wagon-~*, tank car.

**citoyen, ne** *n.m.f.* citizen, national.

**citoyenneté** *n.f.* citizenship, nationality.

**civil** *n.m.* civilian. *Être en ~*, to be in plain clothes. *Policier en ~*, plain-clothes policeman.

**civil** *adj.* 1. civil, civic. *Droit ~*, civil law. *Mariage ~*, civil marriage. *Partie ~e,* plaintiff. *Responsabilité ~*, civil liability. 2. *(opposé à militaire)* civilian. 3. polite.

**civilement** *adv.* 1. civilly, *(jur.)* legally. *~ responsable,* legally responsible, liable for damages. *Se marier ~*, to contract a civil marriage. 2. politely.

**civique** *adj.* civic ; civil. *Droits ~s,* civil rights.

**clair, e** *adj.* 1. clear, explicit, obvious, plain. 2. *(couleur)* light, pale. *Tirer une affaire au ~*, to clear (up) a matter ; to unravel a situation.

**clairement** *adv.* clearly, explicitly, obviously.

**claire-voie, s (caisse à)** *n.f.* crate.

**clandestin, e** *adj.* secret, clandestine, underground, undisclosed ; illicit, illegal. *Passager ~*, stowaway.

**clarté** *n.f.* clarity.

**classe** *n.f.* 1. class ; category ; group ; type ; kind ; order ; division ; quality ; grade ; rank ; rate ; rating. *~ d'âge,* age bracket, age range, age group. *~ dirigeante,* establishment, ruling class. *~ moyenne,* middle class. *~ ouvrière,* working class. 2. *(au sens scolaire)* class, form, grade ; *salle de ~*, classroom. *~ de 6e,* first form ; *~ de 1re*, 6th form.

**classe (de 1re)** 1. *(transport)* 1st class. 2. top-quality, top ; *(personne)* top-flight, top-notch. 3. *(assur. mar.)* navire de première *~*, A-1 at Lloyd's.

**classement** *n.m.* 1. classification, rating, ranking, grading ; *(sports)* standings. 2. *(place dans un ~)* rank, ranking, rating, standing. 3. *(rangement)* filing. 4. *(tri)* sorting out.

**classer** *v.* 1. to classify, to class. 2. *(donner un rang)* to rate, to rank, to grade. 3. *(ranger)* to file. 4. *(trier)* to sort out.

**classer (se)** *v.* to rank, to be placed, to rate.

**classeur** *n.m.* file ; folder ; *(pour fiches)* card-index ; *(meuble)* filing-cabinet, file-cabinet.

**classification** *n.f.* classification, classifying, rating, grouping.

**clause** *n.f.* clause ; article, provision, stipulation.

**clausé, e** *adj. connaissement ~ (avec réserves),* foul/unclean/bill of lading ; *connaissement non-~ (sans réserves),* clean bill of lading.

**clause compromissoire** *n.f.* arbitration clause.

**clavier** *n.m.* keyboard.

**clé** *n.f.* key. *~ (s) en main,* turnkey. *Usine ~s en main,* turnkey plant.

**cliché** *n.m.* **1.** block, negative, plate. **2.** cliché.

**client, e** *n.m.f.* customer ; *(services)* client ; *(hôtellerie)* patron ; *(docteur)* patient ; *(taxi)* fare.

**clientèle** *n.f.* customers ; clients ; goodwill, connection ; *(docteur)* practice ; *(hôtel, etc.)* patrons ; *(électorale)* constituency ; clientèle.

**clients potentiels** *n.m.pl.* prospective customers, prospects.

**clignotant** *n.m.* **1.** *(économie)* indicators. **2.** alarm signal, flash(-ing) light.

**climat** *n.m.* **1.** climate. **2.** atmosphere, mood, climate.

**cloison** *n.f.* partition ; *(nav.)* bulkhead.

**cloisonnement** *n.m.* partitioning.

**cloisonner** *v.* to partition, to segment.

**clore** *v.* **1.** *(terminer)* to end, to finish, to put an end to ; *(une séance, un discours)* to wind up. **2.** *(fermer)* to close, to shut. **3.** *(un compte)* to close. **4.** *(enclore)* to enclose.

**clore (se)** *v.* to come to an end, to end.

**clos, e** *adj.* **1.** *(terminé)* finished, ended. **2.** *(fermé)* closed, shut.

**clôture** *n.f.* **1.** *(fin.)* end ; *(d'une séance, discours)* winding up. *Discours de ~,* final address. **2.** *(fermeture)* closing, closing down, closure. **3.** *(limite)* fence, fencing, enclosure. *Bris de ~,* breach of close. **4.** *(compte)* closing ; winding up. **5.** *(Bourse)* close.

**clôturer** *v.* **1.** *(terminer)* to end, to bring to a close (an end) ; *(séance, discours)* to wind up. **2.** *(un compte)* to close, to wind up. **3.** *(enclore)* to enclose. **4.** *(Bourse)* to close.

**clou** *n.m.* **1.** nail. **2.** *(d'une soirée, d'une exposition)* main attraction, highlight. **3.** *mettre au ~,* to pawn ; *(U.S.)* to hock.

**clouer** *v.* to nail.

**cocher** *v.* to tick, to check. *Cochez la case correspondante,* tick the appropriate box.

**co-contractant, e** *n.m.f.* by-contractor.

**codage** *n.m.* encoding.

**code** *n.m.* code ; *(écriture chiffrée)* code, cipher. *~ de la route,* highway code. *~ des impôts,* *(G.B.)* Inland Revenue Code, *(U.S.)* Internal Revenue Code. *(Banque) ~ confidentiel d'identification,* personal identification code.

**coder** *v.* to code ; *(en langage chiffré)* to code, to cipher.

**codébiteur** *n.m.* joint-debtor.

**codéfendeur** *n.m.* co-defendant.

**codemandeur, codemanderesse** *n.m.f.* co-plaintiff, joint-plaintiff.

**code postal** *n.m.* postal code ; *(U.S.)* zip code.

**codétenteur** *n.m.* joint-holder ; joint-owner.

**codicille** *n.m.* **1.** codicil. **2.** *(sens large)* appendix, supplement.

**codificateur** *n.m.* codifier.

**codification** *n.f.* **1.** codification, codifying. **2.** *(chiffrage)* coding.

**codifier** *v.* **1.** to codify. **2.** *(coder)* to code.

**codirection** *n.f.* joint-management ; co-management ; co-directorship.

**codirecteur, trice** *n.m.f.* co-manager, co-director, joint-manager.

**coefficient** *n.m.* coefficient, ratio ; factor ; multiplier.

**coercitif, -ive** *adj.* coercive.

**coercition** *n.f.* coercion.

**coffre** *n.m.* **1.** chest ; case ; box ; coffer ; bin. **2.** *(banque)* safe ; strong-box.

**coffre-fort** *n.m.* safe, strong-box.

**cogérance** *n.f.* joint-management, co-administration.

**cogérant, e** *n.m.f.* joint-manager, co-administrator.

**cogestion** *n.f.* joint-management, co-determination.

**cohue** *n.f.* press ; throng ; mob.

**colifichet** *n.m.* 1. trinket, bauble. 2. *(commercial)* fancy article. ~ *s,* fancy goods. 3. *(péjoratif)* trash, rubbish.

**colis** *n.m.* parcel ; *(U.S.)* package ; *par* ~ *postal,* by parcel post ; *(sens global) les* ~ , luggage, *(U.S.)* baggage.

**colisage** *n.m.* packing. *Liste de* ~ , packing list.

**collaborateur, trice** *n.m.f.* 1. collaborator, cooperator, associate, colleague, partner ; *(à une revue)* contributor ; *(à un ouvrage)* joint-author. 2. *(pl., personnel)* staff.

**collaboration** *n.f.* collaboration ; cooperation ; association ; partnership ; *(à un journal, etc.)* contribution.

**collaborer** *v.* to collaborate, to cooperate ; *(à un journal, etc.)* to contribute.

**collationner** *v.* to collate.

**collecte** *n.f.* collection, collecting, contribution.

**collecter** *v.* to collect.

**collectif** *n.m.* ~ *budgétaire,* supplementary estimates ; budget amendment, Amendment to the Finance Bill.

**collectif, -ive** *adj.* collective, joint. ~ *et solidaire,* joint and several. *Licenciement* ~ , mass dismissal.

**collection** *n.f.* collection.

**collectionner** *n.f.* to collect.

**collectionneur** *n.m.* collector.

**collectivement** *adv.* collectively, jointly. ~ *et solidairement,* jointly and severally.

**collectiviser** *v.* to collectivise.

**collectivisme** *n.m.* collectivism.

**collectivité** *n.f.* collectivity ; community ; general public. ~ *s locales,* "communes, departments and regions", local administrative units.

**collège** *n.m.* 1. secondary school. 2. college, body. 4. ~ *électoral,* constituency, electoral college.

**collégial** *adj.* collegial, collegiate.

**collègue** *n.m.f.* colleague, fellow-(+ *nom de l'activité)* ; *(homologue)* counterpart.

**coller** *v.* 1. to stick, to glue, to paste. 2. *(tenir par collage)* to stick, to adhere. 3. *(à un examen)* to fail, *(U.S.)* to flunk. ~ *un candidat,* to fail a candidate. *Se faire* ~ *à un examen,* to fail an exam.

**collision** *n.f.* collision, *(véhicule)* crash. *Entrer en* ~ *avec,* to run into, to collide with. *(nav.)* to run (a)foul of. ~ *d'intérêts,* clash of interests. *Assurance* ~ , collision insurance.

**colloque** *n.m.* conference, seminar, symposium ; colloquy.

**collusion** *n.f.* collusion.

**colon** *n.m.* settler, colonist.

**colonial** *adj.* colonial.

**colonie** *n.f.* colony, settlement. ~ *de vacances,* holiday camp, *(U.S.)* summer camp.

**colonisation** *n.f.* colonization ; settling.

**coloniser** *v.* to colonize, to settle.

**colonne** *n.f.* column, *colonne Morris,* Morris pillar.

**colorant** *n.m.* colouring.

**coloration** *n.f.* colour, colouring.

**colorer** *v.* to colour, to tint, to tinge.

**coloris** *n.m.* colour, colouring, tinge, tint, shade. *Carte de* ~ , shade card.

**colporter** *v.* to peddle, to hawk.

**colporteur** *n.m.* peddler, pedlar.

**colportage** *n.m.* peddling ; hawking.

**combattre** *v.* to fight, to fight against.

**combinaison** *n.f.* 1. combination, arrangement ; *(pour contrôler un marché, etc.)* combine. 2. *(combine)* (dubious) scheme/plan. 3. *(vêtement)* overalls.

**combine** *n.f.* (shady) deal, (dubious) scheme/plan.

**combiner** *v.* 1. to combine ; to associate, to unite. 2. *(fam.)* to concoct, to contrive, to lay a scheme (a plan), to design, to devise ; *(tout organiser)* to engineer, to mastermind.

**comble** *adj.* full, packed, crowded ; *salle* ~ , full house,

house filled to capacity, capacity audience.

**combler** *v.* to fill, to fill in, to fill up. ~ *un écart,* to bridge a gap. ~ *une perte,* to make up (to make good) a loss. ~ *un retard,* to catch up (*sur,* with).

**combustible** *adj.* combustible, inflammable.

**combustible** *n.m.* fuel.

**comestible** *adj.* edible.

**comice** *n.m.* show. ~ *agricole,* agricultural show.

**comité** *n.m.* committee. ~ *de direction,* board ; management committee ; executive committee. ~ *d'entreprise,* works council, joint committee, joint consultative committee. ~ *d'orientation, de programme,* steering committee.

**commande** *n.f.* **1.** order. *Passer* ~ *(à),* to order (from) ; to place an order (with). *Enregistrer une* ~, to book an order. ~ *en gros,* bulk order. *Payable à la* ~, *règlement à la* ~, cash with order. *Carnet de* ~, order book. ~ *s accumulées,* backlog of orders. ~ *d'essai, à l'essai,* trial order. ~ *renouvelée, renouvellement de* ~, repeat order. ~ *reçue de l'étranger,* indent. ~ *en cours,* order on hand. **2.** control. ~ *à distance,* remote control. *(inform.)* ~ *numérique,* numerical/digital/control.

**commandement** *n.m.* **1.** command ; order ; instruction. **2.** authority ; command ; management. **3.** *(d'huissier)* order to pay, summons to pay before execution.

**commander** *v.* **1.** *(passer commande)* to order, to place an order (with somebody). **2.** *(donner un ordre)* to order, to command.

**commanditaire** *n.m.f.* **1.** *(association de personnes)* limited partner ; sleeping partner, silent partner, dormant partner. **2.** *(publicité, etc.)* sponsor.

**commandite** *n.f. société en* ~ *(simple),* limited partnership. *Société en* ~ *par actions,* partnership limited by shares.

**commandité** *n.m.* active partner, acting partner, general partner.

**commanditer** *v. (pub.)* to sponsor ; *(société)* to support, to finance, to act as sleeping partner.

**commentaire** *n.m.* comment ; commentary. *(T.V.)* ~ *sur image,* running commentary, *(U.S.)* voiceover.

**commentateur** *n.m.* commentator, *(U.S.)* narrator, voiceover.

**commenter** *v.* to comment.

**commerçant, e** *n.m.f.* shopkeeper, retailer ; *(petits métiers du commerce, fournisseur)* tradesman ; *(sens général)* trader. *Petit* ~, small retailer.

**commerçant, e** *adj.* commercial, business, busy. *Quartier* ~, shopping district. *Être* ~, to have business acumen, business sense, to be a born salesman. ~ *indépendant,* independent retailer.

**commerce** *n.m.* **1.** *(sens le plus large)* commerce. **2.** *(échanges)* trade. *Atteinte à la liberté du* ~, restrictive practice, practices in restraint of trade. *Chambre de* ~, Chamber of Commerce. ~ *extérieur,* foreign trade. ~ *intérieur,* home trade, domestic trade. *Effet de* ~, bill, note. *Faire du* ~, to trade. *Faire le* ~ *de,* to deal in, to sell. *Fonds de* ~, stock-in-trade ; business ; goodwill. *Le monde du* ~, the world of commerce, the commercial world. *Marine de* ~, merchant service, merchant navy. *Maison de* ~, business firm. *Ouvrir un* ~, to open a store, to set up a business. *Petit* ~, small traders, shopkeepers, storekeepers, small retailers ; *(G.B.)* High Street, *(U.S.)* Main Street. *Registre du* ~, Trade Register. *Tribunal de* ~, commercial court. *(marchandise) se trouver dans le* ~, to be on sale. *Voyageur de* ~, commercial traveller, representative, *(U.S.)* traveling salesman.

**commerce de gros,** (the) wholesale trade.

**commerce de détail** (the) retail trade.

**commerce extérieur,** foreign trade.

● **commercial, e** *adj., pl.* **commerciaux, commerciales,** commercial. *Attaché* ~, commercial attaché. *Directeur* ~, Sales Manager. *Droit* ~, commercial law, merchant law. *Foire* ~ *e,* trade fair. *Entreprise* ~ *e,* trading firm, trading concern.

*Politique* ~ *e*, sales policy. *Relations* ~ *es*, business relations, business contacts. *Service* ~ , Sales Department.

**commercer** *v.* to trade, to deal (*avec*, with) ; to have business relations with.

**commercialement** *adv.* commercially.

**commercialisation** *n.f.* commercialization ; *(mise sur le marché)* marketing ; *(spécifique d'un produit donné)* merchandising.

**commercialiser** *v.* to commercialize ; *(mettre sur le marché)* to market ; *(activités spécifiques nécessaires à la vente d'un produit donné)* to merchandise.

**commettant** *n.m.* principal.

**commettre** *v.* **1.** to commit. ~ *une erreur*, to make a mistake. **2.** *(nommer à une fonction)* to appoint. ~ *un expert*, to nominate/appoint an expert.

**commis** *n.m.* **1.** clerk. *Premier* ~ , ~ *principal*, head/senior clerk. **2.** *(magasin, boutique)* assistant. **3.** ~ *voyageur*, commercial traveller, *(U.S.)* traveling salesman. **4.** *(jur.)* agent. **5.** *Les grands* ~ *de l'État*, senior civil servants.

**commis d'office** *n.m. (avocat, expert)* appointed by the court.

**commissaire** *n.m.* commissioner, ~ *de police*, police superintendent, *(U.S.)* chief of police, police chief.

**commissaire aux comptes** *n.m.* auditor.

**commissaire-priseur** *n.m.* auctioneer.

**commissariat de police** *n.m.* police station.

**commission** *n.f.* **1.** committee, commission, board. ~ *d'enquête*, court of inquiry, board of inquiry, commission of inquiry. ~ *paritaire*, joint committee. ~ *permanente*, standing committee. **2.** commission, percentage, charge, brokerage, turn. *Agent à la* ~ , commission agent. **3.** *faire des* ~ *s*, to run errands, to go shopping, to do one's shopping. **4.** *(message)* message. **5.** *(attribution d'une fonction, d'une mission)* commission. *Donner* ~ *à quelqu'un*, to commission somebody (to do something).

**commissionnaire** *n.m.* **1.** commission agent. **2.** *(de transport)* forwarding agent. **3.** ~ *en douanes*, customs agent, customs broker.

**commissionner** *v.* to commission.

**commode** *adj. (facile)* easy ; *(pratique)* handy ; *(qui convient)* convenient ; *(personne)* easy-going.

**commuer** *v. (une peine)* to commute.

**commun, e** *adj.* common, ordinary. *Avarie* ~ *e*, general average. *Mise en* ~ , pooling.

**communauté** *n.f.* **1.** community. *La* ~ *Européenne*, the European Community, the E.E.C., *(U.S.)* the E.C., the Common Market. **2.** *(jur.,* ~ *de biens)* joint estate. **3.** ~ *urbaine*, urban district.

**communicateur** *n.m.* communicator.

**communication** *n.f.* **1.** communication. *Avoir* ~ *d'un document*, to have access to a document. *Voie de* ~ , line of communication, means of communication. **2.** *(téléphone)* call. *Passer une* ~ , to put a call through. ~ *longue distance*, *(G.B.)* trunk call, *(U.S.)* long distance call. **3.** *(contact)* contact, connection, relation. *Être en* ~ *avec quelqu'un*, to be in touch with somebody. *Entrer en* ~ , to get in touch. **4.** *(message)* communication, message, notice ; *(dans un congrès)* communication ; address ; paper.

**communication téléphonique** *n.f.* phone call.

**communiqué** *n.m.* (official) statement, bulletin, communiqué. ~ *à la presse*, statement to the press, press release.

**communiquer** *v.* to communicate.

**commutation** *n.f. (inform.)* switching.

**compagnie** *n.f.* company. ~ *d'assurance*, insurance company. ~ *d'aviation*, airline, airline company. ~ *de navigation*, shipping company. *... et* ~ *(et Cie)*, and Company (and Co).

**comparaître** *v. (en justice)* to appear (before a court). *Être cité à* ~ , to be summoned to appear.

*Citation à* ~, summons, subpoena. *Faire* ~, to bring (before a court, a magistrate).

**comparution** *n.f. (devant un tribunal)* appearance (before a court).

**comparatif, -ive** *n.f.* comparative. *Essais* ~*s,* comparison/comparative tests.

**comparse** *n.m.f. (jur.)* accomplice ; confederate.

**compartiment** *n.m.* compartment.

**compartimentage** *n.m.* division, dividing, segmenting, fragmenting, compartmenting ; *(cloisonnement)* partitioning.

**compartimenter** *v.* to divide, to segment, to fragment, to compartment ; *(cloisonner)* to partition.

**compatibilité** *n.m.* compatibility.

**compatible** *adj.* compatible.

**compensable** *adj.* 1. compensable, that can be compensated, that can be made up for. 2. *(traite, etc.)* payable.

**compensateur, trice** *adj.* compensating, balancing, offsetting, counterbalancing, equalizing, compensatory.

**compensation** *n.f.* compensation, counterpart, equalization, offset(ting), making up, balancing, *(fin.)* clearing. *Chambre de* ~, clearing house. *(commerce extérieur)* countertrade.

**compensatoire** *adj.* compensatory ; · counterbalancing. *Dommages-intérêts* ~*s,* compensatory damages. *Droits* ~*s,* countervailing duties. *Montants* ~*s,* deficiency payments, (monetary) compensatory units, M.C.U.'s, (monetary) compensation/compensatory amounts.

**compenser** *v.* to compensate, to counterbalance, to make up (for something), to offset, *(chèques, etc.)* to clear. ~ *une perte,* to make up for a loss, to make good a loss. *(jur.)* ~ *les dépens,* to divide out the costs (between the parties).

**compétence** *n.f.* 1. competence, ability, capacity, qualification, proficiency, skill. 2. *(tribunal)* jurisdiction. 3. *(domaine de compétence)* scope, responsibility, province, powers.

**compétence(s)** *n.f.pl.* qualification(s).

**competent, e** *adj.* competent, qualified, well-versed in, proficient, conversant (with).

**compétiteur** *n.m.* competitor.

**compétitif, -ive** *adj.* competitive.

**compétition** *n.f.* competition, contest.

**compilateur** *n.m. (inform.)* compiler.

**compilation** *n.f. (inform.)* compiling.

**compiler** *v.* to compile.

**complaisance** *n.f. Auriez-vous la* ~ *de,* would you be so kind as to, would you kindly... *Pavillon de* ~, convenience flag. *Traite, effet de* ~, accommodation bill.

**complément** *n.m.* complement. *En* ~, in addition.

**complémentaire** *adj.* additional, complementary ; supplementary. *Renseignements* ~*s,* further information, further details, further particulars.

**complémentarité** *n.f.* complementarity.

**complet, ète** *adj.* complete, full, total, comprehensive ; *(hôtel, etc.)* fully booked, ''no vacancies''.

**compléter** *v.* 1. to complete. 2. *(formulaire) ;* to fill in, to fill out, to fill up. 3. *(s'ajouter à)* to supplement.

**complexe** *n.m.* complex. ~ *industriel,* industrial complex.

**complex** *adj.* complex, complicated, sophisticated, intricate.

**complexité** *n.f.* complexity, sophistication.

**complication** *n.f.* 1. complication. 2. complexity.

**complice** *n.m.f.* accomplice ; *(jur.) Être* ~ *d'un crime,* to be accessory to/ party to a crime. *Se rendre* ~ *de...,* to aid and abet.

**complicité** *n.f.* complicity ; *(jur.)* aiding and abetting.

**compliments** *n.m.pl. Avec les* ~ *de,* with the compliments of. *Avec mes* ~, Kind regards. *Mes* ~ *à,* My kind regards to... Please give my regards to... ; *(félicitations)* congratulations.

**compliqué, e** *adj.* complicated, complex, elaborate, intricate, involved, difficult, sophisticated.

**compliquer** *v.* to complicate, to compound. *Le problème est compliqué par l'inflation et le chômage,* the problem is compounded by inflation and unemployment.

**comporter** *v.* 1. *(impliquer)* to involve, to entail, to imply. 2. *(contenir)* to include, to contain, to feature, to comprise, to consist of. *Cette proposition comporte des aspects positifs,* the proposal presents (has) positive aspects.

**comporter (se)** *v.* to behave, to conduct oneself, to perform ; *(véhicule, etc.)* to behave, to perform, to function. *Les nouveaux véhicules se sont très bien comportés au cours des tests,* the new vehicles performed very well during the tests.

**composant** *n.m.* component. *~s électroniques,* electronic components.

**composante** *n.f.* component ; part, section.

**composé** *adj. (intérêt)* compound (interest).

**composer** *v. (en venir à un accord)* to compromise, to come to an agreement, to come to terms. *~ avec ses créanciers,* to make a composition, to propose a scheme of arrangement, of composition.

**composer,** *(un numéro de téléphone)* to dial.

**composer de (se)** *v.* to consist of.

**composition** *n.f.* 1. composition ; contents, ingredients. 2. *(composition d'une assemblée)* constitution, structure, membership. 3. *(arrangement)* arrangement, agreement, settlement, compromise.

• **composter** *v.* to date, to perforate, to punch, to stamp.

**compréhensif, -ive** *adj.* understanding, sympathetic.

**comprendre** *v.* 1. to understand. 2. to include, to consist of.

**compression** *n.f.* squeeze, squeezing, reduction, curtailment ; *(des dépenses)* retrenchment, cuts, cutback(s), curtailment. *~ de crédit,* credit squeeze. *~ de personnel,* redundancy, lay-off ; staff-reduction.

**comprimé** *n.m.* tablet, pill, loz-enge.

**comprimer** *v.* to compress, to squeeze, *(les dépenses)* to cut, to cut down, to trim, to curtail, to cut back. *~ le personnel,* to lay-off, to make workers redundant, to cut the payroll.

**compromettre** *v.* to compromise, to endanger, to jeopardize, to imperil ; *(l'efficacité)* to impair, to damage ; *(dans une affaire louche)* to involve, to implicate.

**compromis** *n.m.* compromise ; trade-off ; *(avec créanciers)* composition, (scheme of) arrangement.

**compromission** *n.f.* compromising, involvement (in dubious dealings).

**compromissoire** *adj. (jur.) clause compromissoire,* arbitration clause.

**comptabiliser** *v.* 1. to enter in the books, to record. 2. *(sens large)* to record, to keep count of, to count, to account for.

**comptabilité** *n.f.* 1. accounting, bookkeeping ; *(profession)* accountancy. *Chef de la ~ ,* chief accountant. *~ analytique,* cost accounting. *~ d'engagements,* accrual basis accounting, accruals principle. *~ des sociétés,* corporate accounting. *~ de trésorerie,* cash-flow accounting. *~ en partie double,* double-entry bookkeeping. *Faire, tenir la ~ ,* to keep the books, the accounts. *Livre de ~s,* account(s) book ; *(grand livre)* ledger. 2. *(service comptable)* accounts department, accounting department.

**comptabilité nationale** national accounting, national accounting plan / system, national accounts.

**comptable** *n.m.f.* accountant ; *(teneur de livres)* bookkeeper ; *expert ~, (G.B.)* Chartered Accountant, *(U.S.)* Certified Public Accountant ; *(chargé de vérifier les comptes)* auditor.

**comptable** *adj.* 1. *(tâche)* accounting, bookkeeping. *Pièce ~ ,* voucher, receipt. *Principes ~ ,* accounting principles / policies / methods / procedures. *Valeur ~ ,* book value. 2. *(responsable)* accountable, responsible, answerable (for something, to somebody).

**comptant** *n.m.* cash, spot cash, cash payment. *Payer* ~, to pay cash. *Acheter au* ~, *vendre au* ~, to buy/sell/for cash. *Au* ~ *compté,* cash down. ~ *d'usage,* prompt cash. *Marché du* ~, spot market. ~ *contre document,* cash against documents.

**compte** *n.m.* **1.** *(état comptable)* account. *Livre de* ~, account(s) book. *Mettez cela sur mon* ~, charge it to my account. *Pour le* ~ *de...,* on behalf of. *Ouvrir un* ~, to open an account (with a bank). *Relevé de* ~, statement of account. *Approvisionner un* ~, to replenish an account. *Arrêter un* ~, to close an account. ~ *à découvert,* overdrawn account, account in the red. ~ *à demi,* joint account. ~ *à vue,* demand deposit account. *Détenteur d'un* ~, account holder. *Régler un* ~, to settle an account. *Solder un* ~, to balance an account. **2.** *(décompte)* calculation, count, reckoning, tally. ~ *à rebours,* countdown. **3.** *(quantité)* count, amount. **4.** *se mettre à son* ~, to set up in business. **5.** *faire le* ~ *des voix,* to tally the votes.

**compte à rebours** *n.* countdown.

**compte chèque postal,** giro account.

**compte-chèques,** bank(ing) account, *(U.S.)* checking account.

**compte client,** *(bilan)* accounts receivable.

**compte courant,** current account. ~ *postal,* giro account.

**compte créditeur,** credit account.

**compte d'amortissement,** depreciation account ; *(dette)* redemption account ; amortization account.

**compte débiteur, 1.** debit account. **2.** overdrawn account, outstanding account. *Votre compte est débiteur,* your account is in the red.

**compte de dépôt,** deposit account.

**compte de l'exercice,** accounts for the financial (trading, fiscal) year.

**compte d'épargne,** savings account.

**compte de profits et pertes,** income statement, profit and loss account, earnings report.

**compte de régularisation,** equalization account.

**compte de résultats(s),** income statement, *(G.B.)* profit and loss account, *(U.S.)* earnings report.

**compte d'exploitation,** trading account, *(U.S.)* operating account, income statement.

**compte en banque,** bank account, banking account.

**compte fournisseur,** *(bilan)* accounts payable.

**compte joint,** joint account.

**compter** *v.* **1.** to account, to reckon, to compute, to calculate, *(des voix)* to tally (votes). **2.** *(compter sur, s'attendre à)* to expect, to anticipate. **3.** *(compter sur, tabler sur, faire confiance à)* to rely on, to depend on, to trust *(fam.)* to bank on. **4.** *(prendre en considération)* to take into account, to include, to consider. **5.** *(inclure)* to count, to include, to number. **6.** *(faire des plans, projeter)* to plan, to propose, to consider, to envisage. **7.** *(espérer)* to hope, to trust, to look forward to. **8.** *(faire payer)* to charge. **9.** *à* ~ *de,* as from, as of.

**compte rendu** *n.m.* report ; *(de séance, des délibérations)* minutes.

**comptes approuvés** *n.m.pl.* certified accounts.

**compteur** *n.m.* counter, meter, recorder. ~ *à gaz,* gas meter ; ~ *de vitesse,* speedometer ; *(kilométrique)* odometer ; *relever un* ~, to read a meter.

**comptoir** *n.m.* counter ; *(de magasin)* counter, department. ~ *d'escompte,* discount bank.

**compulser** *v.* to go through, to look through, to examine, to study *(documents).*

**concéder** *v.* **1.** to concede, to admit, to allow, to acknowledge, to recognize. **2.** *(accorder)* to grant, to allow. **3.** *(soumission)* to contract out, to offer for tender.

**concentration** *n.f.* concentration, *(d'industrie)* combine, combination.

**concentrer** *v.* to concentrate, to focus, to centre ; *se* ~ *sur,* to concentrate, to focus on.

**conception** *n.m.* conception ; design. ~ *assistée par ordinateur (C.A.O.),* computer-aided design, C.A.D.

**concerner** *v.* to concern, to involve, to affect, to regard. *En ce qui concerne,* as regards, as concerns, as to, as for. *La clause concernée,* the clause involved, the relevant clause.

**concertation** *n.f.* consensus seeking ; concertation.

**concerter** *v.* to plan, to arrange, to pre-arrange, to concert, to preconcert.

**concerter (se)** *v.* to plan together ; to discuss joint action.

**concession** *n.f.* concession ; grant ; sole agency ; *(minière)* claim. ~ *réciproque,* trade-off. *Obtenir la ~ d'un programme de travaux,* to obtain, to be granted / awarded a works project contract.

**concessionnaire** *n.m.f. (automobile, etc.)* dealer ; (sole) agent ; (sole) distributor ; ~ *d'un brevet,* patent-holder, patentee ; ~ *d'une licence,* licence-holder, licensee.

**concessionnaire** *adj.* concessionary, *(qui a la concession d'un service public)* statutory company, *(U.S.)* utility company.

**concevoir** *v.* to devise, to conceive, to imagine ; *(un modèle)* to design ; *(texte)* to draft, to word, to write.

**conciliation** *n.f.* conciliation.
**conciliatoire** *adj.* conciliatory.
**concilier** *v.* to conciliate, to reconcile.
**concis, e** *adj.* concise, brief.
**concision** *n.f.* conciseness, concision, brevity.
**concitoyen, ne** *n.m.f.* fellow-citizen.
**concluant, e** *adj.* conclusive, decisive, convincing.
**conclure** *v.* 1. *(achever)* to conclude, to end, to close ; *(un discours)* to wind up. 2. *(conclure un marché)* to strike, to close, to clinch (a deal, a bargain). ~ *un accord,* to sign, to conclude, to arrive at, to enter into (an agreement). 3. *(jur.)* to find. ~ *à l'innocence,* to declare innocent. ~ *au suicide,* to return a verdict of suicide. 4. *(tirer des conclusions)* to

conclude, to decide, to understand, to find, to gather, to infer.
**conclusif, -ive** *adj.* conclusive.
**conclusion** *n.f.* 1. *(fin.)* conclusion, end ; close ; *(discours)* winding up. 2. *(d'un marché)* striking, clinching (of a deal), concluding. 3. *(d'une enquête, etc.)* findings ; *(d'un jury)* findings, decision 4. *(fait de tirer des ~s)* conclusion, inference.

**concordance** *n.f.* agreement, concordance, correspondence.
**concordant, e** *adj.* agreeing, in agreement, concordant.
**concordat** *n.m. (avec créanciers)* scheme of composition, scheme of arrangement.
**concorder** *v.* to agree, to tally, to correspond.
**concourir** *v.* to compete ; to enter a contest/competition ; *(concourir à)* to contribute to, to concur in.
**concours** *n.m.* 1. contest, competition ; *(scolaire)* competitive examination. 2. *(aide)* help, assistance, support, aid, collaboration, cooperation, backing up. 3. *(foule)* concourse, gathering. ~ *de circonstances,* coincidence, chance.
**concret, ète** *adj.* concrete, factual.
**concrétiser** *v.* to put in concrete form, to turn into reality, to realize.
**concrétiser (se)** *v.* to materialize.
**concurrence** *n.f.* competition. *Atteinte à la libre ~,* (practice) in restraint of trade, restrictive practice. *Faire ~ à,* to compete with. *Jusqu'à ~ de,* up to, to the extent of, not exceeding.
**concurrence déloyale,** unfair competition, unfair trading.
**concurrencer** *v.* to compete with.
**concurrent, e** *adj.* 1. competing, *entreprises ~ es,* competing firms, rival firms. 2. *(concurrentiel)* competitive.
**concurrent, e** *n.m.f.* 1. competitor ; rival ; challenger. 2. *(candidat)* candidate, applicant. 3. *(concours)* entrant, entry, contestant.
**concurrentiel, le** *adj.* competitive.
**concussion** *n.f.* misappropriation (of public funds).

**condamnable** *adj.* condemnable.
**condamnation** *n.f.* **1.** *(sens général)* condemnation. **2.** *(jur.)* sentence ; conviction.
**condamner** *v.* **1.** *(sens général)* to condemn. **2.** *(condamner à la ruine, etc.)* to doom. **3.** *(jur.)* to sentence ; *(à une amende)* to fine ; *(aux dépens)* to order to pay costs ; *(déclarer coupable)* to convict. **4.** *(une porte, ouverture)* to block, to board up.
**condenser** *v.* to condense, to shorten, to abridge.
**condition** *n.f.* **1.** condition, stipulation. ~ *s d'un contrat,* terms of a contract. ~ *s habituelles,* usual terms. *Vente à* ~. a) on sale or return ; b) *(vente par correspondance, etc.)* on approval, on appro. *A* ~ *que,* on condition that, provided that. **2.** *(état)* condition, state. *En bonne* ~ , in good repair, in good / fair / condition. **3.** *(sociale)* status, position. **4.** *(conditions, situation)* condition(s), situation, circumstances.
**conditionnel, le** *adj.* conditional ; *(à)* subject to.
**conditionnellement** *adv.* conditionally.
**conditionnement** *n.m.* packaging ; *(textiles)* conditioning.
**conditionner** *v.* to package, *(textiles)* to condition.
**conditionneur** *n.m.* packager ; *(textile)* conditioner.
**conditions de crédit,** credit terms.
**conditions de paiement,** terms of payment.
**conditions de vente,** terms of sale, sales terms. *Conditions générales de vente,* general terms of sale, terms and conditions (of sale).
**conditions d'expédition,** shipping terms.
**conducteur, trice** *n.m.f.* driver, *(automobiliste)* motorist, *(conducteur d'engin, etc.)* operator.
**conducteur de travaux,** foreman.
**conduire** *v.* **1.** *(véhicule)* to drive ; *permis de conduire,* driving licence, *(U.S.)* driver's license. **2.** *(route, etc.)* to lead. **3.** *(diriger)* to conduct, to lead, to manage, to run ; *(une délégation, etc.)* to lead. **4.** *(transporter)* to take, to trans-

port, to convey, to bring, to carry. **5.** *(une politique)* to follow, to conduct a policy.
**conduire (se)** *v.* to behave, to conduct oneself.
● **conduite** *n.f.* **1.** *(comportement)* behaviour ; conduct ; performance. **2.** *(direction)* management, control, direction, leadership, responsibility, *(de négociations)* conduct, heading, leading. **3.** *(politique)* policy, course (of action). **4.** *(tuyau)* pipe, main.
**confection** *n.f.* **1.** *(fait de fabriquer)* manufacture, manufacturing, making, construction. **2.** *(vêtements)* ready-to-wear. *Magasin de* ~ , men's / women's / children's wear, *(U.S.)* apparel store.
**confectionneur** *n.m.* ready-to-wear manufacturer.
**conférence** *n.f.* **1.** *(de presse, etc.)* conference. **2.** *(faite par un conférencier)* lecture. **3.** *(congrès)* congress, conference, convention. **4.** *(discussion)* conference, debate, discussion.
**conférencier, ère** *n.m.f.* lecturer ; public speaker.
**conférer** *v.* **1.** *(accorder)* to grant, to award, to confer, to bestow. **2.** *(avec)* to confer with, to discuss with.
**confiance** *n.f.* confidence, trust, faith ; reliance. *La* ~ *(économique) ne se rétablit pas du jour au lendemain,* confidence cannot be restored overnight. *Digne de* ~ , trustworthy ; reliable. *Homme de* ~ , right hand, confidential agent, trusted representative. *Avoir* ~ *en soi,* to be self-confident.
**confiant, e** *adj.* **1.** confident, trustful, hopeful, trusting. **2.** *(en soi)* self-confident.
**confidence (en)** *loc. adv.* confidentially, in confidence.
**confidentialité** *n.f.* confidentiality, secrecy.
**confidentiel, le** *adj.* confidential. *A titre* ~ , in strict confidence, confidentially, *(déclaration)* off-the-record.
**confidentiellement** *adv.* confidentially, in confidence ; *(déclaration)* off-the-record.
**confier** *v.* **1.** *(quelque chose à quelqu'un)* to entrust (something

to somebody, somebody with something), to trust (somebody with something), to commit, to assign (something to somebody), to charge (somebody with something). **2.** *(révéler)* to tell, to disclose, to impart, to reveal, to confide.

**confirmation** *n.f.* confirmation.

**confirmer** *v.* **1.** to confirm. **2.** *(prouver le bien-fondé)* to bear out. **3.** *(le jugement d'un tribunal)* to uphold.

**confiscable** *adj.* confiscable, forfeitable.

**confiscation** *n.f.* confiscation, forfeiture.

**confiserie** *n.f.* **1.** confectionery. **2.** confectioner's shop.

**confiseur** *n.m.* confectioner.

**confisquer** *v.* to confiscate, to seize.

**conflictuel, le** *adj.* conflictual ; adversarial.

**conflit** *n.m.* dispute. ~ *du travail*, labour dispute ; ~ *armé*, conflict ; clash of arms. *Régler un* ~, to settle a dispute.

**confondre** *v.* **1.** to mistake, to confuse. **2.** *(mettre ensemble)* to merge.

**conforme** *adj.* in conformity (with), true (to), corresponding (to), consistent with ; as per. ~ *à l'échantillon*, up to sample, true to sample. *(tissus)* true to pattern. ~ *à la commande*, as per order. *Copie* ~, certified true copy.

**conforme à la commande**, as per order.

**conforme à l'échantillon**, up to sample, true to sample.

**conformément à** *loc. adv.* according to, in conformity with, in accordance with, in compliance with ; *(jur.)* in pursuance of. ~ *à votre commande*, as per your order.

**conformer à (se)** *v.* to comply with, to conform to, to abide by, to keep to ; *(fam.)* to stick to.

**se conformer aux termes de**, to comply with the terms of.

**conformité** *n.f.* conformity. *En* ~ *avec les consignes*, in accordance with, in compliance with instructions.

**confort** *n.m.* comfort. *Les conditions de* ~ *de la vie moderne*, the amenities of modern life.

**confortable** *adj.* comfortable, cosy.

**confrère** *n.m.* colleague, fellow-member.

**confrontation** *n.f.* confrontation, clash, *(finale)* showdown.

**confronter** *v.* to face, to confront, to meet with (difficulties).

**congé** *n.m.* **1.** leave ; vacation, holiday. *Prendre un jour de* ~, to take a day off. ~ *de convenance personnelle*, leave on personal grounds. ~ *de maladie*, sick leave. ~ *(s) payé(s)*, paid leave, holiday(s) with pay, *(U.S.)* paid vacation(s). *Être en* ~, to be on holiday, to be on vacation, to be on leave. *Prendre* ~, to take leave. **2.** *(renvoi)* dismissal, *(Adm.)* discharge. *Donner* ~, to dismiss ; *(propriétaire à locataire, locataire à propriétaire)* to give notice. **3.** *(autorisation)* authorization, permit.

**congédier** *v.* to dismiss, *(Adm.)* to discharge.

**congédiement** *n.m.* dismissal, *(Adm.)* discharge.

**congélateur** *n.m.* freezer, deep-freeze.

**congélation** *n.f.* freezing, deep-freezing ; cold-storage. *Chambre de* ~, freezing chamber.

**congeler** *v.* to freeze, to deep-freeze.

**congestion** *n.f.* *(du marché)* glut.

**congestionner** *v.* *(marché)* to glut.

**conglomérat** *n.m.* conglomerate.

**congrès** *n.m.* congress, conference, convention.

**congressiste** *n.m.f.* attendant (at a conference, a congress), *(U.S.)* attendee. *Les* ~*s*, those attending the conference.

**conjecture** *n.f.* conjecture, guess, estimate.

**conjecturer** *v.* to guess, to conjecture, to guesstimate.

**conjoint, e** *n.m.f.* spouse ; *les* ~*s*, husband and wife.

**conjoint, e** *adj.* joint. ~ *et solidaire*, joint and several.

**conjointement** *adv.* jointly. ~ *et solidairement*, jointly and severally.

**conjoncture** *n.f.* situation ; conjuncture. ~ *économique*, economic situation, present economic situation, present state of the economy, present economic trends, business outlook, the economy.

**conjoncturel, le** *adj.* relating to / pertaining to / the present state of the economy ; temporary.

**conjugaison** *n.f.* combination, combining.

**conjugué, e** *adj.* combined.

**connaissement** *n.m.* bill of lading, B/L.

**connaissement à bord,** shipped B/L, on board B/L.

**connaissement à ordre,** B/L to order.

**connaissement au porteur,** B/L to bearer.

**connaissement avec réserves,** unclean B/L.

**connaissement chef,** original stamped B/L.

**connaissement clausé,** unclean B/L, foul B/L.

**connaissement direct,** through B/L.

**connaissement net,** clean B/L.

**connaissement nominatif,** B/L to a named person.

**connaissement non-clausé,** clean B/L.

**connaissement sans réserves,** clean B/L.

**connecter** *v.* to connect, to link ; *(Inform.) connecté,* on-line.

**conquérir** *v.* to win, to conquer, *(marché)* to capture.

**conscience professionnelle** *n.f.* conscientiousness, dedication / devotion to one's job.

**consciencieux** *adj.* conscientious ; dedicated.

**consécutif, -ive** *adj.* 1. consecutive, running, in a row, on end, in succession. 2. ~ *à,* resulting from, following (upon), due to, consequent upon.

● **conseil** *n.m.* 1. (piece of) advice. 2. *(organisme)* council, committee, board. 3. *(conseiller)* adviser, consultant. ~ *en organisation,* management consultant. ~ *en recrutement,* recruiting consultant, appointment consultant. *Ingénieur* ~, consulting engineer. 4. *(réunion)* meeting.

**conseil d'administration,** Board of Directors.

**conseil de direction,** management board, management committee, executive committee.

**conseil d'entreprise,** works council.

**conseil de surveillance,** *(société)* Supervisory Board.

**conseiller, -ère** *n.m.f.* 1. adviser, consultant, expert. ~ *juridique,* legal adviser. ~ *fiscal,* tax consultant. 2. *(membre d'un conseil)* councillor.

**conseiller** *v.* to advise ; to counsel. *Prix conseillé,* recommended price.

**consensus** *n.m.* consensus.

**consensuel, -le** *adj.* consensual, consensus.

**consentant, e** *adj.* consenting.

**consentement** *n.m.* agreement, consent, authorization, assent.

**consentir** *v.* 1. to agree (to), to consent (to), to authorize. 2. *(un prêt)* to grant.

**consentir un prêt,** to grant a loan, to make a loan.

**conséquence** *n.f.* consequence, result, outcome ; *les conséquences,* the aftermath, the fallout.

**conservateur, -trice** *n.m.f.* 1. *(Pol.)* conservative, *(G.B.)* Tory. 2. *(des hypothèques)* registrar of mortgages. 3. *(produit)* preservative. 4. ~ *(qui fait des conserves)* canner.

**conserveur** *n.m.* canner.

**conservatisme** *n.m.* conservatism.

**conservation** *n.f.* preservation ; *(des ressources)* conservation.

**conserve** *n.f.* preserve, preserved food ; *(boîte de conserves)* tin, can ; tinned food, canned food.

**conserver** *v.* to preserve, to keep, to retain, to maintain, to conserve. « ~ *au frais »,* "keep in a cool place", "store in a cool place".

**considérable** *adj.* considerable, large, substantial, extensive.

**considération** *n.f.* 1. consideration, point of view, motive. *Prendre en* ~, to take into account. *En* ~ *de,* on account of ; in regard of, in view of. 2. *(respect)* respect, regard, esteem ; reputation.

**considérer** *v.* to consider, to regard ; *(envisager)* to envisage, to contemplate.

**consignataire** *n.m.* **1.** *(destinataire)* consignee. **2.** *(dépositaire)* depositary, trustee.

**consignateur** *n.m.* consignor, *(U.S.)* consigner, shipper.

**consignation** *n.f.* **1.** *(marchandises)* consignment. **2.** *(somme d'argent)* deposit ; consignation.

**consigne** *n.f.* **1.** instruction, direction ; order ; recommendation. **2.** *(pour marchandises consignées)* deposit. **3.** *(à bagages)* left-luggage office, *(U.S.)* baggage-check.

**consigner** *v.* **1.** *(une somme)* to deposit. **2.** *(des marchandises)* to consign. **3.** *(un emballage)* to charge a deposit (on). *Bouteille consignée,* deposit bottle, returnable (refundable) bottle. **4.** *(laisser à la consigne)* to leave at the left luggage-office ; to check. **5.** *(par écrit)* to write (down), to record, to enter (in the records), to couch in writing, to commit to writing.

**consister** *v.* to consist of, ~ *à* + *verbe,* to consist in + *verbe* + ing ; to be composed (of).

**consolation (prix de),** consolation prize.

**console** *n.f.* console, desk. ~ *de mixage,* mixing desk.

**consolidation** *n.f.* consolidation ; *(d'une dette)* consolidation, funding.

**consolidé, -e** *adj.* consolidated. *Dette consolidée,* consolidated debt. *Filiale consolidée,* consolidated subsidiary. *Rente consolidée,* consolidated annuity. *Résultats consolidés,* consolidated results.

**consolider** *v.* to consolidate ; *(une dette)* to consolidate, to fund.

**consommable** *ajd.* consumable.

**consommateur** *n.m.* consumer. *Défense du ~,* consumer defense, consumerism.

**consommation** *n.f.* **1.** consumption. *Société de ~,* consumer society ; *(d'abondance)* affluent society. *Biens de ~,* consumer goods. *Étude de ~,* consumer survey/research. *Indice des prix à la ~,* consumer price index (C.P.I.). *Produits de ~,* consumer products/goods. *Produits de grande ~,* convenience goods. **2.** *(boisson dans un café)* drink.

**consommation des ménages,** household consumption.

**consommation par tête,** consumption per head, per capita consumption.

**consommer** *v.* **1.** to consume. **2.** *(machine, moteur)* to use up. *Cette voiture consomme x litres aux cent kilomètres,* this car does x miles to the gallon. **3.** *(café, restaurant, etc.)* to have a drink.

**consomptible** *adj.* consumable.

**consortium** *n.m.* consortium, syndicate.

**constant, e** *adj.* steady, stable ; constant ; *francs ~ s,* inflation-adjusted francs, constant francs.

**constat** *n.m.* (certified) report ; memorandum.

**constatation** *n.f.* **1.** *(d'une enquête)* findings. **2.** fact. *Faire une ~,* to discover, to note, to ascertain.

**constater** *v.* **1.** to note, to find, to discover. **2.** *(vérifier la réalité de)* to ascertain, to establish, to attest, to evidence.

**constituer** *v.* **1.** to constitute. **2.** *(une société)* to set up, to form, to found, to incorporate, to create. *Corps constitués,* public bodies, organized bodies. **3.** *(nommer un héritier, etc.)* to constitute, to make, to appoint. **4.** *(se ~ prisonnier)* to give oneself up. **5.** *(se ~ partie civile)* to institute an action, to institute legal proceedings. **6.** *(~ une rente à quelqu'un)* to settle an annuity on somebody. **7.** *(~ un jury)* to empanel a jury.

**constituteur d'une annuité** *n.m.* settlor, grantor of an annuity.

**constitutif, ve** *adj.* **1.** constitutive, that constitute(s). *Acte ~ (d'une société de capitaux),* Memorandum of Association ; *(d'une société de personnes),* Deed of Partnership. **2.** *(ouvrant un droit)* conferring a right, entitling to a right. *Titre ~ (d'une propriété),* title-deed.

**constitutionnel, le** *adj.* constitutional.

**constructeur, -trice** *n.m.f.* maker, manufacturer, builder. ~ *automobile, (G.B.)* car manufacturer, *(U.S.)* automaker.

**constructif, -ive** *adj.* constructive, positive.

**construction** *n.f.* **1.** building ; erection, construction, making. *Chantier de* ~, building site. *Chantier de* ~ *navale,* shipyard. ~ *d'une usine,* building of a factory, erection of a plant. ~ *navale,* shipbuilding. **2.** *(bâtiment)* building, structure. **3.** *(industrie du bâtiment)* housebuilding/housing industry ; construction.

**construire** *v.* to build, to erect, to construct, to make ; *(machine)* to make, to manufacture, to assemble, to design.

**consul** *n.m.* consul.

**consulaire** *adj.* consular, *facture consulaire,* consular invoice.

**consulat** *n.m.* consulate.

**consultant** *n.m.* consultant.

**consultatif, -ive** *adj.* consultative, advisory.

**consultation** *n.f.* consultation, consulting. ~ *d'expert,* professional advice, opinion. ~ *électorale,* vote, voting, poll, election. ~ *juridique,* legal advice/opinion.

**consulter** *v.* to consult, to take advice. ~ *un avocat,* to consult/ to see a lawyer, to seek/ to take legal advice, to take legal opinion. *A* ~ *sur place,* not to be taken away.

**contact** *n.m.* contact. *Être en* ~, to be in touch. *Entrer en* ~, to get in touch, to come into contact, to approach. *Garder le* ~, to keep/ stay in touch. *Prise de* ~, ~ *préalable,* preliminary contact(s).

**contacter** *v.* to contact, to get in touch (with), to approach.

**container** *n.m.* container. *Porte-container,* container-ship, container-plane, container wagon, container truck. *Transport par* ~*s,* container transport, containerized transport.

**contenance** *n.f.* capacity, content.

**conteneur** *n.m.* container *(voir* **container***).*

**contenir** *v.* **1.** to contain, to hold. **2.** *(salle, etc.)* to accommodate.

**contentieux** *adj. (service)* legal department.

**contenu** *n.m.* content(s).

**contestable** *adj.* debatable, questionable, arguable, objectionable.

**contestataire** *n.m.f.* dissenter.

**contestation** *n.f.* contestation, dispute, *(sociale, politique)* dissent.

**contester** *v.* to contest, to dispute, to challenge. *Je ne le conteste pas,* I don't deny it.

**contexte** *n.m.* context, *(social, etc.)* environment.

**contingent** *n.m.* **1.** quota. **2.** *(sens large de nombre, ration)* number, allowance, allocation.

**contingentement** *n.m.* **1.** quota, system of quota, quota system, applying quotas, application of quotas. **2.** *(réduction)* curtailing, curtailment.

**contingenter** *v.* **1.** to fix (to apply) quotas. **2.** *(réduire la production)* to curtail.

**continu, e** *adj.* continuous, ongoing. *Formation* ~ *e,* continuing education, continuous education, adult education, further education, on-going education.

**continuation** *n.f.* continuation, continuance.

**continuer** *v.* to continue, to carry on, to pursue.

**continuité** *n.f.* continuity. ~ *d'exploitation (compta.),* going concern principle.

**contourner** *v.* to bypass, to skirt. ~ *la réglementation,* to bypass regulations.

**contractant** *n.f.* contracting party.

**contracter** *v.* to contract, to enter into. ~ *une assurance,* to take out an insurance policy. ~ *un emprunt,* to raise a loan, to take out a loan.

**contracter (se)** *v. (marché)* to shrink.

**contraction** *n.f. (d'un marché)* shrinking, narrowing.

**contractuel, le** *adj.* contractual, contract.

**contradiction** *n.f.* contradiction, incompatibility ; *(manque de cohérence)* inconsistency, discrepancy.

**contradictoire** *adj.* contradictory, conflicting, in opposition, incompatible, *(non cohérent)* inconsistent, discrepant. *Examen* ~, cross-examination. *Expertise* ~, counter-test, counter-survey, second opinion.

**contraindre** *v.* to compel, to force, to oblige. ~ *par corps,* to imprison for debt.

**contraint, e** *adj.* compelled, forced, obliged. *Nous serons contraints de,* we will have to, we will be compelled to (forced to, obliged to).

**contrainte** *n.f.* 1. constraint, *(coercition)* coercion. *Agir sous la* ~, to act under duress. 2. *(restriction)* restraint. *Sans* ~, without restraint. 3. ~ *par corps,* imprisonment for debt. ~ *par saisie de biens,* distress.

**contraire** *adj.* contrary. *Sauf indication (stipulation)* ~, unless otherwise agreed, unless we specify to the contrary ; unless otherwise specified (stipulated), except where otherwise stipulated/ specified.

**contrat** *n.m.* contract, deed, agreement. ~ *de location,* rent agreement ; *(locaux, etc.)* tenancy agreement. ~ *de propriété,* deed of property, title-deed. *Passer un* ~, to sign / to enter into / a contract, to contract. *Projet de* ~, draft contract. *Résilier un* ~, to cancel a contract. *Rupture de* ~, breach of contract.

**contrat d'affrètement,** affreightment contract ; charter-party.

**contrat d'apprentissage,** indentures.

**contrat d'assurance,** insurance contract, insurance policy.

**contrat de vente,** bill of sale, contract of sale, sale contract.

**contravention** *n.f.* 1. *(amende)* fine, *(Fam.)* ticket. ~ *pour excès de vitesse,* speeding offence, speeding ticket. ~ *pour stationnement non réglementaire,* parking ticket. 2. *(infraction)* breach (of regulations), offence, infringement, violation. ~ *à la loi sur les brevets,* patent infringement.

**contrebalancer** *v.* to counterbalance, to balance, to offset, to compensate, to make up for.

**contrebande** *n.f.* smuggling, contraband ; *(de l'alcool)* bootlegging ; moonshining. *Faire de la* ~, to smuggle (goods).

**contrebandier** *n.m.* smuggler.

**contrecarrer** *v.* to thwart, to foil.

**contrecoup** *n.m.* 1. *(conséquence)* repercussion(s), aftermath, effect(s). 2. *(choc en retour)* back-lash.

**contredire** *v.* to contradict, to deny.

**contrefaçon** *n.f.* forgery ; fraudulent imitation. ~ *de brevet,* infringement of patent.

**contrefacteur** *n.m.* forger ; counterfeiter ; *(brevet, etc.)* infringer.

**contrefaire** *v.* *(signature, monnaie)* to forge ; to counterfeit ; *(brevet)* to infringe.

**contremaître** *n.m.* foreman, overseer.

**contremanifestant, e** *n.m.f.* counter-demonstrator.

**contremanifester** *v.* to counter-demonstrate.

**contremarque** *n.f.* countermark.

**contre-ordre** *n.f.* counter-order.

**contrepartie** *n.f.* 1. counterpart. 2. *(compta., G.B.)* contra. 3. *(transaction)* other side, other party. 4. *(garantie pour un prêt, etc.)* collateral. 5. *Bourse :* market-making.

**contrepartiste** *n.m.* market-maker.

**contre-performance** *n.f.* disappointing performance, poor showing.

**contresigner** *v.* to countersign, to endorse.

**contretemps** *n.m.* inconvenience, mishap, disappointment, *(retard)* delay.

**contrevenir** *v.* to infringe, to contravene.

**contribuable** *n.m.f.* taxpayer.

**contribuer** *v.* contribute.

**contribution** *n.f.* 1. contribution. 2. *(impôt)* tax. ~s *directes,* direct tax, direct taxation. ~s *indirectes,* indirect taxation, indirect taxes, customs and excise duties.

**contrôle** *n.m.* control, check, checking, inspection, supervision, superintendence, verification ; *(des comptes)* audit, auditing ; *(liste)* roll, list.

**contrôle de gestion,** management control.

**contrôle des changes,** foreign exchange control(s).

**contrôle des naissances,** birth control.

**contrôle des prix,** price control.

**contrôler** *v.* 1. *(vérifier)* to check,

to inspect, to examine ; *(comptes)* to audit. **2.** *(avoir le contrôle de)* to control.

**contrôleur** *n.m.* inspector, examiner, supervisor ; *(comptes)* auditor ; *(bus, train)* ticket-collector, conductor. ~ *de gestion,* management controller. ~ *financier,* comptroller.

**contrôleur des impôts,** *(des contributions)* tax-inspector.

**controverse** *n.f.* controversy.

**contumace** *n.f.* contumacy, non-appearance in court. *Condamné par* ~, sentenced in absentia.

**convaincre** *v.* **1.** to convince, to persuade. **2.** *(jur., déclarer coupable)* to convict (of a crime).

**convenance** *n.f.* **1.** convenience, suitability, appropriateness. *Congé pour* ~ *personnelle,* leave on personal grounds. *Pour raisons de* ~, on grounds of expediency. *La date de la réunion peut être modifiée à votre* ~, the date of the meeting can be changed at your convenience.

**convenir** *v.* **1.** to suit ; to be convenient ; to be suitable, to fit, to be advisable, to correspond, to conform. **2.** *(décider)* to agree (on something). ~ *d'une date,* to decide on a date, to set, fix a date. **3.** *(convenir de, admettre)* to admit, to acknowledge.

**convention** *n.f.* **1.** agreement, contract, covenant, convention, compact. **2.** *(convention(s) sociale(s))* convention(s), rule(s), form, formalities.

**convention collective** *n.f.* collective agreement.

**conventionnel, le** *adj.* **1.** contractual, conventionary. **2.** conventional.

**conventionnellement** *adv.* contractually, by agreement.

**conventionné, e** *adj.* officially recognized by the National Health Service (Social Security). *Prêt conventionné,* subsidized / low-interest / loan.

**convenu, e** *adj.* agreed, stipulated, specific.

**conversion** *n.f.* conversion, change.

**convertibilité** *n.f.* convertibility.

**convertible** *adj.* convertible.

**convertir** *v.* to convert, to change, to turn. ~ *des francs en dollars,* to change French francs into dollars (for dollars), to exchange French francs for dollars.

**convertissable** *adj.* convertible ; *(transformable)* convertible, transformable.

**convier** *v.* **1.** to invite ; **2.** *(inciter)* to invite, to prompt.

**convocation** *n.f.* **1.** *(d'une assemblée, etc.)* convening. **2.** *(à une réunion, etc.) pas de mot anglais correspondant, d'où periphrases :* (official) notice, notification, letter, paper, etc. **3.** *(jur., citation)* summons.

**convoi** *n.m.* convoy ; *(chemin de fer).* train. *(de voitures)* motorcade. ~ *exceptionnel,* long vehicle ; wide load ahead.

**convoquer** *v.* **1.** *(une assemblée des actionnaires, etc.)* to convene, to call a meeting of, to hold a meeting of. **2.** *(pour une entrevue, un examen, etc.)* to call in for, to notify, to call, to invite. **3.** *(jur.)* to summon. **4.** *Il a immédiatement convoqué tous les chefs de département,* He immediately called in all department heads. *Être convoqué par,* to have to report to.

**convoquer une réunion,** to call a meeting.

**convoyer** *v.* to convoy, to escort.

**convoyeur** *n.m.* **1.** person in charge of convoy ; *(transport de fonds)* guard. **2.** *(ruban transporteur)* conveyor.

**cooccupant** *n.m.* joint-occupant, joint-tenant, joint-resident.

**coopérateur** *n.m.* cooperator.

**coopératif, ve** *adj.* cooperative.

**coopération** *n.f.* cooperation, collaboration, help.

**coopérative** *n.f.* cooperative society.

**coopérer** *v.* to cooperate, to collaborate.

**cooptation** *n.f.* co-option, co-opting, co-optation.

**coopter** *v.* to co-opt.

**coordination** *n.f.* coordination.

**coordinateur, trice** *n.m.f.* coordinator.

**coordonnées** *n.f.pl.* **1.** coordinates. **2.** *(fam.)* address and phone number.

**coordonner** *v.* to coordinate.

**co-partage** *n.m.* joint heirship, partnership in inheritance, coparcenary.

**co-partageant, e** *n.m.f.* *(succession)* co-heir(ess), joint-heir(ess), coparcener.

**co-partager** *v.* *(succession)* to succeed jointly, to be co-heirs, to be joint heirs.

**co-participant** *n.m.* co-partner.

**co-participation** *n.f.* co-partnership, joint-venture.

**copie** *n.f.* copy, duplicate. ~ *conforme,* certified true copy.

**copier** *v.* to copy, to duplicate. *Machine à* ~, copying machine, duplicator, duplicating machine.

**copieur** *n.m.* copier.

**copieuse** *n.f.* copier, duplicator ; copying machine, duplicating machine.

**co-posséder** *v.* to own jointly, to be joint owner(s) of, to have joint ownership of.

**copossesseur** *n.m.* joint-owner.

**copossession** *n.f.* joint-ownership.

**co-producteur, trice** *n.m.f.* co-producer, joint-producer.

**co-production** *n.f.* coproduction, joint-production.

**co-produire** *v.* to coproduce.

**co-propriété** *n.f.* joint-ownership, co-ownership.

**copyright** *n.m.* copyright.

**coque** *n.f.* *(navire)* hull ; *(sens général)* shell, hull.

**corbeille** *n.f.* 1. basket. 2. *(Bourse)* floor.

**cordage** *n.m.* rope.

**corde** *n.f.* rope.

**cordonnerie** *n.f.* shoe-making, shoe-maker's shop, cobbler's shop, *(fam.)* heel bar.

**cordonnier** *n.m.* shoemaker.

**co-répondant** *n.m.* co-surety, co-guarantor.

**corporatif, -ive** *adj.* corporate, corporative. *Intérêts* ~*s,* sectional interests.

**corporation** *n.f.* 1. *(guilde)* guild ; trade-association. 2. *(jur.)* public body, corporate body.

**corporatisme** *n.m.* corporatism, corporativism ; sectional interests, special interests, vested interests.

**corporel, le** *adj.* *biens* ~*s,* tangible property. *Dommage* ~, bodily injury, bodily harm.

**corps** *n.m.* 1. body ; *(cadavre)* corpse, body. *Perdu* ~ *et biens,* lost with all hands. 2. *(groupe)* body, association. ~ *constitué,* public body, corporate body, public corporation. ~ *de métier,* trade association. ~ *médical,* medical profession. ~ *professoral,* faculty. 3. *(jur.)* *contrainte par* ~, imprisonment for debt. ~ *du délit,* corpus delicti. 4. *(mar.)* *assurance sur* ~, hull insurance. ~ *mort,* moorings, (anchor) buoy. 5. *(milit.)* ~ *d'armée,* corps.

**correct, e** *adj.* correct, proper, *(exact)* accurate.

**correcteur, trice** *n.m.f.* *(typo)* proof-reader.

**correctif** *n.m.* corrective, amendment. ~ *budgétaire,* supplementary estimates.

**correctif, -ive** *adj.* corrective.

**correction** *n.f.* *(fait de corriger)* correction, correcting ; *(fait d'être correct)* correctness ; propriety.

**correctionnel, le** *adj. délit correctionnel,* minor offence. *Tribunal* ~, Court of summary jurisdiction.

**corrélation** *n.f.* correlation. *Établir une* ~, to correlate.

**corréler** *v.* to correlate.

**correspondance** *n.f.* correspondence, letter-writing ; ~ *commerciale,* business correspondence, business letters ; *(lettres)* mail, letters ; *(fait d'être en rapport)* communication, dealings ; *(lien)* connection, link ; *(trains, etc.)* connection, transfer ; *(avion)* connecting flight.

**correspondancier** *n.m.* correspondence clerk.

**correspondant, e** *n.m.f.* correspondent ; *(téléphone)* person called, *(U.S.)* party.

**correspondant, e** *adj.* corresponding ; equivalent.

**correspondre** *v.* 1. to correspond, to agree, to tally, to square, to fit, to match. 2. *(par lettre)* to correspond, to communicate in writing, to exchange letters.

**corrigé des variations saisonnières** *loc.* seasonally adjusted.

**corriger** *v.* to correct, to adjust.

**corroboration** *n.f.* corroboration, corroborating, confirmation.

**corroborer** *v.* to corroborate, to confirm.

**corroder** *v.* to erode, to corrode.

**corrompre** *v.* to corrupt ; *(acheter)* to bribe, to buy.

**corrompu, e** *adj.* corrupt ; *(acheté)* bribed.

**corrosif, -ive** *adj.* corrosive.

**corruption** *n.f.* corruption, corruptness ; *(de témoin, de fonctionnaire, etc.)* bribing, bribery.

**corvée** *n.f.* chore, drudgery.

**co-signer** *v.* to sign jointly.

**co-signataire** *n.m.f.* cosignatory, joint signer.

**co-signature** *n.f.* joint signature.

**cosmétique** *adj.* cosmetic.

**cosmétologie** *n.f.* cosmetology.

**cosmopolite** *adj.* cosmopolitan.

**cossu, e** *adj.* rich, wealthy, well-to-do, affluent.

**costume** *n.m.* suit ; costume.

**cotation** *n.f.* quotation.

**cote** *n.f.* **1.** *(cotation, cours)* quotation, rate, price ; *(liste de cotations)* list ; *(valeurs admises à la cote)* listed securities ; *actions inscrites à la ~,* listed shares ; *la Cote (Bourse),* the official list. **2.** *(évaluation)* rating. **3.** *(montant d'une contribution)* quota, share, proportion ; *(évaluation de cette contribution)* assessment. *~ mobilière,* assessment on income. *~ foncière,* assessment on land. **4.** *(pari, etc.)* (betting) odds. **5.** *(chiffre indiquant une dimension ou permettant de repérer)* dimension, size, reference, number, figure, mark, classification. *~ d'alerte,* danger point.

**côte** *n.f.* **1.** *(mer)* coast, coastline, shore, shoreline, seaside. *Au large des côtes,* off the coast(s), offshore. **2.** slope, hill, gradient.

**coter** *v.* **1.** *(indiquer le cours)* to quote ; *(officiellement)* to list. **2.** *(apprécier, évaluer)* to rate ; to assess. **3.** *(classer, donner des références)* to classify, to mark, to number, to letter, to reference, to class.

**coterie** *n.f.* set, small circle, coterie, clique.

**cotisant** *n.m.* contributor, subscriber, member.

**cotisation** *n.f.* contribution, subscription, fee, dues ; *(quote-part)* contribution, share, quota.

**cotiser** *v.* to contribute.

**coton** *n.m.* cotton.

**cotonnade** *n.f.* cotton fabric.

**cotiser (se)** *v.* to pool resources, to share expenses.

**coucher par écrit,** to couch in writing, to commit to writing.

**couchette** *n.f.* *(train, bateau)* berth ; *compartiment ~,* sleeping compartment, sleeper ; *(lit d'enfant)* cot, child's bed ; *(lit pliant)* collapsible bed.

**coudre** *v.* to sew. *Machine à ~,* sewing-machine.

**coulage** *n.m.* waste, wastage ; *(démarque inconnue)* pilferage.

**couler** *v.* **1.** to flow ; *(s'échapper, pour un liquide)* to leak. **2.** *(navire)* to sink ; *(entreprise)* to sink. **3.** *(transitif)* to ruin.

**couleur** *n.f.* colour, *(U.S.)* color.

**coulisse** *n.f.* *en coulisse,* behind the scenes ; *(Bourse)* outside market.

**coup** *n.m.* blow. *~ au but,* hit. *~ d'État,* coup. *~ d'État militaire,* military coup. *(Bourse) réussir un gros ~,* to make a killing.

**coupable** *n.m.f.* culprit ; offender, delinquent.

**coupable** *adj.* guilty *(de,* of) *être déclaré ~,* to be found guilty, to be convicted.

**coupe** *n.f.* **1.** cup. **2.** *(arbres)* cutting. *~ sombre,* drastic cut. **3.** *(section)* section, profile. *~ transversale,* cross-section. **4.** *(vêtements)* cut. **5.** *être sous la ~ de,* to be in somebody's power, under somebody's control.

**coupe-file** *n.m.* pass.

**couper** *v.* **1.** to cut. **2.** *(téléphone)* to cut off.

**coupon** *n.m.* coupon ; *(valeurs) ~ attaché,* cum dividend, cum coupon, with coupon ; *~ détaché,* ex-dividend, ex-coupon.

**coupon-réponse** *n.m.* reply-coupon.

**coupure** *n.f.* **1.** *(de gaz, etc.)* cut ; *(coupure d'électricité)* power cut, power breakdown. **2.** *(de journal)* press-cutting. **3.** *(billet)* banknote ; *(U.S.)* bill.

**courant** *n.m.* **1.** current ; *~ élec-*

*trique,* electric current ; *(eau)* stream, current. **2.** *(financier)* flow. **3.** *(tendance)* trend. **4.** *(dans le courant de, au cours de)* in the course of, during, within. **5.** *être au ~,* to be informed, to be aware (of something), to know (about something) to be in the know. *Mettre au ~,* to inform *(fam.)* to put (someone) in the picture ; to brief (somebody on something). *Se tenir au ~,* to keep abreast (of something). *Tenir (quelqu'un) au ~,* to keep (someone) posted / informed.

**courant, e** *adj.* **1.** current, present. *Le 9 du mois ~,* the ninth of this month, the ninth inst. (instant). *Prix ~,* current price, market price. **2.** *(moyen)* standard, average. **3.** *(ordinaire)* ordinary, usual.

**courir** *v.* *(intérêts)* to run, to accrue.

**courbe** *n.f.* graph, curve.

**courrier** *n.m.* **1.** mail, letter(s), correspondence, post ; *par retour du ~,* by return of post, *(U.S.)* by return mail. **2.** *(personne)* messenger. **3.** *(transport) long-courrier,* liner.

**courrier à l'arrivée,** incoming mail.

**courrier au départ,** outgoing mail.

**courrier des lecteurs,** letters to the editor.

**cours** *n.m.* **1.** quotation, rate, price. *Le ~ du dollar,* the dollar rate. *Hausse des ~,* rise in prices. **2.** *(sens scolaire)* course, class, lesson, *(université)* lecture, programme ; *~ du soir,* night school, evening classes. **3.** *(d'une rivière)* course, stream. **4.** *(circulation)* circulation. *Avoir ~ (monnaie)* to be legal tender. *Cette pièce n'a plus ~,* this coin is no longer valid. **5.** *(durée) en ~,* in progress, under way. *Négociations en ~,* negotiations in progress. *Travail en ~,* work in progress. *En ~ de construction,* under construction. *Au ~ de,* in the course of, during.

**cours acheteur,** bid price.

**cours à terme,** *(change)* forward rate ; *(Bourse)* future(s) price.

**cours au comptant,** *(change)* spot rate ; *(Bourse)* cash price, cash position ; *(marchandises)* spot price.

**cours de clôture,** closing price.

**cours de l'offre,** asked price.

**cours du disponible,** spot price.

**cours du livrable,** forward price.

**cours d'eau,** river ; stream ; waterway.

**course** *n.f.* **1.** race. *La ~ prix-salaires,* the wage-price spiral. **2.** *(faire des courses)* to go shopping, to do one's shopping ; to run errands. *Garçon de ~,* errand boy.

**cours vendeur,** asked price.

**court, e** *adj.* short. *A ~ terme,* short-term, in the short run. *Être à ~ de,* to be/to run/short of ; to be/ to run/out of. *Être à ~ de liquidités,* to be short of cash, pressed for cash, strapped for cash.

**courtage** *n.m.* brokerage ; *(commission)* broker's commission, broker's turn. *société de ~,* brokerage firm.

**courtier** *n.m.* broker, agent. *~ assermenté,* broker on oath. *~ d'affrètement,* charter broker. *~ de change,* exchange broker. *~ en Bourse,* stock-broker.

**courtier d'assurance,** insurance broker.

**courtier maritime,** ship-broker.

**court terme,** short term ; *à ~ terme :* **1.** in the short run ; short-term. **2.** *(traite, etc.)* short-dated.

**courtois, e** *adj.* courteous, polite.

**coût** *n.m.* cost ; *~ de la vie,* cost of living. *Coût(s) d'établissement,* first outlay, initial expenses. *~ historique,* historical cost. *~ salarial, ~s salariaux,* wage cost(s).

**coût, assurance, fret (C.A.F.),** cost, insurance, freight (C.I.F.)

**coûtant** *adj. prix ~,* cost price.

**coutellerie** *n.f.* cutlery.

**coûter** *v.* to cost.

**coûteux, euse** *adj.* expensive, costly, dear.

**coûts de production** *n.m.pl.* production costs.

**coûts directs,** direct costs.

**coutume** *n.f.* custom, use, usage, habit.

**coutumier, ère** *adj.* customary, usual. *Droit ~,* Common Law, customary law.

**couture** *n.f.* sewing ; *(haute couture)* couture.

**couturier** *n.m.* (fashion) designer.

**couturière** *n.f.* dressmaker.

**couvercle** *n.m.* lid, top.

**couvert, e** *adj.* covered, guaranteed, insured.

**couvert** *n.m. vivre/gîte/et* ~, board and lodging.

• **couverture** *n.f.* 1. cover, covering, coverage ; *(paiement)* payment. 2. *(arrhes, dépôt)* deposit, cover, guarantee. 3. *(marge déposée en garantie pour jouer en Bourse)* margin, cover. 4. *(assurance) note de couverture,* cover note, covering note, provisional policy. 5. *(d'un livre)* cover. 6. *(d'un événement par la presse, d'un public par la publicité)* coverage. 7. *(fait de se couvrir de, protéger une transaction)* hedging. 8. *(de lit)* blanket. 9. *(toit)* roofing, roof.

**couverture sociale,** social coverage.

**couvre-feu** *n.m.* curfew. *Imposer un* ~, to impose a curfew. *Lever le* ~, to lift the curfew.

**couvrir** *v.* to cover ; *(des dépenses)* to cover, to meet ; *(protéger une transaction)* to hedge. *L'emprunt a été couvert,* the loan has been totally subscribed. *Couvrez-nous par chèque,* Please settle by cheque, please remit by cheque.

**couvrir (se)** *v.* *(Bourse, risque de change, etc.)* to hedge.

**craindre** *v.* to fear, to be afraid (of something). *"craint la chaleur",* keep cool, store in a cool place. *"Craint l'humidité",* keep dry, store in a dry place.

**crainte** *n.f.* fear, apprehension, misgiving.

**cran** *n.m.* degree, notch, peg.

**crassier** *n.m.* slag-heap.

**crayon** *n.m.* pencil ; ~ *à bille,* ball-point pen, *(G.B., fam.)* biro. ~ *feutre,* felt-tip pen.

**créance** *n.f.* debt. ~ *à recouvrer,* outstanding debt. ~ *douteuse, mauvaise* ~, bad debt. *Recouvrement de* ~, collection of debt, debt collection.

**créancier, ère** *n.m.f.* creditor. *Désintéresser un* ~, to pay off a creditor.

**créateur, trice** *n.m.f.* creator, originator, generator ; *(d'un chè-*que, etc.)* maker, issuer. ~ *d'entreprise,* entrepreneur.

**création** *n.f.* creation, foundation, generation, starting, launching ; *(d'une entreprise)* setting up, forming, founding ; ~ *d'entreprise(s),* business start-up(s) ; business formation ; entrepreneurship ; *(d'un chèque)* writing out, making out, issuing.

**création d'emplois,** job generation / creation.

**crédibilité** *n.f.* credibility.

**crédirentier, -ère** *n.m.f.* recipient of an allowance.

• **crédit** *n.m.* credit ; *(compta.)* credit side. *Accorder un* ~, to grant credit terms, credit facilities. *Acheter à* ~, to buy on credit. *Assouplir le* ~, to relax credit. *Conditions de* ~, credit terms. ~ *d'impôt,* tax credit, tax deduction. *Encadrement du* ~, credit squeeze. *Lettre de* ~, letter of credit. *Organisme de* ~, credit institution. *Resserrement du* ~, tightening of credit, credit crunch / squeeze. *Verser une somme au* ~ *de,* to credit somebody with a sum. *Voter des* ~*s,* to vote supplies, to allocate funds.

**crédit à la consommation** *n.m.* consumer credit.

**crédit-bail** *n.m.* leasing.

**créditer** *v.* to credit ; ~ *un compte,* to credit an account.

**créditeur, trice** *n.m.f.* creditor.

**créditeur, trice** *adj.* credit.

**crédit relais** *n.m.* stand-by credit.

**crédulité** *n.f.* gullibility.

**créer** *v.* to create ; *(modèle)* to design ; *(chèque)* to make out, to write out.

• **créer une société,** to set up, to found, to form, to create, to launch, to float, to incorporate a company.

**crémaillère** *n.f. parité à* ~, crawling peg.

**crème** *n.f.* cream ; *(sens figuré)* pick of the basket ; upper crust.

**crémerie** *n.f.* cheese and milk shop.

**créneau** *n.m.* slot ; (sens large) market ; *(sur un marché),* (market) gap, niche, (market) opportunity. ~ *horaire,* time-slot ; window. ~ *porteur,* seller's market, buoyant market.

**crête** *n.f.* crest ; *(courbe)* peak.

**creuser** *v.* to dig. ~ *un écart,* to widen a gap, to increase a lead.

**creuset** *n.m.* crucible, melting-pot.

**creux, euse** *adj.* hollow. *Heures creuses,* slack hours, off-peak hours. *Marché* ~, sagging market.

**creux** *n.m.* *(d'une courbe)* trough.

**criée** *n.f.* auction. *Vendre à la* ~, to sell by (public) auction.

**crieur** *n.m.* **1.** *(enchères)* auctioneer. **2.** *(marchés)* hawker. ~ *de journaux,* news-boy.

**crime** *n.m.* crime, offence, felony.

**criminaliser** *v.* to refer (a case) to a criminal court.

**criminaliste** *n.m.f.* **1.** specialist in criminal law, criminal jurist. **2.** *(sociologie)* criminologist.

**criminalité** *n.f.* crime, crime rate.

**criminel, le** *n.m.f.* criminal.

**criminel, le** *adj.* criminal.

**criminologie** *n.f.* criminology.

**criminologiste** *n.m.* criminologist.

**crise** *n.f.* crisis, pl. crises ; crunch.

**crise de l'énergie,** energy / crisis / crunch.

**crise économique,** economic crisis, slump, depression.

**critère** *n.m.* criterion, *pl.* criteria ; *(de mesure)* yardstick.

**critique** *n.f.* criticism.

**critique** *n.m.* critic ; opponent.

**critique** *adj.* critical, dangerous, decisive. *Méthode du chemin* ~, critical path method.

**critiquer** *v.* to criticize, to find fault with, to blame.

**croire** *v.* to believe ; to think ; to trust, to be confident that ; to suppose, to consider ; *(U.S.)* to figure. *Nous vous prions de* ~ *à l'assurance, etc.* Yours faithfully, *(U.S.)* Sincerely yours, Sincerely.

**croisière** *n.f.* cruise.

**croissance** *n.f.* growth. *Taux de* ~, growth rate.

**croissant, e** *adj.* growing, increasing.

**croître** *v.* to grow, to increase.

**croquis** *n.m.* sketch, rough drawing, rough plan. *Faire un* ~, to sketch.

**cubitainer** *n.m.* bag-in-box.

**cuir** *n.m.* leather. *Simili* ~, mock leather, imitation leather.

**cueillette** *n.f.* **1.** *(fruits, etc.)* picking. **2.** *navigation à la* ~, tramping. *Navire en* ~, tramp.

**cuisine** *n.f.* **1.** cooking ; cuisine. **2.** kitchen. **3.** *(fam.)* ~ *électorale,* electioneering, *(fraude)* election rigging, *(découpage)* gerrymandering.

**cuivre** *n.m.* copper.

**culbute** *n.f.* *(faillite)* bankruptcy. *Faire la* ~, to multiply prices by two.

**cul-de-sac** *n.m.* **1.** blind alley, dead-end. **2.** *(fig.)* dead-end. *Emploi sans avenir,* dead-end job.

**culminant, e** *adj.* culminating. *Point* ~, highest point, height, climax, peak, high.

**culminer** *v.* to culminate, to reach a high.

**cultivable** *adj.* arable, cultivable. *Terre* ~, arable land/soil, tillable land, farmland.

**cultivateur, trice** *n.m.f.* farmer. ~ *de pommes de terre,* potato grower.

**cultivé, e** *adj.* *(terre)* cultivated ; *(personne)* (well-)educated, cultured.

**cultiver** *v.* to cultivate, to farm, to till *(la terre).*

**culture** *n.f.* **1.** cultivation, cultivating, farming, growing, crop raising ; *(variété cultivée)* crop. ~ *fruitière,* fruit growing. ~ *maraîchère,* market gardening. ~ *viticole,* wine growing. **2.** *(personne)* culture. ~ *d'entreprise,* corporate culture.

**culturel, le** *adj.* cultural.

**cumul** *n.m.* cumulation, ~ *de fonctions,* plurality of offices.

**cumulard** *n.m.* person who holds several jobs or pensions ; multiple office holder.

**cumulatif, -ive** *adj.* cumulative.

**cumuler** *v.* to cumulate. ~ *des fonctions,* to hold a plurality of offices.

**curateur** *n.m.* trustee ; administrator ; *(mineur émancipé)* guardian.

**curriculum vitae** *n.m.* curriculum

vitae, C.V., résumé, data sheet ; personal record.

**cuve** *n.f.* tank ; *(vin)* vat.

**cuvée** *n.f. (récolte)* harvest, crop, *(fam.)* vintage.

# D

**dactylo** *n.f.* typist.

**dactylographie** *n.f.* typing, type-writing.

**date** *n.f.* date. ~ *contractuelle*, contract date. ~ *d'échéance.* a) due date. b) date of maturity. ~ *de départ*, date of departure. ~ *de la poste*, date as post-mark. ~ *de parution*, publication date.

**date d'entrée en valeur**, value date.

**date d'envoi**, dispatch date.

**date de valeur**, value date.

**date d'expédition**, dispatch date, shipping date.

**daté, e** *adj.* dated ; *non daté*, undated.

**dater** *v.* 1. to date ; ~ *de,* to date from, to date back to. 2. to be outdated, outmoded.

**débâcle** *n.f.* collapse ; crash.

**débarcadère** *n.m.* 1. wharf. 2. unloading dock.

**débardeur** *n.m.* longshoreman, docker.

**débarqué, e** *adj. (passagers)* landed ; *(marchandises)* unloaded.

**débarquement** *n.m.* landing, un-loading.

**débarquer** *v.* to land, to disem-bark.

**débattre** *v.* to discuss, to argue ; *(au sujet des prix)* to haggle, to bargain ; *prix à* ~, price subject to negotiation ; *salaire à* ~, salary negotiable.

**débauchage** *n.m.* discharging, laying off ; *(action d'attirer)* hiring away, poaching.

**débaucher** *v.* to discharge, to lay off ; ~ *des cadres*, to hire away executives.

**débit** *n.m.* 1. *(compta.)* debit. 2. *(production)* output ; *(rythme)* pace, rate. 3. *(vente)* sale. 4. *(cours d'eau)* flow.

**débiter** *v.* 1. to sell, to retail. 2. *(un compte de)* to debit (an account with). *Débitez mon compte de la somme*, charge the sum to my

account.

**débiteur, trice** *m.f.* debtor.

**débiteur insolvable**, insolvent debtor, insolvent.

**débiteur, trice** *adj.* debit, debtor. *Avoir un compte* ~, to be in the red, to be overdrawn. *Compte* ~, debtor account. *Solde* ~, debit balance.

**déblocage** *n.m. (fonds)* release ; *(salaires)* unfreezing.

**débloquer** *v.* 1. *(une situation)* to break / end a deadlock. 2. *(des fonds)* to issue money, to release funds, to make funds available. 3. *(les salaires, etc.)* to unfreeze ; to unpeg ; to lift controls.

**débordement** *n.m.* overflow.

**déborder** *v.* to overflow.

**débouché** *n.m.* market, outlet, opening. *Créer de nouveaux* ~s, to open up new markets.

**débours** *n.m.* outlay, disbursement.

**débourser** *v.* to lay out, to disburse, to spend.

**débouter** *v.* to nonsuit (some-body), to dismiss a claim.

**décaissement** *n.m.* paying out, disbursement.

**décalage** *n.m.* 1. gap ; lag. 2. inconsistency, discrepancy. 3. *(inform.)* shift.

**décalquer** *v.* to trace off ; to transfer.

**décennal, e** *adj.* decennial.

**décennie** *n.f.* decade.

**décentralisation** *n.f.* decentralization.

**décentralisé, e** *adj.* decentralized, local.

**décentraliser** *v.* 1. to decentralize. 2. *(géographiquement)* to relocate, to transfer.

**décerner** *v.* to award, to grant.

**décès** *n.m.* death, decease.

**décharge** *n.f.* 1. discharge, release (of debt). *Témoin à* ~, witness for the defence. 2. *(quittance)* receipt. 3. unloading. 4. *(déverse-*

**cybernétique** *n.f.* cybernetics.

**cycle** *n.m.* cycle.

**cyclique** *adj.* cyclical.

**cyclomoteur** *n.m.* moped.

ment d'ordures) tipping, dumping ; (lieu) dumping ground / yard, (G.B.) refuse tip. 5. waiver.

**déchargement** *n.* unloading.

**décharger** *v.* 1. to discharge, to release, to exonerate. ~ *d'une dette, d'une obligation,* to release from a debt, an obligation. 2. *(une facture)* to receipt. 3. to unload, to discharge.

**déchéance** *n.f.* forfeiture, loss, *(d'une police)* expiration.

**déchets** *n.m.pl.* waste, scrap ; refuse ; rejects.

**décider** *v.* 1. to decide ; to plan. 2. to determine. *Être bien décidé à,* to be intent upon.

**décideur** *n.m.* decision-maker.

**décimal, e** *adj.* decimal. *Adopter le système* ~, to go decimal.

**décision** *n.f. (d'un tribunal)* decision, ruling ; *(d'arbitrage)* award ; *(d'un jury)* verdict. *Prise de décision,* decision-making.

**déclaration** *n.f.* 1. statement, declaration. 2. notice, notification. 3. return. ~ *en douane,* customs declaration, customs entry. ~ *de revenu,* income-tax return, declaration of income. ~ *sous serment,* affidavit, sworn statement. *Faire une* ~ *de revenu,* to make/to file an income-tax return.

**déclaré, e** *adj.* declared, registered. *Valeur* ~ *e,* declared value. *Capital* ~, registered capital.

**déclarer** *v.* 1. to declare, to state, to announce, to report. 2. to return, to notify, to register. ~ *un dividende,* to declare a dividend. ~ *quelqu'un en faillite,* to adjudicate somebody bankrupt.

**déclassé, e** *adj. (valeur boursière)* unbankable, displaced (securities).

**déclassement** *n.m.* downgrading ; *(valeur boursière)* displacement ; *(documents)* declassifying ; *(passagers)* change of class.

**déclasser** *v.* to downgrade ; *(valeur boursière)* to displace ; *(documents)* to declassify ; *(passagers)* to transfer from one class to another.

**déclencher** *v.* to trigger (off), to touch off, to set off, to spark off.

**décliner** *v.* to decline, to fall.

**décoder** *v.* to decode.

**décollage** *n.m.* take-off ; *(fusée, etc.)* liftoff.

**décoller** *v.* to take off, *(fig.)* to get off the ground.

**décommander** *v.* to cancel (an order) ; to call off (a meeting).

**décomposer** *v.* to break down, to split, to itemize ; to analyze.

**décomposition** *n.f. (des tâches, des résultats)* breakdown, splitting up ; analysis.

**décompte** *n.m.* 1. deduction. 2. calculation, count. 3. *(des voix)* tally (of votes). 4. breakdown, detailed account.

**décompter** *v.* 1. to deduct. 2. to calculate, to count. 3. to break down.

**déconfiture** *n.f.* collapse, insolvency. *Tomber en déconfiture,* to go bankrupt, to default, to go under.

**décote** *n.f.* discount (from par) ; fall, drop.

**décourager** *v.* to discourage ; to deter.

**découvert** *n.m.* 1. deficit, shortage. 2. *(banque)* overdraft. *Achat à* ~, bull purchase. *Acheter à* ~, to bull, to bull the market, to buy a bull. *Compte à* ~, overdrawn account. *Consentir / autoriser un* ~, to grant, to allow an overdraft. *Crédit à* ~, unsecured credit. *Mettre un compte à* ~, to overdraw an account. *Prêt à* ~, loan on overdraft. *Vendre à* ~, to sell short, to sell a bear. *Vente à* ~, short sale, bear sale.

**découverte** *n.f.* discovery, breakthrough.

**décret** *n.m.* decree, *(U.S.)* executive order, *(G.B.)* order in council, ordinance.

**décroissance** *n.f.* decrease, decline.

**décroissant, e** *adj.* decreasing, declining, tapering. *Par ordre* ~ *d'importance,* (in) descending order of importance ; (in) pecking order.

**décroître** *v.* to decrease, to fall, to recede, to diminish.

**décryptage** *n.m.* decoding, decyphering.

**décrypter** *v.* to decode, to decypher.

**décuplé, e** *adj.* tenfold.

**dédit** *n.m.* forfeit, penalty. *Clause de* ~, forfeit clause.

**dédommagement** *n.m.* compensation, damages, indemnification.

**dédommager** *v.* to compensate, to indemnify ; *se ~,* to recoup.

**dédouanement** *n.m.* customs clearance, customs clearing ; taking out of bond.

**dédouané, e** *adj.* out of bond, cleared. *Marchandises ~es,* goods out of bond. *Marchandises non ~es,* uncleared goods. *(Prix)* dutypaid. *Prix marchandises ~es,* dutypaid quotation/price.

**dédouaner** *v. (des marchandises)* to clear (goods) through the customs.

**déductible** *adj.* deductible. *~ de l'impôt,* tax deductible. *Dépense ~,* allowable expense.

**déduction** *n.f.* deduction, allowance. *~ faite de...,* after deducting, allowing for, discounting. *~ avant impôt,* tax allowance.

**déduire** *v.* 1. *(raisonnement)* to deduce. 2. *(une somme)* to deduct (from) ; to offset (against) ; to dock. *On lui a déduit 10 % de son cachet,* he was docked 10 % of his fee.

**déduit, e** *adj.* deducted. *Intérêts, impôts ~s,* interest less tax.

**défaillance** *n.f.* 1. failure. *~ d'entreprise,* business failure. 2. default. *En cas de ~,* in the event of, in case of default. *Risque de ~,* risk of default.

**défaillant, e** *adj.* defaulting, failing.

**défalcation** *n.f.* deduction.

**défalquer** *v.* to deduct, to write off.

**défaut** *n.m.* 1. defect, default, fault, flaw, bug. *~ de construction,* construction defect. 2. failure, lack, default. *A ~ de,* failing, for want of, in default of. *~ d'entretien,* defective maintenance/servicing. *~ de livraison,* non-delivery. *~ de paiement,* default (in paying), failure to pay. *(Débiteur) Faire ~,* to default. 3. *(jur.)* default. *Faire ~,* to default, to fail to appear. *Jugement par ~,* judgement by default.

**défavorable** *adj.* unfavourable. *Balance commerciale ~,* unfavourable/adverse/trade balance. *Change ~,* unfavourable exchange.

**défectueux, euse** *adj.* defective, faulty. *Article ~,* faulty item, defective article.

**défectuosité** *n.f.* defect, fault, imperfection.

**défendre** *v.* 1. to protect, to defend, to support, to back (up). 2. to prohibit, to forbid, to ban. 3. *(jur.)* to defend.

**défenseur** *n.m. (jur.)* counsel for the defence, *(d'un projet)* advocate ; supporter ; backer.

**défense** *n.f.* 1. defence *(U.S.)* defense. 2. prohibition. *Avocat de la ~,* counsel for the defence. *Bons de la ~ nationale,* war bonds. *Emprunt de la ~ nationale,* war loan. *~ nationale,* national defence. *Dépenses de ~ nationale,* defence expenditure.

**déférer** *v.* 1. *(jur.)* to refer, to submit. 2. *(titre)* to confer, to bestow. 3. *(à une demande)* to accede to, to comply with.

**défi** *n.m.* challenge. *Relever un ~,* to meet a challenge.

**déficience** *n.f.* deficiency.

**déficient, e** *adj.* faulty, deficient.

**déficit** *n.m.* deficit, shortage, shortfall, gap. *Combler un ~,* to make up a deficit, to fill a gap. *~ budgétaire,* budget deficit. *~ de la balance commerciale,* balance of payments deficit. *Accuser/enregistrer un ~,* to register/to run/to show a deficit.

**déficitaire** *adj.* 1. adverse, debit. 2. money-losing, uneconomical. *Balance ~,* adverse balance. *Entreprise ~,* money-losing firm. *Production ~.* a) insufficient production. b) *(non-rentable),* uneconomical production. *Solde ~,* debit balance.

**définir** *v.* to define, to outline, to spell out.

**définition** *n.f.* definition. *~ de poste,* job description.

**déflater** *v.* to deflate.

**déflation** *n.f.* deflation.

**déflationniste** *adj.* deflationary. *Mesures ~s,* deflationary measures. *Tendance ~,* deflationary tendency, deflationary trend.

**défraîchi, e** *adj.* shop-soiled, faded, stale. *Articles défraîchis,* shop-soiled articles/items.

**défraiement** *n.m.* defraying, defrayal.

**défrayer** *v.* to defray, to pay someone's expenses.

**dégagé, e** *adj.* **1.** free, open. **2.** redeemed, taken out of pawn. *(Bourse) La place est dégagée,* the market is all bears.

**dégager** *v.* **1.** to relieve, to release. ~ *un bénéfice,* to make a profit. **2.** to redeem, to take out of pawn. ~ *un bien,* to redeem a property.

**dégât** *n.m.* damage. ~*s à la charge de,* damage chargeable to. *Évaluer les* ~*s,* to assess the damage. *Les* ~ *sont énormes,* damage is considerable.

**dégeler** *v.* to unfreeze, to thaw ; to unpeg.

**dégonflement** *m.* deflating, deflation ; working off (of stocks).

**dégonfler** *v.* to deflate ; to work off (stocks).

**dégraissage** *n.m.* trimming, pruning, lopping off, laying off ; lay-off.

**dégraisser** *v.* to trim ; to lay off.

**degré** *n.m.* degree, grade, ratio. ~ *de liquidité,* liquidity ratio. ~ *de parenté,* relationship, kinship. ~ *de solvabilité,* credit rating, credit status, creditworthiness. ~ *d'usure,* degree of wear.

**dégressif** *adj.* tapering, graded, shaded. *Amortissement* ~, reducing balance depreciation. *Impôt* ~, graded tax. *Tarif* ~, tapering charges.

**dégressivité** *f.* degression.

**dégrèvement** *m.* **1.** relief, abatement. ~ *fiscal,* tax relief, tax cut, tax allowance. **2.** *(jur.)* disencumbering.

**dégrever** *v.* **1.** to relieve, to derate. **2.** *(jur.)* to disencumber. ~ *une propriété,* to disencumber a property.

**dégriffer** *v.* to sell off-label. *Dégriffé,* off-label.

**déjeuner** *n.m.* lunch. ~ *d'affaires,* business lunch. ~ *de travail,* working lunch. *Petit-déjeuner,* breakfast.

**déjeuner** *v.* to have lunch, to lunch.

**délai** *m.* time, time-limit, lead time, deadline. *Accorder un* ~ *à*

*un débiteur,* to allow a debtor time to pay. *A bref* ~, at short notice. ~ *de carence,* lead time before payment. ~ *de livraison,* terms of delivery ; delivery date / deadline, time of delivery, lead time. ~ *de paiement,* term of payment. ~ *de préavis,* notice. ~ *de réalisation, de production,* lead time. ~ *de réflexion,* a) time for consideration, period of study. b) cooling-off period. *Demander un* ~, to ask for time. *Obtenir un* ~ *(de paiement),* to get a time extension (for payment). *Proroger un* ~, to extend a term, a deadline. *Respecter des* ~*s de livraison,* to meet/to keep a delivery deadline/ date. *Dans quel* ~ *pouvez-vous livrer ?* How soon can you deliver ?

**délégataire** *n.m.* proxy, assign, assignee.

**délégation** *n.f.* delegation.

**délégué, e** *adj.* delegate, deputy, appointed. *Administrateur* ~, managing director.

**délégué, e** *n.m.f.* delegate, deputy. ~ *du personnel,* shop steward, worker's delegate, *(U.S.)* union delegate. ~ *d'atelier,* shop-steward.

**délestage** *n.m.* **1.** *(électricité, etc.)* load-shedding ; outage. **2.** *(circulation)* alternate/ alternative route, diversion, *(U.S.)* detour.

**délibération** *n.f.* deliberation, discussion, consideration, proceedings. *Après* ~, after consideration. *En* ~, under consideration. *Mettre en* ~, to submit for discussion. ~*s d'une assemblée,* proceedings of a meeting.

**délictueux** *adj.* punishable (by law) ; malicious. *Acte* ~, misdemeano(u)r, offence, *(U.S.)* offense.

**délinquance** *n.f.* delinquency ; offence, crime ; crime rate. ~ *juvénile,* juvenile delinquency.

**délinquant, e** *n.m.f.* delinquent ; offender. ~ *primaire,* first offender.

**délit** *n.m.* offence, *(U.S.)* offense ; misdemeano(u)r ; delict. ~ *d'initié,* (illegal) insider trading.

**délivrance** *n.f.* delivery, grant. ~ *d'actions,* delivery of shares. ~ *d'un brevet,* grant of a patent.

**délivrer** *v.* to deliver, to issue.

**déloyal, e** *adj.* unfair, deceptive, dishonest. *Concurrence ~e*, unfair competition. *Pratiques ~es*, unfair practices.

**demande** *n.f.* **1.** demand. *~ excédentaire*, excess demand. *~ induite*, derived / induced / demand. *~ globale du marché*, aggregate market demand. *~ de main-d'œuvre, de monnaie*, demand for labour, for money. *~ induite*, induced demand. *~ de remplacement*, replacement demand. *~ saisonnière*, seasonal demand. *~ suivie*, steady demand. *Faire face à la ~ (de)*, to meet the demand (for). *Loi de l'offre et de la ~*, law of supply and demand. *Pression de la ~*, pressure(s) of demand, demand pull. **2.** request, requirement, inquiry, application, claim. *~ d'achat*, purchase order. *~ d'emploi*, application for a job. *Le nombre de ~s d'emploi a augmenté*, the number of job-seekers has increased. « *~ d'emploi* », « situations wanted », position(s) wanted, want ad. *~ de crédit*, application for credit. *~ en dommages-intérêts*, claim for damages. *~ de renseignements*, inquiry. *~ reconventionnelle*, counter-claim. *Conformément à votre ~*, in accordance with your request. *Dépôt, prêt remboursable sur ~*, deposit, loan at call. *Documentation, échantillons sur ~*, literature, samples sent on request. *Payable sur ~, à vue*, payable on demand.

**demandé, e** *adj.* wanted, asked, bid. *Article très ~*, article in great request/demand, hot item, hot seller. *Cours ~s*, prices bid. *Prix ~*, price asked.

**demander** *v.* **1.** to ask for, to request, to apply for ; to call for ; *(exiger)* to require ; to demand. *~ un emploi*, to apply for a job. *~ des renseignements*, to ask for/request information. *~ le prix de*, to ask for the price of. *~ un prix pour*, to charge a price for. **2.** to claim. *~ des dommages-intérêts*, to claim for damages. **3.** to want. « *On demande stagiaire* », trainee wanted. **4.** *(du temps)* to take (time). *Opérations qui demandent du temps*, time-consuming operations.

**demandeur** *n.m.* **1.** applicant. *~ d'un brevet*, applicant, claimant for a patent. *~s d'emploi*, job seekers, registered applicants for work. **2.** *(jur.)* plaintiff, claimant. *Avocat du ~*, counsel for the plaintiff. **3.** *(tél.)* caller.

**demandeur** *adj.* *Marché ~*, seller's market.

**démantèlement** *n.m.* dismantling ; *(de trust)* breaking up ; *(sens large)* abolishment, abolition.

**démanteler** *v.* to dismantle ; *(sens large)* to abolish. *~ un réseau de trafiquants*, to crack a smuggling ring. *~ un trust*, to break up a trust.

**démarcharge** *n.m.* prospection, canvassing. *~ à domicile*, door-to-door calling.

**démarche** *n.f.* **1.** step. *~ commune/ collective*, joint representation. *Faire une ~*, to take a step. **2.** approach.

**démarcher** *v.* to canvass ; to call on.

**démarcheur** *n.m.* canvasser. *(U.S., ass.)* solicitor. *~ à domicile*, door-to-door salesman.

**démarque** *n.f.* marking down. *~ inconnue*, pilferage ; *(supermarchés, etc.)* shoplifting.

**démarqué, e** *adj.* *(articles ~s)* (goods sold) off-price, at a discount.

**démarrage** *n.m.* start (up) ; take off.

**déménagement** *n.m.* removal, moving. *Frais de ~*, removal expenses, relocation expenses.

**déménager** *v.* to remove, to move out.

**démenti** *n.m.* denial.

**démentir** *v.* to deny.

**démettre (se)** *v.* to quit, to resign, to retire, to step down.

**demeure** *n.f.* dwelling. *Mise en ~*, formal notice, summons.

**demi, e** *adj.* half. *Une ~-douzaine*, half a dozen.

**demi** *préf.* half, semi. *~-gros*, retail-wholesale, wholesale in small quantities. *Prix de ~-gros*, trade price. *~-salaire*, half pay.

**demi-tarif** *n.m.* half fare ; half price.

**démission** *n.f.* resignation. *Don-*

ner, *remettre sa* ~, to tender/to hand in one's resignation.

**démissionnaire** *adj.* resigning, outgoing.

**démissionner** *v.* to resign. ~ *d'un poste,* to resign one's post ; to resign from office.

**démocrate** *n.m.f.* democrat. *Social-* ~, social democrat.

**démocrate** *adj.* democratic.

**démocratie** *n.f.* democracy. ~ *libérale,* liberal democracy. ~ *parlementaire,* parliamentary democracy. *Social-* ~, social democracy.

**démocratique** *adj.* democratic.

**démocratisation** *n.f.* democratization.

**démodé, e** *adj.* old-fashioned, outmoded, ·outdated, obsolete.

**démographe** *n.m.* demographer.

**démographie** *n.f.* demography ; population growth.

**démographique** *adj.* demographic. *Accroissement, croissance* ~, increase in population, population growth. *Estimation* ~, population estimate. *Explosion* ~, population explosion / boom, demographic explosion / boom. *Statistiques* ~*s,* vital statistics. *Tendances* ~*s,* population trends.

**démonétisation** *n.f.* demonetization.

**démonétiser** *v.* to demonetize.

**démonstrateur, trice** *n.m.f.* demonstrator.

**démonstration** *n.f.* demonstration. *Salle de* ~, showroom.

**démontrer** *v.* to demonstrate, to prove, to show.

**démultiplicateur, trice** *adj.* demultiplying.

**démunir (se)** *v.* 1. to part with something. 2. to run short of.

**dénationalisation** *n.f.* denationalization, privatization.

**dénationaliser** *v.* to denationalize, to privatize.

**dénégation** *n.f.* denial, disclaimer. ~ *de responsabilité,* denial, disclaimer of responsibility.

**denier** *n.m.* penny, money, funds. ~*s publics,* public money(s).

**dénombrement** *n.m.* count, tally, census. ~ *de la population,* census of population.

**dénominateur** *n.m.* denomina-

tor. ~ *commun,* common denominator.

**dénomination** *n.f.* denomination, name.

**denrée** *n.f.* commodity, produce, product. *Consommation de* ~*s alimentaires,* food consumption. ~*s alimentaires,* foodstuffs. ~*s périssables,* perishable foodstuffs, perishables.

**dense** *adj.* dense. *Population* ~, dense population. *Population peu* ~, sparse population.

**densité** *n.f.* density. ~ *de population,* density of population.

**déontologie** *n.f.* professional ethics, business ethics.

**dépannage** *n.f.* emergency repairs. *(voiture)* road(side) repairs, breakdown service. *Camionnette de* ~, tow-truck, breakdown van.

**dépanner** *v.* to repair. ~ *un client,* to help out a customer/client.

**départ** *n.m.* 1. departure. 2. *(mar.)* sailing. 3. *(compte, police)* starting date. ~ *à la retraite,* retirement. *Courrier (au)* ~, outgoing mail. *Date de* ~, date of departure, date of dispatch *(courrier, colis).* *Prix* ~ *usine,* price ex-works, exmill, ex-factory ; ex-works, exmill, ex-factory price.

**département** *n.m.* department, service.

**dépassement** *n.m.* excess, overrun. ~ *de coût,* (cost) overrun ; *(inform.)* overflow.

**dépasser** *v.* to exceed. *(Course, concurrence)* to outstrip. ~ *en nombre,* to outnumber. *Toute somme dépassant $ 3 000,* any amount in excess of $ 3,000. *(Véhicule)* to overtake, to pass. ~ *les limites, les bornes,* to overstep the limits.

**dépendance** *n.f.* 1. dependence. *Non-* ~, self-sufficiency. 2. appurtenance, outbuilding. *Immeuble avec ses appartenances et* ~*s,* house with its appurtenances.

**dépendant, e** *adj.* dependent.

**dépendre (de)** *v.* to depend (on), to be dependent (on). *De qui dépend-il ?,* who does he report to ?

**dépens** *n.m.pl.* cost, legal costs. *Condamner aux* ~, to order to pay the costs.

**dépense** *n.f.* expense, expenditure, spending. *Allouer une ~,* to allow an expense. *Augmenter les ~s,* to increase the expenditure. *Budget des ~s et recettes courantes,* current budget. *Chef de ~,* expense item. *Couvrir ses ~s,* to cover one's expenses. *~s budgétaires,* budgetary expenditure. *~ en capital,* capital expenditure. *~s courantes,* running expenses. *~s d'équipement,* equipment spending. *~s de l'État,* Government expenditure. *~s imprévues,* contingent expenses. *~ marginale,* marginal outlay. *~s des ménages,* household expenditure. *~s militaires,* military expenditure. *~s prévues au budget,* budgeted expenses. *~s publicitaires,* advertising expenditure. *~s publiques,* Government spending. *~s sociales,* welfare expenditure. *Imputer une ~ à un compte,* to charge an expense to an account. *Menues ~s,* out-of-pocket expenses. *Postes de ~,* items of expenditure. *Prévision de ~,* estimated expenditure, cost estimate. *Recettes et ~s,* receipts and expenses, cash revenues and outgoings.

**dépensé, e** *adj.* spent, expended. *Solde non ~,* unspent balance, unexpended balance.

**dépenser** *v.* to spend, to expend. *~ mal à propos,* to misspend.

**dépensier, ière** *adj.* spendthrift, thriftless.

**déperdition** *n.f.* waste, wastage, loss.

**dépérissement** *n.m.* deterioration, decay ; dwindling.

**dépeuplé, e** *adj.* depopulated.

**dépeuplement** n.m. depopulation.

**déphasé, e** *adj.* out of sync. *Être ~ par rapport à,* to be out of sync with.

**déplacé, e** *adj.* **1.** displaced. *Personnes ~es,* displaced persons. **2.** *(propos, remarque)* out of place, uncalled for, ill-timed.

**déplacement** *n.m.* **1.** displacement, shift. *~ de cours,* shift in prices. *~s de la demande,* demand shifts. *~ de la main-d'œuvre,* displacement of labour. *~ d'une usine,* plant relocation. **2.** *(mutation*

*d'un cadre)* relocation, reassignment. **3.** Travelling. *Frais de ~,* travelling expenses. *Indemnité de ~,* travelling allowance.

**déplacer** *v.* to move, to shift, to transfer, to displace.

**déplafonner** *v.* to lift / to raise / the ceiling of. ⁒

**dépliant** *n.m.* folder.

**dépopulation** *n.f.* depopulation.

**déport** *n.m.* backwardation.

**déposant** *n.m.* **1.** depositor. **2.** *(témoin)* witness. **3.** *(de biens)* bailor.

**dépose** *n.f.* removal.

**déposé, e** *adj.* **1.** deposited. **2.** registered. *Marque ~e,* registered trade-mark. *Modèle ~,* registered pattern.

**déposer** *v.* **1.** to deposit, to lodge, to pledge. *~ de l'argent en banque,* to deposit money with a bank. *~ des titres en garde,* to deposit securities in safe custody. *~ en nantissement,* to pledge as collateral. **2.** to register. *~ une marque,* to register a trade-mark. **3.** *(bilan, candidature)* to file. *~ son bilan,* to file one's petition in bankruptcy, to file for bankruptcy. *~ sa candidature,* to file one's application. **4.** *(témoignage)* to give evidence, to bear witness to/of. **5.** *(projet de loi) ~ un projet de loi,* to introduce a bill, *(G.B.)* to table a bill.

**déposit** *n.m.* *(dépôt de garantie initial nécessaire à la conclusion d'une opération sur marché à terme),* margin.

**dépositaire** *n.m.f.* **1.** trustee, depositary ; *(de biens)* bailee. **2.** *(agent) ~ exclusif,* sole agent.

**déposition,** *n.f.* testimony, deposition, evidence.

**déposséder** *v.* to dispossess.

**dépossession** *n.f.* dispossession.

**dépôt** *n.m.* **1.** placing ; posting. *~ de brevet,* registration of patent, patent registration. *~ d'une marque,* registration of trade-mark. *~ d'un projet de loi,* introduction of a bill, *(G.B.)* tabling of a bill. **2.** *(entrepôt)* warehouse, depot, yard ; *(douanes)* bond. **3.** *(acte, bilan, candidature)* filing. *Le nombre des ~s de bilan s'est accru,* the number of bankruptcies has increased. **4.** *(fonds)* deposit ; *(titres)* lodging, custody. *Banque de ~,* deposit bank. *Compte de ~,* deposit account. *En ~,* on deposit, in trust, in safe custody ; *(comm.)* on sale or return. *~ en banque/bancaire,* bank deposit. *~ en coffre-fort,* safe deposit. *~ à court terme,* deposit at short notice. *~ à vue,* demand deposit, sight deposit. *~ de couverture,* reserve deposit. *~ à échéance fixe,* fixed deposit. *~ s en monnaie étrangère,* foreign currency deposits. *~ payable à vue,* demand deposit, deposit at call. *~ remboursable sur demande,* deposit at call. *~ à terme,* time deposit. *Être en ~ (douane),* to be in bond. *Mettre en ~,* to bond. *Mettre des valeurs en ~,* to place securities in safe deposit. *Retraits massifs des ~s bancaires,* run on banks.

**dépouillement** *n.m.* collection and analysis. *~ des voix,* tally-(ing) / counting of votes.

**dépouiller** *v.* to collect and analyze. *~ les votes,* to tally/to count/votes.

**dépourvu, e** *adj.* destitute. *~ de,* devoid of.

**dépréciation** *n.f.* depreciation, fall in price, fall in value. *~ de la monnaie,* depreciation of money. *Provision pour ~ de matériel,* reserve for depreciation of plant.

**déprécier** *v.* to depreciate.

**déprécier (se)** *v.i.* to depreciate.

**dépression** *n.f.* depression, slump.

**déprimé, e** *adj.* depressed.

**déprimer** *v.* to depress.

**député** *n.m.* *(G.B.)* Member of Parliament, M.P., *(U.S.)* Congressman.

**déqualification** *n.f.* deskilling.

• **dérapage** *n.m.* skidding ; getting out of hand, out of control ; *(prix, etc.)* rise, increase.

**déraper** *v.* to skid ; to get out of hand, out of control ; to overshoot the mark ; *(augmenter)* to rise, to go up.

**déréglementation** *n.f.* deregulation.

**déréglementer** *v.* to deregulate.

**dérivation** *n.f.* derivation. *~ d'une fonction,* derivation of a function.

**dérivé, e** *n.f.* derived. *Fonction ~e,* derived function. *Produit ~,* by-product.

**dérivée** *n.f.* derivative.

**dériver** *v.* **1.** to derive / to stem / to originate (from). **2.** *(aller à la dérive)* to drift, to go adrift. **3.** *(cours d'eau, etc.)* to divert.

**dernier** *adj.* last, latest, final, ultimate. *~ acheteur,* last buyer. *En dernière analyse,* in the last analysis. *~ cours,* closing prices, latest quotations. *~e enchère,* closing bid. *~ tarif,* latest price-list. *~ versement,* final instalment. *~s volontés,* last will and testament.

• **dérogation** *n.f.* departure. *~ à une loi, un règlement,* departure from a law, from a regulation.

**dérogatoire** *adj.* derogatory. *Clause ~,* overriding clause.

**désaccord** *n.m.* disagreement. *Être en ~,* to disagree.

**désaffecté, e** *adj.* disused.

**désaffilier (se)** *v.* to disaffiliate (oneself from).

**désaisonnalisation** *n.f.* correction / adjustment for seasonal variation.

**désapprovisionner** *v.* to unstock.

**désapprovisionné, e** *adj.* unstocked. *Compte ~,* overdrawn account.

**désarmement** *n.m.* **1.** disarmament. **2.** *(d'un bateau)* laying up, idling, mothballing ; putting out of commission ; *(U.S.)* decommissioning.

**désastre** *n.m.* disaster.

**désastreux, euse** *adj.* disastrous.

**désavantage** *n.m.* **1.** disadvantage, drawback, inconvenience, snag. **2.** handicap.

**désavantageux, euse** *adj.* unfavourable, prejudicial.

**désavouer** *v.* to disown.

**descendant, e** *adj.* descending, decreasing, downward. *Courbe ~e,* downward curve.

**descendants** *n.m.pl.* descendants, offspring, progeny.

**descendre** *v.* to come down, to go down.

**descriptif, ve** *adj.* descriptive. *Devis ~,* specification.

**descriptif** *n.m.* outline, abstract, summary ; *(travaux)* specification sheet.

**description** *n.f.* description,

specification.

**déséchouage** *n.m.* refloating.

**déséconomie** *n.f.* diseconomy.

**désépargne** *n.f.* dissaving.

**déséquilibre** *n.m.* disequilibrium, imbalance. *Corriger un ~,* to adjust an imbalance, to restore a balance. *~ des paiements,* imbalance of payments. *Facteur de ~,* destabilizer.

**déshérence** *n.f.* default of heirs, escheat. *Tomber en ~,* to escheat.

**déshérité, e** *adj.* underprivileged. *Nations ~ es,* have-nots.

**déshériter** *v.* to disinherit ; to cut off with a shilling.

**déshypothéquer** *v.* to disencumber, to free from mortgage. *~ une propriété,* to free a property from mortgage.

**désignation** *n.f.* 1. description. 2. *(à un poste)* appointment (to the position of), nomination (as). *~ des marchandises,* goods description. *~ des titres,* description of securities.

**désigné, e** *adj.* 1. specified. 2. appointed.

**désigner** *v.* 1. to appoint. 2. to describe, to specify.

**désinflation** *n.f.* disinflation.

**désinflationniste** *adj.* disinflationary.

**désintéressé, e** *adj.* disinterested.

**désintéressement** *n.m.* *(associé)* buying out ; *(créancier)* paying off.

**désintéresser** *v.* *(un créancier)* to pay off ; *(racheter des droits)* to buy out ; to satisfy.

**désinvestir** *v.* to disinvest. *(par abandon d'actifs)* to divest.

**désinvestissement** *n.m.* disinvestment. *(par abandon d'actifs)* divestment, divestiture.

**désister (se)** *v.* to withdraw ; to waive (a right, a claim).

**désœuvré, e** *adj.* idle.

**désordre** *n.m.* disorder, disruption, perturbation.

**désorganisation** *n.f.* disorganization, disruption, dislocation.

**désorganiser** *v.* 1. to disorganize, to dislocate. 2. *(perturber)* to disrupt.

**dessaisir** *v.* to divest ; to dispossess. *Se ~ de quelque chose,* to divest oneself of something. *~ un tribunal d'une affaire,* to withdraw a case from a court. *Le tribunal s'est dessaisi de l'affaire,* the court decided not to proceed with the case.

**dessaisissement** *n.m.* divestment, divestiture ; dispossession.

**dessein** *n.m.* purpose, goal, intention, design, scheme.

**desserte** *n.f.* service. *~ aérienne,* air service.

• **desservir** *v.* 1. *(transports)* to serve. 2. *(préjudice)* to be detrimental to.

**dessin** *n.m.* 1. *(motif)* design, pattern. 2. drawing, draft. *~ à l'échelle,* drawing to scale. *~ animé,* animated cartoon. *~ industriel,* industrial design ; drafting.

**dessinateur, trice** *n.m.f.* draughtsman, *(U.S.)* draftsman. *~ industriel,* industrial designer.

**dessiner** *v.* to draw, to design, to sketch.

**dessous** *adv. ou prép.* below, under. *Au-~ de la moyenne,* below average. *Au-~ de la normale,* below standard. *Au-~ du pair,* below par.

**dessous-de-table** *n.m.* undercover payment, (sum paid) under the counter ; *(= pot de vin)* bribe, payoff ; golden handshake ; *(appartement)* key-money.

**dessus (au)** *adv. ou prép.* above. *Au-~ de la ligne,* above the line. *Au-~ de la moyenne,* above average. *Au-~ de la normale,* above average. *Au-~ du pair,* above par.

**déstabilisateur, trice** *adj.* destabilizing.

**déstabiliser** *v.* to destabilize, to unsettle.

**destinataire** *n.m.f.* 1. *(envoi)* consignee, sendee, addressee. 2. *(fonds)* payee, remittee.

**destination** *n.f.* 1. destination. *A ~ de, (mar.)* bound for. *Port de ~,* port of destination. 2. *(fonds)* appropriation.

**destiné, e (à)** *adj.* intended (for), designed (for), meant for. *Marchandises ~ es à l'exportation,* exportable goods. *Tirer au sort les bons ~ s à être remboursés,* to draw bonds for redemption.

**destiner** *v.* to intend, to design.

**désuet, e** *adj.* obsolete, outdated, outmoded.

**désuétude** *n.f.* obsolescence, disuse. *Tomber en ~,* to fall into abeyance. *~ calculée,* built-in obsolescence, planned obsolescence.

**désutilité** *n.f.* disutility.

**détaché, e** *adj.* detached. *Coupon ~,* ex coupon. *(A un poste)* assigned, *(fonctionnaire)* seconded.

**détachement** *n.m.* assigning, assignment, *(fonctionnaire)* secondment.

**détacher** *v.* to detach, to cut off, to tear out. *~ un coupon,* to cut off, to detach a coupon. *(à un poste)* to assign ; *(fonctionnaire, etc.)* to second.

**détail** *n.m.* **1.** detail, particular. *De plus amples ~s,* further particulars. *Tous les ~s,* full particulars. *~s d'un compte,* items of an account. **2.** retail. *Commerce de ~,* retail trade. *Prix de ~,* retail price. *Vendre au ~,* to retail. *Vente au ~,* retail sale. **3.** *(d'un compte)* itemization, breakdown (of an account).

**détaillant** *n.m.* retailer, retail trader.

**détaillé, e** *adj.* **1.** detailed. *Rapport ~,* detailed report. **2.** itemized. *Compte ~,* itemized account.

**détailler** *v.* **1.** to retail, to sell (by) retail. **2.** to detail, to specify, to itemize ; to break down. *~ un compte,* to itemize an account.

**détaxe** *n.f.* remission of charges, return of charges, return of duties.

**détaxer** *v.* to untax ; to remit the duties, to return the charges ; (U.S.) to decontrol.

**détection** *n.f.* detection. *Système de ~ d'erreurs,* error detection system, error detection device.

**détendre (se)** *v. (Bourse)* to ease (off), to be easier.

**détenir** *v.* to hold, to own, to have. *~ des actions,* to hold shares. *~ des biens,* to own property. *~ un emploi,* to hold a job, to be in a job.

**détente** *n.f.* **1.** *(Bourse)* easing off, slackening. **2.** relaxing. *J'ai besoin de ~,* I need to relax, I need a break. **3.** *(d'une arme)* trigger. **4.** *(diplomatie)* detente.

**détenteur, trice** *n.m.f.* holder, owner. *~ d'actions,* shareholder. *~ de bonne foi,* bona fide holder.

*~ d'emploi,* job-holder. *~ d'obligations,* debenture holder. *~ de titres,* scripholder.

**détention** *n.f.* **1.** *(fin.)* holding. **2.** *(d'un bateau)* detention, detainment. **3.** *(incarcération)* detention, imprisonment, jail(ing).

**détenu, e** *adj.* **1.** held. **2.** detained. *Bien ~ en toute propriété,* property held in fee simple. *Titres ~s en gage,* securities held in pledge. *Titres ~s en garantie,* securities held as security. *Valeurs ~es en gage,* securities held in pawn.

**détenu, e** *n.m.f.* inmate, convict, prisoner.

**détérioration** *n.f.* deterioration, worsening, damage ; tear. *~ de la balance des paiements,* deterioration of the balance of payments.

**détériorer (se)** *v.* **1.** to deteriorate. **2.** *(marchandises)* to spoil, to become spoilt.

**déterminable** *adj.* determinable.

**déterminant, e** *adj.* decisive, overriding.

**déterminant** *n.m.* determinant.

**détermination** *n.f.* determination, fixing. *~ des prix,* price determination, pricing.

**déterminé, e** *adj.* determined, fixed. *A échéances ~es,* at fixed dates. *Montant déterminé,* specific amount.

**déterminer** *v.* **1.** to determine, to fix. **2.** *(des causes)* to ascertain.

**détitrer** *v.* to lower the title of.

**détourné, e** *adj.* roundabout, circuitous, oblique. *Moyens ~s,* oblique ways.

**détournement** *n.m.* **1.** *(de fonds)* embezzlement, misappropriation, defalcation. **2.** *(d'avion)* hijacking.

**détourner** *v.* **1.** *(fonds)* to misappropriate, to divert. *~ des fonds,* to embezzle funds. **2.** *(avion)* to hijack. *~ un avion,* to hijack a plane.

**détresse** *n.f.* distress.

**détriment** *n.m.* detriment. *Erreur à notre ~,* error to our disadvantage.

**dette** *n.f.* debt, indebtedness, liability. *Accablé/criblé/de ~s,* riddled with debt, debt-ridden. *Acquittement d'une ~,* clearing off of a debt. *S'acquitter d'une ~,* to discharge / to pay off / to repay a debt. *Amortir une ~*, to redeem a debt. *Amortissement de la ~*, debt redemption, debt amortization. *Apurer une ~*, to write off a debt. *Assigner en paiement d'une ~*, to summon for a debt. *Bonne ~*, good debt. *Cautionner une ~*, to stand surety for a debt, to secure a debt. *Cessibilité d'une ~*, transferability of a debt. *Compenser une ~*, to set off a debt. *Consolider une ~ publique*, to fund a public debt. *~ non acquittée*, unpaid debt, undischarged debt. *~s actives*, accounts receivable, debts due to us. *~ à court terme*, current liabilities. *~ à vue*, debt on sight. *~ caduque*, prescribed debt. *~ chirographaire*, unsecured debt. *~ consolidée*, consolidated debt, funded debt. *~ exigible*, due debt. *~ extérieure*, foreign debt. *~ flottante*, floating debt. *~ hypothécaire*, mortgage debt. *~ nationale*, national debt. *~ non consolidée*, unconsolidated debt, unfunded debt. *~ obligataire*, bonded debt, debenture debt. *~ passive*, passive debt. *~s passives*, accounts payable, debts due by us. *~ publique*, public debt. *~ privilégiée*, preferential debt. *~ recouvrable*, recoverable debt. *~ solidaire*, joint and several debt. *Exigibilité d'une ~*, repayability of a debt. *Garant d'une ~*, surety for a debt. *Intérêts sur les ~s*, interest on debts. *Libérer quelqu'un d'une ~*, to discharge someone from a debt. *Provision pour ~s*, reserve for debts, liability reserve. *Purger un bien de ~s*, to clear a property of debt. *Reconnaissance de ~*, I.O.U. (I owe you), acknowledgement of debt, *(U.S.)* due bill. *Recouvrer une ~*, to recover a debt. *Règlement de la ~*, settlement of the claim. *Rembourser une ~*, to pay off a debt, to redeem a debt. *Remettre une ~*, to remit a debt. *Remise de ~*, remittal of a debt, remission of a debt.

**deuxième** *adj.* second. *~ classe*, second class. *De ~ main*, second-hand. *De ~ qualité*, second-rate, second-class, second-grade. *Obligations de ~ rang*, junior bonds.

*Obligations hypothécaires de ~ rang*, second mortgage bonds.

**dévalorisation** *n.f.* devalorization, loss of value.

**dévaloriser** *v.* to devalorize.

**dévaloriser (se)** to depreciate.

**dévaluation** *n.f.* devaluation. *~ d'une monnaie*, devaluation of a currency.

**dévaluer** *v.* to devalue, to devaluate.

**dévaluer (se)** *v.* to devaluate, to devalue, to depreciate.

**devancer** *v.* to be ahead of, to keep ahead of ; *(dépasser)* to outstrip, to pass.

**devanture** *n.f.* shop-window, shop-front.

**développé, e** *adj.* developed, advanced. *Aide aux pays sous-~s*, economic aid to underdeveloped countries, economic aid to L.D.C.s (less developed countries). *Économie ~e*, advanced economy. *Pays sous-~s*, underdeveloped countries, L.D.C.s (Less Developed Countries).

**développement** *n.m.* development. *Banque Internationale pour la Reconstruction et le ~*, International Bank for Reconstruction and Development (I.B.R.D.). *Coût de ~*, development cost. *~ économique*, economic development. *~ personnel*, personal growth. *~ de produits nouveaux*, new products development. *Potentiel de ~*, development potential. *Programme de ~*, development program(me). *Recherche et ~*, research and development (R & D). *Sous-~*, underdevelopment. *Pays en voie de ~*, developing nations. *Zone de ~*, development area.

**développer (se)** *v.* to grow, to expand, to develop. *Se ~ à partir de zéro*, to grow from scratch.

**déviation** *n.f.* 1. deviation, departure. *~ standard*, standard deviation. 2. *(route)* diversion.

**dévier** *v.* to deviate. *~ la circulation*, to divert the traffic.

**deviner** *v.* to guess.

**devis** *n.m.* estimate, cost estimate ; *(travaux publics)* tender, *(U.S.)* bid. *~ descriptif*, specification. *Établir un ~*, to draw up an estimate. *Soumettre un ~*, to send in a tender, to tender.

**devise** *n.f.* **1.** currency, exchange. *Achat et vente de ~s,* purchase and sale of exchange. *Allocation en ~s,* foreign currency allowance. *~ à terme,* forward exchange. *~ au comptant,* spot exchange. *Effet en ~,* bill in foreign currency. *Étalon ~-or,* gold exchange standard. *Marché des ~s étrangères,* foreign exchange market. *Réserve en ~s,* foreign exchange reserve. **2.** motto.

**dévoiler** *v.* **1.** to unveil. **2.** to reveal, to disclose, to divulge ; to leak out.

**devoir** *n.m.* duty, task. *Faire son ~,* to do one's duty. *Se faire un ~ de,* to make a point of doing something.

**devoir** *v.* to owe, to be indebted for. *Avec tout le respect que je vous dois,* with due respect. *La somme qui nous est due,* the amount owing to us, due to us. *On lui doit cette réussite,* he should take the credit for/be credited with/this success. *On lui doit cet échec,* he should take the blame for this failure. *« Reste à ~ »,* « amount owing ».

**dévolu, e** *adj.* vested, devolved. *Droit ~ à,* right vested in. *Part ~e aux héritiers,* share that devolves to the heirs.

**dévolution** *n.f.* devolution, transmission of property.

**diagonal, e** *adj.* diagonal.

**diagonale** *n.f.* diagonal.

**diagramme** *n.m.* diagram, chart, graph. *~ de dispersion,* scatter diagram. *~ de points,* dot diagram. *~ en tuyaux d'orgue,* bar graph.

**dialectique** *adj.* dialectical. *Matérialisme ~,* dialectical materialism.

**dialectique** *n.f.* dialectics.

**diamant** *n.m.* diamond. *~s industriels,* industrial diamonds. *~ véritable,* genuine diamond.

**diamantifère** *adj.* diamond-yielding. *Valeurs ~s,* diamonds.

**diamètre** *n.m.* diameter.

**diapositive** *n.f.* slide, transparency.

**dichotomie** *n.f.* dichotomy.

**dictature** *n.f.* dictatorship.

**didacticiel** *n.m.* learning-oriented software ; courseware ; educational program(me).

**diététique** *n.f.* dietetics ; health food(s).

**diffamation** *n.f.* defamation, libel ; *(verbale)* slander. *Campagne de ~,* smear campaign.

**diffamatoire** *adj.* defamatory ; libellous ; slanderous.

**différé, e** *adj.* deferred, postponed. *Actions ~es,* deferred shares. *Assurance à capital ~,* endowment insurance. *Intérêt ~,* deferred interest. *Livraison ~e,* deferred delivery. *Règlement ~,* deferred payment. *Réunion ~e,* deferred meeting, postponed meeting.

**différence** *n.f.* différence, differential, margin. *A la ~ de,* unlike, as opposed to, in contrast to. *~ entre deux prix,* spread. *~s de salaires,* wage differentials.

**différenciation** *n.f.* differentiation. *~ des produits,* product differentiation.

**différencié, e** *adj.* differentiated.

**différend** *n.m.* dispute, difference, disagreement. *Régler un ~,* to settle a dispute.

**différent, e** *adj.* different (*de,* from).

**différentiel, le** *adj.* differential, discriminating. *Calcul ~,* differential calculus. *Coût ~,* differential cost.

**différer** *v.* **1.** *(être différent)* to differ from. **2.** to defer, to postpone, to delay, to put off. *~ le paiement,* to defer payment, to postpone a payment.

**difficile** *adj.* difficult, hard. *Article ~ à vendre,* hard-to-sell article.

**difficilement** *adv.* with difficulty.

**difficulté** *n.f.* difficulty. *Aplanir des ~s,* to iron out difficulties. *~s de trésorerie,* liquidity/cash problem(s). *Entreprise en ~,* ailing firm ; lame duck. *Surmonter des ~s,* to overcome difficulties.

**diffusion** *n.f.* **1.** *(d'informations)* circulation, dissemination (of information). **2.** *(de presse)* circulation. *Liste de ~,* mailing list. *~ totale,* gross circulation. **3.** *(radio,*

*T.V.)* broadcasting. **4.** *(de produits)* distribution. ~ *nationale,* nationwide distribution.

**digit** *n.m.* digit. ~ *binaire,* binary digit.

**digital** *adj.* digital.

**digne** *adj.* worthy. ~ *de confiance,* trustworthy, dependable, reliable.

**digue** *n.f.* dam ; dike.

**dilapider** *v.* to squander, to waste.

**dilatoire** *adj.* dilatory. *Tactique* ~, foot-dragging.

**dilemme** *n.m.* dilemma.

**diligence** *n.f.* diligence, application ; haste, dispatch. *A la* ~ *de,* on the request of. *En toute* ~, with all possible dispatch. *Faire* ~, to hurry, to make haste, to hasten. *Travailler avec* ~, to work diligently.

**dilué, e** *adj.* diluted, watered down.

**dilution** *n.f.* dilution, watering down. ~ *de capital,* watering of capital.

**dîme** *n.f.* tithe, tenth.

**dimension** *n.f.* size, dimension. *A trois* ~*s,* three-dimensional.

**dimensionnel, le** *adj.* dimensional.

**diminuer** *v.t.* to reduce, to cut (down), to curtail, to lessen.

**diminuer** *v.i.* to decrease, to fall off, to drop, to decline, to go down, to dwindle, to shrink, to run low, to run down, to lessen.

**diminution** *n.f.* **1.** *(spontanée)* decrease, drop, fall ; loss. ~ *des bénéfices,* drop in profits, dwindling of profits. ~ *du capital,* capital decumulation. ~ *de production,* decrease in production/output. ~ *de valeur,* decrease in value. **2.** *(volontaire)* cut, curtailment. ~ *des salaires,* wage cuts. ~ *des dépenses,* curtailment of expenses. **3.** *(rabais, ristourne)* reduction, rebate, allowance.

**diplôme** *n.m.* diploma ; *(d'université)* degree. *Accorder un* ~, to grant/to award/to confer/a degree. *Avoir un* ~, to hold/ have a degree. *Il aura son* ~ *en juin,* he'll graduate in June.

**diplômé, e** *adj.* certified, qualified, certificated. *Comptable* ~,

qualified accountant. *( = Expert Comptable) G.B.* Chartered Accountant, *U.S.* Certified Public Accountant. *Expert* ~, qualified expert. *Étudiant* ~, graduate.

**diplômé, e** *n.m.f.* graduate. *Il est* ~ *d'une école de commerce,* he is a business school graduate, he has graduated from a business school, he holds a business school degree. *Les* ~*s de l'Université,* University graduates.

**direct, e** *adj.* direct, straight. *Connaissement* ~, through B/L. *Contrat* ~, direct contract. *Contributions* ~*es,* direct taxes. *Coûts* ~*s,* direct costs. *Héritier* ~, lineal heir. *Investissement* ~, direct investment. *Train* ~, through train. *Vol* ~, direct/through flight.

**directement** *adv.* directly, direct. *Adressez-vous* ~ *au siège social,* apply direct to the head office.

**directeur, trice** *adj.* managing, guiding, controlling. *Idée directrice,* guiding principle. *Principe* ~, guiding principle.

**directeur** *n.m.* **directrice** *n.f.* manager, head, *(fam.)* boss. ~ *adjoint,* deputy manager, assistant manager. ~ *commercial,* sales manager. ~ *du personnel,* personnel manager, staff manager. ~ *d'usine,* plant manager, works manager. ~ *financier,* treasurer. ~ *gérant,* managing director. ~ *régional,* district manager, regional manager.

**direction** *n.f.* **1.** management. *Comité de* ~, management committee. *Conseil de* ~, executive board. *Fonctions de* ~, managerial functions. ~ *des entreprises,* corporate management. ~ *commerciale,* sales management. ~ *du contentieux,* legal department. ~ *générale,* general management, head office. ~ *par objectifs,* management by objectives (M.B.O.). *Secrétaire de* ~, executive secretary, private secretary, personal assistant, P.A. **2.** control. **3.** direction. **4.** *(pl. = instructions)* directions, instructions. **5.** *(pl. = orientations)* trends.

**directive** *n.f.* instruction, direction ; *(gouvernementale, etc.)* directive.

**directives** *n.f.pl.* guidelines ; instructions, directions.

• **directoire** *n.m.* board of directors.

**directorial, e** *adj.* managerial.

**dirigé, e** *adj.* planned, controlled. *Économie ~ e,* planned economy.

**dirigeant, e** *adj.* **1.** executive. *Dans les équipes ~ es,* in executive suites. *Dans les milieux ~ s,* in executive circles. **2.** ruling. *Les classes ~ es,* the ruling classes, the Establishment.

**dirigeant, e** *n.m.f.* executive, manager, leader. *~ syndical,* union leader ; union official.

**diriger** *v.* **1.** *(conduire)* to steer, to channel, to direct. *~ les investissements vers un secteur,* to channel investments into a sector. **2.** to manage, to run, to head, to control. *~ une affaire,* to run a business.

**dirigisme** *n.m.* planned economy, state-control, dirigisme.

**dirigiste** *adj.* planned. *Économie ~ ,* planned economy, state-controlled/state-run economy.

**dirimer** *v.* to nullify, to invalidate.

**disciplinaire** *adj.* disciplinary.

**discipline** *n.f.* **1.** discipline. *Conseil de ~ ,* disciplinary board. **2.** subject-matter, field, discipline.

**discontinu, e** *adj.* discontinuous.

**discontinuité** *n.f.* discontinuity, break.

**discours** *n.m.* speech, address. *Faire un ~ ,* to deliver a speech / an address. *(congrès, etc.) ~ d'ouverture,* keynote address. *Terminer un discours,* to wind up a speech.

**discréditer** *v.* to discredit.

**discret, ète** *adj.* **1,** discreet, unobtrusive, sober, unpretentious. **2.** *(math.)* discrete, discontinuous. *Variable ~ e,* discrete variable.

**discrétion** *n.f.* discretion, confidentiality, secrecy. « *~ assurée* », « write in confidence », « apply in confidence », « applications will be treated in strict confidence ».

**discrimination** *n.f.* discrimination, differentiation. « *Aucune ~ en matière de recrutement* », *(U.S.)* « we are an equal opportunity employer ». *Non ~ en matière de*

*salaires,* principle of equal pay. *~ raciale,* racial discrimination.

**discriminer** *v.* to discriminate (against someone).

**discussion** *n.f.* **1.** discussion, debate, talk, argument. *~ s avec les syndicats,* talks with the unions. *En ~ ,* under discussion ; at issue. *Sans ~ possible,* unquestionably, indisputably. **2.** *(jur.) ~ de biens,* enquiry into the assets of a debtor.

**discutable** *adj.* debatable, arguable, questionable ; objectionable.

**discuter** *v.* **1.** to discuss, to argue, to debate. *~ un projet,* to review / evaluate / a project. **2.** *(mettre en doute)* to question, to dispute. **3.** *(jur.) ~ un débiteur,* to enquire into the assets of a debtor.

**disette** *n.f.* shortage, scarcity, dearth.

**dislocation** *n.f.* dislocation, disruption, dismemberment.

**disloquer** *v.* to dislocate, to dismember.

**dispache** *n.f.* average adjustment.

**dispacheur** *n.m.* average adjuster.

**disparate** *adj.* dissimilar, uneven.

**disparité** *n.f.* disparity, gap. *~ du niveau technologique,* technological gap. *~ des salaires,* disparity in wage rates.

**dispense** *n.f.* exemption, waiver. *~ d'âge,* waiver of age limit(s).

**dispenser** *v.* to exempt, to exonerate.

**dispersé, e** *adj.* scattered.

**dispersion** *n.f.* dispersion, scatter, scattering, spread. *Coefficient de ~ ,* scatter coefficient. *Diagramme de ~ ,* scatter diagram.

**disponibilité** *n.f.* **1.** availability. *~ des capitaux,* availability of capital. *Non-~ ,* non-availability. **2.** *disponibilités f.pl. (fin.)* disposable funds, available assets, liquid assets ; *(comptab.)* quick assets ; *(stocks)* available stocks. *~ s monétaires,* money supply.

**disponible** *adj.* available. *Actif ~ ,* available assets, quick assets. *Actif réalisable et ~ ,* current assets. *Argent ~ ,* money in hand. *Capital ~ ,* available funds, circulating capital. *Fonds ~ s,* liquid assets, disposable funds. *Revenu*

~, disposable income. *Solde ~,* available balance. *Surplus ~,* disposable surplus.

**disponible** *n.m.* disposable funds, liquid assets, spot. *Cote officielle du ~,* official spot quotation. *Cours du ~,* spot price, price ex store. *Marché du ~,* spot market.

**disposé, e** *adj.* prepared to, ready to, willing to. *Marché bien ~,* buoyant market.

**disposer** *v.i.* 1. to have at one's disposal. *Nous disposons d'une gamme étendue de produits,* we can offer a wide range of products. 2. *(jur., prévoir)* to provide for. 3. *(fin.)* to draw. *~ sur un compte par chèque,* to draw on an account by cheque (*U.S.* : check).

**disposer** *v.t.* 1. to lay out, to display, to arrange. 2. *(fin.)* to draw. *~ un chèque sur une banque,* to draw a cheque (*U.S.* : check) on a bank.

**dispositif** *n.m.* device, apparatus, system ; framework.

**disposition** *n.f.* 1. disposal. *Mettre à la ~ de,* to place at the disposal of. *Nous restons à votre entière ~,* we remain entirely at your disposal. *Tenir à la ~ de,* to hold at the disposal of. 2. draft. *Avis de ~,* advice of draft. *~ à vue,* sight draft. *~s à vue,* drawings on an account. 3. provision, clause, stipulation. *~s d'une loi,* provisions of an act. *~ d'un testament,* clause of a will. *Sauf ~ contraire,* except/unless/otherwise stipulated. 4. *(Bourse)* tone, trend. *~ du marché,* tone of the market. 5. *(des locaux, d'une lettre)* layout.

**disproportion** *n.f.* disproportion.

**disproportionné, e** *adj.* disproportionate ; incommensurate.

**disqualification** *n.f.* disqualification.

**disque** *n.m.* 1. disk, disc. *~ magnétique,* magnetic disk. *Mémoire à ~s,* disk storage. 2. *(musique)* record.

**disquette** *n.f.* diskette, floppy disk.

**dissension** *n.f.* dissension, disagreement, discord. *~s,* feud(s),

quarrel(s).

**dissimulation** *n.f.* dissimulation, concealment. *~ d'actif,* concealment of assets. *~ de bénéfices,* concealment of profits.

**dissimuler** *v.* to conceal, to hide.

**dissiper** *v.* 1. to clear up. *~ un malentendu,* to clear up a misunderstanding. 2. to squander, to waste, to spend.

**dissolution** *n.f.* dissolution, breaking up, winding up. *~ d'une société,* winding up of a company. *~ d'une société en nom collectif,* breaking up of a partnership.

**dissoudre** *v.* to dissolve, to bring to an end, to break up, to wind up.

**distance** *n.f.* distance. *Commande à ~,* remote control. *~ de transport,* length of haul. *Fret proportionnel à la ~,* freight prorata.

**distancer** *v.* to outdistance, to outrun, to outstrip. *Se laisser ~,* to fall behind.

**distant, e** *adj.* distant ; remote ; far (away).

**distillation** *n.f.* distillation, distilling.

**distillerie** *n.f.* distillery.

**distinct, e** *adj.* distinct, separate.

**distinction** *n.f.* distinction ; reward.

**distinguer** *v.* to distinguish, to differentiate, to discriminate (*de* : from).

**distorsion** *n.f.* distortion, bias. *Sans ~,* unbias(s)ed.

**distribuable** *adj.* distributable.

**distribué, e** *adj.* distributed. *Bénéfice non distribué,* undistributed profit ; retained/undistributed earnings. *Dividendes ~s,* (share) dividends.

**distribuer** *v.* to distribute ; to market ; *(postes)* to deliver. *~ des actions,* to allot shares. *~ un dividende,* to pay a dividend.

**distributeur, trice** *adj.* distributing, *Centre ~,* discount house, *(U.S.)* discounter.

**distributeur, trice** *n.m.f.* distributor. *~ agréé,* authorized dealer. *~ automatique,* slot machine, dispenser, vending machine. *~ automatique de billets de banque,* automatic / automated cash dispenser, automatic / automated teller machine, money machine. ~ *exclusif,* sole agent.

**distributif, ve** *adj.* distributive.

**distribution** *n.f.* distribution ; marketing. ~ *aléatoire,* random distribution. ~ *(de courrier) par exprès,* special delivery. ~ *du revenu national,* distribution of national income. ~ *des richesses,* distribution of wealth. *Grande* ~, large-scale distribution, large-scale retail(ing), volume retailing. *Réseau de* ~, distribution/distributing network ; channel(s) of trade.

**district** *n.m.* district, area. ~ *fédéral (U.S.),* Federal District.

**divergence** *n.f.* **1.** divergence, discrepancy ; departure (*par rapport à,* from). **2.** differences (of opinion), disagreement.

**diverger** *v.* **1.** to diverge ; to depart (*par rapport à,* from). **2.** *(opinions)* to take divergent views on, to differ.

**divers, e** *adj.* various, diverse, different, varied ; sundry ; miscellaneous. « *Divers* » *(petites annonces),* « miscellaneous ». *Fait* ~, news item. *Faux frais* ~, contingencies, incidental expenses, incidentals. *Frais* ~, sundry expenses, sundries. « *Questions* ~ *es* » *(ordre du jour),* other business.

**divers** *n.m.,pl.* sundries. *Compte de* ~, sundries account.

**diversification** *n.f.* diversification. ~ *des produits,* product diversification. *Stratégie de* ~, diversification strategy.

**diversifier** *v.t.* et *v.i.* to diversify.

**diversité** *n.f.* diversity, variety.

**dividende** *n.m.* dividend. *Approuver un* ~ *de 3 %,* to pass a dividend of 3 %. *Déclarer un* ~, to declare a dividend. *Ex-*~, ex-dividend. ~ *s distribués,* share dividends. ~ *supplémentaire,* bonus on shares. *Prélèvement du* ~ *sur le capital,* payment of dividend out of capital.

**divis, e** *adj.* divided. *Bien* ~, land held in severalty. *Responsabilité* ~ *e,* several liability.

**divisé, e** *adj.* divided, split. *Les syndicats sont* ~ *s sur cette question,* the unions are split over this issue. *Non* ~, undivided.

**diviser** *v.* to divide, to split. ~

*en deux,* to halve.

**diviseur** *n.m.* divisor. *Plus grand commun* ~, greatest common factor.

**divisibilité** *n.f.* divisibility.

**divisible** *adj.* divisible.

**division** *n.f.* **1.** division. ~ *du travail,* division of labour (*U.S.* : labor). **2.** division, branch, department. **3.** *(scission)* split, rift.

**divisionnaire** *adj.* divisional.

**divulgation** *n.f.* disclosure.

**divulguer** *v.* to disclose. *(indiscrétion, fuite)* to leak out.

**dock** *n.m.* dock, warehouse. ~ *entrepôt,* dock warehouse. ~ *flottant,* floating dock. ~ *frigorifique,* cold storage dock. *Droits de* ~, dock dues.

**docker** *n.m.* docker, longshoreman. *Grève des* ~ *s,* dock strike.

**doctrine** *n.f.* doctrine. ~ *économique,* economic doctrine. ~ *de libre-échange,* free-trade doctrine.

**document** *n.m.* document. ~ *s à ordre,* promissory documents. ~ *s contre acceptation,* documents against acceptance. ~ *s contre paiement,* documents against payment. *Comptant contre* ~ *s,* cash against documents.

**documentaire** *adj.* documentary. *Crédit* ~, documentary credit. *Traite* ~, documentary bill.

**dollar** *n.m.* dollar, greenback, *(fam.)* buck. *Billet de cinq* ~ *s, (U.S., fam.)* fiver. *Mille* ~ *s (U.S., fam.)* grand. ~ *titre,* security dollar. *Zone* ~, dollar area.

**domaine** *n.m.* **1.** *(secteur)* field, area, sphere. **2.** *(foncier)* estate, property. *Les* ~ *s,* public property, property of the State. ~ *grevé d'hypothèques,* burdened estate. ~ *public,* public property.

**domestique** *adj.* domestic, internal, inland. *Budget* ~, household expenses. *Travaux* ~ *s,* house work.

**domicile** *n.m.* domicile, residence. ~ *légal,* permanent residence. *Changement de* ~, change of residence. *Livrable à* ~, to be delivered. *Livraison franco à* ~, delivery free domicile ; *(entreprise)* delivery free to customer's premises/buyer's premises. *Vente à* ~, door-to-door selling. *Violation de*

~, breach of domicile.

**domiciliataire** *n.m.* paying agent.

**domiciliation** *n.f.* domiciliation.

**domicilié, e** *adj.* domiciled.

**domicilier** *v.* to domicile.

**dominant, e** *adj.* dominant, ruling, prevailing. *Économie* ~ *e,* dominant economy. *Position* ~ *e,* leading position, *(trust, etc.)* dominant position.

**domination** *n.f.* domination, leadership.

**dominion** *n.m.* dominion.

**dommage** *n.m.* 1. damage, loss. *Compenser un* ~, to make good a damage, to make up the damage. ~ *causé à un tiers,* third-party damage. ~ *corporel,* damage to persons. ~*s indirects,* consequential damage. ~*s matériels,* damage to property. 2. ~*s-intérêts, m.pl.* damages. *Accorder des* ~*s-intérêts,* to give damages. *Action en* ~*s-intérêts,* action for damages. ~*-intérêts pour préjudice moral,* retributory / punitive / damages. ~*-intérêts pour préjudice réel,* substantial damages. *Obtenir des* ~*s-intérêts,* to recover damages. *Passible de* ~*s-intérêts,* liable for damages. *Poursuivre en* ~*s-intérêts,* to sue for damages. *Réclamer des* ~*s-intérêts,* to claim damages.

**don** *n.m.* gift ; donation ; grant. ~*s et prêts,* grants and loans.

**donataire** *n.m.* donee, grantee.

**donateur** *n.m.* donor, grantor.

**donation** *n.f.* donation, pledge. *(jur.)* donation, gift. *Acte de* ~, deed of gift. *Impôt sur les* ~*s et les successions,* death and gift duties. ~ *entre vifs,* donation inter vivos, lifetime gift.

**donné, e** *adj.* given. *A un cours* ~, at a given price.

**données** *n.f.pl.* data, (facts and) figures, information, instructions. *Collecte des* ~, data collection. *Banque de* ~, data bank. ~ *de base,* base figures. ~ *brutes,* raw data. ~ *de contrôle,* control data. ~ *d'exécution,* work specification. ~ *globales,* aggregate figures. *Restitution de* ~, retrieval of data. *Saisie des* ~, data acquisition/collecting/collection. *Stockage de* ~, storage of data. *Traitement des* ~, data processing.

**donner** *v.* to give. ~ *son avis,* to give one's opinion, to have one's say. ~ *sa démission,* to tender one's resignation. ~ *un rendez-vous,* to give an appointment. ~ *à bail,* to lease. *Donnant droit à une pension,* entitling to a pension, qualifying for a pension. ~ *des instructions,* to give instructions. ~ *en location,* to let. ~ *un ordre,* a) to give an order b) *(passer commande)* to place an order (with).

**donneur** *n.m.* donor. ~ *d'aval,* guarantor, surety. ~ *d'option,* taker for a put and call. ~ *d'ordre,* principal, contractor.

**dont** *n.m.* *(Bourse)* call, call option. *Acheter* ~, to buy a call option. *Vendre* ~, to sell a call option.

**dormant, e** *adj.* dormant, inactive, idle, unemployed. *(Marché, etc.)* sluggish. *Comptes* ~*s,* dormant accounts.

**dormir** *v.* 1. to sleep. 2. to remain inactive, to be idle, to be dormant. *Argent qui dort,* idle money.

**dos** *n.m.* back, reverse side. *Voir au* ~, see overleaf. ~ *d'un effet,* back of a bill.

**dosage** *n.m.* blend ; dosing, proportion.

**dosé, e** *adj.* proportioned ; measured ; dosed ; blended.

**doser** *v.* to dose ; to proportion ; to measure ; to blend.

**dossier** *n.m.* 1. file, dossier. 2. *(jur.)* brief, dossier. *Établir le* ~ *d'une affaire,* to brief a case.

**dotation** *n.f.* *(fin.)* 1. appropriation, allocation. 2. *(matériel, etc.)* endowment. ~ *en capital,* capital endowment. 3. ~ *aux amortissements,* depreciation allowance. 4. ~ *en effectifs,* staffing.

**doté, e** *adj.* voir **doter**.

**doter** *v.* 1. *(fin.)* to appropriate, to allocate. 2. *(matériel, etc.)* to endow (with), to equip (with).

**douane** *n.f.* customs. *Agent de* ~, customs officer/official. *Bordereau de* ~, custom-house note. *Bureau des* ~*s,* customs office. *Déclaration en* ~, customs declaration, bill of entry. *Droits de* ~, customs duties. *Entrée en* ~, clearance inwards. *Entrepôt en* ~, bonded warehouse. *Entrepôt sous ~*, bond-store. *Exempt de ~*, duty-free. *Expédition en ~*, clearance outwards. *Frais de ~*, customs charges. *Franco de ~*, free of customs duties. *Marchandises en ~*, bonded goods. *Passer en ~*, to clear through customs, to get customs clearance. *Passible de droits de ~*, dutiable. *Perception des droits de ~*, collection of customs duties. *Permis de ~*, customs permit. *Quittance de ~*, custom-house receipt. *Valeur de ~*, customs value. *Visa de la ~*, customs visa.

**douanier, e** *adj.* customs. *Accord Général sur les Tarifs Douaniers et le Commerce*, General Agreement on Tariffs and Trade (G.A.T.T.). *Barrières douanières*, customs barriers, tariff walls. *Formalités douanières*, customs formalities. *Réforme des tarifs ~s*, tariff reform. *Règlements ~s*, customs regulations. *Tarifs ~*, customs tariffs. *Union douanière*, customs union.

**douanier** *n.m.* customs officer.

**double** *adj.* double, duplicate. *~ emploi*, duplication. *~ étalon*, double standard. *~ option*, put and call. *~ prime*, double option, put and call. *(Fait en) ~ exemplaire*, (made in) duplicate. *Partie ~*, double entry.

**double** *n.m.* duplicate ; copy. *Faire en ~*, to duplicate.

**doublé, e** *adj. (Bourse)* option to double.

**doublage** *n.m.* **1.** *(Film)* dubbing. **2.** *(de protection)* lining.

**doubler** *v.* **1.** to double. **2.** *(cinéma)* to dub. **3.** *(véhicule)* to overtake, *(U.S.)* to pass. **4.** *(mettre une doublure)* to line. **5.** *(fam., tromper)* to double-cross.

**douteux, se** *adj.* **1.** doubtful, uncertain, dubious, bad ; *(provision pour) créances douteuses*, (provision for) bad debts.

**douzaine** *n.f.* dozen. *Demi-~*, half a dozen. *Treize à la ~*, 13 to the dozen, a baker's dozen.

**Dow Jones** *m.* Dow Jones. *Indice Dow Jones*, Dow Jones index, Dow Jones industrial average.

**doyen, ne** *adj.* senior.

**doyen, ne** *n.m.f. (université,*

*grande école)* dean (of studies).

**draconien, ne** *adj.* drastic. *Mesures ~nes*, drastic measures.

**drainage** *n.m.* **1.** drainage, draining. **2.** drain. *~ de capitaux.* a) collection of funds. b) drain of money.

**drainer** *v.* to drain. *~ des capitaux*, to attract capital ; to tap capital.

**drastique** *adj.* drastic.

**droit, e** *adj.* right, straight. *Amortissement en ligne ~ e*, straight-line depreciation.

• **droit** *n.m.* **1.** law. *~ cambial*, exchange law. *~ civil*, civil law. *~ commercial*, commercial law. *~ coutumier*, custom law. *~ des obligations*, law of contract. *~ écrit*, statute law. *~ fiscal*, tax law. *~ immobilier*, real estate law. *~ international*, international law. *~ jurisprudentiel*, case law. *~ maritime*, maritime law. *~ naturel*, unwritten law. *~ pénal*, criminal law. *~ positif*, substantive law. *~ privé*, private law. *~ social*, labour law. *~ des sociétés*, company law. *~ du travail*, labour law. **2.** right. *A qui de ~*, to whom it may concern. *Atteinte aux ~s*, infringement of rights. *Avoir ~ à*, to be entitled to, to qualify for, to be eligible for. *Céder ses ~s*, to yield one's rights. *Déchéance d'un ~*, loss of a right. *Déclaration des ~s des citoyens*, (G.B.) Bill of Rights. *Donnant ~ à pension*, pensionable. *Ayant ~*, interested party, entitled party, assign. *~s acquis*, vested interest. *~ au bail*, right to the lease. *~s d'achat*, purchasing rights. *~ d'aînesse*, birthright, primogeniture. *~ d'asile*, right of asylum. *~s d'auteur*, copyright. *~s civiques*, civil rights. *~ exclusif*, exclusive right. *~ de gage*, lien. *~ de grève*, right to strike. *~ inaliénable*, inalienable right. *~s miniers*, mineral rights. *~ de préemption*, right of preemption. *~ de rétention*, lien. *~ de rachat*, power of redemption. *~ de souscription*, application rights. *~ de tirage*, drawing right. *~ de vote*, right to vote. *Tous ~s de reproduction réservés*, all rights reserved. **3.** duty, duties ; due, dues.

*Exempt de* ~ *s,* duty-free. *Passible de* ~ *s,* dutiable. ~ *de constitution (d'une société),* incorporation duties, capital duty. ~ *s de dock,* dock dues. ~ *s de douane,* customs duties. ~ *s d'enregistrement,* registration dues. ~ *d'entrée (marchandises),* import duty ; *(lieu public)* admission, entrance fee. ~ *d'exportation,* export duty. ~ *de garde,* charge for safe custody. ~ *de magasinage,* storage rent, warehouse charge. ~ *s de mouillage,* groundage. ~ *s de mutation,* transfer duty, *(entre vifs)* succession duty. ~ *s de navigation,* navigation dues. ~ *s de port,* port dues. ~ *s de quai,* wharfage, quayage. ~ *de reprise d'un bail,* premium on a lease. ~ *de sauvegarde,* safeguarding duties. ~ *de succession,* inheritance tax, estate duties. ~ *s de succession (par testament),* probate duty. ~ *de timbre,* stamp duty. ~ *s de tirage spéciaux,* special drawing rights, S.D.R.'s. ~ *d'importation,* import duty.

**dû, due** *adj.* 1. *(dette échue)* due, owing. *En port* ~ *,* carriage forward. *Somme qui nous est* ~ *e,* sum due to us. *Solde* ~ *,* balance due. 2. *(convenable)* proper, due, regular. *En bonne et* ~ *e forme,* in due form. 3. *(attribuable à)* ascribable to, due to. *Retard* ~ *à une grève,* delay due to/caused by/a strike.

**dû** *n.m.* due. *Réclamer son* ~ *,* to claim one's due.

**ducroire** *n.m.* del credere. *Agent* ~ *,* del credere agent. *Commission* ~ *,* del credere commission.

**dûment** *adv.* duly. ~ *accrédité,* duly authorized.

**dumping** *n.m.* dumping.

**duplicata** *n.m.* duplicate.

**duplicateur** *n.m.* duplicating machine, copier.

**duplication** *n.f.* duplication.

**durabilité** *n.f.* durability.

**durable** *adj.* durable. *Biens de consommation* ~ *s,* consumer durables, durable consumer goods. *Bien* ~ *,* durable.

**durcir** *v.* to harden ; *(réglementation, etc.)* to tighten, to stiffen. ~ *des revendications salariales,* to step up a payfight. ~ *sa position,* to take a tougher stand.

**durée** *n.f.* duration. ~ *d'un bail,* term of the lease, duration of a lease. ~ *du travail,* hours of work, *(hebdomadaire)* working week. ~ *de vie (humaine)* life span, life expectancy ; *(produits)* economic life, life cycle. *Réduction de la* ~ *de travail,* shorter work(ing) week.

**durer** *v.* to last.

**dynamique** *adj.* dynamic, energetic, aggressive, forward-looking, go-ahead.

**dynamique** *n.f.* dynamics.

**dynamiser** *v.* to dynamize.

**dynamisme** *n.m.* dynamism, drive ; aggressiveness. *(d'un marché)* buoyancy.

# E

**eau** *n.f.* water. *Compagnie des* ~ *x,* water company. ~ *lourde,* heavy water. ~ *x territoriales,* territorial waters. *Voie d'* ~ a) waterway. *Par voie d'* ~ *,* by water b) leak.

**ébaucher** *v.* to outline, to sketch out.

**ébranler** *v.* to shake.

**écart** *n.m.* difference, divergence ; spread, variance ; gap ; *(Fin.)* margin. *Combler un* ~ *,* to bridge a gap, to fill a gap. ~ *absolu,* absolute deviation. ~ *entre le cours acheteur et le cours vendeur,* turn of the market. ~ *à la moyenne,* mean deviation. ~ *de prix,* spread, price differential. ~ *-type,* standard deviation.

**écartement** *n.m.* gauge. ~ *des rails,* track gauge.

**écarter (s')** *v.i.* to deviate (from) ; to depart (from) ; to drift away (from).

**échafaudage** *n.m.* scaffolding.

**échafauder** *v.* to build up. ~ *des plans,* to make plans.

**échange** *n.m.* exchange, trade, swap, swapping. *Association Européenne de Libre* ~ *,* European Free Trade Association, E.F.T.A. ~ *de vues,* exchange of views, discussion. *Libre-* ~ *,* free trade. *Monnaie d'* ~ *,* money of exchange.

*Moyen d'~*, medium of exchange. *Terme de l'~*, exchange value. *Zone européenne de libre-~*, European Free Trade Area. *Zone de libre-~*, free trade area.

**échangeabilité** *n.f.* exchangeability.

**échangeable** *adj.* exchangeable. *Biens ~s*, exchangeable goods.

**échanger** *v.t.* to exchange, to trade, to swap (*contre*, for).

**échanger (s')** *v.i.* to exchange ; to be traded.

**échangiste** *n.m.* exchanger. *Libre-~*, free-trader.

**échantillon** *n.m.* sample, specimen, pattern. *Carte d'~s*, sample card. *Conforme à l'~*, true to sample. *Prélever un ~*, to sample, to spotcheck. *~ aléatoire*, random sample. *~ sans valeur*, sample of no value.

**échantillonnage** *n.m.* sampling.

**échantillonner** *v.* to sample.

**échappatoire** *n.f.* loophole, way out. *Clause ~*, escape clause. *~ fiscale*, tax loophole.

**échapper** *v.* to escape, to evade, to dodge, to avoid. *~ à la faillite*, to stave off bankruptcy. *~ à l'impôt (de façon légale)*, to use a tax loophole. *~ à l'impôt (de façon illégale)*, to evade / to dodge taxes. *~ à une prise de contrôle*, to stave off a take-over bid.

**échéance** *n.f.* 1. *(sens large, date limite)* deadline. *Faire face à ses ~s*, to meet deadlines, to meet one's liabilities. 2. date of maturity, due date, term. *A courte ~*, *(adj.)* short-dated ; *(adv.)* in the short term. *Avis d'~*, notice to pay. *Date d'~*, due date, date of maturity, pay day. *Effet à courte ~*, short (-dated) bill, time bill. *Effet à longue ~*, long (-dated) bill, long. *Payable à l'~*, payable at maturity, at a fixed date. *Ne pas payer un effet à son ~*, to dishonour a bill. *Venir à ~*, to fall due, to come to maturity. 3. *(délai avant l'exigibilité)* tenor, currency. *L'~ est de trois mois*, the currency is three months. 4. *(effet)* bill, draft. *~ à vue*, bill at sight. *Faire face à une ~*, to meet a bill at maturity, to honour a bill when due. 5. *(expiration)* expiration, ex-

piry. *~ d'un contrat*, expiration of a contract. *~ d'une police*, expiry of a policy. 6. *(date d'entrée en valeur)* value date *(chèque, etc.)*. 7. *(dettes)* *~s de fin de mois*, end-of-month/ payments/ commitments/ requirements. *~ de fin de trimestre*, end-of-quarter requirements/ payments.

**échéancier** *n.m.* bill-book, bill diary. *(sens large)* schedule.

**échéant** *adj.* falling due, payable. *Le cas ~*, should the occasion arise, if need be.

**échec** *n.m.* failure ; *(fam.)* flop. *~ des négociations*, collapse of the talks/negotiations.

**échelle** *n.f.* 1. ladder. *~ sociale*, social ladder. 2. scale. *~ mobile des salaires*, sliding wage scale. *Dessin à l'~*, drawing to scale. *Économies d'~*, economies of scale. *Sur une grande ~*, on a large scale.

**échelon** *n.m.* step, level, echelon ; rung. *A l'~ directorial*, at managerial level ; *(fig.)* in executive suites.

**échelonné, e** *adj.* spread, staggered. *Livraisons ~es*, staggered deliveries. *Paiements par versements ~s*, payment by instalments, deferred payment. *Remboursable par versements ~*, repayable by instalments. *Congés ~*, staggered holidays.

**échelonner** *v.t.* to spread, to stagger. *~ des versements sur*, to spread, to stagger payments over.

**échelonner (s')** *v.i.* to be spread *(sur*, over).

**échiquier** *n.m.* exchequer *(G.B.)*. *Chancelier de l'~*, Chancellor of the Exchequer.

**échoir** *v.* to fall due, to mature, to come to maturity. *Intérêts à ~*, accruing interest.

**échouer** *v.* to fail, to abort ; to miscarry ; *(négociations)* to collapse, to fail.

**échu, e** *adj.* due, outstanding, overdue ; matured. *Intérêts ~s*, outstanding interest. *Intérêts ~s et non payés*, overdue interest, arrears of interest. *Non ~*, undue. *Termes ~s*, instalments due.

**écluse** *n.f.* lock.

**école** *n.f.* school. *~ de commer-*

*ce*, business school. ~ *d'ingé-nieurs*, engineering school. ~ *pri-maire*, primary school, elementary school. ~ *professionnelle*, vocational school. ~ *secondaire*, secondary school, *(U.S.)* high school.

**écologie** *n.f.* ecology ; conservation ; environmentalism.

**écologique** *adj.* ecological ; environmental.

**écologiste** *n.m.f.* ecologist, environmentalist ; conservationist.

**économat** *n.m.* **1.** treasurer's office ; bursar's office *(école)*. **2.** stationery department *(service qui s'occupe des fournitures de bureau)*.

**économe** *adj.* thrifty, sparing. *Ménagère* ~, thrifty housewife.

**économe** *n.m.f.* **1.** treasurer ; bursar *(école)*. **2.** stationery clerk *(responsable des fournitures de bureau)*.

**économètre** *n.m.* econometrist.

**économétrie** *n.f.* econometrics.

**économétrique** *adj.* econometric. *Modèle* ~, econometric model.

**économie** *n.f.* **1.** *(action)* saving, economy. ~*s d'échelle*, economies of scale. ~ *de main-d'œuvre*, labour-saving. ~ *de temps*, time-saving. **2.** *f.pl. (résultat)* savings *(le singulier* saving *s'emploie aussi au sens d'économie[s])*. ~*s d'éner-gie*, energy savings ; *(politique d')* energy conservation. *Faire des* ~*s*, to save money, to curtail expenses. *Faire des* ~*s d'énergie*, to save energy, ʌto conserve energy. *Politique d'*~, retrenchment policy. **3.** *(d'un pays)* economy. ~ *de mar-ché*, (free) market economy. *L'*~ *est dans le marasme*, the economy is in a slump, in the doldrums. ~ *mixte*, mixed economy. *L'*~ *nationale*, the nation's economy. ~ *planifiée*, planned economy. *Les pays d'*~ *libérale*, free-market economies. *Relancer l'*~, to revive, to reflate the economy. **4.** *(science économique)* economics. ~ *politi-que*, economics, political economy. ~ *de l'offre*, supply-side economics. *Étudier l'*~, to study economics. **5.** *(esprit d'économie)* thrift.

**économique** *adj.* **1.** *(qui fait faire des économies, rentable)* economi-cal, inexpensive. *Classe* ~, economy class. *Gadget* ~, labour-saving, time-saving gadget. *Modèle* ~, *(grand modèle)* economy size, economical model. *Voiture* ~, economical car. **2.** *(qui se rapporte à la situation ou la science écono-mique)* economic. *Agents* ~*s*, economic agents. *Communauté* ~ *Européenne*, European Economic Community. *Cycle* ~, economic cycle. *(mesures de) relance écono-mique, (U.S.)* pump priming (measures). *Relance* ~, economic revival, reflation. *Reprise* ~, econom-ic recovery, rebound, upturn, pickup. *Sciences* ~*s*, economics.

**économiquement** *adv.* economi-cally.

**économiser** *v.* to save, to econ-omize ; to spare ; to conserve. ~ *de l'argent, du temps*, to save money, time. ~ *l'énergie*, to save energy *(résultatif)*, to conserve en-ergy *(prospectif)*. ~ *des ressources*, to spare resources.

**économiste** *n.m.f.* economist.

**écoulé, e** *adj.* **1.** past, previous. *Exercice* ~, period under review, last fiscal year. **2.** *(correspondance)* of last month. *Votre lettre du 15* ~, your letter dated 15th of last month, your letter of the 15th ult (ultimo).

**écoulement** *n.m.* placing, selling, disposal ; flow. ~ *des marchandi-ses*, turnover of goods. *Articles d'*~ *facile*, fast-selling articles ; *(U.S.)* fast-moving articles.

**écouler** *v.* to place, to sell, to dispose of, to clear, to get rid of. ~ *des actions*, to place shares. ~ *des faux billets*, to pass forged banknotes. ~ *des marchandises*, to sell goods, *(U.S.)* to move goods. ~ *les stocks*, to dispose of, to get rid of stocks, of inventories.

**écoute** *n.f.* listening. *Heure de grande* ~, *(U.S.)* prime-time ; *(G.B., radio)* peak listening time, *(G.B., télé)* peak viewing time. *Indice(s) d'écoute, taux d'écoute*, rating(s).

**écouteur(s)** *n.m.* earphone(s).

**écran** *n.m.* screen. ~ *cathodi-que*, cathode-ray tube, C.R.T. ~ *de contrôle*, monitor screen.

**écrit, e** *adj.* written, in writing.

*Déclaration* ~ *e,* written statement. *Droit* ~, statute-law, statutory law. ~ *à la main,* hand-written. *Preuve* ~ *e,* documentary evidence, evidence in writing.

**écrit** *n.m.* writing. *Consigner par* ~, to put down in writing, to couch in writing, to commit to writing. *Déclaration par* ~, written statement, affidavit.

**écriteau** *n.m.* placard, bill, notice board, *(U.S.)* bulletin board.

**écriture** *n.f.* **1.** writing, hand, handwriting. *Avoir une bonne* ~, to write a good hand. **2.** entry. ~ *comptable,* book-entry. ~ *de clôture,* closing entry. ~ *de virement,* transfer entry. ~ *portée au crédit,* entry to the credit side. ~ *portée au débit,* entry to the debit side. *Passer une* ~. To make an entry, to post an item. *Redresser une* ~, to correct, to adjust an entry. **3.** ~ *s (f.pl.)* accounts. ~ *s comptables,* accounts, books, entries. ~ *s en partie double,* double entry. *Arrêter les* ~ *s,* to close /to balance/ the books. *Tenir les* ~ *s,* to keep the books. **4.** *(jur.)* documents. *Faux en* ~ *s,* forging of documents.

**écroulement** *n.m.* collapse, slump ; *(fig.)* breakdown.

**écrouler (s')** *v.* to collapse, to slump ; *(fig.)* to breakdown. *Les cours se sont écroulés,* prices collapsed. *Le marché s'est écroulé,* the market slumped.

**écueil** *n.m.* **1.** reef, shelf. **2.** *(fig.)* danger, difficulty, snag.

**édifice** *n.m.* building, structure ; fabric. *L'* ~ *social,* the social fabric.

**édicter** *v.* to decree, to promulgate.

**éditer** *v.* to publish.

**éditeur** *n.m.* publisher.

**édition** *n.f.* **1.** *(activité)* publishing, publishing trade. *Maison d'* ~, publishing firm/house. **2.** edition. ~ *originale,* original/first edition. ~ *spéciale,* special issue. *Dernière* ~, latest edition.

**éditorial** *n.m.* *(presse, télé)* editorial, leading article, leader.

**éditorialiste** *n.m.* *(presse)* editorial writer, leader writer. *(télé)* program(me) editor.

**éducatif, -ive** *adj.* educational.

**éducation** *n.f.* education, schooling, instruction. *Ministre de l'* ~, *(G.B.)* Minister of Education ; *(U.S.)* Secretary of Education.

**effacer** *v.* **1.** *(= gommer)* to erase. **2.** to wipe out, to wipe off.

**effectif, -ive** *adj.* effective, actual, real ; operative. *Prix de revient* ~, actual cost. *Valeur effective,* actual value, real value.

• **effectif** *n.m.* staff, manpower, workforce ; complement. ~ *au complet,* full complement, full force of men. ~ *de 300 employés,* staff of 300 people employed ; 300-man staff. ~ *de 50 ouvriers,* manpower of 50 workers. *Réduction des* ~ *s,* payroll cuts, pruning / trimming of the work / labo(u)r force, job cuts, job cutbacks. *Réduire les* ~ *s,* to cut the payroll, to cut jobs, to shed labo(u)r /jobs, to cut / prune / trim / pare the work / labo(u)r force. *Ils ont décidé de se réorganiser avec des* ~ *s moins nombreux,* they decided to reorganize with a smaller payroll.

**effectivement** *adv.* effectively, actually.

**effectuer** *v.* **1.** to effect, to make. ~ *un paiement,* to effect, to make a payment. **2.** to carry out, to undertake. ~ *une étude,* to carry out a study, a survey. ~ *des tests,* to make tests. ~ *des travaux,* to undertake work. ~ *un stage,* to complete a training-period/traineeship/ *(U.S.)* an internship.

**effet** *n.m.* **1.** effect, consequence, result. *A cet* ~, for this purpose, to this end. *Avoir pour* ~ *de,* to result in, to lead to. **2.** operation, execution. *Décret à* ~ *rétroactif,* retrospective decree. *Prendre* ~, to come into effect, to become effective, to become operative. *Prise d'* ~, effective date. **3.** bill, draft. *Avaliser un* ~, to back a bill. *Domicilier un* ~, to domicile a bill. ~ *à courte échéance,* short-dated bill. ~ *à échéance,* time draft. ~ *de commerce,* bill of exchange, commercial paper. ~ *à l'encaissement,* bill for collection. ~ *s à l'escompte,* bills for discount. ~ *s à payer,* bills payable. ~ *au porteur,* bill payable to bearer. ~*s à recevoir,* bills receivable. ~ *à vue,* sight bill, sight draft. ~ *de complaisance,* accommodation bill. ~ *déplacé,* out-of-town bill. ~ *documentaire,* documentary bill. ~*s en portefeuille,* bills in hand. ~ *sur l'étranger,* foreign bill. *Encaisser un* ~, to collect a bill. *Escompter un* ~, to discount a bill. *Présenter un* ~ *à l'acceptation,* to present a bill for acceptance. *Remise d'*~*s,* remittance of bills. **4.** *(biens)* belongings, chattels. *Biens et* ~*s,* goods and chattels. ~*s mobiliers,* movables, personal property, chattels personal. **5.** *(titres)* stocks and shares. ~*s au porteur,* bearer securities. ~*s nominatifs,* registered securities. ~*s publics,* government securities, government bonds.

**efficace** *adj.* efficient ; effective, adequate.

**efficacité** *n.f.* efficiency ; effectiveness. *Étude de coût et d'*~, cost-effectiveness analysis.

**efficience** *n.f.* efficiency.

**efficient, e** *adj.* efficient.

**effondrement** *n.m.* slump, collapse. ~ *des cours,* slump in prices. ~ *du marché,* collapse of the market. ~ *des prix,* price collapse, collapse of prices.

**effondrer (s')** *v.* to slump (down), to collapse. *Les actions se sont effondrées,* shares slumped. *Le marché s'est effondré,* the bottom has fallen out of the market.

**efforcer (s')** *v.* to endeavour, to strive.

**effort** *n.m.* effort, endeavour.

**effraction** *n.f.* breach of close. *Pénétration par* ~, breaking and entering. *Vol par* ~, burglary, housebreaking.

**effritement** *n.m.* crumbling. ~ *des cours,* crumbling of prices.

**effriter (s')** *v.* to crumble.

**égal, e** *adj.* equal, even. *A conditions* ~*es,* on equal terms. *Sans* ~, unequalled, matchless.

**également** *adv.* **1.** equally. **2.** also, as well.

**égaler** *v.* to equal, to match. *Rien ne peut* ~, nothing can compare with, nothing can match. ~ *à,* to equate with/to.

**égalisation** *n.f.* equalization,

levelling.

**égaliser** *v.* to equalize ; to equate. ~ *les importations et les exportations,* to equate imports and exports.

**égalitaire** *adj.* equalitarian.

**égalité** *n.f.* equality, parity, par. *A* ~, on a par. *A* ~ *de prix,* at even prices. ~ *de salaires,* equal pay. ~ *des chances,* equal opportunity. ~ *devant l'emploi,* equal employment (opportunity).

**égard** *n.m.* respect. *A cet* ~, in this respect. *A tous* ~*s,* in every respect. *Eu* ~ *à,* in consideration of.

**égarer** *v.* to mislay, to lose.

**égout** *n.m.* sewer. *Eaux d'*~, sewage.

**élaboration** *n.f.* elaboration, design, development ; formulation.

**élaboré, e** *adj.* elaborate, sophisticated ; processed. *Denrées alimentaires* ~*es,* processed foodstuffs.

**élaborer** *v.* to elaborate, to work out, to formulate, to design, to develop. ~ *des propositions,* to work out proposals. ~ *de nouvelles méthodes de production,* to develop new production methods.

**élan** *n.m.* impetus, momentum. *Donner de l'*~ *à,* to give impetus to. *Prendre son* ~, to take off ; to gain momentum.

**élargissement** *n.m.* **1.** widening. **2.** *(d'un prisonnier)* release.

**élasticité** *n.f.* elasticity, resilience. ~ *de la demande,* elasticity of demand. ~ *du marché,* market resilience.

**élastique** *adj.* elastic, resilient.

**électif, -ive** *adj.* elective.

**élection** *n.f.* election. ~*s législatives,* (G.B.) parliamentary election ; (U.S.) Congressional election. ~*s nationales,* general election. ~*s primaires,* primary election(s).

**électoral, e** *adj.* electoral. *Année* ~*e,* election year. *Campagne* ~*e,* election campaign. *Circonscription* ~*e,* constituency ; *(U.S.)* precinct. *Fraude* ~*e,* election fraud ; cheating ; *(trucage)* election rigging. *Programme* ~, election platform. *Promesse* ~*e,* election pledge. *Triomphe/ raz de marée/ électoral,* landslide.

**électorat** *n.m.* electorate, voters, constituency, constituents. ~ *de base,* grassroots.

**électricité** *n.f.* electricity.

**électrification** *n.f.* electrification.

**électrifier** *v.* to electrify.

**électrique** *adj.* **1.** *(ampoule, courant, pile)* electric (bulb, current, battery). *Énergie* ~, electric power. *Centrale* ~, power station, power plant, electricity works. **2.** electrical. *Appareils* ~*s,* electrical appliances. *Construction* ~, electrical engineering.

**électronique** *n.f.* electronics.

**électronique** *adj.* electronic. *Calcul* ~, electronic computation. *Calculatrice* ~, electronic computer, electronic calculator. *Paiement* ~, electronic payment.

**élément** *n.m.* element, factor, component, unit, item. ~*s constitutifs du prix de revient,* elements of cost. ~*s incorporels d'un fonds de commerce,* goodwill. ~ *de temps,* time element.

**élémentaire** *adj.* elementary ; easy.

**élevage** *n.m.* breeding ; *(de bétail)* stock farming, cattle raising.

**élevé, e** *adj.* high, large ; *(part. passé)* raised. *Argent emprunté à un taux* ~, high money. *Articles d'un prix* ~, *(U.S.)* big-ticket items. ~ *au carré,* squared. *D'un prix* ~, highly-priced, expensive.

**élever (s')** *v.* **1.** to rise, to increase. **2.** to amount to, to reach, to run up to, to add up to. *L'actif s'élève à,* the assets add up to. *S'~ en moyenne à,* to average. *Le solde s'élève à,* the balance stands at.

**éleveur** *n.m.* breeder. ~ *de volailles,* poultry breeder ; *(de bétail)* stock farmer, cattle breeder, *(U.S.)* cattleman.

**éligibilité** *n.f.* eligibility.

**éligible** *adj.* eligible.

**élimination** *n.f.* elimination.

**éliminer** *v.* to eliminate, to clear, to rid, to get rid of, to do away with.

**élire** *v.* to elect ; *(G.B., au Parlement)* to return.

**ellipse** *n.f.* ellipse.

**elliptique** *adj.* elliptical.

**éloigné, e** *adj.* distant, remote, outlying.

**éloigner (s')** *v.* to move away, to move off, to recede.

**éluder** *v.* to evade.

**émancipation** *n.f.* emancipation.

**émaner** *v.* to emanate (*de,* from). *Document émanant de,* document issued by.

**émargement** *n.m.* **1.** signature, initialling, receipting. **2.** marginal note, annotation.

**émarger** *v.* **1.** to sign, to initial. **2.** to write a marginal note in. **3.** *(salaire)* to draw a salary.

**emballage** *n.m.* **1.** *(action)* packing, wrapping, packaging. *Frais d'~,* packing expenses. **2.** package, packing. ~ *à retourner,* packing to be returned. ~ *compris,* packing included. ~ *consigné,* returnable packing. ~ *d'origine,* original packing. ~ *factice,* dummy pack, display package. ~ *non compris,* packing extra. ~ *perdu,* non returnable packing, one-way package, throw-away package. ~*s vides,* empties. *Faire un emballage-cadeau,* to gift-wrap. *Franco d'emballage,* packing free.

**emballer** *v.* to pack (up), to wrap (up). ~ *des marchandises,* to pack goods.

**embarcadère** *n.m.* wharf, quay ; landing stage ; *(gare)* platform.

**embargo** *n.m.* embargo. *Lever l'~ sur,* to raise/ lift the embargo on. *Mettre l'~ sur,* to lay the embargo on, to forbid the sale of.

**embarqué, e** *adj.* embarked, loaded ; on board.

**embarquement** *n.m.* **1.** *(passagers)* embarking ; embarkation ; *(avion)* boarding. *Carte d'~,* boarding pass. *Permis d'~,* shipping note. *Port d'~,* port of embarkation, port of lading.

**embarquer** *v.* **1.** *(passagers)* to embark ; *(avion)* to board. **2.** *(marchandises)* to embark, to load, to lade, to ship ; *(train)* to entrain.

**embauche** *n.f.* enrolment, hiring, engaging, taking on ; employment.

**embaucher** *v.* to hire, to recruit, to engage, to take on.

**embouteillage** *n.m.* **1.** bottleneck, congestion ; *(circulation)* traffic jam. **2.** *(mise en bouteille)* bottling.

**embranchement** *n.m.* siding, junction.

**embrouillé, e** *adj.* intricate, confused, involved.

**émetteur, trice** *adj.* issuing. *Banque émettrice,* issuing bank. *Poste ~,* transmitting station ; broadcasting station. *Société émettrice,* issuing company.

**émetteur** *n.m.* issuer. *(radio, etc.)* transmitter. *~ de télévision,* T.V. broadcasting station.

**émettre** *v.* 1. *(radio, télé)* to broadcast. 2. *(fin.)* to issue, to float. *~ des actions au pair,* to issue shares at par. *~ un chèque,* to issue a cheque *(U.S.,* check). *~ un emprunt,* to float a loan. *~ un nouveau billet,* to put a new banknote into circulation.

**émeute** *n.f.* riot.

**émigrant** *n.m.* emigrant, migrant.

**émigration** *n.f.* emigration, migration.

**émigrer** *v.* to emigrate, to migrate.

**émis, e** *adj.* issued.

**émission** *n.f.* 1. issue, issuing, *(U.S.)* issu :e ; *(d'un emprunt)* floatation. *~ au-dessous du pair,* issue below par. *~ d'obligation,* bond issue. *Garantir une ~,* to underwrite an issue. *Prime d'~,* share premium. *Prix d'~,* rate of issue, issue price. 2. *(radio, télé)* program(me), broadcast ; T.V. show ; transmission. *~ de variétés,* variety show. *~ en différé,* (pre)recorded program(me). *~ en direct,* live broadcast, live transmission. 3. *(pollution)* effluence. *~s nocives,* toxic/noxious fumes.

**emmagasinage** *n.m.* storage, storing, warehousing ; laying in. *Droits d'~,* storage charges.

**emmagasiner** *v.* to store, to warehouse ; to lay in.

**émolument** *n.m.* benefit, advantage. *Emoluments,* salary, pay, compensation.

**empêchement** *n.m.* impediment, hindrance, prevention. *En cas d'~,* in case of prevention.

**emphytéotique** *adj.* emphyteutic, emphyteutical.

**empiétement** *n.m.* encroach-

ment, infringement *(sur,* upon).

**empiéter** *v.* to encroach, to infringe *(sur,* upon), to trespass (on) ; *(chevaucher)* to overlap.

**empiler** *v.* to pile up, to stack up ; to head up.

**empirique** *adj.* empirical. *Évaluation ~,* rule-of-thumb evaluation.

**empiriquement** *adv.* empirically.

**empirisme** *n.m.* empiricism.

**emplacement** *n.m.* site, space, location, situation. *~ d'affichage,* hoarding site. *~ d'une annonce,* advertisement position. *~ d'embarquement,* loading berth. *~ d'exposition,* exhibition space. *~ garanti,* guaranteed position. *~ de P.L.V.,* display position.

**emploi** *n.m.* 1. employment, position, job. *Avoir un ~, (être actuellement employé),* to be in a job ; to hold / have a job. *~ à vie,* lifetime employment. *~ qualifié,* skilled job. *Chercher un ~,* to look for a job, to look for work. *(Programmes de) création d'~s,* job creation program(me)s. *Demande d'~,* application for a job, job application. *« Demandes d'~ » (annonces classées),* « situations wanted ». *Les demandes d'~ ont augmenté de 2 % en octobre,* the number of job-seekers has increased by 2 % in October. *Demander un ~, solliciter un ~,* to apply for a job. *Demandeurs d'~,* job seekers, registered applicants for work. *Offre d'~,* job offer. *« Offres d'~ » (annonces classées),* « situations vacant ». *Personne en recherche d'~,* jobseeker, unemployed person. *Plein ~,* full employment. *Politique de plein ~,* full employment policy. *Sans ~,* unemployed, jobless, out of work, out of a job. *Sécurité de l'~,* job security. 2. use, employment, appropriation. *~ de ressources financières,* appropriation, earmarking of financial resources. *Double ~,* duplication, overlapping. *Faire double ~ avec,* to duplicate with. *Mode d'~,* directions for use, instructions for use.

**employable** *adj.* 1. *(personne)* employable. 2. *(objet)* usable.

**employé, e** *adj.* 1. *(personne)*

employed. **2.** *(objet)* used, in use.

**employé, e** *n.m.f.* employee. ~ *aux écritures*, book-keeper. ~ *de bureau*, clerk, clerical worker, white-collar worker. ~ *de magasin*, salesperson, sales assistant, *(U.S.)* sales clerk.

**employer** *v.* **1.** *(utiliser)* to use, to employ, to utilize. ~ *une somme en recette*, to put a sum to the credit side. **2.** *(personne)* to employ.

**employeur** *n.m.* employer.

**emporter** *v.* to take away, to carry away, to carry. « *A* ~ », « for off consumption » ; « takeaway orders », « take-home orders ». *Vente à* ~, cash and carry *(contre paiement comptant, sans livraison).*

**empressé, e** *adj.* eager.

**empresser (s') (de)** *v.i.* to hasten (to), to be prompt (in). *Nous nous empressons de vous présenter nos excuses*, we hasten to offer you our apologies.

**emprunt** *n.m.* loan, borrowing. ~ *à court terme/à long terme*, short-dated/long-dated loan. ~ *à lots*, lottery loan. ~ *consolidé*, consolidated loan. ~ *de guerre*, war loan. ~ *forcé*, forced loan. ~ *garanti/gagé*, secured loan. ~ *hypothécaire*, mortgage loan. ~ *irrecouvrable*, dead loan. ~ *obligataire*, debenture loan. ~ *sur titres*, loan on stocks. *Accorder un* ~, to grant a loan. *Amortir un* ~, to redeem, to repay a loan. *Caisse d'*~*s*, loan office. *Capital d'*~, loan capital. *Contracter un* ~, to raise, to take out a loan, to take up a loan. *Émettre un* ~, to issue a loan. *Lancer un* ~, to float a loan. *Rembourser un* ~, to repay, to redeem a loan.

**emprunter** *v.* to borrow (*à qqn*, from someone). ~ *à intérêt*, to borrow at interest. ~ *sur hypothèque*, to borrow on mortgage. ~ *sur titres*, to borrow on securities.

**emprunteur** *n.m.* borrower. ~ *sur gages*, pledger, pawner, mortgager, mortgagor.

**encadré** *n.m.* *(presse)* box.

**encadrement** *n.m.* **1.** *(personnel)* cadre ; executives, foremen and supervisors. **2.** ~ *du crédit*, credit regulations, *(sens large)* credit tightening, credit squeeze.

**encadrer** *v.* **1.** *(personnel)* to supervise. **2.** *(crédit)* to regulate.

**encaissable** *adj.* **1.** *(chèque)* cashable, encashable. **2.** *(effet)* collectable.

**encaisse** *n.f.* cash ; till money ; cash in hand. ~ *liquide*, cash reserve. ~ *métallique*, cash and bullion in hand. *Déficit dans l'*~, short in the cash. *Excédent dans l'*~, over in the cash.

**encaissement** *n.m.* **1.** collection, encashment. **2.** *(chèque)* paying-in; *Présenter un chèque à l'*~, to pay in a cheque (*U.S.*, check), to present a cheque for payment. **3.** *(mise en caisse de marchandises)* encasing, boxing.

**encaisser** *v.* **1.** *(chèque)* to cash, to encash, to pay in ; *(effet)* to collect. ~ *un chèque*, to cash a cheque (*U.S.* check). ~ *des fonds*, to collect money. ~ *une traite*, to collect a bill. *Avis d'*~, advice of collection. *Effet à l'*~, bill for collection. *Envoyer à l'*~, to remit ; to send for collection. *Frais d'*~, collection charges. *Remise d'effets à l'*~, remittance of bill for collection. *Valeur à l'*~, value for collection. **2.** *(mettre en caisse des marchandises)* to encase, to box. **3.** *(fam., supporter)* to suffer. ~ *un coup*, to take a blow.

**encaisseur** *n.m.* **1.** *(d'un effet)* collector. **2.** *(employé de banque)* receiver, receiving-cashier.

**encart** *n.m.* insert.

**enchère** *n.f.* **1.** *(offre)* bid. *Dernière* ~, highest bid, closing bid. *Mettre une* ~ *sur*, to bid for, to make a bid for. **2.** *(vente)* auction, auction sale. ~*s au rabais*, Dutch auction. ~ *publique*, public auction. *Mettre aux* ~*s*, to put up for auction. *Vendre aux* ~, to auction, to auctioneer, to auction off, to sell by (*U.S.*, at) auction. *Vente aux* ~*s*, auction sale.

**enchérir** *v.i.* **1.** to increase in price, to get dearer. **2.** to bid. ~ *sur quelqu'un*, to outbid someone.

**enchérir** *v.t.* **1.** *(à une vente)* to bid for something. **2.** *(augmenter des prix)* to raise, to increase, *(U.S.)* to hike prices.

**enchérissement** *n.m.* rise in cost, increase in price.

**enchérisseur** *n.m.* bidder. *Dernier ~, plus offrant ~,* highest bidder.

**enclenchement** *n.m.* start, inception.

**encombré, e** *adj.* 1. congested, clogged. *Artère ~e,* congested thoroughfare. 2. glutted, overstocked. *Marché ~,* glutted market.

**encombrement** *n.m.* 1. congestion, glutting. *~ de la circulation,* traffic jam. *~ du marché,* glutting of the market. *(D'un réseau électrique, etc.),* overload. 2. *(volume)* measurement, bulk. *Tonneau d'~,* measurement ton.

**encouragement** *n.m.* incentive, inducement ; encouragement.

**encourager** *v.* to promote, to foster, to stimulate, to spur, to act as an incentive on. *~ l'épargne,* to foster saving. *~ l'investissement,* to spur investment.

**encourir** *v.* to incur. *~ des frais,* to incur expenses.

**encouru, e** *adj.* incurred. *Total des dépenses ~es,* total expenses incurred.

**endetté, e** *adj.* indebted, debtladen.

**endettement** *n.m.* indebtedness ; debt load ; debt burden. *Coût de l'~,* cost of borrowed capital. *~ mutuel,* mutual indebtedness.

**endetter (s')** *v.* to run into debt, to get into debt, to run into the red ; *(emprunter)* to borrow.

**endiguer** *v.* to stem.

**endos** *n.m.* endorsement.

**endossable** *adj.* endorsable.

**endossataire** *n.m.f.* endorsee.

**endossement** *n.m.* endorsement. *~ en blanc,* blank endorsement. *Transmissible par ~,* transferable by endorsement.

**endosseur, -euse** *n.m.f.* endorser.

**endosser** *v.* to endorse, to back. *~ un chèque,* to endorse a cheque *(U.S.,* check). *~ un effet,* to back a bill.

**endurance** *n.f.* endurance. *Test d'~,* reliability test, endurance test.

**énergie** *n.f.* energy. *Source d'~,*

power source. Mesures d'économie d'énergie, energy-saving measures.

**énergétique** *adj.* energy. *Ressources ~s,* energy resources ; power supply.

**énergique** *adj.* energetic.

**enfler** *v.* to inflate, to boost.

**enfler (s')** *v.i.* to swell.

**enfreindre** *v.* to infringe, to transgress, to violate, to break (the law). *~ un règlement,* to infringe regulations.

**engagé, e** *adj.* engaged, invested, involved, committed. *Capital ~,* trading capital, vested interests. *Responsabilité ~e,* responsibility involved.

**engagement** *n.m.* 1. *(recrutement)* engagement, appointment. 2. *(promesse, dette)* commitment, pledge, obligation, liability. *Comptabilité d'~s,* accrual basis accounting. *Contracter un ~,* to make a commitment, to enter into an obligation, a contract. *Créances et ~s,* claims and liabilities. *Offre sans ~,* offer without any obligation. *Respecter, tenir ses ~s,* to meet one's commitments ; *(fam.)* to deliver the goods ; *(fin.)* to meet one's liabilities. *Sans ~ de notre part,* without responsibility on our part. 3. *(mise en gage)* pawning, pledging. 4. *(investissement comportant un risque)* exposure.

**engager** *v.t.* 1. *(recruter)* to engage, to take on, to sign on, to hire, to recruit. 2. *(commencer)* to initiate, to start. *~ des négociations,* to enter into negotiations. *~ un processus,* to initiate a process. 3. *(imposer une obligation)* to bind, to be binding upon. *Cette clause engage le fournisseur,* this clause is binding upon the supplier. 4. *(des capitaux)* to invest, to tie up capital. 5. *(mettre en gage)* to pawn, to pledge, *(U.S.)* to hock. 6. *(jur.)* to institute. *~ des poursuites,* to take legal action, to undertake proceedings.

**engager (s')** *v.i.* 1. *(emploi)* to join, to take service with (a company). 2. *(responsabilité)* to undertake, to commit oneself, to pledge oneself. *S'~ par contrat,* to contract, to enter into a contract. *Ne pas s'~,* to remain non-committal.

**engendrer** *v.* to generate, to create.

**englober** *v.* 1. to include. 2. to absorb, to merge.

**engorgement** *n.m.* bottleneck ; saturation, glutting.

**enlèvement** *n.m.* collection, removal. ~ *et livraison,* collection and delivery.

**enlever** *v.* to collect, to remove. ~ *des marchandises,* to collect goods.

**énoncé** *n.m.* enunciation, declaration. ~ *d'un problème,* terms of a problem ; *(libellé)* wording.

**énoncer** *v.* to state, to stipulate, to set forth, to specify. *Conditions énoncées au contrat,* conditions set forth in the agreement.

**énorme** *adj.* huge, enormous.

**enquérir (s')** *v.* to inquire (about something).

• **enquête** *n.f.* inquiry, investigation ; *(mort violente ou suspecte)* inquest ; survey, study. *Commission d'~,* investigating committee, board of inquiry. *Commander une ~,* to commission a survey. *Faire une ~,* to carry out/ to conduct/ a survey ; to investigate, to make inquiries into. ~ *à l'extérieur, sur les lieux,* field survey, field study. ~ *par sondage,* sample survey. ~ *par sondage de l'opinion,* opinion survey, opinion poll.

**enquêter** *v.* to inquire (into), to investigate.

**enquêteur** *n.m.* investigator, field investigator, interviewer.

**enrayer** *v.* to check, to stem, to curb, to halt, to control. ~ *la hausse des prix,* to hold down prices. ~ *la hausse du coût de la vie,* to control the rise in the cost of living. ~ *l'inflation,* to check/ to curb inflation.

**enregistrement** *n.m.* 1. *(son, images)* recording. 2. registration, registry, recording. *Bureau des ~s,* Registry Office. *Droits d'~,* registration fees, registration dues. ~ *d'une société,* incorporation of a company. 3. *(bagages)* registering, *(U.S.)* checking. *Guichet d'~,* booking-office (for luggage), luggage counter, *(U.S.)* checking office. 4. *(commandes)* booking. ~ *d'une commande,* booking of an order.

**enregistrer** *v.* 1. *(son, images)* to record, to tape. 2. *(Jur.)* to register, to file, to record. ~ *un acte,* to register a deed. *Faire ~ une société,* to register a company. 3. *(bagages)* to register, *(U.S.,* to check). 4. *(commandes)* to book. ~ *une commande,* to book an order. 5. *(fin.)* to show, to chalk up. *Nous avons enregistré une baisse sensible de nos exportations,* our exports have decreased sharply. ~ *un bénéfice,* to show a profit. ~ *des bénéfices énormes,* to record/to chalk up/enormous profits. *Le dollar a enregistré une nette progression,* the dollar staged a broad advance.

**enregistreur** *n.m.* recorder.

**enregistreur, euse** *adj.* recording. *Caisse ~se,* cash register.

**enrichir (s')** *v.* to get rich ; to get richer.

**enrichissement** *n.m.* enrichment. ~ *des tâches,* job enrichment.

**enseigne** *n.f.* sign. ~ *au néon,* neon sign.

**enseignement** *n.m.* education, teaching, instruction, training, tuition. ~ *par correspondance,* postal tuition. ~ *professionnel,* vocational training. ~ *supérieur,* higher education.

**enseigner** *v.* to teach.

**ensemble** *n.m.* whole, entirety, set, body, bulk. ~ *de données,* set of data, data set. *Dans l'~,* as a whole, in the aggregate. *Projet d'~,* comprehensive project, overall program(me). *Sous-~,* sub-set. *Théorie des ~s,* set theory, group theory.

**entamer** *v.* 1. to start, to initiate. ~ *une collaboration,* to start a collaboration. ~ *des négociations,* to open negotiations, to enter into negotiations. ~ *une action en justice,* to undertake legal proceedings. 2. *(puiser)* to draw on, to dip into ; to tap ; to encroach. ~ *des capitaux,* to encroach on capital. ~ *des ressources,* to draw on, to dip into, to tap resources.

**entendre (s')** *v.* 1. to agree upon. *S'~ sur les conditions,* to come to terms. 2. to be understood. *Nos prix s'entendent C.A.F.,* our prices are understood C.I.F., we are quoting C.I.F. prices.

**entente** *n.f.* agreement, understanding, arrangement. ~ *illicite,* illicit agreement. ~ *industrielle,* cartel, combine.

**entériner** *v.* to ratify, to confirm.

**en-tête** *n.f.* heading. ~ *de lettre,* letter-head.

**entier, ère** *adj.* whole, entire, full. *En* ~, in full. *Nombre* ~, whole number, integer.

**entièrement** *adv.* wholly, entirely, fully. *Actions* ~ *libérées,* fully paid shares. *Capital* ~ *versé,* fully paid (up) capital.

**entité** *n.f.* entity.

**entorse** *n.f.* *(à un règlement)* infringement.

**entraîner** *v.* to entail, to involve, to cause. ~ *des conséquences,* to entail consequences. ~ *des dépenses,* to involve expenses. ~ *une baisse des taux d'intérêt,* to cause a drop in interest rates, to knock interest rates. ~ *une hausse des prix,* to cause a rise in prices, to drive up prices.

**entrave** *n.f.* obstacle, impediment, hindrance. ~ *au commerce,* trade barrier. ~ *à la libre concurrence, à la liberté du commerce,* restrictive practice, practice in restraint of trade.

**entraver** *v.* to hamper, to hinder, to impede, to restrain ; *(boucher, obstruer)* to clog.

**entrée** *n.f.* **1.** *(porte)* entrance ; way in. ~ *des fournisseurs,* tradesmen's entrance. ~ *principale,* main entrance. **2.** admission, admittance, entrance, *Droit d'*~, admission fee, entrance fee. « ~ *interdite »,* « no admittance ». ~ *libre,* admission free. ~ *et sortie de données,* data input and output. **3.** *(douanes)* import, clearance. *Droits d'*~, import duties. ~ *en douane d'un navire,* clearance inwards. **4.** *(recettes)* receipt. ~*s et sorties de caisse,* cash receipts and payments. **5.** *(jur.) (début de)* ~ *en fonction,* taking up a job, taking up one's duties. ~ *en jouissance immédiate,* with immediate possession. ~ *en jouissance,* taking possession. ~ *en vigueur,* implementation, coming into force, coming/ going/ into

effect. *Date d'*~ *en fonction,* date of appointment, date of engagement. *Date d'*~ *en vigueur,* effective date. **6.** *(nombre de spectateurs)* ~*s,* gate receipts, gate money, gate.

**entrefilet** *n.m.* *(presse)* short paragraph.

**entreposage** *n.m.* warehousing, storage ; *(douanes)* bonding.

**entreposer** *v.* to store, to warehouse ; *(en douanes)* to bond. *Marchandises entreposées en douane,* goods in bond, bonded goods.

**entrepôt** *n.m.* **1.** warehouse, store. *A prendre en* ~, ex-warehouse. ~ *frigorifique,* cold store, cold storage plant. **2.** *(douanes)* bonded warehouse. ~ *en douane,* bonded warehouse. *Certificat d'*~, warehouse warrant. *En* ~, in bond. *Mise en* ~, warehousing ; wharfage. *Vendre en* ~, to sell in bond.

**entreprenant, e** *adj.* enterprising.

**entreprendre** *v.* to undertake. ~ *des démarches,* to take/ to initiate/ steps.

**entrepreneur** *n.m.* **1.** *(homme d'entreprise)* entrepreneur. **2.** *(bâtiment, etc.)* contractor, builder. ~ *en bâtiment,* building contractor. ~ *de pompes funèbres,* undertaker, *(U.S.)* mortician. ~ *de transports,* haulage contractor, carrier. ~ *de roulage public,* common carrier.

**entreprise** *n.f.* **1.** enterprise. *(Esprit de)* entrepreneurship. *Esprit d'*~, entrepreneurship. **2.** firm, business, company, concern, venture, undertaking. *Chef d'*~, head of business, head of firm, entrepreneur, manager. *Comité d'*~, works committee. ~ *commerciale,* business firm, business concern. ~ *de déménagements,* removal contractors. ~ *de vente par correspondance,* mail order firm, mail order business. ~ *en difficulté,* ailing firm. ~ *en participation,* ~ *commune,* joint venture. ~*s privées,* private firms, private enterprise. ~*s publiques,* public organizations, public corporations. *Création d'*~, new business creation, business formation. *Création d'une* ~, setting up a business. ~ *privée,* private company. ~ *de service public,* public utility, *(U.S.)* utility. *Gestion, planification, stratégie des* ~*s,* corporate management, planning, strategy. *Jeux d'*~, business games. *Libre* ~, free enterprise. *Petites et moyennes* ~*s (P.M.E.),* small and medium-size(d) firms.

**entrer** *v.i.* to enter, to go into. ~ *dans les affaires,* to go into business, to take up business. ~ *dans une société,* to join a firm. ~ *en cale sèche,* to go into dry dock. ~ *en fonction,* to take up / enter upon one's duties, to report for work. ~ *en jouissance,* to enter into possession. ~ *en liquidation,* to go into liquidation ; to go into receivership. ~ *en vigueur,* to come into force, to come into effect, to become effective, to become operative, to be implemented.

**entrer** *v.t.* to bring/ let/ put/ something in. ~ *des marchandises en fraude dans un pays,* to smuggle goods into a country.

**entretenir** *v.* 1. to maintain, *(U.S.)* to service. 2. to keep up. ~ *de bonnes relations avec,* to keep up good relations with. ~ *une correspondance avec,* to keep up a correspondence with. 3. ~ *quelqu'un de quelque chose,* to talk to somebody about something, to report something to somebody, to keep somebody informed about something.

**entretenir (s')** *v.i.* 1. *(matériel)* to be kept in repair. 2. *(discussion)* to talk with.

**entretien** *n.m.* 1. *(discussion)* conversation, talk, interview. *Accorder un* ~, to grant an interview (to). ~ *d'embauche,* job interview. ~*s préliminaires,* preliminary talks. 2. *(matériel)* maintenance, upkeep. ~ *et réparations,* servicing. *Équipe d'*~, maintenance crew. *Frais d'*~, maintenance charges ; upkeep expenses. *Mauvais* ~, neglect.

**entrevue** *n.f.* interview.

**enveloppe** *n.f.* envelope. ~-*T,* postage-paid reply envelope, reply-paid envelope ; *(U.S.)* business reply mail. ~ *timbrée,* stamped envelope. *Joindre une* ~ *timbrée*

*pour la réponse,* please enclose/ attach/ a self-addressed stamped envelope.

**énumérer** *v.* to list ; to enumerate.

**envergure** *n.f.* scale, scope. *De grande* ~, large-scale ; far-reaching. *(candidat)* caliber.

**environnement** *n.m.* environment, surroundings, context. ~ *commercial,* business environment. ~ *social,* social environment, social context. *Défense de l'*~, environmental protection, environmentalism, conservation of nature, conservation(ism).

**envisager** *v.* 1. *(se proposer de)* to plan, to intend, to contemplate, to consider, to envisage. *Nous envisageons d'exporter nos produits au Brésil,* we plan to export our products to Brazil. *(Plus dubitatif) Nous envisageons de développer notre service après-ventes,* we consider the extension of our after-sales department. 2. *(prévoir)* to anticipate, to expect. *Nous envisageons un chiffre d'affaires en augmentation,* we anticipate an increased turnover.

**envoi** *n.m.* 1. *(action d'envoyer)* sending, mailing, dispatch, forwarding, shipping. *Date d'*~, dispatch date. ~ *contre-remboursement,* cash on delivery (C.O.D.). ~ *de fonds,* remittance. ~ *par bateau,* shipment. 2. *(objets envoyés, colis, etc.)* consignment, shipment, parcel, packet. ~ *à titre d'essai,* goods sent on trial. ~ *en franchise,* post-free parcel. ~ *recommandé,* registered packet/letter.

**envoler (s')** *v. (prix)* to soar, to flare (up).

**envoyer** *v.* to send, to dispatch, to forward, to ship, to consign ; *(des fonds)* to remit. ~ *un câble,* to cable. ~ *un télégramme,* to wire, to cable. ~ *un télex,* to telex.

**envoyé spécial,** *(presse)* special correspondent ; *(diplomatie, etc.)* special envoy ; personal representative.

**envoyeur** *n.m.* sender. « *Retour à l'*~ », « return to sender ».

**épargnant** *n.m.* saver, investor. *Petits épargnants,* small investors, small savers.

**épargne** *n.f.* saving(s) ; *(esprit d'économie)* thrift, economy ; sparing. *Bons d'~,* savings bonds, government savings bonds. *Caisse d'~,* savings bank, thrift institution. *Caisse d'~ postale,* post-office savings bank, postal savings bank. *~ excédentaire,* oversaving. *~ forcée,* forced saving. *Compte d'~,* savings account. *~ institutionnelle,* institutional saving. *~ privée,* personal savings, private investors. *Livret d'~,* savings bank book, coupon book. *Plan d'~,* saving(s) plan. *Taux d'~,* rate of saving.

**épargner** *v.* to save, to economize ; to spare. *~ de l'argent,* to save money. *~ du temps,* to save time. *~ ses efforts,* to spare one's efforts.

**éparpillement** *n.m.* scattering, scatter.

**épave** *n.f.* wreck. *~s (flottantes),* flotsam. *~s (échouées),* jetsam.

**épicerie** *n.f.* grocery, grocery store.

**épicier, ère** *n.m.f.* grocer.

**épisodique** *adj.* episodical, occasional.

**époque** *n.f.* period, time, season, age. *Meubles d'~,* period furniture.

**épouse** *n.f.* wife, spouse.

**époux** *n.m.* husband, spouse. *Les ~,* husband and wife.

**épreuve** *n.f.* test, trial, testing. *A toute ~, (résistant)* resistant, sturdy ; *(sans risque d'erreurs)* foolproof. *Mettre à l'~,* to put to the test. *Subir une ~,* to undergo a test. *~ de force,* showdown. *~s d'imprimerie,* proofs, print.

**éprouvé, e** *adj.* 1. tried, tested, proven. *Méthode ~e,* proven method, well-tried method. *Principe ~,* time-hono(u)red principle. 2. *(affecté)* hard-hit. *Nous avons été très ~s par la crise,* we have suffered a lot from the crisis. *Les détaillants sont très ~s par,* retailers are hard-hit by.

**éprouver** *v.* 1. to test, to try. 2. *(des difficultés)* to experience, to meet with (difficulties).

**épuisant, e** *adj.* exhausting.

**épuisé,e** *adj.* exhausted, depleted, out of stock, sold out. *Cet article est ~,* we are out of stock with this line. *Édition ~e,* out of print edition. *Nos stocks sont ~s,* our stocks are depleted, we are out of stock. *Ressources ~es,* depleted resources.

**épuisement** *n.m.* exhaustion, depletion, drain. *~ des ressources,* depletion of resources.

**épuiser** *v.t.* to exhaust, to consume ; to use up ; to deplete ; *(Fin.)* to drain.

**épuiser (s')** *v.i.* to get exhausted, to run low, to become depleted. *Nos stocks s'épuisent,* our stocks are running low.

**équation** *n.f.* equation. *~ linéaire à une inconnue,* linear equation in one unknown. *~ du premier degré,* simple equation. *~ du second degré,* second-degree equation. *Mettre un problème en ~,* to find the equation of a problem. *Tracer le graphique d'une ~,* to plot the graph of an equation.

**équilibration** *n.f.* equilibration.

**équilibre** *n.m.* balance, equilibrium. *Conditions d'~,* equilibrium conditions. *~ de l'offre et de la demande,* equilibrium of supply and demand. *Mise en ~,* equilibration, balancing. *Parvenir à un ~,* to strike a balance. *Prix d'~ du marché,* equilibrium market price. *Rétablir l'~,* to restore the balance. *Rupture de l'~,* upsetting of the equilibrium.

**équilibré, e** *adj.* balanced. *Budget ~,* balanced budget. *Croissance ~e,* balanced growth.

**équilibrer** *v.t.* to balance, to set off ; *~ le budget,* to balance the budget.

**équilibrer (s')** *v.i.* to balance ; to even (out), to get even.

**équipage** *n.m.* crew.

**équipe** *n.f.* team ; shift ; gang. *Chef d'~,* foreman. *~ dirigeante,* top management. *~ de nuit,* night shift. *~ de secours,* rescue team. *Faire ~ avec,* to team up with. *Travail d'~,* team work. *Travail par ~s,* work in shifts.

**équipé, e** *adj.* equipped, fitted.

**équiper** *v.* to equip, to fit, to outfit ; *(en machines)* to tool up.

**équipement** *n.m.* equipment, outfit ; *(lourd)* plant. *Biens d'~,* capital goods. *Dépenses d'~,* equipment goods. *~ industriel,* industrial plant. *~ portuaire,* harbour facilities.

**équitable** *adj.* equitable, fair, just. *Règlement ~,* fair settlement. *Salaire ~,* fair wages.

**équitablement** *adv.* fairly.

**équité** *n.f.* equity, fairness.

**équivalence** *n.f.* equivalence.

**équivalent, e** *adj.* equivalent.

**équivalent** *n.m.* equivalent, counterpart.

**équivaloir** *v.* to be equivalent.

**ergonomie** *n.f.* ergonomics, biotechnology ; human engineering.

**erosion** *n.f.* erosion. *(compta., etc.)* attrition.

**erreur** *n.f.* error, mistake. *~ d'adresse,* misdirection, misrouting. *~ de calcul,* miscalculation. *~ de date,* misdating. *~ par excès,* upward error. *~ typographique,* misprint, printer's error. *Corriger une ~,* to correct an error, to put an error right. *Induire en ~,* to mislead, *(volontairement)* to deceive. *Sauf ~ ou omission,* errors and omissions excepted (E.O.E.).

**erroné, e** *adj.* erroneous, mistaken, wrong, false.

**escalade** *n.f.* escalation.

**escale** *n.f.* *(avion)* stopover, layover ; *(bateau)* call. *Faire ~, (avion)* to make a stopover ; *(bateau)* to call at. *Port d'~,* port of call. *Vol sans ~,* direct flight, nonstop flight, through flight.

**escomptable** *adj.* discountable.

**escompte** *n.m.* **1.** discount, discounting. *Abaisser le taux d'~,* to lower the bank rate, to reduce the bank rate. *Bordereau d'~,* discount note, list of bills for discount. *Remettre à l'~,* to tender for discount. *Taux d'~ bancaire préférentiel,* prime (lending) rate. **2.** *(remise)* discount, rebate. *~ de caisse,* cash discount. *~ d'usage, ~ sur factures,* trade discount. *~ pour paiement d'avance,* discount for prepayment.

**escompté, e** *adj.* **1.** *(traite)* discounted. **2.** *(espéré)* anticipated, expected, prospective. *Chiffre d'affaires ~,* anticipated turnover.

**escompter** *v.* **1.** *(traite)* to discount. *~ un effet,* to discount a bill. **2.** *(Bourse)* to call for delivery of securities. *~ à terme,* to call for delivery before the settlement. **3.** *(espérer)* to anticipate, to count on, to reckon on, to bank on.

**escroc** *n.m.* swindler, crook.

**escroquer** *v.* to swindle, to defraud ; to cheat, to bilk, to con, *(prix)* to rip off.

**escroquerie** *n.f.* swindle, fraud, racket, *(prix)* rip-off.

**espace** *n.m.* space ; room. *Achat d'~,* space buying. *~ de gondole, d'étagère,* shelf space. *~ publicitaire,* advertising space.

**espacement** *n.m.* spacing, spacing out, spreading(out), *~ lettres,* letter spacing. *~ des lignes, des caractères,* spacing out, whiting out.

**espacer** *v.* to space out. *~ les lettres,* to interspace, to letterspace. *~ les livraisons,* to stagger deliveries.

**espèce** *n.f.* type, kind, sort, species. *Cas d'~,* case in point.

**espèces** *n.f.pl.* cash, specie. *Avoir en ~,* cash assets. *Conversion en ~,* realization. *Convertir en ~,* to realize, to turn into cash, to cash. *~ en caisse,* cash in hand. *~ sonnantes et trébuchantes,* hard money, hard cash. *Paiement, règlement en ~,* payment, settlement in cash.

**espérance** *n.f.* expectancy, expectation. *~ de vie,* life expectancy. *~ de vie d'un produit,* product life expectancy.

**espérer** *v.* to hope, to expect, to anticipate. *Nous espérons que notre dernier envoi vous est bien parvenu,* we hope that our last consignment has duly reached you. *Nous espérons votre visite le mois prochain,* we are looking forward to your visit next month, we are looking forward to meeting (with) you next month.

**esprit** *n.m.* spirit, mind. *~ d'entreprise,* entrepreneurship. *État d'~,* state of mind.

**esquisse** *n.f.* sketch, draft.

**esquisser** *v.* to sketch, to outline. *~ un projet,* to outline a project.

**essai** *n.m.* trial, test, experiment.

~ *de fiabilité*, reliability test. ~ *d'un produit par le consommateur*, consumer trial. ~ *gratuit*, free trial. ~ *probatoire*, feasibility test. *A l'*~, on trial, *(marchandises)* on approval *(personne)* on probation. *A titre d'*~, by way of trial, tentatively. *Centre d'*~*s*, testing plant ; *(nucléaire)* testing site. *Lancer un ballon d'*~, to put out feelers. *Marchandises à l'*~, goods on appro(val). *Période d'*~, trial period, *(personne)* probation.

**essaimage** *n.m.* hiving off ; subcontracting.

**essayer** *v.* to try, to try out, to test.

**essence** *n.f.* **1.** petrol, *(U.S.)* gas. *Consommation d'*~, petrol *(U.S., gas)* consumption. **2.** essence. ~ *d'un contrat*, essence of a contract.

**essentiel, le** *adj.* essential, basic.

**essor** *n.m.* boom, development. ~ *économique*, economic boom. *Prendre son* ~, to take off, to soar.

**essouffler (s')** *v.* to run out of steam ; to mark time ; to falter. *La reprise s'essouffle*, the recovery is running out of steam.

**estampiller** *v.* to stamp.

**estaries** *n.f.pl* lay days.

**esthétique** *f.* aesthetics. ~ *industrielle*, industrial design.

**estimatif, -ive** *adj.* estimated, appraised. *Coût* ~, estimated cost. *Valeur estimative*, appraised value.

**estimation** *n.f.* estimate, estimation, valuation, assessment, appraisal, rating. ~ *approximative*, rough estimate, gues(s)timate. ~ *de la valeur de*, valuation of, assessment of the value of. ~ *de titres*, valuation of securities. ~ *des coûts*, cost estimate. ~ *du dommage*, assessment of damage, adjustment of damage.

**estime** *n.f.* **1.** regard, respect, esteem; **2.** guesswork ; estimation ; opinion ; reckoning.

**estimé, e** *adj.* estimated, valued. *Dépassement du coût* ~, overrun. *Valeur* ~ *e*, estimated value, valuation.

**estimer** *v.* to estimate, to value, to appraise, to rate, to evaluate. *Nous estimons nécessaire de prendre ces mesures*, we deem it necessary to take this action, such measures. *Sous-*~, to undervalue, to underestimate, to underrate.

**estivant, e** *n.m.f.* holiday-maker.

**établir** *v.t.* **1.** to establish, to set up, to found (a business). ~ *une maison de commerce*, to set up a business. **2.** to fix (a price). ~ *le prix de revient d'un article*, to cost an article. ~ *le prix de marchandises*, to price goods. **3.** to draw up (a document). ~ *un budget*, to draw up a budget. ~ *un chèque*, to make out a cheque, to write a cheque (*à l'ordre de*, to).

**établir (s')** *v.i.* to set up. *S'*~ *dans le commerce*, to set up in business. *(immigrant, etc.)* to settle.

**établissement** *n.m.* **1.** establishment, institution. ~ *bancaire*, banking institution. ~ *d'enseignement*, educational establishment. **2.** *(création)* establishment, setting up, foundation, founding. **3.** *(d'un document)* drawing up, making out. ~ *d'un bilan*, drawing up of a balance-sheet. ~ *d'un projet*, design of a project. **4.** *(d'un prix)* fixing (of a price), pricing. ~ *des prix de revient*, costing. **5.** *(fin.)* capital expenditure. *Dépenses d'*~, capital outlay. *Frais de premier* ~, initial outlay, initial capital expenditure.

**étain** *n.m.* tin.

**étalage** *n.m.* **1.** display, window display ; shop-window. **2.** *(activité de l'étalagiste)* window-dressing.

**étalagiste** *n.m.f.* window-dresser.

**étalon** *n.m.* standard. ~ *de change-or*, gold bullion standard. ~*-or*, gold standard. ~*-or de change*, gold-exchange standard. *Double* ~, double standard. *Poids-*~, standard weight. *(Sens large)* yardstick.

**étalonner** *v.* to test ; to standardize ; to grade ; to calibrate.

**étape** *n.f.* stage, step ; *(voyage, sports)* leg.

**état** *n.m.* **1.** state, condition, position. *En bon* ~, in good repair, in good condition. *En mauvais* ~, out of condition, in a bad state, out of repair, in bad repair ; out of order. ~ *civil*, marital status, family status ; *(bureau)* registry office. ~ *des commandes*, order position. ~ *de compte*, state of account, position of account. ~ *de navigabilité*, seaworthiness. ~ *des finances*, financial status, financial position. ~ *du marché*, state of the market. *Être en ~ de*, to be in a position to. *Remettre en ~*, to recondition ; to refurbish ; to renovate. **2.** statement, list, roll, return, account. ~ *de caisse*, cash statement. ~ *de frais*, statement of expenses. ~ *des finances*, ~ *financier*, financial statement. ~ *des lieux*, inventory of fixtures, inventory of premises. ~ *détaillé*, detailed account, breakdown. ~ *mensuel*, monthly return. ~ *récapitulatif*, balance account. *Rayer des ~s*, to strike off the rolls. **3.** *L'~*, the State, the Government. *Dépenses de l'~*, national expenditure. *L'~-providence*, the Welfare State. *Obligations d'~*, government bonds. *Subvention de l'~*, state subsidy, state grant, grant-in-aid. *Subventionné par l'~*, state-aided, state-subsidized.

**étatisation** *n.f.* nationalization.

**étatisme** *n.m.* statism ; state control.

**étatisé, e** *adj.* state-controlled.

**étayer** *v. (propre)* to prop up ; *(figuré)* to support, to back up.

**été** *n.m.* summer. *Heures d'~*, summer-time, *( U.S.)* daylight saving time (D.S.T.).

**éteindre** *v.* to extinguish. ~ *une dette*, to pay off a debt.

**étendre** *v.t.* to extend (to).

**étendre (s')** *v.i.* to expand, to spread, to stretch. *Ces mesures s'étendront également aux ouvriers à temps partiel*, these measures will also apply to part-time workers.

**étendue** *n.f.* extent, range, scope, scale. ~ *du dommage*, extent of the damage. *Nature et ~ d'un risque*, nature and extent of a risk.

**éthique** *n.f.* ethics. ~ *commerciale*, business ethics.

**étiquetage** *n.m.* labelling.

**étiquette** *n.f.* label, tag, sticker. ~ *de prix*, price tag, price ticket, price sticker. ~ *porte-nom*, name-tag.

**étranger, ère** *adj.* foreign, alien.

*Avoirs en devises étrangères*, foreign exchange holdings. *Avoirs en monnaies étrangères*, foreign currency assets. *Effet ~*, foreign bill. *Dette étrangère*, external debt. *De marque étrangère*, foreign-made, foreign built. *Devises étrangères*, foreign currencies, foreign exchange. *Politique étrangère*, foreign policy.

**étranger, ère** *n.m.f. (d'un autre pays)* foreigner, alien ; *(d'une autre région)* stranger. *A l'~*, abroad. *Avoirs à l'~*, assets held abroad. *Capitaux placés à l'~*, capital invested abroad. ~ *non résident*, non-resident alien. *Investissements à l'~*, foreign investment.

**étranglement** *n.m.* squeeze, bottleneck; *Goulot d'~*, bottleneck.

**étude** *n.f.* study, survey, research, analysis. *Bourse d'~s*, scholarship, grant. *Bureau d'~s*, research department, designing department, Research and Development (R & D) Department ; *Commission d'~*, committee of inquiry, task force. ~ *de coût et d'efficacité*, cost-effectiveness analysis. ~ *de marché*, market study. ~ *s de motivation*, motivation studies, motivational research. ~ *préalable*, feasibility study. *Faire une ~*, to make/ to carry out/ a study ; to conduct a survey. *Commander une ~*, to commission a survey. *Question à l'~*, question under consideration.

**étudier** *v.* to study. ~ *une possibilité*, to look into a possibility, the feasibility of. ~ *une question*, to look into, to inquire into a matter.

**euro-dollar** *n.m.* euro-dollar.

**européen, éenne** *adj.* European. *Communauté Economique Européenne (C.E.E.)*, European Economic Community (E.E.C.).

**évaluation** *n.f.* evaluation, assessment, appraisal, estimate, rating. ~ *des actifs*, valuation of assets. ~ *du coût*, costing.

**évaluer** *v.* to assess, to estimate, to appraise, to evaluate, to rate. ~ *le coût*, to cost. ~ *les dégâts*, to assess the damage. ~ *le prix de revient*, to cost.

**évasion** *n.f.* escape, evasion. ~

*de capitaux,* flight of capital. ~ *fiscale,* tax evasion, tax dodging, tax dodge.

**éventail** *n.m.* range. ~ *de produits,* product range.

**éventaire** *n.m.* stall, stand.

**éventualité** *n.f.* possibility, prospect, contingency. *Dans une telle* ~, in such a case. ~*s imprévues,* contingencies.

**éventuel, elle** *adj.* possible, prospective ; casual ; contingent. *Acheteur* ~, prospective buyer. *Client* ~, prospective customer, prospect. *Passif* ~, contingent liabilities.

**éventuellement** *adv.* should the occasion arise, if need be.

**éviction** *n.f.* eviction.

**évincer** *v.* to evict, to dispossess.

**éviter** *v.* to avoid ; to shun ; *(un coup)* to dodge. ~ *la faillite,* to stave off bankruptcy.

**évolution** *n.f.* evolution, trend, development. ~*s récentes,* recent trend, latest developments.

**ex** *(préfixe)* ex. ~ *-coupon,* ex-coupon. ~ *-dividende,* ex-dividend. *(U.S.)* dividend off.

**exact, e** *adj.* exact, accurate, precise, correct. *La somme* ~*e,* the exact amount. *La somme est* ~*e,* the amount/ the total/ is correct.

**exactitude** *n.f.* accuracy, precision, exactitude ; punctuality.

**exagération** *n.f.* exaggeration, overstatement.

**exagéré, e** *adj.* exaggerated, excessive, overdone. *Prix* ~, stiff price, unfair price.

**exagérer** *v.* to exaggerate ; to overdo. *(Les faits)* to overstate, to overblow.

**examen** *n.m.* 1. examination, inspection, investigation, consideration. 2. test, exam. *Après plus ample* ~, on closer inspection, after further consideration. ~ *approfondi,* close / thorough / examination. ~ *contradictoire,* cross-examination. ~ *d'entrée,* entrance examination. *La question est à l'* ~, the matter is under consideration. *Passer un* ~, to take, to sit (for) an exam. *Passer un* ~ *avec succès,* to pass an exam.

**examiner** *v.* to examine, to look into, to investigate, to inspect, to

scrutinize. ~ *la comptabilité,* to inspect the books.

**excédent** *n.m.* excess, surplus. ~ *budgétaire,* budget surplus. ~ *de la balance des paiements,* balance of payments surplus. ~ *de bagage,* excess luggage. *(U.S.)* excess baggage. ~ *de poids,* excess weight, overweight. ~ *de production,* surplus capacity. ~ *de trésorerie,* cash surplus.

**excédentaire** *adj.* excess. *Balance commerciale* ~, favo(u)rable trade balance. *Demande* ~, excess demand. *Épargne* ~, oversaving. *Stocks* ~*s,* surplus stocks.

**excéder** *v.* to exceed ; to surpass.

**exception** *n.f.* 1. exception ; departure. *A l'* ~ *de,* except for. ~ *à une règle,* exception to a rule. *Sans* ~, without exception. 2. *(Jur.)* protest. *Soulever une* ~ *contre,* to raise a protest against, to put in a plea.

**exceptionnel, le** *adj.* exceptional. *Année* ~ *le,* banner year. *Bénéfices* ~*s,* windfall profits. *Prix* ~*s,* bargain prices. *Récolte* ~ *le,* bumper crop.

**excès** *n.m.* excess. *A l'* ~, excessively, overly. ~ *de la demande,* excess demand. ~ *de vitesse,* speeding offence ; *amende/ contravention pour* ~ *de vitesse,* fine for speeding, *(fam.)* speeding ticket. *Inflation par* ~ *de la demande,* excess demand inflation.

**excessif, -ive** *adj.* excessive, exaggerated. *Approvisionnement* ~, overstocking.

**exclusif, -ive** *adj.* sole, exclusive. *Agent/ concessionnaire/* ~, sole agent. *Droit* ~, exclusive/ sole/ right.

**exclusivité** *n.f.* exclusive right, *(U.S.)* franchise. *Clause d'* ~, exclusivity stipulation, *(U.S.)* competition clause.

**excursion** *n.f.* excursion, trip.

**excuse** *n.f.* apology. *Nous vous prions d'accepter nos* ~*s,* kindly accept our apologies.

**excuser (s')** *v.i.* to apologize (to someone for something).

**exécutable** *adj.* 1. *(jur.)* executable. *Contrat non* ~, naked / nude contract. 2. *(faisable)* practicable.

**exécuter** *v.t.* 1. to execute, to

carry out, to fulfill, to perform. ~ *un ordre,* to carry out an order, *(U.S.)* to fill an order. **2.** *(Bourse)* to buy in, to sell out. ~ *un acheteur,* to sell out against a buyer. ~ *un vendeur,* to buy in against a seller.

**exécuter (s')** *v.i.* **1.** to comply, to meet one's obligations. **2.** to pay up.

**exécuteur, trice** *n.m.f.* executor, *(fém.)* executrix. ~ *testamentaire,* executor, *(fém.)* executrix.

**exécutif** *n.m.* (the) executive.

**exécutif, ve** *adj.* executive. *Bureau* ~, executive committee. *Pouvoirs* ~*s,* executive powers.

**exécution** *n.f.* **1.** execution, carrying out, fulfilment. *En* ~ *de l'article 4,* in pursuance of section 4. *Mettre à* ~, to enforce, to implement, to carry out. *Mise à* ~, enforcement, implementation. **2.** *(Bourse)* buying in, selling out. **3.** *(Jur.)* fulfilment ; distraint. ~ *d'un contrat,* fulfilment of a contract. ~ *d'un débiteur,* distraint of property. *Suspension de l'* ~ *d'un jugement,* stay of execution.

**exécutoire** *adj.* enforceable, executory. *Jugement* ~, enforceable judgement.

**exemplaire** *n.m.* copy. *Faire en double* ~, to duplicate.

**exempt, e** *adj.* exempt (from), free (of). ~ *de droits,* duty-free, free of duty. ~ *d'impôts,* tax-free, free of tax.

**exempter** *v.* to exempt, to free (*de,* from).

**exemption** *n.f.* exemption, freedom, immunity. ~ *d'impôt,* exemption from tax, from taxation. *Demander l'* ~ *d'un impôt,* to claim immunity from a tax.

**exéquatur** *n.f.* recognition.

**exercer** *v.* to exercise, to exert. ~ *un droit,* to exercise a right. ~ *des poursuites,* to undertake proceedings. ~ *un recours,* to make a claim against someone. ~ *des représailles,* to retaliate.

**exercice** *n.m.* **1.** fiscal year, trading year, financial year. ~ *budgétaire,* fiscal year. ~ *comptable,* accounting period. ~ *écoulé,* year under review, last fiscal year. ~ *financier,* trading year, financial

year. ~ *1984,* fiscal 1984. **2.** exercise. *Avocat en* ~, practising lawyer. *Dans l'* ~ *de ses fonctions,* in the discharge of his duties. *(Compta.)* *specialisation / indépendance des exercices,* matching principle.

**exhaustif, ve** *adj.* exhaustive, comprehensive. *Étude exhaustive,* comprehensive survey, exhaustive study.

**exigeant, e** *adj.* demanding, exacting.

**exigence** *n.f.* demand, requirement. *Satisfaire les* ~*s de quelqu'un,* to meet/ to comply with/ someone's requirements.

**exiger** *v.* to demand, to require, to claim. to exact. ~ *le remboursement d'une créance,* to require the repayment of a debt. ~ *une augmentation de salaire,* to claim a wage increase, a salary increase. *La situation exige de nouvelles mesures,* the situation calls for new measures.

**exigibilité** *n.f.* exigibility, repayability. ~*s,* current liabilities. ~ *d'une dette,* repayability of a debt.

**exigible** *adj.* payable, repayable, current, due. *Effet* ~ *à vue,* bill payable at sight. *Passif* ~ *(à court terme),* current liabilities.

**existence** *n.f.* **1.** existence, subsistence. *Moyens d'* ~, means of support. **2.** stock. ~*s en caisse,* stock in the till. ~*s en magasin,* stock on hand, stock in trade.

**exode** *n.m.* exodus. ~ *de capitaux,* flight of capital.

**exonération** *n.f.* exoneration, exemption, immunity. ~ *des droits,* exemption from duties. ~ *d'impôt,* tax relief, tax exemption. *Demande d'* ~ *d'impôt,* income tax exemption claim.

• **exonérer** *v.* **1.** to exonerate, to exempt, to relieve from. ~ *d'impôt,* to exempt from tax, from taxation. ~ *de responsabilité,* to exonerate from liability. **2.** *(Douanes)* to exempt from duties.

**exorbitant, e** *adj.* exorbitant, prohibitive. *Prix* ~, exorbitant, extravagant, unfair price.

**expansion** *n.f.* expansion, growth.

**expansionnisme** *n.m.* expansionism, hegemony.

**expansionniste** *adj.* expansionary.

**expatrié, -e** *n.m.f.* expatriate.

**expatrier** *v.* to expatriate ; to banish.

**expatrier (s')** *v.* to leave one's native country, to expatriate oneself, to settle abroad.

**expectative** *n.f.* expectancy. *Rester dans l'~*, to wait and see, to remain non-committal.

**expédient** *n.m.* expedient, makeshift. *Avoir recours à des ~s,* to make shift, to resort to expedients/ shifts.

**expédier** *v.* to consign, to send, to dispatch, to forward, to ship.

**expéditeur, trice** *n.m.f.* **1.** *(courrier)* sender. **2.** *(colis, chargement)* consignor, shipper.

**expédition** *n.f.* consignment, shipment ; dispatch, forwarding, sending. *Facture d'~,* shipping invoice. *Feuille d'~,* consignment note. *Frais d'~,* freight costs.

**expérience** *n.f.* **1.** experience, background. *~ acquise,* previous experience. *~ professionnelle,* professional background, business experience, job experience ; *(fam.)* track record. **2.** experiment. *A titre d'~,* tentatively, by way of experiment. *Procéder à une ~,* to make/ carry out/ an experiment.

**expérimental, e** *adj.* experimental. *Données ~es,* experimental date. *Stade ~,* experimental stage.

**expérimentation** *n.f.* experimentation.

**expérimenté, e** *adj.* experienced, skilled.

**expérimenter** *v.* to experiment, to test.

**expert, e** *adj.* expert, qualified. *Géomètre-~,* land surveyor.

**expert** *n.m.* expert, specialist, professional. *~-comptable,* chartered accountant, *(U.S.)* certified public accountant (C.P.A.). *~ diplômé,* qualified expert. *~ en assurance,* (insurance) adjustor, claims inspector, valuer. *Honoraires d'~,* expert's fee(s).

**expertise** *n.f.* valuation, appraisal, survey. *~ comptable,* Chartered Accountancy, *(U.S.)* Certified Public Accountancy. *~ con-*tradictoire, cross survey. *~ d'avarie,* damage survey. *~ d'un bien,* valuation of a property. *Faire une ~,* to value, to make a valuation. *Rapport d'~,* survey report.

**expiration** *n.f.* expiry, expiration, falling in. *A l'~,* on expiry. *~ d'un bail,* falling in / termination of a lease. *~ d'une option,* expiration of an option. *Date d'~,* expiry date. *Venir à ~,* to expire.

**expirer** *v.* to expire.

**explicatif, -ive** *adj.* explanatory. *Notes explicatives,* explanatory notes ; *(en bas de page)* footnotes.

**expliciter** *v.* to make clearer, to spell out.

**exploit** *n.m.* **1.** exploit, achievement, feat, deed. **2.** *(Jur.)* writ. *Dresser un ~,* to draw up a writ. *~ de saisie-arrêt,* garnishment. *Signifier un ~,* to serve a writ.

**exploitable** *adj.* exploitable, workable.

**exploitant, e** *n.m.f.* operator ; owner operator. *~ agricole,* farmer.

**exploitation** *n.f.* **1.** exploitation, abuse. *~ de la main-d'œuvre,* exploitation of labour. **2.** exploiting, mining, digging, tapping. *~ à ciel ouvert,* open-pit mining. *~ de ressources pétrolières,* tapping of oil resources. **3.** running, working. *(U.S.)* operating. *Bénéfices d'~,* trading profits, *(U.S.)* operating profits. *Capital d'~,* working capital, *(U.S.)* operating capital. *Compte d'~,* trading account, *(U.S.)* operating statement, income statement, earnings report. *Deficit d'~,* operating loss. *Dépenses d'~,* working expenses, *(U.S.)* operating expenditure. *Frais d'~,* working cost, *(U.S.)* operating cost. *Perte d'~,* trading loss. *~ d'un brevet,* utilization of a patent. **4.** *(entreprise)* firm. concern.

**exploiter** *v.* **1.** to run, to operate, to work. *~ un brevet,* to work a patent. *~ un commerce,* to run a business. **2.** *(ressources)* to mine, to farm, to tap. *~ une mine d'or,* to mine for gold. *~ des ressources,* to tap resources. **3.** *(profiter)* to exploit. *~ le tiers-monde,* to exploit the third world. *~ la crédulité de quelqu'un,* to take advantage of someone's gullibility.

**exploiteur** *n.m.* exploiter.

**exploration** *n.f.* exploration ; *(pour trouver du pétrole)* drilling.

**explorer** *v.* to explore.

**explosion** *n.f.* explosion. ~ *démographique*, population explosion, baby boom. *Moteur à* ~, explosion engine.

**exponentiel, elle** *adj.* exponential. *Fonction* ~ *le*, exponential function. *De façon* ~, geometrically.

**exportable** *adj.* exportable.

**exportateur, trice** *adj.* exporting. *Pays* ~, exporting country. *Organisation des Pays* ~ *s de Pétrole (O.P.E.P.)*, Organization of Petroleum-Exporting Countries (O.P.E.C.).

**exportateur, trice** *n.m.f.* exporter.

**exportation** *n.f.* export ; exportation. *Article d'* ~, export item. *Commerce d'* ~, export trade. *Droits d'* ~, export duty. *Licence d'* ~, export licence. *Marchandises destinées à l'* ~, export(able) goods. *Marchés d'* ~, export markets. *Prime à l'* ~, export bonus, export bounty. *Prix d'* ~, export price. *Taxes à l'* ~, export taxes.

**exporter** *v.* to export. *Autorisation d'* ~, export permit.

**exposant** *n.m.* **1.** *(participant à une exposition)* exhibitor. **2.** *(maths)* exponent, power. ~ *de x*, power of x.

**exposé, e** *adj.* on display, on show. *Articles* ~ *s*, articles on display.

**exposé** *n.m* statement, report, account. *Faire un* ~ *de*, to give an account of, to report on.

**exposer** *v.t.* **1.** to display, to exhibit, to show. **2.** *(une opinion)* to state. ~ *son point de vue sur*, to state one's views on. **3.** *(risque, danger)* to expose, to endanger, to jeopardize.

**exposer (s')** *v.i.* to make/ to render/ oneself liable to ; to risk ; to endanger oneself.

**exposition** *n.f.* exhibition, show, display. ~ *agricole*, agricultural show. ~ *s et foires*, exhibitions and

fairs. *Salle d'* ~, showroom. *Stand d'* ~, exhibition stand.

**exprès, expresse** *adj.* express, explicit, absolute. *Convention* ~, stated agreement.

**exprès** *n.m.* express. *Distribution par* ~, special delivery. *Lettre par* ~, express letter. *Livraison par* ~, express delivery.

**express** *adj.* express. *Train* ~, express train.

**exprimé, e** *adj.* expressed, recorded. *Suffrages* ~ *s.* votes recorded.

**expropriation** *n.f.* expropriation, compulsory surrender.

**exproprier** *v.* to expropriate.

**expulser** *v.* to evict, to dispossess. ~ *un locataire*, to evict a tenant ; *(d'un pays)* to expel.

**expulsion** *n.f.* eviction, expulsion, dispossession ; expelling.

**extensif, ve** *adj.* extensive. *Agriculture extensive*, extensive agriculture.

**extension** *n.f.* extension, growth, development. *Par* ~, by extension. *Prendre de l'* ~, to extend, to expand.

**extérieur, e** *adj.* exterior, external, foreign, outdoor. *Commerce* ~, foreign trade. *Dette* ~ *e*, foreign debt. *Marché* ~, foreign market.

**extinction** *n.f.* extinction, termination, end. ~ *d'une dette publique*, extinction of a national debt. ~ *d'un risque*, end of a risk.

**extorquer** *v.* to extort, to exact. ~ *de l'argent à*, to extort money from.

**extorsion** *n.f.* extortion.

**extra** *adj.inv.* first-rate. *Qualité* ~, first-rate, top-grade quality.

**extraire** *v.* to extract.

**extrait** *n.m.* extract, abstract, certificate. ~ *d'acte de naissance*, birth certificate. ~ *de compte*, abstract of account, statement of account. ~ *du casier judiciaire*, extract from police records.

**extraordinaire** *adj.* extraordinary, special. *Assemblée générale* ~, extraordinary general meeting.

**extrapolation** *n.f.* extrapolation.

**extrapoler** *v.* to extrapolate.

**extraterritorial, e** *adj.* extraterritorial.

# F

**fabricant** *n.m.* manufacturer, maker.

**fabrication** *n.f.* manufacture, manufacturing, making, processing. *~ en série,* mass production. *~ française,* made in France. *Coût de ~,* manufacturing cost.

**fabrique** *n.f.* factory, works, mill. *~ de papier,* paper mill. *Marque de ~,* trade-mark.

**fabriquer** *v.* to manufacture, to make, to produce, to fabricate.

**façade** *n.f.* front, frontage.

**face** *n.f. Faire ~,* to meet. *Faire ~ à la demande,* to meet the demand.

**facilité** *n. f.* easiness, ease ; readiness. *~ d'accès,* easy access, accessibility. *~ de paiement,* easy terms. *~ d'écoulement, de vente,* saleability.

**faciliter** *v.* to facilitate, to make easy, to make easier, to help (do something).

**façon** *n.f.* manner, making, workmanship ; *(main-d'œuvre)* labour.

**factage** *n.m.* 1. cartage, forwarding. 2. *(frais de)* cartage, delivery charge.

**facteur** *n.m.* 1. factor, element. *Le ~ coût(s),* cost factor. *~ d'attirance, de séduction,* appeal. *~ d'identification,* recognition factor. 2. customs agent, customs broker. 3. postman, mailman.

**factice** *adj.* factitious, artificial, bogus. *Emballage ~,* dummy pack, dummy.

**factoriel, -le** *adj.* factoral, factorial. *Analyse ~ le,* factor analysis.

**facturation** *n.f.* invoicing, billing. *~ des marchandises,* invoicing of goods.

**facture** *n.f. (façon)* manufacture, make, workmanship. 2. invoice, bill. *Établir une ~,* to make out an invoice. *~ consulaire,* consular invoice. *~ d'avoir,* credit note. *~ de débit,* debit note. *~ pro-forma, fictive,* pro forma invoice. *Fausse ~,* forged/ faked invoice. *Régler une ~,* to pay a bill. *Suivant ~, selon ~,* as per invoice.

**facturer** *v.* to invoice, to bill. *Machine à ~,* invoicing machine, billing machine.

**facturette** *n.f.* imprinter.

**facturier** *n.m.* 1. invoice clerk. 2. invoice book.

**facultatif, -ive** *adj.* optional, voluntary. *Arrêt ~,* request stop. *Assurance facultative,* voluntary insurance.

**faculté** *n.f.* 1. option, right. 2. *(Ass.)* cargo. *Assurance sur corps et ~s,* hull and cargo insurance. *~ d'adaptation,* adaptability, versatility. 3. school, university. *~ de droit,* law school.

**faible** *adj.* weak ; *(marge, etc.)* low ; *(montant, etc.)* small ; *(résultats, etc.)* poor ; *(activité, etc.)* slack, dull. *~ quantité,* small quantity. *Économiquement ~,* belonging to the lowest income groups, underprivileged, low-income. *Résultats ~s,* poor results.

**faiblesse** *n.f.* weakness, slackness.

**faiblir** *v.* to weaken, to slacken, to flag.

**failli** *n.m.* bankrupt. *~ concordataire,* certificated bankrupt. *~ réhabilité,* discharged bankrupt.

**faillir** *v.* to fail, to go bankrupt, to be bankrupt.

**faillite** *n.f.* failure, bankruptcy. *Faire ~,* to go bankrupt, to fail, to collapse ; to go under ; to fold ; *(fam.)* to go bust. *Mettre en ~,* to declare bankrupt, to bankrupt. *Se mettre en ~,* to file a petition in bankruptcy, to file for bankruptcy. *Syndic de ~,* official receiver. *Syndicat de ~,* official receivership.

**faire** *v.* to make, to do. *Combien cela fait-il ?* How much is it ? *Ça fait 25 dollars (en tout),* that comes to $ 25. *~ des achats,* to buy, to purchase, to shop. *~ acte de candidature,* to apply for a job, a position, a post. *~ des affaires,* to do business. *~ du battage,* to boost, to ballyhoo. *~ du commerce,* to trade, to deal. *~ crédit,* to grant credit, to give credit. *La maison ne fait pas crédit,* the firm does not grant credit facilities/

does not allow credit ; on a cash basis only ; cash payment for all purchases. ~ *défaut,* to be missing, to run short, to run low. ~ *défaut à quelqu'un,* to fail somebody. ~ *en double,* to duplicate. ~ *face,* to meet. ~ *face à la demande,* to meet the demand. ~ *faillite,* to go bankrupt. ~ ~ *à l'extérieur,* to farm out *(sous-traiter).* ~ *fiasco,* to flop, to fizzle out, to wash out. ~ *fortune,* to make a fortune. ~ *grève,* to go on strike, to strike. ~ *des heures supplémentaires,* to work overtime, to do overtime. ~ *l'inventaire,* to take stock. ~ *une offre,* to bid. ~ *payer,* to charge. ~ *payer les riches,* to soak the rich. ~ *la péréquation,* to equalize. ~ *des placements,* to invest. ~ *du porte à porte,* to canvass, to call door-to-door. ~ *des prévisions,* to forecast. ~ *de la publicité,* to advertise.

**faire savoir** *v.* to inform, to let somebody know.

**faire suivre** *v.* to forward.

**faisabilité** *n.f.* feasibility.

**faiseur** *n.m.* maker.

**fait, e** *p.p.* made, done. ~ *sur demande,* custom-built ; customized. ~ *sur mesure,* made to measure, custom-made. ~ *à la main,* hand-made. *Exception* ~, with the exception of, barring.

**fait** *n.m.* fact. *En* ~, as a matter of fact. ~ *établi,* established fact.

**falsification** *n.f.* falsification, forgery, adulteration.

**falsifier** *v.* to falsify, to forge, to counterfeit, to tamper (with), to fake. ~ *les comptes,* to cook the books. ~ *les résultats électoraux,* to doctor the election results.

**familial, e** *adj. Allocations* ~ *es,* family allowance. *Emballage* ~, family size, king size, economy size. *Supplément* ~, child benefit.

**famille** *n.f.* family, household. *Chef de* ~, head of the family, householder. *Être soutien de* ~, to support a family, *(fam.)* to be the breadwinner. *Bien de* ~, family property, heirloom. *Pension de* ~, boarding house. *Placement de père de* ~, gilt-edged securities, gilts.

**famine** *n.f.* starvation, famine. *Salaire de* ~, starvation wages.

**fantôme** *adj. Société* ~, dummy company, bogus company ; front.

**fantaisie** *n.f.* fancy. *Articles de* ~, fancy goods.

**fardeau** *n.m.* burden.

**fascicule** *n.m.* booklet, brochure ; section.

**faussaire** *n.m.* forger, counterfeiter.

**faute** *n.f.* fault, mistake, error. ~ *de frappe,* typing error. ~ *d'impression,* misprint. ~ *d'orthographe,* spelling mistake. ~ *professionnelle,* misconduct. ~ *de paiement...,* failing (payment). ~ *de paiement sous huitaine,* failing payment within a week. ~ *de,* for want of. *Sans* ~, without fail.

**faux, fausse** *adj.* false ; *(truqué)* forged, fake(d) ; *(simulé)* sham, *(fam.)* bogus ; *(inexact)* wrong, untrue. *Fausse facture,* forged/fake(d) invoice. *Fausse monnaie,* counterfeit money. ~ *frais,* incidental expenses, incidentals. ~ *fret,* dead freight. ~ *chèque,* bad cheque, dud cheque, rubber cheque. ~ *témoignage,* perjury.

**faux** *n.m.* falsification ; forgery ; fake. ~ *en écritures,* falsification of accounts.

**faveur** *n.f.* favour, preference. *Prix de* ~, preferential price, rate. *Billet de* ~, complimentary ticket. *La* ~ *du public,* consumer acceptance. *Traitement de* ~, preference, preferential treatment.

**favorisé, e** *adj. Clause de la nation la plus* ~ *e,* most favoured nation clause.

**favoriser** *v.* to favour, to promote, to further, to foster.

**fédéral, e** *adj.* federal. *Gouvernement* ~, federal government. *Banque de la réserve* ~ e, Federal Reserve Bank. *Système de la réserve* ~ e, Federal Reserve System.

**fédération** *n.f.* federation, organization. ~ *américaine du travail,* American Federation of Labor (A.F.L.).

**féminin, e** *adj.* female. *Main-d'œuvre* ~ e, female labour force.

**fer** *n.m.* iron. ~ *forgé,* wrought iron. ~ *blanc,* tin, tinplate. *Chemin de* ~, railway, *(U.S.)* railroad. *Minerai de* ~, iron ore.

**férié, e** *adj. Jour* ~, official

holiday, *(G.B.)* bank holiday, *(U.S.)* statutory holiday.

**fermage** *n.m.* **1.** tenant farming. **2.** *(location de la ferme)* rent.

**ferme** *adj.* firm, steady, strong. *Commande* ~, firm order. *Le marché est* ~, the market is steady.

**ferme** *n.f.* **1.** farm. **2.** lease.

**fermer** *v.* to close, to shut ; to close down, to shut down. *Fermé pour travaux,* closed for repairs/ for alterations. ~ *boutique,* to close shop, to cease trading ; to fold.

**fermeté** *n.f.* firmness, steadiness.

**fermeture** *n.f.* closing, shutdown, closedown. ~ *d'usine,* plant closure. *Heure de* ~, closing time.

**fermier, -ière** *adj.* farm-made. *Beurre* ~, farm-made butter. *Produit* ~, farm product ; *Produits* ~*s,* farm produce.

**fermier, -ière** *n.m.f.* farmer, tenant farmer.

**ferré, e** *adj. Voie* ~, rail, *(U.S.)* railroad ; railway, track.

**ferreux, -euse** *adj.* ferrous.

**ferrite** *n.f.* ferrite. *Mémoire à* ~, core storage.

**ferroviaire** *adj. Industrie* ~, railway industry. *Trafic* ~, rail(way) traffic. *Transport* ~, rail(way) transport, *(U.S.)* railroad transport. *Voie* ~, track.

**fertile** *adj.* fertile.

**fertilisation** *n.f.* fertilization.

**fertilité** *n.f.* fertility.

**fertiliser** *v.* to fertilize.

**ferroutage** *n.m.* piggyback.

**fête** *n.f. Jour de* ~, public holiday, legal holiday, *(G.B.)* bank holiday.

**feuille** *n.f.* sheet. ~ *d'impôts,* tax form, tax return. *Remplir sa* ~ *d'impôts,* to fill in one's tax return, *(U.S.)* to file one's tax return. ~ *de paie,* salary slip, wage sheet, pay slip, *(U.S.)* paycheck. ~ *de présence,* time sheet, attendance sheet.

**feuilleton** *n.m.* serial. *Publier en* ~, to publish by instalments.

**fiabilité** *n.f.* reliability.

**fiasco** *n.m.* fiasco ; failure, flop ; *(négociation)* collapse.

**fibre** *n.f.* fibre, *(U.S.)* fiber. ~ *optique,* optical fiber. ~*s optiques,* fiber-optics. ~ *synthétique,* synthetic fibre, man-made fibre.

**fiche** *n.f.* **1.** *(index)* card ; slip, sheet, form ; docket ; list ; voucher ; record. ~ *de paye,* pay slip, *(U.S.)* paycheck. **2.** *(élec.)* plug, jack.

**fichier** *n.m.* card-index, card file. ~ *d'adresses,* mailing list. *(Inform.)* file.

**fictif, -ive** *adj.* fictitious. *Actif* ~, fictitious asset. *Facture fictive,* pro-forma invoice.

**fidèle** *adj.* faithful. *Client* ~, regular customer, *(hôtel, restaurant)* patron.

**fidélisation** *n.f.* generation/ development/ building of consumer loyalty.

**fidéliser** *v.* to build/ develop consumer loyalty.

**fidélité** *n.f.* loyalty. ~ *de la clientèle,* customer loyalty. ~ *à la marque,* brand loyalty.

**fiduciaire** *adj.* fiduciary. *Monnaie* ~, paper money. *Valeurs* ~*s,* paper securities. *Acte* ~, trust deed, writ. *Société* ~, trust company.

**fièvre** *n.f.* fever. ~ *d'achats,* buying spree, buying binge, buying frenzy. ~ *de l'or,* gold rush.

**figurer** *v.* to appear, to figure.

**filature** *n.f.* spinning mill.

**file** *n.f.* queue, *(U.S.)* line. ~ *d'attente,* queue, waiting line. *Chef de* ~, leader. *Théorie des* ~ *d'attente,* queue/ queueing theory.

**filer** *v.* to spin.

• **filiale** *n.f.* subsidiary ; affiliate ; branch *(attention : techniquement* branch *signifie succursale, agence) ;* subsidiary *s'emploie lorsque la filiale est détenue à plus de 50 % par la société mère.*

**filière** *n.f.* stream.

**filon** *n.m.* seam, lode, *(fam.)* golden opportunity.

**film** *n.m.* film, movie. ~ *d'actualité,* newsreel. ~ *documentaire,* documentary film, industrial film, sponsored film. ~ *publicitaire,* commercial.

**filtrer** *v.* to screen *(candidats).*

**fin** *n.f.* end. ~ *de série,* odd lot, oddments, odds and ends. ~ *de l'exercice,* close/ end of the trading year. ~ *de non recevoir,* flat, blunt refusal.

• **final, e** *adj.* final. *Produit* ~, end product. *Utilisation* ~ *e,* end use. *Résultat* ~, final result, end result.

**finance** *n.f.* finance, cash, money. *Le monde de la* ~, (the) financial circles. *Loi de* ~, appropriation bill. *Ministre des* ~ *s,* finance minister, *(G.B.)* Chancellor of the Exchequer, *(U.S.)* Treasury Secretary. *Moyennant* ~, for money, for a consideration.

**financement** *n.m.* financing, funding. *Auto-financement,* self-financing. ~ *d'un emprunt,* loan financing. *Société de* ~, finance/financing company. *Tableau de* ~, funds statement, statement of source and application of funds, source and use of funds statement ; statement of changes in financial position.

**financer** *v.* to finance, to fund, to bankroll ; to subsidize.

**financier, -ière** *adj. Exercice* ~, financial year, fiscal year, trading year. *Frais* ~ *s,* financial charges ; *(emprunts)* interest charges. *Marché* ~, money market, capital market. *Rapport* ~, financial report. *Situation financière,* financial position / standing / status. *Surface financière = situation financière.*

**financier** *n.m.* financier, moneyman.

**fini, e** *adj. produit* ~, finished product, end product.

**fioul** *n.m.* fuel, oil.

**firme** *n.f.* firm, concern, business.

**fisc** *n.m. (G.B.)* Inland Revenue, *(U.S.)* Internal Revenue Service (I.R.S.). *Agents du* ~, tax officials/ officers. *Service du* ~, tax authorities. *Frauder le* ~, to evade taxes, to dodge taxes.

**fiscal, e** *adj.* fiscal. *Année* ~ *e, exercice* ~, fiscal year *(débute le 1er avril en G.B. et le 1er octobre aux E.U.). Assiette* ~ *e,* tax base. *Avoir* ~, tax credit. *Conseiller* ~, tax consultant. *Droit* ~, tax law. *Exercice* ~, taxable year. *Fraude* ~ *e,* tax fraud, tax evasion, tax dodging. *Paradis* ~, tax haven, tax shelter. *Pression* ~ *e,* tax burden, tax load. *Timbre* ~, duty stamp.

**fiscaliste** *n.m.f.* tax specialist, tax expert ; tax adviser, tax consultant, tax lawyer.

**fiscalité** *n.f.* tax system, taxation system, fiscality. *Le poids de la* ~, tax load, tax burden.

**fixation** *n.f.* fixing, setting ; assessment. ~ *des prix,* price fixing, price setting, pricing.

**fixe** *adj.* fixed, regular, set, standing. *Frais* ~, standing charges, expenses, fixed charges. *Prix* ~, standing price, fixed price, set price. *Revenu* ~, fixed income. *Installations* ~ *s,* fixtures and fittings.

**fixe** *n.m.* fixed salary ; straight salary.

**fixer** *v.* to fix, to set, to determine. ~ *le prix d'un produit,* to price a product. ~ *un délai,* to set a deadline. ~ *un rendez-vous,* to make/ to arrange an appointment. *La réunion a été fixée à mardi prochain,* the meeting is due to be held/ is scheduled for next Tuesday.

**fixité** *n.f.* fixity.

**flagrant délit (en),** caught in the act, in the fact, red-handed. *(Jur.)* flagrante delicto.

**flair** *n.m.* feeling, intuition, hunch. *Avoir du* ~, to be shrewd. *Avoir du* ~ *pour quelque chose,* to have a flair, a nose for something.

**flambant neuf** *adj.* brand-new, bran-new.

**flambée** *n.f.* sudden rise ; *(violence, etc.)* outbreak. ~ *des prix,* price flare-up, soaring prices.

**flamber** *v.* to flare (up).

**fléchir** *v.* to go down, to fall off, to sag, to ease. *Les cours ont fléchi,* prices sagged.

**fléchissement** *n.m.* decline, decrease, sagging, downswing.

**flexibilité** *n.f.* flexibility. ~ *de l'emploi,* job flexibility. ~ *du travail,* flexible working hours, flextime, flexi-time.

**flexible** *adj.* flexible. *Horaire* ~, flexible working hours, flextime, flexitime.

**florissant, e** *adj.* flourishing, prosperous, thriving. *Une économie* ~ *e,* a thriving economy.

**flottant, e** *adj.* floating. *Capitaux* ~ *s,* floating capital. *Dette*

~ *e,* floating debt. *Police* ~ *e,* floating policy, floater. *Taux de change* ~ *,* floating rate of exchange.

**flotte** *n.f.* fleet. ~ *marchande,* merchant fleet.

**flottement** *n.m.* floating.

**fluctuant, e** *adj.* fluctuating.

**fluctuation** *n.f.* fluctuation, drift, change.

**fluctuer** *v.* to fluctuate, to drift.

**fluvial, e** *adj. navigation* ~ *e,* inland navigation. *Voie* ~ *e,* (inland) waterway.

**flux** *n.m.* ~ *de capitaux,* capital flow(s). ~ *monétaire,* monetary flow, flow of money. *Tableau des* ~ *,* funds statement, source and application of funds statement, source and use of funds statement ; statement of changes in financial position.

**foi** *n.f.* faith. *De bonne* ~ *,* in good faith, bona fide. *Détenteur de bonne* ~ *,* bona fide holder. *En* ~ *de quoi,* in witness whereof. *Faire* ~ *,* to be evidence, to be authentic.

**foire** *n.f.* fair. ~ *commerciale,* trade fair.

**fois** *n.f. Paiement en une* ~ *,* payment in full, lump sum. « *Une* ~ *, deux* ~ *, adjugé »,* "going, going, gone".

**foncier, -ière** *adj.* landed. *Crédit* ~ *,* land bank. *Impôt* ~ *,* land tax. *Propriété foncière,* real estate, landed property, landed estate. *Propriétaire* ~ *,* land holder, land owner. *Taxe foncière,* property tax, *(G.B.)* property rates.

**fonction** *n.f.* function, duty, office, position. *Les* ~ *s du directeur sont les suivantes,* the duties of the manager are as follows. *Entrer en* ~ *(s),* to take up one's duties, one's office, to report for work. *En* ~ *de,* depending on, as a function of, according to. ~ *exponentielle,* exponential function. *La* ~ *marketing,* the marketing function. *La* ~ *publique,* the civil service, the public service ; *les salaires de la* ~ *publique,* the salaries of *(G.B.)* civil servants, *(U.S.)* government workers.

**fonctionnaire** *n.m.* (government) official, civil servant, public ser-

vant, government worker. *Haut* ~ *,* senior civil servant, high-ranking civil servant, high-ranking government official.

**fonctionnel, -le** *adj.* functional.

**fonctionnement** *n.m.* functioning, working, running, operating, operation. *Le bon* ~ *du service,* the smooth running of the department. *Bon* ~ *,* efficient working. *Cycle de* ~ *,* operating cycle.

**fonctionner** *v.* to work, to run. *Le dispositif ne fonctionne pas,* the device is out of order. *Faire* ~ *,* to work, to run, to operate.

**fondamental, e** *adj.* fundamental, basic. *Recherche* ~ *e,* pure/ fundamental research.

**fondateur, -trice** *n.m.f.* founder, promoter. *Parts de* ~ *,* founder's shares. *Membre* ~ *,* founder member.

**fondation** *n.f.* 1. creation, founding, foundation, setting-up *(entreprise, etc.).* 2. foundation. *La* ~ *Ford,* the Ford Foundation.

**fondé** *p.p.* 1. established. *Entreprise* ~ *e en 1953,* company established in 1953. 2. *(justifié)* grounded, founded, substantiated, justified. *Être* ~ *à faire quelque chose,* to be justified in doing something.

**fondé de pouvoir** *n.m.* 1. agent holding power of attorney. 2. proxy. 3. signing clerk. 4. manager, managing director.

**fondement** *n.m.* foundation, substance, ground. *Sans* ~ *,* baseless, groundless, unfounded. ~ *s,* fundamentals.

**fonder** *v.* 1. *(société, entreprise)* to found, to start, to set up. 2. *(finances)* to fund *(dette).*

**fonderie** *n.f.* 1. smelting *(de métaux)* 2. smelting works, foundry, iron-works *(usines).*

**fonds** *n.m.pl.* fund(s), capital, money. *Affectation de* ~ *,* earmarking, appropriation/ allocation of funds. *Appel de* ~ *,* call for funds, call for money. *Bailleur de* ~ *,* silent partner, sleeping partner *(dans une société de personnes) ;* money lender. *Bien-* ~ *,* real estate. *Détournement de* ~ *,* embezzlement. ~ *d'amortissement,* sinking fund. ~ *de chômage,* unemployment fund. ~ *de commerce*, goodwill, stock in trade, business. ~ *consolidés*, funded debt, *(G.B.)* consols. ~ *de garantie*, reserve fund ; compensation fund. ~ d'État, government stock, government securities. ~ *Monétaire International (F.M.I.)*, International Monetary Fund (I.M.F.). ~ *de placement fermé*, investment trust. ~ *de placement ouvert*, ~ *commun de placement*, open-end investment trust, money-market fund, *(G.B.)* unit trust, *(U.S.)* mutual fund. ~ *propres*, capital stock, share capital, *(U.S.)* stockholders' equity. ~ *de régularisation*, equalization fund. ~ *de roulement*, working capital, *(U.S.)* operating capital. *Mise de ~*, investment, (capital) outlay. *Virement de ~*, transfer of funds.

**F.M.I.** *abr.* I.M.F.

**fonte** *n.f.* cast iron. ~ *brute*, pig iron.

**forage** *n.m.* drilling. ~ *en mer*, offshore drilling. *Plate-forme de ~*, oil rig.

**force de travail** *n.f.* labour force.

**force de vente** *n.f.* sales force.

**forcé, e** *adj.* *vente ~ e*, forced sale, compulsory sale. *Épargne ~ e*, compulsory savings.

**force majeure** *n.f.* force majeure. *Cas de ~*, act of God.

**forclore** *v.* *(hypothèque)* to foreclose ; to preclude, to estop.

**forclusion** *n.f.* foreclosure ; estoppage.

**forer** *v.* to drill.

**forfait** *n.m.* 1. contract, lump-sum contract ; flat fee ; package. *Fret à ~*, through freight. *Prix à ~*, lump sum. *Travail à ~*, work by contract, by the job, job work. *Vente à ~* a) outright sale. b) *(Bourse)* sale of futures, contract sale. *Voyage à ~*, all-inclusive tour, package tour. 2. crime.

**forfaitaire** *adj.* fixed, flat, contract(ual). *Prix ~*, contract price, flat rate. *Redevance ~*, standard charge. *Règlement ~*, lump-sum settlement. *Somme ~*, lump sum.

**forfaiture** *n.f.* prevarication, maladministration, misuse⁄ abuse of authority.

**forger** *v.* to forge.

**formalité** *n.f.* formality, formal procedure. ~ *s douanières*, customs formalities, customs clearance.

**format** *n.m.* format, size.

**formateur** *n.m.* trainer ; instructor ; educator.

**formation** *n.f.* 1. formation. 2. training, background. *Une ~ littéraire*, an arts background. ~ *continue, permanente*, adult education, continuing/ continuous/ further/ education. ~ *de capitaux*, capital formation. ~ *des prix*, price formation, pricing. ~ *professionnelle*, vocational training. ~ *sur le tas*, on the job/ in-plant/ in-house/ training. ~ *au sein de l'entreprise*, dispensée par l'entreprise, in-company training.

**forme** *n.f.* shape, form. *En bonne et due ~*, in order, in due form. *Pour la ~*, as a matter of form, for form's sake. *Vice de ~*, vice of form. *Sous ~ de tableau*, in tabular form.

**formel,-le** *adj.* formal, express, strict. *Démenti ~*, flat denial. *Ordre ~*, strict order.

**former** *v.* 1. to create, to form, to set up *(entreprise)*. 2. to train *(employés)*.

**formulaire** *n.m.* form, printed form, *(U.S.)* blank. ~ *de candidature*, application form. ~ *de demande*, request form. ~ *réponse*, answer sheet. *Remplir un ~*, to fill in/ to fill out/ to fill up/ a form, *(U.S.)* a blank.

**formulation** *n.f.* formulation ; wording.

**formule** *n.f.* 1. *(chimique)* formula. 2. *(formulaire)* form, blank. ~ *de chèque*, cheque form. 3. phrase, set of words. ~ *de politesse (à la fin d'une lettre)*, complimentary close.

**formuler** *v.* 1. to formulate. 2. to draw up. ~ *une demande*, to make an application. ~ *une proposition*, to put forward a proposal. ~ *une réclamation*, to lodge a claim, to file a claim.

**fort, e** *adj.* strong, heavy, large. *Chambre ~ e*, vault. *Coffre-~*, strong box, safe. *Devise ~ e*, hard currency. *Prix ~*, full price. *Tonne ~ e*, long ton (1016 kg). ~ *e demande*, keen/ high/ strong/ heavy demand. ~*e hausse,* sharp increase. ~*e somme,* large sum, high/ substantial amount ; fat price.

**fortuit, e** *adj.* fortuitous, casual.

**fortune** *n.f.* fortune, riches, wealth. ~ *de mer,* perils of the sea, sea risks. *Impôt sur la* ~, *impôt sur les grandes* ~*s (I.G.F.),* wealth tax. *Faire* ~, to make a fortune, *(Fam.)* to strike it rich. *Moyens de* ~, makeshift measures, makeshifts.

**fortuné, e** *adj.* rich, wealthy, well-off.

**fourchette** *n.f.* bracket, margin, spread. ~ *de prix,* price range.

**fourgon** *n.m.* van. ~ *à bagages,* luggage van ; guard's van.

**fourgonnette** *n.f.* van, delivery van, *(U.S.)* delivery truck.

**fourneau** *n.m.* *haut-*~, blast-furnace.

**fourni, e** *adj.* supplied, provided, delivered. *Bien* ~ *en,* well-stocked with.

**fournir** *v.* to supply, to provide, to furnish. ~ *quelque chose à quelqu'un,* to supply/ to provide/ somebody with something. ~ *des preuves,* to produce evidence.

**fournisseur** *n.m.* supplier, provider, dealer. *(Comptab.) compte* ~, accounts payable. *Entrée des* ~*s,* tradesmen's entrance, "tradesmen". ~ *habituel,* regular supplier, usual supplier. *Référence de* ~, trade reference.

**fourniture** *n.f.* furnishing, providing, supplying. 2. supply, provision ; materials, requisites. *Main-d'œuvre et* ~*s,* labour and material. ~ *de bureau,* office stationery.

**foyer** *n.m.* household.

**fraction** *n.f.* 1. fraction. 2. segment.

**fractionnement** *n.m.* dividing-up ; split, split(ting) (up) *(actions).*

**fractionner** *v.* to divide, to split up *(actions).* ~ *un paiement,* to pay by instalments, to stagger payment.

**fragile** *adj.* fragile, brittle *(verre).* « *Attention* ~ », "handle with care".

**fragmenter** *v.* to break up, to divide, to fragment.

**frais, fraîche** *adj.* fresh, new. *Argent* ~, fresh, new money.

• **frais** *n.m.* expenses, expenditure(s), charge, cost. *A grand* ~, at great cost. *A peu de* ~, at little cost. *Aux* ~ *de,* at the expense of, chargeable to. ~ *annexes,* additional charges, fringe expenses. ~ *de constitution,* preliminary expenses. ~ *d'établissement,* start-up costs. ~ *divers,* sundry expenses, sundries. ~ *financiers,* finance charges, financial expenses. ~ *de fonctionnement,* running costs, running expenses, operating costs. ~ *de scolarité,* tuition fees. ~ *de représentation,* entertainment/entertaining fees. ~ *de transport,* carrying charges, freight charges, freight costs, shipping costs ; *(= frais de déplacement)* travelling expenses. ~ *généraux,* overhead expenses, overheads, indirect expenses. ~ *d'installation,* start-up costs, initial expenses. ~ *de justice,* (court) costs. *Faux* ~, incidental expenses, contingencies. *Note de* ~, expense account. *Rentrer dans ses* ~, to break even. *Sans* ~, free of charge.

**franc, franche** *adj.* free. *Jour* ~, clear day. *Port* ~, free port. *Zone franche,* free zone. ~ *d'avarie,* free from average.

**franc** *n.m.* franc, French franc (F.F.). *En* ~*s constants,* in constant francs (in real value). *En* ~*s courants,* in current francs. *Libellé en* ~*s,* payable in francs.

**franchisage** *n.m.* franchising.

**franchise** *n.f.* 1. freedom, exemption, franchise. *(Douanes) en* ~, duty-free. *En* ~ *temporaire,* for temporary importation. *(Poste)* O.H.M.S. (On Her Majesty's Service), *(U.S.)* franking privilege. *En* ~ *postale,* post-free. *(Bagages)* Free luggage / *(U.S.)* baggage/ allowance. *(Ass.)* ~ *d'avarie,* free of average. ~ *d'impôts,* tax exemption. 2. franchise ; franchising. *Magasin en* ~, franchised store/ outlet. 3. frankness.

**franchisé** *n.m.* franchisee.

**franchiser** *v.* to franchise.

**franchiseur** *n.m.* franchiser.

**franco** *adv.* free, paid. ~ *à bord,* free on board (F.O.B.). ~ *à quai,* free on quay, free at wharf. ~ *de port,* carriage free. ~ *domicile,* ~ *entrepôt du destinataire,* free (to the) customer's warehouse, carriage paid. ~ *long du bord,* free alongside ship (F.A.S.). ~ *(sur) camion,* free on truck. ~ *sur demande,* free on request. ~ *wagon,* free on rail, free on truck.

**frappe** *n.f.* 1. coinage, minting (money). 2. typing. *Faute de* ~, typing error.

**frapper** *v.* 1. *(monnaie)* to coin, to mint. 2. to type. ~ *d'une amende,* to fine. ~ *d'un impôt,* to levy a tax (on), to slap a tax (on). ~ *de nullité,* to render void, to nullify.

**fraude** *n.f.* fraud. *En* ~, fraudulently, unlawfully. *Passer quelque chose en* ~, to smuggle something (into). ~ *fiscale,* tax fraud, tax evasion, tax dodging, tax cheating. ~ *électorale,* fraud ; cheating ; *(trucage)* rigging.

**frauder** *v.* to defraud, to cheat. ~ *le fisc,* to evade taxes, to dodge taxes.

**fraudeur** *n.m.* defrauder, swindler. *(fiscal)* tax-evader ; *(frontière)* smuggler.

**frauduleusement** *adv.* fraudulently, by fraud.

**frauduleux, -euse** *adj.* fraudulent.

**frein** *n.m.* brake, restraint, check. *Politique du coup de* ~ *et de l'accélérateur,* stop-go policy.

**freinage** *n.m.* braking ; checking ; restraint ; slowdown.

**freiner** *v.* to check, to stem, to restrain, to slow down. ~ *la production,* to slowdown production. ~ *l'inflation,* to check inflation.

**frénésie** *n.f.* spree, binge, frenzy, rush. ~ *d'achat,* buying spree, buying binge.

**fréquence** *n.f.* frequency.

**fréquent, e** *adj.* frequent, repeated.

**fréquentation** *n.f.* attendance.

**fret** *n.m.* 1. freight, cargo. ~ *intégré,* roll-on roll-off. *Contrat de* ~, freight contract. ~ *à forfait,* through freight. 2. charter, chartering.

**frètement** *n.m.* freighting, chartering.

**fréter** *v.* to freight, to charter.

**fréteur** *n.m.* shipowner, charterer.

**frigorifique** *adj.* refrigerating. *Entrepôt* ~, cold store, cold storage plant, *navire* ~, cold-storage ship.

**froid** *n.m.* cold. *Conservation par le* ~, cold storage. *Industrie du* ~, refrigeration industry.

**fromager, -ère** *adj. Industrie fromagère,* cheese industry.

**frontière** *n.f.* border ; boundary ; frontier.

**fructifier** *v.* to fructify, to bear interest.

**fructueux, -euse** *adj.* profitable, lucrative, fruitful, *(fam.)* juicy.

**fuite** *n.f.* 1. *(capitaux)* flight ; outflow. 2. drain. ~ *des cerveaux,* brain-drain. 3. *(liquide, gaz)* leakage, leak. 4. *(information)* leak.

**fuseau** *n.m.* ~ *horaire,* time-belt, time zone.

**fusée** *n.f.* rocket.

**fusion** *n.f.* merger, amalgamation. ~ *d'entreprise,* business/ industrial merger.

**fusionner** *v.* to merge, to amalgamate.

**fût** *n.m. (vin)* cask, barrel ; *(huile)* drum.

**futur, e** *adj.* future. ~ *client,* prospective customer, prospect.

# G

**gabarage** *n.m.* lighterage.
**gabare** *n.f.* lighter.
**gabarit** *n.m.* gauge, *(U.S.)* gage.
**gadget** *n.m.* gadget, gimmick.
**gâchage** *n.m.* spoiling, wasting. ~ *des prix,* underselling.
**gâcher** *v.* to spoil, to waste.
**gage(s)** *n.m.* 1. pledge, security, pawn. *Mettre en* ~, to pawn, to pledge something. *Prêteur sur* ~, pawnbroker. 2. wages.

**gageur** *n.m.* pledger, pawner, lienee.

**gager** *n.m.* to pledge, to secure, to pawn.

**gagiste** *n.m.* pledgee, pawnee, lienor.

**gagnant, e** *adj.* winning.
**gagnant, e** *n.m.f.* winner.
**gagne-pain** *n.m.* 1. livelihood, means of living. 2. breadwinner.
**gagner** *v.* 1. to earn, to win, to gain ; *(argent)* ~ *sa vie,* to earn one's living. ~ *de quoi vivre,* to make a living. *Manque à* ~, loss of profit. 2. ~ *un procès,* to win a case. ~ *un nouveau public,* to win over a new public.
**gain** *n.m.* gain, profit, earning(s), winning(s). ~ *s de change,* foreign exchange gains.
**galerie marchande** *n.f.* (shopping) mall.
**galopant, e** *adj.* galloping, runaway. *Inflation* ~ *e,* runaway inflation.
• **gamme** *n.f.* series, range, line. *Produits haut de* ~ , top-of-the-line products. ~ *de produits,* range, line of products.
**garage** *n.m.* garage. *Voie de* ~ , siding, side-track.
**garant** *n.m.* 1. guarantor, surety, bail. 2. guarantee, security, warrant. *Se porter* ~ *de quelqu'un,* to vouch for somebody.
**garantie** *n.f.* guarantee, guaranty, warranty, security, collateral. *Déposer en* ~, to lodge as security. *Fonds de* ~, contingency fund. ~ *bancaire,* bank guarantee. *Garantie de remboursement intégral,* full-refund guarantee. ~ *pièces et main-d'œuvre,* full (repair) guarantee, warranty for labo(u)r and parts. *Obligation de* ~, surety bond. *Avec* ~, warranted, guaranteed. *Sans* ~, unwarranted, *Sous* ~, under warranty.
**garantir** *v.* to guarantee, to warrant ; to secure. ~ *un article,* to guarantee an article ~ *un emprunt,* to secure a loan. *Salaire minimum garanti,* minimum guaranteed wage.
**garçon** *n.m.* boy. ~ *de café,* waiter. ~ *de course(s),* errand-boy, messenger-boy. ~ *de bureau,* office boy.
**garde** *n.f.* keeping, care, custody.
**garde-meubles** *n.m.* furniture storehouse.
**gardien, -ne** *n.m.f.* guardian, keeper, warden. *(Immeuble)* care-taker. *(Prison)* guard, *(G.B.)* warder, *(U.S.)* warden. ~ *de nuit,* night-watchman.
**gare** *n.f.* (railway) station. ~ *d'arrivée,* arrival station, receiving station *(marchandises).* ~ *de départ,* departure station, forwarding station *(marchandises).* ~ *maritime,* harbour station. ~ *de triage,* marshalling yard, railway yard. ~ *routière,* coach station, *(U.S.)* bus station.
**garnir** *v.* to fill. *Bien garni,* well-filled, well-stocked.
**gaspillage** *n.m.* waste, wastage, squandering.
**gaspiller** *v.* to waste ; to squander.
**gaspilleur** *n.m.* waster, waste-maker ; *(argent)* spendthrift.
**gâter** *v.* to spoil, to damage. *Se* ~, to deteriorate, to go bad ; to spoil.
**gazoduc** *n.m.* (gas) pipeline.
**gazole** *n.m.* gas oil.
**gel** *n.m.* freeze, freezing. ~ *des prix,* price freeze.
**geler** *v.* to freeze.
**gêne** *n.f.* hindrance, inconvenience ; restraint.
**général, e** *pl.* **généraux.** *adj.* general. *Assemblée* ~ *e,* general meeting. *Direction* ~ *e,* head office. *Frais généraux,* overhead expenses, overheads. *Secrétaire* ~ , General Secretary, Secretary General, Company Secretary.
**générateur** *n.m.* *(élect.)* power-station, power plant ; *(nucléaire)* breeder.
**générique** *n.m.* *(cinéma, télévision)* credits, credit titles.
**générique** *adj.* generic. *Produits* ~ *s,* generics, nobrand goods.
**genre** *n.m.* kind, sort, type.
**gérance** *n.f.* management.
**gérant, e** *n.m.f.* manager, director. *Associé-* ~, *directeur* ~, active partner. *Administrateur-gérant,* managing director.
**gérante** *n.f.* manageress.
**gerbage** *n.m.* palletization.
**gérer** *v.* to manage, to run ; to operate ; to handle. *Entreprise bien gérée,* well-run firm. *Mal* ~, to mismanage.
• **gestion** *n.f.* management, running, administration, conduct.

*École de* ~, business school. *Frais de gestion,* administrative expenses. *Informatique de* ~, computerized management. ~ *des stocks,* stock management. *(U.S.)* inventory management, stock control. ~ *de trésorerie,* cash management. ~ *par exception,* management by exception. *Mauvaise* ~, mismanagement.

**gestionnaire** *n.m.* manager, administrator.

**gisement** *n.m.* deposit, field. ~ *houiller,* coal-field. ~ *pétrolier,* oilfield.

**global, e,** *pl.* **aux, ales** *adj.* total, overall, comprehensive, global. *Politique* ~ *e,* comprehensive, overall policy.

**gondole** *n.f.* gondola.

**gonflement** *n.m.* increase, swelling, inflation.

**gonfler** *v.* to increase, to swell, to inflate, to boost.

**goulot** *n.m.* ~ *d'étranglement,* bottleneck.

**gouverne** *n.f.* guidance, direction. *Pour votre* ~, for your guidance.

**gouvernement** *n.m.* government, *(U.S.)* administration. *Le* ~ *Reagan,* the Reagan Administration.

**grâce** *n.f.* grace. *Jours de* ~, days of grace.

**grâce à** *prép.* thanks to, owing to.

**gracieux, se** *adj.* gratuitous, free ; complimentary. *Exemplaire envoyé à titre* ~, complimentary copy, inspection copy. *A titre* ~, free of charge.

**gracieusement** *adv.* free of charge.

**gradation** *n.f.* gradation, gradual process.

**graduellement** *adv.* gradually, progressively, by degrees.

**graduel, le** *adj.* gradual, progressive.

**grain** *n.m.* grain, corn.

**grand, e** *adj.* large, big, great. ~ *livre,* ledger. ~ *magasin,* department (al) store. ~ *modèle,* large size, king size, economy size. ~ *e pêche,* deep sea fishing. ~ *public,* general public. ~ *e surface,* large surface store, big store.

**Grande École** *n.f.* a specific feature of the French higher education system, those engineering and business schools are characterized by highly selective admission exams. Their graduates occupy top positions in private and public organizations.

**grandeur** *n.f.* importance, size, magnitude. *Ordre de* ~, order of magnitude. *Classés par ordre de* ~, sorted out by size.

**graphique** *n.m.* graph, chart. ~ *en dents de scie,* Z-chart. ~ *à secteurs (fam. « camembert »)* pie chart. ~ *à tuyaux d'orgue,* bar chart. *Etablir un* ~, to chart.

**grandir** *v.* to grow, to increase.

**graphisme** *n.m.* style, styling.

**graphiste** *n.m.* designer, graphic artist.

**graphologie** *n.f.* graphology.

**graphologue** *n.m.f.* graphologist.

**gratification** *n.f.* gratuity, tip ; bonus, *(U.S.)* incentive.

**gratis** *adv.* free of charge, for free. *Entrée* ~, admission free.

**gratte-papier** *n.m.* paper pusher, pen-pusher.

**gratuit, e** *adj.* 1. free of charge. *Action* ~ *e,* bonus share. *Echantillon* ~, free sample. *Entrée* ~, free admission. *Essai* ~, free trial. 2. gratuitous.

**gratuité** *n.f.* gratuitousness.

**gratuitement** *adv.* free of charge, at no charge ; for free.

**gravir** *v.* to climb. ~ *les échelons,* to work one's way up.

**gré à gré (de),** by contract/agreement ; over the counter.

**greffe** *n.m.* 1. law-clerk's office. 2. *(sociétés de capitaux)* registrar.

**greffier** *n.m.* 1. clerk of the court. 2. registrar.

**grever** *v.* 1. to burden, to encumber, to saddle. *Grevé de dettes,* saddled with debt. 2. *(jur.)* to entail.

**grève** *n.f.* strike. ~ *active (avec occupation d'usine),* work-in. ~ *de la faim,* hunger strike. ~ *générale,* general strike. ~ *perlée,* ca'canny strike, go-slow strike. ~ *sauvage,* wildcat strike. ~ *de solidarité,* sympathetic / sympathy strike. ~ *sur le tas,* sit-down strike, stay-in strike. ~ *surprise,* lightning strike.

~ *symbolique,* token strike. ~ *du zèle.* work-to-rule strike, *(U.S.)* slowdown. *Briseur de* ~, strike breaker, scab. *Etre en* ~, to be (out) on strike, to strike. *Faire* ~, to be on strike, to strike. *Lancer un mot d'ordre de* ~, to call a strike. *Se mettre en* ~, to go on strike, to come out on strike. *Piquet de* ~, strike picket.

**gréviste** *n.m.f.* striker.

**griffe** *n.f.* signature ; stamp ; label ; name tag ; designer's name.

**grille** *n.f.* scale, grid, schedule. ~ *des salaires,* salary scale. ~ *des programmes,* program(me) schedule / grid.

**grimper** *v.* to rise, to climb.

**gros, se** *adj.* big, large, heavy, bulky. ~ *se commande,* big / large / substantial order. ~ *tirage,* wide circulation. ~ *salaire,* high salary, fat salary. *(avion)* ~ *porteur,* jumbo jet.

**gros** *n.m.* wholesale (trade). *Commerce de* ~, wholesale trade. *Prix de* ~, wholesale price. *En* ~. a) wholesale, in bulk. b) roughly, approximately.

**grosse** *n.f.* gross, twelve dozen. *(jur.)* engrossed document, engrossment. *(nav.)* bottomry bond. *Emprunter à la* ~, to borrow money on bottomry.

**grossir** *v.* to increase, to grow, to swell.

**grossiste** *n.m.* wholesaler, wholesale dealer.

**groupage** *n.m.* grouping, bulking. *Envoi en* ~, collective shipment.

**groupe** *n.m.* group, batch. ~ *d'âge,* age group, age bracket. ~ *d'intervention,* task force. ~ *de pression,* lobby, pressure group. ~ *de reflexion,* think-tank. ~ *socio-économique,* socio-economic group. ~ *témoin,* test group, testimony panel. ~ *de travail,* working party, study group.

**groupement** *n.m.* group, association, trust, pool.

**grue** *n.f.* crane.

**guelte** *n.f.* commission, percentage (on sales).

**guerre** *n.f.* war. *Guerre des prix,* price-war.

**guichet** *n.m.* counter, window, desk, *(vitré, grillagé)* wicket ; *(location de billets)* booking office, ticket office ; *(spectacle)* box-office ; *(banque etc.)* « guichet fermé », « Position closed ». *Jouer à* ~ *s fermés,* to play to a full house, to a capacity audience/ crowd. *Payable au* ~, payable over the counter. *S'adresser au* ~ *8,* (to) apply to counter No. 8.

**guichet automatique de banque,** automatic/ automated teller machine.

**guichetier** *n.m.* counter-clerk, desk-clerk.

**guide** *n.m.* 1. guide. 2. guide book. ~ *des couleurs,* colour chart, colour guide.

**guillemets** *n.m.pl.* inverted commas, quotation marks. *Ouvrez les* ~ *s,* open inverted commas, *(U.S.)* quote. *Fermez les* ~, close inverted commas, *(U.S.)* unquote. *Entre* ~, between quotes.

# H

**habileté** *n.f.* ability, competence, skill ; cleverness, smartness.

**habilité, e** *adj.* entitled, authorized. *Être* ~ *à,* to be entitled to.

**habiliter** *v.* to entitle, to empower, to authorize.

**habillage** *n.m.* 1. *(d'un produit)* packaging, get-up. 2. ~ *de bilan,* window dressing.

**habitant, e** *n.m.f.* inhabitant ; resident ; dweller.

**habitat** *n.m.* habitat. *Prêt à* ~, building loan, construction loan.

**habitation** *n.f.* house, dwelling, home. *H.L.M.,* tenement house, *(G.B.)* council flat. *Taxe d'* ~, rates.

**habiter** *v.* to live ; to dwell ; to live in, to dwell in ; to inhabit ; to occupy. *Vol non-habité,* unmanned flight/ probe. *Vol spatial habité,* manned space flight.

**habitué, e** *n.m.f.* regular customer, patron.

**habitude** *n.f.* custom, habit. ~ *s de consommation,* consumer habits.

**habituel, -le** *adj.* usual, regular. *Adressez-vous à votre fournisseur*

~, apply to your regular supplier.

**halage** *n.m.* haulage, towing.

**hall** *n.m.* hall. ~ *d'exposition,* exhibition hall, showroom. ~ *d'arrivée,* arrival lounge ; ~ *de départ,* departure lounge.

**handicap** *n.m.* handicap.

**hangar** *n.m.* shed, warehouse, hangar.

**harceler** *v.* to harass, to press.

**hasard** *n.m.* chance, random. *Choix fait au* ~, random choice.

**hasarder** *v.* to hazard, to venture, to risk.

**hasardeux, -euse** *adj.* risky, daring. *Entreprise* ~, daring venture.

**hausse** *n.f.* rise, increase, hike. *Être en* ~, to be rising, to be on the rise, to go up. *Tendance à la* ~, upward trend, tendency. *(Bourse) Marché à la* ~, bull, bullish market. ~ *rapide,* boom, surge.

**hausser** *v.* to raise, to increase.

**haussier** *n.m. (Bourse)* bull.

**haut, e** *adj., adv.* high, top. *Voir plus* ~, see above. ~ *de gamme,* top of the line, high grade. *Modèle haut de gamme,* up-market/ upscale model. *Pêche en* ~ *e mer,* deep sea fishing.

**haut** *n.m.* top. *Les* ~*s et les bas,* the ups and downs. « *Haut* », this side up. ~ *de bilan = fonds propres,* share capital, *(U.S.)* stockholders'equity.

**hauteur** *n.f.* height. *A la* ~ *de,* level with. *Ils se sont engagés à* ~ *de 6 millions de francs,* They have committed themselves for a sum of/ for an amount of/ up to/ to the extent of/ to the tune of/ FF 6 m.

**haut-parleur** *n.m.* loudspeaker ; sound reproducer.

**hébergement** *n.m.* accommodation.

**héberger** *v.* to accommodate ; to lodge ; to shelter. ~ *pour la nuit,* to put up for the night.

**héritage** *n.m.* inheritance, heritage ; legacy ; heirloom.

**hériter** *v.* to inherit ; to come into property.

**héritier** *n.m.* heir, inheritor.

**héritière** *n.f.* heiress.

**hermétique** *adj.* tight, watertight, airtight.

**hésitant, e** *adj.* hesitating, undecided. *Marché* ~, unsteady, unsettled market.

**heure** *n.f.* hour, time. ~ *d'affluence,* rush hour. ~ *d'antenne,* air time, broadcasting time. *Heure(s) de bureau,* office hours. ~ *d'écoute, (radio)* listening time, *(télévision)* viewing time. ~. *de fermeture,* closing time. ~ *de grande écoute,* prime time, *(G.B., T.V.)* peak viewing time. ~ *(s) ouvrable(s),* working hours. ~ *d'ouverture,* opening time. ~ *de pointe,* peak hour, peak period. ~*s supplémentaires,* overtime. *Faire des* ~*s supplémentaires,* to work/ to do/ overtime. *Travail à l'*~, time work.

**hiérarchie** *n.f.* hierarchy, chain of command, *(Fam.)* pecking order.

**hiérarchique** *adj.* hierarchical. *Voie* ~, formal/ official/ channels, chain of command, hierarchical ladder. *Par la voie* ~, through the official channels.

**histogramme** *n.m.* histogram, bar chart.

**H.L.M.,** *voir* **habitation**.

**holding** *n.m.* holding company.

**homme** *n.m.* ~ *d'affaires,* businessman. ~ *à tout faire,* handyman. ~ *de loi,* lawyer. ~ *de paille,* man of straw, dummy.

**homologation** *n.f.* (official) approval.

**homologue** *n.m.* counterpart.

**homologuer** *v.* *(légal)* to confirm, to ratify, to homologate, *(U.S.)* to probate. ~ *un testament,* to probate a will.

**honnête** *adj.* honest, fair. *Moyen* ~, fair means.

**honoraire** *adj.* honorary.

**honoraire(s)** *n.m.pl.* fee(s).

**honorer** *v.* 1. *(une promesse, etc.)* to honour, *(U.S.)* to honor, to abide by, to comply with, to adhere to, to stick to, to meet. ~ *ses dettes,* to meet one's liabilities. ~ *un engagement,* to meet a commitment. ~ *un accord syndical,* to honour a union agreement. ~ *sa signature,* to honour one's signature. ~ *un chèque,* to honour a cheque, *(U.S.)* to honor a check. ~ *une traite,* to honour a bill/ a draft. *Il a honoré sa parole,* he has been as good as his word. **2.** *(respecter)* to honour, to respect. **3.** *(être à l'honneur de)* to do credit to (somebody), to be a credit to (something).

**horaire** *n.m.* time-table, schedule. ~ *flexible,* flexible time, flextime, flexitime, flexible hours.

**horloge-pointeuse** *n.f.* time clock, time machine, check clock.

**hors-bilan** *adj.* off balance-sheet.

**hors cote** *adj. Marché* ~, curb market, over-the-counter market.

**hors d'état** *adj.* out of order.

**hors d'usage** *adj.* out of order ; out of service.

**hors saison** *adj.* off season.

**hors service** *adj.* out of order, beyond repair.

**hors taxe** *adj.* **1.** pre-tax, before tax, tax not included, exclusive of tax. **2.** tax-free.

**hostile** *adj.* hostile.

**hôtel** *n.m.* hotel.

**hôtelier** *n.m.* hotel keeper, hotel owner, hotel manager, hotelier.

**hôtellerie** *n.f.* hotel trade.

**hôtesse d'accueil** *n.f.* hostess.

**hôtesse de l'air** *n.f.* air-hostess ; stewardess.

**houille** *n.f.* coal. ~ *blanche,* hydroelectricity.

**houiller** *adj. Bassin* ~, coalfield.

**houillère** *n.f.* coal-mine.

**huis-clos,** *à huis-clos,* behind closed doors. *Demander le* ~, to ask for the case to be heard (a trial to be held) in camera ; *ordonner le* ~, to order a case to be heard in camera.

**huissier** *n.m.* ~ *de justice,* bailiff. ~ *(ministère, etc.)* usher.

**huitaine** *n.f. sous* ~, *loc.* within a week.

**humain, e** *adj.* human. *Relations humaines,* human relations, *(au sein d'une entreprise)* industrial relations ; *(avec les employés)* employee relations, employer-employee relations,

**humidité** *n.f.* damp(ness), moisture. « *Craint l'humidité* », "keep dry".

**hypermarché** *n.m.* hypermarket.

**hypothécable** *adj.* mortgageable.

**hypothécaire** *adj.* mortgage. *Prêt* ~, mortgage loan. *Contrat* ~, mortgage deed. *Créancier* ~, mortgagee. *Débiteur* ~, mortgager. *Obligation* ~, mortgage bond, mortgage debenture.

● **hypothèque** *n.f.* mortgage. *Amortir une* ~, to redeem a mortgage. *Bureau des* ~, mortgage registry. *Conservateur d'*~, mortgage registrar. ~ *de premier rang,* first mortgage. *Lever une* ~, to raise a mortgage. *Libre d'*~, unencumbered. *Prendre une* ~, to raise a mortgage. *Purger une* ~, to pay off, to redeem a mortgage, *(U.S.)* to lift a mortgage. *Main levée d'*~, release of mortgage. *Purge d'*~, redemption of mortgage. ~ *mobilière,* chattel(s) mortgage.

**hypothéquer** *v.* to mortgage, to secure by mortgage.

# I

**identification** *n.f.* identification, recognition. ~ *de marque,* brand recognition.

**identifier** *v.* to identify.

**identique** *adj.* identical *(à,* with*)*.

**identité** *n.f.* identity. *Carte d'*~, identity card, I.D. card/papers.

**ignifugé, e** *adj.* fire-proof, fireresistant.

**illégal, e** *adj.* illegal, unlawful.

**illégalité** *n.f.* illegality, unlawfulness.

**illicite** *adj.* illicit, unlawful.

**illisible** *adj.* illegible.

**image** *n.f.* image. ~ *de marque (pour un produit)* brand image,

*(pour une société, entreprise)* corporate image.

**image fidèle** *(principe comptable),* true and fair view ; *(U.S.)* fair presentation.

**imbattable** *adj.* second to none ; matchless. *Prix* ~, rock bottom price.

**imitation** *n.f.* imitation. ~ *de signature,* forging of signature, forged signature.

**imiter** *v.* to imitate, to copy, to forge *(signature),* to counterfeit *(monnaie).*

**immatériel, -le** *adj.* intangible. *Biens* ~s, intangible assets, intangibles.

**immatriculation** *n.f.* registration, registry. *Numéro d'~,* registration number. *(Mar.) certificat d'~,* certificate of registry.

**immatriculer** *v.* to register.

**immédiat, e** *adj.* immediate. *Livraison ~,* immediate/prompt delivery.

**immeuble** *adj. (Jur.)* real, fixed, immovable. *Biens ~,* real property, real estate, fixed property.

**immeuble** *n.m.* 1. *(Jur.)* real estate, real property, fixed property. 2. building ; block ; premises. *~ de bureaux,* office block, office building. *~ de rapport,* block of flats ; tenement house, *(U.S.)* apartment building. *~ d'habitations,* block of flats, *(U.S.)* apartment building.

**immigrant, e** *n.m.f.* immigrant.

**immigration** *n.f.* immigration.

**immigrer** *v.* to immigrate.

**immixtion** *n.f.* interference.

**immobilier** *n.m.* real estate.

**immobilier, -ère** *adj.* real. *(Jur.) Agence ~ e,* (real) estate agency. *Agent ~,* (real) estate agent, *(U.S.)* realtor. *Promoteur ~,* real estate developer, property developer. *Biens ~ s,* real property, real estate. *Prêt ~,* real estate loan ; home loan.

• **immobilisation(s)** *n.f.* 1. locking up, tying up, lock-up, immobilization *(de capitaux).* 2. *(Fin.)* fixed assets, fixed capital, tied-up capital. 3. *(arrêt)* standstill.

**immobiliser** *v.* to tie up ; to lock up, to immobilize. *Actif(s) immobilisé(s),* fixed assets, tied-up capital.

**immunité** *n.f.* immunity. *(Jur.)* privilege.

**impact** *n.m.* impact.

**impair, e** *adj.* odd, uneven. *Jours ~ s,* odd dates.

**impartir** *v.* to grant, to allow.

**impasse** *n.f.* 1. *(cul de sac)* dead-end. 1. *(blocage)* deadlock, stalemate. *Les négociations sont dans l'impasse,* the talks are deadlocked/ in a stalemate. *~ budgétaire,* budget deficit.

**impayé, e** *adj.* unpaid, unsettled, outstanding, overdue ; *(chèque, traite)* dishonoured.

**impayé** *n.m.* outstanding account, unpaid bill, dishonoured bill.

**imperfection** *n.f.* fault, defect, flaw.

**imperméable** *adj. ~ à l'eau,* waterproof, watertight. *~ à l'air,* airproof, airtight.

**impétrant, e** *n.m.* applicant.

**implantation** *n.f.* setting-up, location, siting, installation ; *~ s,* operations. *~ sur un marché,* market-penetration.

**implanter** *v.* to set up, to set shop, *(usine, etc.)* to locate, to site, to establish. *Être implanté sur un marché,* to operate on a market, to have a share of a market.

**implanter (s')** *v.* to set up operations, to operate ; to build/ to open/ a plant. *S'~ à l'étranger,* to set up foreign ventures/ operations.

**importance** *n.f.* importance, size, magnitude, extent. *Par ordre d'~,* in ascending order.

**important, e** *adj.* 1. *(par la taille)* large ; major, substantial. *Une commande ~ e,* a large order, a substantial order, a bulk order. *Une hausse ~ e,* a sharp/ steep/ stiff/ rise ; *une somme ~ e,* a large/ hefty/ sizable/ fat/ sum. 2. *(par les conséquences)* important, major, significant, serious.

**importateur, -trice** *adj.* importing.

**importateur** *n.m.* importer, import merchant.

**importation** *n.f.* import ; importation. *Licence d'~,* import licence, import permit.

**importer** *v.* to import.

**imposable** *adj.* taxable, rateable, dutiable, leviable, assessable. *Revenu ~,* taxable income. *Marchandises ~ s,* dutiable goods. *Être ~,* to be taxable, to be liable to tax, liable for tax. *Valeur locative ~,* rateable value.

**imposé, e** *adj.* fixed, forced. *Prix ~,* administrated price. *Vente au détail à prix imposé,* resale price maintenance.

**imposer** *v.* 1. to tax. 2. to fix *(prix).* 3. to lay down, *(règlement)* to impose, to clamp, to slap. *~ un blocage des prix,* to slap/to clamp a price-freeze. **4.** ~ *une baisse de prix,* to roll prices back, to enforce a rollback.

**imposition** *n.f.* taxation, assessment. *Base d'*~, tax base. *Double* ~, double taxation.

**impôt** *n.m.* tax, rate, levy. *Barème de l'*~, tax rate, tax schedule. *Déclaration d'*~, tax return. *Dégrèvement d'*~, tax cut, tax allowance. *Exonération d'*~, tax exemption. ~ *additionnel,* surtax. ~ *direct,* direct tax. ~ *foncier,* land tax, property tax. ~ *retenu à la source,* withholding tax, *(G.B.)* "Pay as you earn" (P.A.Y.E.), *(U.S.)* "Pay as you go". ~*s locaux,* rates. ~ *sur la fortune,* property tax. ~ *sur les bénéfices exceptionnels,* windfall tax. ~ *sur le revenu,* income tax. ~ *sur le revenu des personnes physiques, (I.R.P.P.)* personal income tax. ~ *sur les salaires,* payroll tax. ~ *sur les sociétés,* company tax, corporate tax. ~ *sur les plus-values,* capital gains tax. *Réduction d'*~, tax cut, tax rebate, tax break. *Tranche d'*~, tax bracket. *Frapper d'un* ~, to tax, to levy a tax, to lay a tax on, to slap a tax on. *Percevoir un* ~, to collect a tax. *Receveur des* ~*s,* tax collector. ~ *sur le capital,* capital tax. ~ *sur la fortune,* wealth tax.

**imprescriptible** *adj.* undefeasible, imprescriptible.

**impression** *n.f.* print, printing.

**imprévisible** *adj.* unforeseeable ; unpredictable.

**imprévision** *n.f.* lack of foresight ; unforeseeable events ; unexpectedness.

**imprévoyance** *n.f.* want of foresight ; improvidence ; shortsightedness ; negligence.

**imprévoyant, -e** *adj.* improvident ; shortsighted ; negligent.

**imprévu, e** *adj.* unforeseen, unexpected. *(Imprévisible)* unpredictable. *Dépenses* ~*es,* contigencies.

**imprévu** *n.m.* unforeseen event, contingency. *Tenir compte de l'*~, to allow for contingencies.

**imprimante** *n.f.* printer. ~ *à laser,* laser printer.

**imprimé** *n.m.* printed form, printed paper. *Imprimés,* printed

matter. *Remplir un* ~, to fill in a form. ~ *publicitaire,* advertising/matter/ literature, promotional print.

**imprimer** *v.* to print.

**imprimeur** *n.m.* printer.

**imprimerie** *n.f.* printing ; printing works ; printing house ; printing press. *Écrivez en caractères d'*~, use block letters, use capitals, *(U.S.)* please print.

**improductif, -ive** *adj.* improductive, idle. *Capitaux* ~*s,* idle capital.

**impropre** *adj.* unfit, unsuitable. ~ *à la consommation,* unfit for consumption.

**imprudence** *n.f.* imprudence, carelessness.

**impulsion** *n.f.* impulse, stimulus. *Achat sur* ~, impulse buying.

**imputable** *adj.* **1.** attributable. **2.** chargeable (to) ; to be paid (to).

**imputation** *n.f.* **1.** charging. **2.** *(Jur.)* appropriation. **3.** *(Compta.)* allocation. ~ *rationnelle,* cost volume profit analysis.

**imputer** *v.* **1.** to charge. ~ *à un compte,* to charge to an account. **2.** *(Jur.)* to appropriate.

**inabordable** *adj. (prix)* prohibitive, exorbitant, extortionate, *(Fam. U.S.)* out of sight.

**inabrogeable** *adj.* unrepealable.

**inacceptable** *adj.* unacceptable.

**inacceptation** *n.f.* non-acceptance.

**inacquitté, e** *adj.* unpaid, undischarged. *Dette* ~ *e.* undischarged debt.

**inactif, -ive** *adj.* idle, dormant ; dull. *Capitaux* ~*s,* idle capital. *Marché* ~, dull market. *Les inactifs,* non-working people.

**inactiver** *v.* to idle ; to mothball *(équipement, bateaux, etc.).*

**inactivité** *n.f.* idleness, dullness.

**inadmissible** *adj.* inadmissible.

**inaliénable** *adj.* inalienable, untransferable, unassignable.

**inaliénabilité** *n.f.* inalienability.

**inapplicable** *adj.* unapplicable.

**inapte** *adj.* unfit.

**inauguration** *n.f.* inauguration, formal opening, *(U.S.)* dedication.

**inaugurer** *v.* to inaugurate, to open formally, *(U.S.)* to dedicate.

**incapacité** *n.f.* incapacity, disability, unfitness. ~ *temporaire de travail,* temporary disablement. *Allocation d'~,* disability benefit, disability allowance.

**incarcération** *n.f.* imprisonment, incarceration.

**incarcérer** *v.* to imprison, to incarcerate.

**incendiaire** *n.m.* arsonist, *(Fam.)* firebug.

**incendie** *n.m.* fire ; blaze, conflagration. *Assurance ~,* fire insurance. *~ volontaire,* arson.

**incessibilité** *n.f.* inalienability, untransferability.

**incessible** *adj.* inalienable, untransferable.

**inchangé, e** *adj.* unchanged, unaltered.

**incidence** *n.f.* incidence.

**incitation** *n.f.* inducement, incentive. *~ fiscale,* tax incentive.

**inciter** *v.* to induce, to incite, to urge.

**inclure** *v.* to include ; to insert ; to enclose.

**inclus, e** *adj.* 1. enclosed. *Le chèque ci-~,* the enclosed cheque. *Pièces incluses,* enclosures. 2. included, inclusive. « *Service ~ »,* "service included".

**inclusif, -ive** *adj.* inclusive.

**inclusion** *n.f.* inclusion.

**inclusivement** *adv.* inclusively.

**incomber** *v.* to lie with, to rest with, to be up to...

**incompétence** *n.f.* incompetence, inefficiency.

**incompétent** *adj.* incompetent, inefficient.

**incomplet, -ète** *adj.* incomplete, unfinished.

**inconvertible** *adj.* inconvertible.

**incorporation** *n.f.* incorporation.

**incorporel, -le** *adj.* intangible. *Actif ~, immobilisation ~le,* intangible asset.

**incorporer** *v.* to incorporate.

**incoté, e** *adj.* unquoted.

**incrustation** *n.f.* *(télé)* insertion, keying.

**inculpation** *n.f.* indictment ; charge.

**inculper** *v.* to charge, to indict.

**indécis, e** *adj.* undecided ; irresolute ; wavering. *(Victoire, etc.)* indecisive, doubtful. *Électeurs ~,*

floating voters.

**indéfectible** *adj.* non wasting. *Actif ~,* non wasting assets.

**indemnisable** *adj.* entitled to compensation ; compensable.

**indemnisation** *n.f.* compensation, indemnification.

**indemniser** *v.* to indemnify, to compensate. *~ quelqu'un d'une perte,* to compensate somebody for a loss.

**indemnité** *n.f.* indemnity, compensation, allowance, benefit. *~ de chômage,* unemployment benefit, unemployment compensation, *(G.B.)* dole. *~-logement,* housing allowance. *~ de représentation,* entertainment allowance. *~ de licenciement,* severance pay. *~ de vie chère,* cost-of-living allowance, cost-of-living bonus. *~ de surestaries,* demurrage. *Réclamer une ~,* to claim for compensation.

**independance** *n.f.* independence.

**indépendant, e** *adj.* independent. *Circonstances ~es de ma volonté,* circumstances beyond my control. *Commerçant ~,* independent retailer, independent. *Travailleur ~,* self-employed.

**indépendant** *n.m.* independent, free lance.

**index** *n.m.* index *(pl.* indices, indexes). *Mettre à l'~,* to blacklist.

**indexation** *n.f. (prix, salaires)* indexing, pegging, linkage. *Clause d'~,* escalator clause.

**indexé, e** *adj.* index-linked, index-tied, index-pegged.

**indexer** *v.* to index, *(prix, salaires)* to peg, to link.

**indicateur** *n.m.* 1. *(chemin de fer, etc.)* time-table, schedule ; guide-book. 2. indicator. *Les principaux ~s économiques,* the leading economic indicators.

**indicatif, -ive** *adj.* indicative. *Prix ~,* target price. *A titre ~,* for your guidance ; for your information ; *(sens large)* for example, for instance.

**indicatif** *n.m.* code, number. *~ musical,* jingle. *(Téléphone) ~ régional,* area code.

**indication** *n.f.* indication, information, particular, detail. *A titre d'~,* for your guidance. *Sauf ~ contraire,* unless otherwise speci-

fied/ agreed. ~ *de prix,* quotation.
**indice** *n.m.* **1.** *(police)* clue. **2.**
index. ~ *des actions,* share index,
stock index. ~ *de prix à la consommation,* consumer price index. ~
*Dow Jones,* Dow Jones industrial
average, Dow Jones index. ~ *pondéré,* weighted index. ~ *d'écoute,*
audience rating, television rating
(T.V.R.).

**indifférent, e** *adj.* indifferent.
*Salaire* ~, salary immaterial.

**indigent, e** *adj.* needy, destitute,
poor.

**indiquer** *v.* to specify, to stipulate, to state, to indicate. ~ *un
prix,* to quote a price.

**indirect, e** *adj.* indirect. *Impôts*
~*s,* indirect taxes.

**indivis, e** *adj.* joint, held indivisum. *Biens* ~, joint property,
*(U.S.)* undivided property. *Par* ~,
jointly. *Propriétaires* ~, joint
owners.

**indivision** *n.f.* joint possession,
joint ownership.

**indu, e** *adj.* undue.

**industrialisation** *n.f.* industrial-
ization.

**industrialiser** *v.* to industrialize.

**industrie** *n.f.* industry, manufacture, trade. ~ *électronique,* electronics industry. ~ *clé,* key industry. ~ *de base,* staple industry. ~
*de pointe,* high-technology industry, high-tech industry. ~ *de transformation,* processing industry,
manufacturing industry. *L'*~ *du
bâtiment,* the building trade. *L'*~
*hôtelière,* the hotel trade. *L'*~
*minière,* the mining industry.

**industriel, -le** *adj.* industrial,
manufacturing. *Propriété* ~ *le,* patent rights. *Zone* ~ *le, (G.B.)* industrial estate, *(U.S.)* industrial site,
industrial park. *Esthétique* ~ *le,*
industrial design.

**industriel** *n.m.* industrialist,
manufacturer.

**industriellement** *adv.* industrial-
ly.

**industrieux, -euse** *adj.* industri-
ous, busy, active. *Ville industrieu-
se,* busy town.

**inégal, e, -aux, -ales** *adj.* un-
equal, uneven.

**inégalité** *n.f.* inequality, disparity.

**inélasticité** *n.f.* inelasticity. ~ *de
la demande,* inelasticity of demand.

**inéligibilité** *n.f.* ineligibility.

**inéligible** *adj.* ineligible.

**inemployé, e** *adj. (capital, capacité de production)* unemployed,
idle.

**inertie** *n.f.* inertia ; apathy ;
sluggishness ; dullness ; listlessness.

**inescomptable** *adj.* undiscountable, not subjet to discount.

**inexact, e** *adj.* inaccurate, incor-
rect.

**inexactitude** *n.f.* inexactitude, inaccuracy.

**inexécution** *n.f.* non-execution,
non-performance.

**inexploitable** *adj.* **1.** not exploitable, unworkable *(mine),* uncultiva-
ble *(terre).* **2.** *(données)* useless.

**inexploité, e** *adj. (ressources)* untapped, *(terre)* unexploited, unde-
veloped.

**inflation** *n.f.* inflation. ~ *par
les coûts,* cost-push inflation. ~
*par la demande,* demand-pull inflation. ~ *à deux chiffres,* double-
digit inflation. ~ *galopante,* runaway inflation, galloping inflation,
spiralling inflation. *Pays en proie
à l'*~, inflation-ridden country.
*Juguler l'*~, to curb/ to check/ to
stem/ inflation. *Refuge contre l'*~,
hedge against inflation. ~ *structurelle,* core/structural inflation.

**inflationniste** *adj.* inflationary.

**infléchir** *v.* **1.** to change, to
modify, to alter. **2.** *S'infléchir,* to
go down, to sag, to weaken, to dip.
*La demande s'infléchit,* demand is
weakening.

**infléchissement** *n.m.* **1.** change,
alteration. **2.** downswing, downward trend, downturn, sagging.

**influent, e** *adj.* influential.

**influence** *n.f.* influence. *Trafic
d'*~, influence peddling.

**influencer** *v.* to influence, to
exert an influence on.

**information** *n.f.* information.
*Les sciences de l'*~, information
sciences. *(Radio) les* ~*s,* news
bulletin, news. *A titre d'*~, for
your guidance. *Traitement de l'*~,
data processing.

**informatique** *n.f.* computer
science, computer technology,

(electronic) data processing (E.D.P.), informatics. ~ *de gestion,* computerized management. *Le service* ~, the computer department, the computer division, the E.D.P. department. *Directeur de l'* ~, Information System Manager/ Director.

**informaticien** *n.m.* computer scientist, computer engineer.

**informatiser** *v.* to computerize.

**informatisation** *n.f.* computerization.

**informé, e** *adj.* informed ; *jusqu'à plus ample* ~, until closer inquiry. *Milieu/ source/ bien* ~ *(e),* knowledgeable/ reliable/ source.

**informer** *v.* to inform, to notify, to let somebody know, to advertise.

**infraction** *n.f.* breach ; offence *(U.S.* offense*),* infringement. ~ *à la loi sur les brevets,* patent infringement.

**infrastructure** *n.f.* infrastructure, substructure ; facilities. ~ *portuaire,* harbour facilities.

• **ingénieur** *n.m.* engineer. ~ *-conseil,* consulting engineer, *(U.S.)* engineering consultant. ~ *-conseil en organisation,* management consultant. ~ *des ventes,* ~ *technico-commercial,* sales engineer.

• **ingénierie** *n.f.* engineering.

**ingérence** *n.f.* interference, meddling.

**inhabité, e** *adj.* uninhabited ; *(maison)* unlived in, untenanted ; *(île)* desert.

**initial, e** *adj.* initial, starting. *Salaire* ~, starting salary, commencing salary, initial salary. *Versement* ~, deposit, cash deposit, down payment.

**initiale** *n.f.* initial.

**initiative** *n.f.* initiative. *Prendre l'* ~ *d'une réforme,* to initiate a reform. ~ *privée,* private venture, private enterprise. *Syndicat d'* ~, tourist office, information office.

**injecter** *v. (de l'argent, des capitaux)* to inject, to pump in, to channel, to funnel.

**innovateur** *n.m.* innovator, pioneer.

**innovateur, -trice** *adj.* innovative, innovating ; pioneering ; ground-breaking.

**innovation** *n.f.* innovation ; breakthrough.

**innover** *v.* to innovate, to break new ground, to pioneer ; to introduce, to initiate.

**inobservation** *n.f.* disregard, non observance, non-compliance (with).

**inondation** *n.f.* flood, inundation.

**inonder** *v.* to flood, to inundate, *(marché)* to swamp. *Le marché est inondé,* the market is glutted.

**inquiet, -ète** *adj.* anxious, uneasy, worried. *Il y a de quoi être* ~, there is cause for serious concern.

**inquiétude** *n.f.* uneasiness, anxiety, concern.

**insalubre** *adj.* unhealthy, insalubrious.

**insalubrité** *n.f.* unhealthiness, insalubrity.

**inscription** *n.f.* 1. writing-down, inscribing. 2. registration, enrolment. *Droit d'* ~, registration fee, entrance fee. *Formulaire d'* ~, registration form, entry form. *(Pour les sociétés, etc.)* ~ *au registre du commerce,* registration. ~ *hypothécaire,* registry, registration of mortgage.

**inscrire** *v.* to register, to enter, to write down. ~ *une hypothèque,* to register a mortgage. ~ *sur une liste,* to enter in a list, to list.

• **inscrire (s')** *v.* to register, to enrol, to enter ; *(club, syndicat...)* to join.

**insérer** *v.* to insert.

**insertion** *n.f.* insertion, insert ; advertisement.

**insolvabilité** *n.f.* insolvency.

**insolvable** *adj.* insolvent. *Débiteur* ~, insolvent debtor.

**insonore** *adj.* sound-proof ; noise-free.

**insonoriser** *v.* to soundproof.

**inspecter** *v.* to inspect, to examine.

**inspecteur** *n.m.* inspector ; *(magasin)* shopwalker, *(U.S.)* floorwalker.

**inspection** *n.f.* inspection, examination.

**inspiration** *n.f.* inspiration ; brainwave.

**instabilité** *n.f.* instability, unsteadiness. ~ *du marché,* unsettled market.

**instable** *adj.* unstable, instable, unsteady, unsettled.

**installation** *n.f.* **1.** setting-up. **2.** installing, installation. **3.** ~*s fixes,* fixtures and fittings. **4.** *(infrastructures, usines)* facility(ies).

**installateur** *n.m.* installer.

**installer** *v.* **1.** *(une succursale)* to set up. **2.** to install. **3.** *(matériel)* to equip.

**instance** *n.f.* instance, suit. *Affaire en* ~, pending matter. *Introduire une* ~, to start legal proceedings.

**instauration** *n.f.* founding, setting up, establishment.

**instaurer** *v.* to set up, to establish ; *(mesures)* to initiate, to implement, to adopt.

**instigation** *n.f.* instigation.

**instituer** *v.* to found, to set up ; *(poursuites)* to institute, to initiate.

**institut** *n.m.* institute. ~ *de beauté,* beauty-salon, beauty parlo(u)r.

**institution** *n.f.* institution, establishment.

**institutionnel, le** *adj.* institutional. *Investisseur* ~, institutional investor.

**instruction(s)** *n.f.* instruction(s). *(Inform.)* statement.

**instrument** *n.m.* instrument ; tool. ~ *de crédit,* instrument of credit. ~ *financier,* financial instrument.

**instrumentaire** *adj.* *témoin* ~, witness to a deed.

**instrumenter** *v.* to implement, to draw up.

**insu** *n.m.* ignorance. *A l'* ~ *de,* unknown to, without the knowledge of.

**insuffisance** *n.f.* shortage, insufficiency. ~ *de main-d'œuvre,* labour shortage. ~ *de provision,* insufficient funds.

**insuffisant** *adj.* insufficient, inadequate.

**intact, e** *adj.* complete, intact.

**intangible** *adj.* intangible. *Valeur* ~, intangible asset.

**intégral, e** *adj.* full, entire, complete, whole. *Paiement* ~, payment in full. *Remboursement* ~, full repayment.

**intégralement** *adv.* entirely, completely, wholly, in full.

**intégralité** *n.f.* integrality, entireness, wholeness, whole.

**intégration** *n.f.* integration, fusion. ~ *horizontale,* horizontal integration.

**intégré, e** *adj.* integrated. *Commerce* ~, large scale retail trade. *Fret* ~, roll-on-roll-off.

**intégrer** *v.* to integrate.

**intègre** *adj.* honest, righteous.

**intégrité** *n.f.* honesty, integrity.

**intensif, -ive** *adj.* intensive, heavy. *Cours* ~, crash course.

**intensifier** *v.* to intensify.

**intenter** *v.* ~ *une action en justice,* to bring an action (against), to start legal proceedings (against).

**inter** *n.m.* subscriber trunk dialling (S.T.D.), *(U.S.)* long distance. *Appeler l'inter,* to call long distance, *(G.B.)* to make a trunk call ; to call the operator.

**intercalaire** *n.f.* guide-card, division-card.

**interdiction** *n.f.* interdiction, prohibition, ban. ~ *d'afficher,* stick no bills, post no bills.

**interdire** *v.* to forbid, to prohibit, to ban.

**interdit, e** *adj.* forbidden, prohibited.

**intéressant, e** *adj.* attractive. *Prix* ~, attractive price.

**intéressé, e** *n.m.f.* party concerned, involved. *Les intéressés,* the interested parties, the parties concerned, the persons concerned ; the stakeholders.

**intéressement** *n.m.* profit-sharing (scheme).

**intéresser** *v.* **1.** to interest. **2.** ~ *les employés aux bénéfices,* to initiate a profit-sharing scheme in the firm.

**intérêt(s)** *n.m.* interest. ~*s accumulés,* accrued interest, accrual(s). ~*s arriérés, arrérages,* back interest, interest in arrears. ~ *composé,* compound interest. ~*s dus,* payable interest, interest due. ~ *à échoir,* accruing interest. ~*s échus,* outstanding interest. ~*s exigibles,* interest due. ~ *simple,* simple interest. *(Bourse)* ~ *de report,* contango. *Dommages-*~*s,* damages. *Porter, produire, rapporter un* ~, to bear/ to carry/ to yield/ an interest. *Productif d'* ~, interest-bearing. *Principal et* ~, capital and interest. *Taux d'* ~, *de l'argent au jour le jour,* call money rate.

**interface** *n.f.* interface.

**intérieur, e** *adj.* **1.** inner, indoor, inside, internal. **2.** home, domestic. *Commerce* ~, home trade, domestic trade. *Marché* ~, home market, domestic market. *Navigation* ~ *e,* inland navigation, internal navigation. *Produit* ~ *brut,* gross domestic product (G.D.P.). *(Société) règlement* ~, by-laws, rules, articles (of association). *Tarif* ~, inland rate.

**intérieur** *n.m. Ministère de l'Intérieur,* (G.B.) Home Office, (U.S.) Interior Department.

**intérim** *n.m.* interim. *Dans l'* ~, in the interim, in the meantime. *Directeur par* ~, acting manager. *Assurer l'* ~ *de quelqu'un,* to stand in for somebody, (U.S.) to deputize (for).

**intérimaire** *adj.* temporary, interim. *Bilan* ~, provisional balance. *Directeur* ~, acting manager. *Main-d'oeuvre* ~, temporary labour. *Personnel* ~, temporary staff, temps. *Faire un travail* ~, to do temporary work, (G.B.) to temp.

**intérimaire** *n.m.f.* temporary worker/ employee. *(Fam. G.B.)* temp. *Travailler comme* ~, to do temporary work, (G.B.) to temp.

**interjeter** *v.* ~ *appel (d'un jugement),* to appeal, to lodge an appeal, (U.S.) to file an appeal.

**interligne** *n.m.* space. *Double interligne,* double space.

**interlocuteur** *n.m.* **1.** interlocutor, speaker. **2.** counterpart ; partner ; *(sens large)* person, people, *etc.*

**intermédiaire** *adj.* intermediate, intermediary. *Biens* ~ *s,* intermediate goods, intermediates.

**intermédiaire** *n.m.f.* intermediary, middleman ; go-between. *On devrait éliminer les* ~ *s,* middlemen should be done away with.

**intermédiation** *n.f.* intermediation.

**intermittent, e** *adj.* intermittent, occasional, casual. *Main-d'oeuvre* ~ *e,* occasional, casual labour.

**international, e** *adj.* international ; worldwide ; global.

**internationalisation** *n.f.* internationalization.

**interne** *adj.* internal. *Audit, contrôle* ~, internal audit. *Contrôleur* ~, internal auditor.

**interprète** *n.m.f.* interpreter.

**interpréter** *v.* to interpret, to explain, to understand ; *(des résultats)* to read.

**interprofessionnel, -le** *adj.* interprofessional. *Salaire minimum* ~ *garanti,* guaranteed minimum wage.

**interroger** *v.* to ask. ~ *une banque de données,* to query a data bank.

**interurbain** *n.m.* subscriber trunk dialling (S.T.D.), (U.S.) long distance. *Appel* ~, (G.B.) trunk call, (U.S.) long distance call.

**intervenir** *v.* to intervene ; to move in, to step in.

**interventionnisme** *n.m.* interventionism, interference ; *(U.S., intervention autoritaire du Président dans la vie économique)* jawboning.

**intervention** *n.f.* intervention, interference.

**interview** *n.f.* interview.

**interviewer** *v.* to interview.

**intervieweur** *n.m.* interviewer.

**intitulé** *n.m.* heading ; title ; name.

**intraitable** *adj.* intractable, unmanageable, uncompromising ; obstinate.

**intransigeance** *n.f.* intransigence, intransigency, uncompromisingness.

**intransigeant, -e** *adj.* uncompromising, intransigent.

**intrinsèque** *adj.* intrinsic, specific.

**introduction** *n.f.* introduction. *(Bourse)* listing.

**introduire** *v.* **1.** to introduce, to bring in. ~ *en bourse,* to list, to quote on the stock exchange. ~ *sur le marché,* to launch on the market. ~ *une action en justice,* to bring an action (against), to take legal action (against), to sue, to initiate proceedings. **2.** *(une pièce de monnaie dans une fente)* to insert.

**inusable** *adj.* hard-wearing, longwearing.

**invalidation** *n.f.* invalidation.

**invalidité** *n.f.* **1.** nullity, invalidity. **2.** disability, disablement. *Pension d'~,* disability, disablement pension.

**invendable** *adj.* unsaleable, unmarketable.

**invendu, e** *adj.* unsold.

**invendus** *n.m.pl.* returns, sales returns ; unsold goods/ articles.

**inventaire** *n.m.* stock-taking, inventory, stocklist. *Feuille, fiche d'~,* stock sheet. *~ existant,* stock on hand. *~ tournant,* continuous inventory. *Valeur d'~,* stock-taking sale. *Sous bénéfice d'~,* with reservation. *Faire l'~,* to take stock.

**inventer** *v.* to invent.

**inventeur** *n.m.* inventor.

**invention** *n.f.* invention ; device.

**inventorier** *v.* **1.** to take stock. **2.** to inventory, to inventorize. **3.** *(Fin.)* to value.

**inversion** *n.f.* reversal, inversion. *~ de tendance,* reversal of trend.

**investir** *v.* to invest.

**investissement** *n.m.* investment. *Biens d'~,* capital goods. *Dépenses d'~,* capital expenditure(s). *Déduction fiscale sur les ~s,* capital allowance. *Société d'~, (G.B.)* unit trust(s), *(U.S.)* mutual fund(s).

**investisseur** *n.m.* investor. *~ institutionnel,* institutional investor.

**invisible** *adj.* invisible. *Exporta-*

*tions ~s,* invisible exports. *Exportations et importations ~s,* invisibles. *Rentrées ~s,* invisible earnings.

**irrachetable** *adj.* unredeemable, irredeemable.

**irrecouvrable** *adj.* irrecoverable, unrecoverable. *Dettes ~s,* bad debts.

**irrégularité** *n.f.* irregularity ; *(Bourse)* unsteadiness.

**irrégulier, -ière** *adj.* irregular, unsteady, erratic. *Marché ~,* unsteady/ erratic market.

**irremboursable** *adj.* **1.** non repayable, non refundable. **2.** unredeemable, irredeemable.

**isolation** *n.f.* **1.** isolation **2.** *(thermique, etc.)* insulation.

**issue** *n.f.* **1.** outcome ; end result. *C'est sans ~,* it is hopeless, there is no way out. *Situation sans ~,* deadlock. **2.** exit. *~ de secours,* emergency exit. *Voie sans ~,* no exit, no way out, blind alley ; dead end. **3.** *à l'~ de,* at the end of, after ; as a result of.

**italiques** *n.f.pl.* italics. *Écrire/ imprimer en ~,* to write/ to print in italics, to italicize.

**itinéraire** *n.m.* itinerary, route. *~ de délestage,* relief road. *~ bis,* alternative route.

**itinérant, e** *adj.* travel(l)ing. *Exposition ~e,* travelling exhibition/ fair.

# J

**J** *Le jour J,* D day.

**jaillir** *v.i* **1.** to gush (out), to spurt, to spring (out), to shoot forth. **2.** *(abstrait)* to spring from.

**jaillissement** *n.m.* gush, gushing, spurt, spurting ; *(pétrole)* blowing.

**jalon** *n.m.* **1.** mark, marker ; sighting mark ; (graduated) rod. **2.** *(fig.)* landmark, milestone.

**jalonner** *v.* to stake out, to mark out, to peg out.

**jaquette** *n.f.* *(livre)* jacket, dust cover.

**jardinage** *n.m.* gardening ; *(produits du jardin)* garden produce.

**jauge** *n.f.* **1.** gauge, *(U.S.)* gage ; gauging-rod. **2.** *(marine)* tonnage, burden (of ship). *(tonnage) ~ bru-*

*te,* gross register(ed). *(tonnage) ~ nette,* net register(ed).

**jaugeage** *n.m.* gauging, measuring, measurement.

**jauger** *v.* **1.** to gauge, *(U.S.)* to gage. **2.** *(situation)* to size up. *Le navire jauge 400 tonnes,* the ship is of 400 tons burden.

**jaune** *adj.* yellow.

**jaune** *n.m.* *(fam.)* = *briseur de grève,* strike-breaker ; scab, blackleg.

**jet** *n.m.* **1.** throw, cast ; gush. **2.** *(assur.)* jettison & washing overboard, jettison, casting. *(fam.) Premier ~,* roughdraft. **2.** *(liquides)* jet, gush, stream.

**jetée** *n.f.* pier, jetty.

**jeter** *v.* **1.** to throw, to throw away, to cast. **2.** ~ *par-dessus bord,* to throw overboard, to jettison.

**jeton** *n.m.* token ; *(cartes)* counter. ~ *de présence,* (director's) fee.

**jeu** *n.m.* **1.** game ; gambling, speculation. ~ *de rôle,* role play(ing). *Théorie des ~x,* game theory. **2.** *(mécanique)* play ; clearance. **3.** *(série)* set. *En ~,* at stake, at work, at play.

**jeune** *adj.* **1.** young. **2.** *(ancienneté)* junior.

**joailler** *n.m.* jeweller.

**joindre** *v.t.* **1.** to assemble, to join, to bring together. **2.** to enclose, to attach. *Veuillez trouver ci-joint,* please find enclosed, we are enclosing, we enclose, we are sending you herewith, please find herewith. **3.** *(prendre contact)* to get in touch (with), to contact, to get hold of.

**joindre (se)** *v.i.* to join, to meet, to adhere.

**joint** *n.* joint ; join ; *(rondelle)* washer. ~ *de culasse,* gasket.

**joint, e** *adj.* joined, united, combined. *P.J.,* encl(s). *Pièce(s) ~e(s),* enclosure(s). *Ci-~,* enclosed, attached, herewith.

**jonction** *n.* junction, meeting, joining.

**jongler** *v.* **1.** to juggle. **2.** *(fig.)* to juggle, to deceive, to fiddle with.

**jouer** *v.t.* **1.** to play ; to be at play/in motion. ~ *le jeu,* to play the game. ~ *un rôle,* to play a part/ a role. **2.** *(argent)* to gamble, to bet, to speculate.

**jouer** *v.i.* to come into play. *(Clause, etc.)* to apply. *(Mécanisme)* a) to work, to act b) to be loose. ~ *à,* to pretend, to play ; to put on an act. *(Bourse)* ~ *à la baisse,* to play for a fall, to go a bear. ~ *à la hausse,* to play for a rise, to go a bull.

**jouet** *n.m.* toy.

**joueur, euse** *n.m.f.* **1.** player. **2.** gambler. **3.** *(Bourse)* speculator, operator. *Petit ~,* small-time operator.

**jouir** *v.* to enjoy ; to receive. ~ *d'un privilège,* to have a privilege, to enjoy a privilege.

**jouissance** *n.f.* **1.** enjoyment. **2.** possession, tenure. *Date de ~,* due date (of interest or coupon), interest due (+ *date).*

**jour** *n.m.* day. *A ~,* up to date. *Argent au ~ le ~,* day-to-day money. *A trois ~s de date,* 3 days after date. *A trois ~s de vue,* three days after sight. *Au ~ le jour,* on a day-to-day basis ; from day to day. *De nos ~s,* nowadays. ~ *de congé,* holiday, day off. ~ *de fête (légale),* (G.B.) bank holiday, (U.S.) public holiday. ~ *de liquidation, de règlement,* account day, settling day. ~ *de paie,* pay day. ~ *de planche,* lay day. ~ *de surestarie,* day of demurrage. ~ *impair,* odd date. ~ *ouvrable,* work(ing) day, business day. ~ *ouvré,* work(ing) day. ~ *pair,* even date. *Mettre à ~,* to update. *Prix du ~,* day's price, ruling price. *Si le ~ et l'heure vous conviennent,* if the date and time are convenient to you. *Vivre au ~ le ~,* to live from hand to mouth.

**journal** *n.m.* **1.** newspaper, paper ; diary. ~ *d'entreprise,* house organ. **2.** *(compta.)* (day) book ; register ; journal. **3.** *(marine)* log, log book ; report.

**journalier** *n.m.* (day) labourer ; journeyman.

**journalier, ère** *adj.* daily, everyday.

**journaliste** *n.* journalist, newsman, *(presse écrite)* newspaperman ; pressman ; reporter. ~ *indépendant,* freelance journalist.

**journée** *n.f.* day. ~ *de travail,* working day. *Après une ~ de travail,* after a day's work.

**joyau** *n.m.* jewel.

**judicature** *n.f.* judicature, judicatory.

**judiciaire** *adj.* juridical, legal. *Poursuites ~s,* legal proceedings. *Erreur ~,* miscarriage of justice. *Pouvoir ~,* judiciary, judicial power.

**judiciairement** *adv.* judicially.

**judicieusement** *adv.* judiciously, discerningly, wisely.

**judicieux, euse** *adj.* judicious, discerning, sensible, wise.

**juge** *n.m.* judge ; justice ; magistrate. *Juge-assesseur,* associate judge. ~ *d'instruction,* examining magistrate. ~ *de paix,* Justice of the Peace (J.P.). ~ *de paix bénévole,* lay magistrate.

**jugement** *n.m.* **1.** judgement, judgment, court decision, ruling, trial. ~ *contradictoire,* judgment after hearing both sides. **2.** opinion, estimation. *Montrer du* ~, to show good sense, sound judgment.

**juger** *v.* **1.** to judge, to try (a case). **2.** to pass sentence/judgment. ~ *par défaut,* to deliver judgment by default. **3.** to believe, to think.

**juguler** *v.* to jugulate, to cut, to suppress, to stifle. ~ *l'inflation,* to curb/to stem inflation.

**jumelage** *n.m. (bourse de marchandises)* contra account. *(ville, etc.)* twinning.

**juré** *n.m.* juror, juryman. *Messieurs les Jurés,* Members of the Jury, Ladies and Gentlemen.

**jurer** *v.* to swear ; to pledge one's word.

**juridiction** *n.f.* jurisdiction.

**juridictionnel** *adj.* jurisdictional.

**juridique** *adj.* juridical, judicial, legal. *Conseiller* ~, legal adviser/counsel.

**juridiquement** *adv.* juridically, judicially, legally.

**jurisconsulte** *n.m.* jurisconsult, jurist, legal expert.

**jurisprudence** *n.f.* jurisprudence, case law, statute law.

**juriste** *n.m.* jurist, legal expert/counsel/ adviser.

**jury** *n.m.* jury, panel, board. *Président du* ~, Chairman, *(jur.)* Foreman.

**jusqu'au-boutiste** *n.m. (fam.)* di-

e-hard, last-ditcher, hard-liner.

**juste** *adj.* **1.** just, fair, right, appropriate. ~ *prix,* fair price. **2.** accurate, exact, right.

**juste** *adv.* **1.** rightly, fairly. **2.** exactly, accurately. **3.** just, only.

**juste-milieu** *n.m.* middle-course. *Garder le* ~, to keep (to) the middle of the road.

**justesse** *n.f.* accuracy, exactness, precision.

**justice** *n.f.* **1.** justice, law. *Action en* ~, action at law. **2.** legal proceedings. *Palais de* ~, Law Court. *Poursuivre en* ~, to sue, to go to law, to take legal action, to institute legal proceedings (against), *(U.S.)* to file a suit.

**justiciable** *n.m.* person falling under a jurisdiction ; citizen.

**justiciable** *adj.* liable (to, for), subject to. ~ *d'un tribunal,* justiciable to a court. *Cas* ~ *d'un certain traitement,* case to which a certain treatment applies.

**justifiable** *adj.* justifiable, warrantable.

**justificatif, -ive** *adj.* justificative, justificatory.

**justificatif** *n.m.* voucher, voucher copy ; supporting document ; documentary evidence.

**justification** *n.f.* **1.** justification. **2.** *(assur., jur.)* evidence. **3.** *(des prétentions)* proof (of claims). **4.** *(typo.)* column width.

**justifier** *v.* **1.** to justify ; to vindicate ; to warrant. **2.** to prove, to give proof (of). **3.** *(assur.)* to substantiate a loss.

**jute** *n.m.* jute.

**juteux, euse** *adj.* juicy.

# K

**kaffirs** *n.pl. Valeurs sud-africaines,* kaffirs ; South African shares.

**kérosène** *n.m.* **1.** *(G.B.)* paraffin oil. **2.** *(Aviat. et U.S.)* kerosene.

**keynésien** *adj.* keynesian.

**kidnapper** *v.* to kidnap.

**kilo** *n.m.* **1.** *Abrév. de* kilogram(-me). **2.** = 1,000.

**kilogramme** *n.m.* kilogram(me)

(= 2.2 lbs).

**kilométrage** *n.m.* mileage.

**kilomètre** *n.m.* kilometre, kilometer (= 0.624 mile).

**kilowatt** *n.m.* kilowatt.

**kiosque** *n.m.* kiosk. ~ *à journaux,* newsstand.

**krach** *n.m.* crash, collapse, smash.

# L

**label** *n.m.* label, trademark, seal. ~ *de qualité,* quality label.

**labeur** *n.m.* labo(u)r ; toil ; (hard) work ; hardship. *Imprimerie de ~,* book printing works.

**laboratoire** *n.m.* laboratory ; *(fam.)* lab. ~ *de recherche spatiale,* space research lab.

**laborieux, se** *adj.* **1.** arduous, hard. *Les classes laborieuses,* the working classes, the workers. **2.** difficult ; sluggish.

**labour** *n.m.* till, tillage ; ploughing, *(U.S.)* plowing.

**labourer** *v.* to till (the land), to plough *(U.S. :* to plow).

**lâche** *adj.* **1.** loose, slack. **2.** *(relâché)* slipshod, careless. **3.** *(couard)* coward(ly).

**lâcher** *v.* **1.** to release ; to loosen ; to set free. **2.** to let out, to let go ; to drop. **3.** ~ *pied,* to give ground, to give way ; to yield ; to break. **4.** *(céder)* to give out, to fail ; to get loose.

**lacis** *n.m.* network.

**lacune** *n.f.* **1.** gap ; break ; lacuna. *Combler une ~,* to fill a gap, to fill a blank. **2.** *(omission, oubli, échappatoire dans une loi...)* loophole. *Possibilités légales d'échapper à l'impôt,* tax loopholes.

**lainage(s)** *n.m.* woollen goods, woollens.

**laine** *n.f.* wool ; *pure ~,* pure wool. *(Fam.) Bas de ~,* savings. ~ *de verre,* glass-wool, fibre glass. ~ *peignée,* worsted. ~ *vierge,* virgin wool.

**lainier, ère** *adj.* woollen, wool. *L'industrie ~e,* the wool trade. *Produits ~s,* woollen goods, woollens.

**lainier** *n.* wool manufacturer, wool worker.

**laissé-pour-compte** *n.m.* **1.** reject, rejected/ refused/ goods. **2.** on hand. **3.** unwanted article, white elephant.

**laisser** *v.* **1.** *(permettre)* to let, to allow. ~ *entendre,* to imply. **2.** *(ne pas prendre)* to leave. ~ *tomber,* to drop. *C'est à prendre ou à ~,* take it or leave it. **3.** *(léguer)* to leave, to bequeath.

**laisser-aller** *n.m.* carelessness, slovenliness.

**laisser-faire** *n.m.* laissez-faire, non-interference. *Politique de ~,* laissez-faire policy.

**laissez-passer** *n.m.* **1.** pass, clearance, permit. *(douane)* transire. **2.** *(diplomatie)* laissez-passer.

**lait** *n.m.* milk.

**laitage** *n.m.* dairy produce. ~*s,* dairy produce, dairies.

**laiterie** *n.f.* **1.** dairy, creamery. **2.** dairy work, dairy farming.

**laitier, ière** *adj.* milky, milk. *Industrie ~e,* milk industry. *Produits ~s,* dairy produce.

**laitier** *n.m. (métallurgie)* dross, slag.

**laiton** *n.m.* brass.

**laize** *n.f.* **1.** *(text.)* width (of cloth). **2.** *(marine)* cloth (for sail making).

**lamanage** *n.m.* inshore/ river/ harbour/ branch/ pilotage, piloting.

**lamaneur** *n.m.* (harbour, branch, inshore, river) pilot.

**laminage** *n.m.* laminating, flatting, rolling (of metal). *Usine de laminage,* roll-mill, strip-mill.

**laminer** *v.* to laminate, to roll, to flat(ten). *(fig.)* to steamroll ; to wipe out.

**laminoir** *n.m.* rolling/ flatting/ mill.

**lampe** *n.f.* **1.** lamp. **2.** *(ampoule)* bulb. **3.** *(radio)* valve, tube.

**lampiste** *n.m. (Fam.)* underling, scapegoat, *(U.S.)* underdog ; fall guy.

**lancée** *n.f.* momentum, impetus.

**lancement** *n.m.* **1.** throwing, casting ; launching ; starting up, revving up (motor). **2.** *(produit, campagne)* launch(ing). *Prix de ~,* introductory price. **3.** (company) floating, launching. **4.** *(emprunt)* floating (a loan). **5.** *(fusée, etc.)* launch, launching. *Aire de ~,* launching pad. *Rampe de ~,* rocket launcher. *Tour de ~,* gantry.

**lancer** *v.* **1.** *(jeter)* to cast, to throw, to fling. **2.** *(émettre)* to issue, to send out ; *(une proclama-*

*tion)* to launch ; *(une accusation)* to level. ~ *un mandat d'amener,* to issue a warrant. **3.** *(navire, fusée)* to launch ; *(une société)* to float, to launch ; *(un produit)* to launch, to market ; *(un fonds)* to start. ~ *un ballon d'essai,* to put out a feeler. ~ *un emprunt,* to float a loan. **4.** *se* ~ *(dans les affaires)* to set up, to start (in business), to launch out (into business).

**lanceur** *n.m.* **1.** launcher ; promoter, floater (company). **2.** launcher, thrower.

**langage-machine** *n.m.* *(inform.)* machine-language, computer language.

**langueur** *n.m.* **1.** languor, languidness. **2.** *(commerce, marché)* dullness, flatness, sluggishness.

**larcin** *n.m.* larceny, petty theft ; pilfering.

**largage** *n.m.* *(aviation)* dropping, releasing. *Point de* ~, dropping area/ zone.

**large** *adj.* **1.** broad, wide ; *(grand)* large, big, ample. **2.** *(généreux)* liberal, generous. **3.** *(limites reculées)* wide, ample ; *(pouvoir)* extensive. *Calculer* ~, to allow/ provide ample room/ a good margin for error.

**large** *n.m.* room, space. *(marine)* open sea, high sea(s). *Prendre le* ~, to put to sea, to sail out.

**largesse(s)** *n.f.* *(pl)* liberality, generosity ; lavishness.

**largeur** *n.f.* **1.** breadth, width. **2.** *(arche de pont, etc.)* span ; *(rail de chemin de fer)* gauge.

**larguer** *v.* **1.** *(marine)* to let loose, to let go ; *(amarres)* to cast off. **2.** *(Aviation)* to drop, to release ; to get rid of.

**latent, e** *adj.* latent ; concealed.

**latino-américain, e** *adj.* Latin-American.

**latitude** *n.f.* **1.** latitude. **2.** *(fig.)* scope (of action), freedom (of movement). *Avoir toute* ~ *pour faire quelque chose,* to have a free hand.

**lauréat, e** *n.m.f.* laureate, prizewinner, (award) winner.

**lavable** *adj.* washable. ~ *en machine,* machine-washable.

**laver** *v.* to wash. *Machine à* ~, washing machine. *Poudre à* ~,

washing powder.

**laverie** *n.f.* *(magasin)* laundry, launderette.

**layette** *n.f.* baby clothes.

**lèche-vitrine(s)** *n.f.* window-shopping. *Faire du* ~ *(s),* to go window-shopping.

**lecteur** *n.m.* reader ; player. ~ *de cartes magnétiques,* magnetic card reader. ~ *de cassette(s),* cassette-player. ~ *optique,* optical reader/scanner.

**légal, e** *adj.* legal, statutory, lawful. *Médecine* ~, forensic medicine. *Recourir aux moyens légaux,* to go to court, to institute legal proceedings, to sue. *Taux* ~, legal rate. *Titre* ~ *(métaux précieux),* legal fineness.

**légalisation** *nf.* legalization ; certification, authentication.

**légaliser** *v.* to legalize, to make legal ; to certify, to authenticate, to attest.

**légalité** *n.f.* lawfulness, legality. *Rester dans la* ~, to keep within the law.

**légat** *n.m.* legate.

**légataire** *n.m.f.* legatee ; heir(-ess) ; devisee *(ne s'emploie que pour des biens immobiliers).*

**légation** *n.f.* **1.** legation. **2.** legateship.

**légende** *n.f.* **1.** legend. **2.** *(d'un dessin, d'un tableau)* caption.

**léger, e** *adj.* **1.** *(poids, etc.)* light. **2.** slight ; mild ; weak. **3.** *(remarque, attitude)* inconsiderate, thoughtless.

**législateur** *n.m.* legislator ; lawmaker.

**législatif, ve** *adj.* legislative. *Élection législative,* parliamentary election. *Pouvoir* ~, legislative power, legislature.

**législation** *n.f.* legislation, lawmaking. ~ *du travail,* labo(u)r law(s). ~ *en vigueur,* laws in force.

**législature** *n.f.* **1.** legislature, legislative body. **2.** *(mandat)* term.

**légiste** *n.m.* **1.** jurist, legist. **2.** *(médecin)* forensic pathologist.

**légitime** *adj.* **1.** *(revendication, enfant)* legitimate ; lawful, legal ; rightful. ~ *defense,* self-defense. **2.** justifiable, well-founded ; sound, reasonable.

**légitimer** *v.* **1.** to legitimate, to legitimize. **2.** to justify. **3.** to recognize, to grant recognition.

**legs** *n.m.* legacy, bequest ; devise *(ne s'applique qu'aux biens immobiliers).* ~ *à titre universel,* general legacy.

**léguer** *v.* to bequeath, to donate, to leave ; to devise *(ne s'applique qu'aux biens immobiliers).*

**légume** *n.m.* **1.** vegetable. **2.** *(fig. et fam.) Grosse(s)* ~ *(s),* big shot(s), V.I.P. ('s), top brass.

**lent, e** *adj.* slow.

**lenteur** *n.f.* **1.** slowness. **2.** *(pl.)* slow progress, slowness of action ; delays, dilatoriness. *Les* ~ *s de l'administration,* adminitrative delays ; red-tape.

**léonin, e** *adj.* **1.** lion-like, leonine ; oppressive. **2.** *(Part du lion)* lion's share. **3.** *(contrat, etc.)* unconscionable, leonine.

**léser** *v.* **1.** to wrong, to harm, to do wrong/harm ; to injure ; to victimize. ~ *les droits de quelqu'un,* to encroach upon s.o.'s rights. **2.** to endanger, to jeopardize.

**lésiner** *v.* to be stingy ; to be penny-wise.

**lest** *n.m.* **1.** *(Marine)* ballast. **2.** weight(s), sinker(s).

**lestage** *n.m.* **1.** ballasting. **2.** weighting.

**lester** *v.* **1.** to ballast. **2.** to weight.

**lettre** *n.f.* letter ; note ; notice. *En (toutes)* ~ , in words, in full ; in so many words. ~ *-avion,* airletter. ~ *circulaire,* circular letter. ~ *de change,* bill of exchange. ~ *de convocation* a) *(société)* notice of meeting b) letter fixing an appointment c) *(jur.)* summons. ~ *de crédit,* letter of credit. ~ *de mer,* sea letter, sea brief. ~ *de rappel* a) (letter of) reminder b) *(ambassadeur)* letter of recall. ~ *de relance,* follow-up letter. ~ *de transport aérien, lettre aérienne,* air-waybill. ~ *de voiture,* waybill, consignment note. ~ *recommandée,* registered letter. ~*s de créance,* credentials.

**lettre de change** *n.f.* bill of exchange. ~ *payable à vue,* sight bill, bill on demand. ~ *sur l'étranger,* foreign bill.

**lettre de voiture** *n.f.* way-bill, consignment note. ~ *aérienne (= lettre de transport aérien)* air-waybill, *(U.S.)* air bill of lading, airbill. ~ *ferroviaire,* railway bill, *(U.S.)* railroad bill of lading.

**leurrer** *v.* **1.** to deceive, to take in. **2.** to lure, to decoy.

**levage** *n.m.* lifting, raising, hoisting. *Puissance de levage,* lifting power.

**levée** *n.f.* **1.** *(levage)* lifting (-up), raising, levy. **2.** *(remblai)* dyke, levee, embankment. **3.** *(impôt, argent)* levy, collection ; *(P.T.T.)* collection, *(U.S.)* pick-up. ~ *d'une prime,* exercise of an option. ~ *d'actions,* taking up of stock. **4.** *(suppression)* raising, lifting, cancelling, cancellation. ~ *d'écrou,* jail delivery. ~ *de la censure,* lifting of censorship. ~ *de scellés,* breaking of seals. ~ *d'une séance,* closing, adjourning of meeting.

• **lever** *v.* **1.** *(soulever)* to lift, to raise, to pull up. **2.** *(fin.)* to levy, to collect, to pick-up, to exercise an option, to take up stock. **3.** *(supprimer, terminer)* to raise, to lift, to cancel, to adjourn, to close. ~ *une interdiction,* to lift a ban.

**levier** *n.m.* lever, lever arm. *Effet de* ~ , leverage (effect) ; *(actions d'une société)* gearing.

**liaison** *n.f.* connection, link, tie, bond ; connecting, linking, tying ; joining ; liaison. ~ *aérienne,* (air-)service.

**liasse** *n.f.* *(papiers)* bundle, packet, file, sheaf ; *(billets)* wad.

**libellé** *n.m.* **1.** writing, wording, drawing up, making. **2.** terms used, words ; *(comm.)* particulars, description.

**libeller** *v.* to draw (up), to word, to make (out), to write (out), to fill in. ~ *comme suit,* to word as follows. ~ *un chèque,* to draw/ to make out/ to fill out/ a cheque. ~ *un exploit,* to draw a writ.

**libéral, e** *adj.* **1.** liberal, broad. **2.** generous. *Économie* ~ *e,* free market economy. *Les professions libérales,* the professions.

**libéralement** *adv.* liberally, generously, freely ; *(dépenser)* lavishly.

**libéralisation** *n.f.* liberalization.

~ *des changes,* easing of exchange controls.

**libéraliser** *v.* to liberalize.

**libéralisme** *n.m.* liberalism.

**libéralité** *n.f.* liberality, generosity, lavishness.

**libération** *nf.* **1.** liberation, freeing ; *(prisonnier)* release. **2.** *(engagement, obligation)* discharge, relief, release. **3.** *(Action)* paying-up, payment in full. **4.** *(déblocage)* unpegging, *(des tarifs, des loyers)* freeing, *(U.S.)* decontrolling, deregulation. ~ *des prix,* lifting of price controls. *La libération du prix de l'or dans les années 70,* the unpegging of the price of gold in the 70's. ~ *de la femme,* women's lib.

**libératoire** *adj. Avoir force* ~, to be legal tender. *Monnaie libératoire,* legal tender. *Prélèvement* ~, standard deduction. *(versement)* final.

**libérer** *v.* **1.** to free, to liberate. **2.** *(prisonnier)* to release ; to discharge ; to set free. *Libérer sous caution,* to release on bail. **3.** *(d'une obligation)* to release, to discharge, to relieve. ~ *une caution,* to discharge a surety, to discontinue a guarantee. **4.** *(tarifs, prix, loyers, etc.)* to free, to set free, *(U.S.)* to decontrol ; to unpeg. **5.** *(capital, actions)* to pay up ; *actions libérées,* paid-up shares ; *capital libéré,* paid-up capital. **6.** *Être libéré de ses obligations militaires,* to have completed one's military service, to be free from military obligations.

**liberté** *n.f.* **1.** liberty ; *(de la presse, du commerce, etc.)* freedom. *Atteinte à la* ~ *du commerce,* restraint of trade. **2.** *(prisonnier, etc.)* discharge, release. **3.** *(jur.)* ~ *sous caution,* bail. **4.** *(moment, jour de)* free moments, day off.

**librairie** *n.f.* **1.** bookshop, book store. **2.** book trade, bookselling.

**libre** *adj.* **1.** free. ~ *de droit,* duty-free. ~ *d'impôt,* tax free ; *(pas en service)* off-duty. **2.** clear, open, unoccupied, vacant, unengaged. *Effet* ~, clean bill. *(tél.) pas libre,* busy *(U.S.),* engaged *(G.B.). (Taxi)* for hire. ~*-concurrence, (economie de* ~*-concurrence),* free market (economy), competitive profit system. ~*-échange,* free-trade. *Zone de* ~*-échange,* free-trade area. ~*-échangisme,* free trade policy. ~ *entreprise,* free enterprise. ~*-service,* self-service (store, restaurant, etc.).

**licence** *n.f.* **1.** *(G.B.)* licence, *(U.S.)* license. *Licence de fabrication,* manufacturing licence/license. ~ *d'exportation,* export licence / license. ~ *d'importation,* import license / license. ~ *de vente,* selling licence / license, franchise. **2.** permit, pass. **3.** leave, permission. **4.** *(diplôme)* bachelor's degree ; *(lettres)* B.A., *(sciences)* BS, BSc.

**licenciement** *n.m.* **1.** dismissal, discharge. **2.** *(par compression de personnel)* lay-off ; laying off. ~ *collectif,* mass dismissal. *Au pluriel, personnes licenciées :* redundancies.

**licencier** *v.* **1.** *(accorder une licence)* to grant a patent, to license. **2.** to franchise. **3.** *(renvoyer du personnel)* to dismiss ; to discharge ; *(par compression)* to lay off. *(Fam.)* to fire, *(G.B.)* ᾿ sack, to give the sack. ~ *sans ρ éavis,* to dismiss without notice.

**licitation** *n.f. (jur.)* sale by auction in one lot of property held indivisum.

**licite** *adj.* lawful, licit, permissible.

**lien** *n.m.* link, connection ; tie, bond ; binding.

**lier** *v.* **1.** to tie (up), to fasten. **2.** *(contrat, commerce, jurid., etc.)* to bind.

• **lieu** *n.m.* **1.** *(endroit)* place. ~ *public,* public place. **2.** *(pl.) Sur les* ~ *x,* on the spot, on the premises. **3.** *(d'une exposition, d'un congrès)* venue.

**ligne** *n.f.* line ; cord, cable ; *(pol.)* course, policy, line. *Ligne de flottaison,* water-line. ~ *de produits,* product line, product range. *(Av.)* ~ *intérieure,* domestic flight. ~ *principale (rail),* main line, trunk line ; *(tél.)* trunk line. *Respecter la* ~ *du parti,* to toe the party line.

**lignite** *n.f.* lignite.

**ligue** *n.f.* league.

**limitatif, ve** *adj.* **1.** limiting, restrictive ; limitary. **2.** *(jur.)* limitative.

**limitation** *n.f.* **1.** limitation, restriction, limit. ~ *de vitesse,* speed limit. **2.** control, restraint.

**limite** *n.f.* limit, limitation, boundary, line, border, borderline. *Dans les* ~ *s de,* within the bounds of. *Cas* ~, borderline case. *Date* ~, deadline. ~ *d'âge,* age limit. *Vitesse* ~, maximum speed.

**limité, e** *adj.* limited. *Responsabilité limitée,* limited liability *(voir société).* *Limite d'endettement,* debt capacity.

**limiter** *v.* **1.** to limit, to set bounds/ limits (to), to restrict, to reduce. **2.** to bound.

**limitrophe** *adj.* adjacent, bordering, neighbouring, limitrophe.

**limoger** *v.* to dismiss without notice.

**lin** *n.m.* flax. *Toile de* ~, linen.

**linéaire,** *n.m.* shelf-space.

**lingot** *n.m.* ingot.

**linotype** *n.m.* linotype.

**liquidateur** *n.m.* **1.** *(Jur.)* liquidator. **2.** ~ *de faillite,* official receive . **3.** *(Bourse)* settling room clerk. ~ *officiel,* official assignee. **4.** *(Bourse de marchandises)* clearing house official/ clerk.

**liquidation** *n.f.* **1.** *(société)* liquidation, winding-up. *Entrer en* ~ *(forcée),* to go into/ fall into/ receivership. ~ *forcée,* compulsory liquidation. ~ *volontaire,* voluntary liquidation/ winding up. **2.** *(Bourse)* settlement, account. ~ *prochaine,* next account, new time. *Jour de* ~, account day, settling day, settlement day. **3.** *(Arrêt des opérations)* closing. **4.** *(ventes au rabais)* sales, clearance sales, selling off.

**liquide** *adj.* **1.** liquid, wet. *Dette* ~, liquid debt. *Marchandises* ~ *s* *(≠ sèches)* wet *(≠* dry) goods. **2.** *(Argent)* cash (money), hard currency, ready money, money available, cash in the till, liquidities.

**liquider** *v.* **1.** to liquidate ; *(société)* to wind up ; *(dette)* to pay off. **2.** to go into liquidation. **3.** to clear, to settle, to close. ~ *le stock,* to clear the stock. ~ *une*

opération, to close a deal, a transaction.

**liquidité** *n.f.* **1.** *(fin.)* liquidity. **2.** *(pl.)* liquid assets, cash/money available, liquidities.

**lire** *v.* to read. *Il faut* ~, it should read. *Lu et approuvé,* read and approved.

**lire** *n.f. (unité monétaire)* lira.

**lisibilité** *n.f.* legibility.

**lisible** *adj.* legible, readable.

**lisiblement** *adv.* legibly.

**lissage** *n.m.* smoothing, smoothing off. *(Stat.) Lissage exponentiel,* exponential smoothing.

**lisse** *adj.* smooth.

**lisser** *v.* to smooth, to even out.

**liste** *n.f.* **1.** list, roll. **2.** register, roll. ~ *d'attente,* waiting list. ~ *d'envoi, de publipostage,* mailing-list. ~ *noire,* black list. ~ *de passagers,* passenger list. ~ *de souscripteurs,* subscription list. ~ *nominative,* list of names, nominal list. ~ *de contrôle,* check-list.

**litige** *n.m.* litigation, dispute at law, (law) suit. *Cas en* ~, case at issue/ under dispute/ in litigation. *Matière à* ~, issuable matter, controversial matter.

**litigieux, se** *adj.* litigious, disputable (at law), controversial.

**litispendance** *n.f. (jur.)* pendency (of case).

**livrable** *adj.* **1.** *(com.)* deliverable, ready for delivery. **2.** *(Bourse)* forward, in futures, in options ; *(marchandises)* for shipment.

**livraison** *n.f.* delivery. *Délai de* ~, delivery deadline/ time-limits. ~ *à domicile,* home delivery. ~ *à terme,* forward delivery, future delivery. ~ *immédiate,* immediate delivery. *Payable à la* ~, cash on delivery, C.O.D. *Prendre* ~ *de,* to take delivery of, to collect. *Respecter les délais de* ~, to meet delivery dates/ deadlines, to keep the delivery date.

**livre** *n.m.* **1.** book, journal, register ; *Grand* ~, ledger. ~ *à souche,* stub book. ~ *blanc,* white paper. ~ *broché,* paper-back. ~ *d'achats,* purchase(s) book/ journal, bought book/ journal, invoice book. ~ *de balance,* balance book. ~ *de bord,* log (book). ~ *de caisse,* cash book. ~ *de comptes,* account book. ~ *d'échéances,* bill diary. ~ *de paie,* wage book. ~ *de poche,* pocket book. ~*-journal,* journal, day-book. *Tenir les ~s,* to keep the accounts/ books. *Tenue des ~s,* bookkeeping. **2.** *(Unité de poids)* = 0,453 kg, pound *(Abr.* lb). **3.** *(Unité monétaire britannique)* pound sterling (£).

**livré, e** *adj.* delivered. ~ *avec piles,* complete with batteries.

**livrer** *v.* to deliver. ~ *par erreur,* to misdeliver.

**livret** *n.m.* small book, booklet, handbook, book, record. ~ *de caisse d'épargne,* savings bank deposit book, savings book, depositor's book.

**livreur** *n.m.* **1.** delivery man, roundsman, deliverer ; van driver. **2.** *(Bourse)* deliverer, seller.

**local** *n.m.* **1.** premises, building, rooms, accommodation(s), quarters. *Locaux professionnels/commerciaux,* commercial/ business/ professional/ premises.

**local, e** *adj.* local. *Agent ~ (concessionnaire),* local agent. *Gouvernement ~,* local government. *Militant syndicaliste ~,* local union officer.

**localiser** *v.* to locate, to localize, to trace, to pinpoint, to position.

**localisation** *n.f.* location, localization, position(s).

**localité** *n.f.* place, spot.

**locataire** *n.m.f.* tenant ; renter, hirer. ~ *à bail,* lessee, leaseholder.

**locatif, ve** *adj.* **1.** pertaining or relating to the renting of premises. *Impôts ~s,* rates. *Valeur locative,* rental value. **2.** rented.

**location** *n.f.* **1.** renting ; *(par propriétaire)* letting. *Agent de ~,* house agent, *(U.S.)* realtor. *Donner en ~,* to let (out), to hire (out). *Montant de la ~,* rent. *Prendre en ~,* to rent, to hire. *Voiture en ~,* rental-car. **2.** *(spectacle, hôtel, voyage)* reservation, booking. *Location-bail,* lease, leasing. ~ *gérance,* management under lease. ~ *vente,* hire-purchase, H.P. *Conditions de location-vente,* H.P. terms.

**locaux** *n.m.pl.* *(Voir* **local***)* premises.

**lock-out** *n.m.* lock-out.

**loco** *adv.* loco. *Prix ~,* loco price.

**locomotive** *n.f.* locomotive, (railway) engine.

**logement** *n.m.* **1.** housing, lodging. *La crise du ~,* the housing shortage. *Le problème du ~,* the housing problem. **2.** dwelling, house. **3.** accommodation.

**loger** *v.* to accommodate ; to lodge, to house ; to put up.

**logiciel** *n.m.* software, program(me).

**logistique** *adj.* logistic.

**logistique** *n.f.* logistics.

**loi** *n.f.* **1.** *(terme générique)* law. *Homme de ~,* lawyer, legal practitioner. *Appliquer la ~,* to enforce/ uphold the law, to put the law in force. *Faire la ~,* to rule. *Hors la ~,* out-law(ed). *La ~ et l'ordre,* law and order. ~ *de l'offre et de la demande,* law of supply and demand. *Respectueux de la ~,* law-abiding. **2.** *(pouvoir législatif)* law, act, bill, enactment, statute. *Projet/proposition de ~,* bill. ~*-cadre,* skeleton-law, outline law. ~*-programme,* Finance Act authorizing expenditures over several financial years. ~ *votée,* act. *Promulguer une ~,* to enact a bill, to promulgate a law.

**long, gue** *adj.* **1.** long. *(= fastidieux)* lengthy. *A ~ terme,* in the long run/term. *A ~ue échéance,* long-dated. *A ~ue portée,* long-range. **2.** slow ; protracted. *(De création ancienne) de ~ue date,* long-standing. **3.** *6 mètres de ~,* 18 feet long/ in length.

**long-courrier** *n.m.* ocean liner, ocean-going ship ; long range/ long distance aircraft.

**longueur** *n.f.* **1.** *(distance)* length. ~ *totale,* overall length. **2.** *(lenteur)* delays.

**lot** *n.m.* **1.** lot, portion, share, parcel, batch. *(Inform.) Traitement par ~,* batch-processing. *Emprunt à ~s,* lottery loan. *Obligation à ~s,* prize bond, lottery bond. **2.** *(Bourse) lot d'actions,* block of shares.

**loterie** *n.f.* lottery ; raffle.

**lotir** *v.* **1.** to divide into lots/ parcels/ batches, to develop. ~ *un terrain à bâtir,* to parcel out a building site. **2.** to sort out, to parcel out.

**lotissement** *n.m.* **1.** parcelling out, sorting out, allotment, apportionment (of estate). **2.** *(zone à bâtir)* building plot. **3.** housing development, housing estate.

**louage** *n.m.* **1.** renting, hiring ; *de ~,* for rent, for hire. **2.** chartering, hire.

**louer** *v.* **1.** *(locataire)* to rent ; *(propriétaire)* to let ; to hire ; to reserve, to book ; *(à bail)* to lease. *A ~,* to let, for hire. **2.** to praise, to commend, to extol.

**loueur** *n.m.* *(locataire)* renter ; *(propriétaire)* letter ; hirer ; *(bailleur)* lessor.

**loup** *n.m.* *(sens figuré, Bourse)* premium hunter, stag ; *(rossignol)* white elephant.

**lourd, e** *adj.* heavy, ponderous. *~e perte,* heavy loss. *~e erreur,* serious mistake, gross mistake. *~ de conséquence,* fraught with consequence.

**loyal, e** *adj.* fair, honest, straightforward, faithful, straight ; *(Fam.)* on the level, square. *~ en affaires,* straightforward in business. *Bon et ~ inventaire,* true and accurate inventory. *Bonne qualité ~e,* genuine (quality). *Compte ~ et exact,* true and faithful report. *Valeur ~e et marchande,* fair market value.

**loyalement** *adv.* fairly, honestly, straightforwardly, loyally, faithfully.

**loyauté** *n.f.* fidelity, loyalty, honesty, straightforwardness, fairness, uprightness. *Manque de ~,* dishonesty, unfairness.

**loyer** *n.m.* rent, rental. *~ de l'argent,* price/ hire/ rent of money. *~ nominal,* nominal rent, peppercorn rent.

**lucratif, ve** *adj.* lucrative, profitable, paying (off). *Sans but ~,* non-profit, non-profit making, non-profit seeking. *A but ~,* for money, for profit.

**lutte** *n.f.* fight, struggle, contest, conflict.

**lutter** *v.* to fight, to struggle ; to contend, to compete, to combat, to battle with.

**luxe** *n.m.* luxury. *Articles de ~,* luxury articles/ items. *Hotel de ~,* luxury hotel, 4-star hotel, *(fam.)* plush/ posh/ hotel. *Voiture de ~,* de luxe/ automobile/ car.

**luxueux, euse** *adj.* luxury, luxurious, sumptuous, rich.

# M

**machination** *n.f.* plot.

**machine** *n.f.* machine ; *(moteur)* engine. *Pl.* machines, machinery ; *taper, écrire à la ~,* to type, to typewrite ; *(~ administrative, gouvernementale, syndicale, d'un parti)* machinery.

**machine à calculer,** calculating machine.

**machine à écrire,** typewriter.

**machine à enseigner,** teaching machine.

**machine à laver,** washing-machine. *~ à laver la vaisselle,* dishwasher.

**machine à sous,** slot-machine ; *(distributeur)* vending machine.

**machine de bureau,** office-machine.

**machine de traitement de texte,** word processor.

**machine-outil,** machine-tool.

**machiner** *v.* to scheme, to plot, to engineer, to mastermind.

**machiniste** *n.m.* machine operator, *(conducteur)* driver ; engineer.

**magasinage** *n.m.* warehousing, storing. *Droits de ~,* warehouse dues, storage charges.

**magasin** *n.m.* **1.** store, *(G.B.)* shop. *Grand ~,* department store. *~ à succursales multiples,* chain store, multiple. *~ en libre-service,* self-service store. *Marchandise(s) en ~,* stock in hand. **2.** *(entrepôt)* warehouse.

**magasinier** *n.m.* warehouseman, storeman, storekeeper.

**magasins généraux** *n.m.pl.* bonded warehouse(s).

**magnat** *n.m.* magnate, tycoon ; *(de la presse)* press baron ; *(du pétrole)* oil magnate.

**magnétophone** *n.m.* tape-recorder.

**magnétoscope** *n.m.* video(-tape) recorder.

**main** *n.f.* hand. *De première* ~, first-hand. *De seconde* ~, second-hand. *En* ~, in hand. *En sous-main,* behind the scenes. *Fait à la* ~, hand-made. *Régler de la* ~ *à la* ~, to hand over the money direct, without receipt or invoice.

**main-d'œuvre** *n.f.* labour, *(U.S.)* labor ; labour force ; manpower. *Industrie de* ~, labour-intensive industry. ~ *qualifiée,* skilled labour. ~ *temporaire,* temporary workers, temps. *Pénurie de* ~, labour shortage ; shortage of hands. *Prix/ coût de la* ~, cost of labour, labour costs.

**mainlevée** *n.f.* restoration of goods. ~ *de saisie,* cancellation of garnishee order, replevin.

**main courante** *n.f.* rough/ waste book ; *(de caisse)* counter cash-book.

**mainmise** *n.f.* **1.** *(jur.)* seizure, distraint. **2.** *(sens large)* control, hold, grasp.

**maintenance** *n.f.* maintenance, maintaining.

**maintenir** *v.* to maintain, to keep ; *(préserver)* to safeguard, to retain ; *(une décision)* to abide by ; *(confirmer la décision d'un tribunal)* to uphold. ~ *à l'abri de l'humidité,* « keep dry », « store in a dry place ».

**maintenir (se)** *v.* to hold ; to hold one's own ; *(prix)* to keep up ; *(actions boursières)* to remain firm.

**maïs** *n.m.* maize, *(U.S.)* corn.

**maison** *n.f.* **1.** house. **2.** firm. ~ *de commerce,* business firm. ~ *de vente par correspondance,* mail-order firm. ~ *mère* a) head-office b) parent company.

**maîtrise** *n.f.* **1.** mastery ; *(de soi)* self-control. ~ *de l'anglais,* command of English. **2.** supervisors. **3.** *(Diplôme)* Master's degree.

**maîtrisable** *adj.* controllable, manageable.

**maîtriser** *v.* to master, to control. ~ *l'inflation,* to curb inflation.

**majeur, e** *adj.* **1.** major, main. *Cas de force* ~, case of absolute necessity. *(assur.)* Act of God, force majeure. ~ *partie,* main part ;

main body. **2.** of age, major. *Devenir* ~, to come of age.

**majoration** *n.f.* increase, rise ; charge, mark up ; *(indue)* over-charge ; *(de pension, etc.)* additional, supplementary allowance. ~ *pour retard de paiement,* penalty charge, *(impôts)* delinquency charge.

**majorer** *v.* **1.** to increase, to raise, to put up (prices) ; to put (to make) an additional charge on. **2.** *(indûment)* to overcharge. **3.** *(surévaluer)* to overvalue, to overestimate.

**majoritaire** *adj.* majority ; *(société)* holding a majority of shares. *Associé* ~, senior partner. *Être* ~, to have a majority ; to be more numerous. *Parti* ~, majority party.

**malade** *adj.* sick ; ill ; *(entreprise)* ailing.

**maladie** *n.f.* illness, sickness, disease. *Assurance* ~, sickness benefit. *Congé de* ~, sick leave. ~ *professionnelle,* occupational disease.

**malaise** *n.m.* **1.** *(économique)* slackness (of trade), sluggishness. **2.** *(sentiment de)* uneasiness. ~ *des cadres,* executive unrest, uneasiness among executives.

**malentendu** *n.m.* misunderstanding.

**malfaçon** *n.f.* defect ; bad workmanship.

**malhonnête** *adj.* dishonest.

**malhonnêteté** *n.f.* dishonesty.

**malle** *n.f.* trunk, box.

**malt** *n.m.* malt.

**malveillance** *n.f.* ill-will ; foul play.

**malversation** *n.f.* **1.** *(détournement de fonds)* embezzlement. **2.** *(sens large)* malpractice.

**management** *n.m.* management.

**mandant** *n.m.* **1.** principal. **2.** *( = électeur, personne qui mandate)* constituent.

**mandat** *n.m.* **1.** *(~ postal)* money order. ~ *international,* international money order. ~ *télégraphique,* telegraphic money order. **2.** *(ordre)* mandate, instructions, orders. **3.** *(délégation)* power of attorney, proxy. **4.** *(jur.) mandat de perquisition,* search warrant ;

~ *d'arrêt,* arrest warrant. **5.** *(fonction)* term (of office) ; tenure.

**mandataire** *n.m.* authorized agent ; mandatary ; trustee ; assignee ; *(assemblée)* proxy ; representative. ~ *aux halles,* inside broker.

**mandat-carte** *n.m.* money order (in postcard form).

**mandater** *v.* **1.** to commission ; to instruct ; to empower ; to mandate. **2.** to pay by money order.

**mandat-lettre** *n.m.* money order (in letter form).

**mandat télégraphique,** telegraphic money-order.

**maniement** *n.m.* handling ; *(d'une machine)* operation.

**manier** *v.* to handle, to manage, to operate.

**manifestant** *n.m.* demonstrator.

**manifestation** *n.f.* manifestation ; *(politique)* demonstration. *Organiser une ~,* to stage a demonstration. ~ *culturelle, sportive,* cultural, sports event. ~ *officielle,* official/ public function, formal ceremony.

**manifeste** *n.m.* **1.** manifesto, proclamation. **2.** *(nav. : description de la cargaison)* ship's manifest.

**manifester** *v.* **1.** to show, to exhibit, to reveal, to demonstrate. **2.** *(dans les rues)* to demonstrate.

**manipulation** *n.f.* **1.** handling, manipulation, manipulating. **2.** manipulation. ~ *électorale,* election rigging.

**manipuler** *v.* **1.** to handle, to manipulate. **2.** to manipulate, to manœuvre, to tamper with.

**manœuvre** *n.f.* **1.** manœuvre, *(U.S.)* maneuver ; manœuvring ; operation ; *(péj.)* scheming. ~*s électorales,* election rigging. ~*s frauduleuses,* swindling. **2.** *(nav.)* steering ; handling, manœuvring. **3.** *(ch. de fer)* shunting ; marshalling.

**manœuvre** *n.m.* unskilled worker ; labourer.

**manœuvrer** *v.* **1.** to manœuvre. **2.** *(machine, etc.)* to work, to operate, to handle. **3.** *(péj.)* to scheme. **4.** to manipulate.

**manœuvrier** *n.m.* tactician. *Fin ~,* smooth operator.

**manquant** *n.m.* deficiency, shortage ; *(quantité perdue en cours de transport)* ullage, outage.

**manquant, e** *adj.* **1.** *(marchandise)* out of stock. **2.** *(personne)* absent ; missing.

**manque** *n.m.* lack ; shortage ; deficiency ; want. ~ *à la livraison,* short delivery. ~ *de poids,* short weight, deficiency in weight.

**manqué, e** *adj.* missed, unsuccessful, abortive. *Occasion ~e,* missed opportunity.

**manque à gagner** *n.m.* **1.** shortfall ; loss of profit, loss of earnings. **2.** lost opportunity.

**manquement** *n.m.* breach, violation, lapse. ~ *professionnel,* unprofessional conduct, professional misconduct.

**manquer** *v.* **1.** to miss. ~ *une affaire,* a) to botch, to bungle a deal. b) to miss an opportunity. ~ *une occasion,* to miss an opportunity, to let slip an opportunity. **2.** *Il me manque 5 francs,* I am 5 francs short. **3.** *(échouer)* to fail, to miscarry, to abort. **4.** *(être absent)* to be absent, to be missing.

**manquer à** *v.* to fail (in), to default (on), not to meet. ~ *à sa parole,* to break one's word. ~ *à son devoir,* to fail in one's duty. ~ *à ses obligations,* to default on one's obligations, not to meet one's commitments. ~ *à une promesse,* to break a promise.

**manquer de,** *v.* **1.** *(être à court de)* to be out of, to be short of, to run short of, to run out of, to be out of stock for ; to need, to lack, to want. **2.** *Nous ne manquerons pas de vous le faire savoir,* we shall not fail to let you know (about it).

**manuel** *n.m.* **1.** *(livret)* handbook, manual, instruction book, *(école)* textbook. **2.** *(travailleur ~)* manual worker, blue collar.

**manuel, le** *adj. Travail ~,* manual work, manual labour. *Travailleur ~,* manual worker, blue collar.

**manufacture** *n.f.* factory ; mill ; works.

**manufacturé, e** *adj.* manufactured.

**manufacturer** *v.* to manufacture.

**manufacturier** *n.m.* manufacturer ; factory owner, mill owner.

**manufacturier, ère** *adj.* manufacturing.

**manuscrit, -e** *adj.* handwritten.

**manutention** *n.f.* handling.

**manutentionnaire** *n.m.* handler, packer, warehouseman.

● **maquette** *n.f.* mock-up, model.

**maquettiste** *n.m.f.* model maker.

**maquiller** *v.* to fake, to tamper with. ~ *les comptes,* to cook the books.

**maraîcher, ère** *adj.* market-garden, market-gardening. *Industrie* ~ *e,* market gardening industry, *(U.S.)* truck farming. *Produits* ~ *s,* market-garden produce, *(U.S.)* truck, truck crops.

**maraîcher** *n.m.* market gardener, *(U.S.)* truck farmer.

**marais** *n.m.* swamp.

**marasme** *n.m.* doldrums, slump. *Les affaires sont dans le* ~ , business is in the doldrums, business is slack.

**marchand, e** *n.m.f.* dealer, trader, merchant, shopkeeper. ~ *ambulant,* hawker ; pedlar. ~ *au détail,* retailer. ~ *de biens,* estate agent. ~ *des quatre saisons,* costermonger. ~ *en gros,* wholesaler, wholesale dealer.

**marchand, e** *adj.* sal(e)able, merchantable, marketable, commercial. *Bonne qualité* ~ *e,* good merchantable quality. *Marine* ~ *e,* merchant navy. *Navire* ~ , merchant vessel, cargo boat. *Prix* ~ , market price, ruling price. *Valeur* ~ *e,* market value, commercial value.

**marchandage** *n.m.* bargaining, haggling.

**marchander** *v.* to haggle, to bargain.

**marchandisage** *n.m.* merchandizing.

**marchandise** *n.f.* commodity ; *marchandises,* goods ; wares ; merchandise. ~ *(s) en magasin,* stock in hand. *Train de* ~ *s,* goods train, *(U.S.)* freight train.

**marchandiser** *v.* to merchandize.

**marchandises périssables** *n.f.pl.* perishable goods.

**marchandiseur** *n.m.* merchandizer.

**marche** *n.f.* working, running, operation, start. *Bonne* ~ , smooth running ; sound management. *En état de* ~ , in working order. ~ *à suivre,* steps to be taken ; procedure, course to follow. *Mise en* ~ , starting.

● **marché** *n.m.* 1. market. *Attaquer un nouveau* ~ , to tap a new market. *Bon* ~ , low-priced, inexpensive, cheap. *Étude de* ~ , a) market study. b) market research. ~ *aux puces,* flea-market. ~ *boursier,* stock-market. ~ *noir,* black market. ~ *porteur,* buoyant market, seller's market. 2. deal, transaction, bargain, contract. *Conclure un* ~ , to strike a deal, to strike a bargain. ~ *conclu !* It's a deal !

● **marché à terme,** *(devises)* forward market ; *(bourse)* settlement market, dealings for the account ; *(marchandises, options)* futures market.

**marché au comptant,** cash market, cash transaction(s), spot market.

**marché boursier,** stock market.

**marché des changes,** foreign exchange market.

**marché des devises,** foreign exchange market.

**marché financier,** financial market.

**marché hors cote,** *(Bourse)* over-the-counter market.

**marché monétaire,** money market.

**marcher** *v.* to work, to run. *Les affaires marchent,* business is brisk. *Les affaires ne marchent pas,* business is slack, at a standstill. *Faire* ~ *une affaire,* to run a business. *Bien* ~ *(campagne, etc.),* to be successful.

**marée** *n.f.* 1. tide. ~ *basse,* low tide. ~ *haute,* high tide. 2. fish. *Train de* ~ , fish train.

**mareyeur** *n.m.* fishmonger.

**marge** *n.f.* 1. *(du vendeur)* margin, mark-up. ~ *bénéficiaire,* profit, margin. ~ *commerciale,* gross profit. 2. *(couverture)* margin, cover, deposit. *Appel de* ~ , margin call, call for extra cover, call for additional cover. 3. *(d'une page)* margin. 4. *(latitude)* margin, latitude, scope, range, room, allowance. ~ *de sécurité*, safety margin.

**marge brute d'autofinancement**, cash flow.

**marginal, e** *adj.*marginal. *Avantages marginaux*, fringe benefits.

**mariage** *n.m.* marriage. *Acte de ~*, *certificat de ~*, marriage certificate. *Né hors du ~*, born out of wedlock.

**marier (se)** *v.* to marry, to get married. *Marié, sans enfant*, married without children.

**marin** *n.m.* sailor, seaman.

**marin, e** *adj.* marine, sea. *Carte ~e*, sea chart. *Mille ~*, nautical mile.

**marine** *n.f.* marine, navy. *~ marchande*, merchant navy, merchant service. *Le Ministère de la Marine*, the Naval Ministry, *(G.B.)* the Admiralty.

**marinier** *n.m.* bargeman, bargee.

**maritime** *adj.* marine, maritime, sea. *Agence ~*, shipping agency. *Agent ~*, shipping agent. *Arsenal ~*, naval dockyard. *Assurance ~*, marine insurance, underwriting. *Commerce ~*, sea-borne trade, sea-trade. *Courtier ~*, shipbroker. *Droit ~*, maritime law. *Gare ~*, harbour station. *Route maritime*, sea-route. *Transport ~*, sea-transport.

**maroquinerie** *n.f.* 1. leather goods. 2. leather work. 3. leather shop.

**maroquinier** *n.m.* seller of leather goods, leather shop.

**marquage** *n.m.* marking.

**marque** *n.f.* 1. mark. 2. *(commerciale)* trademark ; brand ; make. *(en général, « brand » pour les produits alimentaires, parfumerie, etc. « make » pour automobiles, biens semi-durables, etc.).* *Image de ~*, brand-image ; *(de société)* corporate image. *~ distinctive*, earmark. *~ dominante*, brand leader. *~ du distributeur/ de distribution*, own brand, generic product, unbranded product, « nobrand ». *~ de revendeur*, dealer brand. *Produits de ~*, branded goods. 3. *(taux de ~)* mark-up, margin.

**marquer** *v.* 1. to mark ; to stamp, *(une caisse)* to stencil. *Prix marqué*, catalogue price, listed

price, price quoted. 2. *(montrer, accuser)* to show. *~ une baisse*, to show a fall. 3. *(prendre note de)* to record, to note, to write down.

**marqueur** *n.m.* marker.

**marron** *adj.* 1. brown. 2. *(fam.)* shady, bogus, sham, *(courtier)* unlicensed.

**masculin, e** *adj.* male, *(grammaire)* masculine.

**massacrer** *v.* to slaughter ; *massacrer les prix*, to slash prices.

**masse** *n.f.* mass, bulk, lump. *Production en masse*, mass-production.

**masse des créanciers**, (general) body of creditors.

**mass media**, mass media.

**masse monétaire**, money supply.

**masse salariale**, pay packet.

**massif, -ive** *adj.* heavy, bulky, huge, large-scale. *Commande massive*, substantial order, large order, bulk order, order for large quantities.

**matérialiser** *v.* to materialize, to represent ; to bring into being.

**matérialiser (se)** *v.* to materialize.

**matériau** *n.m.* material.

**matériaux** *n.m.pl.* materials. *~ de construction*, building materials.

**matériel** *n.m.* material ; equipment ; plant ; *(de bureau)* furniture ; *(inform.)* hardware. *~ de bureau*, office equipment. *~ de comptoir*, counter display. *~ de construction*, building material. *~ de présentation*, display material. *~ roulant*, rolling-stock.

**matériel, le** *adj.* material, physical, tangible. *Dégâts ~s, dommages ~s*, damage to property.

**maternité** *n.f.* 1. maternity. *Allocation de ~*, maternity benefit. *Congé de ~*, maternity leave. 2. maternity hospital ; *(service)* maternity ward.

**matière** *n.f.* 1. matter, substance, material. 2. subject, subject-matter ; topic. *~ à litige, à procès*, grounds for litigation. *Table des ~s*, table of contents.

**matière plastique**, plastic, plastics.

**matière première**, raw material.

**matrice** *n.f.* matrix.

**matriciel, le** *adj.* matrix, matrical. *Algèbre* ~ *le,* matrix algebra. *Calcul* ~ , matrix calculus.

**matricule** *n.f.* **1.** register, roll, list. **2.** registration certificate.

**matricule** *n.m.* number, registration number, serial number.

**matriculer** *v.* to enter in the rolls, on the register ; to assign/ to give a registration number.

**maturité** *n.f.* **1.** maturity. *Arriver à* ~ , to come to maturity, to fall due. **2.** *(fruits)* ripeness, maturity.

**maussade** *adj.* dull.

**mauvais, e** *adj.* bad. *En* ~ *état,* in bad repair. ~ *état de navigabilité,* unseaworthiness. ~ *e foi,* bad faith. ~ *e posture,* bad situation.

**mauvaise créance,** bad debt.

**maximal, e** *adj.* maximum.

**maximum** *adj.* maximum. *Rendement* ~ , maximum efficiency, maximum output, maximum yield. *Rentabilité* ~ , maximization of profits, profit-maximization.

**mazout** *n.m.* fuel-oil.

**mécanique** *n.f.* mechanics.

**mécanique** *adj.* mechanical. *Génie* ~ , *construction* ~ , mechanical engineering.

**mécanicien** *n.m.* mechanic. *Ingénieur* ~ , mechanical engineer.

**mécanisation** *n.f.* mechanization.

**mécaniser** *v.* to mechanize.

**mécanisme** *n.m.* mechanism ; machinery.

**mécanographe** *n.m.* punch-card operator, office-machine operator, duplicating machine operator.

**mécanographie** *n.f.* office machines, handling of office machines ; *(sens moderne)* data-processing, data processing department.

**mécanographique** *adj.* data-processing, tabulating ; punch-card ; computer. *Carte* ~ , *fiche* ~ , punch-card. *Fichier* ~ , punch-card file.

**mécompte** *n.m.* **1.** miscalculation, error. **2.** disappointment.

**méconnaissance** *n.f.* ignorance, misappreciation, misreading of facts, disregard (for).

**méconnaître** *v.* to disregard, to ignore, to misappreciate.

**mécontent, e** *adj.* dissatisfied, disgruntled ; frustrated.

**mécontentement** *n.m.* dissatisfaction.

**mécontenter** *v.* to displease, to dissatisfy.

**médaille** *n.f.* medal.

**médaillé** *adj.* medallist, medal winner, holder of a medal.

**médailler** *v.* to award a medal (to).

**médecin** *n.m.* physician, doctor ; medical doctor (M.D.). ~ *généraliste,* (G.B.) general practitioner, G.P., (U.S.) generalist. ~ *conventionné,* contract doctor. ~ *du travail,* factory doctor, company doctor.

**médecine** *n.f.* medicine. ~ *légale,* forensic medicine.

**médecine du travail,** industrial medicine.

**média** *n.m.* media, *sing.* a medium.

**média de masse,** mass media.

**médiateur** *n.m.* **1.** mediator. **2.** *(à l'échelon national entre citoyens et collectivités)* ombudsman.

**médiation** *n.f.* mediation.

**médiatique** *adj.* media.

**médiatiser** *v.* **1.** *(transmission des connaissances)* to mediate. **2.** *(diffusion par les media)* to give media coverage.

**médical,e** *adj.* medical. *Certificat* ~ , medical certificate. *Examen* ~ , medical examination, checkup. *Visite* ~ , medical examination, *(fam.)* medical.

**médicament** *n.m.* medicine, drug.

**médiocre** *adj.* mediocre, indifferent, poor. *Résultats* ~ *s,* poor results.

**meilleur, e** *adj. (comparat.)* better ; *(superlat.)* best. *Rendre* ~ , to improve, to better. ~ *marché,* cheaper, less expensive.

**meilleur** *n.m.* best.

**mégalopolis** *n.m.* megalopolis.

**mélange** *n.m.* mix ; mixture ; *(tabac, etc.)* blend.

**mélanger** *v.* to mix, *(tabac, etc.)* to blend ; *(mettre en désordre)* to mix up.

**membre** *n.m.* member. ~ *actif,* active member. ~ *honoraire,* honorary member. *Pays* ~ , member-country, member nation.

**mémoire** *n.f.* **1.** memory. **2.** *(in-*

*form.)* memory ; ~ *morte (MEM),* ROM ; ~ *vive (MEV),* RAM ; storage capacity. *Mise en ~,* storage, storing. ~ *de stockage,* mass storage. **3.** report ; *(coûts)* memorandum ; *(pour dépôt de brevet)* specifications (of patent). **4.** ~ *de recherche,* research project, research paper.

**mémorandum** *n.m.* memo(randum), note, report.

**mémorisation** *n.f.* memorizing ; *(inform.)* storage, storing ; *(publicité)* recall, retention, awareness.

**mémoriser** *v.* to memorize, to commit to memory ; *(inform.)* to store.

**menace** *n.f.* threat.

**menacer** *v.* to threaten ; *(mettre en danger)* to endanger ; to jeopardize. ~ *d'un procès,* to threaten with legal proceedings.

**ménage** *n.m.* **1.** household ; family. *Consommation des ~s,* household consumption. **2.** *(couple)* couple, married couple. *Jeune ~,* young couple.

**ménager** *adj.* domestic, household. *Articles ~s,* domestic appliances, household appliances. *Salon des Arts Ménagers, (G.B.)* Ideal Home Exhibition, exhibition of domestic arts. *Travaux ~s,* housework, *(péj.)* house chores.

**ménagère** *n.f.* housewife.

**mener** *v.* to lead, to conduct, to manage. ~ *à bien,* to carry through, to complete (successfully) ~ *à la gare, à l'aéroport, etc.* to take (to drive) to the station, to the airport. ~ *une enquête* a) to conduct an investigation, an inquiry. b) to conduct a survey. ~ *une politique,* to conduct a policy.

**meneur** *n.m.* leader, *(péj.)* ringleader.

**meneur de jeu** *n.m. (radio, télé)* announcer ; anchorman.

**mensonge** *n.m.* lie.

**mensonger, -ère** *adj.* false ; misleading. *Publicité ~e,* deceptive/misleading advertising.

**mensualisation** *n.f.* paying/payment by the month.

**mensualiser** *v.* to pay by the month.

**mensualité** *n.f.* monthly payment ; *(achat à crédit)* monthly instalment.

**mensuel, -le** *adj. et n.m.* monthly.

**mensuellement** *adv.* monthly, on a monthly basis.

**mention** *n.f.* mention, reference, mark ; *(d'un prix)* quotation ; *(à un examen)* honours. *Reçu avec ~,* passed with distinction. *Rayer les ~s inutiles,* cross out when not applicable.

**mentionner** *v.* to mention ; to state ; to mark ; *(un prix)* to quote. *Ci-dessous mentionné,* under-mentioned, mentioned below. *Ci-dessus mentionné,* above-mentioned.

**menu, e** *adj.* small. ~ *e monnaie,* small change. ~ *s frais,* petty expenses.

**menuiserie** *n.f.* joinery, woodwork ; *(meubles)* cabinet-making.

**menuisier** *n.m.* joiner ; *(meubles)* cabinet-maker.

**méprise** *n.f.* mistake.

**mer** *n.f.* sea. *Navire de haute-~,* ocean-going vessel ; sea-going ship. *Prendre la ~,* to set sail, to sail, to put to sea.

**mercantile** *adj.* mercantile.

**mercantilisme** *n.m.* mercantilism.

**mercerie** *n.f.* haberdashery ; haberdasher's (shop).

**mercier, -ère** *n.m.f.* haberdasher.

**mercuriale** *n.f.* market price-list, market prices.

**mérite** *n.m.* merit ; ability.

**mériter** *v.* to deserve, to merit.

**Mesdames, Messieurs,** Ladies and Gentlemen.

**mésestimation** *n.f.* underestimation, underrating, undervaluing ; misunderstanding.

**message** *n.m.* message. *Faire passer un ~,* to get a message across. ~ *publicitaire,* advertising message ; *(cinéma)* ad ; *(T.V., radio)* commercial, spot.

**messager** *n.m.* messenger ; carrier.

**messagerie(s)** *n.f.* parcel(s) service ; parcels office ; *(entrepreneur de ~)* common carrier. *Bureau des ~s,* shipping office. ~ *s aériennes,* air-mail service. ~ *électronique,* electronic messaging/message system. ~ *s maritimes,* sea transport of goods ; shipping company. *Ser-*

*vice de* ~ *s,* parcel post.

**mesurable** *adj.* measurable.

**mesure** *n.f.* **1.** measure, step ; action. *Être en* ~ *de,* to be in a position to. *Prendre des* ~ *s,* to take steps. *Train de* ~ *s,* package. **2.** measurement. *Dans une large* ~, to a large extent. *Fait sur* ~, made to order, custom-made ; *(vêtement)* made to measure. *Unité de* ~, measuring (measurement) unit, standard of measure, *(fam.)* yardstick.

**mesurer** *v.* to measure ; to assess, to estimate.

**métal, métaux** *n.m.* metal.

**métallique** *adj.* metallic, metal.

**métallurgie** *n.f.* iron and steel industry ; metallurgy.

**métallurgique** *adj.* metallurgic(al) ; *usine* ~, metal works, iron works, steel plant.

**métallurgiste** *n.m.* metal-worker.

**méthode** *n.f.* method ; technique. *Ingénieur des* ~ *s,* methods engineer. ~ *des cas,* case study method.

**méthode du chemin critique,** critical path analysis/ method.

**méthodique** *adj.* methodical, systematic.

**méthodologie** *n.f.* methodology.

**méthodologique** *adj.* methodological.

**métier** *n.m.* occupation ; *(fam.)* job ; trade, craft, business, profession. *Avoir du* ~, to be experienced. *Chambre des* ~ *s,* Chamber of Trade.

**métrique** *adj.* metric. *Adopter le système* ~, to change over to the metric system, *(G.B.)* to go metric.

**métro** *n.m.* underground ; *(U.S.)* subway ; *(G.B., fam.)* the tube.

**métropole** *n.f.* metropolis ; *(capitale)* capital ; *(pays)* mother country.

**métropolitain** *adj.* metropolitan.

**mettre** *v.* to put, to place, to lay ; *(vêtements)* to put on.

**se mettre à** *v. (commencer)* to start. ~ *au travail,* to get down to work. ~ *en grève,* to go on strike.

**mettre à jour,** to update, to bring up to date.

**mettre à la porte,** to dismiss, to sack, to fire, to oust.

**mettre au courant,** to inform, to

acquaint (with), *(fam.)* to put in the picture, to keep posted (up).

**mettre au point,** to develop, to perfect.

**mettre de côté,** to put aside, to save ; *(économiser)* to save for a rainy day.

**mettre en cause,** to question, to challenge ; *(impliquer)* to involve ; *(sens juridique)* to implicate.

**mettre en œuvre 1.** *(des moyens)* to use, to put to use. **2.** *(un accord, des mesures)* to implement, to carry into effect.

**mettre en place** *(réformes, etc.)* to implement ; *(commission, etc.)* to set up.

**mettre en question,** to challenge.

**mettre en route,** to start, to get started ; to set into motion.

**mettre en service,** to put into service.

**mettre en vente,** to sell, to offer for sale, to put up for sale.

**meuble** *n.m.* piece of furniture ; *meubles,* furniture.

**meuble** *adj.* movable. *Biens* ~ *s,* personal estate, movables.

**meublé, e** *adj.* furnished.

**meublé** *n.m.* furnished apartment, lodgings.

**meunier** *n.m.* miller.

**meurtre** *n.m.* murder, *(2e degré)* wilful murder ; assassination.

**meurtrier, -ère** *adj.* deadly, lethal.

**meurtrier, -ère** *n.m.f.* murderer, murderess.

**mévente** *n.f.* slump.

**mi-,** half ; mid. *A la mi-avril,* in mid-April.

**micro-édition** *n.f.* desk-top publishing.

**micro-informatique** *n.f.* micro-computers ; the micro-computer industry.

**micro-ordinateur** *n.m.* microcomputer.

**mi-terme (à),** on half quarter day, at half quarter.

**microphone** *n.m.* microphone, *(fam.)* mike.

**mieux** *n.m.* **1.** *Le* ~, the best. **2.** *Un* ~, an improvement.

**mieux** *adj.* better, best. *Au* ~, at best. *Au* ~ *-disant,* to the highest bidder.

**milieu** *n.m.* **1.** middle. **2.** environment, surroundings. **3.** *(social, etc.)* set, circle, sphere, quarters. ~*x du négoce,* trade quarters. ~*x gouvernementaux,* government circles. ~ *bien informé,* knowledgeable source. *On pense dans le* ~ *des cadres,* it is felt in the executive suite... **4.** *(solution médiane)* middle course. *Le juste* ~, the golden mean.

**militant, e** *n.* et *adj.* militant.

**mille** *n.m.* et *adj.* thousand ; one thousand ; *deux mille,* two thousand (2,000).

**millésime** *n.m.* year ; *(vin)* vintage.

**milliard** *n.m. (G.B.)* one thousand millions ; milliard ; *(U.S.)* billion.

**milliardaire** *n.m.f.* multi-millionnaire.

**millième** *n.m.* et *adj.* thousandth.

**millier,** *n.m.* thousand.

**mine** *n.f.* mine ; pit. ~ *de charbon,* coal-mine, colliery. *Puits de* ~, mine shaft.

**minerai** *n.m.* ore ; *gisement de minerai de fer,* iron ore deposit.

**minéralier,** ore-carrier.

**minéralogique** *adj. numéro* ~, registration number. *Plaque* ~, number/ licence/ registration plate.

**mineur** *n.m.* **1.** miner, mineworker. ~ *de charbon,* collier. **2.** *(contraire de majeur)* minor.

**mineur, e** *adj.* **1.** minor, secondary. **2.** *(âge)* under age.

**minier, ère** *adj.* mining. *Bassin* ~, mine field. *Région* ~*e,* mining district. *Valeurs* ~*es,* mine shares, mining shares.

**minimal, e** *adj.* minimum, minimal.

**minime** *adj.* small, minimal. *D'une valeur* ~, of trifling value.

**minimiser** *v.* to minimize ; *(danger, etc.)* to play down.

**minimum** *n.m.,* *pl.* **minima,** minimum(s). ~ *vital,* subsistence level. *Au-dessous du* ~ *vital,* below the poverty line.

**minimum** *adj.* minimum, minimal.

**ministère** *n.m.* **1.** ministry ; department ; office. ~ *de l'Économie,* Ministry for Economic Af-

fairs. ~ *des Finances,* Finance Ministry, *(G.B.)* Exchequer ; *(U.S.)* Treasury. ~ *du Commerce,* Ministry for Commerce and Trade, *(G.B.)* Board of Trade. **2.** *(jur.)* ~ *Public,* Public Prosecutor, Prosecuting Magistrate.

**ministre** *n.m.* minister ; Secretary of State. ~ *des Affaires Étrangères,* Foreign Secretary. ~ *de l'Intérieur, (G.B.)* Home Secretary ; *(U.S.)* Secretary of the Interior. ~ *des Finances,* Finance Minister, *(G.B.)* Chancellor of the Exchequer ; *(U.S.)* Secretary of the Treasury, Treasury Secretary. ~ *du Commerce,* Minister for Commerce and Trade ; *(G.B.)* President of the Board of Trade ; *(U.S.)* Secretary for Commerce. *Premier* ~, Prime Minister, Premier.

**minoration** *n.f.* minoration ; reduction ; undervaluation.

**minorer** *v.* **1.** to reduce, to cut, to lower. **2.** to minimize.

**minoritaire** *adj.* minority.

**minorité** *n.f.* **1.** minority. *Mettre en minorité,* to defeat. **2.** *(âge)* infancy ; minority.

**minoterie** *n.f.* flour-mill.

**minotier** *n.m.* miller.

**minute** *n.f.* **1.** minute. *Réparations (à la)* ~, instant repairs, repairs while you/ U/ wait. **2.** *(document)* record(s), minute(s).

**minuter** *v.* **1.** to time ; to clock. **2.** *(contrat)* to draw up, to draft. **3.** *(enregistrer)* to record, to enter.

**miroiterie** *n.f.* mirror-trade ; mirror-manufacture ; mirror-factory.

**miroitier** *n.m.* dealer in mirrors ; cutter of mirrors.

**mise** *n.f. (voir aussi* **mettre***).* **1.** *(de fonds)* outlay. *Faire une* ~ *de fonds,* to put up capital, to advance a sum ; *(enchères)* bid ; *(cartes, etc.)* stake. **2.** putting, placing, setting, etc.

**mise à feu** *n.f.* firing ; blast off.

**mise à flot,** floating ; refloating, launching.

**mise à jour,** updating.

**mise à la porte,** dismissal, firing, sacking, ousting.

**mise à la retraite,** retiring ; retirement ; pensioning off ; ~ *anticipée,* early retirement.

**mise à prix,** upset price.
**mise à profit,** taking advantage (of).
**mise au point 1.** developing, perfecting, fine-tuning. **2.** restatement, corrective statement.
**mise aux enchères,** auctioning.
**mise de fonds,** outlay.
**mise en accusation,** indictment, committal for trial.
**mise en chantier,** starting construction (on), starting work (on) ; *(nav.)* laying on the stocks, laying down ; *(de maisons)* housing starts.
**mise en commun,** pooling.
**mise en demeure,** summons ; formal notice, formal demand.
**mise en gage 1.** pawning, *(U.S.)* hocking. **2.** pledging as security.
**mise en liquidation,** winding up, liquidation.
**mise en œuvre 1.** *(règlement, etc.)* implementation, implementing. **2.** using ; marshalling.
**mise en orbite,** putting into orbit.
**mise en page,** layout ; *(typo.)* page-setting.
**mise en paiement,** payment.
**mise en route,** starting (up).
**mise en syndicat,** pooling.
**mise en valeur,** turning to account, turning to profit ; *(économique)* development ; *(ressource naturelle, rivière, etc.)* harnessing ; *(terrain, marais, etc.)* reclaiming.
**mise en vente,** selling, putting up for sale, offering for sale.
**miser** *v.* to bank (on), to stake (on) ; to put money (on) ; to bet (on). *(Enchères)* to bid, *(bourse)* ~ *sur une hausse,* to play for a rise ; *(sens large : compter sur)* to expect, to anticipate.
**misérable** *adj.* poor, poverty-stricken.
**misère** *n.f.* poverty, want.
**mission** *n.f.* mission, assignment. ~ *commerciale,* trade mission. ~ *d'études,* a) investigation, mission of inquiry, b) study group. *Avoir pour ~ de faire qque chose,* to be commissioned/ assigned to do something. *S'acquitter d'une ~,* to complete one's mission successfully, to fulfil one's mission.
**mixité** *n.f.* *(école)* co-education.
**mixte** *adj.* mixed ; *(école)* co-educational ; *(commission, etc.)*

joint. *Cargo-~,* cargo-liner, passenger-cargo ship, passenger and cargo ship.
**mobile** *adj.* mobile ; *(fête)* movable ; *(pièce)* detachable.
**mobile** *n.m.* motive, incitement, spur ; source, cause ; prime mover.
**mobilier** *n.m.* furniture.
**mobilier, ère** *adj.* movable, personal. *Biens ~s,* personal estate. *Impôt ~,* tax on movables. *Valeurs ~es,* securities, stocks and shares.
**mobilisable** *adj.* mobilizable ; available.
**mobilisation** *n.f.* mobilization ; *(capitaux)* raising (of capital, of funds).
**mobiliser** *v.* to mobilize, to call up, to make available ; *(fonds)* to raise ; *(convertir en liquide)* to realize, to liquidate, to convert.
**mobiliser (se)** *v.* to mobilize, to assemble, to rally, to take up arms again, to be up in arms against.
**mobilité** *n.f.* mobility.
**modalité** *n.f.* modality, way, means, condition, method, mode ; *modalités,* terms ; ~ *s de paiment,* methods of payment, terms of payment.
**mode** *n.m.* method, mode, process. ~ *de scrutin,* ballot system.
**mode** *n.f.* fashion ; *(passagère)* fad ; craze.
**mode d'emploi** *n.m.* directions for use, instructions for use, operating instructions ; instruction booklet.
**mode de paiement** *n.m.* method of payment.
**mode de vie** *n.m.* way of life ; life-style.
**modèle** *n.m.* **1.** model ; pattern ; type ; form. *Grand ~,* large-size. *Petit ~,* small-size. ~ *déposé,* registered pattern. ~ *de décision,* decision model. **2.** *(profession)* model.
**modèle** *adj.* model, exemplary. *Échantillon ~,* standard sample.
**modéliste** *n.* **1.** dress/ fashion designer. **2.** modelist.
**modélisation** *n.f.* model(l)ing.
**modéliser** *v.* to model.
**modération** *n.f.* moderation, restraint. ~ *volontaire,* voluntary restraint.
**modéré, e** *adj.* moderate, con-

servative, middle-of-the-road ; *(position)* mild, moderate, low-profile.

**modéré** *n.m. (pol.)* moderate, middle-of-the-roader.

**modérer** *v.* to moderate, to restrain, to reduce, to curb.

**moderne** *adj.* modern, up-to-date.

**modernisation** *n.f.* modernization, bringing up to date, updating.

**moderniser** *v.* to modernize, to update, to bring up to date. *~ les chaînes, la production,* to retool.

**moderniser (se)** *v.* to modernize.

**modeste** *adj.* moderate, modest ; limited ; reasonable, low, low-priced. *Croissance ~,* moderate/ limited/ growth.

**modicité** *n.f.* moderateness ; *(prix)* reasonableness, lowness, inexpensiveness.

**modifiable** *adj.* alterable, modifiable, changeable.

**modificatif** *n.m.* corrective statement, qualifying clause ; *(contrat)* rider, modifying clause.

**modification** *n.f.* change, alteration, modification.

**modifier** *v.* to change, to alter, to modify.

**modifier (se)** *v.* to change, to alter, to evolve, to undergo changes.

**modique** *adj.* moderate, reasonable, inexpensive, low ; *(revenu)* low, slender.

**modulation** *n.f.* modulation. *~ de fréquence,* frequency modulation.

**module** *n.m.* module, unit.

**moduler** *v.* to modulate.

**modus vivendi** *n.m.* working agreement, compromise.

**mœurs** *n.f.pl.* customs, habits, mores. *Police des ~,* vice squad.

**moindre** *adj.* less, lesser. *Le ~,* the least. *~ prix,* lower price. *~ quantité,* smaller quantity.

**moins** *adv.* less ; *au moins,* at least. *Au ~ disant,* to the lowest bidder.

**moins-disant** *adj. (fournisseur, devis)* less expensive, more competitive. *Le fournisseur le ~,* the lowest bidder, the most competitive supplier, the lowest/ most competitive estimate.

**moins-perçu** *n.m.* amount not drawn.

**moins-value** *n.f.* depreciation, drop in value. *Enregistrer une ~,* to fall below par, to depreciate, to drop, to stand at a discount.

**mois** *n.m.* month. *Du ~ dernier,* of last month, ultimo, ult. *Du ~ en cours,* of the current month, instant, inst. *Du ~ prochain,* of next month, proximo, prox. *Payer au ~,* to pay by the month. *Tous les 2 ~,* every two months. *Treizième ~,* Christmas bonus.

**moisson** *n.f.* harvest, crop.

**moissonneuse-batteuse** *n.f.* combine, combine harvester.

**moitié** *n.f.* half ; *à moitié prix,* at half-price.

**mollir** *v. (cours)* to ease, to get easier, to drop, to sag.

**moment** *n.m.* moment, time.

**momentané, e** *adj.* temporary, momentary.

**momentanément** *adv.* momentarily, temporarily.

**mondanité** *n.f.* social event.

**monde** *n.m.* 1. world. *Le ~ du commerce,* the world of commerce, the business world. *Tiers ~,* third world. 2. society, circle, set, etc. 3. *(grand nombre de personnes)* people ; crowd. *Beaucoup de ~,* many people, a large crowd. *La salle était pleine de ~,* the room was crowded, packed. *Tout le ~,* everybody.

**mondial, e** *adj.* world, worldwide ; global. *La 2e guerre ~e,* the second world war, W.W. II.

**mondialement** *adv.* world-wide, all over the world, throughout the world ; universally.

**monétaire** *adj.* monetary. *Marché ~,* money market. *Le serpent ~,* the monetary snake, the snake. *Système ~,* monetary system. *Unité ~,* currency, monetary unit.

**monétique** *n.f.* plastic money.

**monétisation** *n.f.* monetization.

**monétiser** *v.* to monetize.

**moniteur** *n.m.* 1. instructor. 2. *(sciences)* monitor ; *(inform.)* programme monitor, monitoring programme. 3. *(colonie de vacances)* (summer camp) counselor.

**monnaie** *n.f.* 1. money. *Frapper, battre ~,* to mint, to coin money.

*Fausse* ~ , counterfeit money. *Hôtel des* ~*s,* (the) Mint. ~ *de compte,* money of account. ~ *faible,* soft currency, weak currency. ~ *forte,* hard currency. ~ *légale,* legal tender. **2.** change. *Faire la* ~ , to change ; *petite* ~ , small change ; *(caisse)* petty cash.

**monnayable** *adj.* that can be exchanged, for which money can be obtained, negotiable.

**monnayer** *v.* to make money out of ; to cash in on, to make capital out of, to take advantage of ; to obtain financial compensation for ; to sell at a high price.

**monnayeur (faux)** *n.m.* forger, counterfeiter.

**monométallisme,** monometallism.

**monométalliste** *n.m.* monometallist.

**monopole** *n.m.* monopoly. ~ *d'un article, d'une marque,* exclusive agency, exclusive sale.

**monopolisation** *n.f.* monopolization.

**monopoliser** *v.* to monopolize ; *(marché)* to monopolize, to corner.

**monoprix** *n.m.* one-price store.

**monopsone** *n.m.* monopsony (one buyer for a large number of sellers).

**monorail** *n.m.* monorail.

**Monsieur** *n.m. (lettre)* Dear Sir.

**montage** *n.m.* **1.** *(méca.)* assembly. *Atelier de* ~ , assembly shop. *Chaîne de* ~ , assembly line. **2.** *(cinéma)* editing. **3.** ~ *financier,* financial combination, financial package.

**montant** *n.m.* amount ; sum ; *(prix)* price. ~ *des ventes,* sales proceeds.

**montant compensatoire,** deficiency payment, compensatory amount. *Montants compensatoires monétaires,* monetary compensatory amounts/ units, M.C.U.s.

**mont-de-piété** *n.m.* pawn-office, pawn-shop.

**montée** *n.f.* **1.** rise, increase. **2.** *(pente)* slope, gradient.

**monter** *v.* **1.** *(prix, etc.)* to rise, to go up, to increase. *Faire* ~ *(prix, etc.),* to push up, to drive up, to run up ; to put up. ~ *en flèche,* to soar, to skyrocket. **2.**

*(méca.)* to assemble. **3.** ~ *à bord,* to go on board, to board. **4.** *(une campagne, une opération)* to mount, to stage ; *(une société)* to set up, to found. **5.** *(à cheval)* to ride.

**monter à (se)** *v.* to amount to, to fetch.

**monteur** *n.m.* fitter.

**montre** *n.f.* **1.** watch. **2.** show, display. *Faire* ~ *de,* to show, to display ; *en montre,* on display.

**montrer** *v.* **1.** to show. *Je vais vous* ~ *l'usine,* I'll show you (take you) round the factory. ~ *le chemin,* to show the way. **2.** *(faire preuve de)* to display, to show. **3.** *(exposer)* to display, to exhibit, to show.

**montrer (se)** *v.* to show, to prove.

**moral** *n.m.* morale.

**moral, e** *adj.* ethical, moral.

**morale** *n.f.* ethics, morals. ~ *professionnelle,* professional ethics.

**moralité** *n.f.* ethics, morality ; *(dans les affaires)* business ethics.

**moraliser** *v.* to moralize, to police.

**moratoire** *n.m.* moratorium.

**moratoire** *adj.* moratory *Intérêts* ~*s,* interest on arrears, back interest, moratory interest.

**morceau** *n.m.* piece, part.

**morceler** *v.* to break up, to cut up, to divide, to parcel out.

**morcellement** *n.m.* breaking up, cutting up, division, parcelling out.

**morose** *adj. (économie, marché, bourse)* dull ; sluggish.

**morosité** *n.f. (économie, marché, bourse)* dullness, sluggishness.

**mort** *n.f.* **1.** death. **2.** dead person, deceased ; *(accident) nombre de* ~*s,* casualties, death toll, victims, number of dead.

**mort, e** *adj.* dead. *Corps-*~ , anchor buoy. *Lettre* ~ *e,* dead letter. *Poids* ~*,* dead weight. *(compta.) point* ~ , break-even point. *Temps* ~ , idle period, pause.

**mortalité** *n.f.* mortality ; death rate ; *(sur les routes, etc.)* (death) toll.

**mortel, le** *adj.* deadly, lethal, fatal. *Coup* ~ , death blow.

**morte-saison** *n.f.* dead-season,

slack season, off-season.

**mort-terrain** *n.m.* dead ground.

**morue** *n.f.* cod.

**morutier** *n.m.* **1.** cod-fishing boat. **2.** cod-fisherman.

**mot** *n.m.* **1.** word. ~ *à* ~ , word for word. ~ *pour* ~ , word for word, verbatim. **2.** *(lettre)* line. *Envoyer un* ~ , to drop a line.

**mot d'ordre** *n.m.* watchword ; instruction.

**motel** *n.m.* motel.

**moteur** *n.m.* **1.** engine, motor. **2.** *(pouvoir agissant)* prime-mover.

**motif** *n.m.* motive, cause, reason, incentive. ~ *de réclamation,* grounds for complaint.

**motiver** *v.* **1.** to motivate. **2.** *(jur.)* to give the grounds (for a decision). **3.** *(causer)* to cause, to justify, to warrant.

**motivé, e** *adj.* **1.** motivated, dedicated. **2.** justified.

**moto** *n.f.* motorcycle ; *(fam.)* motorbike.

**mou, molle** *adj.* soft, weak ; *(marché, etc.)* dull ; slack ; sluggish.

**mouillage** *n.m.* mooring ; mooring ground. *Droits de* ~ , mooring dues, berthage. *Poste de* ~ , berth.

**mouiller** *v.* **1.** to wet, to moisten, to damp. **2.** to cast anchor ; to moor, to anchor, to be anchored.

**moulin** *n.m.* mill. ~ *à vent,* windmill.

**mouton** *n.m.* sheep. *Éleveur de* ~ *s,* sheep-farmer, sheep raiser.

**mouvement** *n.m.* movement ; motion ; move ; trend ; fluctuation(s). ~ *de capitaux,* circulation/ transfer/ flow of capital. ~ *de personnel,* personnel turnover, staff changes. ~ *des navires,* shipping news. ~ *de ports,* traffic of (sea) ports. ~ *des valeurs,* circulation of securities. ~ *s du marché,* market fluctuations.

**moyen** *n.m.* means, way. ~ *de transport,* means of transport, means of conveyance. *Je n'en ai pas les* ~ *s,* I can't afford it. ~ *s financiers,* financial means. ~ *de communication,* means of communication ; medium.

**moyen, ne** *adj.* average ; median ; mean. *Classe* ~ *ne,* middle class. ~ *Orient,* Middle East. *Entreprise* ~ *ne* , medium-size(d) firm. *L'étudiant* ~ , the run-of-the mill student, the average student. *L'homme* ~ , the man in the street, the average man. *Revenu* ~ , median income.

**moyenne** *n.f.* average. *En* ~ , on (the) average. ~ *pondérée,* weighted average.

**moyennant** *prép.* on, against. ~ *finances,* for a consideration.

**multiple** *adj.* multiple. *Magasins à succursales* ~ *s,* multiple(s).

**multiplication** *n.f.* multiplication.

**multiplier** *v.* to multiply.

**multiplier (se)** *v.* to multiply.

**munir** *v.* to supply ; *se munir,* to supply oneself (with).

**mur** *n.m.* wall ; *mur mitoyen,* party wall.

**mûr, e** *adj.* ripe.

**mûrir** *v.* to mature ; *(fruit)* to ripen.

**musée** *n.m.* museum.

**mutation** *n.f.* mutation, change, shift ; *(jur.)* transfer (conveyance) of property, change of ownership.

**mutuel, le** *adj.* mutual, reciprocal.

**mutuelle** *n.f.* mutual insurance company ; *(G.B.)* friendly society.

**mutuellement** *adv.* mutually, reciprocally. *Qui s'excluent* ~ , mutually exclusive.

**mystifier** *v.* to mystify, to fool, to hoax ; to deceive.

# N

**nabab** *n.m.* nabob.

**nacelle** *n.f.* *(aéron.)* basket, car, nacelle.

**nacre** *n.f.* mother of pearl.

**nadir** *n.m.* nadir.

**nager** *v.* **1.** to swim. **2.** *(nav.)* to pull. **3.** *(à contre courant)* to struggle against circumstances. **4.**

*(savoir* ~ *)* to know the ropes *(fig.).* **5.** ~ *dans l'abondance,* to be rolling/ wallowing/ in money.

**naissance** *n.f.* birth ; *jour de* ~ , birthday ; *lieu de* ~ , birthplace. *Acte de* ~ , birth certificate. *Contrôle des* ~ , birth control. *Prendre*

~, to originate, to arise. *Limitation des ~s,* family planning.

**naissant, e** *adj.* new-born ; dawning.

**naître** *v.* to be born. *Faire ~,* to give birth to.

**nanti, e** *adj.* **1.** provided for. *Bien ~,* well endowed. *Mal ~,* underprivileged. *Les ~s et les non-~s, n.,* the haves and have-nots. **2.** secured, pledged.

**nantir** *v.* **1.** to pledge ; to secure ; to give security to. *~ des valeurs,* to pledge securities. **2.** *(~ de quelque chose)* to provide with.

**nantissement** *n.m.* **1.** collateral (security), pledge, cover. **2.** hypothecation, pledging.

**naphte** *n.m.* naphta, mineral oil.

**nappe** *n.f.* sheet. *~ de pétrole (à la surface de l'eau),* oil-slick. *~ pétrolifère,* oil layer. *~ phréatique,* phreatic/ underground/ water.

**nasse** *n.f.* net, trap.

**natal, e** *adj.* native.

**natalité** *n.f.* birthrate.

**natif, -ive** *adj.* native. *~ de Paris,* Paris-born. *Argent ~,* native silver. *Or ~,* native gold.

**nation** *n.f.* nation. *Les Nations Unies,* the United Nations. *Clause de la ~ la plus favorisée,* most favoured nation clause. *État-~,* nation state.

**national,e** *adj.* national. *Dette ~e,* national debt. *Produit ~ brut (P.N.B.),* gross national product (G.N.P.). *Revenu ~ brut,* gross national income. *Campagne d'envergure ~e,* nationwide campaign. *Comptabilité ~e,* national accounting.

**nationale** *n.f. (route)* main road.

**nationalisation** *n.f.* nationalization.

**nationaliser** *v.* to nationalize. *Entreprises nationalisées,* state-owned/ nationalized/ industries.

**nationalisme** *n.m.* nationalism.

**nationalité** *n.f.* nationality ; citizenship.

**naturalisation** *n.f.* naturalization.

**naturaliser** *v.* to naturalize. *Se faire ~ américain,* to take out American naturalization papers, to obtain U.S. citizenship.

**nature** *n.f.* nature, kind. *En ~,* in kind. *Prestation en ~,* allowance in kind. *Rémunération en nature,* payment in kind.

**naturel, le** *adj.* natural. *Loi ~ le,* natural law. *Ressources ~ les,* natural resources.

**naufrage** *n.m.* shipwreck.

**nautique** *adj.* nautical. *Mille ~ = nœud = 1 853 m,* nautical mile, knot.

**naval, e** *adj.* naval, nautical. *Constructions ~ es,* shipbuilding. *Chantiers ~s,* shipyard. *Bataille ~ e,* sea battle. *École ~ e,* The Naval College/ Academy.

**navette** *n.f.* **1.** *(tissage)* shuttle. **2.** shuttle, shuttle service. *Faire la ~ (service régulier)* to ply between two places. *~ spatiale,* space shuttle.

**navigabilité** *n.f. (état de),* airworthiness *(avion)* ; *(bateau)* seaworthiness. *En état de ~,* airworthy, seaworthy. *Certificat de ~,* certificate of airworthiness/of seaworthiness.

**navigable** *adj.* **1.** navigable. **2.** seaworthy, airworthy.

**navigation** *n.f.* navigation, shipping. *~ côtière,* coastal navigation. *~ hauturière,* deep-sea navigation. *Compagnie de ~,* shipping company. *Compagnie de ~ aérienne,* airline company. *~ spatiale,* space navigation.

**naviguer** *v.* **1.** *(voyager sur mer)* to sail. **2.** *(conduite navire)* to navigate. **3.** *(se diriger adroitement dans les affaires)* to know the ropes.

**navire** *n.m.* ship, vessel. *~ à vapeur,* steamship, steamer. *~ à moteur,* motor ship. *~ à propulsion nucléaire,* nuclear powered ship. *~ mixte,* cargo and passenger ship. *~ de charge,* cargo ship, freighter. *~ pétrolier,* (oil) tanker. *~ frigorifique,* cold storage ship. *~ de combat,* battleship. *~ de commerce,* merchant ship/ vessel, merchantman. *~ de guerre,* warship. *~ usine,* factory ship.

**néant** *n.m.* **1.** naught, nought. *Réduire à ~,* to reduce something to nothing, to annihilate. **2.** *(adm.)* none, nothing to report, nil. *État ~,* nil return.

**nécessaire** *adj.* necessary, indispensable, required, requested.

**nécessaire** *n.m.* necessaries, necessities, the indispensable, the needful. *Le strict ~,* bare necessities. *~ de réparation,* repair kit.

**nécessairement** *adv.* necessarily, inevitably.

**nécessité** *n.f.* necessity, need, want. *Denrées de première ~,* staple commodities, essential foodstuffs. *Objets de première ~,* indispensable articles. *Selon les ~s,* as circumstances require.

**négatif** *n.m.* *(photo)* negative. *~ couleur,* color negative.

**négatif, -ive** *adj.* negative. *Dessin ~,* blueprint.

**négligeable** *adj.* negligible. *Quantité ~,* negligible quantity. *Traiter quelqu'un comme quantité ~,* to disregard someone's opinion.

**négligence** *n.f.* neglect, negligence, carelessness. *~ criminelle,* criminal negligence.

**négligent, e** *adj.* careless, neglectful, negligent. *D'un air ~,* casually.

**négliger** *v.* to neglect. *~ ses devoirs,* to neglect one's duty/ duties. *~ de,* to fail to, to neglect to.

**négoce** *n.m.* business, trade, trading. *Faire le ~ de,* to trade in.

**négociable** *adj.* negotiable, transferable, marketable. *~ en banque,* bankable. *Valeur ~,* market value. *Actif ~,* liquid asset. *Effet(s) ~(s),* negotiable bill(s).

**négociabilité** *n.f.* negotiability.

**négociant** *n.m.* dealer, merchant, trader. *~ en gros,* wholesaler.

**négociateur, trice** *n.m.f.* negotiator, intermediary, middleman, transactor ; go-between.

**négociation** *n.f.* negotiation, talks. *~ collective,* collective bargaining. *(Bourse) ~s à terme,* dealings for the settlement. *~s de Bourse,* Stock Exchange transactions. *~s de change,* exchange transactions. *Mener une ~,* to carry out/ to conduct/ a negotiation.

**négocier** *v.* to negotiate ; to trade.

**nègre** *n.m.* 1. black ; negro. 2. *(édition)* ghost writer.

**néoprène** *n.m.* neoprene.

**nerf** *n.m.* 1. nerve. *Taper sur les ~s,* to get on someone's nerves, to exasperate. *Guerre des ~s,* war of nerves. 2. *Le ~ de la guerre,* the sinews of war. *Manquer de ~,* to lack energy/ stamina.

**net, te** *adj.* net, nett. *Comptant ~,* net cash. *Bénéfice ~,* net profit, clear profit. *Poids ~,* net weight. *Poids ~ réel,* net weight. *Produit ~,* net proceeds. *Revenu ~,* net income. *Valeur ~te,* net worth. *~ de ...,* free from... *~ d'impôts,* tax free, free of tax. *Recevoir un salaire ~ de 2 000 dollars par mois,* to get $ 2,000 clear a month. *Nous avons réalisé des bénéfices ~s de 930 000 francs,* we netted 930,000 francs in profits.

**net à payer,** (net) amount due.

**netteté** *n.f.* *(image)* sharpness ; *(souvenir)* vividness ; *(style)* clearness. *Écrit avec ~,* neatly written.

**nettoiement** *n.m.* cleaning. *Service de ~,* refuse collection, *(U.S.)* garbage service, garbage disposal.

**nettoyage** *n.m.* cleaning. *~ à sec,* dry cleaning. *~ par le vide,* vacuum cleaning.

**nettoyer** *v.* 1. *(rendre propre)* to clean ; to scour. 2. *(éliminer ennemi, etc.)* to clear ; to wipe out.

**neuf, -ve** *adj.* new. *A l'état ~,* as new, unsoiled, in mint condition. *(Pièce de monnaie, etc.)* fresh from the mint, unused. *~ aux affaires,* new to business. *~ dans le métier,* new to the trade. *Qu'est-ce qu'il y a de ~ ?,* what is the news ? What's new ? *Il y a du ~,* I have news for you. *Remettre à ~,* to renovate, to recondition, to make something like new, to refurbish. *Tout neuf, flambant neuf,* bran(d)-new.

**neutraliser** *v.* to neutralize ; to compensate.

**neutralité** *n.f.* neutrality.

**neutre** *adj.* neutral. *(mil.) zone ~,* no-man's land. *(lun.) verres ~s,* plain glass.

**neutron** *n.m.* neutron.

**nez** *n.m.* nose. *Fourrer son ~ partout,* to poke one's nose into everything. *Fourrer son ~,* to pry into. *Tirer les vers du ~,* to invite confidence. *A vue de ~,* at first sight, at a rough estimate. *Avoir du ~,* to be well-inspired.

**nickel** *n.m.* nickel.

**nicotine** *n.f.* nicotine.

**nier** *v.* to deny. *~ une dette,* to repudiate a debt.

**nitroglycérine** *n.f.* nitroglycerine.

**niveau** *n.m.* level. *~ de décision,* decision-making level. *~ de qualification,* qualification, level of ability. *~ de vie,* standard of living. *~ d'étude,* educational level. *Mise à ~,* levelling. *Immeuble à 20 ~x,* a twenty-floor building, *(U.S.)* a twenty-story building. *~ le plus bas,* low. *Les bénéfices sont tombés à leur ~ le plus bas,* profits have reached a new low. *~ le plus élevé,* high. *~ le plus bas de l'année,* year low. *~ le plus haut de l'année,* year high. *~ le plus bas/ le plus haut jamais enregistré,* all-time low, all-time high/ record. *Les cours ont atteint un ~ record,* quotation have reached a record level/ a new high. *Nos ventes sont à leur ~ le plus bas depuis 3 ans,* our sales have hit a 3-year low. *Au ~ de,* level with. *Passage à ~,* level crossing, *(U.S.)* grade crossing.

**niveau sonore** *n.* sound level, volume level.

**niveau de synchronisation** *n.* sync level.

**niveler** *v.* to level, to even up (prices). *~ par le bas,* to level down.

**nocturne (vente)** late night shopping ; late-opening, late-opening night.

**nodal, e** *adj.* nodal.

**nœud** *n.m.* **1.** knot. **2.** *~ de communication,* centre of communication. *~ routier,* road junction. *~ ferroviaire,* railway junction.

**noir, e** *adj.* black. *Bête ~ e,* pet enemy, pet aversion. *Caisse ~ e,* slush fund, bribery fund. *Marché ~,* black market. *Acheter au ~,* to buy on the black market. *Travail au ~,* moonlighting. *Travailler au ~,* to moonlight. *Travailleur au ~,* moonlighter. *Série ~ e,* series of accidents, run of ill-luck. *Tableau poussé au ~,* gloomy picture.

**noir et blanc** black and white, B & W.

**noircir** *v.* to blacken, to make (something) black.

**noliser** *v.* to charter, to freight, to affreight.

**nom** *n.m.* **1.** name. *~ de famille,* surname. *~ de jeune fille,* maiden name. *~ et prénom,* full name. *~ déposé,* registered name. *~ d'emprunt,* assumed name, alias. *~ de plume,* pen-name. *Erreur de ~,* misnomer. **2.** *Au ~ de,* on behalf of. *Agir au ~ de quelqu'un,* to act in someone's name.

**nomade** *adj.* nomadic, wandering.

**nomade** *n.m.* wanderer, nomad.

**nombre** *n.m.* number. *~ impair,* odd number. *~ pair,* even number. *Loi des grands ~s,* law of numbers. *(pub.) ~ d'exposition,* exposure level. *(pub.) ~ de mots,* wordage. *(P.T.T.) envoi en ~,* mailing. *Ne pas être en ~,* not to have a quorum. *Le ~ suffisant (de membres),* the quorum. *Surpasser en ~,* to outnumber. *Faire ~,* to make up an audience. *~ de quatre chiffres,* four-digit number.

**nomenclature** *n.f.* **1.** nomenclature. **2.** catalogue, *(U.S.)* catalog, parts list ; list. *~ douanière,* customs classification/ list/ schedule. *Numéro de ~,* inventory number.

**nominal, -aux** *adj.* nominal. *Appel ~,* call-over, roll-call. *Faire l'appel ~,* to call the roll, to call over. *(fin.) capital ~,* authorized/ nominal capital. *Valeur ~ e,* face value, nominal value.

**nominatif, -ive** *adj.* registered ; nominal. *Action nominative,* registered share. *Connaissement ~,* B/L to a named person, *(U.S.)* straight B/L. *Liste nominative,* nominal list. *Porteurs d'actions nominatives,* registered shareholders. *Titres ~ s,* registered securities.

**nomination** *n.f.* **1.** appointment. **2.** *(comme candidat officiel)* nomination. *Recevoir sa ~ (à un poste),* to be appointed (to a post). *~ d'un officier,* commissioning of an officer. *~ à un grade supérieur,* promotion.

**nommer** *v.* **1.** to name, to call by name, to give a name. **2.** *(à un* *poste)* to appoint ; to elect ; to nominate ; to choose.

**non** *adv.* no. *J'ai peur que ~,* I fear not. *Faire signe que ~,* to shake one's head. *Répondre par ~,* to answer in the negative. *Les ~s l'emportent,* the noes have it.

**non-acceptation** *n.f.* dishonour, non acceptance ; refusal.

**non-accomplissement** *n.m.* non fulfilment.

**non-activité** *n.f.* non activity.

**non-amortissable** *adj.* unredeemable.

**non-appelé** *adj.* uncalled.

**non-aligné, e** *adj.* non-aligned ; uncommitted.

**non-assistance** *n.f.* non-assistance. *~ à personne en danger,* failure to assist s.o. in danger.

**non-belligerance** *n.f.* non-belligerency.

**non-comparant** *n.m.* defaulter.

**non-conciliation** *n.f.* refusal to settle out of Court.

**non-coté, e (n.c.)** *adj.* unquoted, not quoted ; *(Bourse)* unlisted ; *(nav.)* not classed.

**non coupable** *adj.* not guilty.

**non disponible** *adj.* unavailable.

**non-dissémination** *n.f.* non-dissemination.

**non échu, e** *adj.* not (yet) matured, ummatured ; unexpired.

**non-engagement** *n.m.* neutralism, non-alignment.

**non-exécution** *n.f.* non-fulfilment, non performance.

**non-expiré, e** *adj.* unexpired.

**non-fonctionnement** *n.m.* failure.

**non-garanti, e** *adj.* unsecured.

**non-ingérence** *n.f.* non-interference.

**non-inscrit** *n.m.* independent.

**non-intervention** *n.f.* non-intervention, non-interference.

**non-lieu** *n.m. (jur.)* non-suit, no ground for prosecution. *Bénéficier d'un ~,* to be discharged.

**non-livraison** *n.f.* non-delivery.

**non lucratif** *adj.* non profit. *Association à but ~,* non-profit association, association not for profit, society.

**nonobstant** *adj.* notwithstanding, in spite of.

**non-paiement** *n.m.* non-pay-

ment ; defaulting.

**non-payé, e** *adj.* unpaid.

**non-prolifération** *n.f.* non-proliferation.

**non-recevoir** *n.m. (fin de)* refusal. *(jur.) opposer une fin de ~,* to put in a plea in bar.

**non-reconduction** *n.f.* failure to renew (contract).

**non-récupérable** *adj.* expendable.

**non-responsabilité** *n.f.* non-responsibility, non-liability.

**non-réponse** *n.f.* lack of answer.

**non-résident** *n.m.* non-resident.

● **non-respect** *n.m.* failure to observe, non-compliance (with).

**non retour** *n.m. (point de)* point of no-return.

**non-salarié, e** *n.m.* non wage-earning person, non-salaried person.

**non-sens** *n.m.* nonsense ; meaningless sentence.

**non-signé, e** *adj.* unsigned.

**non-syndiqué, e** *adj.* a) non-union, *(U.S.)* nonunion. *Tous les ouvriers sont ~s,* all the employees are nonunion ; b) non union-worker, non-member of a union.

**non-valeur** *n.f.* 1. improductiveness. 2. bad debt. 3. worthless security, valueless stock.

**non-vente** *n.f.* no sale.

**non-versement** *n.m.* non payment.

**nord** *n.m.* North. *Vers le ~,* northward. *Perdre le ~,* to get confused, to lose one's head, one's bearings.

**normal, e** *adj.* normal, standard. *École ~e,* teachers' training college. *Poids ~,* standard weight. *Échantillon ~,* average sample. *Valeur ~e,* normal value.

**normalisation** *n.f.* normalization, standardization.

**normaliser** *v.* to normalize, to standardize.

**norme** *n.f.* norm, standard, specification. *~ de production,* production standard. *~ de travail,* labour standard. *~s d'exécution,* standards of performance. *Conforme à la ~,* up to standard, up to specification, according to the norm.

**normographe** *n.m.* stencil.

**nota bene, N.B.,** please note.

**notabilité** *n.f.* notability. *Les ~s,* outstanding names.

**notable** *adj.* worthy of note, considerable.

**notable** *n.m.* person of influence, of standing, influential citizen, prominent figure. *Les ~s,* the leading citizens.

**notaire** *n.m.* **1.** notary, notary public. *Dresser par devant ~,* to draw up before a notary. **2.** solicitor.

**notarié, e** *adj. acte ~,* deed executed and authenticated by a notary.

**notation** *n.f.* notation, markings, scoring, rating. *~ du personnel,* personnel evaluation/rating.

**note** *n.f.* **1.** *(somme à payer)* account, bill, invoice. **2.** *(annotation)* annotation. **3.** *(~ en bas de page),* foot-note. *Prendre des ~s,* to take (down) notes, to note (down), to jot down, to write down. *Prendre ~,* to note, to make a note of. **4.** *(avis)* note, memo, memorandum ; minute. *~ de crédit,* credit note. *~ de débit,* debit note. *~ de service,* memorandum. *~ de frais,* (note of) expenses. **5.** *(école)* mark, grade.

**noter** *v.* to take notice, to note, to jot down, to mark.

**notice** *n.f.* **1.** account, notice. **2.** handbook, manual. *~ explicative,* instruction manual, directions for use. *~ technique,* specification sheet, spec sheet.

**notification** *n.f.* notice, notification. *Recevoir ~ de quelque chose,* to be notified of something.

**notifier** *v.* to notify (so. of sth.). *Être notifié de,* to receive notice to. *(prévenir)* to give notice.

**notion** *n.f.* notion, idea ; concept. *Avoir des ~s d'économie,* to have a smattering of economics.

**notoire** *adj.* well-known ; known ; *(péj.)* notorious.

**notoriété** *n.f.* **1.** notoriety, good name, reputation. *Il est de ~ publique que,* it is notorious that. *Avoir de la ~,* to have a reputation, to be well known. **2.** *(pub.)* *~ de la marque,* brand awareness. **3.** *(jur.)* *acte de ~,* identity certificate. **4.** *(fin.) crédit sur ~,* unsecured credit.

**nouer** *v.* to tie. *~ des relations avec,* to establish relations with someone.

**nourrice** *n.f.* **1.** nurse. **2.** *(aut. av.)* auxiliary tank, spare tank.

**nourrir** *v.* **1.** to feed. *~ sa famille,* to maintain one's family. *Logé et nourri,* with board and lodging. **2.** *~ des doutes,* to entertain doubts. *~ l'espoir que,* to indulge the hope that. **3.** *~ l'inflation,* to feed/ to fuel inflation.

**nourrisant, e** *adj.* nourishing, nutritive, rich.

**nourriture** *n.f.* food. *La ~ et le logement,* food and lodging. *(produits alimentaires)* foodstuffs. *(régime)* diet.

**nouveau, nouvel(le)** *adj.* **1.** new ; *modèle nouveau,* up to date model. **2.** *(récent) ~ venu,* newcomer. *Vin ~,* new wine. **3.** *(autre) jusqu'à nouvel ordre,* until further notice. **4.** *(compta.) report à ~, solde à ~,* balance brought forward. **5.** *(encore) à ~,* again.

**nouveauté** *n.f.* novelty, change, new invention. **2.** *(au pluriel)* fancy goods ; latest fashion.

**nouvelle** *n.f.* news *(coll. sg.) quelles ~s ?,* what is the news ? *Recevoir des ~s de,* to hear from. *Pas de ~, bonne nouvelle,* no news is good news. *~s économiques,* economic news, economic intelligence, economic report.

**novation** *n.f.* **1.** renewal. **2.** *(jur.)* novation, substitution (of debt).

**noyau** *n.m.* **1.** *(fruit)* stone. **2.** *(biol., phys.)* nucleus. **3.** *(techn.)* core. **4.** *~ dur,* hard core.

**noyautage** *n.m.* **1.** *(pol.)* infiltration. **2.** *(métal.)* coring.

**noyauter** *v.* *(pol.)* to infiltrate, to set up cells in, to penetrate.

**nu, e** *adj.* bare, naked. *(tech.)* unequipped. *~-propriétaire,* bare owner *~ ~-propriété,* bare-ownership, ownership without usufruct.

**nuancier** *n.m.* colour finder, sample chart.

**nucléaire** *adj.* nuclear. *Centrale ~,* nuclear plant.

**nucléaire** *n.m.* nuclear power.

• **nuire** *v.* to be harmful, to be prejudicial to ; to prejudice. *(jur.)*

*dans l'intention de* ~, maliciously.
**nuisances** *n.f.* nuisances, harmful effects.
**nuisible** *adj.* detrimental, harmful, noxious, prejudicial.
**nuit** *n.f.* night. *Équipe de* ~, night shift. *Prime de* ~, night shift premium.
**nul, le** *adj.* null. ~ *et non avenu,* ~ *et de* ~ *effet,* null and void. *Considérer une lettre comme* ~ *le et non avenue,* to consider a letter as cancelled. *Solde* ~, nil balance. *Bulletin* ~, spoilt paper.
**nullifier** *v.* to neutralize, to nullify.
**nullité** *n.f.* 1. nullity, invalidity (of marriage, deed). *Demande de* ~, nullity suit ; *action en* ~, action for voidance of contract. ~ *de l'assurance,* invalidity of the insurance. *Frapper une clause de* ~, to render a clause void. 2. *(incompétence)* incapacity, inability.
**numéraire** *adj.* numerary. *Valeur* ~, numerary value, legal tender value.
**numéraire** *n.m.* cash, specie, me-tallic currency. *Action en* ~, cash shares. *Avance en* ~, cash advance. *Payer en* ~, to pay in cash.
**numérique** *adj.* digital, numerical, numeric. *Calculateur* ~, digital computer. *Traitement* ~, digital processing.
**numéro** *n.m.* 1. *(chèque, commande, compte, référence, série, téléphone)* number. *Faux* ~, wrong number. ~ *d'appel gratuit,* ~ *de libre appel,* ~ *vert,* toll-free number. 2. ~ *d'un journal,* issue, number. *Le* ~ *du mois dernier,* last month's issue. *Dernier* ~, current issue, latest issue. 3. *(Show biz.)* *le dernier* ~ *du programme,* the last item/ number/ act/ on the program. 4. *c'est un* ~ *!,* he is a character !
**numérotage** *n.m.* numbering ; allocation of a number *(document)* ; paging (book).
**numéroter** *v.* to number. *Plaque numérotée,* numbered identification plate. ~ *un livre,* to paginate a book.
**nylon** *n.m.* nylon. *Bas* ~, nylon stocking(s).

# O

**obédience** *nf.* obedience, allegiance.
**obéir** *v.* 1. to obey. ~ *à quelqu'un,* to obey somebody. 2. *(respecter règlement, etc.)* to comply (with), to submit (to), to abide (by), to adhere (to), to stick (to). 3. *(répondre à des règles, etc.)* to follow, to answer, to depend on, to respond to.
**obéissance** *nf.* obedience, allegiance ; *(à des règles, etc.)* compliance (with), adherence (to).
**obérer** *v.* to burden, to weigh (heavily) on, to strain ; ~ *un budget, des ressources,* to strain a budget, resources.
**objecter** *v.* to object *(à,* to).
**objectif** *n.m.* objective, aim, goal, target, object, purpose.
**objectif, -ive** *adj.* objective, unbias(s)ed, fair.
**objection** *n.f.* objection. *Soulever une* ~, to raise an objection.
**objectivité** *n.f.* objectivity, objectiveness, fairness.

**objet** *n.m.* 1. object. 2. *(d'une lettre, d'un litige)* subject. 3. *(but)* purpose, object, aim, goal, end. *Sans* ~, aimless, purposeless, void. ~ *de valeur,* valuable object, valuable article, object of value. *(Pl.)* valuables. *Garde des* ~s *de valeur,* custody of valuables.
**obligataire** *n.m.* bondholder.
**obligataire** *adj.* bond, debenture. *Emprunt* ~, debenture loan. *Intérêt* ~, bond interest. *Titre* ~, debt security.
• **obligation** *n.f.* 1. obligation, duty, necessity. *Faire face à ses* ~s, to meet one's obligations / commitments / liabilities. ~ *de moyens,* best / reasonable effort (in achieving specified results), best effort undertaking. ~ *de résultats,* firm commitment undertaking. 2. *(Juridique, contrat)* binding agreement ; bond. 3. *(titre boursier)* bond, debenture. ~ *au porteur,* bearer bond. ~ *convertible,* convertible bond. ~ *garantie,* secured

bond. ~ *hypothécaire,* mortgage bond, mortgage debenture. ~ *nominative,* registered bond. ~*s à lots,* lottery bonds. *Porteur (détenteur) d'*~*s,* bondholder, debenture holder.

**obligatoire** *adj.* compulsory, obligatory, *(U.S.)* mandatory ; *(contrat, clause)* binding.

**obligatoirement** *adv.* necessarily, compulsorily, *(U.S.)* mandatorily.

**obligé, e** *n.m.f. (jur.)* obligee. *Être l'*~ *de quelqu'un,* to be under an obligation to someone, to be indebted to someone.

**obligeance** *n.f.* obligingness, kindness. *Avoir l'*~ *de,* to be so kind as to.

**obligeant, e** *adj.* obliging, kind, helpful.

**obliger** *v.* **1.** to compel, to force, to oblige ; to bind. *Nous serons obligés de,* we'll be compelled to, forced to, we'll have to. **3.** *(faveur, service)* to oblige. *Je vous serais obligé de,* I should be grateful if you would, I should be indebted to you if you would, you would oblige by... *Je vous serais obligé de le renvoyer par retour du courrier,* please send it back by return of mail.

**oblitération** *n.f.* stamping, obliteration, obliterating.

**oblitérer** *v.* to stamp, to obliterate.

**obole** *n.f.* (small/token) contribution, *(dîme)* tithe.

**obscurcir (s')** *v.* to grow dark, to get dimmer. *L'avenir s'obscurcit,* the outlook is gloomy, prospects are grim/ bleak.

**observance** *nf.* observance, observing, compliance with.

**observateur** *n.m.* observer, analyst.

**observation** *n.f.* **1.** observance, compliance with. **2.** observation, remark, comment.

**observer** *v.* **1.** to observe, to see, to watch, to notice, to witness. **2.** *(faire une remarque)* to observe, to remark, to comment. **3.** *(respecter)* to observe, to comply with, to meet. *Faire* ~ *la loi,* to enforce the law.

**obsolescence** *n.f.* obsolescence.

**obsolescent, e** *adj.* obsolescent.

**obsolète** *adj.* obsolete, outdated, outmoded.

**obstacle** *n.m.* obstacle, hindrance, hurdle. *Franchir un* ~*,* to clear an obstacle, to clear a hurdle.

**obstination** *n.f.* obstinacy, stubbornness.

**obstruction** *nf.* obstruction. *Faire de l'*~*,* to drag one's feet, *(Parlement)* to filibuster.

**obtempérer** *v.* to comply (with), to obey, to submit to.

**obtenir** *v.* to obtain, to get, to achieve. ~ *des renseignements,* to obtain/ to gain information. ~ *des subsides,* to secure funds, to obtain subsidies. ~ *des voix,* to poll votes. ~ *un diplôme,* to get/ to obtain/ to be granted/ to be awarded/ a diploma, a degree ; to graduate.

**obtention** *n.f.* obtaining, getting, securing, granting. ~ *d'un prêt,* granting of a loan. ~ *d'un diplôme,* granting / awarding / of a diploma, a degree ; graduation.

**obturateur** *n.m.* plug, stopper, stop-valve ; *(photo)* shutter.

**occase** *n.f. (fam. pour occasion)* opportunity, bargain. *D'*~*,* second-hand.

**occasion** *n.f.* **1.** opportunity, occasion ; chance. *Manquer une* ~*,* to miss an opportunity, *(U.S.)* to pass up a chance. **2.** *(bonne affaire)* bargain. *D'*~*,* second-hand.

**occasionnel, le** *adj.* occasional. *Main-d'œuvre* ~ *le,* casual labour. *Travailleur* ~*,* casual worker ; *(agriculture)* casual labourer.

**occasionnellement** *adv.* occasionally.

**occasionner** *v.* to cause, to entail, to involve, to bring about, to provoke.

**occident** *n.m. L'Occident,* the West, the western world, western countries.

**occidental, e** *adj.* western.

**occidentaliser** *v.* to occidentalize, to westernize.

**occidentaliser (s')** *v.* to westernize, to occidentalize, to adopt western standards.

**occulte** *adj.* occult, secret, hidden, undisclosed. *Fonds* ~*s,* slush fund ; secret accounts. *Ils ont utilisé des fonds* ~*s,* they used a slush fund.

**occulter** *v.* to occult, to conceal, to hide.

**occupant** *n.m.* occupant, occupier, resident ; *(locataire)* tenant ; *(d'une chambre d'hôtel)* guest.

**occupation** *n.f.* **1.** occupation. *(d'une maison, etc.),* occupancy. ~ *d'usine,* sit-in. *Plan d'~ des sols,* zoning laws, zoning regulations ; land-use regulations. **2.** *(métier)* occupation, business, work, employment, job.

**occupé, e** *adj.* **1.** *(affairé)* busy ; engaged. *Je suis très ~,* I am very busy. **2.** *(place, etc.)* occupied, taken ; *(W.C.)* engaged. **3.** *(tél.)* engaged, *(U.S.)* busy. *La ligne est ~e,* the line is engaged/ busy.

**occuper** *v.* to occupy ; *(un rang, un poste)* to hold, to have, to fill ; *(employer)* to employ, to give employment to, to provide jobs for ; *(du temps, de l'espace)* to take up, to fill. ~ *une usine,* to stage a sit-in.

**occuper de (s')** *v.* **1.** to be in charge of, to be responsible for ; to deal with, to handle, to attend to, to take care of ; to carry out, to perform, to complete ; to run, to manage, to operate, to be involved in, to be interested in. *S'~ des formalités,* to take care of the formalities. *S'~ des réparations,* to carry out the repairs. *S'~ d'un client,* to attend to a customer.

**occurrence** *n.f.* occurrence, happening, event. *En l'~,* in this (that) case ; under the circumstances.

**océan** *n.m.* ocean.

**octane** *n.m.* *(cf. indice, degré)* octane. *A haut degré d'~,* high-grade.

**octet** *n.m.* octet, byte.

**octroi** *n.m.* **1.** *(droit de passage)* toll, dues. *Droits d'~,* excise, excise duties. **2.** *(fait d'octroyer)* granting, grant, awarding, concession. ~ *de devise,* allocation of foreign currency. *Conditions d'~,* qualifying conditions.

**octroyer** *v.* to grant, to allow, *(U.S.)* to award.

**oculaire** *adj.* *Témoin ~,* eyewitness.

**œuvre** *n.f.* work. *Mettre en ~,* to put into effect, to carry into effect, to implement. ~ *d'art,* work of art. ~ *de bienfaisance, de charité,* charitable society/ institution/ trust, *(U.S.)* charity.

**œuvrer** *v.* to work.

**offense** *n.f.* offence, *(U.S.)* offense.

**offenser** *v.* to offend, to hurt.

**offensif, -ive** *adj.* offensive, aggressive.

**offensive** *n.f.* offensive ; onslaught.

**office** *n.m.* **1.** function, duty, office, charge. *Faire ~ de (pers.),* to act as, *(chose)* to serve as. *Remplir son ~,* to do one's job, to perform one's duty/ function/ office. **2.** *(bureau, administration)* office, agency, bureau, board, department. **3.** *d'office,* automatically, as a matter of course. *(jur.)* *Nommé d'~, commis d'~,* appointed by the court ; *(U.S.)* doing mandatory pro bono work. **4.** *(bons offices)* service(s), good offices. ~ *de Justification de la Diffusion des Supports,* voir *O.J.D.*

**officialiser** *v.* to make official, to render official, to announce officially, to officialize.

**officiel** *n.m.* official.

**officiel, le** *adj.* official ; *(cérémonie, etc.)* formal.

**officiellement** *adv.* officially ; formally.

**officier** *n.m.* officer. ~ *de l'état civil,* registrar. ~ *de justice,* law officer. ~ *ministériel,* legal officer (notaries, process-servers, solicitors, clerks of the court, auctioneers).

**officieusement** *adv.* unofficially, semi-officially ; informally ; *(non destiné à la publication)* off-the-record.

**officieux, se** *adj.* unofficial, semi-official ; informal ; *(déclaration, etc.)* off-the-record.

**officine** *n.m.* **1.** chemist's shop, *(U.S.)* drugstore. **2.** dubious firm, shady outfit.

**offrant, e** *adj.* bidder. *Le plus ~,* the highest bidder.

**offre** *n.f.* offer, proposal. *Loi de l'~ et de la demande,* law of supply and demand. ~ *d'achat,* bid. ~ *publique d'achat (O.P.A.),* take-over bid. *Offre publique* *d'échange (O.P.E.),* take-over bid for shares. *Refuser une ~,* to turn down an offer. ~ *d'emploi,* job offer, vacancy ; *(petites annonces)* « *~s d'emploi »,* situations vacant, positions available, appointments. ~ *de prix,* price offered, price offer.

**offre excédentaire,** *(Bourse, etc.)* overhang.

**offre publique de vente (d'actions),** public offering (of shares).

**offrir** *v.* **1.** to offer, to give. **2.** *(fournir)* to provide, to furnish, to supply. **3.** *(une somme pour acheter, acquérir)* to bid. **4.** ~ *sa démission,* to tender one's resignation, to hand in one's resignation. **5.** ~ *des garanties,* a) to present/ offer/ guarantees ; b) to provide security ; to be safe/ secure. **6.** *(vendre)* to sell.

**offset** *n.m.* offset. *Tiré en ~,* printed in offset.

**ogive** *n.f.* *(fusée)* nose cone. ~ *nucléaire,* nuclear head.

**oignon** *n.m.* onion.

**oiseux, euse** *adj.* idle, irrelevant, trifling.

**oisif, -ive** *n.* idle person, non-working person, non-worker.

**oisif, -ve** *adj.* idle.

**oisiveté** *n.f.* idleness.

**O.J.D.** *Office de Justification de la Diffusion des Supports,* French equivalent of ABC (Audit Bureau of Circulation).

**oléagineux** *n.m.* oleaginous.

**oléiculteur** *n.m.* olive-grower.

**oléiculture** *n.f.* olive-growing, olive-oil industry.

**oléifère** *adj.* oil-producing, oleiferous.

**oléoduc** *n.m.* pipe-line.

**oligarchie** *n.f.* oligarchy.

**oligarchique** *adj.* oligarchical.

**oligopole** *n.m.* oligopoly.

**olive** *n.f.* olive. *Huile d'~,* olive oil.

**olivier** *n.m.* olive-tree.

**olographe** *adj.* holographic. *Testament ~,* holographic will.

**ombre** *n.f.* shadow. *L'~ au tableau,* what spoils the picture.

**omettre** *v.* **1.** to omit, to leave out. **2.** *(de faire quelque chose)* to fail to do, to omit, to neglect to do, to dispense with.

**omission** *n.f.* omission ; *(oubli)* oversight. *Sauf erreur ou ~,* errors and omissions excepted, E & O E.

**omnibus** *n.m.* bus ; *(train)* slow train.

**omnidirectionnel, le** *adj.* omnidirectional.

**omnipotence** *n.f.* omnipotence.

**omnipotent, e** *adj.* omnipotent, all-powerful.

**omniprésence** *n.f.* omnipresence.

**omniprésent, e** *adj.* omnipresent, pervading.

**omnium** *n.m.* industrial group, commercial group, general trading company.

**once** *n.f.* ounce (oz.).

**onde** *n.f.* wave. *Petites ~s,* short waves. *Grandes ~s,* long waves. *~s moyennes,* medium waves. *Longueur d'~s,* wavelength.

**ondulé, e** *adj.* corrugated.

**onéreux, euse** *adj.* expensive, onerous. *A titre ~,* subject to payment, against payment, *(Jur.)* for a money consideration, for a (valuable) consideration.

**onglet** *n.m.* tab.

**O.P.A.** *(Offre Publique d'Achat)* take-over bid.

**O.P.E.** *(Offre Publique d'Échange)* take-over bid for shares.

**opéable** *adj.* likely target for a take-over bid.

**opérateur, trice** *n.m.f.* operator ; *(U.S., ouvrier)* operative.

**opératoire** *adj.* operative.

**opératrice** *n.f.* *(tél.)* operator.

**opération** *n.f.* operation, transaction, deal, dealing. ~ *à la baisse,* bear transaction. ~ *à la hausse,* bull transaction. ~ *à terme,* forward transaction, *(Bourse des valeurs)* dealing for the account ; *(Bourse de marchandises)* futures transaction, futures contract. ~ *au comptant,* cash transaction ; *(Bourse)* spot transaction. *~s de couverture,* hedging.

**opérationnel, le** *adj.* operational. *Recherche ~le,* operational research, *(U.S.)* operations research.

**opérer** *v.* to operate, to effect, to perform, to transact, to deal.

**opérer (s')** *v.* to be effected, *(avoir lieu)* to take place.

**opiner** *v.* **1.** to decide in favour

of, to approve, to assent. **2.** to nod approval.

**opiniâtre** *adj.* obstinate, stubborn, persistent.

**opiniâtreté** *n.f.* obstinacy, stubbornness.

**opinion** *n.f.* opinion. *L'~ publique,* public opinion. *Sondage d'~,* opinion poll, survey.

**opportun, e** *adj.* well-timed, timely, opportune, convenient, advisable.

**opportunisme** *n.m.* opportunism.

**opportuniste** *n.m.f.* opportunist ; time-server.

**opportuniste** *adj.* opportunist, opportunistic ; time-serving.

**opportunité** *n.f.* opportunity ; *(caractère opportun)* advisability, relevance.

**opposabilité** *n.f.* opposability.

**opposable** *adj.* opposable.

**opposant, e** *n.m.f.* opponent.

**opposé, e** *adj.* opposed, against. *Partie ~e,* adverse party.

**opposé** *n.m.* contrary, reverse, opposite.

**opposer** *v.* **1.** to oppose ; *(résistance)* to offer, to put up. **2.** *(comparaison)* to contrast.

**opposer (s')** *v.* **1.** to oppose. *S'opposer à une réforme,* to oppose a reform, to be opposed to a reform, to resist, to be in the way of. **2.** *(rendre impossible, exclure)* to bar.

**opposition** *n.f.* opposition. *(jur.)* faire ~ à une décision, un jugement,* to appeal (against). *Faire ~ à un chèque,* to stop payment of a cheque. *~ sur titres,* attachment against securities.

**oppresser** *v.* to oppress.

**oppresseur** *n.m.* oppressor.

**oppressif, ve** *adj.* oppressive.

**oppression** *n.f.* oppression.

**opprimer** *v.* to oppress.

**opter** *v.* to decide in favour of, to choose, to switch (to), to shift (to), to change (for), to opt (for) *(ce dernier verbe est notamment utilisé au sens d'opter pour une nationalité).*

**optimal, e** *adj.* optimum, optimal.

**optimisation** *n.f.* optimization, maximization.

**optimiser** *v.* to optimize, to maximize.

**optimisme** *n.m.* optimism. *C'est l'~ qui domine,* optimism prevails.

**optimiste** *n.m.f.* optimist.

**optimiste** *adj.* optimistic ; *(exagérément)* sanguine ; *(à propos d'un marché, etc.)* bullish ; upbeat.

**optimum** *n.m.* optimum, maximum.

**optimum** *adj.* optimum, maximum, optimal.

**option** *n.f.* **1.** option, choice, *(Bourse)* option, *(marché à terme)* ~ d'achat,* call. *~ de vente,* put. *En option,* on option. *~ ferme,* firm option. **2.** *(Universités, etc.)* concentration. **3.** option, optional feature.

**optionnel, le** *adj.* optional, not compulsory.

**optique** *n.f.* *(façon d'envisager)* approach, view(s). *Dans une ~ financière,* in financial terms, along financial lines, *(U.S.)* financewise.

**opulence** *n.f.* opulence, affluence, wealth.

**opulent, e** *adj.* opulent, affluent, wealthy, plentiful.

**opuscule** *n.m.* booklet.

**or** *n.m.* gold. *~ en barre,* bullion. *~ en lingots,* ingot gold. *Cours de l'~,* gold quotation. *Étalon-~,* gold standard. *Étalon-~ de change,* gold-exchange standard. *Faire des affaires d'~,* to do a roaring trade. *Réserves d'~,* gold reserves.

**oral** *n.m.* *(d'un examen)* oral part, orals. *Échouer à l'~,* to fail the oral part, the orals. *Réussir à l'~,* to pass the orals.

**oral, e** *adj.* oral, verbal. *Accord ~,* verbal agreement. *Par transmission ~e,* by word of mouth.

**oralement** *adv.* orally, verbally, by word of mouth.

**orangeraie** *n.f.* orange-grove, orange-plantation.

**orateur** *n.m.* speaker ; orator.

**orbite** *n.f.* orbit. *Mettre sur ~,* to put into orbit. *~ géostationnaire,* geostationary orbit. *Usine en ~,* orbiting manufacturing plant.

**orchestrer** *v.* *(campagne, etc.)* to plan, to organize ; to orchestrate ; to mastermind, to engineer *(souvent péjoratif).*

**ordinaire** *adj.* ordinary, common, regular, usual, standard, run-of-the-mill, *(moyen)* average. *D'ordinaire,* usually. *Action ~,* ordinary share, *(U.S.)* common stock ; equity.

**ordinairement** *adv.* normally, usually, ordinarily, as a rule.

**ordinal** *n.m.* ordinal.

**ordinal, e** *adj.* ordinal.

• **ordinateur** *n.m.* computer. *~ individuel,* personal computer, P.C. *~ domestique/ familial,* home computer. *Assisté par ~,* computer-aided, computer-assisted. *Enseignement assisté par ~,* computer-aided instruction.

**ordonnance** *n.f.* **1.** *(jur. et adm.)* order, regulation. *~ de paiement,* order to pay, order for payment. *~ d'un tribunal,* judge's order (decision, ruling), court order (decision, ruling, injunction). **2** *(politique)* ordinance, decree. **3.** *(médical)* prescription.

**ordonnancement** *n.m.* **1.** *(dettes, gestion de production, etc.)* scheduling. **2.** *(ordre de payer)* order to pay.

**ordonnancer** *v.* **1.** to schedule. **2.** to order payment.

**ordonnateur** *n.m.* civil servant (functionary, official) entitled to order payment.

**ordonnée** *n.f. (maths)* ordinate. *Axe des ~s,* Y-axis.

**ordonné, e** *adj.* orderly, tidy.

**ordonner** *v.* to order, to direct, to prescribe.

**ordre** *n.m.* **1.** order. *De l'~ de,* of about, in the region of, of the order of. *De premier ~,* first rate, first class, *(fam.)* top-notch. *Mettre de l'~,* to sort out, to tidy up, to arrange. *~ hiérarchique,* hierarchical order ; pecking order. *Numéro d'~,* serial number. *~ de priorité,* preferential order, priority level. **2.** *(commandement)* order, direction, command, behest. **3.** *(chèque, etc.)* *A l'~ de,* to the order of. *A l'~ de moi-même,* to my own order. *Billet à ~,* promissory note. **4.** *(commander)* to order. *Exécuter un ~,* to fulfil, execute, carry out, meet an order. **5.** *~ public,* law and order. *Respectueux de l'~,* law-abiding. *Troubler l'~ public,*

to disturb the peace. **6.** *L'~ des avocats,* the Bar.

**ordre d'achat,** buying order, order to buy.

**ordre de grandeur,** size, range, scope, region, level.

**ordre de vente,** selling order, order to sell.

**ordre du jour,** agenda. *Mettre à l'~,* to put on the agenda. *Passer à l'~,* to proceed with the agenda, the business of the day. *Questions à l'~,* items on the agenda. *(sens large)* order of the day.

**ordre permanent,** *(banque)* standing order.

**ordure** *n.f.* garbage, litter, refuse. *Défense de déposer des ordures,* No Litter. *Ramassage des ~s,* garbage disposal/ collection.

**orfèvre** *n.m.* goldsmith.

**orfèvrerie** *n.f.* **1.** goldsmith's trade, goldsmithery, goldsmithing. **2.** goldsmith's shop. **3.** gold plate, silver plate.

**organe** *n.m.* organ, agent, means, medium ; arm ; *(publication)* paper, magazine. *~ de presse,* newspaper ; *(commission, etc.)* organization, committee. *Par l'~ de,* through (the medium of).

**organigramme** *n.m.* **1.** organization chart. **2.** *(inform.)* flowchart, flow-diagram.

**organique** *adj.* organic, internal.

**organisable** *adj.* organizable.

**organisateur, trice** *n.m. f.* organizer, manager.

**organisation** *n.f.* **1.** *(fait d'organiser)* organization, organizing, planning, arranging, managing. **2.** *(groupe)* organization, association, body, union. *~ de consommateurs,* consumer association/ union. *~ internationale,* international organization/ body. *~ patronale,* management union, management organization. *~ syndicale (ouvrière)* union, *(G.B.)* trade union, *(U.S.)* labor union. **3.** *(structure)* organization, structure, *(fam.)* set-up. *~ de coopération et Développement Economique (OCDE),* OECD, Organization for Economic Cooperation and Development. *~ hiérarchique verticale,* line organization. *~ fonctionnelle horizontale,* functional organization, staff organization. ~ *mixte (type d'organigramme d'entreprise),* staff and line organization. ~ *scientifique du travail,* scientific management ; time and motion studies.

**organiser** *v.* to organize, to plan ; *(manifestation, campagne)* to stage, to mount.

**organisme** *n.m.* organization. *Organisme international,* international organization, international body.

**orge** *n.m.* barley.

**orient** *n.m.* orient, East. *L'extrême-orient,* the Far-East. *Le moyen-orient,* the Middle-East. *Le proche orient,* the Near East.

**orientation** *n.f.* **1.** orientation, direction, trend, tendency. *Changement d'~ d'une politique,* policy shift. *Perdre le sens de l'~,* to lose one's bearings. *Principales ~s d'un programme,* main provisions (lines) of a program. **2.** *(professionnelle)* guidance, counsel(l)ing. ~ *professionnelle,* vocational counselling, vocational guidance. **3.** *(Université, etc.)* placement. *Test d'~,* placement test.

**orienter** *v.* **1.** to orient, to orientate. **2.** *(conseiller)* to guide, to counsel, to direct. **3.** *(campagne, etc.)* to gear (to), to centre/(U.S.) center (on), to focus (on).

**orienter (s')** *v.* **1.** to find one's bearings. **2.** *(marché, tendance)* to show a trend (tendency) towards, *(U.S.)* to trend ; to move towards. *Les cours s'orientent à la hausse,* quotations show an upward trend, quotations are going up, *(U.S.)* are trending upward.

**orienteur** *n.m.* counsel(l)or, adviser, guide. ~ *professionnel,* vocational counselor, *(Université)* placement officer ; career officer.

**orifice** *n.m.* hole, aperture, opening, mouth. *(atomiseur)* nozzle.

**originaire** *adj.* originating (from) ; *(personne)* native (of), born in.

**original, e** *adj.* **1.** *(d'origine)* original, initial. **2.** inventive, original.

**origine** *n.f.* origin, beginning, source, cause ; *(naissance)* birth,

descent, *(nationalité)* nationality, origin. *Avoir pour ~,* to originate from, to originate in. *D'~,* original ; genuine, authentic ; *(document, etc.)* certified. *Certificat d'~,* certificate of origin. *Gare d'~,* forwarding station. *Port d'~ (d'attache),* port of registry. *(bureau de) poste d'~,* office of dispatch.

**orphelin, e** *n.m.f.* orphan.

**orthodoxe** *adj.* orthodox, standard, conventional ; sound.

**orthographe** *n.f.* spelling. *Faute d'~,* spelling error/ mistake.

**orthographier** *v.* to spell. *Mal orthographié,* misspelt, misspelled.

**orthographique** *adj.* spelling.

**O.S.,** *(ouvrier spécialisé)* unskilled worker, assembly-line worker.

**oscar** *n.m.* oscar ; award.

**oscillation** *n.f.* fluctuation, variation, swings ; *(U.S.)* seesawing ; ups and downs.

**osciller** *v.* to fluctuate ; *(personne)* to waver, to hesitate.

**oscillographe** *n.m.* oscillograph.

**oseille** *n.f.* sorrel ; *(fam., argent)* dough.

**ossature** *n.f.* framework.

**ostensible** *adj.* ostensible, visible, obvious.

**ostraciser** *v.* to ostracize.

**ostracisme** *n.m.* ostracism.

**otage** *n.m.f.* hostage. *Prendre en ~,* to hold (as) hostage, to take (as) hostage.

**ôter** *v.* to take away, to remove, *(vêtement, etc.)* to take off.

**ou** *n.m.* *(Bourse, option)* put option.

**oubli** *n.m.* oversight, omission.

**oublier** *v.* to forget ; to leave out ; to omit ; to overlook.

**ouest** *n.m.* West. *De l'~,* western, west.

**ouest-allemand, ande,** West-German.

**ouï-dire** *n.m.* hearsay. *Par ~,* by (from) hearsay.

**ouïr** *v.* *(un témoin)* to hear (a witness).

**ouragan** *n.m.* hurricane ; *(sens général)* storm.

**ourdir** *v.* *(complot, etc.)* to hatch (a plot).

**outil** *n.m.* tool ; *(jardinage, agri-*

*cole)* implement. *(moyen)* aid. *Ma-chine-~,* machine-tool. *~ de tra-vail (entreprise),* firm, business ; corporate assets.

**outillage** *n.m.* tools, plant, equipment, machinery, gear.

**outillé, e** *adj.* (well) supplied with tools, (well) equipped.

**outiller** *v.* to equip (to supply) with tools.

**outiller (s')** *v.* to equip oneself with tools ; *(Usine, pour un type de production)* to tool up.

**outrage** *n.m.* ~ *à la justice (à magistrat),* contempt of court. *~ aux mœurs, à la pudeur,* indecent exposure.

**outrager** *v.* to insult.

**outre** *adv.* in addition to, apart from, beyond. *En ~,* besides. *Pas-ser' ~,* to disregard, to override, to overrule.

**outremer** *n.m.* overseas.

**outrepasser** *v.* to exceed, to go beyond.

**ouvert, e** *adj.* open. *Opération portes-ouvertes,* open house. *Me-ner une opération portes-ouvertes,* to conduct an « open house ». *La campagne sera ~e à partir de,* the campaign will start on.

**ouvertement** *adv.* openly.

**ouverture** *n.f.* 1. opening. *Heure d'~,* opening time. *Heures d'~,* business hours, office hours ; *(ex-position)* visiting hours. *~ d'un compte,* opening of an account. 2. *(occasion)* opening, opportunity. *Faire des ~s,* to approach, to make overtures, to make proposals. 3. *(débat)* opening, starting. 4. *(d'es-prit)* openness of mind, broad-mindedness.

**ouvrable** *adj.* workable. *Jour ~,* working day, workday, weekday. *Heures ~s,* business hours, office hours, working hours.

**ouvrage** *n.m.* 1. work. ~ *d'art,* work of art. *Donneur d'~ (état, société)* main contractor ; client. 2. *(qualité du travail)* workmanship.

**ouvragé, e** *adj.* worked, wrought.

**ouvrager** *v.* to work.

**ouvré, e** *adj.* worked, wrought. *Produit ouvré,* finished product. *Jour(s) ~ (s), cf. jours ouvrables.*

**ouvre-boîte** *n.m.* can-opener, tin-opener.

**ouvreuse** *n.f. (cinéma)* usherette.

**ouvrier, ère** *n.f.* worker, work-man. *~ agricole,* farm hand, farm labourer. *~ à la pièce,* piece work-er. *~ d'usine,* factory worker, factory hand, blue-collar (worker). *~e d'usine,* factory girl. *~ quali-fié,* skilled worker. *~ spécialisé (O.S.),* unskilled worker, assembly line worker.

**ouvrier, ère** *adj.* working. *Classe ~e,* working class. *Législation ~e,* labour law(s), labour legislation. *Mouvement ~,* labour movement ; *(syndical)* union, organized labour. *N.B. : Lorsque « ouvrier » designe les rapports entre patronat et tra-vailleurs, on trouve souvent* industrial ; *agitation ~e,* labo(u)r unrest, industrial unrest ; *conflits ~s,* industrial disputes, labo(u)r disputes.

**ouvrir** *v.* 1. to open. *~ un compte dans une banque,* to open an account with a bank. 2. *(~ un commerce, etc.)* to open up, to open shop. 3. *(créer)* to open, to set up. 4. *(commencer)* to open, to start, to begin. 5. *(être ouvert, rester ouvert)* to be open, to be open for business.

**ouvrir (s')** *v.* 1. *(marché)* to open up. 2. *(négociation)* to start. 3. *(se créer)* to open, to be opened, to be set up.

**ovation** *n.f.* ovation, acclaim, cheers, cheering.

**ovationner** *v.* to acclaim, to che-er.

**oxyde** *n.m.* oxide. *~ de carbone,* carbon monoxide.

**oxyder (s')** *v.* to rust, to become oxidised.

**oxygène** *n.m.* oxygen. *Ballon d'~,* shot in the arm ; reprieve, temporary relief.

**ozone** *n.m.* ozone. *Couche d'~,* ozone layer.

# P

**pacage** *n.m.* **1.** pasture land, grazing land. **2.** pasturing, grazing. *Droit(s) de* ~, grazing right(s).

**pacification** *n.f.* pacification, pacifying.

**pacifique** *adj.* pacific. *Règlement* ~, peaceable settlement.

**pacifier** *v.* to pacify.

**pacifisme** *n.m.* pacifism.

**pacifiste** *adj.* pacifist.

● **pacotille** *n.f.* trinkets ; *(péj.)* gimcrack(s), shoddy goods, junk.

**pacte** *n.m.* pact ; compact ; agreement ; covenant ; settlement. *Faire un* ~ *avec quelqu'un,* to enter into an agreement with someone.

**pactiser** *v.* to come to terms ; to compromise, to compound.

**pactole** *n.m.* gold mine, *(U.S.)* bonanza.

**pagaille** *n.f.* disorder, chaos ; mess.

**page** *n.f.* page ; *page blanche,* blank page ; *à la* ~, up to date.

**pagination** *n.f.* paging, pagination.

**paginer** *v.* to page, to paginate.

**paie** *n.f.* pay, wage(s) *(G.B., fam.)* wage packet, wage envelope, paycheck. *Avoir une bonne* ~, to draw good wages, to have a good salary. *Bulletin de* ~, pay-slip. *Feuille de* ~, pay sheet, wage sheet. *Jour de* ~, pay-day. *Registre de* ~, pay-roll.

**paiement** *n.m.* payment ; *(règlement)* settlement. *Balance des* ~, balance of payments. *Cessation de* ~, suspension of payment, stoppage of payment. *Conditions de* ~, terms of payment. *Contre* ~ *de,* on (against) payment of. *Défaut de* ~, non payment, defaulting (on a payment). *Délai de* ~ a) term of payment b) extension of term of payment. *Différer un* ~ , to postpone a payment. *Echelonner des* ~ *s,* to spread (to stagger) payments. *En* ~ *de,* in payment of, in settlement of, in discharge of. *Faute de* ~ *sous huitaine,* failing payment within a week. *Non-*~, non-payment ; *effectuer un* ~, to effect a payment, to pay. *Ordre de* ~, order to pay. ~ *à la commande,* cash with order (C.W.O.), ~ *à la livraison,* cash on delivery (C.O.D.). ~ *anticipé,* payment in advance, advance payment, prepayment. ~ *à tempérament,* payment by instal(l)ments ~ *à terme* a) payment by instalments, *(U.S.)* time payment b) *(Bourse, etc.)* forward payment. ~ *(au) comptant,* cash payment. ~ *d'avance,* prepayment, payment in advance. ~ *en nature,* payment in kind. ~ *en numéraire,* payment in cash, money payment. ~ *libératoire,* (payment in) full discharge. ~ *partiel,* part payment. *Refus de* ~, refusal to pay.

**paille** *n.f.* straw. *Homme de* ~, strawman, man of straw, dummy, front ; stooge.

**paillon** *n.m. (bouteille)* strawcase.

**pain** *n.m.* bread. *Gagne-*~, livelihood, living.

**pair, e** *adj.* even. *Jour* ~, even date. *Nombre* ~, even number.

**pair** *n.m.* **1.** par, par value. *Au* ~, at par. *Au-dessous du* ~, below par, at a discount. *Au-dessus du* ~, above par, at a premium. ~ *de change,* par of exchange. **2.** *Pair du Royaume,* Peer of the Realm. **3.** *(personnel) au* ~, with board and lodging, but without salary, « au pair ». *Jeune fille au* ~, au pair girl.

**paire** *n.f.* pair.

**pairie** *n.f.* peerage.

**paix** *n.f.* peace.

**palabre** *n.f. ou m.* palaver.

**palabrer** *v.* to palaver.

**palace** *n.m.* palace ; plush hotel, posh hotel.

**palais** *n.m.* palace ; *palais de justice,* law-courts. *Le Palais (les gens du* ~*)* the lawyers.

**palan** *n.m.* tackle. *(Marchandises) sous palan,* under ship's tackle.

**palette** *n.f.* pallet. *Chargement sur* ~, palletized load(ing). *Mettre sur* ~, to palletize.

**palettiser** *v.* to palletize.

**palier** *n.m.* **1.** landing. **2.** stage, degree ; step ; level.

**palliatif** *n.m. et adj.* palliative.

**pallier** *v.* to palliate ; to lessen ; to compensate for, to offset.

**palmarès** *n.m.* honours-list, prize-list, list of awards ; list of winners, results ; hit parade.

**palme** *n.f.* palm ; award ; victory.

**palmeraie** *n.f.* palm-grove, palm plantation.

**palmier** *n.m.* palm-tree.

**palpable** *adj.* palpable, tangible ; obvious.

**palper** *v. (fam. = toucher de l'argent)* to pocket money.

**pan** *n.m.* piece, section, sector. *Des pans entiers de notre industrie s'effondrent,* whole sectors of our industry are being wiped out.

**panachage** *n.m.* splitting (up) votes (possibility of voting for candidates from different parties on the same voting paper).

**panacher** *v.* to split (up) one's vote (voir **panachage**).

**pancarte** *n.f.* placard ; show-card ; bill.

**panégyrique** *n.m.* encomium, panegyric.

**panel** *n.m.* panel. *Panel de consommateurs,* consumer panel.

**panier** *n.m.* basket. *Le haut du panier,* the pick of the basket.

**panique** *n.f.* panic, scare, stampede. *~ bancaire,* run on a bank (on banks).

**paniquer (se)** *v.* to panic ; to become frantic.

**panne** *n.f.* 1. breakdown. *Tomber en ~,* to break down. *~ de courant,* power failure. 2. *(~ de fournitures, etc.)* shortage. *(fam.) être en ~ de...* to have run out of...

**panne (en)** *(appareil)* out of order. *(Voiture) ma voiture est en panne,* my car has broken down, my car has engine trouble. *(Négociations) les négociations sont en panne,* the talks are at a standstill/ have broken down.

**panneau** *n.m.* 1. panel. 2. board. *~ d'affichage, (pour informations)* notice board. *(Pour publicité)* hoarding, *(U.S.)* bill-board ; *(signalisation routière)* signpost. *~ réclame,* advertisement hoarding.

**panonceau** *n.m.* sign.

**panoplie** *n.f.* kit.

**panorama** *n.m.* panorama. *~ de l'exercice,* review ; highlights of the year under review.

**panoramique** *adj.* panoramic.

**paperasse** *n.f.* paper work.

**paperasserie** *n.f.* red-tape, red-tapism ; paper-pushing ; paper work.

**paperassier, -ère** *adj.* involved in red-tape, paper-pushing.

**papeterie** *n.f.* 1. stationery. 2. *(usine)* paper-mill.

**papetier** *n.m.* 1. paper-maker. 2. (bookseller and) stationer.

**papier** *n.m.* 1. paper. *~ à lettre,* note paper, writing paper ; stationery. *~ carbone,* carbon paper. *~ d'emballage,* packing paper ; wrapping paper ; brown paper. *~ glacé,* glazed paper. *~ journal,* newsprint. *~ libre,* unstamped paper. *~ machine,* typing paper. *~-monnaie,* paper money, paper currency. *~ pelure,* flimsy. *~s de bord,* ship's papers. *~ timbré,* stamped paper. 2. *(fin.)* bill, paper. *~ à courte échéance,* short-dated bill. *~ à longue échéance,* long-dated bill. *~ sur l'étranger,* foreign bill.

**papillon** *n.m.* leaflet ; slip.

**paquebot** *n.m.* liner.

**paquège** *n.m.* package.

**paquet** *n.m.* parcel, package, packet ; bundle. *~ d'actions,* block of shares. *~ recommandé,* registered parcel, *(U.S.)* registered package.

**paquetage** *n.m.* 1. parcelling. 2. *(militaire, etc.)* pack.

**paqueteur** *n.m.* packer.

**paquet postal** *n.m. (G.B.)* parcel. *(U.S.)* package. *Par ~ postal,* by parcel post.

**par** *prép.* by ; through ; *(en passant ~)* via.

**parachever** *v.* to complete, to perfect, to finish off, to put the finishing touch (to).

**parade** *n.f.* 1. parade, show. *(de véhicules automobiles)* motorcade. 2. *(défense)* response, counter.

**paradis fiscal** *n.m.* tax haven, tax shelter.

**parafe** *n.m.* initials.

**parafer** *v.* to initial.

**paraffiner** *v.* to paraffin ; to

wax. *Papier paraffiné,* waxed paper ; oiled paper.

**parafiscal** *adj.* parafiscal.

**parafiscalité** *n.f.* parafiscality.

**paragraphe** *n.m.* paragraph.

**paraître** *v. (revue etc)* to be published, to be issued, to be released, to come out, to appear.

**parallèle** *adj.* **1.** parallel. **2.** unofficial ; underground.

**paralyser** *v.* to paralyze, to cripple. *Usine paralysée par une grève,* plant crippled by a strike, strikebound plant.

**paralysie** *n.f.* paralysis.

**paramètre** *n.m.* parameter.

**par action,** per share.

**paraphe** *cf.* **parafe,** initials.

**parapher** *cf.* **parafer.** to initial.

**parasite** *n.m.* parasite ; sponger. *(Radio, etc.)* static ; interference.

**paravent** *n.m. (agir comme ~ pour)* front, cover.

**par avion,** by air, by plane. *(courrier par ~ ,* airmail. *Envoyer par ~ ,* to send/ to ship/ by air ; *(courrier)* to airmail.

**parc 1.** park ; yard ; *~ de stationnement,* parking lot, car park. **2.** *(automobile).* a) number of cars. b) *(nombre de véhicules d'une entreprise)* fleet (of cars, trucks). **3.** *(ferroviaire)* rolling stock. *(de matériel)* stock, supply, equipment, number (of machines). **4.** *(enclos pour animaux)* pen.

**parcage,** parking ; *(bétail)* penning, enclosing ; *(moutons)* folding.

**parcellaire** *adj.* **1.** divided into plots. **2.** *(sens large)* incomplete, limited ; spotty, patchy.

**parcelle** *n.f.* **1.** scrap. **2.** *(terrain)* plot, patch.

**parceller** *v.* to divide ; to portion out ; to parcel out.

**parchemin** *n.m. (fam. pour diplôme)* diploma ; title.

**parcimonie** *n.f.* thrift ; *(péj.)* stinginess ; *distibuer avec ~ ,* to dole out.

**parcimonieusement** *adv.* thriftily ; *(péj.)* stingily.

**parcimonieux, euse** *adj.* thrifty ; *(péj.)* stingy.

**parcmètre** *n.m.* parking meter.

**parcourir** *v.* **1.** to travel (through) ; *(distance)* to cover ; to drive, to sail, to fly. **2.** *(un document)* to run through, to go through, to read through, to go over, to survey.

**parcours** *n.m.* **1.** journey. **2.** *(itinéraire)* route. **3.** *(distance)* run, mileage, distance covered. *Le ~ devient difficile,* the going is getting rough. *~ professionnel,* track record.

**pardon** *n.m.* pardon ; *(jur.)* remission of a sentence.

**pardonnable** *adj.* forgivable ; excusable ; pardonable.

**pardonner** *v.* to forgive ; to excuse ; to pardon.

**paré, e** *adj.* ready, prepared.

**par écrit** *loc.* in writing.

**pareil, -le** *adj.* identical, similar, the same.

**parent** *n.m.* parent, relative, blood relation. *Plus proche ~ ,* next of kin ; *~ s par alliance,* connected by marriage, kinsmen by marriage.

**parental, e** *adj.* parental ; *autorité ~ e,* parental authority.

**parenté** *n.f.* kinship, relationship. *Lien de ~ ,* kinship, (family) relationship. *Degré de ~* (degree of) relationship.

**parenthèse** *n.f.* parenthesis, *pl.* parentheses ; bracket. *Ouvrez la ~ ,* open bracket(s).

**parents et alliés** *n.m.* persons related by blood or marriage, relatives, kin.

**parer** *v.* **1.** to avoid ; to ward off ; to counter ; to compensate for. **2.** *(préparer)* to prepare. **3.** *(décorer)* to decorate, to deck out.

**pari** *n.m.* bet. *Les ~ s sont à 15 contre un,* betting odds/ the odds/ are fifteen to one.

**paresse** *n.f.* **1.** laziness ; sloth. **2.** *(de l'économie)* sluggishness.

**paresseux, -euse** *adj.* **1.** lazy. **2.** *(marché, etc)* sluggish, slack.

**par exprès** *loc.* (by) special delivery.

**parfaire** *v.* to perfect ; to complete, to finish off, to put the finishing touch (to).

**parfait, e** *adj.* perfect ; *(sans faille)* flawless.

**parfaitement** *adv.* perfectly.

**parfum** *n.m.* **1.** perfume. **2.** *(arôme, goût)* flavour.

**parfumerie** *n.f.* perfumery.

**parfumeur** *n.m.* perfumer.

**parier** *v.* to bet ; to gamble. ~ *sur quelqu'un,* to bet on someone, to back someone.

**parieur** *n.m.* better ; gambler. *(Sports, etc.),* backer.

**paritaire** *adj.* joint. *Commission paritaire,* joint-committee, employer-employee board. *Réunion ~,* joint meeting.

**parité** *n.f.* parity ; par value ; par equality ; equivalence ; *A ~,* at par. *~ à crémaillère,* crawling peg. *~ des monnaies,* mint par of exchange.

**parjure** *n.m.* 1. perjury, violation of oath. 2. *(personne)* perjurer.

**parking** *n.m. (lieu)* car park, parking lot. *~ interdit,* No parking.

**par la présente** *loc. (jur.)* hereby.

**parlement** *n.m.* parliament.

**parlementaire** *n.m.* Member of Parliament, *(G.B.)* M.P. ; *(U.S.)* Congressman.

**parlementaire** *adj.* parliamentary.

**parlementer** *v.* to parley.

**parler** *v.* to speak. *Entendre ~ de,* to hear of (about). *Faire ~ de soi,* to hit the headlines, to be the talk of the town. *~ affaires,* to talk business, to get down to business. *~ couramment,* to speak fluently, to be fluent (in).

**parole** *n.f.* 1. word. 2. *(promesse)* promise, word. *Donner sa ~,* to pledge one's word, to pledge oneself. *Être de ~,* to be as good as one's word. 3. *Prendre la ~,* to take the floor, to begin to speak, to begin one's address. *Demander la ~,* to request leave to speak. *Donner la ~ à,* to call upon someone to speak, to give the floor to someone.

**par porteur,** *(spécial)* by messenger, by courier.

**par procuration** *loc.* by proxy. *~ (signature)* per pro *(abréviation de per procurationem).*

**parquer** *v. (bétail)* to pen ; *(moutons)* to fold ; *(véhicules)* to park.

**parquet** *n.m.* 1. floor ; flooring. 2. *(jur.)* Public Prosecutor's Office. 3. *(Bourse) Le ~,* The Ring,

the official market, *(U.S.)* the Pit. 4. *(mar.) ~ de chargement,* dunnage.

**parrain** *n.m.* sponsor.

**parrainage** *n.m.* sponsoring ; sponsorship.

**parrainer** *v.* to sponsor.

**part** *n.f.* share ; part ; portion. *~ de fondateur,* founder's share *~ du/de marché,* market share.

**part (à)** *loc.* apart (from), aside (from). *Emballage à ~,* packing extra.

**part,** *(de la ~ de)* from/ on the part of ; on behalf of. *Ce serait aimable de votre ~,* It would be nice (kind) of you.

**part ( faire)** *n.m.* card, notice, notification.

**part (faire ... de)** *v.* to inform, to let someone know ; to advise ; to notify.

**part (prendre... à)** *v.* to take part in, to participate in, to be involved in, to join (in).

**partage** *n.m.* 1. sharing, sharing out, division, distribution, allotment. *(d'un pays)* partition. *~ des bénéfices,* profit sharing. *~ d'une succession* division of an estate. *~ du travail,* a) division of labour, b) work-sharing. 2. *(séparation)* division, splitting. *Ligne de ~ des eaux,* watershed.

**partager** *v. (distribuer)* 1. to divide ; to share (out), to distribute, to allot. *(Inform.) Temps partagé,* time sharing. 2. *(avoir en commun)* to share (in). *Partager un point de vue,* to agree ; to share (someone's) view(s). 3. *(différence d'opinion, division)* to divide, to split. *Le conseil est partagé sur ce problème,* The Board is split on the issue.

**partance (en)** *loc. (navire)* about to sail ; outward bound. *En ~ pour... (navire)* bound for, sailing to ; *(train, etc.)* leaving ; *(avion)* about to take off ; flying to...

**part de fondateur,** founder's share.

**part de marché** market share.

● **partenaire** *n.m.* partner. *~s sociaux,* industrial partners (i.e. management, the state as an employer and unions), management and organized labo(u)r.

**partenariat** *n.m.,* partnership.

**parti** *n.m.* **1.** party. *Parti politique,* political party. *Le Parti Travailliste,* The Labour Party. **2.** *(avantage)* profit, advantage. *Tirer le meilleur ~ de,* to make the best of. **3.** *(décision)* course, decision, choice. *Prendre ~,* to commit oneself/to take sides/to side (with).

**parti pris** *n.m.* prejudice, bias.

**partial** *adj.* bias(s)ed, one-sided, unfair, prejudiced.

**partialité** *n.f.* bias, one-sidedness, prejudice, unfairness, partiality.

**participant** *n.m. (à un séminaire, etc.)* participant, *(U.S.)* attendee. *~s à une réunion,* attendance, audience. *Nombre de ~s à une manifestation,* turnout.

**participation** *n.f.* **1.** participation ; stake ; *(com.)* sharing. *Avoir des ~s dans,* to have shares in, to have an interest in, to own capital in, to have/ to own equity in, to have a stake in. *Compte de (en) ~,* joint account. *Entreprise/opération/en ~,* joint-venture. *~ aux bénéfices,* profit-sharing. *~ électorale,* (voters') turnout. *~ majoritaire,* majority interest / holding. *~ minoritaire,* minority interest / holding. *Prendre une ~ dans,* to buy shares in, *(U.S.)* to buy stock in(to). **2.** *(contribution)* contribution, participation ; involvement. **3.** *(réunion)* attendance.

**participation(s) croisée(s),** cross-held stakes ; intercorporate stockholding.

**participer** *v.* to take part (in) ; to participate (in), to be involved (in) to share (in) to join (in) ; to contribute (to). *~ à une réunion,* to attend a meeting. *~ aux bénéfices,* to share in the profits.

**particularisme** *n.m.* particularism ; local custom(s), regional customs and traditions.

**particulier** *n.m.* private person, private individual.

**particulier, ère** *adj.* **1.** particular, specific, special. **2.** private, confidential, personal. *Secrétaire ~,* private secretary, personal assistant, P.A.

**particulier (en) 1.** especially, particularly, in particular, specifically. **2.** in private, privately.

**partie** *n.f.* **1.** part. *Faire ~ de.* a) to belong to, to be part of. *Faire ~ du Conseil d'Administration,* to sit (be) on the Board. b) to come (fall) within, to be part of. *Ça ne fait pas ~ de mes responsabilités,* this does not fall (come) within my responsibilities, this is not part of my responsibilities. **2** *.(jur.)* party. *La ~ adverse,* the other side, the other party. *Les ~s,* the parties, the litigants. **3.** *(sports, etc.)* game, match.

**partie (en)** in part ; partly.

**partie civile** *n.f.* plaintiff (claiming damages), claimant. *Se porter ~,* to bring a civil action against someone, to institute a civil action.

**partie double,** *comptabilité en ~,* double entry bookkeeping.

**partiel, le** *adj.* part, partial ; incomplete. *A temps ~,* part time. *(traite) Acceptation ~le,* qualified acceptance. *Expédition, livraison ~le,* part shipment, part delivery. *Paiement, règlement ~,* part payment. *(Ass.) Perte ~le,* partial loss. *Travail à temps ~.* a) part-time work. b) part-time job.

**partiellement** *adv.* partly.

**partie prenante,** party involved (in a deal), stakeholder.

**partie simple,** *comptabilité en ~,* simple entry bookkeeping.

**partir** *v.* to leave, to start, *(navire)* to sail, *(avion)* to take off. *Les marchandises partiront demain,* the goods will be dispatched/ forwarded/ shipped/ sent/ tomorrow.

**partir de (à ~)** *prép. (à compter de)* from, as from, as of, starting. *Le nouveau règlement sera appliqué ~...,* the new regulation will be/ implemented/ effective/ as from (as of)...

**partisan** *n.m.* **1.** supporter, backer, follower ; advocate ; *(propagateur)* exponent. *Être ~ de quelque chose,* to favour, to be in favour of, to approve of ; to advocate, to call for. **2.** *(milit)* guer(r)illa.

**part sociale** *n.f. (SARL)* share.

**parution** *n.f.* publication, issue ; publishing.

**parvenir** *v.* **1.** to succeed, to manage. **2.** to reach ; to arrive ; to attain. *... vous parviendra la semaine prochaine,* ...will reach you next week.

**parvenir à un accord,** to reach an agreement.

**parvenu** *n.m.* upstart.

**pas** *n.m.* step. ~ *à* ~, step by step. *Faux* ~, slip, blunder, mistake. *Avoir, prendre le ~ sur,* to have priority on, to have precedence on.

**pas de porte,** *(com.)* goodwill ; *(appartement, etc.)* key-money.

**passable** *adj.* tolerable ; indifferent ; decent ; fair, fairly good.

**passage** *n.m.* **1.** *(d'un document)* passage. **2.** *(franchissement)* passing (over), crossing. **3.** *(voyage)* passage. **4.** *(changement)* change, changeover, shift, switch. **5.** *(visite)* visit, call. **6.** *(transport)* transport. *Droit(s) de ~,* toll ; *(bac)* ferry-dues. **7.** ~ *interdit,* « No entry ». **8.** ~ *souterrain,* *(G.B.)* subway, *(U.S.)* underpass. **9.** ~ *à niveau,* level crossing, *(U.S.)* grade crossing.

**passager, ère** *adj.* temporary, short-lived, momentary, casual.

**passager, ère** *n.m.f.* passenger.

**passant** *n.m.* passer-by ; *pl.* passers-by.

**passant, e** *adj.* *(rue, etc.)* busy.

**passation** *n.f.* **1.** *(d'un acte)* drawing up, signing. **2.** *(compte)* entering, posting, making entries. **3.** *(d'une commande)* placing (of an order). **4.** ~ *de pouvoir,* transmission of powers, takeover.

**passavant** *n.m.* permit.

**passe** *n.f.* *(naut)* fairway, channel ; *(edit.)* surplus copies, over copies. *Être dans une mauvaise ~,* to be in a tight corner. ~ *de caisse,* allowance to cashier for possible errors.

**passe-droit** *n.m.* undue favour, unfair promotion, injustice.

**passeport** *n.m.* passport.

**passer** *v.* **1.** to pass ; *(route)* to run. **2.** *(consacrer du temps)* to spend, to pass. **3.** *(s'écouler)* to go by, to pass. **4.** *(signer un accord)* to sign, to conclude, to enter into, a contract. ~ *un marché,* a) to enter into a bargain. b) to place an order. **5.** *(établir un texte, le voter) passer un acte,* to draw up a deed. ~ *une loi,* to pass a bill. *Faire* ~ *une motion,* to have a

motion voted. **6.** *(~ des écritures)* to enter (in the books), to post, to record. ~ *au compte profits et pertes,* to post to the profit and loss account, to write off. **7.** *(avoir rang)* ~ *avant,* to rank first, to have precedence (priority) on (over). ~ *après ,* to rank after, to come after. **8.** *(en venir à)* to proceed with, to proceed to, to turn to, to pass on to. **9.** *(augmenter)* to rise, to increase, to grow, to go up. *Le prix est passé de X à Y,* the price increased from X to Y. **10.** *(changer) passer de... à...,* to change from... to..., to shift from... to..., to switch from... to... **11.** *(visiter)* to call (on somebody), to visit, *(fam.)* to drop by. **12.** *(être accepté) notre proposition est passée,* our proposal has been accepted. **13.** *(disparaître)* to disappear, to go away, to be over, to die away. **14.** *(remettre un document etc.)* to hand ; to pass on. **15.** *(un correspondant au téléphone)* to put through. *Passez-le moi.* a) put him on. b) hand him over to me. *Passez-moi le poste 28,* please put me trough to extension 28. **16.** *(un examen)* to take, to sit for. *(réussir)* to pass ; to succeed (at an exam). **17.** ~ *à la radio, à la télé,* to be on radio, on T.V., to be broadcast, *(U.S.)* to go on the air, to be on the air. **18.** *passer prendre quelque chose,* to collect, to pick up, to take delivery of. *Passer prendre quelqu'un,* to pick someone up, to meet somebody. **19.** *passer un accord,* to sign an agreement. **20.** *passer une annonce,* to run an ad, to place an ad. **21.** *passer un film,* to show a film.

**passer commande,** to place an order (*à quelqu'un,* with somebody).

**passer en contrebande,** to smuggle.

**passer de mode,** to become/outmoded/ old-fashioned.

**passer en jugement,** to be heard, to come up before a court. *L'affaire passera en jugement la semaine prochaine,* the case / will be heard / will come up / next week.

**passer (se)** *v.* to occur, to happen, to take place.

**passer de (se)**, to do without (something).

**passerelle** *n.f.* 1. footbridge. 2. *(nav.)* bridge. ~ *d'embarquement*, passenger gangway. *(avion)* gantry.

**passible** *adj.* liable (for, to), subject (to). ~ *de dommages et intérêts*, liable for damages. ~ *de droit(s)*, liable to duty, dutiable. ~ *de droit de timbre*, subject to stamp duty. ~ *de poursuites*, liable to prosecution, liable to be sued. ~ *d'une amende*, liable to a fine, liable to be fined.

**passif, -ive** *adj.* passive. *Dettes passives*, liabilities.

**passif** *n.m.* liabilities.

**passif exigible**, current liabilities.

**pâte à papier** *n.f.* pulp.

**patente** *n.f.* 1. licence 2. *(mar.)* ~ *de santé)* bill of health.

**paternalisme** *n.m* paternalism.

**patenté** *n.m.* licensee, licensed dealer.

**patenté, e** *adj.* licensed, established.

**patenter** *v.* to license.

**paternaliste** *adj.* paternalistic.

**patient, e** *n.m.f.* patient.

**patisserie** *n.f.* 1. *(magasin)* confectionery. 2. pastry, pastries.

**patissier, ère** *n.m.f.* confectioner ; pastrycook.

**patrie** *n.f.* native country, native land. mother country, motherland, fatherland, home, homeland.

**patrimoine** *n.m.* patrimony ; estate ; inheritance. *Gestion de ~*, estate management, private assets management.

**patrimonial, e** *adj.* patrimonial.

**patriote** *n.m.* patriot.

**patron** *n.m.* 1. employer ; manager ; *(fam.)* boss. *( = grand spécialiste)* top specialist, top expert. *( = personne qui domine un secteur)* tycoon. 2. pattern, model ; size.

**patronage** *n.m.* 1. *(parrainage)* sponsoring ; patronage. *Sous le ~ de*, under the auspices of, under the sponsorship of, sponsored by. 2. *(clientèle)* custom.

**patronat** *n.m.* management ; employers.

**patronal, e** *adj.* management, manager, employer ; managerial. *Associations ~ es*, manager's as-

sociations (unions). *Responsabilités ~ es*, managerial duties/responsibilities.

**patronner** *v.* to sponsor.

**patronyme** *n.m.* surname, family name ; last name.

**patronymique** *adj.* patronymic.

**pâturage** *n.m.* 1. pasture, grassland, meadow(s). 2. pasturing, pasturage.

**pâture** *n.f.* pasture, meadow, herbage ; pasturing, pasturage. *(sens figuré)* food.

**paupérisation** *n.f.* pauperization. *Seuil de ~*, poverty line.

**paupérisme** *n.m.* pauperism. *Extinction du ~*, depauperization.

**pause** *n.f.* pause ; break ; rest ; stop. ~ *café*, coffee- break. ~ *pour le thé*, tea break. ~ *dans les hostilités*, truce. *Marquer une ~*, to pause, to come to a rest, to come to a pause.

**pauvre** *adj.* poor.

**pauvres** *n.m.* *Les ~ s*, the poor ; the have-nots ; the underprivileged ; the needy.

**pauvreté** *n.f.* poverty.

**pavillon** *n.m.* 1. *(navire)* flag. *Battre ~*, to fly a flag. ~ *de complaisance*, convenience flag. 2. *(exposition, etc.)* stand. 3. *(maison)* ~ *de banlieue*, suburban home (house). ~ *mitoyen*, semi-detached house.

**payable** *adj.* payable. ~ *à la commande*, (to be paid) cash with order (C.W.O). ~ *à la livraison*, (to be paid) cash on delivery (C.O.D.). ~ *à l'échéance*, payable at maturity. ~ *à vue*, payable at sight, on presentation, on demand.

**payant, e** *adj.* 1. paying. *L'entrée sera ~ e*, a fee will be charged for admission. 2. *(qui donne des résultats)* profitable, rewarding. *Notre stratégie a été ~ e*, our strategy paid off.

**paye** *n.f.* voir. **paie** ; pay, wages, wage, salary. *Feuille de ~, fiche de ~*, paycheck, payslip. *Jour de ~*, payday. *Registre de ~*, payroll. *Assurer la ~*, to meet the payroll.

**payement** *n.m.* voir **paiement**.

**payer** *v.* *(voir aussi* **payement**, **payable***)*. 1. to pay, *(régler)* to settle, to discharge. *Congés payés*, holidays with pay, *(U.S.)* paid vacations. *Faire ~,* to charge. *~ quelqu'un,* to pay someone. *~ quelque chose,* to pay for something. *Combien avez-vous payé cet article ?,* How much did you pay for this article ? *Payer à un compte,* to pay into an account. *Politique consistant à faire ~ les riches,* soak-the-rich policy. *En port payé,* carriage paid ; *réponse payée,* answer prepaid. *(Enveloppe « T »), (U.S.)* business reply mail. **2.** *(fam.) (être profitable)* to pay off.

**payer (se),** *(marchandises)* to be worth, to sell (at a certain price) to be bought, to be purchased, (at a certain price).

**payeur, euse** *n.m.f.* payer. *Mauvais payeur,* defaulter ; slow payer ; problem debtor.

**pays** *n.m.* nation, country. *~ developpé,* developed nation. *~ d'origine,* country of origin. *~ du tiers monde,* third-world country. *~ en voie de développement P.V.D.,* developing nation, L.D.C. (less developed country). *~ pauvre,* poor nation. *~ riche,* rich nation. *~ sous-développé,* underdeveloped nation.

**paysan** *n.m.* farmer ; peasant.

**paysannat** **n.m.** farmers ; peasantry.

**paysannerie** *n.f.* (the) farmers.

**pays développé,** developed nation.

**pays en voie de développement, (P.V.D.)** developing nation, less developed country, L.D.C. (pl. LDC's).

● **péage** *n.m.* toll. *Autoroute à ~,* toll motorway, *(U.S.)* turnpike road. *Pont à ~,* toll-bridge.

**peau** *n.f. (d'animal)* hide, pelt, skin ; *(fourrure)* fur.

**pêche** *n.f.* **1.** fishing, fishery. *Bateau de ~,* fishing boat, fishing smack. *~ à la baleine,* whaling. *~ à la morue,* cod-fishing. *~ au chalut,* trawling. **2.** *(prise(s))* catch.

**pêcher** *v.* **1.** to fish. *~ au chalut,* to trawl. *~ le saumon,* to fish for salmon. **2.** *(prendre) ~ une truite,* to catch a trout.

**pêcherie** *n.f.* fishery.

**pêcheur** *n.m.* fisherman.

**pécule** *n.m.* **1.** savings, nest-egg. **2.** *(Milit.)* gratuity (paid on discharge). **3.** *(prisonnier)* earnings (of convict).

**pécuniaire** *adj.* pecuniary, financial, money.

**pécuniairement** *adv.* financially, pecuniarily.

**P.C.V.** *Appel en ~,* collect call, *(G.B.)* reverse charge call. *Appeler en ~,* to call collect. *(G.B.)* to reverse charges.

**P.D.G.,** *(G.B.)* Chairman and Managing Director, *~ (U.S.)* Chairman and President.

**pédagogique** *adj.* pedagogical, educational.

**peine** *n.f.* **1.** penalty. *Commuer une ~,* to commute a sentence/ a penalty. *~ capitale,* capital punishment. *~ de prison,* prison term. *Sous ~ de,* under penalty of. **2.** *(difficulté)* difficulty, difficulties, trouble.

**peintre** *n.m.* painter. *~ en bâtiment,* house-painter.

**peinture** *n.f.* **1.** *(fait de peindre)* painting. **2.** *(matière)* paint. *Attention à la ~,* « Wet Paint », « Mind the Paint ».

**péjoratif** *adj.* pejorative, disparaging, derogatory.

**pelleterie** *n.f.* **1.** *(métier)* fur-trade ; fur-making. **2.** *(peaux)* peltry, furs, skins.

**pelletier** *n.m.* furrier.

**pellicule** *n.f.* **1.** film, pellicle. **2.** *(film, etc.)* film.

**peloton** *n.m.* main body, bunch. *~ de tête,* leading group ; big league.

**pénal, e** *adj.* **1.** penal. **2.** *(contrat) clause ~e,* penalty clause.

**pénalement** *adv.* penally.

**pénalisation** *n.f.* penalization, penalizing.

**pénaliser** *v.* to penalize.

**pénalité** *n.f.* penalty ; *(paiement) ~ de retard,* late payment charge.

**pencher sur (se)** *v.* to study, to analyse ; to tackle.

**pendant, e** *adj.* pending.

**pénétration,** penetration ; *(publicité)* impact. *~ d'un marché,* market penetration.

**pénétrer** *v.* to penetrate, to enter. *~ par effraction,* to break (into something), to burglarize. *~ un nouveau marché,* to tap a new market.

**pénible** *adj.* painful. *Travaux ~s,* heavy work, hard work.

**pénibilité** *n.f.* painfulness ; inconvenience ; tediousness. *Prime de ~,* heavy work bonus.

**péniche** *n.f.* barge ; lighter. *~ automotrice,* self-propelled barge.

**pénitencier** *n.m.* penitentiary.

**pénitentiaire** *adj.* penitential ; penitentiary.

**penser** *v.* to think. *Nous pensons que,* we think that, we feel that, we consider that ; we trust that.

**pension** *n.f.* **1.** pension . *~ alimentaire,* alimony. *~ de retraite,* retiring pension, retirement pension, old-age pension. *~ viagère,* life annuity. **2.** *(vivre et couvert)* board and lodging, accommodation ; *(frais de ~)* accommodation fees, board(ing) charges. *~ complète,* full board. **3.** boarding-house.

**pensionnaire** *n.m.f.* **1.** *(école, etc.)* boarder. **2.** *(hôtel, etc.)* guest. **3.** *(prison)* inmate.

**pensionné** *n.m.* pensioner.

**pensionner** *v.* to pension (off).

**pente** *n.f.* **1.** slope ; gradient, incline. **2.** *(= tendance)* trend, inclination, bent.

**pénurie** *n.f.* shortage *(de quelque chose,* of something) ; dearth.

**pépinière** *n.f.* nursery.

**pépiniériste** *n.m.* nursery gardener.

**percé, e** *adj.* pierced ; holed.

**percée** *n.f.* *(technologique, etc.)* breakthrough. *Faire une ~ sur un marché,* to break into a market.

**percentile** *n.m.* percentile.

**percepteur** *n.m.* tax-collector.

**perception** *n.f.* **1.** *(fait de percevoir un droit, etc.)* collection, levy, levying, charge, charging. **2.** *(bureau du percepteur)* tax-collector's office.

**percer** *v.* to pierce, to perforate, to drill/bore a hole into. *(Produit, etc.) Commencer à ~,* to begin to break through. *(Personne)* to succeed, to make it.

**percevoir** *v.* **1.** *(une taxe, etc.)* to collect, to levy, to charge. **2.** to see, to hear, to feel, to sense, to perceive.

**perdant, e** *n.m.f.* loser.

**perdre** *v.* to lose.

**perdre (se)** *v.* **1.** to be lost, to get lost. **2.** *(coutume, etc.)* to disappear, to be on the wane, to fall into disuse. **3.** *(perdre son chemin)* to lose one's way.

**perdu, e** *adj.* **1.** lost ; missing. *Emballage ~,* non-returnable packing/ empty, one-way packing, packing included. *~ corps et biens,* lost crew and cargo ; lost with all hands. **2.** *(gâché)* wasted.

**péremption** *n.f.* time limit(ation).

**péremptoire** *adj.* peremptory ; *(argument)* decisive.

**pérennité** *n.f.* perenniality.

**péréquation** *n.f.* equalization. *Caisse de ~,* equalization fund.

**perfectibilité** *n.f.* improvability, perfectibility.

**perfectible** *adj.* perfectible, improvable.

**perfection** *n.f.* perfection ; perfecting.

**perfectionné, e** *adj.* sophisticated, complex ; perfected, improved.

**perfectionnement** *n.m.* improvement ; improving, perfecting. *(Formation permanente)* advanced courses ; retraining program(me).

**perfectionner** *v.* to perfect, to improve.

**perforatrice** *n.f.* **1.** *(machine)* drilling-machine, punching-machine. **2.** *(personne)* punch-card operator.

**perforé, e** *adj* punched. *Carte ~e* punch-card, punched-card.

**perforer** *v.* to punch ; to perforate ; to drill, to bore. *Carte perforée,* punch(ed)-card.

• **performance** *n.f.* performance.

**performant, e** *adj.* efficient ; high-performing.

**péricliter** *v.* to be ailing, to be in a bad way, to go downhill, to be in danger.

**péril** *n.m.* danger, peril ; risk ; hazard. *Aux risques et ~s du propriétaire,* at owner's risks. *Aux risques et ~s de l'expéditeur,* at sender's risks. *Mettre en ~,* to endanger, to jeopardize, to threaten. *~ de mer,* hazards of the sea, sea-risks, perils of the sea.

**périmé, e** *adj.* expired ; no longer valid ; out of date. *Billet ~,* used ticket.

**périmer** *v. (jur.)* to lapse, to become out of date.

**périmer (se)** *v.* to expire ; to lose one's validity ; to become out of date. *(jur.)* to lapse.

**périmètre** *n.m.* perimeter, area ; *(d'une usine, etc.)* premises.

**période** *n.f.* period ; time ; spell ; phase, stage. *(Compta.)* ~ *considérée,* period under review. ~ *d'essai,* trial period. ~ *de prospérité,* (period of) boom. ~ *de rôdage,* running-in period ; period of adjustment.

**périodicité** *n.f.* periodicity ; recurrence.

**périodique** *adj.* periodical ; *(qui revient régulièrement)* recurrent. *État (évaluation)/rapport* ~ , progress report.

**périodique** *n.m.* periodical ; magazine.

**périodiquement** *adv.* periodically.

**périphérique** *adj.* peripheral. *Équipement* ~ , peripheral equipment. *Boulevard* ~ , ring road.

**périssable** *adj.* perishable. *Denrées* ~*s,* perishable goods, perishables.

**permanence** *n.f.* 1. permanence. 2. service, duty. *Être de* ~ , to be on duty. 3. *(local)* office open all day ; permanent office. 4. *(Compta.)* ~ *des méthodes appliquées,* consistency (principle/ concept).

**permanent, e** *adj.* permanent, standing. *Commission* ~*e,* standing committee. *Formation* ~*e,* ongoing education, further/ continuing/ continuous/ education, adult education. *(Banque) ordre* ~ , standing order.

**permanent** *n.m.* permanent member, permanent staff (member). *(D'un parti, d'un syndicat)* official.

**permettre** *v.* to permit, to allow ; *(capacité)* to enable, to make it possible.

**permettre (se)** *v.* 1. to take the liberty of ; to allow oneself to ; to make bold to, to make so bold as to ; to venture. 2. *(achat)* to afford.

**permis, e** *adj.* allowed, permitted, lawful.

**permis** *n.m.* permit, licence. ~

*de construire,* building permit ; planning permission. ~ *d'embarquement (marchandises),* shipping note. ~ *d'entrée (nav.),* clearance inwards. ~ *d'importation (d'entrée),* import licence. ~ *de sortie (nav.),* clearance outwards. ~ *d'exportation (de sortie),* export licence, export permit. ~ *de séjour,* certificate of registration, registration certificate, registration papers, registration card. ~ *de travail,* work/labour permit.

**permission** *n.f.* 1. permission, consent, authorization, agreement. 2. *(militaire, etc.)* leave ; *(U.S.)* furlough.

**permutation** *n.f.* exchange ; *(math.)* permutation.

**permuter** *v.* to exchange (posts, positions).

**perpétration** *n.f.* perpetration, commission (of a crime).

**perpétrer** *v.* to commit (a crime), to perpetrate.

**perpétuel, le** *adj.* perpetual, everlasting ; ceaseless, endless. *Emprisonnement* ~ , imprisonment for life, life sentence. *Rente* ~ *le,* perpetual annuity.

**perpétuité** *n.f.* perpetuity. *A* ~ , for life. *Être condamné à* ~ , to get a life sentence, to be sentenced to life (imprisonment).

**perquisition** *n.f.* (house) search ; *faire une* ~ *chez quelqu'un,* to search someone's premises. *Mandat de* ~ , search warrant.

**perquisitionner** *v.* to search.

**persévérance** *n.f.* perseverance, sense of purpose ; dedication, commitment.

**persévérer** *v.* to persevere, to persist, to insist, to stick (to something).

**persistant, e** *adj.* persistent ; lasting ; enduring.

**persister** *v.* to persist.

**personnalisé, e** *adj. (produit)* customized, custom-made, custombuilt.

**personnaliser** *v.* 1. to personalize. 2. *(produit)* to customize.

**personnalité** *n.f.* personality ; V.I.P. ; ~ *civile, juridique, morale,* legal entity. *Les* ~*s,* the officials.

**personne** *n.f.* person, individual.

*En* ~ , personally, in person. ~ *civile, juridique, morale,* legal entity. *Tierce* ~ , third party. *Note : lorsqu'il s'agit simplement de dénombrer les présents ou participants on emploie* people. *5 000* ~ *s ont pris part à la manifestation,* 5,000 people took part in the demonstration.

**personnel** *n.m.* personnel, staff, employees, labour ; labour force, manpower, workforce. *Note : pour désigner l'ensemble du personnel,* « Personnel » *tend à l'emporter — sauf dans le cas d'hôpitaux, hôtels, établissements scolaires —* sur staff *qui retrouve son sens d'origine d'état-major. Avoir trop de* ~ , *du* ~ *en surnombre,* to be overstaffed/overmanned. *Chef du* ~ , Personnel Manager. *Licenciement de* ~ , lay-off, laying off, redundancies. *Manquer de* ~ , to be understaffed, undermanned. ~ *à temps partiel,* part-time workers. ~ *réduit,* skeleton staff. ~ *intérimaire,* temporary workers/employees ; temps. ~ *temporaire,* temporary workers, casual labour. *Rotation du* ~ , personnel turnover.

**personnel, le** *adj.* personal ; private ; individual ; own.

**personnellement** *adv.* personally ; in person.

**perspective** *n.f.* 1. *(ce qu'on peut prévoir)* prospect(s), outlook. *Les* ~ *s sont mauvaises,* prospects are bad/bleak, the outlook is gloomy. ~ *s d'avenir,* future prospects. ~ *s de carrière,* career prospects. ~ *s de reprise,* prospects of recovery. *Les* ~ *s ne sont pas encourageantes,* the outlook is not promising. 2. *(façon d'envisager)* approach. *Dans cette* ~ . a) with this in view. b) from this point of view, from that angle, from this standpoint/viewpoint *(U.S.),* in this light.

**perspicacité** *n.f.* perspicacity, discernment ; shrewdness ; insight ; *(dans le domaine des affaires)* acumen.

**persuader** *v.* to persuade, to convince.

**persuasion** *n.f.* persuasion ; belief.

**perte** *n.f.* 1. loss. *Compenser des* ~ *s,* to make good a loss ; to recoup ; to offset losses. *(Nav.)* ~ *corps et bien,* total loss. ~ *de temps,* waste of time. ~ *s et profits,* profit and loss. ~ *s et profits sur exercices antérieurs,* profit and loss on previous years. ~ *s par écoulement,* leakage. ~ *sèche,* dead loss. *Subir des* ~ *s,* to suffer, to sustain losses. 2. *(en vies humaines)* casualties.

**perte (à)** *loc.* 1. at a loss. 2. at a discount.

**pertinence** *n.f.* relevance.

**pertinent, e** *adj.* relevant. *Non pertinent,* irrelevant.

**perturbation** *n.f.* disturbance, disruption. *La grève causera des* ~ *s dans l'acheminement du courrier,* the strike will disrupt mail deliveries.

**perturbateur** *n.m.* disturber ; agitator ; *(réunion électorale, etc.)* heckler.

**pervers, e** *adj. effet* ~ , secondary effect ; negative effect ; perverse effect.

**perturber** *v.* to disrupt ; to disturb ; to unsettle. ~ *l'ordre public,* to disturb the peace. *Marché perturbé,* unsettled market.

**pesage** *n.m.* weighing. *Appareil de* ~ , weighing-machine. *Droits de* ~ , weighing dues.

**pesant, e** *adj.* heavy ; ponderous.

**pèse-lettre** *n.m.* letter-balance.

**pesanteur** *n.f.* 1. gravity. 2. *(d'un marché, des cours de l'économie)* dullness, sluggishness. 3. *(~ des traditions sociologiques, etc.)* weight (of something), heaviness.

**pesée** *n.f.* weighing. *Faire la* ~ , to weigh.

**peser** *v.* to weigh.

**peser (sur)** to weigh on, to bear on, to be a burden on.

**pessimisme** *n.m.* pessimism ; gloom.

**pessimiste** *adj.* pessimistic ; gloomy. *Prévisions* ~ *s,* gloomy forecasts.

**pessimiste** *n.m.f.* pessimist.

**petit, e** *adj.* small.

**petite caisse,** petty cash.

**petite(s) annonce(s),** classified ad(s). *(Rubrique dans un journal)* classifieds. *Passer une* ~ , to place an ad ; to run an ad ; to insert an ad.

**petites et moyennes entreprises,** small and medium-size(d) firms ; small business.

**petite somme,** small sum/ amount.

**petite vitesse, (en)** (by) goods train, *(U.S.)* freight train.

**pétition** *n.f.* petition.

**pétitionnaire** *n.m.* petitioner.

**pétitionner** *v.* to petition.

**pesticide** *n.m.* pesticide.

**pétrochimie** *n.f.* petrochemistry.

**pétrole** *n.m.* oil. ~ *brut,* crude oil. *Gisement de ~,* oil field. *Pays producteurs de ~,* oil-producing countries. *Puits de ~,* oil-well.

**pétrolier, ère** *adj.* oil. *L'industrie ~e,* the oil industry. *Navire ~,* oil-tanker. *Pays ~s,* oil-producing countries. *Valeurs ~es,* oil shares.

**pétrolier** *n.m. (nav.)* oil-tanker.

**peuple** *n.m.* people, nation.

**peuplé, e** *adj.* populated. *Peu ~,* thinly populated. *Très ~,* densely populated ; *peuplé de,* peopled with.

**peuplement** *n.m.* peopling, settling, populating. *A faible ~,* thinly populated, sparsely populated. *Colonie de ~,* settlement.

**peupler** *v.* to people ; *peuplé,* populated ; *peuplé de,* peopled with.

**phare** *n.m.* lighthouse ; beacon. *Droits de ~,* light dues.

**pharmaceutique** *adj.* pharmaceutical. *Produits ~s,* pharmaceuticals.

**pharmacie** *n.f.* 1. dispensing chemist's ; *(U.S.)* drugstore ; pharmacy. ~ *de service,* duty chemist. 2. *(produits)* pharmaceuticals.

**pharmacien, ne** *n.m.f.* chemist ; *(U.S.)* druggist ; pharmacist.

**phase** *n.f.* stage, period, phase, step.

**philatélie** *n.f.* stamp-collecting.

**philatéliste** *n.m.f.* stamp-collector.

**phénoménal, e** *adj.* amazing, phenomenal, fantastic.

**phénomène** *n.m.* phenomenon, *pl.* phenomena.

**phosphate** *n.m.* phosphate.

**phosphater** *v.* to phosphate.

**photocopie** *n.f.* photocopy, copy, duplicate.

**photocopier** *v.* to photocopy ; to duplicate ; to copy ; to xerox.

**photocopieur** *n.m.* photocopier, copier.

**photographe** *n.m.f.* photographer.

**photo(graphie)** *n.f.* photograph ; picture ; *photo d'identité,* small photograph, passport photograph.

**photographier** *v.* to photograph.

**photograveur** *n.m.* photo-engraver.

**photogravure** *n.f.* photo-engraving.

**phrase** *n.f.* sentence.

**physionomie** *n.f. (marché)* trend, tone, aspect ; main features.

**physique** *n.f.* physics.

**pièce** *n.f.* 1. room. 2. *(monnaie)* coin. 3. *(de rechange, etc.)* part ; piece (of equipment). 4. *(document)* document ; paper. 5. *travail à la ~, aux ~s,* piecework, job work. 6. *(brisées)* piece(s), fragment(s). 7. *(théâtre)* play. 8. *(terrain)* field, plot, tract. 9. *(~ d'étoffe)* roll of fabric, roll of material. 10. *(pour rapiécer)* patch. 11. *donner la ~,* to tip.

**pièce à conviction,** exhibit ; incriminating evidence.

**pièce comptable,** *(compta.)* voucher ; receipt ; record.

**pièce de monnaie,** coin.

**pièce de rechange,** replacement part, replacement, spare part, spare.

**pièce détachée,** spare part, spare, component part, component, part.

**piece(s) jointe(s),** enclosure(s), Encl.

**pièce justificative,** voucher ; supporting document ; documentary evidence.

**pied** *n.m.* foot. *Mettre à ~,* to dismiss, to lay off. *Mise à ~,* dismissal, lay-off. *Prendre ~ sur le marché,* to get/ gain a footing/ foothold on a market.

**piéton** *n.m.* pedestrian.

**pige** *n.f.* piecework ; free-lancing.

**pigeon** *n.m.* gull, *(fam.)* sucker.

**pigiste** *n.m.f.* free-lance, free-lancer ; stringer.

**pile** *n.f.* 1. pile, stack, heap. 2. *(batterie)* cell ; battery. 3. *(atomi-*

*que)* atomic pile, nuclear reactor. **4.** *(de pont)* pier. **5.** ~ *ou face,* heads or tails. *Tirer à* ~ *ou face,* to toss/to flip/ a coin.

**pillage** *n.f.* *(émeutes, etc.)* looting ; plundering.

**pillard** *n.m.* *(émeutes, etc.)* looter ; plunderer.

**piller** *v.* *(émeute)* to loot ; to plunder, to pillage, to sack, to ransack.

**pilleur d'épaves,** wrecker.

**pilote** *n.m.* pilot ; *(autom.)* driver. *Bateau* ~, pilot boat. *Boisson* ~, drink sold in cafés at administered prices. *Expérience* ~, pilot program(me), pilot project. *Installation* ~, pilot plant.

**piloter** *v.* **1.** to pilot ; to steer, *(avion)* to pilot, to fly, *(autom.)* to drive, *(nav.)* to pilot, to steer. **2.** *(guider)* to show round. **3.** *(fam.)* ~ *un projet,* to have responsibility for, to be in charge of, responsible for, to manage, to lead a project.

**pingre** *adj.* mean, stingy, miserly.

**pinte** *n.f.* pint *(G.B. = 0,568 l, U.S. = 0,473 l).*

**pionnier, e** *n.m.f.* pioneer. *Faire œuvre de* ~, to pioneer, to break new ground. *Mentalité (esprit) des* ~*s,* (the) pioneer spirit ; *(U.S.)* frontier spirit.

**piquet de grève** *n.m.* strike picket. *Mettre des piquets de grève,* to picket.

**piratage** *n.m.* piracy ; *(info.)* hacking.

**pirate** *n.m.* pirate. *Émetteur* ~, pirate station. ~ *de l'air,* hijacker.

**pirater** *v.* to pirate ; *(info.)* to hack.

**piraterie** *n.f.* piracy. ~ *aérienne,* hijacking, skyjacking ; ~ *littéraire,* literary piracy.

**pire** *n.m.* the worst.

**pis-aller** *n.m.* makeshift ; *(solution)* last resort.

**piste** *n.f.* **1.** track. **2.** *(aviat.)* runway, strip ; ~ *de manœuvre, d'approche,* taxiway.

**piston** *n.m.* **1.** *(entregent)* pull, influence. *Il a obtenu cet emploi grâce au* ~, he got that job through pull, through influence. **2.** *(mécanique, etc.)* piston, valve.

**pivot** *n.m.* **1.** pivot, axis. *Fau-*

*teuil à* ~, swivel chair. **2.** *(sens large)* key factor, king pin.

**placage** *n.m.* *(bois)* veneering ; *(métal)* plating.

**placard** *n.m.* **1.** *(meuble) G.B.)* cupboard, *(U.S.)* closet ; locker. **2.** *(affiche)* bill, poster ; public notice.

**placarder** *v.* to post, to stick, to display.

**place** *n.f.* **1.** place. **2.** *(espace)* room, space. **3.** *(rang)* rank, position. **4.** *(emploi)* job, position. **5.** *(siège)* seat. « *Plus de* ~*s* », fully booked, booked up. **6.** ~ *boursière,* stock exchange, stock market. *(bourse de marchandises)* produce exchange, commodity exchange. **7.** ~ *marchande, commerciale,* market centre. **8.** *(de ville, village),* (public) square. **9.** *(pour un spectacle, etc.)* ticket.

**place à quai,** berthing, mooring berth.

**place, (chèque sur)** town cheque.

**place, (faire la)** to canvass (for orders).

**place financière,** financial market.

**place (frais de),** local charges.

**place (prix sur),** loco-price, spot price.

**place (sur)** *loc.* on the spot ; locally ; in the field ; *(dans les locaux)* on the premises. *Prix* ~, loco-price, spot price.

**placé, e** *adj.* *être bien* ~, to be well placed, to be in a good position ; *être bien* ~ *pour,* to be in a position to ; *haut* ~, influential, high up.

**placement** *n.m.* **1.** investment. *Faire, opérer des* ~*s,* to invest, to make investments. *institution/ organisme de placement,* investment house. ~ *de père de famille, de tout repos,* gilt-edged investment. ~ *sûr,* safe investment. **2.** *(du personnel)* employment, placement. *Bureau de* ~, employment bureau / agency / office ; *(bourse du travail)* labour exchange. **3.** *(emprunt, titre)* placement, placing ; offering.

**placer** *v.* **1.** to place, to put, to set, to position. **2.** *(de l'argent)* to invest ; *(en prenant un risque)* to stake. **3.** *(vendre)* to sell. **4.** *(du* *personnel)* to find a job (employment) for. **5.** *(mener à sa place)* to show someone to one's seat/to one's place. **6.** *(nommer à un poste)* to appoint ; to assign. **7.** ~ *en entrepôt,* to store.

**placer (se)** *v.* **1.** to find a job. ; *(personnel de maison)* to go into service ; *(apprentis)* to be apprenticed, to be articled. **2.** *(obtenir un rang)* to rank. *Nous nous plaçons en second,* we rank second. **3.** *(se vendre)* to sell ; *(U.S.)* to move.

**placier** *n.m.* canvasser, door-to-door salesman.

**plafond** *n.m.* ceiling, limit, cap. *Prix* ~, maximum price, ceiling price. *Crever, dépasser le* ~, to exceed the limit.

**plafonnement** *n.m.* **1.** *(fixation d'une limite)* fixing of a ceiling, setting of a limit ; pegging. **2.** *(atteinte d'un niveau maximum)* levelling off ; reaching of a ceiling.

• **plafonner** *v.* **1.** *(fixer un plafond)* to put a ceiling on, to set a limit to ; to put a cap on ; to peg. **2.** *(atteindre un niveau maximum)* to level off, to peak, to reach a (the) ceiling.

**plage** *n.f.* **1.** beach ; seaside resort. **2.** *plage horaire,* time, time slot, window, hour(s), period.

**plagiaire** *n.m.f.* plagiarist.

**plagiat** *n.m.* plagiarism, plagiary ; piracy.

**plagier,** to plagiarize, to copy.

**plaidable** *adj.* pleadable.

**plaidant, e** *adj. les parties* ~ *es,* the litigants, the parties.

**plaider** *v.* to plead ; *(faire procès)* to go to court. ~ *un dossier,* to argue a case. ~ *coupable,* to plead guilty. ~ *non coupable,* to plead not guilty.

**plaider (se)** *v. (procès)* to come before the court(s), to be heard.

**plaideur** *n.m.* litigant.

**plaidoirie** *n.f.* counsel's speech.

**plaidoyer** *n.m.* plea.

**plaignant,e** *adj.* plaintiff.

**plaindre** *v.* to be sorry for, to pity.

**plaindre (se)** *v.* to complain ; to grumble.

**plaine** *n.f.* plain, flat country.

**plainte** *n.f.* complaint. *Porter* ~, to lodge a complaint (against) ;

*(U.S.)* to file a claim against ; to take legal action, to sue, to bring an action against someone, to undertake proceedings, to institute proceedings, to file a lawsuit. *Retirer une* ~, to withdraw a charge.

**plainte en diffamation,** action for libel.

**plaire** *v.* to please. ~ *aux consommateurs,* to appeal to (the) consumers.

**plaisance** *n.f. bateau de* ~, pleasure boat.

**plaisancier** *n.m.* pleasure-boat owner.

**plaisir** *n.m.* **1.** pleasure. *Nous avons le* ~ *de,* we are pleased to. **2.** *(amusement)* enjoyment ; entertainment.

**plan** *n.m.* **1.** plan, scheme, project. *Faire des* ~*s,* to plan ; to scheme. ~ *comptable,* accounting plan. ~ *d'épargne,* savings plan/ scheme. ~ *d'épargne logement,* state-sponsored savings plan for prospective home owners, in the form of bank deposits opening rights to low-interest loans, cf. *G.B.* Building Societies and *U.S.* Savings and Loan Associations ; *(G.B.)* Building Society account, *(U.S.)* home loan plan. ~ *d'exécution,* implementation program(me), execution plan. ~ *de financement,* financing plan. **2.** *(niveau)* plane, level. **3.** ~ *d'eau,* expanse of water, pool, lake. **4.** *(cinéma)* shot ; *gros* ~, close-up.

**planche** *n.f.* plank ; board. *Avoir du pain sur la* ~, to have a lot of work to do. ~ *à billet,* printing press.

**planche (jours de)** *(nav)* lay-days *(pour le chargement et le déchargement d'un navire).*

**plancher** *n.m.* floor. *Prix plancher,* floor price, minimum price, lowest price.

**plan d'épargne retraite (P.E.R.),** savings-related retirement scheme, savings-related pension plan.

**planétaire** *adj.* planetary, worldwide, global.

**planificateur** *n.m.* planner.

**planification** *n.f.* planning. ~ *d'entreprise,* corporate planning.

**planification à long terme** long-term planning.

**planification des media** media planning.

**planifier** *v.* to plan.

**planning** *n.m.* planning ; schedule ; timetable. ~ *familial*, planned parenthood.

**plant** *n.m.* 1. *(jeune végétal)* seedling, slip, sapling. 2. *(terrain)* patch.

**plantation** *n.f.* 1. plantation. 2. *(fait de planter)* planting.

**plante** *n.f.* plant.

**planter** *v.* to plant.

**planteur** *n.m.* planter ; *(légumes)* grower. ~ *de tabac*, tobacco grower.

**plaque** *n.f.* plate, sheet. ~ *de porte*, door plate. ~ *d'identification*, badge. ~ *d'immatriculation*, licence plate *(automobile)* number plate. ~ *tournante (ch. de fer)* turntable ; *(sens large)* hub ; pivot.

**plaquer** *v.* 1. *(bois)* to veneer ; *(métal)* to plate. 2. *fam.* ~ *son boulot*, to quit one's job.

**plaquette** *n.f.* 1. *(métal)* small plate ; *(pierre, etc.)* (thin) slab ; *(de frein)* pad ; *(à circuit imprimé)* card. 2. brochure, booklet.

**plastifier** *v.* to plasticize.

**plastique** *adj.* plastic. *Matière* ~, plastic.

**plastique** *n.m.* plastic.

**plat, e** *adj.* flat ; *(marché etc.)* dull.

**plateau** *n.m.* 1. *(géographie)* plateau, tableland ; ~ *continental*, continental shelf. 2. *(cinéma)* set. 3. *(planche d'échafaudage)* plank. 4. *camion* ~, flat truck. 5. *(à thé etc.)* tray.

**plate-forme** *n.f.* platform. *Camion* ~, flat truck. ~ *de chargement*, loading platform/bay. ~ *de déchargement*, unloading platform/bay. ~ *de forage*, oil rig. ~ *électorale*, election platform.

**plâtre** *n.m.* plaster.

**plâtrier** *n.m.* plasterer.

**plein, e** *adj. et n.m.* full, filled. *Battre son* ~, to be in full swing. *Faire le* ~ *(réservoir)* to fill up ; *(salle, spectacle)* to be filled to capacity ; to play to a full house *Travailler à* ~ *(régime)* to work to capacity.

**plein-emploi** *n.* full employment.

**plein-temps** *n.* full-time.

**plénier, ère** *adj.* plenary. *Assemblée* ~ *e*, plenary assembly ; *séance* ~ *e*, plenary session.

**plénipotentiaire** *n.m.* plenipotentiary, authorized agent (representative having full powers to negotiate or transact business).

**plénipotentiaire** *adj.* plenipotentiary ; having full power to negotiate or transact business.

**pléthore** *n.f.* profusion, excess, over-abundance ; *(sur un marché)* superabundance, glut.

**pléthorique** *adj.* too numerous ; over-abundant, superabundant ; plethoric ; replete.

**pli** *n.m.* 1. *(lettre)* letter, note. ~ *cacheté*, sealed letter. *Sous* ~ *séparé*, under separate cover. 2. *(habitude)* turn, habit. 3. crease ; fold.

**pliant, e** *adj.* collapsible ; folding.

**plier** *v. (lettre etc.)* to fold ; *(ployer)* to bend ; *(céder)* to yield, to submit (to something).

**plier à (se)** 1. to comply (with) ; to submit (to) ; to yield (to). ~ *à des exigences*, to comply with requirements. 2. *(siège, etc.)* to collapse.

**plomb** *n.m.* 1. lead. *Essence sans* ~, unleaded *(G.B.)* petrol/ *(U.S.)* gas. *Fil à plomb*, plumb-line. 2. *(fusible)* fuse. 3. *(sceau)* seal.

**plomber** 1. to lead ; to cover with lead ; to plumb ; *(une dent)* to stop, to fill. 2. *(douanes)* to seal, to plumb.

**plomberie** *n.f.* 1. plumbing. 2. lead industry.

**plombier** *n.m.* plumber.

**plongeon** *n.m.* *faire le* ~ = *faire faillite*, to go bankrupt, to go under.

**plot** *n.m.* stud ; plug. ~ *lumineux d'atterrissage*, flush marker light/beacon.

**pluri** *préf.* pluri, multi, inter.

**pluridiciplinaire** *adj.* multidisciplinary, interdisciplinary.

**plurivalent, e** *adj.* plurivalent.

**plus (en)** *loc.* not included, extra.

**plus-value** *n.f.* increase in value, gain (in value), appreciation, surplus ; ~ *sur les capitaux*, capital gains ; *impôt sur les* ~ *s de capitaux*, capital gains tax.

**P.M.E.** small and medium-size(d) firm(s) ; small business.

**pneu** *voir* **pneumatique.**

**pneumatique** *n.m.* **1.** express letter transmitted by pneumatic tube. **2.** tyre, *(U.S.)* tire.

**poche** *n.f.* pocket. *Argent de ~,* pocket money. *En être de sa ~,* to be out of pocket. *Il connaît la société comme sa ~,* he knows the firm inside out.

**poids** *n.m.* **1.** weight. *Faire bon ~,* to give good weight. *Manque de ~,* short weight. *Perdre du ~,* to lose weight, *~ à vide,* weight (when) empty. *~ brut,* gross weight. *~ en charge,* weight (when) loaded. *~ lourd, (G.B.)* lorry ; *(U.S.)* truck. *Conducteur de ~ lourd, (G.B.)* lorry driver ; *(U.S.)* truck driver, trucker, teamster. *~ mort,* deadweight. *~ net,* net weight. *~ utile,* payload. *Prendre du ~,* to put on weight. *Vendre au ~,* to sell by weight. **2.** *(fardeau)* burden, load.

**poigne** *n.f.* firmness, energy, toughness. *Avoir de la ~,* to be firm, to be energetic, to be tough.

**poinçon** *n.m.* *~ de contrôle/de garantie/de qualité,* hallmark.

**poinçonner** *v.* **1.** *(garantie, qualité)* to hallmark, to stamp. **2.** *(billets etc.)* to punch.

**poinçonneur** *n.m.* puncher ; ticket-puncher.

● **point** *n.m.* **1.** point. **2.** *(lieu)* place. **3.** *(stade)* state, degree, extent. **4.** *(ponctuation)* full stop, *(U.S.)* period. *(pointillé)* dot. **5.** *(notation)* mark. *Faire le ~,* to recap ; to review/ to assess/ the situation ; to take stock (of a question) ; *(nav.)* to take bearings. *Marquer des ~,* to score. *Mettre au ~,* to perfect, to develop, to adjust ; to finalize. *Mise au ~ :* a) development, perfecting ; adjusting ; b) *(déclaration)* restatement ; *(démenti)* denial. *~ bas,* low ; trough. *A son ~ le plus bas,* at its lowest, at its worst ; *~ le plus bas depuis 2 ans,* 2-year low. *~ chaud,* hot point. *~ d'arrivée,* point of arrival, place of arrival, place of destination. *~ de départ,* starting point. *~ de non-retour,* point of no-return. *~ de vente,* point of sale ;

outlet. *~ de vue,* point of view, viewpoint, standpoint. *A (de) mon ~ de vue,* from my point of view. *~ faible :* a) weak point ; liability ; b) soft spot. *~ fort,* strong point ; asset. *~ haut,* high, peak.

**pointage** *n.m.* **1.** *(vérification)* checking, *(en cochant)* ticking off, *(décompte)* tally, tallying ; *feuille de ~,* tally sheet ; *~ des voix, électoral,* tally of the votes. **2.** *(mesure des tâches)* time-keeping. **3.** *(par horloge pointeuse)* clocking in/out ; *feuille (fiche) de ~,* timesheet.

**pointe** *n.f.* point ; tip ; top ; head. *heure de ~ (circulation, magasin),* rush hour ; peak hour, peak time. *En dehors des heures de ~,* off-peak. *~ d'une courbe,* peak of a curve, crest of a curve. *Technologie de ~,* advanced technology.

● **pointer** *v.* **1.** *(vérifier)* to check ; *(compter)* to tally ; *(cocher)* to tick (off). **2.** *(horloge pointeuse) à l'arrivée,* to clock in, *en partant,* to clock out.

**pointeur** *n.m.* *(vérificateur)* checker ; *(qui compte)* tally-clerk ; *(qui mesure les tâches)* time-keeper.

**pointeuse** *n.f.* *horloge ~,* clocking-in/out machine.

**pointilleux, euse** *adj.* fastidious, fussy ; *(fam)* finicky.

**point mort** *n.m.* **1.** *(compta.)* break even point. **2.** *(voiture, etc.)* neutral (point). **3.** *(immobilité). Les affaires sont au ~,* business is at a standstill.

**pointillé** *n.m.* dotted line.

**pointu, e** *adj.* sharp, pointed *(fam.) (secteur, domaine, etc.)* narrow, specific, precise.

**pointure** *n.f.* **1.** size. **2.** *(fam.) ~ d'un candidat, (U.S.)* caliber of an applicant. *C'est une autre ~,* he is in/it's/a different league.

**poisson** *n.m.* fish ; *~ d'eau douce,* fresh-water fish ; *~ de mer,* salt-water fish.

**poissonnerie** *n.f.* fish-shop ; fish-market.

**poissonnier, ère** *n.m.f.* *(G.B.)* fishmonger ; *(U.S.)* fish dealer.

**polarisation** *n.f.* polarisation.

**polariser** *v.* to polarize ; *se ~,* to polarize ; *se ~ sur,* to become obsessed with, to focus too much on.

**pôle** *n.m.* pole ; ~ *d'attraction*, centre of attraction, pole of attraction, magnet.

**polémique** *adj.* controversial.

**polémique** *n.f.* controversy.

**police** *n.f.* **1.** police ; police force ; *commissariat de* ~, police station ; ~ *judiciaire*, Criminal Investigation Police. **2.** *(assurance)* policy. *Détenteur d'une* ~, policy holder ; *établir une* ~, to draw up a policy. *Prendre, souscrire une* ~ *d'assurance*, to take out an insurance policy. ~ *à bénéficiaire désigné (dénommé)*, policy to a named person. ~ *à capital différé*, endowment policy. ~ *à forfait*, open policy. ~ *à terme*, time policy. ~ *automobile*, (motor-) car insurance policy. ~ *au voyage*, voyage policy. ~ *d'assurance*, insurance policy. ~ *d'assurance accident*, accident policy. ~ *d'assurance incendie*, fire-insurance policy. ~ *d'assurance vol*, theft-insurance policy. ~ *d'assurance vol et incendie*, fire and theft insurance policy. ~ *d'assurance accidents aux tiers*, third-party accident policy. ~ *d'assurance maritime*, marine insurance policy. ~ *d'assurance (sur la) vie*, life assurance policy, life insurance policy. ~ *évaluée*, valued policy. ~ *flottante*, floating policy. ~ *globale*, comprehensive policy, all-in policy. ~ *non-évaluée*, open policy. ~ *ouverte*, open policy, open cover. ~ *provisoire*, provisional policy, cover(ing) note. ~ *recours des tiers*, third party accident policy. ~ *sur corps*, hull policy. ~ *sur facultés*, cargo policy. ~ *tous risques*, all-risks policy, all-in policy.

**policer** *v.* to police.

**policier** *n.m.* policeman, police officer *(chargé d'une enquête)* detective.

**policier, ère** *adj.* police ; *enquête* ~, police inquiry, police investigation ; *état* ~, *régime* ~, police state ; *(inspecteur de police)* police inspector, detective.

**polir** *v.* to polish.

**politesse** *n.f.* politeness. *Formules de* ~ *(lettre)* salutation(s) and complimentary close(s).

**politicien** *n.m.* politician.

**politique** *n.f.* **1.** *(vie* ~*)* politics. **2.** *(d'un gouvernement, d'une entreprise)* policy. ~ *agricole*, agricultural policy. ~ *bancaire*, banking policy. ~ *d'austérité*, austerity policy ; *(entreprise)* retrenchment policy. ~ *de crédit*, credit policy. ~ *de l'emploi*, employment policy. ~ *de libre-échange*, free-trade policy. ~ *d'entreprise*, business policy, corporate policy. ~ *de prix*, *(entreprise)* pricing policy. ~ *de relance*, pump-priming policy ; reflation policy. ~ *des prix*, price policy. ~ *des revenus*, incomes policy. ~ *des salaires*, wage(s) policy. ~ *des ventes*, sales policy, selling policy. ~ *économique*, economic policy. ~ *étrangère*, foreign policy. ~ *financière*, financial policy. ~ *fiscale*, fiscal policy. ~ *mondiale*, world politics. ~ *monétaire*, monetary policy.

**politique** *adj.* political.

**politiquement** *adv.* politically.

**politisation** *n.f.* politization.

**politiser** *v.* to politicize.

**politologie** *n.f.* political analysis.

**politologue** *n.m.* political analyst, political scientist.

**polluer** *v.* to pollute.

**pollution** *n.f.* pollution.

**polycopie** *n.f.* duplication.

**polycopier** *v.* to duplicate ; to mimeograph.

**polygone** *n.m.* polygon ; ~ *d'essai*, test site.

**polymère** *n.m.* polymer.

**polyvalence** *n.f.* versatility ; flexibility ; polyvalence.

**polyvalent, e** *adj.* multi-purpose, polyvalent ; versatile.

**polyvalent** *n.m.* tax inspector.

**pompe** *n.f.* **1.** pump. **2.** pomp, ceremony. *En grande* ~, with great pomp and circumstance, with pomp and ceremony. **3.** ~*s funèbres*, undertaking ; *entrepreneur de* ~*s funèbres*, undertaker, *(U.S.)* mortician.

**pompiste** *n.m.f.* **1.** pump assistant, (pump) attendant ; service-station attendant. **2.** service-station owner / operator, *(G.B.)* petrol-station owner, *(U.S.)* gas station owner.

**ponce** *n.f.* pumice (stone).

**ponction** *n.f.* levy ; tapping ; drain(ing). *Opérer une ~ sur les revenus,* to tap incomes, to dip into incomes, to bite into incomes. *~ fiscale,* tax levy, tax, tax bite.

**ponctionner** to tap, to dip into, to bite into, to drain, to levy.

**ponctualité** *n.f.* punctuality.

**ponctuation** *n.f.* punctuation.

**ponctuel, le** *adj.* punctual.

**ponctuellement** *adv.* punctually.

**ponctuer** *v.* to punctuate.

**pondérabilité** *n.f.* ponderability.

**pondérable** *adj.* ponderable.

**pondérateur, trice** *adj.* **1.** balancing, stabilizing. **2.** moderating.

**pondération** *n.f.* *(stat., etc.)* **1.** weighting ; balance, balancing. **2.** moderation.

**pondéré, e** *adj.* **1.** balanced, weighted. *Moyenne ~e,* weighted average. **2.** *(personne)* moderate, level-headed.

**pondérer** *v.* to weight, to balance.

**pondéreux, -euse** *adj.* ponderous, heavy. *Marchandises pondéreuses,* heavy goods.

**pondéreux** *n.m.pl.* heavy goods.

**pont** *n.m.* bridge, *(nav.)* deck. *Cargaison sur le ~,* deck cargo. *(fam.)* Faire le ~, to take a long week-end (to take one or several working days off to benefit from the week-end before or after a holiday). *~ (à) bascule,* weighbridge. *~ aérien,* air-lift. *~ à péage,* toll bridge.

**ponton** *n.m.* landing stage.

**Ponts et Chaussées** (The) Department of Civil Engineering, (The) Highways Department.

**pontée** *n.f.* deck cargo, deck load.

**pont-levis** *n.m.* draw-bridge.

**populaire** *adj.* popular.

**popularisation** *n.f.* popularisation.

**populariser** *v.* to popularize, to make/ render/ popular.

**popularité** *n.f.* popularity.

**population** *n.f.* population.

**populeux, euse** *adj.* populous, thickly populated.

**populisme** *n.m.* populism.

**populiste** *adj.* populist.

**pornographie** *n.f.* pornography.

**pornographique** *adj.* pornographic. *Film porno,* blue movie, x-movie, porn film.

**port** *n.m.* **1.** *(ville, administration)* port ; port authorities. **2.** *(installations portuaires, rade)* harbour. *Droits de ~,* port dues. *Faire escale (relâche) dans un ~,* to call at a port. **3.** *(transport)* carriage, transport ; postage. *En ~ dû,* carriage forward. *En ~ payé,* carriage paid, freight prepaid. *Franco de ~,* carriage paid, post-paid, freight prepaid. *~ d'armement,* port of registry. *~ d'arrivée,* port of arrival. *~ d'attache,* port of registry. *~ de chargement,* port of loading. *~ de déchargement,* port of discharge. *~ de départ,* port of departure. *~ d'embarquement,* shipping port, *(passagers)* port of embarkation. *~ d'escale,* port of call. *~ d'expédition,* shipping port. *~ fluvial,* river port. *~ franc,* free port. *~ libre,* free port (open to ships from all nations).

**portage** *n.m.* **1.** porterage ; transport. *Frais de ~,* porterage. **2.** *(réseau commercial)* piggy-back, piggy-backing. **3.** supply of necessary funds and issuing of bonds by bank in L.M.B.O. (*voir* leverage).

**portatif, ve** *adj.* portable.

**porte** *n.f.* door ; *porte d'entrée,* main entrance, front door ; *~ (de garage, entrepôt),* gate ; *(localité, port donnant accès à une région plus vaste)* gateway. *Mettre à la ~,* to sack, *(U.S.)* to fire.

**porte à porte** *loc.* door to door, door to door calling. *Faire du ~,* to canvas, to sell (call) door to door. *Vente au ~,* door to door selling.

**porte-avion** *n.m.* aircraft-carrier.

**porte-bagages** *n.m.* luggage-rack ; luggage-carrier ; trolley.

**porte-cartes** *n.m.* **1.** card-case. **2.** map-case.

**porte-conteneur** *n.m.* *(navire)* container ship.

**portée** *n.m.* **1.** range ; *(d'une décision)* consequences, implications, scope. *Réforme de grande ~,* far-reaching reform. **2.** *(nav.)* capacity. *~ en lourd,* deadweight capacity, deadweight tonnage.

**portefeuille** *n.m.* **1.** pocket-book ; wallet. **2.** *(d'actions, etc.)* portfolio. **3.** *ministre sans ~,* minister without portfolio.

**porte-monnaie** *n.m.* purse.

**porte-ouverte** *loc.* open door. *Politique de ~,* open door policy. *Journée ~ s,* open house. *Organiser une journée ~,* to organize, to plan an open house.

**porte-parole** *n.m.* spokesman, spokesperson *(de,* for*).*

**porter** *v.* **1.** *(transporter)* to carry, to transport, *(livrer)* to deliver. *~ à domicile,* to deliver home. **2.** *(indiquer, mentionner)* to mark, to put, to state ; to mention, to specify, etc. *Être porté,* to appear, to be shown, to be mentioned, to be printed, written, to be featured, etc... *Ce n'est pas porté dans le rapport,* this is not mentioned (stated) in the report. **3.** *(~ une écriture)* to enter (in the books), to post, to pass. **4.** *(atteindre la cible)* to hit / reach, a target, to be effective. *Les mesures ont porté,* the measures have been effective. *Ses arguments ont porté,* he's made his point, his arguments have gone home. **5.** *(augmenter)* to raise, to increase, to bring up (to). **6.** *~ intérêt,* to bear interest, to yield an interest. **7.** *(vêtements)* to wear.

**porter (se)** *v.* **1.** *(bien, mal) Bien ~,* to be in good health, to be healthy ; *(fig.)* to fare well. *Mal ~ (entreprise, etc.)* to be ailing, to be in bad shape. **2.** *(candidat, volontaire)* ~ *candidat,* to run (stand) as candidate. *~ caution,* to become surety ; to go bail, to stand bail (for someone) ; *se porter garant de,* to answer for, to be answerable for, to vouch for. **3.** *~ partie civile,* to bring a civil action against someone, to claim for damages.

**porter à un compte** a) *(crédit)* to pay into/ to credit to/ an account. b) *(débit)* to charge to an account, to debit from an account.

**porter plainte,** to take legal action ; to lodge a complaint, *(U.S.)* to file a suit ; to sue ; to bring an action (against someone), to institute / to (under)take procee-

dings etc.

**porter sur,** to bear on, to center on, to focus on ; to deal with.

**porter sur une note,** to charge on a bill.

**porter témoignage,** to bear witness (to), to testify (to).

**porter un coup,** to deal a blow.

**porter une écriture** to post an entry, to enter an item (in the books).

**porteur** *n.m.* **1.** *(bagages, etc.)* porter. **2.** *(transporteur)* carrier. **3.** *(d'un document)* holder, bearer. *Au ~,* to bearer. *Chèque au ~,* bearer cheque. *Petit ~,* small investor. *~ d'action,* shareholder, stockholder. *~ d'obligation,* bondholder, debenture holder. *~ d'un effet,* bearer of a bill. *Tiers ~,* holder in due course. **4.** *(avion)* gros ~, jumbo jet.

**porteur, (au)** *loc.* to (the) bearer ; *chèque ~,* bearer cheque.

**porteur** *adj.* **1.** carrying, carrier. **2.** *(marché, etc.)* buoyant. *Marché ~,* seller's market ; buoyant market. *Créneau ~,* market gap, market opportunity. **3.** *mère porteuse,* surrogate mother.

**portillon** *n.m.* gate, wicket. *~ automatique,* automatic gate.

**portuaire** *adj.* harbour, port. *Autorités ~ s,* port authorities. *Infrastructure ~,* harbour facilities. *Installations ~ s,* harbour installations (facilities).

**pose** *n.f.* **1.** installation, fitting, fixing, laying. *~ de la première pierre,* laying of the foundation stone. **2.** *(photo)* exposure.

**poser** *v.* **1.** to place, to put, to lay (down). *~ l'outil,* to down tools. **2.** *(problème)* to raise, to pose. **3.** *(~ que)* to assume , to suppose, to grant, to admit ; to submit. **4.** *~ sa candidature,* to apply (for a position, a job). **5.** *Je pose 3 et je retiens 2,* I put down three and carry two.

**se poser** *v.* **1.** to arise ; to be raised. **2.** *(avion)* to land. **3.** *(~ en)* to act as ; to claim to be ; to volunteer as.

**positif, -ive** *adj.* positive. *Balance commerciale positive,* favourable balance of trade.

**position** *n.f.* **1.** position. *~ clé,*

key position. **2.** *(géographique)* location, situation, site. **3.** *(emploi)* post, position, function, job. *Être en ~ de,* to be in a position to. *~ de responsable,* responsible position. **4.** *(~ sociale)* social status/ circumstances/ condition/ situation/ standing. **5.** *(finance, Bourse)* position. *~ acheteur,* bull position. *~ d'un compte,* position of an account. *~ vendeur,* bear position. **6.** *(point de vue)* position, stand, *(U.S.)* stance. **7.** *(rang)* position, rank. *En première ~,* at the head, at the top, in (the) front.

**position dominante** *(sur un marché)* a) (market) leadership. *Nous avons une ~ pour les plastiques,* we are market leaders for plastics. b) dominant position. *Abus de ~,* abuse of dominant position.

**position d'une marque,** brand position ; brand establishment.

**position d'un produit,** product position, product establishment.

**position sur le marché,** market position. *Position de numéro un (sur un marché)* market leadership.

**positionnement** *n.m.* positioning ; *(géographique)* locating ; *(des horaires)* timing, scheduling.

**positionner** *v.* **1.** to position. **2.** *(calculer la position d'un compte)* to calculate the balance of an account.

**positionner (se)** *v.* **1.** *(être placé)* to stand, to rank. *Comment vous positionnez-vous sur le marché ?* What's your market position ? **2.** *(se placer)* to position oneself ; to jockey for position.

**positivement** *adv.* positively ; favourably.

**possédant** *n.m.* owner ; landowner ; wealthy person.

**possédants (les)** *n.pl.* the haves, the rich ; the well-off ; the propertied classes ; the well-to-do.

**posséder** *v.* to own ; to possess ; to have.

**possesseur** *n.m.* owner ; possessor ; *(document)* holder. *Étudiant ~ d'un diplôme de l'enseignement supérieur,* graduate (student).

**possession** *n.f.* **1.** possession, ownership. *Entrée en ~ (de),* accession (to). *Prendre ~ de,* to take possession of, to take over.

*~ vaut titre,* possession is title. **2.** *(biens possédés)* estate, property.

**possibilité** *n.f.* possibility ; opportunity ; feasibility.

**possible** *adj.* possible ; feasible.

**postal, e** *adj.* postal. *Boîte ~ e,* post-office box, P.O. box. *Chèque ~,* giro form, *Compte chèque ~,* giro account. *Mandat ~,* money order. *Services postaux,* postal services.

**postdater** *v.* to postdate.

**poste** *n.m.* **1.** *(emploi )* post, position. *Se porter candidat à un ~,* to apply for a position. *(industrie)* ~ *de travail,* work station. *Suppression de ~,* redundancy, lay-off. **2.** *(nav.)* ~ *à quai,* (ship's) berth ; ~ *d'amarrage,* mooring berth ; ~ *de mouillage,* anchoring berth. **3.** ~ *de police,* police station. **4.** *(numéro de ~ téléphonique)* extension. *Passez-moi le ~ 226,* please put me through to extension 226. **5.** *(appareil)* set ; ~ *de radio,* radio set ; ~ *de télévision,* television set, T.V. set ; ~ *téléphonique,* telephone set.

**poste** *n.f.* post. *Bureau de ~,* post office. *La Poste,* the Post Office. *Mettre à la ~,* to post, to mail. ~ *aérienne,* air-mail. ~ *restante,* *(G.B.)* Poste Restante, *(U.S.)* General Delivery ; to be left till called for.

**poste à pourvoir,** vacant position, vacancy.

**poste de travail,** work station.

**postenquête** *(pub.)* post-testing.

**poster** *v.* **1.** to post, to mail. **2.** *(des hommes)* to station. *Travail posté,* assembly line work ; shift work.

**postérieur, e** *adj.* **1.** subsequent ; posterior ; later. **2.** *(arrière)* back, rear.

**postérieurement** *adv.* subsequently, later (on), at a later date.

**posteriori, (a)** a posteriori, after the fact.

**postérité** *n.f.* posterity.

**posthume** *adj.* posthumous. *A titre ~,* posthumously.

**post-scolaire** *adj.* post-graduate. *Éducation ~,* further/ adult/ ongoing/ continuing/ continuous/ continuative/ education.

**post-scriptum** *n.m.* postcript,

*(fam.)* P.S. *En* ~, by way of postscript.

**postulant, e** *n.m.f.* applicant.

**postuler** *v.* to apply (for).

**pot de vin** *n.m.* bribe ; payoff. *Offrir des pots de vin,* to bribe.

**potable** *adj.* drinkable ; *eau* ~, drinking water.

**poteau** *n.m.* post. ~ *de mine,* pit-prop. ~ *indicateur,* sign-post. ~ *télégraphique,* telegraph pole.

**potentialité** *n.f.* potentiality.

**potentiel, le** *adj.* potential. *Client* ~, potential customer, potential client, prospective client, prospect.

**potentiel** *n.m.* potential.

**potentiellement** *adv.* potentially.

**poterie** *n.f.* pottery. *(usine)* pottery works.

**potier** *n.m.* potter.

**pouce** *n.m.* 1. *(mesure)* inch. 2. thumb.

**poulie** *n.f.* pulley.

**poupe** *n.f.* stern, poop.

**pour acquit** *loc.* "received with thanks".

**pourboire** *n.m.* tip ; tipping ; service.

**pour cent** *loc.* per cent.

**pourcentage** *n.m.* percentage ; *(stat.)* percentile.

**pourri, e** *adj.* rotten ; *(personne)* corrupt.

**pourrir** *v.* to rot, to decay.

**pourrissement** *n.m.* rot(ting), decay, decaying ; *(d'une situation)* degradation, deterioration.

**poursuite** *n.f.* 1. continuation, pursuit. 2. *(jur.)* lawsuit, action, prosecution. *Entamer (engager, etc.) des* ~s, to take legal action, to sue, to institute proceedings, etc. ~ *en diffamation,* libel action, suit for libel, libel charge. 3. *(police)* tracking, hunt(ing).

**poursuivre** *v.* 1. *(continuer)* to carry on, to go on, to continue, to get on (with). 2. *(jur.)* to sue, to prosecute, to take legal action (against), to bring an action (against), to institute/ to undertake/ proceedings, *(U.S.)* to file a (law) suit ; to take to court, to go to law. ~ *en diffamation,* to sue for libel ; ~ *en dommages et intérêts,* to sue for damages. 3. *(police)* to track down, to hunt.

**pourvoi** *n.m.* appeal. ~ *en grâce,* petition for mercy.

**pourvoir** *v.* to provide, to supply. ~ *à,* to provide for ; to see to, to attend to. *Poste à* ~, vacant position.

**pourvoir en appel (se)** *v.* to lodge *(U.S.* to file) an appeal.

**pourvoyeur** *n.m.* supplier.

**pourvu** *p.passé.* provided, supplied, endowed (with).

**pourvu que** *loc. conj.* provided (that), so long as.

**poussée** *n.f.* thrust ; pressure. ~ *en hausse,* upward tendency (trend). ~ *inflationniste,* inflationary trend.

**pousser** *v.* 1. to push. 2. *(plante)* to grow. 3. ~ *à,* to prompt to, to drive to, to encourage to, to urge to. 4. *(un produit, les ventes)* to boost.

**pousseur** *n.m.* towboat.

**pouvoir** *n.m.* 1. power. *Abus de* ~, abuse of power, misuse of power ; *(constituant un abus de* ~*)* ultra vires. *Arriver au* ~, to come into power, into office. ~ *exécutif,* executive power. ~ *judiciaire,* judicial power, judiciary power ; ~ *légistatif,* legislative power. *Les* ~s *publics,* (the) public authorities, (the) public powers, the state, the government. *Prendre le* ~, to assume power, to take over. 2. *(procuration)* power of attorney ; procuration. *Avoir pleins* ~s, to have full powers, to be fully empowered, to be fully authorized. *Donner tous pouvoirs,* to give full power(s) ; to give the proper authorities. *(Vote à une assemblée)* proxy. *Fondé de* ~, proxy, deputy, agent, signing clerk.

**pouvoir d'achat,** purchasing power, buying power, spending power.

**pragmatique** *adj.* pragmatic.

**pragmatisme** *n.m.* pragmatism.

**praticable** *adj.* practicable, feasible.

**praticien, ne** *n.m.f.* 1. *(médecin)* practitioner. 2. *(professionnel)* expert, specialist, practitioner.

**pratique** *n.f.* 1. practice, *(U.S.)* practise ; experience ; *(~s = méthodes)* methods, dealings, proceedings. 2. *(clients) (d'un avocat)* client(s) ; *(d'un médecin)* patient(s), practice ; *(d'un commerçant)* custom, customer(s).

**pratiquement** *adv.* practically ; virtually.

**pratiquer** *v.* to practise ; to operate ; to make ; to employ, to use. *Cours pratiqués, prix pratiqués,* ruling prices.

**préalable** *adj.* previous ; preliminary ; prior.

**préalable** *n.m.* prerequisite ; condition ; preliminary.

**préalablement** *adv.* beforehand ; previously.

**préambule** *n.m.* preamble.

**préavis** *n.m.* notice. *Donner un* ∼, to give notice. *Sans* ∼, without notice.

**prébende** *n.m.* 1. cushy job. 2. *(pot de vin)* bribery.

• **précaire** *adj.* precarious. *A titre* ∼ , precariously.

**précairement** *adv.* precariously.

**précarité** *n.f.* precariousness.

**précaution** *n.f.* precaution.

**précédent** *n.m.* precedent. *Créer un* ∼, to create/ to set/ a precedent. *Sans* ∼, unprecedented.

**précédent, e** *adj.* previous, preceding, former.

**précéder** *v.* 1. to precede. 2. *(rang, priorité)* to have precedence (of/ over/ someone).

**précepte** *n.m.* precept.

**précieux, se** *adj.* precious ; valuable. *Pierres précieuses.* precious stones. *Objets* ∼ , valuables. *Renseignements* ∼ , valuable information. *Un renseignement* ∼ , a valuable piece of information.

**précis, e** *adj.* precise ; definite ; accurate.

**précis** *n.m.* 1. handbook. 2. *(résumé)* abstract, summary.

**précisément** *adv.* precisely, exactly.

**préciser** *v.* to specify, to stipulate ; to qualify ; to determine ;

**précision** *n.f.* precision, accuracy. *Demander des* ∼*s,* to ask for more detailed information, for further particulars.

**précité** *adj.* above, above-mentioned.

**précoce** *adj.* precocious ; early.

**précocité** *n.f.* precociousness.

**précompte** *n.m.* (= sum withheld from wages or salary for

social security etc.) withholding, withdrawal (at source), deduction (at source).

**précompter** *v.* to withhold, to withdraw (at source), to deduct (at source) (a sum from wages or salary for social security etc.)

**préconiser** *v.* to advocate, to call for, to recommend, to urge.

**précurseur** *n.m.* precursor.

**prédecesseur** *n.m.* predecessor.

**prédiction** *n.f.* forecast.

**prédire** *v.* to forecast ; to predict.

**prédisposer** *v.* to predispose.

**prédisposition** *n.f.* predisposition.

**prédominance** *n.f.* predominance.

**prédominant, e** *adj.* prevailing, predominant ; leading.

**prédominer** *v.* to prevail, to predominate.

**prééminence** *n.f.* preeminence.

**prééminent** *adj.* preeminent.

**préempter** *v.* to preempt.

**préemptif, -ive** *adj.* preemptive.

**préemption** *n.f.* preemption.

**préenquête** *n.f.* (market) pretesting.

**préétablir** *v.* to preestablish.

**préexistant** *adj.* preexisting.

**préexister** *v.* to preexist.

**préfabrication** *n.f.* prefabrication.

**préfabriqué, e** *adj.* prefabricated, prefab.

**préfectoral, e** *adj.* prefectoral, prefectorial.

**préfecture** *n.f.* prefecture.

**préférable** *adj.* preferable, better, more advisable.

**préféré, e** *adj.* preferred, favourite, pet.

**préférence** *n.f.* preference. *Action de* ∼ , preference shares, preferred stock. *Avoir la* ∼ *sur,* to have priority (on, over), to have precedence (over), to rank prior (to), to have a prior claim (on).

**préférentiel, le** *adj.* preferential.

**préférer** *v.* to prefer. *Nous préférerions que la réunion soit remise,* we would prefer the meeting to be postponed, we had rather the meeting were postponed.

**préfet** *n.m.* prefect.

**préfiguration** *n.f.* prefiguration.

**préfigurer** *v.* to foreshadow ; to

announce ; to herald.

**préjudice** *n.m.* prejudice, detriment, damage, harm, injury, wrong ; *(jur.)* tort.

**préjudiciable** *n.m.* detrimental, damaging, prejudicial.

**préjugé** *n.m.* prejudice ; bias. ~ *favorable,* favourable presumption. *Sans* ~ *s,* unprejudiced, unbias(s)ed ; open-minded, broadminded.

**préjuger** *v.* **1.** to prejudge ; to prejudice. **2.** *(~ de)* to overestimate.

**prélegs** *n.m.* preference legacy.

**prélèvement** *n.m.* **1.** deduction ; levy ; withdrawal ; drawing ; *(d'une commission)* charge, charging. *Ordre de* ~ *(banque),* standing order. ~ *à la source,* withdrawal at source. ~ *forfaitaire, libératoire,* standard deduction, *(impôts)* withholding tax. ~ *automatique,* standing order, automatic transfer. ~ *s obligatoires,* compulsory/ *(U.S.)* mandatory levies/ contributions, taxes and social security contributions. *Système de* ~ *à la source,* pay as you earn (P.A.Y.E.) system, *(U.S.)* pay as you go. **2.** *(d'un échantillon)* sampling, taking. **3.** *(échantillon)* sample.

**prélever** *v.* **1.** to deduct ; to levy ; to withdraw ; to take ; *(état)* to appropriate ; *(une commission)* to charge ; *(sur un compte)* to debit (from an account) ; ~ *à la source,* to withdraw at source. **2.** *(un échantillon)* to take (a sample).

**préliminaire** *adj.* preliminary.

**préliminaires** *n.m.pl.* preliminaries.

**prématuré, e** *adj.* premature ; too early.

**prématurément** *adv.* prematurely ; too early.

**préméditation** *n.f.* premeditation. *Avec* ~ *,* wilfully, deliberately ; *(jur.)* with malice aforethought. *Meurtre avec* ~ *,* wilful murder.

**premier, e** *adj. et n.* first. *Classe de* ~ *e,* sixth form. *Frais de* ~ *établissement,* initial expenses, initial investment cost, initial outlay. *Hypothèque de* ~ *rang,* first mortgage. *Matière* ~ *e,* raw material. *Nombre* ~ *,* prime number. ~

*choix,* first choice, top grade, top quality. *De* ~ *choix, de* ~ *e classe,* first rate. ~ *e classe,* first class. *De* ~ *e main,* first-hand. ~ *intéressé (jur.),* preferential creditor.

**première de change** *loc.* first of exchange.

**premièrement** *adv.* first, firstly.

**première monte,** original equipment.

« **premier rentré, premier sorti** », *loc.* first in, first out, FIFO.

**prémisse** *n.f.* premise.

**prenante (partie)** *loc.f.* **1.** stakeholder, party involved. **2.** *(fin.)* payee.

**prendre** *v.* **1.** to take. ~ *un jour de congé,* to take a day off. **2.** *(faire payer)* to charge. **3.** *(acheter)* to buy. **4.** *(embaucher)* to hire, to recruit. **5.** *(réussir)* to catch on. **6.** *(passer* ~ *)* to pick up, to collect. **7.** *le dollar a pris deux points,* the dollar gained two points.

**prendre à bail,** to take on lease, to lease.

**prendre corps,** to materialize, to take shape, to get off the ground.

**prendre date,** to make an appointment, to set (fix) a date.

**prendre à l'essai,** *(pers.)* to take on probation ; *(produit)* to take on appro (approval).

**prendre (des mesures),** to take steps.

**prendre effet,** to come into force, to come into effect, to take effect, to become operative, to be effective.

**prendre en charge,** to take charge (of) ; *(frais, etc.)* to cover, to bear, to meet ; to refund.

**prendre forme,** to take shape.

**prendre la direction de,** to take over (the management of).

**prendre langue,** to get in touch (with). ·

**prendre le contrôle de,** to take over ; to take a controlling interest (in) ; to assume control.

**prendre rendez-vous,** to make an appointment.

**prendre sa retraite,** to retire.

**prendre une commande,** to book an order.

**prendre une police d'assurance,** to take out an insurance policy.

**preneur** *n.m.* taker ; buyer ; purchaser ; ~ *d'une lettre de change,* taker of bill. *Trouver* ~, to find a purchaser, to sell.

**preneur à bail,** lessee, leaseholder.

**prénom** *n.m.* first name, *(G.B.)* Christian name.

**préoccupant, e** *adj.* disturbing, worrying. *La situation commence à être ~ e,* the situation is beginning to cause concern.

**préoccupation** *n.f.* concern, preoccupation.

**préoccupé, e** *adj.* concerned, preoccupied ; worried, disturbed.

**préoccuper (se)** to attend (to), to see (to).

**préparatifs** *n.m.pl.* preparations.

**préparation** *n.f.* preparation, preparing ; *(traitement)* processing.

**préparatoire** *adj.* preparatory, preliminary, introductory.

**préparer** *v.* to prepare ; to get something ready. *~ un examen,* to prepare for an examination.

**préparer (se)** *v.* 1. to prepare ; to get ready ; to make ready ; to make preparations. 2. *(menacer)* to brew ; to loom.

**prépondérance** *n.f.* preponderance ; predominance.

**prépondérant, e** *adj.* preponderant, determining, predominant, leading. *Voix ~ e,* casting vote.

**préposé** *n.m.* clerk, agent, official, officer.

**pré-retraite** *n.f.* 1. early retirement (as a means of avoiding layoffs). *Prendre sa ~, partir en ~,* to accept early retirement. 2. *(somme versée)* early retirement pension/ allowance.

**prérogative** *n.f.* prerogative ; privilege.

**présager** *v.* to announce.

**prescripteur** *n.m.* 1. *(méd.)* prescriber. 2. opinion-leader, opinion-former ; influencer ; specifier.

**prescriptible** *adj.* prescriptible.

**prescription** *n.f.* 1. *(jur.)* prescription ; statute of limitations, statute of repose. *Tomber sous le coup d'une ~,* to fall under the statute of limitations. 2. *(pluriel = règlements)* regulations, instructions. 3. *(méd.)* prescription.

**prescriptions techniques** specifications.

**prescrire** *v.* to prescribe ; to stipulate. *A la date prescrite,* on the date fixed, on the appointed day. *Dans les limites prescrites,* within the stipulated limits.

**préséance** *n.f.* precedence, priority. *Avoir (la) ~ sur quelqu'un,* to take precedence of someone.

**présélection** *n.f.* preselection ; *(candidats)* screening ; shortlisting.

**présence** *n.f.* presence *(à une réunion, un cours)* attendance. *Feuille de ~,* attendance sheet ; attendance list/ roll ; *(horloge pointeuse)* time sheet ; ~ *obligatoire,* compulsory attendance.

**présent** *n.m.* 1. *Le ~,* the present. 2. *(cadeau)* gift.

**présent, e** *adj.* current, present. *Le ~ contrat,* this contract.

**présent, (à)** *adv.* 1. currently, *(U.S.)* presently ; at present ; now. 2. *(en opposition à un passé révolu ou lointain)* nowadays. 3. *(en tenant compte du temps qui vient de s'écouler)* by now. 4. *jusqu'~,* up to now, so far. *(jur.)* heretofore.

**présentateur** *n.m.* 1. *(facture)* presenter. 2. *(télé, etc.)* M.C., emcee (Master of Ceremonies) ; announcer ; anchorman ; host ; *(disques)* disc jockey, D.J., deejay.

**présentation** *n.f.* 1. appearance, arrangement, presentation, get up. 2. *(des marchandises dans un magasin)* display. 2. *(traite, etc.)* presentation. *Payable à ~,* payable on presentation, at sight, on demand. 4. *(d'une lettre)* lay-out. 5. *(fait de présenter une personne)* introduction, introducing. 6. *(communication lors d'un congrès, etc.)* presentation ; *(écrite)* paper. 7. *(~ d'un nouveau modèle)* launching, introduction. 8. *(~ de mode, de collections)* fashion show.

**présente** *n.f. La ~,* this letter. *Par la ~,* in this letter, *(jur.)* hereby.

**présenter** *v.* 1. *(une personne)* to introduce. 2. *(offrir)* to offer. 3. *(des marchandises)* to display. 4. *(une traite)* to present. 5. *(soumettre)* to submit. 6. *(révéler, etc.)* to show. *Les résultats présentent une augmentation de...* The results show an increase of... 7. *(décrire,* *formuler)* to state.

**présenter des difficultés,** to involve difficulties.

**présenter des excuses,** to apologize, to tender one's apologies.

**présenter sa démission,** to tender/to hand in/ one's resignation.

**présenter ses voeux,** to offer one's wishes ; to congratulate.

**présenter un argument,** to bring forward an argument, to make a point.

**présenter un candidat,** to field a candidate.

**présenter un compte,** to submit an account.

**présenter un document,** to produce, to show, to exhibit a document.

**présenter une motion,** to introduce a motion, to table a motion, to put a motion to the meeting, to move (that, etc.).

**présenter un projet de loi,** to introduce a bill.

**présenter (se)** *v.* **1.** to introduce oneself. **2.** *(rendre visite)* to call. **3.** *(événement, situation)* to occur, to come up, *(fam.)* to turn up. *(difficulté)* to arise. *L'affaire se présente bien,* the matter looks promising. **4.** *(à une selection)* to run, to stand as a candidate. **5.** *(à un examen)* to sit for an exam, to take an exam. **6.** *(pour une entrevue, etc.)* to go, to come, to apply, to call ; *se ~ au travail,* to report for work. **7.** *(vol.)* to check in.

**présents (les)** *n.m.pl.* those present, those attending, the audience, *(U.S.)* the attendees.

**préservation** *n.f.* preservation, protection, maintenance. *~ de l'emploi,* job protection, job security, safeguard (ing) of employment. *~ des ressources naturelles,* conservation (of natural resources).

**présentoir** *n.m.* display stand, display unit.

**préserver** *v.* to preserve, to protect.

**présidence** *n.f.* presidency, chairmanship. *Assurer la ~ de,* to preside over, *(réunion)* to chair.

**président** *n.m.* president ; *(réunion, conseil d'administration)* chairman ; *(pol.)* ~ *du Conseil,* Prime Minister, Premier.

**président de séance,** chairman.

**Président-Directeur Général** *n.m. (G.B.)* Chairman and Managing Director, *(U.S.)* Chairman and President.

**Président du Conseil d'Administration,** Chairman of the Board.

**présidentiel, le** *adj.* presidential.

**présider** *v.* to preside. *~ une réunion,* to preside over a meeting/at a meeting, to chair a meeting. *Qui vá ~ la réunion ?* Who is going to take the chair ?

**présomptif, -ive** *adj.* presumptive. *Héritier ~,* heir apparent.

**présomption** *n.f.* presumption. *Preuve par ~,* presumptive evidence, circumstantial evidence.

**presse** *n.f.* **1.** *la presse,* the press. **2.** *(cohue)* crowd ; rush ; congestion. **3.** *Mettre sous ~* a) to print b) to go to press.

**pressentir** *v.* **1.** to sense. **2.** *(quelqu'un pour un poste)* to approach.

**presser** *v.* **1.** to press. **2.** to hurry, to hasten.

**pressant, e** *adj.* pressing, urgent.

**presser (se)** *v.* **1.** to hurry. **2.** to crowd, to press.

**pressing** *n.m. (magasin)* dry cleaner's.

**pression** *n.f.* pressure.

**pressions inflationnistes,** inflationary pressures.

**pressurer** *v.* to squeeze, to pressure, to pressurize.

**prestataire de service** *loc.m.* service provider, supplier of service.

**prestation** *n.f.* **1.** *(prêt)* provision, contribution, supply(ing). *~ de capitaux,* provision of capital. **2.** *(service fourni)* service. *~ de service,* provision of a service. **3.** *(~ sociale)* allowance, benefit, social benefit. *~ maladie,* sickness benefit. **4.** *~ de serment,* taking of an oath ; *(Président U.S., etc)* swearing in ceremony, taking the oath of office. **5.** *(sens large)* performance.

**prestige** *n.m.* prestige ; status. *Opération de ~,* public relations operation, P.R. operation

**prestigieux, se** *adj.* prestigious.

**présumer** *v.* to presume, to assume ; to suppose.

**présupposé** *n.m.* assumption.

**prêt, e** *adj.* ready ; prepared.

*Nous sommes* ~*s à vous accorder une réduction,* we are prepared to grant you a discount.

• **prêt** *n.m.* loan. *Accorder, consentir un* ~, to grant a loan, to make a loan. *Demander un* ~, to apply for a loan. *Obtenir un* ~, to be granted a loan, to secure a loan. ~ *à découvert,* a) unsecured loan. b) loan on overdraft. ~ *à risque,* bad loan. ~ *épargne-logement, P.E.L,* home loan plan, private home ownership plan. = *(U.S.)* Home Owners Mortgage Loan, *(G.B.)* Building Society Loan. ~ *hypothécaire (sur hypothèque),* mortgage loan. ~ *pour l'amélioration de l'habitat,* home improvement loan. ~ *relais,* stand-by loan ; bridging loan. ~ *sur titres,* loan/ advance on securities.

**prêtable** *adj.* lendable, loanable.

**prêt-à-porter** *n.m.* ready-to-wear.

**prêt-bail** *n.m.* leasing.

**prétendre** *v.* to claim ; to allege.

**prétendu, e** *adj.* alleged, would-be, so-called, self-styled.

**prétendument** *adv.* allegedly.

**prête-nom** *n.m.* front, dummy, straw-man.

**prétention** *n.f.* claim ; pretension. ~*s salariales,* salary expected, salary asked for, salary claim.

**prêter** *v.* 1. to lend, *(U.S.)* to loan. 2. ~ *serment,* to take an oath, to be sworn. *(Président U.S.)* to be sworn in. 3. *(attribuer)* to attribute, to credit someone with something. 4. ~ *attention,* to pay attention. 5. *(~ à une interprétation, etc.)* to lead to, to give rise to, to lend oneself to. ~ *à confusion,* to be misleading.

**prêter à (se)** *v.* to lend oneself to.

**prêteur** *n.m.* lender. ~ *sur gage,* pawnbroker.

**prétexte** *m.m.* pretext, excuse.

**prétexter** *v.* to allege, to pretext.

**prétoire** *n.m.* court.

**preuve** *n.f.* proof, evidence. *Faire* ~ *de,* to show, to demonstrate, to display. *(jur.) La charge de la* ~, *l'obligation de faire la* ~, the onus of proof, the burden of proof. *Faire la* ~ *de,* to prove. *Faire ses*

~*s,* to demonstrate one's ability.

**prévaloir** *v.* 1. to prevail. *Faire* ~ *ses droits,* to make good one's rights, to vindicate one's rights. 2. *(= avoir cours, être d'usage)* to obtain, to prevail.

**prévaloir (se)** *v.* to take advantage of. *Se* ~ *d'un droit,* to exercise a right.

**prévarication** *n.f.* breach of trust, deviation from duty.

**prévenir** *v.* 1. to inform, to advise, to notify, to give notice. 2. *(avertissement, menace)* to warn. 3. *(empêcher)* to prevent, to forestall. 4. *(percevoir ou satisfaire par avance)* to anticipate. 5. *(prédisposer contre)* to prejudice, to bias. 6. *(jur.) être prévenu d'un délit,* to be accused of an offence.

**préventif, -ive** *adj.* preventive ; pre-emptive. *Mesure préventive,* preventive measure, deterrent. *Détention préventive,* (detention under) remand.

**prévention** *n.f.* 1. prevention. ~ *des accidents,* prevention of accidents. ~ *routière,* (Agency for the) Prevention of Road Accidents. 2. *(préjugé)* prejudice, bias. 3. *(temps passé en prison avant d'être jugé)* confinement under remand, detention awaiting trial.

**préventivement** *adv.* preventively.

**prévenu** *n.m. Le* ~, the accused ; *un* ~, an offender.

**prévisible** *adj.* predictable, foreseeable.

**prévision** *n.f.* 1. forecast, estimate ; expectation, anticipation. *Les* ~*s ont dû être revues en baisse,* estimates had to be revised down(ward). 2. *(fin. = provision)* provision, allowance.

**prévisionnel, -le** *adj.* estimated. *Budget* ~, estimated budget.

**prévisionniste** *n.m.* forecaster.

**prévoir** *v.* 1. to foresee, to expect ; to anticipate ; *(et annoncer)* to forecast. 2. *(loi, texte, etc.)* to provide, to make provisions for ; to specify, to state. *Leur programme ne prévoit rien pour les personnes âgées,* their programme does not provide anything for the elderly. *Ce n'est pas prévu au contrat,* this is not specified in the contract. *La réunion prévue pour demain,* the meeting due to be held tomorrow/ scheduled for tomorrow. *Il faut ~ plusieurs réunions,* we have to arrange for (make arrangements for) several meetings. **3.** *(tabler sur).* *Il faut ~ au moins deux mois,* we have to allow for two months at least. **4.** *( ~ de faire quelque chose)* to plan.

**prévoyance** *n.f.* precaution ; foresight. *Caisse (fonds) de ~,* reserve fund, provident fund. *Œuvres de ~,* provident societies, provident schemes, charities.

**prévoyant, e** *adj.* cautious, farsighted ; provident.

**prier** *v.* to request. *Nous vous prions de ...* Please etc. *Nous vous prions de croire à l'assurance, etc...* Yours faithfully, Yours sincerely, *(U.S.)* Sincerely yours.

**prière** *n.f.* request. *~ de faire suivre,* Please forward. « *~ de nous couvrir par chèque* » « kindly remit by cheque ».

**primaire** *adj.* primary. *École ~,* primary school. *Élection ~,* primary.

**primaires** *n.f.pl.* primaries.

**primauté** *n.f.* priority, precedence.

**prime** *n.f.* **1.** *(supplément)* bonus. **2.** *(d'assurance)* premium. **3.** *(allocation)* grant, subsidy, allowance. **4.** *(Bourse)* option *(achat)* call, *(de vente)* put ; *double ~,* put and call option, straddle. *Faire ~,* to be above par, at a premium. **5.** *~ (cadeau)* (free) gift.

**prime (en)** *loc.* into the bargain.

**prime à la construction,** building subsidy.

**prime à l'exportation,** export bonus.

**prime d'ancienneté,** seniority bonus, seniority pay, long service premium.

**prime d'assurance,** insurance premium.

**prime de déménagement,** removal allowance, relocation allowance.

**prime d'encouragement,** incentive bonus. *Système de primes d'encouragement,* incentive bonus scheme.

**prime de licenciement,** *(G.B.)*

redundancy payment, *(U.S.)* severance pay.

**prime d'équipement,** development subsidy.

**prime de reconversion,** redeployment compensation, retraining award.

**prime de réexportation,** drawback.

**prime de rendement,** productivity bonus, output bonus.

**prime de risque,** danger money.

**prime de transport,** transport allowance.

**prime de vie chère,** cost-of-living allowance.

**primer** *v.* **1.** *(accorder un prix)* to grant a prize, to grant an award, to award a prize. **2.** *(avoir priorité sur),* to have a prior claim (on, over) ; to outweigh, to outrank, to surpass.

**primeur** *n.f.* newness, freshness. *Avoir la ~ de...,* to be the first informed of. *(journalisme) donner une nouvelle en ~ ,* to have a scoop on ...

**primeurs** *n.f.pl.* early vegetables.

**primitif, -ive** *adj.* **1.** original, initial. **2.** primitive.

**primitivement** *adv.* initially, originally.

**primordial, e** *adj.* paramount, utmost, major.

**principal** *n.m.* **1.** *(capital)* principal, capital. **2.** main point, main thing, essential.

**principal, e** *adj.* principal, main, chief, major, leading, head. *Associé ~,* senior partner *Créancier ~,* chief creditor.

**principe** *n.m.* principle. *En ~,* in principle, theoretically. *Par ~,* on principle.

**prioritaire** *adj.* priority. *Être ~,* to have priority, to have precedence, to have a prior claim. *Action ~,* preference share. *Objectif ~,* major objective, main goal, first priority objective.

**priorité** *n.f.* **1.** priority (on, over), precedence (over), prior claim (on, over). *Actions de ~,* preference shares, preferred stock. *Affecter un ordre de ~,* to prioritize. *Avoir la ~ sur,* to have priority on, to take precedence over, to rank before. *Carte de ~,* pass. **2.**

*(route)* right of way.

**prise** *n.f.* **1.** hold, grasp. *Être (en venir) aux* ~, to come to grips. **2.** *(fait de prendre)* taking. **3.** *(pêche)* catch. **4.** *(électrique)* plug. **5.** ~ *de vue,* take, shot.

**prise à domicile,** home collection.

**prise de bénéfices,** profit taking.

**prise de conscience,** realization.

**prise de contrôle,** take-over. *Tentative de* ~, take-over bid. *Échapper à une tentative de* ~, to stave off a take-over bid.

**prise de décision,** decision making.

**prise de position,** stance.

**prise de participation,** *n.f.* **1.** buying shares / stock / a stake in(to) a company ; partial take-over. **2.** *(pour augmentation de capital)* equity financing.

**prise de possession,** entering (entry) upon possession ; appropriation.

**prise de risque(s),** risk-taking.

**prise de vue,** shot ; take.

**prise en charge,** take-over, taking over. *(De frais)* coverage, covering. *(Taxi)* minimum charge.

**prise en compte,** taking into account (of), allowance (for), allowing (for).

**prisée** *n.f. (jur)* valuation ; appraisal.

**priser** *v.* to value, to estimate.

**priseur (commissaire)** *n.m.* auctioneer.

**prison** *n.f.* prison, jail, gaol ; imprisonment. *Faire de la* ~, to serve a jail term, to serve a sentence of imprisonment, to serve time, *(fam.)* to do time.

**prisonnier, e** *n.* prisoner.

**privatif, -ive** *adj.* **1.** private *(jur.) droit* ~, exclusive right. **2.** depriving. *Peine privative de liberté,* prison sentence.

**privation** *n.f.* **1.** deprivation, loss. ~ *de droits,* loss of rights. **2.** privation, hardship.

**privatisation** *n.f.* privatization.

**privatiser** *v.* to privatize. *(une société de type S.A.)* to take a company private.

**privatiser (se)** to privatize ; to go private.

**privé, e** *adj.* private. *Entreprise* ~ *e,* private firm, private business, private enterprise. *Épargne* ~ *e,* private investors ; personal savings. *Propriété* ~ *e,* private property. *Secteur* ~, private sector. *Société* ~ *e,* private company. *Sous seing* ~, under private seal. *Acte sous seing* ~, private deed (contract, agreement).

**priver** *v.* to deprive.

**privilège** *n.m.* **1.** privilege. **2.** *(Jur.)* preference, preferential right, preferential claim ; lien. ~ *de créancier,* creditors' lien. ~ *de vendeur,* vendor's lien.

**privilégié, e** *adj.* preferential ; preferred. *Action* ~ *e, (G.B.)* preference share, *(U.S.)* preferred share (stock). *Créance* ~ *e,* preferential claim.

**privilégier** *v.* to privilege, to favour.

**prix** *n.m.* **1.** price ; rate ; quotation ; cost ; value ; charge. *Blocage (gel) des* ~, price-freeze. *De* ~, valuable ; expensive. *Différence de* ~, price differential, price spread. *Hors de* ~, prohibitive. *Indice des* ~, price index. *Indiquer un* ~, *communiquer un* ~, *faire connaître un* ~, to quote a price. *Mise à* ~, upset price, *(enchères)* reserve price, opening bid. **2.** prize, award.

**prix affiché,** posted/sticker-/price.

**prix à la production,** producer price, *(agriculture)* farm gate price.

**prix au comptant,** cash price.

**prix bloqué,** controlled price ; administered price.

**prix d'achat,** purchase price.

**prix courant,** current price, market price, prevailing price, ruling price.

**prix-courant,** *n.m.* price-list, catalogue.

**prix d'attaque,** penetration price ; penetration pricing.

**prix de campagne,** seasonal price.

**prix de détail,** retail price.

**prix de faveur,** preferential price.

**prix de gros,** wholesale price.

**prix de la main-d'œuvre,** cost of labour.

**prix de lancement,** launching price.

**prix d'émission,** issue price, issuing price.

**prix de revient,** cost price.

**prix de soutien,** support price, pegged price.

**prix de vente,** selling price.

**prix fixe,** fixed price.

**prix imposé,** administered price.

**prix plancher,** floor price.

**prix promotionnel,** promotional price.

**prix sortie d'usine,** ex-works price, x-works price, x-mill (ex-mill) price, x-plant (ex-plant) price.

**prix sur place,** spot price, loco price.

**probabilité** *n.f.* probability, likelihood, likeliness. *Calcul de* ~*s,* probability calculus.

**probable** *adj.* probable, likely. *Peu* ~, unlikely.

**probant** *adj.* *(preuve)* conclusive ; *(argument)* convincing, cogent, potent.

**probatoire** *adj.* probationary, probational. *Période* ~, probation(ary) period.

**probité** *n.f.* probity, integrity, honesty.

**problématique** *adj.* problematical ; dubious.

**problème** *n.m.* problem ; issue.

**procédé** *n.m.* **1.** process, method ; means. **2.** deal(ing), practice, conduct, behaviour. ~ *déloyal,* unfair practice.

**procédé de fabrication,** manufacturing process.

**procéder** *v.* **1.** to proceed. *(effectuer)* to carry out, to effect. **2.** ~ *de,* to arise from, to stem from, to originate from, to proceed from.

**procédure** *n.f.* procedure ; proceedings. ~ *collective,* collective bargaining. ~ *de faillite,* bankruptcy proceedings.

**procédurier** *n.m.* pettifogger.

**procès** *n.m.* suit, lawsuit ; *(criminel)* trial ; case. *Faire, intenter, engager un* ~, to take legal action, to sue, to bring an action against, to institute proceedings, *(U.S.)* to file a (law)suit.

**processus** *n.m.* process.

**procès-verbal** *n.m.* **1.** *(de réunion)* minutes (of the proceedings, of the meeting). **2.** *(police)* report, memorandum. *Faire un* ~, to draw up a report.

**prochain, e** *adj.* **1.** nearest. **2.** *(avenir)* next, coming. *La semaine* ~ *e,* next week. *Dans les* ~ *mois,* in the next few months.

**prochainement** *adv.* soon, shortly, at an early date.

**proche** *adj.* near ; close ; neighbouring. *Le Proche Orient,* the Near East. ~*s parents,* near relations, next of kin.

**proches** *n.m.pl.* near relations, next of kin.

**proclamation** *n.f.* proclamation.

**proclamer** *v.* to proclaim, declare ; *(loi, etc.)* to promulgate ; *(des résultats)* to announce.

**procuration** *n.f.* procuration, proxy ; power of attorney. *Lettre de procuration,* power of attorney ; letter of authority. *Par* ~, by proxy, *(lettre, etc.)* per pro (per procurationem).

**procurer** *v.* to supply, to provide, to procure.

**procurer (se)** *v.* to raise, to find, to get, to obtain. ~ *des capitaux,* to raise capital.

**procureur** *n.m.* attorney. ~ *de la République,* public prosecutor, *(U.S.)* District Attorney, D.A.

**prodigalité** *n.f.* lavishness. *Avec* ~, lavishly.

**prodigue** *adj.* spendthrift ; lavish ; thriftless.

**producteur** *n.m.* producer. *Prix au* ~, producer price, *(agriculture)* farm gate price.

**producteur, trice** *adj.* producing. *Pays* ~*s de pétrole,* oil producing countries. ~ *d'intérêt,* interest-bearing.

**productible** *adj.* productible.

**productif, -ive** *adj.* **1.** productive. **2.** *(d'un intérêt)* yielding, bearing. *Actions productives d'un dividende de,* shares yielding a dividend of... *Placement* ~, high-yield investment, profitable investment. ~ *d'intérêts,* interest-bearing.

**production** *n.f.* **1.** producing, production ; generation. **2.** *(industrielle, etc.)* production ; *(quantifiable)* output. **3.** *(produit(s))* product(s), manufacture(s). **4.** *(jur. = présentation)* producing, exhibiting, exhibition.

**productivité** *n.f.* productivity. *Accord de* ~, productivity deal, self-financing productive deal. *Gains de ~,* productivity gains.

**produire** *v.* 1. to produce. 2. *(causer)* to bring about. 3. *(un intérêt)* to yield, to bear, to produce. 4. *(un document)* to show, to produce, to exhibit.

**produire (se)** *v.* to take place, to occur, to happen, to arise, to come about.

**produire un intérêt,** to yield/ bring/ produce/ an interest.

**produit** *n.m.* 1. product ; *(agricole)* produce. *~ de base,* staple, staple commodity, staple product ; *sous-~,* by-product. 2. *(comptab.)* revenue ; *(produit des ventes)* proceeds, yield. *~ de la journée,* day's takings, day's receipts.

**produit alimentaire,** food product ; *~s alimentaires,* foodstuffs ; *(épicerie)* groceries.

**produit chimique,** chemical product, *~s chimiques,* chemicals.

**produit de beauté,** cosmetic.

**produit de marque,** branded article.

**produit d'entretien,** household product.

**produit dérivé,** by-product.

**produit fabriqué,** manufactured product ; manufacture.

**produit fini,** finished product.

**produit intérieur brut (P.I.B.),** gross domestic product, G.D.P.

**produit intermédiaire,** intermediate product.

**produit manufacturé,** manufactured product.

**produit national brut (P.N.B.),** gross national product, G.N.P.

**produit net,** net proceeds ; net income.

**produit semi-fini,** semi-finished product.

**profane** *n.m.* layman.

**professeur** *n.m.* teacher ; *(d'université)* professor.

**profession** *n.f.* occupation ; *(fam.)* job ; calling, trade ; business. *~s libérales,* (the) professions.

**professionalisme** *n.m.* professionalism.

**professionnel, le** *adj.* occupational ; vocational ; professional. *Adresse ~ le,* business address. *Expérience ~ le,* job-related experience ; professional / field experience ; track-record. *Formation ~ le,* vocational training. *Maladie ~ le,* occupational disease. *Risque ~,* occupational hazard.

**professionnel** *n.m.* professional. *(fam.)* pro.

**profil** *n.m.* profile. *~ de poste,* job description, job definition.

**profiler (se)** *v.* to shape up ; *(menace)* to loom.

**profit** *n.m.* profit. *A profit,* at a profit. *Au ~ de,* in favour of, on behalf of, to the credit of. *~s et pertes,* profit and loss. *Compte de ~s et pertes,* profit and loss account, income statement. *~s non distribués,* retained earnings. *Mettre à ~,* to take advantage (of), to make the best (of).

**profitable** *adj.* profitable ; advantageous ; beneficial.

**profiter** *v.* to profit (by, from), to benefit (by, from) ; to take advantage of, to cash in on, to capitalize on.

**profiteur** *n.m.* profiteer.

**profond, e** *adj.* deep.

**pro-forma** *loc.* pro forma. *Facture ~,* pro-forma invoice.

**profondeur** *n.f.* depth.

**profusion** *n.f.* profusion, abundance ; lavishness.

**progiciel** *n.m.* *(inform., programme d'application prêt à l'emploi et vendu à l'utilisateur)* package.

**programmation** *n.f.* programming.

**programme** *n.m.* 1. programme, *(U.S.)* program ; plan, planning ; schedule, scheduling ; scheme. 2. *(politique)* platform. 3. *(d'un cours)* syllabus ; *(d'une université)* curriculum.

**programmé, e** *adj.* programmed. *Enseignement ~,* programmed education (course ; learning).

**programmer** *v.* to program(me) ; to plan ; to schedule.

**programmeur** *n.m.* programmer.

**progrès** *n.m.* 1. progress ; advance ; development ; advancement. *Faire des ~,* to progress, to make progress, to improve ; *(négociations, etc.)* to make headway. *Le ~,* progress. *Le ~ technique,* technical progress. *Un ~ tech-*

*nique,* a technical advance (development, breakthrough). **2.** *(amélioration)* improvement.

**progresser** *v.* to progress ; to advance ; to improve *(négociations etc.)* to make headway.

**progressif, -ive** *adj.* progressive ; gradual ; *(impôt)* graduated.

**progression** *n.f.* progress, progression. *Être en ~,* to be up, to be on the rise, to be on the increase, to be increasing. *~ régulière,* steady increase ; steady improvement.

**progressiste** *n.* progressist.

**progressivement** *adv.* progressively, gradually.

**progressivité** *n.f.* progressiveness, progressivity.

**prohibitif, ve** *adj.* prohibitive ; *(taux d'intérêt etc.)* extortionate.

**prohiber** *v.* to prohibit, to forbid, to bar, to ban.

**prohibition** *n.f.* prohibition, ban.

**proie (être la proie de, en proie à),** *n.f.* to fall prey to. *Être en ~ à l'inflation,* to be plagued by inflation, to be inflation ridden.

**projection** *n.f.* projection.

**projet** *n.m.* project, plan, scheme ; *(incomplet)* rough draft. *Chef de ~,* project manager. *Faire des ~s,* to plan, to make plans. *~ détaillé (document ou programme officiel)* white paper.

**projet d'accord,** draft-agreement.

**projet de contrat,** draft-agreement.

**projet de loi,** (government) bill.

**projeter** *v.* **1.** to plan ; to consider, to contemplate ; to project. **2.** *(une image etc.)* to project ; to screen.

**prolétaire** *adj. et n.m.* proletarian.

**prolétariat** *n.m.* proletariat.

**prolétarien, ne** *adj.* proletarian.

**prolétarisation** *n.f.* proletarization, proletarianization.

**prolétariser** *v.* to proletarize, to proletarianize.

**prolifération** *n.f.* proliferation.

**proliférer** *v.* to proliferate ; to multiply ; to teem.

**prolongation** *n.f.* extension ; lengthening, prolonging, prolongation ; continuation, reconduction.

*~ d'une lettre de change,* renewal of a bill.

**prolongé, e** *adj.* long ; lasting ; prolonged ; continued ; *(délai)* extended ; *(relations, effort)* sustained *(qui dure trop)* protracted. *Une grève ~ e,* a protracted strike.

**prolongement** *n.m.* **1.** extension, lengthening. **2.** consequence.

**prolonger** *v.* to prolong, to extend ; to protract ; *~ un délai,* to extend a deadline ; *~ une lettre de change,* to renew a bill.

**promesse** *n.f.* promise ; pledge, commitment. *Honorer ses ~ s,* to meet one's commitments. *~ électorale,* election pledge. *~ de vente,* promise to sell. *Tenir sa ~,* to keep one's promise, to be true to one's word.

**prometteur, -euse** *adj.* promising ; attractive ; appealing.

**promettre** *v.* to promise ; to pledge oneself, to pledge one's word (to do something).

**promoteur** *n.m.* **1.** promoter, originator (of idea etc.) **2.** *(immobilier)* (real-estate) developer, *(d'un spectacle etc.)* organizer.

**promotion** *n.f.* **1.** promotion, advancement. *~ à l'ancienneté,* promotion by seniority. *~ au choix,* promotion by selection, according to merit. **2.** *(des marchandises etc.)* promotion. *Campagne de ~,* promotion campaign. *~ des ventes,* sales promotion. **3.** *(d'une école)* class, year. *La ~ 82,* the class of 82.

**promouvoir** *v.* to promote. *Être promu à un poste,* to be promoted to a position.

**prompt, e** *adj.* prompt, quick, speedy.

**promptitude** *n.f.* promptness, dispatch ; speed.

**promu, e** *adj.* promoted.

**promulgation** *n.f.* proclamation, promulgation ; *(loi)* enactment, enacting.

**promulguer** *v.* to proclaim, to promulgate, to issue, *(loi)* to enact.

**prôner** *v.* to advocate ; to recommend ; to extol.

**prononcé, e** *adj.* pronounced ; marked ; sharp ; strong.

**prononcé** *n.m. (d'un jugement)* terms, verdict.

**prononcer** *v.* 1. to pronounce, to utter. ~ *un discours,* to deliver a speech, to make a speech, to deliver an address. 2. *(un jugement)* to pass, deliver, pronounce (a sentence).

**prononcer (se)** *v.* to commit oneself, to declare (for, against), to express one's opinion ; *(tribunal)* to give one's verdict, *(commission)* to come to a conclusion.

**prononciation** *n.f.* pronunciation ; *(d'un discours)* delivery, *(d'un jugement)* passing (of a sentence).

**pronostic** *n.m.* forecast. *(Médical)* prognosis.

**pronostiquer** *v.* to forecast.

**pronostiqueur** *n.m.* forecaster.

**propagande** *n.f.* propaganda. *Faire de la* ~, to advertise, to publicize.

**propager** *v.* to spread.

**propager (se)** *v.* to spread.

**propension** *n.f.* tendency, proclivity.

**propice** *adj.* favourable.

**proportion** *n.f.* 1. proportion, rate, ratio, percentage. 2. dimension, size.

**proportionalité** *n.f.* proportionality.

**proportionnellement** *adv.* proportionally ; proportionately.

**proportionnel, le** *adj.* proportional, *(proportionné)* proportionate ; *(douanes)* ad valorem. *Droit* ~, ad valorem duty.

**proportionner** *v.* to proportion, to adjust.

**proposer** *v.* to propose, to offer, to suggest, to submit. *(un ordre du jour, une motion)* to move. ~ *l'ajournement de la réunion,* to move that the meeting be adjourned.

**proposition** *n.f.* 1. proposal, proposition, offer ; suggestion. *Refuser une* ~, to turn down an offer. 2. *(recommandation)* recommendation.

**propre** *adj.* own ; proper ; specific ; accurate ; fit (for), suitable (for) ; appropriate. *Fonds* ~*s,* stockholders' equity, capital stock. *Remettre en main(s)* ~ *(s),* to be delivered personally, to be delivered into someone's own hands.

**propriétaire** *n.* owner ; proprietor ; possessor. *(d'un appartement)* landlord. *Co-propriétaire,* co-owner. ~ *foncier,* land owner.

**propriété** *n.f.* 1. ownership ; proprietorship ; possession. 2. estate, property. *Accédant à la* ~, prospective home-owner ; new property owner. *Posséder en toute* ~, to hold in fee simple. *Titre de* ~, title-deed (to property), deed of property, title to property. 3. property, characteristic, feature.

**propriété foncière,** landed property, real estate. *(G.B., détenue à perpétuité)* freehold.

**propriété grevée d'hypothèques** encumbered estate.

**propriété indivise,** coparcenary ; joint property, joint ownership.

**propriété industrielle,** industrial property, patent rights.

**propriété littéraire et artistique,** copyright.

**propriété mobilière,** personal property.

**propriété privée,** private property ; « *Propriété privée* », "Trespassers will be prosecuted".

**propriété viagère,** life-estate.

**propulser** *v.* to propel.

**propulsion** *n.f.* propulsion.

**prorata** *n.m.* pro rata. *Au* ~ *de,* in proportion to. *Établir un* ~, to prorate.

**prorogation** *n.f.* extension of time ; ~ *(d'une traite, d'un prêt),* renewal ; *(échéance),* extension of term of payment.

**proroger** *v.* to extend (time-limits), to prolong (the duration of) ; *(traite, prêt)* to renew ; *(assemblée)* to prorogue.

**proscription** *n.f.* proscription, proscribing, outlawing, interdiction, prohibition.

**proscrire** *v.* to proscribe, to forbid, to prohibit, to outlaw.

**prospecter** *v.* *(min.)* to prospect ; *(clientèle)* to canvas, to look for new customers, to seek (out) new customers ; *(par publipostage)* to circularize.

**prospecteur** *n.m.* prospector ; *(clientèle)* canvasser.

**prospectif, ve** *adj.* prospective.

**prospection** *n.f.* prospecting ; *(de clientèle)* canvassing.

**prospective** *n.f.* forecasting ; futurology ; prospective studies.

**prospectus** *n.m.* 1. handbill, leaflet ; booklet. 2. *prospectus d'émission (actions),* prospectus.

**prospère** *adj.* prosperous, thriving, flourishing ; affluent.

**prospérer** *v.* to prosper, to thrive, to flourish.

**prospérité** *n.f.* boom, prosperity.

**protagoniste** *n.m.* protagonist.

**protecteur, trice** *adj.* protective.

**protection** *n.f.* protection ; preservation ; safety ; *(assurances)* cover. ~ *de la nature,* conservation. ~ *de l'emploi,* job protection, job security.

**protectionnisme** *n.m.* protectionism.

**protectionniste** *adj.* protectionist, protective. *Mesures ~ s,* protective/protectionist/measures.

**protectorat** *n.m.* protectorate.

**protéger** *v.* to protect ; to shelter ; *(une transaction)* to hedge.

**protestable** *adj.* protestable. *Effet ~,* protestable bill.

**protestataire** *n.m.* protester.

**protestation** *n.f.* protest.

**protester** *v.* to protest. ~ *un effet, une traite,* to protest a bill.

**protêt** *n.m.* protest. *Faire dresser un ~,* to have a bill noted.

**protocolaire** *adj.* protocolar, protocolary, protocolic ; *(fam.)* formal.

**protocole** *n.m.* 1. protocol. 2. preliminary memorandum.

**protocole d'accord** draft-agreement.

**prototype** *n.m.* prototype.

**prouver** *v.* to prove ; *(faire preuve de)* to demonstrate ; *(fournir des preuves)* to substantiate.

**provenance** *n.f.* origin.

**provenir de** *v.* to come from, *(marchandises)* to be imported from, *(avoir pour cause)* to stem from, to result from, to arise from, to originate from ; *(fonds)* to accrue from.

**province** *n.f.* province. *La province,* the provinces.

**provision** *n.f.* 1. deposit, provision. *Chèque sans ~,* bad cheque, *(U.S.)* dud check, worthless cheque, bouncing cheque, *(U.S.)* rubber check. *Défaut de ~,* no

funds, insufficient funds. 2. *(réserve)* reserve ; ~ *pour mauvaises créances (créances douteuses)* provision for bad debts. ~ *pour reconstitution de gisement,* depletion reserve. 3. *(bourse)* margin, cover. *Fournir une ~,* to margin. 4. *(avance)* advance. 5. *(commission)* commission *(versée à avocat, expert)* retaining-fee, retainer. 6. *(lettre de change)* consideration. 7. *(marchandises)* store, supply. *Faire ~ de,* to stock (in), to lay in a stock of.

**provisionnel, le** *adj.* provisional. *Tiers ~,* instalment on income tax.

**provisionner** *v. (un compte)* to put funds into, to replenish ; *(traite)* to give consideration for.

**provisions** *n.f.pl.* supplies. *Faire des ~ s,* to stock, to lay in a stock. *Faire ses ~ s,* to do one's shopping.

**provisoire** *adj.* provisional, temporary, interim ; *(personnel)* casual.

**provisoirement** *adv.* temporarily, provisionally.

**provocation** *n.f.* provocation.

**provoquer** *v.* 1. to cause, to bring about, to lead to, to entail. 2. to challenge.

**proxénète** *n.m.* procurer ; *(fam.)* pimp.

**proxénétisme** *n.m.* procuring ; white-slaving.

**proximité** *n.f.* nearness, proximity, vicinity. *Achat de ~,* convenience shopping ; *Magasin de ~,* convenience shop/ store ; shop round the corner.

**prudence** *n.f.* caution ; wariness.

**prudent, e** *adj.* cautious ; wary. *Estimation ~ e,* conservative estimate.

**Prud'hommes (Conseil des),** conciliation board, arbitration tribunal, Labour Court (Court for the settlement of labour disputes by arbitration or court order ; its members are elected by employers and employees).

**pseudo** *préf.* pseudo.

**pseudonyme** *n.m.* pseudonym, assumed name, alias ; *(auteur)* pen-name.

**psychanalyse** *n.f.* psychoanalysis.

**psychologie** *n.f.* psychology.

**psychologique** *adj.* psychological.

**psychologiquement** *adv.* psychologically.

**psychologue** *n.* psychologist.

**publiable** *adj.* publishable.

**public, que** *adj.* 1. public. *Relations publiques,* public relations, P.R. *Service* ~, public service, civil service ; public utility service, (public) utility. 2. national. *Dépenses publiques,* national spending. *Dette publique,* national debt. *Le Ministère* ~, the public prosecutor. **public** *n.m.* 1. public. *Le (grand)* ~, the general public. 2. *(publicité, spectacle etc.)* audience.

**publication** *n.f.* 1. publishing, publication ; issue ; issuing ; release. 2. *(de résultats)* announcing, announcement, publishing. 3. *(ouvrage publié)* publication. ~ *périodique,* periodical. 4. *(~s)* published work, publications.

**publicitaire** *adj.* advertising. *Agence* ~, advertising agency. *Annonce* ~, advertisement, *(G.B.)* advert, *(U.S.)* ad. *Budget* ~, advertising budget ; *(d'un annonceur dans une agence)* advertising account.

**publicitaire** *n.m.* adman ; advertiser *(peut aussi désigner l'annonceur).*

• **publicité** *n.f.* 1. advertising ; publicity. *Agence de* ~, advertising agency. *Budget de* ~ *(d'annonceur)* advertising account. *Campagne de* ~, advertising campaign. 2. *(annonce)* advertisement, *(G.B.)* advert, *(U.S.)* ad. **publicité institutionnelle,** institutional advertising ; *(destinée à créer ou maintenir une image)* corporate image advertising, corporate publicity.

**publicité sur le lieu de vente,** point-of-sale / point-of-purchase / advertising.

**publicité mensongère,** deceptive advertising, misleading advertising.

**publicité produit,** product advertising ; brand advertising.

**publicité rédactionnelle,** editorial advertising, editorial publicity.

**publier** *v.* to publish ; to release. *(résultats, etc.)* to announce, to publish, to make public.

**publipostage** *n.m.* mailing.

**publiquement** *adv.* publicly.

**puce** *n.f. (info.)* (micro-)chip.

**puiser** *v.* to draw *(dans,* from). ~ *dans les réserves,* to dip into the reserves.

**puissance** *n.f.* power.

**puissant, e** *adj.* powerful ; mighty.

**puits** *n.m.* well. ~ *de pétrole,* oil well. ~ *de mine,* pit, shaft.

**punir** *v.* to punish.

**punissable** *adj.* punishable.

**punitif, -ive** *adj.* punitive. *Dommages-intérêts* ~ *s,* punitive damages.

**punition** *n.f.* punishment, penalty.

**pupille** *n.f.* ward.

**pupitre** *n.m.* desk, console.

**pupitreur** *n.m.* console operator.

**pur, e** *adj.* pure ; neat.

**pureté** *n.f.* purity.

**purge** *n.f.* 1. *(Pol.)* purge. 2. *(hypothèque)* redemption. 3. *(fait de purger un fichier, etc.)* purging.

**purger** *v.* 1. *(une peine)* to serve time, *(fam.)* to do time. 2. *(une dette)* to pay off, to redeem. ~ *une hypothèque,* to redeem a mortgage. 3. *(informatique)* ~ *un fichier,* to purge a file.

**putatif, -ive** *adj.* putative.

**pylône** *n.m.* pylon, (steel) tower.

# Q

**quadrangle** *n.m.* quadrangle.

**quadrangulaire** *adj.* four-angled, four-cornered, quadrangular.

**quadrant** *n.m.* quadrant.

**quadratin** *n.m. (Typo.)* quadrat.

**quadrature** *n.m.* squaring, quadrature. *Chercher la* ~ *du cercle,* to try to square the circle.

**quadrichromie** *n.f.* four-color printing.

**quadriennal, e** *adj.* quadriennal. 1. *(Qui dure quatre ans)* lasting for four years. 2. *(Qui se renouvelle tous les quatre ans)* occurring every four years. *Assolement* ~, four-year rotation.

**quadrilatère** *adj.* quadrilateral.

**quadrillage** *n.m.* 1. *(papier, carte)* cross-ruling, squaring. 2. *(zone)* partitioning. **3.** *(motif)* checks, chequer-work.

**quadriller** *v.* **1.** *(Tracer un quadrillé)* to rule in square, to cross-rule. *Papier quadrillé,* squared paper. **2.** *(Couvrir d'un dispositif de quadrillage)* to comb (out).

**quadrimoteur** *n.m.* four-engined (aircraft).

**quadripartite** *adj.* quadripartite. *Conférence ~,* four-power conference.

**quadriréacteur** *n.m.* *Cf.* **quadrimoteur** ; 4-reactor aircraft.

**quadruple** *adj.* quadruple, fourfold. *Payer le ~ du prix,* to pay four times the price.

**quadrupler** *v.* to quadruple, to increase fourfold.

**quai** *n.m.* **1.** *(train)* platform. *Accès au ~,* to the trains. **2.** *(port)* quay, pier, wharf. *Droits de ~,* wharfage, pier dues. **3.** *(rivière)* embankment.

**qualification** *n.f.* **1.** *(attribution d'un titre, d'une qualité)* designation, name, title ; qualifying, rating evaluation. **2.** *(niveau de capacité)* qualification. *Certificat de ~,* qualification certificate, proficiency certificate. *Sans ~,* unskilled.

**qualifié, e** *adj.* **1.** *(qui a les qualités requises)* qualified ; *(~ pour parler de)* entitled, qualified to speak about, of... **2.** *(Ouvrier)* skilled (worker). **3.** *(= désigné, appelé)* termed, called ; styled ; dubbed. **4.** *vol ~,* aggravated theft, aggravated larceny, grand larceny, robbery.

**qualifier** *v.* **1.** *(caractériser)* to call, to qualify, to style, to term. **2.** *(conférer un titre, etc.)* to call, to describe. **3.** *(être admis)* se ~, to qualify. **4.** *(se nommer)* se ~, to call/to style oneself.

**qualitatif, -ive** *adj.* qualitative ; quality.

**qualitativement** *adv.* qualitatively.

**qualité** *n.f.* **1.** *(manière d'être de quelque chose, produit)* quality. *Première ~,* prime quality, high grade, top grade, first-rate. **2.** *(aptitude)* qualification, capacity. *Avoir les ~s requises pour,* to be qualified for. **3.** *(propriété)* property. **4.** *(condition juridique) Nom,*

*prénom et ~,* surname, (Christian) name and occupation. *Agir en ~ de,* to act in one's capacity as... *Avoir ~ pour,* to be authorized/ empowered/ to act, to have authority to act.

**quant-à-soi** *loc.* reserve.

**quantième** *n.m.* day of the month.

**quantifiable** *adj.* quantifiable.

**quantificateur** *n.m.* quantifier.

**quantification** *n.f.* quantification.

**quantifier** *v.* to quantify.

**quantitatif, -ive** *adj.* quantitative. *Remise quantitative,* quantity discount.

**quantitativement** *adv.* quantitatively.

**quantité** *n.f.* quantity.

**quantum** *n.m.* amount, proportion, ratio ; quantum.

**quarantaine** *n.f.* **1.** *(environ quarante)* forty, some forty. **2.** *(âge) Avoir passé la ~,* to be over forty, in one's forties. **3.** *(isolement)* quarantine. *Mettre en ~,* a) to quarantine ; b) to ostracize, to exclude.

**quarantième** *adj.* *(numéral ordinal)* fortieth.

**quarantièmes rugissants,** roaring forties.

**quarantenaire** *n.m.* **1.** *(qui dure quarante ans)* lasting for forty years, of forty years. **2.** *(relatif à la quarantaine sanitaire)* quarantinable.

**quarte** *n.f.* quart.

**quart** *n.m.* **1** quarter, fourth part. **2.** *Être de ~,* to be on watch. *Officier de ~,* officer of the watch, officer on duty. *~ de jour,* day shift. *~ de nuit,* night shift.

**quartier** *n.m.* **1.** *(portion de quelque chose divisé en quatre)* quarter, fourth part. **2.** *(part)* part, portion. **3.** *(partie d'une ville)* district, neighbourhood, quarter, ward. *~ des affaires,* business district, (U.S.) downtown. *~ général,* headquarters. **4.** *Ne pas faire de ~,* to spare nobody.

**quartier-maître** *n.m.* *(Mar.)* quartermaster, leading seaman.

**quartz** *n.m.* rock crystal, quartz. *Horloge à ~,* crystal clock ; *montre à ~,* quartz watch.

**quasi** *adv.* **1.** *(+ adj.)* quasi, almost. **2.** *(+ nom)* a sort of, quasi.

**quasi-contrat** *n.m.* *(Jur.)* quasi contract, implied contract, virtual contract.

**quaternaire** *adj.* quaternary.

**quatre,** four. *Couper les cheveux en* ~, to split hairs. *Se mettre en* ~, to do one's utmost, to go out of one's way, to lean/bend over backwards.

**quatre-mâts** *n.m.* four-masted (ship).

**quatre-saisons,** *Marchand des* ~, fruit and vegetable stallholder, barrow boy.

**quelconque** *adj.* ordinary, commonplace ; indifferent, poor.

**quémander** *v.* to beg (for), to solicit.

**qu'en-dira-t-on** *loc.* gossip, tittle tattle. *Se moquer du* ~, not to care what people say.

**querelle** *n.f.* *(contestation, différend)* dispute, quarrel, altercation, row.

**question** *n.f.* **1.** *(interrogation)* question, query. **2.** *(sujet, problème)* question, matter, point, problem ; issue. *Poser la* ~ *de confiance,* to ask for a vote of confidence. ~ *à l'ordre du jour,* item on the agenda. **3.** *mettre en* ~, to question, to challenge ; to doubt.

**questionnaire** *n.m.* list, set of questions ; questionnaire ; *(= feuille à remplir)* form. ~ *à choix multiple,* multiple choice questionnaire.

**quête** *n.f.* **1.** *(recherche)* quest, search. **2.** *(collecte)* collection. *Faire la* ~, to take up a collection.

**quêter** *v.* to take up a collection ; to collect. ~ *des compliments,* to fish for compliments.

**queue** *n.f.* **1.** *(extrémité, prolongement)* tail. **2.** *(tige)* stem. **3.** *(file d'attente)* queue, file, *(U.S.)* line. *Faire la* ~, to queue (up), *(U.S.)* to stand in line ; to form a queue.

**quidam** *n.m.* *(individu)* individual, person, someone.

**quille** *n.f.* **1.** *(pièce d'un bateau)* keel. **2.** *(jeu)* skittle. **3.** *(fin du service militaire)* demob.

**quincaillerie** *n.f.* **1.** *(commerce, industrie)* hardware business ; *(ma-*gasin)* hardware shop. **2.** *(objets)* hardware, ironmongery.

**quincailler** *n.m.* ironmonger, hardware merchant.

**quinconce** *n.f.* arrangement in five, quincunx, staggered arrangement.

**quinquennal, e** *adj.* quinquennal. *Plan* ~, five-year plan.

**quintal** *n.m.* quintal (= 100 kg) ; *demi-*~, *(approx.)* hundredweight (cwt).

**quintuple** *adj.* fivefold, quintuple.

**quintupler** *v.* to increase fivefold, to multiply by five, to quintuple.

**quinzaine** *n.f.* **1.** *(trois fois cinq)* fifteen. **2.** *(deux semaines)* a fortnight, a couple of weeks. ~ *commerciale,* (two-week) trade fair.

**quinze** *num.* **1.** *(adj.)* fifteen. **2.** *(aujourd'hui en* ~*)* today fortnight. **3.** *(nom)* ~ *du mois,* mid month.

**quirat** *n.m.* *(Jur.)* joint ownership, share (in a ship).

**quirataire** *n.m.* owner (of shares in a ship).

**quittance** *n.f.* discharge, ʀeceipt. ~ *comptable,* accountable ι ceipt. ~ *double,* duplicate receipt. ~ *finale, libératoire,* receipt in full discharge, receipt for the balance. ~ *de loyer,* rent receipt.

**quittancer** *v.* to receipt.

**quitte** *adj.* **1.** *(libéré d'une obligation)* discharged (from), free, quit, rid (of). *Être* ~ *d'une dette,* to be out of debt, to have discharged a debt. *Être* ~ *avec,* to be quits with. *Tenir quelqu'un* ~ *de quelque chose,* to release someone from, to let someone off. **2.** *(Conj.)* ~ *à,* even if, even though, only to. ~ *à perdre mon emploi,* even if I lose my job, even if it means losing my job. **3.** *Jouer à* ~ *ou double,* to play double or quits.

**quitter** *v.* **1.** *(se retirer)* to leave ; to quit ; *(un local)* to vacate (the premises). ~ *les affaires,* to retire from business. ~ *la partie,* to give up, to throw up the sponge. **2.** *(se séparer)* to part. *Ils se sont quittés bons amis,* they parted good friends. **3.** *(Tél.)* *Ne quittez pas !,* Hold on ! Hold the line ! Hang on !

Don't ring off ! **4.** ~ *son poste*, to leave/ to quit/ office ; *(prendre sa retraite)* to retire ; *(démissionner)* to resign ; *(abandonner)* to abandon/ to desert/ one's post.

**quitus** *n.m.* **1.** *(Com.)* receipt in full. **2.** *(Jur.)* final discharge. *Donner* ~ *à quelqu'un*, to give someone final discharge.

**qui-vive** *n.m.* *Être sur le* ~, to be on the lookout, on the alert.

**quoi** *pron. rel.* what. **1.** *Ce à* ~ *nous nous opposons*, what we object to. **2.** *Avoir de* ~ *vivre*, to have enough to live on. *(Fam.) Ils ont de* ~, they are well off. **3.** *(Expr.) Il n'y a pas de* ~, don't mention it ; you're welcome. **4.** ~ *qu'on fasse*, whatever you do.

**quorum** *n.m.* quorum. *Constituer un* ~, to form/to reach/to have/a quorum. *Le* ~ *n'est pas atteint*, the quorum is not present, we do not reach a quorum.

**quota** *n.m.* quota. *Fixer un* ~, to set a quota. *Fixation de* ~ *(s)*, quotafication.

**quote-part** *n.f.* contribution, portion, quota, share. *Payer sa* ~, to pay one's /contribution/quota. *Recevoir sa* ~, to receive one's share. ~ *revenant à chacun*, quota falling to each.

**quotidien, -ne** *adj.* daily, everyday. *Vie quotidienne*, everyday life.

**quotidien** *n.m.* daily (news)paper, daily.

**quotidiennement** *adv.* daily, every day.

**quotidienneté** *n.f.* everyday life.

**quotient** *n.m.* **1.** *(Math.)* quotient, ratio. **2.** *(~ familial)* income tax relief system based on the number of dependants. **3.** *(Bourse = rapport)* ratio. **4.** *(Q.I.)* I.Q., intelligence quotient.

**quotité** *n.f.* amount, extent, proportion, quota, share.

# R

**rabais** *n.m.* reduction, discount, rebate, allowance. *Accorder un* ~, to grant/ to allow/ a discount, a rebate. *Magasin de vente au* ~, discount store. ~ *pour paiement comptant*, cash discount. ~ *sur facture*, trade discount. *Vendre au* ~, to sell at a discount, at a reduced price.

**rabaissement** *n.m.* lowering.

**rabaisser** *v.* to lower, to reduce.

**rabatteur** *n.m.* *(chasseur de têtes)* talent scout ; *(démarcheur, placier)* tout.

**rabattre** *v.* to reduce, to diminish, to lessen, to knock off (price).

**raccrocher** *v.* *(téléphone)* to ring off, to hang up.

**rachat** *n.m.* **1.** buying back, buyback ; buy-out ; repurchase ; *(d'entreprise)* take-over ; buy-out. ~ *de l'entreprise par ses cadres*, management buy-out ; ~ *de l'entreprise par ses salariés*, employee buy-out. **2.** *(titres, rentes)* redemption. *Avec faculté de* ~, with option of purchase, of redemption. ~ *d'une entreprise*, buyout. ~ *d'une obligation*, redemption of a bond. **3.** *(assurances)* surrender. *Valeur de* ~, surrender value.

**rachetable** *adj.* *(dette, etc.)* repurchasable, redeemable.

**racheter** *v.* **1.** to buy back, to repurchase, to buy again. **2.** *(entreprise)* to buy out ; to take over. **3.** *(dette, etc.)* to redeem. **4.** *(assur.)* to surrender.

**racoler** *v.* **1.** *(personnel)* to lure away, to hire away, to poach (for). **2.** *(clientèle)* to tout for.

**radiation** *n.f.* striking off. **1.** *(d'une liste, etc.)* striking out, crossing out. **2.** *(titulaires, fonctionnaires)* dismissal. *(du barreau)* disbarment, disbarring. **3.** ~ *d'une inscription hypothécaire*, entry of a satisfaction of mortgage. **4.** *(nucléaire)* radiation.

**radier** *v.* *(registre, liste)* to strike out, to cross out, to delete. **2.** *(fonctionnaire)* to dismiss. *(du barreau)* to disbar. **3.** ~ *une inscription hypothécaire par une mention sur le registre*, to enter a memorandum of satisfaction of mortgage on the register.

**radiophonique** *adj.* radio, broadcast (ing). *Émission* ~, a broadcast, a radio program(me).

**radiodiffuser** *v.* to broadcast, to air.

**radiodiffusion** *n.f.* broadcasting.

**radoub** *n.m.* repair, refitting, graving. *Bassin de ~,* dry dock, graving doçk. *Navire en ~,* ship under repair, in dry dock.

**raffermir** *v.* *(prix)* to steady ; to harden.

**raffermir (se)** *v.* to harden, to steady, to firm up. *Les prix se raffermissent,* prices are firming up.

**raffermissement** *n.m.* hardening, steadying, firming-up, strengthening, improvement.

**raffinerie** *n.f.* refinery. *~ de pétrole,* oil refinery.

**rafler** *v.* to buy up, to sweep off.

**raison** *n.f.* **1.** reason, motive, ground, cause. **2.** *~ sociale,* corporate name, firm's name, trade name, style. **3.** *à ~ de,* at the rate of, in the proportion of, at the price of. *En ~ de,* owing to, on account of, due to.

**raisonnable** *adj.* reasonable, moderate. *A des prix ~s,* at moderate prices/ charges.

**rajeunir** *v.* **1.** *(personnel, cadres)* to inject new blood into ; to prune corporate deadwood. **2.** *(entreprise, structures)* to renovate, to revamp, to modernize, to rejuvenate.

**rajustement** *n.m.* readjustment, adjustment.

**rajuster** *v.* to (re)adjust.

**ralenti** *n.m.* **1.** *(cinéma)* slow motion, instant replay. **2.** *Marcher au ~,* to go slow.

**ralentir** *v.* to slow down, to slacken.

**ralentir (se)** *v.* to slow down, to slacken, to decelerate.

**ralentissement** *n.m.* slowing down, slackening, slowdown, slack. *~ des affaires,* business slowdown.

**rallonge** *n.f.* additional payment. *~ budgétaire,* supplementary estimates.

**rallonger** *v.* to lengthen, to extend.

**ramassage** *n.m.* gathering, collecting, collection, pick-up. *Zone de ~,* catchment area.

**rame** *n.f.* **1.** *(papier)* ream. **2.** *(rail)* train.

**ramener** *v.* to lower, to reduce, to bring down.

**ramification** *n.f.* branching, ramification.

**ramifier (se)** *v.* to branch out, to divide.

**rançon** *n.f.* ransom. *(sens large)* price (paid for), penalty (of).

**rançonner** *v.* to ransom.

**rang** *n.m.* rank, ranking. *De premier ~,* first class, first rate. *Hypothèque de premier ~,* first mortgage. *Prendre ~,* to rank (among). *~ d'une dette,* rank of a debt.

**ranimer** *v.* to revive. *~ l'inflation,* to refuel/ rekindle/ revive inflation.

**rapatrier** *v.* to repatriate.

**rapatriement** *n.m* repatriation.

**rapetisser** *v.* to shrink, to dwindle.

**rapide** *n.m.* express train, fast train.

**rapide** *adj.* quick ; fast ; prompt ; rapid ; *(superficiel)* cursory. *Une réponse ~ nous obligerait,* a prompt answer would oblige us. *Livraisons ~s,* express deliveries.

**rappel** *n.m.* **1.** reminder *(fin.).* *Lettre de ~,* (letter of) reminder, collection letter, *(U.S.)* dunning letter. *~ de compte,* reminder of account. *~ d'échéance,* reminder of due date. **2.** *(retrait)* recall. **3.** *~ de salaire,* back pay. **4.** *~ à l'ordre,* call to order ; reminder.

**rappeler** *v.* **1.** *(tél.)* to call back ; to call again. **2.** *(faire revenir)* to recall. **3.** *(un produit défectueux, voiture, etc.)* to recall. **4.** *(un décret)* to repeal. **5.** *(évoquer)* to conjure up ; to remind someone of something. **6.** *se rappeler,* to remember. **7.** *(ne pas oublier)* not to forget. **8.** *~ quelque chose à quelqu'un,* a) *(futur)* to remind someone to do something, b) *(passé)* to remind someone of something. **9.** *~ à l'ordre,* to call to order.

**rapport** *n.m.* **1.** *(compte rendu)* report. *Présenter un ~,* to submit a report. *~ d'expertise,* survey report. **2.** *(rendement)* return, yield, income, profit. *Immeuble de ~,* block of flats. *~ d'un capital,* yield of capital, return on capital.

3. relation, connection. *Être en ~ avec,* to be in relation with, to be in touch with. **4.** ratio. *(Bourse) ~ cours-bénéfice,* price-earnings ratio.

**rapporter** *v.* **1.** to yield, to bear ; to bring in, to produce. *~ des intérêts,* to bear/ to yield/ to carry/ to earn interests. **2.** *(Compt.)* to post. *~ une écriture,* to post an entry. **3.** *(Jur.) (décret)* to repeal, to rescind. **4.** *(Ordre de grève)* to call off.

**rapporteur** *n.m.* reporter ; recorder ; *(Pol.) (commission)* chairman ; *(chef de parti)* floor leader.

**rapprochement** *n.m. (Compt.)* reconciliation. *(Polit.)* rapprochement.

**rare** *adj.* scarce, rare. *L'argent est ~,* money is scarce.

**raréfaction** *n.f.* rarefaction, scarcity.

**raréfier (se)** *v.* to become scarce, to grow scarce.

**rassortiment** *n.m.* restocking, new stock.

**rassortir** *v.* to restock.

**rater** *v.* to fail, to flop ; to backfire.

**ratio** *n.m.* ratio. *~ (s) de capitalisation,* capitalization ratio(s). *~ - cours-bénéfice,* price-earnings ratio (P/E ratio). *~ de liquidités,* cash ratio, liquidity ratio. *~ d'exploitation,* operating ratio. *~ de trésorerie,* current ratio.

**ratifier** *v.* to ratify ; to confirm ; *(décision)* to approve.

**ration** *n.f.* ration.

**rationalisation** *n.f.* rationalization. *~ des choix budgétaires,* planning programming budgeting system (P.P.B.S.).

**rationaliser** *v.* to rationalize.

**rationnel, le** *adj.* rational.

**rationner** *v.* to ration.

**rationnement** *n.m.* rationing.

**rattrapage** *n.m.* catch-up, catching-up. *(salaires) Clause de ~,* escalator clause. *Effet de ~,* catch-up effect. *~ de la demande,* catch-up demand.

**rattraper** *v.* to catch up (with). *~ le retard,* to catch up with the delay.

**rature** *n.f.* erasure, deletion. *Faire une ~,* to erase, to cross out,

to delete (a word).

**raturer** *v.* to erase, to delete, to cross out.

**ravitaillement** *n.m.* supply, supplying.

**ravitailler** *v.* to supply. *~ quelqu'un (en),* to supply somebody (with).

**raviver** *v.* to revive. *~ l'inflation,* to revive/ refuel/ rekindle inflation.

**rayer** *v.* to strike out, to cross out. *~ un nom de la liste,* to strike a name off the list.

**rayon** *n.m.* **1.** *(dans un grand magasin)* department. **2.** *(supermarché, etc.)* counter. *Chef de ~,* buyer, supervisor. *~ des soldes,* sales counter, *(U.S.)* bargain basement/counter. **3.** *~ d'action,* range ; radius.

**rayonnage** *n.m.* shelf-space.

**rayonnement** *n.m.* dissemination, spread, range.

**rayonner** *v.* to radiate, to spread (out).

**réacheminer** *v.* to reroute.

**réactiver** *v.* to reactivate.

**réaction** *n.f.* **1.** reaction, response. *~ de l'acheteur,* buyer response. *Temps de ~,* response time. **2.** *Avion à ~,* jet (plane).

**réadaptation** *n.f.* readaptation, readjustment ; *(rééducation)* rehabilitation.

**réadapter** *v.* to readapt, to readjust, to rehabilitate.

**réaffectation** *n.f.* **1.** *(personnel)* reassignment, redeployment. **2.** *(matériel, fonds)* reallocation, reapportionment.

**réajustement** *n.m.* readjustment, adjustment. *~ monétaire,* monetary adjustment.

**réajuster** *v.* to readjust, to adjust.

**réalisation** *n.m.* **1.** realization, carrying out, working out ; achievement. *Une belle ~ technique,* a fine technical achievement. **2.** *La ~ des actions,* the sale of (the) shares.

**réalisateur, trice** *n.m.f.* **1.** realizer, seller. **2.** director ; film maker, producer.

**réalisable** *adj.* realizable ; feasible. *Actif ~,* current assets.

**réaliser** *v.* **1.** *(projet)* to realize,

to carry out, to work out. **2.** *(Fin.)* to realize, to sell out. ~ *un bénéfice*, to make a profit.

**réaliser (se)** *v.* to materialize.

**réaménagement** *n.m.* **1.** re-arrangement ; reorganization. **2.** *(monétaire, etc.)* readjustment, realignment. **3.** *(d'une dette)* rescheduling.

**réaménager** *v.* **1.** to reorganize, to rearrange. **2.** *(les parités monétaires)* to realign, to readjust. **3.** *(une dette)* to reschedule.

**réapprovisionnement** *n.m.* re-supplying. *(Stocks)* replenishing, rebuilding. *(Compte)* crediting.

**réapprovisionner** *v.* to resupply. *(Stocks)* to replenish, to rebuild ; to restock. *(Compte)* to restore the credit balance, to credit, to replenish.

**réassortiment** *n.m.* *voir* **rassortiment**.

**réassortir** *v.* *voir* **rassortir**.

**réassurance** *n.f.* reinsurance ; underwriting.

**réassurer** *v.* to reinsure ; to underwrite.

**réassureur** *n.m.* reinsurer ; underwriter.

**rebâtir** *v.* to rebuild.

**reboisement** *n.m.* reafforestation, reforestation.

**reboiser** *v.* to (re)afforest.

**rebut** *n.m.* **1.** *(postes)* dead letter. *Bureau des* ~ *s*, dead letter office. **2.** *(industrie)* reject(s). *Marchandise(s) au* ~, trash. *Mettre au* ~, to scrap, to reject. *Taux de* ~, rejection rate.

**récapitulatif, ve** *adj.* recapitulative.

**récapitulatif** *n.m.* summary, recap.

**récapitulation** *n.f.* summary, summing-up, recap(itulation).

**récapituler** *v.* to recapitulate, to recap, to sum up ; to review.

**recéder** *v.* to sell back.

**recel** *n.m.* **1.** *(d'objets)* receiving and concealing, *(fam.)* fencing. **2.** *(de criminels)* hiding.

**receleur** *n.m.* receiver of stolen goods, *(fam.)* fence.

**recensement** *n.m.* **1.** *(population)* census. **2.** *(marchandises)* inventory, checking off, stock-taking. **3.** *(comptage)* counting, tally.

**recenser** *v.* **1.** to take a census of *(population)*. **2.** *(marchandises)* to inventory, to check. **3.** to count, to number.

**récépissé** *n.m.* receipt, acknowledg(e)ment. ~ *de bord*, mate's receipt. ~ -*warrant*, warrant.

**réception** *n.f.* **1.** receipt. *Accusé de* ~, acknowledg(e)ment of receipt ; notice of delivery. *A la* ~ *de*, on receipt of. *Accuser* ~ *de*, to acknowledge receipt of. **2.** *(hôtel)* reception, *(fam.)* desk. *Adressez-vous à la* ~, apply at, inquire at (the) reception (desk).

**réceptionnaire** *n.m.f.* consignee, receiver, recipient.

**réceptionner** *v.* *(marchandises)* to check and take over/sign for.

**réceptivité** *n.f.* acceptance, receptiveness, responsiveness. *(Radio)* reception.

**récession** *n.f.* recession.

**recette** *n.f.* **1.** *(rentrée d'argent)* receipt(s), return(s), earnings, revenue(s). *Dépenses et* ~ *s*, expenses and receipts. **2.** *(~ s d'un magasin)* takings. **3.** *(recouvrement)* collection. *Garçon de* ~, collection clerk. **4.** *(bureau de recouvrement)* collector's office, receiver's office. **5.** *(de cuisine)* recipe. ~ *miracle*, instant recipe.

**recettes publicitaires,** advertising revenue.

**recevabilité** *n.f.* *(Jur.)* admissibility.

**recevable** *adj.* *(Jur.)* admissible, receivable, acceptable.

**receveur, euse** *n.m.f.* collector, receiver. ~ *d'autobus*, bus conductor. ~ *des contributions directes*, tax-collector. ~ *des postes*, postmaster.

**recevoir** *v.* to receive ; *(argent, impôts)* to collect. *Comptes à* ~, accounts receivable. *Effets à* ~, bills receivable, receivables. *Nous avons bien reçu*, we have duly received.

**rechange** *n.m.* **1.** *(Fin.)* re-exchange. **2.** *(pièces de* ~ *)*, spare parts, spares. **3.** *(recharge)* refill.

**recherche** *n.f.* research, research and development, R & D. *(Inform.)* retrieval. ~ *de motivation*, motivation(al) research. ~ *d'emploi*, job-seeking, job hunting. ~ *documen-*

*taire,* desk research ; information retrieval. ~ *opérationnelle,* operations research/ operational research. ~ *sur le terrain,* field work. *Service de la ~,* research department, Research and Development Department, R & D department. *Travail de ~,* research work, research project.

**rechercher** *v.* to look for, to seek ; *(informations)* to retrieve. *Être très recherché,* to be in great/ demand/ request. ~ *des débouchés,* to seek outlets.

**rechute** *n.f.* relapse ; set-back.

**récidive** *n.f. (Jur.)* second offence.

**récidiver** *v.* to commit a second offence ; to reappear, to recur.

**récidiviste** *n.m.f.* habitual criminal, old offender, second offender, repeat offender, recidivist.

**récipient** *n.m.* container ; vessel.

**réciprocité** *n.f.* reciprocity. *Accord de ~,* reciprocity agreement.

**réciproque** *adj.* reciprocal, mutual.

**réclamant** *adj.* claimant, complainant.

**réclamation** *n.f.* claim, complaint. *Bureau, service des ~s,* claims department, complaint department. *Faire, formuler une ~,* to claim, to complain, to make a claim/a complaint, to lodge/ *(U.S.)* to file a claim/a complaint. *Faire droit à une ~,* to entertain a claim, to allow a claim. *Rejeter une ~,* to disallow a claim.

**réclame** *n.f. (G.B.)* advertising, advertisement, ad, advert. *En ~,* (on) special offer ; promotion sale. *Faire de la ~, (U.S.)* to advertise, to boost. ~ *lumineuse,* neon sign.

**réclamer** *v.* to claim. ~ *des dommages-intérêts,* to claim damages. ~ *le paiement,* to demand payment. ~ *une augmentation de salaire,* to demand a salary increase.

**reclassement** *n.m.* 1. re-classification. 2. *(personnel)* redeployment/resettlement ; reassignment.

**reclasser** *v.* 1. to classify, to reclassify. 2. *(employés, etc.),* to redeploy/to resettle ; to reassign.

**réclusion** *n.f. (Jur.)* solitary confinement.

**récolement** *n.m.* checking, verification.

**récoler** *v.* to check, to verify.

**récoltant** *adj. Propriétaire ~,* grower.

**récolte** *n.f.* crop, harvest. ~ *record,* bumper crop. ~ *sur pied,* standing crop.

**récolter** *v.* to harvest, to gather, to reap. ~ *un gros bénéfice,* to reap a substantial profit.

**recommandation** *n.f.* recommendation, *(P.T.T.)* registration, registry.

**recommander** *v.* 1. *(quelqu'un)* to recommend. 2. *(poste)* to register. *Lettre recommandée,* registered letter. *Sous pli recommandé,* under registered cover. 3. *(conseiller)* to advise, to recommend.

**récompense** *n.f.* reward, award.

**récompenser** *v.* to reward, to recompense.

**recompter** *v.* to recount.

**reconductible** *adj.* renewable.

**reconduction** *n.f.* renewal. ~ *tacite,* renewal by tacit agreement.

• **reconduire** *v.* 1. to renew. ~ *un bail,* to renew a lease. 2. *(quelqu'un)* to show someone out.

**reconnaissance** *n.f.* acknowledg(e)ment, recognition. ~ *de dette,* acknowledg(e)ment of a debt, I.O.U. (= I owe you, *je vous dois*).

**reconnaissant, e** *adj.* thankful, grateful. *Je vous serais ~ de bien vouloir...,* I should be grateful if you would...

**reconquérir** *v.* to reconquer, to recapture, to regain.

**reconstituer** *v.* to rebuild ; to restore ; to reconstitute. *(réserves)* to build up again ; *(stocks)* to replenish.

**reconstitution** *n.f.* reconstitution ; *(crédit)* reconstitution ; *(stocks)* replenishment ; restocking.

**reconventionnel, le** *adj.* reconventional. *Demande ~ le,* counterclaim.

**reconversion** *n.f.* reconversion ; *(personnel)* retraining ; redeployment. *Programme de ~,* retraining program. ~ *industrielle,* industrial redeployment.

**reconvertir** *v. (personnel)* to retrain ; to redeploy.

**reconvertir (se)** *v. (personnel)* to retrain. *(Entreprise)* to convert.

**record** *n.m.* record ; *(sommet)* peak, high ; *(baisse)* low. *Baisse ~,* all-time low. *Chiffre ~,* all-time figure. *Cours ~,* record price.

**recoupement** *n.m.* cross-checking.

**recouper** *v.* to check, to cross-check, to tally with.

**recourir à** *v.* to have recourse to, to resort to, to call upon.

**recours** *n.m.* recourse, resort, redress. *En dernier ~,* as a last resort. *~ à l'arbitrage,* appeal to arbitration. *~ contre des tiers,* recourse against third parties. *Un ~,* a means of redress. *~ en justice,* an appeal (to the court). *Introduire un appel,* to appeal, to make an appeal. *(Mar.) ~ sur la cargaison,* lien on the cargo.

**recouvrable** *adj.* **1.** *(argent)* recoverable. **2.** *(dette, etc.)* collectable, collectible.

**recouvrement** *n.m. (dette, facture)* recovery, collection. *Frais de ~,* collection/ collecting charges. *~ de créance,* collection of debt.

**recouvrer** *v.* to collect, to recover. *Créances à ~,* outstanding debts.

**recrudescence** *n.f.* fresh outbreak, multiplication.

**recrue** *n.f.* recruit.

**recruteur** *n.m.* recruiter, *(chasseur de tête)* head-hunter.

**recrutement** *n.m.* recruiting, recruitment, hiring, engagement.

**recruter** *v.* to recruit, to hire, to engage, to sign (somebody) on.

**rectifier** *v.* to rectify ; *(prix, erreur)* to correct, to put right.

**rectificatif** *n.m.* correction, adjustment, amendment ; corrective statement.

**rectificatif, -ive** *adj.* rectifying, correcting ; amended.

**rectification** *n.f.* correction, adjustment, rectification.

**recto** *n.m.* **1.** recto. **2.** *(document)* face. *Au ~ du chèque,* on the face of the cheque.

**reçu** *n.m.* receipt. *Au ~ de,* on receipt of. *~ de bord,* mate's receipt.

**recul** *n.m.* decrease, decline, drop, setback, downturn.

● **reculer** *v.* to fall back, to decline, to drop, to recede ; *(foule, etc.)* to move back ; *(véhicule)* to back, to reverse ; *(= céder)* to back off.

**récupérable** *adj.* **1.** *(dette, etc.)* recoverable. **2.** *(marchandises)* salvageable.

**récupération** *n.f.* **1.** *(dette, etc.)* recovery. *~ des frais,* recovery of expenses. **2.** *(perte)* recoupment. **3.** *(marchandises)* salvage.

**récupérer** *v.* **1.** *(dette)* to recover. **2.** *(marchandises)* to salvage. **3.** *(perte)* to retrieve, to recoup. *~ des pertes,* to retrieve/ to recoup/ one' losses. **4.** *(des terres, la T.V.A., etc.)* to reclaim.

**récusation** *n.f. (témoin, arbitre)* exception (to), objection (to).

**récuser** *v.* to take exception to, to object to, to reject. *(Un témoin, un juré, etc.)* to challenge. *(Un témoignage, etc.)* to challenge, to impugn ; to contest.

**recyclage** *n.m.* **1.** *(personnel)* retraining, redeployment. *Cours de ~,* refresher course. **2.** *(matériaux)* recycling.

**recycler** *v.* **1.** *(personne)* to retrain ; *(personnel)* to redeploy. **2.** *(matériaux)* to recycle.

**rédacteur** *n.m.* writer, drafter. *~ en chef,* (chief-)editor. *~ publicitaire,* copywriter. *(Banque, assur., etc.)* senior clerk, employee in charge of the drawing up of contracts, deeds, etc.

**rédaction** *n.f.* **1.** *(document)* wording, drafting. **2.** *(acte)* drawing-up. **3.** *(journal)* editorial staff, *(U.S.)* the desk.

**rédactionnel, le** *adj.* editorial. *Contenu ~,* editorial content. *Publicité ~ le,* editorial advertising. *Texte ~,* editorial matter.

**reddition** *n.f. (des comptes)* rendering.

**redémarrage** *n.m.* **1.** *(économie)* recovery, rally. **2.** *(d'une activité, de négociations)* resumption ; reopening. **3.** *(inform.)* restart.

**redémarrer** *v.* **1.** *(éco.)* to recover, to rally. **2.** *(activité, négociations)* to resume ; to reopen.

**rédemption** *n.f. (dette, obligation)* redemption, redeeming.

**redescendre** *v.* to come/ to go/

down again, *(prix, taux, etc.)* to fall again, to fall back.

**redevable** *adj.* indebted, liable. *Je vous suis ~ de cette adresse,* I am indebted to you for this address. *(Être ~ = devoir). Je vous suis ~ de 100 £,* I owe you £ 100.

**redevance** *n.f.* **1.** rent, rental. **2.** *(mines, pétrole, brevet)* royalty (-ies). **3.** licence, tax. *~ radio et télévision,* radio TV licence.

**rédhibition** *n.f.* redhibition, annulment.

**rédhibitoire** *adj.* redhibitory. *Vice ~,* latent defect.

**rédiger** *v.* **1.** *(lettre, document)* to write, to word, to draft. **2.** *(un acte, contrat)* to draw up. **3.** *(chèque, facture)* to make out.

**redistribuer** *v.* **1.** to redistribute. **2.** *(ressources, personnel)* to redeploy.

**redistribution** *n.f.* redistribution ; *(ressources, personnel)* redeployment.

**rediscuter** *v.* to rediscuss.

**redresser** *v.* **1.** to rectify, to correct. **2.** *(compta.)* to adjust. *~ un compte,* to adjust an account. **3.** *~ une entreprise,* to turn a firm around.

**redresser (se)** *v.* to look up ; *(économie, entreprise)* to recover, to turn around.

**redressement** *n.m.* **1.** rectification, amendment, adjustment. *Écriture de ~,* correcting entry. *~ fiscal,* order to pay tax arrears, settlement of tax arrears (plus interest and penalty if the taxpayer did not act in good faith). **2.** recovery, upswing, upturn. **3.** *(d'une entreprise)* turnaround, turning around.

**redresseur** *n.m.* *(de société)* refloater.

**réduction** *n.f.* reduction, cut (ting) down, cut, cutback, discount, lowering. *~ d'impôts,* tax cut. *~ de prix,* price cut, markdown (U.S.). *~ des horaires de travail,* short time. *~ de la semaine de travail,* shorter work(ing) week. *Plan de ~ du personnel,* redundancy plan.

**réduire** *v.* to reduce, to cut down, to curtail, to lower, to decrease. *~ considérablement les prix,* to

slash prices. *~ le déficit budgétaire,* to trim the budget deficit. *~ le personnel,* to lay off, to cut the payroll.

**rééchelonnement** *n.m.* *(dette)* rescheduling.

**rééchelonner** *v.* *(dette)* to reschedule.

**rééducation** *n.f.* **1.** *(recyclage)* retraining. **2.** rehabilitation. *~ des victimes d'accidents du travail,* rehabilitation of the incapacitated.

**réélection** *n.f.* re-election.

**rééligible** *adj.* re-eligible, eligible for reelection.

**réélire** *v.* to re-elect.

**réemploi** *n.m.* re-employment.

**réemployer** *v.* to re-employ, to re-hire.

**rééquilibrage** *n.f.* readjustment, readjusting, restoration of balance.

**rééquilibre** *n.m.* restoration of balance.

**rééquilibrer** *v.* to restore the balance of.

**réescompte** *n.m.* rediscount.

**réescompter** *v.* to rediscount.

**réévaluer** *v.* **1.** *(devise)* to revalue. **2.** *(devis, prévisions)* to revise upward.

**réévaluation** *n.f.* revaluation.

**réexpédier** *v.* *(courrier)* to forward, to redirect ; *(marchandises)* to reship.

**réexpédition** *n.f.* *(courrier)* forwarding, redirection ; *(marchandises)* reshipment.

**réexportation** *n.f.* re-export(ation).

**réexporter** *v.* to re-export.

**réfaction** *n.f.* allowance, rebate, reduction.

**refaire (se)** *v.* to retrieve one's losses, to recoup oneself.

**réfection** *n.f.* repair(ing), restoration.

**référé** *n.m.* summary procedure.

**référence** *n.f.* **1.** reference. *~ commerciale,* trade references. *En ~ à,* with reference to ; referring to ; *(objet d'une lettre)* Re. *En ~ à votre demande,* Re your inquiry. **2.** *(certificat, attestation)* testimonial, recommendation.

**référencé, e** *adj.* entered under a reference number.

**référer** *v.* to refer, to report. *En ~ au P.D.G.,* to report/ to submit/ the matter to the Chairman and Managing Director.

**refluer** *v.* to fall back.

**refondre** *v.* to reorganize. **1.** *(organisation)* to reshape, to redeploy ; to reshuffle ; *(complètement)* to overhaul. **2.** *(traite)* to recast. **3.** *(monnaie)* to recoin, to remint.

**refonte** *n.f.* reorganization, restructuring ; reshuffling ; overhaul.

**réforme** *n.f.* reform.

**refrain** *n.m. (musique)* burden, chorus. ~ *publicitaire,* jingle.

**refuge** *n.m.* shelter, refuge ; haven ; *( = cachette)* hide-out. *Valeurs* ~, gilt-edged securities. *Un* ~ *contre l'inflation,* a hedge against inflation.

**refus** *n.m.* refusal ; denial.

**refuser** *v.* to refuse ; to deny ; *(une offre)* to turn down. ~ *de payer une traite,* to dishonour a bill. ~ *l'accès,* to deny admission.

**regagner** *v.* to regain, to recover.

**regain** *n.m.* renewal, revival. *Un* ~ *d'activité,* a recovery.

**regard** *n.m. Droit de* ~, right of inspection.

**régie** *n.f.* **1.** excise. **2.** state control, state supervision ; state-run firm, state-controlled firm. *En* ~, under government/ state/ management. **3.** *(Jur.) (propriétés)* administration, stewardship.

**régime** *n.m.* **1.** system. ~ *de faveur,* preference (given, granted). ~ *de retraite,* retirement plan / retirement/ pension scheme, superannuation scheme. **2.** *(méd.)* diet. **3.** *(pol.)* regime.

**région** *n.m.* region, area, district. *De la* ~, local ; ~ *cible,* target area. ~ *test,* test area.

**régional, le** *adj.* regional, local. *Directeur* ~, district manager. *(ventes) Responsable* ~, area manager.

**régir** *v.* to run, to manage, to rule.

**régisseur** *n.m.* manager, agent ; *(propriété)* steward.

**registre** *n.m.* account book, register, record. ~ *des délibérations, des procès-verbaux,* minute book. ~ *de présence,* attendance sheet, time-sheet. ~ *du commerce,* trade register, register of business names, *(G.B.)* (company) registrar.

**réglable** *adj.* **1.** payable. **2.** adjustable.

**règle** *n.f.* rule, regulation. ~ *de sécurité,* safety rule. *Pour la bonne* ~, for order's sake. *Tout est en* ~, everything is in order. *Reçu en* ~, formal receipt. *En* ~ *générale,* as a (general) rule. *La* ~ *du jeu,* the rules of the game.

**règlement** *n.* **1.** regulation(s). ~ *s douaniers,* customs regulations. ~ *intérieur,* rules and regulations, by-laws. **2.** *(compte, facture, conflit)* settlement. *Jour du* ~, settlement day, account day, settling day. *Pour* ~ *de tout compte,* in full settlement. ~ *à l'amiable,* out-of-court settlement, amicable settlement. ~ *mensuel,* monthly settlement. ~ *par chèque,* payment by cheque. **3.** *(assur.)* adjustment. ~ *d'avaries,* average adjustment.

**réglementaire** *adj.* regular, statutory. *Réserve* ~, statutory reserve.

**réglementairement** *adv.* in the regular/ prescribed/ manner.

**réglementation** *n.f.* regulation(s), control. ~ *des changes,* exchange controls.

**réglementer** *v.* to regulate, to make rules for.

**régler** *v.* **1.** *(compte, problème)* to settle. *Réglé,* paid. *Non réglé,* outstanding, unpaid. ~ *un compte,* to settle an account. ~ *une dette,* to pay off a debt. ~ *une succession,* to settle an estate. **2.** *(assur.)* to adjust. ~ *l'avarie,* to adjust the average.

**regonfler** *v.* **1.** to boost, to bolster, to reflate. **2.** *(stocks)* to rebuild, to replenish.

**regorger** *v.* to abound (in), to teem (with) ; to be glutted (with).

**régresser** *v.* **1.** to recede, to fall back, to drop, to decrease. **2.** to regress.

**régressif, -ive** *adj.* regressive. *Tarif* ~, tapering charge. *En ordre* ~, in a descending order.

**régression** *n.m.* regression, drop, decline.

**regroupement** *n.m.* regrouping, consolidation.

**régularisation** *n.f.* regularization ; *(Fin.)* equalization. *Fonds de*

~, equalization fund. *Compte de ~ actifs,* prepayments and deferred charges.

**régulariser** *v.* to regularize ; *(Fin.)* to equalize.

**régularité** *n.f.* regularity ; stability ; steadiness ; reliability. ~ *et sincérité des comptes,* true and fair view, fair presentation.

**régulateur** *adj.* regulating. *Stocks ~ s,* buffer stocks.

**régulation** *n.f.* regulation, management, control. ~ *de l'offre,* supply management. ~ *des naissances,* birth control.

**régulier, ère** *adj.* regular, steady, normal. *Marché ~,* steady market. *Quittance ~ e,* proper receipt. *Services ~ s ; (transports)* scheduled services. *Ligne aérienne ~ e,* scheduled airline.

**régulièrement** *adv.* 1. regularly, duly, steadily ; at regular intervals. 2. legally, lawfully.

**réhabilitation** *n.f.* rehabilitation ; *(d'un failli)* discharge.

**réhabiliter** *v.* to rehabilitate ; *(failli)* to discharge.

**rehausser** *v. (prix)* to raise, to increase.

**réimportation** *n.f.* reimport(ation).

**réimporter** *v.* to reimport.

**réimposer** *v.* to reimpose, to tax again.

**réimposition** *n.f.* reimposition.

**réinsertion** *n.f. (sociale)* rehabilitation, reinsertion ; *(annonce)* repeat, rerun.

**réinstallation** *n.f. (personnel)* relocation. *Prime de ~,* relocation allowance. *(Équipement)* reinstallation.

**réinstaller** *v. (personnel, employés)* to relocate ; *(équipement)* to reinstall.

**réintégration** *n.f. (personnel, fonctionnaires)* reinstatement.

**réintégrer** *v.* to reinstate.

**réintroduction** *n.f.* reintroduction.

**réintroduire** *v.* to reintroduce.

**réinvestir** *v.* to reinvest, to plough back, *(U.S.)* to plow back.

**réinvestissement** *n.m.* reinvestment, ploughing back, *(U.S.)* plowing back.

**rejet** *n.m.* 1. rejection, disal-

lowance. ~ *d'une réclamation,* disallowance of a claim. ~ *de pourvoi,* dismissal of an appeal. 2. *(de produits polluants)* discharge, effluence, emission.

**rejeter** *v.* to reject ; *(réclamation)* to disallow ; *(offre, etc.)* to turn down ; to dismiss. 2. *(de produits polluants)* to discharge.

**relâche** *n.f.* call, port of call. *Faire ~ à,* to call at. *(Cinéma, théâtre) faire ~,* to close, to be closed.

**relâcher** *v.* 1. to call at. 2. *(mesures)* to loosen, to relax, to slacken, to ease.

**relâchement** *n.m.* relaxation, slackening, easing.

**relais** *n.m.* relay. *Crédit ~,* stand-by credit.

**relance** *n.f.* 1. revival, reflation. 2. *Mesures de ~,* pump-priming measures. 3. follow(ing)-up. ~ *(après une campagne publicitaire),* follow-up. *Lettre de ~,* follow-up letter. 4. *(lettre de rappel)* reminder.

**relancer** *v.* 1. *(économie)* to revive, to rev up, to reflate ; to boost, to spur, to stimulate. ~ *l'inflation,* to refuel/ spur/ rekindle inflation. 2. *(clientèle)* to follow up. 3. *(débiteur)* to dun.

**relatif, -ive** *adj.* 1. relative. 2. ~ *à,* relating to, with regard to.

**relation** *n.f.* relation ; acquaintance. ~ *d'affaires,* business connection. ~ *s avec la clientèle,* customer relations. ~ *s publiques,* public relations (P.R.). *Chargé/responsable/des ~ s publiques,* public relations officer (P.R.O.). ~ *s humaines, sociales (dans l'entreprise),* industrial relations, employer-employee relations.

**relevé** *n.m.* statement, return. ~ *bancaire,* bank statement. ~ *de compte,* statement of account. ~ *des ventes,* sales report.

**relèvement** *n.m.* raising, increase, rise. ~ *de l'impôt,* tax raise/ increase. ~ *des salaires,* salary increase/ rise/ *(U.S.)* hike ; wage increase/ rise/ *(U.S.)* hike.

**relever** *v.* 1. *(prix, etc.)* to raise, to increase ; *(fam.)* to jack-up. 2. *(erreur, etc.)* to note, to notice, to find out. 3. *(un niveau)* to improve, to upgrade, to raise (standards). *Ce candidat relève le niveau,* this candidate stands out (from the lot). **4.** *(l'économie, etc.)* to revive, to restore, to rebuild. **5.** *(destituer)* to relieve somebody of his office, to dismiss. **6.** ~ *de,* to proceed from. ~ *de quelqu'un,* to be responsible to, to be answerable to, to report to. ~ *de quelque chose,* to be dependent on. *Cela relève de l'article 1,* it comes under article 1. ~ *d'une juridiction,* to fall/ to be/ within a jurisdiction. **7.** ~ *un défi,* to meet a challenge. **8.** *(un numéro, etc.)* to take down, to record, to note. **9.** *(un compteur)* to read.

**relever (se)** *v.* to recover ; to rally.

**reliquat** *n.m.* remainder. ~ *de caisse,* remaining cash. ~ *d'un compte,* balance of an account.

**relogement** *n.m.* rehousing. *Indemnité de* ~, rehousing/ relocation allowance.

**reloger** *v.* to rehouse, to relocate.

**remaniement** *n.m.* **1.** change, alteration, modification. **2.** *(personnel, etc.)* reshuffle, shake-up.

**remanier** *v.* **1.** to alter, to modify. **2.** *(état-major, etc.)* to reshuffle, to shake up.

**remarque** *n.f.* observation, remark. *Faire une* ~, to make a remark, an observation, to remark. « *Des* ~ *s (à faire) ? »,* « Any comments ? ».

**remarquer** *v.* to observe, to remark, to notice.

**remboursable** *adj.* repayable, refundable ; *(obligations)* redeemable, *(U.S.)* callable.

**rembours** = **remboursement** *n.m. (commerce, douanes)* drawback.

**remboursement** *n.m.* repayment, refund(ing) ; redemption. *Envoi contre* ~, cash on delivery (C.O.D.). ~ *d'une dette,* repayment of a debt. ~ *des arrhes,* refund of deposit. ~ *d'obligations,* redemption of bonds. *Garantie de* ~ *intégral,* full-refund guarantee.

**rembourser** *v.* to repay, to pay off, to pay back ; *(restituer l'argent versé)* to refund, to return ; *(obligations, etc.)* to redeem.

**remède** *n.m.* remedy.

**remédier** *v.* to remedy.

**remembrement** *n.m.* land-reshaping, regrouping/ reallocation of land ; *(urbain)* rezoning.

**remembrer** *v.* to reshape/ regroup/ reallocate land. *(agglomération)* to rezone.

**remercier** *v.* **1.** to thank. **2.** *(employés)* to dismiss, to discharge.

• **réméré** *n.m.* repurchase. *Vente à* ~, sale with option of repurchase, with privilege of repurchase.

**remettre** *v.* **1.** *(ajourner)* to postpone, to put off. **2.** *(des fonds, argent)* to remit. **3.** *(livrer)* to deliver, to hand over ; to hand in. ~ *sa démission,* to hand in, to tender one's resignation. ~ *en état,* to recondition ; to refurbish.

**remettre à jour,** to update.

**remise** *n.f.* **1.** *(ajournement)* postponement, putting off. **2.** *(rabais)* rebate, discount. *Accorder une* ~ *de 5 %,* to grant/to allow/a 5 % discount. ~ *quantitative,* quantity discount. ~ *sur facture,* trade discount. ~ *de lancement,* introductory allowance. **3.** *(fonds, effets)* remittance. ~ *d'un effet à l'encaissement,* remittance of a bill for collection. **4.** *(livraison)* delivery of documents ; surrender. *Contre* ~ *des documents,* against delivery. *Le remboursement sera effectué contre/ sur* ~ *des coupons,* repayment will be made against surrender of the coupons. **5.** *(d'une dette, etc.)* remission. ~ *d'impôt,* remission of tax. ~ *d'une dette,* remission/cancellation of a debt. **6.** ~ *en état,* reconditioning, refurbishment;

**remise à jour,** updating.

**remisier** *n.m. (Bourse)* remisier, (intermediate) broker.

**remontée** *n.f.* recovery, revival, pick-up, increase, rise.

**remonter** *v.* to go up again, to be/ on the increase/ on the rise, to pick up.

**remorquage** *n.m.* towage. *Droits de* ~, towage dues, towage, towage charges.

**remorque** *n.f. (véhicule)* trailer. *En* ~, on/in tow.

**remorqueur** *n.m.* tug, tow-boat.

**remous** *n.m.* unrest.

**remplacement** *n.m.* **1.** replacement, substitution. *Comptabilité des coûts de* ~, replacement cost accounting. *Coûts de* ~, replacement costs. *Produit de* ~, substitute. *Valeur de* ~, replacement value. **2.** *Faire un* ~, to stand in for somebody, to substitute for. *Une dactylo qui fait des* ~*s,* a temporary typist. *Faire des* ~*s, (fam.)* to temp.

**remplacer** *v.* **1.** to replace, to supersede. **2.** *(quelqu'un)* to replace, to stand in for *(provisoirement),* to take over.

**remplir** *v.* **1.** *(faire le plein)* to fill up. **2.** *(un imprimé)* to fill in, to fill up, to fill out. ~ *un formulaire,* to fill in a form. **3.** *(condition, obligation)* to fulfil, to comply with. ~ *une condition,* to fulfil a condition. ~ *une formalité,* to comply with a formality. **4.** *(rôle, mission)* to perform, to carry out.

**remplissage** *n.m.* filling, filling up, filling in. *Coefficient de* ~, occupancy rate, coefficient of occupation.

**réemploi** *n.m.* **1.** re-use, re-employment. **2.** *(fonds)* reinvestment.

**réemployer** *v.* **1.** to re-use, to re-employ, to employ again. **2.** *(argent)* to re-invest.

**réemprunter** *v.* to borrow again.

**rémunérateur, trice** *adj.* remunerative, profitable, rewarding. *Placement* ~, profitable/ high-yield investment.

**rémunération** *n.f.* remuneration, payment, pay, compensation, salary ; consideration. ~ *du capital,* return on capital. *En* ~ *de vos services,* as payment for your services, in consideration of your services.

**rémunérer** *v.* to pay, to remunerate ; to reward. ~ *des services,* to pay for services. *Travail très bien rémunéré,* highly-paid/well-paid/ job. *Compte-chèques rémunéré,* interest-bearing bank(ing) account / (U.S.) checking account.

**renchérir** *v.* **1.** to raise, to increase the price of. **2.** to rise, to increase in price ; *(aux enchères)* to go up. **3.** *(sur quelqu'un)* to outbid.

**renchérissement** *n.m.* incre-

ase/rise/ advance/in price. *Le* ~ *du coût de la vie,* the increasing cost of living.

**renchérisseur** *n.m.* outbidder.

**rendement** *n.m.* *(industriel)* output ; *(agricole, financier)* yield ; *(d'un investissement, etc.)* return, profit. *(Sens large)* efficiency. *Actions à haut* ~, high-yield shares. *Loi des* ~*s décroissants,* law of diminishing returns. ~ *horaire,* output per hour. ~ *individuel,* output per man. *Prime de* ~, merit bonus, output bonus, incentive bonus. *L'usine tourne à plein* ~, the plant is working to full capacity. *(Fin.)* ~ *du capital,* return on capital. ~ *brut,* gross return. ~ *d'investissement,* investment return, return on investment (R.O.I.). ~ *d'un message publicitaire ou d'une annonce,* pull.

**rendez-vous** *n.m.* appointment. *Sur* ~, by appointment. *Donner/- fixer un* ~, to make an appointment (with), to fix an appointment. *Organiser un* ~, to arrange a meeting.

**rendre** *v.* to give back, to return. ~ *la monnaie (de),* to give change (for). ~ *un arrêt (jur.),* to issue / to pronounce / a decree. ~ *un jugement,* to deliver a judgment. ~ *compte à quelqu'un,* to report to somebody. ~ *service à quelqu'un,* to do somebody a favo(u)r, to render a service.

**rendu, e** *adj.* ~ *à bord,* free on board (F.O.B.). ~ *usine,* free factory. *Prix* ~, delivery price.

**rendu** *n.m.* return, returned article. *Faire un* ~, to return an article. ~ *s sur vente,* sales returns.

**renflouage** *n.m.* **1.** *(d'un bateau)* refloating. **2.** *(d'une entreprise en difficulté)* bailing out.

**renflouer** *v.* **1.** *(bateau)* to refloat. **2.** *(entreprise en difficulté)* to bail out.

**renflouement** *n.m.* = renflouage.

**renforcement** *n.m.* strengthening, reinforcement.

**renforcer** *v.* **1.** to strengthen, to reinforce. **2.** *(resserrer)* to tighten. **3.** *(les effectifs)* to beef up.

**rengager** *v.* **1.** to re-engage, to re-hire. **2.** *(mettre à nouveau en* gage) to repledge, to repawn.

**rengagement** *n.m.* **1.** *(employés)* re-engagement, re-hiring. **2.** *(remise en gage)* repledging, repawning.

**renom** *n.m.* renown, fame, reputation, repute.

**renommée** *n.f.* reputation, good name, fame, repute. *(Jur.) Preuve par ~ commune,* hearsay evidence.

**renommé, e** *adj.* renowned, well-known, famous.

**renoncer** *v.* **1.** *(idée, projet)* to give up, to abandon. **2.** to renounce, to waive, to disclaim. *~ à une réclamation,* to waive a claim, to withdraw a claim.

**renonciation** *n.f. (Jur.)* renunciation ; *(à un droit, désistement)* waiver, disclaimer. *Clause de ~,* waiver clause.

**renouvelable** *adj.* renewable. *Crédit par acceptation ~, crédit ~ automatiquement,* revolving credit.

**renouveler** *v.* to renew, to repeat. *~ une commande,* to repeat an order. *~ une traite,* to prolong a bill.

**renouvellement** *n.m.* renewal, replacement. *~ d'un contrat,* renewal of a contract. *Le bail vient à ~,* the lease is up for renewal. *~ du matériel,* replacement of equipment.

**rénovation** *n.f.* renovation, restoration, reconditioning. *(ville)* renewal.

**rénover** *v.* to renovate, to recondition. *~ les locaux (commerciaux),* to recondition the premises.

**renseignement** *n.m.* information, particular(s), detail(s). *Bureau de ~s,* enquiry/inquiry office, information bureau. *Demande de ~s,* enquiry, inquiry, request for information. *Pour tous ~s complémentaires,* for further information, for further details, for further particulars. *~s pris...,* upon inquiry.

**renseigner** *v.* to inform, to give information. *On vous a mal renseigné,* you have been misinformed.

**renseigner (se)** *v.* to inquire (about), to get information (about).

**rentabilité** *n.f.* profitability ; return, pay-off. *~ du capital,* return on capital. *~ d'un investissement,*

return on investment (R.O.I.). *Seuil de ~,* break-even point. *Atteindre le seuil de ~,* to break even.

**rentabiliser** *v.* to make profitable, to maximize (profits), to optimize. *(Investissements, installations)* to make the best use of.

**rentable** *adj.* profitable, profit-earning, money-making ; economical ; cost-effective.

**rente** *n.f.* income, annuity, rent. *Biens en ~,* funded property. *~ consolidée,* consolidated stock(s), *(G.B.)* consols. *~ perpétuelle,* perpetual annuity, perpetuity. *~ sur l'État,* government annuity, government stock(s), government bond(s), government fund(s). *~ viagère,* life annuity. *Vivre de ses ~s,* to live on a private income.

**rentier** *n.m.* **1.** investor, annuitant, *Petit ~,* small investor. *~-viager,* annuitant. **2.** person living on unearned income, person of independent means, recipient of an allowance.

**rentrée** *n.f.* **1.** *(recettes)* return(s), receipt(s), takings, encashment ; revenue. **2.** *(recouvrement)* collection. *~s et sorties de caisse,* cash receipts and payments. **3.** *~ en possession,* repossession.

**rentrer** *v.* **1.** *(dans une catégorie)* to fall into (a category). **2.** *(argent)* to come in. *~ dans ses frais,* to break even. *~ dans ses fonds,* to recoup one's investment.

● **renversement** *n.m.* turnround, reversal. *~ de tendance,* reversal of trend.

**renverser** *v.* **1.** *(liquide)* to spill. **2.** *(tendance)* to reverse. **3.** *(un gouvernement)* to overthrow, to topple. **4.** *(un piéton)* to knock down, to hit.

**renverser (se)** *v.* to overturn. *(= s'inverser)* to reverse.

**renvoi** *n.m.* **1.** *(ajournement)* postponement, putting off. **2.** *(employés)* dismissal, discharge. **3.** *(retour)* return. **4.** reference. **5.** marginal alteration.

**renvoyer** *v.* **1.** *(ajourner)* to postpone, to put off. **2.** *(employés)* to dismiss, to discharge. **3.** to return, to send back. **4.** to refer.

**réorganisation** *n.f.* reorganization, revamping ; *(personnel)* redeployment, reshuffle.

**réorganiser** *v.* to reorganize ; *(personnel)* to reshuffle.

**réouverture** *n.f.* reopening ; *(reprise)* resumption.

**réparable** *adj.* repairable, mendable.

**réparateur, trice** *n.m.f.* repairman, repairer.

**réparation** *n.f.* **1.** repair, repairing. *Atelier de ~,* repair shop. *Être en ~,* to be under repair. **2.** *(Jur.)* redress. *~ légale,* legal redress.

**réparer** *v.* **1.** to repair. **2.** to rectify, to put right. *~ l'erreur,* to put the matter right. **3.** *(un· tort)* to redress.

**répartir** *v.* **1.** *(tâches)* to divide, to share out. **2.** *(dividendes)* to distribute. **3.** *(actions)* to allot, to allocate. **4.** *(Assur.)* to adjust. *~ une avarie,* to adjust an average. *~ un risque,* to spread a risk. *~ dans le temps,* to spread (over a period) ; to time.

**répartiteur** *n.m.* **1.** *(impôts)* assessor. **2.** *(Assur.)* average adjuster.

**répartition** *n.f.* **1.** distribution. **2.** *(actions)* allotment. *Avis de ~ d'actions,* letter of allotment. **3.** *(bénéfices)* appropriation. **4.** *(Fin.)* dividend. **5.** *(Assur. marit.)* adjustment. **6.** *(postes, expéditions)* dispatching. *~ de la diffusion,* circulation breakdown. **7.** *(éventail)* spread.

**répercuter** *v.* to pass on to. *~ sur les consommateurs,* to pass on to the consumers.

**répercussion** *n.f.* repercussion ; impact ; *(choc en retour),* backlash.

**répertoire** *n.m.* index, table, list. *~ d'adresses,* directory, address book.

**répertorier** *v.* to index.

**répit** *n.m.* respite. *Jours de ~,* days of grace.

**replâtrage** *n.m.* superficial change, face-lift(ing), papering over, patching up. *Mesure de ~,* cosmetic measure.

**repli** *n.m.* drop, fall, fallback.

**replier (se)** *v.* **1.** *(se retirer)* to withdraw, to pull out. **2.** *(Bourse, etc.)* to fall, to drop. **3.** *se replier* sur, to fall back on. *Se ~ sur soi-même,* to fall back on oneself, on one's own resources.

**répondeur** *n.m.* answering machine, answer phone.

**répondant** *n.m.* *(Jur.)* surety, security. *Être le ~ de quelqu'un,* to stand surety for somebody.

**répondre** *v.* **1.** to reply, to answer, *(U.S.)* to respond. *Il sera répondu à toutes les demandes,* all applications will be acknowledged. **2.** *(de quelqu'un)* to answer for someone ; to stand surety for. **3.** *~ de,* to be liable for, to be responsible for. **4.** *(Bourse)* to declare. *~ à une prime,* to declare an option. *~ à la demande,* to meet the demand ; to keep up with the demand. **5.** *(réagir)* to respond. **6.** *répondre à un besoin,* to meet a requirement ; *répondre à une attente,* to come up to someone's expectations.

**réponse** *n.f.* **1.** answer, *(surtout écrite)* reply, *(U.S.)* response. *Coupon-~,* send-in coupon, reply-card. *Coupon-~ international,* international reply coupon. **2.** *(réaction)* response. *Temps de ~,* response time, lag time.

**report** *n.m.* **1.** *(action de reporter)* carrying forward, bringing forward. **2.** *(somme reportée)* amount carried forward, carry over. *~ à nouveau,* carried forward. *~ de l'exercice précédent,* balance brought forward. *~ à l'exercice suivant,* balance carried forward, balance to next account. **3.** *(écriture)* posting. *~ au grand livre,* ledger posting. **4.** *(Bourse)* contango, continuation, carrying over. *Taux du ~,* contango rate/ charge.

**reportage** *n.m.* report ; press coverage, news coverage.

**reporté** *n.m.* *(Bourse)* giver.

**reporter** *v.* **1.** *(ajourner)* to postpone, to defer, to put off. **2.** *(compta.)* to carry forward, to carry over, to bring forward. *A ~,* carried forward. **3.** *(passer une écriture)* to post. *~ une entrée,* to post an entry. **4.** to continue ; *(Bourse)* to carry over.

**reporteur** *n.m.* *(Bourse)* taker.

**repos** *n.m.* rest. *Jour de ~,* day off. *Valeur de tout ~,* safe investment, gilt-edged security.

**repousser** *v.* **1.** *(ajourner)* to postpone, to put off. **2.** *(offre, proposition)* to reject, to turn down. **3.** *(accusation)* to deny. ~ *une accusation,* to deny a charge.

**reprendre** *v.* **1.** *(société)* to take over. **2.** *(le travail)* to resume. **3.** *(marchandises)* to take back. **4.** to improve, to pick up, to look up, to rally, to recover. *Les affaires reprennent,* business is improving / picking up. **5.** *(voiture)* to trade in. *Pouvez-vous ~ mon ancien véhicule ?,* Can I trade in my old car (for a new one) ?

**repreneur de sociétés,** acquirer (of ailing firms).

**représailles** *n.f.pl.* retaliation, reprisals. *Prendre des mesures de ~,* to retaliate.

**représentant** *n.m.* **1.** *(d'une entreprise)* official. **2.** representative, agent. ~ *de commerce,* commercial traveller, agent, representative, *(U.S.)* salesman. ~ *exclusif,* sole agent. ~ *multicarte,* representative of several companies or brands.

**représentation** *n.f.* **1.** representation, agency. ~ *exclusive,* sole agency. *Frais de ~,* entertaining expenses. **2.** image, model, representation. **3.** *(théâtre, etc.)* performance. **4.** *Faire des ~s (à quelqu'un),* to remonstrate (with somebody).

**représenter** *v.* **1.** *(une maison)* to represent, to be an agent (for). **2.** *(traite)* to represent. ~ *une traite à l'acceptation,* to represent a bill for acceptance. **3.** *(se ~ d'une façon visuelle)* to visualize. **4.** *(marché)* to account for. *Ford représente 40 % du marché,* Ford accounts for 40 % of the market. *Se faire ~,* to appoint a proxy.

**représenter (se)** *v.* **1.** *(occasion)* to recur. **2.** *(aux suffrages)* to stand for reelection, to run for a new term.

**.reprise** *n.f.* **1.** recovery, revival, rally, upturn, rebound. ~ *de l'activité économique,* economic recovery, business revival. ~ *de la Bourse,* stock-exchange/ stock market rally. **2.** *(invendus)* taking back, return. **3.** *(travail, négociations)* resumption. **4.** *(inform.)* restart. **5.** *(d'une voiture)* trade-in. **6.** *(mobi-*

*lier)* taking-over. *Droit de ~,* right to recover possession. *(= dessous de table)* key-money. **7.** *(d'entreprise)* take-over ; buy-out ; acquisition.

**reproduction** *n.f.* reproduction, duplication. *Droits de ~,* copyright. ~ *en grand,* enlarged copy, blow-up.

**reproduire** *v.* to reproduce, to duplicate, to copy.

**reprographie** *n.f.* duplication.

**reprographier** *v.* to duplicate, to xerox.

**répudiation** *n.f.* **1.** *(dette, etc.)* repudiation ; denunciation. **2.** *(succession)* renunciation, relinquishment.

**répudier** *v.* **1.** *(dette, etc.)* to repudiate ; to denounce. **2.** *(succession)* to renounce, to relinquish.

**réputé, e** *adj.* well-known, renowned, famed.

**réputation** *n.f.* reputation, repute, fame. *Jouir d'une bonne ~,* to have a good reputation.

**requérant, e** *n.m.f.* claimant, plaintiff.

**requis, e** *adj.* required, requested.

**requête** *n.f.* request, petition, address. *Adresser une ~ à quelqu'un,* to petition somebody.

**réquisition** *n.f.* requisition, requisitioning.

**réquisitionnement** *n.m.* requisitioning ; *(milit.)* commandeering.

**réquisitionner** *v.* to requisition ; *(milit.)* to commandeer.

**rescinder** *v.* to rescind, to cancel, to annul.

**rescision** *n.f.* rescission, annulment.

**réseau** *n.m.* network, system. ~ *de vente,* sales network. *(électrique, etc.)* grid.

**réservataire** *adj. Héritier ~,* heir who has a right to part of an inheritance.

**réservation** *n.m.* reservation, booking.

**réserve** *n.f.* **1.** *(Fin.)* reserve. ~ *légale,* legal reserve. ~ *statutaire,* statutory reserve. *Constituer des ~s,* to build up reserves. ~ *pour créances douteuses,* provision for bad debts. *Monnaie de ~,* reserve currency. *Banque de la ~ Fédérale,*

Federal Reserve Bank. *Conseil de la ~ Fédérale,* Federal Reserve Board (the Fed). *Système de la ~ Fédérale,* Federal Reserve System. **2.** reserve, reservation. *Acceptation sans ~,* general/ clean/ acceptance. *Acceptation sous ~,* qualified acceptance. *Apporter une ~,* to enter a reservation. *Faire des ~ s,* to make reservations/reserves. *Connaissement avec ~,* foul/ uncleaned/ claused/ bill of lading. *Connaissement sans ~,* clean bill of lading. *Signature sans ~,* clean signature. *Sous ~ de...,* subject to. *Sous ~ que,* provided that.

**réservé, e** *adj.* **1.** reserved ; *Domaine ~,* preserve. *Tous droits ~ s,* all rights reserved. *(Place, billet, chambre)* booked. **2.** *(personne)* reserved, shy.

**réserver** *v.* **1.** *(place, billet, chambre)* to reserve, to book. **2.** *(mettre de côté)* to set aside/apart.

**réservoir** *n.m.* tank.

**résidence** *n.f.* residence.

**résident, e** *n.m.f.* resident.

**résidentiel, le** *adj.* residential. *Quartier ~,* residential district, *(U.S.)* brownstone district.

**résider** *v.* **1.** to reside, to dwell. **2.** to consist in, to lie with, to rest with.

**résidu** *n.m. (Fin.) (capital)* fraction.

**résiduel, le** *adj.* residual. *Propriété ~ le,* residuary estate. *Valeur ~ le,* residual value ; scrap value.

**résiliable** *adj.* liable to cancellation, cancel(l)able, terminable.

**résiliation** *n.f.* cancellation, termination.

**résilier** *v.* to cancel, to terminate, to annul. *~ un bail,* to cancel a lease.

**résistance** *n.f.* strength, resilience. **2.** resistance, opposition.

**résistant, e** *adj.* strong, firm, solid. *Marché ~,* strong market. *Tissu ~,* hard-wearing material.

**résolution** *n.f.* **1.** cancellation, termination, rescission. **2.** *(solution)* solution. **3.** resolution, decision.

**résister** *v.* to resist, to hold out (against), to withstand.

**résolutoire** *adj.* resolutory, resol-

utive. *Clause ~,* determination clause *(pour un contrat).*

**résorber** *v. (déficit, etc.)* to resorb, to mop up.

**résoudre** *v.* **1.** *(problème)* to solve, to settle. **2.** *(Jur.)* to cancel, to rescind.

**respect** *n.m.* observance, compliance (with). *Non-~ du règlement,* non-observance of the regulations.

**respecter** *v.* to respect, to observe, to comply (with). *~ les délais de livraison,* to meet delivery deadlines.

**responsabilité** *n.f.* responsibility, liability. *~ civile,* civil/public liability. *~ du fabricant,* product liability. *~ limitée,* limited liability. *~ patronale, (en matière d'assurance du travail)* employer's liability. *~ solidaire et indivise,* joint and several liability. *Société à ~ limitée,* private (limited) company.

**responsable** *adj.* responsible, accountable, answerable, liable (*envers,* to ; *de,* for). *M. Dupont est (le) ~ des ventes,* Mr. Smith is in charge of (the) sales.

**responsable** *n.m.f.* officer, official, manager, executive, person in charge, person responsible (for something), *(U.S.)* party responsible (for something). *(Publicité) ~ de budget,* account executive. *~ Marketing,* marketing executive. *~ Produit,* product executive. *~ Relations Publiques,* P.R. Officer (P.R.O.), *(U.S.)* External Affairs Officer (E.A.O.). *~ du Service Commercial,* sales manager, sales executive. *~ syndical,* union official.

**ressaisir (se)** *v. (Bourse, économie)* to pick up, to rally, to recover.

**resserrement** *n.m.* tightness, squeeze. *~ du crédit,* credit squeeze/ crunch ; tight money.

**resserrer** *v.* to tighten, to squeeze, to restrict.

**ressort** *n.m.* competence, *(jur.)* jurisdiction. *En dernier ~,* in the last resort.

**ressortir** *v.* **1.** *faire ~,* to bring out, to show. **2.** *(Jur.)* to fall within the competence of, to come under the jurisdiction of.

**ressortissant, e** *n.m.f.* national, subject. *~ français,* French national/ citizen.

• **ressource** *n.f.* resource, funds, (financial) means. ~ *s énergétiques,* energy supplies. ~ *s financières,* financial means. ~ *s pétrolières,* oil resources/ supplies.

**restaurer** *v.* to restore.

**restauration** *n.f.* 1. restoration, reconstruction. 2. *(restaurants)* catering trade, restaurant business.

**restant** *n.m.* remainder, rest, balance.

**reste** *n.m.* remainder, rest, *(solde)* balance.

**rester** *v.* 1. to remain. 2. *(séjourner)* to stay. *Il nous reste quelques exemplaires,* we have a few copies left.

**restituable** *adj.* returnable ; repayable.

**restituer** *v.* to restitute, to return ; to restore.

**restitution** *n.f.* restitution, return ; restoration.

**restreindre** *v.* to restrict, to curtail, to squeeze. ~ *les dépenses,* to curtail, cut down expenses. ~ *les marges bénéficiaires,* to narrow profit margins.

**restrictif, -ive** *adj.* restrictive, limitative.

**restriction** *n.f.* restriction, restraint, retrenchment. ~ *de crédit,* tight money, credit squeeze. *Politique de* ~ *,* retrenchment policy. *Accepter sans* ~ *,* to accept unreservedly.

**restructuration** *n.f.* restructuring, restructuration, reorganization ; redeployment ; overhaul (ing).

**restructurer** *v.* to restructure, to revamp, to streamline, to reorganize ; to redeploy ; to overhaul.

**résultat** *n.m.* 1. result. 2. *(comportement, efficacité)* performance. *Évaluation des* ~ *s,* performance appraisal. 3. *(~s d'un sondage, d'une enquête)* findings. 4. *(d'un test)* score. 5. *(d'une négociation, etc.)* outcome. 6. *(compta.)* profit. *Compte de résultat,* income statement, earnings report. ~ *s d'une société,* corporate profits, corporate performance. 7. ~ *s scolaires,* school grades ; university record.

**résumé** *n.m.* summing-up, sum-

mary, abstract. *En résumé,* to sum (it) up, in short.

**résumer** *v.* to sum up, to summarize.

**rétablir** *v.* to reestablish, to restore. *(Quelqu'un dans ses fonctions)* to reinstate.

**rétablir (se)** *v.* to recover, to be looking up, to be improving.

**rétablissement** *n.m.* restoration ; *(affaires)* recovery, rally ; pick-up. *(De quelqu'un dans ses fonctions)* reinstatement.

**retard** *n.m.* 1. delay. ~ *justifié,* excusable delay. *Compte en* ~ *,* outstanding account. *Créance en* ~ *,* overdue debt. ~ *de livraison,* late delivery. *Paiement en* ~ *,* payment in arrear. *Souffrir, subir un* ~ *,* to be delayed. ~ *technologique,* technological gap. 2. tardiness *(le fait d'être en* ~ *plus ou moins régulièrement)* ; lateness. 3. lag. *Être en* ~ *sur son programme,* to be behind schedule, to fall behind. *Être en* ~ *sur son loyer / son travail,* to be behindhand with one's rent / work. *Il accuse un* ~ *de dix points sur son concurrent dans les sondages,* he is trailing his opponent by ten points in the polls. *Prendre du* ~ *,* to fall / to slip / behind. *Rattraper son* ~ *,* to catch up (on something, with somebody). *(commandes, etc.)* ~ *accumulé,* backlog.

**retard (être en)** 1. to be late. 2. to lag behind, to be lagging behind.

**retardataire** *n.m.f.* 1. *(qui arrive en retard)* late-comer. *Les* ~ *s pourront se voir refuser l'accès,* late arrivals may be denied admission. 2. *(à la traîne)* laggard.

**retarder** *v.* to delay, to put off, to postpone, to defer. 2. *J'ai été retardé par les embouteillages,* I've been held up by the traffic (-jams). *Je ne veux pas vous* ~ *plus longtemps,* I don't want to detain you any longer. 3. *Ma montre retarde,* my watch is slow. 4. to lag.

**retardement** *n.m.* to postponement, putting-off, deferment.

**retenir** *v.* 1. *(réserver)* to book, to reserve. 2. to retain ; *(déduction)* to withhold ; to keep back ; to stop. 3. *(arithmétique)* to carry. *Je* *pose 3 et retiens 1,* I put down 3 and carry 1. *(en douane)* to hold up, to stop. *Les marchandises sont retenues en douane,* the goods are being held up at the customs. **4.** *(= se souvenir)* to remember, to memorize. **5.** *(= retarder quelqu'un)* to detain.

**rétention** *n.f.* retention. *Droit de ~,* right of retention, lien.

**retenue** *n.f.* **1.** deduction, stoppage, withholding, retention. *~ sur salaire,* stoppage on pay. *Système de ~ à la source,* withholding system, *(G.B.)* pay as you earn (P.A.Y.E.), *(U.S.)* pay-as-you-go. **2.** *(arrêt) ~ en douane,* holding up at the customs. **3.** *(inform.)* carry.

**réticence** *n.f.* reluctance, resistance. *~ des consommateurs,* consumer reluctance.

**retirer** *v.* **1.** to withdraw, to remove. *~ de l'argent de la banque,* to withdraw money from the bank, to draw money out of the bank. *~ un effet,* to withdraw/to retire a bill. *~ une plainte,* to withdraw an action. **2.** *(bénéfice)* to draw, to derive. **3.** *(rappeler, ~ de la circulation, marchandises, argent)* to call in. *Les billets de 2 dollars seront retirés de la circulation,* 2-dollar bills will be called in. *~ un article, une voiture de la circulation pour correction d'un vice de fabrication,* to recall.

**retirer (se)** *v.* **1.** *(des affaires)* to retire. **2.** *(quitter la fonction qu'on occupe)* to step down. **3.** *(d'un territoire)* to withdaw, to pull out. **4.** *(prendre congé)* to take leave, to withdraw.

**retombée** *n.f. (économique)* fallout, spin-off. *~ technologique,* technological spin-off. *(Sens large de conséquences)* consequences, aftermath.

**retomber** *v.* to fall, to decrease.

**rétorsion** *n.f.* retortion, retaliation. *Mesure de ~,* retaliatory measure.

**retour** *n.m.* return ; *(Fin.)* dishonoured bill. *Cargaison de ~,* return cargo, homeward cargo. *Billet de ~, aller et ~,* (return) ticket. *(U.S.)* round-trip ticket. *Fret de ~,* back load. *Par ~ (du courrier),* by return (of post, of mail). *En ~*

*de,* in return for. *~ sur investissement,* return on investment. *~ sur ventes,* sales returns. *(marchandises invendues)* returns.

**retourner** *v.* to return, to send back. *Marchandises retournées,* returns.

**retrait** *n.m.* withdrawal, retirement ; calling-in. *~ de fonds,* withdrawal of funds. *(d'un article défectueux)* recall. *(d'un territoire)* withdrawal, pullout.

**retraite** *n.f.* retirement, pension, superannuation. *Bénéficiaire de la ~ à taux plein,* eligible for full retirement benefits. *Caisse de ~,* pension fund, retirement fund. *Être à la ~,* to have/ to be/ retired, to be in retirement. *Mettre quelqu'un à la ~,* to pension off, to retire. *Pension de ~,* retirement pension. *Pré~, ~ anticipée,* early retirement. *Prendre sa ~,* to retire (on a pension). *Régime de ~,* pension plan, pension scheme. *~ vieillesse,* old age pension.

**retraité, e** *n.m.f.* pensioner, retiree.

**retrancher** *v.* to cut off, to cut out, to reduce ; to deduct (from). *On lui retranchera 5 % de son salaire,* he will be docked 5 % of his salary.

**rétribuer** *v.* to pay, to remunerate, to compensate. *Un emploi bien ~,* a well-paid job.

**rétribution** *n.f.* payment, salary, remuneration, compensation.

**rétroactif, ive** *adj.* retroactive ; retrospective. *Avoir effet ~,* to backdate. *L'augmentation était rétroactive au 1er septembre,* the increase was backdated to 1st September.

**rétroactivité** *n.f.* retroactivity, retrospective effect, backdating, retrospection.

**rétrocéder** *v.* to retrocede, to reconvey.

**rétrocession** *n.f.* retrocession, reconveyance.

**rétrogradation** *n.f.* retrogression, decline.

**rétrograde** *adj.* backward.

**rétrograder** *v.* **1.** to retrograde, to decline. **2.** *(personnel)* to demote.

**réunion** *n.f.* meeting. *~ du Con-*

*seil d'Administration,* board meeting. ~ *des détaillants,* dealer meeting, dealer conference. *Salle de* ~, assembly room. *Tenir une* ~, to hold a meeting.

**réunir** *v.* **1.** to convene, to call a meeting ; to call in. **2.** *(rassembler)* to gather. ~ *des renseignements,* to collect information/ data. ~ *une somme suffisante,* to raise sufficient money. *Se* ~, to meet ; *(association, etc.)* to convene.

**réussir** *v.* to succeed. *(Fam.)* to make it. ~ *à un examen,* to pass an exam(ination).

**réussite** *n.f.* success, achievement. *Une grande* ~, a hit.

**revalorisation** *n.f.* revalorization.

**revaloriser** *v.* to revalue, to revalorize.

**révéler** *v.* to reveal, to disclose, to release.

**revendable** *adj.* resalable, resaleable.

**revendeur euse** *n.m.f.* reseller ; retailer.

**revendication** *n.f.* claim, demand. *Faire droit à/ satisfaire/ une* ~, to meet a claim. ~ *de salaire/ salariales,* salary claim, wage claim, pay claim. *~s des travailleurs,* labour demands/ claims.

**revendre** *v.* to resell, to sell again ; *(Bourse)* to sell out.

**revendiquer** *v.* to claim ; to call for.

**revenir** *v.* **1.** to come back, to return, to revert. *Pour en* ~ *à la question,* to return to the question. **2.** to cost, to amount (to). *Sa maison lui est revenue à $ 50.000,* his house cost him $ 50,000. ~ *en moyenne à,* to average out to.

**revente** *n.f.* **1.** resale ; reselling. **2.** *(Bourse)* selling out.

**revenu** *n.m.* **1.** *(personne)* income ; *(de l'impôt, etc.)* revenue. *Déclarations de(s)* ~ *(s),* income tax return. *Faire sa déclaration de* ~, to file one's income tax. *Impôt sur le* ~ *des personnes physiques (I.R.P.P.),* personal income tax. *Impôt sur le* ~ *des sociétés,* corporate income tax. ~ *de la propriété,* property income. ~ *des ména-*

*ges,* private income. ~ *des particuliers,* personal income. ~ *disponible,* disposable income. ~ *du travail,* earned income. ~ *imposable,* taxable income. ~ *moyen,* median income. *Tranche de* ~ *s,* income bracket. **2.** *(rendement)* yield, return. *Valeurs à* ~ *fixe,* fixed-yield/ fixed-income/ securities.

**revers** *n.m.* setback. *Subir un* ~, to suffer a setback.

**réversibilité** *n.f.* reversibility, reversal. *(Jur.)* revertibility.

**réversible** *adj.* reversible. *(Jur.)* revertible.

**reversion** *n.f.* reversion. *Rente viagère avec* ~, survivorship annuity.

**revient** *n.m. Prix de* ~, cost price, prime cost. *Calculer le prix de* ~, to cost. *Comptabilité des prix de* ~, cost accounting. *Rapport prix de* ~ *-prix de vente,* cost-price ratio.

**revirement** *n.m.* reversal, turnabout, turn-round, turnaround.

• **réviser** *v.* **1.** to revise. ~ *en baisse,* to revise downward. ~ *en hausse,* to revise upward. **2.** *(machine)* to overhaul. **3.** *(procès)* to review, to reconsider.

**révisable** *adj.* revisable ; reviewable.

**réviseur** *n.m.* auditor. ~ *interne,* internal auditor.

**révision** *n.f.* **1.** revision, review. *Techniques de* ~ *et d'évaluation de programme (recherche opérationnelle),* Program Evaluation and Review Techniques (P.E.R.T.). **2.** *(moteur, etc.)* overhaul. **3.** *(compta.)* audit(ing). **4.** *(Jur.)* reconsideration, review.

**révocable** *adj.* revocable ; *(fonctionnaire)* removable.

**révocation** *n.f.* **1.** revocation, cancellation. **2.** *(fonctionnaire)* removal, dismissal.

**revoir** *v.* **1.** *(modifier)* to revise ; to correct ; to alter. *(réexaminer)* to reconsider. *(actualiser)* to update. *(améliorer)* to upgrade. ~ *en baisse, à la baisse,* to revise down (ward). **2.** *Nous avons hâte de vous* ~, we are looking forward to seeing you again.

**révoquer** *v.* **1.** to revoke, to cancel, to rescind. **2.** *(personnel)* to dismiss.

**revue** *n.f.* **1.** review, survey, inspection. *Passer en ~,* to review. **2.** magazine, journal, review. *~ d'entreprise,* house magazine / organ. *~ illustrée,* pictorial. *~ professionnelle,* trade magazine, trade paper.

**rez-de-chaussée** *n.m.* *(G.B.)* ground floor, *(U.S.)* first floor.

**riche** *adj.* rich, wealthy, well-off.

**riche** *n.m.* *Un ~,* a rich / wealthy / person. *Les ~s,* the rich, the wealthy.

**richesse** *n.f.* wealth ; fortune ; riches. *Signe extérieur de ~,* show of wealth.

**rien (partir de)** to start from scratch.

**rigidité** *n.f.* *~ de la demande,* inelasticity of demand.

**rigoureux, euse** *adj.* severe, harsh, drastic. *Prendre des mesures rigoureuses,* to take drastic measures.

**rigueur** *n.f.* **1.** severity, restraint, austerity. *Politique de ~ économique,* policy of economic austerity. *~ budgétaire,* tight budget, retrenchment. **2.** *Délai de/ terme de/ ~,* deadline, latest date, final date.

• **risque** *n.m.* **1.** risk. *Aux ~s et périls de l'expéditeur,* at sender's risk(s). *Aux ~s et périls du destinataire,* at sendee's risk(s), at consignee's risk(s), at customer's risk(s). *Aux ~s et périls du propriétaire,* at owner's risk(s). *A vos ~s et périls,* at your own risk. *Gestion des ~s,* risk management. *Capital ~,* risk capital, venture capital. *Prime de ~,* danger/ risk/ money. *~ (s) de change,* foreign exchange risks. *Gestion du ~ (des ~s) de change,* management of foreign exchange risks. **2.** *(Assur.)* risk. *Police d'assurance tous ~s,* all-in policy, comprehensive policy. *~ maritime,* sea risk. *Souscrire un ~,* to underwrite a risk. *Un bon ~, (personne)* a good risk. **3.** hazard. *~ pour la santé,* health hazard. *~s de mer,* hazards of the sea, sea-perils, sea-risks. *~s professionnels,* occupational hazards. **4.** *(fin.)* exposure.

**risquer** *v.* to risk, to hazard. *~*

*des capitaux,* to venture/ to risk capital.

**ristourne** *n.f.* **1.** rebate, allowance ; return, refund. **2.** *(compta.)* transfer, writing back.

**ristourner** *v.* **1.** *(trop perçu)* to refund, to return. **2.** *(police d'assurance)* to cancel, to annul. **3.** *(compta.)* to transfer, to write back.

**rival, e** rival, competitor.

**riverain, e** *n.m.f.* resident.

**robot** *n.m.* robot.

**robotique** *n.f.* robotics.

**roder** *v.* to run in.

**rodage** *n.m.* running-in. *Période de ~,* running-in period. *(U.S.)* breaking-in period.

**rogner** *v.* to trim, to pare, to cut down, to curtail, to shave.

**rôle** *n.m.* **1.** role, part ; function. **2.** roll, list, register. *A tour de ~,* in turn, by turn. *~ d'équipage,* crew list. *Jeux de ~,* role playing.

**rompre** *v.* to break (off). *~ un contrat,* to break off a contract. *~ les relations diplomatiques,* to sever diplomatic ties.

**rompu, e** *adj.* experienced ; conversant with, familiar with, well-versed in. *~ aux affaires,* experienced in business.

**rond, e** *adj.* round. *Compte ~,* round sum. *En chiffres ~s,* in round figures. *Table ~e,* round table, panel.

**rond-de-cuir** *n.m.* bureaucrat.

**rossignol** *n.m.* dud item ; junk.

**rotation** *n.f.* rotation, turnover, turnaround. *~ des capitaux,* capital turnover. *~ des stocks,* stock/ inventory turnover. *~ du personnel,* personnel/ staff/ turnover. *(véhicule, bateau) Temps de ~,* turnaround time.

**rouage** *n.m.* mechanism, machinery, wheel, cog(-wheel).

**rouge** *n.m.* red. *(compte déficitaire) Être dans le ~,* to be in the red.

**roulage** *n.m.* cartage, haulage, truckage, trucking.

**roulant, e** *adj.* **1.** rolling. *Matériel ~,* rolling stock. **2.** working. *Capital ~,* working capital.

**roulement** *n.m.* **1.** turnover. *Actifs de ~,* current assets. *Fonds de ~,* working capital, *(U.S.)* operating capital. **2.** rotation. *Par ~,* in rotation.

**rouler** *v.* to circulate, to run, to roll. *(Voiture)* to drive.

**routage** *n.m.* dispatching, routing.

**route** *n.f.* route, itinerary. *~ aérienne,* airway. *~ commerciale,* trade route. *~ maritime,* sea route. *Code de la ~,* highway code, *(G.B.)* rule of the road. *Mise en ~,* start(ing) up.

**routier, ère** *adj.* road. *Transport ~,* road transport. *Entrepreneur de transports ~,* road haulage contractor, haulier, *(U.S.)* hauler.

**routier** *n.m.* lorry driver, *(U.S.)* trucker, *(U.S.)* teamster. *~ patron,* owner operator ; haulier, *(U.S.)* hauler.

**routine** *n.f.* routine, drudgery, red tape. *Tomber dans la ~,* to get into a rut.

**rubrique** *n.f.* section, heading. *Sous des ~s différentes,* under separate headings.

**rudiment** *n.m.* grounding, smattering. *Des ~s d'anglais,* a smattering of English.

**rue** *n.f.* street. *~ commerçante,* shopping street ; busy street. *~ piétonne, piétonnière,* pedestrian precinct ; pedestrian mall ; "Pedestrians Only".

**ruée** *n.f.* **1.** rush. *~ vers l'or,* gold rush. **2.** run. *~ sur les banques,* run on banks. **3.** binge, spree. *~ sur les magasins à Noël,* Christmas shopping spree.

**ruine** *n.m.* ruin, collapse, downfall.

**ruiné, e** *adj.* ruined, broke.

**ruiner** *v.* to ruin, to destroy, to bankrupt. *~ la carrière de quelqu'un,* to wreck someone's career.

**ruiner (se)** *v.* to ruin oneself.

**ruineux, euse** *adj.* ruinous.

**rupture** *n.f.* breaking, rupture, severance. *~ de contrat,* breach of contract. *~ des négociations,* breakdown of negotiations, collapse of the talks, breaking off of negotiations. *Être en ~ de stock,* to be out of stock. *~ des relations diplomatiques,* severance of diplomatic ties.

**rural, e** *adj.* rural. *Vie ~e,* country life.

**rythme** *n.m.* rate, pace, rhythm, tempo. *Augmenter le ~ de production,* to step up production. *Au ~ de l'an dernier,* at last year's pace/rate. *Le ~ de la reprise,* the pace of recovery.

# S

**sabotage** *n.m.* sabotage, sabotaging.

**saboter** *v.* **1.** to sabotage. **2.** *(Fam.)* to botch, to bungle *(travail).*

**sac** *n.m.* bag, sack. *Mettre à sac,* to sack ; to plunder ; to loot. *~ à jeter,* disposable bag.

**sacrifier** *v.* to sacrifice ; to slaughter. *Article sacrifié,* article sold at a sacrifice, *(U.S.)* loss leader. *Prix sacrifiés,* slashed prices.

**sain, e** *adj.* **1.** sound, healthy. **2.** wholesome. *Alimentation ~e,* wholesome food. *Monnaie ~e,* hard, sound currency.

**saisi** *n.m. (Jur.)* distrainee.

**saisie** *n.f.* **1.** seizure, distraint. *Lever la ~,* to withdraw the seizure. *Opérer une ~,* to levy a distress. *~-arrêt,* garnishment, attachment. *~-exécution,* execution, distress. *~ immobilière,* seizure, attachment of real property. *~ mobilière,* seizure of movable property. **2.** *~ de données,* data acquisition, access to data.

**saisine** *n.f.* seisin.

**saisir** *v.* **1.** to catch, to grasp. *~ une occasion,* to seize, to grasp an opportunity. **2.** *(Jur.)* to seize, to attach *(biens meubles),* to distrain upon *(marchandises). ~ une hypothèque,* to foreclose a mortgage. *Faire ~ quelqu'un,* to sell someone up. **3.** *~ un tribunal d'une affaire,* to refer a matter to a court. **4.** *~ des données,* to access data.

**saisissable** *adj.* attachable *(revenus),* distrainable *(marchandises).*

**saison** *n.f.* season. *~ de pointe,* peak season. *Morte ~,* slack season, off season.

**saisonnier, -ère** *adj.* seasonal. *Chômage ~,* seasonal unemployment. *Correction des variations ~es,* correction/ adjustment for seasonal variations. *Demande ~e,* seasonal demand. *(Données) corrigées des variations ~es,* seasonally adjusted (data). *Moyenne corrigée des variations ~es,* average corrected for seasonal variations. *Ouvrier ~,* seasonal worker ; casual worker.

**salaire** *n.m.* wage(s), pay, *(mensuel)* salary, *(U.S.)* paycheck. *Accorder une augmentation de ~,* to grant, to award a wage increase, a pay rise, *(U.S.)* wage hike. *Augmentation uniforme des ~s,* across-the-board wage increase. *Blocage des ~s (et des prix),* wage (-price) freeze. *Bloquer les ~s,* to freeze wages. *Différences de ~s,* wage differentials. *Échelle (mobile) des ~s,* (sliding) wage scale. *Effectuer une retenue (de 3 %) sur les ~s,* to stop/ to deduct/ (3 %) from the wages. *Écart, éventail des ~s,* wage differential(s), pay differential(s). *Feuille de ~,* pay slip, wage sheet. *Réduction de ~,* wage cut. *Retenue sur les ~s,* stoppage, retention on wages. *Relèvement des ~s,* raising of wages, *(U.S.)* pay hikes. *Revendications de ~s,* wage claims, pay claims. *~ à forfait,* job wage. *~ à la pièce,* piece wage. *~s au rendement,* efficiency wages, *(U.S.)* incentive wages. *~ de base,* basic wage, basic salary, base rate. *~ des cadres,* executive pay. *~ fixe,* fixed wage. *~ hebdomadaire,* weekly wages. *~ horaire,* hourly wages. *~ minimum interprofessionnel garanti,* minimum guaranteed wage. *~ réel,* real wage. *~ net,* net wages, *(U.S.)* takehome pay. *Toucher un ~,* to draw a wage, to earn a salary.

**salarial, e** *adj.* pertaining to wages. *Charges ~es,* payroll charges. *Conflit ~,* pay-fight, pay-dispute. *Politique ~e,* wage policy. *Revendication ~e,* pay-claim. *Revenus (non) salariaux,* (un)earned income.

**salariat** *n.m.* 1. wage earning. 2. wage-earning class(es), wage-and-salary-earners, wage earners and salaried employees.

**salarié, e** *adj.* 1. wage-earning. 2. salaried.

**salarié** *n.m.* wage-earner, salaried employee, salary-earner, *(plur.)* labour. *Les ~s d'une entreprise,* employees on a company's payroll, payroll.

**salle** *n.f.* room, hall. *~ d'attente,* waiting room. *~ d'audience,* court room. *~ du conseil,* board room. *~ d'exposition,* show-room. *~ des ventes,* auction-room.

**salon** *n.m.* show, exhibition. *~ de beauté,* beauty-parlo(u)r, beauty-salon. *~ de coiffure,* hairdresser's. *~ de thé,* tea room. *~ des arts ménagers, (G.B.)* Ideal Home Exhibition ; household appliances show. *~ de l'automobile,* motor show, *(U.S.)* auto show.

**salut** *n.m.* salvation, welfare.

**salutaire** *adj.* beneficial, healthful, salutary.

**sanction** *n.f.* 1. sanction. *(Pénale)* penalty, punishment. 2. approval, endorsement, approbation, assent.

**sanctionner** *v.* 1. to approve, to support, to endorse, to certify. *Les études seront sanctionnées par un diplôme,* A degree/ diploma will be awarded on completion of (the) studies. 2. to sanction, to attach a penalty to, to penalize.

**sans-emploi** *loc.* unemployed. *Les ~,* the unemployed.

**santé** *n.f.* health. *~ publique,* public health. *Bulletin de ~,* health bulletin. *Certificat de ~,* certificate of health. *Ministère de la ~ publique, (G.B.)* (Public) Health Office, *(U.S.)* Department of Health. *Ministre de la ~ publique, (G.B.)* Health Minister, *(U.S.)* Surgeon General, Secretary of Health and Human services.

**satellite** *n.m.* satellite ; *~ de communication,* communications satellite.

**satisfaction** *n.f.* satisfaction. *~ professionnelle,* job satisfaction. *Donner ~,* to satisfy, to prove satisfactory, to meet someone's expectations.

**satisfaire** *v.* to satisfy, to meet. *~ un besoin,* to fulfil/ meet/ a need, to respond to a need. *~ les besoins de la clientèle,* to cater for/ to/ customers' needs. *~ la* *demande en quelque chose,* to meet the demand for something.

**satisfaire** *v.* to meet, to comply with. ~ *à des conditions,* to qualify, to be eligible. ~ *aux conditions d'embauche,* to qualify for employment. ~ *aux normes de sécurité,* to meet, to comply with safety standards.

**satisfaisant, e** *adj.* satisfactory.

**saturation** *n.f.* 1. saturation. 2. *(Éco.)* glut. ~ *du marché,* market glut, market saturation. *Point de* ~, saturation point.

**saturé, e** *adj.* 1. saturated. 2. glutted. *Le marché est* ~, the market is glutted.

**saturer** *v.* to saturate ; to glut ; to clog.

**sauf** *prép.* except, excepted, save. ~ *accidents,* barring accidents. ~ *avis contraire,* unless otherwise stipulated, unless specified to the contrary. ~ *convention contraire,* unless otherwise agreed. ~ *dispositions contraires,* save as otherwise provided. ~ *erreur ou omission,* errors and omissions excepted (E. & O.E.). ~ *imprévu,* barring unforeseen circumstances, circumstances permitting.

**sauter** *v.* 1. to jump. 2. to skip. ~ *un paragraphe,* to skip a paragraph. ~ *sur une occasion,* to grasp (at) an opportunity ; to snap a bargain. *Faire* ~, to blast, to blow up.

**sauvage** *adj.* wild. *Capitalisme* ~, unrestrained capitalism. *Concurrence* ~. cut-throat competition. *Grève* ~, wildcat strike, unofficial strike. *Syndicalisme* ~, black unionism.

**sauvegarde** *n.f.* safeguard. *Clause de* ~, saving clause, *(U.S.)* hedge clause.

**sauvegarder** *v.* to safeguard, to protect. ~ *les intérêts de quelqu'un,* to protect someone's interests.

**sauver** *v.* to save ; *(matériel)* to salvage ; *(personnes)* to rescue. ~ *une entreprise en difficulté,* to salvage/ to bail out/ an ailing company.

**sauvetage** *n.m.* salvage, rescue. *Opérations de* ~, salvage operations ; *(personnes)* rescue/ relief operations.

**sauveteur** *n.m.* rescuer.

**savant** *n.m.* scientist.

**savoir-faire** *n.m.* know-how, expertise, *(U.S.)* savvy.

**scandaleux, -euse** *adj.* scandalous, shameful.

**sceau** *n.m.* seal, signet. ~ *privé,* private seal. *Garde des* ~ *x,* Keeper of the Seals.

**scellé** *n.m.* seal. *Apposer les* ~ *s,* to affix the seals. *Lever les* ~ *s,* to remove the seals.

**sceller** *v.* to seal. ~ *un acte,* to seal a deed.

**scénario** *n.m.* scenario, screenplay, script, story-line ; *(message publicitaire)* storyboard.

**schéma** *n.m.* diagram, scheme.

**schématique** *adj.* schematic, sketchy.

**schématiser** *v.* to schematize ; to outline.

**scie** *n.m.* saw. *Courbe en dents de* ~, jigsaw curve ; *(fluctuations)* roller-coaster.

**science** *n.f.* science. ~ *du comportement,* behavioural science. ~ *de la gestion,* management science. ~ *sociale,* social science.

**scientifique** *adj.* scientific. *Organisation* ~ *du travail,* industrial engineering ; time and motion studies.

**scientifique** *n.m.* scientist.

**scinder** *v.* to divide, to split up.

**scission** *n.f.* scission, split, rift. ~ *d'actifs,* divestment (of assets). *Faire* ~, to secede.

**scolaire** *adj.* (relating to) school, academic, educational. *Année* ~, academic year, school year. *Bulletin* ~, school's report card. *Établissement* ~, educational institution/ establishment. *Résultats* ~ *s,* academic achievements, academic record.

**scolarité** *n.f.* 1. *(durée de la* ~*)* (years of) schooling. 2. tuition. *La* ~ *est de trois ans dans cette école,* the school has a three-year program(me). *Age de fin de* ~, school-leaving age. *Certificat de* ~, school certificate, school attendance certificate, certificate of studentship. *Droits/ frais de* ~, tuition fees.

**score** *n.m.* score. ~ *de mémori-*

*sation,* noting score.

**scrip** *n.m.* scrip.

**scriptural, e** *adj.* scriptural. *Monnaie ~ e,* bank money.

**scrutin** *n.m.* poll, ballot, vote. *Dépouiller un ~,* to count/ to tally/ the votes. *Jour du ~,* polling day. *~ secret,* secret ballot, secret vote.

**séance** *n.f.* session, meeting, *(tribunal)* hearing ; *(cinéma)* show, performance. *~ de clôture,* closing session. *(Bourse) En fin de séance,* at/ towards/ the close. *Lever une ~,* to adjourn ; to wind up a meeting. *Ouvrir une ~,* to open a meeting.

**sec, sèche** *adj.* dry. *Cale sèche,* dry dock. *Perte sèche,* dead loss.

**sécheresse** *n.f.* drought.

**secondaire** *adj.* secondary. *Secteur ~,* secondary sector.

**seconde main (de),** second-hand.

**second marché** *(Bourse)* secondary market, unlisted stock market, *(G.B.)* unlisted securities market, junior market.

**secours** *n.m.* help, assistance, relief. *Caisse de ~,* relief fund. *Fonds de ~,* emergency fund. *(Accident) les ~,* the rescue/ relief party.

**secousse** *n.f.* shock, jerk.

**secret, -ète** *adj.* secret. *Vote à bulletin ~,* (by) secret ballot.

**secret** *n.m.* 1. secret ; 2. secrecy. *~ bancaire,* bank secrecy. *~ professionnel,* professional secrecy.

**secrétaire** *n.m.f.* secretary. *~ de direction,* executive secretary ; P.A. (Personal Assistant) secretary. *~ général,* general secretary, secretary-general, company secretary.

**secrétariat** *n.m.* 1. secretariat ; *(fonction)* secretaryship. 2. *(bureau)* secretary's office.

**secteur** *n.m.* 1. sector, industry, field. *Le ~ automobile,* the car industry. *~ électrique,* local supply circuit. *~ de vente,* sales area. *Chef/ Responsable de ~,* area manager. *~ primaire,* primary sector. *~ privé,* private sector. *~ public,* public sector. *~ secondaire,* secondary sector. *~ tertiaire,* tertiary sector. 2. *Brancher sur le ~,* to take one's power from the

mains, to connect to the local supply circuit ; to plug in.

**section** *n.m.* section, branch. *~ syndicale, (G.B.)* union branch, local branch, *(U.S.)* local.

**sécurité** *n.f.* 1. security. 2. safety. *Coefficient de ~,* safety factor. *Marge de ~,* safety margin. *~ de l'emploi,* job security. *~ sociale,* social security.

**sédentaire** *adj.* sedentary.

**segment** *n.m.* segment. *~ de clientèle,* customer group. *~ de marché,* market segment.

**segmentation** *n.f.* segmentation ; cluster sampling. *~ des marchés,* market segmentation.

**segmenter** *v.* to segment.

**seing** *n.m.* seal. *Acte sous ~ privé,* simple contract, private deed, private contract.

**séjour** *n.m.* stay. *Permis de ~,* residence permit. *Taxe de ~,* visitor's tax.

**séjourner** *v.* to stay.

**selectif, -ive** *adj.* selective. *Accès ~,* random access.

**sélection** *n.f.* selection. *~ de candidats,* selection of candidates, screening of applicants. *~ des médias,* media selection. *~ de portefeuille,* portfolio selection.

**sélectionner** *v.* to select ; to shortlist ; to screen.

**selon** *prép.* according to. *Salaire ~ âge et expérience acquise,* salary commensurate with age and previous experience. *~ facture,* as per invoice.

**semestre** *n.m.* 1. half-year. *Les résultats pour le premier ~,* the first two quarters' performance. 2. *(universitaire)* semester.

**semestriel, -le** *adj.* half-yearly, semi-annual.

**semestriellement** *adv.* half-yearly.

**semi** *préf.* semi-.

**sensible** *adj.* 1. substantial, marked, significant, sharp. *Amélioration ~,* marked improvement. *Baisse ~ de qualité,* marked impairment of quality. *Baisse ~ des cours,* sharp drop in quotations. *Hausse ~ des prix,* substantial/ significant/ increase in prices. 2. sensitive, receptive. *Marché ~,* sensitive market. *Produit ~,* sensitive product.

**sensibiliser** *v.* to sensitize.

**sentence** *n.f.* **1.** decision, judg(e)-ment. **2.** sentence, award. ~ *d'arbitrage,* arbitration award. *Rendre une ~ arbitrale,* to make an award.

**séparation** *n.f.* separation ; divorce ; *demander la ~,* to seek a divorce. ~ *de biens,* separate maintenance.

**séparé, e** *adj.* separate, individual, several. *(Couple)* estranged.

**séparer** *v.* to separate.

**séquence** *n.f.* sequence. ~ *filmée,* film sequence.

**séquencement** *n.m.* sequencing.

**séquentiel, -le** *adj.* sequential.

**séquestration** *n.f.* sequestration.

**séquestre** *n.m.* **1.** sequestration, embargo, receivership. **2.** *(individu)* receiver, sequestrator ; trustee, depositary. *Mise sous ~,* receivership. *Ordonnance de mise sous ~,* receiving order. *Mettre sous séquestre,* to sequester.

**séquestrer** *v.* to sequester, to lay an embargo upon.

**série** *n.f.* **1.** series, set, run, batch. **2.** range, line. *De ~,* standard(ized). *Fabrication en ~,* mass production, standardized production. *Fins de ~,* oddments, remnants. *Hors ~,* specially manufactured, custom-made. *Pré-~,* pilot run. *Numéro de ~,* serial number. *Production en petite ~,* batch production. ~ *de produits,* product line. *Depuis quelques mois, il y a eu une ~ de grèves sauvages,* there has been a rash/ a spate/ of wildcat strikes in the past few months.

**sérier** *v.* to seriate.

**sérieux, -euse** *adj.* **1.** genuine, reliable, dependable. **2.** serious.

**serment** *n.m.* oath. *Prêter ~,* to take an oath. *Déclaration sous ~,* affidavit. *Sous ~,* on oath, under oath.

**serré, e** *adj.* tight. *Prix ~,* best price, lowest price.

**serveur, -euse** *n.m.f.* waiter, waitress.

**serveur** *n.m. (Info.)* server. ~ *de données,* on line data service.

**servi, e** *adj.* served. *Premier arrivé, premier ~,* first come, first served.

**service** *n.* **1.** service, department. **2.** *(Fin.)* payment service. **3.** *(transport)* service. **4.** *(fonctionnaire, etc.)* duty. *En ~,* on duty. *Ne pas être en ~,* to be off duty. *Années de ~,* years of service, seniority. *Chef de ~,* head of department. *Entreprise de ~ public,* (public) utility. *Libre-~,* self-service store. *Nécessités du ~,* service requirements. *Rendre ~,* to be useful, to oblige, to do a favo(u)r. ~*s administratifs,* administrative department. ~ *après-vente,* after-sales service, after-sales department. ~ *clients,* ~ *consommateurs,* customer service. ~ *à la clientèle,* customer service. ~ *commercial,* sales department. ~ *comptable,* accounts department. ~ *du contentieux,* legal department, law department. *(Pub.)* ~ *création,* art/ artwork/ creative/ design/ department. ~ *de la dette,* debt service. ~ *d'intérêt,* payment of interest. ~ *de livraison,* delivery service. ~ *de presse,* press-copies. *(Pub.)* ~ *rédaction,* copy department. ~ *des réclamations,* claims department.

**service public 1.** public sector ; state-controlled sector, state-controlled enterprise(s) ; *(gaz, électricité)* (public) utility. **2.** government service, public service.

**servir** *v.* **1.** to serve, to be useful, to be in use. **2.** to use, to make use of. **3.** *(restaurant)* to wait on somebody. *Est-ce que l'on vous sert ?,* Are you being attended to ? ~ *le marché,* to service the market. **4.** *(une rente, une annuité)* to pay. ~ *un intérêt,* to yield an interest.

**servir (se) 1.** *( = utiliser)* to use, to operate. **2.** *( = prendre)* to help oneself (to something).

**servitude** *n.f.* easement, encumbrance, charge. *Immeuble sans ~s ni hypothèques,* estate free from encumbrances. *(Sens large)* constraint ; dependence ; bondage.

**session** *n.f.* **1.** *(assemblée)* session, sitting. **2.** *(examens)* session, examination ; course, program(me). *La ~ de juin,* the June examination. ~ *à huis clos,* in camera session, *(U.S.)* executive session. ~ *intensive,* crash course, intensive program(me).

**seuil** *n.m.* threshold, point, level, line. *Seuil critique,* critical level. ~ *de pauvreté,* poverty line. ~ *de prix,* price threshold. ~ *de rentabilité, point mort,* break-even point. ~ *de signification (compta.),* materiality (principle). *Abaisser le ~ de la retraite,* to lower retirement age.

**seul, e** *adj.* only ; alone ; sole, single. ~ *légataire,* sole legatee. ~ *propriétaire,* sole owner, sole proprietor. *Le tourisme ~ n'explique pas ces bénéfices,* tourism alone does not account for such profits.

**sidérurgie** *n.f.* iron and steel industry.

**siège** *n.m.* **1.** seat. **2.** head office. ~ *social,* head office, headquarters ; *(statutaire)* registered office. *Il a un ~ au Conseil d'administration,* he is a board member, he sits on the board. *Il y a un ~ à pourvoir au Conseil d'administration,* there is an empty seat on the Board of Directors. **3.** le Saint-Siège, the Holy See.

**siéger** *v. (personne, organisation, tribunal)* to sit. ~ *au conseil d'administration,* to sit on the Board. *(commission)* to sit, to hold meetings. *(commission d'enquête)* to hold hearings. *(avoir son siège à)* to have headquarters at/in.

**sigle** *n.m.* acronym.

**signal** *n.m.* signal. ~ *d'alarme.* **1.** alarm signal ; flashing lights ; warning. **2.** burglar's alarm. *Tirer le ~ d'alarme,* to sound the alarm.

**signaler** *v.* to inform, to notify, to report. *Nous vous signalons qu'une hausse de 5 % interviendra dans nos tarifs à dater du 1er avril,* we inform you/ please note/ that our prices will be increased by 5 % as of April 1st. *Plusieurs clients nous ont signalé certains retards dans les livraisons,* several clients reported (complained of) delays in deliveries.

**signalétique** *adj.* descriptive ; *état/ fiche ~,* descriptive return.

**signataire** *n.m.f.* signer, signatory.

**signature** **n.f.** **1.** signature. **2.** signing. *Apposer sa ~,* to sign, to sign one's name, to set one's hand (to), to affix/ to append/ one's signature (to). *Avaliser une ~,* to guarantee an endorsement. *Avoir la ~ (pour une société),* to be authorized to sign for a company, to have signatory power. *Présenter à la ~,* to submit for signature. ~ *d'un contrat, d'un accord,* signing of a contract, of an agreement. ~ *par procuration,* proxy signature. ~ *d'un testament,* execution of a will.

**signe** *n.m.* sign. *On peut observer des ~s de reprise,* signs of a recovery can be noticed/ a recovery seems to be in the works.

**signer** *v.* to sign. ~ *par procuration,* to sign by proxy. ~ *une procuration,* to execute a power of attorney. *A nous retourner dûment signé,* please sign and return to us.

**signification** *n.f.* **1.** meaning. **2.** *(Jur.)* notification, serving.

**signifier** *v.* **1.** to mean. **2.** *(Jur.)* to serve, to notify. ~ *une décision,* to notify a decision.

**silo** *n.* silo, *(U.S.)* elevator.

**simple** *adj.* simple, ordinary, plain, mere. *Avarie simple,* ordinary average. *Aller simple,* single ticket, *(U.S.)* one-way ticket. *Crédit simple,* simple credit. *Intérêts simples,* simple interest.

**similicuir** *n.* mock leather, imitation leather.

**simulation** *n.f.* simulation. ~ *des files d'attente,* simulation of queues, queueing simulation.

**simulé, e** *adj.* simulated, bogus, sham. *Vente simulée,* sham sale.

**sinistre** *n.m.* **1.** accident, casualty. **2.** loss, damage. **3.** claim. *Déclaration de ~,* notice of loss or damage. *Évaluer le ~,* to assess the damage/ the loss. *Faire une déclaration de ~,* to report an accident/ a damage/ a loss ; to put in a claim for compensation. *Service des ~s,* claims department.

**sinistré, e** *adj.* damaged.

**situation** *n.f.* **1.** situation, position, state, condition. *Situation de famille,* marital/ family/ status. **2.** *(= métier)* occupation, position, job. **3.** *(géographique)* location. **4.** *(compte)* position ; statement, return. *Bordereau de ~ d'un* *compte,* bank statement. ~ *financière,* financial standing/ status. ~ *de trésorerie,* financial statement. ~ *en banque,* bank statement, bank balance. *Avoir une ~ stable,* to have a steady job.

**situation nette** *(société)* net worth, stockholders' equity.

**slogan** *n.m.* slogan.

**SMIC** *abrév. de Salaire Minimum de Croissance,* minimum growth wage.

**smicard** *n.m.* worker/ employee who earns the minimum growth wage.

**social, e** *adj.* 1. social. 2. industrial, labour. 3. corporate, authorized. 4. welfare. *Agitation ~ e,* social turmoil, labour unrest. *Assurances ~ es,* national insurance, social insurance. *Bilan ~ de l'entreprise,* social audit of the firm. *Capital ~,* authorized, registered capital. *Conflit ~,* industrial, labour, dispute. *Prestations ~ es,* social security benefits, welfare payments. *Raison ~ e,* style (of a firm), trading name, corporate name. *Relations ~ es,* industrial relations. *Siège ~,* head office, registered office, headquarters.

**socialisation** *n.f.* socialization.

**socialiste** *adj.* socialist.

**socialiste** *n.m.f.* socialist.

**sociétaire** *n.m.f.* 1. membèr. 2. *(actionnaire)* shareholder, *(U.S.)* stockholder.

**sociétal, e** *adj.* societal.

• **société** *n.f.* 1. society *(groupe social ou organisme à but non lucratif).* 2. company, firm, concern ; *(U.S.)* corporation *(G.B. : uniquement pour entreprise non commerciale type* British Broadcasting Corporation). ~ *de personnes,* partnership. *Acte constitutif de ~,* memorandum of association, charter of a company. *Constituer une ~,* to set up, to form, to incorporate a company ; to form an association. *Droit des ~ s,* company law, corporate law, *(U.S.)* law of business corporations. *Impôts sur les ~ s,* corporate tax. ~ *affiliée,* affiliated company, affiliate. ~ *anonyme, (équivalent G.B.)* public (limited) company, *(U.S.)* corporation. ~ *à but non lucratif,* non

profit (-seeking/ -making) organization. ~ *à responsabilité limitée,* private limited company, (U.S.) private corporation, close corporation. ~ *à succursales multiples,* chain store, multiple. ~ *en commandite simple,* limited partnership. ~ *en commandite par actions,* partnership limited by shares. ~ *de commerce,* trading company. ~ *civile,* non-trading company. *Société commerciale,* business firm, business organization, *(U.S.)* business corporation. ~ *concessionnaire,* statutory company. ~ *de financement,* financing company. ~ *de placement (de portefeuille)* investment trust. ~ *en nom collectif,* general partnership. ~ *fantôme,* bogus company. ~ *holding,* holding company. ~ *immobilière,* real estate company. ~ *d'investissement à capital variable (SICAV),* unit trust, *(U.S.)* mutual fund. ~ *d'investissement fermée,* closed-end investment. ~ *mère,* parent company. ~ *par actions,* joint-stock company, company limited by ·shares, *(U.S.)* corporation. ~ *sœur,* sister company.

**société de capitaux,** corporation, corporate body, limited liability company.

**société de personnes,** partnership.

**société écran,** shell company, nominee company.

**sociologie** *n.f.* sociology.

**sociologique** *adj.* sociological.

**sociologue** *n.m.f.* sociologist.

**socio-professionnel, -le** *adj.* socio-economic, occupational.

**software** *n.m.* software.

**soin** *n.m.* care. *Aux bons ~ s de,* c/o (care of).

**solde** *n.m.* 1. balance. 2. surplus stock, sale goods, sale. *Pour ~ de tout compte,* in full settlement, to close the account. *Présenter un ~ créditeur,* to show a credit balance. *Présenter un ~ débiteur,* to show a debit balance. *Prix de ~ s,* bargain prices. *Vendre en ~,* to sell at a discount, at cut prices. « *Soldes* », "sale", "clearance sale". ~ *dû,* balance due. ~ *d'un compte,* balance of an account. ~ *reporté à l'exercice suivant,* balance carried forward to next account. *Solde reporté de l'exercice précédent,* balance brought forward from last account.

**solder** *v.* **1.** to balance, to settle, to pay off. **2.** *(des marchandises)* to sell off, to clear (off), to sell at a discount.

**solder (se)** *v.* **1.** *(finir)* to wind up, to end up. **2.** *(compta.)* to show a balance, to show a profit (or a loss). *Se ~ par un échec,* to prove unsuccessful, to turn out to be a failure, to fizzle out.

**soldeur** *n.m.* discount store.

**solidaire** *adj.* **1.** sympathetic ; solidary ; interdependent. **2.** *(Jur.)* joint and several. *Obligation (conjointe et) ~,* obligation binding all parties, joint and several obligation. *Responsabilité (conjointe et) ~,* joint and several liability.

**solidairement** *adv.* jointly and severally. *Conjointement et ~,* jointly and severally.

**solidarité** *n.f.* solidarity, sympathy. *Grève de ~,* sympathy strike, sympathetic strike. *Se mettre en grève par ~,* to strike in sympathy.

**solide** *adj.* **1.** strong, sturdy ; robust, rugged. **2.** sound, reliable. *Article ~,* sturdy article. *Reputation ~,* long-standing reputation, established fame. *Financièrement ~,* financially sound.

**solidité** *n.f.* strength, sturdiness.

**solliciter** *v.* to ask for, to apply for. *~ un emploi,* to apply for a job, for a position. *Je sollicite de votre haute bienveillance,* I should be extremely grateful if you would.

**solution** *n.f.* **1.** solution ; settlement. *La meilleure ~ serait de,* the best course would be to. **2.** break. *~ de continuité,* break in continuity, solution of continuity.

**solvabilité** *n.f.* solvency, creditworthiness, credit rating. *Degré de ~,* credit rating.

**solvable** *adj.* solvent, financially sound. *Caution ~,* sufficient security, good surety.

**sommaire** *n.m.* summary, abstract, digest.

**sommaire** *adj.* summary, brief, concise ; perfunctory, cursory.

**sommation** *n.* **1.** summation (of a series). **2.** *(Jur.)* summons.

**somme** *n.f.* sum, amount, mass, quantity. *~ déductible des impôts sur le revenu,* tax write-off. *~ forfaitaire,* lump sum. *~ globale,* inclusive sum, lump sum, global amount. *~ totale,* sum-total, total amount. *Passer une ~ au débit de,* to charge a sum to the debit of. *Porter une ~ au crédit de,* to credit a sum to.

**sommer** *v.* **1.** to sum, to sum up. **2.** *(Jur.)* to summon.

**sommet** *n.m.* summit, peak, top ; apex. *Conférence au ~,* summit meeting.

**somptuaire** *adj.* sumptuary, lavish. *Dépenses ~s,* lavish expenses.

**sondage** *n.m.* **1.** poll, survey. **2.** probe, sounding. *Contrôle par ~,* spot checking. *Enquête par ~,* sample survey, survey. *Faire un ~,* to poll, to carry out a poll, to take a poll. *Organisme de sondage,* polling agency/ institute. *Résultats d'un sondage,* findings. *~ aléatoire,* random sampling. *~ d'opinion,* opinion poll. *~ sur place,* spot check. *Spécialiste des ~s,* pollster.

**sonder** *v.* to poll, to survey.

**sort** *n.m.* lot. *Tirage au sort,* drawing, draw. *Tirer au ~,* to draw by lot. *Tirer au ~ des obligations remboursables,* to draw bonds for redemption.

**sortant, e** *adj.* outgoing, retiring. *Commissaire aux comptes ~,* retiring auditor. *Battre le candidat ~,* to defeat/ to unseat/ the incumbent.

**sortie** *n.f.* **1.** outgoings, disbursement, outflow, output. **2.** exit. *~ de secours,* emergency exit. **3.** export. *Entrées et ~s de caisse,* cash receipts and payments. *Entrée et ~ de données,* data input and output. *~ de capitaux,* capital outflow. *~ de devises,* currency outflow, flight of currencies, drain on currencies. *~ d'entrepôt,* taking out of bond, clearing from bond.

**souche** *n.f.* stub, counterfoil. *~ de chèque,* cheque (*U.S. :* check) stub. *~ de bordereau,* counterfoil.

**souffrance** *n.f.* abeyance, demurrage, suspense. *Colis en ~,* unclaimed parcel, parcel awaiting delivery. *Effet en ~,* bill in suspense. *Marchandises en ~,* goods on demurrage. *Compte en ~,* outstanding/ overdue account.

**souffrir (de)** *v.* to suffer (from).

**soulte** *n.f.* **1.** *(Jur.)* balance. **2.** *(Fin.)* cash distribution.

**soumettre** *v.* to submit, to present, to produce. *~ à une épreuve,* to test. *~ des propositions,* to make proposals. *~ un rapport,* to submit, to produce a report.

**soumis, e (à)** *adj.* subject to, liable to. *~ à l'impôt sur le revenu,* liable to income-tax. *~ aux droits de douane,* dutiable, liable to customs duties. *~ aux fluctuations du marché,* subject to market fluctuations.

**soumission** *n.f.* tender, bid. *Faire une ~,* to make a tender, to tender for. *Ouvrir la ~,* to invite tenders for. *~ cachetée,* sealed tender.

**soumissionnaire** *n.m.* tenderer, *(Fin.)* underwriter. *Adjudication au plus bas ~,* allocation to the lowest tenderer.

**soumissionner** *v.* to tender for, to make a tender, *(Fin.)* to underwrite. *~ à une adjudication,* to tender for a contract.

**source** *n.f.* source. *Savoir quelque chose de ~ sûre,* to have it on good authority, to speak with inside knowledge. *Retenue à la ~,* pay-as-you-earn (P.A.Y.E.), *(U.S.)* pay-as-you-go. *~ d'information,* source of information. *~ bien informée,* authoritative source.

**sous-agence** *n.f.* sub-agency.

**sous-agent** *n.m.* sub-agent.

**sous-bail** *n.m.* sub-lease.

**sous-bailleur** *n.m.* sub-lessor.

**sous-comité** *n.m.* sub-committee.

**sous-commission** *n.f.* sub-committee.

**sous-compte** *n.m.* subsidiary account.

**sous-consommation** *n.f.* under-consumption.

**souscription** *n.f.* subscription, application, underwriting. *Appel à la ~,* prospectus. *Droit de ~,* application right. *Mettre en ~,* to invite subscriptions for. *~ d'actions,* application for shares. *~ à une émission,* subscription to an issue.

**souscrire** *v.* **1.** to subscribe, to apply for. **2.** *(Ass.)* to underwrite. *~ à une émission,* to subscribe to an issue. *~ à un emprunt,* to subscribe to a loan. *~ un abonnement,* to take out a subscription. *~ des actions,* to subscribe shares, to apply for shares. *~ une police,* to underwrite a policy. *~ un risque,* to underwrite a risk. **3.** *(à une opinion)* to endorse.

**souscrit, e** *adj.* subscribed. *Capital ~,* subscribed capital. *Émission entièrement ~ e,* fully subscribed issue ; *émission sursouscrite,* oversubscribed issue.

**sous-développé, e** *adj.* underdeveloped. *Pays sous-~ s,* underdeveloped/ developing/ countries, less-developed countries (L.D.C.s).

**sous-développement** *n.m.* underdevelopment.

**sous-directeur, -trice** *n.m.f.* assistant manager, deputy manager.

**sous-ensemble** *n.m.* sub-set.

**sous-emploi** *n.m.* underemployment.

**sous-employer** *v.* to underuse.

**sous-estimation** *n.f.* underestimation, underrating, undervaluation.

**sous-estimer** *v.* to underestimate, to undervalue, to underrate.

**sous-évaluation** *n.f.* undervaluation.

**sous-évaluer** *n.* to undervalue.

**sous-groupe** *n.m.* sub-group.

**sous-jacent, e** *adj.* underlying.

**sous-locataire** *n.f.* sub-lessee.

**sous-louer** *v.* to sublet.

**sous-marque** *n.f.* subsidiary brand.

**sous-multiple** *n.m.* sub-multiple.

**sous-production** *n.m.* underproduction.

**sous-produit** *n.m.* by-product, secondary product.

**sous-programme** *n.m.* routine, subroutine.

**sous-sol** *n.m.* **1.** subsoil, substratum. **2.** basement ; lower ground floor.

**sous-système** *n.m.* sub-system.

**sous-titre** *n.m.* **1.** sub-title, crosshead, subheading. **2.** *(d'un dessin)* caption.

**soustraction** *n.f.* subtraction, subtracting.

**soustraire** *v.* to subtract.

**sous-traitance** *n.f.* sub-contracting.

**sous-traitant** *n.m.* subcontractor ; jobber.

**sous-traiter** *v.* to subcontract ; to farm out.

**sous-vêtements** *n.m.pl.* underwear.

**soutenance** *n.f. (d'un rapport, etc.)* oral presentation.

**soutenir** *v.* **1.** to support, to back (up), *(Fin.)* to subsidize. ~ *une entreprise en difficulté,* to prop up an ailing company. ~ *une monnaie,* to bolster a currency. ~ *une motion,* to second a motion. **2.** *(un point de vue)* to uphold, to maintain, to affirm ; *(le point de vue d'un tiers)* to endorse. .

**soutenu, e** *adj.* **1.** supported, sustained. **2.** steady, buoyant. *Efforts* ~ *s,* sustained efforts. *Marché* ~ *,* steady, buoyant market.

**soutien** *n.m.* support. *Politique de* ~ *à l'agriculture, (U.S.)* agricultural support policy. *Prix de* ~ *,* support price, supported price. ~ *de famille,* breadwinner. ~ *des prix,* price support.

**spatial, e** *adj.* space. *L'industrie* ~ *e,* the (air)space industry ; *navette* ~ *e,* space shuttle ; *vaisseau* ~ *,* spacecraft.

**spécialisation** *n.f.* specialization. ~ *des exercices et des réalisations (compta.),* matching principle.

**spécialisé, e** *adj.* **1.** specialized, special-purpose. **2.** skilled. *Main-d'œuvre* ~ *e,* skilled labour, *(U.S.)* labor. *Main-d'œuvre non* ~ *e,* unskilled labour, *(U.S.)* labor. *Ordinateur* ~ *,* special-purpose computer. *Ouvrier* ~ *,* semi-skilled worker ; *(= O.S., par opposition à « qualifié »),* unskilled worker.

**spécialiste** *n.m.f.* specialist, expert.

**spécialité** *n.f.* speciality, specialty. ~ *pharmaceutique,* patent medicine, proprietary medicine.

**spécification** *n.f.* specification, requirement. ~ *de la fonction,* job specification.

**spécifier** *v.* to specify, to set forth, to spell out. ~ *des conditions (contrat, police),* to stipulate/ to set forth terms.

**spécifié, e** *adj.* specified. *Compte* ~ *,* detailed account, *(U.S.)* itemized account.

**spécifique** *adj.* specific.

**spécimen** *n.m.* specimen.

**spectacle** *n.m.* show, performance. *L'industrie du* ~ *,* show-business.

**spéculateur, -trice** *n.m.f.* speculator. ~ *à la baisse,* bear. ~ *à la hausse,* bull. ~ *mixte, loup,* stag.

**spéculation** *n.f.* speculation. ~ *à la baisse,* bear speculation, bear operation. ~ *à la hausse,* bull speculation, bull operation. ~ *mixte,* straddle speculation. *Valeurs de* ~ *,* speculative/ hot securities.

**spéculatif, -ive** *adj.* speculative. *Capitaux* ~ *s,* a) hot money ; b) risk capital. *Risque* ~ *,* speculative risk.

**spéculer** *v.* to speculate (*sur le café,* in coffee ; *sur des chances,* on chances), to gamble ; *(U.S.)* to play the stock market. ~ *à la baisse,* to speculate for a fall, to play for a fall, to go a bear. ~ *à la hausse,* to play for a rise, to go a bull.

**spirale** *n.f.* spiral. ~ *des coûts,* spiral(l)ing costs. ~ *des salaires et des prix,* wage-price spiral. ~ *inflationniste,* inflationary spiral.

**spoliatif, -ive** *adj.* spoliative, confiscatory.

**spoliation** *n.f.* spoliation.

**spolier** *v.* to spoliate.

**spot** *n.* spot, commercial.

**stabilisateur, -trice** *adj.* stabilizing.

**stabilisation** *n.f.* stabilization.

**stabiliser (se)** *v.* to stabilize, to level off, to peg. ~ *le marché,* to peg the market. *Les cours se sont stabilisés à leur niveau d'hier,* quotations have climbed back (+), eased back (—), to yesterday's level. *Les ventes se stabiliseront dans les mois à venir,* sales will level off in the months to come. *Le dollar s'est stabilisé à...,* the dollar settled at...

**stabilité** *n.f.* stability, steadiness. ~ *de l'emploi,* job security. ~ *des prix,* price stability.

**stable** *adj.* stable, steady, firm. *Emploi* ~ *,* stable job, permanent position. *Marché* ~ *,* firm market.

*Monnaie* ~, stable currency. *Rythme stable,* steady pace.

**stage** *n.m.* 1. training period, *(U.S.)* traineeship, *(U.S.)* internship. 2. training program(me). ~ *de formation,* training program(me). ~ *de pré-emploi,* probation, probation period. *Faire un* ~, to complete a training period, *(U.S.)* a traineeship, an internship.

**stagiaire** *n.m.f.* 1. trainee, *(U.S.)* intern. 2. *(en pré-emploi)* probationer.

**stagnant, e** *adj.* stagnant, stagnating, dull. *Économie* ~*e,* stagnant economy. *Marché* ~, dull market. *Prix* ~*s,* stagnant prices.

**stagnation** *n.f.* stagnation, dullness. ~ *du marché,* market standstill.

**stagner** *v.* to stagnate. *Les affaires stagnent,* business is at a standstill.

**stand** *n.m.* stand, booth, stall. ~ *d'exposition,* exhibition stand.

**standard** *adj.* standard, standardized. *Coûts* ~, standard costs. *Déviation* ~, standard deviation. *Modèle* ~, standard model, *(U.S.)* run-of-the-mill model.

**standard** *n.m.* 1. standard. 2. *(Tél.)* switchboard. ~*s de prix,* price standards. ~ *de vie,* standard of living.

**standardisation** *n.f.* standardization.

**standardisé, e** *adj.* standardized, standard.

**standardiser** *v.* to standardize.

**standardiste** *n.f.* switchboard operator, telephone operator.

**station** *n.m.* 1. station. 2. *(tourisme)* resort. ~ *thermale,* spa. 3. ~ *spatiale,* space station. ~ *spatiale habitée,* manned space station.

**stationnaire** *adj.* stationary. *État* ~, stationary state.

**stationnement** *n.m.* parking. ~ *réglementé,* restricted parking. *(Navires) Taxe de* ~, demurrage charge.

**statique** *adj.* static. *Modèle* ~, static model.

**statisticien** *n.m.* statistician.

**statistique** *adj.* statistical. *Analyse* ~, statistical analysis. *Écart* ~, statistical discrepancy. *Enquête* ~, statistical survey/enquiry.

**statistique** *n.f.* statistics ; return, figures. ~*s démographiques,* vital statistics, population statistics.

**statuer** *v.* 1. to decree, to order. 2. *(Jur.)* to pronounce judgment on, to settle a matter.

**statut** *n.m.* 1. status. 2. statute ; article, rule, regulation. ~ *légal,* legal status. ~*s de société,* memorandum and articles of association, *(U.S.)* charter and by-laws.

**statutaire** *adj.* statutory, provided by the articles. *Réserve* ~, statutory reserve. *Réunion* ~, statutory meeting.

**stellage** *n.m.* put and call, double option.

**stencil** *n.m.* stencil.

**sténodactylo** *n.f.* shorthand typist.

**sténographie** *n.f.* shorthand, stenography.

**sténographier** *v.* to take down in shorthand.

**stérile** *adj.* unproductive, barren, fruitless.

**sterling** *n.m.* sterling. *Livre* ~, pound sterling, sterling. *Zone* ~, sterling area.

**stimulant, e** *adj.* stimulating, incentive.

**stimulant** *n.* stimulus, incentive.

**stimuler** *v.* to stimulate, to incite, to spur. *Mesures destinées à* ~ *l'économie,* economic incentives.

**stipulation** *n.f.* stipulation, provision. ~*s d'un contrat,* specifications, provisions of a contract. ~*s d'une police d'assurance,* provisions of an insurance policy.

**stipulé, e** *adj.* stipulated, specified, provided. *Prix* ~ *au contrat,* contract price.

**stipuler** *v.* to stipulate, to provide, to specify. *Le contrat stipule que,* the contract provides that.

**stock** *n.m.* stock, stock-in-trade, inventory. *Accumulation de* ~*s,* accumulation of stocks, inventory buildup. *Avoir en* ~, to keep in stock. *Constituer des stocks,* to lay in stocks, to build up inventories. *Constitution de* ~*s,* stock building. *Épuisement des* ~*s,* stock depletion. *Gestion des* ~*s,* stock control, inventory control, stock management. *Liquidation du* ~, stock clearance, liquidation of inventories. *Renouvellement des ~s,* restocking. *Rotation des ~s,* stock turnover. *Rupture de ~,* stock shortage, understocking. *Être en rupture de ~,* to be out of stock.

**stockage** *n.m.* **1.** stocking, building of inventory ; stockpiling ; carrying of stocks. **2.** storage. *Capacité de ~,* storage capacity.

**stocker** *v.* to stock, to store, to stockpile.

**stratégie** *n.f.* strategy. *~ commerciale,* marketing strategy. *~ de croissance,* growth strategy. *~ de l'entreprise,* corporate strategy. *~ de prix,* pricing strategy. *Élaboration de ~,* strategy formulation.

**stratégique** *adj.* strategic. *Plan ~,* strategic plan, strategic planning.

**strict, e** *adj.* strict, severe ; *(mesures)* tight. *~ minimum,* bare minimum.

**structural, e** *adj.* structural.

**structure** *n.f.* structure. *~ de l'entreprise, des organisations,* corporate structure. *~ de prix,* price structure. *Changements de ~,* structural changes. *Mutation des ~s,* organization change.

**structurel, -le** *adj.* structural, core, built-in.

**style** *n.m.* style, tone. *~ rédactionnel,* editorial style. *~ de vie,* life-style.

**styliser** *v.* to stylize.

**subdiviser** *v.* to subdivide.

**subdivision** *n.f.* subdivision.

**subir** *v.* to suffer, to sustain, to undergo. *~ une épreuve,* to undergo a test. *~ des modifications,* to be subjected to alterations, to undergo alterations. *~ une perte,* to suffer, to sustain a loss. *Ces articles ont subi une hausse importante,* the price of these articles has increased sharply.

**subordonné, e** *adj.* dependent (on), subordinate(d) (to).

**subordonné** *n.m.* subordinate.

**subordonner** *v.* to subordinate (à, to).

**subrogation** *n.f.* subrogation, substitution.

**subroger** *v.* to subrogate.

**subside** *n.m.* subsidy ; grant.

**subsidiaire** *adj.* subsidiary, accessory.

**substituer** *v.* to substitute.

**substitut** *n.m.* **1.** *(produit de remplacement)* substitute. **2.** *(Jur.)* deputy public prosecutor.

**substituer** *v.* to substitute, to replace.

**substitution** *n.f.* substitution, replacement. *(Jur.) Clause de ~,* tail, entailment. *Produit de ~,* substitute (product).

**suburbain, e** *adj.* suburban.

**subvenir** *v.* to provide, to support. *~ aux besoins d'une famille,* to support a family.

**subvention** *n.f.* subsidy, grant, aid. *~ de l'État,* Government subsidies, grant-in-aid. *~ à l'exportation,* export subsidy. *Recevoir une ~ de l'État,* to be subsidized by the State.

**subventionné, e** *adj.* subsidized. *~ par l'État,* State-aided.

**subventionner** *v.* to subsidize.

**succédané** *n.m.* substitute.

**succéder** *v.* to succeed to, to take over from. *(Héritage)* to come into an inheritance. *Il succède à M. Thompson,* he is taking over from Mr. Thompson.

**succès** *n.m.* success. *Nos nouveaux produits ont connu un gros ~,* our new products have proved quite successful.

**successeur** *n.m.* successor.

**successif, ve** *adj.* successive, consecutive. *(Jur.) Droit ~,* right to inherit.

**succession** *n.f.* **1.** succession. **2.** *(Jur.)* inheritance. *Droits de ~,* estate duties, death duties, *(U.S.)* inheritance tax.

**successoral, e** *adj.* successional.

**succursale** *n.f.* branch, sub-office. *Magasin à ~s multiples,* multiple store, *(U.S.)* chain store.

**succursaliste** *n.m.* multiple operator.

**suffire** *v.* to be sufficient, to suffice. *Qui suffit à ses besoins,* self-supporting.

**suffisant, e** *adj.* sufficient, adequate.

**suffrage** *n.m.* vote ; suffrage ; franchise. *~s exprimés,* votes recorded. *Obtenir des ~s,* to poll votes. *~ universel,* universal franchise/ suffrage.

**suggérer** *v.* to suggest.

**suggestion** *n.f.* suggestion.

**suite** *n.f.* **1.** continuation. **2.** succession, series. *A la ~ de,* following, further to ; pursuant to, owing to, on account of. *A la ~ du sommet*de Genève,* in the wake of the Geneva summit. *Faisant ~ à notre conversation téléphonique...,* further to our telephone conversation... *Prendre la ~ d'une affaire,* to take over a business. *Prendre la ~ de quelqu'un,* to take over from someone. *Nous ne pouvons pas donner ~ à votre demande,* we cannot meet your request, handle your inquiry. *Trois fois de ~,* three times running, in a row. « *Suite* », "continued".

**suivant, e** *adj.* following, next.

**suivant** *prép.* according to, as per. *~ facture,* as per invoice. *~ vos instructions,* according to your instructions.

**suivi, e** *adj.* persistent, consistent. *Demande ~ e,* steady demand. *Relations ~ es,* close relations.

**suivi** *n.m.* follow-up, monitoring, control. *~ des commandes,* follow-up/ monitoring/ of orders. *~ des livraisons,* delivery control.

**suivre** *v.* **1.** to follow. **2.** to monitor, to control. « *A suivre* », to be continued. *Comme suit,* as follows. « *Faire ~ S.V.P.* ». "please forward ». *~ un article,* to keep a line (of articles). *~ des instructions,* to comply with, to follow instructions.

**sujet, -te** *adj.* subject to, liable to ; *(qui a tendance à)* prone to. *Dividendes ~ s à l'impôt sur le revenu,* dividends liable to income-tax. *Marchandises ~ tes à des droits,* dutiable goods. *Prix ~ s à des variations,* prices subject to alterations.

**sujet** *n.m.* matter, subject, subject-matter.

**superbénéfice** *n.m.* surplus profit, excess profit.

**supercherie** *n.f.* fraud. *(Canular)* hoax.

**superdividende** *n.m.* surplus dividend.

**superficie** *n.f.* surface, area.

**superficiel, -le** *adj.* superficial.

**superflu, e** *adj.* superfluous, unnecessary.

**supérieur, e** *adj.* upper, superior, higher, top. *Cadre ~,* top executive, senior executive. *Enseignement ~,* higher education. *Qualité ~ e,* prime quality, top quality, top grade.

**supermarché** *n.m.* supermarket.

**supervision** *n.f.* supervision.

**supplanter** *v.* to supersede.

**suppléant, e** *adj.* acting, substitute, deputy.

**suppléant, e** *n.m.f.* deputy ; substitute.

**suppléer** *v.* **1.** to make up for. **2.** to act as deputy for.

**supplément** *n.m.* supplement, addition ; additional payment, extra charge, extra. *~ d'imposition,* additional tax. *~ de prix,* extra charge, additional charge.

**supplémentaire** *adj.* supplementary, additional, extra, further. *Faire des heures ~ s,* to work/ to do/ overtime. *Heures ~ s,* overtime (work). *Train ~,* relief train.

**support** *n.m.* **1.** *(soutien)* support. **2.** *(étagère)* rack. **3.** *(publicité, presse)* medium. *~ s publicitaires,* advertising media.

**supporter** *v.* **1.** to bear, to stand. **2.** to support. *~ des frais,* to meet expenses, to foot a bill. *~ une perte,* to sustain/ to suffer/ a loss.

**supposer** *v.* to suppose, to assume, to presume. *A ~ que,* assuming that.

**supposition** *n.f.* supposition, assumption.

**suppression** *n.f.* abolition, suppression, lifting. *~ d'emplois,* lay-offs, redundancies, job losses, *(U.S.)* job-cuts. *~ des barrières douanières,* lifting of customs barriers.

**supprimer** *v.* to abolish, to cancel, to suppress, to cut. *~ des emplois/ des postes,* to lay off, to shed jobs, to trim/ prune the work/ labo(u)r force. *(U.S.)* to cut jobs. *~ un mot (dans un texte),* to delete a word.

**supputation** *n.f.* reckoning, calculation.

**supputer** *v.* to reckon, to calculate.

**sûr, e** *adj.* safe, secure, reliable. *Placement ~,* safe investment.

**surabondance** *n.f.* surfeit, glut.

**surabondant, e** *adj.* overabundant, redundant.

**suranné, e** *adj.* old-fashioned, obsolete.

**surcharge** *n.f.* **1.** overload, excess weight. *(Inform.)* overrun. **2.** *(Impôts)* additional tax, surtax, overtax. **3.** alteration, correction.

**surcharger** *v.* **1.** to overload. **2.** to overtax, to overcharge. **3.** to alter. *Être surchargé de travail,* to be overworked.

**surchauffe** *n.f.* overheating.

**surcoût** *n.m.* overrun ; additional cost/ burden.

**surcroît** *n.m.* increase, addition. ~ *de travail,* extra work.

**sureffectif(s)** *n.m.* overmanning ; redundancies.

**suremballage** *n.m.* overwrap. ~ *de vente,* pack. ~ *par six,* sixpack.

**surenchère** *n.f.* outbidding, overbid, higher bid.

**surenchérir** *v.* to overbid, to outbid.

**surestarie** *n.f.* demurrage.

**surestimation** *n.f.* overevaluation, overvaluation, overestimate ; overrating.

**surestimer** *v.* to overestimate, to overrate, to overvalue.

**sûreté** *n.f.* safety, security, surety. ~ *en garantie d'une créance,* security for a debt.

**surévaluation** *n.f.* overevaluation, overvaluation, overestimate.

**surévaluer** *v.* to overvalue, to overrate.

**surface** *n.f.* surface, area. *Magasin à grande ~,* large surface store ; supermarket. ~ *de vente,* shopping space.

**surimposer** *v.* to overtax.

**surinvestissement** *n.m.* overinvestment.

**surmenage** *n.m.* overwork, overworking.

**surmonter** *v.* to overcome, to surmount.

**surnombre** *n.m.* redundancy. *Ouvriers en ~,* redundant workers.

**surpasser** *v.* to exceed, to surpass.

**surpaye** *n.f.* extra pay, bonus.

**surpayer** *v.* to overpay.

**surpeuplé, e** *adj.* overpopulated ; overcrowded.

**surpeuplement** *n.m.* overpopulation.

**surplus** *n.m.* surplus, excess. ~ *agricole(s),* farm surplus(es), agricultural surplus(es).

**surprime** *n.f.* extra premium.

**surproduction** *n.f.* overproduction.

**surréservation** *n.f.* overbooking.

**sursalaire** *n.m.* extra pay, bonus.

**surseoir** *v.* to postpone, to defer, to put off. *Ordonnance de ~ à l'exécution d'un arrêt,* stay of execution.

**sursis** *n.m.* delay, respite, reprieve. ~ *de paiement,* respite of payment. ~ *à statuer,* stay of proceedings. ~ *militaire,* military deferment/postponement. *(Jur.)* suspended sentence.

**surtaxe** *n.f.* extra charge, surtax. ~ *fiscale,* tax surcharge. ~ *postale,* additional postage.

**surveillance** *n.f.* supervision, inspection, monitoring. *Comité de ~,* inspection committee. *Conseil de ~,* supervisory board.

**surveillant, e** *n.m.f.* supervisor, superintendent.

**susceptible** *adj.* likely to *(positif),* liable to *(négatif).*

**suspendre** *v.* to suspend, to discontinue ; to interrupt ; *(un projet)* to shelve ; to hold up, to stop. ~ *le paiement d'un chèque,* to stop a cheque.

**en suspens** *adv.* in suspense, in abeyance. *Compte en ~,* outstanding account.

**suspension** *n.f.* suspension, stoppage. ~ *de l'exécution d'un jugement,* stay of execution. ~ *d'un paiement,* stoppage of payment.

**symbolique** *adj.* symbolic, nominal. *Grève ~,* token strike.

**synallagmatique** *adj.* synallagmatic. *Contrat ~,* bilateral contract ; indenture.

**syndic** *n.m.* trustee, syndic, assignee. ~ *de faillite,* official receiver, trustee in bankruptcy.

**syndical, e** *adj.* union. *Chambre ~e des agents de change,* stock exchange committee. *Délégué ~,* shop steward, union delegate. *Droits syndicaux,* union rights. *Mouvement ~,* organized labo(u)r, *(G.B.)* trade-union movement. *Sec-*

*tion* ~*e*, *(G.B.)* union branch, local branch, *(U.S.)* local.

**syndicalisation** *n.f.* unionization.

**syndicalisme** *n.m.* unionism, *(G.B.)* trade-unionism. *L'histoire du* ~, the history of organized labour.

**syndicaliste** *n.m.f.* unionist, trade-unionist ; union member.

**syndicat** *n.m.* **1.** union, trade-union, *(U.S.)* labor union. **2.** syndicate. ~ *de faillite*, official receivership ; trusteeship of a bankruptcy. ~ *de garantie*, underwriting syndicate. ~ *d'initiative*, tourist information office. ~ *patronal*, employers' association. ~ *professionnel*, trade association. *Adhérer à un* ~, to join a union. *Former un* ~, to form a union. *(Fin.) Mettre en* ~, to pool.

**syndicataire** *n.m.* underwriter.

**syndiqué, e** *adj.* **1.** unionized. **2.** syndicated. *Actions* ~ *es*, syndicated shares. *Ouvriers* ~ *s, travailleurs* ~ *s, main-d'œuvre* ~ *e*, union members, unionized workers, union men. *Ouvriers non* ~ *s*, nonunion men, *(U.S.)* unorganized workers.

**syndiqué, e** *n.m.f.* trade-unionist, *(U.S.)* unionized worker ; union member.

**syndiquer** *v.* **1.** to unionize, *(U.S.)* to organize (workers). **2.** *(Fin.)* to syndicate.

**syndiquer (se)** *v.* **1.** to join a union. **2.** to form a union.

**synthétique** *adj.* synthetic, artificial, man-made. *Bilan* ~, consolidated balance-sheet.

**systématique** *adj.* systematic, constant ; preventive.

**systématiser** *v.* to systematize.

**système** *n.m.* system, scheme, method, plan. ~ *d'encouragement*, incentive bonus scheme. ~ *d'information pour le management*, management information system. ~ *fiscal*, tax system. ~ *métrique*, metric system. ~ *monétaire*, monetary system. ~ *de participation aux bénéfices*, profit-sharing scheme. ~ *de prévoyance*, provident scheme. ~ *de retraite*, pension scheme, retirement plan. *Analyse de* ~ *s*, systems analysis. *Conception des* ~ *s*, systems design.

# T

**tabac** *n.m.* tobacco. *Bureau de* ~, tobacconist's.

• **table** *n.f.* table. *Dessous de* ~, bribe, golden handshake ; *(U.S.)* payola ; *(appart.)* key-money.

• **tableau** *n.m.* **1.** *(graphique, etc)* table, chart. **2.** *(pour écrire)* board. ~ *de bord*, instrument panel. *(Entreprise)* indicators, management chart, performance chart. ~ *de commande*, control panel, control board. **4.** *(hôtel)* key rack, board. **5.** ~ *d'avancement*, promotion list, promotion roster. **6.** *(peinture)* picture, painting. *L'ombre au* ~, what spoils the picture.

**tableau de financement**, funds statement, statement of source and application of funds.

**tabler** *v.* to count (on), to bank (on), to expect.

**tablette** *n.f.* **1.** shelf. **2.** *(pharmacie)* tablet, lozenge. **3.** *(de chocolat)* bar.

**tableur** *n.m.* spread sheet.

**tabou** *n.m.* taboo.

**tabulateur** *n.m.* tabulator.

**tabulatrice** *n.f.* tabulator. ~ *numérique*, digital tabulator.

**tache** *n.f.* stain, spot, blot. *Sans* ~, stainless, spotless. *Réputation sans* ~, unblemished/ blameless reputation.

**tâche** *n.f.* task, job, duty. *Travail à la* ~, piecework, jobbing. *Travailler à la* ~, to do piecework.

**tachymètre** *n.m.* speedometer, tachometer.

**tacite** *adj.* tacit, implicit ; implied. *Reconduction* ~, renewal by tacit agreement.

**tact** *n.m.* tact, *Sans* ~, tactless. *Plein de* ~, tactful.

**tacticien, ne** *n.m.f.* tactician.

**tactique** *adj.* tactical.

**tactique** *n.f.* tactics ; *(le singulier* tactic *se rencontre de plus en plus).*

**taille** *n.f.* **1.** size. **2.** *(fait de tailler)* cutting ; *(arbres, etc)* trimming, pruning, clipping. **3.** *Front de* ~ ; pit-face. **4.** *(Hauteur du corps)* height. **5.** *(Partie du corps)* waist.

**tailler** *v.* **1.** to cut. **2.** *(arbres, etc.)* to trim, to prune ; to clip. **3.** *Être taillé pour (personne),* to be cut out for something. **4.** *Se ~ (un empire, etc.),* to carve out. **5.** *~ un crayon,* to sharpen a pencil.

**tailleur** *n.m.* tailor.

**taillis** *n.m.* brushwood, underwood, bush ; copse.

**talent** *n.m.* talent *Avoir le ~ de, un ~ pour,* to have a gift/ a knack/ for.

**talion (loi du)** *n.* retaliation.

**talon** *n.m.* **1.** stub, counterfoil. **2.** *(chaussure)* heel.

**tamis** *n.m.* sieve ; *(liquides)* strainer.

**tamisage** *n.m.* sifting, filtering ; *(liquide)* straining.

**tamiser** *v.* to sift ; *(liquide)* to strain, to filter.

**tampon** *n.m.* **1.** *(appareil)* rubber stamp, inking pad, stamp pad. **2.** *(marque)* stamp. *~ de la poste,* postmark. **3.** *(pour amortir les chocs)* buffer. *État ~,* buffer state. **4.** *(inform.)* *mémoire tampon,* buffer.

**tamponner** *v.* **1.** to stamp. **2.** *(heurter)* to bump into, to collide into/ with, to run into.

**tandem** *n.m.* tandem.

**tangent, e** *adj.* tangential (to), tangent (to) ; *(sens large)* close.

**tangible** *adj.* tangible.

**tannage** *n.m.* tanning.

**tanner** *v.* to tan.

**tannerie** *n.f.* tan-yard, tannery ; *(métier),* tanning (trade).

**tanneur** *n.m.* tanner.

**tantième** *n.m.* percentage, quota, share ; share of profit. *~ des administrateurs,* directors' percentage/ share/ of the profits.

**tant pour cent** *loc.* so much per cent. *Le tant pour cent,* the percentage.

**tapage** *n.m.* **1.** disturbance of the peace. *~ nocturne,* disturbance of the peace at night.

**taper** *v.* **1.** *(à la machine)* to type. **2.** *(fam. : emprunter)* to touch somebody for something.

**tapis** *n.m.* carpet, carpeting.

**tapisser** *v.* to paper.

**tapisserie** *n.f.* **1.** wall-paper. **2.** *(garnitures, etc.)* upholstery. **3.** *(en tissu)* tapestry, hangings.

**tapissier** *n.m.* upholsterer.

**tard** *adv.* late.

**tarder** *v.* to be long. *Sans ~,* without delay.

**tardif, -ve** *adj.* belated ; *(heure)* late.

**tardivement** *adv.* late ; belatedly.

**tare** *n.f.* tare.

**tarif** *n.m.* **1.** rate, price, charge ; tariff. *~ dégressif,* tapering charge. *~ en vigueur,* rate in force. *~ habituel,* usual rate. *~s postaux,* postal rates. **2.** *(liste)* price-list, tariff, schedule (of charges). **3.** *(transports)* price, fare, tariff. *(avion)* *~ affaires,* business class fare. *~ réduit,* reduced fare. **4.** *~ douanier* (customs) tariff. *~ ad valorem,* ad valorem tariff. *~ extérieur commun,* common external tariff. *~ spécifique,* specific tariff.

**tarifaire** *adj.* tariff.

**tarifer** *v.* to tariff, to fix a price, a rate, to fix the rate (of something).

**tarification** *n.f.* tariffing, fixing of a price, a rate.

**tarir** *v.* to dry up, to exhaust.

**tarissement** *n.m.* drying up, exhaustion, exhausting ; depletion.

**tas** *n.m.* heap, pile, stack. *(Fam.)* *un ~ de,* a lot of.

**tassement** *n.m.* **1.** levelling out, settling. **2.** *(de fondation, etc.)* subsidence, sinking. **3.** *(cotation boursière),* setback. **4.** *(revenus, etc.)* decline, contraction ; fall, drop, decrease.

**tasser (se)** *v.* to settle (down), to calm (down).

**tâtonnement** *n.m.* *Procéder par ~,* to proceed by trial and error.

**tâtonner** *v.* to grope about (around, along), to proceed by trial and error.

**taux** *n.m.* rate, ratio, percentage, proportion, coefficient, quota. *~ d'amortissement (matériel)* depreciation rate. *~ de change,* exchange rate. *~ de croissance,* growth rate. *~ de l'escompte,* discount rate, discounting rate. *~ officiel de l'escompte,* bank rate. *~ préférentiel de l'escompte,* prime rate. *~ de base (bancaire),* base rate, base lending rate, bank rate, prime rate. *~ de marque,* markup, margin. ~ *de prime,* premium rate. ~ *d'intérêt,* interest rate. ~ *d'intérêt progressif,* graduated interest. ~ *directeur,* base rate.

**taxable** *adj.* taxable.

**taxation** *n.f.* taxation, taxing.

**taxe** *n.f.* **1.** *(prélèvement)* tax, duty. ~ *à la valeur ajoutée (T.V.A.),* value added tax, V.A.T. ~ *foncière, (G.B.)* property rates, *(U.S.)* property tax. ~ *postale,* postage. ~ *successorale,* death duty. **2.** *(prix officiel)* fixed price, official price. **3.** *(prix d'un service)* charge, rate. **4.** *(évaluation)* assessment. **5.** *(Jur. = fixation des frais)* taxation. **6.** *(supplément)* surcharge.

**taxer** *v.* **1.** *(prélever une taxe)* to tax, to impose (lay, put) a tax on something, to levy a duty on something. *(Fam.)* to slap a tax on something. **2.** *(imposer un prix)* to fix a price, to regulate (price, rate). **3.** *(faire payer un supplément)* to surcharge. **4.** *(communication téléphonique)* to charge. **5.** *(quelqu'un de quelque chose)* to tax someone with something, to accuse someone of something.

**taxi** *n.m.* taxi, cab, taxi-cab. *Station de* ~, taxi rank.

**taximètre** *n.m.* taximeter, meter.

**taxiphone** *n.m.* public call-box, pay-phone.

**technicien, ne** *n.m.f.* technician.

**technicité** *n.f.* technicality, technicalness.

**technique** *adj.* technical, technological.

**technique** *n.f.* technique.

**techniquement** *adv.* technically.

**technocrate** *n.m.* technocrat.

**technocratie** *n.f.* technocracy.

**technocratique** *adj.* technocratic.

**technologie** *n.f.* technology. ~ *de pointe,* advanced technology.

**technologique** *adj.* technological, *Retard* ~, technological gap, technology gap.

**teindre** *v.* to dye.

**teinte** *n.f.* shade, tint, colour ; dye.

**teinter** *v.* to tint, to tinge.

**teinture** *n.f.* **1.** dye, dyeing. **2.** *Avoir une* ~ *de,* to have a smattering of.

**teinturerie** *n.f.* **1.** *(métier)* dyeing, dyer's trade. **2.** *(magasin)* dry cleaner's. **3.** *(usine)* dye works.

**teinturier, ère** *n.m.f.* dyer.

**télé** *n.f.* T.V. *(G.B.) (fam.)* telly ; *la* ~, the box.

**télé-achat,** home-shopping.

**télécommande** *n.f.* telecontrol, remote control.

**télécommander** *v.* to operate by remote control, to radio-control ; to monitor. *(Sens figuré)* to mastermind, to monitor.

**télécommunication(s)** *n.f.* telecommunication(s).

**téléconférence** *n.f.* teleconference, teleconferencing.

**télécopieur** *n.m.* telecopier.

**téléférique** *n.m.* teleferic, telpher.

**télégramme** *n.m.* telegram, cable, wire.

**télégraphe** *n.m.* telegraph.

**télégraphie** *n.f.* telegraphy.

**télégraphier** *v.* to telegraph, to wire, to cable.

**télégraphique** *adj.* telegraphic. *Adresse* ~, telegraphic address. *Mandat* ~, telegraphic money order.

**télégraphiquement** *adv.* telegraphically, by telegraph, by wire, by cable.

**télégraphiste** *n.* telegraph operator, telegraphist ; *(messager)* telegraph messenger.

**téléguidage** *n.m.* remote control, radio control, telecontrol.

**téléguider** *v.* to operate by remote control, to radiocontrol. *Engin téléguidé,* guided missile ; homing device ; *(vol non-habité)* drone.

**téléimprimeur** *n.m.* teleprinter, telewriter, teletype, teletypewriter.

**télématique** *n.f.* telematics, electronic data transmission.

**télémesure** *n.f.* telemetry.

**télémètre** *n.m.* telemeter.

**téléobjectif** *n.m.* teleobjective, telephoto lens, telelens.

**télépaiement** *n.m.* electronic payment.

**téléphérique** *n.m. voir* **téléférique.**

**téléphone** *n.m.* telephone, phone. *Au* ~, on the phone. *Coup de* ~, (tele)phone call. *Donner (passer) un coup de* ~, to phone, to ring up, to call ; to give/ to make/ to place/ a (phone) call.

**téléphoner** *v.* to telephone, to phone, to ring up, to call (on the phone), to place a phone call, *(fam.)* to give a ring / a buzz. *Télégramme téléphoné,* telephoned telegram.

**téléphonique** *adj.* telephone. *Appel ~,* (tele)phone call. *Cabine ~,* (public) call box, (tele)phone booth. *Carte ~,* phone card. *Combiné ~,* receiver. *Marketing ~,* tele-sales. *Standard ~,* switchboard.

**téléphoniquement** *adv.* by (tele)-phone, on the phone.

**téléphoniste** *n.m.f.* (telephone) operator.

**téléphotographie** *n.f.* 1. *(technique)* telephotography. 2. *(photo)* telephotograph.

**téléreportage** *n.m.* T.V. report, T.V. commentary, television newscasting.

**télescoper** *v. (accident)* to collide (with), to telescope, to crash (into).

**télescopage** *n.m.* 1. *(accident)* pile-up. 2. telescoping.

**téléscripteur** *n.m.* teleprinter, teletypewriter. *(Fam.)* ticker.

**téléspectateur, trice** *n.m.f.* tele-viewer, viewer, T.V. viewer. *Les téléspectateurs,* the T.V. audience.

**télétraitement** *n.m.* teleprocessing.

**télétype** *n.m.* teleprinter, tele-type, teletypewriter.

**téléviser** *v.* to televise. *Journal télévisé,* T.V. news. *~ en direct,* to televise live.

**téléviseur** *n.m.* T.V. (set).

**télévision** *n.f.* 1. television, T.V., *(fam.)* telly, *A la ~,* on T.V. *Chaîne de ~,* T.V. channel, T.V. network. *Emettre par ~,* to telecast. *Emission de ~,* T.V. program, T.V. broadcast, T.V. show. *Passer à la ~,* to appear on T.V., to go on the air. 2. T.V. set. *~ en circuit fermé,* closed-circuit T.V. *~ par antenne collective,* community antenna television (C.A.T.V.). *~ par câble,* cable T.V.

**télévisuel, le** *adj.* T.V.

**télex** *n.m.* telex.

**téléxer** *v.* to telex.

**témoignage** *n.m.* 1. testimony, evidence. *Porter ~, donner son ~,* to testify, to give evidence, to bear testimony, to bear witness (to). *Faux ~,* perjury. 2. *(signe, symbole)* token, proof. *En signe de ~,* as a token of. 3. *(du passé),* reminder (of the past).

**témoigner** *v.* 1. to testify, to bear witness, to bear testimony *(de,* of) ; to give evidence *(de,* of). 2. *(faire montre de, manifester)* to show, to display ; to prove.

**témoin** *n.m.* 1. witness. *Barre des ~,* (witness) box. *Être ~ de,* to witness. *~ à charge,* witness for the prosecution. *~ à décharge,* witness for the defence ; *~ de moralité,* character witness. 2. *(échantillon)* sample. 3. *Appartement ~,* show flat, *(U.S.)* model apartment.

**tempérament** *n.m. A ~,* by instalments, on the deferred payment system, *(U.S.)* on time. *Vente à ~,* sale by instalments, *(G.B.)* hire-purchase.

**température** *n.f.* temperature.

**tempête** *n.f.* storm.

**temporaire** *adj.* temporary, provisional. *Main-d'œuvre ~,* casual labour.

**temporairement** *adv.* temporarily, provisionally.

**temporiser** *v.* to temporize, to play for time.

**temps** *n.m.* 1. time. *A ~,* on time, in time. *Affrètement à ~,* time charter. *Police à ~,* time policy. *~ d'attente,* waiting time, idle time. *~ de fonctionnement, ~ machine,* running time, *(ordinateur)* computer time. *~ de réponse,* time lag ; lead time. *~ mort,* idle time, interruption, break, *~ partagé,* time sharing. *~ réel,* real time. 2. *(météo)* weather. 3. *(étape)* step, stage, phase.

**tenancier, ère** *n.m.f.* 1. proprietor ; operator. 2. *(ferme)* tenant farmer.

**tendance** *n.f.* trend, tendency. *~ à la baisse,* downward trend, bearish trend. *~ à la hausse,* upward trend, bullish trend. *~ du marché,* market trend, *(Bourse)* tone of the market. *Avoir ~ à,* to tend to, *(U.S)* to trend towards ; to be prone to, to be inclined to.

**tendre** *v.* **1.** *(~ à)* to tend to. **2.** *(corde, etc.)* to tighten. **3.** *(la main, etc.)* to hold out.

**tendre (se)** *v.* *(prix)* to harden, to stiffen, *(relations)* to become strained/ stretched, *(situation)* to become tense.

**tendu, e** *adj.* *(prix)* stiff, hard, firm, *(relations)* strained, *(situation)* tense, *(corde, etc.)* tight. *Politique de la main ~e,* policy of overtures.

**teneur** *n.f.* **1.** *(d'un document)* tenor, terms. **2.** *(d'un produit)* grade, content(s), percentage. *Minerais à haute (forte) ~,* high-grade ores.

• **tenir** *v.* **1.** to hold. **2.** *(gérer)* to keep, to operate, to manage, to run, to be in charge of. **3.** *(dans une salle, un récipient)* to go, to fit (in). **4.** *(résister)* to hold one's own, to stand (hold) one's ground, to resist. **5.** *(maintenir)* ~ *à l'abri de l'humidité,* to store in a dry place. ~ *au frais,* to store in a cool place. **6.** *(rester valable)* to hold, to be valid, to stand. **7.** *(faire ~, envoyer)* to send. **8.** *(penser)* to consider, to claim, to argue, to hold (that...). **9.** *(avoir appris de quelqu'un)* to have been told (by someone).

• **tenir (se)** *v.* **1.** to stand ; to stay ; to sit. ~ *à la disposition de quelqu'un,* to be/ to remain/ at someone's disposal. **2.** *(avoir lieu)* to take place. *La réunion se tiendra la semaine prochaine,* the meeting will be held/ is scheduled for/ is due to take place/ next week. **3.** *(être lié)* to be connected, to be related, to be linked ; to hang together ; to be all one. **4.** *(bien, mal)* to behave, not to behave ; to conduct oneself properly, improperly. **5.** *(faire sens)* to make sense. *Cela se tient,* it makes sense, *(fam.)* it figures. **6.** *se tenir pour responsable,* to consider oneself as responsible. **7.** *S'en tenir à,* to stick to, to comply with, to abide by, to adhere to ; to keep to, to hold by ; not to go beyond, to restrict/ limit/ oneself to. *S'en tenir aux termes d'un contrat,* to abide by the terms of a contract. *S'en tenir là,* to leave it at that. **8.** *Les cours se tiennent,*

quotations are steady/ firm ; prices hover round previous quotations.

**tenir à** *v.* **1.** *(attacher de la valeur à)* to value, to prize. **2.** *(insister pour faire ou obtenir quelque chose)* to insist (on doing something), to want, to be keen on something, to be anxious to do something. **3.** *(dépendre de)* to depend on, to be due to, to be owing to. ~ *bail,* to hold on lease. ~ *jour,* to keep up-to-date.

**tenir compte de,** to take something into account, to make allowances for something, to allow for something.

**tenir de** *v.* **1.** to partake of, to look like, to sound like. **2.** *(ressembler à une personne)* to take after someone.

**tenir la mer,** to be seaworthy.

**tenir la route,** to hold the road, to be roadworthy, *(Fam.)* to be practical, to be valid.

**tenir les comptes,** to keep (the) accounts.

**tenir les prix,** to hold prices down, to keep prices down.

**tenir un article,** to keep/ to stock/ to carry/ to sell an article.

**tenir une date,** to meet a deadline.

**tenir une promesse,** to keep a promise, to keep one's word, to meet a commitment.

**tenir une réunion,** to hold a meeting.

**tentant, e** *adj.* tempting, alluring, appealing, entreating.

**tentative** *n.f.* attempt ; try ; endeavour.

**tenter 1.** *(essayer)* to attempt, to try. **2.** *(attirer)* to tempt, to appeal to, to attract.

**tenue** *n.f.* **1.** dress ; costume ; uniform ; garb ; outfit. **2.** *(comportement)* behaviour ; standard. **3.** *(d'une réunion)* holding. **4.** *Tenue de route,* roadholding. **5.** *Bonne ~ des cours,* firmness, firm tone, buoyancy.

**tenue de fichier,** *(inform.)* file maintenance.

**tenue de livres,** bookkeeping, keeping of accounts.

**tension** *n.f.* **1.** tension, tenseness, strain, stress. ~ *nerveuse,* nervous stress. **2.** *(des prix)* hardness, stiffness, firmness.

**tenure** *n.f.* tenure. ~ *à bail,* leasehold.

**terme** *n.m.* 1. *(Fin.)* end, limit, completion, conclusion, termination. *Mener à* ~, to complete. 2. *(expression)* term, expression, phrase. *Termes,* terms, conditions, wording. ~ *d'un contrat,* terms of a contract. *Aux* ~ *du contrat, aux* ~ *de l'accord,* under the contract, under the agreement. 3. *Être en bons* ~ *avec,* to be on good terms with, on friendly terms with, to get along well with, to be well in with. 4. *(loyer) (période)* quarter, *(somme)* rent, *(jour du* ~*)* quarter day. 5. *(Bourse)* settling day ; *marché à* ~, forward market, *(marchandises)* futures market. *Opérations à* ~, dealings for the account. *Livrable à* ~, for future delivery. 6. *A court* ~, short-range, short-term, in the short run. *A long* ~, long-range, long-term, in the long run. *A moyen* ~, medium-term. 7. *Venir à* ~, *à maturité (pour une traite, etc.)* to fall/come due, to come to maturity. 8. *Payer en plusieurs* ~, to pay in several instalments. 9. *(Pour un retrait, etc.) A court* ~, at short notice.

**terminal** *n.m.* terminal. ~ *point de vente,* ~ *monétique,* point of sale terminal.

**terminer** *v.* to end, to finish, to bring to an end, to a close, to complete, to terminate, *(un discours)* to wind up.

**terminer (se)** *v.* to end, to come to an end, to wind up.

**terminologie** *n.f.* terminology.

**terminus** *n.m.* terminal. ~ *aérien,* air terminal.

**terne** *adj.* dull ; lackluster, *(G.B.)* lack-lustre.

**terrain** *n.m.* 1. land. *Prix du* ~, price, cost of land. ~ *à bâtir,* building land, building site. ~ *et immeubles,* land and buildings. ~ *d'atterrissage,* landing strip. 2. *Sur le* ~, in the field. *Expérience de* ~, field experience ; *(pratique)* hands-on experience. *Homme de* ~, field operator. 3. *(nature du* ~*)* terrain. *Être sur son* ~, to be on familiar ground. *Ne pas être sur son* ~, to be out of one's depth. ~ *d'entente,*

common ground(s). *Gagner du, perdre du* ~, to gain ground, to lose ground.

**terrassement** *n.m.* earthwork, earthmoving. *Matériel de* ~, earthmoving equipment/ machinery.

**terrassier** *n.m.* construction worker, *(G.B.)* navvy.

**terre** *n.f.* earth, land, *(sol)* ground, *(cultivable)* soil. ~ *incultes,* waste land, fallow land.

**terrestre** *adj.* land, ground, terrestrial.

**terril** *n.m.* tip, dump.

**territoire** *n.m.* territory, area. ~*s d'outre-mer,* overseas territories.

**territorial, e** *adj.* territorial. *Eaux* ~*es,* territorial waters. *Revendications* ~, territorial claims.

**terrorisme** *n.m.* terrorism.

**terroriste** *n.m.f.* terrorist.

**tertiaire** *adj.* tertiary. *Le secteur* ~, the tertiary sector.

**test** *n.m.* test. ~ *en aveugle,* blindfold test.

**testament** *n.m.* will, testament.

**testamentaire** *adj.* *Dispositions* ~, provisions of a will. *Exécuteur, (-trice)* ~, executor, executrix.

**testateur, trice** *n.m.f.* testator, testatrix.

**tester** *v.* 1. to test, to submit to a test. *Personne testée,* testee. 2. *(faire son testament)* to make one's will.

**tête** *n.f.* head. ~ *de bétail,* head of cattle *(invariable :* ten head of cattle). *Par* ~, per capita, per head. *Être à la* ~ *de* a) to head, to lead b) *(posséder)* to own, to be in possession of. *En* ~ a) in front, in the front b) *(en avance) être en* ~, to lead, to be in the lead c) *(d'une liste)* first, at the top, top of the list. *Tête-à-tête,* private meeting.

**texte** *n.m.* text. *Traitement de* ~, word-processing. *(Libellé)* wording.

**textile** *n.m.* textile. *Le* ~, the textile industry. ~ *artificiel,* synthetic textile/fibre, *(U.S.)* fiber ; man-made fibre *(U.S.)* fiber.

**textile** *adj.* textile.

**textuel, le** *adj.* textual, word for word, verbatim.

**textuellement** *adv.* textually,

word for word, verbatim.

**thème** *n.m.* theme, topic, subject.

**théoricien, ne** *n.m.f.* theoretician, theorist.

**théorie** *n.f.* theory.

**théorique** *adj.* theoretical.

**théoriquement** *adv.* theoretically.

**thérapeutique** *adj.* therapeutic.

**thérapeutique** *n.f.* therapy.

**thérapie** *n.f.* therapy.

**thermique** *adj.* thermal. *Centrale* ~, thermal power station, thermal power plant.

**thermochimie** *n.f.* thermochemistry.

**thermodynamique** *n.f.* thermodynamics.

**thermoélectricité** *n.f.* thermoelectricity.

**thermoélectrique** *adj.* thermoelectric(al).

**thermomètre** *n.m.* thermometer.

**thermonucléaire** *adj.* thermonuclear.

**thésaurisation** *n.m.* hoarding.

**thésauriser** *v.* to hoard.

**thésauriseur** *n.m.* hoarder.

**thèse** *n.f.* thesis, *pl.* theses.

**ticket** *n.m.* ticket. ~ *modérateur* amount to be paid by the insured person (in the French Social Security System) for medical expenses, deterrent fee. ~ *restaurant,* luncheon voucher, meal voucher, meal ticket.

**tiers** *n.m.* 1. third. *Le Tiers-Monde,* the Third World. ~ *payant,* paying third. 2. *(personne)* third party. *Assurances au* ~, third party insurance. ~ *arbitre,* umpire. ~ *porteur,* holder in due course.

**timbrage** *n.m.* stamping.

**timbre** *n.m.* stamp. *Droit de* ~, stamp duty. ~ *à date,* date-stamp. ~ *amende,* (receipt-) stamp (for payment of a fine). ~ *de la poste,* post-mark. ~ *fiscal,* revenue stamp. ~-*poste,* postage stamp. ~-*prime,* trading stamp. ~-*quittance,* receipt stamp.

**timbrer** *v.* to stamp. *Enveloppe timbrée,* stamped envelope, self-addressed envelope, S.A.E. *Papier timbré,* stamped paper.

**timide** *adj.* shy. *Reprise* ~, slight recovery, faint recovery.

**tirage** *n.m.* 1. drawing. *Droits de* ~ *spéciaux, (D.T.S.),* special drawing rights (S.D.R.'s). ~ *au sort,* drawing (of lots), lottery. *Obligations remboursables par* ~ *au sort,* bonds redeemed by lot. *Par* ~ *annuel,* by annual drawing. 2. *(d'une traite, d'un chèque)* drawing, *(chèque)* making out. 3. *(d'un journal, etc.)* circulation. *(fait de tirer)* printing. ~ *à part,* special reprint. ~ *limité,* limited edition. 4. *(Fam.)* trouble, difficulties, friction.

**tiraillement** *n.m.* friction, dissenssion, quarelling, bickering.

**tirant d'eau** draught. ~ *en lège,* light draught. ~ *en charge,* load draught.

**tiré, e** *n.m.f.* drawee.

**tirelire** *n.f.* piggy-bank.

**tirer** *v.* 1. *(une traite, un chèque)* to draw. ~ *à découvert,* to overdraw one's account. ~ *en blanc,* to draw a blank cheque, to draw in blank. ~ *en l'air,* to fly a kite. ~ *un chèque,* to draw/to make out/to write (out) a cheque. 2. ~ *un bénéfice de...,* to draw, to derive (a profit from). 3. ~ *les prix,* to quote the best possible prices. 4. ~ *au sort,* to draw lots. 5. ~ *en longueur,* to drag on. 6. *(Avoir un tirant d'eau)* to draw, to pull. 8. *(armes à feu)* to shoot, to fire.

**tireur** *n.m.* 1. drawer. 2. *(arme à feu)* shooter, marksman. *Bon* ~, marksman, good shot. *Franc-*~, *tireur embusqué,* sniper.

**tiroir** *n.m.* drawer. ~-*caisse,* till.

**tissage** *n.m.* weaving.

**tisser** *v.* to weave. *Métier à* ~, weaving-loom.

**tisserand** *n.m.* weaver.

**tissu** *n.m.* fabric. ~ *d'ameublement,* furnishing fabric. ~ *social,* social fabric. ~ *urbain,* urban environment.

● **titre** *n.m.* 1. title. 2. *(de propriété, etc.)* deed (of property), title-deed, title to property. 3. *(Bourse)* security, stock, bond. *Avance sur* ~, advance on securities. ~ *au porteur,* bearer security. ~ *d'état,* government stock, government bond. ~ *négociable,* marketable security. ~ *nominatif,* registered security. 4. ~ *de créance,* proof of debt, evidence of debt. **5.** *(qualification)* qualification. **6.** *(fonctions)* capacity. **7.** ~ *de transport,* ticket. **8.** *(journal, etc.)* headline, heading. **9.** *(teneur)* content, grade, (alcoholic) strength. **10.** *A* ~ *de,* as, *(fonction)* in one's capacity of. *A* ~ *gracieux (gratuit),* free of charge.

**titrer** *v.* **1.** to title, *(journal)* to headline. **2.** *(déterminer le titre d'une solution, etc.)* to determine the blend, the strength, *(minerai)* to assay.

**titulaire** *n.m.f.* holder. ~ *d'un compte,* account holder, ~ *d'une police,* policy holder.

**titulaire** *adj.* regular, permanent, titular, incumbent.

**titularisation** *n.f.* confirmation in a post, *(pour un professeur)* tenure. *Obtenir sa* ~, to be granted tenure.

**titulariser** *v.* to appoint formally/permanently, to confirm in a post, *(professeur)* to grant tenure.

**toast** *n.m.* toast. *Porter un toast à,* to pledge.

**toile** *n.f.* **1.** canvas. **2.** *(tableau)* painting.

**tôle** *n.f.* sheet iron, plate. ~ *d'acier,* steel plate. ~ *émaillée,* enamelled (sheet) iron.

**tolérance** *n.f.* limit(s), margin ; *(douanes)* allowance.

**tolérer** *v.* **1.** to bear, to tolerate, to admit. **2.** *(douanes)* to allow.

**tôlerie** *n.f.* sheet-iron works, steel-plate works, rolling mill ; sheet-iron goods, steel plate goods.

**tomber** *v.* to fall, to drop. *La réunion tombe un mardi,* the meeting falls on a Tuesday. *Cela tombe bien,* this is (most) fortunate, this comes at the right time. *Cela tombe mal,* this is unfortunate, this comes at the wrong time. ~ *d'accord,* to agree, to come to an agreement. ~ *sur quelqu'un,* to run into somebody. *Laisser* ~ *quelqu'un,* to let somebody down. ~ *en désuétude* to fall into disuse, *(droit)* to lapse, *(loi)* to fall into abeyance. ~ *en panne,* to break down.

**tonnage** *n.m.* tonnage. ~ *brut,* gross tonnage. ~ *désarmé,* idle tonnage. ~ *de jauge,* register tonnage.

**tonne** *n.f.* ton. ~ *courte,* short ton. ~ *d'arrimage,* measurement ton. ~ *d'encombrement,* measurement ton. ~ *de jauge,* register ton. ~ *forte,* long ton. ~ *métrique,* metric ton.

**tonneau** *n.m.* **1.** cask, barrel. *Petit* ~, keg. **2.** *(mesure)* ton. ~ *d'affrètement,* shipping ton, freight ton. ~ *de jauge,* register ton. ~ *de fret,* freight ton.

**tonnelier** *n.m.* cooper.

**tonnellerie** *n.f.* cooperage.

**tontine** *n.f.* tontine.

**torpeur** *n.f.* sluggishness, torpor.

**tort** *n.m.* wrong, error, fault. ~, wrongly. *Causer du* ~, to harm, to wrong, to cause damage. *Être dans son* ~, to be at fault ; to be in the wrong.

**total** *n.m.* total, sum, whole. *Faire le* ~., to add up, to sum up, to tot up. *Au* ~, on the whole.

**total, e** *adj.* total, complete, entire, whole. *Montant* ~, total amount, sum total, aggregate amount.

**totalement** *adv.* totally, completely.

**totalisateur** *n.m.* adding machine.

**totalisation** *n.f.* summing up, totalization, totalizing, totting up.

**totaliser** *v.* to tot up, to totalize, to add up, to sum up.

**totalitaire** *adj.* totalitarian.

**totalitarisme** *n.m.* totalitarianism.

**totalité** *n.f.* whole. *La* ~ *des,* all the. *En* ~, as a whole, in the aggregate.

**touchable** *adj.* payable, cashable, collectable. ~ *à,* to be paid at.

**toucher** *v.* **1.** *(argent)* to earn, to be paid, to draw, to receive. ~ *la sécurité sociale,* to draw social security. ~ *un chèque,* to cash a cheque. ~ *une traite,* to collect a bill. ~ *un salaire,* to earn, to draw/a wage (wages)/a salary. **2.** *(concerner)* to touch on, to deal with, to concern. **3.** *(atteindre)* to reach.

**tour** *n.m.* **1.** turn. **2.** *(du tourneur)* lathe. **3.** *Je vais vous faire faire le* ~ *de l'usine,* I'll show you round the factory. **4.** *(Élection)*

*Premier* ~, first ballot. *Second* ~, second ballot, *(U.S.)* runoff. *Il a battu le candidat sortant au 2ᵉ* ~, he unseated the incumbent in the runoff.

**tour** *n.f.* **1.** tower ; high-rise (building) ~ *de bureaux,* office tower. **2.** ~ *de forage,* derrick.

**tourisme** *n.m.* tourism, the tourist industry, touring ; sightseeing. *Faire du* ~, to tour ; to go sightseeing, to see the sights. *Agence de* ~, tourist agency, tour operator.

**touriste** *n.m.f.* tourist ; visitor ; sightseer.

**touristique** *adj.* touristic, tourist ; touring, *(pittoresque)* scenic. *Renseignements* ~ *s,* tourist information. *Voyage* ~, pleasure trip, sightseeing trip.

**tournage** *n.m.* *(d'un film)* shooting. ~ *en extérieur,* shooting on location.

**tournant** *n.m.* turn, turning point ; *(route)* bend, curve, turn, turning ; *(date historique)* watershed, landmark, milestone.

**tournant, e** *adj.* rotating. *Présidence* ~, rotating presidency.

**tournée** *n.f.* tour, *(facteur, médecin, etc.)* round, rounds.

**tourner** *v.* to turn. ~ *autour de (concerner),* to deal with, to be centered on, to be focus(s)ed on, to be concerned with. ~ *un film,* to shoot a film.

**tourner vers (se)** to turn to, to call upon the services of.

**tourneur** *n.m.* *(ouvrier)* turner, lathe-operator.

**tournure** *n.f.* turn, course. *Prendre bonne* ~, to improve, to look up, to brighten up, to take a turn for the better. *Prendre mauvaise* ~, to go wrong, to deteriorate, to look worse, to turn sour.

**tout-à-l'égout** *n.m.* sewage system, drainage.

**tout-venant** *n.m.* run-of-the-mill product, ungraded product, ungraded goods.

**toxique** *adj.* toxic, *(gaz)* poison, harmful.

**tracasseries administratives,** administrative harassment, red tape, red-tapism.

**trace** *n.f.* mark, trace.

**tracé** *n.m.* sketching, *(graphique)* plotting, *(route, etc.)* layout.

**tracer** *v.* to draw, to sketch, to outline ; *(route, etc.)* to lay out ; *(itinéraire)* to map out ; *(graphique)* to plot.

**tract** *n.m.* leaflet, handout, broadsheet.

**tractation** *n.f.* negotiation, negotiating, dealings, bargaining ; transaction.

**tracter** *v.* to draw, to pull.

**tracteur** *n.m.* tractor.

**traction** *n.f.* traction, pulling, haulage ; propulsion.

**tradition** *n.f.* tradition, custom.

**traditionalisme** *n.m.* traditionalism, conservatism.

**traditionnel, le** *adj.* traditional, conventional, usual, standard.

**traditionnellement** *adv.* traditionally.

**traducteur, trice** *n.m.f.* translator.

**traduction** *n.f.* translation.

**traduire** *v.* **1.** to translate. **2.** *(en justice)* to sue, to prosecute, to indict. **3.** *(représenter)* to reflect, to represent, to convey, to reveal.

**traduire (se)** *v.* *se* ~ *par,* to result in, to mean, to entail.

**traduisible** *adj.* **1.** translatable. **2.** *(en justice)* liable to be sued, liable to prosecution.

**trafic** *n.m.* **1.** *(transports marchandises)* traffic, service. **2.** *(illicite)* illicit trading, traffic. ~ *d'influence,* influence peddling.

**trafiquant, e** *n.m.f.* trafficker, *(drogue, etc.)* dealer, peddler.

**trafiquer** *v.* **1.** to traffic. **2.** *(Fam. truquer)* to tamper with. ~ *les comptes,* to cook the books.

**train** *n.m.* train. ~ *direct,* through train. ~ *de banlieue,* commuter train. ~ *de marchandises,* goods train, *(U.S.)* freight train. ~ *de voyageurs,* passenger train. *Prendre le* ~ *en marche,* to jump/ to climb/ on the bandwaggon. ~ *de mesures,* package.

**traîneau** *n.m.* sledge.

**traîner** *v.* **1.** *(tirer)* to drag, to draw, to pull. **2.** *(en longueur)* to drag on. **3.** *(être à la traîne)* to lag, to lag behind.

**trait** *n.m.* **1.** *(caractéristique)* feature. **2.** *(de plume, etc.)* stroke, line, mark. **3.** *Avoir* ~ *à,* to concern, to bear on. **4.** *Cheval de* ~, draught/ *(U.S.)* draft/ horse. **5.** ~-*d'union* a) hyphen b) *(personne)* go-between, intermediary.

**traite** *n.f.* **1.** draft, bill of exchange. *Honorer une* ~, to honour, to meet a bill. *Tirer une* ~, to draw a bill. ~ *à courte échéance,* short bill. ~ *à vue,* sight draft, sight bill. ~ *bancaire,* banker's draft. ~ *de cavalerie,* kite. ~ *de complaisance,* accommodation bill. ~ *documentaire,* documentary bill. ~ *sur l'étranger,* foreign bill. ~ *sur l'intérieur,* inland bill. **2.** *(trafic des esclaves)* the slave trade. *La* ~ *des blanches,* white slavery.

**traitement** *n.m.* **1.** *(rémunération)* salary. *Toucher un* ~, to earn/to draw/a salary. ~ *de base,* basic salary. ~ *de début,* initial/starting/commencing salary. **2.** *(façon de traiter)* treatment. ~ *de la nation la plus favorisée,* most favoured nation treatment. **3.** *(de l'information, d'un matériau)* processing. ~ *des données,* data processing. ~ *par lots,* batch processing. *Voir aussi* **texte**.

**traité** *n.m.* **1.** treaty, agreement, compact. *Aux termes du* ~, under the treaty. **2.** *(ouvrage)* treatise.

**traiter** *v.* **1.** to treat. **2.** ~ *des affaires,* to transact business, to do business, to deal (with someone). **3.** *(négocier)* to deal, to negotiate (with someone). **3.** *(un matériau, de l'information)* to process. **4.** ~ *de quelque chose,* to deal with something.

**traiter (se)** *v.* to be negotiated ; *(valeurs boursières)* to be dealt in, to be exchanged, to sell.

**traiteur** *n.m.* caterer.

**trajet** *n.m.* journey, drive, ride, flight, etc. *Faire un* ~, to travel, to journey. *Accident de* ~, accident on the way to or from work.

**tram, tramway** *n.m.* tram, tram car, *(U.S.)* streetcar.

**tranche** *n.f.* slice, portion, block, group, section. ~ *d'âge,* age bracket. ~ *de paiement,* instalment. ~ *de revenu,* income bracket. ~ *d'imposition,* tax bracket. ~ *horaire,* time slot.

**trancher** *v.* to make a decision,

to settle ; to have the final say.

**tranquillité** *n.f.* quietness.

**transaction** *n.f.* **1.** transaction, operation, deal. *(Bourse)* volume *des* ~ *s,* turnover, trading. **2.** *(compromis)* compromise, arrangement, composition, settlement.

**transactionnel, le** *adj.* transactional, compromise.

**transatlantique** *adj.* transatlantic.

**transbordement** *n.m.* tran(s)shipment, tran(s)shipping ; *(rail)* transfer ; *(d'une rive à l'autre)* ferrying.

**transborder** *v.* to tran(s)ship, *(rail)* to transfer, *(d'une rive à l'autre)* to ferry.

**transbordeur** *n.m.* bac ~, transporter ferry. *Pont* ~, transporter bridge.

**transcription** *n.f.* transcription, *(Jur.)* registration, recording, *(Compta.)* posting, transfer.

**transcrire** *v.* to transcribe, *(Compta.)* to post, to transfer.

**transférer** *v.* to transfer, to move. *Notre usine a été transférée à,* our plant has been moved to/relocated to ; *(une personne à un poste)* to assign ; to reassign ; to transfer ; *(par sanction)* to remove ; *(Jur. des biens)* to assign, to convey, to make over to someone.

**transfert** *n.m.* **1.** transfer, transport. *Pendant le* ~, in transit. ~ *de fonds,* transfer of funds, money transfer. ~ *électronique de fonds,* electronic funds transfer. **2.** *(de ses biens, de ses droits)* transfer ; *(de droits)* assignment ; *(d'une propriété)* conveyance. *Acte de* ~, transfer deed. ~ *de propriété,* transfer of ownership, conveyance of title. ~ *s sociaux,* welfare payments, transfer payments, social payments. ~ *technologique,* technological transfer.

**transformable** *adj.* transformable, convertible.

**transformateur, trice** *n.m.f.* transformer, converter.

**transformation** *n.f.* transformation, change, alteration. *Industries de* ~, processing industries, manufacturing industries.

**transformer** *v.* to transform, to turn, to change, to convert, to alter, to modify, to redesign, to revamp.

**transgresser** *v.* to infringe, to break (the law), to trespass, to violate (the law).

**transgression** *n.f.* infringement, infringing, violation, trespassing.

**transhumance** *n.f.* transhumance.

**transhumer** *v.* to move to (or from) mountain pastures.

**transiger** *v.* to come to terms, to compromise.

**transit** *n.m.* transit. *En ~,* in transit ; *(rail) Trafic de ~,* through traffic ; *voyageurs en ~,* transit passengers, *(air)* stopovers.

**transitaire** *n.m.* forwarding agent, freight agent, freight forwarder, transport agent, transit agent.

**transiter** *v.* to be in transit. *~ par,* to transit through, to go through, to pass through.

**transition** *n.f.* transition.

**transitoire** *adj.* transitory, temporary ; transient.

**transmetteur** *n.m.* transmitter.

**transmettre** *v.* **1.** to transmit, to pass on, to send, to convey. **2.** *(radio, etc.)* to broadcast. **3.** *(Jur.)* to transfer, to assign, to convey. **4.** *(ses pouvoirs)* to hand over.

**transmissibilité** *n.f.* transmissibility, transferability.

**transmissible** *adj.* transmissible, transmittable, transferable.

**transmission** *n.f.* **1.** transmission, transmitting. **2.** *(d'un programme radio, T.V.)* broadcasting, broadcast. **3.** *(Jur.)* transfer, assignment, conveyance. **4.** *(des pouvoirs)* handing over, transfer (of power).

**transocéanique** *adj.* transoceanic, transocean.

**transparent** *n.m.* transparency ; slide.

**transplantable** *adj.* transplantable.

**transplantation** *n.f.* transplantation, transplanting.

**transplanter** *v.* to transplant.

**transport** *n.m.* carriage, transport, *(U.S.)* transportation. *Entrepreneur de ~,* haulage contractor. *Moyen(s) de ~,* means of transport, means of conveyance. *~ à longue distance,* long distance

traffic, *(U.S.)* long hauls. *~ à petite distance,* short distance traffic, local traffic, *(U.S.)* short hauls. *~ fluvial,* inland navigation, river traffic. *~ maritime,* sea transport, shipping. *~ (s) public(s),* public transport(ation). *~ routier,* road transport, road haulage, *(U.S.)* trucking. **2.** *(Jur. transfert)* transfer, cession, conveyance. *~ sur les lieux, (Ass.)* visit to the scene.

**transportable** *adj.* transportable.

**transporter** *v.* **1.** to transport, to carry, to convey, *(U.S.)* to move. **2.** *(Jur.)* to transfer, to convey, to assign.

**transporteur** *n.m.* **1.** carrier ; haulage contractor. *~ public,* common carrier. *~ routier,* road haulage contractor. **2.** *(ruban roulant)* conveyor. *~ à bande,* belt conveyor.

**transposable** *adj.* transposable.

**transposer** *v.* to transpose.

**travail** *n.m.* **1.** work. *Accident du ~,* industrial injury, accident on-the-job. *Arrêt de ~,* a) stoppage of work. b) sick leave, day(s) off. *Division du ~,* division of labour. *Poste de ~,* work station. **2.** *(emploi)* job, occupation, employment. *Sans ~,* workless, jobless, unemployed. *Chercher du ~,* to look for a job. *Perdre son ~,* to lose one's job. **3.** *(monde du ~, etc.)* labour, *(U.S.)* labor. *Bourse du ~,* Labour Exchange. *Conflit du ~,* labour dispute. *~ à domicile,* homework, outwork. *~ à façon,* work made to order, work made to custom, jobbing. *~ à la chaîne,* assembly line work. *~ à la pièce, aux pièces,* piece-work, job-work. *~ à mi-temps,* part-time work/job. *~ au noir,* moonlighting. *~ de bureau,* office work, clerical work. *~ d'équipe,* team work. *~ en équipes, par équipe,* shift work. *~ manuel,* manual work. *~ posté,* work on the assembly line.

**travailler** *v.* **1.** to work. **2.** *(argent)* to produce interest. *Faire ~ son argent,* to put one's money out at interest.

**travailleur, euse** *n.m.f.* worker. *~ agricole,* farm-hand, labourer. *~ indépendant,* self-employed (person).

**travailleur, euse** *adj.* hard-working.

**travaillisme** *n.m.* labour.

**travailliste** *n.m.f.* member of the Labour Party, Labour Party member, labourite.

**travailliste** *adj.* labour, labourite. *Député* ~, labour M.P. (Member of Parliament). *Le Parti Travailliste,* the Labour Party.

**travaux publics** *n.m.pl.* public works.

**traversée** *n.f.* crossing.

**traverser** *v.* to cross, to cross over.

**treize à la douzaine** *loc.* a baker's dozen, a long dozen, thirteen as twelve, thirteen for the price of twelve.

**treizième mois** *loc. masc.* (Christmas) bonus.

**tremblement de terre** *loc. masc.* earthquake.

**tremplin** *n.m.* springboard ; *(figuré)* stepping stone, launching pad.

**trésor** *n.m.* 1. treasure. 2. *(~ Public, etc.)* Treasury. *Bons du* ~, Treasury bills, Treasury bonds.

• **trésorerie** *n.f.* 1. treasury. 2. *(liquidités)* cash, liquidities, funds. *Gestion de* ~, cash management. *Prévisions de* ~, cash forecast(s). *Problèmes de* ~, cash-flow problems.

**trésorier, ère** *n.m.f.* treasurer, paymaster.

**treuil** *n.m.* winch, windlass ; *(exploitation, minière, etc.)* hoist.

**trêve** *n.f.* truce. *Sans* ~, unceasingly.

**tri** *n.m.* sorting (out). ~ *manuel,* handpicking. ~ *postal,* mail sorting, sorting of the mail. *Faire le* ~ *(un* ~*)* to sort (out).

**triage** *n.m.* sorting ; *(pour classer selon la qualité)* grading. *Gare de* ~, marshalling yard.

**tribal, e** *adj.* tribal.

**tribord,** starboard.

**tribu** *n.f.* tribe.

**tribunal** *n.m.* 1. court, court of justice, law court. 2. *(d'enquête)* tribunal, court (of inquiry). ~ *civil,* civil court. ~ *criminel,* criminal court. ~ *de commerce,* commercial court. ~ *de grande instan-*ce, county court, higher civil court. ~ *d'instance,* court of summary jurisdiction, police court. ~ *pour enfants,* juvenile court.

**tribune** *n.f.* tribune, platform, rostrum. *Monter à la* ~, to take the floor.

**tribut** *n.m.* tribute ; *(sens large)* contribution. *Prélever un* ~, to levy (a tax, etc.) ; *(récompense)* reward. *(Fig.)* toll.

**tributaire** *adj.* dependent upon.

**tricher** *v.* to cheat. ~ *en rendant la monnaie,* to shortchange. ~ *sur le poids,* to give short weight.

**tricherie** *n.f.* cheating.

**tricheur, euse** *n.m.f.* cheat.

**tricot** *n.m.* knitting ; *(articles)* knitwear.

**tricotage** *n.m.* knitting.

**tricoter** *v.* to knit. *Machine à tricoter,* knitting machine.

**tricoteuse** *n.f.* 1. knitter. 2. knitting machine.

**triennal, e** *adj.* triennial ; lasting three years, recurring every third year. *Assolement* ~, three-year crop rotation. *Fonction* ~, three-year turn.

**trier** *v.* to sort, to sort out ; *(des wagons)* to marshal. *Trié sur le volet,* handpicked.

**trillion** *n.m.* *(G.B.)* billion, *(U.S.)* trillion.

**trimestre** *n.m.* quarter ; *(scolaire, universitaire)* term.

**trimestriel, le** *adj.* quarterly. *Revue* ~ *le,* quarterly review ; *(école, université)* term. *Bulletin* ~, end-of-term school report, report card.

**trimestriellement** *adv.* quarterly, every term, once a term, every three months.

**triomphe** *n.m.* triumph.

**tripartisme** *n.m.* three-party system.

**tripartite** *adj.* tripartite, three-party.

**triple** *adj.* triple, treble, threefold.

**tripler** *v.* to treble, to triple, to increase threefold, to be three times as large.

**tripotage** *n.m.* tampering (with something) ; *(U.S.)* fixing ; *(des comptes)* cooking the books, cooking of accounts. ~ *électoral,* election-rigging ; *(en remodelant les* *circonscriptions)* gerrymandering.

**tripoter** *v.* *(les comptes)* to cook the books.

**trisannuel, le** *adj.* **1.** lasting three years, triennal. **2.** occurring every third year.

**troc** *n.m.* barter ; swap, swop ; truck, exchange in kind ; counter-trade.

**trois étoiles** three-star.

**trois-huit** three-shift system. *Faire les ~,* to operate the 3-shift system ; to work round the clock in eight-hour shifts.

**troisième âge,** senior citizens, *(G.B.)* elderly people, the elderly.

**trolleybus** *n.m.* trolleybus.

**trombone** *n.m.* (paper) clip.

**tromboner** *v.* to clip.

**tromper** *v.* to deceive, to mislead, to cheat.

**tromper (se)** *v.* to be wrong, to be mistaken.

**tromperie** *n.f.* deception, fraud, cheating.

**trompeur, euse** *adj.* misleading, deceptive. *Publicité trompeuse,* misleading/deceptive advertising.

**tronc** *n.m.* trunk ; *~ commun (cours),* core courses.

**tronçon** *n.m.* *(chemin de fer, etc.)* section.

**tronçonner** *v.* to cut into sections, to divide.

**tronquer** *v.* to curtail.

**tropical, e** *adj.* tropical.

**trop-perçu** *n.m.* overcharge.

**trop-plein** *n.m.* overflow.

**troquer** *v.* to barter, to exchange, to swap, to swop.

**trouble(s)** *n.m.* confusion, disorder, disturbance, agitation. *~ de jouissance,* disturbance of possession. *~ sociaux,* social unrest, labour unrest.

**trouée** *n.f.* *faire une ~,* to make one's mark, to make inroads (into a market, etc.), to make a breakthrough.

**troupeau** *n.m.* herd ; *(moutons)* flock.

**truc** *n.m.* trick, knack ; gimmick.

**trucage** *n.m.* **1.** tampering (with something), faking, cheating, *(U.S.)* fixing. *~ des comptes,* cooking of accounts, cooking the books. *~ électoral,* a) election rigging. b) *(par modification des circonscriptions)* gerrymandering. **2.** *(cinéma)* special effect.

**truquage** *n.m.* *voir* **trucage.**

**truquer** *v.* to fake, to tamper (with something) ; to fix, to manipulate ; *(comptes)* to cook (the books) ; *(élections)* to rig.

**trust** *n.m.* trust. *Lois anti-~,* anti-trust laws.

**truster** *v.* to monopolize.

**tubercule** *n.m.* tuber.

**tuile** *n.f.* **1.** tile. **2.** *(Fam.)* bad luck, bad news, snag.

**tuilerie** *n.f.* tile works.

**tunnel** *n.m.* tunnel. *~ sous la Manche,* Channel tunnel, chunnel.

**turbine** *n.f.* turbine.

**turboréacteur** *n.m.* turbojet.

**tutelle** *n.f.* tutelage, guardianship ; *ministère de ~,* supervisory ministry ; *(politique, territoire sous ~, etc.)* trusteeship. *Territoire sous ~,* trust territory ; *(sens large : protection)* protection ; *(sens large : dépendance)* dependence.

**tuteur** *n.m.* guardian.

**type** *n.m.* type, model, pattern, standard model, sample piece. *Ecart-type,* standard deviation.

**typique** *adj.* typical, representative.

**typiquement** *adv.* typically.

**typographe** *n.m.* typographer, printer.

**typographie** *n.f.* typography.

**typographique** *adj.* typographic(al). *Erreur ~,* misprint, printing error.

**typographiquement** *adv.* typographically.

**typologie** *n.f.* typology.

**tyrannie** *n.f.* tyranny.

**tyrannique** *adj.* tyrannical.

# U

**ultérieur, e** *adj.* *(date)* later ; *(réunion, etc.)* subsequent. *(Ordre)* further.

**ultérieurement** *adv.* later on ; subsequently. *Marchandises livra-* bles *~,* goods for future delivery.

**ultimatum** *n.m.* ultimatum.

**ultime** *adj.* final, last, ultimate.

**ultra** *n.m.* *(péj.)* ultra ; *(pol.)* extremist, ultra, hard-liner, diehard.

**ultramoderne** *adj.* ultramodern.

**ultra-rapide** *adj.* high-speed, ultra- fast, split-second.

**ultrasensible** *adj.* supersensitive, ultra-sensitive.

**ultra-son, ultrason** *n.m.* ultrasound, suprasound.

**ultraviolet** *adj.* ultraviolet.

**unanime** *adj.* unanimous.

**unanimité** *n.f.* unanimity. *A l'~*, unanimously, with one consent.

**uni, e** *adj.* **1.** united. *Royaume-Uni*, United Kingdom. *Les États-Unis*, the United States. **2.** *(terrain)* even, level, smooth. **3.** *(couleur)* plain.

**unicité** *n.f.* uniqueness, singleness.

**unidirectionnel, le** *adj.* one-way, unidirectional.

**unième** *adj.* first.

**unification** *n.f.* consolidation ; standardization, unification.

**unifié, e** *adj.* unified, standard.

**unifier** *v.* to unify ; to standardize.

**uniforme** *n.m.* uniform.

• **uniforme** *adj.* even, regular, uniform. *Tarif ~*, flat rate. *Allure uniforme*, even, unvarying pace. *Vitesse ~*, uniform velocity.

**uniformément** *adv.* consistently, uniformly, evenly.

**uniformiser** *v.* to standardize ; to make uniform.

**uniformité** *n.f.* uniformity.

**unilatéral, e** *adj.* unilateral, one-sided. *Décision ~ e*, unilateral decision. *Stationnement ~*, parking on one side only.

**uninominal, e** *adj.* *(scrutin),* uninominal (ballot).

**union** *n.f.* **1.** coalition, combination. **2.** association. *~ douanière*, customs union. *~ monétaire*, monetary union. *Union patronale*, management association/ union. **3.** unity, agreement. *L'~ fait la force*, unity is strength. *Contrat d'~*, agreement to take concerted action. **4.** *(mariage)* union. *~ libre*, cohabitation.

**unipersonnelle (entreprise),** legal type of business extending the benefit of SARL status (limited

liability) to sole owners.

**uniprix** *n.m. (magasin ~ )* one-price store.

**unique** *adj.* **1.** only, single, sole. *Cas ~*, only example, single case. *Associé ~*, sole partner. *Fils ~*, only son. *Magasin à prix ~*, one-price store. *Prime ~*, single premium. *(Rue) Sens ~*, one-way street. *Voie ~*, single line traffic. *(Pol.) front uni*, united front. **2.** unique, unrivalled. *Il est ~*, he is priceless.

**unir** *v.* **1.** to combine, to join, to unite. **2.** *(liaison)* to link ; to connect.

**unir (s')** *v.* to unite ; to combine ; to join forces.

**unisexe** *adj.* unisex.

**unitaire** *adj.* **1.** unit, unitarian, unitary. *Prix ~*, unit price. **2.** *(rassemblement, attitude)* joint, common, united, unified.

**unité** *n.f.* **1.** unit. *Prix de l'~*, price per unit. *(Bourse) actions émises en unité*, shares issued in ones. **2.** *(Indus.)* unit ; plant ; department. **3.** *(mesure, valeur)* unit. **4.** *(de la marine)* ship, craft. **5.** *(fait d'être uni)* unity.

**unité d'affichage,** display unit.

**unité centrale,** *(Inform.)* central processing unit.

**unité combattante,** fighting unit, combat unit *(U.S.).*

**unité de compte,** unit of account.

**unité mobile** *n. (T.V.)* mobile unit.

**unité monétaire,** monetary unit.

**unité pilote,** pilot plant.

**unité de production,** unit of production, production unit.

**unité de sondage** *n.* sampling unit.

**univalent, e** *adj.* monovalent, univalent.

**univers** *n.m.* universe ; field.

**universalisation** *n.f.* universalization.

**universaliser** *v.* to universalize, to make universal.

**universalité** *n.f.* universality.

**universel, le** *adj.* universal ; world-wide ; all-purpose. *Légataire ~*, residuary legatee.

**universitaire** *adj.* university. *Diplôme ~*, university degree.

*Diplômé* ~, university graduate. *Dossier* ~, academic record (of student). *Éducation/ études/* ~ *(s)*, university education/ studies.

**universitaire** *n.m.* academic ; member of the teaching profession ; member of the faculty.

**université** *n.f.* **1.** university. *Conseil d'*~, university board. *Diplôme d'*~, university degree. **2.** the teaching profession, the academics.

**univoque** *adj.* univocal ; unequivocal.

**untel** *adj.* *(Monsieur)* ~, (Mr.) So-and-So.

**uranium** *n.m.* uranium. ~ *enrichi,* enriched uranium.

**urbain, e** *adj.* **1.** urban. *Architecture* ~ *e,* town planning. *(Téléphone) appel* ~, exchange call. *Communication* ~ *e,* local call. *Zone* ~ *e,* built-up area. **2.** *(comportement)* urbane, polite.

**urbanisation** *n.f.* urbanization.

**urbaniser** *v.* to urbanize. *Zone urbanisée,* residential area.

**urbanisme** *n.m.* town planning.

**urbaniste** *n.m.* town planner.

**urgence** *n.f.* **1.** urgency. *D'*~, urgently. **2.** *(crise)* emergency. *En cas d'*~, in case of emergency. *Trousse d'*~, first-aid kit. *Réparation d'*~, emergency repairs. *Mesures d'*~, emergency measures. *Convoquer d'*~ *les actionnaires,* to call an extraordinary meeting of the shareholders. *Transporter quelqu'un d'*~ *à l'hôpital,* to rush s.o. to hospital.

**urgent, e** *adj.* urgent, pressing. *Commande* ~ *e,* rush order. *(PTT) urgent,* "for immediate delivery".

**urne** *n.f.* **1.** urn. **2.** ~ *de scrutin,* ballot box. *Aller aux* ~ *s,* to go to the polls.

**us** *n.m.* les ~ *et coutumes,* the ways and customs.

**usage** *n.m.* **1.** *(pratique, coutume)* custom, practice, usage, use. *D'*~, usual, customary. *Selon l'*~, according to custom. *Avoir l'*~ *de quelque chose,* to be experienced in, used to, something. ~ *s locaux,* local customs. *Références d'*~, usual / customary references. **2.** *(utilisation)* employment, use, using. *Biens d'*~, durables. *Faire bon* ~, to make good use of.

*Garanti à l'*~, guaranteed to wear well. *Hors d'*~, out of service ; out of repair. *Local à* ~ *de bureaux,* office space. *Locaux à* ~ *commercial,* commercial / business premises. *A* ~ *multiple,* multipurpose. **3.** *(jur.) droit d'*~, customary right. *Avoir l'*~ *de (biens),* to have the right to use, the use of.

**usagé, e** *adj.* worn (out) ; used ; *(d'occasion)* second-hand.

**usager** *n.m.* user. *Les* ~ *s de la route,* road users.

**usager** *adj.* *(douanes) effets* ~ *s,* personal effects.

**usant** *adj.* **1.** *(fatiguant)* wearing. **2.** *(Jur.)* ~ *et jouissant de ses droits,* acting in one's own right.

**usance** *n.f.* *(Com.)* usance. *A* ~ *de soixante jours,* at sixty days' usance.

**usé, e** *adj.* worn ; worn out.

**user** *v.* **1.** *(faire usage)* to use, to make use of something. ~ *de son droit,* to exercise one's right. ~ *de son influence,* to use one's influence, to exert one's influence. **2.** *(consommer)* ~ *ses provisions,* to use up one's provisions. ~ *ses vêtements,* to wear out one's clothes. *S'*~ *à la tâche,* to wear oneself out on the job.

**usinage** *n.m.* tooling.

**usine** *n.f.* factory, plant, mill, works. *Directeur d'*~, factory manager, plant manager. *Ouvrier d'*~, blue-collar (worker), factory worker. *Prix sortie d'*~, price ex-works. ~ *clés-en-main,* turnkey project/ plant / factory. ~ *pilote,* pilot plant.

*Remarque* ♦ *Les Américains utilisent le plus souvent* "plant", *que les Britanniques réservent aux industries modernes :* ~ *automobile,* *(G.B.)* car factory, *(U.S.)* automobile plant ; ~ *atomique (G.B. et U.S.)* nuclear plant. Mill *s'emploie pour les usines où la force motrice* — *au moins à l'origine* — *était l'air ou l'eau* (cotton mill, sawmill, scierie ; paper-mill). Works *s'emploie pour l'industrie lourde en général.* (An iron and steel works.)

**usine-center** *n.m.* factory outlet.

**usiner** *v.* to tool, to machine.

**usité, e** *adj.* current, in use, used.

**ustensile** *n.m.* tool, utensil, implement. ~ *de ménage,* household utensil.

**usuel, le** *adj.* common, customary, habituary, ordinary, usual. *(Livres) un* ~, a reference book.

**usufruit** *n.m.* usufruct.

**usufruitier, ère** *adj.* usufructuary.

**usufruitier** *n.m.* beneficial occupant ; tenant for life.

**usuraire** *adj.* exorbitant, usurious, extortionate. *Prêt à des taux* ~*s,* lending/ loan/ at extortionate rates, *(U.S.)* loan-sharking.

**usure** *n.f.* 1. *(d'une machine, etc.)* wear. *Résister à l'* ~, to stand wear and tear, to wear well. ~ *normale,* fair wear and tear. 2. *(des effectifs, etc.)* attrition. *Guerre d'* ~, war of attrition. 3. ~ *technologique,* obsolescence. 4. *(prêt avec intérêt)* usury, charging of illegal rates of interest, exorbitant/ extortionate/ interest, *(U.S.)* loan-sharking.

**usurier** *n.m.* moneylender ; usurer ; *(U.S.)* loan-shark.

**usurpation** *n.f.* usurpation, unauthorized assumption. ~ *d'état civil/ d'identité,* impersonation.

**usurper** *v.* to usurp ; to encroach on someone's rights. ~ *une personnalité,* to impersonate.

**utile** *adj.* useful. *Charge* ~, useful load, carrying capacity, payload. *En temps* ~, duly, in (due) time. *Prendre toutes les dispositions* ~*s,* to make all (the) necessary arrangements, to take all (the) necessary steps. *Se rendre* ~, to make oneself useful.

**utilisable** *adj.* available, usable, fit for use, utilizable.

**utilisateur** *n.m.* user, utilizer. ~ *final,* end user.

**utilisation** *n.f.* utilization, using. ~ *en commun,* joint use. *Frais d'* ~, running costs. *Mode d'* ~, directions for use, instructions for use.

**utiliser** *v.* to use, to make use of, to utilize ; *(une occasion)* to take advantage.

**utilitaire** *adj.* utilitarian. *Véhicules* ~*s,* commercial vehicles. *(info.) programme* ~, utility program(me).

**utilitarisme** *n.m.* utilitarianism.

**utilité** *n.f.* 1. use, utility, usefulness ; service ; (useful) purpose. *D'* ~ *publique,* in the public interest ; public-interest. *Pour cause d'* ~ *publique,* for public purpose. 2. *Jouer les* ~*s,* to play a minor role, to play second fiddle.

**utopie** *n.f.* utopia. *C'est de l'* ~, it's wishful thinking, it's unrealistic.

**utopique** *adj.* utopian, utopist ; unrealistic.

# V

**vacance** *n.f.* 1. *(de poste)* vacancy, vacant position, vacant post. 2. holiday, vacation.

**vacances** *n.f.pl.* holidays, *(U.S.)* vacations. ~ *parlementaires,* recess.

**vacancier, -ère** *n.m.f.* holidaymaker, *(U.S.)* vacationist.

**vacant, e** *adj.* vacant, unfilled, unoccupied ; *(Jur.) succession* ~ *e,* estate in abeyance, estate unclaimed.

**vacation** *n.f.* 1. service paid on a time / an hourly / basis. 2. *(paiement)* fee.

**vagabondage** *n.m.* vagrancy.

**vague** *n.f.* wave, tide, spate. ~ *de grèves,* rash of strikes.

**vainqueur** *n.m.* winner. ~ *d'un concours,* contest winner.

**vaisseau** *n.m.* vessel, ship. ~ *à vapeur,* steamship, steamer. ~ *de haute mer,* ocean-going vessel. ~ *marchand,* merchant vessel, merchantman. ~ *spatial,* spacecraft.

**valable** *adj.* valid, available, good.

**valeur** *n.f.* 1. value, worth. *(Équivalent)* equivalent ; *(montant)* amount ; *(prix)* price, cost ; *(douanes) Droit sur la* ~, ad valorem duty. *Mise en* ~, development, *(ressources naturelles)* harnessing ; *(terrain)* reclaiming. *Objets de* ~, valuables. *Sans* ~, valueless, of no value. ~ *ajoutée,* value added. *Taxe sur la* ~ *ajoutée (T.V.A.),* value added tax (V.A.T.). *(Ass.)* ~ *déclarée,* value insured, value declared. ~ *à l'échéance,* cash at maturity. ~ *à l'encaissement,*

value for collection. ~ *comptable,* book value. ~ *d'entrée,* original cost. ~ *d'inventaire,* accounting value. ~ *de liquidation d'un actif,* asset back-up. *(Ass.)* ~ *de rachat,* surrender value. ~ *en compte,* value in account. ~ *en douanes,* customs value. ~ *nominale,* nominal value, face value. ~ *reçue,* value received, "for value received". ~ *résiduelle,* net worth. **2.** *(Bourse, etc.)* security. ~*s mobilières,* securities, stocks and shares, *(U.S.)* stocks and bonds. ~ *au porteur,* bearer security. ~ *nominative,* registered security. ~*s de père de famille, sûres, de tout repos,* gilt-edged securities, gilts. ~*s vedettes,* leaders, blue chips, glamor stocks. **3.** *(comptab.)* asset.
**valeur actuelle,** current value.
**valeur historique,** original cost.
**valide** *adj.* **1.** *(contrat, etc.)* valid ; *(billet)* valid, available. **2.** *(homme)* able-bodied.
**validation** *n.f.* validation.
**valider** *v.* to validate ; *(document)* to authenticate.
**validité** *n.f.* *(contrat)* validity ; *(billet)* validity, availability.
**valise** *n.f.* case, suitcase. ~ *diplomatique,* (embassy) dispatch-bag, dispatch-box, pouch.
**valoir** *v.* **1.** to be worth ; *(prix)* to cost, to amount to, to fetch. *A* ~, on account. *Un à-~,* a sum on account. *A* ~ *sur,* on account of. *Cela n'en vaut pas la peine,* it's not worth it, it's not worth the trouble. **2.** *(mériter)* to deserve, to merit, to be worth. **3.** *(faire obtenir)* to win, to gain, to obtain. ~ *ses droits à la retraite,* to retire, to be eligible for retirement. **4.** *(de l'argent)* to invest.
**valoir (faire)** *v.* **1.** *(terre, etc.)* to develop, to farm. **2.** *(argument)* to point out, to emphasize. **3.** *(ses droits)* to claim one's rights, to assert one's rights, to vindicate one's rights. ~ *ses droits à la retraite,* to retire, to be eligible for retirement. **4.** *(de l'argent)* to invest.
**valorisation** *n.f.* appreciation ; *(chèque)* valuing ; *(d'un comportement)* valuing, high regard (for).
**valoriser** *v.* to valorize, to raise the price (of) ; *(chèque)* to value ; *(un comportement)* to value, to rate highly, to regard highly.

**valoriser (se)** *v.* **1.** to appreciate. **2.** *(personne)* to try and show one's importance, to show off.
**valse des étiquettes** *loc. f.* uncontrolled price increase, constant changes in price-tags.
**vandalisme** *n.m.* vandalism.
**vanter** *v.* to praise, to extol. ~ *ses marchandises,* to hawk one's wares.
**vapeur** *n.f.* **1.** steam. *Machine à* ~, steam-engine. *Bateau, navire à* ~, steamship, steamer. **2.** *(navire)* steamship, steamer.
**vaquer** *v.* **1.** to be vacant. **2.** *(assemblée, tribunal)* to be in recess, not to be sitting. **3.** *Vaquer à,* to attend to, to see to.
**variabilité** *n.f.* variability, variableness, changeableness.
**variable** *adj.* variable, changeable, unsteady, unsettled.
**variation** *n.f.* variation, change, fluctuation. ~*s saisonnières,* seasonal swings. *Corrigé des* ~*s saisonnières,* seasonally adjusted.
**varier** *v.* to vary, to change, to fluctuate, to differ. *Le gouvernement n'a pas varié (dans sa position),* the government has not changed its stand.
**varié, e** *adj.* varied, varying, miscellaneous, sundry.
**variété** *n.f.* variety. *Une grande* ~ *d'échantillons,* a wide range of samples. *Spectacle de* ~, variety show. ~ *(s) (monde du spectacle)* entertainment, show-business.
**vaste** *adj.* vast, wide, broad, extensive, comprehensive. ~*s réformes,* far-reaching reforms.
**va-tout** *n.m. Jouer son* ~, to stake one's all.
**vau-l'eau (à)** *loc. adv. aller à* ~, to go to the dogs, to go down the drain.
**vecteur** *n.m.* vector.
**vécu** *n.m.* actual experience, personal experience.
**vedette** *n.f.* **1.** *(cinéma, etc.)* star. *Être la* ~, to star, to be starring. **2.** *(sujet)* mettre en ~, to highlight, to focus on, to emphasize. *Être mis en* ~, to be emphasized, to be in the limelight ; *(presse)* to hit the headlines. *Voler la* ~, to steal the show. **3.** *(actions vedettes)* leading shares, blue chips.

**végétarianisme** *n.m.* vegetarianism.

**végétarien, -ne** *adj.* vegetarian.

**végétation** *n.f.* vegetation, growth.

**végéter** *v.* to vegetate.

**véhicule** *n.m.* vehicle.

**véhiculer** *v.* **1.** to carry, to transport ; *(U.S.)* to haul, to cart. **2.** *(idées, etc.)* to convey, to transmit, to disseminate.

**veille** *n.f.* the eve, the day before, the preceding day, the previous day. *A la ~ de,* on the eve of.

**veiller à** *v.* **1.** to see to, to look after, to take care of. **2.** *(ne pas oublier de)* not to forget to, to make sure of/ that.

**veilleur** *n.m.* watcher, warden. *~ de nuit,* nightwatchman.

**veilleuse** *n.f.* *Mettre en ~,* to reduce, to give up temporarily ; *(projet)* to shelve. *(= atténuer)* to downplay, to softpedal.

**vélo** *n.m.* bicycle, bike. *Aller à/ faire du ~,* to cycle, to ride a bicycle.

**velours** *n.m.* velvet. *~ côtelé,* corduroy.

**vénal, e** *adj.* **1.** marketable, saleable, purchasable. *Valeur ~e,* market value. **2.** corrupt, corruptible, mercenary, venal.

**vénalité** *n.f.* venality.

**venant** *(voir* venir) *Tout-~,* ungraded product.

**vendable** *adj.* saleable, salable, marketable.

**vendange(s)** *n.f.* (vine)-harvest, (wine)-harvest, grape-harvesting.

**vendanger** *v.* to harvest (grapes), to gather (the grapes), to vintage.

**vendeur** *n.m.* **1.** *(personne qui vend)* seller ; marketer. *(Jur.)* vendor. **2.** *(de magasin, etc.)* shop-assistant, *(U.S.)* salesman, clerk, salesclerk. **3.** *(personne qui a le sens de la vente)* salesman. **4.** *(colporteur)* pedlar, hawker, peddler.

**vendeur, -euse** *adj.* *(argument, etc. qui fait vendre)* selling, sales.

**vendeuse** *n.f.* shop-assistant, shop-girl, salesgirl, saleslady.

**vendre** *v.* to sell. *Art de ~,* salesmanship. *A ~,* for sale. *A à crédit,* to sell on credit. *~ à découvert,* to sell short. *~ à domicile,* to sell door-to-door. *~ à perte,* to sell at a loss. *~ à terme* **1.** to sell on credit. **2.** *(Bourse de valeurs)* to sell for the account. **3.** *(Bourse de marchandises)* to sell for future delivery, to sell futures. *~ au comptant,* to sell for cash. *~ au détail,* to sell (by) retail, to retail. *~ directement du producteur au consommateur,* to sell direct from producer to consumer. *~ en gros,* to sell wholesale. *~ par correspondance,* to sell by mail-order, by post, by correspondence, by catalogue.

**vendre (se)** *v.* **1.** to sell ; *(Fam.)* *~ comme des petits pains,* to sell like hot cakes. **2.** to fetch a price, to command a price.

**venir** *v.* **1.** to come. *Faire ~,* to send for, to fetch, to call in, to summon. **2.** *~ de (provenir de)* to come from, to result from, to stem from. **3.** *Il vient d'arriver,* he has just arrived.

**vente** *n.f.* sale. *Acte de ~,* sale contract. *Chiffre de ~,* sales figure. *En vente,* on sale. *Mettre en ~,* to offer for sale, to put up for sale. *Prix de ~,* selling price. *Promotion des ~s,* sales promotion. *Salle des ~s,* auction room. *Service après-~s,* after-sales service. *Service des ~s,* sales department. *~ à l'amiable,* sale by private treaty. *~ à tempérament,* sale by instalment(s). *~ au comptant,* cash sale, spot selling. *~ au détail,* retail trade. *~ aux enchères,* sale by auction. *~ de liquidation,* clearing/ clearance/ sale. *~ d'espace,* *(Pub.)* space selling. *~ par correspondance,* mail-order selling, selling by post. *~ par distributeur automatique,* vending. *~ porte à porte,* door-to-door selling. *~ réclame,* bargain sale, promotional sale. *~s massives,* heavy sales, bulk sales, sales/ selling/ in large quantities.

**ventilation** *n.f.* **1.** *(de résultats, etc.)* breakdown, breaking down. **2.** *(attribution)* apportionment, distribution. **3.** *(d'une salle)* ventilation.

**ventiler** *v.* **1.** *(résultats, etc.)* to break down. **2.** *(attribuer)* to assign, to apportion, to distribute. **3.** *(salle)* to ventilate.

**verbal, e** *adj.* verbal. *Par transmission ~ e,* by word of mouth. *Procès-verbal,* a) (policemen's) report ; b) minutes of the proceedings, records.

**verbalement** *adv.* verbally, by word of mouth.

**verbaliser** *v.* to draw up an official report, to draw up a memorandum.

**verdict** *n.m.* verdict. *Prononcer/ rendre/ un ~,* to return a verdict. *~ d'acquittement,* verdict of not guilty.

**véreux, -euse** *adj.* shady, dubious, fishy, bogus, corrupt. *Avocat ~, (U.S. fam.)* shyster.

**verger** *n.m.* orchard.

**véridique** *adj.* truthful, trustworthy.

**vérificateur** *n.m.* inspector, examiner, verifier ; *(Compta.)* auditor.

**vérification** *n.f.* inspection, examination, verification, control, testing ; *(Compta.)* audit, auditing ; *(stock)* control. *Balance de ~,* trial balance.

**vérifier** *v.* to check, to inspect, to examine, to test, to verify ; *(Compta.)* to audit.

**vérifier (se)** *v.* to prove true/ accurate/ correct.

**véritable** *adj.* genuine, real, true.

**vérité** *n.f.* truth ; *(Jur.) Dire la ~, toute la ~, rien que la ~,* to tell the truth, the whole truth, and nothing but the truth.

**verre** *n.m.* glass. *Articles de ~,* glassware. *~ perdu,* non-returnable bottle, *(U.S.)* one-way bottle. *~ s (bouteilles vides),* empties.

**verrerie** *n.f.* glass making, glass works ; glassware ; *(magasin)* glass shop.

**verrier** *n.m.* glassmaker, *(ouvrier)* glass worker, glass blower.

**verroterie** *n.f.* glass trinkets, glass beads.

**verrouillage** *n.m.* locking, bolting ; *(ordinateur)* lock-out ; latching.

**verrouiller** *v.* to lock (up), to bolt, *(ordinateur)* to secure.

**vers** *prép.* towards ; to. *Ils se dirigent ~...,* they are heading for...

**versé, e** *adj.* experienced (in),

versed (in), familiar (with), conversant (with).

**versé, e** *p.p.* Voir **verser.**

**versement** *n.m.* payment ; settlement ; remittance ; *(en banque)* payment-in ; *(mensualité)* instalment ; *(dépôt)* deposit. *Bordereau/ bulletin de ~,* paying-in slip. *Par ~ s échelonnés,* by instalments. *Premier ~,* down payment, first instalment. *~ au comptant,* cash payment, down payment.

**verser** *v.* 1. to pay, to deposit money, to remit, to settle. *Capitaux versés,* paid-up capital ; *~ des arrhes,* to pay/ leave/ make a deposit. *(Investir)* to invest, to put money (in something). 2. *(un liquide)* to pour ; *(renverser)* to spill. 3. *~ à un dossier,* to file. 4. *(muter)* to ransfer, to assign, to appoint.

**version** *n.f.* version. *(Film) ~ originale,* original version, undubbed foreign film.

**verso** *n.m.* back. *Voir au ~,* see overleaf, please turn over, P.T.O. *Effets comme au ~,* bills as per back.

**vertical, e** *adj.* vertical. *Concentration ~ e,* vertical concentration, verticalisation.

**verticalement** *adv.* vertically.

**vertu (en... de)** in pursuance of. *En vertu de l'article 4,* under article 4.

**vestiaire** *n.m. (usine, sports, etc.)* locker-room, cloakroom. *Préposé(e) au ~,* cloakroom attendant.

**vêtement** *n.m.* clothes, clothing, dress, garment, *(U.S.)* apparel. *L'industrie du ~,* the clothing trade, *(U.S.)* the garment industry. *Magasin de ~ s,* clothes shop, *(U.S.)* apparel store. *~ s pour dames,* ladies' wear. *~ s pour hommes,* men's wear.

**vétérinaire** *n.m.* veterinary surgeon.

**veto** *n.m.* veto. *Droit de ~,* right of veto. *Mettre son ~, émettre un ~,* to veto.

**vétuste** *adj.* outdated, antiquated, dilapidated.

**vétusté** *n.f.* outdated character, dilapidated state, decay.

**veuf** *n.m.* widower.

**veuvage** *n.m.* *(femme)* widowhood ; *(homme)* widowerhood. *Allocation de* ~, widow's benefit.

**veuve** *n.f.* widow.

**vexation** *n.f.* harassing, vexatious measures.

**viabiliser** *v.* to service. *Terrain viabilisé,* serviced area / lot / site.

**viabilité** *n.f.* viability, practicability.

**viable** *adj.* viable.

**viaduc** *n.m.* viaduct.

**viager** *n.m.* life, for life. *Bien* ~, life estate. *Rente* ~ *ère,* life annuity, life interest.

**viande** *n.f.* meat. ~ *frigorifiée,* frozen meat.

**vice** *n.m.* fault, defect, flaw. ~ *s de construction,* defective/ faulty/ construction. ~ *de fabrication,* manufacturing defect/ flaw/ bug. ~ *de forme,* faulty drafting, vice of form, flaw ; *(jugement)* irregularity.

**vice-** *préf.* vice, deputy. ~ *-président,* vice-president, deputy chairman ; *(U.S. : fam. pour le vice-président des États-Unis)* the Veep.

**vicier** *v.* 1. *(air)* to pollute, to contaminate. *Air vicié,* polluted air, stale air. 2. *(Jur.)* to invalidate, to render void, to make void, to void, to vitiate. 3. *(goût, etc.)* to vitiate, to corrupt. 4. *(nourriture)* to spoil, to taint.

**vicieux, -se** *adj.* vicious. *Cercle* ~, vicious circle.

**vicinal, e** *adj.* local.

**victime** *n.f.* victim ; *(accident, etc.) les* ~ *s,* the casualties. *Nombre des* ~ *s,* number of casualties, toll.

**vidange** *n.f.* emptying ; *(auto)* change of oil, oil change.

**vidanger** *v.* to empty ; *(auto)* to change the oil.

**vide** *n.m.* vacuum ; *(place* ~*)* empty space, gap, void ; *(document)* blank. *Combler un* ~, to fill a gap. *Navire à* ~, ship going light ; *(camion, etc.) retour à* ~, no back load, no return load. *Voyage à* ~, trip without freight, trip without a load.

**vide** *adj.* empty. *Emballages* ~ *s,* empties.

**vidéodiffusion** *n.f.* videocasting.

**vidéothèque** *n.f.* video (cassette/ tape) library.

**vie** *n.f.* life, living, lifetime. *Assurance-* ~, life assurance *(insurance).* *Coût de la* ~, cost of living. *Espérance de* ~, life expectation/ expectancy. *Gagner sa* ~, to make a living. *Niveau de* ~, standard of living. *Prime/ indemnité/ de* ~ *chère,* cost of living bonus. *Qualité de la* ~, quality of life. ~ *d'une marque,* brand's life. ~ *d'un produit,* product life, life cycle of a product.

**vieille** *adj.* *Voir* **vieux.**

**vieillesse** *n.f.* old age ; *(chose)* oldness. *Pension de vieillesse,* old age pension.

**vieilli, e** *adj.* obsolete, out of date, outdated, antiquated.

**vieillir** *v.* to grow/ get/ old ; to become obsolete, to become outdated.

**vieillissement** *n.m.* aging ; *(produit)* obsolescence.

**vieux, vieille** *adj.* old.

**vif, vive** *adj.* keen, sharp ; lively, brisk ; quick, fast. *La concurrence est de plus en plus vive,* competition is keener and keener. *De vive voix,* orally, viva voce, by word of mouth. *Je le lui dirai de vive voix,* I'll tell him/ her in person. ~ *s remerciements,* hearty/ heart-felt thanks, sincere/ sincerest thanks.

**vifs** *n.m.pl.* *(Jur.)* living persons. *Disposition/ Donation entre vifs,* donation inter vivos.

**vigne** *n.f.* vine ; *(vignoble)* vineyard.

**vignette** *n.f.* inland revenue stamp, *(U.S.)* internal revenue stamp. ~ *automobile,* road-tax, special tax levied on cars, depending on c.c.'s and materialized by a windscreen sticker. *Cf. (G.B.)* tax disk, *(U.S.)* tax sticker.

**vignoble** *n.m.* vineyard.

**vigoureux, -euse** *adj.* strong.

**vigueur** *n.f.* strength, vigour. *Entrer en* ~, to come into force, to come into effect, to take effect, to become effective, to become operative, to be implemented ; *(Ass.)* to attach. *En* ~, *(règlement)* in force ; *(prix)* ruling, prevailing. *Mettre en* ~, *(mesure)* to implement, *(loi)* to enforce. *Remettre en* ~, to revive.

**vil prix** *loc.* low price. *Vendre à*

~, to sell cheap, at a knock-out price, *(Fam.)* to sell dirt cheap.

**village** *n.m.* village.

**villageois, e** *n.m.f.* villager.

**ville** *n.f.* town, city. ~ *importante, (G.B.)* large town, *(U.S.)* big city. *Centre* ~, town centre, *(U.S.)* downtown. *Dîner en* ~, to dine out. *Hôtel de* ~, town-hall, *(U.S.)* city-hall. ~ *thermale,* spa.

**villégiature (en)** *n.f.* on holiday, on vacation.

**vin** *n.m.* wine. *Éleveur de* ~, wine grower. *Grands* ~*s,* vintage wines, great wines, famous wines. *Négociant en* ~*s,* wine merchant. ~ *d'honneur,* reception during which an official guest is toasted.

**vingt** *adj. num.* twenty, a score.

**vingtaine** *n.f. Une* ~, a score, about twenty.

**viol** *n.m.* **1.** rape. **2.** *(violation)* breach, infringement.

**violation** *n.f.* breach, infringement, violation, breaking (of rules), trespass, trespassing. ~ *de brevet,* patent infringement. ~ *de domicile,* housebreaking, breach of domicile, burglary. ~ *de frontière,* trespass of frontier, border encroachment. ~ *de la loi,* breach of the law. ~ *de propriété,* trespassing.

**violence** *n.f.* violence.

**violent, e** *adj.* violent.

**violer** *v.* **1.** *(personne)* to rape. **2.** to violate, to transgress, to break.

**virage** *n.m.* turning, bend ; *(politique, etc.)* turnabout, turnaround, shift.

**virement** *n.m.* transfer. ~ *bancaire,* bank transfer. ~ *de fonds,* transfer of funds. ~ *postal,* postal transfer, giro transfer.

**virer** *v.* **1.** to turn, to turn round. **2.** to transfer. **3.** *(Fam. congédier)* to fire, to oust.

**virgule** *n.f.* comma. *Point et* ~, semi-colon.

**vis** *n.f.* screw. *Serrer la* ~*s,* to turn the screw, to clamp down (on).

**visa** *n.m.* **1.** visa. *Demander un* ~, to apply for a visa. *Octroyer un* ~, to grant a visa. **2.** *(signature)* signature, initials, certification.

**viser** *v.* **1.** to aim. **2.** *(concerner)*

to refer to, to allude to, to relate to. **3.** to stamp, to certify, to initial, to countersign.

**visées** *n.f.pl.* designs, aims, objectives.

**visibilité** *n.f.* visibility.

**visible** *adj.* visible.

**visite** *n.f.* **1.** visit, call. *Carte de* ~, business card ; visiting-card. *Faire une* ~, to visit, to call (on someone), to pay a call, to pay (make) a visit, *(Fam.)* to drop by/in. *Rendre* ~, to call (on someone). ~ *guidée,* guided tour, guided visit. **2.** *(douanes)* examination. **3.** *(Jur.)* search. ~ *des lieux,* search of the premises ; *(Nav.)* *droit de* ~, right of search. **4.** ~ *médicale,* medical exam(ination), medical. ~ *à domicile,* house call. ~ *systématique (bilan de santé),* check-up.

**visiter** *v.* **1.** to visit, to call (on someone), *(Fam.)* to drop in, to drop by. *Faire* ~, to show around. **2.** *(Douanes, etc.)* to examine, to inspect. **3.** *(Jur.)* to search. **4.** *(un appartement)* to view (a flat, U.S. an apartment).

**visiteur** *n.m.* visitor, caller, *(Douanes)* inspector, searcher.

**vital, e** *adj.* vital.

**vitalité** *n.f.* vitality ; *(marché)* briskness, buoyancy.

**vitamine** *n.f.* vitamin.

**vite** *adv.* promptly, quickly, fast, rapidly, speedily, swiftly.

**vitesse** *n.f.* speed ; *(mécanique)* velocity. *Changer de* ~, to change gears. *En grande* ~, by passenger train, *(G.B.)* by fast goods train. *En petite* ~, by goods train, *(U.S.)* by freight train. *Être en perte de* ~, to decline, to lose ground. *Prendre de* ~, to outspeed, to outstrip, to outrun. *Train à grande* ~, high speed train. ~ *acquise,* momentum, impetus. ~ *de la lumière,* velocity of light. ~ *de rotation,* rate of turnover.

**vitre** *n.f.* window-pane.

**vitré, e** *adj.* glass, glazed. *Cloison* ~*e,* glass partition.

**vitrier** *n.m.* glass-maker, glazier.

**vitrine** *n.f.* shop-window, showcase.

**vivant, e** *adj.* **1.** alive, living. **2.** *(animé)* lively, animated, busy.

**vive voix (de)** *loc. adv.* orally, viva voce, by word of mouth. *Je lui dirai de ~*, I'll tell him / her in person.

**vivier** *n.m.* (fish)-preserve, breeding-ground.

**vivifiant, e** *adj.* vivifying, invigorating, rejuvenating.

**vivifier** *v.* to vivify, to vitalize, to stimulate, to enliven, to rejunevate.

**vivoter** *v.* to eke out a living, to struggle along. *Entreprises qui vivotent,* struggling firms.

**vivre** *v.* to live, to be alive. *~ de,* to live on.

**vivre et couvert** *loc. m. sg.* board and lodging.

• **vivres** *n.f.pl.* supplies, provisions ; victuals.

**vivrier, ère** *adj.* *Culture ~e,* food crops.

**vocable** *n.m.* word, name.

**vocabulaire** *n.m.* vocabulary.

**vocation** *n.f.* calling. *Avoir la ~ de,* to be cut out for.

**vœu** *n.m.* **1.** wish. *Émettre/ exprimer/ un ~,* to express a wish. *Exaucer un ~,* to grant a wish. *~ pieux,* wishful thinking. **2.** *(engagement)* vow, pledge. *Faire le ~ de,* to vow, to pledge.

**vogue** *n.f.* fashion, vogue ; *(de courte durée)* craze, fad. *C'est la grande ~,* it's all the rage. *En ~,* in fashion, prevailing, ruling.

**voie** *n.f.* **1.** *(moyen)* way, means, channel, measure, method, process, course. **2.** *(route, etc.)* way, road, route ; *(ville)* thoroughfare, avenue, artery ; *(chemin de fer)* track. *Être dans la bonne ~,* to be on the right track. *Largeur de ~,* gauge. *Par ~ de mer,* by sea. *Par ~ de terre,* by land, overland. *~ d'accès,* access road. *~ d'autoroute,* lane. **3.** *en ~ de,* about to (+ *verbe),* in (the) process of, on the way to (+ *nom). L'affaire est en ~ de règlement,* the affair is about to be settled, *(Jur.)* the affair is in process of settlement out of court. *Pays en ~ de développement,* developing countries, less developed countries, LDC's. **4.** *(vocation) Ce n'est pas sa ~,* it's not his line, he's not cut out for it. *~ aérienne,* air-way, air-route. *Par la ~ aérienne,* by air, by plane.

*~ d'eau.* a) leak. *Faire une ~ d'eau,* to spring a leak. b) waterway. *~ de communication,* line of communication, road. *~ (s) de droit,* legal proceedings, legal channels. *~ (s) de fait,* assault and battery. *~ de garage,* siding ; *la proposition a été mise sur une ~ de garage,* the proposal has been shunted into a siding ; *mettre sur une ~ de garage,* to shunt into a siding, *(projet, etc.)* to shelve. *~ (s) de recours :* (possibility of) recourse, *(Jur.)* grounds for appeal ; *nous n'avons pas de ~s de recours,* we have no recourse left. *~ diplomatique,* diplomatic channels. *~ fluviale,* (inland) waterway. *~ hiérarchique,* formal/ official/ channels, chain of command. *~ légale,* legal channels, legal proceedings. *~ (s) maritime(s),* sea route(s). *~ navigable,* (inland) waterway. *~ publique,* street ; *sur la ~ publique,* in public, publicly.

**voile** *n.f.* sail ; *(navigation à la ~)* sailing. *Aller à la ~,* to sail. *A ~,* sail, sailing. *Bateau à ~s,* sailing boat, sailboat, sailing ship. *Faire de la ~,* to sail.

**voilier** *n.m.* sailing boat, sailboat, sailing ship.

**voir** *v.* **1.** to see ; *(traite)* to sight (a bill). **2.** *(considérer)* to view, to consider, to regard. **3.** *(étudier)* to study, to examine, to look into. **4.** *(comprendre)* to see, to understand. *Nous nous verrons contraints de,* we shall be compelled to.

**voirie** *n.f.* highways, system of roads. *Service de la voirie,* Highways Department.

**voisin** *n.m.* neighbour, *(U.S.)* neighbor.

**voisin, e** *adj.* neighbouring, *(U.S.)* neighboring ; neighbour, *(U.S.)* neighbor ; next (to), next door (to) ; close to, bordering on, verging on ; related, allied, similar ; *(pièce, etc.)* adjoining. *Pays ~s,* neighbouring countries.

**voisinage** *n.m.* **1.** neighbourhood, *(U.S.)* neighborhood, vicinity, proximity, nearness, surroundings, environment. **2.** relations between neighbours. *Rapports (relations) de bon ~,* neighbourliness.

**voiturage** *n.m.* cartage, carriage, haulage.

**voiture** *n.f.* **1.** car, motor-car. *Aller en ~*, to drive, to ride. *Louer une ~*, to rent, to hire a car. *~ de déménagement*, removal van. *~ de livraison :* delivery van, *(U.S.)* delivery truck. *~ de louage, de place*, hackney-carriage, taxi-cab, cab. *~ de tourisme*, passenger car. **2.** *(Chemin de fer)* (passenger) coach, carriage, *(U.S.)* car. *~ de marchandises, (G.B.)* goods truck, *(U.S.)* freight car. **3.** *lettre de ~*, waybill, *(chemin de fer)* consignment note, *(mer)* bill of lading. *Lettre de ~ aérienne*, airwaybill, airbill.

**voiturer** *v.* to cart, to carry, to convey, to transport, to haul.

**voiturier** *n.m.* carter, carrier, haulier. *~ public*, common carrier.

**voix** *n.f.* **1.** voice. *Avoir ~ au chapitre*, to have a say in the matter. *De vive ~*, by word of mouth. *~ publique*, public opinion, public rumour. **2.** vote. *Avoir ~ prépondérante*, to have a casting vote. *Compter les voix*, to tally the votes. *Le décompte des ~*, the tally (of votes). *Mettre une résolution aux ~*, to put a motion to the vote, to move a resolution. *Obtenir des ~*, to poll votes.

**vol** *n.m.* **1.** theft, larceny, stealing, robbery. *Assurance contre le ~*, insurance against theft. *Assurance contre le ~ et l'incendie*, fire and theft insurance. *~ à l'étalage*, shoplifting. *~ à main armée*, armed robbery. *~ avec effraction*, burglary. *~ qualifié*, aggravated theft/ larceny ; robbery. **2.** flight. *A ~ d'oiseau*, as the crow flies. *~ sans escale*, non-stop flight, through flight. *(Fusées, etc.)* probe. *~ non piloté*, unmanned flight.

**volaille** *n.f.* poultry ; *(gibier, cuisine)* fowl(s). *Marchand de ~s*, poulterer.

**volant** *n.m.* **1.** wheel. **2.** reserve, margin. *~ de sécurité*, safety margin, reserves.

**volant, e** *adj.* **1.** flying. *Soucoupe ~e*, flying-saucer. **2.** *(feuille, etc.)* loose, detachable.

**voler** *v.* **1.** to steal, to rob ; *(sens large)* to cheat, to bilk, to swindle.

*Se faire ~*, a) to be robbed ; b) to be cheated. **2.** to fly.

**volet** *n.m.* shutter ; *(avion)* flap ; *(partie)* part, element. *Trié sur le ~*, hand-picked.

**voleur, -euse** *n.m.f.* thief, burglar, robber.

**volontaire** *n.m.f.* volunteer.

**volontaire** *adj.* voluntary, wilful. *Homicide ~*, wilful murder.

**volontairement** *adv.* voluntarily, wilfully, deliberately, intentionally, willingly, on purpose.

**volonté** *n.f.* will ; *(caractère)* willpower. *A ~*, at will ; ad lib ; *(en grande quantité)* galore. *Bonne ~*, goodwill. *Dernières ~s*, last will and testament. *Indépendant de notre ~*, beyond our control. *Mauvaise ~*, ill-will.

**volontiers** *adv.* gladly, willingly.

**volte-face** *n.f.* about-turn, turnabout, turnaround, reversal of one's stand.

**volume** *n.m.* volume, bulk ; *(ouvrage)* volume.

**volumineux, -euse** *adj.* bulky, large.

**votant** *n.m.* voter. *Nombre des ~s (participation)* turnout.

**vote** *n.m.* vote, voting, ballot, poll. *Accorder le droit de ~*, to enfranchise ; to grant voting rights/ the right of vote. *Bulletin de ~*, ballot-paper. *Bureau de ~*, polling station. *Droit de ~*, voting right, right to vote, right of vote, franchise. *Jour du ~*, polling day. *~ à main levée*, voting by show of hands. *~ au Parlement britannique*, division ; *vote au scrutin secret*, (voting by) secret ballot. *~ de confiance*, vote of confidence. *~ de censure*, vote of no-confidence. *~ d'une loi*, passing of a bill. *~ par procuration*, vote/ voting by proxy.

**voter** *v.* to vote, to cast one's vote ; *(Parlement G.B.)* to divide, to come to a division ; *(une loi)* to pass/ to carry/ a bill. *~ blanc*, to cast a blank vote. *~ par procuration*, to vote by proxy.

**voué, e à l'échec** *loc. adj.* doomed to failure, bound to fail.

**vouloir** *v.* **1.** to want. **2.** *Vouloir bien*, to agree, to consent. **3.** *(exiger)* to require, to need, to demand.

**vouloir** *n.m.* will, willpower. *Bon vouloir,* goodwill. *Mauvais ~,* ill-will.

**voulu, e** *adj.* **1.** *(volontaire)* intentional, deliberate ; studied. **2.** *(nécessaire)* required, requisite, necessary.

**voyage** *n.m.* travel, travelling, *(U.S.)* traveling, journey, trip, tour, *(mer)* voyage, passage, crossing. *Agence de ~,* travel agency. *Agent de ~,* travel agent. *Entrepreneur de ~s,* tour operator. *Faire un ~ d'affaires,* to go on a business trip. *Frais de ~s,* travel (ling) expenses. *~ aller et retour,* round trip. *~ d'étude(s),* field trip. *~ de retour,* return journey, homeward trip. *~ en chemin de fer,* train journey. *~ organisé,* package tour.

**voyager** *v.* to travel, to make a trip, to make a journey ; *(marchandises)* to be transported, shipped. *~ en première classe,* to travel first-class. *~ pour affaires,* to go / to be / on a business trip, to travel on business.

**voyageur** *n.m.* traveller, *(U.S.)* traveler ; *(train, etc.)* passenger ; *(taxi)* fare.

**voyageur, -euse** *adj.* travelling, *(U.S.)* traveling. *Commis ~,* commercial traveller, *(U.S.)* traveling salesman.

**voyageur de commerce** *n.m.* representative, commercial traveller, *(U.S.)* traveling salesman.

**voyagiste** *n.m.* tour-operator.

**voyant** *n.m.* indicator.

**vrac** *n.m.* bulk. *En ~,* in bulk.

**vrai, e** *adj.* true, real, genuine, right, accurate.

**vraquier** *n.m.* bulk carrier.

**vu** *n.m.* *Au ~ de,* on sight of, at sight of.

**vu** *prép.* considering, seeing, in view of, given, owing to. *~ l'article 6,* under article 6, pursuant to article 6, in pursuance of article 6. *~ la loi de 1967 sur,* in the matter of the 1967 Act on.

**vue** *n.f.* **1.** sight. *A première ~,* at first sight ; *(traite, etc.) à sept jours de ~,* seven days after sight. *A ~,* at sight, on demand, at call. *Dépôt à ~,* deposit at call. *Payable à ~,* payable on demand/ at sight. *Traite à ~,* sight bill, sight draft, demand bill. **2.** *(opinion)* view. *Exprimer ses ~s,* to express one's views. *Point de ~,* point of view, view-point, standpoint. **3.** *(pl. intuitions)* intuition(s), purpose, design, objective(s). *En ~ de,* with a view to... *(+ substantif ou verbe à la forme en -ing).* **4.** *(diapositive)* slide. *Prise de vues,* shooting of a film ; take, shot.

**vue (en)** *loc.* prominent ; conspicuous ; (highly) visible.

**vulgaire** *adj.* vulgar, common.

**vulgarisateur, -trice** *n.m.f.* popularizer.

**vulgarisation** *n.f.* popularizing.

**vulgariser** *v.* to popularize.

# W

**wagon** *n.m. (terme de chemin de fer ; souvent improprement utilisé au lieu de « voiture » lorsqu'il s'agit du transport de personnes).* Carriage, car, coach ; truck, wag (g)on. *~ de marchandises,* goods wagon / truck, freight car, (freight) truck. *~ couvert,* covered truck / wagon, box car / wagon. *~ à bestiaux,* cattle *(U.S. stock)* car. *~ complet / plein / chargé,* wagonnée, truckload. *Franco ~ (sur rail),* free on rail (F.O.R.), free on truck, on rail. *Prix sur ~,* price on rail. *~ à plateforme,* flat (goods) truck, *(U.S.)* flat car. *~ bar,* buffet car. *~-citerne,* tank car, tank wagon.

*~ couvert / fermé,* covered wagon / truck / van, box wagon, box car. *~-lit,* sleeping car, sleeper. *~ postal,* mail van / car(riage), sorting carriage/ tender. *~ réservoir,* tank truck / car. *~-restaurant,* dining car, restaurant car, buffet car.

**wagonnage** *n.m.* transport/ transportation by wagon/ truck/ rail.

**wagonnée** *n.f.* truckload, carload.

**wagon(net)** *n.m.* tip truck/ wagon.

**warrant** *n.m. (aussi : récepissé-*

dock/ warehouse warrant *(marchandises déposées dans entrepôts publics). ~ en marchandises,* produce warrant.

**warrantage** *n.m.* issuing of a warehouse warrant ; securing (goods) by warrant.

**warranter** *v. (marchandises)* to

issue a warehouse warrant (for goods) ; to secure (goods) by warrant.

**watt** *n.m.* watt, ampere-volt. *~ - heure,* watt-hour.

**wharf** *n.m.* wharf.

**wolfram** *n.m. (minerai)* wolfram, tungsten.

# X

**X 1.** *(Tél.) ~ comme Xavier,* X for Xmas (Christmas). **2.** *(Jur.) (personne) inconnu(e),* person unknown ; *(quantité) inconnue,* x. **3.** *(Algèbre) x,X ; l'abscisse,* the

abscissa, the X-axis.

**xenon** *n.m. (gaz)* xenon.

**xérographie** *n.f. (du nom du fabricant)* xerography.

# Y

**Y.** *Y comme Yvonne,* Y for yellow. **1.** *(Élec.) Montage en* $Y$, Y connection. **2.** *(Algèbre) incon-*

nue, y. *L'ordonnée y,* the ordinate, the Y-axis.

# Z

**Z** *(Prononcer* [zed] *en G.B.,* [zi : ] *aux U.S.A.). Z comme Zoé,* Z for zebra.

**Z.A.C.** *Zone d'Aménagement Concerté,* (urban planning) area where development has been planned.

**Z.A.D.** *Zone d'Aménagement Différé,* (urban planning) an urban area for which provisions have been made for future development.

**zinc** *n.m.* zinc ; *(en feuilles, barres, ou pour la soudure)* spelter.

**zénith** *n.m.* zenith.

**zéro** *adj.* **1.** *(rien)* zero, nil, nought, nothing. *12,05* = 12.05 (twelve point nought five) ; *0,5,* 0.5, .5 (nought point five, point five). **2.** *(énumération de nombres, téléphone) 620-56-00,* six two oh *(U.S. :* zero) five six double oh *(U.S. :* zero). **3.** *(nul)* null, nothing. *(Jur.) Nul et non avenu,* null and void. *Résultat sportif, (football) 2 à 0,* two nil ; *(tennis) 40-0,* forty love.

**zinzins** *n.m.pl. (les) investisseurs*

*institutionnels,* institutional investors.

**zonage** *n.m.* city/ urban planning. **1.** zoning, parcelling. **2.** zonation.

**zone** *n.f.* **1.** zone, area. *De seconde ~,* second-rate. *Responsable / Chef de zone,* Area Manager. *~ de combat,* fighting area. *~ de libre-échange,* free-trade area. *~ desservie,* service area. *~ de stationnement, (véhicules)* parking area ; *(milit., etc.)* assembly zone. *~ franche,* free zone, free trade zone. *~ frontière,* border area, frontier zone. *~ industrielle,* industrial estate, *(U.S.)* industrial park. *~ interdite,* prohibited/ restricted/ area ; "off-limits". *~ monétaire,* monetary area. *~ postale,* postal area/ zone ; *(U.S.)* zone of improved postage (Z.I.P.). *~ (sub)urbaine,* (sub)urban area. **2.** *(géog.).* zone, belt. *~ désertique,* desert belt. *~ forestière,* forest belt.

# French Abbreviations

**a.b.s.** *aux bons soins de,* care of, c/o.

**action** *Agence pour la coopération technique, industrielle et économique.*

**A.D.P.** *action à dividende prioritaire,* preference share, preferred stock.

**A F** *anciens francs,* old francs.

**A.F.** *Allocations Familiales,* Family Allowances.

**A.F.M.E.** *Agence Française pour la Maîtrise de l'Énergie.*

**AFNOR** *Association Française de Normalisation,* French Association in charge of setting industrial product quality standards.

**A.F.P.** *Agence France-Presse,* French Press Agency.

**A.F.P.A.** *Association nationale pour la Formation Professionnelle des Adultes.*

**A.G.E.T.A.C.** *Accord Général sur les Tarifs Douaniers et le Commerce,* G.A.T.T., General Agreement on Tariffs and Trade.

**A.G.I.R.C.** *Association Générale des Institutions de Retraites des Cadres.*

**A.I.E.** *Agence Internationale de l'Energie,* International Agency for Energy.

**A.I.T.A.** *Association Internationale des Transports Aériens,* I.A.-T.A., International Air Transport Association.

**A.M.T.** *agents de maîtrise et techniciens.*

**A.N.A.H.** *Agence Nationale pour l'Amélioration de l'Habitat.*

**A.N.P.E.** *Agence Nationale pour l'Emploi,* National Agency for the Unemployed.

**A.N.V.A.R.** *Agence Nationale pour la Valorisation de la Recherche.*

**A.O.C.** *(vins) Appellation d'Origine Contrôlée.*

**A.P.** *Assistance Publique,* Central administration controlling French public hospitals and National Assistance.

**A.P.E.C.** *Association pour l'Emploi des Cadres (ingénieurs et techniciens),* Placement office for unemployed executives in business and industry.

**arr.** *arrondissement,* district in cities like Paris, Lyon and Marseille.

**art.** *article,* article, Art.

**a/s** *aux soins de,* care of, c/o.

**A.S.S.E.D.I.C.** or Assedic, *Association pour l'Emploi dans l'Industrie et le Commerce,* Unemployment fund to which all wage - earners working in business and industry contribute.

**Av.** *avenue,* avenue, Ave.

**Bac.** *baccalauréat* cf. GB « O » level, (Secondary) school leaving certificate.

**B.A.S.** *Bureau d'Aide Sociale.*

**Bd.** *Boulevard,* Boulevard, Bvd.

**Benelux** Belgique - Nederland - Luxembourg, Benelux states.

**B.E.P.** *Brevet d'Etudes Professionnelles.*

**B.D.** *Bande(s) Dessinée(s),* comic strip(s), comics, cartoon.

**B.D.F.** *Banque de France.*

**B.E.P.** *Brevet d'Etudes Professionnelles.*

**B.E.P.C.** *Brevet d'Etudes du Premier Cycle,* degree awarded after successful completion of the first four years of studies in a *Collège d'Enseignement Secondaire (C.E.S.).*

**B.F.C.E.** *Banque Française du Commerce Extérieur,* French Bank for foreign trade.

**BFR** *besoin en fonds de roulement,* working capital requirements, (U.S.) operating capital requirements.

**B.I.C.** *Bénéfices Industriels et Commerciaux.*

**B.I.R.D.** *Banque Internationale pour la Reconstruction et le Développement,* I.B.R.D., International Bank for Reconstruction and Development.

**B.I.T.** *Bureau International du Travail,* I.L.O., International Labour Office.

**B.N.C.** *Bénéfices Non Commerciaux.*

**B.N.P.** *Banque Nationale de Paris.*

**B.O.** *Bulletin Officiel.*

**B.O.F.** *Beurre, Oeufs, Fromages,* derogatory term for « *nouveaux riches* ».

**B.P.** *Boîte postale,* P.O.B., Post Office Box.

**B.P.F.** *bon pour francs* (on cheques and credit notes).

**br.** *brut,* gross.

**B.R.I.** *Banque des Règlements Internationaux,* Bank for International Settlements.

**B.T.** *Brevet de Technicien.*

**B.T.S.** *Brevet de Technicien Supérieur.*

**B.V.P.** *Bureau de Vérification de la Publicité.*

**c** *centimes.*

**C.A.** *chiffre d'affaires,* turnover.

**C.A.C.** *Compagnie des Agents de Change.*

**c.à.d.** *c'est-à-dire,* that is to say, i.e.

**C.& A.** *coût et assurance,* cost and insurance.

**caf ou C.A.F.** *Coût, Assurance, Fret,* C.I.F., Cost, Insurance, Freight.

**C.A.F.** *Caisse d'Allocations Familiales.*

**C.A.F.** *Capacité d'Autofinancement.*

**C.A.P.** *Certificat d'Aptitudes Professionnelles.*

**C.A.P.E.S.** *Certificat d'Aptitude Pédagogique à l'Enseignement Secondaire.*

**C.C.I.** *Chambre de Commerce Internationale,* International Chamber of Commerce.

**C.C.I.P.** *Chambre de Commerce et d'Industrie de Paris,* Paris Chamber of Commerce.

**C.C.O.** *copie conforme à l'original.*

**C.C.P.** *Compte Chèques Postaux,* Giro account.

**C.C.R.** *Coefficient de Capitalisation des Résultats,* P.E.R.

**C.D.** *Corps Diplomatique,* Diplomatic Corps.

**C.D.C.** *Caisse des Dépôts et Consignations.*

**C.E.** *Comité d'Entreprise,* works council.

**C.E.A.** **1.** *Commissariat à l'Energie Atomique,* Atomic Energy Agency. **2.** *Compte d'Epargne en Actions.*

**C.E.C.A.** *Communauté Européenne du Charbon et de l'Acier,* European Community for the coal and steel industries.

**Cedex ou CEDEX** *courrier d'entreprise à distribution exceptionnelle.*

**C.E.E.** *Communauté Economique Européenne,* European Economic Community, E.E.C.

**C.E.G.** *Collège d'Enseignement Général.*

**C.E.L.** *Compte d'Epargne Logement.*

**C.E.L.T.** *Compte d'Epargne à Long Terme.*

**C.E.S.** *Collège d'Enseignement Secondaire.*

**C.E.T.** *Collège d'Enseignement Technique.*

**C.F.A.** *Communauté Financière Africaine (ex. Franc C.F.A.).*

**C.F.C.E.** *Centre Français du Commerce Extérieur.*

**C.F.D.T.** *Confédération Française et Démocratique du Travail* (a major French Union).

**C.F.T.** *Confédération Française du Travail,* French Federation of Labour.

**C.F.T.C.** *Confédération Française des Travailleurs Chrétiens* (a major French union).

**C.G.C.** *Confédération Générale des Cadres,* White Collar Union Federation.

**C.G.I.** *Code Général des Impôts.*

**C.G.T.** *Confédération Générale du Travail* (a major French union).

**ch.** *cherche,* (classified ad), seeks, invites applications for.

**C.H.U.** *Centre Hospitalier Universitaire.*

**Cie** *Compagnie,* Company, Co.

**C.I.O.** *Centre d'Information et d'Orientation.*

**cm** *centimètre(s),* centimeter(s).

**C.N.A.M.** *Conservatoire National des Arts et Métiers.*

**C.N.C.E.** *Centre National du Commerce Extérieur.*

**C.N.C.L.** *Commission Nationale de la Communication et des Libertés.*

**C.N.I.L.** *Commission Nationale Informatique et Libertés.*

**C.N.P.F.** *Conseil National du Patronat Français* ≃ G.B. Confederation of British Industry.

**C.N.R.S.** *Centre National de la Recherche Scientifique.*

**C.N.U.C.E.D.** *Commission des Nations Unies pour le Commerce et le Développement,* U.N.C.T.A.D., United Nations Conference for Trade and Development.

c/o care of, *aux bons soins de.*

**C.O.B.** *Commission des Opérations de Bourse* ≃ (U.S.) S.E.C., Securities and Exchange Commission.

**C.O.D.E.V.I.** *Compte pour le Développement Industriel.*

**C.O.F.A.C.E.** *Compagnie Française d'Assurance pour le Commerce Extérieur.*

**C.O.S.** *Coefficient d'Occupation des Sols.*

**C.P.A.M.** *Caisse Primaire d'Assurance Maladie.*

**C.Q.F.D.** *ce qu'il fallait démontrer,* Q.E.D., quod erat demonstrandum.

**C.R.** *Coefficient de Rémunération.*

**Credoc** *crédit documentaire,* documentary credit.

**C.R.S.** *Compagnie Républicaine de Sécurité,* riot police.

**C.S.P.** *Catégorie Socio-professionnelle,* occupational group.

**ct.** *(du mois) courant,* inst.

**C.V.** *curriculum vitae,* résumé, C.V.

**CVS** *corrigé des variations saisonnières,* seasonally adjusted.

**D.A.B.** *Distributeur Automatique de Billets,* Automated Teller Machine, A.T.M.

**D.A.T.A.R.** *Délégation à l'Aménagement du Territoire et à l'Action Régionale,* French agency for regional economic development.

**D.D.E.** *Direction Départementale de l'Équipement.*

**D.E.A.** *Diplôme d'Etudes Approfondies,* pre-doctoral degree.

**D.E.C.S.** *Diplôme d'Etudes Comptables Supérieures.*

**D.E.P.S.** *Dernier Entré, Premier Sorti,* LIFO.

**D.E.S.** *Diplôme d'Etudes Supérieures.*

**D.E.S.S.** *Diplôme d'Études Supérieures Spécialisées.*

**D.G.T.** *Direction Générale du Territoire.*

**D.E.U.G.** *Diplôme d'Etudes Universitaires Générales,* degree awarded upon successful completion of the first two years of University studies.

**D.O.M.** *Départements d'Outre-Mer,* French overseas departments.

**D.P.L.G.** *Diplômé par le Gouvernement.*

**D.P.O.** *Direction par objectifs,* Management by objectives, M.B.O.

**Dr.** *Docteur,* Doctor, Dr.

**D.S.T.** *Direction de la Surveillance du Territoire,* intelligence service.

**D.T.S.** *Droits de tirage spéciaux,* Special Drawing Rights, S.D.R.s.

**D.U.T.** *Diplôme Universitaire de Technologie.*

**dz.** *douzaine,* dozen.

**E.A.O.** *Enseignement Assisté par Ordinateur,* Computer Aided Instruction, C.A.I.

**Earl** *Exploitation agricole à responsabilité limitée.*

**éd.** *éditeur ou éditions,* publisher, publishing firm.

**E.D.C.** *École des Cadres.*

**E.D.F.** *Electricité de France,* French Electricity Board.

**E.N.A.** *Ecole Nationale d'Administration.*

**E N S A M** *Ecole Nationale Supérieure des Arts et Métiers.*

**env.** *environ,* about, circa.

**E.S.C.** *Ecole Supérieure de Commerce,* Business School.

**E.S.C.A.E.** *Ecole Supérieure de Commerce et d'Administration des Entreprises,* School of Business Administration.

**E.S.C.L.** *École Supérieure de Commerce de Lyon,* one of the top French business schools.

**E.S.C.P.** *Ecole Supérieure de Commerce de Paris,* one of the top French business schools.

**E.S.E.** *Ecole Supérieure d'Electricité.*

**E.S.S.E.C.** *Ecole Supérieure des Sciences Sociales et Economiques,* one of France's top business schools.

**ETE** *Excédent de Trésorerie d'Exploitation,* operating cash surplus.

**Ets.** *Etablissements,* firm, company.

**E.U.** *Etats-Unis,* U.S.A.

**Eurl** *Entreprise unipersonnelle à responsabilité limitée (SARL dont toutes les parts sont détenues par une même personne physique ou morale exerçant une activité commerciale, artisanale ou, dans certaines conditions, libérale).*

**ex.** *exemple,* e.g., for instance, for example.

**E.V.** *en ville* (mentioned on letters delivered by messenger).

**exp.** *expéditeur,* from ; return to.

**F.** *Francs.*

**FB** *Francs Belges,* Belgian Francs.

**F.C.P.** *Fonds Commun de Placement,* mutual fund, money-market fund.

**F.C.P.R.** *Fonds Communs de Placement à Risque,* venture capital.

**F.D.E.S.** *Fonds de Développement Economique et Social,* National Fund for Economic and Social Development.

**FDR** *Fonds de Roulement,* working capital, (U.S.) operating capital.

**F.E.D.** *Fonds Européen de Développement,* European Fund for Development.

**FF** *Francs Français,* French Francs.

**fig.** *figure,* figure, drawing, sketch.

**F.I.M.** *Fonds Industriel de Modernisation.*

**F.M.I.** *Fonds Monétaire International,* International Monetary Fund, I.M.F.

**F.N.S.** *Fonds National de Solidarité,* National Solidarity Fund.

**F.O.** *Force Ouvrière* (a French union).

**FS** *Franc Suisse,* Swiss franc.

**F.S.** *Faire suivre,* Please forward.

**G.A.B.** *Guichet Automatique de Banque,* automatic/ automated teller machine, A.T.M.

**G.A.E.C.** *Groupement Agricole*

*d'Exploitation en Commun.*

**G.D.F.** *Gaz de France,* French Gas Board.

**G.I.E.** *Groupement d'Intérêt Économique.*

**G.M.S.** *Grandes et Moyennes Surfaces,* large and medium-size supermarkets.

**G.P.L.** *Gaz de Pétrole Liquéfié,* Liquified Petroleum Gas, L.P.G.

**h.** *heure(s),* hour, o'clock.

**H.E.C.** *(Ecole des) Hautes Etudes Commerciales,* one of the top French business schools.

**H/F** *homme/femme,* man/woman, male/female.

**H.L.M.** *habitation à loyer modéré,* (G.B.) council flat, council house.

**H.T.** *hors taxe,* before tax.

**I.A.A.** *Industries Agricoles et Alimentaires.*

**I.D.I.** *Institut pour le Développement Industriel.*

**I.F.O.P.** *Institut Français d'Opinion Publique.*

**I.G.F.** *Impôt sur les Grandes Fortunes,* wealth tax.

**I.N.C.** *Institut National de la Consommation.*

**I.N.E.D.** *Institut National d'Études Démographiques,* national institute for demographic studies.

**I.N.R.A.** *Institut National de la Recherche Agronomique,* national institute for agronomic research.

**I.N.S.E.E.** *Institut National de la Statistique et des Etudes Economiques,* National Statistical Office ; (G.B.) C.S.O., Central Statistical Office ; (U.S.) Census Bureau.

**I.R.C.A.N.T.E.C.** *Institut de Retraite des Agents Non-Titulaires de l'État et des Collectivités Publiques.*

**I.R.P.P.** *impôt sur le revenu des personnes physiques* ≃ personal income tax.

**I.U.T.** *Institut Universitaire de Technologie,* institute of technology ; polytechnic (G.B.).

**I.V.G.** *interruption volontaire de grossesse,* voluntary abortion.

**J.O.** *Journal Officiel* (GB) Hansard.

**K.F.** *kilofranc, 1 000 F.*

**kg** *kilogramme ;* kilogram.
**km/h** *kilomètre-heure,* kilometer per hour.
**kwh** *kilowatt-heure.*
**l** *litre,* liter, litre.
**L.E.P. 1.** *Lycée d'Enseignement Professionnel.* **2.** *Livret d'Épargne Populaire.*
**M.** *Monsieur,* Mr.
**m.a.b.** *mise à bord,* loading on board ship.
**M.A.T.I.F.** *Marché à Terme des Instruments Financiers (PARIS).*
**M.C.M.** *Montant Compensatoire Monétaire,* Monetary Compensatory Unit, M.C.U.
**Mlle** *Mademoiselle,* Miss, Ms.
**M.F.** *millions de francs,* million francs.
**MM.** *Messieurs,* Messrs ; Gentlemen.
**Mme** *Madame,* Mrs/Ms.
**MONEP** *Marché des Options Négociables de Paris.*
**N/Réf.** *notre référence ;* our reference.
**O.C.D.E.** *Organisation de Coopération et de Développement Economique,* OECD, Organisation for Economic Cooperation and Development.
**O.E.A.** *Organisation des Etats Américains, O.A.S.,* Organization of American States.
**O.M.** *Obligations militaires,* military service.
**O.M.S.** *Organisation Mondiale de la Santé,* WHO, World Health Organization.
**O.N.I.S.E.P.** *Office National d'Information sur les Enseignements et les Professions.*
**O.N.U.** *Organisation des Nations Unies,* UNO, United Nations Organization.
**O.P.A.** *offre publique d'achat,* take-over-bid.
**O.P.E.** *Offre Publique d'Echange,* take-over bid for shares.
**O.P.E.P.** *Organisation des Pays Exportateurs de Pétrole,* OPEC, (Organization of) Oil Producing and Exporting Countries.
**O.P.V.** *Offre Publique de Vente (d'actions), notamment à l'occasion de privatisation ou de dénationalisation.*
**O.R.S.E.C.** *Organisation des Se-cours,* Contingency plan in the event of natural disasters or emergencies.
**O.R.T.** *Obligation Renouvelable du Trésor.*
**O.R.T.F.** *Office de Radiodiffusion - Télévision Française,* French Radio and Television Corporation.
**O.S.** *ouvrier spécialisé,* semi-skilled worker (to be distinguished from qualified worker).
**O.T.V.** *Obligation à Taux Variable,* floating rate bond.
**O.U.A.** *Organisation pour l'Unité Africaine.*
**p.** *personne(s),* person(s).
**P.A.C.** *politique agricole commune,* CAP, Common Agricultural Policy.
**P.A.P. 1.** *Prêt d'aide à l'accession à la propriété,* home acquisition or improvement loan. **2.** *Prêt-à-porter,* ready to wear.
**P.C.C.** *pour copie conforme,* certified copy.
**p. cent** *pour cent,* per cent.
**P.C.V.** collect call, (G.B.) transferred charge call, reversed charge call.
**P.D.G.** *président-directeu · général,* (G.B.) Chairman and Managing Director, (U.S.) Chairman and President, Chairman and Chief Executive Officer (C.E.O.).
**P.E.L.** *Plan Epargne Logement,* home acquisition or improvement loan.
**P.E.P.S.** *Premier Entré, Premier Sorti,* FIFO.
**P.E.R.** *Plan d'Épargne Retraite.*
**P.F.L.** *Prélèvement Forfaitaire Libératoire,* standard deduction.
**P.I.B.** *produit intérieur brut,* G.D.P., Gross Domestic Product.
**P.I.C.** *Prêt Immobilier Conventionné.*
**P.J. 1.** *pièce(s) jointe(s),* enclosure(s) **2.** *police judiciaire.*
**P.L.V.** *publicité sur le lieu de vente,* point-of-sale advertising, (U.S.) point-of-purchase advertising.
**P.M.E.** *petites et moyennes entreprises,* small and medium-size(d) firms.
**P.M.I.** *petites et moyennes industries,* small and medium size(d) industrial firms.

**P.N.B.** *produit national brut,* G.N.P., Gross National Product.

**p.o.** *par ordre,* by order.

**P.O.S.** *plan d'occupation des sols, cf.* zoning regulations.

**p.p.** *par procuration,* per pro.

**P.R.G.**, *provision pour reconstitution de gisement,* depletion allowance.

**P.T.T.** *postes, télégraphes et télécommunications,* GPO, General Post Office.

**P.V.** **1.** *Point de Vente,* point of sale. **2.** *Procès-Verbal,* police report.

**P.V.D.** *pays en voie de développement,* developing country, less developed country, L.D.C.

**Q.I.** *quotient intellectuel,* I.Q., intelligence quotient.

**r.** *rue,* street.

**R.** *recommandé* registered.

**R.A.T.P.** *Régie Autonome des Transports Parisiens,* Paris public transport system ≃ London Transport, (U.S.) ex : Chicago Transit Authority.

**R.C.** *registre du commerce,* registrar (of companies).

**R.D.A.** *République Démocratique Allemande,* East Germany.

**ref.** *référence,* reference.

**R.E.R.** *réseau express régional.*

**R.E.S.** *Rachat de l'Entreprise par les Salariés (traduction discutable de* L.M.B.O., *que voir.).*

**R.F.** *République Française,* French Republic.

**R.F.A.** *République Fédérale Allemande,* West Germany.

**R.I.B.** *Relevé d'Identité Bancaire.*

**R.I.P.** *Relevé d'Identité Postale,* Giro identification.

**R.S.V.P.** *répondez s'il vous plaît.*

**R.V.** *rendez-vous,* appointment.

**S.A.** *société anonyme,* public limited company, plc ; (U.S.) corporation.

**S.A.C.E.M.** *Société des Auteurs, Compositeurs et Editeurs de Musique,* Association of Songwriters, Music Composers and Music Publishers.

**S.A.F.E.R.** *Société d'Aménagement Foncier et d'Établissement Rural.*

**S.A.R.L.** *société à responsabilité limitée* ≃ private limited company, (U.S.) private corporation, close corporation.

**S.C.I.** *Société Civile Immobilière.*

**S.C.P.I.** *Société Civile de Placement Immobilier.*

**S.C.O.P.** *Société Coopérative Ouvrière de Production.*

**S.E.O.** *sauf erreur ou omission,* E & O.E., Errors and omissions excepted.

**S.G.D.G.** *sans garantie du gouvernement* (patents).

**S.I.** *Syndicat d'initiative.*

**S.I.C.A.F.** *Société d'Investissement à Capital Fixe,* closed-end investment trust.

**S.I.C.A.V.** *société d'investissement à capital variable,* open-end investment fund, (G.B.) unit trust, (U.S.)mutual fund.

**S.I.C.O.B.** *Salon des Industries, du Commerce et de l'Organisation du Bureau* now *Salon International de la Communication et de la Bureautique, cf.* (G.B.) Computer World Exhibition.

**S.I.T.** *Système Interbancaire de Télétransmission.*

**S.M.E.** *système monétaire européen,* EMS, European Monetary System.

**S.M.I.C.** *salaire minimum interprofessionnel de croissance.*

**S.M.I.G.** *salaire minimum interprofessionnel garanti,* guaranted minimum wage.

**S.N.C.F.** *Société Nationale des Chemins de Fer français,* French Rail(ways).

**S.O.F.R.E.S.** *Société française d'enquête par sondage,* polling institute, poll-taking agency.

**S.O.P.E.X.A.** *Société pour l'Expansion des Ventes des Produits Agricoles Alimentaires.*

**S.P.A.** *Société Protectrice des Animaux, cf.* (G.B.) R.S.P.C.A.

**Sté** *société,* company, corporation.

**S.V.P.** *s'il vous plaît,* please.

**t.** *tonne,* ton.

**T.E.F.** *Transfert Electronique de Fonds,* electronic funds transfer, E.F.T.

**T.E.G.** *Taux Effectif Global*

**tél** *téléphone,* phone number, telephone, tel.

**T.E.P.** *Tonne Equivalent Pétrole (mesure unitaire des énergies en fonction de leur pouvoir calorifique).*

**T.G.V.** *train à grande vitesse,* high speed train.

**T.I.R.** *Transport International Routier,* international road transport.

**T.M.M.** *Taux du Marché Monétaire.*

**TMMMM** *Taux Moyen Mensuel du Marché Monétaire.*

**T.M.O., t.m.o.,** *Taux Moyen Obligataire, taux moyen des obligations.*

**T.O.M.** *territoire d'outremer,* overseas territory.

**T.P.** *travaux publics,* public works.

**T.P.V.** *Terminal Point de Vente,* point of sale terminal.

**T.S.V.P.** *Tournez s'il vous plaît,* Please turn over, P.T.O.

**T.T.** *transit temporaire,* temporary transit (for cars).

**T.T.C.** *toutes taxes comprises,* all taxes included, inclusive.

**Tt cft** *tout confort.*

**T.U.C.** *travaux d'utilité collective,* community jobs, (U.S.) public service jobs.

**T.U.P.** *Titre Universel de Paiement.*

**T.V.A.** *taxe sur (à) la valeur ajoutée,* V.A.T., value-added tax.

**U.C.E.** *Unité de Compte Européenne,* European Currency Unit, ECU.

**U.E.P.** *Union Européenne des Paiements, E.U.P.,* European Union of Payments.

**U.E.R.** *unité d'enseignement et de recherche,* University department.

**U.N.E.D.I.C.** *Union Nationale pour l'Emploi dans l'Industrie et le Commerce.*

**U.R.S.S.A.F.** *Union Régionale (pour le recouvrement des cotisations) de la Sécurité Sociale et des Allocations Familiales.*

**U.T.A.** *Union de Transports Aériens.*

**U.V.** *unité de valeur,* (university) credit.

**V.D.Q.S.** *vin délimité de qualité supérieure.*

**V.F.** *v.f., version française,* French version (film).

**V.S.N.E.** *Volontaire du Service National en Entreprise.*

**V.O.** *version originale,* original version, undubbed.

**V.P.C.** *vente par correspondance,* mail-order selling.

**V.R.D.** *voies et réseaux divers.*

**V. Ref.** *votre référence,* your reference.

**V.R.P.** *voyageurs, représentants, placiers* ≃ commercial travellers, representatives, canvassers.

**Z.A.C.** *zone d'aménagement concerté.*

**Z.A.D.** *zone d'aménagement différé.*

**Z.I.F.** *Zone d'Intervention Foncière.*

**Zinzins** *(les) investisseurs institutionnels,* institutional investors.

**Z.U.P.** *zone d'urbanisation prioritaire.*

# Appendices

## I. BUSINESS CORRESPONDENCE IN FRENCH

French business letters tend to use more formal language than their English-language equivalents. It is important to maintain a formal, polite tone throughout a business letter in French. Appendix II contains some stock phrases and formulas that are acceptable in all business correspondence and will make writing a French business letter much simpler for the beginner in French business correspondence. Note especially that the closing is considerably more elaborate than English-language letter closings. In reality, however, a closing like *Veuillez, Monsieur, agréer mes sentiments les plus distingués,* while it appears much more flowery, is the equivalent of "Sincerely" or "Yours truly."

The format of the French business letter is as follows:

1. **Sender's Address:** If the letter is not written on letterhead stationery, the address goes at the top of the page at the left margin.

2. **Date:** The date goes on the right side of the page, beginning at the center, either above or below the inside address. Note that in French, the day comes before the month in dates. For example, the tenth of August, 1992 is 10.8.92 in French. In a letter, the date would be written *le 8 août, 1992.*

3. **Inside Address:** This is on the right side of the page, beginning at the center, above or below the date. The addressee's name should be preceded by *Monsieur, Madame,* or *Mademoiselle,* as appropriate. The abbreviations for these are M., Mme, and Mlle, respectively. Note that *Mme* and *Mlle* are not followed by a period.

4. **References and Enclosures:** Any reference number or list of enclosures is at the left margin, above the salutation.

5. **Salutation:** In French, the equivalent of "dear" (*cher* or *chère*) is rarely used, except in personal correspondence. Generally, a business letter begins with *Monsieur, Madame,* or *Mademoiselle.* A letter addressed to more than one person might begin *Messieurs* or *Mesdames.* When in doubt as to the marital status of a woman, it is best to address her as *Madame.* The salutation is followed by a comma.

6. **The Body of the Letter:** French business letters are typed in paragraph style with an indentation at the beginning of each paragraph and two lines between paragraphs.

7. **Closing:** The closing salutation is in indented paragraph style, constituting the last paragraph of the letter. It is followed by a period.

8. **Signature and Sender's Name:** The signature is at the center of the page directly below the inside address block and the sender's name is typed beneath it.

## SI SOCIÉTÉ INTERNATIONALE

*(l'en-tête)* ——→ **35, BOULEVARD HAUSSMANN**
**ADR. TÉLÉGR GÉNÉRALAT-PARIS**

**Téléphone 150.20.00**

Agence Centrale                          Paris, le 27 janvier 19 ____ ←— *(la date)*
Etranger et Outre-mer
Téléphone 155.15.35 (Poste¹ 233)    **Madame Anne HOUDON**
                                         **Chez P. Gervais**                  ←— *(la vedette)*
N/REF : JLS/BC←—*(la référence)*    **175, Fbg¹ Poissonnière**
Compte 5 259 838 0 ←——*(l'objet)*   **75009 PARIS**
relevé de compte←—*(la pièce jointe)*

Madame, ←————*(l'appel)*

    Nous avons l'honneur de faire suite à votre lettre du          *(la formule*
19.01.____ et vous prions de trouver ci-joint votre relevé    ←— *d'entrée*
de compte.                                                      *en matière)*

    Nous vous serions reconnaissants de bien vouloir nous         *(le corps*
préciser si nous devons vous adresser désormais le            ←— *de la lettre)*
courrier à cette adresse.

    Nous vous prions d'agréer, Madame, l'expression de           *(la formule*
nos sentiments distingués.                                     ←— *de politesse)*

                                                              ←————— *(la signature)*

*(l'en-tête)*                    **LE DIRECTEUR.** ←——          *(le titre du*
                                                               *signataire)*

S.A. fondée en 1923—CAPITAL F 1.142.810.600 Siège Social à Paris
35, BD Haussmann—R.C.S. Paris B 552 120 222

## Some Useful Expressions

**à compter du** starting from

**à l'exception de** except for

**à la semaine** weekly

**à nouveau** again

**à partir de** starting from

**à réception** upon receipt

**à titre de** by way of

**à titre gratuit** free of charge

**à votre convenance** according to your preference

**ailleurs** elsewhere

**au mois** monthly

**au prix coûtant** at cost

**au reçu de** upon receipt

**au verso** on the back *(of the page)*

**ci-après** below

**ci-avant** above

**ci-inclus** enclosed

**ci-joint** attached

**comptant** cash

**conforme à** in accordance with

**dans le courant de** during

**de toute urgence** with utmost urgency

**dès réception** upon receipt

**dispensé de** exempt from

**en bon, mauvais état** in good, bad condition

**en cas de retour** in case of return

**en cours de** in the process of

**en recommandé** by registered mail

**en temps utile** in good time

**indépendant de notre volonté** beyond our control

**la nuit** per night

**par ailleurs** furthermore

**par erreur** by mistake

**par l'intermédiaire de** through the intermediary of

**par le passé** in the past

**port dû** postage due

**port payé** postage paid

**sans réserve** without (mental) reservations

**soumis à** subject to

**sous peu** in a short time

**sur place** on the spot

**vers le 10 décembre** around the 10th of December

**y compris** included

## II. FORMULAS FOR BUSINESS CORRESPONDENCE

1. *En réponse à votre demande de renseignements...*
   In response (G.B.: In reply) to your inquiry...

2. *En réponse à votre lettre du...*
   In response (G.B.: In reply) to your letter of...

3. *Nous vous envoyons ci-joint...*
   Please find enclosed...
   We enclose...
   We are enclosing...

4. *Nous accusons réception de...*
   We acknowledge receipt of...
   Thank you for...

5. *J'ai l'honneur de confirmer...*
   I wish to confirm...

6. *Nous sommes heureux de vous faire savoir que...*
   We are pleased to let you know/inform you that...

7. *Nous sommes au/avons le/regret de vous faire savoir que...*
   We are sorry to let you know/inform you/that...

8. *Je vous serais reconnaissant de...*
   I would be grateful if you would...
   Would you be so kind as to...
   Please...

9. *Nous nous permettons de vous suggérer...*
   We venture to suggest...

10. *Une réponse rapide nous obligerait.*
    A prompt answer would be appreciated.
    An early reply will/would/oblige us.

11. *Si le jour et l'heure ne vous conviennent pas...*
    If the date and time are not convenient...

12. *Envoyez-nous la facture en double exemplaire.*
    Please send us the invoice in duplicate.
    Please send us two copies of the invoice.

13. *Faites-nous connaître vos meilleurs prix/conditions.*
    Please quote us your best terms.

14. *Les prix que nous indiquons sont établis...*
    We are quoting...prices./The prices we quote are...

15. *Si cet article ne vous convient pas...*
    If this article does not suit you...

16. *Nos conditions habituelles sont...*
Our usual terms are...

17. *Nous accordons des réductions importantes...*
We grant/allow sizeable/substantial discounts...

18. *Le règlement devra être effectué/ opéré/par...*
Payment will be by...

19. *Nous sommes prêts à vous accorder un escompte de 5 %.*
We are prepared to grant you (a) 5 % discount.

20. *Nous vous présentons nos excuses pour ce retard.*
We apologize for the delay.

21. *Les marchandises seront livrées...*
The goods will be delivered...

22. *Les marchandises n'étaient pas conformes à l'échantillon/à la commande.*
The goods were not true to sample/as per order.

23. *Faites-nous connaître par retour de courrier...*
Please let us know by return...

24. *Nous ne sommes pas en mesure de...*
We are not in a position to...

25. *Nous nous voyons contraints d'annuler la commande.*
We are sorry to have to cancel the order.
We regret having to cancel the order.

26. *Nous avons enregistré votre commande.*
We have booked your order.

27. *Les marchandises ont été expédiées la semaine dernière.*
The goods were sent/forwarded/shipped/last week.

28. *Nous vous passons commande de...*
We order/We wish to order/We are placing an order for...

29. *Nous vous serions reconnaissants d'avancer la date de livraison.*
We would be grateful if you could put the delivery forward.

30. *Nous aimerions obtenir des informations plus précises sur...*
We would like to have/to obtain/more detailed information/ further information/further particulars/on...

31. *Nous sommes à votre disposition pour tout renseignement complémentaire.*
We are at your disposal for any further information.

32. *J'espère avoir de vos nouvelles prochainement.*
I am looking forward to hearing from you soon.

33. *Nous vous prions de croire à l'assurance de nos sentiments distingués.*
(U.S.) Sincerely yours,/Sincerely,
(G.B.) Yours faithfully,/Yours sincerely,

## III. COMMON TERMS IN SALES CONTRACTS

Prices quoted can be:

| | |
|---|---|
| **ex-works**<br>**ex-factory**<br>**ex-mill**<br>**ex-warehouse** | à l'usine (sortie d'usine) |

**FOR**
**(free on rail)**                    Franco wagon

**FOT**
**(free on truck)**                   Franco wagon
                                       (U.S.) *aussi* franco camion

**FAS**
**(free alongside ship)**             Franco le long du navire

**FOB**
**(free on board)**                   FOB
                                       (franco bord)

**FOB Airport**                        FOB Aéroport

**C & F**                              C & F
**(cost and freight)**                (coût et fret)

**CIF**                                CAF
**(cost, insurance, freight)**        (coût, assurance, fret)

**Carriage Paid to...**               Port payé jusqu'à...

**Freight Paid to...**                Fret payé jusqu'à...

**Ex Ship**                            Ex Ship
*(merchandise at the disposal of*     *(marchandise à la disposition de*
*the buyer aboard the ship in*        *l'acheteur à bord du navire*
*the port of destination)*            *dans le port de destination)*

**Ex Quay (duty paid)**               A Quai (dédouané)

**Ex Quay (duties on buyer's**        A Quai (non dédouané)
**account)**

**Delivered at frontier**             Rendu frontière
*(indicate the two countries*         *(indiquer les deux pays que la*
*separated by the frontier and*       *frontière sépare, et le lieu de*
*the place of delivery)*              *livraison)*

**Delivered...**                       Rendu...
**(named place of destination in**    (lieu de destination convenu
**the importing country) duty**       dans le pays d'importation)
**paid**                               droits acquittés

# IV. WRITING AND SAYING NUMBERS IN FRENCH

1. In French, periods, not commas, are used to indicate thousands. For example, *deux mille cinq cent cinquante* = 2.550.

2. Decimals are indicated by commas.
   French: 1,5%          English 1.5%
   Note also that decimal numbers smaller than 1 must be written with the zero (e.g., 0,8).
   To describe increases and decreases in terms of percentages, use the preposition *de*.
   to increase by 5% = augmenter *de* 5%
   an increase of 5% = une augmentation *de* 5%

3. In French, numbers are invariable in gender and number, with the following exceptions:
   *Un* varies in gender according to the noun it describes (e.g., *une livraison*). However, in expressions using *mille*, where *un* is not the last part of the number, *un* is invariable (e.g., *vingt et un mille tonnes*).
   *Cent* is pluralized when it is the last part of the number (e.g., *trois cents francs*) or when it precedes *million* or *milliard* (e.g., *quatre cents milliards*). Otherwise, it is invariable (e.g., *trois cent trente*).
   *Million* and *milliard* take the plural form in expressions like *deux millions*.

4. Currency: When writing amounts in French francs, the abbreviation FF (or F) follows the number rather than preceding it, as does the dollar sign in English. (e.g., 600FF; $600).

5. Telephone numbers: 735-65-02 would be said *sept cent trente-cinq soixante-cinq zéro deux*.

6. The words "tens," "dozens," "scores," "hundreds," "thousands," and "millions" translate to *des dizaines, des douzaines, des vingtaines, des centaines, des milliers,* and *des milliards.* These expressions are followed by the preposition *de* (e.g., *des milliers de dollars*).

## MULTIPLES AND SUB-MULTIPLES

| Prefixes | Abbreviations | Multiply by a factor of: | |
|---|---|---|---|
| tera- | T | $10^{12}$ | = mille milliards ou un million de millions |
| giga- | G | $10^{9}$ | = un milliard |
| mega- | M | $10^{6}$ | = un million |
| kilo- | k | $10^{3}$ | = mille |
| hecto- | h | $10^{2}$ | = cent |
| deca- | da | $10^{1}$ | = dix |
| deci- | d | $10^{-1}$ | = un dixième |
| centi- | c | $10^{-2}$ | = un centième |
| milli- | m | $10^{-3}$ | = un millième |
| micro- | $\mu$ | $10^{-6}$ | = un millionième |
| nano- | n | $10^{-9}$ | = un milliardième |
| pico- | p | $10^{-12}$ | = un million de millions de fois plus petit |

## V. WEIGHTS AND MEASURES

MASS
| | |
|---|---|
| metric ton (t) | 1.102 short tons |
| kilogram (kg) | 2.2046 pounds |
| hectogram (hg) | 3.527 ounces |
| dekagram (dag) | 0.353 ounces |
| gram (g) | 0.053 ounce |
| decigram (dg) | 1.543 grains |
| centigram (cg) | 0.154 grain |
| milligram (mg) | 0.015 grain |

LENGTH
| | |
|---|---|
| kilometer (km) | 0.62 mile |
| hectometer (hm) | 109.36 yards |
| dekameter (dam) | 32.81 feet |
| meter (m) | 39.37 inches |
| decimeter (dm) | 3.94 inches |
| centimeter (cm) | 0.39 inch |
| millimeter (mm) | 0.039 inch |

AREA
| | |
|---|---|
| square kilometer (km²) | 0.3861 square mile |
| hectare (ha) | 2.47 acres |
| are (a) | 119.6 square yards |
| square centimeter (cm²) | 0.155 square inch |

## VOLUME

| | |
|---|---|
| cubic centimeter (cm³) | 0.061 cubic inch |
| cubic decimeter (dm³) | 61.023 cubic inches |
| cubic meter (m³) | 1.307 cubic yards |

## CAPACITY

| | dry | liquid |
|---|---|---|
| kiloliter (kl) | 28.4 bushels | 264 gallons |
| hectoliter (hl) | 2.84 bushels | 26.4 gallons |
| dekaliter (dal) | 1.14 pecks | 2.64 gallons |
| liter (l) | 0.908 quart | 1.057 quarts |
| cubic decimeter (dm³) | 0.908 quart | 1.057 quarts |
| deciliter (dl) | 0.18 pint | 0.21 pint |
| centiliter | | 0.330 fluidounce |
| mililiter | | 0.27 fluidram |

## NAUTICAL MEASURES

| | |
|---|---|
| fathom (= *brasse*) | 1,828 m |
| cable (= *encâblure*) | 185,31 m |
| nautical mile | 1,852 km |
| (= *mille marin*) | |
| sea league (= *lieue*) | 5,550 km |

### Automobile

## TIRE PRESSURE

| lb/sq. in. *ou* p.s.i. | 20 | 21 | 22 | 24 | 26 | 28 | 30 | 34 | 40 |
|---|---|---|---|---|---|---|---|---|---|
| kg/cm² | 1,40 | 1,47 | 1,54 | 1,68 | 1,82 | 1,96 | 2,10 | 2,39 | 2,81 |

## SPEED

| km/h | m.p.h.<br>(miles per hour) | m.p.h. | km/h |
|------|------|------|------|
| 50  | 30    | 40  | 65  |
| 60  | 37    | 50  | 80  |
| 70  | 43.5  | 60  | 96  |
| 80  | 50    | 70  | 112 |
| 90  | 56.25 | 80  | 129 |
| 100 | 62.5  | 85  | 136 |
| 110 | 69    | 90  | 145 |
| 120 | 75    | 95  | 152 |
| 130 | 81    | 100 | 160 |

## FUEL CONSUMPTION

Note that while in English, fuel consumption is measured in miles traveled per gallon consumed, the French measure fuel consumption by liters consumed per 100 kilometers.

| liters/<br>100 km | miles/<br>gallon U.S. | miles/<br>gallon G.B. | liters/<br>100 km | miles/<br>gallon U.S. | miles/<br>gallon G.B. |
|------|------|------|------|------|------|
| 3  | 78.75 | 94.58 | 14 | 16.88 | 20.27 |
| 4  | 59.06 | 70.94 | 15 | 15.75 | 18.92 |
| 5  | 47.25 | 56.75 | 16 | 14.77 | 17.73 |
| 6  | 39.38 | 47.29 | 17 | 13.90 | 16.69 |
| 7  | 33.75 | 40.54 | 18 | 13.13 | 15.76 |
| 8  | 29.53 | 35.47 | 19 | 12.43 | 14.93 |
| 9  | 26.25 | 31.53 | 20 | 11.81 | 14.19 |
| 10 | 23.63 | 28.37 | 21 | 11.25 | 13.51 |
| 11 | 21.48 | 25.80 | 22 | 10.74 | 12.90 |
| 12 | 19.69 | 23.65 | 23 | 10.27 | 12.34 |
| 13 | 18.17 | 21.83 |    |       |       |

### Height and Weight of Humans

| HEIGHT |         |          |         |          |
|--------|---------|----------|---------|----------|
|        | 1,55 m  | 5 ft 1 in | 1,80 m | 5 ft 11 in |
|        | 1,60 m  | 5 ft 3 in | 1,83 m | 6 ft       |
|        | 1,65 m  | 5 ft 5 in | 1,85 m | 6 ft  1 in |
|        | 1,70 m  | 5 ft 7 in | 1,90 m | 6 ft  3 in |
|        | 1,75 m  | 5 ft 9 in |        |            |

| WEIGHT | FR. | G.B.<br>in stone and pounds | U.S.<br>in pounds |
|--------|------|------|------|
|  | 45  kg   | 6 st  1 lb   | 85 lb  |
|  | 50  kg   | 8 st         | 112 lb |
|  | 55  kg   | 8 st  9 lb   | 121 lb |
|  | 57,2 kg  | 9 st         | 126 lb |
|  | 60  kg   | 9 st  4 lb   | 130 lb |
|  | 63,5 kg  | 10 st        | 140 lb |
|  | 65  kg   | 10 st  3 lb  | 143 lb |
|  | 70  kg   | 11 st        | 154 lb |
|  | 75  kg   | 11 st 11 lb  | 165 lb |
|  | 76,3 kg  | 12 st        | 168 lb |
|  | 80  kg   | 12 st  9 lb  | 177 lb |
|  | 82,6 kg  | 13 st        | 182 lb |
|  | 85  kg   | 13 st  4 lb  | 186 lb |
|  | 90  kg   | 14 st  2 lb  | 198 lb |
|  | 95  kg   | 15 st        | 210 lb |
|  | 100 kg   | 15 st 10 lb  | 220 lb |

## CLOTHING SIZES (With Hip and Bust Measurements)

| | | | | | | | | | | |
|---|---|---|---|---|---|---|---|---|---|---|
| FR. | 36 | 38 | 40 | 42 | 44 | 46 | 48 | 50 | 52 | 54 |
| G.B. | 8 | 10 | 12 | 14 | 16 | 18 | 20 | 22 | 24 | 26 |
| U.S. | 6 | 8 | 10 | 12 | 14 | 16 | 18 | 20 | 22 | 24 |
| cm | 76/81 | 81/86 | 86/91 | 91/97 | 97/102 | 102/107 | 107/112 | 112/117 | 117/122 | 122/127 |
| pouces (in) | 30/32 | 32/34 | 34/36 | 36/38 | 38/40 | 40/42 | 42/44 | 44/46 | 46/48 | 48/50 |

## WAIST MEASUREMENT

| | | | | | | | | | | | | | | |
|---|---|---|---|---|---|---|---|---|---|---|---|---|---|---|
| FR. (cm) | 56 | 61 | 66 | 71 | 76 | 81 | 86 | 91 | 97 | 102 | 107 | 112 | 117 | 122 | 127 |
| G.B./U.S. (in) | 22 | 24 | 26 | 28 | 30 | 32 | 34 | 36 | 38 | 40 | 42 | 44 | 46 | 48 | 50 |

## COLLAR SIZES

| | | | | | | | | |
|---|---|---|---|---|---|---|---|---|
| FR. (cm) | 36 | 37 | 38 | 39 | 40 | 41 | 42 | 43 |
| G.B./U.S. (in) | 14 | 14 1/2 | 15 | 15 1/2 | 16 | 16 1/2 | 17 | 17 1/2 |

## SHOE SIZES

| | | | | | | | | | |
|---|---|---|---|---|---|---|---|---|---|
| FR. | 36 | 37 | 38 | 39 | 40 | 41 | 42 | 43 | 44 | 45 |
| G.B. | 3 | 4 | 5 | 6 | 7 | 8 | 9 | 10 | 11 | 12 |
| U.S. | 4 1/2 | 5 1/2 | 6 1/2 | 7 1/2 | 8 1/2 | 9 1/2 | 10 1/2 | 11 1/2 | 12 1/2 | 13 1/2 |

**Temperatures**

To convert degrees centigrade into degrees Fahrenheit, multiply by 5/9 and add 32.

For example, $10°$ centigrade $= \dfrac{10 \times 9}{5} + 32 = 50°F$

To convert degrees Fahrenheit to degrees centigrade or Celsius, subtract 32 and multiply by 5/9.

For example, $60°F = 60 - 32 \times 5/9 = 15.5°C$

Some temperatures commonly referred to are:

| | | |
|---|---|---|
| Temperature of the human body: | 36.9°C | 98.4°F |
| Freezing point of water: | 0°C | 32°F |
| Boiling point of water: | 100°C | 212°F |

**Degrees of Alcohol**

| % by VOL. (EEC) | U.S. PROOF | G.B. PROOF |
|---|---|---|
| 34,3 | 68,5 | 60 |
| 37 | 74,3 | 65 |
| 40 | 80 | 70 |
| 43 , | 86,6 | 75 |
| 45,7 | 91,4 | 80 |
| 48,5 | 97 | 85 |
| 50 | 100 | 87,7 |
| 51,4 | 108 | 90 |
| 54,2 | 108,5 | 95 |
| 57,1 | 114,2 | 100 |
| 59,9 | 120 | 105 |
| 62,8 | 125,6 | 110 |
| 65,6 | 131,3 | 115 |
| 68,5 | 137 | 120 |
| 71,4 | 142,7 | 125 |
| 74,2 | 148,4 | 130 |
| 77 | 154,1 | 135 |
| 80 | 160 | — |

## French Currency Denominations

COINS
cinc centimes 5c
dix centimes 10c
vingt centimes 20c
cinquante centimes ($^1/_2$ franc) 50c
1 franc 1F
5 francs 5F
10 francs 10F

BILLS
vingt francs 20F
cinquante francs 50F
cent francs 100F
deux cent francs 200F
cinq cent francs 500F

CURRENCIES AND THEIR ABBREVIATIONS
Note: Since 1979, the European Economic Community has had its own currency, the Ecu.

| English Name | French Name | Abbreviation | International Code |
|---|---|---|---|
| Danish kröne | couronne (Danemark) | D.Kr. | DKK |
| Norwegian krone | couronne (Norvège) | N.Kr. | NOK |
| Swedish krona | couronne (Suède) | S.Kr. | SEK |
| Brazilian cruzado | cruzado (Brésil) | (Brazil) cruz. | BRC |
| U.S. dollar | dollar U.S. | $ | USD |
| Canadian dollar | dollar canadien | C.$ | CAD |
| Hong Kong dollar | dollar de Hong Kong | H.K.$ | HKD |
| Singaporean dollar | dollar de Singapour | Singapore $ | SGD |
| Greek drachma | drachme (Grèce) | Dr. | GRD |
| Portuguese escudo | escudo (Portugal) | Port. Esc. | PTE |
| Dutch guilder | florin (Hollande) | Fl., Gldr. | NLG |
| Belgian franc | franc belge | B.Fr. | BEC |
| French franc | franc français | F.Fr. | FF |
| Swiss franc | franc suisse | S.Fr., S.F. | CHF |
| Italian lira | lire (Italie) | It.L. | ITL |

| Egyptian pound | livre (Égypte) | Egypt. £ | EGP |
|---|---|---|---|
| Irish pound | livre (Irlande) | IR£ | IEP |
| Sterling pound, pound sterling | livre (G.B.) | £ | GBP |
| Turkish lira | livre (Turquie) | £T | TRL |
| Deutsche mark | mark allemand (République Fédérale) | D.M. | DEM |
| Spanish peseta | peseta (Espagne) | PTA, Ptas. | ESP |
| Mexican peso | peso (Mexique) | Mex. peso | MXP |
| South African rand | rand (Afrique du sud) | S.Afr. rand | ZAR |
| Soviet (Russian) ruble | rouble (U.R.S.S.) | R, rub | SUR |
| Indian rupee | roupie (Inde) | R, Re | INR |
| Austrian Schilling | schilling autrichien | A.Sch. | ATȘ |
| Japanese yen* | yen (Japon) | ¥ | JPY |

\* *Yen* does not add an *s* in the plural.

## VI.  COUNTRIES AND THEIR INHABITANTS

1. In French, as in English, names of countries and their inhabitants are capitalized. However, adjectives of nationality are not capitalized in French (e.g., *le pain français*).

2. French adjectives of nationality are always the same as the name of the inhabitants, except that the first letter of the adjective form is lowercase (e.g., *français* = French; *le Français* = the Frenchman).

3. In French, names of countries are masculine or feminine. In general, country names take the definite article when they are not preceded by the prepositions *à, au, aux,* or *en*. Feminine country names and country names beginning with a vowel often do not take the definite article when preceded by the preposition *de*. Some country names never take the definite article. These are: *Israël, Panama, Andorre, Saint-Marin, Monaco, Qatar,* and sometimes *Costa Rica*.

4. To express the idea of being in or going to a country, feminine country names and country names that begin with a vowel take the preposition *en*; masculine country names take the preposition *au*; and plural country names take the preposition *aux*. For example: *Je vais en France; Elle est resteé en Equateur; Nous sommes allés au Portugal; Il est aux États-Unis.*

| Country | | Inhabitants | |
|---|---|---|---|
| English | French | English | French |
| Afghanistan | Afghanistan | Afghan | Afghan, e |
| Albania | Albanie | Albanian | Albanais, e |
| Algeria | Algérie | Algerian | Algérien, ne |
| Angola | Angola | Angolan | Angolais, e |
| Argentina, The Argentine | Argentine | Argentinian, Argentine | Argentin, e |
| Australia | Australie | Australian | Australien, ne |
| Austria | Autriche | Austrian | Autrichien, ne |
| Bahrain | Bahrain | Bahraini | *(hab.) de ...* |
| Bangladesh | Bangladesh | Bangladeshi | Bengalais, e |
| Barbados | La Barbade | Barbadian | *(hab.) de la...* |
| (The) Bahamas | Les Bahamas | Bahamian | Bahamien, ne |
| Belgium | Belgique | Belgian | Belge |
| Bermuda | Les Bermudes | Bermudan | Bermudien, ne |
| Bolivia | Bolivie | Bolivian | Bolivien, ne |
| Brazil | Brésil | Brazilian | Brésilien, ne |
| Bulgaria | Bulgarie | Bulgarian | Bulgare |
| Burma | Birmanie | Burmese | Birman, e |
| Cameroon | Cameroun | Cameroonian | Camerounais, e |
| Canada | Canada | Canadian | Canadien, ne |
| Chad | Tchad | Chadian | Tchadien, ne |
| Chile | Chili | Chilean | Chilien, ne |
| China | Chine | Chinese | Chinois, e |
| Colombia | Colombie | Colombian | Colombien, ne |
| (The) Congo | Congo | Congolese | Congolais, e |
| Costa Rica | Costa Rica | Costa Rican | Costaricain, e |
| Cuba | Cuba | Cuban | Cubain, e |
| Cyprus | Chypre | Cypriot | Chypriote |
| Czechoslovakia | Tchécoslovaquie | Czech, Czechoslovak, Czechoslovakian | Tchécoslovaque, Tchèque |
| Denmark | Danemark | Dane | Danois, e |
| Dominica | Dominique | Dominican | Dominicain, e |
| Ecuador | Équateur | Ecuadorian | Équatorien, ne |
| Egypt | Égypte | Egyptian | Égyptien, ne |
| El Salvador | El Salvador | Salvadorean | Salvadorien, ne |
| Ethiopia | Éthiopie | Ethiopian | Éthiopien, ne |
| Finland | | | |
| | Finlande | Finn | Finlandais, e |
| France | France | Frenchman, Frenchwoman | Français, e |
| Gabon | Gabon | Gabonese | Gabonais, e |
| (The) Gambia | Gambie | Gambian | Gambien, ne |
| Germany | Allemagne | German | Allemand, e |
| Ghana | Ghana | Ghanaian | Ghanéen, ne |
| Great Britain | Grande-Bretagne | Briton | Britannique |
| Greece | Grèce | Greek | Grec, Grèque |
| Guatemala | Guatemala | Guatemalan | Guatémaltèque |
| Guinea | Guinée | Guinean | Guinéen, ne |
| Guyana | Guyane | Guyanese | Guyanais, e |
| Haiti | Haïti | Haitian | Haïtien, ne |
| Holland The Netherlands | Hollande, Pays-Bas | Dutchman | Hollandais, e Néerlandais, e |
| Honduras | Honduras | Honduran | Hondurais, e |
| Hungary | Hongrie | Hungarian | Hongrois, e |
| Iceland | Islande | Icelander | Islandais, e |

| | | | |
|---|---|---|---|
| Indian | Inde | Indian | Indien, ne |
| Indonesia | Indonésie | Indonesian | Indonésien, ne |
| Iran | Iran | Iranian | Iranien, ne |
| Iraq | Irak | Iraqi | Irakien, ne |
| Ireland | Irlande | Irishman, Irishwoman | Irlandais, e |
| Israel | Israël | Israeli | Israëlien, ne |
| Italy | Italie | Italian | Italien, ne |
| Jamaica | Jamaïque | Jamaican | Jamaïcain, e |
| Japan | Japon | Japanese | Japonais, e |
| Java | Java | Javanese | Javanais, e |
| Jordan | Jordanie | Jordanian | Jordanien, ne |
| Kashmir | Cachemire | Kashmiri | (hab.) du ... |
| Kenya | Kenya | Kenyan | Kénian, e |
| Korea | Corée | Korean | Coréen, ne |
| Kuwait | Koweit | Kuwaiti | Koweitien, ne |
| Laos | Laos | Laotian | Latotien, ne |
| Lebanon | Liban | Lebanese | Libanais, e |
| Liberia | Libéria | Liberian | Libérien, ne |
| Lybia | Lybie | Lybian | Lybien, ne |
| Luxemburg | Luxembourg | Luxemburger | Luxembourgeois, e |
| Madagascar | Madagascar | Madagascan | Malgache |
| Malaysia | Malaisie | Malaysian | Malais, e |
| Mali | Mali | Malian | Malien, ne |
| Malta | Malte | Maltese | Maltais, e |
| Mauritania | Mauritanie | Mauritanian | Mauritanien, ne |
| Mauritius | Maurice | Mauritian | Mauricien, ne |
| Mexico | Mexique | Mexican | Mexicain, e |
| Mongolia | Mongolie | Mongol | Mongol, e |
| Morocco | Maroc | Moroccan | Marocain, e |
| Mozambique | Mozambique | Mozambican | Mozambicain, e |
| Nepal | Népal | Nepalese | Népalais, e |
| (The) Netherlands, | voir Holland, Pays-Bas | | |
| New Zealand | Nouvelle-Zélande | New Zealander | Néo-zéalandais, e |
| Nicaragua | Nicaragua | Nicaraguan | Nicaraguais, e |
| Niger | Niger | Nigerien | Nigérien, ne |
| Nigeria | Nigéria | Nigerian | Nigerian, e |
| Norway | Norvège | Norwegian | Norvégien, ne |
| Pakistan | Pakistan | Pakistani | Pakistanais, e |
| Panama | Panama | Panamanian | Panaméen, ne |
| Paraguay | Paraguay | Paraguayan | Paraguayen, ne |
| Peru | Pérou | Peruvian | Péruvien, ne |
| (The) Philippines | Les Philippines | Filipino | Philippin, e |
| Poland | Pologne | Pole | Polonais, e |
| Portugal | Portugal | Portuguese | Portugais, e |
| Rhodesia | Rhodésie | Rhodesian | Rhodésien, ne |
| Romania, Rumania | Roumanie | Romanian | Roumain, e |
| Russia | Russie | Russian | Russe |
| Rwanda | Ruanda | Rwandan | Ruandais, e |
| Saudi Arabia | Arabie Saoudite | Saudi Arabian | Saoudien, ne |
| Senegal | Sénégal | Senegalese | Sénégalais, e |
| (The) Seychelles | Les Seychelles | Seychellois | Seychellois, e |
| Sierra Leone | Sierra Leone | Sierra Leonean | (hab.) de la... |
| Singapore | Singapour | Singaporean | Singapourien, ne |
| Somalia | Somalie | Somali | Somalien, ne |
| South Africa | Afrique du Sud | South African | Sud-africain, e |
| Spain | Espagne | Spaniard | Espagnol, e |

| | | | |
|---|---|---|---|
| Sri Lanka | Sri Lanka | Ceylonese | Ceylanais, e |
| (ex Ceylon) | (ex-Ceylan) | | |
| (The) Sudan | Soudan | Sudanese | Soudanais, e |
| Sumatra | Sumatra | Sumatran | *(hab.) de ...* |
| Swaziland | Swaziland | Swazi | *(hab.) du ...* |
| Sweden | Suède | Swede ; Swedish | Suédois, e |
| Switzerland | Suisse | Swiss | Suisse, Suissesse |
| Syria | Syrie | Syrian | Syrien, ne |
| Taiwan | Taiwan | Taiwanese | *(hab.) de ...* |
| (ex Formosa) | (ex-Formose) | | |
| Tanzania | Tanzanie | Tanzanian | Tanzanien, ne |
| Thailand | Thaïlande | Thai | Thai, |
| (ex Siam) | (ex-Siam) | | Thaïlandais, e |
| Tibet | Tibet | Tibetan | Tibétain, e |
| Tobago | Tobago | Tobagonian | *(hab.) de ...* |
| Trinidad | Trinidad | Trinidadian | *(hab.) de ...* |
| Tunisia | Tunisie | Tunisian | Tunisien, ne |
| Turkey | Turquie | Turk ; Turkish | Turc, Turque |
| Uganda | Ouganda | Ugandan | Ougandais, e |
| U.S.S.R.[1] | U.R.S.S. | Russian ; Soviet | Russe, Soviétique |
| U.S.A.[2] | États-Unis | American | Américain, e |
| Uruguay | Uruguay | Uruguayan | Uruguayen, ne |
| Venezuela | Venezuela | Venezuelan | Vénézuélien, ne |
| Vietnam | Vietnam | Vietnamese | Vietnamien, ne |
| Yemen | Yémen | Yemeni | Yéménite |
| Yugoslavia | Yougoslavie | Yugoslav, Yugoslavian | Yougoslave |
| Zaire | Zaïre | Zairean | Zaïrois, e |
| Zambia | Zambie | Zambian | Zambien, ne |

1. USSR : (The) Union of Soviet Socialist Republics, *l'Union des Républiques Socialistes Soviétiques, l'U.R.S.S.*

2. USA, US : (The) United States of America, *les États-Unis d'Amérique, E.U.*

# SUPPLEMENT

# ENGLISH-FRENCH
# ANGLAIS-FRANÇAIS

# A

**actuals,** (Bourse) marchandise.
**active partner,** associé actif.
**A.F.B.D.,** *Association of Futures Brokers and Dealers.*
**A.I.C.P.A.,** *American Institute of Certified Public Accountants.*
**airfreight collect,** port aérien dû.
**Amtrak,** *American Track* (U.S.), *national raibroad passenger system.*
**assessee** *n.* personne qui fait l'objet d'une évaluation (de ses revenus

pour paiement de l'impôt, etc.).
**asset-backed,** disposant de solides actifs, garanti par des actifs.
**asset-stripping,** élimination d'actifs non rentables.
**attach** *v.* 3. prendre effet.
**attachment** *n.* 3. annexe.
**auctioneer** *v.* (U.S.) vendre/mettre aux enchères.
**auditee** *n.* personne ou organisme faisant l'objet d'un audit.
**A.W.B.,** *air-waybill,* lettre de transport aérien, LTA.

# B

**back-office,** (Bourse) « *back-office* » (arrière-salle de marché, « bureau du fond » où les opérateurs assurent la gestion administrative des titres : livraison et règlement, comptabilité).
**back-up line,** crédit de substitution.
**bar code,** code-barre(s).
**bear-covering,** couverture à la baisse.
**beginner** *n.* débutant,e.
**B.E.S.** (G.B.) *Business Expansion Scheme* (possibilité pour un particulier de bénéficier d'une déduction fiscale — plafonnée — en

investissant pour 5 ans dans une entreprise).
**billfold** *n.* portefeuille.
**bill of fare,** menu.
**bill of goods,** expédition/envoi de marchandises, liste des marchandises envoyées.
**bond** *n.* 1. *junk bond,* obligation de pacotille, obligation camelote.
**bookrunner** *n.* teneur de plume.
**brokerage firm,** société de bourse.
**bundle** *v.* 1. mettre en paquet(s), en liasse(s). 2. grouper, regrouper, rassembler.
**bust-up** *n.* éclatement (de société, etc.).

# C

**cap** *v.* plafonner.
**cap** *n. to put a ~ on,* mettre un plafond à, plafonner.
**centralize** *v.* centraliser.
**centre,** (U.S.) **center** *n.* centre. *Profit centre/*(U.S.) *center,* centre de profit.
**C.F.T.C.,** *Commodity Futures Trading Commission.*
**chapter** *n.* (U.S.) section locale d'un syndicat.
**cleaner** *n.* 2. Produit de nettoyage, nettoyant.
**cleanse** [klenz] *v.* assainir, purifier.
**cleanser** [klenzə] *n.* produit de nettoyage, nettoyant.
**clear** *v.* 7. (un obstacle) franchir. *To ~ a hurdle,* surmonter une difficulté.
**closing call,** (Bourse) cote de clôture.

**collect,** (U.S.) (en) port dû.
**COMEX,** *Commodity Exchange, New York.*
**commitment fee,** commission d'ouverture de crédit.
**commodity** *n. hard commodities,* métaux ; *soft commodities,* denrées agricoles.
**conformance** *n.* conformité, respect (fait de se conformer à).
**congested,** engorgé, encombré ; embouteillé.
**congestion** *n.* engorgement, encombrement ; embouteillage.
**cool** *v. to ~ an overheated economy,* ralentir une économie en surchauffe.
**council of advisers/advisors,** collège de censeurs.
**country risk,** risque pays.
**credit manager,** chef de crédit.

# D

**damper** *n.* *to put a ~ on,* étouffer, réduire, atténuer.

**dashbord** *n.* tableau de bord.

**date-stamp** *v.* composter.

**deem** *v.* estimer.

**deep waters (to be in),** être en mauvaise posture, dans une situation difficile.

**deposit** *n.* (Bourse, G.B.) déposit.

**discriminatory** *adj.* discriminatoire.

**downbeat,** pessimiste, à la baisse.

**downside (on the),** en baisse, à la baisse.

**duty-free port,** port franc.

# E

**educational engineering,** ingénierie éducative.

**E.M.S.,** *European Monetary System/ Snake,* Système/ Serpent Monétaire Européen.

**end price,** prix final, prix du marché.

**end use,** type d'utilisation.

**end user,** utilisateur final.

**escrow account,** compte pivot.

**executive board,** directoire ; conseil de direction.

# F

**fair and square,** honnête et loyal.

**F.A.S.B.,** *Financial Accounting Standards Board* (U.S.), organisme qui édicte des normes, retenues par la SEC, pour la présentation des documents comptables et des états financiers.

**fax** *v.* télécopier, faxer.

**F.H.L.B.,** (U.S.) *Federal Home Loan Bank,* banque fédérale de prêt immobilier.

**fill or kill,** (Bourse) ordre (d'achat ou de vente) à exécuter immédiatement ou à annuler.

**financial futures market,** marché à terme des instruments financiers.

**floor** *n.* (Bourse) salle de transactions.

**floor broker,** (Bourse) commissionnaire agréé.

**F.O.A.,** = *FOB Airport,* FOB Aéroport.

**fund** *n.* fonds commun de placement.

**fritter away** *v.* 1. dissiper, éparpiller. 2. s'émietter, s'effilocher.

**frustrated goods,** (U.S.) marchandises invendables, ou qui n'ont pas pu être expédiées ou exportées.

**futures,** (Bourse) échéances.

# G

**galimony** *n.* pension ou dédommagement demandé par une compagne à la suite de rupture ou du décès de sa partenaire (de *gal = girl* + *alimony,* pension alimentaire). *Voir palimony.*

# H

**hacker** *n.* 2. pirate d'ordinateur.

**hard commodities,** métaux.

**hedger** *n.* arbitragiste.

**historical cost,** (comptab.) coût historique, coût/valeur d'acquisition.

**home improvement loan,** prêt pour l'amélioration de l'habitat.

**housing starts,** nombre de logements mis en chantier.

**hurt** *v.* nuire, léser, atteindre.

# I

**I.A.D.B.,** *Inter-American Development Bank.*

**I.A.S.C.,** *International Accounting Standards Committee,* organisme qui émet des propositions de normes pour une présentation internationale des résultats comptables.

**I.M.M.**, *International Money Market of Chicago Mercantile Exchange.*

**imprint** *n.* marque, label.
**indicator** *n.* indicateur.
**instrument** *n.* **2.** marché à terme des ~ s financiers, *financial futures market.*
**intl.**, international.

## J

**jobber** *n.* (G.B.) (Bourse) opérateur qui fait profession d'acheter ou de vendre sur le marché en cherchant à profiter de la différence de cours pendant une journée de bourse.

**junk bond,** obligation de pacotille, à haut-risque, mais à intérêt relativement élevé (émise notamment pour financer les LBO's).

## K

**knit** *v.* **1.** tricoter. **2.** associer étroitement, unir. *Closely-knit, tightly-knit economies,* économies étroitement associées.

**knockdown price,** prix cassé ; prix réduit ; prix minimum.

## L

**labo(u)r-starved,** qui manque de main d'œuvre, privé de main d'œuvre.
**laptop computer,** ordinateur portable.
**laundering** *n.* **2.** blanchiment.
**L.B.O.**, *leveraged buy-out,* rachat 'entreprise financé par émissions d'obligations à fort rendement mais à haut risque *(junk bonds).*
**lever** (U.S) ['levər].
**leverage** (U.S.) ['levəridʒ].
**L.M.B.O.**, rachat de l'entreprise par ses cadres, avec émission de « *junk bonds* », obligations de pacotille, à fort rendement mais à haut risque.
**L.S.E.** **1.** *London Stock Exchange,* Bourse de Londres. **2.** *London School of Economics.*

## M

**main frame, mainframe,** unité centrale, gros ordinateur.
**management consultant,** conseil en gestion.
**margin buying,** achat sur marge, sur provision, sur couverture.
**margin call,** appel de marge.
**marketability** *n.* aptitude à être vendu ou promu.
**minatory** *adj.* menaçant ; comminatoire.
**mixed,** (cours) irrégulier.
**money supply,** masse de monnaie en circulation.
**mood** *n.* ambiance, atmosphère, climat, disposition, humeur.
**mothball** *v.* mettre temporairement hors-service (par exemple les pétroliers pendant la crise pétrolière), mettre sous cocon (instruments de capacité de production).

## N

**N.A.S.A.**, *National Aeronautics and Space Administration* (U.S.).
**networking,** mise en réseau ; création de réseau.
**non-committal** *adj.* qui ne s'engage pas, qui refuse de s'engager.
**N.Y.C.E.**, *New York Cotton Exchange.*
**N.Y.C.S.C.E.**, *New York Cocoa, Sugar, Coffee Exchange.*
**N.Y.F.E.**, *New York Futures Exchange.*
**N.Y.M.E.**, *New York Mercantile Exchange.*

# O

**offshore 3.** à l'étranger ; de l'étranger.

**offshore fund,** fonds de placement spécialisé dans les investissements à l'étranger.

**one-shot,** qui n'est valable qu'une fois, qui ne peut se répéter, qui n'est pas destiné à se répéter.

**one-stop 1.** (transports) qui ne comporte qu'un seul arrêt. **2.** intégré.

**opening call,** (Bourse) cote d'ouverture.

**open interest,** (Bourse) positions ouvertes.

**open-plan office,** bureau paysager.

**option** *n.* (Bourse) opération à prime ; *call ~,* prime à la hausse ;

*put ~,* prime à la baisse.

**original margin,** (Bourse, U.S.) déposit.

**O.T.E.,** *On Target Earnings,* salaire commission comprise.

**outage** *n.* **1.** (électricité) délestage ; panne. **2.** (liquide, etc.) quantité perdue en cours de transport ou de stockage.

**outplacement** *n.* « *outplacement* », recherche d'emploi extérieur (pour cadre quittant son entreprise, ou dont le licenciement est prévu à terme), reclassement d'un cadre à l'extérieur de l'entreprise.

**outsource** *v.* s'approvisionner par sous-traitance.

**overrun** *n.* **1.** surcoût.

**overstate** *v.* **1.** exagérer. **2.** surévaluer.

# P

**paging,** radio-messagerie.

**palimony** *n.* pension ou dédommagement demandé par compagne ou compagnon à la suite d'une rupture ou du décès du (de la) partenaire. (De *pal,* copain, copine + *alimony,* pension alimentaire).

**player** *n.* acteur ; joueur.

**plea-bargaining,** réduction de peine proposée à un accusé contre des aveux ou des révélations.

**product management,** gestion (de) produit.

**punter** *n.* boursicoteur.

# R

**ratchet effect,** effet d'encliquetage.

**renege** [ri'ni:g] *v.* se rétracter, revenir sur une promesse, manquer à sa parole. *To ~ on a deal/transaction,* revenir sur un accord, ne pas honorer un accord.

**repos,** *repurchase of stock,* (Bourse) réméré.

**reshape** *v.* restructurer ; se res-

tructurer.

**ride** *n.* promenade à cheval, à bicyclette ; voyage en train, bus, voiture. *To take someone for a ~,* berner, tromper qqu'un.

**ride** *v.* aller à cheval, à bicyclette ; aller/être en train, en autobus, en voiture.

**rider** *n.* voyageur (train, bus).

**ring** *n.* **3.** (Bourse) corbeille.

**roundtable talks,** table ronde.

# S

**sales convention,** séminaire de vente, séminaire de la force de vente.

**sales engineer,** ingénieur d'affaires/des ventes/commercial.

**sales management,** gestion des ventes ; direction des ventes.

**score** *n.* **1.** vingt ; une vingtaine. **2.** nombre de points, décompte des

points, score, résultat. **3.** question, point, sujet. *On that ~,* à ce titre.

**score** *v.* marquer des points ; faire un (bon, mauvais) résultat.

**score up** *v.* inscrire, enregistrer. *To ~ a debt,* inscrire/enregistrer une dette.

**securities firm,** société de placement/d'investissement en valeurs

mobilières.
**securitization** *n.* titrisation.
**securitize** *v.* titriser.
**seed capital,** investissement initial, mise de fonds de départ (création d'entreprise).
**serviceable** *adj.* résistant à l'usure ; facile à entretenir, d'un entretien facile.
**serviceability** *n.* résistance à l'usure ; facilité d'entretien.
**settlement** *n.* (Bourse) (G.B.) liquidation ; (U.S.) appel de marge.
**silent partner,** associé passif.
**Single European Market,** marché unique européen.
**sleeping partner,** associé passif.
**soft commodities,** denrées agricoles.
**spendable** *adj.* qui peut être dépensé. ~ *currency,* devise qui a une réelle valeur sur le marché.
**spread** *n.* (Bourse) écart.
**S.S.A.P.,** (G.B.) *Statement of Standard Accounting Practice.*
**stand-by credit,** crédit de substitution.
**start out** *v.* **1.** débuter ; commencer. **2.** se mettre en route, partir. **3.** se disposer à.
**stifle** *v.* étouffer. *To ~ demand,* étouffer la demande.
**sweepstake** *n.* loterie (promotion des ventes).
**switch** *n.* (Bourse) transfert d'une position à une autre (« report »).

# T

**table** *v.* *to ~ a motion* (G.B.), déposer une motion.
**tangible assets,** immobilisations corporelles.
**telemarketing** *n.* marketing téléphonique.
**tender** *n.* (Bourse) filière.
**Third Market,** (Bourse de Londres) troisième marché où peuvent être cotées des sociétés qui font des bénéfices depuis 1 an (contre 5 ans pour le « *full stock-exchange listing* » et 3 ans pour le « *Unlisted Securities Market* »).
**tradable, tradeable** *adj.* négociable ; commercial,e (utilisé notamment dans le domaine de l'import-export).
**trade war,** guerre commerciale.
**trading partner,** partenaire commercial.
**Treasury Secretary,** (U.S.) Ministre des Finances.

# U

**upbeat,** optimiste ; à la hausse.
**upside (on the),** en hausse, à la hausse.
**user-friendly,** convivial.

# W

**wage drift,** dérapage des salaires.
**workplace** *n.* lieu de travail.
**ww,** *with warrant.*

# X Y

**xw,** *ex-warrant, without warrant.*

**yld,** *yield,* rendement.

# V

**vow** *v.* s'engager ; promettre ; jurer.

# SUPPLEMENT

# FRENCH-ENGLISH
# FRANÇAIS-ANGLAIS

# A

**abusif, ive** *adj.* **3.** unfair.

**achat sur marge, achat sur provision, achat sur couverture,** margin buying.

**acteur, trice** *n.m.f.* player ; protagonist ; *participant ; agent.*

**adhérent, e** *n.m.f.* *nombre d'~ s,* membership ; *baisse du nombre d'~ s,* decrease/fall/drop in membership.

**A.F.C.E.R.Q.,** *Association Française des Cercles de qualité.*

**aide** *n.f.* ( = *subvention)* subsidy.

**aller-retour** *n.m.* return *(ticket) ; (U.S.)* round-trip ticket.

**annexe** *n.f.* **2.** attachment.

**à quai (dédouané),** ex-quay (duty paid).

**à quai (non dédouané),** ex-quay (duty on buyer's account).

**arbitragiste** *n.m.* hedger.

**assurance tous risques,** comprehensive insurance.

# B

**baisse** *n.f. Les prévisions ont été revues à la ~,* estimates have been revised down(ward).

**blanchiment** *n.m.* laundering.

**bureau paysager,** open-plan office.

# C

**carte de séjour,** residence permit.

**centre** *n.m.* *~ de décision,* décision centre/(U.S.) center. *~ de profit,* profit centre/(U.S.) center.

**cession** *n.f. Faire ~ de,* to transfer. *~ d'actifs,* assets transfer, transfer of assets ; disposal of assets.

**chaîne** *n.f. (de télévision)* network.

**charbonnages** *n.m.pl.* coal mining, coal-mining industry ; *(organisme)* coal board ; *(houillères)* coalfields, coal-mines.

**chef de crédit,** credit manager.

**code-barre(s),** bar-code.

**collège de censeurs,** council of advisers/advisors.

**commercial, e** *adj. guerre ~ e,* trade war. *Ingénieur ~,* sales engineer. *Partenaire ~,* trading partner.

**commettre (se)** *v.* to commit oneself, to pledge oneself. *Ne pas se ~,* not to commit oneself, to

be/remain non-committal ; to hold off.

**comminatoire** *adj.* comminatory, minatory ; threatening.

**composter** *v.* to date-stamp.

**compte-pivot** *n.* escrow account.

**conduite** *n.f.* **5.** *code de bonne ~,* code of ethics.

**conseil** *n. m.* **3** *~ en gestion,* management consultant.

**convivial, e** *adj.* user-friendly.

**convoquer** *v.* **1.** *être convoqué à une assemblée, une réunion,* to be invited/requested to attend a meeting.

**corbeille** *n.f.* **2.** ring.

**couverture** *n.f.* **7.** *(Bourse) ~ à la baisse,* bear covering.

**crédit de substitution,** stand-by credit ; back-up line.

**créer une société,** to start a company.

**C.S.A.,** *Conseil Supérieur de l'Audiovisuel.*

# D

**débrayage** *n.m.* walkout.

**débrayer** *v.* to walk out ; to walk off the job.

**débutant, e** *n.m.f.* beginner.

**débuter** *v.* to start out ; to begin.

**dénoncer** *v.* to denounce.

**dénonciation** *n.f.* denunciation, denouncing. *~ d'une dette,* denunciation of a debt, cancellation of a debt (by the debtor).

**déposit** *n.m. (Bourse) (G.B.)* deposit ; *(U.S.)* original margin.

**dérapage des salaires,** wage drift.

**dérogation** *n.f.* derogation ; exception.

**desservir** *v.* **1.** to service.

**directoire** *n.m.* executive board.

**discriminatoire** *adj.* discrimina-tory ; unfair.

**D.R.H.,** *Direction des Ressources Humaines,* Management of Human Resources.

**droit de sortie,** *(fonds commun de placement, etc.)* exit fee.

# E

**échec** *n.m. (revers, recul)* setback. *Enregistrer un ~,* to suffer a setback.

**effectif(s)** *n.m. (syndicats, etc.)* members, memberschip. *Baisse des ~,* fall/drop/decline in membership.

**enquête** *n.f.* ~ *d'opinion,* opinion poll/survey.

**étouffer** *v.* to stifle. ~ *la demande,* to stifle demand.

**exonérer** *v. exonéré d'impôt,* tax-exempt.

**exploser** *v.* **1.** to explode, to burst (out). **2.** *(développement spectaculaire)* to boom ; to explode.

# F

**faxer** *v.* to fax.

**filiale** *n.f.* ~ *(détenue) à 100 %,* wholly-owned subsidiary.

**filialiser** *v.* to turn into a subsidiary/an affiliate.

**final, e** *adj. prix ~,* end price ; *utilisateur ~,* end-user.

**fonds commun de placement,** fund.

**frais** *n.m. Rentrer dans ses ~,* to recoup.

**friche** *n.f.* waste land, fallow land. *Être en ~,* to lie fallow.

# G

**gamme** *n.f.* ~ *étendue/étoffée,* extensive/extended range ; ~ *restreinte,* limited range.

**gerber** *v.* to stack.

**gestion (de) produit,** product management.

**gestion des risques,** risk management.

# H

**hypothèque** *n.f. Prendre une ~,* to take a mortgage, to mortgage.

# I

**immobilisations corporelles,** tangible assets ; property, plant and equipment.

**indicateur instantané,** instant indicator.

**ingénierie éducative,** educational engineering.

**ingénieur commercial,** sales engineer.

**ingénieur d'affaires,** sales engineer.

**initié, e** *n.m.f.* insider. *Délit d'~,* insider trading, insider dealing.

**initier** *v.* to initiate.

**inscrire (s')** *v. (= signer)* to sign up. ~ *à un cours,* to enrol in/on a course ; ~ *à un concours,* to enter a contest.

**I.S.F.,** *Impôt de Solidarité sur la Fortune (remplace l'ancien I.G.F., Impôt sur les Grandes Fortunes).*

# J

**jetable** *adj. (emballages, etc.)* disposable.

**jumeler** *v.* to twin.

# L

**lever** *v.* **3.** ~ *un mot d'ordre de grève,* to call off a strike.
**lieu** *n.m.* **1.** ~ *de travail,* workplace ; *sur le* ~ *de travail,* in the workplace.

**loterie** *n.f.* *(promotion des ventes)* sweepstake.
**L.T.A.,** *lettre de transport aérien,* air-waybill, A.W.B.

# M

**maillage** *n.m.,* linkage ; netting ; networking.
**mailler** *v.* to link, to connect ; to net.
**maquette** *n.f.* *(dessin, projet)* draught ; *(de livre)* dummy ; *(de page)* lay-out.
**marché à terme des instruments financiers,** financial futures market.

**marché unique européen,** single European market.
**marketing téléphonique,** tele-marketing, phone-marketing.
**M.A.T.I.F.,** *Marché à Terme International de France (anciennement Marché à Terme des Instruments Financiers).*
**mécénat** *n.m.* patronage ; sponsoring ; private sector initiative.

# N

**N.I.P.,** *(Bourse) Négociateur Individuel de Parquet (cf. U.S.* « local »).

**non-respect** *n. non observance.*
**nuire** *v.* to harm ; to hurt. ~ *à des intérêts,* to hurt interests. ~ *à l'efficacité de,* to impair.

# O

**obligation** *n.f.* **3.** ~ *de pacotille,* junk bond.

**ordinateur portable,** laptop computer.

# P

**pacotille** *n.f. obligation de* ~ , junk bond.
**P.A.F.,** *Paysage Audio-visuel Français.*
**P.A.O.,** *Publication Assistée par Ordinateur,* Desk Top Publishing, D.T.P.
**papier fictif,** fictitious bill.
**partenaire commercial,** trading partner.
**part sociale,** share (in a private limited company), « *part sociale* ».
**paysager (bureau),** open-plan *(office).*
**péage** *n.m. (lieu)* toll-gate.
**P.E.P.,** *Plan d'Épargne Populaire (remplace les anciens P.E.R.).*
**performance** *n.f.* ~ *d'un investissement,* yield.
**plafonner** *v.* to cap.

**pointer** *v. (se présenter pour signer)* to sign on.
**point faible,** weak point, weakness, liability.
**point fort,** strong point, strength, asset. *Ce n'est pas mon* ~ , it's not my forte.
**précaire** *adj.* **1.** precarious. **2.** temporary. *Emploi* ~ , temporary job. *Main d'œuvre* ~ , casual labour/*(U.S.)* labor.
**prêt personnel,** personal loan.
**P.R.U.,** *Prix de Revient Unitaire,* cost price per unit, unit cost price.
**pub.** *(fam. pour publicité) n.f.* **1.** advertising. **2.** ad.
**publicité(s),** *(télé.)* commercial(s).

# R

**radio-messagerie** *n.f.* paging.
**reconduire** *v.* **3.** *(qqu'un dans ses fonctions),* to reconfirm, to maintain in office. ~ *un bureau, to reelect a board, a committee.*
**reculer** *v. (retarder)* to put off, to postpone ; ~ *les dates de livraison,* to push back delivery dates.
**réméré,** *(Bourse)* repos (repurchase of stock).
**renversement** *n.m.* (d'un gouvernement, etc.) overthrow.
**reprise** *n.* **8.** ~ *de l'inflation,* renewed inflation, new bout of inflation.
**ressources humaines,** human resources.
**rétracter (se)** *v.* to renege (on a deal/transaction) ; to go back on/upon one's word ; *(témoin)* to withdraw a charge.
**réviser** *v.* ~ *à la baisse,* to revise down(ward).
**risque-pays** *n.* country risk.
**R.M.I.,** *Revenu Minimum d'Insertion.*

# S

**surendettement** *n.m.* debt overload, debt overburden ; excessive indebtedness.
**surendetter (se)** *v.* to overextend oneself ; to run into huge debts.
**séminaire** *n.m.* symposium ; *(force de vente, etc.)* convention.
**serpent monétaire,** (European) monetary snake.
**S.M.E.,** *Système/Serpent Monétaire Européen,* European Monetary System/Snake, E.M.S.
**Société de bourse,** brokerage firm, stockbroking firm.
**solde** *n.f.* pay. *Congé sans* ~ *,* leave without pay.

# T

**tableau d'emploi - ressources,** funds statement, statement of source and application of funds.
**table ronde,** round table, round table session/conference/talks.
**télécopier** *v.* to telecopy, to fax.
**tenir** *v.* **10.** *(respecter)* to meet ; ~ *des délais,* to meet a deadline ; ~ *des délais de livraison,* to meet delivery deadlines.
**T.E.R.,** *Tableau d'Emploi-Ressources,* funds statement.
**titre de créance négociable,** negotiable instrument of debt.
**titrisation** *n.f.* securitization.
**titriser** *v.* to securitize.
**tour de table** *n.m.* **1.** (lors d'une réunion) introduction of participants (at a meeting). **2.** *(fin.)* list of partners ; partners (in an acquisition deal) ; equity partners.
**trésorerie** *n.f.* cash and bank accounts.

# U V

**uniforme** *adj. une augmentation* ~ *,* an across-the-board increase.
**valeurs d'exploitation,** current assets.
**vivres** *n.m.pl.* food supplies, foodstuffs.